Nachantike Keltenrezeption

Helmut Birkhan

Nachantike Keltenrezeption

Projektionen keltischer Kultur

Beschreibung der Bilder auf dem Cover
Bilderstreifen von links unten nach rechts oben:
1. John William Waterhouse 1915: „I Am Half-Sick of Shadows" (Worte der Lady of Shalott in Tennysons Gedicht; s. S. 330), Ölgemälde jetzt in der Art Gallery of Ontario (nach: http://en.wikipedia.org/wiki/The_Lady_of_Shalott [10. 2. 2009])
2. Astrologische Tarotkarte „Sieben der Scheiben" mit mistelschneidendem Druiden bedeutet „Langsam aber stetig stellt sich der Erfolg Deiner Arbeit ein ...", nach: http://www.astrologie-ecke.de/tageskarte/Bild33.swf (10. 2. 2009)
3. Lily Yeats um 1930: „Naomh Colum Cille" ‚St. Columcille'. Kirchenfahne 78 x 49 cm, Seidenstickerei auf Wolle für die Kathedrale von Loughrea (Entwurf von Jack Yeats), nach Pyle (1997), 166.
4. William Morris 1858: „La Belle Iseult", Ölgemälde in The Tate Gallery, London, nach Hardin (2006), 62.
5. Die „Runde Tafel" von Winchester Castle (vgl. S. 181) nach einer Ansichtskarte
6. Tätowierte kämpferische Piktin von John White (Ende 16. Jh.) nach Birkhan (1999b), Abb. 754.
7. Stonehenge aus William Camdens *Britannia sive Florentissimorum Regnorum Angliae Scotiae Hiberniae ... descriptio, Londini MDCVII*, pg. 119.
    darüber:
    „Zauberer und Herrscherinnen, umgeben von einer keltischen Ranke. Tattoo von Derek Campbell (GB)" aus: Hofmann (2004), 79;
    darunter links: „Le Gui" mit „Druidenmädchen" mit – hier entfernt – dem Vierzeiler von A. Gaboriaud:
    La faucille n'est pas d'or,
    Le gui ne vient pas du chêne,
    Néanmois il porte veine,
    Conservez donc ce trésor.
    Postkarte (Phototyie A. Bergeret & Cie, Nancy) um 1900.
    Rechts davon: Das armselige Irland. Kinder beim Reigentanz auf der Dorfstraße etwa zur Zeit der Revolution. Aus: Morrogh (1998), 26.
8. Rückseite: Drei Szenen von Gustave Doré (1832–1883), v.l.n.r.: „Torre and Lavaine Bid Farewell to the Body of Elaine", „The Body of Elaine on Its Way to King Arthur's Palace", „The Remorce of Lancelot"; alle aus *The Doré Gift Book: Illustrations to Tennyson's Idylls of the King*. London: E. Moxon, 1885.

Bibliografische Information Der Deutschen Bibliothek
Die Deutsche Bibliothek verzeichnet diese Publikation
in der Deutschen Nationalbibliografie; detaillierte bibliografische
Daten sind im Internet über <http://dnb.ddb.de> abrufbar.

ISBN: 978-3-7069-0541-1

Gedruckt mit Förderung des Bundesministeriums
für Wissenschaft und Forschung in Wien
BM.W_F°

© Praesens Verlag
http://www.praesens.at
Wien 2009
Alle Rechte vorbehalten. Rechtsinhaber, die nicht ermittelt werden
konnten, werden gebeten, sich an den Verlag zu wenden.

Vorwort

Als ich 1997 das Buch „Kelten. Versuch einer Gesamtdarstellung ihrer Kultur" schrieb, stand ich oft vor der Entscheidung, ob ich das Weiterleben keltischer Kulturphänomene bis in das hohe Mittelalter, in die frühe Neuzeit, ja sogar bis in unsere Tage mitbehandeln oder zumindest erwähnen sollte. So habe ich zwar gelegentlich das Thema des Grals kurz berührt, die Tristansage gestreift und auf den Ossian en passant hingewiesen, zu einer ausführlicheren Erörterung war kein Platz und eigentlich auch kein Anlaß, weil ich mich ja primär nur mit dem keltischen Altertum (etwa 500 v.Chr. bis 500 n.Chr.) beschäftigte und spätere Traditionen nur dort ins Spiel brachte, wo sie für die früheren Verhältnisse aussagekräftig schienen. Dabei wuchs der Wunsch, später in einer eigenen größeren Publikation die Rezeption keltischer Kulturelemente bis in die Gegenwart zu verfolgen. In dem Bildband „Kelten. Bilder ihrer Kultur" (1999) habe ich diesem Wunsch schon ab und zu nachgegeben.

Ihn habe ich mir nun erfüllt, wie sehr er auch der Wunsch anderer war, wird die Aufnahme dieses Buches zeigen.

Die Schwierigkeit lag auch diesmal daran, daß ich eine Fülle sehr disparater Themen und Fakten behandeln mußte, wobei ich mir vornahm, doch auch die Genese des jeweils dargestellten Themas innerhalb der keltischen Kultur zu erörtern, obwohl ich natürlich wußte, daß mich dieser Vorsatz tief in Details stürzen würde. Aber wo hätte ich bei dem größten und wundersamsten Geschenk, das uns die Kelten machten, bei der *matière de Bretagne*, beginnen sollen, wenn nicht an ihren Wurzeln? Die hier vorgeführten alten walisischen Arthurtexte hätten mir keine Grundlage geboten, da sie selbst frühe Seitentraditionen oder Schößlinge des arthurisch-tristanischen Rhizoms sind. Obwohl ich weit aushole, so kann ich auch im Entferntesten nicht alle Ausgestaltungen des Themas im Mittelalter und der Neuzeit auch nur erwähnen. Der gewaltige Strom ist nur an wenigen Stellen auf Brücken zu überschreiten und vom Ufer aus zu beschreiben. Ich habe mich an einigen Stellen postiert, um möglichst viel zu übersehen und übersah dadurch anderes, was sicher auch erwähnenswert gewesen wäre.

Und so ging es mir nicht nur hier. Für einen einzelnen etwa ist es schier unmöglich, die riesige Masse neuheidnischer Manifestationen im Internet zu überschauen. Die Leichtigkeit, mit der diese sich generieren und etwa durch Einbeziehung von Gothic oder germanischem Runenzauber mutieren, trägt wesentlich zur Verwirrung des Beobachters bei. Hier kann ich ebenso wenig Anspruch auf Vollständigkeit erheben wie bei der Rezeption der *matière de Bretagne*. Fragt sich nur, wie repräsentativ meine Auswahl ist.

Nicht alle Facetten der Keltenrezeption kann ich gutheißen. Des öfteren stellt mein Hausverstand und schon gar mein gelehrtes Über-Ich die Haare auf. Wo der Bauernfang der Esoterik aus dem Schnee der Keltenbegeisterung herausapert, konnte ich mir ab und zu eine gallige Bemerkung nicht verkneifen. Ob meine Leserschaft mir dessentwegen ihre Huld entzieht?

Wie immer bei solchen Anlässen schweift die Erinnerung zurück den gegangenen Weg entlang und zu jenen, die ihn mir geebnet und mich auf ihm begleitet haben. Das Buch ist in einer Periode besonderer seelischer Belastungen und schwerer Erkrankungen entstanden.

Schwer bedrückt mich auch, daß es mir sowie einer Gruppe Gleichstrebender nicht gelungen ist, den Wirtschaftswissenschaftler Georg Winckler als Rektor und den Klassischen Philologen Franz Römer als Dekan von der Sinnhaftigkeit eines Keltologiestudiums auf breiter kulturwissenschaftlicher Grundlage zu überzeugen, obwohl ihm die Studierenden zuströmen. Angesichts dessen, was sich die Universität sonst leistet, kann ich den Gemeinplatz vom „Geldmangel" nicht gelten lassen. Es ist alles eine Frage der Wertigkeit, und da rangiert eben die Keltologie als Kulturwissenschaft in den trüben Augen der akademischen Behörden ganz hinten.

Neben diesem Niederdrückenden gab und gibt es auch erhebende Momente, welche die Erinnerung mit warmem Schein erhellen: die Begeisterung meiner Studierenden nicht nur für die Keltologie, sondern gerade auch für dieses hier behandelte Thema, das zwei Vorlesungen zugrundelag. Bei etwa einem Dutzend Gastvorträgen und internationalen Tagungen hatte ich Gelegenheit, Kapitel dieses Buches „auszuprobieren". Das bringt es mit sich, daß dem einen oder anderen Abschnitt dieses Buches, wenn es erscheint, ein Geschwister entgegenlachen wird – worauf ich natürlich an Ort und Stelle hinweise –, aber kein Zwilling.

Als besonders ehrenvoll empfand ich es, daß mich zwei Wissenschaftsjournalisten in Sachen Chiemseekessel ins Vertrauen zogen – darüber weiter unten (S. 751-761). Offenbar war das Ansehen der Wiener Keltologie doch so hoch, daß man sich in dieser heiklen Causa an einen ihrer Exponenten um Auskunft wandte.

Ich habe der Österreichischen Akademie der Wissenschaften für stete Förderung der Keltologie zu danken. Vieles in diesem Werk lernte ich im Zuge großzügiger Stipendien in Irland am Dublin Institute of Advanced Studies kennen. Wenn Julius Pokorny zuerst mein Interesse für die Kelten geweckt hat, dann hat mein lieber Freund Proinsias Mac Cana, mit dem ich seit meiner Zeit in Aberystwyth in Verbindung stand, meine Kenntnisse und meine Liebe zu Irland vertieft. Beide Gelehrte sowie den großen Heinrich Wagner habe ich in teurer Erinnerung. Mein Freund Séamus Mac Mathúna (Director of the Research Institute for Irish and Celtic Studies in Northern Ireland) hat einen Teil des vorliegenden Textes gelesen und mich nicht ermutigt, ihn nicht zu veröffentlichen. Natürlich gehen alle darin enthaltenen Fehler auf mein Konto.

Zu danken habe ich für freundliche Bemühungen Herrn Kollegen Mario Schwarz vom Institut für Kunstgeschichte der Universiät Wien und dem Regensburger Museumsdirektor Herrn Dr. Hermann Reidel. Ganz besonderen Dank jedoch schulde ich freilich dem Verleger Dr. Michael Ritter, der sich gerne und außerordentlich effizient des umfangreichen Textes angenommen hat. Kaum geringerer Dank gebührt Ingrid Cella, der ich mich in Freundschaft verbunden weiß, für die kritische Durchsicht des Manuskriptes.

* * *

Die Danksagungen in Vorworten, die natürlich in Form eines Crescendo zu einer Klimax hin eilen sollen, bringen es mit sich, daß dann für die letzte Steigerung des Dankes der Atem fehlt.

Dort oben auf dem Gipfel des Dankgebirges steht meine Frau, deren feministische Seele ich oft genug in diesem Buch mit Skepsis erfüllen mußte, und winkt mir in ihrer Großmut alle Dankesworte zurück.

Nun, dann sei ihr eben dieses Buch als Gabe zu Füßen gelegt, als Ausbeute langer Tage, die ich vielleicht ohne sie nicht so leicht ertragen hätte!

Wien, zu *imbolc* 2009   Helmut Birkhan

Inhalt

Vorwort	5
Einleitung	15
A. Das insulare Christentum und seine Botschaft auf dem Kontinent	37
1. Vorspiel: Die Bekehrung der Inselkelten	37
2. Die Missionsarbeit auf dem Kontinent	52
3. Besuche im Jenseits	70
a. Die *Visio Tundali* (oder: *Tnugdali*)	71
b. Das *Purgatorium Sancti Patricii*	77
c. Reisen in die horizontal dislozierte Andere Welt	80
B. Die *matière de Bretagne*	90
1. Mutmaßlicher Beginn. Historizität der Ereignisse und Anfänge der Arthursage	95
a. Der antike Anfang und frühe insulare Quellen	98
b. Frühe Bezeugung auf dem Kontinent	107
c. Zeugnisse der entwickelten Arthursage aus Wales	111
α „Wer ist der Türhüter?" (*Pa gur yv y porthaur?*)	116
β Die „Beraubung der anderen Welt" (*Preiddeu Annwn*) und die „Unterredung Arthurs mit dem Adler" (*Ymddiddan Arthur a'r Eryr*)	119
γ „*Melwas* und *Gwenhwyvar*"	122
δ *Culhwch ac Olwen*. Brauterringung mit kollektiver Unterstützung des Arthurhofes	125
ε „Rhonabwys Traum" (*Breudwyt Ronabwy*): unterwegs zu Arthurs heroischer Monokratie	139
d. Die Arthursage bei Geoffrey von Monmouth	142
α Merlin und seine Prophezeiungen	146
β Die Vorstellungen von Arthurs Ende	152
2. Anfänge und mutmaßliche historische Elemente der Tristansage	161
a. Der Kern der Tristanfabel – unterwegs zur *estoire*	161
b. Ist die Tristansage „keltisch"? Orientalische Angebote zur Herleitung der *estoire*	164
c. Britannische, irische und germanische Elemente in der *estoire*	167
d. Außerbritannische Zeugnisse für die *estoire* bzw. für einen „Urtristan"	172
α *Tóruigheacht Dhiarmada agus Ghráinne*	174
β *Loinges mac nUislenn*	175
γ *Scéla Cano meic Gartnáin*	178
δ Weitere wirkliche oder angebliche Parallelen zur Tristantradition außerhalb Britanniens	179
3. Die Erfindung der Tafelrunde	180
4. Die Vermittlung der britannischen Erzählstoffe in das Altfranzösische	182

5. Die Entstehung der französischen Romane und ihre Ausstrahlung in andere Literaturen	186
a. Neue Sinnerfüllung der Romane	189
α Die Verchristlichung des Vorchristlichen	199
β Die „Summen"-Bildung	212
b. Die *matière de Bretagne* in England, den Niederlanden und Skandinavien	215
c. Die *matière de Bretagne* in Irland	223
d. Die kosmopolitische *matière de Bretagne*	227
e. Die *matière de Bretagne* als Happening und Schema sozialer Organisationsform	229
4. Die *matière de Bretagne* im Spätmittelalter und in der frühen Neuzeit	237
5. Die *matière de Bretagne* im 19. Jh.	251
a. In der englischsprachigen Literatur	253
b. Im deutschen Sprachgebiet	267
6. Die *matière de Bretagne* im 20. Jh.	280
a. Lyrisches	280
b. Vers- und Prosaerzählungen	284
c. Szenische Realisierung: Dramen, Musiktheater und Film	297
d. Bildende Kunst. Comics	319
C. Die Ossianische Dichtung	336
1. Vorspiel: „Of Heroic Virtue" und „The Bard"	337
2. James MacPherson und sein „Ossian"	340
3. Die Grundlagen des „Ossian"	342
4. MacPherson und seine „Quellen"	349
5. Die Rezeption des „Ossian" auf dem Kontinent	361
a. In der kontinentalen Literatur	361
b. Der „Ossian" in Musik und Bildender Kunst	368
c. Der „Ossian" und die deutsche „Bardenpoesie"	371
d. Der „Ossian" heute	378
D. Der *Barzaz breiz* – ein bretonischer Ossian?	382
E. Die wissenschaftliche Keltenrezeption in der Neuzeit in Britannien und auf dem Kontinent	397
1. Die Entstehung der keltischen Sprachwissenschaft	397
2. Antiquare und Archäologen	437
3. Die „keltische Rasse"	452
4. Das schöngeistige Keltenbild von Ernest Renan und Matthew Arnold	462
5. Die Kelten im Museum und im populärwissenschaftlichen Film	478

F. Kelteninteresse und Keltomanie in Mitteleuropa	486
1. Bellinis „Norma"	486
2. Vischers „Pfahldorfgeschichte" als „Momentaufnahme" der Keltenrezeption um 1880 und weitere vor allem deutschsprachige Beispiele	492
3. Deutsche Keltomanie versus Germanomanie	502
4. Keltische Modenamen	509
G. Die moderne Keltenrezeption im *Astérix* und in anderen Comics	513
1. Asterix und Konsorten	513
2. „Ernsthafte" Comics	521
H. Die Keltenrezeption bei Tolkien und die modernen Elfen	529
1. Das Weltendrama Tolkiens	529
2. Die Rezeption der „niederen Mythologie" und die „Verelfung" der Welt	540
a. Der inselkeltische Elfenglaube	540
b. Die Elfen der frühen Neuzeit bis ins 19. Jh.	549
c. „Moderne" Elfen	557
I. „Fiktionale Wissenschaft"	566
1. Robert (Ranke-)Graves	566
2. Rudolf John Gorsleben	576
3. Martha Sills–Fuchs	579
4. „Keltenbotanik"	584
5. Matriarchatsphantasien	589
a. Populärwissenschaftliche Vorstellungen vom altkeltischen Matriarchat	589
b. Zeugnisse zur Stellung der Frau bei den alten Iren	597
c. Inselkeltische Vorbildfrauen	601
α. Duchesse Anne	601
β. Grace O'Malley	602
γ. Róisín Dubh	602
δ. Flora MacDonald	604
ε. Lady Charlotte Elizabeth Guest	605
ζ. Cathleen ni Houlihan	606
η. Lady Isabella Augusta Gregory	608
θ. Constance, Countess Markiewicz	609
d. Neuere wissenschaftliche Versuche zur Matriarchatsbegründung	611
J. Die Inselkelten melden sich zu Wort. Bewußtwerdung und neues Selbstbewußtsein	615
1. Faszination des Kunsthandwerks	615
2. Celtic Dawn	621
a. Wales und Welshness	623

b. Schottische Identität und schottisches Selbstbewußtsein als Keltenrezeption	632
c. Politik und „Irish Renaissance" in Irland oder: Vom „Celtic Dawn" zur „Irish atmosphere"	640
3. „Celtic atmosphere"	678
K. Die Keltenrezeption in der modernen Lebenspraxis	685
1. Mode	685
2. Musik	689
3. Gastronomie	706
4. Event-Kultur	711
a. Zeitliche Fixpunkte	711
b. Räumliche Fixpunkte und die Kelten in der Landschaft	728
5. Tattooing	742
L. Echte und scheinbare Fälschungen	748
M. Die Keltenrezeption im Neuheidentum	762
1. Die neuheidnische Utopie von Summerisle	764
2. *Wiccas*	766
3. Celtic Wisdom	775
4. Der Neodruidismus	778
a. Die *Gorsedd*	781
b. Masonismus	785
c. Druidischer Neopaganismus	791
N. Zum Abschluß	796
O. Abkürzungen von Textelementen und Sprachbezeichnungen	798
P. Bibliographische Hinweise	800
Q. Werk- und Namenindex	879

„Buchsegen: Good Night" von John D. Batten aus: Celtic Fairy Tales, coll. Joseph Jacobs, illustrated John D. Batten, London 1892 (Nachdruck New York 1968), 237.

Einleitung

Dieses Buch widmet sich der Aufnahme und Auswirkung keltischer Kulturleistungen in nachantiker Zeit, wobei versucht wird, auch die Genese der jeweils rezipierten und dann wirkenden Kulturmanifestation zu skizzieren. Dies geschieht einerseits, um Leserin und Leser eine Vorstellung davon zu geben, wie die später vertrauteren Erzählungen entstanden sind und anfangs ausgesehen haben, andererseits um die immensen Ausmaße der Transformation solcher Themen bis in die Gegenwart augenfällig zu machen. Dabei muß freilich gelten: der Weg dieser Wandlungen ist lang, kurz seine Wiedergabe.

Was ich unter „Kultur" verstehe, habe ich in meinem Buch „Kelten. Versuch einer Gesamtdarstellung ihrer Kultur" im Anschluß an mir relevant scheinende Sekundärliteratur als „Gesamtheit aller kollektiven Gewohnheiten und Normen" definiert.[1] Wenn auch, gemäß Untertitel, die Kulturphänomene dort im Brennpunkt meines Interesses standen, so konnte ich doch aus Raumgründen damals keine Analyse ihrer nachantiken Rezeption vornehmen, die jedenfalls differenziert und vielschichtig sein muß.

Der Keltenbegriff ist aufs Engste mit der Sprache verbunden. Das ist *communis opinio*. Es gäbe theoretisch auch andere Kriterien (wie etwa Haartracht, Musik, Tanz), an denen wir den Begriff der Kelten festmachen könnten,[2] doch sind diese zu wenig bekannt und, als der Mode und anderen Geisteswandlungen unterworfen, auch zu ephemer, um als Basis dienen zu können. Von den Sachen gehen die Archäologen aus, die einen

---

1   Birkhan (1999a), 17.
2   Die Aktualität des Keltenthemas und die Fülle von Einführungs-, Übersichtswerken und anderen Darstellungen, oft auch in Form „kulinarischer" Bildbände, stehen in einem Wechselverhältnis und sind selbst Zeugnis der intensiven „nachantiken Keltenrezeption", die speziell durch den Keltenkongreß in Venedig 1991 zusätzlichen Auftrieb erhalten hat; The Celts (1991). Ohne Anspruch auf Vollständigkeit nenne ich: Powell (1980); James (1993); James (1996); Staudte – Lauber (1995); Maier (1994); Birkhan (1999a); Birkhan (1999b); Maier (2000); Maier (2001); Haywood (2007); Füllgrabe (2002) [ein sehr gediegener „Keltenguide" für Schüler]; besonders umfassend und qualitativ herausragend: Kruta (2000); Rieckhoff – Biel (2001).

Gegenstand der Latènekultur den „Kelten" zuordnen, auch wenn dies durch keine sprachlichen Befunde gesichert ist.

Ein Grundproblem der keltischen Altertumskunde ist bekanntlich, daß sich die Gebiete, in denen durch antike Autoren Kelten bezeugt sind,[1] und jene Räume, in denen eine bestimmte, den Kelten zugeschriebene materielle „Kultur" herrscht, und weiters jene, in denen nach sprachlichen Zeugnissen sich Kelten aufhielten, nicht sauber zur Deckung bringen lassen, manchmal geradezu komplementär scheinen. Daraus erwachsen insbesondere die Debatten und Querelen über die Inselkelten.[2] Indem nämlich einerseits auf den britischen Inseln und in Irland unzweifelhaft keltisch gesprochen wurde und stellenweise noch wird, andererseits die Verwandtschaft der Bodenfunde mit jenen auf dem Kontinent, wo auf Grund sprachlicher Indizien und antiker Nachrichten „Kelten" lebten, angesichts eines „missing link" von der Forschung verschieden eng beurteilt wird. Dazu kommt noch für viele das Skandalon, daß keine Einwanderung, Landnahme oder gar Unterwerfung der Inseln durch die Festlandkelten an den Funden festgestellt werden kann. Dieses neuerdings oft behandelte Thema braucht uns im heuristischen Sinn nicht zu beschäftigen. Im 5. Jh. n. Chr. jedenfalls werden auf den Inseln Dialekte gesprochen, die mit dem damals aussterbenden Keltischen auf dem Festland eng verwandt sind, d.h. sich nur durch dialektale Varianten, wie sie immer und überall begegnen, unterscheiden. Diese für uns heute durch die gemeinsame Sprache faßbaren Kelten könnten wir mit John Collis als „Secondary Celts" bezeichnen.[3]

Wenn hier also von „nachantiker Keltenrezeption" die Rede ist, so meinen wir primär die Inselkelten, wozu auch die auf dem Festland wohnenden Bretonen gehören, da die Bretagne von Britannien aus besiedelt wurde. Wir halten uns fürs Erste an die Sprache und definieren: „Kelte" ist, wer keltisch spricht.[4]

---

[1] Zu den Keltenwanderungen jetzt Tomaschitz (2002).
[2] Als Einstieg in die Diskussion und ausgezeichnete Zusammenfassung: Collis (2007). Ein Werk wie James (1993) bzw. James (1996) stammt zwar von einem der „Keltenskeptiker", verbindet dann aber doch mit eindrucksvollen Bildern die Kelten der Latènezeit mit den heutigen „Kelten" in Britannien und Irland. Die methodische Problematik bleibt auf das „Kleingedruckte" beschränkt.
[3] Collis (2007), 114 – 122.
[4] Vgl. „Hieraus folgt, daß 'keltisch' ein *linguistischer* und kein ethnischer Terminus ist. Die *Kelten* sind

Nur in jenen Fällen, wo tatsächlich das Galliertum im Zentrum steht, wie etwa bei der Vorgeschichte der Oper „Norma", wo es um das keltische Erbe auf dem Kontinent geht, wie etwa bei den Kelten-Events, bei der Vermittlung prähistorischer Tatbestände, bei Astérix oder den oft mit Festlandkelten verbundenen keltomanischen und esoterischen Vorstellungen, da wird das Wort „keltisch" nicht (nur) im Sinne von „inselkeltisch" gebraucht. Aber selbst in diesen Zusammenhängen gilt für den eigentlichen Inhalt oft die inselkeltische Tradition. In der „Pfahldorfgeschichte" Fr. Th. Vischers, die in der keltischen Schweizer Vorzeit angesiedelt ist, handeln Personen mit inselkeltischen Namen und leben einen aus walisischen Traditionen abgeleiteten Mythos.

Da in nachantiker Zeit die Kelten gewöhnlich als Inselkelten wahrgenommen wurden, ist die Frage, wie die Keltisierung der Inseln stattgefunden hat, für unser Ziel zwar nicht von heuristischem, aber doch von forschungs- und ideengeschichtlichem Wert. Hielt man die Briten für geflüchtete Trojaner, so war zu erwarten, daß die britannischen Sprachen dem Griechischen nahestanden, hielt man sie für Nachkommen des biblischen Noe-Sohnes Japhet, dann sollten die Sprachen eher zum Hebräischen stimmen. Die Einordnung und Herkunft der Kelten mußte bedeutsam für die Einschätzung ihrer Kultur sein, durch sie selbst, durch die nichtkeltischen Bewohner der Inseln, das kontinentale Europa und später auch die übrige Welt. Auch die mittelalterlichen und frühneuzeitlichen Herkunftstheorien, so abstrus sie heute wirken mögen, sind Kulturleistungen in Form von argumentierten Ideen, die mehr oder minder stark rezipiert wurden.[1]

„Kelte" ist, wer keltisch spricht. Das ist natürlich der Satz eines Außenstehenden, der bestimmte Kulturmanifestationen ins Auge faßt und ihnen auf Grund der Sprache Keltizität zuschreibt. Die Kelten selbst ha-

---

demnach die *Sprecher einer der keltischen Sprachen*"; Rockel (1989b), 15 [Kursivierungen von Rockel].
1 Im Grunde könnte man versucht sein, die gesamte keltologische Forschung auch unserer Tage im Einzugsbereich dieses Buches anzusiedeln. Und doch wäre diese als rein wissenschaftliche eine völlig andere „Keltenrezeption". Es ist daher methodisch und sachlich gerechtfertigt, den Überblick über die Geschichte dieser Rezeption mit dem Entstehen der heutigen wissenschaftlichen Keltologie (= Keltistik) abzubrechen. Nur wo vorwissenschaftliches, manchmal noch mittelalterliches Gedankengut als „wissenschaftlich" weitergereicht wird, soll dies en passant erwähnt werden.

ben sich im Altertum nicht primär als „Kelten" verstanden, sondern als Helvetier, Aeduer, Belger oder Silurer, später auch Waliser, Iren usw. Bei Caesar beobachten wir, daß keineswegs alle Stämme Galliens an dem antirömischen Zusammenschluß unter Vercingetorix beteiligt sind. Erst unter der angelsächsischen Invasion in Britannien schließen sich die in Wales ansässigen Stämme zu Walisern zusammen.[1] Der Druck von Außen hat eine Aufweichung der Stammesgrenzen bewirkt und die Sprachgemeinschaften zeitweise als Einheiten handeln lassen. Ein gesamtkeltisches Selbstbewußtsein hat sich erst in der frühen Neuzeit als Ergebnis von Unterdrückung durch Engländer und Franzosen zusammen mit der Erkenntnis der Sprachverwandtschaft und der von den Archäologen festgestellten Ähnlichkeit der Artefakte allmählich gebildet. Aber das bedeutet nicht, daß dieser akademische „Pan-Keltismus" zu einem gemeinsamen politischen Handeln aller „Kelten" geführt hätte: Waliser oder Schotten etwa sind den Iren im Freiheitskampf nicht beigesprungen. Das Wort „Kelte", wie es hier verwendet wird, ist also ein sehr junges Produkt, das eigentlich nur eine kulturelle Gemeinsamkeit ohne allzu große außenpolitische Bedeutung meint – wenn man von kurzlebigen und zweifelhaften Aktionen im Zweiten Weltkrieg und vom Treiben der IRA danach absieht. Und selbst das Bewußtsein kultureller Zusammengehörigkeit im inselkeltischen Raum war zunächst nur punktuell und spät. So kultivierte zwar im 19. Jh. die Bretagne ein Bardentum nach walisischem Vorbild, bezieht aber die Iren nicht ein. Die heutigen gesamtkeltischen Festivals sind durchaus sehr junge Aktionen.

Bei all diesen Überlegungen ist im Auge zu behalten, daß gerade die „Kelten" seit dem 19. Jh. durch Auswanderung über ganz Nordamerika und Australien verbreitet sind. Mißernten schon zu Ende des 18. Jh.s und die spätere englische Unterdrückung haben Waliser zur Auswanderung vor

---

1 Zur Begriffsklärung: Was sich auf Wales bezieht, nenne ich hier „walisisch" (engl. *Welsh*) ohne Rücksicht auf die Sprache. Es gibt also – wie bei Dylan Thomas – „walisische Dichtung" in englischer Sprache, viele *Welshmen*, die nicht *Welsh* können, und natürlich auch „walisische Dichtung" in der alten keltischen Sprache von Wales (auf Englisch gleichfalls *Welsh* genannt), die ich hier immer „kymrisch" („kymr.") nenne. *Cymru* 'Wales', *Cymro* 'Welshman', *Cymraes* 'Welshwoman' und *Cymraeg* 'walisisch' sind die kymr. Eigenbezeichnungen.

allem nach Pennsylvania, Vermont, Upper New York State, Baltimore und als Mormonen nach Utah geführt. Aber auch nach Patagonien, in die *Wladdfa* 'Kolonie', wo heute noch Nationale Feste (*Eisteddfodau*) abgehalten werden. Bretonen emigrierten nach Französisch-Canada in die Provinz Quebec. In mehrfacher Hinsicht haben etwa die Schotten in Canada, New England, Pennsylvania und New York eindrucksvoll ihre heimischen Bräuche wie die Highland-games bewahrt. Iren ließen sich vorwiegend in Boston, New York, Philadelphia, Chikago, St. Louis, Detroit und San Francisco nieder. Der Auswandererstrom überschritt die Dreimillionengrenze, vor allem seit der großen Hungersnot, und währte bis Ende der 1920er Jahre. Insgesamt soll die Zahl unvermischter Iren in den USA etwa neunmal so hoch sein wie in Irland selbst. 1910 hielt Reverend Patrick S. Dinneen (1860–1934), der berühmte Verfasser des neuirisch-englischen Wörterbuches, einen Vortrag mit dem Titel „The World-wide Empire of the Irish Race: A Plea for its organisation". Darin sagte er:

> „The bond of racial union here revealed, the identity of interest in a large spiritual and in no mean temporal domain on the part of so large, so wide extending, so rapidly growing and spreading a branch of the human family, is, if not a unique, certainly a rare phenomenon in the history of nations, and it is on such a secure and solid foundation that the world-wide empire of Gaeldom rests." Und zuletzt heißt es: „The racial consciousness of Gaeldom is awakening, and the time may come when at a critical conjuncture in our affairs, our claims to a more individual national existence will be supported by the united forces of our empire and by the strength of that support become irresistible." [1]

Wohlgemerkt, Dinneen redet hier nur von Iren, es fällt ihm keineswegs ein, die anderen keltischen „Rassen" im Sinne einer pankeltischen Bewegung einzuschließen. Wie immer auch, über diese Auswanderer verbreiteten sich weithin keltische Traditionen, die dann unter Umständen direkt nach Kontinentaleuropa gelangten, so daß auch – etwa für das Hallowe'en-Brauchtum – dieser Weg in der Keltenrezeption zu beachten ist.

---

[1] Dinneen (1910), 79, 82, 94.

Da die antiken „Ethnologen" tradiertes Wissen gewöhnlich eher voneinander abschrieben, anstelle sich vor Ort umzutun (wie Poseidonios) oder zumindest auf die Aktualität und Verläßlichkeit ihrer Quellen zu achten (wie z.B. Tacitus), werden alte Namen und stereotype Bilder gelegentlich lange weitergeschleppt. Bemerkenswert war in dieser Hinsicht Byzanz, wo nicht nur die aus Wikingersöldnern bestehende Garde *Keltoí* hieß, sondern noch im 12. Jh. die byzantinische Prinzessin Anna Komnene in der „Alexiade" die westlichen Teilnehmer am Ersten Kreuzzug als „Kelten" bezeichnete und gemäß den ererbten Keltentopoi darstellte.[1] Ganz wie die antiken Kelten gegenüber Alexander sollen die französischen Kreuzfahrer 1204 bei ihrem Einzug in Konstantinopel geprahlt haben, daß sie nichts als den Himmeleinsturz fürchteten.[2] Ein klassisches Beispiel für die Fehlerhaftigkeit der „traditionellen Außensicht", welche die Keltoí wie die antiken Autoren vor Caesar als „Typus" („blond, blauäugig, große Körperkraft ...") wahrnahm und das Wort „Kelte" semantisch als +westlich, +wild, -kultiviert, -griechischsprechend, -orthodox usw. besetzte.

„Kelte" ist, wer keltisch spricht. Die Sprache erweist sich als eine methodisch gerechtfertigte Definition für das Altertum bis zur frühen Neuzeit. In dem Maße, in dem die Sprachen untergehen – im 18. Jh. das Kornische, im 20. Jh. das Manx – wird ihre Validität zweifelhaft.[3] Wir geraten in ein Dilemma. Wenn in einigen Jahrzehnten, wie vorherzusehen, das Bretonische und Irische als lebende Sprachen einer zahlenmäßig nennenswerten Gemeinschaft untergegangen sein werden,[4] wird es darum kein Keltentum in der Bretagne und Irland mehr geben? Die Annahme schiene absurd, doch das Problem wäre nicht neu, denn seit dem Mittelalter sind die keltischen Sprachen im Schwinden und jene bedeutenden kulturellen Übernahmen, von denen dieses Buch handelt, wie die Arthursage und der Ossian, wirkten nicht in ihrer keltischen Sprachgestalt

---

1 Vgl. Chapman (1992), 182ff.
2 Niketas Choniates, 166.
3 Bock (2000).
4 Price (1995); Meid – Roider (1999), 241–248.

auf den Rest Europas. Auch später hat sich die „Celtic Renaissance" auf Englisch abgespielt.

> „Die Iren dürften vor dem 19. Jh. nicht gewußt haben, daß sie Kelten sind ... Doch das änderte sich nicht ..., weil die Iren entdeckt hatten, daß sie Kelten *waren*, sondern weil sie Kelten sein *wollten*."[1]

Kann ein irischer Patriot, der kein Wort Gälisch kann, ein „Kelte" sein? Gemäß dem Prinzip der Selbstzuordnung könnte man noch denjenigen als „Kelte" ansehen, der es zu sein glaubt und danach handelt, also sich etwa politisch als „Kelte" hervortut, indem er in der IRA kämpfte oder in der walisischen Nationalistenpartei *Plaid Cymru* spezifische Ziele verfolgte, solange er es um des Keltentums willen täte und nicht etwa primär als Ire oder Waliser oder um gegen Ungerechtigkeit im Allgemeinen zu revoltieren. Wie aber bewertet man Umweltaktivisten, die gestützt auf die angebliche keltische Naturverbundenheit handeln, Begeisterte, die als Hobby eine keltische Sprache oder Harfe lernen, keltische Sagen als Fantasy-Texte lesen[2] oder auch nur als Angehörige eines Druidenvereines „Druidenmusik" hören, einen „Druidentee" trinken, für das angebliche keltische Matriarchat schwärmen und sich deshalb als „Kelten" verstehen? Die Bereitschaft, „Kelte zu sein", ist sehr groß.

Der frühverstorbene Manfred Maurer zeigte dies eindrucksvoll in seinem Roman „Furor" (1990), einem Mittelding zwischen historischem Roman und Fantasy-Dichtung: Der Yuppie-Aussteiger Ostwald, Mitglied im „Wiener Keltenzirkel", macht eine Zeitreise nach Hallstatt, Stonehenge und Alesia, wo er auf Seiten der Gallier mitkämpft. In Begleitung der englischen Punkerin Viviane sucht ihn sein biederer Freund Steiner, ein Ottakringer Lehrer. Wirklichkeit und die nach Außen projizierte Traumwelt Ostwalds vermischen sich. Während dieser in die Keltenwelt entschwindet, kann sich Steiner gerade noch retten, indem er unter die Stonehenge-begeisterten Hippies flieht.

---

1 Rahemipour (2002), 124, mit Hinweis auf Sabine Rieckhoff und Ch. Osterwalder-Maier. [Die Kursivierung von Rahemipour].
2 So z. B. Lautenbach (1991); Clarus (1997).

Wenn bei der Keltendefinition das Sprachkriterium versagt, so müssen wir zumindest fordern, daß die als „Kelte" angesehene Person aus dem keltischen Traditionsraum stammt: „Being 'Celtic' today means old memories dying hard" und: „Being 'Celtic' guarantees a right to the possession of romance and colour", denn: „The modern Celt can create a kind of ethnic élite, satisfy the hunger for roots – hunger which increases under the pressure of monolithic cultures."[1]

Mein Buch setzt es sich im Allgemeinen nicht zum Ziel zu entscheiden, wer heute „Kelte" ist, sondern nur – sehr viel bescheidener – die keltischen Kultureinflüsse, Rückbezüge und Phantasien, die sie auslösen, und die dann gewöhnlich aus dem Altertum, dem Mittelalter und der frühen Neuzeit stammen, aufzuzeigen und eben auf die spezifischen Formen ihrer Rezeption hinzuweisen.[2]

Ich stelle in diesem Buch nur jene Übernahme keltischer Kulturelemente dar, die bewußt geschieht. Das ist mit „Rezeption" gemeint. Wenn jemand in der Apotheke eine Bachblütentinktur als homöopathisches Mittel kauft, so nicht, weil er weiß, daß Edward Bach (1886 – 1936) ein Arzt walisischer Herkunft war. Mit Keltenrezeption hat das nichts zu tun. Ebensowenig, wenn jemand einen *Limerick* wie diesen zitiert, wobei er schwerlich an die gleichnamige irische Stadt denkt:[3]

> There was a young man from Peru
> who had nothing whatever to do
> so he took out his carrot
> and buggered his parrot
> and sent the result to the zoo.

---

1   Delaney (1993), 207–209.
2   Vgl. zu diesem Thema schon Rahemipour (2002); Birkhan (2005b); Birkhan (2006a).
3   Zur Entstehung der Limericks: Ó Baoill (1995), der ihre Herleitung aus einer bestimmten irischen Strophenform diskutiert, aber auch warnt, falls man einen Limerick zitiere, „you're likely to be caught under Obscenety Laws", gegen die ich mit obigem Zitat gewiß verstoßen habe.

Von den Kelten haben die Germanen wohl im Frühmittelalter das Segel (samt dem Wort) und die Kunst, es zu bedienen, übernommen. Das dürfte am Niederrhein geschehen sein.[1] Doch auch hier war das Keltentum als solches nicht motivierend.

Und natürlich auch nicht bei den in der Regel unbewußten sprachlichen Beeinflussungen im weitesten Sinn. So rechne ich die heute auf dem Kontinent und den Inseln weiterlebenden sprachlich überschichteten Ortsnamen ebensowenig zu dem, was hier aufzuzeigen ist, wie die neuerdings mit viel Einsatz behaupteten Substrat- oder Adstratwirkungen keltischer Sprachmerkmale auf die verschiedenen „Englishes". Selbst wenn Eigenheiten der Syntax aus den inselkeltischen Sprachen in das lokale Englisch übernommen worden sein sollten, so waren sich dessen doch wohl die Sprecher gar nicht oder nicht in einem solchen Ausmaß bewußt, daß man von einer „Rezeption" dieser Merkmale sprechen könnte.

Die Vielfalt der Übernahme keltischen Kulturgutes läßt sich schon dem Inhaltsverzeichnis entnehmen. Ich umreiße diese Themenbereiche im Folgenden kurz.

Die nachantike Keltenrezeption beginnt mit der von Gallien ausgehenden Missionierung der Iren und der von ihnen selbst durchgeführten irischen Mission, die in zwei Zeitstufen erfolgte und bei deren Wiedergabe besonders auf die inselkeltischen Spezifika der Missionsinhalte hinzuweisen ist. Damit ist nicht nur die Tätigkeit einzelner Heiliger und des Bischofs Virgil von Salzburg gemeint, sondern – wichtiger – unsere Kirchenfeste Allerheiligen und Allerseelen, die heute gültige Form des katholischen Bußsakramentes und die visionären Vorstellungen vom Jenseits, die im Hochmittelalter populär waren und es bis tief in die Neuzeit blieben. Immerhin pilgerte man mehrere Jahrhunderte lang zum „Fegfeuer des Hl. Patrick", einem höchst mysteriösen Läuterungsort im Lough Derg. Der Bericht über die Seereisen des Hl. Brandan hat dazu geführt, daß die von ihm angeblich gefundenen *Insulae fortunatae* auf vielen frühneuzeitlichen Glo-

---

1 Birkhan (1998).

ben zwischen Irland und Zipangu (Japan) eingetragen sind. Dem irischen Jenseits *Hy Brasil* verdankt heute noch Brasilien indirekt seinen Namen.

Im Hochmittelalter hat das britannische Sagengut die Welt in Atem gehalten. Hier ging es mir auch um eine überblicksartige Darstellung der Entstehung und Weiterentwicklung der Themenkreise von Arthur-, Merlin-, Grals- und Tristansage sowohl bei den Kelten selbst als auch insbesondere auf dem Kontinent, wo sich die sogenannte *matière de Bretagne* zum bedeutendsten Kunstmythos des Abendlandes entwickeln sollte, der ganz wesentlich zur Entstehung der Gattung des Romans beitrug. Die Themen sind, wie jede neue „Parsifal-" und „Tristan"-Inszenierung zeigt, nach wie vor präsent und – nicht selten zum Widerspruch herausfordernd – lebendig. Die längst nicht mehr überschaubare Arbeit an der *matière de Bretagne*, die inzwischen Sammelbände und Lexika füllt, kann hier nicht annähernd dargestellt werden. Abgesehen davon, daß hier in vielen Fällen meine Kompetenz endet, scheint es mir unmöglich, Werken wie „Der rote Ritter" von Adolf Muschg oder „Die Nebel von Avalon" von Marion Zimmer Bradley, das so großen Einfluß auf die Ideologie der 80er-Jahre hatte, mit wenigen Sätzen gerecht zu werden.

Die nächste große Anregung durch inselkeltische Kulturleistungen findet im 18. und 19. Jh. durch die Wirkung des schottischen „Ossian" und des bretonischen „Barzaz Breiz" statt. Vor allem der Ossian hat fast explosionsartig den west- und mitteleuropäischen Kulturraum in seinen Bann gezogen und bekanntlich Goethe nicht weniger begeistert als Napoleon. Wenn auch die Wirkung nicht mit jener der *matière de Bretagne* hinsichtlich Intensität und Nachhaltigkeit vergleichbar ist, so hat dieses Werk doch die Romantik mitbegründet und ein völlig neues Naturgefühl eingeleitet, das sich etwa auch in der Form des nun aufkommenden „englischen" Parks ausdrückte.

Gleichzeitig mit Ossian und in der Folgezeit ist die Keltenrezeption auch durch die wissenschaftliche Sicht auf das Keltentum geprägt. Man begann, sich aus altertumskundlichen Gründen mit den inselkeltischen Sprachen zu beschäftigen, freilich mit der Auflage, ihre Entstehung und damit die Herkunft ihrer Sprecher in irgendeiner Weise mit der Bibel auf gleich zu bringen. Die Emanzipation der Sprachwissenschaft bis zur

Erkenntnis und Rekonstruktion des Indogermanischen ist natürlich auch als Emanzipation von der Bibel zu verstehen.

In analoger Weise trug die Untersuchung der „Altsachen" zu der Erkenntnis zeitlicher Tiefe bei. Der Glaube, daß Stonehenge von Druiden erbaut sei, die, als nach der Sintflut abgezweigte Judenpriester, die Ankunft des Messias erwarteten, ließ sich ebenso wenig halten wie die Auffassung, daß die Römer dieses spektakulärste Bauwerk Britanniens errichtet hätten. Die skandinavische Erkenntnis von drei Kulturphasen (der Stein-, Bronze- und Eisenzeit) erlaubte eine relative Zeitbestimmung auch der Ziergegenstände, was den Ansatz zu einer Geschichte der keltischen Kunst lieferte, und der Skelettreste, was zu einer rassenkundlichen Sicht auf das Keltentum führte. Die Funde von Hallstatt und La Tène ließ die neuentstehende keltische Archäologie auch auf den Kontinent ausgreifen.

Die nunmehr bekannten Kulturzeugnisse führten Ernest Renan und Matthew Arnold zu weitreichenden Spekulationen über die „keltische Rasse" und den „Geist der Kelten", Versuche eines ganzheitlichen Verständnisses keltischer Geistigkeit, die heute noch in Überzeugungen weiterleben wie der, daß die Kelten besonders schöpferisch und phantasievoll, um nicht zu sagen phantastisch, (gewesen) seien.

Die Forschungen der Archäologie, die Rückbesinnung auf die antike Überlieferung, das Interesse an der Sprache, besonders den Ortsnamen, und das seit dem Ossian erwachte romantische Interesse an den Kelten führte zu einer Keltenmode, ja mancherorts zu einer Keltomanie, welche die Kelten als Einwohner Alteuropas auf Kosten etwa der Germanen absolut setzte. Vielfach wurde das Germanische unter das Keltische subsumiert. So etwa in Bellinis „Norma".

Auch das moderne Medium der Comics hat sich bekanntlich der Kelten angenommen. Tatsächlich dominiert ja im Assoziationsraum „Kelten" heute das Element „Astérix" derart, daß kaum ein auf die Kelten bezüglicher Zeitungs- oder Magazinartikel denkbar ist, in dem der kleine bärtige Gallier nicht im Titel oder im ersten Satz, sozusagen als Repräsentant des Keltentums überhaupt, erschiene. Weniger geläufig werden dem Mitteleuropäer die ernsthaften Kelten-Comics sein, welche die „Sláine"-Reihe repräsentiert. Hier trifft man auf eine bemerkenswerte Sammlung begründeter, aber meist stereotyper und in vielen Fällen auch nur rein phantastisch-esoterischer Vorstellungen.

Die Faszination, welche von den Kelten auf die moderne Pop- und Jugendkultur ausgeht, verdankt sich auch ganz speziell John R. R. Tolkien, der einen Kunstmythos als Weltendrama geschaffen hat, in dem er auch die Keltenwelt als die der Elfen prominent einbezog. Die zunehmende Verzauberung der Welt durch diese Elementarwesen, die zwar auf schon viel älteren Wurzeln wie etwa Shakespeares „Sommernachtstraum" aufbaut, wurde duch Tolkiens Werk nachdrücklich gefördert.

Die „Wiederkehr der Kelten" wurde schon 1983 angekündigt.[1] Sie fahren auf einem skurrilen Streitwagen daher, auf einem grotesken Vehikel, das ich hier „fiktionale Wissenschaft" nenne. Dieser Terminus ist allgemeiner als der Begriff „Mytho-Logik",[2] meint aber im Grunde das gleiche oder ein nah verwandtes Phänomen. „Fiktionale Wissenschaft" ist natürlich in gewissem Sinne ein Spezialfall von Pseudowissenschaft, insoferne als sie mit dem Gestus der Wissenschaft sich als solche ausgibt, ohne nach unseren Begriffen der Wissenschaftlichkeit eine solche zu sein. Ich verwende den Begriff der „fiktionalen Wissenschaft" jedoch nicht etwa als Euphemismus, sondern um den Quasi-Kunstcharakter dieser in ihrer Weise schöpferischen „Wissenschaft" zu charakterisieren.

Ich kann das Gemeinte vielleicht an einem Beispiel illustrieren: Gesetzt den Fall, es geht mir um Werwolfbrauchtum und ich möchte beweisen, daß schon die alten Iren sich zu *samain* in Wölfe verkleideten, weil ich in meinem „Coven" lykanthropische Magie einführen will. Zufällig stoße ich auf eine Eintragung im altirischen Festkalender zum 31. Oktober,[3] wo man liest:

Faelán co méit methle,
sernait co slóg aithre
Ochtimbir ard ethre.

---

1 Sills-Fuchs (1983).
2 Von Demandt (2002), 148, mit Bezug auf Robert Ranke-Graves gebraucht.
3 Félire Óengusso, 219

Stokes übersetzte diese Verse mit:

> 'Faelán with many bands,
> they declare with a host of fathers,
> the lofty end of October.'

Da air. *fael* 'Wolf' bedeutet, denke ich an Werwölfe, die in „bands" auftreten und im Altertum gut belegt sind. Wie aus der Geschichte von *Conaire Mór* ersichtlich, sind es gemeinhin Jungkrieger. Hier feiern sie zusammen mit den älteren Kriegern, den „fathers", ihren dämonischen Vätern/Ahnen aus der „Anderswelt" Hallowe'en. Nun erfinde ich noch uraltes irisches Brauchtum, das sich – unüberprüfbar – in Donegal bis heute gehalten habe und von bestimmten nicht genannten Familien gepflegt werde.

So etwa könnte ein Baustein „fiktionaler Wissenschaft" aussehen. Ich werde gewiß weitere passende finden, um mein Schwindelgebäude zu errichten. „Schwindelgebäude" deswegen, weil ich mir ja der Unzulässigkeit meiner Schlüsse nach den Spielregeln der Wissenschaft bewußt bin, aber sie dennoch aus dem Lustgefühl, eine „zweite Wahrheit" herzustellen, ziehe und damit etwas „Kunstartiges" erschaffe. Elf Seiten später sagt Stokes, daß *Faelán*, das 'Wölflein', der Bruder des Hl. Fursa gewesen sei, der in Gallien das Martyrium erfahren habe und daher zusammen mit anderen „Vätern" gefeiert werde! Das versetzt meiner Werwolfphantasie zunächst einmal den Todesstoß, aber als „Fiktionsdidaktiker" werde ich mich hüten, so weit zu lesen.

Die im Folgenden als „Inventions-" oder „fiktionale Didaktik" eingestuften Thesen, etwa zur Baumleidenschaft der Kelten oder den Matriarchatsphantasien, deren Motive oft gut zu verstehen sind, haben in meinen Augen eine gewisse ästhetische Komponente, wie eben auch ein Bild von Picasso „schön" sein kann, selbst dann, wenn die Wirklichkeitsbezüge darin völlig verzerrt oder „ver-rückt" sind. Ich hoffe, es ist einsichtig, daß dies mehr ist als Mißverständnisse, schlampige Zitate usw.

In diesem Abschnitt beziehe ich mich auf Meinungen und Ansichten, wie ich sie häufig von Laien – meist Frauen – in Gesprächsrunden kennengelernt habe. Dann werden auch – wenn die Diskutantinnen über genügend Wissen verfügen – die „Vorbildfrauen" zitiert, in deren Reihe ich ganz bewußt historisch wenig faßbare oder gar fiktionale Gestalten wie *Cathleen ni Houlihan* aufnahm. Diesem ganzen Bereich der „fiktionalen Wissenschaft" wird man am ehesten gerecht, wenn man ihn mit den Augen mittelalterlicher Urkundenfälscher sieht,[1] also nicht primär mit der Vorstellung der Lüge, sondern unter dem Leitgedanken „es hätte ja so gewesen sein können, und die wirklich überlieferte Geschichte ist uns nur durch Zufall oder irgendwelche ungünstige Konstellationen – z.B. Unterdrückungsmechanismen des Patriarchats – die Überlieferung schuldig geblieben."

Indem sich die Inselkelten, besonders die Iren, mit der „großen Gabe der Rede",[2] zu Wort melden, vertiefen sie durch Beschäftigung mit den angestammten Traditionen, insbesondere auch der lange vergessenen Ulster-Sage und ihrer Haupttradition der *Táin Bó Cuailnge* 'Das Wegtreiben der Rinder von Cooley',[3] ihr eigenes nun auch realpolitisch manifest werdendes Selbstbewußtsein, vermitteln aber auch uns die spezifischen Themata, was nicht selten Hand in Hand ging mit dem Aufblühen der keltischen Philologie. Das führt zur Entstehung und bewußten Gestaltung von Irishness oder Welshness, aber auch zu dem verschwommeneren Begriff, den wir als „Celtic atmosphere" bezeichnen können. In ihm summiert sich an Wunderbarem, was wir von der Tafelrunde des Arthur wissen, die Faszination der Nebel-, Meer- und Steinlandschaft, die uns seit Ossian erregt, das heroische Heldentum im Dienste der Muttergottheit und die heiligen Bäume, insbesondere die Apfelbäume von Avalon. Immer ist die „Celtic atmosphere" auch geheimnisvoll oder „mystisch". Einer der bedeutendsten Keltologen, Kenneth H. Jackson, stellte fest, kein Waliser könne ein Buch voll höchst realistischer und zynischer Kurzgeschichten schreiben, ohne daß darin zumindest ein Kritiker die Spuren von „Celtic mysticism" erkenne.[4]

Die heutige alltägliche Lebenspraxis in unseren Breiten, aber auch in

---

[1] Wichtig zu dieser Frage ist Fuhrmann (2002), 48–62.
[2] Wagner (1963b), 292–364.
[3] Die Traditionen sind nacherzählt in: IHK. Edition und Übersetzung: O'Rahilly (1967); O'Rahilly (1976); Kinsella (1969); Carson (2007). Die Literatur zur Ulstersage ist sehr beachtlich. Eine gute Orientierung über die *Táin* bietet der Sammelband: Aspects of the Táin.
[4] Breeze (1991), 670.

Nordamerika, zeigt immer wieder Spuren von zum Teil modischer Keltenrezeption. Ob wir nun ein Kleidungsstück mit Schottenkaro tragen, der keltischen Volksmusik lauschen, die ja dann auch zu Pop und Metal mutieren kann, oder im Irish Pub die typischen Getränke konsumieren. Wir nehmen an der Event-Kultur teil, ebenso wie an den Paraden zu St. Patrick's Day, bewundern die starken Männer bei Highland-Games und fürchten, daß zu Hallowe'en der Autoreifen undicht wird. Wir suchen die Kelten in der Landschaft auf, indem wir einen Keltenwanderweg begehen oder lassen uns gar ein keltisches Motiv auf den Körper tätowieren. Seit den Tagen der Königin Victoria fasziniert das keltische Kunsthandwerk durch einen unerhörten Zauber.

Die große Anziehung, welche die Kelten auf uns ausüben und die berechtigte hohe Wertschätzung altkeltischer Handwerkskunst verführten da und dort auch zu vermeintlichen oder wirklichen Fälschungen, was hier einigermaßen ausführlich an dem spektakulären Fund eines Goldkessels im Jahr 2001 dargestellt wird.

Zuletzt ist auch noch das moderne Neuheidentum zu berücksichtigen, das freilich in seiner Vielfalt nicht systematisch dargestellt werden kann. Hier ergeben sich ständig Neugruppierungen und eine für den außenstehenden Beobachter verwirrende Fülle von Strömungen, deren Schattierungen durch Einkreuzung sehr unterschiedlicher Traditionen wie etwa germanisch-skandinavischer, indischer, indianischer oder auch satanistischer und die „Erkenntnisse" der „fiktionalen Wissenschaft" entstehen. Einen solchen Synkretismus bietet *Summerisle* in dem Horrorfilm „Wicker-Man", die *Wicca*-Religion, in christlich beeinflußter Einbettung auch „Celtic Wisdom". Besonders interessant ist der Neodruidismus, weil sich in ihm die vorgeblichen Reste des bardischen Geheimwissens und der walisischen *Eisteddfod*-Kultur mit der Freimaurerei verbanden, so daß plötzlich die ägyptische Isis auch die Allnaturmutterweisheit der Druiden bezeichnen konnte.

Bevor ich mich dem heutigen landläufigen Keltenbild zuwende, ist noch vom Ergebnis einer von mir angeregten Publikumsbefragung zu berichten, bei der die Spontanassoziationen auf bestimmte von der Versuchsleiterin Stefanie Patzer gestellte Fragen erhoben wurden.[1] Befragt wurden Studierende, Schüler der Oberstufe des Gymnasiums und Passanten auf dem Biomarkt der Freyung in Wien. Das Sample mit 350 Auskunftspersonen ist relativ groß und, wie ich hoffe, einigermaßen repräsentativ, wenn uns auch klar ist, daß die in Wien erzielten Ergebnisse nicht unbedingt allgemein gültig sein werden, weder für Österreich, geschweige denn andere Länder, noch bezüglich der Gesellschaftsschichten. Einige der Antworten waren vorhersehbar, bei anderen (etwa bezüglich Schottland) war ich überrascht, offenbar weil ich als Keltologe und Intellektueller doch einigermaßen betriebsblind bin.

Ich werde im Folgenden immer wieder auf die Befragung zurückkommen, hier seien nur die allgemeinen Themen genannt: bei „Kelten" assoziierten von 350 Befragten 324 Antwortende mit maximal 925 Antworten (wenn Mehrfachantworten möglich waren): 12,3% (114 Personen) spontan „Vergangenheit", 12,1% (112 Personen) „Volk", 5,3% (49 Personen) „Irland" und 4,4% (41 Personen) „Druide". Die restlichen weit gestreuten Antworten erreichten keine signifikanten Prozentzahlen. Die Assoziationen sind also relativ uneinheitlich. Die Spitzenwerte können nahelegen, daß man die „Kelten" vor allem als eine historische Größe sieht. Auf die Frage „Welche der folgenden 30 europäischen Sprachen sind keltisch" (Mehrfachantworten möglich) antworteten 350 Befragte und kreuzten 834 mal die angegebenen Sprachen an. Dabei wurde von 18,44% (269 Personen) „Schottisch-Gälisch" am öftesten genannt, gefolgt von „Irisch-Gälisch" mit 16,99% (252 Personen) und „Walisisch" – die Sprachbezeichnung *kymrisch* ist in breiteren Kreisen unbekannt –, das 11.06% (164 Personen) der abgegebenen Antworten erreichte. Zurück blieb „Bretonisch" mit 8,90% (132 Personen), das schon in die Nähe des (germanischen) „Isländisch" (7,35% mit 109 Personen) gelangte. Die Bretagne und ihre keltische Kultur sind überhaupt am wenigsten bekannt: Auf die Frage „Was fällt Ihnen spontan zu 'Bretagne' ein?", die nur 242 Personen mit 496 Assoziationen beantorteten, nannten 28,83% (143 Personen) „Frankreich", 15,32% (76 Personen) „Landschaft/Natur", 12,3%

---

[1] Patzer (2009).

(61 Personen) „Meer/Küste" und immerhin 8,87% (44 Personen) – für mich überraschend – „Essen". Die Bretagne wird also vorwiegend mit „Natur" assoziiert, jedenfalls weniger als Kulturland angesehen.

Auf die Frage, in welchem Teil Europas längere Zeit Kelten gelebt hätten, liegt der erstaunliche Spitzenwert der mit „Ja" antwortenden Befragen mit 67,4% (236 Personen) bei „Nordeuropa", es folgen „Mitteleuropa" mit 63,1% (221 Personen) und „Westeuropa" mit 58%. (203 Personen). „Osteuropa" (7,46% das sind 57 Personen) und „Südeuropa" (6,15% das sind 47 Personen) gelten nur wenigen als Keltenländer.

Entgegen der keltomanischen und esoterischen Literatur, welche die österreichische Volksüberlieferung möglichst auf keltische Quellen reduzieren will (s. unten S. 740), orten 350 Befragte die „Wurzel des Österreichers" zu 32,55% am stärksten im „Germanentum", zu 28,55% am zweitstärksten im „Römertum", zu 26,08% am drittstärksten im „Keltentum" und zu 13,03% am Geringsten im „Slawentum".

Betrachten wir nun die Vorstellung von den Kelten im Einzelnen!

Im Gegensatz zum antiken Keltenbild, das noch bis in das 19. Jh. zu belegen ist, mit seiner starken Betonung der Wildheit, Grausamkeit und Prahlsucht liegen der modernen Keltenfaszination und -rezeption, wie ich schon mehrfach ausgeführt habe,[1] sechs Topoi oder Klischeevorstellungen zugrunde, wobei ich diese Bezeichnungen wertneutral gebrauche, denn ein Klischee oder Vor-Urteil muß nicht immer und notwendig falsch sein. Es handelt sich vielmehr um großzügige und unzulässige Verallgemeinerungen eines an sich meist vorhandenen Tatbestandes.

Diese Stereotypen oder Vor-Urteile lauten:
1. Die Kelten sind nonkonformistisch.
2. Die Kelten waren im Einvernehmen mit der Natur, hatten tiefe Einsichten in sie, kannten an ihr keinen Raubbau und keine Umweltzerstörung.
3. Die Kelten lebten in einer matriarchalischen, vielleicht sogar gewaltfreien Gesellschaft.

---
1 Birkhan (2001); Birkhan (2006a).

4. Die Kelten sind besondere Meister des Kunsthandwerkes.
5. Die Kelten sind besonders phantasievoll.
6. Die Kelten kommen aus dem Dunkel, man weiß von ihnen zu wenig, so gut wie nichts: Sie sind schlechthin geheimnisvoll. Das rätselhafte Volk.

Ich habe schon mehrfach zum Wahrheitsgehalt der ersten fünf Topoi Stellung genommen.[1] Es genüge, darauf hinzuweisen, daß er verschieden hoch ist. Topos (1) vom Nonkonformismus und Topos (4) vom Kunsthandwerk haben den höchsten, Topos (2) von den Kelten als den alternativen „Ur-Grünen" und (6) von den Kelten als den ganz und gar Mysteriösen den geringsten Wahrheitswert.

Was Topos (2) von dem sagenhaften ökologischen Bewußtsein angeht, so müssen wir zunächst feststellen, daß dies toposhaft auch den nordamerikanischen Indianern zugeschrieben wird – wie auch fälschlich deren Häuptling Tecumseh die Warnung, daß man Geld nicht essen könne – und sodann unterscheiden, was die Kelten uns sagen und was wir, von uns aus, in sie hineindeuten.[2]

Obwohl der Keltologe über den Dingen stehen sollte, was ihm im Falle der Keltenesoterik leicht genug fällt, kann er nicht über starke emotionale Bande zu den keltischen Ländern und ihren Bewohnern hinwegsehen. Es gilt, dem persönlich Erfahrenen den Stellenwert des Subjektiven zuzuerkennen und es als *ineffabile* zu belassen. Rückschauend werden meine Leser übrigens erkennen, daß ihre „Kelten-Erlebnisse" nicht selten solche der Natur waren.

Dazu sagt der irische Priester und Philosoph John O'Donohue (1956–2008) in seinem *Anam-chara*, dem 'Seelenfreund' (1998) etwas sehr schwärmerisch und damit dem Klischee Nr. 2 Vorschub leistend:

> „All through Celtic poetry you find the colour, power and intensity of nature. How beautifully it recognizes the wind, the flowers, the breaking of the waves on the land. Celtic spirituality hallows the moon and adores the life-force of the sun. Many of the ancient Celtic gods were close to the sources of ferti-

---

[1] Birkhan (2001), 94–104; dazu auch Birkhan (2005b), 469–483.
[2] Dazu zuletzt Kowarik (2008); Penz (2008).

lity and belonging. Since the Celts were a nature people, the world of nature was both a presence and a companion. Nature nourished them; it was here that they felt their deepest belonging and affinity."

Bis hierher war von keinen keltischen Spezifika die Rede, denn wer wollte bestreiten, daß diese Naturverbundenheit auch für andere Bauern- und Hirtenvölker galt, ob wir nun an die Griechen oder die Skandinavier der nordischen Bronzezeit mit ihrem so wichtigen Sonnen- und Fruchtbarkeitskult denken. Bemerkenswert ist, wie O'Donohue nun fortfährt. Indem er nämlich die keltische Naturpoesie, die freilich in dieser Form nur von den Iren überliefert ist, noch bestimmter erwähnt, legt er wirklich den Finger auf eine große kulturelle Besonderheit und Leistung, die in dieser Form der reinen Lyrik in Alteuropa einmalig ist. Die mönchischen Verfasser waren keine Ur-Grünen und keine Umweltfanatiker, aber sie verstanden sich als Teilhaber an der Natur und waren dadurch, wie Patrick in der ihm zugeschriebenen *Lorica* (eigentlich 'Brustpanzer'), imstande, sie zu ihren Gunsten magisch zu beschwören. Auch dem Ur-Dichter Amairgen wurden vergleichbare Aussagen zugeschrieben. O'Donohue sagt also weiter:

„Celtic nature poetry is suffused with this warmth, wonder and belonging. One of the oldest Celtic prayers is a prayer called 'St Patrick's Breastplate'; it's deeper name is 'The Deer's Cry': there is no separation between subjectivity and the elements. Indeed it is the very elemental forces which inform and elevate subjectivity:
I arise today
Through the strength of heaven:
Light of sun,
Radiance of moon,
Splendour of fire,
Speed of lightning,
Swiftness of wind,
Depth of sea,
Stability of earth,
Firmness of rock."

Gerade was das Klischee (6) betrifft, das sich häufig in Buchtiteln niederschlägt und sie verkäuflicher macht,[1] ist festzustellen, daß wir über die Kelten von allen Barbarenvölkern Alteuropas am besten informiert sind. Das hängt natürlich damit zusammen, daß sie viel früher als z. B. Germanen, Slawen, Balten, Albaner oder Magyaren in das Licht der Geschichte getreten sind, d.h. von antiken Autoren erwähnt und beschrieben wurden. Natürlich kommt ein solches Volk an die Träger eigener alter Schriftkulturen wie Ägypter, Babylonier, Inder, Chinesen, Griechen und Römer hinsichtlich späterer Nachrichten über sie nicht heran, aber vergleichsweise wissen wir doch mehr von ihnen als über die genannten anderen Ethnien. Oder etwas burschikos ausgedrückt: Wären die Druiden nicht solche Schreibmuffel gewesen, dann müßten Otto Normalverbraucher und Elisabeth Müller die Kelten nicht gar so rätselhaft finden.

Bei den übrigen Topoi (3) und (5) kann man vielleicht einen auch für den Wissenschaftler nachvollziehbaren Kern herausschälen, so überwuchert er auch sein mag. Das werden hoffentlich die folgenden Zeilen (s. unten S. 597ff. und 462ff.) in differenzierterer Form begründen. Im Zentrum des geistigen keltischen Erbes stehen die Vorstellungen von der Anderen Welt,[2] Jenseitsreiche der Götter, Elfen und Toten, unterirdisch oder horizontal disloziert, schrecklich oder anziehend, omnipräsent in den Jenseitsreisen, im ritterlichen *âventiure*-Raum ebenso wie in der Welt der Finn-Sage. Die stete Präsenz der Anderen Welt wirkt sich in Topos (5) von den „phantastischen" Kelten aus. Beim „Matriarchat" (3) gibt es zumindest Ansatzpunkte, die bei entsprechendem „Erkenntnisinteresse" mißverstanden und bei fiktionaldidaktischer geeigneter „Argumentationsstrategie" ideologisiert werden konnten.

Zu diesen sechs Stereotypen kommt nun noch das, was ich „*fascinans* des Großen Steines", von Menschenhand zugerichtet oder nicht, ge-

---

1   Immerhin erscheinen diesbezügliche Hinweise gerne in Titeln; vgl. Lengyel (1976); Hope (1990); Herm (1991); Das Rätsel der Kelten; Damals (2002); Zimmer (2004); Krause (2007); in Cunliffe (2000), 8 – 20, heißt zumindest ein Kapitel „Ein Volk aus dem Dunkel der Vorgeschichte". In Wood (1998) steht im Untertitel „Alltag, Kunst und Mythen eines sagenhaften Volkes". Im Gegensatz dazu hält sich etwa Staudte-Lauber (1995) in ihrem allerdings sehr elementaren Büchlein von solchen Mystifikationen fern.
2   Dazu etwa Patch (1950).

nannt habe. Es kann mit dem „*fascinans* des Grabes" kombiniert sein, ist universell und gilt z.B. auch für die Osterinseln und die Megalithkulturen im Allgemeinen,[1] aber doch für die Kelten ganz besonders, weil ja Gebilde wie Stonehenge, der Newgrange Tumulus oder die Steinreihen von Carnac (Bretagne) und Callanish (Lewis; Äußere Hebriden), wie noch zu zeigen sein wird, von Anfang an die Keltenbegeisterung auf sich gezogen haben. Die Welt Ossians wäre ohne Grab, Dolmen und Menhir ebensowenig vorstellbar, wie die des Obelix ohne Hinkelstein. Das „*fascinans* des großen Steines" hat aber insofern weitere Konsequenzen, als nun in der neuen Keltenrezeption alle großen und auffälligen Steine, erratische Blöcke aus der Eiszeit mit oder ohne Schälchen, Löchern oder Bearbeitungsspuren zu „Keltensteinen" erklärt werden.

So hatte man schon im Dritten Reich die Megalithen, aber auch Granitfindlinge mit oder ohne Hinweis auf Bearbeitung mit höchsten Ehren bedacht. Die Hitlerjugend hatte über deren Reinhaltung zu wachen, „denn es handle sich nicht um Ausflugsziele, neben denen man Butterbrote auspacke oder Fotos mache."[2] Die Megalithen, inklusive Stonehenge, galten als „deutsches", weil „nordisches Kulturgut", ja „man verehrte beinahe schon in jedem Granitbrocken ein Dokument kraftvollen und 'urgermanischen' Wesens." Man sagte von den Errichtern dieser Kultstätten: „Die Alten wandelten den Urkult zur Kult-ur."[3] Man ersetze in diesen letzten Sätzen die Adjektiva „deutsch", „nordisch" und „germanisch" durch „keltisch" und erhält einen Text, wie er ohne weiteres zu den modernen keltomanischen Schriften einer Sills-Fuchs oder Resch-Rauter passen würde.

Die Neigung, auffällige Naturobjekte wie eben besonders gewaltige und absonderlich geformte Steine mit erklärenden (aitiologischen) Sagen zu bedenken, ist ein Universale, traf aber deshalb besonders die Kel-

---

1 Dazu umfassend: Ferguson (1871). Auf der Landfriedalm auf dem Dachstein-Hochplateau befindet sich ein sehr markanter Steinquader, Ergebnis eines Felssturzes, mit einem Grundriß von 8 x 8 m und einer Höhe von 4 m. Er diente lange als christliche Betstätte den umwohnenden Sennerinnen, bildet den Grenzstein zwischen Oberösterreich und Steiermark und heißt „Altarstein", obwohl er nie als Altar diente; Dachstein, 249f.
2 Sünner (1999), 68.
3 Sünner (1999), 69.

ten (vormals die Germanen), weil man diesen als den erlauchten Ahnen grundsätzlich alles Erhaben-Naturhafte, also auch große Steinsetzungen und -bearbeitungen, sowie Steinkulte, zutraute. Geändert hat sich nur die Art der Verehrung: Durfte der Pimpf der Hitlerzeit nicht einmal sein Butterbrot beim Dolmen essen, so würden die heutigen keltomanischen Esoteriker wohl an einem Coitus auf dem Dolmen nichts auszusetzen haben.

Das Ziel meines Buches wäre erreicht, wenn es der Leserin und dem Leser die Kelten nicht nur als liebenswert erscheinen ließe, sondern einen Eindruck vermittelte, wieviel unsere abendländische Tradition am Beginn des dritten Jahrtausends ihnen an spirituellem Feuer im Christentum und an anderen Kulturleistungen verdankt, die in einem sehr großen Teil der Welt rezipiert wurden und sich in vielen Facetten unseres geistigen Lebens brechen.

Sie sind das, was William Butler Yeats „a gift to the imagination of the world" genannt hat.

A. Das insulare Christentum und seine Botschaft auf dem Kontinent

1. Vorspiel: Die Bekehrung der Inselkelten

Unter den sogenannten Barbaren waren die Kelten die ersten, die sich zum Christentum bekehrten, nämlich die im kleinasiatischen Galatien, an die der Apostel Paulus um 54 den Galaterbrief richtete. Dabei ist allerdings umstritten, ob unter *Galatia* nur Nordgalatien, das alte keltische Königreich mit den Orten Tavium (beim heutigen Büyüknefes), Ankyra (Ankara) und Pessinūs (dem Ursprungsort des *Kybele*-Kultes; jetzt Balıhisar) gemeint ist, oder der römische Verwaltungsbezirk Galatia, der die südlich gelegenen Gebiete Pisidien und Lykaonien miteinschloß. Aus der Apostelgeschichte kennt man mehrere Missionsreisen des Apostels in das Land der Galater (Apg. 16, 6; 18, 23). Auf einer war er erkrankt (Gal. 4, 13), wurde aber von der Bevölkerung freundlich aufgenommen und hatte als Missionar Erfolg. Im Galaterbrief ermahnt er nun seine Schäfchen zur Festigkeit im Glauben gegen die Wirkung bestimmter Irrlehrer, deren Lehre wir nur schattenhaft wahrnehmen. Sie versuchten den heidnischen Glauben an die „Naturmächte" (Gal. 4, 9f.) durch einen judenchristlichen Synkretismus zu ersetzen, der die Beschneidung (Gal. 2, 2–9) vorsah. Dagegen wandte sich Paulus in diesem Brief.[1] Später, um 360, bereiste der hl. Hieronymus, der unter Galatien offenbar nur das alte Nordgalatien verstand, diese Gebiete und hielt die für uns belangvolle Nachricht fest, daß die Sprache der Galater jener der Einwohner von Trier sehr ähnlich sei,[2] was auf Fortbestand des Gallischen und des Galatischen noch im 4. Jh. weist.

Seit dem 2. Jh. gab es Christengemeinden in Südgallien, wo besonders Arles Bedeutung hatte.[3] Im 4. Jh. war auch der Norden Galliens und ein Teil der römischen *Germaniae* missioniert.

---

1 Mikolaski (2006), 355–375. Vgl. auch Apg 15, 1–20; Röm 4, 12.
2 Hieron, Comm. in ep. ad Galat. II, 3 = MPL 26, 357.
3 Zu diesen und den weiteren Akten der Keltenbekehrung s. Dillon-Chadwick (1967), 159–205; Vogt (1994), 13–26.

Besonders bedeutsam sollte für die Kelten der hl. *Martinus* werden.[1] Dieser wurde um 316/317 in Sabaria, der Hauptstadt der römischen Provinz Pannonien, dem heutigen Steinamanger/Szombathely, als Sohn eines römischen Offiziers geboren. In Pavia erzogen, trat er mit 15 Jahren in die römische Armee ein, wo er den Fahneneid (das *sacramentum*) zu leisten hatte. Er diente dann in einer Eliteeinheit, der berittenen kaiserlichen Leibgarde, zunächst unter Constantin und später unter Julianus (Apostata). Während seiner Dienstzeit bereitete sich Martin drei Jahre lang auf die christliche Taufe vor. Um 334 war der achtzehnjährige Gardeoffizier in Amiens, im Land der Ambiani, stationiert. In diese Zeit fällt die berühmte Mantelteilung.

> Mitten im harten Winter begegnete Martin am Stadttor von Amiens einem armen, unbekleideten Mann. Aus Mitleid teilte Martin seinen Militärmantel (das *sagum*) mit einem Schwertstreich und gab die eine Hälfte dem Armen, wobei er sich dem Spott seiner Kameraden und einer militärischen Disziplinarstrafe aussetzte. In der Nacht nach der Mantelteilung, erschien dem Offizier im Traum Christus, mit Martins halbem Militärmantel bekleidet. Er sprach zu den ihn umgebenden Engeln: „Martinus, der noch nicht getauft ist, hat mich mit diesem Mantel bekleidet!" In diesem Traum sah der junge Krieger eine Aufforderung, den Militärdienst aufzugeben, um in den Dienst Gottes zu treten. So ließ er sich in Amiens, damals schon Bischofssitz, taufen. Seinen Militärdienst gab er aber noch nicht auf, weil sein Hauptmann, mit dem er befreundet war, ihn gebeten hatte, erst nach zwei Jahren um die Entlassung zu bitten.

Als die Germanen erneut in Gallien einfielen, zogen die Römer am Rhein ein Heer zusammen.

In *Borbetomagus* (Worms) kam es zu der entscheidenden Konfrontation zwischen dem Christen Martinus und dem heidnischen Kaiser Julian Apostata, wobei Martin den Militärdienst aufkündigte, um nur mehr als „Soldat Christi" zu kämpfen. Als der Kaiser ihm Feigheit vorwarf, erbot sich Martin nur unter dem Schutz des Kreuzes, ohne Schild und Helm,

---

[1] Das Folgende nach http://www.heiligenlexikon.de/BiographienM/Martin_von_Tours.htm (16. 5. 2008); vgl. die umfangreiche Literatur in ODS, 350–352.

sicher durch die Reihen der Feinde zu gehen. Ehe es jedoch dazu kam, sandten die Germanen eine Botschaft und ergaben sich dem Kaiser. Nach seiner Entlassung begab sich Martin nach Poitiers, um Schüler des Bischofs *Hilarius* zu werden und sich zum Priester weihen zu lassen. Anschließend wollte er seine noch heidnischen Eltern bekehren. Aber in seiner Heimat Pannonien hatte sich inzwischen der Arianismus ausgebreitet, der das göttliche Wesen Christi leugnete. So konnte er nur seine Mutter für das orthodoxe Christentum gewinnen. Martin, der wie auch Hilarius zeitweise von den Arianern verfolgt wurde, gründete um 360 in Ligugé ein Kloster.

Wegen seines segensreichen Wirkens sollte er Bischof von Tours werden, doch wollte er sich dem Amt entziehen und versteckte sich, wie jüngere Quellen wissen, in einem Gänsestall, wo ihn das aufgeregte Geschnatter der Gänse verriet, die wohl schon ahnten, welches Schicksal ihnen später zu Martini bevorstehen würde. So wurde er aufgespürt und am 4. Juli 372 zum Bischof geweiht. Auch als Bischof lebte er die Tugend der Demut und die Bescheidenheit vor und regierte von einer Klosterzelle aus, da er keinesfalls auf die Askese verzichten wollte. Er stiftete das auf einem Felsen über der Loire gelegene Kloster *Marmoutier* (< *Maius Monasterium*), in dem die Askese hochgehalten wurde und das zahlreiche Missionare und Bischöfe hervorbrachte. Die von ihm berichteten Wunder(heilungen) ließen ihn als mönchisches Ideal des Priesters, Arztes und Nothelfers erscheinen.

Martins älteste Biographie, die *Vita S. Martini* (um 395) von dem Aquitanier Sulpicius Severus (um 363–425), schildert in beispielhaften Episoden, wie der Bischof unerbittlich gegen nichtchristliche Kultstätten, insbesondere keltische Baumheiligtümer, unterstützt von „bewaffneten Engeln", vorging. Dabei verstand er es, die heidnischen Kultstätten, Kulte, Feste und Bräuche christlich neu zu interpretieren. In Trier unterstützte er vor Kaiser Maximus 386 die asketische Bewegung des Hispaniers *Priscillianus*, die Priscillianisten, die auf der Synode von Saragossa 380 als Sekte verdammt worden war. Zum ersten Mal hatte man wegen Ketzerei ein Todesurteil ausgesprochen. Die Intervention nützte nichts, und Priscillian wurde mit sechs Gefährten in Trier lebendig verbrannt.

Martin starb am 8. November 397 (was dem weit entfernten hl. Severin an der Donau ein Engelchor meldete) als 81-jähriger und wurde in Tours unter ungeheurer Anteilnahme der Bevölkerung am 11. November beigesetzt. Wir feiern mit dem Martinstag bzw. mit Martini, also nicht, wie sonst üblich, den Todestag als Ankunftstag im Himmel, sondern den Beisetzungstag des Heiligen.

Ohne in der erst später üblichen Form eigens kanonisiert zu werden, wurde Martin im offiziellen Kult der Kirche verehrt. Nicht mehr ein Märtyrertod, sondern sein Leben und Wirken begründeten seine Einordnung als Bekenner. Das Leben eines Confessors galt als unblutiges Martyrium (*martyrium sine cruore*), der Bekenner als *martyr ex voto*, was für das irische Christentum noch wichtig werden sollte. Das Grab, über dem sich im 5. Jh. zunächst eine Kapelle, dann eine prächtige Basilika mit klösterlicher Cella erhob (aus der die Abtei St. Martin entstand), wurde das von Pilgern bis ins späte Mittelalter besuchte fränkische Nationalheiligtum und eine der meistfrequentierten Wallfahrtsstätten. Der Frankenkönig Chlodwig (481–511) erhob Martin schließlich zum Nationalheiligen und Schutzherrn der fränkischen Könige, die seitdem Martins Mantel in Schlachten (als Reichskleinod) mitführten. Popularität im gesamten christlichen Abendland gewann Martin durch die über ihn verfaßten Viten.

> Die genannte *Vita S. Martini* des Sulpicius Severus wurde zum Muster christlicher Hagiographie: die Beschreibung der Nachfolge Christi durch das Beispiel des jeweiligen Heiligen. Daneben stehen die jüngeren Viten des Paulinus von Petricordia (*Vita S. Martini episcopi*) um 470, Venantius Fortunatus mit der *Vita S. Martini Turoniensis* (2. Hälfte des 6. Jh.s) und vor allem Gregor von Tours (538 – 594) mit *De virtutibus S. Martini*. Bis zum Ausgang des Mittelalters sollen allein in Frankreich 3.667 Martinskirchen bestanden haben.[1]
> Zu deren Besonderheit gehörte ihre Lage *extra muros*, wie man in Trier, Köln, Bonn, Bamberg usw. bis heute sehen kann. Später entwickelte sich ein reiches Martinsbrauchtum, was uns hier nur insoferne interessiert, als sich die Lichterumzüge zu Martini da und dort später mit dem Hallowe'en-Brauchtum vermischt zu haben scheinen.

---

[1] Nach: http://www.martin-von-tours.de/geschichte/braeuche.html (16. 5. 2008)

Für die moderne Keltenrezeption könnte die gallische liturgische Musik bedeutungsvoll werden. Iégor Reznikoff, der selbst den gallikanischen Kirchengesang praktiziert, wie seine Tonaufnahmen eindrucksvoll belegen, konnte zeigen, daß hier bis zum Durchdringen des sogenannten Gregorianischen Chorals im 9. Jh. durchwegs verschiedene „Dialekte" des gallischen Gesanges vorherrschten.[1] Hier stand etwa eine Schule von Metz mit dem späten Vertreter *Chrodegang* einer aquitanischen Schule gegenüber, die sich an die Namen *Sulpicius Severus*, *Sidonius Apollinaris* und den des hl. *Mamertus* (ca. 400 – ca. 475), knüpft, wobei letzterer als Bischof von Vienne die Liturgie durch neue Gebete und Litaneien bereicherte. In einer Zeit, in der die „spirituellen" Werte des Gregorianischen Chorals wieder entdeckt und entsprechende Aufnahme fast wie Hits vertrieben werden, ist sozusagen täglich auch mit der Entdeckung des gallischen Kirchengesangs auf breiter Basis zu rechnen.

Bedeutsam sind für den Keltologen St. Martin und Tours deshalb, weil von ihnen aus die Missionierung der Inselkelten mit der Einführung des monastischen Lebens begann.

Zwar behaupten walisische Sagen- und Legendentraditionen, daß Joseph von Arimathäa auf Wunsch des Apostels Philippus das Christentum in Britannien eingeführt und zeichenhaft den im Winter blühenden Weißdorn in Glastonbury hinterlassen habe (s. unten S. 202), oder *Bendigeitvran* (s. unten S. 114) als erster das Evangelium gepredigt oder der britannische König *Lucius* zuerst Papst Eleutherius (174–189) um die Entsendung von Missionaren gebeten habe, doch gibt es für all diese Annahmen keine soliden Anhaltspunkte. Immerhin konnte Tertullian schon um 200 schreiben, daß der Christenglaube in Britannien auch in Landesteilen herrsche, die den Römern nicht zugänglich seien, also im Norden jenseits des Hadrianswalles. Dieses allererste Christentum dürfte nicht durch Klöster und Mönchstum bestimmt gewesen seien, sondern wurde von Männern und Frauen, die römische Staatsbürger waren, in

---

1   Reznikoff (1980). Zur Diskographie: Den besten Zugang bietet CD 3 der Harmonia mundi-Produktion „Music from the Earliest Times", auf der Reznikoff 9 seiner bemerkenswertesten Darbietungen (eine Reihe gallischer Alleluias, das Offertorium *Scapulis suis*, *Alleluia Martinus* und das Offertorium *Martinus igitur*) zu Gehör bringt.

kleinen Gemeinden, sozusagen privat, verwaltet. Ein gutes Beispiel bildet die Villa von Lullingstone (Kent), deren Bewohner, wie das *Chi-Rho*-Monogramm und andere Indizien lehren, zwischen 364 und 370 zum Christentum übergetreten sind.[1] Aus dieser Personengruppe scheint St. Patrick hervorgegangen zu sein. Jedenfalls waren die Christen schon von den Verfolgungen unter den Kaisern Decian, Valerian und Diocletian (303–312) betroffen. Diesen fielen die Britannier *Albanus* von *Verulamium*, sowie *Aaron* und *Iulius* von *Urbs Legionum* (*Caerleon*) zum Opfer. Auf den Konzilen von Arles (314) und Rimini (359) waren schon britannische Vertreter anwesend.[2]

Der große Vermittler des monastischen Christentums war aber wohl der hl. *Ninianus* (*Niniānos, Niniāvos*, kymr. *Nyniaw*; ca. 360 – ca. 432),[3] ein Britannier aus Cumbrien (jetzt Cumberland), der 385 in sechs Monaten zu Fuß nach Rom gepilgert sein soll, um dort eine geistliche Erziehung zu erhalten. Er wurde von Papst Siricus 394 zum Bischof geweiht und erhielt den Auftrag, Britannien zu missionieren. Auf der Rückreise in seine Heimat lernte er in Marmoutiers den hl. Martin kennen. Er freundete sich mit ihm an und hielt sich eine Zeitlang in dessen Abtei auf, wo ihn Martin zur Missionierung der Briten und zum asketischen Mönchsleben ermutigte, was ihn offenbar tief beeindruckte. Mit Hilfe von Handwerkermönchen aus Tours baute er 397 die erste Kirche in Schottland, nördlich des Hadrianswalls: Auf einer Felshalbinsel am Solway Firth (Kirkcudbright) errichtete er zunächst eine kleine Kapelle, die dem im gleichen Jahr verstorbenen Martin geweiht war und daher schott.-gäl. *Taigh Mhàrtainn* 'Martinshaus' heißt. Es war ein mit Kalk geweißter Steinbau, der nach seiner Farbe *Candida Casa* hieß, was in ags. Übersetzung *hwît ærn* > *Whithorn* (so der heutige Name) ergab. Archäologische Funde der jüngeren Zeit sollen Reste des weißen Mauerwerkes ans Licht gebracht haben.[4] Das Kloster

---

1 Dillon-Chadwick (1967), 169; Liversidge (1968), 455–463.
2 Williams (1962), 84 – 89, der kurioserweise den Namen des Hl. *Ninian* kein einziges Mal erwähnt.
3 HL IV, 1875, 573f. = http://www.zeno.org/Heiligenlexikon-1858; http://www.zeno.org/Heiligenlexikon-1858/K/HeiligL-1858-004-0573 und http://www.zeno.org/Heiligenlexikon-1858/A/Ninianus,+S.+(1); ODS, 389f. Lehane (1968), 122–124.
4 Dazu: http://en.wikipedia.org/wiki/Whithorn (16. 5. 2008)

bestand aus einer Anzahl einzeln stehender Steinzellen mit einer zentralen Feuerstelle. Es war das allererste Kloster auf den Britischen Inseln, und ein großer Teil der weiteren Missionierung scheint von hier seinen Ausgang genommen zu haben. Als „Leitmotiv" sollte das St. Ninian-Kreuz stehen. Es vereinigt den Knoten mit dem polyvalenten Kreis.

Um 730 wurde der Ort zum Sitz des Bischofs von Northumbrien. Damit entstand an der Stelle der Kapelle eine sehr bescheidene Kathedrale, welche die Reste des Niniansgrabes mit seinen Säulen und die zum Grab führenden Stufen enthielt. Der Ostteil der Kirche wurde nur noch als Grablege genutzt. Heute besteht der Bau lediglich als Ruine. Whithorn war das Ziel vieler Pilger, u.a. König Jakobs IV., Jakobs V. und Mary Queen of Scots und wird auch heute noch als Pilgerstätte aufgesucht. In der Nähe (7 km entfernt) liegt St Ninian's Cave, wo der Heilige meditiert haben soll und wo archäologische Funde auf Verehrung mindestens ab dem 10. Jh. hinweisen.

> In Whithorn befinden sich noch zwei frühchristliche Steine. Einer enthält die Inschrift
>
> *LOGI T PETRI APVSTOLI*
>
> mit *logi* für *logii* als Gen. von spätlat. *logium* 'Aufenthaltsort' und sollte offenbar auf eine Petrusreliquie hinweisen, die vielleicht Ninian von Rom mitgebracht hatte oder aber sie sollte die Unterstellung der inselkeltischen Kirche unter die römische nach 664, der Synode von Whitby, bezeichnen. Das isolierte *T* sollte nach Macalister (CIIC 519) das Zeichen *thau* bedeuten, das nach Ezechiel (9, 4) die Stirn der Gerechten bezeichnete, die Gott verschonen möge. Es wurde als eine Art Vorstufe des Kreuzes interpretiert und mit der Taufe zusammengebracht.[1]

Die Hauptquelle unseres Wissens über den hl. Ninian und *Candida Casa* ist die *Historia Ecclesiastica Gentis Anglorum* des Beda Venerabilis (673–735), wo *Nyna* als „ehrwürdigster und heiligster Angehöriger" des Britenvolkes (*reverentissimus et sanctissimus vir de natione Brettonum*) bezeichnet

---

1 Die zweite Inschrift (CIIC 520) lautet: *TE DOMINVM LAVDAMVS LATINVS ANNORUM XXXV ET FILIA SVA ANNI V IC SINVM FECERVTN* [sic!] *NEPVS BARROVADI* 'Herr wir loben dich. Latinus 35-jährig und seine fünfjährige Tochter aus der Familie des Barrovadus machten hier das Zeichen (des Segens)'. Diese Inschrift (5. – frühes 6. Jh.) gilt als die älteste Inschrift in diesem Raum.

wird, der auch in Rom ganz regulär (*regulariter*) studiert habe (III. 4).[1]

Candida Casa war noch Jahrhunderte nach Ninians Tod das bedeutsamste Zentrum des britannischen Mönchstums. Hier studierte z.B. der hl. *Finnian* von Maghbhile (Moville), dessen Schüler dann *Columcille* war.

> Eine Finnian-Legende sei hier als Beispiel dafür erwähnt, wie sehr für die irischen Heiligen ihr oft menschlich-allzu-menschlicher Charakter typisch ist: Die liebeskranke Tochter eines Adeligen, die unter den Nonnen von Whithorn lebte, bat Finnian einst, ihr nachts einen bestimmten Mitschüler in die Zelle zu schicken und versprach dafür dem Heiligen eine Anzahl Bücher. Der bibliophile Gelehrte ging auf den Vorschlag ein, sandte aber aus Zerstreutheit (?) den falschen Jüngling, was die Nonne im Dunkeln nicht merkte, von dem sie aber ein Kind empfing. Es gab allseits heftige Erregungen und Morddrohungen, aber Finnian wäre kein Heiliger gewesen, wenn ihm das geschadet hätte.[2]

Auch der hl. *Enda* wurde hier erzogen, der später das Mönchswesen auf den Araninseln an der irischen Westküste begründen sollte. Er war der Lehrer des *Finnian* von Clonard und des *Coimgen* (anglisiert *Kevin*) von Glendalough. Auch der hl. *Tigernach* von Clones und *Eogan* von Ardstratha bei Derry kamen aus der Schule von Candida Casa. Der bedeutendste Schüler Ninians war vielleicht der wenig bekannte hl. *Caranóc*, der später als Abt sein Nachfolger wurde und nach einigen die Missionierung Irlands oder eines Teiles der Insel begonnen haben soll. Nach einer Tradition soll er den hl. Patrick getauft haben,[3] allerdings als dieser noch in Britannien lebte. Vieles, was am inselkeltischen Mönchstum spezifisch ist, ging offenbar vom hl. Martin aus und wurde über Whithorn vermittelt.

Zu Anfang des 5. Jh.s wirkte bei den Inselkelten die Lehre des britannischen Mönchs *Pelagius*,[4] daß durch Adams Sündenfall keine Erbsünde entstanden sei, der Mensch also nicht durch Christus erlöst werden müs-

---

[1] Später dann auch die *Vita Niniani* des Zisterziensers St. Aelred (*Ethelred*) von Rievaulx (ca. 1110–1167).
[2] Lehane (1968), 93.
[3] http://www.gallowaygazette.co.uk/4899/St-Ninian-founder-of-the.1730662.jp (16. 5. 2008).
[4] Sein Name wird als Latinisierung eines brit. *Morigenos*, kymr. *Morgan* 'der zum Meer Gehörige (?)' angesehen. Er war jedenfalls kein Ire, wie das gelegentlich geglaubt wurde; Streit (1977), 133f. Zu seiner Lehre s. Williams (1962), 86f.; Nicholson (1990), 386–413; Rees (1998); O'Loughlin (1996), 98.

se (Christus daher auch nur ein vorbildlicher Mensch, aber nicht Gottes Sohn gewesen sei!), sondern absolute Willensfreiheit habe und daher durch seinen Willen befähigt sei, auch außerhalb der Kirche die göttliche Gnade zu erlangen. Die erste Strophe eines akademischen Trinkliedes faßt die Lehren des Pelagius so zusammen:

> Pelagius lived in Kardanoel
> And taught a doctrine there,
> How whether you went to Heaven or Hell,
> It was your own affair;
> How whether you found eternal joy
> Or sank for ever to burn,
> It has nothing to do with the Church, my boy,
> But was your own concern.
> Oh, he didn't believe
> In Adam and Eve,
> He put no faith therein!
> His doubts began
> With the fall of man,
> And he laughed at original sin!
> With my rw-ti-tow, ti-oodly-ow,
> He laughed at original sin![1]

Der strenge Asket Pelagius soll bei einem Aufenthalt in Rom zu seiner Auffassung gelangt sein, da ihn das Auseinanderklaffen von kirchlicher Lehre und weltlicher Praxis heftig abstieß. Daher lehnte er in einer Art Ur-Kommunismus auch das persönliche Eigentum ab. Gegen die Lehre des Augustinus (353 – 430), der die Erbsünde, ein durch sie verdunkeltes Sündenbewußtsein und Prädestination annahm, wandte er ein, daß sie dem Manichäismus entgegenkomme. 415 auf einer Synode vom Vorwurf der Häresie freigesprochen, wurde Pelagius doch durch die Interventionen Augustins 416 auf der Synode von Karthago verurteilt und im Jahr darauf exkommuniziert. 429 wurden dann Germanus von Auxerre und Lupus von Troyes nach Britannien entsandt, um den Pelagianismus völ-

---
1   Bei Rees (1998), 143f.

lig zu vernichten – möglicherweise von Papst Coelestin auf Wunsch eines britannischen Diakons *Palladius*. Es kam zu einer Schlacht mit den Pelagianern, in der Germanus mit den Seinen siegte, da sie den Schlachtruf *Alleluia!* anstimmten, was die Ketzer zur Flucht zwang. 447 erfolgte dann ein letzter Vernichtungsschlag gegen Pelagius. Immerhin war seine Häresie schon ein beispielhafter Vorklang des auf extremer Askese beruhenden Sonderwegs des inselkeltischen Christentums.

Wer als erster Irland missionierte, ist heute nicht mehr mit Sicherheit auszumachen. Möglicherweise war es St. *Ibhar*, der in der Grafschaft Wexford wirkte und um 450 gestorben sein soll. Auch der gerade genannte hl. *Caranóc* käme in Frage. In der *Vita* des *Ciarán* von Saighir lesen wir aber auch, daß der hl. *Declan* von Ardmore und St. *Ailbhe* als erste das Christentum verkündet hätten.[1] Es gab sogar die verwegene Auffassung, daß die irischen Druiden aus Eigenem (!) zum Christentum gelangt seien. Tatsächlich berichtet die Sage vom Tod König Conchobors, daß dieser zu rasen begonnen habe, als er von seinem Druiden erfuhr, daß die Juden im fernen Heiligen Land soeben Gottes Sohn gekreuzigt hätten.[2]

Der Geschichtsschreiber Prosper von Aquitanien berichtet zum Jahr 431: „Palladius von Papst Cölestin geweiht, wird als erster Bischof zu den an Christus glaubenden Iren gesandt." Da müßte es also schon ein etabliertes Christentum in Irland gegeben haben.

Die meisten irischen Annalen schreiben die erste Missionstätigkeit aber dem hl. Patrick zu, der sie 432 begonnen haben soll. Es wird aber auch 456 genannt. Über das Todesjahr Patricks gehen die Angaben weit auseinander: 461/2 oder 492/3. Hier herrscht immer noch Uneinigkeit. Ein möglicher Ansatz rechnete mit zwei Heiligen:[3] einen der *Patricius Palladius* geheißen habe und nach 30-jähriger Missionstätigkeit 461 verstorben und einem zweiten *Patricius*, der 492 gestorben sei. Dessen Ruhm habe den seines älteren Namensvetters überstrahlt. Ich schließe mich in diesem extrem komplizierten Problem James Carney an, der freilich auch inneririschen Quellen folgte. Danach gab es eine frühe Missionierung durch *Palladius* noch vor Patrick, der dann seine Tätigkeit in Irland am 5. April 456 wenige Tage vor Ostern (das in

---

1 Zu diesen Heiligen s. ODS, 9f., 140f.
2 IHK 537; vgl. Streit (1977), 64; Jackson (1971), 53–56.
3 O'Rahilly (1957).

diesem Jahr auf den 8. April fiel) aufnahm und am 17. März 493 starb.[1] Merkwürdig ist, daß die Viten des hl. Patrick erst etwa 200 Jahre nach seinem Tod im späten 7. Jh. einsetzen. Es sind die Viten des Tirechán und des Muirchú moccu Machthéni. Älter als die Patricksviten sind die der hl. *Brigit* von Cogitosus und die des *Columcille* von Adamnán (auch: Adomnán).

Da aber Patrick ganz offiziell als Bekehrer Irlands gilt, der *Faeth fiada* genannte Segen des Heiligen als „Patrick's Breastplate" (lat. *lorica*)[2] noch vielen Iren geläufig ist und der St. Patrick's Day am 17. März weltweit gefeiert wird (s. unten S. 717f.), muß ich etwas genauer auf diesen bedeutenden Heiligen eingehen.[3] Wir befinden uns damit auch an einem Zentralpunkt der frühesten Keltenrezeption.

Selbst wenn schon vor Patrick Missionare in Irland gewirkt hatten, so wird die endgültige Bekehrung des Landes doch unverrückbar mit seinem Namen verbunden. Alles in allem kann man sagen, daß das Christentum bereits im 5. und 6. Jh. in Irland auf Dauer und auf unblutige Weise Fuß gefaßt hatte,[4] wovon die große Fülle von Heiligen zeugt,[5] und das 7. und 8. Jh. seine besondere Blütezeit waren. Diese fällt zeitlich mit dem stellenweise noch bestehenden germanischen Heidentum in Mitteleuropa und mit der Gefährdung des Christentums durch den Islam in Südwesteuropa zusammen.

Patrick wird neben dem *Lorīca* genannten Schutzgebet vor allem eine *Confessio* als Lebensbeichte in vorgeschrittenem Alter zugeschrieben.[6] Sie ist in einem äußerst kuriosen Latein verfaßt, was man damit erklärt, daß Patrick eben doch keltisch gedacht, aber in einer fremden Sprache geschrieben habe und außer den Bibelkenntnissen keine literarische Bildung besaß.[7] Danach ist *Sucat* oder *Sochet*, wie der Heilige ursprünglich hieß, in Britannien geboren,[8] sein Vater *Calpornius* war als *decurio* römi-

---

1   Carney (1973), ix–x
2   Abgedruckt mit Übersetzung in Carey (2000), 130–135.
3   Zu Patricks materieller Lebenswelt s. Bourke (1993).
4   Anders der allerdings parteiische Giraldus Cambrensis, der noch im 12. Jh. viel Heidnisches vorfand; Gerald of Wales (1982), 110–114.
5   Eine Zusammenstellung nach Festtagen zur ersten Information bei Neeson (1967).
6   S. die Abb. des Beginns der *Confessio* im Book of Armagh in Bourke (1993), 6.
7   Berschin (1982a), 11f.
8   Die Lebensdaten nach Carney (1973), 118.

scher Verwaltungsbeamter, außerdem Diakon. Das Elternhaus Patricks war also christlich, der Großvater *Potitus* war sogar *presbyter* (Priester). Der junge Patrick wuchs mit Latein als erster Fremdsprache auf, aber, was angesichts des christlichen Elternhauses erstaunlich ist, laut *Confessio*, „ohne den wahren Gott zu kennen".

Bei einem Ireneinfall wurde der etwa 16-jährige nach Irland verschleppt und an einen nordirischen Grundherrn als Sklave verkauft, wo er 6 Jahre diente. Die Erkenntnis Gottes und der eigenen Sündhaftigkeit bewirkten in dem Jüngling das Aufkeimen der Frömmigkeit. Er betete unablässig Tag und Nacht und lebte völlig asketisch als Viehhirt. In einer Vision erhält er den Auftrag zu fliehen, er wandert über 200 Meilen bis zum Meer, wo er Seeleute findet, die ihn mitnehmen, obwohl er sich weigert, durch Saugen an den Brustwarzen der Männer ihrer Gemeinschaft beizutreten. Als sie in einer wüsten Gegend landen und hungern, sendet Gott plötzlich Schweine. Patrick lehnt den Verzehr wilden Honigs ab, weil dieser eine heidnische Opferspeise sei. Eines Nachts überfällt ihn der Teufel wie ein gewaltiger Felsbrocken. Als die Sonne aufgeht, ruft Patrick in seiner Angst *Helias, helias!* und sogleich vertreibt Christus durch den Sonnenglanz die Qual.

> Erst nach Jahren kehrte er in seine Heimat zurück. Was dazwischen geschah, ist ungeklärt. Manche Überlieferungen nehmen an, daß er sich in Gallien oder Italien aufgehalten habe. Patrick selbst sagt nichts davon. Er beschließt nach einem Traum, in dem ihm ein *Victoricus* einen Brief der Iren übergibt, in welchem sie ihn um die Bekehrung bitten, und nach weiteren Offenbarungen dieser Art zur Mission aufzubrechen. Seine Verwandten versuchen ihn davon abzubringen, da er zu ungelehrt sei. Insbesondere halten sie ihm eine vor dreißig Jahren eingestandene Jugendsünde vor, die der damals etwa 15-Jährige begangen hatte.

Patrick betont, eigentlich widerwillig und nur auf Wunsch Gottes wieder nach Irland aufgebrochen zu sein. Über die eigentliche Mission erfahren wir aus der *Confessio* sehr wenig, weshalb man sich an den späteren Patricksviten orientieren muß. Er bekehrt zunächst den nordirischen König, dem sein alter Herr, der Großbauer *Miliuc*, untersteht. Als dieser das hört, verbrennt er sich und sein gesamtes Vieh.

Dem Heiligen gelingt es, immer mehr Iren, aber auch gefangene Britannier, Männer und Frauen, vom asketischen Mönchs- und Nonnenleben zu überzeugen. So ziehen sie Wunder wirkend und dadurch die Druiden übertreffend umher, immer in der Hoffnung auf ein Martyrium, das ihnen nicht zuteil wird. Als sich der Hochkönig von Tara *Laoghaire* der Missionierung widersetzt, läßt Patrick auf einem Geisterwagen den berühmten Vorzeithelden *CúChulainn* erscheinen, der von seinen Heldentaten berichtet und aus dem Jenseits den König auffordert, das Christentum anzunehmen.[1] In Cashel soll Patrick am Beispiel des dreiblättrigen *shamrock* das Wesen der Dreifaltigkeit erklärt haben, wie eine allerdings erst frühneuzeitliche Tradition weiß.[2]

Später soll Patrick durch drei Bischöfe in seiner Missionsarbeit unterstützt worden sein. Jedenfalls hatte er selbst, wie wir aus seiner „Lebensbeichte" wissen, keinen Missionsauftrag des Papstes oder auch nur eines Bischofs. Er hätte gewiß nicht vergessen, auf die amtliche Beglaubigung seiner Sendung hinzuweisen. Allerdings scheint das von ihm verbreitete Christentum etwas „romnäher" gewesen zu sein als das von *Candida Casa* ausgegangene. Nach Vorbild des „Petruspfennigs", einer Art Kirchensteuer, soll er eine Abgabe eingeführt haben, die dem kirchlichen Verwaltungszentrum Irlands in Armagh, dem schon vor seiner Missionierung vielleicht um 444 gegründeten Vorposten Roms,[3] zugutekam. Allerdings ist die Forderung dieser Abgabe erst ab 734 zu belegen. Armagh verstand sich später als ein „Klein-Rom": die Bischöfe waren Nachkommen, „Erben" (*commarbai*) des hl. Patrick so, wie der Bischof von Rom der Nachfahre Petri ist!

Als Patrick starb, gab es aber keine Bischofskirche mit straffer Organisation, sondern das Christentum blieb über Jahrhunderte hinweg immer noch primär monastisch orientiert[4] und folgte in seiner Liturgie dem so-

---

1   Übersetzung: Cross-Slover (1936), 347–354.
2   Nelson (1991), 40–44. Caleb Threlkeld erwähnt 1727 erstmalig den Brauch der Dubliner, am St. Patrick's Day shamrock als Emblem des Geheimnisses der Hl. Dreifaltigkeit auf dem Hut zu tragen.
3   Für mich überzeugend nahm Carney (1973), x, an, daß *Armagh* (< *Ard Macha* 'Anhöhe der [Herrschaftsgöttin] *Macha*') ganz bewußt neben *Emain Macha*, dem Hauptsitz des wichtigsten Königtums in Irland, zum „irischen Rom" aufgebaut wurde.
4   Darüber die sehr lehrreiche Monographie von Bitel (1990).

genanntem „gallikanischen" Modell, das sich in mehreren Punkten von dem römisch-katholischen unterschied:

Der wichtigste Apostel war nicht Petrus, sondern Johannes.

Der Haarkranz um die Tonsur war nicht rund nach dem Vorbild der Dornenkrone, sondern die Glatze ging über den ganzen Vorderkopf von Ohr zu Ohr.

Die Taufe erfolgte durch Untertauchen (in der Bretagne bis 1620!) und konnte vom Priester vollzogen werden, nach römischem Ritus damals nur vom Bischof.

Die Bibel las man nicht nur in der *Vulgata*-Fassung, sondern auch noch in der heute nur bruchstückhaft überlieferten *Vetus Latina*; darunter verstand man alle aus dem Griechischen übersetzten Bibeltexte, die nicht zur Vulgata gehören. Die Sakralsprache hatte einen höheren Anteil an griechischen Wörtern. Die Evangelien wurden entgegen dem späteren Usus in der Reihenfolge Matthäus, Johannes, Lukas und Markus angeordnet.

Der Segen wurde vor der Kommunion mit Zeige-, Ring- und kleinem Finger gespendet (römisch-katholisch nach der Kommunion mit Daumen, Zeige- und Mittelfinger).

Der Bischof trug keine Mitra, sondern eine Krone.

Die Gläubigen wurden nicht in Diözesen von Bischöfen geführt, sondern von Klöstern mit Äbten und Äbtissinnen, die selbst gewöhnlich keine Kleriker waren, sondern sich einen Priester für liturgische Zwecke „hielten".

Das Abttum konnte vererbt werden.

Die Klöster waren nicht für Männer und Frauen getrennt, sondern nach altchristlicher Sitte lebten beide Geschlechter in Doppelklöstern – natürlich unter Wahrung der Keuschheit – zusammen.

Es gab noch keinen Zölibat.

Die Klöster waren ursprünglich nicht nach einem Heiligen benannt, sondern nach dem Klostergründer, der gewöhnlich einer Königsfamilie entstammte, die ihn mit Grund und Boden ausgestattet hatte. Er übte von oben Druck auf die Untertanen aus, um sie zur Taufe zu bewegen.¹ Da er Wunder wirkte, wurde er nach seinem Tod als Heiliger verehrt.

In der Osterberechnung folgte man dem jüdischen Mondkalender, wodurch sich stark abweichende Osterdaten ergaben. Man schloß sich darin dem Konzil von Arles (314) an, während die römisch-katholische Kirche die Osterberechnung auf dem Ersten Konzil von Nicäa (325) und später noch mehrfach veränderte. So erwähnte der hl. Ambrosius, daß im Jahr 387 Ostern in Rom am 21. März, in Alexandria am 25. April und in anderen Kirchen (in Gallien?) am 18. April gefeiert wurde. Da das Ostermysterium das zentrale Glaubenselement der Christenheit bildet, mußte die Uneinigkeit, wann es nun eigentlich gefeiert werden solle, Ärgernis geben.²

Trotz dieser ja z. T. auch in der Ostkirche geltenden Sonderheiten und einiger Eigenheiten, die man für aus dem Heidentum – womöglich der Megalithkultur – ererbt ansah,³ erweist sich Irland nun immer mehr als in das kulturelle Erbe der römischen Antike eingebunden und als Vermittler der antiken Geisteskultur nach den Wirren der Völkerwanderungszeit. Zusammenfassend konnte einer der besten Kenner der Materie, der Konstanzer Historiker Michael Richter, schreiben:

„Irish society was the first non-Romance society in Western Europe to obtain and cultivate Christianity in the Latin language. This took place both by receiving established Christian learning and passing it to other societies and, in a creative process, by producing works of Latin learning. It has become clear that Irish scholars at the beginning of the surviving evidence were in touch with which was going on in continental Western Europe and were discriminating in what they took over for further use. There can be no question that Ireland was isolated from the rest of Western Europe in the fifth and sixth centuries – a view still widely held. It is perhaps here that the most dramatic change of scholarly perception is called for."⁴

---

1   Vgl. „Die heilige Quelle" (1916; Tempera auf Leinwand) des Iren William Orpen. Er stellt die Bekehrung der Bewohner von Arran nicht ohne Skepsis dar; Die Kelten (2001), 16.
2   Dazu Richter (1999), 204–216.
3   Streit (1977).
4   Richter (1999), 235.

664 wurde auf der berühmten Synode von Whitby (North Yorkshire) dann das inselkeltische Christentum dem römischen gleichgeschaltet.[1] Jedoch es dauerte einige Zeit, bis sich die Beschlüsse wirklich durchsetzten. Für die moderne Keltenrezeption sind die Kriminalromane von Peter Tremayne wichtig, die in dieser Umbruchszeit spielen (s. unten S. 681).

2. Die Missionsarbeit auf dem Kontinent

Da es bei der Missionierung zum Leidwesen der Missionare zu keinem blutigen ("roten") Martyrium kommen wollte, suchte die Frömmigkeit andere Wege der individuellen Heilsverwirklichung.[2] Einer bestand in dem engen Zusammenleben von Mönch und Nonne in den Doppelklöstern ohne sexuelle Kontakte, was man das „weiße Martyrium" hieß. Das war eine frühchristliche Praxis gewesen, wie man dem *Pastor Hermae* 'Der Hirt des Hermas' genannten Text des 2. Jh.s entnehmen kann.[3] Der andere bestand darin, dem Vorbild Abrahams (Gen. 12, 1) zu folgen und die Heimat und den vertrauten Lebenskreis in einer „Fremdheit" oder einem „Exil"[4] (*peregrinatio*) aufzugeben, was man „grünes Martyrium" nannte. Es veranlaßte die asketischen Gemeinschaften, möglichst abgelegene Orte (vor allem Inseln) zu besiedeln, etwa Inishmurray,[5] die Aran-Inseln, Skellig Michael[6] u. a., aber auch ganz allgemein die Ferne aufzusuchen. So gelangten irische Anachoreten auch nach Island, wo sie als *Vestmannar* 'Westleute' erscheinen und in der Vermittlung literarischer Traditionen vielleicht eine gewisse Rolle spielten.[7]

---

1 Lehane (1968), 189–209.
2 Ryan (1972), 196–199.
3 Achelis (1902); Quasten (1950), 92–105; Whittaker (1956). Zur kultischen Keuschheit in Irland s. Bitel (1996), 166–203.
4 Charles-Edwards (1976) zeigt, daß dies auch im streng-rechtlichen Sinn so gedacht war, weil die Fremdheit des übermeerischen Exils höher geschätzt wurde als das Eremitendasein in Irland selbst. Vgl. dazu Bitel (1990), 222–234.
5 O'Brien-Harbison (1996), 74.
6 O'Brien-Harbison (1996), 72f.
7 Pálsson (1997); Sigurðsson (1988); Tranter (1997). Ich denke dabei an gewisse Sagenübereinstimmungen, die einen gemeinsamen Kommunikationsraum voraussetzen, aber nicht einfach als Entlehnungen aus dem Keltischen oder Germanischen erklärbar sind. Die besten Beispiele bieten archaische Elemente in der germanischen Sage von *Gūþrūn*; dazu Birkhan (2009b).

Wesentliche Forschungen im Bereich der frühen irischen Missionstätigkeit haben James F. Kenney,[1] Friedrich Prinz[2] und Michael Richter[3] geleistet, auf deren Werke ich im Folgenden oft zurückgreife.

Die berühmtesten Heiligengestalten, die mit dem „grünen Martyrium" zu verbinden sind, sind der „ältere" und der „jüngere Columban".

Der „ältere", ein nordirischer Prinz aus dem erlauchten Geschlecht der O'Neill (mit dem Ahnherren *Níall Noígiallach* 'Níal mit den neun Geiseln'),[4] war nach einer verlorenen Schlacht nach Schottland verbannt worden, nannte sich zum Zeichen der Demut und Friedfertigkeit *Columcille* 'Taube der Kirche', hieß aber später auch *Columbanus* 'der Taubenhafte'. Er lebte ca. 521/22–597.[5] Seine Hauptleistung besteht in der Gründung des später so maßgeblichen Klosters auf der Insel *Hy* (ir. *Í*) in den Inneren Hebriden, die Columcille nach hebräischem *Jona* 'Taube' in *Iona* umbenannte. Von dort aus wurde das heutige Schottland missioniert und von dort aus nahm auch eine der Missionierungswellen der Angelsachsen ihren Anfang. Gleichzeitig spielte der Heilige als Diplomat zwischen den irischen Ansiedlern der *Dál Riada* in Schottland und den nordirischen Königen eine bedeutende Rolle. Auf alte Baumverehrung von Eichen zurückgreifend, hatte er auch die irischen Klöster *Derry* und *Durrow* gegründet. In „seinem" Tal, in Glencolumbkille, heute einem Zentrum irischer Volksmusik, findet an seinem Festtag (9. Juni) eine lokale Wallfahrt zu sehr archaischen Kultsteinen statt.[6]

Eine Fülle von Legenden macht uns diesen Heiligen greifbar, ebenso aber auch eine Anzahl außerordentlich schöner naturlyrischer Dichtungen in irischer Sprache, die ihm zugeschrieben werden,[7] und lateinische Hymnen.[8] *Amhra Choluimbchille* heißt ein Preisgedicht bzw. eine Totenklage, die dem „Hauptgelehrten Irlands" (*priméicess Érenn*) der

---

1   Kenney (1929).
2   Prinz (1988).
3   Ganz besonders in: Richter (1999).
4   S. die Genealogie in Bitel (1990), 110.
5   ODS, 115f. S. die ausführliche und gründliche Behandlung in Richter (1999), 48–88.
6   Wagner (1963b), 59–62.
7   Z. B. das Lied „Columba's Abschied", in: Die älteste Lyrik, 107–109.
8   Langosch (1990), 26.

Epoche, einem *Dallán Mac Forgaill*, zugeschrieben wird und die, in schwer verständlicher archaischer Sprache, die Errettung der Barden vor ihrer Verstoßung auf der großen Versammlung in *Druim Cetta* im Jahre 574 rühmt.[1] Hier wird der Heilige als großer Gelehrter, Psalmen- und Rechtskenner gefeiert, der als Prophet Gottes auf vertrautem Fuß mit den Engeln stand. Des Weiteren galt der Heilige als ganz besonderer Schriftkünstler, und man glaubte, daß die von ihm verfertigten Manuskripte nicht von Wasser zerstört werden könnten.[2] Der *Cathach* – der Name 'der Kriegerische' bezeichnet eine Buchreliquie, die nicht aufgeschlagen werden durfte, aber, in einer Kapsel vor die Brust geschnallt, in die Schlacht, mitgenommen wurde, um sich den Sieg zu sichern[3] – ist vielleicht die älteste irische Handschrift überhaupt und galt lange als Autographe Columcilles. Heute wird dieses Fragment eines Psalters in der Royal Irish Academy in das frühe 7. Jh. gesetzt.[4] In diesem Umkreis entstanden dann auch die berühmtesten irischen Handschriften wie das Buch von Durrow und später das Buch von Kells (s. unten S. 619f.).

Columcilles *Vita* verfaßte ein mit ihm weitschichtig verwandter Mönch *Adamnán*[5] am Ende des 7. Jh.s, von dem auch eine Beschreibung der heiligen Orte des Christentums, besonders des Heiligen Landes und Konstantinopels stammt.[6]

Das in der *Vita* im Zusammenhang mit einem Wunder zuerst erwähnte Ungeheuer von Loch Ness,[7] heute liebevoll „Nessie" genannt, treibt sich noch immer in dessen Tiefen umher und wie G. K. Chesterton gesagt haben soll: „Many a man has been hanged on less evidence than there is for the Loch Ness Monster".

---

1 Stokes (1899).
2 Betha Colaim Chille, 434f., 452–455.
3 Betha Colaim Chille, 182–185.
4 O'Brien-Harbison (1996), 50; Richter (1999), 170f.
5 ODS, 4f.; Langosch (1990), 27.
6 Adamnan's *De Locis Sanctis*.
7 Betha Colaim Chille, 307. Life of Columba, 132–135; Adomnán of Iona, 175f. Zu Nessie s. Picknett (1993); Birkhan (1999b), Abb. 785f.

Iona war auch die bedeutendste Grablege der schottischen Könige: König *Duncan* und sein Töter *Macbeth* ruhen hier Seite an Seite.

Die Tätigkeit Columcilles war auf Schottland und Irland beschränkt gewesen. Der „jüngere" *Columbanus* (543–615)[1] aus südostirischem Adel ging als Columcilles Schüler und auf Anraten einer gottgeweihten Frau von Iona aus, abermals ein 'Taubenhafter', dessen *Vita* übrigens wieder von einer „Taube", *Jonas* von Bobbio, verfaßt werden sollte, wandte sich aber nach Osten und begann auf dem europäischen Festland als „Heimatloser" im extremen Sinne einer *peregrinatio pro Christo* zu missionieren.

> „Geh aus deinem Vaterland, aus deiner Verwandtschaft, aus dem Haus deines Vaters, und zieh in das Land, das ich dir zeigen werde."

Dieser Satz der Genesis (12, 1) findet sich in der *Vita* des Heiligen wieder. Die gewaltige Neuerung liegt nun aber nicht in der Heimatlosigkeit, wie sie viele Anachoreten vor der irischen Küste auf Inseln pflegten, sondern in der eigentlich von der *peregrinatio* und dem Genesiszitat nicht geforderten Bekehrungstätigkeit.

Damit beginnt die Irenmission auf dem Kontinent, deren Verlauf und Ergebnisse 1982 in einem zweibändigen Sammelwerk von fast 1100 Seiten dargestellt wurden.[2] Abgesehen vom mediterranen Raum waren die einzigen vollchristlichen Länder, als Columban aufbrach, Irland, Frankreich und das visigotische Spanien. Freilich war der Rest Mitteleuropas nicht durchwegs heidnisch. Es hatte schon eine arianische Mission gegeben, im Donauraum hatte der hl. Severin gewirkt, auch das Rheinland war weitgehend christianisiert. Es ging eher um eine Vertiefung des schon bestehenden Christentums durch konsequente Betreuung der Gläubigen.[3] Auf wirkliches Heidentum stießen die Missionare eigentlich vor allem im Alpenraum, in Bregenz, in der Gegend des späteren St. Gallen, natürlich bei den Alpenslawen und im Nordwesten bei Sachsen und Friesen, wobei

---

1   ODS, 116f.; Langosch (1990), 27; vgl. die Darstellung seiner Missionstätigkeit bei Lehane (1968), passim; Frank (1989), 19–23; Ó Riain-Raedel (2002), 11–15.
2   Zur schnellen Orientierung ist die Zusammenfassung durch den Herausgeber zu empfehlen; Löwe (1982). Bildmaterial bei Cunliffe (2000), 188–195.
3   Füllgrabe (2003), 224.

letztere durch den hl. Willibrord, einen Angelsachsen, bekehrt wurden, der 690 von Rath Melsigi in Irland aufgebrochen war. Er ist in Echternach (Luxemburg) bestattet, wo noch jetzt jedes Jahr am Dienstag nach Pfingsten eine „Springprozession" (mit Wechselschritt) zu seinen und seiner heiligen Quelle Ehren stattfindet.

Mit 12 (!) Gefährten errichtete Columban in den Vogesen die Klöster Annegray, Fontaine und – am belangreichsten – Luxeuil, zog nach heftiger Auseinandersetzung mit den Burgunden, in deren Königin Brunichildis – der *Brünhild* unserer Nibelungensage – ihm eine heftige Gegnerin erwachsen war, weiter nach Südosten in die Lombardei, wo er 612 das Kloster Bobbio (etwa auf halbem Weg zwischen Piacenza und Genua) gründete. Dorthin brachte er bedeutende irische Hss. und schuf eine ansehnliche Bibliothek, die jedoch im 15. Jh. verfiel und deren Reste sich heute in der *Bibliotheca Ambrosiana* in Mailand befinden. Sie enthalten die ältesten irischen Sprachzeugnisse (die „Mailänder Glossen"). Bezeichnenderweise hat sich die irische Schriftform als „insulare" weithin in England und auf den Kontinent durchgesetzt.[1] Von Columbans eigenen Schriften sind neben Briefen – darunter ein polemischer an Papst Gregor –, Lyrik – darunter ein angeblich auf der Rheinfahrt gesungenes Lied[2] – und Predigten auch zwei Klosterregeln und ein Poenitentiale überliefert, alles auf Latein, nicht irisch. Bobbio bildete lange noch ein Zentrum der Gelehrsamkeit. Auch einer der bedeutendsten Naturwissenschaftler und Mathematiker des Frühmittelalters Gerbert von Aurillac (als Papst Silvester II.), Lehrer von Kaiser Otto III., den man im Hochmittelalter dann für einen Zauberer halten sollte, war hier von 981 bis 991 Abt.

Auf dem Weg nach Italien ließ Columban seinen Mitbruder *Gallus*, mit dem es Spannungen gab,[3] am Bodensee zurück. Dieser missionierte dann im alemannischen Raum und gründete das Kloster St. Gallen, in dem bis 850 irische Äbte wirkten und das laut karolingerzeitlichem Klosterplan auch zwei Rundtürme nach irischem Muster hatte.[4] Heute würde man den

---

1 Schauman (1979), zu Bobbio neuerdings umfassend: Richter (2008).
2 Ó Riain-Raedel (2002), 12.
3 ODS, 211; Frank (1989), 22f.
4 Braunfels (1969), 52–65.

riesigen Prunkbauten von St. Gallen oder Einsiedeln nicht mehr ansehen, daß sie einst auf der Suche nach Armut und Abgeschiedenheit entstanden. Auch hier finden sich in den Bibliotheken insulare Handschriften. Die um 700 verfaßte *Vita* des Heiligen gehörte zu den Buchschätzen des Klosters Reichenau im Bodensee, das 724 vom hl. *Pirmin*, einem *peregrinus*, dessen Herkunft wir jedoch nicht sicher kennen, gegründet wurde.

Die Frage, wie lange man in Mitteleuropa noch den irischen Klosterregeln angehangen hat, hat man verschieden beantwortet. Für das Irenkloster Honau (unweit Straßburg auf einer Rheininsel gelegen) wurde gemutmaßt, daß dort die in Iona gültige Regel lange beibehalten worden sei. Aus verschiedenen Gründen ist aber zu vermuten, daß auch dort eine letztlich von Columban aus der Benediktiner- und der Iona-Regel gebildete Mischform herrschte, so wie man das für die Klöster Péronne (*Peronna Scottorum*), Mazerolles und Fosses animmt.[1]

> Übrigens bestand der Wunsch nach dem Grünen Martyrium noch lange weiter, wie man dem „Parker Chronicle" (A), einer Redaktion der Angelsächsischen Chronik entnehmen kann. Es berichtet zum Jahr 891, daß die drei Iren *Dubslana*, *Maccbethu* und *Maelinmun* (nach Hs. F) in einem *curach* aus 2½ Rinderhäuten ohne Ruder – also nur von der Vorsehung gesteuert – mit Nahrung für eine Woche von Irland aufgebrochen und in Cornwall an Land getrieben seien, von wo sie sich dann an den Hof König Alfreds begaben.[2]

Auf dem Festland entstanden ab dem Ende des 6. Jh.s gegen 50 neue Klöster,[3] wobei es sich freilich z. T. um nur kleine Gemeinschaften gehandelt haben wird. So wurde von Luxeuil aus Corbie (bei Amiens) gegründet, von dort wieder Corvey in Niedersachsen. Auch das Doppelkloster Remiremont in den Vogesen richtete der hl. Amatus nach dem Muster von Luxeuil ein (hier lag das Frauenkloster auf der Bergspitze, das der Brüder weiter talwärts). Weitere bedeutende Irenklöster waren St. Vandrille, Solignac, St. Bertin, St. Riquier, Disentis, St. Martin in Köln und St. Peter in Regensburg.

---

1 Eberl (1982), 237f.
2 Anglo-Saxon Chronicle, 82.
3 Langosch (1990), 25.

In dieser ersten Mission, noch im Zeitraum des jüngeren Columban, wirkte auch der hl. *Kilian*[1] von Würzburg, der dort mit 11 Gefährten 689 das Martyrium erlitt. Auch hier schlägt sich die irische Präsenz in wichtigen Hss. nieder: Die „Würzburger Glossen" bieten neben den „Mailänder Glossen" das älteste altirische Sprachmaterial. Am Zusammenfluß von Glan und Nahe liegt das Kloster Disibodenberg, älter Disenberg – heute eine Ruine –, in dem Hildegard von Bingen ihre Jugend verbrachte. Es wurde im 7. Jh. vom hl. *Disens* oder *Disibod*[2] aus Dublin gegründet.

In das 8. Jh. gehört der Abt *Virgil* (air. *Fergail* 'der Männliche'; vgl. gallo-lat. *Vergilius*)[3] von St. Peter in Salzburg und geistlicher Berater des Bayernherzogs Tassilo III., der 784 starb und 1233 kanonisiert wurde. Er soll in Irland Abt des Klosters von *Achad Bó* (Agaboe in Co. Laois) gewesen sein, bevor er sich auf die *peregrinatio* begab. Wegen seines Interesses für Erdkunde mit dem Spitznamen „der Geometer" bedacht, lehrte er nicht nur die Kugelgestalt der Erde, sondern rechnete auch mit Antipoden[4] sowie mit Sonne und Mond auf der uns abgewandten Erdhälfte und gilt heute den meisten als Verfasser einer grotesk-kuriosen Weltbeschreibung *Aethicus Ister* 'der istrische (aus der Gegend von Triest stammende) Ethiker (= Philosoph)', die manche als einen gegen Bonifacius gerichteten Gelehrtenspaß interpretieren.[5] Virgil betrieb die *Conversio Bagoariorum et Carantanorum*, also nicht nur der Baiern, sondern auch und besonders der alpenslavischen Karantanen in Salzburg, Steiermark, Kärnten usw., wobei allerdings die missionierenden Priester im Latein nicht immer ganz firm waren und daher sagten: *Baptizo te in nomine patria et filia et spiritus sancti*. Virgils Gegner, der Angelsachse *Bonifacius* (*Wilfred*), focht die Gültigkeit dieser Taufen an. Der Ire wandte sich in dieser Frage an den Papst Zacharias, der die Taufen anerkannte. So kam es zur Einsetzung

---

1 ODS, 303; Richter (1999), 133f.
2 ODS, 145.
3 ODS, 527; Dopsch (1982); Prinz (1982); O'Loughlin (1996), 101; Herren (1989); Ó Riain-Raedel (2002), 15–27.
4 Dazu Carey (1989); Simek (1992), 66–73. Marina Smyth: http://webdoc.sub.gwdg.de/diss/2000/vogel/kapitel3a.pdf (17. 6. 2008).
5 Grimm zeigte, daß sich die Welt- und Paradiesbeschreibung im zweiten Teil an das *Iter ad paradisum* der Alexandersage anlehnt; Grimm (1977), 103f.; Herren (1989); Smolak (1996).

des ersten Bischofs *Modestus* in Maria Saal (Kärnten). Dagegen geriet der „Geometer" wegen seines Weltbildes in Gefahr, als Häretiker zu gelten. Dennoch wurde er 767 Bischof von Salzburg und weihte dort 774 eine *ecclesia maior* ein, aus der dann später der Salzburger Dom wurde. Virgil hat zwar seine Heimat nie mehr betreten, aber aus dem Salzburger „Verbrüderungsbuch" ist ersichtlich, daß er mit bedeutenden Äbten Ionas in „Gebetsverbrüderung" stand.[1] Unter ihm dürfte auch das berühmte „Rupertuskreuz", eine nordhumbrische Treibarbeit über einem Holzkern von etwa 700, nach Salzburg gelangt sein.[2]

Als wenige Jahre nach Virgils Tod Tassilo von Karl d. Großen abgesetzt und das bayerische Herzogtum annektiert wurde, erhielt der karolingerfreundliche *Arn* die Bischofswürde und tat offenbar alles, um die Taten seines Vorgängers vergessen zu machen. Jedenfalls ist der Mangel an Urkunden über Virgils Regierung frappant. Die Verehrung in der Diözese Salzburg ging allerdings weiter. Von seinen im Dom ruhenden Reliquien wurde im 15. Jh. das Schädeldach für das Virgilreliquiar in Rattenberg (Tirol) entnommen.[3]

Da und dort will man auch in der deutschen Bibelsprache Reste der irischen Mission erblicken, so in dem Wort *Gnade*, das eigentlich 'Herablassung; Herabneigen' bedeutet, für lat. *gratia, clementia, misericordia*, griech. *charís*. Dagegen haben sich Alternativen wie *ansts* 'Gunst' aus der gotischen und *geba* 'Gabe' oder *huldi* 'Huld' aus der fränkischen Mission nicht durchgesetzt.[4] Wahrscheinlich durch irische Vermittlung gelangte das Hapaxlegomenon *chlīrihh* < air. *cléirech* für sonstiges *clēricus* ins Deutsche. Andere Fälle wie *spīsa* 'Speise', *fīra* 'Feiertag; Feier', *pīna* 'Pein' durch irische Aussprache von lat. *spēsa* (< *spensa*), *fēria*, *pēna* (< *poena*) zu erklären, scheint mir problematisch, weil die lat. Wörter sonst in der altirischen Kirchensprache gar nicht als Entlehnungen nachzuweisen sind, bzw. lat. *ē* vor *a* erhalten geblieben wäre und sich später zu *ia* entwickelt hätte (vgl. air. *pén, pian* < lat. *pēna*).[5] Wenn

---

1 Forstner 1974; Ó Riain-Raedel (2002), 17f.; St. Peter in Salzburg, 271f.
2 St. Peter in Salzburg, 23, 271.
3 St. Peter in Salzburg, 272.
4 DWB 8, Sp. 506; Rienecker-Maier (2006), 591. Dagegen zurückhaltend-besonnen Strasser (1982), 414f.
5 Vgl. Herren (1982), 429.

wirklich durch irische Vermittlung lat. *cella* im Sinne von Kloster verwendet worden sein soll (vgl. Ortsnamen wie *Wenigzell, Radolfszell* usw.), dann ist immerhin die lat. Aussprache der Missionare als [tsel] bemerkenswert, denn im Irischen galt und gilt bis heute [kel]. Besser steht es bei *Vers* und *Vesper*, mit anlautendem [f] gesprochen, was auch der irischen Aussprache eines lat. *v* entsprechen würde.

Als einen Hibernismus sehen manche die süddeutschen Grußformeln *Grüß Gott* 'es grüße dich Gott!' und *pfiadi got* 'es behüte dich Gott' (dagegen: *Good bye* < *God bye ye* 'Gott möge Euch [aus der Hölle zurück]kaufen!') an, die etwa Wünschen wie nir. *go soirbhí Dia duit* 'es segne Gott dich!' entsprechen könnten. Dabei läßt sich die Spitzenstellung der Verben *grüße* und *behüte* in der Wunschform irischem Sprachbau gegenüber dem germanischen in *Good bye* vergleichen.[1]

Da die altirische Dichtung neben silbenzählenden Metren auch Alliteration (Stabreim) und Homoioteleuton (Endreim oder -assonanzen) kennt, hat man nicht gezögert, auch die Entstehung der althochdeutschen Endreimdichtung mit den Iren zu verbinden. Die Indizien sind allerdings so schwach, daß ich auf diesen Versuch nicht einzugehen brauche. Kulturgeschichtlich ist interessant, daß Gallus z. B. in Konstanz deutsch gepredigt haben dürfte, während sein Schüler Johannes den Text in seine und der Zuhörer romanische Muttersprache übersetzte.[2]

Gewiß ist die Entlehnung von Wort und Sache bei *Glocke*, die man zum Segnen und zur Verfluchung läutete (ahd. *clocca* < air. *clocc*).[3] Im Leben der irischen Heiligen spielen Glocken eine große Rolle: Patrick war von drei Glockengießern begleitet, der irische Hl. *Fortchern* ist der Patron der Glockengießer, der Ire *Tancho* von St. Gallen galt als Meister des Glockengusses.[4] Die Form der frühen Glocken entspricht übrigens wie die Glocke des Hl. Patrick im Irischen Nationalmuseum zeigt,[5] nicht unserer heutigen Glocke mit kreisförmigem Grundriß sondern

---

1 Bammesberger (1998); Bammesberger (1999).
2 Hilty (1989), 58.
3 Dazu Strasser (1982), 401–407; Bourke (1993), 32, 41, 44f. – Zur Verfluchung vgl. Davies (1998).
4 Belege bei Strasser (1982), 404.
5 s. die Abb. z. B. in: Carney (1973), Pl. If.; Treasures (1977), Abb. 44f., 61.

glich eher unseren Kuhglocken oder „Treicheln". Die metallene Stimme der Glocke bannt Dämonen, beschwört göttliche Hilfe und unterstützt Verfluchung. So scheint die uns allen geläufige Verbindung von Christentum und Glockengeläute letztlich ein Erbe der irischen Mission zu sein. Fast symbolhaft weist darauf ein Stein in Carndonagh (Donegal), der eine archaische kopffüßlerartige Figur mit Buch, Stab und Glocke zeigt.[1] In dieser Gegend ist wohl Columcille ins schottische Exil aufgebrochen.

In die Karolingerzeit fällt auch noch die Einführung des Freudenfestes von Allerheiligen am 1. November. Die oft vertretene Annahme, daß damit das altirische *samain*-Fest, der Jahresbeginn oder der Anfang des Winterhalbjahres, an dem die Tore zur Anderen Welt offenstanden, gewissermaßen „christianisiert" werden sollte,[2] ist m.E. nicht völlig sicher zu erweisen,[3] wenn auch durchaus wahrscheinlich. Wir haben ja gesehen, daß schon im Martyrologium *Félire Oengusso* (s. oben S. 26f.) der Märtyrerväter gedacht wird. Auch der Kalender von York kannte es und nicht zuletzt war es der im insularen Christentum ausgebildete Angelsachse *Alkuin* (*Ealchwine*), der sich für das Fest einsetzte. Jedenfalls wird der Termin endgültig unter Gregor IV. im Jahr 835 fixiert, immer noch in der Zeit der irischen Mission, und es ist naheliegend anzunehmen, daß die Missionare ihr ehemals heidnisches, jetzt schon lange christliches Totenfest am Tag des traditionellen Totengedenkens, der Stammesversammlungen und Jahrmärkte abhielten. Es ist, wie Victor Turner hervorhebt, eine „vollkommene Synthese von *Communitas* und hierarchischer Struktur", in der die Heiligen, ob höher oder niederer, also bei aller An-

---

1   O'Brien – Harbison (1996), 49. Ähnlich die Darstellung des Abts auf der dritten Stele von links in der Stelenwand auf White Island und des Mönchs von Killadeas (beide Co. Fermanagh); O'Brien – Harbison (1996), 98f.
2   Dazu ausführlich Frazer (2000), 383-386, der auch für Allerseelen keltische Herkunft vermutete; Frank (1957).
3   In altchristlicher Zeit war das Pantheon Maria und allen Heiligen geweiht. Die Um-Weihung vom heidnischen Tempel für alle Götter zur christlichen Kirche für alle Märtyrer und die Jungfrau Maria geschah 13. Mai 610 durch Bonifatius IV. Die Erinnerung an dieses Kirchweihfest wurde von verschiedenen Gemeinden zu unterschiedlichen Zeiten, jedoch stets im Frühjahr, begangen. Gregor III. (Papst 731-741) weihte dann eine Kapelle in St. Peter gallikanischem Brauch folgend am 1. November allen Heiligen. Die endgültige „offizielle" Fixierung geschah dann ziemlich genau 100 Jahre später.

erkennung des sich in Himmelskreisen manifestierenden Ranges, „auf geheimnisvolle Weise eins sind."[1]

Das Fest Allerseelen wird seit Abt Odilo von Cluny (994–1048) am 2. November gefeiert. Er folgte 998 bei dieser Festsetzung bestehenden Klosterbräuchen, in deren Zusammenhang man der verstorbenen Brüder gedachte. Da sich der Termin auf den Vortag bezieht – Odilo wollte ein Pendant zum Tag Aller Heiliger schaffen –, ist auch er wohl indirekt durch *samain* angeregt.[2] Im Gegensatz zu Allerheiligen betont dieses Fest den Unterschied, da man sich an die Heiligen mit der Bitte um Fürsprache für die Seelen im Fegfeuer wendet. So sollte die Qual des „Schwellenzustandes" gelindert werden. Da Martin Luthers Kritik zunächst von der Konzeption des Ablasses, durch den zeitliche Fegfeuerstrafen abgekürzt werden sollten, ausging, sind sogar noch sein Thesenanschlag am 31. 10. und das zur Erinnerung daran 1667 in Sachsen eingesetzte Reformationsfest am 1. November ein letzter Nachklang der irischen Mission.

Die irischen Mönche waren begeisterte Antiquare und Historiker. Schon aus diesem Grund haben sie uns die alten Sagen, die sie für Vorzeitkunde hielten, überliefert. Eine Mailänder Glosse sagt: *.i. inna stoir air is ed as dulem dún do engun in stoir* 'd. h. der Geschichten, denn es ist die Geschichte, die zu verstehen, höchst wünschenswert ist'.[3]

Berühmt für die Mentalität dieser gelehrten Antiquare ist die lateinische Nachschrift am Ende der langen Sage *Táin Bó Cuailnge* in der Hs. von Leinster, die sehr deutlich macht, wie die mönchischen Kopisten die Überlieferung, die sie jahrhundertelang weitertrugen, einschätzten:

„Aber ich, der ich diese Geschichte oder vielmehr Fabel geschrieben habe, schenke gewissen Dingen in dieser Geschichte oder Fabel keinen Glauben. Denn manches darin beruht auf Gaukeleien von Dämonen, manches aber ist

---

1   Turner (1989), 173.
2   Vgl. Dörrer (1957).
3   Edel (1993). Frau Professor Edel wählte das Zitat zum Motto ihrer Utrechter Antrittsvorlesung.

dichterische Erfindung, manches ist wahrscheinlich, manches nicht, manches dient dazu, Dummköpfe zu ergötzen!"[1]

Diese irischen Gelehrten hatten aber immer auch eine besondere Neigung zu ausgefallenen Sprachen, Studien und Spekulationen. Geheimschriften, wie etwa das seltsame Alphabet am Ende des *Aethicus Ister*, gehörten zu ihrem Steckenpferd – daher die vielen Sonderformen ihrer eigenen Ogamschrift, daher auch das merkwürdig vertrackte Latein der „abendländischen Reden" (*Hisperica famina*),[2] das freilich auch im manierierten Stil frühchristlicher Autoren wie Juvencus, Avitus, Blossius Dracontius, Ennodius und Venantius Fortunatus eine Entsprechung hat, und in einem poetischen Glanzwerk wie dem Hymnus *Altus prosator* 'Erhabener Sämann' seinen Höhepunkt findet.[3] Hier wäre auch ihre allerdings oft überschätzte Beschäftigung mit dem Griechischen[4] oder gar Hebräischen zu nennen. Sie waren *utriusque linguae periti* 'in beiden Sprachen zu Hause' und jedenfalls philologisch höchst interessiert, wie Michael Richter (1999) und andere zeigten, was gewiß mit dem so ganz vom Lateinischen abweichenden Sprachbau des Irischen zu tun hat. So scheinen sie aus philologischem Interesse auch an der Überlieferung der gotischen Runennamen beteiligt und so wurde vermutet, daß sie sich bei ihrer Missionsarbeit schon bestehender kirchlicher Termini einer älteren gotisch-arianischen Mission bedienten. Bestimmte bairische Kirchenwörter, die aus dem Gotischen stammen dürften, schienen das zu belegen.[5]

Bedeutende irische Gelehrte wirkten am Hof der Karolinger. So ein Dichter, der sich *Hibernicus exul* (!) nannte, *Smaragdus* (eigentlich *Muiredach*) von St. Mihiel, der einen an Karl gerichteten „Fürstenspiegel" verfaßte, der Geograph *Dicuil*, der Universalgelehrte *Sedulius Scotus* und der

---

1   *Sed ego qui scripsi hanc historiam aut verius fabulam, quibusdam fidem in hac historia aut fabula non accomodo. Quaedam enim ibi sunt praestrigia demonum, quaedam autem figmenta poetica, quaedam similia vero, quaedam non, quaedam ad delectationem stultorum*; O'Rahilly (1967), 136.
2   Dazu Macalister (1937); Quadlbauer (1962), 17f., 129; Herren (1974). In den Volkssprachen entsprechen diesem Stilwollen später z. B. das provenzalische *trobar clus* bzw. die mittelhochdeutsche „geblümte Rede".
3   Mit Übersetzung bei Carey (2000), 29–50.
4   So etwa neben anderen Streit (1977), 93. Dagegen Berschin (1982b).
5   Reiffenstein (1958).

Philosoph *Iohannes Eriugena*.[1] Beliebt waren sie indessen keineswegs immer. Sie galten als überheblich, hatte doch Columban selbst im Jahr 600 Papst Gregor einen eigenhändigen Brief mit allerlei Zurechtweisungen gesandt! So nannte sie Theodulf von Orleans etwa um 800 eine *pestis acerba et litigosa lues*, eine 'bittere Pest und streitsüchtige Seuche'!

In die erste Phase gehört auch die geheimnisvolle hl. *Ursula* von Köln, deren Kult sich aus einer Inschrift aus der Zeit nach 700 in der Kirche von St. Ursula entwickelte. Sie berichtet, daß ein gewisser *Clematius* nach einer Feuervision eine zerstörte, jungfräulichen Märtyrerinnen aus dem Osten (!) geweihte Kirche wieder herstellte.[2] Aber bereits ein spätantiker Grabstein des 5. oder 6. Jh.s gedenkt einer unschuldigen *virgo ... [no]mine Ursula*, die allerdings schon im Alter von 8 Jahren und 2 Monaten gestorben ist.[3] In einer Predigt der ersten Hälfte des 10. Jh.s wird *Ursula* mit vielen Begleiterinnen zusammen als Märtyrerin unter Kaiser Diocletian bezeichnet. Im Gegensatz zur Clematius-Inschrift soll sie nun aus Britannien gestammt haben. Auch die hohe Zahl begleitender Jungfrauen ist hier schon angedeutet.[4] In der nun behaupteten Herkunft aus dem Westen drückt sich die allgemeine Hochschätzung des inselkeltischen Christentums aus.

Bemerkenswert ist, was die Germanenmission angeht, die nach 1945 öfters ausgesprochene Überzeugung, die Germanen (und Kelten) seien schon durch ihren heidnischen Glauben besonders für das Christentum prädisponiert gewesen, dem heute wohl niemand mehr anhängt. Man vergleiche die folgende Ansicht von Joseph Beuys, dem „Mann mit dem Hut":

„Den Sinn des Christentums kann man nicht verstehen, wenn man nicht die germanische Mythologie versteht. Warum hat es sich hauptsächlich gerade dahin ausgebreitet, wo diese lebte? Liegt es nicht auf der Hand, daß sie das richtige vorbereitete Gefäß war, das Christentum aufzunehmen, um mit Ge-

---

1   O'Loughlin (1996), 101–103; Carey (1999b), 75–106.
2   ODS, 517f.
3   Nürnberger (2002), 17.
4   Die hohe Zahl der anonymen Märtyrerinnen erklärt sich daraus, daß es ursprünglich XI M(*artyres*) V(*irgines*) hieß, was dann später als XIM *Virgines* verstanden wurde; Solzbacher-Hopman (1964); Nürnberger (2002), bes. 122ff. und 141ff.

fäß und Inhalt des Gefäßes die Entwicklung des menschlichen Gedankens im Westen, das Bewußtsein Umgestaltende aufs Äußerste voranzutreiben? (...) Hier soll aber nur eines festgehalten werden: die entschiedene erste Stufe (Fraktionierung) christlicher Substanz (...) hat dort stattgefunden, wo Germanen und Kelten gesessen haben. Dort hat es den besten Boden gefunden für das, was Christus auch wollen mußte: die völlige Umwandlung (Wandlung) der menschlichen Natur. Und wir müssen das heute auf einer anderen Stufe weiterbetreiben."[1]

Die von Beuys selbst als „Celtic" bezeichneten Aktionen scheinen jedoch wenig spezifisch „Keltisches" besessen zu haben. Mit der rituellen Fußwaschung bei einer solchen Aktion (1971) griff er natürlich die Christusgestalt – ob in keltischer Vermittlung? – auf.

Die zweite Missionswelle fällt in das 10.–12. Jh. Sie führte zu weiteren Klostergründungen, von denen jene von Regensburg die wichtigste sein sollte. Nun widmeten sich die Iren, die *miseri peregrini*, die 'armseligen Fremden', vor allem der „inneren Mission", also der Vertiefung des Glaubens. In dieser Zeit war in Irland schon die Benediktinerregel mit der geforderten *stabilitas loci* durchgedrungen. Die *peregrinatio* war damit zur Pilgerfahrt nach Rom geworden, hatte doch schon *Adamnán* von Iona einen „Pilgerführer" verfaßt. Freilich mag manch ein desillusionierter Ire gedacht haben:

> *téicht doróim*
> *mór saido becc torbai*
> *Inrí chondaigi hifoss*
> *manimbera latt nífogbái.*

> 'Nach Rom gehen:
> große Mühe, kleiner Gewinn:
> den König, den du hier suchst,
> wenn du ihn nicht mit dir bringst, findest du ihn nicht.'[2]

Auch kehrte manch einer nicht mehr in seine Heimat zurück. Einer davon war *Marianus Scottus* aus dem Clan der *Mac Robartaigh* in Donegal, der

---

1 Fritz (2002), 86, 153, Anm. 629. (in Gänze zugänglich in: http://deposit.ddb.de/cgi-bin/dokserv?idn=-971580715&dok_var=d1&dok_ext=pdf&filename=971580715.pdf) (8. 1. 2007).
2 Thes. Palaeohibernicus II, 296; Bitel (1990), 234.

in Regensburg um 1070 ein Missionszentrum, das jetzige St. Jakob, gründete. Im Bildprogramm des Nordportals versuchen die Kunsthistoriker irisches Bildgut nachzuweisen.

Besonders bemerkenswert schienen lange Zeit auch zwei romanische Skulpturen zu beiden Seiten des Nordportales der Alten Kapelle, die in den Urkunden als *der Anfang aller Gotshäuser* in Bayern bezeichnet wird. Neuerdings glaubt man hierin die Taufe des Agilofingerherzogs Theodo durch den hl. Rupert zu sehen.[1] Davor galten die Plastiken als Darstellungen von Beichtvater und Beichtkind. Aus Irland stammt nämlich die Idee der ständig wiederholbaren „stillen" Ohrenbeichte. Die alte Kirche hatte vorgesehen, daß das Bußsakrament nur einmal im Leben in Anspruch genommen werde, weshalb man mit Beichte und Buße bis an das Lebensende wartete. Beichtete man früher, so konnte es lebenslange Bußauflagen geben, oder man war in Gefahr, durch spätere Sünden die durch die Buße erreichte Gnade wieder zu verlieren. Das irische Christentum sah die wiederholte Individualbeichte beim „Seelenfreund" (*anamchara*) vor, band aber die Absolution an die abgelegte Bußleistung.[2] Für ein Vergehen war also zuerst zu büßen (z.B. durch Fasten), dann erst erfolgte die Lossprechung. Die Bußauflagen, wie sie schon von Columban überliefert sind, waren sehr streng, auch reich an körperlichen Strafen, wie die Poenitentialbücher zeigen[3] (z.B. mehrjähriges strenges Fasten bei Homosexualität).

Der irische Abt Dionysius von Regensburg ließ in Irland von vier Klerikern – darunter zwei Handwerkern – für die Regensburger Kirche Geld sammeln (das die Kleriker in ledernen Hosen brachten). Durch die enge Verbindung mit dem Mutterland wirkte der kontinentale romanische Baustil aber auch wieder auf Irland zurück. So wissen die Kunsthistoriker, daß Cormac's Chapel (1127–1134) in Cashel (Co. Tipperary) nach

---

1 Dazu: Karl-Heinz Betz, Das ikonologische Programm der Alten Kapelle in Regensburg, in: Werner Schiedermair, Die Alte Kapelle in Regensburg, Regensburg 2002, 135–149, bes. 136 und Abb. 70–72. Ich habe für diese Information Herrn Dr. Hermann Reidel, dem Direktor der Kunstsammlungen des Bistums Regensburg, Diözesanmuseum-Domschatzmuseum, herzlich zu danken.
2 McNally (1978), 104f.; Meyer–Sieckendiek (1980), 74f.
3 McNeill – M. Gamer (1938).

deutschen Mustern gebaut ist.[1] Tatsächlich setzte sich nach den Synoden von Rathbreasail (1110) und Kells (1152) auch in Irland der romanische Baustil durch, allerdings mit vielen sehr charakteristischen Varianten, wozu der Giebelvorbau über dem Dach gehörte, wie er z.B. in Kilmalkedar (Kerry) und Clonfert (Co. Galway)[2] zu sehen ist.

Nach dem Vorbild von St. Jacob in Regensburg entstanden dann auch 1134 in Würzburg, 1137 in Erfurt, 1140 in Nürnberg, 1142 in Konstanz, 1155 in Wien (wo bis in das 15. Jh. irisch gesprochen wurde), aber auch 1160 in Eichstätt und 1167 in Memmingen, vielleicht sogar in Kiev, sogenannte „Schottenklöster" (zum alten Namen *Scotti* für Iren s. unten S. 399f.).[3] Das Wiener Schottenkloster („Schottenstift") hielt lange den Kontakt mit dem Heimatland seiner Mönche und den königlichen Familien in Süd-Munster, den O'Briens und MacCarthys, aufrecht. In den Annalen[4] finden sich neben den Eintragungen zur österreichischen Geschichte auch regelmäßig Angaben über die irische. Bei der Gründung der Wiener Universität 1365 unter Rudolf IV. (dem Stifter) sollte den gelehrten Schotten eine bedeutende Rolle zufallen. So war der irische Abt Donaldus zugleich auch der Rektor der Wiener Universität, und selbst unter dem letzten irischen Abt Thomas III. (1403–1418) wurde der Zusammenhang gestärkt. Freilich war damals der Zuzug irischer Mönche nach Wien schon sehr spärlich. Zuletzt gab es deren nur noch sieben, weshalb Papst Martin V. verfügte, daß das längst schon der Benediktinerregel unterstellte Kloster auch deutschsprachige Mönche aufzunehmen habe. Abt Thomas, der lieber unter seinen Landsleuten bleiben wollte, ging darauf nach Regensburg und später Würzburg, wo die irischen Klöster immer noch etwas mehr Zulauf von der Insel der Heiligen hatten.

Ein dritter *Columban* (ir. *Colmán*) wurde auf seiner Pilgerfahrt nach Jerusalem 1012 bei Stockerau an der Donau ermordet.[5] Seine fremdartige Erscheinung, Kleidung und Sprechweise hatte ihn als ungarischen oder böhmischen

---

1   Enchanted Ireland, 28f.; O'Brien-Harbison (1996), 114–117; Ó Riain-Raedel (2000), wo auch noch andere Kulturkontakte genannt werden.
2   O'Brien-Harbison (1996), 118, 130f.
3   Ó Riain-Raedel (2002), 32–40.
4   Jetzt in der Österreichischen Nationalbibliothek als Cod. Pal. Vind. 364 und Cod. Pal. Vind. 926.
5   Ó Riain-Raedel (2002), 27–32.

Spion erscheinen lassen. Da er sich auch beim Verhör und unter heftiger Folter nicht verständlich machen konnte, henkte man ihn, laut Vita, zwischen zwei Räubern auf einem dürren Holunderbaum, sozusagen den Kreuzestod Christi mit dem Selbstmord des Judas verbindend. Es kam, wie es kommen mußte: Nicht nur der dürre Holunder trieb aus, sondern auch das aus Pflanzenfasern bestehende Seil! Der Babenberger Heinrich II. ließ ihm in Melk ein Grabmal errichten und lange Zeit rivalisierte er als Landespatron von Niederösterreich mit Leopold d. Heiligen. Bei Eisgarn im niederösterreichischen Waldviertel befindet sich ein großer runder erratischer Granitblock, der oben eine Vertiefung trägt, die immer voll Wasser ist, das Fußkranken guttut und Mädchengesichter schön macht. Über diesen „Kolomanni-Stein" wurde für den Heiligen 1713 eine Kapelle errichtet. Von Litschau aus fand eine Wallfahrt zu dem geheimnisvollen Findling statt. Ein zweiter „Kolomanni-Stein" steht im Nordportal der Wiener Stephanskirche. Auf ihm sollen während der Marter Kolomans Schienbeine zerhackt worden sein.

> Bemerkenswerterweise war der Kult des hl. Patrick, den man mit dem berühmten *Purgatorium* (s. unten S. 77ff.) verband, vor allem in der Oststeiermark verbreitet. Besonders vom Augustinerchorherrenstift Vorau aus scheint er gefördert worden zu sein, und in der Pfarre Wenigzell gab es im 18. Jh. eine eigene „Patritiuslitanei", in der auch des Fegfeuers des Heiligen gedacht wird.[1]

Neben dem hl. Patrick war *Brigit* (*Brigit*[*t*]*a*, eingedeutscht mhd. *Brîde* > *Breide*) wohl die populärste Heiligengestalt außerhalb Irlands.[2] Sie ist übrigens die direkte Fortsetzung einer Göttin *Brigit*, die für Fruchtbarkeit, Kunst und Handwerk (insbesondere der Schmiede) zuständig war, und die der altbritannischen Göttin *Brigantia* entspricht.

Die heilige Brigit war im 6. Jh. Äbtissin eines Doppelklosters in *Kildare* 'Eichenkirche', in dem von den 19 jungfräulichen Nonnen ein ewiges Feuer unterhalten wurde, wobei jede 20. Nacht Brigit selbst das Feuer bewachte, auch noch lange nach ihrem Tod![3] Ihre Klosterregel, die sich sehr

---

1 Schreiber (1956), 23–26; Schmidt (1962).
2 ODS, 78f.
3 Topographia Hiberniae II, 67–69; Gerald of Wales (1982), 81f.

von jener romabhängiger Klöster unterschied, sollte letztlich aus einem auf dem Meeresgrund gelegenen Kloster *Plea* stammen.[1] Unter ihren vielen Wundern spielen solche mit grünenden Bäumen und feurigen Lichterscheinungen eine große Rolle. Die jungfräulich-mütterliche Schutzherrin galt als „Maria der Gälen", was soweit führte, daß man sie tatsächlich als Mutter Jesu und des hl. Brandan (s. unten S. 81ff.) verehrte, freilich – wie ein irischer Mönch aus St. Jacob in Regensburg in einem leoninischen Vierzeiler boshaft anmerkte – nur, wenn man nicht ganz nüchtern war.[2]

In Ultans Hymnus auf die Heilige heißt es allerdings tatsächlich:

> Brigit ever excellent woman, golden sparkling flame,
> lead us to the eternal Kingdom, the dazzling resplendent sun!
> May Brigit deliver us past throngs of devils:
> may she break before us the battles of every plague!
> May she destroy within us the taxes of our flesh,
> the branch with blossoms, the mother of Jesus![3]

Die mittelalterliche Volksfrömmigkeit kannte ihre Verehrung als *Breide muoter*, und um die Heilige herum entstand im Trierer Raum die Verserzählung „Orendel", in der *Brîde* als keusche Herrin von Jerusalem auch mit der *Ecclesia militans*, der 'kämpfenden Kirche' gleichgesetzt wird.[4] Die schwedische Prinzessin und spätere Heilige *Birgitta/Birgit* (1303–1373), die ja schon auf den Namen der irischen Brigit getauft wurde, eiferte ihr auch insoferne nach, als sie gleichfalls ein Doppelkloster gründete.[5]

---

1 Félire Óengusso, 64–67; Plummer (1910) I, 227; dazu zuletzt ausführlich Ross (1998) = http://www.findarticles.com, 8–10. Der Begriff der „three-decker world" stammt wohl von dem Buch von Braun (s. a.) [ca. 1930 ?].

2 *Sunt et ibi Scoti qui cum fuerint bene poti*
   Sanctum Brandanum proclamant esse decanum
   In grege sanctorum, vel quod Deus ipse deorum
   Brandani frater sit et eius Brigida mater.
   Etwa: 'Dort gibt es auch Iren, die, wenn sie gut getrunken haben, den hl. Brandanus zum Oberhaupt in der Schar der Heiligen ernennen, oder (behaupten), daß der höchste Gott der Bruder des Brandanus, und Brigida seine Mutter sei.' Vgl. Ó Catháin (1995), 14.

3 Thes. Palaeohibernicus II, 325.

4 Dazu Birkhan (1974).

5 Dazu die Dissertation (ungedruckt) von Dallinger (1991), die von der Vita der Heiligen in der Österreichischen Nationalbibliothek ausgeht.

3. Besuche im Jenseits

Das irische Asketentum, das z. T. vor extremen Übungen, die wir noch beim hl. Adamnán kennenlernen werden (s. unten S. 599), nicht zurückschreckte, ermöglichte dem Heiligen, aber auch anderen Frommen, visionäre Zustände.[1]

Ein klassisches Beispiel ist der hl. *Furseus* (*Fursa*).[2] Der aus südirischem Adel stammende Heilige, der schon vor seiner Geburt gesprochen hatte,[3] gründete Klöster in England und im Frankenreich, bevor ihn der Bischof von Paris zum Generalvikar erhob. Der *trium populorum praedicator* starb 649 in Péronne, wo über seinem Grab eine Basilika errichtet wurde. Einige Zeit vor seinem Tod erkrankte Fursa schwer und verfiel in kataleptische Starre. So erlebte er völlig gelähmt den Kampf der Engel und Dämonen um seine Seele mit, wobei auch verschiedene Feuer erschienen, die durch die Sünden gespeist, die Welt zu vernichten drohten. Die Dämonen selber sind in einer Art verzerrt gedacht, die deutlich an den *ríastrad*, die Verzerrung des CúChulainn in der altirischen Heldensage erinnert, indem z.B. die Füße verdreht sind, so daß die Fersen nach vorne und die Schienbeine nach hinten stehen. Wenn auch dank Fursas heiligem Leben die Engel den Sieg über die Dämonen davontragen, so ist diese *Visio Fursei* doch ein ganz besonders wichtiges Zeugnis des die Menschen quälenden Sündenbewußtseins. Wenn ein Heiliger schon solchen Dämonenangriffen ausgesetzt war, wie sollten dann Sünder wie du und ich im Jenseits bestehen können? Für die *Visio Fursei* wurde Einfluß auf das althochdeutsche *Muspilli* vermutet, doch dies scheint mir angesichts der übrigen Visionen- und Endzeitliteratur nicht zwingend. Anders steht es um die wohl aus der apokryphen Thomasapokalypse stammenden „Fünfzehn Zeichen vor dem Jüngsten Gericht", die vielleicht durch irische Vermittlung (s. den *Saltair na Rann* 'Vierzeiler-Psalter'; 9. Jh.) nach England gelangten, wo sie etwa in All

---

1 Vgl. seine *Visio*, die *Fís Adamnáin*; Dillon (1958), 133–143; zu *Visio* und anderer Welt s. Patch (1950), 80–133.
2 ODS, 209; Dinzelbacher (1989), 44–49; Richter (1999), 126–133.
3 Delehaye (1998), 35.

Saints' (York) in Glasmalereien von 1425 dargestellt sind, aber auch auf den Kontinent.[1]

Ich möchte die irischen Jenseitsvorstellungen an zwei Beispielen, die reiche Nachwirkung haben sollten, vorführen: an der *Visio Tundali* und am *Purgatorium Sancti Patricii*.

a. Die *Visio Tundali* (oder: *Tnugdali*)

Diese Vision, deren lateinische Schilderung 1149 ein irischer Inkluse *Marcus*[2] im Schottenkloster zu Regensburg verfaßte, muß ungeheures Aufsehen erregt haben, da sie in über 150 Handschriften erhalten ist und in die meisten Volkssprachen Europas übersetzt wurde. So auch ins Mittelhochdeutsche um 1180 auf Wunsch dreier Nonnen vom Nonnenkloster St. Paul in Regensburg durch einen Mönch *Alber von Windberg*. Als dann die Buchdruckerkunst erfunden war, erschien „Tondolus der Ritter" auch in mehreren Druckfassungen.[3] Erstmals wird eine ziemlich genaue Geographie des Jenseits, insbesondere eine Höllenlandschaft entworfen, die weitere Differenzierung nahelegte, was dann Dante in der *Divina Commedia* zu seinem berühmten Höllentrichter und Läuterungsberg anregte.

> Die Erzählung beginnt mit einer Schilderung Irlands, wobei Marcus das Fehlen von Schlangen, Maulwürfen und Kröten auf der Grünen Insel besonders hervorhebt und mit der Vertreibung durch St. Patrick verbindet.[4] Entgegen seiner Quelle aber erzählt Alber noch die Legende, wie der wegmüde Patrick, als er dem König von Cashel Taufunterricht erteilt, sich auf seinen mit einem spitzen Dorn versehenen Wanderstab stützt. Dabei durchbohrt er mit dem Eisendorn den Fuß des Königs, was dieser geduldig erträgt, weil er glaubt,

---

1 Heist (1952). Die Thomasapokalypse in: http://wesley.nnu.edu/biblical_studies/noncanon/apoc/apcthom.htm (
2 Wagner (1882); Dinzelbacher (1989), 86–97; Picard (1989).
3 Palmer (1980), 6–38; vgl. auch Düwel (1995).
4 Gerald of Wales (1982), 50–52 (mit Skepsis bzgl. St. Patrick); Bourke (1993), 48f. Vgl. Ford (1983), 29–49. Dieses Motiv wurde übrigens auch in den Brief des „Priester Johannes" übernommen, der in der zweiten Hälfte des 12. Jh.s entstand. Wir werden die große Bedeutung dieses Briefes für die späte Gralsdichtung (im „Jüngeren Titurel") noch kennenlernen.

daß es zum Taufritus gehört. Die hübsche Szene ist wohl auf irischen Hochkreuzen, wie etwa auf der Ostseite des „Cross of Scriptures" in Clonmacnoise (Co. Offaly), dargestellt.

Tnugdalus oder *Tundalus*, ein Ritter aus Cashel, gänzlich in Weltlust befangen, verfällt in ein Koma, erwacht aber nach drei Tagen wieder und beginnt unter dem Eindruck der Visionen ein geistliches Leben. Die erzählte Jenseitswanderung des Ritters unter Führung eines Engels geht zunächst in die Hölle und dann in das Paradies. Schon aus den Verszahlen der mittelhochdeutschen Fassung ersieht man, daß die Beschreibung der Hölle dankbarer ist als die des Himmels. Auf diesen entfallen 700 Verse, auf jene 1100.

Die Hölle besteht aus Höllenkreisen, den sieben Todsünden zugeordnet. Dabei steigt Tundalus mit dem ihn führenden Engel immer tiefer hinab. Innerhalb dieser Kreise sind die Höllenszenen horizontal nach der Art von Schreckenskammern angeordnet: so der Ort, wo die Teufel die Seelen der Mörder rösten, dann der Berg der Verräter, wo deren aufgespießte Seelen ins Feuer geworfen werden. Darauf geht es über die enge Brücke über den Abgrund der Hoffärtigen zur Leidensstätte der Gierigen. Eine zweite schmale Brücke bringt die Diebe und Räuber zu Fall. Der Ritter hat einst nach altirischer Heroenart selbst ein Rind geraubt, das seine Seele nun über die Brücke treiben muß, als ihm eine andere mit einem großen Garbenbündel begegnet. Der Weg wird zu eng und fast wäre Tundalus in den furchtbaren Abgrund gestürzt, hätte ihn nicht der Engel aufgefangen. Dann kommt die Hölle der Fresser und Hurer, besonders jener im geistlichen Gewand, und derer, welche Sünde auf Sünde häufen. Von den unkeuschen Klerikern, Mönchen und Nonnen heißt es bei Alber von Windberg:

> „Danach fanden sie ein schreckliches, den Seelen verderbliches, grauenhaftes Tier. Es hatte zwei Beine und schwarze Fledermausflügel, einen langen Hals und einen eisernen Schnabel, aus dem eine Flammenlohe wehte, eiserne Klauen, und konnte wohl als Abbild des Teufels gelten. Es beherrschte einen riesigen, gefrorenen See, auf dem es saß. Es verschlang und verzehrte die Seelen und behielt sie solange in seinem Bauch, bis sie alle Kraft verloren hat-

ten. Dann gebar es sie auf das Eis, wo sich all ihr Unheil erneuerte. Diese unreine Nachkommenschaft hat ein Haupt von Feuer und einen schneidenden Schnabel. Es haßt seine Eltern. Es hat einen grausamen Schwanz, der gleich einem biegsamen Nagel die Seiten aufreißt, aus denen dann die verfluchten Nachkommen hervorbrechen. An Stelle der Schamteile haben hier Frauen und Männer die allerekelhaftesten Schlangen. Keine Zunge kann das Jammergeschrei der armen Seelen und das Gebrüll des unreinen Wurmgezüchts, das hier leidet, verkünden. Das alles haben sie ihren Sünden zuzuschreiben … Es sind die verdammten buchgelehrten Mönche und Pfaffen, aber auch die Nonnen, die sich 'geistliche Leute' nannten, aber von der Völlerei und Unzucht nicht lassen wollten."[1]

Hier zeigt ein Vergleich mit dem lateinischen Original[2] des Marcus, wie Alber einerseits mit Flickversen, die ihm einen Reim ermöglichen sollen, die Darstellung zerdehnt, andererseits die Schrecken dieses Höllenungeheuers, vielleicht seinem zartbesaiteten Nonnenpublikum zuliebe, noch reduziert hat.

Es „funktioniert" im Original so: Es frißt die Seelen, verdaut sie und gebiert sie auf das Eis. Diese werden ihrerseits ohne Rücksicht auf das Geschlecht schwanger und gebären unter großem Geheul Schlangenungeheuer. Insbesondere das Detail, daß diese mit ihren Widerhakenschwänzen, Eisenschnäbeln und Krallen sich überall aus dem Körper der „Muttertiere" (beider Geschlechter!) herausfressen und ihn dabei zerfleischen, hat Alber abgeschwächt.

---

1   Wagner (1882), 150–152 [Übersetzung von Bi].
2   *De pena sub habitu et ordine religionis fornicantium vel quacunque codicione immoderate se coinquinantium. Precedente igitur angelo viderunt bestiam omnibus, quas ante viderant, bestiis valde dissimilem, duos pedes et duas alas habentem, longissimum quoque collum et rostrum ferreum, ungulas etiam habebat ferreas, per cujus os flamma eructuabat inextinguibilis. Que bestia sedebat super stagnum glacie condensum. Devorabat autem bestia quascunque invenire poterat animas, et dum in ventre ejus per supplicia redigerentur ad nihilum, pariebat eas in stagnum glacie coagulatum, ibique renovabantur iterum ad tormentum. Impregnabantur vero omnes anime tam virorum quam mulierum, que descendebant in stagnum, et ita gravide prestolabantur tempus, quod eis conveniebat ad partum. Intus vero mordebantur in visceribus more viperino a prole concepta, sicque vegetabantur misere in unda fetida maris mortui glacie concreta. Cumque tempus esset, ut parerent, clamantes replebant inferos ululatibus et sic serpentes pariebant. Pariebant, dico, non solum femine, set et viri, non tantum per ipsa membra, que natura constituit tali officio convenientia, verum per brachia simul et per pectora, exibantque erumpentes per cuncta membra. Habebant vero ipse, que pariebantur, bestie capita ardentia ferrea et rostra acutissima, quibus ipsa, unde exibant, dilaniabant corpora. In caudis autem suis eedem bestie multos habebant aculeos, qui, quasi hami retro retorsi, ipsas, e quibus exibant, pungebant animas;* Wagner (1882), 27f

Darauf beginnt der steile Abstieg, der die Seele in den tiefsten Höllengrund führt, wo sie den Fürsten der Finsternis selbst gewahrt. Nach dem Berg des Feuers und Hagels und dem Schwefelfluß gelangt sie zu dem seelenfressenden Ungeheuer *Acharon*, dessen Maul durch zwei als Kiefersperren dienende Säulen offengehalten wird. Bei genauerem Zusehen zeigt sich allerdings, daß die beiden Säulen Riesen sind, von denen der eine mit dem Kopf nach unten, der andere mit dem Kopf nach oben steht. Die Seele erfährt, daß es sich um die beiden gutbekannten Helden der Ulstersage *Fergus mac Roich* und *Conall Cernach* handelt, die hier zu immerwährendem Leid in die Hölle der Gierigen versetzt sind, eine bemerkenswerte Einschätzung der Heldensage und ihrer Protagonisten. Vorbei an der Seelenschmiede des Vulcan, wo die sündigen Seelen dauernd umgeschmiedet werden, d.h. sich nie einer ihnen eigenen beständigen Form erfreuen können, gelangt die Seele zum Höllenfürsten:

> „Sie sah den schrecklichen Geist, der in der Hölle der Höchste ist. Keiner der Teufel glich ihm. Er war unerhört groß, rabenschwarz von furchtbaren Gebärden, von Kopf bis Fuß menschenähnlich, vielarmig und hatte am Körperende einen schrecklichen Schwanz mit Eisennägeln und Widerhaken zur Peinigung der Törichten. Jede Hand war 100 Klafter lang. Der Teufel stank sehr und lag allzeit auf einem Eisenrost, unter dem die Glut von Blasebälgen geschürt wurde. Die Teufel ließen auch Blei zerrinnen, womit sie ihren Meister quälten und brannten..."[1]

Gerade diese Szene haben die Brüder von Limburg im Stundenbuch des Duc de Berry (f. 108) durchaus realistisch dargestellt und dabei keineswegs an Gold gespart. Bemerkenswerterweise befinden sich unter den um den Höllenrost herum leidenden Seelen viele an ihren Tonsuren erkennbare Kleriker. Neben einer Anzahl von Holzschnitten gibt es noch eine Hs. des 15. Jh.s der Margarete von York, die die *Visio* mit Farbminiaturen des Malers Simon Marmion begleitet.[2]

Endlich geht es wieder nach oben und die Seele des Ritters gelangt über den sturmgepeitschten Ort, an dem sich die „nicht sehr Bösen" aufhalten

---

1 Wagner (1882), 159f. [Übersetzung Bi]
2 Dinzelbacher (2002a), 88f., 104f.

müssen, auf die Wiese, auf der sich die „nicht sehr Guten" befinden. Hier trifft sie auf irische Bekannte, die erst vor wenigen Jahren das Zeitliche gesegnet hatten, nämlich die zwei Könige *Conchobhar Ua Briain*, den König von Desmond, und *Donnchadh mac Carthaigh*, den König von Thomond, beide im gleichen Jahr 1142 verstorben. Im Leben Todfeinde, bereuten sie angeblich auf dem Totenbett. Wichtiger dürfte aber wohl sein, daß beide in Regensburger Tradition als Gründer und Wohltäter des Schottenklosters galten. Dort war ja der Mönch Marcus am Werk!

Wenig weiter sehen sie König *Cormac mac Carthaigh*, den 1138 verstorbenen Bruder Donnchadhs, in Glanz und Glorie thronen. Dieser hatte 1134 die schon erwähnte Kirche in Cashel gestiftet, die heute noch „Cormac's Chapel" heißt. In den „Annalen der Vier Meister" wird er wegen der Zuwendung von Reichtümern und Juwelen an den irischen Klerus „Bischof unter den Königen von Irland" genannt. Keine Frage, daß ein solcher Mann nicht in der Hölle schmachtet!

Darauf folgt der Himmel der Eheleute, dann der der Enthaltsamen, der Mönche, Befestiger des Christentums, der Jungfrauen und neun Engelchöre, zuletzt treffen sie den hl. *Ruadán*, St. *Patrick* selbst sowie 40 heilige Bischöfe. Dann kehrt die Seele wieder in den Körper zurück.

Der besondere Erfolg dieser *Visio Tundali* besteht darin, daß die Urfrage der Menschheit nach den letzten Dingen hier in einer räumlich plastischen Art beantwortet wird, die persönliche Betroffenheit ermöglichte. Natürlich ist auch diese irische Vision nicht aus dem Nichts entstanden, sondern ihr gingen bereits jüdische und frühchristliche, z. T. sehr kurze apokryphe Visionen wie die „Vision des Henoch", die Jenseitsschilderung des von Christus auferweckten Lazarus oder die *Visio Sancti Pauli* voraus.

Die Jenseitsbrücke ist ein außerordentlich weit verbreitetes Motiv, das man auch im hinduistischen Bali antrifft (so auf Malereien im Königspalast von Klungkung) und auch den alten Persern vertraut war.[1] Die altgermanische Religion kennt eine schwankende Regenbogenbrücke *Bilrǫst* oder *Bifrǫst* und in der altirischen Tradition *Tochmarc Emire* muß der Held CúChulainn auf einer schwankenden Seilbrücke in die Andere

---

1   Dinzelbacher (1973).

Welt balancieren. Hier kommt ihm – wie der Seele des Tundalus – auch eine dämonische Gestalt entgegen, so daß beiden die Brücke zu schmal wird. Wenn also „The Lyke-Wake Dirge", eine um 1616 in Yorkshire gesungene Totenklage, schildert, wie die Seele auf der „Bridge of Dread" das *Whinney-moor* zu überqueren habe,[1] so könnte dies ebenso eine irische wie vielleicht auch eine heidnisch-germanische Reminiszenz sein.

Am bedeutendsten ist die durch dieses Werk angeregte *Divina Commedia* des Dante Alighieri (1265–1321). Wie Tundalus durchwandert Dante, zuerst von *Vergil*, dann *Bernhard von Clairvaux* und *Beatrice* geführt, *Inferno*, *Purgatorio* und *Paradiso*. Dabei ist natürlich das Fegfeuer (*Purgatorio*) insoferne eine Neuerung, als seine Existenz erst seit 1274 von der Kirche verbindlich gelehrt wurde. Die irische Differenzierung der „nicht sehr Bösen" und „nicht sehr Guten" hat dieser Konzeption den Weg bereitet. Der Höllentrichter Dantes ist ganz eindeutig vom siebenstufigen der *Visio Tundali* angeregt und durch Einbeziehung des *Limbus* für edle Heiden und ungetauft verstorbene Kinder auf neun Stufen erweitert. Einzelne besonders markante Strafen stimmen mit der *Visio* überein. Der Höllenfürst ist jedoch zur Hälfte in Eis eingefroren, während er ständig *Judas* und die Caesarmörder *Brutus* und *Cassius* abhäutet und frißt (Inferno 34, 55ff.). Der Läuterungsberg ist bei Dante durch den Sturz Luzifers entstanden, der den Höllenkrater bildete und das verdrängte Gestein an der entgegengesetzten Erdseite zum Berg aufhäufte.[2] Auch Ludovico Ariosto hat in seinem *Orlando furioso* (1505–1515) den Höllentrichter gestaltet, wenn er Astolfo an dessen Rand entlang zum Berg des irdischen Paradieses gelangen läßt, von wo aus er den Mond erreicht, von dem er Orlandos verlorenen Verstand zurückholt. Dagegen erscheint im nicht-irischen Kontext wie im *Elucidarium* des Honorius von Autun und in den volkssprachigen *Lucidarius*-Fassungen der Höllentrichter umgekehrt, mit dem engen Eingang oben und sich nach unten erweiternd.[3]

---

1 Simpson-Roud (2003), 219f.
2 Dante Alighieri, 64.
3 Vgl. Lucidarius (1915), 4.

b. Das *Purgatorium Sancti Patricii*

Höchst bemerkenswert ist nun auch eine irische Praxis, die es erlaubte, solche visionäre Erfahrungen nicht nur im Fall komatöser Starre zu erleben, sondern diese geradezu abrufbar zu machen. Voraussetzung dafür war freilich, daß man den eigenen Tod rituell vorverlegte: Dazu mußte der „Proband", der von den Bischöfen von Armagh und Clogher eine schriftliche Erlaubnis erhalten hatte, nach 15-tägigem Fasten ein schwarzes Gewand anlegen, sich in der Kirche aufbahren und fünf Tage lang morgens und abends über sich ein Requiem lesen lassen. Darauf ließ der Prior den „Toten" eine Wendeltreppe hinabsteigen, die sich im Dunkeln verlor. So gelangte er von Lough Derg (Donegal, hart an der Grenze zu Ulster) aus in das *Purgatorium Sancti Patricii*.[1]

Hier soll einst St. Patrick einen Kreis gezogen haben, der plötzlich nach unten wegbrach und einen Schacht freigab, durch den man in die Andere Welt absteigen konnte. In der *Legenda aurea* des Iacobus de Voragine (1228–1298) lesen wir, daß ein Jenseitspilger hier seine zeitlichen Sündenstrafen sozusagen im Vorhinein abbüßen konnte, so daß ihm nach dem Tod das Fegfeuer erspart bleiben würde. Der Abstieg sei aber nicht ungefährlich und keineswegs alle, die sich hinabbegeben hatten, wären wieder zurückgekehrt. Die bedeutendste Veranschaulichung bildet das Wandfresko in der Kapelle der Klarissen in S. Francesco al Borgo Nuovo in Todi von 1346. Das gewaltige Gemälde (26m^2) belegt das brennende Interesse, das man auch in Italien an Patricks Fegfeuer hatte. Man kann mit Peter Dinzelbacher an die zahlreichen oberitalienischen Kaufleute und Bankiers im Irland des 14. Jh.s erinnern.[2]

Die in erhaben-einsamer Landschaft liegende Pilgerstätte auf Station Island übt auch heute noch auf Tausende von Pilgern, die dort fastend mit Gebetsübungen drei Tage verbringen, eine gewaltige Anziehungskraft aus. Die Pilger essen während des Tages nur einmal etwas Brot und

---

1 Dazu Shane (1932); Ryan (1960); Wagner (1963b), 84–87; Haren – de Pontfarcy (1988); Enchanted Ireland, 126f. – Völlig abweichend ist die Schilderung von Giraldus Cambrensis (Topographia II, 38): Gerald of Wales (1982), 61, 131.
2 Dinzelbacher (2002a), 86f.

trinken schwarzen Tee. In der 1931 erbauten Basilika muß eine Nacht durchgewacht werden. Dann geht man barfuß die einzelnen heiligen „Stationen" (*stations*) ab, betet in Kreuzesform, d.h. mit seitlich weggestreckten Armen, und meditiert. Es gilt als besondere Bußleistung, eine Nacht auf dem Steinboden vor der Basilika zu schlafen. Durch die sich herumwälzenden Leiber der Pilger entstanden ganz flache Eintiefungen, eine Art von „penitential beds".

Seit dem 18. Jh. gibt es keinen Abstieg in die Unterwelt mehr, und es kann wohl auch an der auf alten Karten bezeichneten Stelle nie einen solchen auf der flachen Insel gegeben haben, denn nach einem Meter hätte man sich bereits im Grundwasserhorizont des Lough Derg befunden. Das Problem löst sich für manche Autoren, indem sie annehmen, daß das *Purgatorium* nicht auf Station Island, wo heute die Basilika steht und der Pilgerbetrieb stattfindet, bestanden habe, sondern auf dem nicht fernen Saints Island, das man hinter der Basilika liegen sieht. Jedoch auch dort kann es aus dem erwähnten Grund keine Höhle mit Abstieg gegeben haben.

1497 wurde durch päpstliches Edikt das *Purgatorium* eine Zeitlang gesperrt, weil drei Jahre zuvor ein niederländischer Mönch trotz spiritueller Vorbereitung keine Visionen hatte und daher „reklamierte". Da man zur Zeit der kalvinistischen Reformation und Aufklärung keinen so engen Kontakt mit den Jenseitswelten mehr wollte, wurde das *Purgatorium* immer wieder zerstört und am Beginn des 18. Jh.s auf Dauer geschlossen. Ein Reverend John Richardson verfaßte 1727 einen Traktat „The Great Folly, Superstition and Idolatry of Pilgrimages in Ireland". Ist die Abbildung auf einer Karte in der *Lyra Hibernica* des Thomas Carve (1666) und die Beschreibung durch protestantische Bischöfe von 1632 und 1701 einigermaßen verläßlich, so war das *Purgatorium* ein langer, schlauchartigenger Steinbau – mit einer Länge von 6,5 m, einer Breite von 63 cm und einer Höhe von 89 cm –[1] und dergestalt bestens geeignet, Klaustrophobien auszulösen. Da hinein scheinen die Pilger gekrochen und dort offenbar auch eingeschlossen worden zu sein. So wurden die Jenseitsvisionen

---

[1] Dames (1992), 40; An Duanaire, 74.

in einer durch Fasten, Meditation und die Enge erzielten Trance, d.h. in einer Art Lebendigbegrabenseins, geschaut.

In der Tat gibt es eine sehr bemerkenswerte anonyme Dichtung *Truagh mo turas go Loch Dearg* 'Vain my visit to Loch Dearg', in der ein Pilger, der offenbar nicht richtig in Trance geraten war, das Äußere des Schreckensortes beschreibt und der spirituellen Erfahrung, die sie bewirken sollte, gegenüberstellt:

> In my narrow hard stone cell
> after all my proud foul acts
> I can find, for shame, no tear.
> I am buried in a grave alive.[1]

Das *Purgatorium Sancti Patricii* taucht in der Literatur zuerst gegen die Mitte des 12. Jh.s auf. Nachdem es dem hl. Patrick im 5. Jh. geoffenbart worden war, wurde es angeblich zuerst von einem walisischen Ritter *Owein* besucht und in einem lateinischen Traktat des englischen Zisterziensers Heinricus de Saltrey beschrieben. Auch eine anglonormannische Dichterin *Marie*, lange Zeit fälschlich mit Marie de France gleichgesetzt, bemächtigte sich des Themas. Heinrichs lateinischer Traktat wurde mehrfach ins Deutsche übertragen, zuerst, mit Wunderberichten über St. Patrick um 1160 ergänzt, in einer nur mehr fragmentarisch erhaltenen Handschrift. Am wichtigsten aber ist die sehr genaue Beschreibung der Jenseitswanderung des jungen Ritters *Georg von Ungarn*, die ungefähr um 1350 entstanden sein muß, und die neuerdings in einer kritischen Ausgabe vorliegt.[2]

Die *Visio Georgi*, deren Erforschung sich als erster der Wiener Hofbibliothekar und Jesuit Michael Denis – wir werden ihn noch als Barden kennenlernen (s. unten S. 372) – um 1800 widmete, ist vor allem auch theologisch und psychologisch interessant, weil die durchtriebenen Teufel an mehreren Stellen die Gestalt frommer Personen annehmen. So erscheinen Georg (cap. 18) seine Brüder und sein Vater, der ihm bekennt:

---

1 An Duanaire, 26–29.
2 Weitemeier (2006).

Jch bin halt auch lange czeit betrogen von dem Christo gewesen mit einer falschen ler/ doch gab mir der heilig geist das zuerkennen/ daz jch den christenleichen glawben gar widersaget/ und auch dem Christo ... Vnd durch desselben willen pin jch got lieb und genäm hie in der weld mit deinen prüedern in groszer wirdichait und gar in groszen eren. ... Vnd darvmb mein lieber sun ...bitt ich dich vleiszigleich ... daz du gancz und gar verlaugen solt den Christum ...[1]

Eine Jungfrau (cap. 13) versucht ihn zu verführen und würde sich ihm hingeben, wenn er Christus verleugnete. Sie ist eine vollkommene Schönheit bis auf ihre unbedeckten Beine, deren eines ein Rinderbein, das andere ein Pferdebein ist ...[2] Man kann sich das Weitere leicht ausmalen: Immer spricht Georg ein Stoßgebet und der teuflische Spuk zerspellt unter fürchterlichem Gestank. In dieser Tradition wird ein mit leiblichen Augen sichtbares Paradies von einem nur spirituell erfahrbaren unterschieden, das dem noch lebenden Visionär Georg nicht zugänglich ist, denn im Gegensatz zu den Visionen des Fursa, Tundalus und anderer sieht Georg die Pein- und Freudenorte ja mit leiblichen Augen. Nach seiner Rückkehr warten bereits der Prior und der irische König *Mathan* auf den Jenseitswanderer. Sie jubeln über seine Ankunft und reißen ihm die Kleider vom Leib, um sie als Reliquien zu verehren.

c. Reisen in die horizontal dislozierte Andere Welt

Weitere frühe Belege für die Rezeption des irischen Christentums sind die *Navigatio Sancti Brendani* bzw. die „St. Brandans-Reisen" zu glückseligen Inseln, ihrer Herkunft nach viel älter – bereits Isidor von Sevilla kannte die *Fortunatarum insulae* (lib. XIV, 6, 8) – und in ihren Auswirkungen noch bedeutender. Verbunden wird damit nun der sehr alte, auch antike, Gedanke, daß die Toten auf einer horizontal dislozierten Anderen Welt in Form einer Insel weiterleben, wie wir es noch aus rezenter Volksüberlieferung aus Wales und Irland kennen.[3] Im Grunde gehört auch die

---

1 Weitemeier (2006), 405
2 Weitemeier (2006), 387–389.
3 Patch (1950), 134–174; Wooding (2000); Birkhan (1999a), 489f., 557–560, 659, 681, 838–844; Birkhan (1999b), Abb. 394f.

arthurische „Apfelinsel" (s. unten S. 152ff.) hieher. Natürlich ergeben sich einzelne Übereinstimmungen mit der *Visio Tundali*.[1]

Es handelt sich bei der *Navigatio Sancti Brendani* um eine Seefahrt in das horizontal dislozierte Jenseits, das mit dem Namen des hl. *Brendan* oder *Brandan*, der 577 oder 583 gestorben sein soll, verbunden ist.[2] Dabei ist unbestritten, daß *navigatio* hier den irischen terminus technicus *immram* ['imrav] 'Umherrudern; Ruderfahrt' übersetzt – oder sollte es umgekehrt sein?

Es sieht nämlich so aus, als ob die odysseeartigen Inselfahrten ein verhältnismäßig junges Genre wären, eine besondere Form der *echtrai* genannten „Abenteuerfahrten",[3] gibt es doch nur einen *immram*, den *Immram Brain meic Ferbail*,[4] der keine deutlichen christlichen Spuren aufweist, ja sogar den irischen Meeresgott *Manannán* auftreten läßt. Andere alte Texte dieser Gattung wie der *Immram curaig Máele Dúin* 'Die Ruderfahrt des Curach [Lederbootes] von Máel Dúin'[5] und der *Immram Uí Corra*[6] 'Die Ruderfahrt von Corras Enkeln' tragen schon deutlich christliches Gepräge, was natürlich auch auf Beeinflussung durch die *Navigatio Brendani* beruhen kann, da ja auch mehrere der christlichen Inselmotive in diesen Traditionen wiederkehren.

Manche irische Keltologen, die neuerdings die Neigung verspüren, den Anteil der heidnisch-keltischen Tradition in den altirischen Sagen möglichst zu minimieren, sind geneigt, sogar *Immram Brain* im Vergleich zur *Navigatio Brendani* als sekundär anzusetzen,[7] wobei es mir nach dem Prinzip der *lectio difficilior* schwer vorstellbar ist, daß in

---

1 Strijbosch (2000), 112f., 221f.
2 Zu *Brendan* s. ODS, 76. Navigatio Sancti Brendani; dazu: Lehane (1968), 74–99; Grimm (1977), 104–110; Wais (1982); Burgess – Strijbosch (2000); Sneddon (2001); Burgess – Strijbosch (2006); Stifter (2006).
3 Der *echtra* genannte Sagentyp enthält schon in seinem Namen den Hinweis auf die Andere Welt (< *ekster*- 'außerhalb'), bedeutet also eigentlich das Heraustreten aus bzw. das Verlassen der vertrauten Welt. Immer ist es eine Entrückung, sei es über das Meer, unter die Erde, unter einen See, in eine Höhle oder einfach in einen magischen Nebel. Der *immram* ist also ein Spezialfall der *echtra* und enthält, wie es scheint, mehr dem Irischen fremde Elemente.
4 Dillon (1958), 104–107; MacMathúna (1985). Übersetzung in: http://www.lamp.ac.uk/celtic/BranEng.htm (20. 4. 2008).
5 Dillon (1958), 125–130; Oskamp (1970).
6 Abgedruckt in Übersetzung in: http://www.lamp.ac.uk/celtic/UaCh.htm (20. 4. 2008); s. auch Mac Mathúna (1997).
7 McCone (1990).

christlicher Zeit – etwa im 8. Jh. – eine Heiligenlegende der meisten christlichen Züge beraubt und sozusagen paganisiert worden sei. Eher werden heidnische Erzählungen einen christlichen Anstrich bekommen haben.

Bran mac Ferbail wird von einer aus der Anderen Welt stammenden Frau mit Hilfe eines Silberzweiges, der wundersame Musik verströmt, in die Andere Welt eingeladen, die letztlich ein Land schöner, ewig junger, den Männern willfähriger und liebreizender Frauen ist. Nach scheinbar kurzer Zeit treibt einen der Mitreisenden Heimweh zurück. Als er den Boden Irlands wieder betritt, zerfällt er zu Staub: er war jahrhundertelang fort gewesen. Bran erzählt alles vom Schiff aus und hinterläßt einige Strophen in Ogamschrift, bevor er wieder die Segel setzt, um nach Westen auf Nimmerwiedersehen zu verschwinden.[1]

Aus uns nicht bekannter Ursache rankte sich um *St. Brendan* von Clonfert die Tradition von der Inselfahrt, die in vielen europäischen Literaturen große Bedeutung erlangen sollte. Es fehlt auch nicht an Illustrationen. So enthält der „Krumauer Codex" der Österreichischen Nationalbibliothek (Ms. 370), eine *Biblia pauperum* aus dem 2. Viertel 14. Jh.s, eine ganz nach Art von Comics angelegte Serie von Federzeichnungen.

Diese *Navigatio Sancti Brendani* ist als Teil der *Vita* des Heiligen in mehreren Fassungen auf uns gekommen und vielleicht im lothringischen Raum (in Metz, Verdun, Péronne, Laon, Walsourt, Trier, Lüttich, Köln oder Utrecht) entstanden, der auch ein Zentrum der zweiten irischen Missionswelle war. Ja, es besteht sogar die Auffassung, daß dieses Werk aus der Feder eines *Israel episcopus Scotigena* stamme. Darüber ist keine einheitliche Meinung erzielt worden, und mir persönlich scheint die Vermutung, das Werk sei auf dem Kontinent entstanden, überhaupt nicht zwingend, mögen auch einige der Inselwunder eher der mediterranen, antiken Tradition verpflichtet sein als der irischen.

Besonders auffällig ist gewiß das Motiv des *Iasconius*, des für eine Insel gehaltenen Fisches, das an die erste Reise Sindbads des Seefahrers in der Märchen-

---

1   Übersetzung: Cross – Slover (1936), 588–595; Jackson (1971), 173–175.

sammlung von „Tausendundeiner Nacht"[1] erinnert, jedenfalls seine Herkunft aus dem Orient nicht verleugnen kann. Die meisten Motive scheinen freilich insularen Ursprungs zu sein.

Die *Navigatio*, die Reinhold Grimm „die erste geglückte Umsetzung von heilsgeschichtlich-dogmatischem Stoff in Erzählung" nannte, hat aber zu ihrer Zeit und in Irland auch Kopfschütteln und Polemik ausgelöst. So hat man in der Literatur Brendanus als Abt allen Ernstes vorgeworfen, daß er während der siebenjährigen Seefahrt sein Kloster vernachlässigt habe.[2]

Der Inhalt der *Navigatio* ist kurz folgender:

Der aus königlichem Geblüt geborene Heilige war Schüler der hl. *Ita* und des hl. *Enda* von den Aran-Inseln. Er war Abt in Clonfert, wo er angeblich 3000 Schüler hatte. Der mit ihm befreundete heilige Abt *Barinthus* erzählte ihm eines Tages von seiner Seefahrt in die Andere Welt, die ihn letztlich zu dem auf einer Insel im Ozean gelegenen Land der Verheißung (*Terra repromissionis*) geführt habe. In Brendan erwächst der Wunsch, das Land gleichfalls zu betreten. Er wählt 14 Brüder seines Klosters aus, baut mit diesen, nachdem er den Segen des hl. Enda empfangen hatte, ein *curach*, um damit, wahrscheinlich von der Dingle-Halbinsel aus – wo der Pilgerberg *Mount Brandon* an den Heiligen erinnert – in See zu stechen. Vor der Abreise erscheinen noch drei Mönche, die ihn anflehen, er möge sie mitnehmen, was er denn auch tut. Er offenbart ihnen jedoch, daß einer von ihnen die Seligkeit erlangen, die beiden anderen aber zugrunde gehen werden.

Nun folgt eine Serie von wundersamen Inseln, die aber dergestalt dem Kirchenjahr gemäß angeordnet sind, daß Brendan und die Seinen jeweils die Zeit von Weihnachten bis Pfingsten auf bestimmten Inseln verbringen, wo sie, da das Ganze sieben Jahre andauert, sich allmählich schon gewohnheitsmäßig zurechtfinden. Als sie Karsamstag nachts das Osterfeuer entzünden und die Insel sich plötzlich zu bewegen beginnt, weil

---

1   Diese Märchensammlung mit dem arabischen Titel *Alf laila wa-laila* ist ein höchst komplexes Gebilde, dessen einzelne Teile von sehr verschiedenem Alter sind; s. dazu KLL 18, s. v. *Alf laila wa-laila*. Die Geschichte von Sindbad hat auch jüdische und persische Wurzeln.
2   Grimm (1977), 108f.

sie – wie schon erwähnt – eigentlich ein riesiger Fisch ist, sind sie noch höchst erschreckt. Im Jahr darauf, als sie auf der gleichen „Insel" landen, wo sie noch ihren Wasserkessel *in situ* vorfinden, sind sie mit dem *Iasconius* (zu air. *íasc* 'Fisch'), schon ganz vertraut.

Ich erwähne noch einige der seltsamsten Inseln:

Eine scheint menschenleer, obwohl sie eine prächtige Stadt enthält. Im Palast ist für alle gedeckt, und herrliche Betten locken. Brendan erlaubt den Mönchen sich zu sättigen und in den Betten zu ruhen, warnt sie aber davor, etwas mitzunehmen. Nachts sah der Heilige einen kleinen Mohren (einen „Äthiopier"), der einem der Zuspätgekommenen ein silbernes Zaumzeug zusteckte. Als Brendan den Dieb am anderen Morgen überführt, gesteht dieser seine Tat, bereut und verstirbt im Herrn, während der kleine Höllenmohr unter großem Protestgeschrei aus seiner Brust herausspringt.

Auf einer Insel versammeln sich riesige Mengen weißer Vögel in den Ästen eines Baumes an einer Quelle,[1] die dort auf wundersame Weise die klösterlichen Gebete singen. Es sind die bei Luzifers Sturz neutral gebliebenen Engel (also eigentlich Fairies; s. unten S. 547), die sonst in den Lüften umherfliegen müssen, aber zu Ostern in Vogelgestalt den Herren preisen dürfen. Die Frage, was mit den Engeln geschah, die sich bei der Empörung Luzifers neutral verhielten, sich also nicht auf die Seite Gottes und der guten Engel stellten, hat das Mittelalter bewegt und bildet ein wichtiges Thema in Wolframs *Parzivâl* (s. unten S. 204ff.).

Nach Überwindung des windstillen Lebermeeres und mit Not einem Ungeheuer entronnen, gelangen sie auf eine Insel mit drei Klöstern nach Altersklassen, deren einem einer der Zuspätgekommenen beitritt.

Sie gelangen auf eine Insel mit riesigen Früchten – wir würden sie vielleicht als Melonen ansprechen –, dann in das klare Meer, in dem man bis auf den Grund und jedes einzelne der Meeresungeheuer und jeden einzelnen zusammengeringelten Fisch sieht.

Hierauf finden sie mitten im Meer eine Kristallsäule von unerhörter Höhe, von der ein Netz aus einem geheimnisvollen Material hängt, durch dessen Maschen der *curach* hindurchfährt. Brendan kann Säule und Netz genau vermessen und findet zuletzt einen Kelch und eine Patene aus demselben Material wie das Netz. Er nimmt beides mit, um es der Kirche in Irland zu stiften.

---

1   Smyth (1996), 290; Wolfzettel (2007a), 13, der den „Arbre de Vie" mit dem Vogelbaum im „Îwein" und anderen Jenseitsbäumen dieser Art verbinden will.

Die nächste Insel ist die der Höllenschmiede, die natürlich an den *Vulcanus* in der *Visio Tundali* denken lassen. Teufel sind hier am Werk und bewerfen das Schiff der Mönche mit glühenden Metallbrocken, allerdings ohne zu treffen. Auch die nächste Insel ist von Dämonen bewohnt, die hier um einen Feuerberg hausen. Hier springt der letzte von den Zuspätgekommenen von Bord und muß sich *nolens volens* den Dämonen beigesellen.

Sieben Tage darauf findet Brendan auf einem winzigen, gischtüberfluteten Felsen einen nackten Mann, vor dem ein nasses Tuch ausgespannt ist, das ihm der Wind immer wieder ins Gesicht klatscht. Es ist *Iudas Ischarioth*, der eigentlich in der tiefsten Hölle Qualen erleidet (bei Dante von Luzifer ständig abgehäutet wird; s. o.), aber durch Gottes Barmherzigkeit jeweils am Sonntag und zu den kirchlichen hohen Festtagen Ausgang von der Hölle hat und zur Abkühlung von den Teufeln auf den Felsen gesetzt wird.[1] Das Tuch hat der Verräter einst einem Aussätzigen geschenkt, da es jedoch gestohlen war, bringt es ihm nun nur geringen Nutzen. Den Felsen selbst legte Iudas einst in ein Straßenloch, um den Leuten das Befahren der Straße zu erleichtern. Brendan gelingt es, gegen den Protest der Höllendämonen die Erholungszeit des Iudas bis Montag früh auszudehnen.

Auf einem anderen Eiland finden die Mönche den Eremiten *Paulus*, einen Iren, der seit 140 Jahren auf der Insel lebt, erst von einem Seeotter, der ihm regelmäßig eine Fischration brachte, am Leben erhalten, dann durch eine Wunderquelle. Dieser Inseleinsiedler kündigt Brendan an, daß er nach dem üblichen Oster- und Pfingstfest das Land der Verheißung erreichen werde.

An diesem Punkt weichen übrigens die Versionen voneinander ab. In der Handschrift von Salamanca kehrt Brendan nach einer längeren Zeit, in der er viele wundersame Inseln, aber nicht die *Terra repromissionis* gefunden hat, nach Irland zurück, um dort von seiner geistlichen Mutter, St. Ita, zu erfahren, daß er das Land des ewigen Lebens nie mit einem *curach* aus den Häuten toter Tiere erreichen könne, sondern nur mit einem aus Brettern gefügten Schiff. Erst als Brendan diesen Rat beherzigt hat, erreicht er das Ziel seiner Reise.

Dieses besteht aus einer riesigen paradiesischen Insel, die durch einen Fluß in zwei Teile geteilt ist. Das Überschreiten des Flusses ist einem

---

[1] Dazu das Gemälde von Edward Reginald Frampton „St. Brendan" (1908); http://artmagick.com/pictures/picture.aspx?id=7299&name=st-brendan

Lebenden ebenso untersagt, wie das Durchschreiten der Mauer, die das spirituelle Paradies von dem leiblich wahrnehmbaren in der Vision des Georg von Ungarn trennt – oder wie in der frühmittelalterlichen Tradition der Hadrianswall Britannien, das Land der Lebenden, von Schottland, dem Land der Toten und des Teufels![1]

Es würde in diesem Zusammenhang zu weit führen, auf die vielen Übereinstimmungen mit dem *Immram Máele Dúin* einzugehen.

> Nur ein Beispiel: Auch hier gibt es drei Zuspätgekommene, die *Máel Dúin*, der aufbricht, um die Ermordung seines Vaters zu rächen, widerstrebend mitnimmt. So wie einer der Brendan-Mönche sich an einem silbernen Zaumzeug vergreift, so stiehlt hier einer der Zuspätgekommenen einen Torques und wird dafür von einer plötzlich erscheinenden feurigen Katze – das alte keltische Motiv der Meereskatze[2] – zerrissen. Insgesamt ist der *Immram Máele Dúin* motivlich interessanter und vielfältiger. Es ist aber bezeichnend, daß nicht er den Sprung auf den Kontinent geschafft hat, sondern die *Navigatio Sancti Brendani*.

Wie wir sehen, atmet die *Navigatio* ganz und gar klösterlichen Geist. Eine Reihe der Inseln ist mit Klöstern bebaut, selbst die neutralen Engel singen in Vogelgestalt die kanonischen Stundengebete. Dies ist eigentlich nicht ganz unrealistisch, denn tatsächlich befanden sich auf vielen der Irland vorgelagerten Inseln Klostergemeinschaften, und so ist es durchaus vorstellbar, daß man, westlich von Irland kreuzend, immer wieder auf teils unbewohnte, teils von Mönchen besiedelte Inseln stieß. Aber auch die Teufel sind, wenn man so sagen darf, quasi-monastisch in Gruppen und Orden organisiert. Die Regelung, den Judas betreffend, hat durchaus etwas Formalistisches, ja Käuzisches. Gleichzeitig liegt gerade in der Judasbestrafung einer der positiven Aspekte des göttlichen Gerichtes. Kein Zweifel, daß uns das Schicksal des „Erzschelmes" hier sympathischer anmutet als etwa in der *Divina Commedia* Dantes. Man kann die *Navigatio* als die Beschreibung eines Weges nach innen zur höheren *perfectio* des Mönches lesen. Man kann den Akzent aber auch auf

---

[1] Prok. b. Goth. IV, 20 = Prokop, Vandalenkrieg, 227.
[2] Birkhan (1999a), 737–739.

die Wunderinseln legen und den Text sozusagen aus Neugierde (*curiositas*) aufnehmen.[1]

Das ist die Haltung der späteren St. Brandans-Reisen, wie sie in vielen mittelalterlichen Volkssprachen begegnen. Die weite Verbreitung der Brandan-Tradition ließ Carl Selmer, den Herausgeber der *Navigatio Sancti Brendani*, sogar vermuten, daß selbst *Brandenburg* von Iren nach *Brandan* benannt sei, was allerdings kaum als überzeugend angesehen wurde.[2] Die nur in einer Hs. erhaltene mhd. Fassung der Brandansreise ist erst Ende des 13. Jh.s abgefaßt, geht aber auf einen frühmittelhochdeutsch-mittelfränkischen Text von etwa 1150 zurück, von dem dann die anderen Fassungen, auch das frühneuzeitliche Volksbuch in Prosa (um 1500), abstammen.[3]

> Doch schon der Beginn ist hier anders: Brandan liest ein Buch über die unerhörten Wunder Gottes, hält es für erlogen und wirft es ins Feuer. Da erscheint ein Engel, der ihm nun die Verpflichtung zur Reise auferlegt, damit er strafweise sich mit eigenen Augen von Gottes Wundern überzeuge. Es werden in diesen Fassungen einige neue Wunder, wie etwa Sirenen, hinzugefügt, die Abfolge wird etwas verändert, der Zaumdieb wird vom Teufel geholt, aber durch die Kraft Brandans wieder zurückgebracht usw. Auch der Schluß ist anders, denn Brandan trifft zuletzt auf einen Zwerg, der das Meer auszuschöpfen versucht, ein Bild für die Unmöglichkeit, all die Wunder Gottes zu ergründen.

Eine andere Möglichkeit der Navigatio-Rezeption ist die der Parodie, wie in *Aislinge Meic Con Glinne*,[4] die sich in wundersamen Reiseberichten in Schlaraffenländer (*Terre de Cockaigne, Luilekkerland*) und zu merkwürdigen Inseln, bis hin zu Jonathan Swifts „Gullivers Reisen" (1726), austobte.

Im allgemeinen glaubte man noch in der Neuzeit an die Existenz zumindest der *Terra repromissionis*, die auf Landkarten und Globen als *Insu-*

---

1   Dazu jetzt Kasten (1998).
2   Löwe (1982), 1035.
3   Schröder (1871); Strijbosch (2000).
4   Dillon (1958), 143-148; Übersetzung: Cross - Slover (1936), 551-587.

la *Sancti Brandani* eingezeichnet ist. Auch die zweite Kolumbusreise 1493 soll unter anderem der Suche nach diesen Inseln gedient haben,[1] und *Brasilien* erinnert in seinem Namen bis heute an eine der Bezeichnungen dieser Anderen Welten als *Hy Brasil* nach dem Namen eines Stammes *Uí Breasail* 'Nachkommen des *Breasal*' im Nordosten Irlands.[2] Die letzte portugiesische Expedition nach den St. Brandansinseln kam 1721 unverrichteter Dinge zurück.[3]

Natürlich hat es nicht an Versuchen gefehlt, St. Brendan zu einem Vorläufer des Columbus emporzustilisieren.[4] So sollten mit der Vogelinsel die Färöer, mit der Schmiedeinsel das vulkanische Island, mit dem Nebelland Neufundland, mit dem Lebermeer die Sargasso-See und mit der Insel mit den drei Einsiedlerorden die Bahamas gemeint sein. Angesichts der Odyssee und „Sindbads Reisen" habe ich Zweifel: Alpinistisch ausgedrückt, ist es etwa so, als wollte man die „sieben Berge" mit den sieben Watzmannkindern am Königssee in Berchtsgaden gleichsetzen und Schneewittchens Zwergenland dahinter am Steinernen Meer suchen!

Der Literat und Abenteurer Timothy Severin hat sogar die Brandanusfahrt im *curach* von Dingle nach Nordamerika 1976/77 nachvollzogen,[5] allerdings ohne daß ein solches Abenteuer irgendeinen Erkenntniswert hätte, denn seit Tor Heyerdahl bestreitet niemand die Möglichkeit solcher Seefahrten. Es ist also durchaus möglich, daß schon vor Leif Eriksson[6] irische Mönche die Neue Welt betreten haben. Im übrigen war vielleicht die ganze Mühe umsonst, falls

---

1 Schreiber (1956), 75–81; Lehane (1968), 83f.; Chapman (1973).
2 Der Zusammenhang ist freilich nicht so gradlinig, wie er scheint. *Hy-Brasil* bezeichnet eine westlich von Irland gelegene Insel – der Zusammenhang mit dem Stammesnamen ist unklar. Auf einer katalanischen Weltkarte erscheint 1480 eine Insel südwestlich von Irland als *Illa de brasil*. Nach der Entdeckung Brasiliens soll Pedro Álvares Cabral 1500 das Land für diese Insel gehalten haben. Allerdings sind die nachweislich ältesten Namen Brasiliens *Ilha de Vera Cruz* und auch *Terra de Santa Cruz*. Der erst später belegte Name *Brasilia* wird dann vom Namen des Brasilholzes, eines roten Tropenholzes, abgeleitet, dieses gehört zu einem roman. *brasa, das rote Glut bezeichnet und vielleicht ein german. Lehnwort in den roman. Sprachen ist, also einem unverwandten zufällig homophonem Wort; so etwa REW, Nr. 1276. Für eine westliche, nur zeitweise sichtbare Insel ist ein Name *Brasil* in der irischen Tradition mehrfach bezeugt; http://en.wikipedia.org/wiki/Brazil_(mythical_island) (17. 4. 2008). Vgl. Yeats (1888), 212; Dames (1992), 166f. Lesenswert, wenn auch auf die Blasket bezogen: Wagner (1963b), 162–167.
3 Lehane (1968), 84.
4 Chapman (1973).
5 Severin (1978). Das Abenteuer hat zu drei Kompositionen (eine davon eine Suite für Dudelsack), mehreren Büchern, einem Filmzitat und einem „Cream Liqueur Saint Brendan's" Anlaß gegeben.
6 Vgl. Vinland Sagas, 54–56, 87.

nämlich, wie die Handschrift von Salamanca sagt, Brendan ohnedies mit einem Holzboot die Inseln der Verheißung erreichte.

Jedenfalls hat die Brendan-Begeisterung dazu geführt, daß man in West Virginia verschiedentlich christliche Felsinschriften gefunden zu haben glaubt, die Berry Fell, „America's leading expert on ancient languages", wie das Internet vollmundig verkündet, für Ogaminschriften des 6. bis 8. Jh.s hält. Beigefügt sollen Notizen in altlibyscher Schrift (!) entweder in Libysch (!) oder der Algonquin-Sprache (!) sein.[1] Ob es sich dabei um zufällige Formationen im Fels oder um Fälschungen – wie bei amerikanischen Runensteinen (Kensington Stone u.a.) – handelt, scheint von wirklichen Experten nicht untersucht. Es wäre denkbar, daß die „Ogaminschriften" bald nach der Fahrt Tim Severins „entstanden".

---

1 S. http://cwva.org/wwvrunes/wwvrunes_3.html (8. 11. 2005).

B. Die *matière de Bretagne*

Zur Terminologie ist vorauszuschicken, daß man unter *matière de Bretagne* Erzählungen versteht, die im inselkeltischen (britannischen oder bretonischen, selten im irischen) Raum angesiedelt und deren Inhalte wesentlich durch inselkeltische Traditionen geprägt sind.[1] Im Gegensatz dazu stehen Stoffe aus der antiken Überlieferung, die man als *matière de Rome* zusammenfaßt, wozu auch die Alexandertradition kommt, so daß *matière d'antiquité* richtiger wäre, und die einheimischen Heldensagen, in Frankreich die Sagen von Karl dem Großen, die *matière de France*, bei uns die germanischen Heldensagen der Völkerwanderungszeit. Die Unterscheidung der drei *matières* findet sich zuerst bei Jehan Bodel von Arras (1165 – 1209), der selbst eine *Chanson de Saisnes* schrieb, die von den Sachsenkriegen Karls d. Gr. handelt, also zur *matière de France* gehört.

Sehen wir uns die deutsche Literatur um 1400 an, so ergeben sich:

Matière de Bretagne	40%
Matière de Rome („Antikenroman")	25%
Matière de France	14%
Germanische Heldenepik	11%

Der Rest (10%) sind Orientromane und höfische Romane, die keinem der genannten Typen angehören.

Man kann getrost sagen, daß die *matière de Bretagne* im Mittelalter mit Abstand der beliebteste Themenkreis war. Sie war als Kunstmythos der erste große und gewiß auch wichtigste Beitrag der Kelten zur europäischen Literatur, ja darüber hinaus auch zum europäisch-christlichen Bewußtsein im Gegensatz zu den ererbten Sagen und den heidnisch-antiken Stoffen. Möglicherweise überhaupt der größte, d.h. umfangreichste und in sich stimmigste Mythos, der jemals seit der Bibel kollektiv geschaffen wurde. Zwar sagte man, daß Iulius Caesar oder Alexander bereits das Rit-

---

[1] Zu dieser Thematik vgl. Bromwich (1983), 41–55.

tertum begründet hätten, aber die eigentliche ideologische Ausformung und seine Blüte erlebte es doch durch die *matière de Bretagne*.

Diese besteht aus zwei Sagenkreisen. Dabei legen sich Handlungselemente und Personen um drei Zentralgestalten, die von König, Königin und dem Protagonisten bzw. Neffen mütterlicherseits gebildet werden. Man könnte von einem „triangle de Bretagne" sprechen.

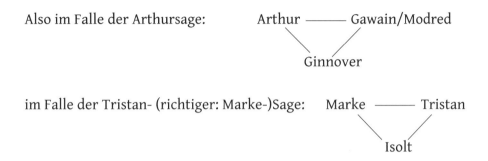

Um die Spannung, die in diesen Handlungsdreiecken besteht, zu verstehen, muß man bedenken, daß nach inselkeltischer Vorstellung die Herrschaft des Königs an die Vermählung mit dem als Frau gedachten Land geknüpft war.[1] Diese scheint tatsächlich als geschlechtliche Vereinigung, als "Heilige Hochzeit" (Hieròs gámos) zwischen dem König und der Herrschafts- und Landesrepräsentantin, die man sich etwa in Donegal in Gestalt einer weißen Stute[2] dachte, stattgefunden zu haben. Damit konnte auch der Genuß eines Rauschtrankes, den die Göttin ihrem Partner verabreichte[3] und ein Kommunionsritus verbunden sein. Vielleicht wurde wegen der Vorstellung von solch einer Landes- und Herrschaftsgöttin

---

1 Dillon (1946); Dillon (1958), 107–112; Clark (1991), 109–152; Alluin (1986), 157–188; Green (1995), 70–88; Wood (1997), 158 - 160; Birkhan (1999a), 528–549; Ní Dhonnchadha (2000).
2 Gerald of Wales (1982), 109f. Dazu Birkhan (1999a), 537–544; Birkhan (1999b), 349f., 352f. Um das Skandalon einer Cohabitatio des Königs mit der das Land repräsentierenden Stute zu minimieren, nahmen einige prüde Mythologen an, der König sei auf allen Vieren zu der Stute gekrabbelt (!); z.B. Hope (1990), 61. Nicht überzeugend ist für mich der Versuch Maiers (2001), 172f., den anstößigen Bericht des Giraldus letztlich auf einen Witz über Bestialität zurückzuführen, da ja die Verbindung des Landes mit einer Stute in der Gestalt der *Macha*, des Würdenamens der Könige etc. naheliegend ist. Immerhin überlebte das Druidentum bis in das 8. Jh., und bis in's 7. Jh. predigten Druiden die Wiedergeburt; Carey (1999b), 21, 57. Warum sollte sich nicht die Erinnerung an einen doch recht signifikanten Brauch in abgelegener Gegend etwa vier Jahrhunderte erhalten haben?
3 Bennemann (1997); ähnlich bei den Germanen: Enright (1986).

auch bei den (unkeltischen?) Pikten Schottlands das Königtum in weiblicher Linie übertragen, was nicht nur Beda Venerabilis (*Historia ecclesiastica gentis Anglorum* II, 1, 7), sondern auch die erhaltenen Königslisten von 583 bis 840 bestätigen.[1] Jedenfalls erschien die "Herrschaft" tatsächlich als ein weibliches, göttliches Wesen und nicht etwa nur als "Allegorie", wie man etwa die trauernde *Gallia* nach Caesars Eroberung auf Münzen abbildete, die *Bretagne* mit schlichtem Holzkreuz vor Dolmen und standing stones[2] darstellte, und wir uns heute die *Germania* oder *Britannia* (oder auch die Universität als *Alma Mater*) denken.

Wir werden noch sehen, daß diese oder eine ganz ähnliche Idee dem „Nemi-See-Syndrom",[3] und vielen modernen Matriarchatsphantasien zugrundeliegt (s. unten S. 523ff., 589ff.). Allerdings gehen letztere mit der Annahme eines oft "behornten" Partners der Muttergöttin zu weit, insbesondere aber mit dem fast schon inbrünstigen Glauben, daß der Hieròs Gámos von Land und Herrschaft schon eine besonders bevorrechtete Position der altkeltischen Frau begründe. Im Übrigen müssen wir bedenken, daß derlei Vorstellungen auch den Germanen und anderen Ethnien nicht fremd waren, so sagt bei Saxo Grammaticus (IV, 103) *Hermuthruda* zu *Amlethus*:

„Sie selbst sei die geeignete Frau für ihn ... Sie sei ja Königin, und wenn nicht ihr Geschlecht im Wege stünde, könne sie als König angesehen werden, ja, was richtiger sei, wen sie ihres Beilagers würdige [die irische Medb sagt: wem sie die Gunst ihrer Schenkel gewähre!], der werde König, und mit ihrer Um-

---

1 Sutherland (1994), 44-63; Frazer (2000), 127f.
2 Pollès (1993), Abb. 66.
3 Diesen Namen habe ich der Kultstruktur gegeben; Birkhan (1999a), 529f., Anm. 1. Er geht auf Sir James George Frazers epochemachenden „Golden Bough" (3. Auflage in 12 Bänden, London 1906 - 15; einbändige Kurzfassung ohne Bezüge auf das Christentum, London 1922; neue einbändige Kurzfassung mit den christlichen Bezügen, Oxford 2000) zurück und besteht aus folgender Tradition: Beim Dianaheiligtum im Hain von Aricia am Nemi-See in den Albanerbergen wuchs ein bestimmter Baum, von dem nur ein entsprungener Sklave einen Zweig zu brechen versuchen durfte. Sobald er ihn gebrochen hatte, war ein Zweikampf auf Leben und Tod mit dem Priester der Göttin auszufechten, welcher deren göttlichen Partner *Virbius* repräsentierte. Blieb er siegreich, so hatte er als *rex nemorensis* das Heiligtum gegen künftige Angreifer zu verteidigen. *Aeneas* hatte einen solchen „goldenen Zweig" gebrochen, der ihm den Zugang zur Unterwelt eröffnete. Dieser Kult blieb bis ins 2. Jh. n. Chr. in Übung, wie viele antike Quellen lehren. Die *Diana Ariciana* war weitberühmt und unter dem Namen *Lucina* und *Genitalis* vor allem von Frauen verehrt; Frazer (2000), 9 - 16. Vgl. zu der Motivkonstellation im Artusroman Darrah (1994), bes. 38 - 62; auch Gallais (1992).

armung schenke sie Königswürde. So entspreche der Ehe das Scepter und dem Scepter die Ehe…"[1]

Im Übrigen kehrt dieses Motiv in der alten Hamletsage noch zweimal wieder: Hamlets Oheim *Feng* erschlägt Hamlets Vater und *Wiglet* erschlägt Hamlet selbst. Beide heiraten die Witwe. Daß dies auch auf Ablehnung stieß, lehrt die Sage von Klytaimestra und Aigisthes in Mykene, in der Orestes die Tötung des Vaters rächt.

Geht die Verbindung mit der Frau durch Zuwendung dieser zu einem anderen Mann verloren, so müßte der König folgerichtig auch seine Herrschaft einbüßen. Eine Entführung der Königin bedeutet demnach die höchste Gefährdung der Herrschaft. Die Ehebruchsepisoden in beiden Sagen sind demnach mehr als abscheuliche oder pikante Entgleisungen, sie rühren an der Wurzel der Landessouveränität. Was die Arthursage angeht, so wurde neben dem ehebrecherischen Neffen/Sohn (*Modred*) auch ein getreuer Neffe und Protagonist (*Gawain*) eingeführt bzw. die Ehebrecherfunktion auf eine andere, als fremde, von Außen hinzutretende Person (*Lancelot*) übertragen.

> Daß der die Herrschaft Gefährdende in beiden Sagenkreisen der Neffe mütterlicherseits des Königs sein kann, mag auf eine ältere Sozialordnung zurückweisen, in der das Avunkulat noch eine größere Rolle spielte. Nicht unmöglich ist, was ja auch dem „Nemi-See-Syndrom entspräche, daß die herrschaftsgefährdenden Protagonisten ursprünglich in keinem Verwandtschaftsverhältnis zum König standen oder in keinem so nahen, und die Verwandtschaft in beiden Sagenkreisen sekundär eingeführt wurde, um dem Konflikt besondere menschliche Tragik zu verleihen. Im Vulgata-Zyklus des 13. Jh.s ist *Modred/Mordred* sogar zu einem „natürlichen Sohn" (Bastarden) des (außerhalb der walisischen Tradition) meist kinderlosen Arthur mit seiner Halbschwester *Morgause* geworden.

Die mittelalterlichen Texte selbst sind kaum überschaubar und noch viel weniger die immense Sekundärliteratur zu den alten Texten, aber auch zu den neuzeitlichen Traditionen, die besonders in unserer Zeit in ihrer

---

[1] Herrmann (1901), 136.

Intermedialität ausufern. Die *matière de Bretagne* ist nicht nur in Übersetzungen, Romanen, Theaterstücken und anderen Literaturwerken, Opern, Filmen und Comics, sondern auch in einer Fülle von Werken der Bildenden Kunst, in Form von Happenings der Eventkultur und in einer Flut von Internetadressen präsent, die z.B. die Sagengestalten mit keltischen Göttern zusammenbringen (was in einigen wenigen Fällen berechtigt sein mag) oder als Allegorien für die moderne Lebenspragmatik aufbereiten.[1]

> In der Tat bestehen zwischen dem Artusroman und anderen Romantypen wie etwa dem modernen Trivialroman, insbesondere dem Liebes- und dem Wildwestroman, gewisse Parallelen: die Stereotypie der Figuren, die Rolle der (umworbenen) Frau, die rein funktional gesehene Landschaft, das soziale und Autoritätsgefälle und anderes mehr. Insbesondere werden arthurische Texte oft als „märchenhaft" bezeichnet, wobei in sehr unreflektierter Weise das diesen Texten immer inhärente Wundersame schlicht als märchentypisch angesehen wird. Der stets gute Ausgang des Märchens mit dem Sieg des Guten hat freilich auch im Artusroman der Blütezeit seine Entsprechung – der Untergang des Artusreiches allerdings ist alles andere als märchenhaft. Immerhin läßt sich der „Parzival" der äußeren Handlung nach so erzählen, daß er als Märchen gelten könnte. Man würde ihn aber gerade alles Charakteristischen u. a. auch der religiösen Problematik und der psychologisierenden Kunst, die in ihm steckt, berauben.

Angesichts des unerhört breiten Nachlebens der *matière de Bretagne* – „König Artus lebt!" ist der Titel eines interessanten Sammelbandes[2] – scheint es in diesem Buch weder möglich noch sinnvoll, auf die im Allgemeinen besser bekannten Traditionen wie die Romane Chrestiens oder die mittelhochdeutscher Dichter[3] systematisch im Hinblick auf die poetologischen und Gattungsprobleme einzugehen, vielmehr muß ich versuchen, jeweils herauszustellen, was der inselkeltischen Tradition besonders nahesteht, bzw. sie in origineller Form aufgreift, und mehr oder

---

[1] So ganz willkürlich herausgegriffen: http://www.celticwolf.co.uk/char.html (22. 4. 2006) unter dem Titel „Arthurian Characters. Secrets and Lessons for Life".
[2] Zimmer (2005).
[3] Vgl. etwa Buschinger (2001).

minder transformiert und adaptiert weiterleben läßt, oder wo spätere Bearbeiter in besonderer Weise schöpferisch geneuert haben.

Den Einstieg in die *matière de Bretagne* erleichtert die „Internationale Artusgesellschaft" (mit schätzungsweise 1200 Mitgliedern), die alljährlich ein „Bibliographical Bulletin of the International Arthurian Society" („Bulletin bibliographique de la Société Internationale Arthurienne" = BBIAS) herausbringt und große internationale Kongresse ausrichtet. Darüber hinaus gibt es noch nationale Sektionen, die zwischen den internationalen Tagungen ihre Sitzungen abhalten. Obwohl der Sagenkreis um Tristan und Isolt von der Artusgesellschaft „mitbetreut" wird, gibt es doch auch eine eigene „Tristan Society" mit einer Zeitschrift „Tristania". Weitere ausgezeichnete Einstiegshilfen bieten für arthurische Motive Guerreau-Jalabert (1992) und nun seitens der Germanistik auch die beiden ersten von Karin Lichtblau verfaßten Bände des „Motif-Index of German Secular Narratives from the Beginning to 1400" (MIGSN). Arthurische Lexika sind Lacy (1996), Bruce (1999) und die bewundernswerte, sehr konzentrierte Darstellung Lupack (2007).[1] Mehrere überblicksartige Werke fassen die arthurischen Traditionen nach Sprachgruppen zusammen („The Arthur of the ...").[2]

1. Mutmaßlicher Beginn. Historizität der Ereignisse und Anfänge der Arthursage[3]

Der kymr. Name des Königs lautete immer *Arthur* [arˈθyr], die moderne Aussprache ist [ˈarθir], latinisiert *Arthurus, Arthurius, Arturus, Arturius, Acturius*. Die bret. Namensform *Arzur/Arzhur*[4] erscheint ab 1175. Bei altfranzösischen Conteurs wurde der Name im Nominativ **Arthurs > Artus*, in den übrigen Fällen ohne Nominativ *-s* zu *Artu*. Die mhd. Form *Artûs* geht also auf den afrz. Nominativ zurück.

---

1   Die nicht-britische Literatur der Neuzeit ist allerdings etwas vernachlässigt. So wird z.B. „Der Jüngere Titurel" nach dem längst überholten Druck von G. Hahn zitiert.
2   S. dazu die bibliographischen Angaben ab S. 91. Hilfreich zur chronologischen Orientierung ist: http://faculty.smu.edu/arthuriana/Chronology.htm (24. 11. 2008)
3   Chambers (1927); Brengle (1964); Alcock (1973); Ashe (1977); Ashe (1985), Barber (1986); Fletcher (1973); Loomis (1959a); Matthews – Stewart (1987); Zimmer (2006); http://castle.kulichki.net/artur/timeline.shtml Timeline of Arthurian Literature.
4   Ob der Name mit *z* oder *zh* geschrieben wird, ist nur eine Frage der Orthographie. Die Aussprache ist jedenfalls [arˈzyr].

Stefan Zimmer (2006), dessen Aufstellung ich mich hier anschließe, unterscheidet folgende Quellen:

epigraphische

namenkundliche (Anthroponyme und Toponyme)

historische und pseudohistorische Quellen aus Wales und England in lat. Sprache

dichterische Belege (überwiegend kymr. Gedichte und Gedichtfragmente)

hagiographische Texte, in denen Arthur oder seine Gefährten vorkommen.

Arthurisches in der Merkdichtung der Triaden oder Genealogien und

Ausgeformte längere Arthurerzählungen in kymr. Prosa.[1]

Hier ist ein Wort zum Begriff *Mabinogion* (Sg.: der *Mabinogi*) angebracht. So bezeichnet man seit Lady Guest (s. unten S. 605) in nicht ganz korrekter Weise elf mkymr. Erzählungen,[2] von denen nur vier sehr archaischen, mythosnahen Inhalts und von unzweifelhaft weltliterarischem Rang den Titel „Vier Zweige des Mabinogi" (*Pedeir Keinc y Mabinogi*) tragen.[3] Was das Wort *mabinogi* eigentlich bedeutet, ist nicht ganz klar, sicher ist nur, daß es von *mab* 'Sohn, Knabe', abgeleitet ist. Man nahm an, es handle sich um Erzählungen für Knaben, z.B. für Bardenschüler, die sie memorieren sollten. Daneben gibt es die mir wahrscheinlichere Auffassung, das rätselhafte Wort meine die Kindheitsgeschichte von Helden, ähnlich den *Enfances* in der französischen Literatur (vgl. die Anekdoten am Beginn des *Peredur*) oder die *Macgnímartha* 'Knabentaten' der irischen Helden. Diese Erklärung würde freilich nur für den 1. und 4. Zweig des *Mabinogi* voll zutreffen. Sie wird jedoch dadurch gestützt, daß die Wundertaten des Jesuskindes, wie sie das Kindheitsevangelium des Pseudo-Matthäus berichtet, mit dem Titel *Mabinogi Iessu Grist* ins Mittelkymrische übersetzt wurden.

---

1 Zimmer (2006), 27.
2 The White Book; Edel (2004), 155–160; Übersetzung: Guest (1838–1849); Loth (1913); Mabinogion (Jones – Jones); Mabinogion (Gantz); Ford (1977) [das Letztgenannte enthält die höfischen Romanzen und *Breudwyt Ronabwy* nicht, wohl aber *Culhwch ac Olwen*].
3 Pedeir Keinc; übers.: Guest (1838–1849); Loth (1913); Mabinogion (Jones – Jones); Mabinogion (Gantz); Mabinogi Ford (1977); Mabinogi (Buber); Mabinogi (Maier).

Die übrigen 7 Erzählungen sind in denselben Handschriften wie die „Vier Zweige" überliefert, nämlich dem „Weißen Buch von Rhydderch" (*Llyfr gwyn Rhydderch*) von ca. 1350 und im „Roten Buch von Hergest" (*Llyfr coch Hergest*) um 1400[1] und werden daher von den neuzeitlichen Literaturwissenschaftlern gleichfalls oft als *Mabinogion* bezeichnet, bilden allerdings keine Einheit. Fünf davon haben gemeinsam, daß sie Traditionen der Arthursage gestalten:

Culhwch ac Olwen, die älteste und zugleich altertümlichste Erzählung,[2] sodann die „Drei Romanzen" (*tair rhamant*):

Iarlles y Ffynhawn 'Die Brunnengräfin' oder *Owein vab Urien* (afrz. *Yvain*, mhd. *Îwein*)[3]

Gereint vab Erbyn (afrz. *Erec*, mhd. *Êrec*)[4]

Peredur vab Evrawc (afrz. *Perceval ou li Cont del Graal*, mhd. *Parzivâl*)[5]

und: *Breudwyt Ronabwy* 'Traum des Rhonabwy', eine späte Erzählung, die im kontinentalen und englischen Literaturraum keine Entsprechung hat, aber doch sehr altertümliche Verhältnisse voraussetzt.[6]

Bei den „Drei Romanzen" war es lange Zeit umstritten, ob sie die Vorstufe bzw. die Quelle der kontinentalen Romane oder erst sekundär aus diesen erwachsen seien. Das hieß die „Mabinogionfrage".[7] Sie ist relativ leicht zu beantworten, wenn wir jene beiden Erzählungen „Culhwch und Olwen" und „Der Traum des Rhonabwy", die nur kymrisch überliefert sind und kein kontinentales Gegenstück haben, etwas genauer betrach-

---

1 Abgedruckt in: The White Book; The Red Book.
2 Bromwich – Evans (1988); übers.: Guest (1838–1849); Loth (1913); Mabinogion (Jones – Jones); Mabinogion (Gantz); Birkhan (1989), II, in der kürzeren, aber älteren Fassung des *Llyfr gwyn Rhydderch*, dagegen von Zimmer (2006) in der längeren, aber jüngeren Fassung des *Llyfr coch Hergest* (um 1400). Zimmer merkt an, daß ich stellenweise „recht frei" übersetze, dagegen ist seine Version zwar zweifellos näher am Text, aber gerade deswegen (viele Alternativmöglichkeiten des Verständnisses in Klammern) mühsam zu lesen. Das an sich sehr verdienstvolle Werk Zimmers leidet unter vielen Unzukömmlichkeiten im Layout, was auf hastige Fertigstellung weist.
3 Thomson (1970); übers.: Guest (1838–1849); Loth (1913); Mabinogion (Jones – Jones); Mabinogion (Gantz); Birkhan (1989), I.
4 Thomson (1997); übers.: Guest (1838–1849); Loth (1913); Mabinogion (Jones – Jones); Mabinogion (Gantz); Birkhan (1989), I.
5 Goetinck (1976); übers.: Guest (1838–1849); Loth (1913); Mabinogion (Jones – Jones); Mabinogion (Gantz); Birkhan (1989), I.
6 Richards (1948); übers.: Guest (1838–1849); Loth (1913); Mabinogion (Jones – Jones); Mabinogion (Gantz); Birkhan (1989), II.
7 S. den Einstieg bei Goetinck (1975), 2f., 41–128.

ten und den „Drei Romanzen" gegenüberstellen. Was diese angeht, so ist die Einschränkung auf die vergleichende Fragestellung mit der Absicht einer Motivgeschichte oder einer besseren Einschätzung von Chrestiens Leistung, insoferne zu bedauern, als sie vom literarischen Eigenwert dieser Erzählungen ablenkte.[1]

a. Der antike Anfang und frühe insulare Quellen

Als epigraphisches Zeugnis gilt seit langem die Erwähnung eines *LVCIVS ARTORIVS CASTVS* auf einem Grabstein, der in der Nähe von Split (in Podstrana bei Stobreč) in einen Bogen eingemauert ist.[2] Der Stein berichtet von der glänzenden Karriere des Offiziers, der ein *Centurio* der 3. „gallischen" Legion, der 5., aber auch der 6. Legion war, und daß er als Befehlshaber (*dux*) britannische Legionen und Kohorten gegen die Aremorikaner in der Bretagne anführte. Später war er ein hoher Beamter in Norddalmatien und hatte das Recht, ein Schwert zu tragen. Zimmer ist den historischen Details sorgsam nachgegangen.[3] Es ergibt sich, daß die letzte datierbare historische Handlung des Lucius Artorius, die antiaremorikanische Unternehmung, in das Jahr 184 fiel. Der Gedenkstein, den der Verstorbene sich nach testamentarischem Wunsch selbst setzen ließ, könnte etwa aus der Zeit um 190 stammen.

Artorius ist ein römischer Gentilname, der entweder lat., dalmatisch-illyrischen oder kelt. Ursprungs sein kann, je nachdem, wo man die Heimat der *gens* sucht. Gewöhnlich denkt man an kelt. Ursprung und sekundäre Latinisierung. Dann kann man den Namen mit urkelt. **artos* 'Bär' verbinden.[4] Eine

---

[1] Vgl. Roberts (1983); Jarman (1983), 170–182.
[2] CIL III, Suppl.2, nr. 12791; CIL III/1, nr. 1919 + CIL III, Suppl. 1, nr. 8513. Lesung mit genauer Übersetzung bei Stefan Zimmer (2006), 31–33.
[3] Zimmer (2006), 31–38.
[4] 1998 wurde in Tintagel (!) ein Grabstein aus Schiefer entdeckt, der aus dem 6. Jh. stammen soll. Er enthält die Inschrift. *PATER COLIAVI FICIT ARTOGNOU* 'der Vater des *Coliavus* machte den Stein dem *Artognou*. Diesen Namen übersetzt Zimmer (2006), 39, mit 'bekannt/berühmt wie ein Bär', es könnte m. E. aber auch 'Nachkomme des *Artos*' heißen. Man würde aus dieser Inschrift kein Aufhebens machen, wenn nicht der hochmittelalterlichen Tradition Tintagel als Zeugungs- und Geburtsort Arthurs gelten würde. Die Assoziation des Artusnamens mit dem Bären ist für den Waliser nahelie-

in Köln bestattete *Ursula* wird in der Grabinschrift auch *Artula* (CIL XIII/1.1, nr. 3909) genannt und sichert so neben anderen Belegen die Verwendung des Bärenwortes in Eigennamen.[1] Die Benennung nach dem Bären kann religiöse Gründe haben, aber auch damit begründet sein, daß dieses Raubtier als kriegerische Metapher galt. Jedenfalls gibt es vom Bärenwort abgeleitete keltische Namen auch bei den Inselkelten aus einer Zeit, in der die Bären auf den Inseln schon ausgestorben waren. In der Aylesford-Kultur wurden die Vornehmen in Bärenfellen verbrannt[2] und noch Claudius Claudianus im 4. Jh. kleidete die allegorische Britannia in ein solches.[3]

Lucius Artorius Castus erscheint auch als Anführer jener 5500 Jazygen (Sarmaten), die gegen die Pikten nach 175 eingesetzt wurden. Nach Ablauf ihres Kriegsdienstes wurde diese Volksgruppe in Ribchester nahe am Hadrianswall um 195 geschlossen angesiedelt.[4] Zur Zeit Kaiser Gordians (238 – 244) verehrten diese Sarmaten auch den keltischen Gott (*Apollo*) *Maponos*, der uns im arthurischen Text *Culhwch ac* Olwen wieder als Sohn der Muttergöttin *Matrona* (kymr. *Modron*) begegnen wird. Diese den Iranern nahestehende Gruppe muß wohl in der Bevölkerung Britanniens aufgegangen sein.

Unter den heute noch in einem Teil Georgiens und Rußlands ansässigen und mit den alten Sarmaten verwandten Osseten gibt es die sagenhafte Kriegergruppe der „Narten", deren Traditionen etwa zwischen 1880 und 1950 aufgezeichnet wurden. In ihrer Überlieferung erscheint das aus der Arthursage bekannte Motiv, daß einer der Getreuen des sterbenden Königs dessen Schwert in einen bestimmten See werfen soll, was er zunächst unterläßt, aber dann,

---

gend und zeigt sich auch darin, daß in der bardischen Terminologie der *gorsedd* (s. unten S. 784) das Sternbild des Großen Bären oder Großen Wagens als „Arthurs Wagen" bezeichnet wird, so wie wir das auch bei dem hyperboräomanen Evola (1955), 44f., beobachten können.

1   *Artorius* möchte Zimmer aus **Arto-rīg-ios* herleiten. Den ältesten Beleg für das *nomen gentile* liefert ein *Marcus Artorius Asclepiades*, ein Freund und Arzt des Kaisers Augustus. Nimmt man keltischen Ursprung an, so müßte die intervokalische Lenition *igi > iji > j* als gallischer Lautwandel in caesarische Zeit fallen; Zimmer (2006), 33–35.
2   Birkhan (1997), 397. Zur Bedeutung des Bären in den nordwesteuropäischen Volksvorstellungen s. Ó Catháin (1997); Ross (2001), 46–48, denkt beim Namen Arthurs an die sogenannten „Tarasken", die ich eher als „Wasserkatzen" ansprechen und mit *Cath Palug* verbinden will (s. unten S. 118).
3   Richmond (1995), 140. Anders: Brodersen (1998), 244f.
4   Zimmer (2006), 32f. Dazu schon Ascherson (1993), 368–370, der sogar erwägt, ob man nicht in der Bevölkerung in der Nähe von Preston nach verfeinerten DNS-Analyse-Methoden noch indo-iranische Gene finden könnte, falls es so etwas gäbe!

von Arthur der Lüge überführt, letztlich doch tut, wobei ein Arm aus dem Wasser reicht und das Schwert auffängt. Man erklärt diese Sage als halbverschüttete Erinnerung an Waffenopfer in Gewässern (wie auch Themse, Rhein und anderen). Analog erzählen die Osseten, daß ihr Heros *Batradz* bei seinem Tode verfügt habe, daß sein Schwert in das Meer geworfen werde. Auch dies geschieht zunächst nicht, beim zweiten Befehl dann doch, worauf sich das Meer blutig verfärbt und *Batradz* stirbt. Gäbe es mehr solcher Übereinstimmungen, so könnte man geneigt sein, der Arthurtradition auch ein gewisses iranisch-sarmatisches Erbe zuzuschreiben.[1]

Zur Onomastik: Das älteste Beispiel einer Nachbenennung scheint in Adamnáns Leben des hl. Columcille vorzuliegen, wo ein *Artuir* als Sohn des Königs Aedán mac Gabráin († um 580) erwähnt ist. Der Heilige soll den baldigen Tod des *Artuir* vorausgesagt haben, was dann auch prompt in Erfüllung ging. Der König Aedán mac Gabráin war Herr über die Dal Riada genannte goidelische Volksgruppe, die etwa seit 300 n. Chr. zunächst die Hebriden, dann aber auch das britannische Festland im Norden besiedelte, so daß es später nach diesen *Scotti* als *Schottland* bezeichnet wurde. Wir können diesem Beleg entnehmen, daß ein Held **Artur-i-* etwa um die Mitte des 6. Jh.s bereits so bekannt war, daß er für Nachbenennungen geeignet schien. Diese kann zwei Ursachen haben: Entweder wollte man mit der vorbildlichen Person eine „genealogische" Beziehung konstruieren oder die Bewunderung eines Helden der Literatur zum Ausdruck bringen und den Nachbenannten dem Vorbild in irgendeiner Weise gleichstellen.[2] Dazu paßt auch noch der Befund im *Gododdin* (s. unten S. 111).

Auch in Wales ist in Dyfed ein *Arturius Petri* belegt, der um 575 geboren ist. In einer anderen Genealogie erscheint ein *Arthur penuchel* 'Hochkopf; hochmütig' als Bruder der Helden *Gwrgi* (etwa 'Werwolf') und *Peredur*, die beide 580 gefallen sein sollen. Dieser Beleg von Arthurs Verwandtschaft gilt jedoch als unhistorisch und ebenso der merkwürdige *Noe filius Arthur* im Book of Llandaf, einer Sammel-Hs. des 12. Jh.s.

---

[1] Dazu Zimmer (2006), 186 – 190. Der Dumézil-Schüler J.-H. Grisward will die Übereinstimmung auf ererbte Motive aus der indogermanischen Vergangenheit zurückführen; Grisward (1979), 213–217.
[2] Vgl. die Nachbenennungen bei *Siegfried* in: Reichert (2008), 155.

In der Bretagne gab es nach 1187 drei Herzöge, die *Arthur* in dieser kymr. Form des Namens hießen.

Ein großes Problem der Arthurforschung war immer, daß der britannische Geschichtsschreiber Gildas († 570) in seinem Werk *De excidio et conquestu Britanniae* (um 540) zwar eine Reihe von Schlachten erwähnt (cap. 20–25), die übrigens zur Zeit des Henry von Huntingdon (*Historia Anglorum* II, 18)[1] um 1130 schon nicht mehr lokalisierbar waren, darunter und als belangreichste die Schlacht auf dem *Mons Badonicus* (cap. 26),[2] die den Vormarsch der Sachsen etwa für eine Generation stoppte, aber nicht den Namen des siegreichen Feldherrn oder Königs. Dem Kontext nach könnte man an *Ambrosius Aurelianus* denken. Gildas sagt, daß die Schlacht in seinem Geburtsjahr vor 44 Jahren stattgefunden habe, womit man etwa zum Jahr 496 gelangt. In der „Vita des Gildas" des Caradoc von Llancarfan, die um die Mitte des 12. Jh.s entstanden ist, findet sich (cap. 5f.) der Bericht über eine Feindschaft zwischen diesem Heiligen und Arthur,[3] die nach Meinung der Waliser erklären sollte, warum Gildas Arthur nicht erwähnte, obwohl er von der Schlacht am *mons Badonicus* schrieb:

> *Hueil*, der ältere und kriegerische Bruder des hl. Gildas pflegte von Schottland aus den Rest Britanniens, über den Arthur als *rex universalis Britanniae* herrschte, zu überfallen und zu berauben, *cum victoria ac laude* 'mit Sieg und Ruhm'. Arthur machte dem ein Ende, indem er den räuberischen Jüngling in Anglesey erschlug. Gildas, der gerade im religiösen Zentrum Irlands, in Armagh, predigte, erfuhr dies voll Leid, doch schloß er nach Luk. 6, 27f.[4] auch Arthur in sein Gebet ein. Die Waliser allerdings behaupteten in der 2. Hälfte des 12. Jh.s, daß Gildas, der angeblich eine Reihe glänzender Werke zum Ruhme Arthurs verfaßt hatte, diese, als er vom Tod des Bruders erfuhr, ins Meer geworfen habe.[5] In der *Vita Gildae* des Caradoc heißt es weiter: Nach Britannien zurückgekehrt, habe sich Gildas angesichts der gesamten britannischen Kirche mit Arthur durch einen Friedenskuß versöhnt. Der weinende

---

1   Chambers (1927), 250; Henry scheint geglaubt zu haben, daß der als *dux militum et regum* bezeichnete *Arthurus* von Gildas erwähnt wurde.
2   Chronica Minora, 40; übersetzt: Gildas, 28.
3   Chronica Minora, 108; Chambers (1927), 262f.
4   „Liebt eure Feinde; tut denen Gutes, die euch hassen. Segnet die, die euch verfluchen; betet für die, die euch mißhandeln."
5   Giraldus Cambrensis in seiner *Descriptio Cambriae*, lib. II, 2; übersetzt: Gerald of Wales (1978), 259.

König erhielt von den Bischöfen eine Buße auferlegt und besserte, 'soweit er konnte' (*in quantum potuit*), sein Leben. Später freilich, als Caradoc den Raub der *Guennuvar* erzählt (cap. 10; s. unten S. 124f.),[1] nennt er Arthur doch wieder *tyrannus* und *rex rebellis*. Dagegen hat sich der Adaptor des *Erec* nicht gescheut, *Gildas* selbst unter die Scholaren des Artushofes aufzunehmen und ihn in *Gereint vab Erbin* speziell mit dem Schutz der Königin zu beauftragen.[2]

Auf etwas festerem, aber immer noch schwankendem Boden steht die Arthurforschung in der *Historia Brittonum*, die einem *Nennius* oder *Nemnivus* – vermutlich ein Abt im nordwalisischen Bangor – zugeschrieben und auf 829/30 datiert wird. Hier findet sich nun die älteste Erwähnung Arthurs in der Geschichtsschreibung.[3] Der Satz lautet:

Tunc Arthur pugnabat contra illos in illis diebus cum regibus Brittonum sed ipse dux erat bellorum...[4] damals kämpfte Arthur gegen jene [die Sachsen], zusammen mit den Königen der Briten, er selbst aber war *dux bellorum*. Diese Bezeichnung 'Feldherr der Kriege' wurde heftig diskutiert und bald als 'Oberkommandant', bald als 'Oberster Kriegsherr' im Sinne eines übergeordneten Königs (vgl. den air. *ard-rí* 'Hochkönig') verstanden.[5]

Danach werden 12 Schlachten aufgezählt, in denen Arthur gesiegt habe. Man nimmt an, daß Nennius hier einer altwalisischen Preisdichtung folgte. An Schlachtorten sind nur die der siebenten (*Cat Coit Celidon* 'Schlacht vom Kaledonischen Wald' in Schottland) und der neunten Schlacht (*in urbe Legionis* 'Chester', vielleicht aber auch 'Caerleon' in Südwales) mit einer gewissen Wahrscheinlichkeit zu lokalisieren. Von der achten Schlacht *in castello Guinnion* wird berichtet, daß Arthur „das Bild Mariens, der immerwährenden Jungfrau, auf seinen Schultern getragen" und dadurch gesiegt habe. Hier glaubte man sehr deutlich die altkymrische Quelle durchschimmern zu sehen, denn der Autor scheint das akymr. Wort für 'Schild' *yscuit* (nkymr. *ysgwyd*) mit dem Wort für 'Schulter' *yscuit* (nkymr. *ysgwydd*) verwechselt zu haben. Schon Layamon

---

[1] Chambers (1927), 263f.
[2] Birkhan (1989), I, 196, 266.
[3] Dazu die wichtigen Vorbehalte in Charles-Edwards (1991).
[4] Chronica Minora, 199; Chambers (1927), 238–239.
[5] Stefan Zimmer (2006), 193, will in dem *dux bellorum* einen Nachhall des *dux leg(ionum) c(ohortiu)m Britan(n)icarum* der Lucius Artorius-Inschrift sehen.

(s. unten S. 180) erzählte, daß Arthur auf seinem Schild *Pridwen* das Bild Mariens in rotem Gold getragen habe.[1]

> Die „*Vulgata*-Fassung" *La Queste del Saint Graal* und Malory (XIII, 11) wissen, daß *Josephe*, der Sohn Josephs von Arimathäa, auf dem Totenbett mit seinem Blut ein Kreuz auf einen Schild zeichnete. Diese Tradition gehört freilich in die Gralswelt, nicht in die Arthurs. Sie könnte aber aus dieser in jene übertragen sein.

Die zwölfte Schlacht soll Arthur *in monte Badonis* (man denkt an die Gegend von Bath) geschlagen haben, dabei habe er 960 Mann allein an einem Tage hingestreckt. Hier ist die Zahl verräterisch, denn wir wissen von der Heldenelegie *Gododdin*, daß eine Kriegereinheit aus 100 + einem Anführer bestand. Neun solcher Einheiten wären dann *DCCCCIX* gewesen, was Nennius oder seine Quelle offenbar in *DCCCCLX* verlas. Gemeint ist freilich *uno impetu* also 'durch einen (einzigen) Angriff' seiner Truppe, nicht daß Arthur die 909 Mann eigenhändig niedergemetzelt habe. Jedenfalls sei er in all diesen Schlachten siegreich gewesen.

In einer Reihe von Hss. der *Historia Brittonum* des Nennius findet sich ein Anhang, der *mirabilia* 'Wunderdinge' in Britannien aufzählt.[2] Davon haben zwei arthurische Bezüge:

„In der Gegend, die Builth genannt wird, ... gibt es einen Steinhaufen und ein Stein ist auf den Haufen gelegt mit einer Hundespur darin. Als er das Schwein *Troynt* jagte, drückte *Cabal*, der Hund des *miles Arthurus*, seine Fußspur in den Stein. Arthur hat später den Stein auf einem Steinhaufen deponiert, weshalb dieser *Carn Cabal* genannt wird. Leute kommen und nehmen den Stein mit ihren Händen einen Tag und eine Nacht lang fort, doch am Beginn des nächsten Tages befindet sich der Stein wieder auf dem Haufen."

---

1 Toorians (2002), 118, weist darauf hin, daß im 6. Jh. noch keine Wappen üblich waren. Dem ist entgegenzuhalten, daß Marienbild und Kreuz keine Wappen im eigentlichen Sinne sind, sondern Heilszeichen, fast wie der irische *cathach* (s. oben S. 54). Die römische *notitia dignitatum* sieht auch (abstrakte) Schildzeichen vor.
2 Chronica Minora, 217f.; Chambers (1927), 239f.

Hier gibt es verschiedene Probleme, denn akymr. *cabal* heißt eigentlich 'Pferd'. Handelte es sich ursprünglich um ein Pferd oder um einen Hund, der wegen seiner Größe *Pferd* genannt wurde? Roberts und Zimmer dachten an letzteres und rechneten mit den riesenhaften Ausmaßen des Helden und seiner Tiere.[1] Interessant ist auch, daß Arthur hier nicht als König, sondern als „Soldat" *miles* bezeichnet wird. Seit Lady Charlotte Guest (s. unten S. 605), der ersten Übersetzerin der „Mabinogion", wird *Carn Cabal* mit *Carn Gafallt* (ausgesprochen meist *Corn Cafall*) zwischen Rhaeadr und Builth Wells identifiziert.

Ebenso erstaunlich ist das zweite *mirabile*, das des Grabes „neben der Quelle, die *Llygad Amr* (oder *Anir* ?) genannt wird, nach dem Namen des dort begrabenen Mannes: *Amr*. Er war der Sohn des *Miles Arthur*, der ihn dort selbst erschlagen und begraben hat. Wenn man den Stein in der Länge messen will, so ist er einmal 6, einmal 9, dann wieder zwölf oder 15 Fuß lang. Wann immer du ihn mißt, wirst du ihn kein zweites Mal in gleicher Länge vorfinden. Ich habe es selbst nachgeprüft."[2]

Arthurs Sohn wird sonst nur noch in *Gereint*, einer der „drei Romanzen", *Amhar* 'der Unvergleichliche' genannt. Der Ort wird mit der Quelle des *Gamber*, kymr. *Amr* (in *Gamber* Head bei Llanwarne in Hereford) gleichgesetzt. Arthur heißt hier wieder *miles*, der Name des Flusses ist zum Namen des Sohnes geworden (*Llygat Amr*). Im mhd. *Lanzelet* entspricht diesem *mirabile* die „Wachsende Warte", die gleichfalls ihre Größe ständig ändert. Der in den Sagen weitverbreitete Vater-Sohn-Kampf erscheint in der Arthurtradition als letzter Kampf des Königs gegen *Medrawt/Mo(r)dred*, der meist als sein Neffe, seltener als sein natürlicher Sohn gilt.

Auch in der Neuzeit gibt es eine Menge von Orten oder in der Landschaft auffälligen Objekten, die mit Arthur (und seinen Helden) aitiologisch

---

1   Roberts (1991), 91; Zimmer (2006), 57. Das klingt zunächst einleuchtend, denn die Vorzeithelden erfreuen sich allenthalben riesenhafter Größe, wie wir an Arthur und Finn beobachten werden, aber dennoch: auch einen riesigen Hund hätte man immerhin noch *Hund* und nicht *Pferd* genannt, weil in dieser Riesenvorzeit die Pferde noch größer gewesen wären! Man könnte allerdings Carnawaddy (< *Carn an mhadra* 'Cairn of the dog') vergleichen (zwischen Omeath und Carlingford), ein Hügel, in dem *Bran*, der Hund Finns, der ja auch keinen Hundenamen trägt, begraben sein soll; Kennedy – Smyth (1993), 27.
2   Ich übrigens auch [H. B.].

verbunden werden, worin sich gewöhnlich das „*fascinans* des Großen Steines" äußert. Ich konzentriere mich hier nur auf Arthur selbst und lasse die Bezeichnungen nach seinen Helden weg.[1]

> Danach gibt es: *Arthurhouse* (1x in Schottland), *Arthurian Graves* (5x trotz des Entrückungsglaubens, doch stellt man sich Arthur oft in seinem Grab schlafend und die Zeit der Wiederkehr erwartend vor – ganz wie in der deutschen „Kaisersage"), *Arthur's Bed* (2x), *Arthur's Bower* (*Burum Arthuri* 1x, 'Schlafgemach'?), *Arthur's Bridge* (1x), *Arthur's Cave* (15x), *Arthur's Chest* (1x: *Cist Arthur* für einen hausförmigen Felsen), *Arthur's Court/Hall/Pallace/Hunting Lodge* (5x), *Arthur's Cups and Saucers* (1x auf einem „Schälchenstein" in Tintagel), *Arthur's Dog/Horse* (3x außer dem obengenannten *Mirabile*), *Arthur's Downs* (1x), *Arthur's Fold* (1x), *Arthur's Footprint/Footstep* (1x), *Arthur's Fountain* (1x), *Arthur's Hill* (*Pen Arthur* ziemlich oft), *Arthur's Hunting Causeway* (1x bei Cadbury Castle), *Arthur's Oven/Kitchen* (4x), *Arthur's Quoit* (vgl. kymr. *coiten* 'Dolmen, Cromlech'; 30x fast nur in Wales), *Arthur's Seat/Chair* (9x), *Arthur's Slough* (1x), *Arthur's Spear* (1x für einen schmalen Menhir), *Arthur's Stone* (22x), *Arthur's Table* (9x), *Arthur's Throughs* (1x), *Arthur's Well* (1x), *Arthur's Wood* (1x). Eine Reihe weiterer Orte sind mit Taten Arthurs verbunden, ohne daß dies im Namen zum Ausdruck käme; z.B. soll Arthur einen im Llyn Barfog (Merioneth) hausenden Wasserdämon (kymr. *afanc*) erschlagen haben, wie es auch von *Peredur vab Evrawc* erzählt wird. Besonders reich an solchen Volkstraditionen sind natürlich jene Orte, die auch in der Literatur mit Arthur verbunden sind wie Cadbury Castle[2] (das *Camelot* Malorys) und Tintagel[3] (Arthurs Zeugungs- und Geburtsort bei Geoffrey von Monmouth).

Ein weiteres berühmtes Zeugnis bilden die *Annales Cambriae*, die etwa um 950 zusammengestellt wurden und sich als Anhang zur *Historia Brittonum* im *manuscriptus Harleianus* n. 3859 in der British Library finden. Sie geben für das Jahr 516 an:

---

[1] Das Folgende nach: A Gazetteer of Arthurian Topographic Folklore von Thomas Green, in: http://www.arthuriana.co.uk/concepts/folkgazt.htm (14. 4. 2006). Weitere Arthurgedenkstätten bei Grooms (1993), 113–128; Snell (2000). Jetzt auch sehr nützlich: http://www.tomaatnet.nl/~carolijn/plaatsen2.html (20. 4. 2008); eine Fundgrube immer noch: Ferguson (1871).
[2] Padel (1991), 238–240.
[3] Radford – Swanton (1975). Padel (1991), 229–234.

„Die Schlacht von Badon, in der Arthur das Kreuz unseres Herrn Jesus Christus drei Tage und drei Nächte auf seinen Schultern trug und die Briten Sieger waren."

Wir bemerken den Widerspruch zu Gildas, der die Schlacht um 496 angesetzt hatte. Sollte auch hier – unabhängig von Nennius – das Mißverständnis von „Schild" als „Schulter" vorliegen? Wahrscheinlich folgte Arthur dem Vorbild des Kaisers Konstantin, der im Zeichen des Kreuzes 312 an der milvischen Brücke über Maxentius gesiegt hatte. Vielleicht wurden tatsächlich Heilszeichen (Marienbild und/oder Kreuz) in der Schlacht mitgeführt, so wie in Irland besonders heilige Handschriften (s. oben S. 54). Es gäbe dazu Parallelen. Die Cambridger Hs. L weiß sogar von einer Reise Arthurs nach Jerusalem, von der er eine Nachbildung des Kreuzes mitbrachte, die ihm zum Sieg verhalf und zuletzt in einem schottischen Kloster landete.[1] Ich komme gleich nochmals auf das Problem zurück.

Zum Jahr 537 berichten die *Annales Cambriae*[2] recht trocken:

Gueith Camlann in qua Arthur et Medraut corruerunt, et mortalitas in Britannia et in Hibernia fuit. 'Schlacht (dafür das akymr. Wort!) von Camlann, in der Arthur und Medrawt umkamen und in Britannien und Irland herrschte Sterblichkeit' (durch einen Krieg, eine Seuche oder Hungersnot?).

Im Sinne der alten Vorstellung vom Sakralkönigtum vermute ich, daß man einen Zusammenhang zwischen dem Tod Arthurs und einer ungewöhnlich hohen Sterblichkeit durch eine Katastrophe herstellte. Später sagt Geoffrey von Monmouth bekanntlich, Arthur lebe in der *insula Avalonis* weiter, und dieser Ort wurde gegen Ende des 12. Jh.s mit Glastonbury identifiziert, worauf ich noch zurückkomme (s. unten S. 154ff.).

In diesem Zusammenhang muß ich eine Art Gegentheorie oder ergänzende Tradition erwähnen, die Arthur stärker mit dem Kontinent ver-

---

1 Chronica Minora, 200, Anm. 1. Vgl. Arthurian Torso, 7.
2 Morris (1980). Vgl. auch Chambers (1927), 240f.

bindet und von Geoffrey Ashe vertreten wurde.[1] In der Gotengeschichte (*De origine actibusque Getarum*) des Jordanes (551) erfahren wir, daß der weströmische Kaiser Anthemius angesichts der Bedrohung Galliens durch Goten und andere Germanen britannische Bundesgenossen suchte. Deren König *Riotimus* soll nun mit 12.000 Mann den Römern über das Meer gegen Eurich zu Hilfe gekommen und die Loire aufwärts bis Bourges vorgedrungen sein. Bei dieser Gelegenheit scheint er einen Brief von Sidonius Apollinaris (ep. III, 9) erhalten zu haben, der mit 469 oder 470 zu datieren ist, und ihn als *Riothamo suo* (sozusagen: 'Mein Riotamus!') anredet – zu dieser Zeit fand laut Gildas die Schlacht am *Mons Badonicus* statt! Aber bevor er sich noch mit der römischen Armee verbinden konnte, besiegte ihn Eurich mit einer gewaltigen Kriegerschar. *Riotimus* konnte mit einer kleinen Schar fliehen, gelangte zu den Burgunden, wo er sich mit den Römern verbündete, aber auch den Tod fand.

Es paßt gut dazu, daß es im Departement Yonne einen Ort *Avallon* (etwa 100 km nordwestl. von Dijon) gibt, der den Anlaß für die *Avalon*-Tradition der Arthurentrückung geliefert haben könnte. Der zweite Vorteil dieser Hypothese ist, daß sie erklären könnte, warum Geoffrey von Monmouth seinen Arthur nach Gallien und zur Eroberung Roms ziehen läßt, eine Tradition, die bis Malory (V, 9) nachwirken sollte. Die stärkste Stütze der Theorie sollte der Name des Britanniers sein, den man gegen Jordanes, gestützt auf Sidonius mit *Riotamus* ansetzt. Wenn man das akzeptiert, so läßt er sich sehr elegant als Funktions- oder Ehrenname kelt. *Rīgotamos 'der Königlichste' erklären, was die Auffassung des *dux bellorum* als 'Hochkönig' nahelegte.

b. Frühe Bezeugung auf dem Kontinent

Wir machen nun einen Sprung von 600 Jahren.

Aus Italien sind, vor allem in Norditalien und der Toscana, schon etwa 20 Jahre vor Geoffreys *Historia Regum Britanniae* seit 1114 eine An-

---

1   Ashe (1977); Ashe (1985).

zahl arthurischer Namen wie *Merlinus, Galvanus* und *Artusius* als aktuelle Personennamen belegt.[1] Das deutet zusammen mit dem beiden noch zu erwähnenden Zeugnissen auf eine frühe durch Bretonen vermittelte Sagenkenntnis.

Auf der Porta della Pescheria der Kathedrale von Modena findet sich ein Bogen, der zwischen 1100 und 1140 entstanden ist und die Erstürmung einer mit Flechtwerk befestigten Burg zeigt.[2] Hier kommt eine Reihe von Namen vor, die deutlich den arthurischen Kontext erweisen.

Die folgende Liste zeigt, wie die Assoziationen der Namenbildung jenseits aller Gesetzmäßigkeiten der Sprachgeschichte verlaufen, denn von *Winlogee* führt ebenso wenig ein lautgesetzlicher Weg zu *Gwenhwyvar* wie von *Gwalchmai* zu *Galvaginus*. Die mit Namen versehenen Personen auf dem Modena-Portal sind außer *Artus de Bretania* noch:

Winlogee = kymr. *Gwenhwyvar*[3] = lat. *Guanhumara* = afrz. *Guinèvre*

Galvaginus = kymr. *Gwalchmai* = lat. *Galvanus* = afrz. *Gauvain*[4]

Che = kymr. *Cei* = lat. *Caius* = afrz. *Cex/Cei*

Isdernus = kymr. *Edern*[5] *vab Nudd* = lat. *Hiderus filius Nucii*[6] = afrz. *Yder fils de Nuc*.

Der Vater *Nudd* dieses Helden ist uns freilich kein Unbekannter. Er ist die kymr. Entsprechung zu dem berühmten altirischen Gott *Nuadu Airgetlam*, 'Silberhand' nach der silbernen Handprothese in der Sage, und beide sind

---

1 Rajna (1988).
2 Loomis (1938), Abb. 4-8; Birkhan (1999b), Abb. 772f.; Whitaker (1995), 86-88.
3 Der Name der Königin bedeutet eigentlich 'Weißes (Schönes?) Gespenst': *gwen* fem. Adjektiv 'weiß; schön' + *hwyvar* ≈ air. *siabur, siabhra* 'Gespenst; fairy'. Auch wenn *Gwenhwyvar* als die Tochter eines Riesen *Gogvran* gilt, muß sie wohl als eine Art Fairy, des Liebeszaubers kundig, gedacht worden sein. Später, bei Geoffrey von Monmouth, stammt sie aus edler römischer Familie; TYP 380 - 385; 363f. Guinèvre – vor allem auch die Aussage (s. unten S. 155), daß sie Arthurs zweite Gemahlin gewesen sei –, gibt beachtliche Probleme auf; Bethlehem (2005); Gowans (1991).
4 Wie sich der Name *Gwalchmai* 'Falke des Feldes [?]' oder 'Maifalke' etymologisch zu *Gauvain* verhält, ist unbekannt.
5 Der Name geht wohl auf lat. *Aeternus* zurück. *Edern vab Nudd* wird von *Gereint* im Kampf um den Sperber besiegt, steht aber in *Breudwyt Ronabwy* bei Arthur in hohem Ansehen und kommt auch in *Culhwch ac Olwen* vor.
6 In Geoffreys *Historia Regum Britanniae* X, 5 unterstützt ein *Hiderus filius Nucci* die Briten in der Entscheidungsschlacht gegen die Römer. Er ist wohl mit *Edern* identisch. Bei Pseudo-William von Malmesbury *De antiquitate Glastonensis Ecclesiae*, 47; Chambers (1927), 267, wird eine weitere Heldentat des *Ider filius Nuth* erzählt. Er habe auf dem Berg *Brentencol*, der auch „Fröscheberg" (*mons Ranarum*) genannt werde, drei ungeheure Riesen erschlagen.

von dem altbritannischen Heilgott *Nodens* nicht zu trennen. Das ist eigens hervorzuheben, weil es einer der seltenen Fälle ist, wo man eine Gestalt der arthurischen Heldensage tatsächlich mit einer belegten altkeltischen Gottheit verbinden kann (s. auch unten *Gwynn vab Nudd* S. 345 und *Mabon* s. unten S. 117, 132, 185ff., 782) – die Laienforscher und Esoteriker neigen ja i. A. dazu, die Sagenfiguren als Gottheiten (oft als Sonnen- oder Mondgottheiten) zu erklären. Schon 1853 hatte Karl Wilhelm Osterwald in *Îwein* einen keltischen Frühlingsgott gesehen.

Zu diesen Helden kommen noch ein *Carrado* auf der arthurfeindlichen Seite und ein *Galvariun* als Mann Arthurs.

Für das Modena-Relief nimmt man wohl mit Recht an, daß es sich um eine frühe Vorstufe der Lancelotsage mit dem Raub der Königin durch eine Gestalt handelt, die in der insularen und französischen Tradition *Melwas* (*Meleagant*) heißt, hier jedoch *Mardoc*, ein Name, den manche – mir nicht einleuchtend – mit kymr. *Medrawt* (lat. *Modredus*, afrz. *Mordred*) identifizieren wollten.[1] Der Riese *Carrado*, der in einen Kampf mit *Galvaginus* verwickelt erscheint, könnte jener sein, der *Winlogee* im Auftrag Mardocs raubte. Sein Name wurde – nicht ganz überzeugend – mit dem aus Munster stammenden riesenhaften Zauberer und Helden *Cúroi* zusammengebracht. Dieser erscheint als Herausforderer des Hofes der Helden von Ulster zu einem „Enthauptungsspiel", das dann in der Arthursage in *Sir Gawaine and the Green Knight* weiterlebt (s. unten S. 217ff.). Das Relief zeigt ihn im Kampf mit *Galvaginus*, während eine sonst nicht bekannte unfreundliche Figur *Burmaltus* die Burg mit einer Streitaxt gegen den herantrabenden Artus verteidigt.[2]

In der Kathedrale von Òtranto (Apulien) findet sich ein Bodenmosaik, das zwischen 1163 und 1165 von einem Priester Pantaleone angelegt wurde und den König REX ARTVRVS auf einem monströsen Bock reitend mit einer keulenartigen Waffe in der Hand zeigt, wie sie auf dem Nachbarbild auch Kain gegen Abel schwingt. Vor Arthurs Reittier springt eine gefleckte Katze empor. Darunter findet sich eine Szene, in der Arthur

---

[1] Die Szene würde dann nicht dem Themenkomplex der Lancelot-Sage, sondern jenem von Mordreds Verrat am Ende von Arthurs Leben entsprechen.
[2] Zur Deutung des Reliefs vgl. Gowans (1991), 79–86.

schon vom Reittier zu Boden gestürzt ist und ihm die Katze die Kehle durchbeißt. Das Problem bei diesem frühen Bildzeugnis ist, daß es im Laufe der Jahrhunderte sehr stark gelitten hat, weshalb es Ende des 19. Jh.s restauriert wurde – nicht eben sehr geschickt, wie z.B. die Krone des reitenden Artus zeigt. Dadurch wird auch der Bockcharakter des Reittieres fraglich. Bei der Gegenüberstellung der Kainskeule mit Arthurs höchst unritterlicher Waffe muß die Interpretation einsetzen.[1]

Die gefleckte Raubkatze dürfte auf einer Weiterentwicklung des kymrischen Sagenmotivs vom Kampf mit dem dämonischen *Cath Palug* (s. unten S. 118) beruhen, der im *Romans des Franceis* (spätes 12. Jh.) eine allegorische Deutung erfuhr, indem nun das Katzentier *Capalu* mit dem („britischen") Löwen der Plantagenets verbunden wurde, welchem das bodenständige „arthurische Walisertum" in der Gestalt des Königs unterliegt:

> „Die Franzosen haben ein Gedicht über ihn gemacht, daß König Arthur von Capalu in den Sumpf gestoßen wurde. Und die Katze tötete ihn dann im Krieg, dann ging sie nach England, und war nicht zu träge, es zu erobern; dann trug sie die Krone in dem Reich und war des Landes Herr."

In der Vulgata des *Livre d'Arthur* wird der Kampf an den Genfer See verlegt, der *Capalu* zum *Gatto di Losanna*, den Arthur allerdings in dieser Tradition überwindet.[2]

Was Òtranto angeht, so nimmt man an, daß bretonische Söldner, die sowohl im Heer Wilhelms d. Eroberers als auch unter späteren Normannenkönigen in Süditalien im Einsatz waren, die Arthurtraditionen verbreitet haben, lange bevor diese durch Geoffrey von Monmouth und

---

[1] Loomis (1938), Abb. 9, 9a; Whitaker (1995), 89–91, die bzgl. der Keule an eine Verwandtchaft mit Herakles dachte, der dem Mittelalter als Christusallegorie galt. Dazu paßt freilich die Tötung durch die Katze wenig. Ich selbst habe, ausgehend vom Bock als allegorisches Reittier der *Luxuria* und gestützt auf die Keule, die genau jener gleicht, mit der Kain auf der danebenstehenden Szene Abel erschlägt, die Szene negativ gedeutet, daß damit das Artusrittertum als mörderische Manifestation der *Luxuria* von dem klerikalen Mosaikmeister gebrandmarkt werden sollte; Birkhan (1976). Walter Haug konnte mir allerdings nicht folgen. Durch komplizierte Inbeziehungsetzung aller Mosaikszenen im ganzen Kirchenschiff versuchte er eine positive Bewertung Arthurs wahrscheinlich zu machen; Haug (1977) m. Abb. 10/11.

[2] Birkhan (1976), 62–66, 80f.

Chrestiens de Troyes literarisch ausgeformt wurden. Dafür sprechen auch die frühen arthurischen Personennamen in Italien.

c. Zeugnisse der entwickelten Arthursage aus Wales

Wenden wir uns den übersprungenen sechs Jahrhunderten zu![1]

Hier ist zunächst der *Gododdin*[2] zu erwähnen. Das ist eine elegieartige Sammlung von locker aneinandergefügten Strophen, die dem Barden *Aneirin* zugeschrieben werden und auf den aussichtslosen Kampf der britannischen *Votadini* gegen die Sachsen Bezug nehmen. *Mynyddawg Mwynfawr*, der Anführer von dreihundert auserlesenen Reiterkriegern des Königreiches *Manaw Gododdin*, hatte diese in einem einjährigen Festgelage in *Dun Eidyn* (Edinburgh) mit Met und Wein auf den Entscheidungskampf bei der von den Sachsen besetzten Festung *Catraeth* (Catterick in Yorkshire) vorbereitet. Der Sinn einer solchen Strategie war, die Krieger durch *largesse* in besonderer Weise an den Herrn zu binden bzw. durch den Reichtum des Aufwandes die *fortuna* des Herrn zu erweisen. Wir kennen aus dem alten Gallien ähnliche „potlatch-Aktionen". Als es dann zur Schlacht kam, fielen alle *Gododdin*, bis auf einen, der entkam und den Untergang meldete. Das Ereignis soll in das späte 6. Jh. zurückgehen und die Dichtung ungefähr um 600 entstanden sein – vielleicht in kumbrischer, nicht altkymrischer Sprache! –, doch gibt es keinen anderen historischen Hinweis auf die Katastrophe. Die Elegie ist zwar in der Sprachform des 9. Jh.s und sogar erst in einer Hs. von 1265, dem „Book of Aneirin", überliefert, jedoch der frühe Zeitansatz läßt sich linguistisch und vor allem auch metrisch rechtfertigen.[3]

Hier heißt es nun, allerdings nur in der B-Fassung,[4] von einem sonst nicht bekannten Helden *Gwawrddur* (V. 1237–1244):

---

1 Dazu grundlegend Padel (2000) und Koch-Carey (2000), 293–341.
2 Jackson (1969); Rockel (1989a), 42ff., bes. 134f.; Koch-Carey (2000), 304–341, bes. 312; Edel (2004), 150–152. Zu den *Votadini* s. Powell (1980), 199f.
3 Koch-Carey (2000), 304–306. Skeptisch Sims-Williams (1991), 37: „but, alas, no one can say for certain when it was composed."
4 Charles-Edwards (1991), 15.

> „Er durchbohrte mehr als 300 der Tapfersten, er schlug zu in der Mitte und am Ende. Er war lebhaft vor dem großzügigsten Heer ... er brachte herab (oder: fütterte ?) schwarze Raben auf die (oder: der) Mauer der Festung, obwohl er nicht Arthur war – inmitten von Mächtigen (?) und Heldentaten (?) in der Vorhut der Erlenpalisade – Gwawrddur."

Wenn man diesem Zeugnis glauben dürfte, dann wäre Arthur also schon so berühmt gewesen, daß er zum ehrenvollen Vergleich herangezogen werden konnte.

Im „Schwarzen Buch von Carmarthen", das um 1250 geschrieben wurde, dessen Texte aber gleichfalls viel älter sind, findet sich eine Elegie auf *Gereint vab Erbyn* (dem *Erec* der kontinentalen Tradition), in der es unter anderem heißt:[1]

> „In Llongporth sah ich ihn, Arthur – tapfere Männer hieben nieder mit Stahl – den Imperator (*amherawdr*), den Anführer des Kampfs". – Sozusagen als *dux bellorum*?

Arthur war anfangs nicht nur positiv gesehen. In einigen Heiligenviten erscheint er in zweifelhaftem Licht, gelegentlich sogar als unchristlicher *tyrannus*. In dem religiösen Gedicht *Ymddiddan Arthur a'r Eryr* (s. unten S. 121) ist Arthur gar Heide.

> Besonders interessant ist die Vita des hl. *Cadoc* aus der Feder des Llifric von Llancarfan (um 1075).[2] Sie erzählt von *tres heroes strenui*, nämlich *Arthur*, *Cei* und *Bedguir* (dem späteren *Bedivere*) auf einem Hügel beim Würfelspiel. Von dort beobachten die „drei starken Helden", wie der Königssohn *Gundleius/ Gwynllyw* mit der von ihm entführten *Guladus* vorbeireitet. Arthur überfällt Liebesverlangen: Er möchte Guladus für sich selbst haben, aber mit Mühe und Not können seine Vasallen ihn von einer Untat abhalten; es sei ja Heldenbrauch, den Armen und Verängstigten beizustehen. Dann erfährt Arthur, daß Gwynllyw der rechtmäßige Erbe und Besitzer des Landes ist und steht dem Paar gegen ihre Feinde bei. Er geleitet sie zu ihrer Burg. Sie werden die Eltern des hl. Cadoc.

---

1   Birkhan (1989), I, 23–25; Sims-Williams (1991), 46–49; Toorians (2002), 124–131.
2   Bei Chambers (1927), 243–246; Roberts (1991), 83.

Später gerät Arthur als *rex illustrissimus Britanniae* mit Cadoc wegen eines *dux fortissimus* mit Namen *Ligessauc Lauhir* 'Langhand',[1] in Streit, weil dieser drei Leute Arthurs erschlagen, aber im Kloster Cadocs sieben Jahre Zuflucht gefunden habe. Nach langen Verhandlungen akzeptiert Arthur als Buße neun (oder 100) weiße Rinder mit rotem Vorderteil (ein wichtiges Motiv der Mythologie: Tiere der Anderen Welt sehen so aus; vgl. auch die Erscheinungsform der irischen Kriegsgöttin *Morrígain*). Da es so beschaffene Rinder in dieser Welt nicht gibt, verwandelt Cadoc gewöhnliche in solche. Die Tiere werden inmitten einer Furt den Helden von den Klerikern übergeben, aber sobald diese ihre Hörner berühren, werden die Rinder in Büschel von Farnkraut verwandelt. Arthur erkennt die Hybris seiner Forderung, und der Schuldige darf weitere sieben Jahre im Kloster weilen.[2]

Auch im Leben des hl. *Padarn* spielt Arthur eine eher zweifelhafte Rolle: Der Heilige hat aus Jerusalem eine kostbare Tunika mitgebracht. Als Arthur sie dem Bischof rauben will, läßt dieser den „Tyrannen" bis zum Kinn in die Erde versinken. Sofort bereut Arthur, wird begnadigt und akzeptiert Padarn als seinen ständigen geistlichen Schutzherrn.[3]

Es gibt eine bei den Kelten – in Irland bis heute – sehr verbreitete Neigung, den Wissensstoff in Dreiergruppen (Triaden, kymr. *trioedd*) anzuordnen.[4] In vielen der mkymr. Triaden wird Arthur erwähnt, wobei mehrfach eine Art Schlaglicht auf ihn fällt, das auch verschüttete Traditionen andeutungsweise hervortreten läßt. So wird (in Nr. 1) Arthur als einer jener Fürsten genannt, die ihren „Hochsitz" in St. Davids, in Cornwall und im Norden (Schottland) haben. Die drei Freigebigsten (in Nr. 2) werden nur noch von Arthur übertroffen. Arthurs Sohn *Llacheu* ist einer der drei „Wichtigen" (in Nr. 4) und einer drei Furchtlosen (Nr. 91), der König selbst ist einer der drei Dichter-Dilettanten (in Nr. 12), er ist aber auch einer der drei „roten [d.h. gewaltigen] Plünderer" der Insel Britannien (in Nr. 20).

Zwei Triaden deuten auf für uns nicht mehr zugängliche Sagen:

---

1 Eine Gestalt namens *Llawhir* erscheint in *Culhwch ac Olwen* als ein Mann Arthurs. Der hier genannte *Ligessauc Lauhir* dürfte die walisische Entsprechung zum irischen Gott *Lug Lhamfada* sein.
2 Chambers (1927), 243–246.
3 Chambers (1927), 248f.
4 TYP; neuirische Triaden bei Wagner (1963a), 50–52.

Nr. 26 nennt einen der „Drei mächtigen Schweinehirten der Insel Britannien": „Drystan, Sohn von Tallwch, der die Schweine von March, Sohn von Meirchiawn, hütete, solange der Schweinehirt ging, um Esyllt zu einem Treffen mit Drystan zu bitten. Und Arthur versuchte, sei es durch List oder Gewalt, ein Schwein zu erlangen, und erhielt es nicht."

Nr. 37R erwähnt als erste der „Drei guten Verbergungen der Insel Britannien" die Verbergung des Hauptes von *Bendigeidvran* in *gwynuryn*, dem 'Weißen Hügel' (= White Tower) in London mit dem Gesicht gegen Frankreich, weil das alle Invasoren vom Kontinent abgehalten habe.[1] Eine der „Schlimmen Aufdeckungen" war jene Arthurs, als er das Haupt aufdeckte. Denn Arthur schien es unwürdig, daß die Insel von jemandem anderen verteidigt werde als von ihm. Es ist für den „Summenroman" Malorys (s. unten S. 237ff.) typisch, daß er sich das Motiv des abgeschlagenen Hauptes im Tower nicht entgehen läßt: Im 2. Kapitel des XXI. Buches wird Sir Gawains Haupt in der Kapelle der Burg von Dover „installiert".

Auch in den Genealogien, die im Mittelalter von allergrößter Bedeutung waren und für die es bei Hof eigene Fachleute gab, kommt Arthur vor. Eine solche übernehme ich aus Zimmers Buch:[2]

Arthur m[ab] ('Sohn des') *Vthvr* ('des Schrecklichen') *m. Kustenhin* ('Constantin') *m. Tutwal m. Moruawr m. Eudaf m. Kadwr m. Kynan m. Karadawc m. Bran m. Llyr lletieth.*

Damit scheint Arthur mit der Familie des *Bendigeidvran* (= *bendigeid Bran* 'Gesegneter Bran; „Rabe"'), dem Sohn des Meeresgottes *Llŷr* (= air. *Ler*), im „Zweiten Zweig des Mabinogi" verbunden. Der seltsame Beiname *lletieth* 'Halb-Sprache', der auf mangelhaftes Sprechvermögen des Gottes zu weisen scheint, findet sich auch in *Culhwch ac Olwen*. Wie es zu dem seltsamen Beinamen kam, wissen wir nicht.

Bemerkenswert ist noch die unsichere Nennung von Arthurs Vater *Vthvr* 'der Schreckliche', die in einer Handschrift des 13. Jh.s der *Historia Brittonum* bege-

---

1 Diese Episode bezieht sich auf die im Zweiten Zweig des Mabinogi (*Branwen verch Lyr*) erzählte Sage.
2 Zimmer (2006), 109f.

gnet.¹ Dort heißt es: *Mab Utur filius horribilis quoniam a puericia sua crudelis fuit. Artur Latine translatum sonat ursum horribilem vel malleum ferreum quo confringuntur mole leonum.* Wie auch Zimmer erkannte,² muß hier *utur* nicht der Vatername sein, sondern könnte auch Arthur selbst bezeichnen, wenn *horribilis* nicht Genitiv, sondern Nominativ wäre. Die Stelle wäre also zu übersetzen:

'Sohn des Schrecklichen' oder 'schrecklicher Sohn, weil er von seiner Kindheit an grausam war. *Artur*, ins Lateinische übersetzt, klingt wie „Schrecklicher Bär" oder auch „eiserner Hammer" durch den die Wucht (*moles* statt überliefertem *mole*) von Löwen zerschmettert wird.' Der „eiserne Hammer" ist ein klassisches Beispiel mittelalterlichen Etymologisierens, da der Schreiber offenbar mkymr. *ordd* 'Hammer' + *dur* 'Eisen, Stahl' in den Namen *Arthur* eindeutete.

Woher Arthurs Vater seinen wenig vertraueneinflößenden Namen hatte, ist zunächst unklar. Durch den Zusatz *Pendragon* 'Drachenhaupt' versuchte man ihn zu erklären. Dabei wurde der Beiname, wie schon die mittelalterlichen Hss. zeigen, auf Uthurs „Drachenbanner" bezogen, einen Windsack nach Art der asiatischen Kastendrachen, der von der römischen Kavallerie mitgeführt wurde.³ Er bestand wohl wie der chinesische Lichterdrache und der Neujahrsdrache aus einem auf einer Stange montierten Drachenkopf, der in einen Windsack in Gestalt eines Drachenschwanzes überging. Bei scharfem Ritt blähte der Wind, der durch das offene Drachenmaul fuhr, den Drachenschwanz auf und ließ ihn flattern, was auch eine Art knarrendes oder knatterndes Geräusch ergab. Aus diesem Feldzeichen berittener Kohorten scheint auch das heute noch geltende und schier omnipräsente nationale Symbol des roten Drachens für Wales entstanden zu sein.⁴ Eine andere Deutung von Uthurs Beinamen geht von einem möglicherweise mit Drachenemblem gestalteten Helm aus, nach dem man den Heerführer „Drachenhaupt" nannte. Sie verschiebt aber nur die Frage der Drachenherkunft auf den Helm.

---

1 In der Hs. C 139 im Corpus Christi College in Cambridge; Chronica Minora, 199, Anm. 1. Als *mab Uter* bezeichnet übrigens auch die Cambridger Hs. L Bibl. publ. Ff. I. 27 den *dux artur*.
2 Zimmer (2006), 38, wo der lat. Text fehlerhaft wiedergegeben ist.
3 So auf einer Miniatur der berühmten Estoire-Hs. Fr.95 der Bibliothèque nationale, fol. 137v von etwa 1290, abgebildet in Loomis (1938), Abb. 236; vgl. dazu auch János Makkay, The Sarmatian Connection, in: http://www.hungarianquarterly.com/no144/p113.html (18. 3. 2008)
4 Lofmark (1995); Greenslade (2000), 16f.; wie anderwärts kann auch der Drache in Wales zu einem Sympathieträger werden; Peschel-Wacha (2000).

Daneben erwäge ich Einfluß der spätantik-mittelalterlichen Sage von der Zeugung Alexanders. Danach wird *Olimpias*, die Mutter des großen Alexander, in Abwesenheit ihres Gatten, des Königs Philipp von Makedonien, von *Nektanebos*, einem abgesetzten Pharao, Sterndeuter und Zauberer, der sich ihr in Drachengestalt nähert, beschlafen. Die volkstümlichen Alexandertraditionen des Mittelalters wissen noch, daß der Held seltsame Körpermerkmale hatte, die auf seine Drachenabstammung wiesen. Diese Tradition könnte hier abgefärbt haben. Wenn in der voll entwickelten Arthurtradition bei Geoffrey von Monmouth *Uther* die kornische Königin *Igerna* mit Hilfe des *Merlinus* schwängert, so erscheint hier die dem Nektanebos entsprechende Gestalt in zwei Personen, die eines Herrschers und die eines Zauberers, aufgespalten. Das „Drachenhaupt" des „schrecklichen" Uther wäre dann in Anlehnung an den drachengestaltigen *Nektanebos* entstanden, allerdings durch die heroischen Assoziationen, die man mit dem Heeresdrachen verband, erhalten geblieben. Es gehört zum Wesen herausragender Helden, daß ihre Abstammung geheimnisvoll und durch bestimmte Umstände wie Zeugung durch ein nicht-menschliches Wesen wie einen Gott, ein Tier oder durch Inzest gekennzeichnet ist. Berühmte Beispiele sind Achilles als Sohn der Göttin Thetis, Hercules als Sohn des Juppiter, *CúChulainn* als Sohn des Gottes *Lug*, *Sigurd/Siegfried* als Nachkomme Wodans in inzestuöser Vereinigung gezeugt. Sie ließen sich leicht vermehren.

α „Wer ist der Türhüter?" (*Pa gur yv y porthaur?*)

Das ist das bemerkenswerteste jener alten Fragmente, die uns die archaische Arthurtradition vor Augen führen. Immerhin zeigt es die Sage von seinem Hof mit den dazugehörigen Helden schon voll entwickelt und eigentlich schon wieder überlebt und im elegischen Rückblick. Das Stück findet sich im „Schwarzen Buch von Carmarthen",[1] das ungefähr um 1250

---

1   Zu diesem Jarman (1983). Der Text bei Skene (1868) auch in Übers. und The Romance of Arthur; Engl. Übers. bei: Jones (1926); vgl. auch Sims-Williams (1991), 38f.; deutsche Übers.: Birkhan (1989), II, 104–106; niederländisch: Toorians (2002), 134–141.

geschrieben wurde. Der Sprache nach ist es jünger als *Y Gododdin*, vielleicht aus dem 10. Jh. Die Orthographie hat noch akymr. Eigenheiten. Der Text zeigt Arthur mit seinen Mannen vor einer Befestigung. Er begehrt Einlaß, und als der Pförtner verneint, preist er sich und sein Gefolge.

Ähnliche Pförtnerszenen finden wir in *Culhwch ac Olwen* aber auch im mittelirischen *Lebor Gabála*, wo der Gott *Lug* sich als *samildánach* 'in Vielem zugleich begabt' erweist. Das sprachlich sehr schwierige Fragment wird nach der ersten Zeile *Pa gur yv y porthaur* 'Wer ist der Türhüter?' benannt und lautet in meiner Übersetzung:[1]

„'Wer ist der Türhüter?'
'Glewlwyd Gavaelvawr. Wer fragt?' – 'Arthur und der schöne Kei.'
'Wer ist mit Euch?' – 'Die besten Männer der Welt.'
'Du kommst (mir) nicht in mein Haus! Wenn du dich nicht für sie verbürgst!'
'Ich werde mich für sie verbürgen und du wirst sie sehen, die Geier von Ely und alle drei (sind) Zauberer:[2] Mabon den Sohn der Modron, den Knecht des Uther Pendragon und Kys[t]eint den Sohn des Banon und Gwyn Godyvrion starrsinnig (?) waren meine Diener in der Verteidigung ihrer Rechte Manawydan der Sohn des Llyr dessen Ratschluß weise war Manawyd(an) brachte zerbrochene Speere von Tryvrwyd [das ist der bei Nennius genannte Ort der 10. Schlacht, in der Arthur siegte] und Mabon der Sohn des Mellt[3] pflegte mit Blut das Gras zu färben Anwas der Geflügelte und Llwch Windhand sie waren Verteidiger vor Edinburgh an der Grenze (wie) ein Herr der Schutz verleiht mein Neffe...rächte (?) Kei ermahnte/flehte sie an/bat sie während er drei auf einmal erschlug als Celli[4] verloren war erhob sich Kampfeswut wo Kei mahnte während er (sie) niederhieb.

Arthur indem er spielte (lachte ?) ließ das Blut hinfließen in der Halle von Avarnach focht er mit einem Kampfweib er spaltete Palachs Haupt [oder: *Penpalach* 'Keulenkopf'?] in den (Schatz-)Kammern (?) von Dissethach am

---

1 Um die Mehrdeutigkeit der Apokoinu-Konstruktionen zum Ausdruck zu bringen, setze ich im Folgenden stellenweise keine Satzzeichen.
2 Zu dieser Deutung s. Sims-Williams (1991), 40.
3 Gibt es zwei Helden namens *Mabon* oder wird hier *Mabon* als Sohn der Erdgöttin *Matrona* (> *Modron*) und des Himmels- und Blitzgottes **Meldos* (> *Mellt*) angesehen? Ich vermute eher letzteres. Doch vgl. auch Jarman (1983), 108.
4 Vielleicht Arthurs Residenzort *Kelli Wig* in Cornwall? Zu Kelli Wig s. Padel (1991), 234–238.

Berg von Edinburgh kämpfte er gegen die Hundsköpfigen[1] sie fielen zu Hunderten zu Hunderten fielen sie vor Bedwyrs Vierzack[2] (?) auf dem Sande von Try-vrwyd gegen Garwlwyd und im Kampf war er Sieger in seiner Wut mit Schwert und Schild eine Kampfreihe ist nichts vor Kei in der Schlacht in der Schlacht ein Schwert war (er) seine Hände Verheißung er war ein gerechter Herr der Legion zum Wohle des Landes Bedwyr der Sohn des Pridlaw 'Wert-Hand' sein Ansturm vermochte daß neun Hundert ihn vernahmen daß er sechs Hundert vertrieb Knechte pflegte ich zu haben besser war es, als sie noch lebten.

Vor den/m Herrn von Emrys sah ich Kei wie er in Hast die Raubzüge deckte er war ein Mann groß unter den Feinden schwer in der Rache wild in der Feindschaft wenn er aus dem Büffelhorn trank war er wie vier. Wenn er in die Schlacht kam tötete er für Hundert. Bewirkte Gott es nicht so gäbe es keinen Tod für Kei. Der schöne Kei und Llacheu den Schmerz blauer Speerschäfte vor sich[3] lieferten sie Schlachten am Bergesrücken von Ystawingun durchbohrte Kei neun Hexen der schöne Kei er ging nach Mona (Anglesey) um Löwen zu erlegen klein (oder: poliert) war sein Schild gegenüber Palugs Katze Wenn das Volk fragte „Wer durchbohrte Palugs Katze?" pflegten neun mal zwanzig ihr zum Fraß zu werden neun mal zwanzig Helden und ..."

„Palugs Katze" heißt später im afrz. Roman *Chapalu*. Wir haben sie schon im Mosaik von Òtranto kennengelernt. Sie steht in der inselkeltischen Tradition von Katzenungeheuern, die aus dem Meer kommen. Ich habe die beiden „Tarasken" genannten, galloromanischen Steinplastiken als Vorklang der „Wasser- oder Meereskatzen" angesehen.[4]

---

1 Einen Kynokephalen oder Werwolfkrieger zeigt der Bildstein von Gellyburn bei Murthly; Birkhan (1999b), Abb. 606.
2 Sims-Williams (1991), 42f. übersetzt *pedrydant* 'Vierzahn' (?) mit 'perfect', weil er offenbar an *quadratus* denkt.
3 Sims-Williams (1991), 43: „before the pain of blue spears (ended the conflict)."
4 Birkhan (1999b), Abb. 456f.; Cunliffe (2000), 107. Anders Ross (2001), 46–48, welche die „Wasserkatzen" für Bären hält.

β Die „Beraubung der anderen Welt" (*Preiddeu Annwn*) und die „Unterredung Arthurs mit dem Adler" (*Ymddiddan Arthur a'r Eryr*)

Im „Buch des Taliesin", einem anderen großen frühen Barden des 6. Jh.s zugeschrieben, dessen Hs. aber auch erst aus dem frühen 14. Jh. stammt, findet sich ein Gedicht, das *Preiddeu Annwn* 'Die Beraubung der Anderen Welt' oder 'Beutestücke aus der Anderen Welt' heißt. Der Text, der zwischen 850 und 1150 angesetzt wird, ist einem Barden – vielleicht Taliesin selbst – in den Mund gelegt und enthält gewisse antimonastische Elemente, obwohl er den Christenglauben beschwört. Es wird jeweils die Fahrt in eine spezifische Andere Welt erwähnt, so am deutlichsten nach *kaer Siddi*, das von mir. *sídhe* 'Grabhügel; Elfenwohnsitz' (s. unten S. 543f.) etymologisch nicht zu trennen ist. Damit ist eines der wichtigsten Elemente der Artusthematik eingeführt: die „Andere Welt", die bei aller Vielgestaltigkeit doch da und dort – so wie auch hier – noch den alten Zusammenhang mit dem Totenreich durchblicken läßt. Diese Andere Welt – wofür die Esoteriker gerne die ungrammatische Bildung „Anderswelt" verwenden – kann paradiesischer *locus amoenus* – grünende Heide, breitschattender Baum, lispelnde Quelle, Vogelsang – oder auch horrorerfüllter Schreckensort – Grab, Gespensterort und -burg, Schattenland, undurchdringlicher Wald, verdorrtes Land (*terre gaste*), brennende Landschaft – sein. Später sollte dann die Andere Welt-Vorstellung der arthurischen Dichtung auf andere Gattungen wie z. B. die Allegorie („Minneburg") oder die *matière de France*[1] ausstrahlen. Man kann sogar sagen, daß diese Andere Welt das wesentlichste Einzelmotiv der keltischen Phantasie ist, das sie der Menschheit schenkte.

Auch in *Preiddeu Annwn* bleibt vieles unklar:[2]

„Ich bete den Fürsten, den höchsten König des Landes, an, der da seine Herrschaft über den Strand der Welt erstreckte.
Prächtig war nach dem Bericht von Pwyll und Pryderi der Kerker von

---

1 Z. B. Suard (1990).
2 Haycock (1983–84); Text und Übertragung: Loomis (1956), 133–145; deutsche Übertragung: Birkhan (1989), II, 107–109.

Gweir in der 'Elfenburg' Caer Siddi. Keiner vor ihm ging dorthin, in die schweren, blau-stählernen Bande – ein getreuer Jüngling war es, den sie hielten, und schmerzvoll sang er von der Beraubung der Anderen Welt. Bis zum Gericht wird unser Bardenlied währen. In drei Schiffsladungen von Prydwen fuhren wir dorthin, und bis auf sieben kam niemand zurück von Caer Siddi.

Wahrhaftig, mein Ruhm ist groß, wo man mein Lied vernimmt, in der viereckigen, sich vierfach wendenden Burg [vielleicht ein Vorklang, auf die in den späteren Ritterromanen vorkommenden sich drehenden Jenseitsburgen]. Aus dem Kessel wurde mein Preislied gesprochen, den der Atem von neun Jungfrauen erwärmte. Der Kessel des Fürsten der Anderen Welt, was ist seine Eigenart? An seinem Rande dunkelblau und Edelstein, kocht er dem Feigen Speise nicht, es ist ihm nicht bestimmt. Das Schwert von Lluch Llenlleawg ist vor ihm erhoben worden, der Hand von Lleminawg war es erlaubt. Und eine Lampe wurde vor dem Eingang zum Tor der Hölle entzündet, und da wir mit Arthur – ruhmvolles Verderben – gingen, bis auf sieben kam niemand zurück von der Burg der Trunkenheit (des 'Honigmets'?).

Ich bin der Hochberühmte. Das Lied ertönt. In der viereckigen Burg der Insel des gewaltigen Turmes ward der Mittag pechschwarz. Heller Wein war ihr Trunk angesichts ihres Gefolges. In drei Schiffsladungen von Prydwen stachen wir in See, und bis auf sieben kam niemand zurück aus Caer Rigor ('Burg der Starre'?).

Als Herr des Wissens verdiene ich keine Niedrigen, die die Tapferkeit Arthurs jenseits der Burg von Glas nicht gesehen. Sechzigmal hundert Mann standen auf der Mauer: schwer war es, sich mit ihrer Wache zu unterreden. Drei Schiffsladungen von Prydwen begleiteten Arthur, und bis auf sieben kam niemand zurück aus der Burg der Eingeweide (oder: 'des Reichtums'?).

Ich verdiene keine Niedrigen, matt mit dem Rundschild, die den Tag nicht kennen (nicht wissen), wer der Herrscher ist, zu welcher Stunde des heiteren Tags der Anführer geboren ward, und wer bewirkte, daß der Fuß nicht (in die) Täler von Defwy ging, und die nicht kennen den gefleckten Ochsen mit dem dicken Stirnriemen und den siebenmal zwanzig Gliedern in seinem Halsband. Und als wir – furchtbar die Erinnerung (?) – mit Arthur gingen, bis auf sieben kehrte niemand zurück aus Caer Vandwy.

Ich verdiene keine Niedrigen mit mattem Verlangen, die nicht wissen, welcher der Tag des Herrn, des Herrschers ist, zu welcher Stunde des heiteren Tags der Besitzende geboren ward, oder wieviel Tausende das Silber des Herrn hüten. Als wir – furchtbar der Kampf – mit Arthur gingen, bis auf sieben kehrte niemand zurück aus Caer Ochren.

Mönche rotten sich zusammen wie eine Hundemeute. Hat der Wind nur einen Weg, das Meer nur einerlei Wasser, ist vom selben Funken das Feuer des gewaltigen Donners? Mönche rotten sich zusammen wie Wölfe. Weiß man (?) vom Kampf der Herren? Sie wissen nicht, wann Mitternacht und Morgendämmern sich scheiden, noch welchen Weg der Wind weht, noch seine Dauer, welches Feld er verwüstet, welches Land er zerstört: das Grab des Heiligen vergeht, und das Grab des Altares (?).

Ich bete den Fürsten, den höchsten, großen König an, daß über mich nicht Trauer komme und mein Los Christus sei."

Ein magischer Kessel mit seiner „Gewohnheit" wie der hier genannte könnte als Vorstufe des Grals angesehen werden. Die keltischen Sagen sind freilich voll von Wunderkesseln aller Art, die für Fruchtbarkeit, Herrschaft, Großzügigkeit (auch Knausrigkeit), Inspiration, als Mittel der Tugendprobe (wie oben) und – mit Uterussymbolik – für Wiedergeburt stehen können. Dieser letztere Typ hat auch Entsprechungen in der altindischen Literatur.[1]

Als eine Art klerikaler Reaktion läßt sich *Ymddiddan Arthur a'r Eryr* 'Die Unterredung Arthurs mit dem Adler'[2] verstehen, die in das 12. Jh. zurückgehen könnte.

Hier wird Arthur plötzlich und ganz gegen die Tradition als Heide dargestellt, der von einem Adler – wie sich herausstellt, seinem verstorbenen Neffen (was an den „Vierten Zweig des Mabinogi" erinnert) – religiöse Belehrung erbittet und erhält. Vielleicht versuchte die Kirche auch auf diese Weise den Gläubigen das Christentum noch näher zu bringen. Ich denke dabei wieder an Patrick, der den längstverstorbenen Vorzeithelden CúChulainn vor König Laoghaire in einem Gespensterwagen erscheinen ließ, um diesen zum Christentum zu bekehren.

Im „Buch des Taliesin" finden sich gelegentlich einzelne Zeilen, in denen Arthur ruhmvoll genannt wird, so am Ende des sehr dunklen Textes *Kat Godeu* 'Die Schlacht der Bäume'. Aber diese Übersetzung ist un-

---
1   Zimmer (2001a). Eine bessere Parallele zum „Embryonalkessel" als der *peir dadeni* 'Kessel der Wiedergeburt' ist freilich die Kiste, in der Llew Lawgyffes im Vierten Zweig des Mabinogi heranreift; s. Birkhan (1990a); Birkhan (1990b)
2   Williams (1925); Lewis (1925). Eine Übersetzung von Algernon Herbert (1836) in: A Celtic Reader, 257–263.

genau, denn *Godeu* ist ein Ortsname, und man könnte mit Ifor Williams an *Cad Coed Celyddon*, einen der schottischen Schlachtenorte Arthurs bei Nennius denken. Es wiese dann in den Norden, zum Herkunftsort einer der „Merline" (s. unten S. 146ff.). Das Gedicht *Kat Godeu* wird uns später nochmals beschäftigen (s. unten S. 568), weil von seiner Dunkelheit ein Teil der Keltenesoterik zehrt.

Vor allem die spätere Druidenmystik der *gorseddau* (s. unten. S. 781ff.) hat *Taliesin* an den Artushof versetzt. Wir müssen aber damit rechnen, daß es noch bedeutend mehr arthurische Sagen gegeben hat, die jedoch nicht aufs Pergament kamen. Sie mögen in mündlicher Tradition eine Zeitlang weitergelebt und sich da und dort durch Zufall – vielleicht auch mißverstanden – gerettet haben. Das nehme ich von der Geschichte von Arthur und dem „Halben Mann" (*Hanner dyn*) an, die uns Iolo Morgannwg (s. unten S. 781) überliefert.[1] Dieser ist gewiß alles andere als ein zuverlässiger Zeuge, jedoch die Geschichte ist so seltsam pointenlos, daß man sie für das Fragment einer älteren, stimmigen Erzählung halten möchte:

> Eines lieblichen Maimorgens, als sich Arthur ergeht, trifft er auf ein armseliges, aber doch gespenstisch schnelles, gestaltloses Wesen, das ihn zum Ringkampf herausfordert. Arthur lehnt ab, weil ihm der Sieg keine Ehre brächte. Am andern Tag ergeht er sich wieder, diesmal zusammen mit *Trystan* und *Taliesin*, und wieder erscheint das seltsame Geschöpf. Arthur lehnt den Kampf wieder ab, aber Trystan ringt mit dem „Gestaltlosen" und besiegt ihn. Der „Halbe Mann" bietet ihm seinen Kopf, jedoch Trystan betont, dafür keine Verwendung zu haben und verwünscht seinen Gegner.

γ „*Melwas* und *Gwenhwyvar*"

Höchst interessant scheinen mir die zwei rätselhaften Gedichtfragmente, in denen *Gwenhwyvar* und *Melwas* im Zusammenhang mit *Kei* auftreten, und die man in das 12. Jh. setzen kann. Es ist wieder die Pförtnerszene, nur diesmal steht der Jüngling Melwas vor dem Tor, das Kei hütet.

---

[1] A Celtic Reader, 282f.

Gwenhwyvar muß aber gleichfalls in der Nähe gedacht sein. Ich habe die Fragmente unter dem Titel „Melwas und Gwenhwyvar" übersetzt:[1]

Fragment I

„'Welcher Mann sitzt in der Festgemeinschaft, ohne daß ihm Anfang noch Ende (gesetzt sei), wer sitzt seinem Rang gemäß unter dem Torbogen?'

'Melwas von der Gläsernen Insel. Deine vergoldeten, goldenen Truhen – ich trank noch nichts von deinem Wein.'

'Halt ein, ein wenig! ... Ich gebe meinen Wein keinem Mann, der sich nicht meistert; wer sich in der Schlacht nicht stellt, erhebt sich nicht um seines Weines willen wider Kei.'

'In schwerer Rüstung durchschritt ich die Furt, bei Ebbe einen Faden tief, ich bin der Mann, der sich wider Kei erhebt.'

'Schweig, Bursche, schweig mit deinem Geschwätz! Bist du nicht besser, als du scheinst, so wirst du dich auch mit sieben anderen nicht wider Kei erheben.'

'Gwenhwyvar, mit dem Aussehen der Hinde, veracht' mich nicht, wenn ich auch klein bin. Alleine würde ich mich wider Kei erheben.'

'Du da, Bursche mit dem großen (?) Kopf, der Kopf ist rot, wie Lungen es sind. Ungleich bist du Kei an Größe.'

'Der Betrunkene pflegt schwach zu sein. Recht ist's, daß wir es dabei belassen! Ich bin Melwas. Dabei wollen wir's belassen!'

'Da du schon begonnen, so red' nur weiter! Der Knabe weiß, wer ihm schöntut (nicht, wer ihn liebt).'

'Wo hast du mich zuvor gesehen?'

'An einem Hof von hohem Rang den Wein von Gereint trinken ... im Lande Devon.

'Verhaßt ist mir das Lächeln eines alten Grauhaarigen, der sein Schwert wie einen Bratspieß unterm Kinn (hält) und fordert, ohne etwas zu erreichen.'

'Verhaßter noch ist mir ein Mann, der stolz, und mutig nur in Worten ist, der weder schweigt noch auch sein Schwert zieht.'

'Da, nimm!' – 'Nimm selbst!'"

---

[1] Der walisische Text bei Williams (1938); Sims-Williams (1991), 57–60; übers.: Birkhan (1989), II.

Fragment II

„'Schwarz ist mein Roß, gut unter mir, es scheut vor Wasser nicht und flieht vor niemandem.'

'Grün ist mein Roß, von der Farbe des Laubs. Völlig verachtet (ist der) und kein Mann, der sein Wort nicht hält.' [Grün ist in der späteren Tradition die Farbe des Entführers aus der Anderen Welt und auch des das Arthurreich gefährdenden Ritters.]

' ... im Angesicht der Schlacht erhebt sich keiner außer dem langen Kei, dem Sohne Sevins.'

'Ich bin es, der reitet und Widerstand leistet, und in schwerer (Rüstung) am Strand bei Ebbe geht. Ich bin der Mann, der sich wider Kei erhebt.'

'Still, Bursche, seltsam bist du anzuhören. Bist du nicht anders als du scheinst, so wirst du nicht als Hundertster dich wider Kei erheben.'

'Gwenhwyvar mit dem Blick des Glanzes, verwirf mich nicht, wenn ich auch klein bin. Alleine würde ich mich wider hundert (Mann) erheben.'

'Still, Bursche von Schwarz und Gelb! Während ich dich lang betrachte, scheint mir, daß ich dich schon früher sah!'

'Gwenhwyvar mit dem scharfen Blick, sag mir, wenn du es weißt, wo du mich schon früher sahst!'

'Ich sah einen Mann von mäßiger Größe an langem Tisch ... Devon seinen Verwandten Wein einschenken.'

'Gwenhwyvar mit den vergnüglichen Reden, vom Munde einer Frau pflegen leere Worte (zu gehen). Dort also hast du mich gesehen.'"

Die schon erwähnte Vita des *Gildas* aus der Feder des Caradoc von Llancarfan (Mitte des 12. Jh.s)[1] schildert die Entführung der *Gwenhwyvar* durch *Melwas*, einen Kleinkönig aus Somerset, nach Glastonbury (die Bezeichnung *Urbs Vitrea*, kymr. *Ynyswytrin* 'gläserne Stadt' ist freilich Volksetymologie!).[2] *Arthur*, der hier *tyrannus* genannt wird, will Glaston-

---

1 Chambers (1927), 263f.
2 *Glastonbury* (ags. *Glæstonesbyrig*, *Glastigberia*) ist die 'Ansiedlung eines *Glaston*', dessen Name die brit. Bezeichnung für den zu Bemalungs- und Tätowierungszwecken verwendeten Färberwaid (Insatis tinctoria), kymr. *glas*, enthält. Da Glastonbury ursprünglich eine auf Pfählen innerhalb eines Moorsees errichtete Pfahlsiedlung war, wurde sie auch als *insula* bezeichnet. Der ags. Name *Glæstonesbyrig* konnte als *insula* oder *urbs vitrea* (zu lat. *vitrum* 'Färberwaid') latinisiert werden, wobei in gelehrter Volksetymologie *vitrum* mit dem homonymen *vitrum* 'Glas' gleichgesetzt wurde. So entstand der walisische Name des Ortes *Ynisgutrin*, den Caradoc schon etymologisch mit älterem *Glastonia* verband, wobei er jedoch vermutlich an das germ. **glas-* dachte.

bury schon angreifen, aber im letzten Moment kann der hl. Gildas noch vermitteln, und der König erhält seine Gemahlin zurück.

Die Königin, in der walisischen Tradition nicht unfruchtbar wie in den anderen Literaturen, hatte lange Zeit in Wales als Ehebrecherin ein sehr schlechtes Image. Noch Ende des 19. Jh.s galt es als Beleidigung, eine junge Frau mit Arthurs Gemahlin zu vergleichen.[1]

δ *Culhwch ac Olwen*. Brauterringung mit kollektiver Unterstützung des Arthurhofes

Die älteste der umfangreicheren kymr. Arthurerzählungen *Culhwch ac Olwen* 'Culhwch und Olwen' steht bereits am Höhepunkt einer immensen Tradition, deren Fülle an Inhalten eine gewisse Formlosigkeit, ja Beliebigkeit der Erzählung bewirkt. Als Ergebnis ist diese Geschichte trotz ihres archaischen und kuriosen Reizes für den heutigen eiligen Leser nur schwer zu würdigen:[2]

Der Held *Culhwch* 'mageres Schwein' wird von seiner wahnsinnigen Mutter angesichts einer Schweineherde in einem Schweinestall geboren, vom Schweinehirten aufgenommen und zu Hof gebracht. Auf dem Totenbett verpflichtet seine Mutter ihren fürstlichen Gemahl, solange keine Frau zu nehmen, solange auf ihrem Grab nicht ein bestimmter Dornenstrauch wachse. Nach sieben Jahren vergißt der Hofmeister auf die Pflege des Grabes, und siehe da, nun ist die Dornenpflanze gewachsen. Der Fürst heiratet wieder, und seine zweite Frau erfährt von einer alten Vettel, daß ihr Ehemann einen Sohn aus erster Ehe hat, Culhwch. Als dieser die Hand der Stiefschwester zurückweist, erlegt ihm die zornige Stiefmutter die Verpflichtung auf, nie mit einer anderen Frau schlafen zu können als mit *Olwen*,[3] der Tochter des Ober-Riesen *Ysbaddaden*. Der Vater verweist ihn auf *Arthur*, der sein Oheim ist. Er solle sich von ihm die Haare schneiden und die Erfüllung eines Wunsches zusichern lassen. Hier die Schilderung, wie Culhwch an den Hof Arthurs reitet:

---

1 Lacy (1996), 215.
2 Birkhan (1989), II, 33–92; Zimmer (2006), 116–165; vgl. oben S. 96, Anm. 2.
3 S. das Aquarell „Olwen" (1981) von Alan Lee; Die Kelten (2001), 32.

„Der Knabe ritt auf einem vier Winter alten, hohlhufigen Roß mit glänzend grauem Kopf, gelenkkräftigen Beinen und aufgezäumt mit einem Zaumzeug von goldenen Röhrchen. Er saß auf einem kostbaren goldenen Sattel und hatte zwei scharfe Silberspeere in der einen Hand, in der anderen eine Streitaxt, die Elle eines erwachsenen Mannes zwischen Schneide und Rücken breit (und so scharf), daß selbst der Wind davon blutete, der dagegen fuhr, und die schneller zu sein pflegte, als der schnellste Tautropfen, der im Monat Juni, wenn der Tau am stärksten ist, vom Halm zur Erde fällt. Er (hatte) um die Hüfte ein Schwert mit Goldgriff und goldener Klinge, einen goldgetriebenen kleinen Rundschild, der in der Farbe des Himmelslichts erstrahlte, mit einem Buckel von Elfenbein darin, vor sich zwei weißbrüstige, gescheckte Windspiele, ein rotgoldenes Halsband vom Schulterblatt bis zu den Ohren um den Hals eines jeden. Das, welches an seiner linken Seite war, wollte an der rechten Seite sein, und das, welches an seiner rechten Seite war, wollte an der linken Seite sein, so spielten sie, zwei Seeschwalben gleich, um ihn her. Die vier Hufe des Rosses schleuderten immer wieder vier Erdschollen empor, sodaß sie, vier Schwalben gleich, über sein Haupt, vor und hinter ihm (aufflogen). Um ihn ein viereckiger Purpurmantel, und in jeder seiner Ecken ein rotgoldener Apfel, deren jeder hundert Kühe wert war! Dreihundert Kühe in reinem Gold hätte man für seine Beinbekleidung vom Oberschenkel bis zu den Zehenspitzen und die Steigbügel gegeben. Der Gang des Rosses war so leicht, daß keine Haarspitze sich an ihm hob, als er zum Tor von Arthurs Hof ritt.[1]

Da redete der Knabe so: 'Ist da ein Türhüter?' –

'Ja, und du, daß du für deine Frage deinen Kopf verlieren mögest! Ich bin Arthurs Türhüter an jedem ersten Jänner. Jedoch meine Stellvertreter sind das übrige Jahr hindurch niemand anderer als Huandaw und Gogigwr und Llaesgymyn und Penpingyon, der auf dem Kopf geht, um seine Füße zu schonen, weder himmel- noch erdwärts, sondern wie ein Stein über den Boden des Palastes rollend.' –

'Öffne das Tor!' –

'Ich öffne nicht.' –

'Warum öffnest du nicht?' –

'Messer ging in Fleisch und Trank ins Horn, und Drängen zu Arthurs Halle. Außer einem Prinzen aus einem rechtmäßigen Königreich oder einem Handwerker, der sein Werk bringt, wird keiner eingelassen. Futter für deine

---

[1] S. das Bild (Tempera auf Holz „Kylwych, the King's Son") von Arthur Joseph Gaskin (1862–1928); Whitaker (1995), Abb. 31; Die Kelten (2001), 18

Hunde und Korn für dein Pferd und scharf gepfefferte Fleischspieße für dich und Wein im Überfluß, vergnügliche Lieder und Speise für fünfzig Mann sollen dir in jener Herberge zuteil werden, wo die Fremden und die Söhne fremder Länder, die nicht auf das Recht, an Arthurs Hof zu sein, bestehen, ihre Mahlzeit einnehmen. Du wirst es dort nicht schlechter haben als Arthur bei Hof. Eine Frau, die mit dir schlafen wird, und Lieder, um dich zu unterhalten. Morgen vormittag, wenn das Tor für die Menge, die heute hierherkam, geöffnet wird, wirst du als erster hier sein, wenn man das Tor auftut und du wirst gehen, um dich an jener Stelle in Arthurs Halle hinzusetzen, vom oberen bis zum unteren Ende, wo es dir eben beliebt.'

'Ich werde nichts dergleichen tun', antwortete der Knabe. 'Wenn du das Tor öffnest, ist es gut, wenn du nicht öffnest, werde ich Schmähreden gegen deinen Herrn und Schandworte gegen dich vorbringen. Und ich werde drei Schreie bei der Tür dieses Tores ausstoßen, so daß sie am Gipfel des Penwaedd in Cornwall nicht minder zu hören sein werden, als in der Ebene von Dinsol im Norden und in Esgeir Oervel in Irland. Und wer von den Frauen am Hof schwanger ist, wird eine Fehlgeburt haben, und denjenigen von ihnen, die nicht schwanger sind, wird sich der Schoß schmerzlich verkehren, so daß sie von heute an niemals mehr eine Leibesfrucht empfangen werden.'

Da redete Glewlwyd Gavaelvawr so: 'Wie immer du auch gegen die Sitten von Arthurs Hof aufbegehren magst, du wirst hier nicht eingelassen, bevor ich nicht gegangen bin und mit Arthur gesprochen habe.'

Und Glewlwyd ging zur Halle. Da redete Arthur so zu ihm: 'Hast du Neuigkeiten vom Tor?' –

'Was mich betrifft, sind zwei Drittel meines Lebens vergangen und auch zwei Drittel deines eigenen. Ich war schon in Caer Se und Asse, in Sach und Salach, in Lotor und Ffotor, ich war schon in Groß-Indien und Klein-Indien, ich war schon in der Schlacht der beiden Ynyr, als die zwölf Geiseln von Skandinavien gebracht wurden, ich war schon in Europa, und ich war schon in Afrika, und auf den Inseln von Corsica und in Caer Brythwch und Brytach und Nerthach, ich war dabei, als du die Gefolgsleute von Gleis dem Sohn des Merin und als du den schwarzen Mil, den Sohn von Dugum, erschlugst. Ich war dabei, als du im Osten Griechenland erobertest, und ich war schon in Caer Oeth und Anoeth und in Caer Nevenhyr von den Neun Geschlechtern. Wir haben dort schöne königliche Männer gesehen, aber nie noch sah ich einen Mann gleich jenem, welcher eben jetzt an der Tür des Torwartes steht.'

Da redete Arthur so: 'Wenn du im Schritt hereingekommen bist, so eile im Lauf hinaus! Und wehe dem, der das Licht sieht, das Auge öffnet und es verschließt. Man wird ihn zu zwingen wissen! Die einen mögen (den Mann) mit goldenen Trinkhörnern bedienen, die anderen mit scharf gepfefferten Fleischstücken, bis er an Speise und Trank genug hat. Denn es ist ein übles Ding, einen Mann, wie den, von dem du sprachst, in Wind und Regen stehen zu lassen.'

Da redete Kei so: 'Bei meines Freundes Hand! Wenn man nach meinem Rat verführe, so würde man nicht seinetwegen die Sitten des Hofes brechen.' –

'Du hast unrecht, schöner Kei! Wir sind Edelleute, solange man uns aufsucht. Wenn es die größten Gaben sind, die wir geben, um so größer wird unser Adel, unser Ruhm und unsere Ehre sein.'"

Eine hochinteressante Stelle, die Arthur als Repräsentanten des „Höfischen" schon im Sinne des klassischen Artusromans ausweist. Es ist bezeichnend, daß der König selber dem groben Kei eine Lehre erteilt und sie ist, wie Brynley Roberts bemerkt hat, eigentlich das einzige Zeichen von „civilized relationships"[1] in dem sonst eher durch „crudity of tone and archaic social and legal customs" ausgezeichneten Werk.

„Und Glewlwyd ging zum Tor, und er öffnete es vor Culhwch. Und was ein jeder beim Tor tat, nämlich auf den Aufsteigeblock abzusteigen, tat er nicht, vielmehr kam er auf dem Roß hereingeritten.

Da redete Culhwch so: 'Sei gegrüßt, Herr der Könige dieser Insel! Es möge das unterste Lager des Hauses nicht schlechter sein als das oberste! Es möge dieser Gruß ebenso deinen Edlen wie deinem Hof und deinen Kriegern gelten. Keiner von ihnen möge ausgenommen sein! So makellos wie mein Gruß an dich war, so makellos möge auch deine Gnade sein, deine Treue und dein Ruhm auf dieser Insel!' –

'So sei es, Herr, beim wahrhaftigen Gott! Sei auch du gegrüßt! Setz dich zwischen zwei von den Kriegern, du wirst vergnügliche Lieder hören, und du sollst einem Kronprinzen und dem Erben eines Königreiches gleich geachtet sein, solange du dich hier aufhalten wirst. Und wenn ich Geschenke an die Gäste und die von weither Gekommenen verteile, so soll es deine Hand sein, bei der ich an diesem Hof beginnen will.'

Da redete der Knabe so: 'Ich kam nicht hierher, um Speise und Trank zu schlemmen, sondern um von dir eine Gabe zu erhalten, für die ich mich erkenntlich zeigen und dich rühmen werde. Wenn ich sie nicht erhalte, werde ich dich in allen vier Enden der Welt schmähen, so weit sich dein Ruhm ausgebreitet hat.'

---

1 Roberts (1991), 73f.

Da redete Arthur so: 'Auch wenn du nicht hierbleibst, Herr, so wirst du selbst jede Gabe erhalten, die dein Haupt und deine Zunge fordern mögen, solange der Wind trocknet, der Regen näßt, die Sonne aufgeht, das Meer sich ausdehnt, die Erde sich erstreckt, außer allein mein Schiff und meinen Mantel und Caledvwlch,[1] mein Schwert, und Rhongomyant, meine Lanze, und Wynebgwrthucher, meinen Schild, und Carnwennan, mein Messer, und Gwenhwyvar, meine Frau.' –
'Beim wahrhaftigen Gott?' –
'Du sollst es gerne erhalten. Nenne nun, was du willst!' –
'Ich wünsche, daß mein Haar geschnitten werde, das ist es, was ich verlange.' –
'Dies soll dir zuteil werden.'
Arthur nahm einen goldenen Kamm und eine Schere mit silbernem Griff und kämmte ihm das Haar... „

Sodann erkennt er ihn als seinen Neffen und verspricht ihm die Unterstützung bei der Brautgewinnung. Dazu beschwört ihn Culhwch im Namen von vielen Dutzenden Helden und Heldinnen – ein kurioses, z. T. grotesk-komisches Sammelsurium für uns halb oder ganz verschütteter Sagentraditionen.

Da niemand Olwen kennt, werden Kundschafter ausgesandt, die ein Jahr später unverrichteter Dinge wiederkehren. Zuletzt schickt Arthur den an magischen Fähigkeiten reichen *Kei*, *Gwrhir*, den Sprachenkenner, *Gwalchmei* (*Gauvain*), seinen Neffen, *Bedwyr* und den Zauberer *Teirwaedd* zusammen mit Culhwch selbst aus. Diese gelangen tatsächlich zur Burg des Ober-Riesen, wo sie einen Hirten *Custenhin* (< *Constantinus*) vorfinden. Seine Frau umarmt Kei so heftig, daß sie ein hingehaltenes Holzscheit zu einer Gerte quetscht. Der Riese hat dem Ehepaar alle Kinder erschlagen, nur einer ist noch am Leben, der sich den Arthurkriegern beigesellt; er heißt *Goreu* 'Bester'. Allwöchentlich kommt Olwen an Samstagen zum Kopfwaschen in das Haus des Hirten, wo sie nun Culhwch bezaubert. Ihre Schilderung erinnert an die der Elfe *Étáin* in der irischen Erzählung *Tochmarc Étáine* ('Die Werbung um Ētāin'; s. unten

---

1   Anscheinend: 'hart' + 'Scharte', semantisch als 'der Scharten schlägt' ansprechend, vom Kompositionstyp ('Scharte' als Grundwort!) problematisch. Auch gibt die Übereinstimmung mit air. *caladbolg* 'hart' + 'Blitz' zu denken; EIHM 69–71. Es heißt bekanntlich später *Caliburen* (bei Layamon) oder *Excalibur* (bei Wace). Benedikt von Peterborough sagt (um 1192), daß die Briten es *Caliburnum* nannten; Chambers (1927), 274; Sims-Williams (1989), 420.

S. 538),¹ was vielleicht darauf hinweist, daß auch Olwen als ein Wesen aus der Anderen Welt (eine Fairy) gedacht war. Culhwch erfährt, daß der Riese jeden Freier ausschlägt, weil er nur so lange leben kann, als die Tochter unvermählt bleibt. Nachdem die Türhüter und Hunde unschädlich gemacht sind, stehen sie vor dem Riesen, der sich mit Gabeln die Augenlider heben läßt, um sie zu besichtigen.²

Die Unterredung verläuft höchst dramatisch:

„Da fragte der Oberriese Ysbaddaden: 'Bist du es, der meine Tochter verlangt?' – 'Ich bin es, der sie verlangt.' –
'Ich wünsche dein Versprechen, daß du mit mir ehrlich handeln wirst.' –
'Du hast es.' –
'Wenn ich erhalte, was ich dir nennen werde, so wirst du meine Tochter erhalten.' –
'Nenne, was du nennen willst!'
'Es sei! Siehst du den großen bewaldeten Hügel dort? – Ich will, daß die Wurzelstöcke ausgegraben und alles bis auf die Erde abgebrannt werde, so daß der Rückstand und die Asche darauf zu Dünger werden, daß er gepflügt werde, so daß bis zur Zeit der Morgenstunde, da der Tau trocknet, die Ernte eingebracht werden kann, auf daß daraus Speise und Getränk für deine and meiner Tochter Hochzeitsgäste bereitet werden können. Und ich will, daß das alles an einem Tag geschehe.' –
'Das ist für mich leicht zu erfüllen, wenn du auch glauben magst, daß es schwirig sei.'
'Auch wenn du das erfüllst, gibt es noch etwas, was du nicht erfüllen

---

1 Jackson (1971), 182.
2 Die Szene hat eine gute irische Parallele, die auf Tory Island spielt. Dort herrscht der Riese Balor, dessen Blick alles so vergiftet, daß das Auge in der Regel geschlossen bleibt. Er hütet streng seine einzige Tochter, denn es ist vorhergesagt, daß er durch seinen Enkelsohn das Leben lassen wird. Ein junger Mann gelangt trotz seiner Wachsamkeit auf die Insel, wo er die Tochter schwängert. Nach neun Monaten holt er den neugeborenen Sohn, der den Namen Lugh Lámfhada ('Lug Langarm') erhält. Später in der Schlacht von Maige Tured wird der junge Gott Lugh tatsächlich mit einem Schleuderstein Balors Auge treffen und den Großvater töten. Diese Tradition gilt einerseits als ein höchst wichtiger Mythos des irischen Heidentums, andererseits als Hibernisierung des biblischen Kampfes von David gegen Goliath. Die Annahme ist naheliegend, daß sich auch Auseinandersetzungen mit den Wikungern hinter der Sage verbergen, ähnlich wie ich es schon vor langem für die Tradition vom „Morhold" in der Tristansage vermutete (s. S. 169). Später wurde Balor mit den englischen Kolonisatoren gleichgesetzt; Radner (1991), 141-152. Der im Vergleich zur irischen Tradition sehr frühe Beleg in „Culhwch" bleibt bei diesen Interpretationen freilich offen, obwohl Ysbaddadens Wunsch nach Rodungen usw. an forcierten Landesausbau denken ließe.

kannst. (Ich brauche) einen Landmann, der dieses Land bestellen könnte, aber es wird keiner imstande sein, außer Amaethon, der Sohn von Don. Der wird nicht aus freien Stücken mit dir kommen, noch wirst du ihn zwingen können.' –

'Das ist für mich leicht zu erfüllen, wenn du auch glauben magst, daß es schwirig sei.'

'Auch wenn du das erfüllst, so gibt es noch etwas, das du nicht erfüllen kannst: daß Govannon [der Schmied], der Sohn von Don, an den Feldrain kommt, um nach den Pflugeisen zu sehen. Aber er arbeitet nicht aus freien Stücken, außer für einen rechtmäßigen König. Du wirst ihn nicht zwingen können.' –

'Das ist für mich leicht zu erfüllen.'

'Noch eines: die zwei Ochsen von Gwlwlydd Wineu, dem 'Braunhaarigen', im gleichen Joch, um die steinharte Erde ordentlich zu pflügen. Er wird sie aus freien Stücken nicht hergeben, und du wirst ihn nicht zwingen können.' –

'Das ist für mich leicht zu erfüllen.'

'Noch eines: ich will den Gelblich-Blaßweißen und den Geschecken im gleichen Joch.' – 'Das ist für mich leicht zu erfüllen.'"

So geht es nun weiter. Diese landwirtschaftlichen „Herkulesarbeiten" haben in der air. Erzählung *Tochmarc Étáine* ein Gegenstück. Hier gewinnt der Gott *Oengus* für den Gott *Midir* die schönste Frau Irlands dadurch, daß die vom Brautvater verlangten Rodungs- und Flußverlegungsarbeiten von einem anderen Gott (*Dagda*) jeweils in einer einzigen Nacht erledigt werden.[1]

Ich beschränke mich nur noch auf einige bedeutende *anoetheu* 'Wunder'. Das folgende beruht vielleicht auf einer mythischen Reminiszenz:

„'Noch eines: ich will, daß mich die Vögel der Rhiannon, die die Toten auferwecken und die Lebendigen einlullen, an jenem Abend ergötzen.' –

'Das ist für mich leicht zu erfüllen.'

'Noch eines: den Kessel von Diwrnach, dem Iren, dem Haushofmeister von Odgar, dem Sohn des Aedd, des Königs von Irland, um darin dein Hochzeitsmahl zu kochen.' –

'Das ist für mich leicht zu erfüllen.'"

(Das erinnert an den Wunderkessel aus der Anderen Welt, aus *Annwn*.)

---

1   Gantz (1981), 37–59; zum überraschenden archäologischen Beleg s. Raftery (1994), 98–104.

Anläßlich der Hochzeit macht sich Ysbadadden Sorgen um seine Körperpflege: Er braucht die Hauer eines bestimmten Ebers, um sich den Bart zu scheren, das Blut der Pechschwarzen Hexe, der Tochter der Reinweißen Hexe, vom Ende des Tals des Leides im Oberland der Hölle, um das Haar damit zu entwirren, eine Art urzeitlicher Thermosflasche, um das Blut der Hexe warm zu halten usw. Culhwch gibt jedes Mal die stereotype Antwort „Das ist für mich leicht zu erfüllen." Ein zentrales Motiv bildet die Jagd nach einem Rieseneber:

> „'Noch eines: es gibt auf der Welt keinen Kamm und keine Schere, mit denen man mein Haar in Ordnung bringen könnte, so steif ist es, außer dem Kamm und der Schere, die da zwischen den beiden Ohren des Twrch Trwyth, des Sohnes des Fürsten Taredd, sind...'"

Zur Jagd auf den Eber *Twrch Trwyth* braucht man einen bestimmten Welpen, für diesen eine bestimmte Koppelleine und ein bestimmtes Halsband...

> „'... es gibt auf der Welt keinen Hundeführer, der diesen Welpen beherrschen könnte, außer Mabon, der Sohn der Modron, der drei Nächte nach seiner Geburt seiner Mutter geraubt wurde. Wo oder was er ist, ob tot oder lebendig, ist nicht bekannt.' ...'Noch eines: Mabon wird nie gefunden werden, wenn man nicht zuvor ...'"

Und so geht es lange weiter. Insgesamt sind es über 40 unlösbare, zum Teil ineinander verschachtelte Aufgaben, deren Erfüllung Ysbaddaden verlangt. Bei der Suche nach Mabon vab Modron werden die „ältesten Tiere der Welt" befragt, wobei jedes schon sehr alte Tier die Frager an ein noch älteres weiterverweist, so die Amsel an den Hirsch, dieser an die Eule, die Eule an den Adler und dieser zuletzt an den Lachs von *Llyn Llyw*. Übrigens kennt auch die irische Sagentradition einen „Lachs des Wissens."

> Der Lachs weiß tatsächlich, daß der drei Tage nach seiner Geburt geraubte Sohn Mabon in Gloucester gefangen gehalten wird. Mit kriegerischen Mitteln befreien sie ihn. Besonders hübsch ist dabei, daß Kei und Gwrhir auf

den „Schultern" des Lachses reiten. Danach wird der Haupt-Eber *Ysgithyrwyn* erlegt und ihm die Hauer ausgebrochen.

Auch hier tut sich Kei hervor, indem er die Hundeleine aus dem Barthaar des Riesen *Dillus* flicht. Doch Arthur macht einen spöttischen Englyn (eine Art Aphorismus) auf Kei, was diesen so verletzt, daß er sich in Zukunft nicht mehr um Arthur kümmert. Eine interessante Stelle, die zeigt, wie Kei ins Abseits geriet, in dem ihn die späteren bes. französischen und deutschen Dichtungen zeigen. In ihnen ist *Cex/Cei/Kei/Keiîn* ein moroser Stänkerer, der zwar wie in „Culhwch ac Olwen" schon in sturer Weise am Hofzeremoniell festhält und Artus durchaus ergeben, aber – im Gegensatz zu dieser Erzählung – nicht gut genug ist, um eine Bedrohung des Hofes abzuwehren, dem jeweiligen Protagonisten des Romans kämpferisch unterlegen und so geradezu zu einer komischen Figur wird.[1]

Nun folgt der Bericht von der Jagd auf den Rieseneber *Twrch Trwyth* mit seinen giftigen Stachelborsten – ein Motiv, das in der irischen „Tristansage" wiederkehrt (s. unten S. 175). Er kommt von Irland über die irische See nach Britannien, wo er ganz Südwales verwüstet, um dann über Cornwall zu rasen, wobei es den Mannen Arthurs gelingt, ihm den Kamm zu entreißen. Danach verschwindet der Eber im Meer.[2] Wir haben schon gesehen, daß die Jagd nach dem Twrch trwyth bereits in den Mirabilien des Nennius erwähnt ist (s. oben S. 103).

Das Ende kommt dann etwas abrupt:

> „Und darauf machten sich Culhwch und Goreu, der Sohn von Custenhin, mit ihm und manch andere, die auf den Ober-Riesen Ysbaddaden nicht gut zu sprechen waren, mit den Wunderdingen auf den Weg nach seinem Hof. Und es kam Caw von Schottland, um den Bart (des Riesen) zu scheren: Fleisch und Haut bis auf die Knochen, und die beiden Ohren obendrein.
>
> Und Culhwch fragte: 'Kerl, bist du nun rasiert?' –
> 'Ja, rasiert!', sagte er.
> 'Ist deine Tochter nun mein?' –

---

[1] Zur Gestalt des *Kei* s. Haupt (1971); Gowans (1988); zuletzt in weiterem Umkreis untersucht von Ebenbauer (2002).
[2] In Dartmoor gehen heute noch Sagen von einem gespenstischen Rieseneber um; Barber (1988), 14.

'Ja!', sagte er, 'aber du brauchst mir dafür nicht zu danken, eher danke Arthur, dem Mann, der sie für dich errang! Von mir hättest du sie nie aus freien Stücken erhalten. Jetzt aber ist es Zeit, mir das Leben zu nehmen.'

Und dann packte Goreu, der Sohn des Custenhin, ihn bei den Haaren und zog ihn hinter sich her zum Misthaufen; er schlug ihm das Haupt ab und steckte es auf einen Pfahl im Vorhof. Und er ergriff Besitz von der Burg und dem Reich des Riesen.

Und diese Nacht schlief Culhwch mit Olwen, und solange sie lebten, war sie seine einzige Frau."

Ich habe diesen wichtigsten frühen Artustext deshalb etwas genauer vorgestellt, weil er die Fülle der unterschiedlichsten Traditionen vor Augen führt, und damit auch das Repertoire des Erzählers, des *cyfarwydd* 'Kenner; Experte',[1] der diese Stoffe beherrscht haben muß. Im Gegensatz zum Barden und speziell dem *pencerdd* hatte er allerdings keine komplizierten Preis- und andere Lieder zu dichten.

Wir sehen, einen wie kleinen Zipfel der tatsächlichen Überlieferung wir in den uns geläufigen Artustraditionen zu fassen kriegen! Viele Motive kommen auch im Märchen vor – z.B. der Dornenstrauch auf dem Grab, die wunderbaren Diener –, viele andere Motive sind ausgesprochen komisch und um der Komik willen eingesetzt. Die Frage von Wundermenschen und Monstren bewegte das Hochmittelalter ganz außerordentlich.[2]

Auch befindet sich am Hof Arthurs ein gewisser *Peris*, nach dem die Stadt Paris benannt sein soll![3] Der *Osla Gyllellvawr* 'Großmesser' benannte Held ist wohl eine Karikatur des Sachsen *Ochta*. Die Sachsen wurden ja, wie schon ihr Name sagt – der germanische *sahs* war ein Kurzschwert –, mit langen Messern assoziiert. Der Waliser sprach von „Langmesser-Sachsen" (*Saesson y cyllyll hirion*). Oslas Messer war so lang, daß es als Brücke über Flüsse verwendet werden konnte! Sogar *Achilles* hat seine Spuren in *Echel* „mit dem durchbohrten Schenkel" hinterlassen – ein *aschillus rex dacie* befindet sich

---

1   Über dessen Stellung und seine Beziehung zum Barden s. Mac Cana (1980), 132–141.
2   Simek (1992), 110–122.
3   Es gibt allerdings in den Anhängen zu Nennius, welche die *civitates Britanniae* aufzählen, auch einen *Caer Peris* genannten Ort; Chronica Minora, 210f.

allerdings in der Schlacht bei Camlann auch bei Geoffrey unter Arthurs Mannen.[1] *Sgilti Iawntroedd* 'Leichtfuß', der über die Baumwipfel oder die Halme huscht, ohne daß sich einer unter ihm biegt, ist wohl kein anderer als der irische *Caoilte*, eine der bedeutendsten Figuren der Finn-Sage (s. unten S. 343, 352). Der *Twrch Trwyth* genannte Eber hat im air. *Torc Triath* 'Eberfürst' eine klare Entsprechung.[2] Allerdings ist der Eber – insbesondere die urtümliche langbeinige Rasse – das dämonische Tier schlechthin, das noch Ende des 19. Jh.s in Irland die militärischen Fenier jagen konnten.[3]

Der Text der *Culhwch*-Sage zeigt sehr schön das ambivalente Verhältnis des alten Wales zu Irland: Einerseits bestehen gespannte Beziehungen, andererseits greifen Arthurs Unternehmungen nach Irland aus und befinden sich irische Helden am Arthurhof. So erscheinen *Conchobar mac Nessa* als *Cnychwr*, *Fergus mac Roich* als *Ffercos*, *Loegaire Buadach* als *Lluber Beudach* und *Conall Cernach* als *Corvil Bervach*. Ob die irische Tradition immer das Primäre war, wie bei diesen letzten Beispielen, ist allerdings fraglich.[4]

Um zur „Mabinogionfrage" (s. oben S. 97f.) zurückzukehren: Ich glaube, daß „Culhwch ac Olwen" eindrucksvoll demonstriert, wie sich die walisische Heldensage entwickelt hätte, wenn sie von der kontinentalen Artusrezeption unbeeinflußt geblieben wäre. Man bescheinigt zwar allgemein der arthurischen Dichtung „Märchenhaftigkeit" in dem Sinne, daß sich viele der Wundermotive im internationalen Erzählgut, wie es etwa in den Motif-Indices katalogisiert ist, wiederfinden, aber die „Wunderhältigkeit" im einzelnen ist sehr und, wie ich meine, wesentlich verschieden. In „Culhwch" sind z.B. Arthurs Begleiter schon mit ungewöhnlichen Eigenschaften ausgestattet: *Kei* etwa kann neun Tage und neun Nächte ohne Atmen unter Wasser leben und ebenso lange ohne Schlaf sein, bei Regen wird er nicht naß und in einem Wald paßt sich seine Körpergröße

---

1   Geoffrey of Monmouth (Griscom), 501 = Geoffrey of Monmouth (Hammer), 252.
2   Allerdings müßte es im Kymr. †*Trwyd* lauten, doch wurde der Name offenbar an *trwyth* 'Harn' angeglichen, vermutlich wegen der Giftigkeit des Ebers (?).
3   Yeats (1902), 52.
4   Dazu Sims-Williams (1989), dem ich allerdings in Einzelheiten nicht zustimmen kann.

der jeweiligen Höhe der Bäume an ... *Gwalchmei* (≈ afrz. *Gauvain*), dessen Name eigentlich 'Falke des Feldes' oder 'des Maien' bedeutet, ist der beste Geher und Reiter und verfügt über die magische Fähigkeit, alle Aufgaben zur Zufriedenheit seines Herrn zu erledigen usw.

Bei der Übernahme ins Französische, von der noch ausführlicher zu reden sein wird (s. unten S. 197f.), hat man diese wunderbaren Fähigkeiten von Arthurs Helden entweder völlig unterdrückt wie bei *Kei*, der seit *Chrestien* zunehmend zur unliebsamen Person wird, oder der Sinngebung der Fabel im Hinblick auf ein höfisch-vollendetes Menschenbild dienstbar gemacht. Gwalchmais (Gauvains) reiterliches Vermögen wird zur kriegerischen Perfektion umgemünzt, die ihn ja oft in einen unentschiedenen oder abgebrochenen Zweikampf mit dem jeweiligen Protagonisten verwickelt; seine (magische) Fähigkeit, alles zur Zufriedenheit zu besorgen, hingegen, wird nun durch seine besondere Höflichkeit und sein Taktgefühl erklärt, so etwa in der Blutstropfenszene im *Perceval* und in seiner Vermittlerrolle beim verwundeten *Erec*. Der kontinentale Dichter motiviert die Handlungen der Personen aufgrund ihres Charakters und der ethischen Normen. Rein magische Fähigkeiten sind bei dieser neuen Sinnerfüllung nicht brauchbar.

> Wohl aber finden wir Spuren dieser Wunderwesen noch im *Gereint* an jener Stelle, wo von Arthurs Leuten und den Helden, die *Gereint* das Geleit nach Cornwall geben, die Rede ist: hier treffen wir auf *Gwrhir* 'Langmann', den Sprachenkenner, den gleichen, der in „Culhwch" des Schweine-Diskurses mächtig ist. Und unter den Türhütern begegnen wir *Gwrddnei* 'Katzenauge' mit seinem außerordentlichen Sehvermögen. Der sodann genannte *Clust* 'Gehör' verfügt über einen ungewöhnlichen Gehörsinn; lauter Fähigkeiten, wie wir sie von den „wundersamen Dienern" im Märchen kennen. Diese Wundermotive dürfen aber nicht darüber hinwegtäuschen, daß es sich immer noch um Heldensage handelt: in der Vorzeit war eben noch viel mehr möglich als zu der Zeit, da diese Geschichten erzählt wurden.

Die „Mabinogionfrage" ist dahingehend zu beantworten, daß die „Drei Romanzen" (*tair rhamant*) im Vergleich zum Werk Chrestiens, oder zumindest zu französischen Fassungen, sekundär sind und sie voraussetzen.¹ Darauf deuten auch gewisse sprachliche und inhaltliche Hinweise, so das eine oder andere französische Lehnwort, der Hinweis auf die Beteiligung des Klerus bei der Eheschließung und sogar einzelne, sehr genaue Textübereinstimmungen, auf die schon Joseph Loth in seiner Übertragung in den Anmerkungen verwies. Andererseits zeigen die Verfasser oft Detailkenntnisse der walisischen Geographie und anderer Spezifika, so daß deutlich zu sehen ist, daß sie ihre Texte aktualisierend Land und Leuten anpassen wollten. Man könnte geradezu von einer „adaptation galloise" sprechen. Man könnte aber auch sagen, daß die Erzählungen „heimgefunden" haben, weil ja doch, wie besonders bei Owein, bodenständige Sagenmotive wieder (?) eingebracht werden (s. unten zu *Breudwyt Ronabwy*).

Die Andersartigkeit der *tair rhamant* gegenüber den französischen Romanen kommt nun durch dreierlei zustande: (1) durch die mündliche Rezeption der französischen Romane, (2) durch die „Einkreuzung" genuiner Traditionen und der oben erwähnten Spezifika, (3) durch die mündliche Weitergabe der walisischen Erzählungen und der „Einkreuzung", bei der die Erzählungen nochmals umgestaltet und dem Geschmack des walisischen Publikums angepaßt wurden. Es wäre ja ein erstaunlicher Zufall, wenn die uns überlieferte Version der *tair rhamant* der aus der Verschmelzung der beiden genannten Elemente entstandene Prototyp wäre.

Es fehlt den *tair rhamant* auch das Interesse an der Liebesthematik und -kasuistik, überhaupt an dem, was der Franzose als *sans* im Gegensatz zur *matière* bezeichnete (vgl. unten S. 198). Der Grund für diesen Stoffhunger, der uns die drei Erzählungen im Vergleich mit ihren kontinentalen Gegenstücken manchmal geradezu primitiv erscheinen läßt, liegt m. E. weniger an einem grundsätzlichen Desinteresse der Waliser an der höfischen Liebe, brachten sie doch etwa zur gleichen Zeit, in der die jüngere Mabinogionhandschrift entstand, den bedeutenden Minnesänger *Dafydd ap Gwilym* hervor,² den man in manchen Punkten mit Walther von

---

1   Middleton (1991), 149–151; Thomas (1991), bes. 167f.;
2   Loomis (1982); Bromwich (1984); Johnson-Lozac'hmeur (1994).

der Vogelweide vergleichen kann. Ich sehe vielmehr den Grund in dem unausgesprochenen Gattungsdenken, daß nämlich die Erzählungen immer noch als historische (Helden-)Sagen verstanden wurden. Das erklärt neue Zutaten, die die keltische Heldensage voraussetzen, z.B. die Tötung eines Wasserdämons (*addanc* oder *afanc*) und die Einführung der „Hexen von Gloucester" (*gwiddonot Caer Loyw*) als traditionelle „Kampffrauen", wie sie auch in der irischen Tradition von *Scathach* und *Aífe* begegnen (s. unten S. 659) im „Peredur". Im „Gereint" sind es die Lokalbezüge, welche die „Einkreuzung" der Heldensage erkennen lassen, z.B. die Lokalisierung des Turniers um den Sperber in *Cardiff*.

Das zweite sehr gewichtige Moment, wodurch sich „Culhwch" vom kontinentalen Romantypus unterscheidet, ist der archaische Zug, daß Culhwch die Erringung Olwens eigentlich nicht (nur) seiner eigenen Heldenhaftigkeit verdankt (wie *Ysbaddaden* ganz richtig feststellte), sondern dem kollektiven Handeln des Hofes, wobei sich allerdings *Arthur* als *primus inter pares* durch besondere Taten hervortut. Im kontinentalen Typus tritt *Artûs* kriegerisch völlig zurück, ja erscheint selbst geradezu gefährdet, wenn sich nicht gleich ein Protagonist findet, der ihn und das Seine schützt (z.B. im Lancelot). Die Abenteuer selbst werden, auch bei zweisträngiger Handlung wie im Perceval, auf einzelne Personen verteilt, die in irgendeiner Weise stets an ihren Taten wachsen, was dem arthurischen Roman immer den Charakter der Initiation verleiht, so daß man – übertreibend – sogar von „Entwicklungsromanen" sprach. Dieser Lebensweg des Helden „in aufsteigender Linie" ist Culhwch vollkommen fremd.

Ein relevantes archaisches Element, das allen, auch den späteren arthurischen Traditionen eigen ist, und den Hintergrund der merkwürdigen Voraussetzungen zur Erlangung der Riesentochter bilden, sind die spezifisch keltischen Tabuvorstellungen vom Typus der air. *geis* (Pl. *gessa, geassa*).[1] Sie leben wohl in der „Gewohnheit" (mkymr. *tynget, cynnedyf*, afrz. *costume*) in der arthurischen Ritterwelt weiter; man vergleiche die „Gewohnheit" des Kleinen Königs im „Gereint", niemanden kampflos in

---

1   Reinhard (1933).

sein Land zu lassen, die „Gewohnheit" des Einäugigen im „Peredur", jeden, der nach der Ursache seiner Einäugigkeit fragt, zu erschlagen, den „Brauch", daß eine Jungfrau, die an einer Burg vorbeizieht, zur Ader gelassen wird und mit ihrem Blut eine Schüssel füllen muß (Malory, XVII, 10ff.), die Institution der *Joie de la Cort* im *Erec*, die *costume* eines Burgherren, nur dem ein Nachtlager anzubieten, der ihn im Stechen besiege, im *Le Bel Inconnu* des Renaut de Beaujeu, und auch die „Gewohnheit" des Riesen *Ritho* bei Geoffrey von Monmouth, alle vorbeiziehenden Bärtigen zu erschlagen, um sich aus den Bärten einen Mantel zu machen, und vieles mehr.

ε „Rhonabwys Traum" (*Breudwyt Ronabwy*): unterwegs zu Arthurs heroischer Monokratie

Gleichzeitig beobachten wir als bedeutsame Entwicklung die zunehmende Konzentration der Arthursage auf den König Arthur. Wenn wir die bedeutendsten Helden wie *Peredur vab Evrawc*, *Gereint vab Erbyn*, *Owein vab Urien* oder *Kei vab Cnychwr* betrachten, so sehen wir, wie deren eigene Sagen allmählich schwinden und in der Arthursage aufgehen. Manche dieser Helden wurden auch als Heilige verehrt, so *Gereint*, dem in New York sogar die Saint Gereint's Cathedral geweiht ist (mit Festtag am 10. August),[1] und – wie wir dem mittelkornischen Drama *Beunans Ke* 'Das Leben des Ke' entnehmen können – auch *Kei* (als Zahnweh-Heiliger; Verehrung am 5. November).[2] Auch *Peredur* samt seinem Bruder *Gwrgi* (etwa 'Werwolf') und *Edern*, der Sohn des *Nudd*, wurden im 17. Jh. als Heilige angesehen.[3]

Das deutlichste Beispiel bietet indessen *Owain*, der Sohn des Königs *Urien* von *Rheged*, einem der nordbritischen Fürstentümer, das im Kampf mit dem angelsächsischen *Bernicia* unter dessen König *Theodric* gestan-

---

1 Die kornische Stammpfarre ist das heutige *Saint Gerrans* südl. von Truro. Auch in *Saint-Geran* in der Bretagne wurde der kornische König verehrt. Ein hl. *Gerontius* soll als König von Dumnonia (das alte Königreich Cornwall) 508 gestorben sein. Ein zweiter kornischer König *Gerontius*, der 596 gestorben ist, dürfte im hl. *Geraint* aufgegangen sein; vgl. Sims-Williams (1991), 46–49.
2 S. jetzt Bock (2007), 39–50.
3 Nach Iolo Manuscripts (1848), 503f.

den hatte. Dem Taliesin, neben Aneirin der älteste Barde im 6. Jh., werden gewaltige Preislieder auf Urien und eine Elegie auf den Tod Owains zugeschrieben.[1]

In der Geschichte von der Brunnengräfin *Iarlles y Ffynhawn*, die dem afrz. *Yvain* entspricht, heißt es, daß *Owein* zuletzt seine „eigene Herrschaft" aufgesucht habe, nämlich die „Dreihundert Schwerter von Kenverchyn" und „Die Raben". Erstere erinnern an die Elitetruppe der *Gododdin*, letztere kommen noch in einem späten arthurischen Text (wohl aus der zweiten Hälfte des 13. Jh.s) vor, in dem der hier erstmals als Riese angesehene *Arthur* und *Owein* als Rivalen auftreten, in: *Breudwyt Ronabwy* 'Traum des Rhonabwy'.[2]

Die sehr kunstvoll gestaltete Rahmenerzählung berichtet, wie ein gewisser *Rhonabwy* in der rauhen Wirklichkeit des politisch und wirtschaftlich völlig heruntergekommenen Wales bei einem Bauern unter jämmerlichsten Bedingungen übernachtet, jedoch auf einem gelben Stierfell, dem man – wie auch in Irland und Schottland – die Fähigkeit zuschrieb, prophetische und sonst ungewöhnliche Träume herbeizuführen. Nun erlebt Rhonabwy ein Treffen Arthurs mit *Owein* in der guten alten Heldenzeit mit. Dabei sitzen die Opponenten einander beim Gwyddbwyllspiel, einer Art Schach, gegenüber. Der Spielverlauf auf dem Brett entspricht jeweils dem Verlauf eines im Hintergrund sich vollziehenden Kampfes zwischen Arthurs Mannen und Oweins „Raben" (als Raben maskierte Krieger?)[3].

So verkörpert diese sehr späte Tradition einen durchaus archaischen Zustand der Arthursage, in dem Arthur noch nicht als die alles an sich bindende Zentralfigur etabliert war. Man ist geradezu versucht zu fragen: Hätte Owein an seine Stelle treten können, so daß wir heute von „Oweinliteratur" statt „Artusliteratur" sprächen?

Seiner Bedeutung entsprechen auch die Wiederkehr-Hoffnungen, die sich an den Namen Oweins knüpften, obwohl man sein „viereckiges

---

1   The Poems of Taliesin, 12, X; Übersetzung: Birkhan (1989), I, 21; Rockel (1989a), 14-33.
2   Lloyd-Morgan (1991). Übersetzung: Birkhan (1989), II, 119-142.
3   Solche Rabenkrieger sind vielleicht auf schottischen Bildsteinen dargestellt: Birkhan (1999b), Abb. 459, 606.

Grab" in Llanforfael zu kennen glaubte.¹ Und so wie es in Deutschland den Versuch etwa Tile Kolups gab, tatsächlich als ein wiederkehrender Kaiser Friedrich zu reussieren, so anscheinend auch bei Owein.

Berühmt wurde *Owain Glyndŵr* (anglisiert: *Glendower*), der für sich in Anspruch nahm, als Repräsentant der alten walisischen Krone zu gelten, da er über seine Mutter mit Llywelyn, dem letzten, 1277 von Edward I. besiegten Prinzen von Wales verwandt war. So erhob sich Owein um 1400 gegen Heinrich IV. Er konnte sich einige Jahre behaupten und an seinem Hauptfeind Lord Grey de Ruthyn rächen. Sein Erfolg wird auch darauf zurückgeführt, daß er seiner Meinung nach übermenschliche Kräfte besaß, was Shakespeare in liebenswürdiger Weise aufs Korn nahm (Henry IV., Akt 3, Szene 1). So strömten ihm vor allem die einfachen Leute in Massen zu. Verbündet mit Sir Edmund Mortimer und den Percies von Northumberland, unterlag er in der Schlacht von Shrewsbury und in kleineren Gefechten, so daß er ab 1405 als ein Geächteter nur von einer kleinen Schar Getreuer begleitet ein Wanderleben führte. Eines seiner Verstecke war die heute noch nach ihm benannte Höhle *Ogof Owain* nördl. von Moel Hebog bei Beddgelert (Gwynedd), eine zweite befindet sich in Merioneth. Von dort wagte er, von französischen Kontingenten unterstützt, einen neuen Angriff, bei dem er Glamorganshire überrannte. Er verschanzte sich in der Nähe von Worcester, mußte jedoch, als Nachschub ausblieb, klein beigeben und sich wieder nach Wales zurückziehen, von wo er wiederholt weitere Überfälle auf das englische Gebiet unternahm. Er starb 1415 und soll in Monnington-on-Wye in einem namenlosen Grab bestattet sein. Es ist gewiß kein Zufall, daß auch dieser Owain der Sage nach entrückt sein soll und daß man mit seiner erhofften Wiederkehr ähnliche Erwartungen verband wie mit der Arthurs, Finns,² des Bretonen Lez-Breiz (s. unten S. 393), des Schottenkönigs Robert the Bruce³ oder auch der des irischen Freiheitshelden Theobald Wolfe Tone (1763–1798).⁴

Die Idee des „Volkshelden" lebt weiter in den Romanen von Jasper Fforde, einer Mischung von Science Fiction und Kriminalroman. Hier ist Wales eine Volksrepublik unter dem Revolutionsführer Owein Glyndŵr VII., vermutlich eine Parodie auf den Nationalisten und Sozialromantiker Saunders Lewis (s. unten S. 627).

---

1   Jones (1967), 120f. Doch vgl. die abweichende Angabe in Strophe 14.
2   MacCulloch (1918), 180.
3   Wilde (1888), 86.
4   So in dem Kampflied „Tone is coming back again" in: Songs and Recitations, 5. Zu Tone s. Kenny (1996).

d. Die Arthursage bei Geoffrey von Monmouth

Die bemerkenswerteste Neuerung erfuhr die Arthursage, als sich Geoffrey (Gottfried) von Monmouth oder *Galfridus Monumutensis* (1090/1100–1155) in seiner *Historia Regum Britanniae*, in 12 Büchern um 1135 verfaßt und in etwa 200 Hss. überliefert, ihrer bemächtigte.[1] Es wurde gesagt, daß nur noch Vergil mit seiner *Aeneïs* einem Volk ein ähnlich bedeutendes Identifikationsangebot erstellt hat. Dabei ist bemerkenswert, daß sich Geoffrey mit dem Stoff so identifizierte, daß er sich selbst den Beinamen *Arthurus* zulegte.

Er begann zunächst – wie Vergil – mit der Trojanersage, nach der die *Briten* von einem *Brutus*, einem Großenkel des Trojaners *Aeneas*, abstammen sollten, wie sich nach dem Vorbild Vergils schon im Altertum die Arverner,[2] im Mittelalter die Franken für Trojanernachkommen hielten. Brutus wird von den späteren Historikern wie William Camden (s. unten S. 437) in das Jahr 2855 nach Erschaffung der Welt (= 1108 v. Chr.) gesetzt.

Geoffrey läßt eine Anzahl von Königen folgen, bei denen bald der mythische, bald der historische Einschlag die Oberhand behält: Es sind die Könige *Leirus* (der alte Meeresgott *Ller/Llŷr*, später Shakespeares „King Lear"; air. *Ler*), *Cunobelinus* (Shakespeares „Cymbelin"), *Belinus* (eine *Apollon*-Hypostase) und *Brennius* (der latènezeitliche Eroberer Roms ?), Caesars Widersacher *Cassivellaunus* und andere.

Das Werk Geoffreys ist, wie ich einst zu zeigen versuchte, heilsgeschichtlich so aufgebaut, daß es in Arthur gipfelt, dessen Größe von den genannten bedeutenden Königen vorbereitet wird und dessen Wegbereiter und Prophet *Merlinus* ist. Seine Prophezeiungen füllen das 7. Buch.

Das 8. Buch enthält neben weiteren Voraussagen auch die Kämpfe des *Aurelius Ambrosius* gegen die Sachsen *Hengist* und *Octha*, die magische Überführung von Stonehenge nach Britannien,[3] die Krönung des *Uther*

---

[1] Der lateinische Text: Geoffrey of Monmouth (Griscom). Manchmal stärker abweichend ist die sogenannte „Hammer version": Geoffrey of Monmouth (Hammer). Übersetzungen: Geoffrey of Monmouth (Thorpe) und Geoffrey of Monmouth (Evans); vgl. auch Schmidt (1976).
[2] Dobesch (2006), 143–184.
[3] Vgl. auch Gerald of Wales (1982), 69.

Pendragun und wie er mit *Igerna* von Cornwall in Gestalt ihres Gemahls *Gorlois* im kornischen Tintagel (*Tintagol*)[1] *Arthur* zeugte, wobei *Merlinus* ihm beistand.

Das 9. Buch beginnt mit Arthurs Krönung und bildet die Akmē seiner Herrschaft, sozusagen die Evangelien in Geoffreys Werk. Der absolute Höhepunkt und Maß aller späteren Arthurfeste ist das Pfingstfest in Caerleon, in dem der König nach der Eroberung von Irland, Island, Norwegen und Gallien als „Herr der westlichen Welt" gefeiert wird. Eine oft abgebildete Miniatur aus Peter Langtoft's Chronicle of England von etwa 1307 zeigt den König mit etwas befremdlicher Miene auf 30 Kronen (darunter die von Portugal, Deutschland und Ägypten!) stehend.[2] Als dann ein Brief von Rom die Unterordnung Arthurs verlangt, sagt der König *Lucius Tiberius*, dem von Kaiser *Leo* eingesetzten Verwalter Roms, den Krieg an. Geoffrey erweckt den Eindruck, als hätte er bei diesem Detail an die eigentliche Herrschaft in Byzanz gedacht, freilich ohne diese Stadt zu erwähnen. Nach der Tötung des „Bartriesen" vom Mont-Saint-Michel siegt Arthur über die Römer, kann jedoch den Sieg nicht durch weiteres Vordringen nach Rom ausnützen, da er von der ehebrecherischen Verbindung seiner Gemahlin *Guanhumara* – aus römischem Adel – mit seinem Neffen *Modredus* erfährt. Das wird im 10. Buch berichtet.

Am Beginn des 11. Buches erfahren wir von Arthurs Kämpfen gegen Modredus in Winchester und am *Camel*, wie die spätere Tradition behauptet bei Camelford in Cornwall, was deshalb einen Hauch von Wahrscheinlichkeit hat, weil in der Sage Schlachten gerne an und in Furten geschlagen wurden.[3] Dabei wird Arthur tödlich verwundet und auf die *Insula Avallonis* zur Heilung seiner Wunden gebracht. Das soll im Jahr 542 gewesen sein. Mehr erfährt man an dieser Stelle über *Avalon* nicht.

---

1 Dazu Snell (2000), 1–10.
2 Whitaker (1995), 3f.
3 Die Lokalsage verlegt die Schlacht nach Slaughterbridge am Camel, wo sich der spätrömische Gedenkstein von Wothyvale findet, dessen Inschrift freilich keinen Bezug zu Arthur aufweist (CIIC Nr. 470). Der kleine Fluß *Camel* ist nach seinen Krümmungen benannt. In Michael Draytons „Polyolbion" (1612) findet sich die hübsche Idee, daß der einst gerade Fluß aus Entrüstung über Mordreds Verrat sich zu winden begonnen habe; Snell (2000), 12–18.

Unter Arthurs Nachfolger Constantin geht es mit der britischen Herrschaft bergab und die Sachsen bleiben Herrscher über Britannien. Die Geschichte der walisischen Könige überläßt Geoffrey dem Caradoc von Llancarfan zur Darstellung, ebenso die Geschichte der Angelsachsen dem William von Malmesbury und dem Henry von Huntingdon, denen er jedoch keine Kompetenz in Bezug auf die britannische Geschichte zubilligt, weil sie nicht seine Quelle hätten (XII, 20). Das sei ein Buch in britannischer Sprache gewesen, das ihm Walter, der Erzdiakon von Oxford, aus der Bretagne gebracht, und das er hier ins Lateinische übersetzt habe (XI, 1). Schon im Widmungskapitel des 1. Buches hatte Geoffrey sich auf ein „sehr altes Buch in britannischer Sprache" berufen (I, 1), was heute zumeist als Mystifikation aufgefaßt wird.[1] Dagegen wurde neuerdings eingewandt, daß das Ms. 8.10.1474 der Vaticana tatsächlich eine lateinische Version der *Prophetia Merlini* des 10. Jh.s eines John von Cornwall mit kornischen Glossen bietet.[2] Sicher ist, daß Geoffreys Werk den normannischen Herrschern entgegenkam, was sich auch darin äußerte, daß sein Verfasser einen Bischofssitz in St. Asaph erhielt.

Geoffreys Werk stieß auch auf Kritik. Giraldus Cambrensis, anglisiert *Gerald the Welshman* (1147–1223), einer der bedeutendsten mittelalterlichen Gelehrten Britanniens,[3] durchreiste Wales und verfaßte 1191 eine Reisebeschreibung. Darin ist (lib. I, cap. 5)[4] von einem Waliser *Meilerius* (kymr. *Meilyr*) die Rede, der die Kenntnis verborgener und zukünftiger Dinge hatte. Obgleich illitterat, vermochte er in einem beliebigen Buch sofort die lügenhaften Stellen zu erkennen und seinen Finger darauf zu legen. Wenn ihn unreine Geister plagten, so legte man ihm das Johannesevangelium in den Schoß, worauf die Dämonen in Vogelgestalt davonstoben. Ersetzte man dieses – gleichsam als Experiment – durch die *Historia* Geoffreys, so hockten die Dämonen viel zahlreicher und ekelhafter auf ihm denn je zuvor.

---

1 Die hier genannten einschlägigen Stellen zusammengestellt in Chambers (1927), 252–256.
2 Janine Fries – Knoblach, 207.
3 Zimmer (2003).
4 Chambers (1927), 268f.

Ein besonders scharfer Kritiker war William von Newburgh (auch: Wilhelm der Kleine), der sich in seinem *Prooemium* zur *Historia rerum Anglicarum* (1196–1198) ausführlich mit Geoffrey auseinandersetzte.

> „In unseren Tagen ist ein Schriftsteller aufgetaucht, der, um den Makel der Briten zu tilgen, lächerliche Erfindungen zusammenwob und sie in schamloser Einbildung weit über die Tugend der Makedonier und Römer stellte. Er heißt *Gaufridus* und hat den Zunamen *Arturus*, weil er Geschichten über Artur, die er aus alten Fabeleien der Briten übernahm, mit eigenem vermehrte und ihnen durch die Verbrämung mit der Farbe des Lateinischen das Mäntelchen des ehrenwerten Namens der 'Historie' umhing."[1]

Als erstes nahm William die Prophezeiungen Merlins aufs Korn, sodann die ganze Geschichte der Trojanerabkömmlinge bis auf Caesar. Die Ereignisse um Vortigern und Arthur zusammenfassend, stellt der Criticus fest: *constat esse conficta*. Alles nur erfunden! Die Briten seien so dumm (*bruti*), daß sie an die Wiederkehr Arthurs glaubten. Wenn Arthur all diese glänzenden Taten verrichtet hätte, warum hätte sie keiner von den früheren Historiographen erwähnt? Kurzum: *fabulator ille cum suis fabulis incunctanter ab omnibus respuatur* 'Jener Geschichtenerzähler möge zusammen mit seien Fabeleien ungesäumt von allen zurückgewiesen werden!'

In der Folgezeit werden die Stimmen immer kritischer, was aber auch damit zusammenhängt, daß die Historiker als Schotten die Arthurtradition nicht mehr mit den Augen Geoffreys zu sehen vermögen. John of Fordun in seinem *Scottichronicon* (um 1345) (s. unten S. 398), insbesondere dann aber Hector Boece in seiner *Scotorum historia* (1527) betonten, daß Arthur wegen seiner illegitimen Herkunft eigentlich kein Recht auf das Königtum über ganz Britannien besessen habe – vom Kontinent und seinem Kaisertum ganz zu schweigen. Arthur habe *Mordred* als Nachfolger anerkannt, wurde aber später durch Intrigen gegen ihn eingenommen, bricht den Vertrag, so daß es durch sein Verschulden zum Endkampf kommt. Bei diesem wird *Guenevere* gefangen genommen und endet ihr Leben als piktische Gefangene.

---

1 Chambers (1927), 274–276 [Übersetzung Bi].

α Merlin und seine Prophezeiungen

Diese Gestalt[1] ist eine Verschmelzung mehrerer zum Teil religionsgeschichtlich bemerkenswerter Figuren, eines „schamanoiden" *Merlinus Silvester* (mit Parallele im irischen *Suibhne Geilt*, nir. *Mad Sweeny*; s. unten S. 674), der auch *Celidonius* oder *Myrddin Wyllt* hieß und eines „schamanoiden" Propheten und „wilden Mannes" *Lailoken*, der im Leben des hl. *Kentingern* erscheint.

Diese beiden Gestalten, die angeblich über die Gabe der Levitation verfügten, hat man sich vielleicht geflügelt oder mit Federn bedeckt gedacht. So würde sich die merkwürdige Tradition im Prosaroman *Didot-Perceval*[2] (ca. 1210–1220) erklären, in der sich Merlin am Ende seines Lebens im Wald in ein *esplumoir* zurückzieht. Damit ist wohl ein Schutzraum für Vögel gemeint, die in der Mauser sind, was doch letztlich auf eine Wiederkehr des „gemauserten" Merlin deuten würde[3] –, die man vielleicht eben so erwartete wie jene Arthurs. Durch Flugvermögen ausgestattet verbringen diese Gestalten ihr späteres Leben meist auf Bäumen, auf Apfelbaum, Weißdorn oder Eiche.

Die dritte Merlingestalt ist die des *Merlinus Ambrosius* (*Myrddin Emrys*), die mit der Vortigern-Sage zusammenhängt und dessen Namen nach d'Arbois de Jubainvilles allgemein akzeptierter Etymologie[4] von †*Caermerddin* (*Caerfyrddin* 'Carmarthen') < *Caer* 'Burg' + *Moridūnum* 'Meerfestung' abgeleitet ist. Sie hat sozusagen die beiden anderen Merline vereinnahmt. An ihr hängt der Bericht Geoffreys:

> *Vortigern* versucht gegen die Sachsen in Snowdonia eine Befestigung zu bauen, jedoch verschwinden die Mauern nachts immer wieder im Erdboden. Seine Zauberer erklären ihm, daß ein vaterloses Kind als Bauopfer dargebracht werden müsse. Ein solches wird in Carmarthen gefunden. Es ist der Sohn einer Nonne aus südwalisischem Herrscherhaus. Der Vater ist unbekannt, der späteren Tradition nach wird es ein Incubus sein. Als das Kind geopfert

---

1 Tolstoy (1985).
2 Vgl. Didot Perceval.
3 So auch Darrah (1994), 230.
4 Jarman (1991), 137f.

werden soll, offenbart es Vortigern den wahren Grund für das Mißlingen des Baus: In der Tiefe befände sich ein unterirdischer See, darin in zwei Behältnissen ein weißer und ein roter Drache, die gegeneinander kämpften, wobei der weiße die Sachsen der rote die Briten bezeichnete, als deren „Sympathietier" er heute noch das Banner der Waliser ziert. Nach dieser Enthüllung stürzte das Bauwerk (heute *Dinas Emrys* 'Burg des Ambrosius' bei *Beddgelert* im Snowdon-Gebiet) nicht mehr ein.

Mit dem Zusammenfall der drei Gestalten ergab sich auch die Beziehung des *Myrddin Emrys* zu den Bäumen. So wird der höfische *Merlin* des Artushofes in einen Weißdorn gebannt, oder auch nach der Lokaltradition von Carmarthen mit einer (allerdings erst im 17. Jh. gepflanzten) Eiche zusammengebracht, deren toter Stumpf in seiner Eisenfassung bis 1978 auf einer Straßenkreuzung ein geschontes Verkehrshindernis bildete, hieß doch eine volkstümliche Prophezeiung:

> When Merlin's Tree shall tumble down,
> then will fall Carmarthen Town.[1]

Danach erfolgten die Prophezeiungen, die Geoffrey als das 7. Buch in die *Historia* aufnahm. Um 1150 verfaßte er noch ein Hexametergedicht, die *Vita Merlini*, in der er seinem *Merlinus Ambrosius* auch Züge des *Merlinus Silvester* verlieh.[2]

In der walisischen Tradition gibt es 6 Gedichte, die von *Myrddin* handeln.[3] Die ersten 3 stehen im Black Book of Carmarthen (um 1250), die anderen sind später überliefert.

(1) *Yr Afallenau* 'Die Apfelbäume'
(2) *Yr Hoianau* [recte: *Oianau*] 'Die Begrüßungen'
(3) *Ymddiddan Myrddin a Thaliesin* 'Die Unterredung Myrddins mit Taliesin'

---

1 Demandt (2002), 147.
2 Jarman (1991); Zimmer (2006), 171. Der lat. Text und eine englische Übersetzung der *Vita Merlini* von John Jay Parry im Internet unter: http://www.sacred-texts.com/neu/eng/vm/index.htm (2. 6. 2006).
3 Ausführlich bei Jarman (1991).

(4) *Cyfoesi Myrddin a Gwenddydd ei Chwaer* 'Das Gespräch Myrddins mit Gwenddydd, seiner Schwester

(5) *Gwasgargerdd Fyrddin yn y Bedd* 'Der ausgedehnte Gesang Myrddins im Grab'

(6) *Peirian Faban* 'Jugendunterweisung'

In *Yr Afallenau* erfahren wir, daß *Myrddin* ein Krieger war, der zusammen mit seinem Herren *Gwenddolau* in der Schlacht von *Arfderydd* (in den *Annales Cambriae*: 573), in der Nähe von Carlisle, gegen *Rhydderch* unterlag. Seitdem habe er 50 Jahre als Wahnsinniger in den „kaledonischen Wäldern" gelebt. Auf einem Apfelbaum, tief im Wald, habe er sich den Blicken der Feinde entzogen. Dem „Gespräch mit Taliesin" entnehmen wir, daß 140 Edle mit ihm wahnsinnig geworden seien. Es ist also durchaus möglich, daß sich nach der Schlacht eine Gruppe von Guerilleros bildete, die als „Wahnsinnige" in den Wäldern und Gebirgen hausten, vielleicht vergleichbar mit der Kriegerschar des Finn (s. unten 342ff.) oder – nach angelsächsischer Sage – der des Robin Hood. Die Gestalt des irischen Königs *Suibhne geilt*, der nach einer verlorenen Schlacht gleichfalls auf den Bäumen gelebt und dabei zarte Naturlyrik verfaßt haben soll, wurde schon erwähnt.[1] Vermutlich hat die Erzählung Italo Calvino zu seinem Roman „Il barone rampante" (1957) angeregt. Der Apfelbaum (kymr. *afall*) scheint als Heroenbeiname gedient zu haben, ganz wie gleichbedeutendes anord. *apaldr*, und spielt etwa auch in den Liedern der schottischen Dichterin Mary MacLeod (16./17. Jh.) als Bezeichnung des Geliebten eine große Rolle.[2] Bemerkenswert ist dabei, daß die „schamanoide", mantische Seite Merlins mit seiner kriegerischen Funktion zusammenfällt. Möglicherweise handelt es sich um eine Auseinandersetzung zwischen Heidentum (*Gwenddolau* und *Myrddin*) und Christentum (repräsentiert durch *Rhydderch*, der als Schützer des Glaubens bezeichnet wird). In den „Apfelbäumen" heißt es weiter, Myrddin habe auch den Tod des Sohnes seiner Schwester *Gwenddydd* verschuldet und damit ihre Liebe verloren.

---

1 O'Keeffe (1913); Dillon (1958), 94–100; Jarman (1991), 126–130; Pehnt (1999). Die Geschichte ist frei nacherzählt in Colum (1943) und Colum-Sandkühler (1967); Lyrik in: Jackson (1971), 73–75.
2 Watson (1965), 6f., 30f., 46f., 52f., 76f.

A. O. H. Jarman, der sich speziell mit der Merlingestalt beschäftigte, weist auf altbabylonische und indische Parallelen zu diesem Typ des „Wilden Mannes" hin, vergleicht also auch den zeitweisen Wahnsinn Nebuchadnezars, dem u. a. die Nägel wie Vogelkrallen wuchsen (Daniel 4, 29f.). So wie dieser zuletzt mit Gott und der Welt ausgesöhnt ist, so betet auch Myrddin zuletzt um Aussöhnung mit Gott.[1]

Yr Oianau hat den Namen nach den Grußworten, mit denen Myrddin seinen Gefährten in der Wildnis anredet. Dieser Gefährte ist ein „kleines Schwein" und Jarman hält dies für den tatsächlichen Sachverhalt. Man könnte freilich auch „Schwein" für die Bezeichnung eines menschlichen Jungkriegers halten (vgl. *Cul-hwch* 'mageres Schwein' und die vielen Beispiele für „Ebersympathie" oder auch den *aper Cornubiae*, den 'Eber von Cornwall'). Die Strophe, in der das Ferkel als ein rauher Bettgenosse mit Klauen bezeichnet wird, kann sich natürlich sowohl auf einen menschlichen (Reste des altkeltischen Päderastentums?) als auch auf einen tierischen Schlafgefährten beziehen. Auch hier erscheint *Rhydderch* als Feind. Man könnte das Gedicht als ein didaktisches verstehen, das sich an einen jungen Krieger richtet und mit den Belehrungen in *Peirian Faban* vergleichen.

In den übrigen Stücken nimmt der Raum der Prophezeiungen zu. Im Gespräch mit der Schwester erfahren wir die Namen von Myrddins Brüdern (als „Welpen" bezeichnet). Der Vater hieß *Morfryn*. Myrddin selbst wird von der Schwester als *Llallogan Myrddin* angeredet, was auf Gleichsetzung mit *Lailoken* deutet. „Der ausgedehnte Gesang Myrddins im Grab" mag das auslösende Moment für die spätere Tradition bilden, nach der Merlin unter einem Stein festgebannt, also lebendig begraben wurde (s. unten S. 329, Anm. 4).

Mit der Einführung dieser Prophetengestalt erhielt jedenfalls die *Historia Regum Britanniae* einen weiteren pseudo-heilsgeschichtlichen Anstrich, der auch in den Prophezeiungen Merlins (die *Prophetia Merlini*) im 7. Buch der *Historia* hervorsticht. Schon um 930 dürfte der kymr. Text *Ar-*

---

1 Jarman (1991).

mes Prydein[1] entstanden sein, in dem die Hoffnung auf eine Vereinigung aller Inselkelten – also auch der Iren – zur Vertreibung der Angelsachsen (hier als *allmyn* 'Fremde' < *Allemanni* bezeichnet) ausgesprochen wird (in ihm ist Myrddin nur einmal erwähnt, ebenso wie eine Weissagung der *derwydon* 'Druiden').

Geoffrey behauptet, daß ein Bischof Alexander von Lincoln ihn gebeten habe, die Prophezeiungen Merlins zu übersetzen. Die *Prophetia* beginnt mit dem Kampf der beiden Drachen. Der weiße vertreibt den roten, doch dann erfährt der rote Unterstützung durch den *aper Cornubiae* (Arthur), der seine Herrschaft über sieben Generationen ausdehnt. Danach jedoch wird der germanische Drache wiederkehren und der Wolf des Meeres wird ihn unterstützen, und so geht es nun weiter mit einer Fülle allegorischer Tierbilder: am häufigsten erscheinen Löwen, doch gibt es auch Adler, Wolf, Luchs, Eber, Ziegenbock, Schlange, Vipper, Otter, Igel, Fisch, Hirsch, wildes Rind, Reiher, Fuchs, Bär, Schwan, Rabe, Eule, Drache usw.

Ein hübsches Beispiel ist folgende Prophezeiung (§ 4):

> Der Reiher wird drei Eier legen, aus denen ein Fuchs, ein Wolf und ein Bär hervorgehen werden. Der Fuchs wird seine Mutter verschlingen, sich einen Eselskopf aufsetzen und damit seine erschrockenen Geschwister in die Normandie vertreiben. Sie werden den Eber wecken und im Schiff zurückkehren, um den Fuchs zu bekämpfen. Aber dieser wird sich tot stellen und der Eber wird ihn bemitleiden. Doch der Fuchs wird aufspringen, ihm das rechte Ohr und den Schwanz ausreißen und sich in eine Bergeshöhle flüchten. Der Wolf und der Bär werden den Eber rächen wollen und den Fuchs aufsuchen, doch dieser wird sich in einen Wolf verwandeln und so erneut Unheil stiften. Nachdem er den Eber unschädlich gemacht und seine Geschwister verschlungen hat, wird der Fuchs mit einem Löwenhaupt gekrönt werden ...[2]

In der späteren walisischen prophetischen Literatur ist die Tierallegorese zu einem dominierenden Element geworden. Der Held wird sogar als Elster (*wyddfa*), Fisch (*pysgod*) oder Igel (*draenog*) bezeichnet.[3]

---

[1] Williams (1982).
[2] Dazu Wille (2002).
[3] Evans (1984).

Ordericus Vitalis hat in seiner *Historia Ecclesiastica* (XII, 47),[1] deren Entstehungszeit mit jener der *Historia Regum Britanniae* zusammenfällt, bereits die Drachen mit bestimmten Fürsten gleichgesetzt, allerdings als Parteigänger der Normannen, deren Kampf durch einen *leo iustitiae* beenden lassen und diesen „Löwen der Gerechtigkeit" ebenso mit Heinrich II. identifiziert, wie der *Romans des Franceis* Arthurs Tötung durch den *Capalu* auf dem Mosaik von Òtranto mit dem Sieg der normannischen Briten gleichsetzte (s. oben S. 110). Seit 1148 ist der Löwe als Wappentier der Plantagenets bekannt, seit Richard „Löwenherz" (!) erscheinen im Wappen der englischen Könige drei Löwen oder auch Leoparden,[2] was wieder an Òtranto erinnert. Solche Prophezeiungen werden wohl auch Nostradamus (1503–1566) inspiriert haben, wenn er etwa in Centurie I, Vers 23, sagte:

Au mois troisiesme se leuant le Soleil,
Sanglier, Leopart, au champ mars pour combatre
Leopart lassé au ciel estend son oeil,
Vn Aigle autour du Soleil voyt s´esbatre.

'Wenn im dritten Monat die Sonne aufgeht, (sind) Leopard und Eber auf dem Felde des Mars, um zu kämpfen. Allein gelassen richtet der Leopard sein Auge zum Himmel: Er sieht, wie sich ein Adler um die Sonne herumtreibt'.[3]

Dieser Vierzeiler, der ebenso auf Zusammenstöße auf dem Marsfeld 1791, die Schlacht bei Waterloo wie auf kriegerische Auseinandersetzungen zwischen Israelis und Palästinensern bezogen werden kann, erinnert mit seinen Tierallegorien sehr deutlich an die walisische prophetische Dichtung. Es ist naheliegend, daß Nostradamus neben vielen anderen Texten (vor allem der Bibel) auch die *Prophetia Merlini* geplündert hat. Als Vermittler könnte man vielleicht auch an Michael Scotus, den Hofastrologen Friedrichs II., denken.

---

1   Chambers (1927), 259.
2   Zips (1974), bes. 126–140.
3   Vgl. Nostradamus, 156

β Die Vorstellungen von Arthurs Ende

In den im „Schwarzen Buch von Carmarthen" überlieferten *Englynion y Beddeu*, 'Stanzen über Gräber', werden die Gräber der berühmten Helden aufgezählt. In Zeile 133–135 heißt es:

„Ein Grab für *March* (Marke der Tristantradition), ein Grab für *Gwuthyr*, ein Grab für *Gwgawn* mit dem roten Schwert. Ein Wunder der Welt (wäre): ein Grab für *Arthur*."[1]

Das heißt: Arthur hat kein Grab, weil er nicht gestorben ist. Ein wichtiges Zeugnis für den Glauben an Arthurs Weiterleben und wohl auch Wiederkehr. Um 1113 stritten britannische mit französischen Klerikern (?) im Kloster Bodmin in Cornwall, ob König Arthur noch lebe oder nicht (so Hermann von Tournay in: *De miraculis s. Mariae Laudunensis* II, 15).[2] Dies scheint der älteste datierbare Beleg für die Vorstellung von der „Entrückung Arthurs". William of Malmesbury (*De Gestis Regum Anglorum* II, 342) sagt ca. 1125, daß man das Grab von *Walwen* (Gauvain) gefunden habe, das Arthurs aber nirgends (*Arturis sepulcrum nusquam visitur*; Lib. III, § 287),[3] weshalb alte Lieder sagten, daß er wiederkehren werde.

Ein Étienne de Rouen verfaßte um 1168 ein politisches Epos zeitgenössischen Inhalts, *Draco Normannicus*.[4] Da bittet im Namen der bedrängten Briten Roland von Dinan als (sonst nicht bezeugter) Truchseß (*dapifer*) Arthurs diesen um Hilfe. Arthur faßt in seinem Antwortbrief die Ereignisse seiner Verwundung nach Geoffrey zusammen, erwähnt aber bei dieser Gelegenheit, daß die *insula Avallonis* bei den *antipodes* sei, über die er nun während seiner Heilung herrsche. Die Vorstellung von den Antipoden hängt mit der eines Südkontinentes *Australia* zusammen, von dem man annahm, daß ihn Pygmäen (*pyg-*

---

1   Jones (1967), 126f. (in Stanza 44). Dazu vgl. Sims-Williams (1991), 49f.
2   PL 156, 983; Chambers (1927), 249; zu den Klosterruinen s. Mildren (1989), 52.
3   Chambers (1927), 250. Ein Beleg von ca. 1139 findet sich in einem Brief des Henry von Huntingdon an einen Waliser *Warinus*, in dem Henry sagt, daß die Eltern des Empfängers an Arthurs Wiederkehr glaubten; ibid. 251.
4   Chambers (1927), 264f.; Loomis (1956), 61–76.

mei) bewohnten (s. unten S. 540–542).[1] Die Rückkehr Arthurs wird noch heute erwartet.

Geoffrey hat in seiner *Vita Merlini* ein Zusammentreffen von *Merlin* und *Taliesin* dargestellt. Dort berichtet *Taliesin* über die „glückselige Apfelinsel", die als eine Art Schlaraffenland gezeichnet wird.[2] Eine solche Apfelinsel war schon in *Immram Uí Corra* (s. oben S. 81) besucht worden, denn nicht nur bei den Griechen galt der Apfel als die lustvolle Frucht des Jenseits. In dem obstarmen Irland, in dem sonst m. W. nur Haselnüsse, Vogelbeeren und Schlehen endemisch sind, hatte der Apfel einen ganz besonderen Nimbus; Noch heute wird er oft stückweise verkauft! Ähnliches galt wohl auch für Wales. Taliesins Apfelinsel wird von neun Schwestern von unerhörter Schönheit und Weisheit beherrscht, deren vollkommenste *Morgen* 'Meergeboren' heißt. Sie versteht sich auf die Heilkunde mit Kräutern, kann ihre Gestalt ändern, wie Daedalus fliegen und hat ihre Geschwister in Mathematik unterrichtet. Unter der Führung des uns schon von der Brandanreise (s. oben S. 83) her bekannten hl. *Barinthus* begleitete Taliesin den todwunden Arthur an den Hof der Morgen, die ihn untersuchte und feststellte, daß sie ihn heilen könne, wenn er nur lange genug bei ihr bleibe. Mit dieser frohen Nachricht kehrte Taliesin zurück.[3]

---

1 Vgl. Birkhan (2002b); vgl. auch die Vorstellung von der Elfenkönigin als *regina pigmeorum* in: Yeats (1902), 43–46.
2 Dazu die tiefschürfende Arbeit Heizmann (1998), welche diese Tradition in den größeren Umkreis der skandinavischen Vorstellungen von der Anderen Welt stellt.
3 Vita Merlini; jetzt Text mit Übersetzung in: http://www.sacred-texts.com/neu/eng/vm/ (26. 12. 2008):

> *Jlluc post bellum camblani uulnere lesum*
> *Duximus arcturum nos conducente barintho*
> *Equora cui fuerant et celi sydera nota*
> *Hoc rectore ratis cum principe uenimus illuc*
> *Et nos quo decuit morgen suscepit honore*
> *Jnque suis talamis posuit super aurea regem*
> *Stulta manu que sibi detexit uulnus honesta*
> *Jnspexit que diu. tandem que redire salutem*
> *Posse sibi dixit- si secum tempore longo*
> *Esset et ipsius uellet medicamine fungi*
> *Gaudentes igitur regem commisimus illi*
> *Et dedimus uentis redeundo uela secundis...*

Man hat diese „Apfelinsel" mit Glastonbury identifiziert, einer in *crannog*-Bauweise im Sumpf- und Seeenland errichteten Siedlung und Klosteranlage, und konkurrierend mit der Entrückungstradition lief die Erzählung um, der König sei zusammen mit seiner Gemahlin dort begraben. Auf Befehl Heinrichs II. wurde ab 1184 die von einem Feuer zerstörte Klosteranlage wieder aufgebaut. Dabei fand man 1191, zwei Jahre nach Heinrichs Tod, zwischen zwei alten Steinpyramiden,[1] deren Inschrift nicht mehr zu lesen war, angeblich einen uralten Sarkophag, in dem die Gebeine Arthurs lagen. Bei dem Sarkophag befand sich ein Bleikreuz mit der Inschrift: *Hic jacet inclitus rex Arturius, in insula Avallonis sepultus* 'Hier auf der Insel Avallon liegt der berühmte König Arthur begraben'.[2] Angeregt wurde diese Auffindung bzw. die Nachricht davon vermutlich von einem Wunderbericht über ein Elfengrab im irischen Shannonkloster Clonmacnoise.[3] Man hat sich offenbar in Glastonbury die Befunde nach dem Vorbild der Tradition dieses Klosters zurechtgelegt, aber man muß wohl nach dem Vorgang der üblichen Reliquienfälschung etwas aufzuweisen gehabt haben.

Die Auffindung Arthurs ist besonders interessant, wenn wir die mögliche Funktion des Grabes als Herrschaftslegitimation bedenken. Von Alexander dem Großen und christlichen Heiligen, über manche mittelalterliche Herrscher bis Lenin und Mao-tse-tung gilt der möglichst unversehrte – und daher einbalsamierte – Körper als Garant der Sakralität bzw. der Herrschaft.[4] Für Arthur und die mit ihm verbundene Entrückungssage stellte sich diese Frage von vorneherein nicht, und die angebliche Auffindung seines riesenhaften Leichnams in Glastonbury-Avalon bedeutete zugleich die Vernichtung jeglicher Wiederkehr- und Herrschaftshoffnung. Das Grab erscheint hier in einer Art „Negativfunktion".

---

1   Was es mit diesen „Pyramiden" auf sich hatte, ist unklar. Einerseits wußte man, daß in der Antike Pyramiden als Grabmäler dienten (z. B. die Pyramide des *C. Cestius* in Rom). Andererseits könnte man wohl auch an Menhire oder Steinaufschüttungen in der Art der schon vorkeltischen *cairns* denken.
2   So Ralph of Coggeshall im: Chronicon Anglicanum (1187–1224); Chambers (1927), 268.
3   Carey (1999a).
4   Darüber Rader (2003).

Bei Giraldus Cambrensis lesen wir noch, daß die Gebeine Arthurs riesig waren – allein der Abstand zwischen den Augenbrauenwülsten betrug eine Handbreit – und Spuren furchtbarer Verwundungen zeigten. Daneben erfahren wir auch, daß sich der Eichensarkophag in einer Tiefe von 16 Fuß befand und daß man das Bleikreuz nicht wie damals üblich auf den Sarkophag, sondern darunter gelegt hatte. Im Übrigen fand man auch die Gebeine von Arthurs zweiter [sic!] Gemahlin, sogar mit einem erhaltenen blonden Zopf, der allerdings unter den Händen eines lüsternen Mönchs sofort in Staub zerfiel. Demgemäß konnte Giraldus mit eigenen Augen auf dem Bleikreuz lesen:

> HIC JACET SEPULTUS INCLITUS REX ARTHURUS CUM WENNEVERIA UXORE SUA SECUNDA IN INSULA AVALLONIA
> 'Hier auf der Insel Avallon liegt der berühmte König Arthur zusammen mit seiner zweiten Gemahlin Wenneveria begraben'.[1]

Die aufgefundenen Gebeine sollen im Kloster ehrenvoll in einer Marmorgruft wieder beigesetzt worden sein.

> Interessant ist, daß der sonst als zuverlässiger Berichterstatter geltende Giraldus eine zweite Frau Arthurs erwähnt, denn die Sagen wissen von einer „ersten Frau" anscheinend nichts, und daß er ihr einen Namen gibt, der die Vorstufe von afr. *Guenèvre* ist, und nicht etwa die Vorstufe von kymr. *Gwenhwyvar* oder *G(u)anhumara*, wie die Königin bei Geoffrey heißt.[2] Der englische Antiquar William Camden (s. unten S. 437) hatte das Bleikreuz 1607 in der Hand. Er verfertigte eine Nachzeichnung und teilte den lateinischen Wortlaut der Inschrift mit, der allerdings keine Königin erwähnt:
> HIC IACET SEPVLTVS INCLITVS REX ARTVRIVS IN INSVLA AVALONIA.

---

1   In: *De Instructione Principum* (1193-1199), distinctio i; am besten zugänglich bei Chambers (1927), 269f. In Geralds 1218 entstandener Schrift *Speculum ecclesiae* hieß es (cap. IX): HIC IACET SEPULTUS INCLYTUS REX ARTHURIS, IN INSULA AVALLONIA CUM UXORE SUA SECUNDA WENNEVERIA.
2   Zu Ende des 13. Jh.s erwähnt Adam von Domerham die zweite Frau Arthurs. Nach ihm trug die Marmortumba im Chor der Abteikirche von Glastonbury eine Inschrift in zwei leoninischen Hexametern:
Arturi iacet hic coniux tumulata secunda,
Quae meruit coelos virtutum prole fecunda; Chambers (1927), 280.

Es ist eine oft geäußerte und naheliegende Hypothese, daß der „Fund" des Arthurgrabes in Glastonbury auf Wunsch der Plantagenets geschah, die damit die Hoffnung der Britannier auf Wiederkehr ihres Heldenkönigs konterkarieren wollten: Kein Arthur würde wiederkehren, vielmehr seien die Normannenkönige die legitimen Nachfolger des berühmten britannischen Herrschers. Wie sehr sich die Plantagenets als Erben Arthurs sahen, geht schon daraus hervor, daß Richard Löwenherz 1191 laut Benedikt von Peterborough (*Gesta Regis Ricardi* III, 159)[1] Arthurs Schwert *Caliburnus* König Tankred von Sizilien schenkte und seinen Neffen *Arthur de la Bretagne* als seinen Erben einsetzte.

> Die Geschichte dieses Arthur und sein rätselhaftes Ende wurde im 16. Jh. als Sage erzählt. Nach bretonischer Vorstellung müssen jene Seelen, von denen Gott noch nicht weiß, ob er sie erlösen oder verdammen wird, bis zum Jüngsten Gericht als Raben auf Erden hausen und dieses Geschick traf nach kornischer Tradition auch Arthur, „so that a Cornishman will not wittingly fire at a raven."[2]

König Edward I. (Longshanks) besuchte 1278 Glastonbury und ließ die Gräber des Königs und der Königin ein zweites Mal öffnen, wobei man die riesigen Knochen Arthurs und die der Königin wegen ihrer besonderen Schönheit bestaunte (*... ossa dicti regis mirae grossitudinis, et Gwunnarae reginae mirae pulcritudinis ...*), wie Adam von Domerham und die Waverley Annals berichten.[3] Der König hüllte die Gebeine Arthurs in einen Seidenstoff und ebenso seine Gemahlin Eleanor die der Königin.[4] Dann wurden sie vor dem Hochaltar wieder beigesetzt. Darauf bezieht sich um 1428 der Bericht im „Roten Buch von Bath":

> *At Glastynbury on the queer* ['im Chor'],
> *They made Artourez toumbe there,*

---

1 Chambers (1927), 274.
2 Wildhaber (1973), 14.
3 Bei der ersten Umbettung hatte man die Knochen in *cistae* gelegt, die außen bemalt waren. Die der Königin stellte diese gekrönt dar, während die des Königs die wegen dessen schwerer Kopfverletzung heruntergefallene Krone zeigte; Chambers (1927), 124f., 279ff.
4 Carley (1999), 50f.

And wrote with latyn vers thus:
Hic jacet Arthurus, rex quondam, rexque futurus[1]
'Arthur ruhet hier, König einst und König in Zukunft'.

Diesen leoninischen Hexameter erwähnt auch Malory, der eingesteht, daß es mehrere Traditionen über Arthurs Ende gab (XXI, 7).

Die beiden Schädel und die Kniescheiben wurden jedoch nicht mitbestattet, sondern als Reliquien in Glastonbury aufbewahrt, wohl auch zum immerwährenden Beweis, daß Arthur und Guinevere wirklich tot seien.[2] Edward nahm auch angeblich die Krone Arthurs, von der wir erst in diesem Kontext im 13. Jh. hören, daß sie lange Zeit von den Walisern aufs Höchste verehrt worden sei (wo?), mit weiteren Pretiosen an sich: *et sic Wallensium gloria ad Anglicos, licet invite, est translata* 'und so wurde der Ruhm der Waliser zu deren Unwillen auf die Engländer übertragen', wie es die Waverley Annals formulieren.[3] Das geschah nach der 1282 erfolgten Niederlage des „last Prince of Wales" *Llywelyn ap Gruffudd*. Als neuer Arthur war Edward auch Herrscher über alle der Sage nach von Arthur unterworfenen Gebieten, darunter Schottland, und so verschleppte er auch den Krönungsstein der schottischen Könige nach Westminster. Übrigens wurde noch 1531 Englands Anspruch auf ein weites Herrschaftsgebiet mit der angeblichen Inschrift auf Arthurs Gruft begründet, die gelautet haben soll:

Arthur the Patrician, Emperor of Britain, Gaul, Germany and Denmark

was allerdings nur den Spott des kaiserlichen Gesandten Eustace Chapuys hervorrief.[4]

Bis heute ist Glastonbury aufs Engste mit Arthur verbunden und über diese Sagentradition hinaus hat das Städtchen und sein prähistorischer Burghügel (Glastonbury Torr) seit 1927 durch Katherine Maltwood eine besondere ma-

---

1 Chambers (1927), 125f.; dort auch andere Berichte mit anderen Inschriften.
2 Chambers (1927), 281.
3 Chambers (1999), 279.
4 Carley (1999), 57.

gisch-kosmische Bedeutung als esoterischer „Kraftort" erhalten.¹ Zusammen mit Thomas Hardy und George Bernard Shaw gründete der wagnerbegeisterte Komponist Rutland Boughton 1914 das Glastonbury Festival, das bis 1926 abgehalten wurde. Es sollte durch die Aufführung nationaler, arthurischer Opern ein englisches Bayreuth werden. In den 70er-Jahren wurde es als ein Hippie-Fest neugegründet und ist jetzt das Glastonbury Festival of Contemporary Performing Arts, das bis heute mit „Avalon Stage", „Dance Village" usw. besteht. „Glasto" „is the largest greenfield music and performing arts festival in the world. The festival is best known for its contemporary music, but also features dance, comedy, theatre, circus, cabaret and many other arts."²

Vermutlich im Zusammenhang mit arthurischen Traditionen in Apulien steht die Nachricht in den um 1211 entstandenen *Otia imperialia* des Gervasius von Tilbury.³ Er weiß im zweiten Buch, daß nach Meinung der Briten sich der König zur Heilung seiner Wunden durch Morganda ... in insula Davalun aufhält. Er weiß aber auch im dritten Buch, daß Arthur in den Aetna entrückt sei, wo er in einer lieblichen Landschaft und einem wunderbarem Schloß Hof halte, während er die von seinem Neffen Modred und dem Sachsenherzog Childerich stammenden Wunden auskuriere. Eine Variante dieser Tradition überliefert um 1240 Caesarius von Heisterbach in seinem *Dialogus miraculorum* (distinctio XII, 12).⁴ Hier sendet

---

1 Darüber informiert die Internetadresse http://www.labyrinthina.com/zodiac.htm (6. 4. 2006): „The Glastonbury Zodiac may be the most remarkable ancient earthenwork in Great Britain. This great landscape configuration is comprised of a circle 10 miles across and 30 miles in circumference formed by hills, roads, and rivers that can only be seen in its entirety from high above ... the figures are representations of constellations in the heavens moulded into the fabric of the land. Here giant mythological archetypes depict the Grail Quest. Like the Twelve Giants, the Round Table has twelve places. Even the land around Glastonbury has been known for centuries as the Twelve Hides (given to Joseph of Arimathea the uncle of Jesus, when he arrived here with the Holy Grail). This vast complex encompasses Glastonbury Tor and Chalice Hill in the sign of Aquarius (Phoenix), Wearyall Hill in Pisces, and so forth, as it weaves round the Isle of Avalon. Arthur, Guinevere, Merlin, and the Knights are still remembered in the signs of the Giant Zodiac. Maltwood believed the Zodiac was constructed sometime around 2700 BCE, but earlier dates of 7000 BCE relating to Egypt's Dendarah Zodiac, have also been suggested." Eine Verfeinerung erfuhren diese Spekulationen noch durch Mary Caine und ihre „Glastonbury Giants"; http://www.users.globalnet.co.uk/~pardos/GGZodiac2.html (1. 8. 2008). – Zu Glastonbury und dem Gral s. Terhart (2007), 30–33 und unten S. 202.
2 http://en.wikipedia.org/wiki/Glastonbury_Festival#Glastonbury_over_time (5. 6. 2008).
3 Chambers (1927), 276f.
4 Chambers (1927), 277f.

ein deutscher Dekan der Kirche von Palermo einen Knaben auf die Suche nach einem entlaufenen Pferd. Er trifft einen Greis, der ihm mitteilt, daß sich das Pferd im Aetna (*in monte Gyber*) bei Arthur befinde und daß der Dekan selbst in vierzehn Tagen zur Hofhaltung Arthurs kommen solle. Als dieser den Wunsch verlacht, stirbt er am festgesetzten Tag.

Gervasius von Tilbury weiß aber auch, daß Arthur in den Wäldern Großbritanniens und der Bretagne als „Wilder Jäger" mit allen Attributen dieser germanischen Sagen- und vielleicht auch Brauchtumsgestalt unterwegs ist (ibid.). Auch der dominikanische Prediger und Inquisitor Étienne de Bourbon berichtet in seinem *Tractatus de diversis materiis praedicabilibus* (1251-1260), einer Sammlung von für die Predigt geeigneten Geschichten, von Arthur als Anführer der „Wilden Jagd":

> Manchmal foppen die Dämonen die Menschen, indem sie sich in die Gestalt jagender oder spielender Krieger verwandeln, die dann im Volk als *familia Allequini* [dazu unser *Harlekin*] ... *vel Arturi* bezeichnet werden. Ein Bauer beim „Katzenberg" (*ad Montem Cati* mit Bezug auf den *Cath Palug* ?) habe der Einladung der *familia regis Arturi* Folge geleistet, einen wunderbaren Palast und eine festliche Hofhaltung besucht und sei dort neben einer unerhört schönen Dame eingeschlafen, jedoch am anderen Morgen jämmerlich im Freien erwacht.[1] Seit jeher wird dazu eine Stelle aus dem 6. Kapitel des *Complaynt of Scotland* (ca. 1550) zitiert, in welcher der mutmaßliche Autor Robert Wedderburn verschiedene volkssprachliche Überlieferungen (darunter auch *the prophysie of merlyne, the tail of syr euan arthours knycht, arthour of litil bertange, lancelot du lac*) zitiert, Prosa und Gereimtes wie etwa:
> > *Arthour knycht he raid on nycht*
> > *Vitht gyltin spur and candil lycht.*[2]

Die Einbeziehung Arthurs in die germanische Wodanstradition der Wilden Jagd hat eine schlagende Entsprechen in der Theoderichs d. Großen († 526), des ostgotischen Zeitgenossen Arthurs, den die Kirche gleichfalls in den Aetna versetzte, und der im deutschen Volksglauben als Wilder Jäger

---

1 Chambers (1927), 278.
2 'Ritter Arthur ritt bei Nacht mit goldenen Sporen und Kerzenlicht...' Vgl. Chambers (1927), 228; der Text des *Complaynt* ist jetzt leicht zugänglich unter: http://www.scotsindependent.org/features/scots/complaynt/ (29. 11. 2006).

Banadietrich ('Bernerdietrich') eine ganz ähnliche Rolle spielt, jedoch m. W. nicht mit einem Palast und höfischem Leben im Jenseits verbunden wird.

Sehen wir uns zum Schluß noch die humorige Zusammenfassung von T. H. White (s. unten S. 289ff.) an:

> „A Miss Jessie L. Weston mentions a manuscript ... in which it is stated that the queen who came to carry him away was none other than the aged enchantress Morgan, his half-sister, and that she took him to a magic island. Dr. Sommer regards the entire account as absurd. A lot of people called Wolfram von Eschenbach, Ulrich von Zatzikhoven, Dr. Wechssler, Professor Zimmer, Mr. Nutt and so forth, either scout the question wholly, or remain in learned confusion. Chaucer, Spenser, Shakespeare, Milton, Wordsworth, Tennyson and a number of other reliable witnesses agree that he is still on earth: Milton inclining to the view that he is underneath it ... while Tennyson is of the opinion that he will come again to visit us 'like a modern Gentleman of stateliest port,' possibly like the Prince Consort. Shakespeare's contribution is to place the beloved Falstaff, at his death, not in Abraham's, but in Arthur's bosom."[1]

David Greenslade, ein moderner walisischer Autor, sagt in seinem Gedicht *Ogof Arthur* 'Arthurs Höhle' (übers. Sabine Heinz):[2]

> Welchen Wert hat ein König im Zauberschlaf?
> Und sein Vater, Uthr Pendragon, unter der Erde?
> Und ein Merlin, der in den Wald ging?
>
> Ein schlafender König läßt dem Volke die Möglichkeit der Deutung,
> und das Erwachen mit dem Frühling ist des langen Wartens Wert.
> Jede Eiche trägt ihre Eichel,
> und in den Eicheln hat Merlin seine Kinderstube.
>
> Und die Gruft betreffend –
> ist es nicht Aufgabe des Vaters,
> das Gesicht dem Toten zuzuwenden,
> zur Schar der Götter und Göttinnen?
> Füllt er nicht um ihretwillen den Kessel mit seinem Körper?

---

1 The Once and Future King, 810f.
2 Keltische Sprachinseln, 160f.

So wie Uthr?
So wie Merlin?
So wie Arthur?

Und jene, die die Legende und ihr Erzählen lieben,
die Waliser, sind an der Höhle
und das Wiedererwachen flüstert im Felsen.

2. Anfänge und mutmaßliche historische Elemente der Tristansage

Bevor wir nun die Rezeption des Arthurstoffes weiter verfolgen, ist auch von dem zweiten großen Thema der *matière de Bretagne*, von der Tristansage und dem „Tristansyndrom" zu handeln.[1] Bringen wir alles auf den kleinsten gemeinsamen Nenner, so kann man sagen: Konstitutiv ist das „Tristandreieck" –, nichts anderes als das eingangs (s. oben 91) angegebene Dreieckschema vom König, seiner Gemahlin und seinem Vertrauten (diesfalls den Neffen mütterlicherseits).

a. Der Kern der Tristanfabel – unterwegs zur *estoire*

Während jedoch in den klassischen Arthurtexten zunächst ein möglicher Konflikt zwischen dem König und seinem Neffen unterdrückt ist und nur am Ende der *Historia Regum Britanniae* durch den Ehebruch Modreds mit Guanhumara virulent wird – und dann auch zum Untergang des Artusreiches führt –, ist dieses Thema von Anfang an der tragende Handlungskern der Tristantradition, das durch ein magisches Mittel (Minnetrank als Umdeutung des zur Herrschaft berechtigenden Rauschtranks) hervorgerufen wird und das eigentliche „Tristanproblem" ergibt, nämlich den Konflikt zwischen erotischer Liebe und Treue zum Gefolgsherren und Verwandten, einen Konflikt, der zunächst in der romanhaft gestalteten Arthursage durch Einführung des

---

1   Tristan and Isolde (1995).

mit Arthur nicht (nahe) verwandt gedachten *Lancelot* nur schwelt, aber nicht aufbricht. In der Tristansage ist das „Tristanproblem" das einzig wichtige, die Handlung steuernde Element, was bedeutet, daß hier andere Handlungsthemen fehlen, wie sie in der Arthurtradition der „Kampf gegen Rom" oder die „Gralssuche" und andere Bedrohungen des Reiches bilden.

Außer den direkt oder indirekt aus den französischen Fassungen abgeleiteten französischen, italienischen, deutschen, tschechischen, mittelenglischen und altnordischen Bearbeitungen, in denen die Hauptpersonen *Marke, Tristan* und *Îsolt/Îsôt* (dazu noch *Curvenal* und *Brangæne* als Vertraute und Helfer Tristans und Isolts) – bzw. in leicht durchschaubaren Variationen – heißen, lassen sich noch Traditionen vergleichen, die eine ähnliche Handlungsstruktur aufweisen, in denen die Akteure aber ganz andere Namen tragen.

Doch zuerst sollte ich die von Joseph Bédier rekonstruierte Frühversion der Tristansage,[1] die man *Estoire* nennt (s. unten S. 171) erwähnen. Sie besteht aus drei Teilen:

(1) Tristan kämpft für seinen Oheim König Marke von Cornwall gegen einen Kämpen („den *Môrholt*"), der im Namen Irlands Tribut verlangt und tötet diesen. Er wird dabei verwundet. Die Wunde kann nur in Irland durch die irische Prinzessin Isolt („mit den blonden Haaren") geheilt werden.

(2) Tristan wirbt für Marke um Isolt. Irrtümlich trinken er und Isolt von dem für Marke und Isolt vorgesehenen Liebestrank. Beide sind nun einander verfallen und brechen die Ehe, die Marke mit Isolt eingeht. Es folgt eine Serie von – teils ans Burleske streifenden – Ehebruchsepisoden samt Verräterfiguren, der wachsende Argwohn Markes, ein kühner Sprung Tristans, um sich der Verfolgung zu entziehen, die Einbeziehung des Arthurhofes, an dem sich Tristan eine Zeit lang aufhält, ein Gottesgericht und die Verstoßung der beiden Liebenden. Sie führen zunächst ein mühseliges Waldleben fern vom Hof. Tristan hat sich angewöhnt, vor dem

---

1 Bédier (1900).

Einschlafen sein blankes Schwert zwischen sich und die Geliebte zu legen. Eines Morgens entdeckt Marke auf der Jagd die beiden schlafend in ihrer Laubhütte. Als er Tristan erschlagen will, rührt ihn die scheinbare Keuschheit ihrer Lage (das Motiv des „Blanken Schwertes", das sich auch in der Siegfried-Tradition findet!). Er vertauscht Tristans Schwert mit seinem eigenen, woraus Tristan erkennt, daß er und Isolt entdeckt sind. Sie fliehen erschreckt tiefer in den Wald. Hier scheint die frühe Version des „Urtristan" geendet zu haben: die beiden Flüchtenden werden verwundet und Tristan erstickt Isolt in seiner Liebesumarmung, so daß sie ihm in den Tod folgt. In der *Estoire* kehren sie nach der Vermittlung durch einen Einsiedler an den Hof zurück. Tristan verläßt Cornwall, was ihm umso leichter fällt, als die Kraft des Liebestrankes allmählich nachläßt.

(3) Er geht in der Bretagne mit einer Frau, die gleichfalls Isolt („mit den weißen Händen") heißt, eine Ehe ein, sehnt sich jedoch immer wieder nach der blonden Isolt zurück und vollzieht die Ehe mit der weißhändigen zunächst nicht. Eines Tages reiten sie durch ein Wasser, das an Isolts nacktem Schenkel emporspritzt, worauf sie bemerkt, daß das Wasser kühner als Tristan sei („Motiv des kühnen Wassers"). Danach vollzieht Tristan mit ihr die Ehe, sucht aber die blonde Isolt auf waghalsigen Reisen in Verkleidungen immer wieder auf. Zuletzt wird er im Kampf für seinen bretonischen Schwager *Kahedin* so schwer verwundet, daß ihn nur die blonde Isolt heilen könnte. Sie kommt auch eigens über das Meer, doch Tristans eifersüchtige Gemahlin behauptet, sie käme nicht (das „Motiv der schwarzen und weißen Segel"), worauf Tristan stirbt. Die blonde Isolt stirbt ihm nach. Die Liebenden werden nebeneinander bestattet, aus ihren Gräbern wachsen zwei Pflanzen (Weinrebe und Rose), die sich ineinander verschlingen.

Wenn man von „Schuld" sprechen will, so kann man sie bei der Königin im Zweifel an der Treue des Helden suchen, die „Schuld" des Helden aber in der neuen Bindung, die er in der Ferne eingeht und die ihn das Leben kostet.

b. Ist die Tristansage „keltisch"? Orientalische Angebote zur Herleitung der *estoire*

Das Eigentümliche an der Tristansage ist nun, daß es nicht nur keltische, sondern auch orientalische Traditionen gibt, die verblüffend ähnliche Dreiecksverhältnisse gestalten und die dadurch auch als Quellen unserer Tristantradition angesehen werden könnten, so daß sich letztlich die Frage stellt, mit welchem Recht und in welchem Ausmaß die uns geläufige Tristanfabel im Rahmen der Keltenrezeption behandelt werden darf.

Da ist einmal die iranisch-persische von Fakhraddin Gorgani im 11. Jh. gestaltete Sage von „Vīs und Rāmīn":[1]

> Auf einem Frühlingsfest lernt Schah *Mubad Manikān* die Königin *Šahru* kennen und bittet sie um ihre Liebe. Sie lehnt ab, weil sie schon mehrere Kinder geboren habe, verspricht dem Herrscher aber ihre Tochter, falls sie noch eine gebären sollte. Sie gebiert *Vīs*, die zusammen mit *Rāmīn*, dem jüngsten Bruder des Herrschers, aufgezogen wird. Als sie herangewachsen ist, wird sie zwar mit ihrem Bruder *Virō* verheiratet, doch dann muß das Versprechen eingelöst und sie mit dem greisen Schah vermählt werden, den inzwischen eine zauberkundige Amme impotent gemacht hat. Nun beginnt ein Zusammenleben und Versteckspiel, ähnlich dem der Tristansage, wobei sich Vīs auch der Feuerprobe unterzieht. Dann heiratet der des Landes verwiesene *Rāmīn* eine Prinzessin *Gul*, worauf Vīs ihn verstößt, dies aber bereut, als Rāmīn der Frau überdrüssig geworden ist. Zuletzt raubt er die Geliebte mit Gewalt, wobei der ihn verfolgende *Mubad* durch einen wilden Eber (!) das Leben verliert. Danach herrscht *Rāmīn* noch 83 Jahre als Schah, die letzten Jahre als eine Art Mönch im parsischen Feuertempel. Nach seinem Tod ist seine Seele mit der der schon früher verstorbenen *Vīs* auf ewig vereint.

Die zweite Tradition ist mit einer historischen Person verbunden:

> *Kais ibn-Doreidsch* (gest. 687) hat auf Wunsch seines Vaters seine geliebte Gattin *Lobna* verstoßen. Später lernt er ein anderes Mädchen mit demselben Namen kennen, das er unter Vermittlung ihres Bruders heiratet. Da er sich jedoch von der Erinnerung an seine erste Frau nicht losmachen kann, ver-

---

[1] Vis & Ramin (2008).

nachlässigt er sie, was die Verwandten der zweiten Lobna entrüstet. Als der Dichter schwer erkrankt, sendet er nach der ersten Gattin. Beide Liebenden werden noch einmal kurz vereint, bevor sie an gebrochenem Herzen sterben.[1]

Seit Samuel Singer[2] gilt es als ausgemachte Sache, daß diese Tradition in die Tristansage eingekreuzt wurde. Wenn das richtig ist, so hätte die keltische Urfabel des „Tristan" mit dem Waldleben und der Erstickung der Geliebten bzw. der Rückkehr an den Hof geendet. Freilich erhebt sich im letzteren Fall die Frage, wie der Held und die junge Königin ursprünglich ums Leben kamen.

Das Ordal des glühenden Eisens und seine Hintergehung (der *gelüppete eit*) wurden aus der indischen Tradition hergeleitet. Das hinduistische Ritual des „Act of Truth" in Form einer „Feuerprobe" kann durch Wörtlichnehmen der Eidesformel in ganz ähnlicher Weise umgangen werden wie im Tristanroman.[3] Freilich ist das Ordal seit der Karolingerzeit in Europa ganz geläufig, die Annahme einer Entlehnung also nicht zwingend.

Was diese orientalischen Traditionen angeht, so stellt sich natürlich die Frage, wie sie nach Europa und speziell nach Britannien hätten kommen können. „Vīs und Rāmīn" war im persischen Raum hochberühmt, wurde in das Georgische übersetzt, hat aber angeblich den Sprung in den arabischen Raum nicht geschafft,[4] weshalb die Chance einer Vermittlung in den Westen als gering eingeschätzt wird.[5] Tatsächlich sind andere sicher aus dem indo-iranischen Raum stammende Traditionen aus dem Mittelpersischen ins Arabische, dann über das Hebräische durch getaufte Juden in das lateinische Abendland gelangt – so etwa die Gestalt des *Buddha-Bodhisattva*, die bei uns als hl. *Josaphat* weiterlebt. Da es sich bei diesen Beispielen aber teils um lehrhafte Exempeltexte, teils um Legen-

---

1 In: Weisweiler (1954), 80ff.
2 Singer (1918).
3 Newstead (1959), 130f. ohne einen genauen Weg der Vermittlung anzugeben. Sie sagt vielmehr: „The story was so popular, that it is difficult to determine exactly how it reached the Tristan legend."
4 McCann (1995) unter Berufung auf Kunitsch (1980), 73–85.
5 Manche keltologisch ausgerichtete Darstellungen der Genese der Tristansage wie die von Helaine Newstead (1959) lassen „Vīs und Rāmīn" bezeichnenderweise unerwähnt.

den handelt, gelten hier gewiß andere Regeln als bei einem so durchaus „weltlichen" Plot wie dem der Tristansage. Das gilt gewiß auch für die merkwürdige misogyne Tradition, wie sie in dem lat. Epos *Arthurus et Gorlagon* (s. unten S. 185) erscheint. Auch hier kann man sich gut die Vermittlung als frauenfeindliches Exempel vorstellen.[1]

Die arabische Tradition von Kais ibn-Doreidsch hat gegenüber der von „Vīs und Rāmīn" einen großen räumlichen Vorsprung. Man könnte sich vorstellen, daß sie schon um 1100 eingekreuzt wurde, gerade zur rechten Zeit, um noch in die *Estoire* gelangen zu können. Ob man dies für wahrscheinlich oder unwahrscheinlich hält, hängt davon ab, inwieweit man auch für die Trobadorlyrik und den Minnesang arabische Wurzeln annimmt. Das „Halsband der Taube" des islamischen Theologen Ibn Hazm al-Andalusī entstand um die Mitte des 11. Jh.s. Wilhelm IX. (VII.) von Poitou, mit dessen Namen man gewöhnlich das Aufkommen der Trobadorlyrik verbindet, lebte 1071–1127.[3]

Ich handle deshalb hier so ausführlich über diese orientalischen Traditionen, weil beide zusammen als Quelle der Tristansage ausreichen würden, wenn wir die keltischen Namen in ihr, das keltische Lokalkolorit und das Wort vom „kühnen Wasser" für sekundär hielten und wenn wir – vor allem für „Vīs und Rāmīn" – einen Übernahmeweg einigermaßen wahrscheinlich machen könnten. Und das ist bisher nicht gelungen.

---

1 Arthur and Gorlagon. Die Übersetzung ist leicht zugänglich in: http://www.horrormasters.com/Text/a0495.pdf (22. 4. 2006): Ein König wird durch seine ehebrecherische Frau in einen Wolf verwandelt. Die Rückverwandlung gelingt durch einen anderen König, dessen Sohn der (zahme) Wolf rettete. Die Geschichte wird Arthur erzählt, um ihn aufzuklären, weil Guinevere behauptet hatte, daß er nichts über die weibliche Seele wisse. Zu den orientalischen Parallelen s. Loomis (1959b), 476–478.
2 Weisweiler (1961). Von den 30 Kapiteln dieses Buches befassen sich 10 mit den Ursprüngen der Liebe, 12 mit ihren positiven und negativen Eigenschaften und 6 handeln von den Schicksalsschlägen, die die Liebe gefährden. Die letzten zwei Kapitel geißeln die Abscheulichkeit der Sünde und preisen die Keuschheit. Damit hat das Werk eine vergleichbare Anlage mit *De amore libri tres* des Andreas Capellanus.
3 So auch Newstead (1959), 132f., die als Vermittler an den vielbeschworenen *Breri-Bleddri-Bleheris-Pleherin* dachte.

c. Britannische, irische und germanische Elemente in der *estoire*

Demgegenüber sei nun zusammengefaßt, was man aus keltologischer Sicht zur Genese der Tristansage feststellen kann:

Der Name *Tristan* geht auf *Drystan* zurück, der als *Drust/Drustan/ Drostan/Drosten* mehrfach für historische Personen vor allem im schottisch-piktischen Raum bezeugt ist[1] und das Namenselement kelt. **drust-* 'Gefolgsmann' enthält.[2] Das bindet „den Treu'sten aller Treuen" (Wagner) besonders an seinen Gefolgsherren und war wohl von Anfang an bedeutungsvoll. Der südschottisch-nordenglische Raum ist für die Entstehung der britannischen Helden- und Arthursage auch sonst von großer Relevanz.

Der durchsichtige Name *Marke* bedeutet einfach 'Pferd' (kymr. *march*, bret. *marc'h*), was die bei Béroul überlieferte Tradition (v. 1306 – 1350) begründete, daß der König Pferdeohren gehabt habe. Die in vielen keltischen Varianten verbreitete Sage[3] ist wohl nach der antiken Erzählung von König Midas, wie man sie bei Ovid (Metam. XI, 146–193) lesen konnte, gestaltet, enthält aber vielleicht insoferne einen archaischen Kern, als die Göttin der Landesherrschaft bei den Inselkelten (oder nur bei den Iren ?) in Pferdegestalt gedacht war (*Macha*), der König sich bei der Inauguration wie ein Pferd verhielt und mit Weihe- oder Würdenamen auch 'erhabenes Pferd' (*Ro-ech*, *Eochu*) oder 'Pferdebester' (*Eochaid*) hieß. Tatsächlich gibt es einen Hinweis auf einen historischen *March ap Meirchyawn*. *March* begegnet auch in Cornwall als Königsname.[4]

In der Vita des hl. Paulus Aurelianus, die mit Landevennec in der Bretagne und Saint Paul in Cornwall verbunden ist, setzt ihr Verfasser Wrmonoc im 9.

---

1   Bromwich (1991a), 210. Vgl. die zahlreichen Stellen bei Sutherland (1994). Aus dem späten 8. Jh. ist ein piktischer Herrscher *Drust filius Talorcan* bezeugt (Sutherland [1994], 60), den man mit dem aus den Triaden bekannten *Drystan mab Tallwch* identifizieren (TYP 329 – 333, 512). Auf Kreuz 1 von St. Vigeans (Tayside) ist zu lesen: DROSTEN IPE VORET ETT FORCVS; Abb. Sutherland (1994), 204. Vgl. jetzt das Material bei Heinz – Kutschke.
2   Vgl. Birkhan (1984), 51–78. Newstead (1959), 125, Anm. 3.
3   Newstead (1959), 128; Bromwich (1991a), 212. Ó Briain (1991), 83–113. Ó Briain nimmt an, daß die Pferdeohren von *March* auf irische Könige übertragen wurden, läßt dabei aber die alte Pferdesympathie des irischen Königtums außer Acht; vgl. Birkhan (1999a), 540–542.
4   Padel (1981), 72f.

Jh. *March* mit *Cunomorus* (= akymr. *Kynvawr*), der im frühen 6. Jh. in Cornwall regiert haben soll, gleich, indem er von St. Paul sagt: *fama ejus regis Marci pervolat ad aures quem alio nomine Quonomorium vocant* 'der Ruhm dieses Königs *Marcus*, den man auch mit anderem Namen *Cunomorius* nennt, drang an seine Ohren'.[1] Gehen wir von der alten Sakralbeziehung zwischen Pferd und König aus, so könnte *Markos der alte Sakral- oder Funktionsname eines kornischen Königs *Kunomor(i̯)os (~ kymr. *Cynfor*) gewesen sein.

Diesen Namen hat man auf dem „Stein von Fowey" bzw. „Castledor(e)" (Pfarre Tywardreath), der heute an der Straßenkreuzung „The Four Turnings" steht, wiedergefunden und den Stein danach „Tristan-Stein" genannt, indem man die Inschrift als DRVSTA/NVSHICIACIT | CVNOMORIFILIVS las.[2] Heute ist die Schrift so verwittert, daß man kaum Buchstaben erkennen kann. Man vermutet, daß das nahe gelegene Hillfort von Castle Dore,[3] in dem sich der Stein früher befunden haben soll, der Sitz Markes gewesen sei. Wenn der hier angeblich genannte DRVSTANVS wirklich das Vorbild Tristans gewesen wäre, so müßte ihn eine jüngere Stufe der Sage zu Markes Neffen gemacht haben, vielleicht nach dem Avunkulatsvorbild der Arthursage.

Den *Trioedd Ynys Prydain*[4] ist zu entnehmen, daß *Drystan* Marchs Schweine hütete (Nr. 26), während er einen Boten zu *Essyllt* sandte.[5] Wir haben die Stelle schon kennengelernt (s. oben S. 114). Darüber hinaus wurde Drystan als einer der großen „Feinde-Unterwerfer" (Nr. 19), einer der drei „Kampfdiademgekrönten" (Nr. 21: *taleithyavc*), einer der drei großen Liebhaber (Nr. 71), aber auch einer der drei „Hartnäckigen" (Nr. 72: *cyndynyavc*) der Insel Britannien und einer der drei „großen Edlen" (Nr. 73: *gogyfurd*) am Hofe Arthurs gefeiert.

---

1   *Revue Celtique* 5 [1881–83]: 431.
2   Thomas (1994), 279f. Den ersten Namen entzifferte Macalister (CIIC Nr. 487) jedoch als CIRVSINVS.
3   Padel (1991), 240–243.
4   Die Hs. Peniarth 16 stammt aus der 2. Hälfte des 13. Jh.s. Die Orthographie und die fehlende Lenition bei bestimmten Eigennamen deuten aber auf eine wesentlich frühere Entstehungszeit (zwischen 8. und 12. Jh. ?); vgl. TYP xviii xxi.
5   TYP 45–48.

Der Triadenbericht paßt, wie McCann[1] gesehen hat, gut in die Entstehungszeit von *Culhwch ac Olwen* (um 1100) und zeigt bereits den Brückenschlag zwischen Tristan- und Arthursage, wie er ja auch in der etwa gleichzeitigen *estoire* begegnet, von Thomas unterdrückt wurde, aber im „Prosa-Tristan" (in der ersten Fassung zwischen 1225 und 1235 entstanden) und bei Malory ganz im Vordergrund erscheint.

Soviel zur britannischen Seite in dieser Sage!

Die irische Seite ist in auffälliger Weise durch germanische Namen charakterisiert.[2] Kymr. *Essyllt*, der Name Isolts läßt sich aus anord. *Áshild*- herleiten.[3] Ihr Vater, der bei Gottfried von Straßburg *Gurmûn* (mit dem merkwürdigen Beinamen *Gemuotheit*) heißt, hat seine Wurzeln weit zurück in der Völkerwanderungszeit, als Irland kurzzeitig vandalisch besetzt war. Der König ist, wie Ernst Erich Metzner zeigte, ein Nachfahre des 477 gestorbenen Vandalenkönigs Geiserich, daher auch Gottfrieds Bemerkung, daß *Gurmûn* aus Afrika stamme.[4] Durch *Áshild-Essyllt* und durch den *Môrholt*, dessen Name im Französischen immer mit Artikel erscheint (*li Morhout*), kommt nun ein spezifisch wikingerzeitliches Element in den Entstehungshorizont der Sage. *Develîn-Dyflinnarborg-Dublin*, der Sitz Isolts, ist bekanntlich eine frühe stadtartige Anlage der Wikinger in Irland. Ich habe schon vor langem den Namen *Môrholt* als Bezeichnung eines Wikingerpiraten ('Strandkrieger; Herr des Strandes') erklärt.[5] Die

---

[1] McCann (1995), 31.

[2] Ein Fremdkörper in dieser Namenwelt Irlands ist *Brangæne*, deren Namen ja doch wohl von kymr. *Branwen* 'weiße Rabin', der Schwester des *Bendigeitvran* im Zweiten Zweig des Mabinogi, nicht zu trennen ist. Nun wird zwar Branwen in dem genannten Text nach Irland verheiratet, aber die Umstände, die im Übrigen an die Hilde- und Kudrunsage erinnern, erlauben doch keine Verbindung der beiden Figuren.

[3] Schulze-Thulin (1993), 292, 294–296, nach einem schon älteren Vorschlag in ZCP 1927, 165.

[4] Metzner (1973), 219–227, bes. 239f. Einer der Kronzeugen für diese kurze vandalische Herrschaft ist Geoffrey von Monmouth, dessen Historia regum Britanniae (XI, 8) Thomas benützte, wie man später auch in der Tradition vom „Bartmantelriesen" *Rito* (X, 2) in der Tristrams saga (cap. 78) erkennen kann; vgl. auch Gerald of Wales (1982), 119–121.

Triade 80, die die drei ungetreuen Frauen zusammenfaßt, nennt als Vater Esyllts einen gewissen *Kulvanawyt Prydein* 'dünne Ahle von Britannien', wie Rachel Bromwich wohl mit Recht vermutete, der Spitzname einer Gestalt, der wir als Vater Isoldes kein großes Alter zuschreiben dürfen (TYP 311f.).

[5] Birkhan (1976), 58–60. Auch Rachel Bromwich hatte schon das Namenselement *-môr- in beiden Namen verglichen und so den *Môrolt* mit den *Fomóire* verbunden; Bromwich (1955).

raubenden Wikinger erscheinen in der altirischen Tradition nicht selten mit den *Fomóire* genannten Unholden identifiziert und deren Heimat *Lochlann* wird mit Skandinavien gleichgesetzt. Gehen wir von der Wikingerbesetzung Irlands und den kriegerischen Spannungen zwischen dem Reich Markes in Britannien und dem Reich Gurmûns aus, so entspricht dies etwa der Situation im 9. und 10. Jh. Das piktische Königreich, mit dem die Forschung gerne den Namen *Drust* verbunden hat, ging 843 unter.

Die Tristan-Sage mit den uns geläufigen Namen ist deutlich ein britannisches Produkt. Die Sympathien des Erzählers und das Hauptinteresse stehen auf der Seite Britanniens (Großbritanniens und „Kleinbritanniens"), und Irland ist Feindesland, wobei ich offen lassen möchte, ob der Ursprung der Sage in Wales, in der angeblich südschottischen Heimat Drystans (das *Lohnois* der Sage als verderbte Form von *Lothian* ?) oder in *Kurnewal* bzw. *Kornbretland* zu suchen ist, wo Thomas das Erbland Markes annahm, der „Stein von Fowey" steht, und wo zuletzt auch die Sagengenese vermutet wurde.[1] Der erste Beleg des Namens *Essyllt* begegnet 967 in einer ags. Grenzbeschreibung als Bezeichnung einer Furt *hryt eselt* in Cornwall (Lizard Halbinsel). Wenn dieses Argument tragfähig ist, so erwiese es schon für die Mitte des 10. Jh.s die Berühmtheit der Sagenheldin, vielleicht sogar schon den Sagenzug, in dem der als Bettler verkleidete Tristan Isolt durch eine Furt trägt. Die Einbeziehung der Bretagne ist naheliegend, da sie ja von Cornwall aus besiedelt wurde und auch später noch enge Kontakte mit diesem Königreich unterhielt. Jean Marx hat sogar 1963 den Begriff eines „Groß-Britannien" („Grande Bretagne") als Traditionsgemeinschaft von Wales, Cornwall, dem kumbrischen Gebiet von Stratclyde und der Bretagne (dem alten *Aremorica*) geprägt.[2]

Man darf zusammenfassend sagen, daß um 1100 die Tristansage für Wales gesichert und wohl auch schon mit der Arthursage vermischt worden ist.[3] Man hat auch in Wales in einer allerdings viel jüngeren Chante-

---

1 Padel (1981); dazu McCann (1995), 29. Vgl. auch Padel (2006).
2 Marx (1965), 78; Williams (1991).
3 Der Name von Tristans Vater *Tallwch* wurde durch *Rivalen* ersetzt, vermutlich, um einen der Herren von Vitré in der Bretagne zu ehren, der schon nach dem Sagenhelden *Tristan* hieß (reg. 1030–1045),

fable¹ eine Lösung gefunden, die zwar ein altes Erzählmotiv benützt, aber sich gerade im Tristankomplex befremdlich ausnimmt. *Trystan* [sic!] und *March* sollen so ausgesöhnt werden, daß sie sich *Esyllt* nach Jahreszeiten teilen. *March* hat die erste Wahl und wählt die Zeit, in der die Bäume keine Blätter tragen, weil da die Nächte länger sind. Darauf triumphiert *Esyllt*: diese Jahreszeit gibt es nicht, weil Stechpalme, Efeu und Eibe das ganze Jahr im Laub stehen.²

Hier wäre zeitlich die von Joseph Bédier rekonstruierte Urfassung, die oben (s. S. 162f.) zusammengefaßte *estoire*, anzusetzen. Deren Rekonstruktion (die heute gelegentlich abgelehnt wird) beruht vor allem auf dem mhd. *Tristrant*-Roman des braunschweigischen Ministerialen Eilhart von Oberge und dem afrz. Werk des Béroul (im Nominativ *Bérox*).³ Noch vor 1160 erwähnten die Trobadors Cercamon und Bernard de Ventadorn Tristan als idealen Geliebten⁴ und bald darauf verfaßte Marie de France den Lais *Li chèvrefeuil* 'Das Geißblatt', der eine Episode im dritten Teil der *Estoire* gestaltet. Eilharts Werk stammt aus der Zeit um 1170, Berox dichtete nach 1190. Unter Heinrich II. zwischen etwa 1160 und 1165 schrieb Thomas „von Britannien" in London seine Fassung, die Gottfrieds von Straßburg „Tristan" (um 1210),⁵ der altnordischen *Tristrams saga* (1226) und dem mittelenglischen *Sir Tristrem* zugrundeliegt. Ordnete Jacob Grimm der *Estoire* „epische Gewalt" zu, so der Fassung des Thomas „lyrischen Zauber".

   Sohn eines *Rivalen* war; Newstead (1959), 128.
1 Diese Gattungsbezeichnung hier nach Sims-Williams (1991), 37.
2 Bromwich (1991a). Übersetzung bei Jackson (1971), 97; Birkhan (1989) II, 113–118.
3 Zur Estoire s. Whitehead (1959).
4 Wolf (1989).
5 Tristan (Marold); Tristan (Ranke); Wolf (1989); das neugefundene Thomas-Fragment von Carlisle zeigt, daß Gottfried auch Eilharts *Tristrant*-Roman kannte; Nellmann (2001).

d. Außerbritannische Zeugnisse für die *estoire* bzw. für einen „Urtristan"

Nun ist aber auch die zweite Gruppe von Traditionen, in denen die Helden nicht die üblichen Namen tragen, heranzuziehen, nämlich die irischen, und von ihnen soll nun etwas ausführlicher die Rede sein.

Als Königsfrage galt und gilt immer noch: Wie mag der der *Estoire* vorausliegende „Urtristan" ausgesehen haben? Läßt sich dies mittels der öfters verglichenen irischen Traditionen erschließen und in welchem Verhältnis stehen diese zu der uns geläufigen Tristansage? Sind sie deren Vorstufen oder spätere Ableger eines britannischen Urtristan?

Grundsätzlich kann man ja drei Möglichkeiten erwägen:

(1) Den Ansatz der „Nativisten", die wie Myles Dillon und Proinsias Mac Canna mit ungebrochenen langen Traditionen innerhalb des Keltischen und darüber hinaus – also auch mit aus der indogermanischen Urzeit Ererbtem – rechnen. Zu den Vertretern dieser Richtung gehörte Helaine Newstead.[1]

(2) Den „common sense"-Ansatz, mit oder ohne tiefenpsychologischen Einschlag, der in der menschlichen Psyche und Gesellschaft begründete Spontanparallelen erwägen würde. Hier erscheint das „Tristandreieck" als etwas „Allgemein-Menschliches", das auch in ganz fremden Literaturen wie z.B. den fernöstlichen[2] auftauchen müßte und etwa an den Ödipuskonflikt denken ließe, der ja in einer dänischen Variante des *Tristrams kvæði* bzw. im färingischen *Tístrams táttur* auch wirklich hineingedeutet wurde, wenn nämlich *Ísin frú* zur Schwester von Tístrams Ziehvater geworden ist.[3] Die „common sense"-Interpretation wird dem „Waldleben" im „Tristansyndrom" wenig Gewicht beimessen, weil sie es als eine logi-

---

1 Sie formuliert in Bezug auf die Isolde-Weißhand-Fabel und deren arabische Herkunft: „What remained was blended with the similar Breton theme of the Man with the Two Wives and the incident of the splashing water, i n h e r i t e d from the Irish story of Diarmaid and Grainne"; Newstead (1959), 132.
2 Martin (1999).
3 Saga of Tristram, xx.

sche Folge des bei Hof nicht zu verwirklichenden Liebesverhältnisses ansehen wird.[1]

(3) Die Entlehnung aus einem anderen Literaturraum. Dies ist der Weg James Carneys, des Begründers der jetzt modernen „antinativistischen" Sichtweise,[2] der möglichst immer außerirische Vorbilder sucht, und auch dort gelegentlich Übereinstimmungen findet, wo es sich um Allerweltsmotive handelt, auch wo das „Tristandreieck" nicht gegeben ist, also jemand Unvoreingenommener gar nicht auf die Idee käme, die Tristantradition zum Vergleich heranzuziehen.

Er nannte u. a. folgende Texte:[3]

Tóruigheacht Dhiarmada agus Ghráinne 'Die Verfolgung von Diarmait und Gráinne'
Longes mac n-Uislenn 'Das Davonlaufen der Söhne des Uisliu'
Scéla Cano meic Gartnáin 'Die Erzählung von Cano dem Sohne des Gartnán'
Tochmarc Becfola 'Die Werbung um Becfola'
Comracc Liadaine ocus Cuirithir 'Die Zusammenkunft von Liadan und Cuirithir'
Tochmarc Treblainne 'Die Werbung um Treblann'

Diese verband er noch mit der altnordischen *Kormáks saga*.

Die Sekundärliteratur kaum berücksichtigend und kontinentale Arbeiten so gut wie gar nicht wahrnehmend, ging er davon aus, daß die britannische Sage primär und in den genannten irischen Texten in der einen oder anderen Art adaptiert worden sei. Wäre dem so, dann müßten diese doch frühen Abkömmlinge der britannischen Tristantradition diese in einem archaischeren Stadium zeigen als die auf uns gekommenen Fassungen (Béroul, Eilhard etc.), also die berühmte „Fliege im Bernstein". Ich habe die verglichenen Texte abweichend von Carney nach absteigender Ähnlichkeit angeordnet und werde ihre Stellung jetzt kurz zu bestimmen versuchen:

---

[1] So etwa McCann (1995).
[2] Dazu Edel (1993), 20–25; Ó Cathasaigh (1996), bes. 61–64.
[3] Carney (1955), 189–242.

α *Tóruigheacht Dhiarmada agus Ghráinne*

Diese Erzählung[1] aus dem Leinstersagenkreis (s. unten S. 349ff.), die der altirischen „Gattung" der *aitheda* 'Geschichten vom Durchbrennen' ('elopement stories') zugehört, ist jene, die auch außerhalb der keltischen Philologie am häufigsten mit der Tristan-Sage verglichen wird.

Die gewöhnlich in das 10. oder gar 9. Jh. gesetzte Sage, deren Haupttext allerdings erst aus dem 17. Jh. überliefert ist, ist als Volkserzählung (Märchen) heute noch in Irland, bes. in der Gegend von Sligo, wo die Handlung spielt, populär.[2] Beliebt wurde die Sage in der Hochliteratur zur Zeit der „Irish Renaissance". So haben auch W. B. Yeats und George Moore (s. unten S. 464f.) zusammen ein Stück verfaßt, das 1901 aufgeführt, aber erst 1951 gedruckt wurde.[3]

> *Gráinne*,[4] die Frau des alternden Heldenkönigs *Finn*, verliebt sich in *Diarmait*, dessen jungen Gefolgsmann. Dabei sind dessen schwarze Haare, weiße Haut und rote Wangen (oder auch ein „Schönheitsfleck") das erotisierende Element. Bei einem Fest versetzt Gráinne den gesamten Hof bis auf *Oisín*, Finns Sohn, und Diarmait durch einen Schlaftrunk in Tiefschlaf. Durch magischen Zwang (*gessa*) zwingt sie Diarmait, mit ihr zu fliehen. Zunächst verbringen sie die Nächte keusch, jedoch immer von Finn verfolgt. Der „Liebesgott" *Oengus mac ind Óc* verbirgt Gráinne, während Diarmait sich durch einen kühnen Sprung rettet. Eines Tages spritzt Wasser an Gráinnes Schenkel empor, worauf sie die schon aus der *estoire* bekannte Bemerkung über das „kühne Wasser" macht. Von da ab schlafen sie zusammen, wenn auch Diarmait ein Schwert zwischen sich und die Geliebte legt. Oengus versöhnt Finn mit Gráinne und Diarmait. Auf der Jagd nach dem Eber von *Ben Gulban* (auch *Ben*

---

1 Tóruigheacht Dhiarmada; Übersetzung: Cross – Slover (1936), 370–421; Neeson (1966), 52 – 109. Zur Gattung s. IHK 21-24; Breatnach (1959); Mac Cana (1980). Wie McCann (1995), 23, andeutet, hat die Tristan-Sage außer an der Gattung der *aitheda* auch an der der *tochmarca* 'Brautwerbungen' und der *immrama* 'Seefahrten' Anteil. Zur Dreiecksgeschichte: Edel (2004), 134–136.
2 Dazu Wagner (1963b), 92–95; abergläubische Traditionen bei Brockington (1990), 58f.
3 Yeats, Plays, 557–607, 923–930.
4 Der Name der Heldin ist nicht sicher gedeutet. Natürlich kommt er nicht aus älterem †*Grainné* als Name der „Göttin der Feldfeuer" und hat nichts mit *Igraine/Igerne*, dem Namen von Arthurs Mutter zu tun, wie Marion Zimmer Bradley, Die Nebel von Avalon, 34, behauptet. *Gráinne* gilt einigen als Repräsentantin der Souveränität wie *Medb* oder *Mugain*; kritisch: Ní Dhonnchadha (2000), 230.

Bulben)¹ verletzt sich Diarmait an dessen giftigen Borsten, eine Eigenart, die er mit dem Eber *Twrch trwyth* der Culhwch-Erzählung (s. oben S. 133) teilt. Finn, der heilende Hände hat, könnte ihn durch Wasser aus einer nahen Quelle retten, doch er läßt aus Eifersucht das Wasser zwischen den Fingern durchlaufen. Diarmait stirbt, Gráinne trauert, fügt sich aber dann in ihr Schicksal und bleibt Finns Gemahlin.

(In dem Stück von Yeats – Moore lautet der letzte Satz: „Grania makes great mourning for Diarmuid, but her welcome to Finn shall be greater.")

Es ist leicht zu sehen, daß „Tóruigheacht Dhiarmada agus Ghráinne" sehr große Affinität zur Tristansage aufweist: das „Tristandreieck", das Exil, die kühnen Sprünge Tristans, das „kühne Wasser", das trennende Schwert, die Scheinversöhnung mit dem Eifersuchtsmord Finns. Dabei wiegt die fast wörtliche Übereinstimmung im „Motiv des kühnen Wassers" die anderen Übereinstimmungen, die auf Zufall beruhen oder aus den Handlungskonstellationen selbst erwachsen könnten, bei weitem auf. Besonders interessant ist der Tod Diarmaits durch den Eber, da man angesichts der auch sonst mit Tristan verbundenen Ebersymbolik bei Gottfried von Straßburg und in den kymrischen Triaden geradezu an ein Ebertotem denken könnte.²

So wie die Arthursage ihre aitiologischen Spuren in Geländeauffälligkeiten hinterlassen hat (s. oben), so auch die Sage von Diarmait und Gráinne in Form auffälliger Dolmen, die *Leaba Dhiarmada agus Gráinne* 'das Bett von D. und G.' heißen.³ Im Gebiet des Ben Gulban gibt es auch eine Höhle, in der die Liebenden gehaust haben sollen, samt der Felsformation des „Bettes". Auch auf der Aran-Insel *Inis Meain* findet sich ein solches „Bett".

β *Loinges mac nUislenn*

Diese sehr berühmte Sage wird in das 8. oder 9. Jh. datiert, oft auch nach der Hauptheldin einfach „Deirdre" („of the Sorrows") genannt. Obwohl

---
1 Kennedy–Smyth (1993), 15.
2 Vgl. Zips (1972).
3 Ferguson (1871), 225. Vgl. Kennedy – Smyth (1993), 46.

sie stärker abweicht und das Motiv des „kühnen Wassers" nicht kennt, gilt diese Erzählung vielen als „die früheste Quelle des Tristan-Stoffs".[1]

> Als die Frau des Geschichtenerzählers des Königs Conchobar von Ulster schwanger ist, prophezeit der Hofdruide, daß das Kind ein Mädchen sein, Deirdre heißen und viel Unglück bringen werde. Während alle das Mädchen töten wollen, läßt es Conchobar aufziehen, um es dereinst selbst zu heiraten. Es wächst in der Einsamkeit, von der Hofsatirikerin Leborcham betreut, auf. Als es einmal einen Raben im Schnee an roten Blutstropfen picken sieht, wünscht es sich einen Geliebten mit rabenschwarzem Haar, schneeweißer Haut und blutroten Wangen. Von Leborcham erfährt Deirdre, daß es einen solchen Mann gebe, es sei Noíse mac Uislenn.[2] Deirdre erklärt, ihn, den Jungstier, als Kalbin lieber zu wollen als den alten Stier der Provinz Ulster, den König Conchobor. Noíse lehnt ab, aber sie packt ihn bei den Ohren und zwingt ihn, sie zu nehmen, wenn er nicht wolle, daß die Ohren solche des „Schmachs und Spottes" würden. Nun fügt er sich, und gemeinsam mit seinen beiden Brüdern wandern sie nach Schottland aus, wo sie beim König Dienst nehmen.
>
> Doch auch der schottische König will Deirdre besitzen, was sie zu weiterer Auswanderung auf eine einsame Insel zwingt. Inzwischen versucht eine von Fergus mac Roich angeführte Partei die vier Geflohenen nach Ulster zurückzuholen, und Conchobar sichert ihnen durch Bürgen Frieden zu. Doch dann läßt er Noíse erschlagen, um Deirdre allein zu besitzen. Die Bürgen töten viele Mannen Conchobars und laufen dann zu dessen späterer Feindin, der Königin von Connacht, über. Conchobar heiratet nun Deirdre, die jedoch kein Wort spricht, nicht ißt und niemals lacht. Als er sie noch einmal erniedrigt, springt sie vom Wagen und zerschmettert ihren Kopf an einem Felsen.

Die Übereinstimmung besteht im „Tristandreieck", dem Exilmotiv, der Scheinversöhnung und dem Tod der Heldin aus Gram über die Eifersuchtshandlung des Königs. Speziell mit Tóruigheacht Dhiarmada agus Ghráinne besteht die Übereinstimmung in den „Schönheitsfarben" des Helden (schwarz-weiß-rot) und daß die junge Frau ihn gegen seinen Willen zwingt, sie anzunehmen.

---

1   Z. B. KNLL 19 (1988), 49. Übersetzung der Sage: Jackson (1971), 49–53.
2   Oder auch Uisnech in anderen Hss. Danach heißt die Sage auch Longas Macc nUisnig.

Man darf vermuten, daß der Minnetrank in unseren Tristanromanen gleichfalls ursprünglich ein von Isolt hergestelltes magisches Mittel war, daß ihr Tristan gefügig machen sollte. In einer davorliegenden kultischen Ausformung des *triangle de Bretagne* war es wohl der von der Herrschaftsgöttin, der „Berauschung" (*Medb*), dem Erkorenen überreichte Rauschtrank aus Met oder Bier (s. oben S. 91). Diese doppelte Rolle Isolts als Herstellerin und Genießerin des Tranks hat bei Gottfried und anderen dazu geführt, daß eine zauberkundige Mutter, die gleichfalls Isolt hieß, eingeführt wurde. Man kann also festhalten: die erotische und sexuelle Initiative ging wohl ursprünglich von der Frau aus.

Abgesehen von der diskutierbaren Nähe zur Tristantradition ist die Sage *Loinges mac nUislenn* als eine der „tragischsten" Erzählungen Irlands besonders im Gedächtnis geblieben.[1] So entstand im 15. Jh. eine neue Fassung und im 17. Jh. eine Nachdichtung durch Geoffrey Keating. MacPherson bezog die Heldin als *Darthula* in den ossianischen Kreis (s. unten S. 340ff.) ein.[2] In der Zeit des „Celtic Dawn" (s. unten S. 668) ist „Deirdre of the Sorrows" durch das Drama von John Millington Synge berühmt geworden, daneben haben Lady Gregory, James Stephens, George W. Russell und – am eindrucksvollsten – Yeats den Stoff bearbeitet. Auch später bewegte er die Literaten, wie etwa die schöne niederländische Novelle „Deirdre en de zonen van Usnach" von Adriaan Roland Holst beweist. Dazu kommen noch Symphonie Nr. 2 „Deirdre – a Celtic Symphony" (1927) von Rutland Boughton und die Oper „Deirdre" (1946) des kanadischen Komponisten Healy Willan. Und überdies ist heute *Deirdre* kein ganz seltener Vorname.[3]

---

1   Wenn auch, wie Breatnach (1996), 194f., betont, der Akzent keineswegs immer auf dem Schicksal Deirdres gelegen hat. Die Bearbeitungen in der Zeit des Celtic Dawn greifen auf die frühe altirische Fassung und nicht auf die vielen dazwischenliegenden Varianten, auf die Breatnach hinweist, zurück. *Deirdre* wurde auch als Souveränitätsrepräsentantin angesehen; Ní Dhonnchadha (2000), 230. Weiteres bei Quin (1959). Übersetzung: Cross – Slover (1936), 239–247.
2   Vgl. „Darthulas Grabesgesang. Aus Ossian", in: Herder (1807), 2. Teil, 2. Buch, Nr. 14.
3   Vgl. z.B. http://www.allaboutdeirdre.com/ (9. 12. 2004).

γ *Scéla Cano meic Gartnáin*[1]

Hier verraten die Umstände von Canos Tod deutlich den Einfluß der britannischen Tristansage. Außerdem ist die Erzählung in Schottland, der oft vermuteten Heimat des Drystan, angesiedelt.

> Einst zog *Cano* nach Connacht, um einen gewissen *Guaire* zu besuchen. Unterwegs kam er zum Hause des *Marcán*, dessen Frau *Créd*, die Tochter Guaires, sich schon früher in Cano verliebt hatte. Sie ihrerseits wurde von Marcáns Sohn *Colcu* geliebt, dessen Anträge sie jedoch stets zurückgewiesen hatte. Bei seinem Abschied von Guaire gibt Cano ein Fest, an dem auch Marcán, Colcu und Créd teilnehmen. Letztere bittet Cano um die Erlaubnis, an diesem Abend das Getränk zubereiten zu dürfen. Mittels eines Schlaftrunkes gelingt es ihr, mit Cano allein zu sein. Als sie ihm auf dem Speisesofa ihre Liebe anträgt, weist er sie zunächst zurück, weil er gerade ein kriegerisches Unternehmen plane. Er werde sie aber zur Frau nehmen, sobald er die Königsherrschaft in Schottland erlangt habe. Er überläßt ihr einen Stein mit seiner Lebenskraft, den er seinerzeit von seiner Mutter erhalten hat.[2] Nach Erlangung der Königsherrschaft trifft er jedes Jahr mit Créd bei *Inber Colptha* zusammen. Aber Colcu lauert ihm dort jedes Mal mit hundert Kriegern auf. Sie verlegen den Treffpunkt nach *Loch Créda*. Als sie bereits in Sichtweite sind, erscheint Colcu mit drei Schiffen und verwundet Cano. Créd hält ihn für tot und zerschmettert voll Verzweiflung ihren Kopf an einem Felsen, wobei der Stein mit Canos Lebenskraft zerbricht.

Außer dem „Tristandreieck" (?)[3] sind hier die erotische Aktivität der Frau mit dem magischen Trank, Créds „Liebestod", besonders aber der Name ihres Mannes *Marcán* 'Pferdchen' bedeutsam, der den Zusammenhang zur Tristansage eindeutig herstellt.

---

1   Dillon (1946), 79–83.
2   Zum Stein als Träger der Lebenskraft vgl. Brockington (1990), 57.
3   Cano ist freilich kein Verwandter des Marcán und auch in keinem Dienstmannen- und Treueverhältnis, wie Dillon (1946), 79, betonte.

δ Weitere wirkliche oder angebliche Parallelen zur Tristantradition außerhalb Britanniens

Die übrigen von Carney verglichenen Texte *Tochmarc Becfola*,[1] *Comracc Liadaine ocus Cuirithir*,[2] *Tochmarc Treblainne* haben ebenso wenig mit dem Tristanthema gemein wie die von ihm gleichfalls genannte anord. *Kormáks saga*.[3]

Hätte Carney sich etwas mehr in der altnordischen Überlieferung umgetan, so wäre er auf die *Þiðreks saga* gestoßen, in der gleich mehrere mögliche Reminiszenzen der Tristangeschichte vorkommen. Immerhin gibt es hier einen Helden, der *Tristram* heißt und nicht weniger als vier Isolden (s. unten S. 222f.). Für die keltologische Ursprungsfrage ist das

---

1 Übersetzung: Cross – Slover (1936), 533–537.
2 Meyer (1902); abgedruckt bei Schoepperle (1913), II, 553–560. Die Verspartien aus diesem Stück in: Greene – O'Connor (1967), 72–77.
3 Die Saga handelt von der besonders tiefen Liebe des Skalden Kormákr Ögmundarson (10. Jh.) zur schönen Steingerð. Ihm, aber auch anderen Personen dieser Saga, wurden etwa 65 *lausavísur* zugeschrieben und um diese herum im 13. Jh. die eigentliche Erzählung aufgebaut. Kormákr ist Steingerðs Vater als Schwiegersohn unlieb, doch er kann die zu seiner Ermordung gedungenen Mörder erschlagen, wird allerdings von deren Mutter verflucht, Steingerð nie zu erlangen. Im Folgenden wirbt er zwar erfolgreich um die Geliebte und wird ihr auch verlobt, durch den Fluch jedoch versäumt er den Hochzeitstermin. Steingerð wird einem gewissen Bersi verheiratet, den Kormákr beim Holmgang am Gesäß so verletzen kann, daß er in Zukunft nur noch der „Arsch-Bersi" heißt, weshalb sich Steingerð von ihm trennt. Sie geht eine neue Bindung mit dem unkriegerischen Þórvald „Zinnstab" ein, den Kormákr in mehreren Strophen verspottet. Der Skalde kann Steingerð und ihren Mann zweimal aus großer Not befreien, trifft auch mehrere Male mit Steingerð zusammen, sie aber bleibt spröde. So tief sitzt die Kränkung der „vergessenen Braut". Auch als Þórvald Kormák zuliebe auf sie verzichten will, nimmt sie das Opfer nicht an. Da erkennt Kormákr, daß er keine Chancen mehr hat. Bald darauf zerquetscht ihn ein Riese aus Schottland.
Wie man leicht erkennen wird, gibt es hier weder das „Tristandreieck" noch das eigentliche Tristanproblem – die unversöhnbare Spannung zwischen erotischer Liebe und Verwandten- bzw. Gefolgsmannentreue –, ja selbst das eigentliche Liebesthema ist nicht vollständig gegeben, da die sitzengelassene Steingerð ja von Kormák nichts mehr wissen will. Weder daß eine Episode der Handlung in Irland spielt noch daß Kormákr einen irischen Namen trägt, deuten auf keltische Beeinflussung der Sage. Das keltische Element – wenn wirklich ein solches vorhanden wäre – müßte in dem merkwürdigen Fluch der Zauberin Þórveig stecken, der das Versäumen des Heiratstermins bewirkt. Bezeichnenderweise wissen auch die Kommentatoren mit diesem Motiv nichts anzufangen, weil es nämlich eine *geiss*, eine dem Altnordischen eher fremde Fluchform, zu sein scheint. Einarsson (1961), 52–164 führte breit aus, daß die Kormáks saga der Tristanhandlung nachgebaut sei, nachdem diese durch Bruder Roberts Übersetzung bekannt geworden war. Wenn dem so sein sollte, so hat jedenfalls der Sagamann das, worauf es in der Tristantradition ankommt, gerade n i c h t z u e r s t gestaltet: weder das „Tristandreieck", noch das ethische Problem, nicht die wechselseitige Liebe und natürlich auch keinen Liebestod. Woher er die Vorstellung der *geiss* kannte, bleibt mir unklar. Sicher können wir aus der Kormáks saga nichts für die Vorgeschichte der Tristandichtung lernen.

freilich unerheblich, da jenen Traditionen schon eindeutig die keltische Tristansage zugrundeliegt, d.h. daß sie nichts über die Herkunft des Tristanthemas aussagen, sehr wohl aber hinsichtlich der Keltenrezeption ein signifikantes Zeugnis dafür bieten, wie beliebt der gesamte Tristankomplex in Norddeutschland gewesen sein dürfte, und wie unbeschwert man mit ihm umgehen konnte.

3. Die Erfindung der Tafelrunde

Schon 20 Jahre nach seiner Entstehung wurde Geoffreys Werk von dem Anglonormannen Robert Wace aus Jersey (1155) ins Französische übersetzt und nach dem Trojanerflüchtling *Roman de Brut(e)* genannt. Um 1200 übertrug der englische Kleriker Laȝamon ('Law-man'; meist vereinfachend *Layamon* geschrieben) aus Areley Kings in Worcestershire das Werk in mittelenglische Stabreime.

Die große Neuerung ist bei Wace und seinen Nachfolgern die Idee der „Tafelrunde".[1] Nach jüngeren Traditionen Merlin zugeschrieben, sollte sie die grundsätzliche Gleichheit aller ausdrücken, was natürlich streng genommen unsinnig war, denn wer zur Rechten oder Linken des Königs saß, war doch eben dadurch ausgezeichnet, zumal die einmal festgelegte Sitzordnung nicht verändert wurde.

Laȝamon begründet die Entstehung der Runden Tafel durch eine handfeste Saalschlacht zu Weihnachten.[2] Der Anstifter wurde mit einer Schlinge um den Hals in das Moor geworfen, seine männliche Verwandtschaft geköpft, der weiblichen die Nasen abgeschnitten. Darauf soll ein kornischer Tischler eine leicht transportierbare Tafel für mehr als 1600 Mann entworfen haben. Wer nun noch Streit stifte, werde von wilden Pferden zerrissen, ließ Arthur verkünden. Von den – nach den meisten späteren Quellen – 150 Sitzen blieb einer, der *Siège perilleux*, immer unbesetzt: Nur dem allerbesten Ritter zugedacht, war es *Galahad* vorbestimmt,

---

1 Arthurian Chronicles, 64.
2 Arthurian Chronicles, 210f.

ihn nach seinem Ritterschlag einzunehmen. In dieser Vorstellung lebt vielleicht die altkeltische vom Königstabu (Steinsitze als „Throne" bei der Königsinauguration)[1] weiter.

In der Spätzeit der arthurischen Tradition galt die Tafelrunde mit 150 Plätzen als Mitgift der Königin *Guenevere* (von ihrem Vater *Leodegrance* von *Cameliard*; Malory III, 1) und als Abbild der Welt (so noch bei Lord Tennyson). Bekannt ist die im Winchester Castle aufbewahrte „Runde Tafel" aus schwerem Eichenholz mit einem Durchmesser von ca. 6m. Sie sieht 24 namentlich bezeichnete Plätze plus einen für Arthur vor, also die verdoppelte Apostelzahl plus eins. Falls die Tafel tatsächlich zu Speisezwecken diente, wären auf einen Tischgenossen etwa 44cm entfallen. Die dendrochronologisch auf 1275 zu datierende und wohl von einem Artusfest stammende „Runde Tafel"[2] sieht zur Rechten des besonders gekennzeichneten Arthursitzes jenen Mordreds, zur Linken den alten *siège perilleux*, den Galahad schon eingenommen hatte, vor. Die von Loomis wiedergegebenen Namen der Tafelrundenritter lesen sich wie ein „Who's who" der Spätzeit der *matière de Bretagne*.

> Sie lauten (im Uhrzeigersinn von Arthur aus): *galahallt, launcelot deu lake, gauen, percivale, lyonell, trystram de lyens, garethe, bedwere, bloberrys, la cote maletayle, lucane, plomydes, lamorak, born de ganys, safer, pelleus, kay, Ector de marys, dagonet, degore, brumear, lybyus dysconyus, Alynore, mordrede*. Diese Namen, die in der Spätzeit noch mit Phantasiewappen verbunden wurden,[3] mögen hier als Vorgriff zur Artusritterwelt der Prosaromane stehen. Meine Leser hätten wohl mit Recht den Namen *Culhwch* (der vielleicht afrz. †*Culouche* hätte lauten müssen) hier nicht gesucht, es mag sie indessen erstaunen, daß in dieser Spätzeit auch *Erec* und *Yvain* fehlen. Wie zu erwarten, sind wichtige Gestalten der Tristantradition (*trystram de lyens* 'Tristram of Lyonesse' und *plomydes* 'Palimedes') unter die Tafelrundenritter aufgenommen.

---

1 Ein solcher Steinthron befindet sich in Magh Adair (Co. Clare), dem Krönungsort der Könige von Dál Cais (Birkhan 1999b), Abb. 603. Auch der Steinsitz der O'Neills von Clann Áedha Bhuidhe (Clannaboy, Clandeboy) mit auffälliger Rückenlehne ist erhalten und in Belfast zu sehen; vgl. Birkhan (1999a), 886.
2 Abgeb. bei Loomis (1938), Abb. 18; dazu 40f.
3 S. diese z. B. in: King Arthur in Cornwall.

Auch in der Gralsgemeinschaft gab es einen gefährlichen Sitz, nämlich den des *Judas* beim Abendmahl, auf den sich nach Robert de Boron ein heuchlerischer Jude *Moysés* niederläßt und damit im Boden versinkt, als ob er nie dagewesen wäre.[1] Erst der „Dritte Mensch" *li tierce hons* (v. 2790), den *Hebron* – der Name wird später mit *Bran* kontaminiert – mit *Enygeus*, der Schwester Josephs von Arimathäa, zeugen wird, darf den zwölften Platz einnehmen. So ist die Gralsrunde als geistliche Kontrafaktur nicht von der Artusrunde zu trennen.

> Eine um 1475 entstandene Miniatur[2] zum „Prosa-Lancelot" zeigt die runde Gralstafel, an der *Galaad* auf einem Thron den Vorsitz führt. Die ihn umgebenden Ritter oder Könige sind von seiner Rechten aus: Lancelot, Bort, Gawain, Liovnel, Etor, Le Roy Ryons, Le Roy Carados, Le Roy Ydier, Le Roy Bandemagvs, Kev, Tristan, Helias, Le Roy Artvs, Perseval, also 15, darunter zu unserem Erstaunen, auch *Key*.

4. Die Vermittlung der britannischen Erzählstoffe in das Altfranzösische

Wer mögen die Bearbeiter jener Texte gewesen sein, aus denen französische Dichter wie Chrestiens, Béroul oder Thomas schöpften?[3]

Peter von Blois (*De Confessione*)[4] spricht von Spielleuten (*histriones*), wenn er um 1190 sagt: „Man besingt ... die Drangsal und das Unrecht, die weisen, schönen, starken, liebenswerten und edlen Menschen widerfahren, so wie die Spielleute Geschichten über Arthur ... und Tristan erzählen, wobei die Zuhörer in ihren Herzen durch Mitleid erschüttert werden, bis sie in Tränen ausbrechen."

---

1   *Si s'i asiet, et quant il fu assis, si fu fonduz maintenant en terre, ne ne semble que onques i eust esté*; Robert de Boron, 96f.
2   BN Ms. fr. 116, fol. 610ᵛ; Rehm (1995), 50, Abb. 20.
3   Dazu vgl. Bromwich (1991b).
4   PL 207, 1088; Chambers (1966), 267. Der Text lautet im Original: *Saepe in tragoediis et aliis carminibus poetarum, in ioculatorum cantilenis describitur aliquis vir prudens, decorus, fortis, amabilis et per omnia gratiosus. Recitantur etiam pressurae vel iniuriae eidem crudeliter irrogatae, sicut de Arturo et Ganganno et Tristano fabulosa quaedam referunt histriones, quorum auditu concutiuntur ad compassionem audientium corda, et usque ad lacrimas compunguntur.*

Und in der Tat finden sich auch sonst Hinweise auf solche Personen, die, wenn sie wirklich als Vermittler in Frage kommen sollen, mehrsprachig sein mußten. Daß die Bretagne, im 6. Jh. von Cornwall aus besiedelt, als keltischer Vorposten der Arthurtradition auf dem Festland eine bedeutende Rolle spielte, ist vielfach belegt und nimmt nicht wunder. Namen wie *Erec* für *Gereint, Yvain, Ivan* für *Owein, Guivret* (als *Gwiffred Petit* in die *Gereint*-Geschichte aufgenommen) und viele andere beweisen es zur Genüge. Die merkwürdige Quelle im Reich der Brunnengräfin *Laudîne* (der Name vielleicht < *La Diana*), deren ausgegossenes Wasser ein Unwetter verursacht, wird heute noch in der Nähe von Rennes im Wald von *Broncéliande* als *Fontaine de Barenton* gezeigt. Sie war übrigens wegen ihrer magischen Eigenschaft so bekannt, daß der anglonormannische Dichter Robert Wace, wie er selbst in seinem *Roman de Rou* um 1170 berichtet, hinpilgerte, um Feeen zu sehen und den Regenguß auszulösen, aber enttäuscht wurde:

„Als Narr kehrte ich zurück, als Narr war ich hingegangen; als Narr ging ich hin, als Narr kehrte ich zurück."[1]

Auch lateinische Texte kennen die bretonische Gewitterquelle.[2] In der Nähe ist übrigens auch *Val sans retour*, das „Land, aus dem niemand wiederkehrt" und aus dem Lancelot die gefangenen Ritter befreite. Von Troyes aus gesehen liegt all das im Westen, dort wo in diesen Sagen die Phantasien und Mythen beheimatet sind, im Zentrum und Osten herrscht die (christliche) Geschichte.

Nicht alle bedeutenden Arthurhelden sind historische Gestalten Britanniens und des „Nordens" wie *Owein, Peredur* und vielleicht *Gereint.* In einem gewissen Ausmaß ist die Arthursage auch bretonische Heldensage. Wie erinnern uns an den *Riotamus* des Sidonius-Briefes. Das Bretonische, mit dem Kornischen sehr nahe verwandt, muß im 12. und 13. Jh. dem Walisischen etwa so nahe gestanden haben, wie heute das Deutsche dem

---

1 Foulon (1959), 95, 100. Mein eigener Versuch bei der Quelle führte hingegen im Sommer 1980 zu einem starken Unwetter!
2 Tournoy, 215. Vgl. Gerald of Wales (1982), 63.

Niederländischen. Daß ein Spielmann oder beruflicher Geschichtenerzähler (frz. *conteur*, kymr. *cyfarwydd*) neben Französisch auch beide keltischen Sprachen beherrschte, dürfte wohl keine Seltenheit gewesen sein. Bretonen befanden sich auch mit den normannischen Kriegern zusammen in Italien und haben dort für die frühe Verbreitung der Arthursage gesorgt (s. oben S. 108f.). Noch Chrestiens findet es in seinem „Lancelot" erwähnenswert, daß die Damen am Artushof gut französisch gesprochen hätten (V. 39f.), was er wohl kaum betonen würde, wenn er Französisch für die Muttersprache des Hofes gehalten hätte. Nein, für ihn sind die Figuren des Artusromanes Waliser oder Bretonen, die sich aber als Zeichen ihrer Bildung des Französischen bedienen.

Wir kennen auch den Namen eines „berühmten Erzählers" (*fabulator famosus*), nämlich den Waliser *Bleheris* (auch: *Bleddri, Pleherin, Breri*), den zeitgenössische Quellen, darunter auch Thomas von Britannien, der Verfasser des anglonormannischen Tristanromans, nennen. Er soll geradezu allwissend in den Stoffen der Arthur- und Gralssage gewesen sein und muß etwa in der ersten Hälfte des 12. Jh.s gelebt haben. Er wird mit dem walisischen Dichter *Bleddri ap Cadifor* (vor 1077 – ca. 1137) identifiziert,[1] doch erwähnt auch Geoffrey (XI, 13) einen *Bledericus videlicet dux cornubie*.[2] Wohl mit der üblichen Namenentstellung erscheint er bei Malory (VIII, 15ff.) als Ritter, der mit *Sir Tristan* um eine Dame kämpft, die aber *Sir Bleoberis* dem Tristan vorzieht! An der Tafel von Winchester führte der Held allerdings einen entstellten Namen (s. oben S. 181). Als Erzählergenie ist *Bleheris* für uns heute nur die kleine Spitze des berühmten Eisbergs. Aus den Anreden an die Zuhörer, aus Merkmalen der mündlichen Erzähltechnik, aus Mißverständnissen und einzelnen Erwähnungen von *conteurs, jongleurs* und *cyfarwyddiaid* läßt sich aber auf eine blühende Erzählpraxis schließen, die an den walisischen, bretonischen, anglonormannischen, französischen (und auch provenzalischen) Höfen geherrscht haben muß.

Angesichts der großen Bedeutung der Bretonen mag es erstaunen, daß keine alten bretonischen Texte der *matière de Bretagne* auf uns gekommen sind (s. unten zum „Barzaz breiz" S. 392), obwohl etwa der Wald von *Broncéliande* voll arthurischer Reminiszenzen gewesen sein muß. Der Grund liegt

---

1 Heinz-Kutschke.
2 Geoffrey of Monmouth (Griscom), 511.

in der allgemeinen schlechten Überlieferung des Bretonischen durch die spätere französische Unterdrückung. In der Tat hat Léon Fleuriot angenommen, daß es einst eine bis auf kleine Reste verlorene *Historia Britannica*, dem Werk Geoffreys vergleichbar, gegeben habe.[1] Jedoch sind manche dieser bretonischen Traditionen in kurzen, novellenartigen altfranzösischen Rittererzählungen (*lais*)[2] auf uns gekommen, von denen einige einer sonst nicht weiter bekannten *Marie de France* attribuiert werden,[3] die sie einem König – vermutlich Heinrich II. – widmete. Streng genommen ist davon nur *Lanval* (mit dem Thema der Feeengeliebten und ihrem Tabu) ein arthurischer *lais*, in dem Marie den König nennt. Doch der *Lai du Chèvrefeuil* (eine Episode der Tristansage) gehört gleichfalls zur *matière de Bretagne* und wohl auch der Marie zugeschriebene Lais *Bisclavret*, eine Werwolfgeschichte, die dem mittellateinischen Text von „Arthur und König Gorlagon" (s. oben S. 166, Anm. 1) nahesteht. Wir erinnern uns, daß Werwölfe in frühen walisischen arthurischen Texten vorkamen (s. oben S. 139). Der anonyme *Tyolet* erzählt von einem Helden, der wie Perceval in der Einsamkeit aufwuchs, dann aber auch von der Jagd auf einen berühmten weißen Hirschen. Der *Lai du Cor* eines Robert Biket (2. Hälfte d. 12. Jh.s) berichtet von einem aus der Anderen Welt gebrachten Horn, aus dem nur Treue trinken können, ein Tabu-Motiv, das im 15. Jh. in dem Meisterlied *Dis ist Frauw Tristerat horn von Saphoien* und noch in Wielands „Oberon" (II, 50) wieder begegnet. Aus der keltischen Königssage stammt der Mantel, der nur Tugendhaften paßt, in *Le Manteau Mautaillié*. Von manchen *lais* kennt man nur den Titel. So hat es einen *lai Mabon* gegeben, und dieser hat möglicherweise die Befreiung der ehemaligen Göttergestalt erzählt, die wir ja auch aus *Culhwch ac Olwen* (s. oben S. 132f.) kennen.

„Möglicherweise" deshalb, weil *Mabon* in der arthurischen Sagenwelt ein wahres Chamäleon zu sein scheint. Immerhin stellen ihn die Traditionen als einen irgendwie Unfreien dar: sei es in einer *costume* gefangen als *Mabonagrains/Mabonagrîn*, sei es als eine Gestalt, deren Gefangenschaft andere magisch „anstecken" kann wie *Mabuz der blœde* ('feige') im *Lanzelet* Ulrichs von Zatzikhoven, sei es als mächtiger Zauberer wie in *Le Bel Inconnu* des Renaut de Beaujeu. Die verschiedenen Traditionen sind vielleicht dadurch begründet, daß *Mabon* tatsächlich auf eine alte Göttergestalt *Maponos* zurückgeht, aus deren Mythos ganz verschiedene Teile und Aspekte erhalten blieben.

---

1 Vgl. Williams (1991), 265.
2 Zur Orientierung s. Hoepfner (1959); Williams (1991), 259–266.
3 Ewert (1958); Rimpau (2003).

Nicht arthurisch, aber doch für die Keltenrezeption bemerkenswert ist der Lais *Graelent*, eine Sage von der Feeengeliebten, die zu einem bretonischen Sagenkönig *Gradlon* gehören dürfte, den wir noch kennenlernen werden (s. unten S. 391).

5. Die Entstehung der französischen Romane und ihre Ausstrahlung in andere Literaturen

Am Hof der Marie de Champagne wirkte der Kleriker Chrestiens de Troyes (nfrz.: Chrétien), der nicht die *Historia* bearbeitete, sondern vier Einzelhelden aus der arthurischen Tradition herausgriff und zu Zentralgestalten seiner Romane machte, von denen drei bei Geoffrey nur Randfiguren gewesen waren, während eine Gestalt (*Lancelot*) überhaupt nicht vorkam und in ihrer Sagenherkunft bis heute rätselhaft bleibt. Wir wissen über Chrestiens nur, was er uns in seinen Werken selbst mitteilt: aus dem Prolog zum „Karrenroman" (= „Lancelot") erfahren wir, daß er als *clerc* „Kleriker" (was nicht unbedingt Priester, sondern jeden lateinkundigen Gebildeten bezeichnete) im Auftrag der Marie de Champagne dichtete, der Tochter Eleonores von Poitou und Ludwigs VII. von Frankreich, die 1164 Heinrich von Champagne geheiratet hatte. Nachdem sie verwitwet war, warb Philipp von Flandern 1182 um sie. Ihm ist der Roman *Perceval* gewidmet, der vor Philipps Tod (1191) geschrieben sein muß, aber Fragment blieb.

Jedenfalls ist Chrestiens als der Begründer der arthurischen Tradition auf dem Kontinent, und damit auch als Mitbegründer des höfischen Romans überhaupt, anzusehen. Seine Werke müssen also zwischen etwa 1160 und 1190 entstanden sein.[1] Drei davon wurden bald nach ihrer Entstehung auch ins Mittelhochdeutsche übertragen – die Änderungen da-

---

[1] Natürlich ist die Literatur zu Chrestiens Werken längst unüberschaubar. Einen Einstieg gewähren neben den geläufigen Literaturgeschichten, von denen ich nur den guten Überblick Kirsch (1986) nenne, bes. die BBSIA, auch: Chretien de Troyes (1977/2002). Übersetzung: Comfort (1914); neufrz. Übersetzungen finden sich in der Librairie Honoré Champion, Paris, dt. Übersetzungen bzw. zweisprachige Ausgaben bei Reclam, im Wilhelm Fink-Verlag und bei de Gruyter

bei sind teilweise so tiefgreifend, daß man eher von Bearbeitung, Adaptation oder – im Falle Wolframs von „Anverwandlung" – sprechen muß. „Übersetzungen" im strengen Wortsinn sind es nicht.

Diese Romane samt ihren walisischen Entsprechungen sind:

Erec et Enide. Erec ≈ kymr. *Gereint* < *Gerontius*, eine historische Gestalt, auf die uns ein mkymr. Preislied aus dem 10. Jh. (?) erhalten ist.[1] Geoffrey kennt den Helden nicht. Chrestiens Erec-Roman[2] wurde ins Mittelhochdeutsche in mehreren Fassungen übersetzt. Ein Bearbeiter war der alemannische Ritter Hartmann von Aue, dessen Erzählung *Êrec der wunderære*,[3] manchen – aber wohl zu Unrecht – als der erste mhd. Artusroman gilt. Ob die erst in jüngster Zeit[4] entdeckten variierenden *Êrec*-Fragmente abweichende Versionen von Hartmanns Text oder das Werk eines anderen sind, ist noch nicht entschieden.

Lancelot ou li chevaliers de la charette 'Der Karrenritter'.[5] Es gibt keine walisische Sagengestalt, die namentlich oder handlungsmäßig zu *Lancelot de Lac* paßt. Die Sage von der Entführung der Königin ist allerdings durch die Tradition von *Melwas* (≈ afrz. *Meleagant*; s. oben S. 122ff.), ferner durch das Relief von Modena (s. oben S. 108f.) und in gewisser Weise auch durch den Ehebruch Guanhumaras mit *Modredus/Medrawt* bei Geoffrey (s. oben S. 143) bekannt. Eine Übertragung von Chrestiens Roman in das Mhd. scheint es nicht gegeben zu haben. Der mhd. *Lanzelet* des Ulrich von Zatzikhoven[6] geht nicht auf Chrestiens, sondern auf eine ältere und archaischere normannische Quelle zurück, von deren Existenz man weiß, die aber nicht erhalten ist. Dieses in Handlungsführung und Mentalität gleich archaische Werk ist deshalb wichtig, weil es uns einen Eindruck vermittelt, wie die französische

---

1 Übersetzt: Birkhan (1989), I, 23–25.
2 Erec et Enide(1957); Erec et Enite (1987); Kasten (1979); engl Übersetzung auch bei Comfort (1914).
3 Erec (2006).
4 Vgl. Nellmann (1982); weitere Fragmente von Êrec-Bearbeitungen wurden in Wolfenbüttel sowie eine mitteldeutsche Bearbeitung jüngst in Zwettl (Niederösterreich) gefunden. Sie scheinen zu erweisen, daß es neben der Hartmanns auch andere mhd. Bearbeitungen des Chrestienschen Romans gab. Vgl. http://cgi-host.uni-marburg.de/~mrep/beschreibung.php?id=745 und Joachim Heinzle in: http://www.literaturkritik.de/public/forum-Heinzle-Nibelungen.php
5 Charrete (1958); Lancelot (1981); Jauss-Meyer (1974); übers. auch bei Comfort (1914).
6 Jetzt in einer mustergültigen Ausgabe aller Textzeugnisse mit Übersetzung und Kommentar von Florian Kragl; Lanzelet..

Arthursage vor Chrestiens ausgesehen haben wird. Auch hier wird die Königin entführt, aber durch die „Gemeinschaftsleistung" des gesamten Artushofes zurückgewonnen, was an die Darstellung in Modena gemahnt.

Yvain ou li Chevaliers au lion 'Yvain oder der Löwenritter'[1] ≈ *Iarlles y Ffynhawn* 'Die Brunnengräfin'. *Owein ap Urien* ist als Held des Nordens gut bekannt – ein mkymr. Nachruf auf ihn wird dem Taliesin zugeschrieben[2] – und erscheint bei Geoffrey nicht mehr im Spannungsverhältnis mit Arthur wie in *Breudwyt Ronabwy* (s. oben S. 139ff.), sondern als *Eventus*, ein bedeutender Ritter am Artushof. Dieser Roman Chrestiens wurde von Hartmann von Aue als *Îwein* bearbeitet.[3]

Perceval ou li cont del graal 'Perceval oder die Geschichte vom Gral'[4] ≈ *Peredur vab Evrawc*,[5] was etymologisch „übersetzt" 'Praetor Sohn des York' bedeutet. Der römisch-britannische Name der Stadt *York* hieß *Eborācum* 'der Ort, an dem es viel Pastinak gibt (?)'.[6] *Peredur* war eine Sagengestalt des Nordens, die auch in verschiedenen anderen Traditionen erscheint. Der Gral ist in der kontinentalen Tradition ein heiliges Gefäß, der Abendmahlskelch oder eine „Tischleindeckdich"-Gefäß, wie sich ja auch der Islam die Eucharistie denkt (Koran V, 113–116) oder ein wundersamer Stein (s. unten S. 201), in der kymr. Tradition erscheint statt dessen eine Schüssel mit dem blutigen Haupt eines Vetters von Peredur, dessen Tod der Held an den „Hexen" oder „Kampfmagierinnen" (mkymr. *gwiddonot*) von Gloucester zu rächen hat, die ihn selbst im Waffenhandwerk unterwiesen. Daneben geht es, wie Glenys Goettinck vermutete, vielleicht auch um die Frage der Landesherrschaft durch Vereinigung mit dem personifizierten Land, eine in der keltischen Tradition ja sehr häufige Vorstellung, die, wie schon erwähnt (S. 91), auch dem „triangle de Bretagne" zugrundeliegt. Bemerkenswert ist übrigens, daß unter den französischen

---

1 Yvain (1978); Yvain (1985); Nolting-Hauff (1962); übers. auch bei Comfort (1914).
2 Übersetzt: Birkhan (1989), I, 21.
3 Bech (1902).
4 Le Conte du Graal (1975); Li Contes del Graal (1990); übers. Sandkühler (1973).
5 Goetinck (1975); Lovecy (1991).
6 Jarman (1991), 138.

Gralsromanen nicht der des Chrestiens, sondern der anonyme Roman *Perlesvaus* (Beginn 13. Jh.) dem walisischen *Peredur* am nächsten zu stehen scheint. Die mittelhochdeutsche Bearbeitung von Chrestiens Werk durch Wolfram von Eschenbach (s. unten S. 205) gilt vielen Germanisten neben dem Tristanroman Gottfrieds als bedeutendstes deutsches Literaturwerk des Hochmittelalters, sicher ist er – modern gesprochen – der bedeutendste deutsche Fantasy-Roman.

Den Roman *Cligès* (auch: *Cligés*)[1] hat Chrestiens nach eigener Aussage als Anti-Tristan konzipiert. Der Name des Helden, der aus Byzanz stammt, wird bald aus griech. Γλυκύς 'süß', bald aus dem Namen des Seldschukensultans *Kilic* (*Arslan*), andererseits aber auch kymrisch erklärt.[2] Jedenfalls ist die Handlung von Chrestiens frei erfunden – wenn auch natürlich nach geläufigen Versatzstücken – und enthält, obwohl sie u. a. am Artushof spielt, kein altes keltisches Sagenmaterial, weshalb ich hier auf dieses Werk nicht eingehe; ebensowenig auf Chrestiens Roman *Guillaume d'Angleterre*.

Chrestiens hat nach eigener Angabe auch die Tristansage bearbeitet, doch ist uns dieses Werk – vielleicht war es auch nur eine Episode wie das „Geißblatt" der Marie de France – nicht erhalten.

a. Neue Sinnerfüllung der Romane

Mit der Verpflanzung der Arthur- und Tristantradition auf den Kontinent, zuerst nach Italien und Frankreich, dann nach Deutschland, Italien, Spanien, Portugal, die Niederlande, Skandinavien, Böhmen und zu den Ostjuden erfuhr die *matière de Bretagne* eine tiefgreifende Wandlung.[3] Erleichtert wurde dies dadurch, daß hier Stoffe (Erzählungen, Handlungen, Motive, Charaktere) übernommen wurden, die nicht den Anspruch religiöser Wahrheit erhoben wie die Heilige Schrift und die Legenden, die auch

---

1 Cligés (1978).
2 Sims–Williams (1999).
3 Vgl. dazu die Darstellungen in den Sammelbänden The Arthur of the French und The Arthur of the Germans. Der gleichfalls geplante Band The Arthur of the Iberians ist m. W. noch nicht erschienen.

nicht als historische Wahrheit von Interesse waren wie die Tradition der jeweils spezifischen Heldensage (der Sage von *Charlemagne* in Frankreich, der germanischen Heldensage bei uns) und der allgemein verbindlichen antiken Geschichte (von *Alexander, Troja* und *Aeneas*) – denn was ging den Kontinent der fabelhafte König *Arthur* an, von dem kein Geschichtsschreiber der Universalgeschichte auf dem Kontinent je etwas gehört hatte? – wäre da nicht der angevinisch-normannische Herrschaftsbereich gewesen, der Britannien und den Kontinent verband.[1] Schon bei Geoffrey war das Propagandistische in den Vordergrund getreten.

Es waren Stoffe, die zunächst sich selbst zu genügen schienen, jedenfalls nicht wie die lehrhafte Exempeldichtung, die Tierallegorien, Fabeln usw. von Haus aus mit einem bestimmten, meist moralischen Sinn befrachtet waren. Sekundär wurden sie das freilich dann doch, so daß sie später geradezu den Eindruck eines Tugendspiegels erwecken, der auch allegorisch hochbedeutsam sein konnte. Sie waren zunächst nicht nur historisch unverbindlich (ja mitunter sogar eine Flucht aus der bedrückenden Gegenwart), sondern (anfangs) auch weltlich im Gegensatz zu den heilsgeschichtlich ausgerichteten, gesungenen Epen der Sagen um Karl d. Großen (*chansons de geste*), in denen Massenschlachten gegen die als „Heiden" angesehenen Muslime zum wichtigsten (und ermüdenden) Thema gehörten. In den arthurischen Ritterromanen, in denen es vorwiegend Einzelkämpfe und – sehen wir vom Kampf Arthurs gegen die Römer und gegen Modred ab – kaum Massenschlachten gibt, geht es vorwiegend um Bewährung des Einzelnen, der sich durch Mannhaftigkeit sein Glück zu verdienen hat – *fortes fortuna adiuvat*[2] –, wenn man so will, im Sinne ständig aufeinander folgender Initiationen in ständig aufeinander folgenden Anderen Welten der *queste* (Suche und Aufdeckung) und des Aventiuregeschehens.[3] Wir wollen auch des Rosses nicht vergessen, denn der *Ritter* ist ein *Reiter*, der *chevalier* gehört zu seinem *cheval*. Der

---

1   Dazu Knapp (1997), 121f. mit Hinweis auf Beate Schmolke – Hasselmanns Verbindung des „Erec" mit dem Haus Plantagenet, der aber mit Recht darauf hinweist, daß dies nur ein punktueller Anknüpfungspunkt war.
2   Die Göttin *Fortuna* wird sogar gelegentlich eingeführt; Knapp (1977).
3   Patch (1950), 230–319.

„Pferdemann" (Karl Bertau) hat eine andere Welt- und Lebenserfahrung als der zu Fuß fechtende Recke der Heldensage.[1]

In der Forschung schrieb man den Werken eine gesellschaftliche Selbstdeutungsfunktion zu. Dabei sollte sich die literaturtragende weltliche Schicht des Mittelalters in den Romanen der *matière de Bretagne* gespiegelt finden – in Frankreich und England freie Vassallen, im deutschen Reich neben dem Adel zunehmend und immer mehr dominierend die Ministerialen, eine *de jure* unfreie, *de facto* jedoch bedeutende und mächtige Herrenschicht, die das Rittertum bildete. Hier wie dort wurde der Bewährung durch „Dienst" und in den „Aventiuren" (von mhd. âventiure [a:vən'ty:rə]), den „Abenteuern", eine im Selbstverständnis des Publikums statuskonstituierende Funktion zugeschrieben.

Empfänger des „Dienstes" sind entweder in Not Geratene und Bedrängte (meist Frauen) oder Arthur und die Tafelrunde selbst. Der Dienst ist gewöhnlich nicht gleich am Artushof, sondern an einem irgendwie dislozierten Ort zu leisten, der oft Züge der Anderen Welt (des keltischen Totenreiches) trägt. Die Dame, der gedient werden muß, gehört oft selbst dieser Anderen Welt an.

Auch wenn ein Abenteuer scheinbar um seiner selbst willen gewagt und bestanden wird, wie das Ausgießen des Wassers am Zauberbrunnen im *Yvain* (Îwein, Iarlles y Ffynhawn), so soll dadurch neben dem individuellen Ruhm auch der des Hofes erhöht werden. Die *prouesse* des Protagonisten muß durch fortwährend zu erbringende Belege der Ritterlichkeit, vor allem durch Zweikämpfe, Turniere und gefahrvolle Abenteuer begründet und bestätigt werden.

Die Abenteuer zeigen nun auch ein soziales Engagement; so wenn im *Yvain* zwei Ungeheuer (*netuns*) überwunden werden, die in einer Art präkapitalistischer Seidenmanufaktur gefangene Edeldamen zu einem Schandlohn arbeiten lassen, während sie die kunstvollen Webereien teuer verkaufen und den „Mehrwert" einstecken. Besonders eindrucksvoll ist das „Hoffreude" (*Joie de la Cort*) genannte Schlußabenteuer im *Erec*. Auf Wunsch seiner Dame hat sich dort der Ritter *Mabonagrains* hinter einer Nebelhecke installiert, nur

---

[1] Rimpau (2005).

um auf Herausforderer zu warten, die er dann zu bekämpfen und zu besiegen hat. Die Häupter der Überwundenen werden auf Pfähle gesteckt. *Erec* besiegt *Mabonagrain*, worüber dieser, da ihn ja nur die unausweichliche *costume* zu seinem kämpferischen Dahinvegetieren gezwungen hat, überaus glücklich ist. Gleichzeitig werden durch Erecs Erlösungstat die 80 Witwen der Erschlagenen wieder in die Hofgesellschaft einbezogen und „resozialisiert". Ein klassisches Beispiel bilden die Erzählungen vom „Schönen Unbekannten" (*Le Bel Inconnu*), der einer Dame der Anderen Welt beizustehen hat.[1] *Renaut de Beaujeu* (recte: De Bâgé) hat in diesem um 1185 – 1190 verfaßten Roman dieses Abenteuer wieder aufgegriffen.[2] Doch jetzt ist es das „Fräulein mit den weißen Händen", dem allerdings gegen ihren Willen ein schurkischer Ritter nach der Art des *Mabonagrains* dient. Die Tötung des Bösewichts durch den „Unbekannten" (*Guiglain*, den Sohn Gauvains, wie sich später herausstellt) befreit nun nicht nur das Fräulein von dem verhaßten Bewerber, sondern auch die Bürger der Stadt, die unter seinem Joch gelitten.

> Auch hier stecken nach gut altkeltischer Sitte die „têtes coupées" auf Pfählen und bescheinigen so den Totenreichcharakter der Anderen Welt. Wenn man auch bei der Aufspürung der keltischen Götterwelt in der *matière de Bretagne* vorsichtig sein sollte, denn nur in wenigen Fällen wie etwa bei *Mabon-/Maponus* gibt es klare Entsprechungen und viel zu oft wurde eine Rittergestalt wie etwa *Lancelot* für die menschliche Fortsetzung eines Gottes (etwa *Lugus*) gehalten oder gar Arthur selbst zu einem Vegetationsgott erklärt, so ist doch nicht zu leugnen, daß in signifikanten und charakteristischen Motiven, wie etwa dem des Tabu oder der Testgegenstände (z. B. Mantelprobe), altertümliche heidnische Vorstellungen weiterleben. Zu diesen gehört die für die Kelten gutbezeugte Kopfjagd (s. unten S. 446) auch mit der Zurschaustellung des erbeuteten Feindeshauptes wie hier auf Pfählen. Es ist merkwürdig, daß diese urtümlichen Momente später immer wieder unter der höfischen Politur sichtbar werden, nicht nur in Wales, sondern auch bei französischen Werken. Das beste Beispiel bildet der Roman *Perlesvaus* (Beginn des 13. Jh.s), der geradezu voll von Schädelreliquien und -trophäen ist, ja überhaupt in besonderem Maß archaischen Vorstellungen verpflichtet scheint.[3]

---

1   Dazu Rimpau (2007).
2   Lupack (2007), 317f.
3   Perlesvaus (Bryant); Darrah (1994), 83–87.

Vielen Romanen liegt ein Bewährungsschema des Helden zu Grunde, das ihm aus bescheidenen Anfängen oder gar Anonymität zu Frau und eigener Herrschaft führt, vorausgesetzt die ethischen Verhaltensnormen werden erfüllt. In diesem Punkt berührt sich der Artusroman bekanntlich mit dem Märchen, in denen es ein Außenseiter, ein fremder Prinz, Bauern- oder Handwerkersohn bis zum Eidam des Königs bringt und mit der Prinzessin das (halbe) Königreich erwirbt. Im Hintergrund steht das alte Motiv von Hieròs gámos als heilige Ehe mit der das Land repräsentierenden Frau. Wir haben dies als ein keltisches Denkmuster und dem Nemi-See-Syndrom nahestehend kennengelernt (s. oben S. 92, Anm. 3).

Die Romane von *Êrec* und *Îwein* waren die Lieblingstexte dieses sozialgeschichtlichen interpretatorischen Ansatzes. In der Erringung eigener Herrschaft fand man den zur gleichen Zeit stattfindenden „Territorialisierungsprozeß" wieder.[1] Klassische Fälle wären *Êrec* oder *Yvain/Îwein*, deren ethisch bestimmte Taten sie zu späterer Herrschaft legitimieren. Anders im Gralsroman, wo *Perceval/Parzivâl* ja schon seine Zugehörigkeit zu der exklusiven Gralsfamilie seine Berufung verbürgt. Die ethische Bewährung ist dann noch eine Form der Rechtfertigung des Geblütsadels und damit auch Arthurs selbst, der das aristokratische Leitbild[2] noch bis Maximilian I. bilden sollte. Vor allem in den 70-er Jahren des 20. Jh.s hatte diese Interpretationsstrategie ihre Akmē.[3]

Die Personen vertreten nun bestimmte Anschauungen. Zunächst schablonenhaft, bekommen sie allmählich einen eigenen Charakter, werden durchpsychologisiert, die ritterlichen Kampfhandlungen erscheinen mit Liebeshandlungen verwoben. Der Dichter beginnt selbständiger zu schalten, in Exkursen seine Meinung zu sagen, mit dem Leser Zwiesprache zu halten – kurzum: der Roman wird geboren!

Daneben bestand weiter die Sinnerfüllung durch die nun immer differenziertere Minnedoktrin, wie sie am Hof der Marie de Champagne entwickelt wurde. Das alles, das Rittertum, die Abenteuer, die Liebe und

---

[1] Vgl. das Werk eines Vordenkers dieser Richtung: Kaiser (1975).
[2] Störmer (1972).
[3] Wichtige Namen sind Kluckhohn (1910), Köhler (1970), Gallais (1964), Bumke (1977), Kaiser (1978), Brall (1983); Cormeau-Störmer (1985).

die Tugenden nannte man *courtois* 'höfisch' (mhd. *hövesch*) und *fin'amor*. Träger des „Höfischen", der *courtoisie*, war der *chevalier errant* 'der fahrende (eigentlich 'umherirrende'!) Ritter', der Hof und die höfische Gesellschaft mit ihren höfischen Lebensformen,[1] die sich gegen das „Bäurische" der *villains*, *gebûren* oder *dörper* absetzte. Damit ist aber nicht etwa nur der Bauernstand gemeint, sondern der Begriff wird verallgemeinert, ja sogar dämonisiert, und bezeichnet dann überhaupt das Unhöfische als das „Gegenmenschliche".

Auch die Darbietungsform änderte sich. Die Erzählungen waren zunächst mündlich, als Romane dann zur Lektüre, insbesondere auch durch Damen, bestimmt. Ausgehend von der Beobachtung, daß die Lesefähigkeit in den oberen Schichten bei den Frauen verbreiteter war als bei den Männern, wurde der meines Erachtens interessante Versuch gemacht, die höfischen Romane als „Frauenliteratur" zu sehen, für mich am interessantesten von Volker Mertens.[2] Sie wurden dem höfischen oder später auch bürgerlichen Publikum vorgelesen, wobei manches auf eine rezitativische Gestaltung nach bestimmten Tonhöhen deutet, und nur in seltenen Fällen nach Art eines Heldenliedes (s. unten S. 214) gesungen.

Wie wir aus dem Prolog zum „Lancelot" erfahren, wurde zwischen *matière*, also dem vordergründigen Erzählstoff, und *sans*, dem 'Sinn', unterschieden. Das entsprach natürlich auch dem kirchlichen Textverständnis der Bibel, welches z.B. das Gleichnis vom vergrabenen Pfund (Lk 19, 22f.) nicht als Aufruf zur monetären Kapitalanlage, sondern in einem moralisch-geistlichen Sinn interpretierte. So konnten die Romane auch als Beispiele für bestimmte Anschauungen und Normen dienen, die zur höfischen Ideologie gehörten und etwa auch am „Minnehof" der Marie de Champagne und an ihrem „Minnegericht" abgehandelt wurden, wo das Werk des dort wirkenden Andreas Capellanus *De amore. Libri tres* (1184/85) als normativ in Sachen höfischer Liebe galt.[3]

---

1 Vgl. etwa Knapp (1985). Die Untersuchung dieser besonders im Artusroman hervortretenden Erscheinung war die große Forschungsmode in den 70er und 80er-Jahren des 20. Jh.s. z. B.: Höfische Literatur (1986).
2 Mertens (1978).
3 Jetzt: Knapp (2006). Zum Weiterwirken vgl. Karnein (1981).

Nicht deskriptiv, sondern normativ in diesem Sinne wollen auch die Romane sein: Die Macht der verderblichen Liebe, des Eros,[1] die nach mittelalterlicher Überlieferung *ea ipsa* sündhaft, ja sogar zum Untergang Trojas führte, was in der „Aeneïs" deutlich vor Augen geführt wurde, sollte im gesellschaftlichen d.h. höfischen Leben gezähmt werden, und das gelingt und verleiht ja zunächst den Romanen den guten „märchenhaften" Ausgang, wenn auch von allem Anfang an Gestalten wie Tristan und Lancelot sich sperrten. Die Liebe galt als eine antike und „keltische" (bretonisch-britannische) Angelegenheit.

Andreas erzählt (II, 8, 1–49), wie ein britannischer Ritter eine Fee traf, die ihm einen Kuß gewährte, sodann mit einem Wunderpferd ausstattete und an den Artushof schickte, damit er dort einen kostbaren Habicht in einem goldenen Käfig erringe, dem auf einer Pergamentrolle die 31 Gebote der höfischen Liebe beigegeben waren.

So gesehen kann man Chrestiens Romane als *romans à thèse* „Thesenromane", als aktuelle Diskussionsbeiträge zu den im „Minnegericht" vertretenen Anschauungen, verstehen: Wenn etwa im „Yvain" *Laudine* dem Löwenritter ihre Minne aufsagt, weil er den von ihr eingeräumten Urlaub aus Freude an Rittertaten überzogen hat, so handelt sie nach dem Schiedsspruch der Gräfin der Champagne unrecht (II, 7, 31–34).

Daneben entwirft freilich ein Werk wie Gottfrieds von Straßburg „Tristan" überhaupt völlig neue Kategorien esoterischer Minneideologien und -praxis, die angesichts des fragmentarischen Charakters – das Werk bricht mit dem Auftreten Isolden Weißhands ab – die Frage aufwirft, wie Gottfried den Widerspruch zwischen der von Thomas vorgegebenen Handlung, der man wohl zu Unrecht gnostische Gedanken unterstellte,[2] und des auf die Spitze getriebenen existentiellen und quasi-religiösen Minneverständnisses hätte lösen wollen.

Wie erwähnt, gehört es zum mittelalterlichen Denken, daß man bei einem Ereignis auch nach dessen tieferem Sinn, etwa in symbolisch-allegorischer Form oder tropologisch, im Hinblick auf den eigenen Lebensweg,

---

1   Haug (2002).
2   Bayer (1988).

fragt. Man spricht vom „mehrfachen Schriftsinn". Den lehrte die Kirche ganz allgemein, und ein Text wie die *Clavis* 'Schlüssel' des Pseudo-Melito lieferte ein Symbol- und Allegorienhandbuch wohl des 11. Jh.s, wo man die Bedeutung von allem und jedem auf allen Sinnebenen durch Bibel- und Kirchenväterzitate abgesichert, nachlesen konnte.[1] Dieses Verfahren wurde in säkularisierter – manchmal auch scholastisch-theologischer – Form auf die tradierte Handlung der höfischen Romane angewandt. Bekanntlich ist hier Gottfried, der Minnerevolutionär, besonders weit gegangen, wenn er etwa die Erzählung von Tristan und Isolt mit der Wirkung der Eucharistie vergleicht und die Minnegrotte der vom Hof Entflohenen im Wald als einen Sakralraum abbildet, dessen Altar das Bett der Ehebrecher ist. Essentiell ist, daß der Hag, einst gefürchteter Urwald, hier, wie in der Minnelyrik, schon den alternativen Charakter eines Lustortes angenommen hat: *floret silva nobilis* 'es blüht der edle Wald' singen die gleichzeitigen *Carmina burana*.

Wesentlich ist auch, daß die Handlung als Vehikel neuer Sinnerfüllung dienen konnte. Zum ersten Mal bot sich die Möglichkeit, gegebenen Handlungen einen (weltlichem) Sinn zu unterlegen und sich bald auch weitere Handlungen nach dem Schema der vorgefundenen auszudenken, indem nun etwa ein neuer Ritter eingeführt wurde, von dem noch nie vernommen worden war und der mehr oder minder originell ersonnene neue Abenteuer zu bestehen hatte, z. B. einen Ritter *Flordimar*, Sohn eines Königs *Theangeloys* von *Thalimone*.[2]

Oft läßt sich zeigen, wie der Dichter selbst erfundene oder schon bestehende Motive neu kombiniert hat, so z.B. in der burlesken Erzählung „Tristan als Mönch", dem besonders kostbaren mittelenglischen Stanzenroman „Sir Gawaine and the Green Knight" (nach 1370; s. unten S. 217ff.) und dem originellen Roman des Strickers „Daniel von dem Blühenden Tal". Dieser letztgenannte entdeckte als neue ritterliche Tugend die List und ließ seinen Helden als listigen Ritter handeln, indem er gewisserma-

---

[1] Abgedruckt in: Spicilegium Solesmense, III. Das allegorische Verfahren herrschte auch in Bestiarien, wie dem *Physiologus*; so auch der *Liber formularum* des Eucherius und natürlich die *Etymologiae* des Isidor von Sevilla, wo z.B. lat. *mors* 'Tod' von lat. *morsum* 'Biß' hergeleitet wurde, weil durch den Apfelbiß der Ureltern der Tod in die Welt gekommen war. Zur Suche nach dem Sinn hinter dem Sinn vgl. Bertau (1989).

[2] Kern (1988).

ßen den vielen achilleusartigen Figuren der Tradition auch einmal einen Odysseus gegenüberstellte.[1] Als zum Schluß ein etwas kurioser Zauberer Artus und Parzivâl auf einen Berg trägt und in einer Felswand aussetzt, kann nur *Daniel* durch List und Diplomatie den seltsamen Alten dazu bewegen, die beiden wieder herunterzuholen! Im übrigen hatte Stricker auch nach dem Vorbild älterer Arthurtraditionen und auch der Sage von Karl dem Großen (der *matière de France*) eine Massenschlacht unter Beteilung des Königs eingeführt, was der arthurischen Romangattung um die Mitte des 13. Jh.s mit ihren Tjosten und Turnieren widersprach.

Die Aufgabe des Romans ist zu unterhalten. Er muß deswegen keineswegs oberflächlich oder banal sein. Das Charakteristische ist eben seine Fähigkeit, Probleme zu vermitteln. Das ist im Falle des tiefsinnigen und problemreichen Lancelot- und Gralsromans nicht anders als etwa im „Daniel von dem blühenden Tal" des Strickers, in dem ein neuer Heldentypus geschaffen wird oder auch im „Jüngeren Titurel" Albrechts, in welchem die Unterhaltung mit Belehrung und vielen wissenschaftlichen Aspekten verbunden erscheint.

Der französische Germanist Jean-Jacques Fourquet hat das Augenmerk der Forschung auf jene oft nur feinen Änderungen gelenkt, die bei der „adaptation courtoise" der französischen Romane durch die deutschen Bearbeiter zu beobachten sind. Wir können den Begriff nun weiter fassen und in die andere Richtung ausdehnen. Auch die britannischen Sagen, wie sie mündlich überliefert wurden, erfuhren schon eine „höfische Anpassung". Gewisse Derbheiten, wie das Schlagen von Frauen, vor allem aber das allzu spezifische Lokalkolorit (z.B. in Ortsnamen) und das allzu Mythische und Wundersame (z.B. des Arthurhofes in *Culhwch*, der Kampf gegen einen *Avanc*, einen biberartigen Wasserdämon, in seiner Höhle im *Peredur*) wurde reduziert, freilich nicht ganz aufgegeben, wie die seltsamen *costumes* (etwa die *Joie de la Court* im *Erec*) zeigen, welche die Mediävisten dann etwa als Bestandteile eines Wertesystems zurech-

---

[1] Man greift daher zu kurz, wenn man den *list* als ein Kennzeichen der Verbürgerlichung ansieht, wie das oft geschieht, z.B. Classen (1991), 189 mit Verweis auf Hedda Ragotzky. Der Roman übersetzt bei Birkhan (1991).

terklären müssen.[1] Die ererbten *costumes* und andere mythischen Reste werden von den hochmittelalterlichen Autoren ganz verschieden bewertet, und die Frage, woher die „Regeln" stammen, immer anders beantwortet, wenn auch stets klar ist, daß diese „Bräuche" da sind, um von den Helden überwunden oder deren Aufgaben erfüllt zu werden.[2] Wer die keltische Tradition vor allem als die des Seltsamen und Wunderlichen liebt, wird die Reduktion dieser Elemente bedauern, allerdings durch die Fülle dessen, was nun in die Traditionen neu eingedeutet wurde, mehr als entschädigt sein.

Die Problematik der höfischen (ehebrecherischen) Liebe, wie sie uns in der gleichzeitigen, aber aus ganz anderen Quellen fließenden Liebesdichtung der Trobadors, Trouvères und Minnesänger begegnet, spielte zunächst keine Rolle, was sich schon darin zeigt, daß die Liebeshandlung der Romane *Êrec* und *Îwein* geradezu „märchenhaft" mit Liebesglück in der Ehe endet. Die Peripetie setzte mit Chrestiens *Li chevaliers de la charrette* (*Lancelot*) ein, indem hier erstmals den üblichen glänzenden Artusrittern ein Charismatiker entgegengestellt wird, was dann zu einer Parallelhandlung führt, in der bei der *Queste* (Suche) in der Anderen Welt und Rückholung der geraubten Königin sowie der im Totenreich *Gorre* gefangenen Artusritter der höfische Idealheld *Gauvain* scheitert, während der aus Liebe zur Königin handelnde *Lancelot* Königin und Ritter kraft der ihm innewohnenden Liebe befreit. Freilich mußte eine solche Rettergestalt, der Chrestiens christusähnliche Züge verlieh, den Hof in eine Aporie führen, denn die Errettung der Gefangenen war ja mit der ehebrecherischen Liaison des Retters mit der Königin und somit mit dem Ehrverlust des Königs und des Hofes nach der Idee des „triangle de Bretagne" (s. S. 91) verbunden. Chrestiens betont denn auch, daß er den Roman – *matière* und unterlegten *sans* (als 'Sinnangebot zur Deutung') – auf Wunsch seiner Herrin Marie de Champagne verfaßte, sozusagen aufgebrummt bekam. Wie hätte er ohne Beschädigung der Artuswelt enden können? – Eigentlich nur wie der Tristanroman.

---

1 Cormeau (1979).
2 Martin (1991).

Mit diesem „Zweiten Typus", den ich im Gegensatz zum „Ersten oder âventiure-Typ" den „Queste-Typ" nenne, schlug der Roman einen völlig neuen Weg ein, der ja nicht nur ins Bett der Königin, sondern auch in das Gralsreich führen wird.

Chrestiens aber, der in seinem Roman Cligès[1] einen wenig überzeugenden Anti-Tristan versucht hatte, hat den Roman bezeichnenderweise liegen lassen und einen sonst nicht bekannten Dichterkollegen Godefroid de Leigni mit dem (überhasteten und nicht befriedigenden) Abschluß des Karrenromans betraut. Die „Lancelot-Aporie",[2] wie ich das Problem, „daß der Hof nur dadurch seinen Glanz bewahren kann, daß Artus durch den Ehebruch des größten Ritters mit seiner Gemahlin entehrt wird", nennen möchte, beschäftigt alle weiteren arthurischen Romane, in denen Lancelot (und der Gral) erscheinen.

α Die Verchristlichung des Vorchristlichen

Als Verchristlichung des aus der Anderen Welt geholten Wunderkessels (vgl. Preiddeu Annwn und den Kessel des Diwrnach in Culhwch ac Olwen; S. oben S. 120 und 131) scheint die Idee des Grals entstanden zu sein,[3] der mittels eines Erlösungsgeschehens zu erlangen ist, was eine weiterreichende Heilswirkung zur Folge hätte. Es wäre gewiß verfehlt, aus einer späteren Interpolation bei Nennius, die erwähnt, daß Arthur nach Jerusalem gezogen sei, ableiten zu wollen, daß das gesuchte wunderbare Gefäß immer schon das

---

1 Dieser Roman ist nur sehr oberflächlich mit dem Artushof verbunden, weshalb ich ihn hier nicht weiter erörtere.
2 Dazu anregend Schmid (1990).
3 Dazu Lupack (2007), 213–289, der m. E. zu Recht Jessie Weston (1920) als überholt ansieht – jedenfalls ihre Verbindung mit dem Typus des Saturnalienkönigs (nach Frazer). Nicht hingegen kann ich die grundsätzliche Skepsis gegenüber Loomis (1963) teilen. Sie erwächst einer von mir auch auf den Internationalen Artuskongressen beobachteten „Quellenskepsis" und „Keltenmüdigkeit", die jedenfalls eine synchrone Fragestellung nach der „Bedeutung" der Werke in ihrer Zeit der diachronen nach der Herkunft der Motive vorzieht. Oder eher die diachrone nur im Sinne einer Rezeptionsforschung zuläßt, die dann von den möglichen mittelalterlichen Vorbildtexten in Romanen, nicht von den keltischen Wurzeln ausgeht. Eine knappe Übersichtsdarstellung über die Gralsvorstellungen in: Eder-Müller (1995).

Abendmahlgefäß gewesen sei,[1] denn eine sekundäre Paganisierung, wie sie im *Peredur* vorliegen müßte, ist schwerer vorstellbar als die Christianisierung eines ursprünglich heidnischen Gegenstandes oder Motivs. Chrestiens Gralsroman erhielt durch Roberts de Boron *Roman de l'estoire dou graal*[2] einen heilsgeschichtlichen Vorspann, indem nun das Gralsgefäß mit dem Abendmahlsgefäß Christi gleichgesetzt und die Übertragung vom Hl. Land nach Britannien – speziell (später) nach Glastonbury – dem hl. Joseph von Arimathäa zugeschrieben wurde.[3] Die Einführung des Grals in einen Roman, der unvollendet bleiben sollte, und die Gegenüberstellung von Gral und Lanze mit Suchaufgaben für Perceval und Gauvain war literarisch einer der erfolgreichsten und fruchtbarsten Ansätze, die es bis heute gibt, ein sich selbst immerdar fortzeugendes Rätsel mit gewaltigem Interpretationsangebot, wie alle Gestaltungen der Gralssage nach Chrestiens erweisen sollten.[4]

Das vielumrätselte Wort afrz. *graal, graax* (Nominativ), später auch *greal* (volksetymologisch durch falsche Abteilung aus *saint graal* > *saing real* 'königliches Blut' sekundär hergestellt, was dann die Gleichsetzung mit einer Blutreliquie oder einem Grabtuch ermöglichte)[5], mhd. *grâl*, meng. *grail* wird bei Chrestiens als geläufiger Name eines Gefäßes eingeführt, wenn es heißt, daß ein „Fräulein mit beiden Händen *einen* (!) Graal gehalten" habe.[6] Etymologisch scheint das Wort keineswegs problematisch: es stammt von mlat. *gradālis* (so im 8. Jh.) und bezeichnet eine „Schüssel, in die Stück für Stück die Speisen hineingestellt werden"[7] oder ein Gefäß mit irgendwelchen „Ab-

---

1   So Charles Williams in: Arthurian Torso, 7, 13–23.
2   Übers.: Sandkühler (1979). Zum Gral bei Robert s. Mertens (2003), 83–103.
3   Joseph erscheint in dem altfranzösischen Roman *Sone de Nausay* selbst als der wegen einer weltlichen Liebe verwundete Gralskönig – in Norwegen! Lupack (2007), 247.
4   Scowcroft (1991); wichtige Aspekte zur Entwicklung der Gralsproblematik in Frankreich und Deutschland finden sich bei Knapp (1997), 133–151. Populärwissenschaftlich, aber umfassend: Terhart (2007).
5   Gruber (1990), 157.
6   *un graal antre ses .II. mains/ une dameisele tenoit...*(3208f.)
7   REW Nr. 3830a. Zu einer Zeit, in der das intervokal. -d- im Afrz. noch erhalten war, wurde das Wort in andere roman. Sprachen entlehnt: provenzal. *grazal*, katalan. *gresal*, span. *gradal*, *grial*, portug. *gral*, die alle 'Mörser' bedeuten. Diese Bedeutungsentwicklung ist keinesfalls erstaunlich, wenn man bedenkt, daß im Mittelalter viele Speisen zubereitet wurden, indem man sie in einem „Kochmörser" mitten in die glühende Holzkohle stellte. Die immer wieder vorgeschlagene Herleitung von griech.-lat. *crater* 'Mischgefäß' ist gutgemeint, aber lautlich unmöglich. Richard O'Gorman (in Lacy [1996], 212f.) führt Belege für die Verwendung von *gradālis* bzw. *graal* außerhalb der Gralstradition an, so etwa eine aus dem altfranzösischen Alexanderroman.

teilungen", aus dem man „stufenweise" oder „schrittweise" (das impliziert *gradālis*) separat angerichtete Zuspeisen essen konnte. Dabei konnte das Gefäß schüsselförmig rund und im Inneren abgestuft sein oder aber auch rosettenförmige Ausbuchtungen haben, in denen die verschiedenen Speise (z.B. Gemüsearten) angerichtet werden konnten. Dadurch ist der Übergang zum frühchristlichen Altarstein, der als Träger von Speisen rosettenförmig und auch leicht abgestuft sein konnte, und zur Patene gut vorstellbar.[1] Demgemäß ist der *grâl* bei Wolfram ein Stein,[2] wie ich meine ein Tragaltar, wie er zu den Kaiserreliquien nebst Krone, Reichsapfel und Mauritiuslanze[3] gehörte. Die esoterische Lesart der Grallegende durch René Guénon (1886 – 1951)[4] verbindet seinen Namen mit dem *graduale* 'Gesangsbuch' und deutet ihn so als das „Buch des Lebens", während die Grallanze zur „Weltachse" und Montsalvat als 'Mont du Salut' zum „Berg des Heiles" aber auch dem Weltberg des *paradisum terrestre* wird. Die „Identifikationswut" ist ein bekanntes Symptom aller schwärmerischen Deutungen.

Der Gral muß gesucht werden und wird auch heute noch gesucht. Nur wenigen ist sein Geheimnis bekannt.[5] Entweder in metaphorischer Hinsicht als Lebensentwurf nordisch-ghibellinischen Menschentums,[6] nach Yeats in Tarotkarten[7] oder ganz konkret. So sollte er sich laut einer Nachricht des 16. Jh.s in Mantua befinden, wo Longinus, der die Seitenwunde Christi geöffnet und sein Blut aufgefangen hatte (Blindenheilung!), in der Zeit des Tiberius seine letzte Ruhestätte gefunden haben soll. Damit es nicht in die Hände der Heiden falle, soll er das Gefäß mit dem Blut in einem Obstgarten in jenem Teil der Stadt vergraben haben, in dem das spätere San Andrea liegt.[8] Man wollte ihn auch mit einer Glasschale (*il Sacro Catino*) in der Schatzkammer der Kathedrale San Lorenzo in Genua identifizieren.[9] In der Wiener Schatzkammer

---

1   Barb (1956); Rehm (1995), 39, Abb. 7.
2   Zum Gral bei Wolfram vgl. besonders Mertens (2003), 51–82.
3   Zu deren Rolle im Okkultismus s. Ravenscroft (1973), selbst eine höchst problematische Erscheinung, der seine Einsichten dem Hellsehen und der Anthroposophie verdankt; http://www.crystalinks.com/speardestiny.html (14. 2. 2008); dazu Magin (2000), 65f.
4   Vgl. Lacy (1994), 215f.
5   Ich habe im Laufe meines Lebens zwei Personen kennengelernt, die im Besitz des Gralsgeheimnisses – bezüglich Art und Aufenthaltsort des „Heiltums" (Wagner) – sind, mir jedoch ihr Wissen als einem Unwürdigen vorenthalten haben!
6   So bei Julius Evola (Baron Giulio Cesare Evola; 1898–1974), einem kulturpessimistischen Schwärmer aus der Umgebung Mussolinis, später Himmlers, der dann eine wichtige Leitfigur des italienischen Neofaschismus wurde; Evola (1955).
7   Terhart (2007), 46f.
8   Whitaker (1995), 133.
9   Dazu Zahlten (1995).

ist es eine Achatschale des 4. Jh.s n. Chr. mit einer angeblich nur zeitweise (!) lesbaren Inschrift.[1] Sogar das Turiner Grabtuch gilt einigen als Gral.[2]

Auch das von Kaiser Ludwig IV., dem Baiern, 1330 gestiftete Kloster Ettal (nahe Garmisch-Partenkirchen) wurde immer wieder als Gralsburg angesehen – vor allem auch von Ludwig II. – und die dort verehrte Marienstatue aus Marmor für den Gral gehalten.[3] Der Hintergrund für diese kuriose Vermutung ist die Tatsache, daß Ludwig neben dem Benediktinerstift auch eine Art „Doppelkloster" für Ritter und Rittersfrauen (auch Witwen) gründete, was fast an die Institution der irischen Doppelklöster (s. oben S. 52, 68), jedenfalls an Roberts d'Arbrissel Fontevrault erinnert. Das gemeinsame (geistliche) Leben adeliger Herren und Damen, wenn auch in verschiedenen Gemeinschaften, die jeweils einem Meister und einer Meisterin unterstanden, erinnerte den Etttaler Mönch Placidus Glasthaner (1883–1964) an die Gralsgemeinschaft. Es ist vorstellbar, daß dem Gründer eine solche Gemeinschaft, die als „neu und unerhört" empfunden wurde, tatsächlich vorschwebte. Sie gemahnt an die von François Rabelais imaginierte „Abtei Thelem". Die Auffassung des wundertätigen pisanischen Marienbildes (vom Ende des 13. Jh.s) als Gral ist aber gewiß jung und in älterer Literatur nirgendwo belegt.

In den 1930er Jahren hielt man zwei mit Antiochia verbundene Schalen, eine aus Silber im Metropolitan Museum of Art in New York, die andere aus Glas für den Gral. In der Kathedrale von Valencia gibt es einen mörserförmigen Kelch aus Achat, dessen arabische (kufische) Aufschrift auf dem Goldsockel ihn angeblich als „Gral" bezeichnen sollte, was jedoch nicht zutrifft.[4] In Glastonbury wird seit Beginn des 20. Jh.s in „Chalice Gardens" ein Gral aus blauem Glas gehütet. Glastonbury ist – wie erwähnt – eines der Zentren arthurischer Sekundärtraditionen samt dem angeblichen Arthurgrab, dem unter Cromwell 1649 umgeschnittenen, aber nachgepflanzten Weißdorn des Joseph von Arimathäa und eben auch der stark eisenhältigen und daher die Brunnensteine blutrot färbenden „Chalice Well".[5] Im Spuk- und Herrenhaus von Nanteos bei Aberystwyth hütete die Familie der Powells ein Holzgefäß (*Ffiol*) aus dem 14. Jh. (?), das seit 1905 als „Grail" bezeichnet wird,[6] sich jetzt

---

1 Dazu Noll (1981).
2 Terhart (2007), 85.
3 Petzet (1995), 64.
4 Terhart (2007), 76–79.
5 Terhart (2007), 86–88.
6 Vgl. Ross (2001), 131–132. Dieser Pseudo-Gral ist Gegenstand eines Fantasy-Kriminalromans von Malcolm Pryce, der in Abwandlung eines berühmten Titels von Milan Kundera „The unbearable

in einem Banksafe in Hereford befindet, aber für Wunderheilungen an der hauseigenen Zauberquellen geholt werden kann. Auch die Familie Vernon von Hawkstone Manor hält ihre römische Alabasterschale für den Gral. Diese Aufzählung ließe sich fortsetzen. Allein im Jahr 1995 meldeten zwei Zeitungen, wo sich der Gral nun wirklich befinde (in London, bzw. Rom).[1] *Gral* hat ein außerordentlich starkes positives Wortethos: Ein vor kurzem an der Küste von Alexandria heraufgetauchtes Tongefäß aus der Zeit zwischen Christi Geburt und 50 n. Chr., das den Namen ΧΡΗΣΤΟΥ *Chrīstou* (Genitiv) enthält und vielleicht den frühesten Beleg einer Christus-Sekte darstellt, wird dem Journalisten flugs zu einem heiligen „Gral vom Nil", so wirkmächtig ist immer noch die Faszination, die von dem Wort *Gral* ausgeht![2]

Während Karl Marx, wie es einem Materialisten wohl ansteht, den Wert des Grals auf den Goldwert reduzierte,[3] glaubte der ehemalige Zisterziensermönch Georg Lanz (von Liebenfels), einer der größten Wirrköpfe Österreichs in der 1. Hälfte des 20. Jh.s, den Gral am 24. Dezember 1900 auf einem Ölgemälde der Barockzeit in der Kirche von Maria Lanzendorf (Niederösterreich) aufgefunden zu haben.[4] Besondere Bedeutung hatte der Gral dann in der Nazizeit, speziell im Weltbild der SS und Heinrich Himmlers (s. unten S. 755). Der SS-Unterscharführer und Gralsforscher Otto Wilhelm Rahn (1904–1939), der 1929 Wolframs Gralsritter, die *templeisen*, also Templer,[5] letztlich mit den Katharern und Albigensern identifizierte, glaubte die Gralsburg in der höchst eindrucksvollen Ruine von Montségur (Ariège-Pyrénées) wiedergefunden zu haben.[6] Auch heute noch ist für viele der Gral unlösbar mit den Templern verbunden, wofür gleich noch Beispiele folgen werden.

---

lightness of being in Aberystwyth" heißt (London 2005). Darin soll eine geisteskranke Popsängerin durch Jesus selbst geheilt werden, der – frei nach der Saurier-Rückzüchtung in „Jurassic Park" – mittels der aus den Blutspuren im Nanteos-Gral gewonnenen DNS geklont werden soll!

1 Eder – Müller (1995), 23f.
2 Matthias Schulz, Heiliger Gral vom Nil, in: Der Spiegel 38 (2008), 170.
3 Karl Marx verband die Gralssuche mit der Goldgier der Conquistadoren; die Stelle bei Eder – Müller (1995), 28, Anm. 64.
4 Der durchaus kuriose Text auf dem Gemälde lautet: *ARTHURUS Coron=princß auß BRITANIEN erbaut denen christlichen Soldaten wegen jhres wohlverhalten auf dieser heyd Zu ehrn des H. Lucas ein Kirchlein, weilen er allda einen Marckhstein gefunden/ auf welchen zu lesen. Allhier auf disen platz predigt S. Lucas denen Christen daß Evangelium. Die Jahrs Zeit war nicht mehr zu lesen der stein aber gefunden A° 508.* Ich danke Herrn Peter Böttcher (Institut f. Realienkunde des Mittelalters und der frühen Neuzeit der ÖAW) auf das Herzlichste für hochwertige Fotos des Gemäldes. Lanz stilisiert später die Epiphanie des „Grals" als eine Art Wunder, wobei die Identifizierung des Steines mit dem Gral nur an der Person des „Gralsritterkönigs Artus" hängt. Daß Artus- und Gralswelt grundsätzlich verschieden sind, scheint der Schwärmer nicht gewußt zu haben; Mund (1976), 39–41.
5 Zu diesen s. die solide und nüchterne Darstellung Dinzelbacher (2002b), bes. 141–145.
6 Rahn (1934), 107–110; Goodrick-Clarke (2004), 164f.; Terhart (2005); Terhart (2007), 72f., 82.

Die Art, wie Wolfram vom Gral als *lapsit exilis* redet (man dachte an 'Stein im Exil [weil auf Erden]' oder *lapis ex celis* 'Stein aus den Himmeln'), hat natürlich einerseits an den angeblichen Meteorstein der *Kaaba* denken lassen,[1] andererseits auch der Theorie Vorschub geleistet, daß der Gral eine alchemische Substanz (≈ *lapis elixir*) sei. Tatsächlich gibt es alchemistische Texte, in denen *Arthur* und *Merlin* als Experten in dieser Geheimwissenschaft zitiert werden.[2] Zu den „wissenschaftlich-technologischen" Gralsdeutungen gehört auch jene der Brüder Fiebag. Ihrer Theorie nach war der Gral eine wahrscheinlich von Extraterrestrischen stammende „Manna-Maschine" (vgl. *lapis ex celis*) zur Aufbereitung von Speisealgen, die zuerst laut Altem Testament das Mannawunder produzierte, dann in der Bundeslade aufbewahrt wurde, deren Beschreibung sie dem Propheten Ezechiel, bzw. dem mystischen Buch *Sohar* entnehmen. Durch die Kreuzzüge soll die Maschine an die Templer gekommen und von diesen versteckt worden sein. Dafür werden acht mutmaßliche Orte ins Spiel gebracht, u. a. Montségur, ferner ein Ort in Mexiko, aber auch Kronberg im niederösterreichischen Weinviertel, 24 km nördlich von Wien,[3] in dessen Nähe sich auch ein „Keltenstein" befindet.[4] Der Gral ist Repräsentant und Garant der Fruchtbarkeit. Es ist daher damit zu rechnen, daß er dort aufbewahrt wird, wo sich möglichst viele durch Megalithen markierte „Ley-Linien" kreuzen.[5] Andererseits soll er zum Reichsschatz gehört haben. „Nach dem Fall Berlins sei eine Einheit ins Zillertal gelangt und hätte diesen Gegenstand in Erwartung eines neuen Zeitalters am Fuße eines Gletschers versteckt."[6]

Welche Faszination das Wort *Gral* allein bewirkt,[7] auch wenn es von seinen keltischen Wurzeln gelöst ist, konnte man vor Kurzem dem Rummel entnehmen, den Dan Browns märchenhaftes Machwerk „The Da Vinci Code" auslöste, das freilich auch kirchenkritische Ressentiments und die latente

---

1 Terhart (2007), 16f.
2 Taylor (1948); Birkhan (1992).
3 Fiebag (1989), 279–286. Die Autopsie zeigt einen hinter eindrucksvollen Erdställen in den 80er Jahren eingerichteten kleinen Sakralraum, in dem der Besitzer aus einem Mühlstein einen runden Altar errichten ließ, der allerdings geweiht wurde, so daß an dem romantischen Ort nun geheiratet werden kann. Davor steht ein tiefausgehöhlter Stein, in dem einst das schwere Holztor der Burg Kranichberg gelagert war und der hier museal aufgestellt ist. Ob er auch als Gral dient? Der jetzt das Publikum führende Sohn des Erbauers teilte mir mit, daß an der Stelle demnächst ein Grals- oder Tempelritterfilm gedreht würde (7. 9. 2008).
4 http://de.wikipedia.org/wiki/Bild:Keltenstein.jpg (6. 7. 2008).
5 Magin (2000), 127f.
6 Rose (1994), 264.
7 s. die riesige Zahl der Internetangaben. Einen Einstieg bietet z.B.: http://www.crystalinks.com/holygrail.html (14. 2. 2008).

Neigung zu Verschwörungstheorien ausnützte, natürlich dabei die Templer bemühend. Hier ist der Gral (*Sang real*, das königliche Blut) niemand anderer als Maria Magdalena, das „Gefäß", in dem Christus die Tochter *Sarah* als neuen Gral zeugte, und so gesehen, scheint es wie ein Vorklang, wenn Lanz von Liebenfels sagte: „Der Gral ist der Gottmensch, getragen und erhalten von dem züchtigen Weib der höheren Artung".[1] Trotz der Beziehung auf das Blut Christi sind nicht alle Orte, an denen sich Blutreliquien befinden (z. B. Brügge, Kloster Weingarten, Heiligenblut in Österreich), auch Gralsorte.

Chrestiens hat in seinem *Perceval* eine neue Charismatikergestalt eingeführt, deren Heilswirkung nun nicht kraft (ehebrecherischer) Liebe zustandekommt, sondern durch natürliche Unschuld und – nicht zu vergessen – genealogische Verzahnung mit dem Geschlecht der Gralshüter. Auch hier scheitert in der Parallelhandlung Gauvain bei der Suche nach der Gralslanze, kann aber – als innerweltliche Bewährung seiner *prouesse* – immerhin Hunderte gefangener Frauen befreien.

Wolfram von Eschenbach (ca. 1170 – ca. 1220)[2] adaptierte Chrestiens *Perceval* nicht nur, sondern führte das Fragment auch zum Abschluß. Sein *Parzivâl*, sicher eine der bedeutendsten Dichtungen in deutscher Sprache – und vielleicht auch der Weltliteratur –, besteht aus 16 Büchern. Das Werk Chrestiens bricht gegen Ende des 13. Wolframschen Buches ab. Die folgenden drei Bücher von 4470 Versen führen die von Chrestien eingeleiteten Handlungsstränge zu Ende. Daneben stellte Wolfram seinem Werk zwei Bücher als Vorspann mit der Geschichte von Parzivals Vater voran. Den gegen 9000 Versen Chrestiens entsprechen dabei rund 16800 Verse Wolframs, der danach sehr viel ausführlicher erzählt als seine Vorlage. Der durch und durch humoristische Roman ist höchst eigenwillig, ob „genial" oder „kongenial" bleibe hier offen.[3]

---

1 Daim (1985), 155.
2 Die Forschungsliteratur zu Wolfram ist nicht überschaubar; einen Einstieg ermöglicht Bumke (2004) und das Verf.Lex. Der Text ist zugänglich in: Parzival (Lachmann); Parzival (Lachmann – Knecht); eine luzide Deutung des Gralproblems bei Wolfram: Mertens (2003), 51–82.
3 Haug (1991).

> Der heutige Leser mag staunen „wie europäisch, wie universal, wie unprovinziell raffiniert die deutsche Literatur vor einem Dreivierteljahrtausend einmal gewesen ist. ... Wo wäre weit und breit, wo wäre *heute* in der deutschen Literatur ein Werk zu finden, das ähnlich souverän mit 'weltliterarischem' Material umgeht und umspringt – arabischem, antikem, französisch-provenzalischem, keltisch-märchenhaftem, christlich-ritterlichem? Das so „welthaft" wäre nicht nur dem Stoff nach, sondern im Repertoire seiner Formen, seiner gestischen Spannweite, vom Feierlichsten bis zur Faxe?"[1]

Das Fragment Chrestiens erhielt in Frankreich einen Abschluß, der es in verschiedenen Fassungen über 60000–70000 Verse anschwellen ließ. Der erste Fortsetzer ist anonym; sein Fragment griffen ein gewisser *Wauchier de Denains* (?),[2] ein sog. Pseudo-*Manessier*[3] und der auch sonst bekannte *Gerbert de Montreuil* auf. Diese französischen Versfortsetzungen von Chrestiens *Perceval*-Fragment übertrugen 1331–36 die beiden Goldschmiede *Claus Wisse* und *Philipp Colin* unter Mitwirkung des Juden *Sampson Pine* als den *Niuwen Parzifal* ins Deutsche.

Chrestiens Erzählung beginnt unvermittelt mit der Jugendgeschichte *Percevals* („Es war zu der Jahreszeit, in der die Bäume ausschlagen, in der Gräser, Wälder und Wiesen grünen, die Vögel am Morgen lieblich zwitschern und Lust alles erfüllt, als sich der Sohn der Witwe im wilden, einsamen Wald erhob..."), aber freilich hätten die Zuhörer und Leser auch gerne Genaueres über die Vorgeschichte des Helden gewußt. Um dem abzuhelfen, setzte ein Anonymus einen Prolog *Bliocadrans* davor, dessen Hauptperson funktionell dem *Gahmuret* Wolframs entspricht, und der erklärt, warum Percevals Mutter und zugleich Bliocadrans Witwe den Sohn in der Einöde erzieht. Es ist umstritten, ob Wolfram eine Vorstufe des *Bliocadrans* kannte. Jedenfalls: Die von Wolfram erzählten orientalischen Abenteuer Gahmurets und seine Verbindung mit der Mohrenprinzessin *Belakâne* finden hier keine Entsprechung.

Auch das in den späteren französischen Versionen wüst gewordene und nun zu erlösende Land mußte erklärt werden. So berichtet die an-

---

1 So 1986 Muschg (1994), 104.
2 Die Autorschaft ist umstritten; Übersetzung: Sandkühler (1959); Sandkühler (1960).
3 Sandkühler (1964).

onyme *Elucidation*, daß einst überall Jungfrauen in Grotten gelebt hätten, die den herumziehenden Rittern aus Goldkelchen zu trinken und Speisen gaben. Ein König *Amangon* habe eine der Jungfrauen vergewaltigt und sie beraubt. Die anderen Ritter hätten ihm dies nachgemacht, so daß die Jungfrauen in den Grotten verschwanden, auch das ganze Gefilde von *Logres* (< kymr. *Lloegr* 'England') zur *terre gaste*, zum „wüsten Land" verödete und der Hof des „Reichen Fischers" nicht mehr gefunden werden konnte. Nun brachen die Artusritter auf, um den Grottenjungfrauen beizustehen und fanden die Wälder voll herumstreifender Ritter, mit denen sie kämpften, und Fräulein. Den ersten, den sie so besiegten, schickten sie an den Artushof. Er trägt einen uns vertrauten Namen: *Blihos Bliheris* und ist wohl kein anderer als der *fabulator famosus Bleheris, Bleddri* (s. oben S. 184) – oder wie er auch immer heißen mochte. Von ihm sagt die *Elucidation*: Er „wußte ... so überaus schöne Geschichten zu erzählen, daß keiner müde werden konnte, seinen Worten zu lauschen ... Und manche Nächte hindurch wachten die Jungfrauen und Ritter, um ihn zu hören und zu befragen..."[1]

Die *Elucidation*, die ihrem Namen „Erleuchtung" wenig Ehre macht, kündigt bereits den Besuch des Dümmlings Perceval beim Fischerkönig an: „Dieser fragte, wozu der Gral diente, doch fragte er nicht, weshalb die Lanze blute ...; auch nach dem Schwerte fragte er nicht, an dem eine Hälfte abgebrochen war, während die andere auf der Bahre über dem entseelten Toten lag. In Wahrheit aber sage ich euch, daß er fragte, was für ein Klagen dort im Saale sich erhob, auch fragte er nach dem reichen Silberkreuz, das zuerst hereinkam ..." Der Text bezeichnet die „Klagen" als „Dienst". Sobald dieser geleistet ist, verstummen und verschwinden alle. „Der Saal ... blieb weit und erschreckend leer, und der Blutbach floß aus einem Behälter, worin die Lanze stand, durch ein reiches Silberrohr."[2] Danach erscheinen wieder Menschen, und es findet ein Festmahl statt, wobei der Gral alle mit Speisen bedient. Der „Fischerkönig" ist ein schöner, stattlicher, prächtig gekleideter Mann und – im Gegensatz zu den meisten Varianten – keineswegs siech. Sein Hof werde von Perceval und Gauvain aufgesucht werden, danach noch siebenmal, aber das

1 In: Sandkühler (1959), 15f.
2 Ibid., 16f.

werde man alles später erfahren. Manche der von Amangon und seinen Leuten geschändeten Jungfrauen brachten böse Menschen hervor, die das *Castel Orgellous* erbauten, das Artus nach vierjähriger Belagerung eroberte. Und so geht es absichtlich mystifizierend weiter und allmählich zu Chrestiens Romanbeginn überleitend.

Ich habe hier die *Elucidation* genauer nacherzählt als sie es wahrscheinlich verdient – nur in einer der zwölf Perceval-Handschriften ist dieser Prolog dem Text Chrestiens vorausgestellt –, aber die Gralsszene ist hier in einer Art „Maximalvariante" ausgeführt, aus der man sich vieles entstanden denken kann: der Leichnam mit dem Schwert deutet auf Rache und stimmt damit u.a. zu *Peredur*, das Blutrohr erinnert an die Blut trinkende Gralsgesellschaft in Heinrichs von dem Türlîn *Crône*,[1] das zerbrochene oder brechende Schwert wird von Wolfram umgedeutet, die blutende Lanze ist in den meisten Traditionen relevant und erlaubte Konrad Burdach die Herleitung des Gralsgeschehens von einem byzantinischen Ritual.[2]

Was hätte eigentlich Perceval erfahren, wenn er nach der blutenden Lanze und dem zerbrochenen Schwert gefragt hätte? Hätte man ihm die blutende Lanze als Longinuslanze erklärt, und wer ist der offenbar zu rächende Tote? In welchem Verhältnis steht er zu Wolframs *Titurel*, wie der greise Vater des Gralskönigs *Amfortas* bei ihm heißt? Immerhin fragte Perceval nach dem Gral und dem Grund des Klagens, was aber offenbar nicht ausreichte. So wie man sich aus der Motivhäufung in der *Elucidation* vieles entstanden denken kann, so kann sie umgekehrt als sekundäre Motivhäufung und aus Geheimnistuerei entstanden sein.

Bemerkenswert ist, daß die Gralsfrage („wozu der Gral diente") doppelbödig ist. Die nächstliegende, aber völlig triviale Antwort ist: zur Speisung der Gesellschaft. Ich vermute, daß eher gemeint ist, wem der Gral *illo tempore* gedient habe, und da wäre bei christlicher Lesart „den Teilnehmern am Letzten Abendmahl" zu antworten, und die Frage nach der Lanze und ihre Antwort wäre naheliegend genug gewesen. Die nach dem

---

1 Vgl. Mertens (2003), 125–133.
2 Burdach (1938).

Toten liegt dann auf einer anderen Ebene. Geht man aber von der Gralsfrage, wie sie bei Chrestiens gestellt hätte werden sollen, aus (*Del graal cui l'en en servoit*; 3301), so hätte sie wohl auf Percevals Oheim und damit seine eigene Zugehörigkeit zum Gralsgeschlecht verwiesen: 'Du fragtest nicht, als du den Gral sahst, welch mächtigen (reichen) Mann man damit bediente'.[1] Freilich ist auch in dieser Frage ein heilsgeschichtlicher Bezug nicht ausgeschlossen.[2]

Hätte der Perceval der *Elucidation* so gefragt, so wäre er vielleicht auf die Identität des Toten gestoßen. Ungeklärt bleibt bei all dem, wie der gesunde und kräftige Fischerkönig der Elucidation sich zu dem siechen bei Chrestiens und Wolfram verhält, der uns geläufig ist. Aus der inselkeltischen – vor allem der altirischen – Tradition kennen wir sehr gut den Glauben, daß ein körperlich irgendwie lädierter König zur Herrschaft ungeeignet sei bzw. unter seiner Herrschaft das Land zugrundegehe.[3] So würde das „wüste Land" nicht durch den Frevel von Amangon und Konsorten, sondern durch die Verwundung des Fischerkönigs zum „Maimed King" durch einen „Dolorous Blow" erklärt, der natürlich selbst wieder der Erklärung bedarf. Dieser enge Rapport muß sich bei Chrestien und Wolfram jedoch schon gelockert haben, denn keiner von beiden beschreibt die Gralsumgebung als verödet oder wüst. Der große Wald mit hohem Farn und umherliegenden Baumstämmen ist kein verödeter oder verwüsteter Wald.

Bei Chrestien ist der Fischerkönig zwar bresthaft, doch bleibt dieses Motiv weiterhin unberührt, und auch der Einsiedler-Oheim, der Perceval entsühnt, erwähnt das Siechtum des Königs nicht. Hier hat Wolfram von Eschenbach radikal geneuert. Nicht nur, indem er den Besuch beim Einsiedler, den er *Trevrizent* nannte, zu einem ganzen und zwar dem längsten Buch ausweitete, in dem er die Gralsgeheimnisse mit vielen Mystifikationen ausbreitete, sondern auch dadurch, daß er die Gralsfrage durch

---

[1] *Et le graal que tu veïs/ ne demandas ne anqueïs/ quel riche home l'an an servoit*; 4635ff.
[2] Evola (1955), 123, rekonstruierte eine fortschreitende Initiation des Suchers nach der adelig-ghibellinischen Existenz: „das aus der Lanze strömende Blut fordert Rache; das Schwert zusammenzufügen ist die erste Aufgabe; sie führt zum „Stellen der Frage", und daraus ergibt sich schließlich Rache und Wiederherstellung."
[3] Birkhan (1999a), 890f.

die Mitleidfrage[1] ersetzte und Parzivals Schuld nicht wie Chrestien in der Herzlosigkeit begründete, mit der der wegreitende Perceval die Mutter ohnmächtig niedersinken sah, sondern in der Tötung des Roten Ritters *Ither von Kucûmerlant* (= Cumberland), der zum weitschichtigen Blutsverwandten Parzivals wird. So visierte Wolfram eine *visio pacis*, die Vorstellung eines Friedensreiches ohne Brudermord – denn letztlich sind wir über Adam und Eva alle Brüder und Schwestern – an, ein Gedanke, der scheinbar im Gegensatz zu den ritterlichen Kämpfertugenden steht, der aber, wenn meine Deutung richtig ist, schon im Bodenmosaik von Òtranto (s. oben S. 109) angeklungen war.

Durch die Einführung des Charismatikers wird die reine Ritterhandlung in die Richtung mystischer Liebeserfahrung und Manifestation des christlichen Heilsgeschehens überhöht. In den späteren Romanen, vor allem in den Prosawerken, gibt es dann eine Zweiteilung der Artusritterwelt in höfisch Vollkommene im klassischen alten Sinn der Abenteuerbewährung vom Typ eines Gauvain, und in Charismatiker, zu denen außer *Perceval* eben *Lancelot*, sein Bruder *Ector*, sein Vetter *Bo(ho)rs* und sein Sohn *Galahad* gehören. Dabei entspricht es dem Tiefsinn der weiteren Entwicklung, daß nicht Perceval letztlich den Gral erlangt, sondern der Nachkomme des Minnecharismatikers Lancelot.[2] Er zeugt Galahad, „den besten Ritter der Welt", mit *Elaine*, der Tochter des Gralskönigs, im Glauben, mit der Königin *Guinèvre* ehebrecherisch zu schlafen!

Eine weitere deutliche Polarisierung zwischen weltlich-teuflischer Artus- und christlicher Gralstradition drückt sich in der Erzählung aus, daß die Teufel aus Zorn darüber, daß Christus bei seiner Auferstehung und dem Zerbrechen der Höllenpforten viele aus der Hölle (genauer: dem *limbus patrum*, wo die Gerechten des Alten Bundes eingekerkert waren) befreit habe, beschlossen, den Menschen neue Fangstricke zu legen, und zwar mittels der sündhaften *matière de Bretagne*. Sie sandten daher einen der Ihren zu den Menschen, der als Incubus mit einer Irdischen den *Merlin* zeugte.[3] In der Tat erwähnt Dante im Inferno (V, 67) *Tristan* und

---

1   Vgl. Riedo (2008), bes. 148–150.
2   Dazu zuletzt u. a. Mertens (2003), 104–124.
3   Loomis (1938), Abb. 233 aus Hs. Fr. 95 der BN, fol. 113ᵛ.

Francesca da Rimini (V, 116ff.), die mit ihrem Schwager *Paolo* über die Lektüre des „Prosa-Lancelot" zum Ehebruch verführt wurde. An der Gestalt des *Lancelot*, der später als Einsiedler sein Leben beschließt, konnte man zeigen, wie die *felix culpa* der größten Sünde,[1] die das – anachronistisch ausgedrückt – in der „Nacht der Sinne"[2] befangene weltlich-ritterliche Artusreich zerstören sollte, letztlich zu deren Aufhebung und zum heiligmäßigen Leben führte. Die tiefste Erniedrigung Lancelots und die Peripetie seines Ritterlebens werden dann bei Malory die abschließenden Kapitel von Buch XIII und die ersten Kapitel von Buch XV vor Augen führen. Genealogisch wurde Lancelot über Joseph von Arimathäa mit David verbunden, in seinem Sohn Galahad vermischt sich dieses Erbe noch mit dem des Gralskönigs.

In einer französischen Bilderhandschrift sehen wir, wie Christus selbst einem Zisterziensermönch die *Estoire del Saint Graal* als heiligen Text in Form eines Buches übergibt![3] Diese Re-Christanisierung des arthurischen „Mythos" wird in der *Queste del Saint Graal* überdeutlich, wenn den Abenteuern der Gralssucher immer wieder eine allegorische Bedeutung unterlegt wird – ganz in der Art des theologischen mehrfachen Schriftsinns –, die einer der allgegenwärtigen Mönche oder Eremiten sofort an Ort und Stelle für die handelnde Person – und den Leser – auslegt. Galahad wird in die Nähe Christi gerückt, wenn die *Queste* ausdrücklich sagt, daß, so wie die Propheten des Alten Testaments, die Ankunft des Messias vorhergesagt, auch die Propheten des Gralsreiches die Ankunft Galahads verkündet hätten.

---

1   Im Exultet-Hymnus der Liturgie der Osternacht heißt es: *O certe necessarium Adae peccatum, quod Christi morte deletum est! O felix culpa, quae talem ac tantum meruit habere redemptorem!* 'O wahrhaft heilbringende Sünde des Adam, du wurdest uns zum Segen, da Christi Tod dich vernichtet hat! O glückliche Schuld, welch großen Erlöser hast du gefunden!'
    Die Formulierung scheint auch Thomas von Aquin übernommen zu haben, der Gedanke selbst ist aber bei Paulus (Römer 5, 20) und Augustinus (Enchiridion 27) vorgeprägt. Letzterer sagt geradezu, daß es Gott besser schien, Gutes aus Bösen zu schaffen, als das Böse überhaupt nicht zuzulassen. Die englische Mystikerin Juliana von Norwich (1342–1414) formulierte sogar, daß Sünde keine Schande, sondern eine Ehre sei; Manning (2002), 33, 145, 147.
2   Der Begriff scheint als *noche oscura* auf Johannes vom Kreuz (1542–1591) zurückzugehen und bezeichnet ein Stadium der scheinbaren Gottesferne und die Tröstungen des Heilands, die der mystischen Vereinigung der Seele mit Gott vorausgeht.
3   Loomis (1938), Abb. 289 aus Ms. Fr. 96 der BN fol.1 von ca. 1460 und Abb. 299 in der Brüsseler Hs. 9246, f. 2 von 1480.

β Die „Summen"-Bildung

Wesentlich für die späte Blütezeit des arthurischen Romans und seine bedingte „Klerikalisierung" ist die Neigung zur „Summenbildung". Sie scheint auch anderwärts ein Ergebnis der „Spätzeit" oder einer Periode zu sein, in der es gilt, die Fülle der Ernte früherer Zeitläufte zu sichten und in eine kompendienartige Darstellung zusammenzufassen. Wir kennen diesen Vorgang aus dem Hellenismus, aus der römischen Spätantike und eben auch der Hochscholastik. So wie man etwa in Philosophie und Theologie nach der *Summa* oder einem „Spiegel" (*Speculum*), einem Kompendium des gesamten systematischen Wissens verlangte, so entstanden auch „summenhafte" Vers- und Prosaromane, in denen als *entrelacements* ('Einflechtungen') eine zeitliche Synthese aller Protagonisten und ihrer Abenteuer versucht wird, zunächst die französischen *Perceval*-Fortsetzungen in Versen.

Der größte Teil der späteren Romane ist aber in Prosa, was auch eine neue Einschätzung des Stoffs anzeigt, denn die Prosa war das äußere Merkmal „wahrer Texte", weshalb sie ja auch das Vehikel der Chroniken und religiöser Werke (vor allem von Heiligenviten) war.[1] Wenn Christus selbst dem Mönch die *Estoire del Saint Graal* überreicht und diese u. a. vom Abendmahlsgefäß handelt, dann schien damals die Prosa als äußere Form des Wahren nur angebracht. Aber das bedeutete auch eine Verarmung.

Friedrich Wolfzettel bringt die Sache auf den Punkt, wenn er schreibt:

> „Die Überführung des einsträngig symbolischen Erzählens in die plurale heilsgeschichtliche Welt des Prosaromans kann so von vornherein als bewußte Strategie der Verhinderung mythischer Strukturen und mythischer Bedeutungen begriffen werden. Man möchte von einer Strategie der Banalisierung sprechen. Die offene Welterfassung der Prosa hat ihren Preis im Verlust der Tiefendimension, der sich aus der konsequenten Klerikalisierung eines nach scholastischem Vorbild pseudorational verfahrenden Summa-Projekts ergibt."[2]

---

[1] Vgl. Heinzle (1984).
[2] Wolfzettel (2007b), 20.

Zwischen 1200 und 1210 dürfte der sog. „Didot-Perceval" entstanden sein, der vielleicht Fragment einer umfassenden Fortführung der von Robert de Boron stammenden Ursprungslegende des Grals ist, jedenfalls eine Prosaredaktion seines Berichtes enthält, worauf *Perceval le Gallois ou le conte du Graal* und ein *Mort Artu* folgen. Zwischen 1215 und 1230 entstand der „Vulgata-Zyklus", ein gewaltiges Werk, das in seiner vollen Form aus 5 Teilen besteht: der *Estoire del Saint Graal* (auch *Joseph d'Arimathie*) und der *Estoire de Merlin*[1] (diese letztlich auf der Basis von Roberts de Boron Merlinroman), sodann aus den drei Zweigen des *Lancelot en prose* (auch „Prosa-Lancelot" oder „Roman du Lancelot" genannt): dem *Lancelot* („propre"; auch *Lancelot du Lac*),[2] der *Queste del Saint Graal* (früher einem Walter Map zugeschrieben) und dem *Mort Artu*.

Seite an Seite steht der umfangreiche „Prosa-Tristan" (*Tristan en prose*), in dem ein Heide *Palamède* am Markehof auftaucht, der *Tristan* gegenübergestellt wird wie *Gauvain/Gâwân* dem *Lancelot* und *Perceval/Parzivâl*.

Auffällig ist mitunter auch eine Art Relativierung des Ernsten, die es seit *Culhwch ac Olwen* nicht mehr gegeben hatte. Der durch und durch humorige Schreibstil Wolframs fand keine Nachfolge. Wenn komische Situationen auftauchten, wie etwa beim ständigen Scheitern Keis oder in Strickers „Daniel vom Blühenden Tal", dann war das gewöhnlich Ironie, die auf Kosten einer Person ging. Nun aber wird im „Prosa-Tristan" dem Helden ein gewisser *Dinadan* zur Seite gestellt, der gegenüber den übersteigerten Idealen der Ritterwelt den common-sense verteidigt, indem er etwa sinngemäß sagt: „Eine Liebe, die ihre Anhänger quält und tötet, bestraft sie eigentlich nur für ihre Dummheit."[3] Wir erkennen in Dinadan den Vorläufer Sancho Pansas. Im „Prosa-Lancelot" wird ein ritterlicher Hofnarr *Sire Dagonet* eingeführt, den *Arthur* selbst zum Ritter schlägt und der bei den Turnieren für Heiterkeit sorgt, aber in seiner Art doch ernst genommen wird (vgl. unten S. 259). Die Runde Tafel von Winchester (s. oben S. 181) hatte auch für ihn einen Platz.

---

1   Merlin (Micha).
2   Lancelot (Micha).
3   Vinaver (1959), 344.

Um die Mitte des 13. Jh.s wurde der „Prosa-Lancelot" auch in das Mittelhochdeutsche übersetzt, fand jedoch anscheinend wenig Anklang.

Die Summenbildung bediente sich im Deutschen weiterhin der metrischen Dichtung, für die inhaltlich z.T. ähnliches gilt wie für die französische Prosa, etwa hinsichtlich der Klerikalisierung und heilsgeschichtlichen Einbettung. Als besonders bemerkenswert sticht hier Albrechts „Jüngerer Titurel" hervor. Wolfram hatte in die Gralsfamilie einen Ahnherren *Titurel* eingeführt. Um den Helden *Schionatulander* und die von ihm geminnte *Sigune* wurde im *Parzivâl* andeutungsweise eine Nebenhandlung aufgebaut, die Wolfram in einem merkwürdig manieristischen und durch die Strophenform (die das Werk nach überlieferten Noten singbar macht!) seltsamen Roman-Epos, das man nicht sehr zutreffend nach dem ersten genannten Namen „Titurel"[1] nennt, in den Handlungsmittelpunkt stellte.

> Diese Bruchstücke baute nun Albrecht zu einem Monsterroman in komplizierten Titurelstrophen (in etwa 6300 Strophen, was ca. 47.250 Kurzversen entspricht!) aus, in dessen Zentrum die Gralsfamilie mit ihren orientalischen Hintergründen einerseits, die inselkeltischen Traditionen andererseits stehen.[2] Danach stammt das Geschlecht letztlich aus Troja, auch der (gute!) Kaiser *Vespasian* gehörte ihm an. Titurel erbaute für den Gral einen Rundbau, der auch als „Himmlisches Jerusalem" zu verstehen ist. Der in 734 Strophen minutiös geschilderte Gralstempel scheint sich an mehrere tatsächlich vorhandene Sakralbauten anzulehnen, ist im mittelalterlichen Sinn allegorisch reich durchstrukturiert und hat in der Neuzeit zu allerlei Rekonstruktionen (z. B. durch Sulpiz Boisserée) Anlaß gegeben und bei Ludwig II. von Bayern weitergewirkt (s. unten S. 332). Auf einem Artusfest verpflichtet der Held *Tschionatulander* die Ritter, dem heidnischen Baruc *Akerin* beizustehen. Die neue durch Wolfram eingeführte „Humanität" setzt sich über Glaubensgrenzen hinweg, indem sie sich lediglich an menschlicher Größe orientiert. Am Rande klingt auch der Raub der Königin durch *Meljanz* aus dem „Lancelot" an.
>
> Auch zu Geoffreys *Historia Regum Britanniae* verlaufen Fäden, denn Tschionatulander muß *Artûs* beistehen, als der römische Kaiser von diesem Tribut

---

1 Titurel (Brackert – Fuchs – Jolie).
2 Einen Einstieg in das schwierige Werk bietet Gibbs (2000).

fordert. Nach einem Sieg über die Römer verschwindet Artus von der Bildfläche. Die Erzählung wendet sich nur mehr dem Gralsthema zu. Nach dem Tod des Parzival-Sohnes *Loherangrin* (= *Lohengrin*)[1] begibt sich der Gral nach Indien zu den Thomas-Christen, wo sich das Gralsreich mit dem des Priesters Johannes, das den höchsten Grad von Heiligkeit besitzt, verbündet. Titurel erklärt zuletzt vor seinem Tod, daß der Gral das Abendmahlsgefäß des *Joseph von Arimathäa* sei. Nach seinem Ableben werde der Gral niemanden mehr speisen, er werde aber all jene bezeichnen, die sündigen, indem er ihre Hände stigmatisiere. Im Abendland werde sich hartnäckig das Gerücht halten, daß der Gral auffindbar sei, so daß ihn Artus und die Tafelrundenritter immer wieder suchen würden, jedoch vergebens.

So wurde denn auch betont, daß der Artushof, längst durch den Gral überhöht, kein „Identifikationsangebot" mehr liefere, ja daß das Gralsreich Albrechts eine politisch-soziale Utopie zeichne, die – ein gesellschaftspessimistischer Zug – nach Indien – sozusagen ans Ende der Welt – verlegt wird.[2]

Ende des 15. Jh.s hat dann der bayerische Maler Ulrich Fuetrer (oder Füeterer) in seinem „Buch der Abenteuer"[3] mit weit über 5000 Titurelstrophen noch den trojanischen Krieg miteinbezogen und mit dem „Jüngeren Titurel", dem „Parzival" und dem „Lohengrin" verbunden.

b. Die *matière de Bretagne* in England, den Niederlanden und Skandinavien

In mittelenglischer Sprache erscheint die *matière* verhältnismäßig spät.[4] Es gibt insgesamt gegen 25 Erzählungen in Endreimvers und Prosa aus Südengland und den östlichen Midlands, während man in den westlichen Midlands und in Nordengland dem Stabreim verpflichtet blieb. Das Werk Laȝamons (s. oben S. 180)[5] im frühen 13. Jh. stellte die Brücke zur angelsächsischen Stabreimdichtung her. Berühmt ist das Bild der von Arthur

---

1 Die Gestalt des *Lohengrin* wurde in mehreren späten Dichtungen (strophisch!) behandelt, aus denen später Wagner schöpfte; dazu: Meyer (2000), 103–106; Jackson (2000b), 181–183.
2 Zatloukal (1974); Ebenbauer (1979).
3 Einen guten Überblick über das Mosterwerk gibt Mertens (2003), 148–157.
4 Zur Artusrezeption in England (inklusive Neuzeit) s. The Arthur of the English.
5 Vgl. Françoise Le Saux, in: The Arthur of the English, 22–32.

erschlagenen Krieger, die das Bett des Avon füllen, ein Anblick, der dem Dichter zu einem bizarren Bild wird (10641ff):

> Hu liged i þan stræme   stælene fisces,
> Mid sweorde bigeorede,   heore sund is aswemmed;
> Heore scalen wleoteð   swulc gold-faʒe sceldes;
> Þer fleoteð heore spiten,   swulc hit spæren weoren.

'How steel fish lie in the stream, girt with swords so that their swimming is hindered; their scales float like gold-plated shields; their spines float as if they were spears'.[1]

Danach entstand *Arthour and Merlin*, das in der zweiten Hälfte des 13. Jh.s angesetzt wird; dann schon der auf Thomas beruhende *Sir Tristem* (gegen 1300), darauf *Libeaus Desconnus* (die Geschichte vom „Schönen Unbekannten", der sich als Sohn Gawaines erweist; vor 1340). Während der strophische *Morte Arthure* (Mitte 14. Jh.)[2] mit dem Abschluß der Gralssuche einsetzt und sich dem *Launcelot*-Problem, sodann Arthurs Krieg gegen diesen zuwendet und in allem eigentlich ziemlich genau mit Malory übereinstimmt, auch darin, daß nachdem Arthurs Schwert versenkt und der König von seiner Schwester eingeholt wurde, noch kurz auf das Schicksal der *Queen Gaynor* und Launcelots im Kloster eingegangen wird, bleibt der etwa gleichzeitige „Alliterative Morte Arthure" mehr bei Geoffreys Pseudohistorie und der kirchlichen Lesart, indem er Arthur einfach sterben und in Glastonbury begraben sein läßt. In seiner letzten Rede setzt Arthur noch seinen Vetter *Constantine* als Nachfolger ein und stirbt mit den Worten Christi *In manus...*[3]

> The barōnage of Bretain then,   bishoppes and other,
> Graithes them tō Glashenbury   with glōpinand hertes
> Tō bury there the bọld king   and bring tō the erthe   4330
> With all worship and wẹlth   that any wye sholde.

---

1 Entnommen aus: Barron (1990), 136.
2 Barron (1990), 142–147.
3 Luk. 23, 46: *Pater, in manus tuas commendo spiritum meum* 'Vater, in deine Hände lege ich meinen Geist.'

> ...
> *Thus endes King Arthur,   as auctors allege.*   4342
> *That was of Ectores kin,   the kinge son of Troy*
> *And of Sir Prīamous, the prince,   praised in erthe;*
> *Frọ thethen brọught the Bretons   all his bọld elders*
> *Intō Bretain the brọde,   as the Brūt telles.*[1]

> 'Die Herren von Britannien, Bischöfe und andere, begaben sich, Entsetzen im Herzen, nach Glastonbury, um den kühnen König mit aller Andacht und Pracht, die Menschen möglich war, zur Erde zu bringen. ... So endet König Arthur, wie Gewährsleute berichten. Jener war aus dem Geschlecht Hektors, des trojanischen Königssohns und von Herrn Priamus, dem auf Erden gepriesenen Fürsten. Daher brachten die Britannier ihre kühnen Vorfahren in das weite Britannien, wie der *Brut* berichtet.'

Auch ein mittelenglischer *Sir Lanval* wurde nach dem Vorbild eines Lais der Marie de France um 1340 gestaltet, dessen Name noch später in entstellter Form (*Sir Lam[be]well*) als Held von Reimerzählungen des 16. Jh.s fortleben sollte.

Man wollte offensichtlich bestimmte (historische) Schwerpunkte setzen. Einer war das Leben Arthurs in Zusammenhang mit *Merlin*, dem drei Romane gewidmet sind. Einen anderen bildeten Arthurs letzte Taten und sein Tod.

Besonders beliebt war aber *Sir Gawaine*,[2] den man sich gerne in „Hauptlösungsfragen" ausmalte, so in der wunderbaren Stabreimerzählung *Sir Gawaine and the Green Knight* (vor 1400), einem Spitzenwerk mittelalterlicher Weltliteratur, auf das ich etwas genauer eingehen muß.

> Das aus der Zeit von 1400 überlieferte Werk[3] besteht aus 101 alliterierenden Strophen ungleicher Länge, die jeweils durch vier kreuzweis gereimte Kurzzeilen ("wheel") abgeschlossen werden. Sie sind, wie übrigens auch im *Sir Tristrem*, mittels eines einhebigen Verses ("bob"), der auf Vers 2 und 4

---

1   King Arthur's Death, 237f.; Barron (1990), 138–142.
2   Barron (1990), 163–173.
3   Sir Gawain and the Green Knight. Eine ausgezeichnete Ausgabe mit Lesehilfen und Aufbereitung des mittelengl. Textes: Pearl; neuengl. Übersetzung: Sir Gawain (Tolkien). Eine gute Würdigung des Werkes von W. R. J. Barron findet sich in: The Arthur of the English, 164–183.

des „Rades" reimt, mit den alliterierenden Strophenteilen verbunden, so daß sich – anglistisch gesprochen – der Strophenabschluß durch „bob and wheel" ergibt. Die Handlung ist folgende:

Nach einer kurzen Rekapitulation der Geschichte vom Untergang Trojas, über Brutus bis zur Glanzzeit Britanniens unter Arthur setzt die Handlung mit der auch sonst oft berichteten, aber weiter nicht erklärten *costume* des Hofes ein, daß an hohen Festtagen nicht gespeist werden kann, oder zumindest der König die Speise verweigert, bevor sich nicht eine *aventure* gezeigt hat. So auch bei einem prächtigen Neujahrsfest Arthurs in Camelot. Da erscheint plötzlich mit einem Beil und einem Block ein eleganter und schöner, aber riesenhafter Ritter, der ganz grün gekleidet ist[1] und auf einem grünen Pferd reitet. Er fordert die Ritter zu einem „Enthauptungsspiel" ("beheading game") auf. Er werde sich von einem Ritter enthaupten lassen unter der Bedingung, daß er genau nach einem Jahr an dem Ritter in gleicher Weise Vergeltung üben dürfe. Er verbindet diese „Wette" mit einer Schmähung des Hofes, was *Gawaine* zwingt, sich für die anderen in die Bresche zu werfen. Der geköpfte Grüne, der den Kopf nun unter dem Arm trägt, fordert Gawaine auf, sich genau in Jahresfrist bei der „Grünen Kapelle" zum zweiten Teil des Spiels einzufinden. Zu Allerseelen bricht Gawaine auf, um den bezeichneten Ort zu suchen. Die Schilderung der Reise durch das wegelose und eisige Sumpfgebiet von Wales und Nordwestengland ist eine der schönsten Stellen in dem Werk. Zu Weihnachten gelangt er an einen reichen Herrenhof, wo er erfährt, daß die gesuchte Kapelle ganz nahe sei. Der Burgherr lädt ihn ein, die Tage bis zum Neujahrstag bei ihm, seiner Gemahlin und einer geheimnisvollen alten Dame auf der Burg zu verbringen. Dabei verabreden sie ein „Beute-Lege-Spiel", bei dem Gawaine und sein Gastgeber jeweils am Ende des Tages vorlegen müssen, was sie tagsüber erbeutet haben. So geschieht es an drei Tagen. Der Wirt übergibt Gawaine täglich seine Jagdbeute (Reh, Eber, Fuchs), während Gawaine, den die schöne Burgherrin erfolglos zu verführen sucht, seinem Gastgeber die „erbeuteten" Küsse gibt. Er verschweigt jedoch, auch einen grünen Gürtel erhalten zu haben, der ihn unverwundbar macht. Bei der „Grünen Kapelle" erscheint der Grüne Ritter, der Gawaine zwei Scheinhiebe und einen ganz leichten Schlag versetzt, der gerade nur die Haut ritzt. Dies ist die Strafe für die Unehrlichkeit des Musterritters, seinem

---

1 Man könnte an Laubverkleidung oder deren Imitation denken. So erschienen im elisabethanischen Volksschauspiel die „Wilden Leute" oder *Jack in the Green* im englischen Maibrauchtum (übrigens auch der „Pfingstkönig" heute noch im niederösterreichischen Patzmannsdorf) und der mit Kletten besetzte Burry Man in South Queensferry. Vgl. Simpson-Roud (2003), s. v. „Green Man"; Daeschner (2004), 101-134.

Gastgeber den Empfang des grünen Gürtels verschwiegen zu haben: er *lakked a lyttel*. Damit klärt der Grüne nun die Zusammenhänge auf: er selbst heiße *Bertilak de Hautdessert* und sei sein Gastgeber der letzten Tage, der seiner Frau aufgetragen habe, Gawaine zu prüfen. Die alte Dame sei niemand anderer als die Fee *Morgan*, die das ganze Spiel ersonnen habe, um den Artushof zu testen und *Guenevere* zu erschrecken. Gawaine kehrt mit dem grünen Gürtel als Mahnmal seiner moralischen Schwäche nach Camelot zurück, worauf nun alle Artusritter solche grüne Gürtel tragen.

Die schöne Dichtung ist auch deshalb bedeutsam, weil sie die längst fällige Einzel-*âventiure* Gauvains im Namen der Artusritterschaft nachreicht. Darüber hinaus scheint sie auch eines der wenigen Beispiele dafür zu sein, daß eine irische Sagenhandlung, nämlich *Fled Bricrenn* 'Bricrius Fest',[1] in den arthurischen Sagenkreis aufgenommen wurde. Das Beil, von Giraldus als ständiger Begleiter der primitiven Iren herausgestellt,[2] hat als „unhöfischer" Gegenstand in der schwerterdominierten Welt des Arthur nichts verloren. Nur noch *Burmaltus* führt es auf dem Relief zu Modena. Im „Leben des Caradoc" in der ersten Fortsetzung von Chrestiens „Perceval" wird *Caradoc* in gleicher Weise von seinem eigenen Vater getestet. Hier ist der Initiationscharakter der Handlung noch recht durchsichtig. Deutet das Auftauchen eines *Carrado*[*c*] in Modena (s. oben S. 108) darauf hin, daß diese Tradition bereits in die Arthursage integriert war? Auch in Heinrichs von dem Türlîn *Diu crône*, meiner Meinung nach der bedeutendste *Gawain*-Roman, erhebt der Zauberer *Gansguoter* zweimal die Axt über Gawans Hals, ohne sie jedoch niedersinken zu lassen (13164–13175). Die Initiationsprüfung bietet einen guten äußeren Rahmen zu ethischen Fragen die Tapferkeit betreffend. Offenbar hat deswegen auch jemand an einer Stelle die Devise des Hosenbandordens *Hony soyt qui mal* [*y*] *pence* 'Verflucht sei, wer Böses denkt' über den Text des *Sir Gawaine*, der nur in einer einzigen Hs. der British Library überliefert ist, geschrieben. Die liminale Situation, die uns auch zu einem kritischen Blick auf die Tu-

---

[1] IHK, 447–467; Henderson (1899); O'Brien (1959). In engl. Übersetzung: Cross-Slover (1936), 254–280; Gantz (1981), 221–255. – Die von Turner (1986) gezogenen Vergleiche mit der keltischen Moorleiche ("Lindow Man") kann ich nicht nachvollziehen.
[2] Gerald of Wales (1982), 107.

gend der Artusritter zwingt,[1] was der Verfasser ironisch andeutet, wurde, mehr oder minder variiert, auch noch in einer Reihe anderer Romane eingebaut.[2]

Oft geht es um Gawaines Verheiratung, auch in Chaucers *Wife of Bath's Tale*, wo zwar *Gawaine* namenlos bleibt, aber die Handlung jener der anderen Gawaine-Erzählungen im Wesentlichen gleicht. Die Testsituation ist entweder das „beheading-game" oder die Lösung der Frage, was den Frauen am liebsten sei,[3] oder aber das Motiv der „Loathly Lady", ein Ausbund an Häßlichkeit, den ein Kuß in eine schöne Frau verwandelt.[4] Auch letzteres hat in „Die Abenteuer der Söhne von Eochaid Mugmedon" ältere Parallelen in der altirischen Literatur und hängt mit der rituellen Begründung der Herrschaft durch Hieròs gámos zusammen.[5] In einer schottisch-englischen Volksballade werden „King Arthur and King Cornwall" einander gegenübergestellt. Angestachelt durch *Guenever* sucht *Arthur* König *Cornwall* auf, weil dieser einen edleren runden Tisch als er selbst besitzt. Nachdem sie die Reichtümer König Cornwalls beschaut haben, können sie dessen Wächterdämon mit dem Evangelium bannen und den beraubten Cornwall töten.[6] Man sieht, wie märchenhaft die *matière de Bretagne* hier geworden ist. In der Zeit vor Malory tritt in den englischen Arthuriana die Gralsthematik in den Hintergrund.

Verhältnismäßig spät wurde die *matière de Bretagne* in niederländischer Sprache aufgezeichnet,[7] obwohl namenkundliche Spuren und lateinische

---

1 Dazu etwa Latré (1991).
2 Lacy (1996), 419–421; dort auch weitere Lit.
3 Die Frage bleibt tückischerweise offen. Man erwartete aber, wie der mlat. Arthurtext „Arthurus et Gorlagon" zeigt (s. S. 166, Anm. 1), eine misogyne Antwort.
4 Child 31 „The Marriage of Sir Gawain" ist eine schottisch-englische Volksballade, die beide Motive enthält: Arthur erfährt von einer häßlichen Frau, daß den Frauen das Liebste ist, wenn sie ihren Willen durchsetzen können. Als Dank verheiratet er sie mit Gawain. Als dieser sie küßt, wird sie plötzlich sehr schön. Doch währt die Schönheit jeweils nur einen halben Tag, und sie fragt ihren Gemahl, ob er sie tags- oder nachtsüber schön wolle. Er überläßt ihr die Entscheidung und bricht damit den Zauber, der ihr von ihrer Stiefmutter auferlegt war; Würzbach – Salz (1995), 87.
5 Dillon (1946), 38–41.
6 Child 30; s. Würzbach – Salz (1995), 86.
7 Zum Überblick: Gottzmann (1989), 242–247. Dazu die Arbeiten von Jozef D. Janssens, Bart Besamusca, Jeannette Koekman in: Arturus Rex, sowie Besamusca (2000); Claassens – Johnson (2000).

Zeugnisse auf eine frühe Kenntnis weisen:[1] Ein gewisser *Pennic* ("Pfennig") und *Pieter Vostaert* verfaßten einen *Walewein* (= Gâwân), wobei aus der Namensform des Helden, die an die frühen italienischen Belege erinnert, schon hervorgeht, daß hier längst mündlich umlaufende eigenständige Traditionen Pate standen. Etwa gleichzeitig übertrug *Lodewijk van Velthelm* den Gralsroman Chrestiens als *Perchevael*. Um 1261 und danach verfaßte *Jacob van Maerlant* eine *Historie van den Grale* (die auf Robert de Boron beruht) und ein *Merlijns Boeck* (auf dem nur bruchstückhaft erhaltenen *Merlin*-Roman des gleichen Autors fußend). Zwischen 1300 und 1320 entstand der niederländische „Prosa-Lancelot" und gegen 1350 der Roman *Moriaen*, der die Vatersuche von Parzivals Halbbruder (bei Wolfram: Feirefiz) enthält. Den Grund, warum die niederländische Rezeption erst so spät erfolgte, sehe ich darin, daß einerseits mündliche Traditionen umliefen, wie die eigenständige Namengebung Gawans beweist, andererseits man so nahe an der Romania war, daß die französischen Romane bei Hof wohl in ihrer Originalfassung vorgetragen werden konnten.

In sehr vordergründiger Form, d.h. im Wesentlichen auf die Handlung reduziert, gelangte die *matière de Bretagne* auch nach Skandinavien durch die Vermittlung von König Hákon Hákonarson während dessen ungewöhnlich langer Regierungszeit (1217–1263). So wurde Geoffreys *Historia* als *Breta sǫgur* 'Britensagen' übersetzt, schon zuvor hatte Gunnlaug Leifsson die *Prophetiae Merlini* als *Merlínusspá* (gegen 1200) übertragen und in das für Haukr Erlendsson geschriebene *Hauksbók* integriert, wo sie bezeichnenderweise zusammen mit der Trojanergeschichte und dem kosmogonisch-kosmischen Eddalied *Vǫluspá* erscheint.[2] Ein Bruder Robert verfaßte 1226 nach der Version des Thomas von Britannien die *Tristrams saga*. Bald folgten auch die *Ívens saga*, die *Erex saga*, die *Parcevals saga* mit dem sie ergänzenden *Valvérs þáttr*.[3] Die *Mǫttuls saga* handelt, wie der afrz. *Manteau mautaillié* und die mhd. Erzählung „Der Mantel", von der Keuschheitsprobe durch einen gut passenden Mantel und entspricht

---

1 Tournoy (1991).
2 Simek (1991).
3 Marold (1982).

damit ungefähr der irischen Tradition, daß der „richtige" König durch eine Mantelprobe erkannt werde.[1] Von den *lais* der Marie de France wurden „Lanval" als *Januals lióð* und *Li chèvrefeuil* als *Geitarlauf* übersetzt.

An der Þiðreks saga läßt sich beobachten, wie die großen „Summen" entstanden:[2] Einerseits folgt sie den germanischen Sagenstoffen sehr streng, so daß man ihren Bericht der Rekonstruktion der Dietrichsage und der Nibelungentradition (der „Älteren Not") zugrundelegte. Andererseits schaltet der Kompilator anscheinend sehr frei, wie die Tristanvarianten zeigen. Da erscheint eine, in der das Liebespaar *Íron* und *Bolfriana* heißt. Die Erzählung enthält das „Tristandreieck", steht aber der Tradition von „Diarmait und Gráinne" (s. oben S. 174f.) nahe, besonders darin, daß die Verführung von der Frau ausgeht und Bolfriana keinen Liebestod erleidet, sondern nach dem Tode Írons mit ihrem Ehemann vermählt bleibt. An anderer Stelle heißt der Held zwar *Tristram*[3] wie in der „Tristrams saga", die Heldin aber trägt weder den eilhardischen Namen *Isalde* noch den der „Tristrams saga" *Ísond* oder *Ísodd* (in *Sir Tristrem*: *Ysonde*), sondern den aus der französischen und Gottfriedschen Tradition bekannten.[4] Jedenfalls ist „Tristram und Isolde" eine sonst nicht geläufige Kombination.

Wenn man dem Prolog glauben darf, dann müßte man annehmen, daß die keineswegs marginalen „Fehlleistungen" bzw. Merkwürdigkeiten in anderen Sagenkontexten in niederdeutschen Erzählungen umliefen. Hat es solche niederdeutsche Sagen wirklich gegeben oder sitzen wir einem Verwirrspiel des Redaktors oder der Redaktoren der Þiðreks saga auf?

Als diese entstand, kursierten gerade als letzter Schrei der literarischen Mode die berühmten französischen Prosaromane: der „Prosa-Tristan" und

---

1   Im *Duanaire Finn* II (ITS 28), 330–335, wird die Mantelprobe auf die Frauen der Fiana angewandt.
2   Die folgenden Bemerkungen zur Þiðreks saga werden sich in etwas anderer Blickrichtung auch in meinem Beitrag „Die keltisch-germanische Erzählgemeinschaft im Nordseeraum" in der Fs. f. Kurt Schier [im Druck] finden.
3   Laut Þidriks saga (231) hieß Þiðreks Schwester Isolde und war mit einem Grafen Herðegn vermählt. Der Ehe entsprossen die Söhne Herburt, Herðegn und – *Tristram*. Dieser, als Jüngster scheinbar etwas zurückgeblieben, tut sich mit der Fechtkunst schwer. Dennoch fordert er Herðegn zum Kampf mit scharfen Waffen und tötet ihn durch einen unritterlichen Stich in den Bauch. Er flieht an den Hof des Jarl Íron, dessen Dienstmann und Jäger er wird. Daß der berühmte Jäger Tristram (man denke nur an seine Jagdkunst bei Gottfried) dadurch in die unmittelbare Nähe von Írons Gemahlin und Tochter Isolde geraten ist, interessiert die Þidriks saga aber nicht. Tristram verschwindet von der Bildfläche.
4   Isolde, die Schwester Þiðreks, die Gemahlin Jarl Írons und deren gleichnamige Tochter und die Gemahlin von König Hertnið, die nach dessen Tod durch einen Drachen Þiðrek als Töter des Drachens heiratet.

natürlich der „Prosa-Lancelot", der ja diesem als Vorbild diente.[1] Diese Prosaromane haben mit der Þiðreks saga die Einführung vieler Randfiguren und Seitenzweige gemeinsam, die sie zum „Schubladenroman" („roman à tiroirs") machen, jedoch unterscheiden sie sich durch die mangelnde Teleologie der Handlung. Die Einführung von Tristanmotiven in der Þiðreks saga ist also eines jener Momente, die sie mit dem Prosaroman verbinden. Der Verfasser verfolgt einerseits die für historische Wahrheit genommene Geschichte von Theoderich, Attila usw., baut aber andererseits nach dem Muster der gerade modernen Prosaromane mit ihren *entrelacements*[2] eine Fülle von Seitenzweigen[3] um Figuren wie *Jarl Íron, Jarl Apollonius, Herburt* usw. ein, deren Abenteuer und Leben er frei und spielerisch – u. a. nach dem Vorbild der Tristanthematik – gestaltet.

c. Die *matière de Bretagne* in Irland

Es drängt sich die Frage auf, ob und in welcher Weise die *matière de Bretagne* auch in das gälische Erzählgut gelangte. Ich sehe hier von dem kurzen, rätselhaften schottisch-gälischen Stück *Am Bròn Binn* 'The Sweet Sorrow'[4] ab und konzentriere mich auf die irischen Texte.

Die *Historia Britonum* des Nennius wurde als *Lebor Bretnach* ins Irische übersetzt.[5] Was die *Tristan*-Sage angeht, so wurden ja schon irische Traditionen mit ähnlichen Handlungskonstellationen erwähnt. Sie könnten, wie oben erwogen, zu den Quellen der Tristanthematik gehören, sie könnten aber auch, was ja wohl Carney annahm (s. oben S. 173), sekundäre Übernahmen des Tristanplots unter Veränderung der Namen irgend-

---

1   Curtis (1969), 11. Die Autorin sagt zum „Prosa-Tristan" des Luce del Gat: „Although most of the well-known episodes and characters reappear in the prose version, it has been calculated that they take up no more than the fiftieth part of the whole. The emphasis has entirely shifted: what was essentially a tale of love ... has become a biographical romance, the story of Tristan's life. Indeed, not content with starting by a description of our heroes birth, the author gives us a long history of his far-off ancestors from the time of Joseph of Arimathea."
2   Der Terminus von Lot (1918), 17–28.
3   Vgl. im „Prosa-Tristan" das eingeschobene Dreiecksverhältnis des Helden mit der Gemahlin des Segurade; Löseth (1890); Vinaver (1959), 343. Zu diesen Seitenzweigen und Nebenfiguren gehört die Liebesbeziehung Tristans zur Tochter des Frankenkönig Pharamont und natürlich in erster Linie Tristans komischer Freund Dinadan, ein Vorfahre Sancho Pansas.
4   Carmina Gadelica, V, 86 – 105; vgl. auch Henderson (1912).
5   http://www.ucc.ie/celt/published/T100028/T100028.html (30. 4. 2006).

welchen Lokaltraditionen zuliebe sein. Aus dem Bereich der Arthur-Sage stimmt nur ein Werk zu den maßgeblichen französischen Traditionen. Es ist: *Lorgaireacht an tSoidhigh Naomtha* 'Die Suche nach dem heiligen Gefäß', eine ziemlich genaue Übersetzung der sogenannten „Vulgata-Version" der afrz. *Queste del Saint graal* (s. oben S. 211) wahrscheinlich aus dem Englischen, die aus dem 14. Jh. stammen dürfte (?) und in 3 Hss. des 15. Jh.s fragmentarisch überliefert ist.[1]

Viel merkwürdiger sind zwei andere Texte,[2] die keine Entsprechung in der übrigen arthurischen Tradition haben: *Eachtra an Mhadra Mhaoil* 'Die Abenteuer des Hundes mit den gestutzten Ohren' und *Eachtra Mhacaoimhan-iolair* 'Die Abenteuer des Adlerknaben'. Beide Erzählungen haben außer den Namen und der Vorstellung von Arthur als dem „König der Welt" (*Rí an Domhain*) wenig genug mit den uns geläufigen arthurischen Traditionen gemeinsam.

In der erstgenannten Erzählung fordert der *Ridire an Lóchrainn* 'Ritter der Laterne' den Hof in der üblichen Weise heraus. Nur *Balbhuaidh* (*Gawan*)[3] nimmt es mit ihm auf. Bei der Verfolgung trifft er auf den Hund mit abgeschnittenen Ohren und Schwanz, der ihm nach dem Märchenschema der hilfreichen Tiere zur Seite steht. Es ist „Alastrann der Wunderbare" (*Alastrann Iongantach*), der Sohn des Königs von Indien, den sein Stiefbruder, der „Ritter der Laterne", in einen Hund verzauberte, der später auch noch verstümmelt wurde. Die Handlung besteht nun in der Verfolgung des Ritters von Insel zu Insel in der Art der Brandansreisen (s. oben S. 80ff.). Dabei macht der „Ritter der Laterne" von seinen Zauberkräften und druidischen Fähigkeiten öfters Gebrauch, indem er einfach in einem Zaubernebel verschwindet. Zuletzt kann er gezwungen werden, Alastrann seine frühere schöne Gestalt zurückzugeben. Trotz der Handlungsverlagerung nach Indien und Ägypten bleibt das Geschehen ganz im Rahmen der irischen Erzähltradition, so findet sich ansatzweise ein Türhütergespräch und die Residenz Arthurs ist die *Halla Deirg* 'Rote Halle', die wohl der Halle *Cræbruad* 'Rotzweig' in der Ultersage entspricht.

---

1 Falconer (1953). Dazu Murphy (1961), 37f.
2 Eachtra an Mhadra Mhaoil; Murphy (1961), 37f.
3 Den Macalister mit *Galahad* verwechselte, was deswegen festzuhalten ist, weil dadurch der Text keineswegs erst nach der Entstehung dieser Heldengestalt in einem fortgeschrittenen Stadium der arthurischen Tradition entstanden sein muß.

In der zweiten Erzählung geht es wieder um feindliche Brüder, die Söhne des Königs von *Sorcha*. Der ältere, welcher wegen seiner Jagdleidenschaft *Ridire na Sealga* 'Ritter der Jagd' heißt, heiratet eine skythische Prinzessin und folgt seinem Vater in der Herrschaft, wird aber von seinem jüngeren Bruder, dem *Ridire an Ghairsidh* 'Ritter der Kühnheit' ermordet. Seine Frau gebiert in einem Turm einen Knaben, den ein Adler raubt und beim „Stein der Tugenden" (*Carrthadh na mBuaidh*) auf dem „Feld der Wunder" (*Máigh na nLongnadh*) vor dem Hof Arthurs niederlegt. Der kinderlose König zieht das Kind auf, das, herangewachsen, nach der Art CúChulainns alle anderen Knaben übertrifft. Dann geht er auf die *Queste* nach seiner Herkunft. Dabei trifft er eine Frau, der ein Ritter Gewalt antut, indem er durch Spiel auf seiner Silberflöte alle einschläfert, die es ihm wehren könnten. Der Adlerknabe nimmt die Verfolgung des *Ridire an Chiuil* 'Ritters der Musik' in einem Wunder-*curach* auf. Er befreit ein Mädchen aus der Gewalt dreier seeräuberischer Riesen und verlobt sich mit ihr. Unterstützt von einem andern Ritter, den er besiegt, aber ehrenvoll behandelt hat, gelangt der Adlerknabe zum Rundturm des „Ritters der Musik", zu dessen (nach irischer Klosterbaupraxis) hochgelegenem Eingangstor er wieder nach der Art CúChulainns emporspringt. Die mißhandelte und jetzt befreite Frau des Flötenspielers heiratet Arthur. Auf der Suche nach seiner Herkunft gelangt der Adlerknabe auch nach Skythien, wo er seine Mutter, die sich in ihre Heimat durchgeschlagen hatte, wiederfindet – wohl der *Scythia-Scotia*-Etymologie zuliebe (s. unten S. 401). Da das Land gerade auch von seinem Onkel, dem Brudermörder, angegriffen wird, hat der Adlerknabe die Gelegenheit, die Untat zu rächen und nach dem Sieg über die Angreifer die Herrschaft in Sorcha anzutreten.

Diese Texte tragen nur oberflächlich arthurischen Firnis, sie verraten auf Schritt und Tritt die archaisch wirkende Mentalität irischer Abenteuergeschichten, vor allem auch der Immramas, da die Abenteuersequenz immer durch Fahrten von Insel zu Insel zustande kommt. Im Gegensatz zu den arthurischen Helden der französischen Romane verfügen diese über magische Fähigkeiten, die sie im Einsatz gegen die Zauber-Unholde auch brauchen. Die *geassa* 'Tabus' spielen eine größere Rolle als sonst im arthurischen Roman. Angesichts der durchaus schlichten und vordergründigen Erzählweise, die keinen *san* neben der *matière* suchen läßt, fällt die Neigung zur rhetorischen *amplificatio* bei der Schilderung von Personen, Tieren und auch Sachen auf.

Ein schwarzes Roß, das der Adlerknabe einmal auf einer Insel erlangt, ist so vorzüglich, daß der Verfasser 24 Adjektive braucht, um es zu rühmen. Dabei können schon auch einmal ein paar dieser rühmenden Epitheta Gegensätzliches ausdrücken. Offensichtlich galt eine solche rhetorische Schilderung als besonderes Virtuosenstück des Erzählers. Es erinnert uns etwa an die – allerdings in sich durchaus kohärente – Schilderung des ausreitenden *Culhwch* (s. oben S. 126), und auch aus der altirischen Literatur, insbesondere der *Táin Bó Cuailnge*, wären Parallelen solcher *retorics* beizubringen.

Die Erzählungen sind zwar durchaus kirchenfromm, lassen aber doch da und dort – wieder unter dem Eindruck der Ulstersage – Formulierungen zu, die offenbar das Alter der Ereignisse betonen sollen, so wenn bei den Elementen geschworen wird, oder – besonders kurios – der Adlerknabe nach dem Vorbild irischer Sagenhelden so „wie sein Volk schwört" (*óir toingim-si a dtoingidh mo thuath*),[1] das er ja gar nicht kennt.

Beide Erzählungen sind durch mehrere Hss. überliefert, von denen jedoch keine älter als das 18. Jh. ist, was freilich überhaupt nichts über das Alter der Erzählungen sagt, die der Sprache nach gewiß in das 15. – 16. Jh. zurückgehen können. Sie scheinen eher durch niederländische Traditionen beeinflußt als durch englische. Das lehrt die Namensfom *Balbhuaidh*, die besser zu ndl. *Walewijn* stimmt als zu *Gawaine*, insbesondere aber auch das Wort *ridire* 'Ritter'. Bereits 1167 erscheint ein von Anglonormannen, Walisern und Flamen zusammengesetztes Söldnerheer in Irland, auch später bestanden rege Handelskontakte mit den Niederlanden.

Was die beiden Texte auszeichnet, ist ihre unmittelbare, orale Gestaltung. Das Gesagte gilt auch für eine dritte, sehr oberflächlich arthurische Geschichte *Céilidhe Iosgaide Léithe* 'Der Besuch der Grauschenkeligen', in der eine hindengestaltige Frau am Arthurhof für Aufregung sorgt.[2] In *Eachtra Mhelóra agus Orlando* verkleidet sich Arthurs Tochter *Melóra* als Mann, um ihren Geliebten *Orlando* aus den Stricken Merlins und eines *Sir Mador* zu befreien.[3] Das oben zu den Tristan-Parallelen Bemerkte (s. S. 173ff.) könnte auch auf die „Ge-

---

1   Ibid. 126f.
2   Dhá Sgéal Artúraíochta; Draak (1956); Lacy (1996), 244; Gillies (1981); Hartnett (1973).
3   Dhá Sgéal Artúraíochta.

schichte von dem großen Dummkopf" (*Eachtra an Amadáin Mhóir*) zutreffen, dessen Anfang wie eine Replik auf den Beginn des *Perceval* wirkt.[1]

d. Die kosmopolitische *matière de Bretagne*

Wir haben gesehen, wie die *matière de Bretagne* durch französische (anglonormannische) Vermittlung auf den Kontinent gelangte. Ein sehr plastisches Zeugnis ihrer Rezeption bietet Caesarius von Heisterbach (um 1220), der folgende Anekdote berichtet:[2]

> „Bei einer Feierlichkeit hielt der Abt Gevard ... uns im Kapitel eine Predigt. Da nahm er wahr, daß die meisten, besonders von den Konversen, schliefen und einige sogar schnarchten. Plötzlich rief er laut: 'Hört, Brüder, hört! Ich weiß euch eine schöne neue Mär. Es war einmal ein König, der hieß Artus ...' Hier fuhr er aber nicht fort, sondern sagte: 'Sehet, Brüder, wie traurig! Als ich von Gott redete, schliefet ihr ein. Sobald ich aber Worte des Leichtsinns anhebe, wacht ihr alle auf, spitzt die Ohren und horcht.' Ich war selber bei jener Predigt anwesend."

Es war die erste „weltweite" Rezeption keltischen Kulturgutes, von der auch Pseudo-Alanus in der *Prophetia Anglicana* (zwischen 1167 und 1174) etwas vollmundig verkündete:[3]

> „Wohin, soweit das Christentum reicht, wäre nicht der Name Arthurs, des Briten, auf den Flügeln des Ruhms gedrungen? Wer, frage ich, spricht nicht von Arthur, dem Briten, der, wie uns die Pilger aus dem Osten berichten, den Völkern Asiens fast ebenso bekannt ist wie den Britanniern? Die Völker des Ostens sprechen von ihm ebenso wie die Völker des Westens, mögen sie auch durch die Weite des gesamten Erdkreises voneinander getrennt sein. Rom, die Königin der Städte, besingt seine Taten, die auch ihrer einstigen Rivalin Carthago nicht unbekannt sind, und ebenso feiern ihn Antiochien, Armenien und Palästina ..."

---

1 Ó Rabhartaigh – Hyde (1927).
2 Dialogus miraculorum I, 36; jetzt in: http://www-alt.uni-trier.de/uni/fb3/geschichte/cluse/cs/
3 Loomis (1959d), 62.

Die 1603 zuerst in Frankfurt gedruckte *Prophetia Anglicana* galt vielen als ein Werk des Geoffrey von Monmouth, der darin seine eigene *Prophetiae Merlini* auslegte.

Nun gibt es allerdings arthurische Erzählungen mit weit in den Osten ausgreifender Handlung. Schon die Titelfigur von Chrestiens Anti-Tristan-Roman *Cligès* war ein byzantinischer Held, der zur höfischen Bildung an den Artushof ging, und zwei mittellateinische Prosaromane *De ortu Waluuani Nepotis Arturi* 'Von der Herkunft Gawans, des Neffen Arthurs' und *Historia Meriadoci regis Cambriae* 'Die Geschichte von Meriadoc, dem König von Wales' verbinden gleichfalls das arthurische Milieu mit dem des Reiches und des Orients.[1] Aber das Wort des Pseudo-Alanus von der „weltweiten" Ausbreitung des Arthurstoffes ist dahingehend einzuschränken, daß der Osten daran keinen produktiven Anteil hatte. Von den Slawen haben nur die Tschechen Themen der *matière de Bretagne* gestaltet.[2] Weder in Polen noch in Ungarn oder auf dem Balkan gibt es nennenswerte einschlägige Spuren – geschweige denn in Byzanz.[3] Die im Ostseeraum befindlichen „Artushöfe" (s. unten S. 232) waren durchwegs Vorposten des Deutschtums.

---

1   *Waluuanus*, der Sohn von Arthurs Schwester Anna, wächst in Rom zum Kavallerieoffizier heran. Im Zweikampf mit einem Perser versucht er Jerusalem zu befreien, was letztlich Piraten unter dem Einsatz von griechischem Feuer verhindern. Nun eilt er Arthur zu Hilfe. Unerkannt besiegt er Arthur und Kei, doch Arthur söhnt sich später mit ihm aus und macht ihn zum Tafelrundenritter; Day (1984). Meriadocs Vater wird von seinem Bruder getötet. Der Sohn wächst am Artushof auf, wo er in gerichtlichen Zweikämpfen die Sache des Hofes vertritt und auch seinen Vater rächt. Als König von Wales verzichtet er zugunsten seiner Zwillingsschwester und ihres Gemahls Urien auf die Herrschaft und wird Söldner beim Kaiser der *Alamanni*, um den Weltfrieden herzustellen. Obwohl er im Namen des Kaisers den König des Landes, aus dem niemand zurückkehrt, besiegt, wird er bei Hof kompromittiert, so daß er am Ende sein Leben als Dienstmann des Königs von Gallien beschließt. *Meriadoc* ist hier nicht identisch mit *Meriadeuc*, dem 'Ritter mit den zwei Schwertern', in dem der Tod eines Königs *Bleheri* (s. oben S. 207) zu rächen ist, woraufhin die Geschichte in einen Art Gauvain-Roman mündet. Zu *Meriadoc*; Day (1988); Wright (1991). Zu den mlat. Artustexten knapp: Gottzmann (1989), 242–244.
2   Thomas (2000).
3   Małek (1999). In der byzantinischen Liebesgeschichte Διήγησις ἐξαίρετος Βελθάνδρου τοῦ Ῥωμαίου ('Außergewöhnliche Geschichte von Belthandros dem Byzantiner', meist „Belthandros und Chrysantza" genannt) erscheint eine treue Helferin Phaidrokaza, die sich dazu hergibt, mit dem Helden Belthandros eine Scheinehe einzugehen, um den Verdacht, dieser habe ein Verhältnis mit der antiochenischen Prinzessin Chrysantza, zu zerstreuen. Man hat in diesem Zusammenhang für mich nicht ganz überzeugend Einfluß der Brangänengestalt in den Tristantraditionen angenommen (vgl. auch „Lybistos und Rhodamne"); Beck (1971), 122–124; übers.: Rotolo (1965).

Solch ein Vorposten ist auch die jiddische Bearbeitung des „Wigalois" Wirnts von Grafenberg[1] als Ritter *Widuwilt*. *Ejn schejn majsse fun Kinnig Artis hof*, das als Werk eines *Josl Witzenhausen* galt.[2] In hebräischer, nicht jiddischer, Sprache sind die Fragmente einer auswählenden Prosabearbeitung von Teilen des „Prosa-Lancelot", die unter dem Titel *Melekh Artus* 'König Artus' in einer vatikanischen Handschrift überliefert sind.[3] Charakteristisch und eigentlich selbstverständlich ist dabei, daß, wie auch im *Widuwilt*, fast alles spezifisch Christliche getilgt erscheint. Natürlich muß der jüdische Übersetzer seine Beschäftigung mit diesen weltlichen Themen eigens rechtfertigen. Meist geschieht dies, indem man solche Unterhaltungsliteratur als Texte für Frauen bezeichnet, da diese ja die einzig lesenswerten heiligen Texte nicht verstünden. Hier beruft sich der Übersetzer auf einen Rabbi, der Fabeln vom Fuchs übersetzte und stellt fest, daß die arthurischen Erzählungen den Vergleich mit diesen Tiergeschichten wohl aufnehmen könnten.

e. Die *matière de Bretagne* als Happening und Schema sozialer Organisationsform

Besonders bemerkenswert ist, daß man im Mittelalter auch die Artusromane „nachspielte",[4] und hier ist gerade einer der ersten Belege aus Zypern. 1223 wurde dort im Herbst anläßlich der Ritterweihe von Johann I. von Beirut eine „Tafelrunde" abgehalten, die aus einem Turnier mit dramatischen Einlagen und einem Fest bestand. 1235 folgte eine *Tabula Rotunda* in Flandern.

1240 zog der steirische Ministeriale Ulrich von Liechtenstein als *Artûs* verkleidet durch Steiermark und Österreich.[5] In Katzelsdorf bei Wr. Neustadt hielt er eine Tafelrunde ab, an der auch Friedrich II. (der Streitbare) teilnahm. Ulrich schildert im „Frauendienst" diese Vorgänge minutiös

---

1 Wigalois (Seelbach). Dazu Wigalois („Volksbuch") und zur Prosaauflösung: Brandstetter (1971).
2 Vgl. Weissberg (1988), 46, 56, 194; Jaeger (2000).
3 King Artus (1969).
4 Dazu z. B. Loomis (1959c); Vale (1999); Jackson (2000a), 282–286.
5 Reichert (1983a); Störmer (1972).

genau. Natürlich ist der Realitätsgehalt umstritten. Im politischen Alltag in gewissem Sinn Ulrichs Dienstherr, hatte der Herzog hier einen der Artusritter, also die Rolle eines Vasallen oder Ministerialen zu spielen, ein Stück verkehrte Welt, über das gelacht wurde, wie Ulrich im „Frauendienst" erzählt (Str. 466, 25 – 467, 10).

> 1252,[1] 1279, 1291 fanden Tafelrunden in England statt, 1269, 1286 und 1291 in Spanien, 1290 in Katalonien, 1284 in Wales, 1287 und 1294 in Frankreich, 1299 und 1300 in Belgien, 1302 in Schottland, 1319 in Prag etc.
>
> Die Art, wie Meleagant im „Lancelot" die Königin entführt, regte 1226 oder 1227 den thüringische Ministerialen Waltman von Sättelstädt zu einer happeningartigen *Forest*-Spiel an.[2]
>
> Nur in Skandinavien scheint die Begeisterung für die „Honigwoge" (den Met) stärker als für Tafelrundenspiele gewesen zu sein.[3]

Über manche dieser Feste wissen wir relativ gut Bescheid: 1278 etwa gab es eine „Tafelrunde" in Hem Monacu oder Ham-sur-Somme (Picardie), bei der ein dramatisierter Prosa-Roman dargestellt wurde. Die Ritter spielten bestimmte Figuren wie *Merlin, Lancelot, Perceval, Yvain*, auch Damen wie *Guenièvre, Soredamors* etc., sogar ein Zwerg erschien und ebenso der Löwe des Îwein.

1284 gab es in Magdeburg ein von den Bürgern ausgerichtetes „Gralsspiel", das eine der Perceval-Fortsetzungen nachspielte, und in dessen Verlauf eine Dame „Fee" (*feie*) zu gewinnen war. Ein älterer Kaufmann aus Goslar gewann sie im Turnier und stattete die Prostituierte so reich aus, daß sie ehrenwert heiraten konnte. 1286 veranstaltete Heinrich II. von Zypern anläßlich seiner Krönung zum König von Jerusalem in Akkon ein Spiel, in dem Szenen aus dem „Prosa-Tristan" aufgeführt wurden.

Wir würden heute von „Happenings" und „Aktionismus" sprechen.

---

[1] Dazu Matthew Paris in seiner *Historia Anglorum* (1253) bei Chambers (1966), 279.
[2] S. Cronica Reinhardsbrunnensis, 608 (*ad annum* 1226); Reichert (1981), 36; Bei diesem *forest*-Spiel nahm Waltmann allerdings die Rolle des *Ke* ein, nicht die des *Meleagant*: er begleitete die Dame und es gelang keinem Ritter, sie ihm abzugewinnen.
[3] Reichert (1983b).

Der erstaunlichste Beleg stammt aber aus der Literatur: Um 1300 verfaßte Heinrich von Neustadt in Wien einen Roman, in dem er das Leben des berühmten *Apollonius* von Tyrus, einen Roman der Spätantike, nicht nur bearbeitete, sondern aus mittelalterlicher Sicht völlig neu faßte. *Apollonius* verrichtet unerhörte Heldentaten und gründet, wie Heinrich ausdrücklich hervorhebt, 200 Jahre vor *Arthur* bereits die Tafelrunde. Am Ende des umfangreichen Romanes steht eben auch ein sogenanntes *Fôreis*-Spiel, wie es auch in Magdeburg abgehalten worden war, nur daß es Heinrich für die Spätantike völlig frei erfindet:

> „Nun merkt auf und hört, wie die Tafelrunde beschaffen war: Es war ein kreisrunder Tisch, auf den man ein neues Scharlachgewand gelegt hatte. Der Tisch hatte einen Durchmesser von fünf Ellen. Dort hing auch ein kleines goldenes Becken an einer Goldkette. Wer da um ritterlichen Einsatz stechen wollte, ritt vor das Zelt der Herren, wo ein herrlich kostbarer Brunnen angelegt war, neben dem an dem Ast eines Baumes ein Schild und eine Keule hingen. Der Kampfbegierige nahm das Goldbecken und begoß das Scharlachgewand. Dann schlug er mit dem Kolben so lange an den Schild, bis es den Herren zuviel wurde und sie sprachen: 'Das mag ein Mann sein, der sich darauf versteht, Schilde zu zerhauen.' ... Das begossene Scharlachtuch erhielten nach der Regel des Fôreis die Fahrenden. Sogleich zog man ein anderes in gleichem Rot über den Tisch. Die Tafelrunde ist, wie uns das Französische lehrt, nichts anderes als ein runder Tisch. Nun habt ihr vernommen, woher die Tafelrunde stammt: Apollonius hatte sie so mit seiner Schar erdacht. ... Was Artus dann in Britannien eingeführt hat, war eine Nachahmung dieses Hofes aus der Zeit des Heidentums. Gewiß, der Hof des Artus war prunkvoll genug, aber doch mit diesem nicht zu vergleichen: Was Reichtum und Ehre betraf, konnte er sich mit ihm nicht messen. Artus war reich an Tugenden, und an Freigebigkeit gab es in christlicher Zeit nicht seinesgleichen und wird es auch nimmer geben, aber, in der Tat, Apollonius hat zweihundert Jahre vor ihm gelebt!"[1]

Die Tafelrunde Arthurs wird also rückverlängert, damit an die Reichsgeschichte und das römische Reich angebunden und dient Arthur womöglich sekundär zur Legitimation seiner Herrschaft, indem er das von „Kaiser" Apollonius Erfundene als ritterliches Spiel verwaltet!

---

1   Apollonius (Birkhan), 298. Vgl. auch: Birkhan (2002c), 58–65.

Im 14. Jahrhundert errichtete man im Ostseeraum „Artushöfe",[1] Versammlungsorte reicher Fernhandelskaufleute, die hier beim Umtrunk ihre Geschäfte abschlossen. Der einzige alte noch erhaltene Artushof – wenn auch nicht in der originalen Form, denn der jetzige Bau stammt erst von 1617 – an der Ostsee ist der in Danzig, der seit 1350 am Langmarkt bezeugt ist. Er ist stimmungsvoller Schauplatz einer Erzählung „Der Artushof" in E. T. A. Hoffmanns „Serapionsbrüdern" und hatte zu der Zeit als Hoffmann ihn besuchte (1797) noch im Wesentlichen seine merkantile Funktion. Ein anderer früher Artushof ist der schon 1338 erwähnte in Elbing (Elblag). Eine neugefundene Urkunde sichert auch einen solchen in Königsberg für 1369, wo ein Preußenfahrer Johann von Blois *den vrouwen in conc Arturs hof* ein Faß Bier stiftete.[2] Nachgewiesen ist die Institution des Artushofes auch für Kulm (Chelmno) und Thorn (Thorun), wenn auch die urkundlichen Erstbelege problematischer sind. Dagegen ist die Existenz des Hofes zu Braunsberg (Braniewo) 1353 über jeden Zweifel erhaben. In Stralsund scheint der Artushof erst spät gegründet worden zu sein, immerhin bestand er bereits vor 1428. In Riga ist seit 1413 das Versammlungshaus einer anderen Kaufmannsgesellschaft, des „Schwarzhäupterverbandes", nachweisbar, das jedoch 1477 vom Stadtrat einmal auch als *konyngk-Artushoff* bezeichnet wird.

Der Artushof war der Treffpunkt der sogenannten Artusbrüderschaften, Gemeinschaften von Männern, in der Regel Kaufleuten, die durch persönliche Freundschaft, Beruf oder Familie miteinander verbunden waren. Das Wort „Hof" bezeichnet nicht primär das Gebäude, sondern diese Gesellschaften, die sich vor allem auch im (bürgerlichen) Turnier verwirklichten.[3] Die „Artusbrüder" nannten sich selbst *bank*, nach der Bank, auf der sie im Artushof zusammensaßen. Es ist anzunehmen, daß auch der Deutsche Ritterorden an der Verbreitung der Artustradition Anteil hatte, wenn seinen Angehörigen auch Turniere verboten waren. In Wien stiftete Herzog Otto d. Fröhliche 1337 eine Art Gralsgesellschaft (*Societas templois* nach Wolframs *templeisen* genannt) in der Georgskapelle

---

1 Selzer (1996); Jackson (2000a), 284–290.
2 Selzer (1996), 26.
3 Dazu Selzer (1996), 35–43.

der Augustinerkirche, deren Angehörige in der Regel an einem „Kreuzzug" gegen die heidnischen Völker im Baltikum teilgenommen hatten.[1] Auch die Artushöfe im Ostseeraum hatten enge Beziehungen zum Kult des hl. Georg.

Arthurische Verbände entstanden auch später immer wieder. Gute neuzeitliche Beispiele bieten die Jugendverbände, die William Byron Forbush 1893 in den USA gründete. Die „Knights of King Arthur" genannten Klubs postpubertärer Burschen waren in „Castles" (mit jeweils verschiedenen Verfassungen) organisiert, die einem „King" unterstanden, der auf ein halbes oder ein Jahr von den „knights" gewählt wurde, deren jeder sich einen Ritter der Tafelrunde zum Vorbild nehmen und sich nach ihm benennen sollte. Die Wahl des „Königs" sollte zwischen der mittelalterlichen Verfassung und der demokratischen der USA vermitteln. Die sich selbst verwaltenden Einheiten unterstanden der jeweiligen Ortskirche, in der Vorstellung der Tafelrunde fiel die der arthurischen Tradition mit der des Letzten Abendmahls zusammen.

> Forbush sagte von seinem Versuch: „It is a revival of the nobler side of medieval chivalry. The thought is to fulfil the prophecy of King Arthur that he would return to re-establish a kingdom of righteousness, honor and service." Der Aufstieg des Angehörigen vom „Page" über den „Esquire" zum „Knight" wird mit Initiationen verbunden gewesen sein. Entsprechend „The Boys' Round Table" gründete Forbush für Mädchen den Verband der „Queens of Avilon", der jedoch hauptsächlich die Neigung zur Poesie ansprach.[2]

Bis heute lebt die Vorstellung der Tafelrunde auch in der Institution des 1905 vom Chicagoer Anwalt Paul P. Harris gegründeten Rotary Clubs weiter, wo sie allerdings gegenüber der schon im Namen präsenten Radsymbolik zurücktritt. Das Emblem, welches die Tafel mit 24 Sitzen zeigt, wurde immer auch schon Zahnrad mit Speichen und Nabe verstanden, das den Rotariern als Bild wechselseitiger Hilfsbereitschaft gilt. Die Idee

---

1 Birkhan (1981), 422f.
2 Lupack (1998), 126f.; Fox-Friedmann (1998).

der vor- und angeblichen Gleichheit der Angehörigen einer Tafelrunde führt heute noch zu einer beliebten Organisationsform von Diskussionen aller Art, die dann auch als „Table ronde", „Round table" oder „Runder Tisch" bezeichnet werden.

Produktiv wurden in der Neuzeit auch Gralsgemeinschaften. 1905 gründeten Richard Ritter Kralik von Meyerswalden und Franx Xaver Eichert in Wien den „Gralsbund" als konservativ-katholische Literatenvereinigung,[1] der nicht nur Enrica von Handel-Mazzetti angehörte, sondern auch der junge Martin Heidegger. Schon 1889 hatte Kralik für die Glasmanufaktur seines Schwagers Ludwig Lobmeyr Gralsrequisiten, darunter eine Gralsschüssel mit 45 cm Durchmesser und einen Gralskelch mit einer Höhe von beinahe 70 cm entworfen.[2] Das waren natürlich echte Kultgefäße und keine Grale, wie man sie in Bayreuth erwerben konnte. Das Kommunionsgefäß des Grals sollte durch „sympathetische" Verwundung des Dichterherzens dieses für die ganze Welt befruchten, wie Eichert in dem Geleitgedicht „Der heilige Gral" nicht ohne Schwulst sang:[3]

> Gott goß in eine klare goldne Schale
> Das rote Blut aus seines Sohnes Herz
> Und sprach zum Dichter: Trinke Gottes Schmerz!
> Und dunkel ward die Welt mit einem Male.
>
> Durch tiefe Finsternis vom heil'gen Grale
> Kam einer großen Liebe Leuchten her
> Und traf des Dichters Herz, vom Leiden schwer,
> Und schlug ihm Wunden gleich dem schärfsten Stahle.
>
> Und durch die Wunde mit dem Feuerstrahle
> Ging ein ins Dichterherz die ganze Welt,
> Mit Blumen, Sternen, blauem Himmelszelt.

---

[1] Programmatisch heißt es 1920 (14. Jg. Heft 3/4): „Der Gral will versuchen, nach und nach jenes uns noch fehlende Organ zu werden, das die Blüte der lebendigen und aus christlichen Urkräften schaffend sich entwickelnden katholischen Weltliteratur widerspiegelt."
[2] Vgl. Mertens (2003), 227–230 mit Abbildung der Schale.
[3] Der Gral, 14. Jg. 1920, Heft 1/2.

Und sieh' – des Dichters volle Herzensschale
Erglüht[1] in Leid und Liebe gleich dem Grale.

Den Streit mit der um die Zeitschrift „Hochland" gescharten progressiv-katholischen Gruppe gleichen Namens mußte der Papst 1911 schlichten.

Bei Hugo von Hofmannsthal ist der Gral des religiösen Moments völlig entkleidet. Das ästhetische Erlebnis und der Fluch der in ihm vertanen Möglichkeit, „Künstlerweihe" durch Mitleid zu erlangen, stehen im Vordergrund:

Wir wandern stumm, verschüchtert, bang gebückt
und bergen scheu, was wir im Herzen hegen,
Und reden Worte, die uns nicht bewegen,
Und tote Dinge preisen wir entzückt.

Die Seele ist vergraben und erstickt …
Verfaultes leuchtet fahl auf nächt'gen Wegen …
Und sind wir müde, soll uns Kunst erregen,
Bis wir im Rausch der leeren Qual entrückt.

Jüngst fiel mein Aug auf Meister Wolframs Buch
Vom Parcival, und vor mir stand der Fluch,
Der vom verlornen Gral herniederklagt:

„Unseliger, was hast du nicht gefragt?!"
In Mitleid ahnend stumme Qual befreie:
Das ist einzig – eine Künstlerweihe.

Metaphorisch wird das Wort „Gralshüter" seit der Studentenrevolte in den späten 60er-Jahren des 20. Jh.s zumindest im Deutschen als akademisches Schimpfwort für Angehörige „elitärer Gemeinschaften" gebraucht, ähnlich den „Elfenbeintürmern". Diese Begriffe wurden einst geprägt, um die Träger bürgerlicher Bildung gegenüber dem Proletariat

---

[1] Das Wort *erglüht* zeigt, daß dem Dichter wohl das Geschehen in Wagners „Parsifal" vor Augen stand; vgl. Eicherts Gedichtband „Wenn der Gral erglüht" (Wien, s. a.).

zu brandmarken. Im gegenwärtigen Neokapitalismus sind die Gralshüter und Elfenbeinturmbewohner weltfremde Spinner, welche die wirtschaftlichen Notwendigkeiten nicht erkennen, bzw. nicht imstande sind, Bankgeschäfte in der Karibik zu machen.

In Pinner (Middlesex) ist der Sitz einer „Grail Society", deren Ziel es u. a. ist, auch andere auf die Suche nach dem Lebenssinn zu bringen, Laien, besonders Frauen, in den Kirchen mehr Ansehen zu verschaffen und dem Mißbrauch natürlicher Resourcen zu begegnen.[1] Es nimmt wohl niemanden Wunder, daß gerade der Gral sich allen Esoterikern als ganz besonders attraktives ideelles Leitbild anbot und dann mit Ideen der Rosenkreuzer, der Alchemie und verschiedener Freimaurerlogen verbunden wurde, wie es bei „Ormus and the Grail Chalice. The Brethren of the Rose + Croix and the Disciples of Memphis" der Fall sein dürfte.[2] Verwandte Ziele hat wohl auch der „OTG" (Order of the Grail), der seinen Sitz auf Barbados in den Kleinen Antillen hat,[3] eine Lokalität, die freilich auch allerlei „monetärstrategische" Assoziationen stiftet.

> Ein im Internet etablierter Verein „The Grail Society" hat es sich zum Ziel gesetzt, „to acknowledge you are the most intelligent person ever on Earth. Grail symbolizes concept of 'g' or 'general intelligence', defined as the sum of evolutionary ability, personified in you". Die „Glia Society" umfaßt Personen mit einem IQ von 150, die „Giga Society" solche mit einem von 196 und die allerelitärste „Grail Society" besteht aus Mitgliedern, die es auf einen IQ von 207 bringen.[4] Da dieser IQ nur von einer Person unter 100 Milliarden erreicht wird, gilt „The Grail Society" vielen als Scherz,[5] sie muß aber zumindest ein Mitglied haben, nämlich den Niederländer Paul Cooijmans, der die schwierigen Testfragen zur Feststellung der „Gralswürdigkeit" entworfen hat.

---

1 http://www.grailsociety.org.uk/ (5. 5. 2006).
2 http://www.antiqillum.com/texts/bg/Qadosh/qadosh077.htm (5. 5. 2006).
3 http://www.orderofthegrail.org/ International College of Esoteric Studies (5. 5. 2006).
4 http://paulcooijmans.lunarpages.com/p/gliaweb/grail/ (5. 5. 2006).
5 http://ne-plus-ultra.net/content/view/29/25/ (5. 5. 2006). Es ist erstaunlich, wie unerhört viele „Societies" es – zumindest im Internet – gibt, deren Mitgliedschaft lediglich auf einer bestimmten Intelligenzhöhe beruht. In unserer scheinbar so egalitären Gesellschaft herrscht in Bezug auf den wirklichen oder eingebildeten IQ eine höchst elitäre Hochnäsigkeit.

4. Die *matière de Bretagne* im Spätmittelalter und in der frühen Neuzeit

In England, wo ja viele der Arthurtraditionen erst spät in englischer Sprache rezipiert wurden, arbeitete Sir Thomas Malory (geb. vermutlich um 1408–1471) um 1451-70 die „Vulgata-Fassung" in einen englischen Prosaroman von 21 Büchern um, der 1485 von William Caxton, dem ersten Buchdrucker Englands, in überarbeiteter Form als *Le Morte Darthur* auf den Markt gebracht wurde. Diese Darstellung galt dann weithin bis in das 19. Jh. als die Standardfassung, der z.B. auch die englischen Präraffaeliten und Jugendstilkünstler folgten.[1] An Malorys Leben scheint bemerkenswert, daß er einerseits als Politiker Parlamentarier des Grafen von Warwick war und später wohl als Anhänger der Roten Rose dem Haus Lancaster nahestand, andererseits sich mehrfach und jahrelang wegen verschiedener Eigentumsdelikte, insbesondere auch Raub, in Gefangenschaft befand. Man muß durchaus damit rechnen, daß ein großer Teil, wenn nicht der ganze *Morte Darthur* im Gefängnis entstanden ist. Die immer wieder aufgestellte Behauptung, Malory sei am 14. März 1471 hingerichtet worden, scheint jedoch unbegründet.[2]

Wie schon angedeutet wurde, ist das Wort „Summenroman" nicht als rein additive Aneinanderreihung einzelner selbständig existierender Romanhandlungen zu verstehen, als hätte Malory mit dem „Erec" Chrestiens beginnend einfach alle Romane aneinandergehängt, denn er hat das Monsterwerk wohl strukturiert und ihm durchaus einen einprägsamen Duktus von großem Atem verliehen. Dadurch wurde nicht nur zeitliche Tiefe in das Geschehen gebracht, sondern dieses auch teleologisch dargestellt. Dieses Telos ist allerdings im höchsten Grad pessimistisch, das Artusreich erscheint zunehmend ideologisch ausgehöhlt, in Sippenzwietracht zerfallen und endet nach Modreds Verrat in der Katastrophe. Es ist die Frage, ob diese Entwicklung durch eine Art von Endzeiterwartung im Sinne einer christlichen Theologie aufgefangen werden konnte oder sollte.[3]

---

1   Malory (Vinaver); Malory; ausführlich und unentbehrlich Lupack (2007), 133–212.
2   Barron (1990), 147–183; Lacy (1996), 294; eine Würdigung Malorys bei Field (1999).
3   Vgl. dazu z. B. Speckenbach (1984).

Als Prinz Albert dem Maler William Dice 1848 beauftragte, die Repräsentationsräume des New Palace of Westminster mit vaterländischen Fresken zu schmücken, die Szenen aus Malorys Werk vor Augen führen sollten, wies ihn der Maler darauf hin, der Hauptteil des Werkes enthalte „turns on incidents which, if they are not undesirable for representation under any circumstances, are at least scarcely appropriate in such an apartment".[1] So entschloß man sich zu unverfänglichen Lösungen, indem man etwa Begriffe wie „Religion" und Tugenden wie „Courtesy" und „Generosity" durch einzelne Repräsentanten abbildete. Dyces Entwurf für „The Departure of the Knights on the Grail Quest" etwa wurde wohl deshalb abgelehnt, weil hier Arthur schon als sorgenvoll und gealtert und unter der Untreue der Liebenden leidend erschienen wäre, was zu dem optimistischen und nationalistischen Ritterbild des viktorianischen Zeitalters nicht passen wollte.[2]

Bei Malory ist der Hof durch verschiedene Parteiungen strukturiert, ein Verfahren, das der zweigleisige *Queste*-Typus nahelegte. Zunächst in eine *Gawaine*-Gruppe, zu der die von den Orkneys stammenden Brüder *Gaheris*, *Agravaine* und *Gareth* gehören, und die letztlich mit Arthur verwandt ist, woraus sich eine Fülle von Spannungen ergibt. Sodann in eine zweite Gruppe um *Lancelot* und seine Verwandten *Ector*, *Lionel* und *Bors*. Zu ihr gehört auch der *Gawaine*-Bruder *Gareth*, der bei *Arthur* niederste Küchendienste leisten mußte, aber durch *Lancelot* von diesen befreit und zum Ritter geschlagen, nun aus Dankbarkeit zu dessen Gruppe übertritt, was zuletzt zu tragischen Verwicklungen führt. Eine ehemals sehr gewichtige dritte Gruppe verliert bei Malory und in der Folgezeit stark an Nimbus. Es ist die angestammte Gralsfamilie: Der Gralskönig *Pellinore*, der früheren Traditionen als der „Verwundete König" (*Maimed King*) galt, und dessen Bruder *Alan* der „Fischerkönig" (*Li Rois Pescheor*) oder der „reiche König" ist. Ein zweiter Bruder heißt bei Malory *Pelles.* Er hat eine Wunde, ist Herr der Gralsburg *Corbenic*, Vater der *Elaine*, mit der *Lancelot* den Gralsherrscher *Galahad* zeugt. *Pellinore* hat eine (namenlose) Tochter sowie die Söhne *Agloval*, *Lamorak* und *Perceval*, dazu noch einen „natürlichen Sohn" *Torre*. Diese einst so hervorragende Sippe ist nun in den Hintergrund ge-

---

1 Whitaker (1995), 176–183.
2 Whitaker (1995), 180.

treten, *Perceval* hat seinen charismatischen Nimbus an *Galahad* abgeben müssen, und ist „nur" noch ein glänzender Ritter wie etwa *Gawaine* oder *Palamedes*.

Malory folgt damit dem „Prosa-Lancelot", hebt aber die ganze Sippe Lancelots in ihrer „politischen Bedeutung" stark hervor, wie ja überhaupt Lancelot zur Hauptfigur des Romans geworden ist. Lancelots Liebe zur Königin, wie immer unmotiviert eingeführt, ist aber älter als die Werbung Arthurs um sie, denn Merlin warnt Arthur, als er ihm seine Liebe zu *Guenevere* entdeckt, daß diese bereits Lancelot liebe (III, 1). Dieses Verhältnis wird nun durch eine Art „negatives Parisurteil" erhärtet: *Morgane Le Fay* (Arthurs Schwester) und drei andere Königinnen forderten ihn auf, eine von ihnen als Geliebte zu wählen. Der Held würde jedoch aus Liebe zur Königin eher sterben als diesen Wunsch erfüllen (VI, 3).

Der Autor schöpft alle Möglichkeiten des „triangle de Bretagne" aus, wobei sogar Arthur etwas in den Hintergrund tritt. Lancelot ist der bedeutendste und beste aller Ritter; in der Zahl heroischer Kämpfe und in der Liebe zur Königin verweist er *Tristan*, dem das ganze VIII. Buch gewidmet ist, auf den zweiten Platz. Zwischen den beiden Helden besteht zunächst Freundschaft und wechselseitige Achtung. Erst als Lancelot von der Vermählung Tristans (VIII, 36) mit der bretonischen *Isod* erfährt, schlagen diese in Zorn um. Die Einführung Tristans bringt auch einen Vergleich Arthurs mit Marke mit sich, bei dem letzterer durch Verrätereien, Fälschung päpstlicher Urkunden und Mordversuche sehr schlecht abschneidet. *Dinadan*, ein wenig bedeutender, aber sehr ehrlicher Ritter, der sich Tristans Vertrauen erfreut, dichtet eine Satire auf Marke, die er vielen Harfnern beibringt, so daß diese nun alle das schlimmste aller Lieder auf den Hanrei singen (X, 27).

Lancelots Tragik ist, daß der unfehlbare Ritter wegen seiner Liebe zur Königin nicht den Gral erlangen kann, während sein Sohn, der sündig gezeugte *Galahad*, dies sehr wohl vermag und daß dessen Zeugung nur dadurch möglich war, daß Lancelot glaubte, bei der Königin zu liegen, ein tiefsinniger Gedanke, der auf die klerikal beeinflußte *Estoire del Saint Graal* (s. oben S. 211) zurückgeht und die immerwährende Gnade Gottes veranschaulichen soll, die sich just in der „Nacht der Sinne" manifestiert.

Malorys katastrophenorientierte Realisierung läuft besonders in den letzten vier Büchern, die mit Abschluß der Gralssuche einsetzen, zur Hochform auf.

Sie beginnt schon mit einem Kriminalfall: Gawaine und seine Brüder hatten den bedeutenden Ritter *Sir Lamorak* von Wales heimtückisch erschlagen, was dessen Vetter *Sir Pinel le Savage* durch Vergiftung des Tafelobstes rächen wollte, da Gawaines Liebe zu Birnen und Äpfel bekannt war. Doch das Gift tötet den unschuldigen Ritter *Patrise*. Gawaine vermutet zu Recht, daß der Anschlag ihm gegolten habe und beschuldigt die Königin, das Obst vergiftet zu haben. Im Gottesgericht will zunächst niemand für die Königin eintreten, doch dann findet sich *Bors* bereit, an dessen Stelle dann der von der Königin verbannte Lancelot tritt. Nach vielen Abenteuern, in denen es zwischen Lanzelot und der Königin zur Entfremdung und zu einer schweren Verwundung ihres Ritters kommt, beginnt das XIX. Buch mit der Entführung Gueneveres durch *Meliagaunce*, wie wir sie aus dem „Karrenroman" Chrestiens kennen. Nicht nur, daß Lancelot die Königin und die gefangenen Artusritter befreit, er heilt als charismatischer Wundertäter auch den wunden Ritter *Sir Urre* von Ungarn. Der Haß auf Lancelot konkretisiert sich in der Sippe Gawaines in Buch XX, indem nun Gawaine dem König die Liebe Lancelots und der Königin enthüllt. Wieder springt Lancelot für die Königin in die Bresche, rettet die Königin vor dem Feuertod, liefert sie jedoch auf päpstlichen Wunsch wieder an Arthur aus. Dazwischen fällt ein Krieg Arthurs gegen Lancelot, in dem der König dessen Burg in Frankreich belagert ...

Das genüge, um die zwar konsequent entwickelte, aber nun doch völlig neue Thematik und Sichtweise der Arthur- und Gralssage anzudeuten, die all denen fremd ist, die vom klassischen Artusbild um 1200 ausgehen. Im siebenten Kapitel des XXI. Buches erörtert Malory die verschiedenen Auffassungen über Arthurs Ende, die restlichen fünf Kapitel handeln von Gueneveres Hinscheiden als Nonne und von Lancelots Tod, den *Sir Ector* mit diesen Worten beklagt:

„Ach, Lanzelot, ... du warst das Haupt aller christlichen Ritter, und ich sage getrost, da du nun hier liegst, daß du niemals von einem irdischen Ritter besiegt worden bist. Du warst der ritterlichste Mann, der je einen Schild trug. Deinen Freunden warst Du der beste Freund, der je ein Pferd bestieg; und unter allen sündigen Männern warst du der treueste Liebende, der je ein Weib geliebt hat. Du warst der gütigste Mann, der je einen Schwertstreich führte, und der tapferste Krieger, der je im Kampfgetümmel unter Rittern focht. Du warst der sanftmütigste und liebenswürdige Mann, der je in der Halle mit Damen speiste, und der unerbittlichste Ritter gegen deinen Todfeind, der je die Lanze einlegte."[1]

Malory, wie auch sein Drucker William Caxton, sahen die Zeitläufte der Rosenkriege völlig illusionslos und ließen das zunächst sentimentalisch gesehene Artusrittertum mit ihnen untergehen. Eine neue Kriegsführung, die unter dem Einsatz von Feuerwaffen den ritterlichen Kampf von Mann zu Mann obsolet erscheinen ließ, begleitete den Untergang des klassischen Rittertums, dessen Abgesang Malorys Summenroman ist. Sehen wir von einem Teil der deutschsprachigen Literatur und einigen wenigen englischsprachigen Ausnahmen ab, so war es das Werk dieses einen Mannes, das die gesamte spätere Artusrezeption prägte und dessen Bedeutung wir daher gar nicht hoch genug veranschlagen können.

Gleichzeitig wird es nach Malory um Arthur eine Zeit lang stiller. Sein Werk war Höhepunkt und Abschluß. Bis auf wenige Ausnahmen endete zunächst die primäre Artusrezeption mit dem Mittelalter.

Dem arthurischen Themenkreis ist die Rahmenhandlung in Edmund Spensers allegorischem Monster „The Faerie Queene" (1590–1596) verpflichtet – angeblich eines der zehn fadesten Bücher der englischen Literatur[2] –, wenn auch die Problemwelt der *matière de Bretagne* nicht mehr relevant scheint. Bei Spenser wird der Earl of Leicester als *King Arthur* gezeichnet. Er vereint alle männlichen Tugenden in sich. Ihm steht die Elfenkönigin *Gloriana* gegenüber, die eine Überhöhung Elisabeths I. bildet. Sie bietet an 12 Tagen bei einem Hoffest auserlesenen Rittern die Gelegenheit, sich zu bewähren. Dabei sind die Ereignisse völlig allegorisch zu verstehen, womit Spenser eigentlich zu der Allegorisierung der Handlung

---

[1] Malory, III, 1006; Malory (Vinaver), 725.
[2] So Jasper Fforde in seinem Roman „Something Rotten" (2004), wo die schon 110-jährige Großmutter der Heldin erst sterben kann, wenn sie die 10 langweiligsten Romane gelesen hat, wobei sie in der „Faerie Queene" stecken bleibt!

im „Prosa-Lancelot" zurückkehrt, wenn auch „das Gemeinte" sich unterscheidet: der „Ritter vom Roten Kreuz" ist die Anglikanische Kirche, der gegen den Drachen (Sünde) für *Una*, den Protestantismus, kämpft, ohne der schönen *Duessa*, dem Katholizismus, zu erliegen usw. Das ganze Werk folgt den Vorbildern Ariost und Tasso, die arthurische Thematik tritt in den Hintergrund, wenn auch im zehnten Gesang des zweiten Buches eine Herrscherliste von Brutus an nach Geoffrey erscheint.

Die *matière de Bretagne* fand reichen – wenn auch nicht immer sehr originellen – Niederschlag auf der Apeninnen- und iberischen Halbinsel.[1] Vor allem von den Merlin- und Gralstraditionen, aber auch vom Tristanthema gibt es eine Reihe von Bearbeitungen, die auf eine Urform zurückgehen, welche dem italienischen *Tristano Riccardiano* (Ende des 13. Jh.s) nahesteht.[2] Die meisten dieser Werke setzen allerdings schon die großen Prosaromane voraus. Kurios ist dabei die Tradition, daß Tristan mit Isolt einen Sohn gehabt habe, der gleichfalls *Tristan* hieß, wie es der italienische Roman *I due Tristani* (gedruckt 1534) gestaltet. Dahinter steckt wohl die merkwürdige Tradition, die sich zuerst bei Thomas findet, daß Tristan in der Bretagne einen höfischen Zwergenritter mit seinem eigenen Namen (*Tristan li nains*) getroffen habe, mit dem er Freundschaft schloß.

Die italienische *Tavola ritonda* (1391) stellte das Arthurreich als Nachfolgereich Karls d. Großen und seiner Paladine dar, deren Schwerter auf die arthurischen Ritter übergehen. Matteo Maria Boiardo sollte in seinem 1486 erschienenen *L'Orlando innamorato* den Rittern der Karlssage die Grundfolie der Tafelrunde und den Abenteuertypus der *matière de Bretagne* unterlegen, worin ihm auch Ludovico Ariosto im *Orlando furioso* (1516–1532) folgte. Kurios ist *L'avarchide* 'Die Avarchide' des Luigi Alamanni (1570), der den Figuren der *matière de Bretagne* ohne zu zögern die Handlung der „Ilias" zuschrieb.

In der spanischen Rezeption wirkten die arthurischen Themen eher indirekt. Immerhin gab es auch hier eine *Demanda del sancto Grial*.[3] Garcia Rodríguez de Montalvo brachte 1508 den Ritterroman *Los quatro li-*

---

1 Ein Überblick bei Gottzmann (1989), 248–257.
2 De Malkiel (1959).
3 Gier (1984).

bros del virtuoso caualiero Amadís de Gaula heraus, der zwar nicht direkt ein Arthurroman ist, aber doch zum Teil in Britannien spielt, dem Handlungsschema und den Wertvorstellungen der arthurischen Romane folgt und in der hilfreichen Fee *Urganda la Desconocida* deutlich die *fée Morgan* (vgl. auch *Fata Morgana*), die Herrin von *Avalon*, zitiert. Auch verdankt der *Amadís*-Roman dem „Prosa-Lancelot" nicht nur das Figurenarsenal, sondern ganze Handlungspartien und die Technik der Szenenverflechtung.[1] In seinem zweiten Werk *Las sergas de Esplandián* setzt Rodríguez de Montalvo den *Amadís* insoferne fort, als der Held nun dessen Sohn ist und auch jene Proben besteht, an denen sein Vater scheiterte. Nach der Eroberung Konstantinopels aus türkischer Hand verzaubert *Urganda* die Helden der Geschichte, „um sie vor dem Tod zu bewahren. Einst, wenn König Artus wieder zu den Lebenden zurückkehrt, sollen sie mit ihm gemeinsam den endgültigen Sieg über die Heiden davontragen, um ein die ganze Welt umspannendes christliches Reich zu errichten."[2]

> In diesem Zusammenhang ist natürlich auch an den *Don Quijote* des *Miguél de Cervantes Saavedra* zu erinnern, dessen Held ja durch die Lektüre solcher Ritterromane im Kopf verwirrt wurde. Dazu gehört auch die Erzählung des Francisco Vázquez *Palmerín de Olivia* (1511), die Cervantes parodierte und die portugiesische Geschichte des *Palmeirim Dinglaterra* (1543/44) von Francisco de Morais.

All diese Werke nennen Arthur nicht oder nur am Rand, sind aber in der Handlungsführung, dem Doppelweg, der Zweisträngigkeit (durch zwei Helden), dem Anteil an Wunderbarem, der Liebesproblematik, der Verlegung der Handlung nach Britannien und vielen anderen Punkten eindeutig vom „Prosa-Lancelot" abhängig.[3]

Es gibt jedoch auch eine frühneuzeitliche Rezeption, in der uns neben Malorys Negativismus ein positives Arthurbild begegnet, das also von seiner Problematisierung in den hochmittelalterlichen Romanen an-

---
1 Vgl. Kindler (1988), XIV, 245.
2 Kindler (1988), XIV, 247.
3 Vgl. Kindler (1988), XVI, 1102f.; XI, 945ff.

scheinend nichts weiß, nichts von der prekären Gratwanderung zwischen der Gefahr, Königin und Herrschaft zu verlieren oder durch den Minnecharismatiker und seinem übersehenen Dauerehebruch zwar Königin und Herrschaft zu behalten, aber als Hahnrei dazustehen. Hier wird auch das Glück des Arthurreiches absolut gesetzt, als ob es keine Bedrohung durch das Gralsreich gäbe, das den Glanz des Arthurreiches notwendig verdüstert. Hätte es dieses veräußerte Arthurbild nicht gegeben, wie wäre dann 1512 Kaiser Maximilian auf den Gedanken gekommen, Artus als einen ideell-allegorischen Vorfahren seines Kaisertums nach einem Entwurf von Albrecht Dürer in der Innsbrucker Hofkirche im Bronzeguß durch Peter Vischer d. Ä. als einen der „Schwarzmander" abbilden zu lassen?[1]

Völlig anders ist es natürlich zu bewerten, wenn der erste englische König aus dem Geschlecht der Tudors Heinrich VII. seinen erstgeborenen Sohn (1486–1502) als Kronprinzen demonstrativ *Arthur Tudor* nannte, ihm von Geburt an den Titel „Duke of Cornwall" verlieh und den Zwölfjährigen zum achten „Prince of Wales" erhob, denn damit sollte wirklich politische Herrschaft legitimiert werden, wenn sie auch durch Arthurs frühen Tod in Wirklichkeit dann an den jüngeren Bruder Heinrich VIII. fiel.

Zu diesem „Rückschritt" im Arthurbild paßt auch die Gestaltung der *matière de Bretagne* in den Volksbüchern bzw. Prosaauflösungen zweier Romane, die – wie bei solchen Werken üblich – wohl vom städtischen Patriziat in Auftrag gegeben wurden, so die des *Wigalois* Wirnts von Grafenberg, die ihrerseits wieder die Vorlage für die jiddische Bearbeitung (s. oben S. 229) bildete, und der Tristandichtung Eilharts von Oberge als *Tristrant und Ysalde.*[2] 1477 druckte der Straßburger Johann Mentelin den *Parzival* und den *Jüngeren Titurel.* Offenbar hatte er sich dabei einen gewissen Umsatz erwartet, der jedoch, wie es scheint, ausblieb. Es gibt an den erhaltenen Exemplaren dieser Frühdrucke kaum Gebrauchsspuren, und die nach den Aussparungen im Text geplanten Illustrationen

---

1   Birkhan (1999b), Abb. 774f.
2   Brandstetter (1971); weitere Literatur bei: Rupprich (1994), 748–751.

wurden nicht verwirklicht.[1] Das Interesse hatte nachgelassen. Verglichen mit den Stoffen der *Chanson de geste* und anderen frühneuzeitlichen Frühdrucken wie etwa den Heldenbüchern fiel die Rezeption der *matière de Bretagne* erstaunlich mager aus.

Nach der Blütezeit des barocken Romans beobachtet man in der Neuzeit ein zunehmendes Desinteresse am eigentlich Höfischen, den Normen der Standesethik. In dem Maß, in dem später mit Beginn des 19. Jh.s der Adel an Bedeutung verliert, verschiebt sich das Interesse an den arthurischen Gestalten und deren Abenteuern auf die privat-menschliche Seite. Die Vorbildlichkeit der Helden wird nun nicht so sehr in deren Adel begründet, als in ihrem individuellen Charakter. Am Dreiecksverhältnis interessiert die Liebesproblematik und die Pflichtenkollision der Liebenden mehr als die darin liegende Gefährdung der Herrschaft und des Reiches. Je „demokratischer" die Gesellschaft wird, desto unverständlicher scheint ihr das aus dem Ritterethos und -prestige motivierte Handeln. Man kann das bei Wagner beobachten (s. unten S. 272ff.), wo im „Parsifal" die für die Gralsproblematik eminent wichtigen Verwandtschaftsverhältnisse des Helden völlig gegenüber der menschlichen Mitleidsthematik zurücktreten, ähnlich im „Tristan", wo zwar das Verständnis der Liebesmystik vertieft wird, die politischen Probleme der Tristanliebe aber keine Rolle spielen.

Ein Extrembeispiel wird dann die Artusparodie von Mark Twain sein (s. unten S. 265), bei der allerdings dann auch das Überlegenheitsgefühl gegenüber dem „dunklen, abergläubischen Mittelalter" einigermaßen peinlich zu Tage tritt.

> Wie die in den arthurischen Romanen verkörperte höfische Ideologie angesichts der tatsächlichen Erfahrungs- und Lebenswelt sich überlebt, zeigt Heimito von Doderers „Ritter-Roman" „Das letzte Abenteuer" (1936), in dem zwar Artus nicht vorkommt, die Figuren aber arthurische Namen tragen, die ethischen Normen des Hofes gelten und der Drachenkampf paradigmatisch für die *âventiure* steht. Die Herzogin, die sich dem Drachenbesieger überantworten will, erkennt, daß sie eigentlich den jüngeren Knappen begehrt und

---

[1] Flood (2000), 296.

die beiden Ritter, die den Drachen besiegen sollten, erkennen, daß es andere Aufgaben gibt, deren Bewältigung letztlich humanitäre Notwendigkeit ist. Zuletzt kämpft einer der Helden nicht gegen den Drachen, der eher in Ruhe gelassen werden will, sondern gegen Rittergesindel, das ein Dorf überfallen und niedergebrannt hat.

Wieder eine andere Verschiebung wird sich bei Peter Handke ergeben, bei dem überhaupt die Frag- und Sagbarkeit thematisiert ist (s. unten S. 310ff.).

Doch kehren wir nach diesem Vorgriff in die frühe Neuzeit zurück!

Im „dramatischen Sektor" ist immerhin Hans Sachsens Rezeption des Tristanstoffs bemerkenswert: Die *Tragedia mit 23 personen, von der strengen lieb herr Tristrant mit der schönen königin Isalden unnd hat 7 actus.*[1] Auch hier geht der eigentliche Sinn des Tristanproblems verloren und macht der Banalität bürgerlich-förderlicher Vernunft Platz. Das Werk schließt mit den Worten des *ehrnholdt*:

> *So hat di tragedi ein endt.*
> *Auß der wird offentlich erkendt,*
> *Wie solche unorndliche lieb*
> *Hat so ein starck mechtigen trieb,*
> *Wo sie einnimbt ein junges hertz*
> *Mit bitter angst, senenden schmertz,*
> *Darinn sie also heftig wüt,*
> *Verkert hertz, sin, vernunft und gmüt,*
> *Wird leichtfertig, verwegen gantz,*
> *Schlecht seel, leib, ehr, gut in die schantz,*
> *Acht fürbas weder sitten noch tugent,*
> *Es treff an alter oder jugent,*
> *wer sich in solche lieb begeit,*
> *welche ist voll trübseligkeit.*
> *…*

---

[1] Hans Sachs, 142–185

Auß dem folgt mancherley unglück,
Eins bringt das ander auff dem rück,
Armut, kranckheit, schandt und schaden
An leib und sel gottes ungnaden.
Auß dem so laß dich treulich warnen,
O mensch, vor solcher liebe garnen,
Und spar dien lieb biß in die eh!
Denn hab ein lieb und keine meh!
Dieselb lieb ist mit Gott und ehren,
Die welt darmit fruchtbar zu mehren.
Darzu gibt Gott selb allewegen
Sein gnad, gedeyen und milten segen.
Das stäte lieb und trew aufwachs
Im eling stand, das wünscht Hans Sachs.[1]

Im englischen „Chapbook" von „Tom Thumbe", dessen älteste Fassung in Prosa von 1621 stammt,[2] wird das international bekannte Schema des Däumlingmärchens auf komische Art in den Umkreis des Arthurhofes verpflanzt: *Tom Thumbe* wird Bauersleuten durch die Hilfe Merlins, der hier eine sehr bedeutsame Rolle spielt, geboren und nach vielen Abenteuern zum bedeutendsten Ritter der Arthurgesellschaft. Zuletzt übernimmt er sich bei der Verrichtung seiner Heldentaten, so daß er stirbt und, wie es in der gereimten Fassung von 1630 heißt, in das Elfen- oder Feeenland entrückt wird.

> And up into the Fayry Land,
>   his Ghost did fading goe,
> Whereas the Fayry Queene receiu'd,
>   with heauy mourning cheere,
> The body of this valiant Knight,
>   whom she esteem'd so deare.

---

1   Ibid., 184f.
2   *The History of Tom Thumbe, the Little, for his small stature surnamed, King Arthurs Dwarfe: Whose Life and adventures, containe many strange and wonderful accidents, published for the merry time-spenders* von einem Richard Johnson, dessen Name als *R.I.* auf der Titelseite erscheint; vgl. http://www.lib.rochester.edu/camelot/TTEssay.htm. Der Text selbst ist bequem zugänglich in: www.lib.rochester.edu/camelot/TT(1630).htm (20. 3. 2006).

Daneben ist der Versuch einer Aktualisierung der arthurischen Welt durch John Dryden (1631–1700), der das Werk ("King Arthur, or, The British Worthy") in die Thematik der Tagespolitik stellte, bemerkenswert. Sein *Arthur* ist ein christlicher Held, der dem heidnischen (!) König *Oswald* gegenübersteht (in „Wirklichkeit" war Oswald ein Heiliger, der in Oswestry das Martyrium erlitt!), den der böse Dämon *Phillidel* unterstützt. Dieser neidet ihm die Herrschaft und Arthurs blinde Braut *Emmeline*. Der Arthurs Sache fördernde Engel bewirkt nun durch *Merlin*, daß Emmeline aus der Gewalt Oswalds befreit und geheilt wird, während der Heide unterliegt.

Dryden, der unter Karl II. zum Katholizismus konvertiert war, plante das Werk als allegorische Huldigung der katholischen Herrscher. Nach der „Glorious Revolution" von 1688 mußten jedoch alle tagespolitischen Anspielungen beseitigt und statt dessen die arthurische Sache patriotisch in den Vordergrund gestellt werden, die sich in einem hymnischen Preis Englands äußerte.[1] Er beherrscht auch die „Semi-Opera" von Henry Purcell (1691), deren Inhalt heute, wie die Salzburger Festspiele 2005 zeigten, trotz der schwungvoll-festlichen Musik verblödelt werden muß, um „genießbar" zu sein.

> Als Parodie der Schule Drydens hat Henry Fielding 1731 wieder den Däumlingstoff aufgegriffen. Das Ergebnis war eine begeistert aufgenommene Farce „The Tragedy of Tragedies, or, The Life and Death of Tom Thumb the Great".[2] In dieser äußerst ergötzlichen skurrilen Parodie, die auch die philologische Gelehrsamkeit aufs Korn nimmt, ist der Arthurhof freilich nur Staffage. Der König steht unter dem Pantoffel seiner Gemahlin *Dollallola*. *Tom* kämpft gegen *Sir Grizzle* um die keusche Prinzessin *Huncamunca* und siegt, wird aber am Heimweg von einer Kuh verschlungen. In dem gewaltigen Gemetzel samt Geistererscheinung à la „tragedy of horrors" kommen alle Akteure zu Tod, auch Arthur, der nach Tötung der Zofe sich selbst entleibt. Diese „Tragödie aller Tragödien" rief *The Opera of Operas; or Tom Thumb the Great* (1733) auf den Plan, deren Verfasser Eliza Haywood und William Hatchett[3] nun aber nicht die Horrorszenen der englischen Tragödie parodierten, sondern das Happy-

---

1 Vgl. KNLL (1988), IV, 891.
2 Vgl. KNLL (1988), V, 560f.
3 Der Text findet sich in: http://www.lib.rochester.edu/Camelot/haywood.htm (25. 3. 2006).

end der italienischen zeitgenössischen Oper.[1] Der verschlungene Däumling kommt durch Merlins Zauber wieder ans Licht, und alle Massakrierten werden wieder lebendig und munter.[2]

Es ist auffällig, daß Shakespeare, der mit „King Lear" und „Cymbeline" Gestalten Geoffreys auf die Bühne brachte, sich offenbar zum arthurischen Stoff nicht hingezogen fühlte, obwohl nach unserer Einschätzung ihn das Geschick Merlins, die Ehebruchsproblematik in der Lancelotgestalt oder der tragische Endkampf Arthurs mit Modred hätten interessieren müssen.

> Zu Unrecht wurde Shakespeare ein Drama *The Birth of Merlin* (gedruckt 1662) zugeschrieben, das er zusammen mit William Rowley verfaßt haben sollte. Es ist eine Art Komödie, in der Merlins leichtfertige Mutter mit dem bezeichnenden Namen *Joan Goe-too't* auf die Suche nach Merlins Vater geht, während *Uter* in bedenklicher Weise der Sachsenprinzessin *Artesia* verfällt, was dem Stück eine Art historische Komponente verleiht, in der auch der Prophet *Merlin* zu seinem Recht kommt. Das Werk wurde von Ludwig Tieck ins Deutsche übersetzt.[3]
> Dem Manko eines fehlenden Shakespeare-Stücks abzuhelfen, gedachte offenbar auch William Henry Ireland (1775/7–1835), indem er ein *Vortigern*-Drama schrieb und dieses als ein Werk des Stratforder Meisters ausgab. Dabei folgte er dem Chronikfragment von Raphael Holinshed, dem auch Shakespeare manche seiner Stoffe entnommen hatte und das in diesem Abschnitt weitgehend auf Geoffrey beruht. Das offenbar unfreiwillig komische Werk erlebte 1796 eine Uraufführung, die bis heute die einzige bleiben sollte.[4]

Im Allgemeinen kann man sagen, daß es im 17. und 18. Jh. um die *matière de Bretagne* stiller wird. Der „heroisch-galante Roman" des Barock nimmt auf arthurische Themen ebenso wenig Bezug, wie der „Schelmenroman", der „roman comique" oder der frühe bürgerliche Roman. Wurde ein arthurisches Thema gestaltet, wie durch Sir Richard Blackmore in den

---

1   Die weitere Geschichte des Däumlingstoffes im arthurischen Umkreis findet man bei Susan Bauer in: http://www.lib.rochester.edu/camelot/TTEssay.htm (20. 3. 2006).
2   Lupack (2007), 339–343.
3   „Die Geburt des Merlin"; in: Tieck (1823–1929).
4   Lacy (1996), 244.

Versepen „Prince Arthur" (1695) und „King Arthur" (1697), dann handelte es sich um allegorische Huldigungen, in diesem Falle für Wilhelm von Oranien. Ein sehr kurioser Ansatz findet sich bei Richard Hole, der in seinem „Arthur or the Northern Enchantment" (1789) die Arthursage mit nordischer Mythologie verbindet, was im Stil der Zeit lag und auch in der Einbeziehung skandinavischer Traditionen in das keltische Erbe im Umfeld des „Ossian" eine Parallele hat (s. unten S. 337f.).

Im deutschen Sprachgebiet hat Johann Jakob Bodmer (1698–1783) das Verdienst, zuerst wieder auf Wolframs Parzival aufmerksam gemacht zu haben. Im Geschmack seiner Zeit übersetzte er Textproben im Hexameter: *Der Parcival – ein Gedicht in Wolframs von Eschilbach Denckart* (1753). Ihm folgten 1755 *Gamuret* (1755) und 1781 *Jestute* [sic!]. Das mhd. Original brachte 1784 Bodmers Schüler Christoph Heinrich Müller (archaisierend: Myller) heraus. Ein Jahr darauf folgte seine erste Ausgabe des Gottfriedschen Tristan mit der Fortsetzung Heinrichs von Freiberg. Seine Reihe „Sammlung deutscher Gedichte aus dem XII., XIII. und XIV. Jahrhundert" (1784f.) enthielt darüber hinaus aber auch noch Henrics van Veldeke „Eneide", Hartmanns „Armen Heinrich" sowie seinen „Löwenritter", dessen Name Îwein man damals allgemein als *Twein* las. Auch zwei andere bedeutende Wegbereiter der mittelhochdeutschen Literaturforschung traten als Tristan-Herausgeber hervor: Friedrich Heinrich von der Hagen (1780–1856), der in Breslau 1823 „Gottfried von Straßburg, Werke. Aus den beßten Hss ..." herausbrachte[1] und Hans Ferdinand Maßmann (1797–1874) in den „Dichtungen des deutschen Mittelalters II" (Leipzig 1843). Die erste Übertragung stammte von Hermann Kurtz aus dem Schwäbischen Dichterkreis (1844), der sogar seine Tochter *Isolde* nach der Romanheldin nannte.

In Frankreich wurde Chrestiens zuerst wieder in der „Bibliothèque universelle des Romans" (ab 1775) durch Louis-Élisabeth de la Vergne,

---

1 Von der Hagen verfaßte auch „Heldenbilder aus den Sagenkreisen Karls des Großen, Arthurs, der Tafelrunde und des Grals, der Amelungen und Nibelungen", Breslau 1821–23, in deren 2. Theil, 1. Abtheilung auch das von Friedrich Tieck entworfene Kartenspiel mit der kolorierten Darstellung bedeutender Heldengestalten aufgenommen war. Der als Jüngling dargestellte *Artus* hält einen blühenden Zweig in der Hand, was an die deutsche Rechtssymbolik etwa im Sachsenspiegel denken läßt; Der Gral, 142f.

Comte de Tressan (1705–1783) rezipiert, der 1782 in vier Bänden Auszüge aus französischen Ritterromanen („Corps d'extraits de romans de chevalerie") erscheinen ließ.[1] Davon enthielt der erste Band einen *Tristan de Léonois, fils de Meliadus* und einen *Artus de Bretagne.* Das Hauptverdienst an dem wieder erwachenden Interesse hatte jedoch der Begründer der altfranzösischen Studien in Frankreich, Gaston Paris (1839–1903), der bei Friedrich Diez, dem Begründer der romanischen Sprachwissenschaft, in Bonn studiert hatte und nach dem Vorbild Carl Lachmanns sich der Dichtung des Mittelalters widmete.

In England erwachte das Interesse an Arthur, das etwa 200 Jahre lang stark reduziert gewesen war, mit den Neueditionen von Malorys *Morte Darthur* in den Jahren 1816 und 1817.[2] Nun fiel die *matière de Bretagne* recht genau in den neuen Interessenshorizont des „medievalism", aber auch mit dem Aufkommen der Neugotik zusammen. Die Romantik bemächtigte sich des Sujets in den Dichtungen Tennysons und Swinburnes, bald auch die Bildende Kunst der Präraffaeliten, so daß man den Briten wohl den Löwenanteil an der Wiederaufnahme dieses Themenkreises zuschreiben muß.

5. Die *matière de Bretagne* im 19. Jh.

Das neue Interesse an der *matière de Bretagne*, das bis heute nicht mehr erlahmen sollte, ist also ein Ergebnis philologischer Arbeit und teilweise auch durch das in der Romantik erwachte nationale Interesse mitbestimmt. In diesem Sinne war bei uns Carl Lachmann (1793–1851), neben Jacob Grimm einer der Gründerväter der deutschen Philologie, auch einer der großen Promulgatoren der *matière* im 19. Jh. Zwei andere Gelehrte, deren Wirken von größter Bedeutung war, sind heute im Begriff vergessen zu werden: San-Marte (1802–1893) und Karl Simrock (1802–1876).

---

1 Ruhe (1976).
2 Vgl. Brooks – Bryden (1999).

Dem Geheimen Regierungsrat Albert Schulz, der stets unter dem Pseudonym San-Marte hervortrat, gebührt der Ruhm, als erster 1836 eine Gesamtübersetzung des „Parzival" vorgelegt und damit eine Wolfram-Renaissance eingeleitet zu haben. Der Verwaltungsjurist, der die längste Zeit seines Lebens am Provinzial-Schulkollegium in Magdeburg wirkte, untersuchte aber auch die stoffgeschichtlichen Hintergründe der Arthursage. So edierte er nicht nur Nennius und Gildas (Berlin 1844) sowie „Gottfried's von Monmouth *Historia Regum Britanniæ* und *Brut Tysylio*" (Halle 1854), sondern legte noch folgende Quellentexte vor: „Die Arthur-Sage und die Märchen des rothen Buchs von Hergest" (Quedlinburg und Leipzig 1842), „Beiträge zur bretonischen und celtisch-germanischen Heldensage" (Quedlinburg 1847), „Die Sagen von Merlin. Mit alt-wälschen, bretagnischen, schottischen, italienischen und lateinischen Gedichten und Prophezeihungen Merlins, der *Prophetia Merlini* des Gottfried von Monmouth, und der *Vita Merlini*, einem lateinischen Gedichte aus dem dreizehnten Jahrhundert" (Halle 1853). Nicht zuletzt trug er durch seine Übersetzung der „Geschichte der welschen Litteratur vom 12. bis 15. Jahrhundert" von Thomas Stephens (Halle 1864) – jener Literaturgeschichte, die Matthew Arnold (s. unten S. 466) so geschätzt hatte – wesentlich zur Verbreitung keltischen Traditionsgutes bei.

Auch Karl Simrock war zunächst Jurist, in Berlin auch Hörer Lachmanns, wo er denn auch mit einer Übersetzung des Nibelungenliedes hervortrat (1827). In Konkurrenz zu San-Marte trat er durch seine Übersetzung „Parcival und Titurel" (Stuttgart 1842). Auch Gottfrieds von Straßburg „Tristan und Isolde" (Leipzig 1855) wurde in Simrocks Übersetzung bekannt. Desgleichen die Werke Walthers von der Vogelweide, der Wartburgkrieg, die *Edda*, *Beowulf* und so gut wie die gesamte deutsche Heldensage. Sowohl San-Martes wie Simrocks Übersetzungen erlebten viele Auflagen, brachten ihren Autoren hohe Anerkennung und vermittelten dem ganzen 19. Jh. die britannischen Traditionen – wenn auch San-Marte der für die Keltologie wichtigere Autor ist. So standen beider Werke neben den Tristan-Ausgaben F. H. von der Hagens, H. F. Maßmanns und der Übersetzung von Hermann Kurtz auch in der Bibliothek Richard Wagners, der allerdings die mittelalterliche Bearbeitung des *Tri-*

stan und *Parzival* als „wesenlose Phantasterei",[1] für zu oberflächlich und verworren, ansah, um sie seinen Musikdramen zugrundezulegen.

Für wen die homerischen Epen das Maß aller Dinge waren, der konnte den mittelalterlichen Romanen, die nun erschlossen wurden, wenig Ästhetisches, ja überhaupt wenig Interessantes abgewinnen. Für Hegel ist der kurze Passus über den höfischen Roman eine Pflichtübung, die eben im Rahmen einer umfassenden äthetischen Theorie zu erledigen war:

> „Ein ... Kreis von Sagen findet seinen Ursprung in England und hat die Taten des Königs Arthur und der Tafelrunde zum Gegenstande. Sagengeschichte, englisch-normännische Ritterlichkeit, Frauendienst, Vasallentreue mischen sich hier trübe und phantastisch mit allegorischer christlicher Mystik, indem ein Hauptzweck aller Rittertaten in der Aufsuchung des heiligen Grals besteht, eines Gefäßes mit dem heiligen Blute Christi, um welches sich die buntesten Gewebe von Abenteuern erzeugen, bis die ganze Genossenschaft zum Priester Johann nach Abessinien flüchtet."[2]

a. In der englischsprachigen Literatur

Im 19. Jh. nimmt neben der nun stärker einsetzenden Ausgaben- und Übersetzungsarbeit auch in England die Zahl originaler Dichtungen aus dem Bereich der *matière de Bretagne* drastisch zu. Meist ist Malory der Ausgangspunkt. Hier kann nur von einem kleinen Ausschnitt aus der Fülle der Bearbeitungen die Rede sein. Wer sich für sie interessiert, wird in dem ausgezeichneten Übersichtswerk von Alan Lupack (2007), bei Goodman (1987), Brooks-Bryden (1999) und natürlich auch bei Lacy (1996) fündig werden.

---

[1] In einem Brief an Mathilde Wesendonk vom 29./30. Mai 1859 schrieb Wagner: „Es ist nicht anders, Wolfram ist eine durchaus unreife Erscheinung, woran allerdings großentheils sein barbarisches, gänzlich confuses, zwischen dem alten Christenthum und der neueren Staatenwirtschaft schwebendes Zeitalter schuld. In dieser Zeit konnte nichts fertig werden: Tiefe des Dichters geht sogleich in wesenloser Phantasterei unter." So anziehend bei „Parzival" und „Tristan" die echten Sagenzüge seien, so abstoßend sei die Unfähigkeit der Dichter.
[2] Hegel, Ästhetik, 464.

Unter diesen Bearbeitungen ragen „The Idylls of the King" (1859; 1872/3; 1886) von Alfred Lord Tennyson (1809 - 1892), die Dichtungen Swinburnes und jene von William Morris besonders hervor.

In Tennysons Königin Victoria und Prinz Albert, der die Veröffentlichung nicht mehr erleben sollte, gewidmetem Werk ist die Arthursage ein nationales Anliegen Englands. Der für solche Verdienste in den Adelsstand erhobene Tennyson war dann Mitglied des House of Lords.

> König Artus spielt bis heute in Großbritannien eine ähnliche Rolle wie in Deutschland Friedrich Barbarossa, der ja im Kyffhäuser oder im Untersberg weiterlebt, um dereinst wiederzukehren und in einer besseren Welt „law and order" aufzurichten. Die historische Wahrheit weicht gegenüber der imaginierten Vergangenheit und Zukunft auf. Angeblich hält nach aktuellen Umfragen „jeder zehnte Brite Hitler und Churchill für Sagengestalten, weit über 50 Prozent dagegen sind von einem Artus aus Fleisch und Blut überzeugt."[1] Das bedeutet freilich noch nicht, daß Arthur wiederkehren werde, jedoch berichten Sagen, daß Zeitgenossen (gewöhnlich Bauern) in eine Höhle gelangt seien, in der Arthur und seine Ritter inmitten ungeheurer Schätze schliefen. Seine Wiederkunft ist an den Tod eines englischen Königs George gebunden, der wieder Sohn eines George ist,[2] und natürlich an die Zeit höchster nationaler Not, d.h. extremer kriegerischer Gefährdung. Nach heutiger Meinung war das die Zeit des „Blitzkrieges" im Zweiten Weltkrieg, doch scheint es keine Sagen zu geben, die von einem Auftauchen Arthurs aus diesem Anlaß berichteten. Allerdings gibt es zwei Romane, die das Eingreifen des Königs in dieser militärischen Notlage zum Thema haben (s. unten S. 296), allerdings erst ca. ein halbes Jahrhundert danach geschrieben wurden.

Tennyson stellt einzelne entscheidende und besonders bedeutende Ereignisse in der arthurischen Welt dar. Obwohl er - wie erwähnt - meist Malory folgte, legte er doch für die *Erec*-Sage den „Mabinogi" *Geraint vab Erbyn* zugrunde, den er in der Übersetzung der Lady Charlotte Guest (s. unten S. 605) von 1840 kennengelernt hatte.[3]

---

1 http://www.freistunden.de/fungames/kino/kritiken/81.htm (8. 4. 2006).
2 Lindahl (1998).
3 Guest (1838-1849).

In seiner Gedichtsammlung *Poems* (1842) hatte er schon neben der „Lady of Shalott" (s. unten S. 329), „Sir Launcelot and Queen Guinevere" auch „Sir Galahad" (1842) behandelt, natürlich als Inbegriff jeglicher Rittertugend, insbesondere der Keuschheit, was sich treffsicher dem viktorianischen Zeitgeist einfügte.[1] Die uns heute problemlos und steril anmutende Gestalt Galahads sollte zum literarischen Ausdruck eines kollektiven Ideals werden, in dem sich alle Tugenden mit reinstem Patriotismus verbanden, denn insgeheim waren die Figuren der Artuswelt keine Kelten mehr, sondern längst zu Engländern geworden. Es spricht aber für Tennysons Kunst, daß er bei aller Idealität des *Galahad* doch nicht vergißt, daß er aus der Sünde hervorging und sein Vater ein Sünder ganz besonderen Zuschnitts war. Tennyson hat wohl erkannt, daß Lancelots Sünde die Voraussetzung für Galahads Tugend war.

Ich erinnere im Folgenden an einige düstere Bilder aus den „Idylls", die bei allem Glanz, den der *Poeta laureatus* über Galahad ausgoß, nicht vergessen werden sollten. Natürlich legte er den Finger auf die wunde Stelle der Beziehungen, die Liebe zwischen *Lancelot* und der Königin – unerhört nach zeitgenössischen Kriterien –, wenn er im Zwiegespräch zwischen *Merlin* und *Vivien* diese mit Beziehung auf *Arthur*, den Merlin einen „blameless King and stainless man" genannt hatte, sagen läßt:

> 'Man! is he man at all, who knows and winks?
> Sees what his fair bride is and does and winks?   780
> By which the good King means to blind himself,
> And blinds himself and all the Table Round
> To all the foulness that they work. Myself
> Could call him (were it not for womanhood)
> The pretty, popular name such manhood earns,   785
> Could call him the main cause of all their crime;
> Yea, were he not crown'd King, coward, and fool.'

Dabei wird der Untreue und Verlogenheit Viviens die Treue und Lauterkeit der *Enid* aus der Erzählung von *Geraint* gegenübergestellt.

---

1   Mancoff (1995), 108–110.

Großartig schildert Tennyson den letzten Kampf zwischen *Modred* und *Arthur* in *Lyonesse*, einem im Meer versunkenen Teil Cornwalls,[1] dessen Reste heute die Isles of Scilly bilden sollen:

> Then rose the king and moved his host by night,   80
> And ever push'd Sir Modred, league by league,
> Back to the sunset bound of Lyonesse –
> A land of old upheaven from the abyss
> By fire to sink into the abyss again;
> Where fragments of forgotten people dwelt,   85
> And the long mountains ended in a coast
> Of ever shifting sand and far away
> The phantom circle of a moaning sea.
> ...
> A deathwhite mist slept over sand and sea: 96
> Whereof the chill, to him who breathed it, drew
> Down with his blood, till all his heart was cold
> With formless fear; and ev'n on Arthur fell
> Confusion, since he saw not whom he fought.   100
> For friend and foe were shadows in the mist,
> And friend slew friend not knowing whom he slew;
> And some had visions out of golden youth,
> And some beheld the faces of old ghosts
> Look in upon the battle;...   105

Als *Bedivere* Arthur zum Kampf anspornt und sagt:

> .... yonder stands   152
> Modred, unharm'd, the traitor of thine house.'
> Then spake the king: 'My house hath been my doom.
> But call not thou this traitor of my house   155
> Who hath but dwelt beneath one roof with me.
> My house are rather they who sware my vows,
> Yea, even while they brake them, own'd me King.

---

[1] Snell (2000), 28–31. Zugrundeliegt wohl volksetymologische Umgestaltung des bret. Landschaftsnamens *Leonais*. Das *Lohnois* der Sage als verderbte Form von *Lothian* käme gleichfalls in Frage, widerspricht aber der Konzentradition der Tristanhandlung auf Cornwall und die Bretagne.

> And well for thee, saying in my dark hour,
> When all the purport of my throne hath fail'd,   160
> That quick or dead thou holdest me for King.
> King am I, whatsoever be their cry;
> …
> So all day long the noise of battle roll'd   170
> Among the mountains by the winter sea;
> Until King Arthur's Table, man by man,
> Had fallen in Lyonesse about their Lord,
> King Arthur. Then, because his wound was deep,
> The bold Sir Bedivere uplifted him,   175
> And bore him to a chapel nigh the field,
> A broken chancel with a broken cross,
> That stood on a dark strait of barren land:
> On one side lay the Ocean, and on one
> Lay a great water, and the moon was full.   180

Sir Bedivere verspricht dem König, *Excalibur* in *the mere* zu werfen, der Lokalsage nach Dozmary Pool,[1] östlich von Camelford, dem angeblichen Schlachtort, in Cornwall:

> … , from the ruined shrine he stept,
> And in the moon athwart the place of tombs,
> Where lay the mighty bones of ancient men,   215
> Old knights, and over them the sea-wind sang
> Shrill, chill, with flakes of foam. …

Im kalten Mondlicht erscheint eine schwarz beschlagene Barke.

> Three Queens with crowns of gold: and from them rose
> A cry that shiver'd to the tingling stars,
> And, as it were one voice, an agony
> Of lamentation, like a wind that shrills   370
> All night in a waste land, where no one comes,
> Or hath come, since the making of the world.

---

[1] Dazu z.B. Snell (2000), 18–20.

Die arthurische Ritterwelt ist tot. Der übrig gebliebene Bedivere klagt:

> 'But now the whole Round Table is dissolved
> Which was an image of the mighty world,
> And I, the last, go forth companionless,
> And the days darken round me, and the years,   405
> Among new men, strange faces, other minds.'

Arthur beschwört in seinen Abschiedsworten die „goldene Kette Homers". Wären Menschen, die von Gott wissen und dennoch nicht für sich und andere die Hände zum Gebet erhöben, denn besser als Vieh?

> 'For so the whole round earth is every way
> Bound by gold chains about the feet of God.
> But now farewell. I am going a long way
> With these thou seëst – if indeed I go   425
> (For all my mind is clouded with a doubt) –
> To the island-valley of Avilion;
> Where falls no hail, or rain, or any snow,
> Nor ever wind blows loudly; but lies
> Deep-meadow'd, happy, fair with orchard lawns   430
> And bowery hollows crown'd with summer sea,
> Where I will heal me of my grievous wound.'

Sir Bedivere bleibt allein zurück, als der Klagelaut der drei Königinnen, die Arthur entführen, verhallt:

> But when that moan had past for evermore,
> The stillness of the dead world's winter dawn
> Amazed him, and he groan'd, 'The King is gone.'
> And therewithal came on him the weird rhyme,
> 'From the great deep to the great deep he goes.'   445

Faszinierend an „The Idylls of the King" ist, wie Lord Tennyson in einer seiner besten „Idyllen" selbständig am arthurischen Erzählgeflecht weitergebaut hat.

In „The Last Tournament" finden *Arthur* und *Lancelot* in unzugänglicher Wildnis ein weinendes Mädchen mit reichem Rubinschmuck in einem Adlerhorst. Sie übergeben es der Königin zur Erziehung. Doch der stirbt das Kind unter den Händen weg. Wir erfahren, daß der Rubinschmuck der Königin gehörte, der er einst entglitt, als sie sich aus dem Fenster beugte, und in ein Boot fiel, das zufällig mit dem Kind unter dem Fenster vorbeifuhr. Nun soll ein Turnier im Namen der *dead Innocence* stattfinden, dessen Preis eben dieses Rubinhalsband sein soll. Da erscheint ein körperlich aufs Äußerste mißhandelter Schweinehirt, der im Namen des „Roten Ritters" dem Arthurhof den Kampf ansagt. Dieser habe im Norden eine Tafelrunde gleich der Arthurs gegründet und fordere nun Arthur und die Seinen zum Entscheidungskampf heraus. Arthur bricht mit den jüngeren Rittern auf und läßt die Königin in der Hut Lancelots zurück, der das ausgeschriebene Turnier leiten soll. Jedoch in der Abwesenheit des Königs werden die ritterlichen Turnierregeln mißachtet, ohne daß Lancelot einschritte. Da erscheint plötzlich *Tristan*, eben aus der Bretagne und von *Isolt Weißhand* zurückgekehrt, und erweist sich schnell als Sieger im Turnier. Widerwillig überläßt Lancelot den Preis des Turniers zu Ehren der „Toten Unschuld" ausgerechnet Tristan. Alle fühlen, was Lancelot zweimal ausspricht (189, 211f.):

> ... All courtesy is dead...
> The glory of our Round Table is no more.

Nach einem längeren hintergründigen Zwiegespräch mit dem ritterlichen Narren *Sir Dagonet* – deutlich eine Hommage an Shakespeares Narrenszenen –, verläßt Tristan den Hof Richtung *Tintagel*, wo die *blonde Isolt* weilt. Unterwegs trifft er auf die Hütte, in der er einst mit Isolt im Wald gelebt hatte, und versinkt in Träumerei. Inzwischen findet Arthur einen seiner Ritter erhängt, und schon fordert ihn der Rote Ritter vor seiner Burg heraus. Er hat seiner Angebeteten das Versprechen gegeben, die Tötung ihres Bruders durch einen Ritter der Tafelrunde an dieser zu rächen. Doch der Rote Ritter ist ein Trunkenbold und fällt vom Pferd in den Sumpf, bevor sein Schwert Arthur treffen kann:

> ... then the knights, who watched him, roar'd
> and shouted and leapt down upon the fall'n;
> There trampled out his face from being known,
> And sank his head in mire, and slimed themselves: 470
> Nor heard the King for their own cries, but sprang
> Thro' open doors, and sworded right and left
> Men, women, on their sodden faces, hurl'd
> The tables over and the wines, and slew
> Till all the rafters rang with woman-yells, 475
> And all the pavement stream'd with massacre ...

Wie sehr ist die Tafelrunde heruntergekommen, wenn ihre jungen Ritter so handeln und sich mit Kot besudeln! Inzwischen ist Tristan nach Tintagel gelangt. Isolt erkennt seinen festen Schritt, denn er schleicht nicht wie der ständig spionierende *Mark* katzenhaft umher. In dem folgenden Zwiegespräch wirft ihm Isolt seinen leichtfertigen Umgang mit der Königin vor, doch Tristan beteuert, nur seine Isolt zu lieben. Nun hält sie ihm die Liaison mit der bretonischen Namensschwester vor und versteigt sich zu der Aussage:

> 'O were I not my Mark's, by whom all men
> Are noble, I should hate thee more than love.' 595

Doch Tristan erklärt, an der bretonischen Isolt nur den Namen zu lieben. Er stellt seine Gemahlin als geduldig, blaß und frömmelnd hin. Auf Isolts Forderung, er möge ihr ewige Treue schwören, bezweifelt Tristan mit Recht angesichts seiner mehrfach gebrochenen Schwüre den Wert eines solchen Treuegelübdes. Nun will Isolt wissen, wie er reagieren würde, wenn sie sich Lancelot hingäbe, der Tristan in jeder Hinsicht übertreffe. Spielerisch berührt Tristan sanft Isolts Adamsapfel, nach der liebenden Vereinigung und einem reichen Mahl mit viel Wein. Als er ihr den Rubinschmuck umlegen will, erkennt sie ihn als Zeichen eines Ritterordens, den Mark zu Ehren Tristans gestiftet habe. Tristan deutet die rätselhafte Auffindung an und daß er sie mit dem errungenen Turnierpreis schmücken wolle. Er legt ihr das Halsband um, küßt ihren Hals, doch bevor er sie noch erwürgen kann, spaltet ihm von hinten Mark, der sich angeschli-

chen hat, den Schädel. Als Arthur heimkehrt, sind in seinem Palast alle
Lichter gelöscht. Zu seinen Füßen hört er eine Stimme schluchzen:

> 'What art thou?' and the voice about his feet
> Sent up an answer, sobbing, 'I am thy fool,   755
> And I shall never make thee smile again.'

„The Last Tournament" ist der großen Handlung nach Tennysons Erfindung, wenn er auch einzelne Motive aus Malory übernommen hat. So ist der „Rote Ritter" niemand anderer als der unglückliche *Pelleas*, den *Gawaine*, der in den späten Traditionen alles andere als ein Musterritter ist, auf Schwerste mit dessen Dame *Ettarre* betrogen hat, was Tennyson in einer eigenen „Idylle" veranschaulichte. Aber von der Gründung einer „Anti-Tafelrunde" weiß die ältere Tradition nichts. Die Herkunft des Findlings im Adlerhorst bleibt offen, wenngleich es den Anschein hat, als ob Isolt mehr über seine Herkunft wüßte. War es ihre Tochter, und hatte sie sie von Mark oder von Tristan? Warum läßt Arthur gerade Lancelot als eine Art „Schattenherrscher" zum Schutz der Königin zurück, obwohl dieser selbst Bedenken hat? Es ist, als ob Arthur halb bewußt dem Untergang seines Reiches entgegenginge. In dem schwer rekonstruierbaren oben genannten Urtristan (s. oben S. 163) scheint der sterbende Tristan Isolt in seinen Armen erstickt zu haben. Ob bei Tennyson Tristan die Geliebte vor seinem Tod erwürgt, ist nicht klar zu erkennen. Die auffallende Liebkosung des Adamsapfels und Kuß auf den Hals beim Umlegen des Rubinschmucks deuten darauf hin. Daß Tristan von Mark erschlagen wird, hat Tennyson aus Malory (XX, 6), wie überhaupt die Gestalt Marks gegenüber der vergleichbaren Figur Arthurs zu ihrem Nachteil verändert erscheint. Der ganz negativ gesehene Marke wurde von Gottfried menschlich vertieft[1] und tiefgreifend erst von Wagner rehabilitiert. Immerhin ist Lancelots Ehebruch gewissermaßen Teil des Heilsplans, während die Tristanminne in ihrer Sündhaftigkeit befangen bleibt.

---

1   Hoffmann (1991).

Etwa gleichzeitig entstanden die Versdichtungen von Algernon Ch. Swinburne (1837–1909), unter anderen „Lancelot" (1860) und „Tristram of Lyonesse" (1882). Wie Tennyson haben auch ihn die Ehebrechergestalten der *matière de Bretagne* besonders in ihren Bann gezogen. Und wieder ist es der Liebes-Charismatiker, den ein Engel eines Zwiegespräches würdigt und ihm die leidende Königin vor Augen führt. Bewegend ist das starke Bild des Seelenschiffes auf dem Lebensmeer:

>   Downward slipt the long thin tears   265
>   As she turned and sang this verse
>   That she made for me.
>   „Eastward under skies that dip
>   As to touch the water's lip,
>   Pass, my ship, with sails that drip   270
>   Not with dew, nor with rain.
>   Thro' the morning float and pass
>   From the shores of flower and grass
>   Thro' a space of golden glass
>   Stained with a blood-red stain.   275
>   Evil ship on evil sea,
>   Bear him back again to me
>   Till I see what secrets be
>   Hidden in all his pain."
>   Then she spake not, neither stirred,   280
>   But I shook for that one word
>   With the pain of that I heard
>   That she spake of me.
>   For the ship that seemed to pass
>   Thro' the sea of fiery glass,   285
>   That strange ship mine own soul was
>   And my life the sea.

In seinen Phantasien stellt sich *Lancelot* vor, die Königin über See entführt und in seinem Reich zur Herrscherin gemacht zu haben, wo sie nun ablehnt, eine Krone auf das Haupt zu setzen, auf dem einst die königliche stand.

  And her face grows grey and long
  And harsh breaths come thro' her song
  And her Heart is worn with wrong,   310
  As is plain to see.
  Should I die, no help it were.
  Now men say she is not fair,
  For the pain she seems to wear
  In grey cheeks and waning hair;   315
  All my love avails not her
  And she loves not me.

Swinburne setzte mit seinem „Tristram of Lyonesse" (1882), den Verknappung der Handlung und Verinnerlichung des Geschehens kennzeichnet, neue Maßstäbe. Sein Werk ist sicher eine der gelungensten Dichtungen des späten 19. Jh.s aus dem Umkreis der *matière de Bretagne*, eine außerordentlich ästhetische Umsetzung, die allerdings manchmal in Gefahr ist, in der Fülle der Bilder und Vergleiche unterzugehen. Swinburne stellt den Genuß des Trankes so dar:

  And hands that wist not though they dug a grave,
  Undid the hasps of gold, and drank, and gave,
  And he drank after, a deep great kingly draught:
  And all their life changed in them, for they quaffed
  Death; if it be death so to drink, and fare
  As men who change are what these twain were.
  And shuddering with eyes full of fear and fire
  And heart-stung with a serpentine desire
  He turned and saw the terror in her eyes
  That yearned upon him shining in such wise
  As a star midway in the midnight fixed.
  ...
  Nor other hand there needed, nor sweet speech
  To lure their lips together; each on each
  Hung with strange eyes and hovered as a bird
  Wounded, and each mouth trembled for a word,
  Their heads neared, and their hands were drawn in one,
  And they saw dark, though still the unsunken sun

> Far through fine rain shot fire into the south;
> And their four lips became one burning mouth.[1]

William Morris (1834–1896), ein Designer und Poet unter den Präraffaeliten, der selbst seine handschriftlichen Gedichte in der Art mittelalterlicher Manuskripte ausschmückte, war gleichfalls ganz primär von der Ehebruchsthematik im „triangle de Bretagne" der Arthursage angezogen, die er vor allem in „The Defense of Guenevere" und „King Arthur's Tomb" 1858 gestaltete. In der erstgenannten Dichtung erinnert sich die Königin am Vorabend ihres von *Gauwaine* angestrengten Gottesgerichtes mit drohendem Feuertod an ihre früheren Begegnungen mit *Lancelot*, dessen leidenschaftliche Zuwendung sie höher stellte als „Arthur's great name and his little love". Sie entdeckt die Entwicklung ihrer Liebe *Gauwaine*, den die Erzählung zwar ergreift, der aber nun nicht mehr im Stande ist, das eingeleitete Verfahren aufzuhalten. Da erscheint im letzten Augenblick der Retter. In der zweiten Dichtung sucht *Lancelot* die Königin in der Abtei Glastonbury auf, wo er in seiner Ermüdung über der Gruft Arthurs in Schlaf fällt. *Guenevere* schwankt noch immer zwischen Christus- und Lancelot-Minne. So hin- und hergerissen tadelt sie ihren Ritter für seine Liebe und wirft ihm vor, den größten König, der je gelebt, betrogen zu haben, gleichzeitig ist sie selbst außerstande, sich von ihm zu lösen, und so entwirft Morris das Psychogramm zweier alternder Liebenden, die das Vorgefallene bereuen und doch nicht von einander lassen können. Der Autor hat auch *Galahad* ein eindringlich psychologisierendes Versgedicht gewidmet. Er war in seiner Studienzeit mit Dante Gabriel Rossetti und Edward Burne-Jones, den beiden wichtigsten Präraffaeliten (s. unten S. 327f.), in engem Rapport, so daß zwischen seinen Dichtungen und ihren Malereien enge Beziehungen bestehen.

Interessant ist der Ansatz von Matthew Arnold, den wir noch als einen der geistigen Mitbegründer der Keltologie kennen lernen werden (s. unten S. 458, 465). In seinem „Tristram and Iseult" (1852), wird Isolt Weißhand zur eigentlichen Hauptperson. Obwohl sie von Tristan zwei Kinder

---

[1] Swinburne, 39f. (= The Sailing of the Swallow V. 786ff.).

hat, weiß sie sich ungeliebt, weicht bei Tristans Tod aber der blonden Nebenbuhlerin, und erzieht pflichtbewußt die Kinder, ihre unerwiderte Liebe zu Tristan im Herzen.

Was die USA und die *matière de Bretagne* angeht, so erhob sich natürlich die Frage, wie eine so demokratiebewußte Gesellschaft sich zum Königtum Arthurs stellen sollte. Eine Möglichkeit war die der Komik, und diesen Weg ging Edgar Fawcett in seinem Stück „The New King Arthur", das eine offenkundige Parodie Tennysons darstellt.[1]

Eine kulturkritische Merkwürdigkeit und ein seltsamer Ableger ist die auf der Idee der „Zeitreise" beruhende Parodie Mark Twains „A Connecticut Yankee in King Arthur's Court" (1889), ein Roman, der das Frühmittelalter aus der überlegenen Sicht des amerikanischen gründerzeitlichen Kapitalismus sieht, allerdings schon einen Vorläufer in „Professor Baffin's Adventure" (1882) von Max Adeler (Pseudonym für Charles Heber Clark) hatte. Die Artusritter werden ihrem Intellekt und ihren Reaktionen nach auf die Stufe von Kindern gestellt. Der durch einen Schlag auf den Kopf plötzlich in das 6. Jh. versetzte Yankee *Hank* gilt als Zauberer, der stärker als *Merlin* ist. Er baut mit einigen intelligenten jungen Männern als „The Boss", wie er sich nennen läßt, innerhalb weniger Jahre aus dem Nichts die gesamte technische Zivilisation des 19. Jh.s auf: Telefon, Telegraf, Eisenbahnen, Dampfschiffe, die elektrische Beleuchtung, die Fotografie, die Schußwaffen, Starkstromfallen, Dynamit, elektrische Minenfelder usw., wobei Mark Twain keinerlei Versuch anstellt, diese Entwicklungen irgendwie nachvollziehbar zu machen. Das beginnt schon mit dem Fehlen jeglicher sprachlicher Verständigungsprobleme und läßt das Ganze doch als etwas platt und naiv erscheinen, selbst wenn man davon absieht, daß für uns heute viele der Segnungen des amerikanischen Kapitalismus durchaus fragwürdig sind. Einzelnen Personen wie König *Arthur* und *Lanzelot* spricht Hank edle Gesinnung und ritterlichen Todesmut keineswegs ab, aber im Grunde sind es in ihr Prestige verliebte Kinder. Insgesamt wirkt die zur Schau getragene utilitaristische Über-

---

1 Lupack (1998), 122.

legenheit peinlich. Der Hauptfeind Hanks ist die Kirche und die Aristokratie, die er nach Arthurs Tod abzuschaffen gedenkt. Traditionsgemäß zerbricht das Artusreich an der Liebe Lancelots zur Königin und an Mordreds Versuch einer Revolte. Hank ruft die Republik aus, gerät in Widerspruch zur Kirche, die das Land durch Kirchenbann lahmlegt. Von einer Höhle aus sprengt Hank mit 52 anstelligen Knappen tausende Ritter in die Luft bzw. tötet sie durch Elektrozäune, wobei er nicht bedenkt, daß er und seine Gruppe sich allein durch die Leichenberge ringsum isolieren. Zuletzt erscheint *Merlin*, der in den Zeichnungen der Erstausgabe die markanten Gesichtszüge von Lord Tennyson trägt,[1] und versetzt Hank in einen Zauberschlaf, aus dem er nach 1300 Jahren erwacht, um Mark Twain seine Aufzeichnungen zur Publikation zu überlassen. Das Problem der Zeitreise wird überhaupt nicht behandelt, am komischsten ist jene Episode, in der Hank und der verkleidete Arthur sich frei nach Harun al Raschid unter das Volk mengen und dort letztlich zu Sklaven absinken.

Eine andere Möglichkeit, sich mit Arthurs Königtum abzufinden, war die, es ins Ethische zu überhöhen, also nach einem schon mittelalterlichen Verfahren, den äußeren Adel mit dem Tugendadel zur Deckung zu bringen bzw. ersteren durch letzteren zu rechtfertigen. Auch dazu finden sich Ansätze bei Mark Twain, besonders aber hat Howard Pyle in „The Story of King Arthur and His Knights" (1903) diesen Weg eingeschlagen und angedeutet, daß sich jeder „königlich" verhalten könne, wenn er nicht etwa auf die Preiswürdigkeit seiner Tat hinweist, sondern sagt: „What more is there that I may do to make the world the better because of my endeavors?"[2] Die ewigen Werte wahrer Sittlichkeit gehen nicht unter, sondern bleiben trotz Dampfmaschine und Telegraf erhalten. Das war auch die Meinung von Elizabeth Stuart Phelps in ihrer Geschichte „The Christmas of Sir Galahad" (1871), die Sir Percivale „in a Pennsylvania coal-mine" versetzt sein oder in einer anderen Geschichte („The True Story of Guenever"; 1876) Arthur als Tischlermeister auftreten läßt.[3]

---

1   Dazu Lupack (2007), 159–162.
2   Lupack (1998), 125f.
3   Lupack (1998), 131f.

b. Im deutschen Sprachgebiet

Neben einem Plan zur Neugestaltung des Parzival-Stoffes durch Ludwig Uhland (1812) und einem ungedruckten Drama von Friedrich de la Motte Fouqué waren Pläne und Projekte zu Werken aus der Tristansage beliebt. Es gab sie von A. W. Schlegel (1801), Achim von Arnim und Clemens Brentano (1804), Friedrich Rückert (1839) und Wilhelm Wackernagel (1828).

August Graf von Platen-Hallermünde nahm zwei Anläufe (1825 und 1827). Hier ist nun die *matière de Bretagne* einer totalen Ästhetisierung anheimgefallen. In dem 1827 entstandenen Exposé[1] erkennt man das Unbehagen des Dichters, *Tristan* eine Ehe in der Bretagne eingehen zu lassen. *Gerion* (wie *Marke* hier heißt) hat neben Tristan auch *Auctrat* (die Verräterfigur in der Nachfolge Eilhards) zum Neffen. Der dritte Akt sollte Tristan und Isoldes Liebesglück, aber auch die Überraschung durch den von Auctrat gewarnten Gerion zeigen. Tristan wird verbannt, Gerion wird besänftigt. In der Verbannung hält sich Tristan bei einem Einsiedler auf, wo ihn Auctrat belauscht und aus dem Hinterhalt verwundet. Tristan verzeiht auf dem Totenbett Auctrat und bittet ihn nach dem Segel zu sehen. Es folgt der bekannte Trug. Als Tristan gestorben ist, verflucht *Isolde* Auctrat und tötet sich angesichts des eintreffenden Gerion mit Tristans Schwert. Bemerkenswert ist, daß es bei Platen keinen Minnetrank und keinen Tod Isoldes an gebrochenem Herzen gibt. Dafür ist Auctrat ein so durch und durch schwarzer Bösewicht, daß seine Zeichnung höchster psychologischer Raffinesse bedurft hätte, um ihn einigermaßen glaubhaft erscheinen zu lassen. Im dritten Akt sollte Tristan ein Liebeslied singen, dessen Dichtung Platen vorwegnahm und das bis heute eine der wenigen seiner Dichtungen ist, die bekannt blieben:

> Wer die Schönheit angeschaut mit Augen,
> Ist dem Tode schon anheimgegeben,
> Wird für kein Geschäft der Erde taugen,

---

[1] Platen, 10. Bd., 373–382.

Und doch wird er vor dem Tode beben,
Wer die Schönheit angeschaut mit Augen.
...

Ach, er möchte wie ein Quell versiechen,
Jeden Hauch der Luft ein Gift entsaugen
Und den Tod aus jeder Blume riechen:
Wer die Schönheit angeschaut mit Augen,
Ach, er möchte wie ein Quell versiechen.

Goethe sprach Platen die Liebesfähigkeit ab, die für ein Tristandrama die Voraussetzung gewesen wäre, was den durch die Homoerotik mit Platen verbundenen Thomas Mann zu diesen schwärmerischen Worten veranlaßte, hinter denen wieder die Tristanliebe Wagners erkennbar ist:

„Was aber der glücklich Große ihm absprechen zu sollen meinte, die Liebe, eben sie hatte er: die Liebe nämlich, die jenes Gedicht durchtränkt und sein ganzes schwermütig-lobpreisendes, zu höchsten Flügen immer wieder begeistert ansetzendes Werk erfüllt, die unendliche und unstillbare Liebe, die in den Tod einmündet, die der Tod ist, weil sie auf Erden nicht Genüge findet, und die er, ein früh und unheilbar Getroffener, den 'Pfeil des Schönen' nennt."[1]

In „Tod in Venedig" (1913) wird der Bogen zwischen Platen und Wagner ebenso gespannt wie im Visconti-Film von 1971, in dem das Gedicht Platens gleichfalls anklingt.

Auch Karl Immermann plante ein Tristanepos in Terzinen, von dem nur der erste Teil (bis zur Ankunft Isolts in Cornwall) abgeschlossen wurde. Er begründet seine Bearbeitung des Stoffes mit dem Satz: „Es ist jammerschade, wenn dergleichen nur für Stubengelehrte oder langhaarige Altdeutsche vorhanden ist."[2] Es ist für das sittliche Bewußtsein eines noch biedermeierlichen Weltgefühls charakteristisch, daß die Wirkung des Minnetranks nur bis zur Probe mit dem heißen Eisen gehen sollte. Danach sollten die Liebenden einander entsagen. Das rief den Protest

---

[1] Mann, 439. Zitiert nach: http://www.fulgura.de/extern/kmr/platen.html (17. 4. 2006).
[2] Immermann, 8. In einem Brief an seinen Bruder schreibt Immermann: „Jammerschade, daß so prächtige Sachen unter den Gelehrten vermodern! Man muß sie dem Volke schenken."

Ludwig Tiecks hervor, der dagegen auf die Allmacht der Liebe verwies, die eben den Inhalt der Tristansage bilde.[1]

Von Immermann stammt auch das seltsame und sehr eigenwillige Drama „Merlin. Ein Mythus" (1832), das ich als ein vielschichtiges, jedoch vorwiegend humoristisches Werk lese.[2] Es erschien im Todesjahr Goethes, den Immermann kurioserweise in seinem Drama in der Gestalt des ungarischen Zauberers *Klingsor* (die Figur begegnet zuerst in Wolframs „Parzival") ein Denkmal gesetzt hat. Im „Merlin", der wie Faust II mit einer „Zueignung" eingeleitet wird, verstehen die Teufel die Zeugung des Magiers als höllische Kontrafaktur zur Zeugung Christi. Sie geht denn auch in viel archaischerer Weise vor sich als in späteren Ausformungen. Die keusche Jungfrau *Candida* übernachtet unter dem Schirm des Eremiten *Placidus*. Doch *Satanas* erscheint ihr in seiner ganzen schrecklichen Teufelsgestalt. Eingedenk Christi Versuchung meint nun Candida, sie sei als Heilige dadurch ausgezeichnet. Sie versinkt in Schlaf, und während Satanas die Bewußtlose schwängert, erklingt ein Chor: *O sanctissima. O piissima, dulcis virgo Maria! Mater amata, Intemerata, ora, ora pro nobis!* Der Eremit zieht das „Unglückskind" Merlin auf, der ihn über den Gral unterweist. Merlin entwickelt sich auf offener Bühne jählings zum Mann, der sich als Erlöser des Grals ansieht:

> Und wieder bist du, sanfter Gott, gefangen
> Auf Montsalvatsch durch deines Willens Kraft,
> Dich hält der blöde Titurel in Haft,
> Mit seiner Zunft, der eingeengten, bangen.
> Geendet ist das Niedersteigen itzt!
> Dich heimzuführen auf der Bahn des Geistes,
> Wählst du Merlin. Er leitet dich, du weißt es,
> Den Rückweg, der von deinem Feuer blitzt.
> Ich bin, der wirbt die fürstlichen Gemüter,
> Die Stirn, vom Ruhm- und Minnekranz umlaubt,
> Die Ritter, Damen, König Artus' Haupt;
> Dem hehren Gral schaff' ich die echten Hüter.

---

1   Immermann, 10.
2   Eine einläßliche Deutung bei Mertens (2003), 168–171.

Kay, der Hofnarr des Artus, sucht nach dem vaterlosen Kind in der Einöde, in der er ermüdet einschläft. Merlin schreibt ihm etwas auf eine goldene Tafel und verschwindet. Kay erwacht und findet die Tafel:

> Hier halt' ich ein'ges Güldne in den Fäusten!
> Schrift steht darauf, krummschwänzig, ausgeschweifet,
> Der Dialekt ist keiner von den neu'sten.
> Wer nun beschlagen wär' im Sprachgebiete!
> Ich wittre Charaktere vom Sanskrite.
> Klingsor, der viel getrieben, trieb auch Indisch.
> Zu ihm, daß ich bei ihm den Sinn eintausche!

Klingsor, eine ergötzliche Mischung von Faust und altem Goethe, entziffert in seiner Studierstube in *Castel merveil* die Schrift, die noch aus der Zeit vor dem Turmbau zu Babel stammt. Er war es auch, der nach dem vaterlosen Kind senden hatte lassen. Am Artushof herrscht dumpfe Mittelmäßigkeit, so daß ein Minstrel getadelt wird, weil er von *Titurel* und dem *Gral*, *Herzelaude* und *Parzival* gesungen hat, was Artus – als einzigen – so erregt, daß er es nicht ertragen kann. Später sagt Merlin im Hinblick auf sein umfassendes Wissen, was – *cum grano salis* – auch für die *matière de Bretagne* stehen könnte:

> Weil ich denn ganz mich an das All verschenkt',
> Hat sich das All in mich zurückgelenkt,
> Und in mir wachsen, welken, ruhen und schwanken,
> Nicht meine, nein! die großen Weltgedanken.

Parzival gelangt zum Gral und wird dessen König, während Titurel die Gralsliturgie unterstellt ist. *Lohengrin* dagegen ist nach außen hin der offizielle Vertreter des Grals. Die Tafelrunde gerät auf der Suche nach dem Gral in eine Einöde und ist in Gefahr zu verhungern und zu verdursten. Hier zeigt sich, wie auch an vielen anderen Stellen, Immermanns giftige Hintergründigkeit, wenn *Ginevra* klagt: „Mich dürstet!" und *Lanzelot* galant erwidert:

> Ich will dir Geschichten erzählen von Tristan und Isolde,
> Vielleicht erquickt's dich, Holde.

Die Antwort bezieht sich natürlich auf den Prolog Gottfrieds von Straßburg, wo dieser sagt, daß die Geschichte der beiden Liebenden alle edlen Herzen erquicken könne, so wie sie später in der Minnegrotte sich ja auch vom Erzählen von Liebesgeschichten ohne irdische Nahrung am Leben erhalten. Unverrichteter Dinge kehrt die Tafelrunde zurück. Artus sagt:

> Gawein, Gareis, die schick' ich spähn,
> Den Heimweg suchen sie; wir gehen
> Nach Hause schamrot, erbärmlich,
> Und leben ferner ärmlich.

In seinem „Tristan" verband Immermann das Minnetrank- mit dem Todesmotiv sehr eindringlich (angedeutet hatte dies schon Gottfried), ähnlich wie wenig später Richard Wagner, der in den nächsten Jahrzehnten sehr wesentlich die Ausformung der *matière de Bretagne* im deutschen Sprachgebiet mitgestalten sollte.

Davor ist noch ein heute vergessener Seitenzweig, die Oper „Merlin" von Karl Goldmark (1830–1915), zu erwähnen. Sie wurde 1886 in Wien und 1904 in überarbeiteter Form in Frankfurt aufgeführt. Das Libretto von dem Wiener Parlamentsbibliothekar Siegfried Lipiner macht kurioserweise Arthurs sonst wohlbeleumundeten Kammerdiener *Bedwyr* – in dieser kymr. Namensform – zum Verräter an der Sache Arthurs. *Merlin*, Tenor und der eigentliche Kriegsheld, vernichtet die Sachsen durch einen ihm hörigen Dämon, der *Morgana* zur Rache an Merlin gewinnen kann. Zwar spielt die Handlung in Caerleon, doch schwebt Merlin-Lipiner in seinem Preis Arthurs eher die schottische Landschaft vor und nicht das liebliche Tal des Usk:

> Heil dir mein König, Heil und Preis!
> Heil deiner Felsen Mitten!
> Wie deine Felsen rauh und steil,
> so stehst du hart umstritten.
> Brandend kommt das Meer gezogen,

sie zu zerbrechen, wie müht es sich stark!
Aber zu Schanden werden die Wogen
an meines Hochlands felsigem Mark!

Merlin unterliegt Vivianes Zauber, die als jungfräuliche *Diana* auf der Hirschjagd erscheint. Sogleich verliert er seine Sehergabe, und die Harfe verstummt. Dadurch merkt er auch Modreds Verräterpläne nicht. Er verfällt *Viviane*, die selbst nicht erkennt, das Werkzeug des Dämons zu sein. Merlin und Viviane entbrennen in heftiger Liebe zueinander. Doch ohne es zu wollen, vernichtet sie durch den Mißbrauch eines magischen Schleiers Merlins Freiheit und macht das Land zur Wüste, indessen *Modred* die Herrschaft an sich gerissen hat. Morgana, die selbst erkennt, ein Spielball des Dämons gewesen zu sein, stärkt Viviane, indem sie die Macht der Liebe beschwört. Um *Artus* zu retten, übergibt Merlin seine Seele dem Dämon. Doch auf der Totenbahre erwacht er nochmals. Viviane erdolcht sich, und so endet das Werk mit einem klassischen Liebestod. Das Ganze entspricht mit seinem Geisterballett im zweiten Akt noch durchaus dem Stil der französischen Großen Oper und wurde so wie diese von Wagners Werken schnell überschattet.

Die Musikdramen von Richard Wagner (1813-1883), der „Lohengrin" (1850), besonders aber „Tristan und Isolde" und „Parsifal" erscheinen als hochbedeutsame Vorgaben, die zeigen, wie die Stoffe neu zu deuten waren oder aber bewirkten, daß man sich demonstrativ von ihnen distanzierte.[1] In den beiden letztgenannten Dramen ist die Handlung auf Äußerste verknappt und verinnerlicht.

Es scheint unumgänglich, Wagners Sicht der *matière* hier kurz durch einige bezeichnende Zitate anzudeuten.

Im „Tristan" (1865), der mit dem keiner bestimmten Tonart zuordenbaren „Tristanakkord" f-h-dis-gis beginnt – was als Leitmotiv symbolische Absicht verrät –, zeigt der erste Aufzug *Tristan* mit seinem Vertrauten *Kurwenal, Isolde*

---

[1] Die Literatur über Wagners Bühnendramen ist längst unüberschaubar: Bzgl. seines Verhältnisses zu seinen Stoffen und zum Mittelalter verweise ich auf Mertens (2003), 173 – 201, und die jüngste Zusammenfassung von Buschinger (2007).

und deren Magd *Brangäne* auf der Überfahrt von der Brautwerbung in Irland nach Cornwall. Isolde gesteht Brangäne ihre Liebe zu Tristan:

> Ungeminnt
> den hehrsten Mann
> Stets mir nah zu sehen
> Wie könnt ich die Qual bestehen?

In der Absicht, sich selbst den Todestrank zu verabreichen, nimmt Isolde den Minnetrank, den sie auch Tristan aufdrängt. Schlagartig überfällt beide die Liebe:

> Wie sich die Herzen
> wogend erheben!
> Wie alle Sinne
> wonnig erbeben!
> Sehnender Minne
> schwellendes Blühen,
> schmachtender Liebe
> seliges Glühen.
> Jach in der Brust
> jauchzende Lust!
> ...

Doch da legt das Schiff an. Der zweite Akt zeigt durch Brangänens Vermittlung das Liebesglück auf dem Höhepunkt:

> O sink hernieder,
> Nacht der Liebe,
> gib Vergessen,
> daß ich lebe;
> nimm mich auf
> in deinen Schoß,
> löse von
> der Welt mich los!
> Verloschen nun
> die letzte Leuchte;
> was wir dachten,

> was uns deuchte;
> all' Gedanken, –
> all' Gemahnen, –
> heil'ger Dämm'rung
> hehres Ahnen
> löscht des Wähnens Graus
> welterlösend aus.

Und weiter – beeinflußt von buddhistischer Nirvana-Sehnsucht –:

> Bricht mein Blick sich
> wonn'-erblindet,
> erbleicht die Welt
> mit ihrem Blenden:
> die uns der Tag
> trügend erhellt,
> zu täuschendem Wahn
> entgegenstellt,
> selbst – dann
> bin ich die Welt:
> Wonne-hehrstes Weben,
> Liebe-heiligstes Leben,
> Niewiedererwachens
> wahnlos
> hold bewußter Wunsch.

Angeführt von *Melot* erscheint überraschend am Ende der Liebesnacht und bei Anbruch des „öden" Tages *Marke*, der mit Beziehung auf Tristan die Worte findet:

> Sieh ihn dort,
> den Treu'sten aller Treuen;
> blick auf ihn,
> den freundlichsten der Freunde:
> seiner Treue
> freiste Tat
> traf mein Herz
> mit feindlichstem Verrat!

...
Die kein Elend sühnt,
warum mir diese Schmach?
Den unerforschlich tief
geheimnisvollen Grund,
wer macht der Welt ihn kund?

Im Gefecht mit Melot erhält Tristan die Todeswunde. Der dritte Akt zeigt den sterbenden Tristan in gleißendem Sonnenlicht. Er wartet, von Kurwenal immer wieder aufgemuntert, auf Isoldens Schiff. Als es tatsächlich anlegt, bricht Tristan in dithyrambischen Jubel aus:

O diese Sonne!
Ha, dieser Tag!
Ha, diese Wonne
sonnigster Tag!
Jagendes Blut,
jauchzender Mut!
Lust ohne Maßen,
freudiges Rasen ...

Er reißt sich den Verband von der Wunde. Im Anblick der nahenden Isolde stirbt er „zu ihr aufblickend". Isolde bricht bewußtlos zusammen. Da nahen auf einem zweiten Schiff Marke, Brangäne und Melot. Marke klagt der ohnmächtigen Isolde:

Warum, Isolde,
warum mir das?
Da hell mich enthüllt,
was zuvor ich nicht fassen konnt',
wie selig, daß den Freund
ich frei von Schuld da fand!
Dem holden Mann
dich zu vermählen
mit vollen Segeln
flog ich dir nach. ...

Isolde stirbt Tristan nach, wobei sie folgende Worte verströmt:

> In dem wogenden Schwall,
> In dem tönenden Schall,
> in des Weltatems
> wehendem All, –
> ertrinken,
> versinken, –
> unbewußt, –
> höchste Lust!

die mit dem berühmten – jetzt aufgelösten – Tristanakkord in H-dur verhallt.

Musikgeschichtlich gesehen ist die Musik zum „Tristan" bekanntlich die progressivste Wagners, die dann auch einen der Ausgangspunkte der späteren Moderne und der atonalen bildete. Um 1900 wurde ihr eine so starke emotionale Gewalt zugeschrieben, daß sie geradezu als gefährlich, und zwar nicht nur für die psychische Gesundheit, gelten konnte. Bekanntestes Zeugnis ist Thomas Manns Novelle „Tristan" (1903). Darin wird erzählt, wie der Kaufmann Klöterjahn seine zarte Frau Gabriele, eine klassische *femme-fragile*, deren Lungentuberkulose er sich nicht eingestehen will, zur Kur in das Sanatorium „Einfried" (!) schickt, wo sie in die Gesellschaft eines höchst zweifelhaften Literaten Spinell gerät, der aus Freude am Stil und der morbiden Atmosphäre des Sanatoriums hier lebt. Es gelingt ihm, Gabriele ihrem nüchternen Gatten zu entfremden und immer mehr an sich zu binden. Obwohl ihr Klavierspiel vom Arzt verboten ist, verführt er sie dazu, „Tristan und Isolde" zu spielen, was Gemütsbewegungen hervorruft, die zum Tod der kranken Frau führen. Der Grundgedanke stammt wohl aus der Antonia-Episode („Rat Krespel") von E.T.A. Hofmann bzw. der „Contes d'Hoffmann" (1877) von Jacques Offenbach, wo der Tod allerdings durch physische Überanstrengung der Lungenkranken im Gesang ausgelöst wird. Es ist aber höchst bezeichnend, daß Mann – wie auch andere seiner Zeitgenossen – gerade der Tristanmusik eine psychosomatische Wirkung dieses Ausmaßes zubilligte.

Noch mehr ist der „Parsifal" (1877–1882), wie Wagner den „reinen Thoren" nach einer arabischen Pseudoetymologie von Joseph Görres nannte, gerafft und verdichtet. Geht man von Wolframs „Parzival" aus, den Wagner ab 1857 ja völlig ablehnte,[1] so fällt auf, daß die Duplizität der Helden (*Parzivâl* und *Gawân*) und dadurch auch beider *Queste* fehlt. Es war ein Geniestreich Wagners, *Parsifal* im zweiten Akt die Rolle Gawâns übernehmen zu lassen. Die häßliche Gralsbotin *Cundrîe* ist mit *Orgeluse* zusammengefallen und *Gurnemanz* mit dem Einsiedler *Trevrizent*.

Der erste Aufzug spielt „im Gebiete des Grals", zuerst im Gralswald, dann in der Gralsburg. Der sieche Gralskönig *Amfortas*, der an den todkranken Tristan des 3. Aufzugs erinnert, wird gebadet, dabei fassen die Gralsritter den jungen, tölpelhaften Parsifal, der noch ganz in der Mutterwelt steckt, aber aus Mutwillen einen der heiligen Schwäne erschoß. Seine Einfalt macht ihn für Gurnemanz prädestiniert zur Erlösung des Grals durch die Mitleidfrage, heißt es doch:

„Durch Mitleid wissend,
der reine Tor,
harre sein,
den ich erkor."

Die Wandeldekoration leitet über in die Gralsburg, wo die Gralsfeier vorbereitet wird. Der Gründer der Gralsburg *Titurel* – ein lebender Toter – hat im Grabe nur solange das Leben, als er den Gral zu Gesicht bekommt. Amfortas, der durch seine Sünde Sieche, möchte hingegen sterben und vollzieht nur widerwillig das heilige Amt. Während sich in Anlehnung an christlich-liturgische Weise das Gralswunder vollzieht, steht Parsifal verständnislos da und „weiß nicht, was er sah."

Der zweite Aufzug, dessen Bühnenbild auf *Schastelmarveile*, die 'Wunderburg' der mittelalterlichen Traditionen, zurückweist, führt zum Zauberschloß des Magiers und Gralsfeindes *Klingsor*. Sein Werkzeug *Kundry*, in der die Gralsbotin, Wolframs *Sigune*, der „ewige Jude" und eine Art *Maria Magdalena* verschmelzen, beklagt, gegen ihren Willen zur Verführung der Gralsrit-

---

[1] Vgl. einen Brief vom 29./30. Mai 1859 an Mathilde Wesendonk, der in den Worten gipfelt: „Heute nehme ich Abschied von diesem unsinnigen Vorhaben; das mag Geibel machen und Liszt mag's komponieren!"; Eder – Müller (1995), 22; Bauer (1995). Zum Wagnerschen „Parsifal" und seiner Deutung s. Gregor-Dellin (1999), 740–745. Zu Wagners Mittelalterverständnis jetzt Buschinger (2007), bes. 133f.

ter mißbraucht zu werden. Parsifal naht, und die Blumenmädchen entfalten ihren erotischen Zauber, dem er jedoch in seiner Einfalt widersteht. Er fragt sie unschuldig, ob sie echte Blumen seien und erhält zur Antwort:

Des Gartens Zier
und duftende Geister,
im Lenz pflückt uns der Meister!
Wir wachsen hier
in Sommer und Sonne,
für dich erblühend in Wonne.
Nun sei uns freund und hold,
nicht karge den Blumen den Sold!
Kannst du uns nicht lieben und minnen,
wir welken und sterben dahinnen.

Als *Parsifal* sich widersetzt, versucht es *Kundry*, indem sie seine halb verdrängte und schuldbeladene Mutterbindung erotisiert und ihn so, halb Mutter, halb Geliebte, verwirrt. „In wilder Begeisterung" stößt sie hervor:

So war es mein Kuß,
der welt-hellsichtig dich machte?
Mein volles Liebes-Umfangen
läßt dich dann Gottheit erlangen!
Die Welt erlöse, ist dies dein Amt: –
schuf dich zum Gott die Stunde,
für sie laß mich ewig dann verdammt,
nie heile mir die Wunde!

Worauf *Parsifal* erwidert:

Erlösung, Frevlerin, biet' ich auch dir.

Und als *Kundry* immer heftiger und wirrer ihn bedrängt:

Vergeh', unseliges Weib!

Klingsor will *Parsifal* mit dem geheimnisvollen Speer verletzen, doch *Parsifal* fängt ihn auf und bannt mit ihm „die trügende Pracht" „in Trauer und Trümmer."

Der dritte Aufzug spielt wieder im Gebiete des Grals. Mit den Gralsrittern ist es bergab gegangen. *Amfortas* vollzieht die Zeremonie nicht mehr. *Titurel* ist gestorben. Man rüstet sich zu seiner Leichenfeier. *Gurnemanz* ist Einsiedler, in dessen Nähe sich *Kundry* im Büßergewand aufhält. *Parsifal* naht mit dem Speer, den Gurnemanz sogleich als den Gralsspeer erkennt. Dienend wäscht er *Parsifal* die Füße. Dieser tauft *Kundry* und läßt sich von Gurnemanz über die inzwischen im „Karfreitagszauber" erblühende Aue zur Gralsburg geleiten, wo die liturgischen Verrichtungen der Totenfeier begonnen haben.

(Ludwig II. hatte sich 1877 eine Gurnemanz-Einsiedelei im Graswangtal erbauen lassen, deren Wiese vom Hofgärtner vor dem Besuch des Königs jeweils in eine blumige Karfreitagsaue verwandelt wurde.)¹ *Parsifal* erlöst den Gralskönig nun nicht etwa durch eine Mitleidfrage, sondern durch Kontaktmagie, die Berührung der Wunde mit dem Speer:

    Nur eine Waffe taugt: –
    Die Wunde schließt
    der Speer nur, der sie schlug.

Alle brechen in die berühmten Worte aus:

    Höchsten Heiles Wunder!
    Erlösung dem Erlöser!

Diese letzte Zeile gilt den Interpreten als besonders harte Tiefsinnsnuß. Wer ist der „Erlöser"? Parsifal? Christus? Wie könnte letzterer „erlöst" werden?

Als Kuriosität sei die Interpretation Adolf Hitlers genannt, der wenig überraschend die Mitleidsproblematik des „Parsifal" nicht zur Kenntnis nehmen wollte, sondern meinte, daß es eigentlich um das reine adelige Blut gehe, das die Gralsritterschaft verherrliche. „Da leidet der König an dem unheilbaren Siechtum, dem verdorbenen Blut. ... Wir alle leiden an dem Siechtum des gemischten, verdorbenen Blutes. ... daß dieses Mitleid nur eine Handlung kennt, den Kranken sterben zu lassen. Das ewige Leben, das der Gral verleiht, gilt nur dem wirklich Reinen, Adeligen."² Dagegen sei Klingsor, der Verführer, als Rabbiner einzukleiden.³ „Erlösung dem Erlöser" hieße dann etwa, daß auch Parsifal – wie nach obigem Zitat Hitler selbst – „gemischtes, verdorbenes" Blut in den Adern gehabt habe, doch diesen Makel im arioheroischen Männerbund ablegen konnte, weil es eben nicht so vergiftet wie das des Amfortas war (?). Hitler selbst ließ sich auf einem bekannten Plakat 1936 als „Parsifal" hoch zu Roß in Silberrüstung mit wehender Hakenkreuzfahne feiern, hatte er doch bekannt: „Aus dem 'Parsifal' baue ich mir meine Religion; im Heldengewand allein kann man Gott dienen.⁴

Wagner fordert zur Parodie heraus. Sie stammt in diesem Fall von R. C. Trevelyan (1872–1951), der trotz des Protests von Wagners Geist und

---

1   Petzet (1995), 71f.
2   Daim (1985), 153.
3   Sünner (1999), 98.
4   Abgebildet bei Sünner (1999), 134, dazu 98.

„against 'the sanctitude of the Bayreuthian Grail'"[1] ein „'stupid play'" verfaßte: „The New Parsifal: An Operatic Fable" (1914). Die Burleske stellt Klingsor und die Anhänger Circes der Macht des Grals gegenüber, wobei ein Pilot (!) *Percival Smith* die Rolle Parsifals übernimmt.[2] In einer Art „Opernfilm" hat Hans Jürgen Syberberg (1981/2) auch den „Parsifal" in einer Weise verfilmt, die wohl schwerlich den Beifall des Bayreuther Meisters gefunden hätte. Hier wird dem männlichen auch ein weiblicher Parsifal – aus Kundry herausentwickelt – an die Seite gestellt und das Ganze durch einen Schuß Dritte-Reich-Problematik aktualisiert, wobei die z. T. doch recht kühnen Bilder in ihrer Erfindung beeindrucken können, freilich manchmal knapp am Lächerlichen vorbeigleiten.

6. Die *matière de Bretagne* im 20. Jh.

a. Lyrisches

Aus dem frühen 20. Jh.[3] stammt die Gedichtsammlung „Parcival: Die frühen Gärten" (1903) von Karl Gustav Vollmoeller, der Stefan George nahesteht. Das erste der Gedichte mit Parzivals Versagen vor dem Gral mag für die Stimmung dieses Werkes stehen:[4]

> Als Parcival im ersten Morgengrauen
> das Roß gelenkt vom heiligen Schloß des Gral
> und durch den finstern Wald hinab ins Tal,
> (gedankenschwer und ohne aufzuschauen)
> kam er zu einem See, blank wie geschliffner Stahl.
>
> Rings blühten wilde Gärten. Heiß und lüstern
> umdufteten ihn große Orchideen.

---

1 Wagner wollte, daß die Aufführung des „Parsifal" in alle Zukunft nur Bayreuth vorbehalten bleibe, weil er sich, was sich im Nachhinein als Irrtum erwies, davon eine stets würdevolle Aufführung seines „Bühnenweihfestspiels" erwartete.
2 Dazu Lupack (2007), 266f., wo auch noch ein ernstes Drama Trevelyans, „The Birth of Parsival" (1905) erwähnt ist.
3 Dazu besonders Reid (1960).
4 Vollmoeller, 7.

Und hier zuerst zwang ihn sich umzusehen
einer fremden Frau geheimnisvolles Flüstern:
Er sah das Schloß im Morgensonnengolde stehen,

die goldne Sonnenburg von Munsalvesche.

Und da geschah es, daß ein eignes Schauern
sein Auge bannte an die roten Mauern.
Er hielt, gestützt auf seiner Lanze Esche,

und starrte stumpfen Blicks, in dumpfem Trauern
und dunkel ahnend den verscherzten Thron,
zur goldenen Sonnenburg von Munsalvesche.

Erst als die Nacht hereinbrach, ritt er irr davon.

Das symbolistische Gedicht ist aus der Anschauung von Wagners Bühnenweihefestspiel entstanden, indem Motive des zweiten Aktes (Klingsors Blumengarten und Kundry) mit seiner schwül-erotischen Stimmung in den Anblick der Gralsburg einbezogen wurden. Orchideen werden sonst wohl schwerlich in den arthurischen Sagen erscheinen. Im letzten Gedicht widersteht dann Vollmoellers Parcival den Verlockungen der „Zauberbilder schöner Frauen", so daß er nach dem „Kuß auf der geweihten Schwelle" „Gott von Angesicht zu Angesicht" erschaut.

Dem steht das Gedicht des elsässischen Expressionisten und Altgermanisten[1] Ernst Stadler „Parzival vor der Gralsburg" (1912) mit seiner „Apologie des tätigen Lebens"[2] gegenüber:

Da ihm die erznen Flügel dröhnend vor die Füße klirrten,
Fernhin der Gral entwich und Brodem feuchter Herbstnachtwälder aus dem Dunkel sprang,
Sein Mund in Scham und Schmerz verirrt, indessen die Septemberwinde ihn umschwirrten,
Mit Kindesstammeln jenes Traums entrückte Gegenwart umrang,

---

1 Stadler hatte in Straßburg über das Verhältnis der Parzival-Hs. D und G bei Ernst Martin dissertiert, bevor er in Oxford sein Studium fortsetzte, dessen Abschluß dann der Erste Weltkrieg verhinderte, in dem er fiel.
2 KNLL, XV, 860.

> Da sprach zu ihm die Stimme: Törichter, schweige!
> Was sucht dein Hadern Gott? Noch bist du unversühnt und fern vom Ziele deiner Fahrt –
> Wirf deine Sehnsucht in die Welt! Dein warten Städte, Menschen, Meer: Geh und neige
> Dich deinem Gotte, der dich gütig neuen Nöten aufbewahrt.
>
> Auf! Fort! Hinaus! Ins Weite! Lebe, diene, dulde!
> Noch ist dein Tiefstes stumm – brich Furchen in den Fels mit härtrer Schmerzen Stahl!
> Dem Ungeprüften schweigt der Gott! Wie Blut und Schicksal dunkel dich verschulde,
> Dich glüht dein Irrtum rein, und erst den Schmerzgekrönten grüßt der heilige Gral.

Hier fordert die innere (?) Stimme von *Parzival* tätiges Sichbewähren in der Welt. Für sie allein bewahrt „sein Gott" Parzival auf. Schuld im tätigen Leben führt zu Irrtum, der den Irrenden „reinglüht". Die Schmerzen sind es, die in der Welt Furchen hinterlassen und den krönen, den „der heilige Gral grüßt". Wie die letzte Wendung zeigt, ist auch dieses Gedicht zumindest verbal Wagners „Parsifal" verpflichtet, sieht aber die Gralssuche völlig anders als das Vollmoellers.

Heute noch hochgeschätzt ist der berühmte Gedichtzyklus „The Waste Land" des *poeta doctus* Thomas Stearns Eliot (1922), der u. a. durch Jessie Westons Untersuchung zur Gralssage (Weston [1920]) angeregt und eingestimmt war, jedoch keine namentlichen arthurischen Bezüge herstellt. Immerhin ist die folgende sehr dichte Stimmung durch die *Chapelle perilleuse* im „Prosa-Lancelot" angeregt:

> And upside down in air were towers
> Tolling reminiscent bells, that kept the hours
> And voices singing out of empty cisterns and exhausted wells.
> In this decayed hole among the mountains
> In the faint moonlight, the grass is singing
> Over the tumbled graves, about the chapel
> There is the empty chapel, only the wind's home.
> It has no windows, and the door swings,
> Dry bones can harm no more.[1]

---

[1] Eliot, 49 (V. 383ff.). Die Stelle kommt aus dem Gedicht „What the Thunder Said", das nach Eliots eigenen Angaben besonders auf Jessie Weston bezogen ist. Vgl. dazu Lupack (2007), 263–266.

Auch H. C. Artmann, der Sprachgewaltige, der ja aus keltischen Sprachen (Artmann [1959]) übersetzte, zollte in drei Gedichten der Artustradition Tribut. Davon beschäftigen sich zwei mit *Guinevre*, ein drittes ist in einem kymrischen Kauderwelsch geschrieben, das wie eine Parodie von Taliesins „Panipsismus",[1] der irischen Naturlyrik und dunkler Bardengedichte wie *Preiddeu Annwfn* anmutet. Es lautet in der „Übersetzung" von Ulrike Roider:[2]

> Ich werde feucht, Mann, ich war eine Insel,
> hingesetzt,
> rabenweiß war sie beim Trockenlaufen;
> doch Wachs-See, o Mann-Herr,
> die Insel war ein fester Halt,
> ach Kuckuck!
> einen Becher vom Verhüllungsleintuch ohne Kopf!
> Schau! Doch nicht zu bekommen
> das Besteigen des Schiffes zum Übersetzen;
> kleiner Sohn des Norphen Krumm-Braue
> Mann von Rhedeg er bei der Geburt
> mein Geliebter ohne Zweifel
> von rotem Gold war das tiefblaue Pfund
> schön das Festhalten, töricht die Ziele
> ich bin nicht heiß geworden ...

Heiner Müller läßt seinen „Marke zum toten Tristan" sagen:[3]

> Du liegst und träumst deinen letzten Schlaf
> Unter dem Mantel der tödlich Geliebten
> Aber ich muß zurück in den mondlosen Tag
> Der mir das Herz verbrennt zu Goldstroh

Die deutliche Anspielung auf das Rumpelstilzchen-Märchen soll wohl auf die rastlose und in sich unsinnige Tätigkeit des einsamen „Verwal-

---

1 Der Terminus zuerst in Birkhan (1999a), 947–949.
2 Dazu Müller (1981a).
3 Müller, Werke, 268.

ters" Marke hinweisen. Dabei besteht seine Welt aus Paradoxa (Tag ohne Mond, Goldstroh), während die Welt Tristans in sich stimmig ein Ende gefunden hat.

b. Vers- und Prosaerzählungen

Ein Einzelner kann heute natürlich nur einen kleinen Ausschnitt dessen überschauen, was hier erwähnt werden müßte. So wie im Laufe des 20. Jh.s die meisten Kulturgüter globalisiert erscheinen, so auch die Themen der *matière de Bretagne*. Dabei ist freilich auch der Rezeption in Asien und Afrika besondere Aufmerksamkeit zu schenken. Auf einem interdisziplinären Symposion mit dem etwas zu engen Titel „Tristan und Isolt im Spätmittelalter" (Gießen 1996) wurden einige der Zusammenhänge aufgespürt.[1]

Die psychologische Betrachtungsweise der Gestalten stellt der Amerikaner Edwin Arlington Robinson in seinen Blankverserzählungen „Merlin" (1917), „Lancelot" (1920), „Tristram" (1927) und „Modred" (1929; ein aus einer früheren Version des „Lancelot" ausgeschiedenes Stück) in den Vordergrund.

Charakteristisch für Robinsons Art der Gestaltung sind folgende Stellen aus dem „Lancelot", in denen es um das Verhältnis von *Gawaine* zu *Lancelot* und das Lancelots zur Königin geht:

> ... With all her poise,
> To Gawaine's undeceived urbanity
> She was less queen than woman for the nonce,
> And in her eyes there was a flickering
> Of a still fear that would not be veiled wholly
> With any mask of mannered nonchalance.
> „What has he done? Madam, attend your nephew;

---

[1] Z. B. von Müller (1999).

> And learn from him, in your incertitude,
> That this inordinate man Lancelot,
> This engin of renown, this hewer down daily
> Of potent men by scores in our late warfare,
> Has now inside his head a foreign fever
> That urges him away to the last edge
> Of everything, there to efface himself
> In ecstasy, and so be done with us."[1]

Als die Königin und *Lancelot* wieder zusammentreffen, fragt sie:

> „Are you the Lancelot who rode, long since,
> Away from me on that unearthly Quest,
> Which left no man the same who followed it –
> Or none save Gawaine, who came back so soon
> That we had hardly missed him?" …[2]

Lancelot charakterisiert den ihm so fremden Heldentyp:

> „His life is his religion; he loves life
> With such a manifold exuberance
> That poison shuns him und seeks out a way
> To wreak its evil upon innocence.
> There may be chance in this, there may be.
> Be what there be, I do not fear Gawaine."[3]

Der letzte Satz bezieht sich darauf, daß seitens Gawaines keine Gefahr für das Verhältnis Lancelots zur Königin besteht. In diesem Gespräch fällt entgegen den einschlägigen Szenen der Königin die aktive Rolle zu:

> … Lancelot's memory wandered
> Into the blue and wistful distances
> That her soft eyes unveiled. He knew their trick,

---

[1] Robinson, 100f.
[2] Robinson, 103.
[3] Robinson, 105.

> As he knew the great love that fostered it,
> And the wild passionate fate that hid itself
> In all the perilous calm of white and gold
> That was her face and hair, and might as well
> Have been of gold and marble for the world,
> And for the King. Before he knew, she stood
> Behind him with her warm hands on his cheeks,
> And her lips on his lips; ...[1]

Einer der Hauptfeinde der beiden ist *Modred*, der unter dem Vorwand absoluter Loyalität zu *Arthur* hinter der Königin herspioniert. Ein zweiter Iago, plant er seine Intrigen und überredet *Sir Colgrevance*, hinter einer Tapisserie zu lauschen. Die angebliche Königstreue wird in Verrat umschlagen, sobald Modred die Gelegenheit haben wird, sich der Königin zu bemächtigen, von der er sagt:

> „... God, what a woman!
> She floats about the court so like a lily,
> That even I'd be fooled were I the king,
> Seeing with his eyes what I would not see.
> But now the stars are crying in their courses
> For this to end, and we are men to end it."[2]

In diesem Zusammenhang ist an die Bemerkung des Herausgebers „we are well into the Freudian world here"[3] zu erinnern, denn bei Robinson ist Modred nicht wie gewöhnlich der Neffe, sondern der Sohn Arthurs,[4] die bespitzelte Königin daher Modreds eigene Mutter, was offenbar darauf hinweist, daß das Ganze als ödipale Situation gedacht ist.

Charles Walter Stansby Williams lyrische Sammlungen „Taliesin through Logres" (1938) und „The Region of the Summer Stars" (1944) wurden nach seinem Tod in „Arthurian Torso. Poems" (1948) von C. S. Lewis, dem Verfasser der „Chronik von Narnja", kommentiert. Der Mysti-

---

1 Robinson, 111.
2 Robinson, 386.
3 Robinson, 2.
4 Robinson, 383.

ker Williams gehörte sowohl zur masonistischen Fellowship of the Rosy Cross (die sich an die „Rosenkreuzer" anlehnten) als auch zur christlichen Schriftstellervereinigung der „Tintlinge" ("inklings").

Unter den Prosaerzählungen ist John Erskines Romanexperiment (in den Spuren von André Gide) „Galahad, enough of his life to explain his reputation" (1927) zu erwähnen.[1] Es ist ein Versuch, die heilsgeschichtlich bestimmten Ereignisse, die zur Zeugung Galahads führen und dessen Weg in einer „matter-of-fact"-Weise darzustellen, die sich möglichst jeder ausdrücklichen Psychologisierung und alles Wunderbaren enthält und wo die Handlung selbst im Vordergrund steht, die quasi aus unbeteiligter Fernsicht beschrieben wird. So ist das Werk, das an Hemingwaysche Prosa, aber eigentlich auch an die nordische Saga erinnert, einer Form archaischen Erzählens nicht unähnlich. Die im Zentrum stehenden Frauengestalten sollten sozusagen Amerikanerinnen der 1920er-Jahre sein. Drahtzieherin ist im Grunde *Guinevere*, die sich durch ihre Kinder, als die sie *Arthur* und *Lancelot* ansieht, zu verwirklichen sucht. Durch ihre Erziehung des jungen *Galahad* will sie einen neuen Typus von Mann heranziehen, der dem Zauber der Frauen widersteht, nur für das Recht kämpft und eine neue eigene Vision des Lebens verwirklicht.

Sehen wir uns das Zusammentreffen Lancelots mit *Elaine* und Galahads Zeugung an!

Sie ging in der Erzählung Malorys (XI, 3) so vor sich, daß *Elaine*, die Tochter des Gralskönigs *Pelles*, zunächst von *Lancelot* aus dem kochenden Wasser, in das sie Zauberei gebannt hatte, befreit, diesen in einem bestimmten Schloß erwartete, wobei sie sich mit Hilfe einer Zauberin für *Guinevere* ausgab. Erst nachdem Lancelot mit Elaine geschlafen hat, erkennt er den Trug und verläßt Elaine, die sich splitternackt ihm zu Füßen wirft, als er sie voll Entrüstung mit dem Schwert bedroht. Bei Erskine, der auf jeglichen Zauber verzichtet, nimmt sich die Szene in *Case Castle* dann so aus:

---

[1] Weitere amerikanische Gralsinterpretationen s. in Lupack (2007), 254–263.

„The gates were raised – he had only to ride in. Here, too, they took him for granted. A man led away the tired horse, and Lancelot entered the hall. There were still a few lights burning, and a lady rose from a chair to greet him.

'We hoped you would come, Sir Lancelot,' she said.

'I am told the queen wishes to see me.'

'The queen? Oh, indeed she does.'

He couldn't place the woman, but she had a familiar look. She helped him out of his armor.

'Where is she?'

'The large room at the end of the corridor, at the top of the stairs.'

That was the room. It was Guinevre, to be sure. The familiar steps – the long corridor – the door slightly open. He knocked. He could see a light inside. He opened the door and entered. Just as it was before – heavy chairs and tables, rich hangings on the walls – and now two candles burned beside the curtained bed.

'Guinevere!'

The curtain was drawn back, and a white hand, upturned, reached out to him. The appeal made something catch in his throat. He walked over to her and bent down.

He might have known, of course, all along.

'Now don't go till I have a chance to explain!'

She sat up in the bed, and in spite of his wrath he saw how beautiful she was..."[1]

Mit bewunderungswürdiger Einfühlung entwickelt sich aus dem folgenden Gespräch Lancelots Bereitschaft, gegen die Treue zu Guinevere zu verstoßen. In kurzen, einfachen, scheinbar trivialen Sätzen der direkten Rede entwickelt Erskine den Sinneswandel durchaus glaubhaft, ohne auch nur einmal als Autor die lakonisch angedeuteten Emotionen zu psychologisieren. Das Ende dieses Abschnittes lautet:

„Lancelot looked down at the pleading face and the lovely body. He laid his hand on hers.

'After all,' he thought. –"[2]

---

[1] Erskine (1927), 89–91.
[2] Erskine (1927), 97.

1935 erschien als eines der ersten Werke John Steinbecks „Tortilla Flat", ein Schelmenroman, der unter Randexistenzen in den Slums einer kalifornischen Stadt spielt. Die Führergestalt Danny versammelt eine Gruppe „Hilfloser" um sich, um jeden Tag neu das „Wunder des Essens" zu erleben, wobei die Freunde Dannys eine reichlich laxe Moral in Bezug auf Wein, Sexualität und das Eigentum anderer haben. Zuletzt bricht der sinnverwirrte Danny gegen den Großen Feind auf, bricht sich jedoch in einer Schlucht den Hals, worauf sich seine Gesellschaft auflöst und jeder für sich allein ist. Steinbeck hat den Bezug zur Tafelrunde mehrfach angedeutet, am deutlichsten durch die Kapitelüberschriften, die denen Malorys nachgebildet sind. Auch dieser Roman führt sehr plastisch die unerhörte Spannweite und Interpretationsoffenheit der *matière de Bretagne* vor Augen.

Zu den ganz großen Würfen des 20. Jh.s in der Rezeption der *matière de Bretagne* gehört die Romantetralogie „The Once and Future King" (1958) – der Titel nach der Inschrift auf dem Bleikreuz aus dem „Arthurgrab" in Glastonbury (s. oben S. 154) – von Terence Hanbury White. Sie besteht aus den Teilen „The Sword in the Stone", „The Queen of Air and Darkness", „The Ill-Made Knight" und „The Candle in the Wind". Dazu kam später als Nachtrag noch „The Book of Merlyn", das den logischen Abschluß bildet. Das Hauptmerkmal von Whites außerordentlich intelligenter Behandlung des Themas ist dessen Unkonventionalität, die sich am augenfälligsten in der anachronistischen Gestaltung zeigt.

> Sie ist in der Gestalt des *Merlyn* begründet, der aus dem 20. Jh. zurück in das Mittelalter lebt, wodurch er einerseits immer jünger wird, andererseits aber die ganze Handlung mit modernen Augen sehen kann. Merlyn hat den Zweiten Weltkrieg erlebt, er kennt die Psychoanalyse und die Relativitätstheorie. Mit diesem Vorwissen ist ihm die Erziehung des Knaben Arthur anvertraut. Dieser wächst in *Forest Sauvage* am Hof des *Sir Ector* zusammen mit dessen Sohn *Kay* auf, von dem er auch den Spitznamen *Wart* 'Warze' erhält, etwa wie wir umgangssprachlich jemanden, der uns auf die Nerven geht, als „Krätze" bezeichnen. Aus erzieherischen Gründen verwandelt Merlyn „Wart" in eine Reihe von Tieren, die für bestimmte Gesellschaftssysteme stehen, um den „future king" auf seine Herrschaft vorzubereiten. So lernt er die Welt als Fisch, Raubvogel, Ameise, Eule, Wildgans und Dachs kennen. Die Tiere verkörpern

jeweils verschiedene Weltsichten, etwa die Raubvögel aristokratische Herrschaft, die Ameisen Totalitarismus und Kommunismus, die Wildgänse freies ungebundenes Heroentum und die Dachse eine sympathisch-schrullige Gelehrtengesellschaft, zu der eigentlich auch Merlyn selbst gehört, dem aus Zerstreutheit nicht immer alle Zaubereien gelingen. Sir Ector steht dabei für die klassische höfisch-ritterliche Gesellschaft, in die dann letztlich doch die Erziehung des „Wart" mündet.

Das Befremdlich-Wunderbare, das in der *matière de Bretagne* so präsent ist, führt White durch den käuzischen König *Pellinore* ein, der sich in Dauerfehde mit *Sir Grummore Grummersom* befindet, soferne er nicht das *Questing Beast* jagt. Dieses Wunderwesen, das auch *bête glatisant* 'bellendes Tier' heißt, wird in den Romanen *Perlesvaus* und der *Suite du Merlin*, als *bestia ladradora* im spanischen Gralsroman[1] und natürlich auch von Malory erwähnt – in jüngster Zeit wieder im Fantasy-Krimi „The Well of Lost Plots" von Jasper Fforde (2003) eingeführt. Es hat ein Schlangenhaupt, einen Leopardenkörper, Löwenschenkel und Hirschhufe. Seinen Namen hat es von dem bellenden Lärm von dreißig Hunden, der aus seinem Bauch dringt. Es wird von *Sir Pellinore*, aber auch von *Sir Palamedes* gejagt. Diese Jagd wird bei White so zum Selbstzweck, daß, als das Tier später irgendwohin verschwindet, *Palomides* und *Sir Grummore* sich aus Mitleid mit Pellinore als Questing Beast verkleiden, um dem Freund einen Lebensinhalt zu bieten. Allerdings taucht dann die echte *bête glatisant* auf und verliebt sich in ihr Ebenbild, was die köstlichsten, allerdings nicht ungefährlichen Verwicklungen mit sich bringt. Am Ende des ersten Romanes zieht „die Warze" eher zufällig das Schwert aus dem Stein und wird damit zum König Arthur, dessen Staatsführung weise, gerecht und möglichst friedlich sein soll, da er ja die verschiedenen gesellschaftlichen Möglichkeiten in seinen Tierverwandlungen kennengelernt hat – und T. H. White eingefleischter Pazifist ist.

Im zweiten Band, „The Queen of Air and Darkness", beginnen sich bereits Arthurs Probleme abzuzeichnen. Es sind die Söhne des Orkney-Königs *Lot* mit *Morgause*, die an den Hof kommen, und von denen *Gawain* der

---

1 Gier (1984), 76.

bedeutendste und stärkste ist. White entwirft ein Bild des Kulturkonfliktes zwischen dem südlichen Britannien und den nördlichen Inseln, was sich schon darin äußert, daß Gawain alle Romane hindurch ein seltsam keltisch-nordisch-englisches Kauderwelsch voll unfreiwilliger Komik spricht. Der zweite Band der Tetralogie ist noch voll grotesker Züge, der Humor hingegen, der im ersten Roman überall hervorstach, wird immer galliger und tritt schließlich ganz zurück.

„The Ill-Made Knight" führt nun als neue Figur von grotesk-tragischer Größe *Lancelot* ein, ein französischer Ritter von ebenso großer äußerer Häßlichkeit wie Seelengröße, Kampfesmut und Stärke. Die Darstellung der Entwicklung von Guineveres Liebe gerade zu diesem Ritter ist White überzeugend gelungen und in meinen Augen unbestritten ein Meisterwerk. Der Ton der Romane verändert sich zusehends, aber durchaus glaubhaft, zu tragischer Größe. *Arthur* will Frieden und kann diesen nur erkämpfen. Andererseits ist er nicht beständig, und um ihn zu erhalten, sucht der König ständig neue Aufgaben für die Tafelrunde: zunächst die Abenteuer und Erfüllung der ritterlichen Ideale. Nachdem Britannien durch deren Verwirklichung schon weitgehend veredelt, alle Jungfrauen beschützt, alle Untaten gerochen sind usw., muß der König ein neues Ziel suchen und findet dieses in der Gralssuche.

Der letzte Teil „The Candle in the Wind" bringt nun *Mordred*, Arthurs „natürlichen Sohn" (aus einem Fehltritt mit Morgause) auf die Bühne. Aalglatt benützt er die Affäre von *Lancelot* und *Guinevere*, in deren Zusammenhang einer der Gawain-Brüder getötet wird, um damit die Tafelrunde zu zerstören. Das Buch endet am Vorabend der Schlacht von Camlann, indem Arthur einem jungen Pagen *Thomas* alle Ereignisse aus seiner Sicht berichtet, damit dieser sie einst aufzeichne, was denn auch geschieht, denn der Jüngling ist kein anderer als *Thomas Malory*!

In „The Book of Merlyn", das in neueren Ausgaben als fünfter Roman beigebunden ist, sehen wir *Merlyn* zurückkehren und *Arthur* wieder in die glücklichen Tierverwandlungen seiner Jugend zurückbringen. Vor allem in den Gesprächen mit klugen Dachsen sieht Arthur seine Lebensgeschichte und sein Versagen bei der Errichtung eines Friedensreiches erklärt. Doch es kommt, wie es kommen muß: die Schlacht von Camlann bringt das Ende des Königs, der Königin, Lancelots und der anderen. Von *Guenever* berichtet White, daß sie zuletzt Äbtissin ihres Klosters wurde, das sie „efficiently, royally, with a sort of grand contempt" regierte:

> The little pupils of the school were brought up in the great tradition of nobility. They saw her walking in the grounds, upright, rigid, her fingers flashing with hard rings, her linen clean and fine and scented against the rules of her order. The novices worshipped her unanimously, with schoolgirl passions, and whispered about her past. She became a Grand Old Lady. When she died at last, her Lancelot came for the body, with his snow-white hair and wrinkled cheeks, to carry it to her husband's grave. There in the reputed grave, she was buried: a calm and regal face, nailed down and hidden in the earth."[1]

Damit geht ein Zeitalter widerwillig geführter Kriege unter und ein neues, hoffentlich friedlicheres, zieht herauf.

In der zweiten Hälfte des 20. Jh.s läßt sich ein weitreichendes neues Interesse an den Themen der *matière de Bretagne* beobachten, wobei diese – jetzt intermedial – oft mehr oder minder in den Rahmen der Fantasy-Welt gestellt bzw. an diese angenähert werden. In diesem Zusammenhang sind die Romane der Engländerin Mary Stewart (Pseudonym für Mary Florence Elinor Rainbow) besonders bedeutsam. Sie hat in ihren vier arthurischen Romanen „The Crystal Cave" (1970), „The Hollow Hills" (1973), „The Last Enchantment" (1979) und „The Wicked Day" (1983), wozu später noch „The Prince and the Pilgrim" (1995) kam, das ganze Geschehen aus der Sicht Merlins, der übrigens der Sohn des *Ambrosius* und somit über dessen Bruder *Uther* der Vetter Arthurs ist, dargestellt. Es sind psychologisch sehr gut durchdachte und überzeugende Romane, die das Wunderbare nur in einem beschränkten Ausmaß zulassen. *Igerne* weiß bei Arthurs Zeugung sehr wohl, daß sie mit König *Uther* schläft – das Motiv des Gestaltentausches fehlt. *Arthur* wird unter anderem auch in Byzanz erzogen. Das Schwert, das er zieht, ist das des Kaisers Maxen-

---

[1] The Once and Future King, 807.

tius: *Macsen Wledig*, wie ihn die walisische Sage nennt. Mit fortschreitenden Jahren wird Merlins Zauberkraft immer schwächer, doch kann er sie noch an seine Schülerin *Niniane* weitergeben, die sich jedoch als seines Vertrauens unwürdig erweist. Sie wirkt dann an Merlins Stelle am Hof Arthurs, während Merlin als eine Art Einsiedler sein beschauliches Leben in der „Kristallhöhle" zu Ende führt. Eine arthurfeindliche Gegenwelt mit *Morgan LeFay*, die nach der Erringung des Grals trachtet, wird in „The Prince and the Pilgrim" aufgebaut. Wenn auch die Kühnheit des Entwurfs von White keineswegs erreicht wird, so bereiten doch Stewarts Romane, die Bestseller geworden sind, großes Lesevergnügen, insbesondere auch durch die liebenswerte Gestalt Merlins.

Unter den arthurischen Rittern sticht *Gawaine* besonders hervor und ist jeweils dem Helden ganz oder fast ebenbürtig. Doch hat die Figur nichts Geheimnisvolles wie *Perceval*, *Lancelot*, *Tristan* oder gar *Merlin*. Merkwürdigerweise zeigt „Sir Gawaine and the Green Knight" m. W. keine bedeutenden Nachwirkungen in der modernen Belletristik. Lediglich Gillian Bradshaw nahm sich 1980 in einer Romantrilogie dieses bedeutenden Helden an. Dabei werden demonstrativ die kymrischen Namen der Personen genannt: *Gwalchmai* „The Hawk of May" (gleichzeitig der Titel des ersten Bandes), *Medrawt*, *Gwynhwyfar* usw. Höher als bei White oder Stewart ist der neuerfundene Handlungsanteil, in dem Morgawses und Medrawts Zauberei eine größere Rolle spielen. Gwalchmai zeugt einen Sohn *Gwyn*, der von seinem Vater unerkannt, als Page der Königin dient. Ganz gegen alle Traditionen nimmt *Bedwyr* als ihr Geliebter die Rolle Lancelots ein. Als Bedwyr ungewollt Gwyn tötet, zieht er sich die Feindschaft Gwalchmais zu. Die weitere Handlung folgt Malory, nur daß Bedwyr an Stelle Lancelots auf dem Kontinent gegen Arthur kämpft und, ganz wie Lancelot, nach dem Endkampf Arthurs mit Medrawt in ein Kloster eintritt. Die Handlung zeigt deutlich den Wunsch, die fortgeschrittene Sage bei Malory wieder in die walisischen Ursprünge zurückzulenken. Diese Gestaltung hat sich jedoch nicht durchgesetzt.[1]

---

1 Vgl. Lupack (2007), 321.

Eine ähnliche Neigung zeigt der 5-teilige Pendragon-Zyklus von Stephan Lawhead, nur daß die Pseudohistorizität stärker mit Fantasy-Elementen durchsetzt ist. In „Taliesin" (Teil 1; 1987) sind die Bewohner von Glastonbury aus Atlantis geflüchtete Fairies, deren Herrin, die „Lady of the Lake", von Taliesin ein Kind gebiert: „Merlin" (Teil 2; 1988). Dieser ist nicht nur weissagender Prophet, sondern auch ein wackerer Krieger, der Arthurs Herrschaft vorbereitet. „Arthur" (Teil 3; 1989) erzählt die bekannten Ereignisse mit gewissen Abweichungen. Zu diesen gehört die Einführung der *Gwenhwyvar* als ein irisches Kampfweib. Besonders interessant ist „Pendragon" (Teil 4; 1994), in dem *Merlin* unter anderem von der Jagd auf den *Twrch Trwyth* berichtet (s. oben S. 132f.). Doch dieser ist ebenso wenig ein Eber wie *Arthur* auf Grund seines Namens ein Bär ist, sondern der Vandale *Amilcar*, der Irland und Britannien gefährdet. Offenbar hat Lawhead von der kurzlebigen Vandalenherrschaft in Irland (s. oben S. 169) Kenntnis. Zuletzt kommt es zu einem Entscheidungszweikampf zwischen Arthur und Amilcar, in dem dieser zwar unterliegt, aber den König so schwer verwundet, daß er nur durch den Gral geheilt werden kann. Über den „Grail" (Teil 5; 1997) erfahren wir durch *Gwalchavad*, dem Bruder des *Gwalchmai*, dessen Name zu *Galahad* entstellt wird. Der Fischerkönig, hier *Avallach*, hütet den Gral, ebenso wie Arthurs Schwert *Caledvwlch*, das Feeenwerk ist und aus Atlantis stammt. Avallachs Schwester *Morgian* raubt die Kleinode, doch Arthurs Elitekrieger „Dragon Flight" – nach Oweins „Ravens' Flight" (in *Breudwyt Ronabwy* s. oben S. 140) – kann die beiden Kostbarkeiten zurückgewinnen. Daran schließt sich ein weiterer Band, der nicht mehr zum Zyklus gehört, „Avalun" (2003), und der von Arthurs Rückkehr erzählt. Wie man sieht, ein nicht unorigineller neuer Entwurf, der den Personen wieder kymrische Namen gibt und zu einer Art „Geschichte" vordringt.

Wegen der Regie-Willkür auf der Bühne (s. unten S. 307) kommt das etwa vom Autor gewünschte Mittelalter-Milieu in der deutschen Literatur derzeit nur in epischen Arbeiten zum Tragen, allerdings läßt man es auch da eher zurücktreten, um nicht einen „Professorenroman" zu schreiben, der allerdings, wäre er nur witzig genug, ohne Problem akzeptiert würde; denken wir nur an Umberto Ecos „Il nome della rosa" und „Baudolino". Gerade das letztgenannte Werk gehört ja am Rande zu unserem Thema, indem es einen schlitzohrigen Gegenentwurf zum üblichen Gralsthema bietet. Auffällig ist jedenfalls, wie Dieter Kühn sich einer betont modernen, alltagsnahen Sicht befleißigt, selbst dann, wenn eine Raum- (aus der Eifel nach Wolframs Eschenbach) und eine Zeitreise vom 20. Jh. in das 13. dazu benötigt wird. Es geht ihm um eine auch dem Laien nachvollziehbare kulturgeschichtliche Einbettung, bar jedes Pathos. Die Dichtung wird dann in vierhebige reimlose Verse übertragen – die mir oft klapperig scheinen –, zwar eine recht genaue Übertragung des Sinnes bieten, aber doch Pathos und Humor meiner Meinung selten „herüberbringen", obwohl Kühns Übersetzungsprinzipien im Grunde nur bejahenswert sind.[1] Eine Nacherzählung des Wolframschen „Parzival" von Werner Heiduczek (1974) richtet sich an ein jugendliches Publikum.

Ein ganz besonderer Fall ist „Der Rote Ritter" (1993) des Schweizer Germanisten Adolf Muschg,[2] hauptsächlich deshalb, weil – um ein großes Wort gelassen auszusprechen – Muschg Wolfram in mancher Hinsicht kongenial ist. Wolframs dichterische Subjektivität, die im Humor und im Eigentlich-Romanhaften zu Tage tritt, hat in Muschg einen optimalen Partner gefunden. Es ist die Souveränität des Erzählens, die auch an jene des Laurence Sterne (1713–1768), einen der Begründer des modernen Romans, erinnert, verquickt aber auch den „Learned Wit" des Iren mit Slapstick-Elementen. Das Erzählen in Digressionen hatte schon Wolfram, der nach Eigenaussage, dem Bogen, nicht der geraden Sehne nach, erzählt, mit Sterne verbunden. Muschg erzählt spannend und scheinbar unbekümmert, indem er aus Erzählfreude Randfiguren wie einen gewissen *Lähelîn* stärker in den Mittelpunkt rückt und eine ganze Anzahl neuer Gestalten erfindet. Mit unmittelbarer Keltenrezeption hat Muschgs Kunstwerk nicht mehr viel zu tun, dafür zeigt es umso mehr, welch enorme schöpferische Kraft in der vermittelten liegt. Besonders reizvoll ist, wie Muschg den Leser dadurch nasführt, daß er im Inhaltsverzeichnis im

---

1 Kühn (1986), 244
2 Muschg; dazu Sabine Obermaier, http://www.hlb-wiesbaden.de/lev1/pdf/Obermaier.pdf (23. 4. 2008) und des Verfassers eigene Aufsatzsammlung in: Muschg (1994).

100. Kapitel Aufklärung über das Gralsgeheimnis verspricht, indem „die Hauptperson dieses Buches ihr Geheimnis verrät und das Hundert voll macht", das aber dann dem Buch fehlt, bzw. als Seitenangabe *hic et ubique* 'hier und überall' nennt.

Die Aktualisierung findet sich auch in zwei Romanen, die das Eingreifen Arthurs auf Seiten Englands im Zweiten Weltkrieg erzählen. „The King" von Donald Barthelme (1990) läßt *Arthur* samt seinem Hof aus dem Mittelalter bis um 1940 weiterleben. Die Selbstverständlichkeit, mit der das berichtet wird und mit der sich die Figuren in die neuen Zeitläufte hineinfinden, trägt zur Komik dieses Romans bei, ebenso kritische Äußerungen der Ritter, wie die, daß ein Maschinengewehr „not a comely weapon" sei, oder wenn Churchill in der Zeitung sagt: „Mordred had a penchant for villainy". Der *Gral* kann dann leicht als Heil der Briten zur „big boom" werden, womit natürlich die Atombombe gemeint ist. Der Roman entpuppt sich als zutiefst pazifistisch, wenn Arthur angesichts dieses „Grals" auf eine Gralssuche verzichtet und – sehr britisch – feststellt: „The essence of our calling is right behavior, and this false Grail is not a knightly weapon."[1]

Der zweite Roman ist „Arthur, King" von Dennis Lee Anderson (1995). Er ist konservativer, insoferne als *Arthur* hier eine Zeitreise mitgemacht hat, was zum Problem der Anachronismen führt. Dank des gestohlenen *Excalibur* und Merlins Zauberbuch verrät *Mordred* die Briten an die Deutschen und gewinnt *Göring* für die „Operation Camelot", wobei ihm die Einfügung in die Welt zwischen 1940 und 1945 weniger Mühe bereitet als Arthur, der deutlich traditionsverhafteter ist – wohl als Identifikationsangebot an die britischen Leser.[2]

Die Omnipräsenz Arthurs zeigt sich mitunter in punktuellen Assoziationen, so in dem tiefsinnig-humorigen Roman des Altgermanisten Alois Brandstetter „Die Burg" (1986), in dem der Ich-Erzähler sich und seine Frau *Artus* und *Ginnover* nennt und immer wieder mittelalterliche, besonders arthurische Bezüge einfließen läßt. So vergleicht er seine Befangen-

---

1   Lacy (1998), 164–166.
2   Lacy (1998), 161–163.

heit beim Ausbringen eines Trinkspruches mit Parzivals Geistesabwesenheit angesichts der drei Blutstropfen im Schnee und vieles mehr.

In sehr witziger Weise wird der Gral im Campusroman „Small World. An Academic Romance" (1984) des Birminghamer Anglisten David Lodge als die *Queste* nach einer Unesco-finanzierten Professur eingeführt, auf die sich der moderne Kongreßtourismus begeben hat. Am Ende stellt *Persse McGarrigle*, in dessen Leben die Mädchen *Angela* und *Lily* (vgl. die *Lady of Shalott*) die Hauptrolle spielen, die Sinnfrage der modernen Wissenschaftsdiskussionen: „What would you *do* if everybody agrees with you?", und schon weicht die Winterkälte (im „Waste Land") einer linden Frühlingsbrise, die Herzen blühen auf und der greise Kongreßpräsident *Arthur Kingfisher*, der hier als „Maimed King" fungiert, verspürt einen wolllüstigen Reiz in seinen müden Lenden. „Small World" ist kein Artusroman, zeigt aber sehr deutlich, wie punktuelle arthurische Motive für das intellektuelle Publikum sofort zu Chiffren werden, die einen lustvollen Erkennungseffekt ermöglichen. Wenn dann eine der Hauptpersonen noch *Fulvia Morgana* heißt ...

Im Rahmen der Friedensbewegung mußte die erwartete Parusie Arthurs ebenso faszinieren wie in der Frauenbewegung die Frauengestalten und die Avunkulatsrelikte, die Matriarchatsspekulationen hervorriefen. Hier sind „The Mists of Avalon" (1983) von Marion Zimmer Bradley zu erwähnen, die uns weiter unten noch umwogen werden. (s. unten S. 592).

c. Szenische Realisierung: Dramen, Musiktheater und Film

Unter den Dramatikern ist zunächst Ernst Hardt mit seinem fünfaktigen Drama „Tantris der Narr" (1908) zu erwähnen. Das einst sehr populäre neuromantische Stück schildert den Versuch des verbannten *Tristan*, wieder an den Hof zu kommen, indem er sich unter die Aussätzigen mengt, die *Isolde* als Strafe für ihren Ehebruch betreuen muß. Sie erkennt ihn hier ebensowenig, wie später, als er in Narrenmaske mit dem Namen *Tantris* am Markehof zukehrt. Als er sie verzweifelt verläßt und sie erst an der Zutraulichkeit des Hundes *Husdent* (der übrigens in der Tristan-Fassung des Thomas auch vom Minnetrank getrunken hat!)[1] erkennt, wer der von ihr verabscheute Narr war, ist es zu spät.

> Isolde: Ich sterbe, Tristan!
> Tristan, Tristan! Sieh, er wendet sich nicht um!
> Gott liebt mich nicht! Ich will dir deine Füße
> Mit Küssen und mit Tränen netzen! Tristan!
> O süßer Narre Tantris, kehre um!
> Er geht ... Die Sonne flammt auf seinem roten
> Narrengewand, daß es hell leuchtet durch
> die Luft. Wie geht er groß und kühn dahin ...
> Nun geht Herr Tristan in die Welt zurück ...
> Bis daß er stirbt ... dann küss ich ihn.
>   *Sie richtet sich starr und groß auf.*
>   Brangäne,
> Mein Freund! ... mein Freund war hier ...
> *Sie bricht in Brangänens Armen zusammen.*[2]

Im Gefolge Wagners haben sich u. a. Ettore Moschino (1910) und Arthur Simons (1917) des Tristanstoffes angenommen. Wenn Wagner die Gestalt Markes vertiefte, so folgte ihm darin Hermann Heubner mit seinem Drama „König Marke" (1918). Dagegen griff Thomas Hardy mit „The famous Tragedy of the Queen of Cornwall" (1923) wieder auf den Prosaroman zurück, in dem Tristan durch Markes Hand fällt, während Maja Loehr in ihrer Tragödie „Tristans Tod" (1919) ziemlich nahe bei Gottfried bleibt, sogar in dem Detail, daß der Held in der Bretagne einen berühmten *Lai* auf seine neue Liebe gedichtet habe, von dem ein Pilger der blonden Isolt erzählt. Tristans Idiosynkrasie bezüglich *Isolt Weißhand* geht hier so weit, daß er seine Frau, die er nur „Kind" nennt, gar nicht mit ihrem Namen anredet. Nach der Täuschung über die Farbe der Segel macht Tristan mit einem Dolch seinem Leben ein Ende. Die blonde Isolde tötet sich mit Gift:

---

[1] Wie wir aus *Sir Tristrem* (Str. 153) wissen; Sir Tristrem, 2, 55.
[2] Tantris der Narr, 158f.

> ...   unsern Schlaf
> Stört kein Bewußtsein mehr – wir sind entronnen
> Dem Lebenszwiespalt, den ein blinder Gott
> Uns zürnend auferlegt – die Toten kennen
> Mitleid und Reue nicht und alle Schuld
> Versinkt vor unsrer Liebe Heiligkeiten ...

Verzweifelt bleibt Isolt Weißhand allein zurück.[1]

Ein Problem des Tristanstoffes war der Minnetrank, dessen Wirkung eingeschränkt bzw. der seines magischen Charakters beraubt werden mußte, wenn man die Tristan- und Isoldenminne ins Überzeitlich-Allgemeingültige erheben wollte. Bereits die „Estoire" hatte den „realistischen" Zug eingeführt, daß die Wirkung des Minnetranks nach einiger Zeit nachläßt. Dagegen gingen Thomas und mit ihm der heute meist zur Folie dienende Gottfried davon aus, daß die Liebe schon früher keimhaft angelegt gewesen sei und durch den Trank nur manifest wurde (so auch Wagner; s. oben), daß der Trank aber seine „existentielle" Wirkung nicht eingebüßt habe. Wir werden sehen, daß demgegenüber bei Eduard Stukken ein Rückgriff auf archaischere Vorstellungen erfolgte.

Georg Kaiser, einer der wichtigsten Dramatiker des Expressionismus, wagte eine originelle Grotesktragödie in seinem Drama „König Hahnrei" (1913).[2] Darin werden *Marke* immer wieder Hinweise auf den Ehebruch Isoldes zugetragen, er jedoch hat ein Gespräch seiner Gattin mit *Tristan* belauscht, in dem *Isolde* von den Umarmungen und Küssen ihres sechsjährigen Bruders *Kaëdin* redete und daß er dabei sich mit seinen Beinen gegen ihren Schoß gestemmt habe. (*Kahedin* oder ähnlich heißt bekanntlich der keineswegs kindliche Bruder der Isolt Weißhand!). Während sich der König in diese groteske Eifersucht verbohrt, treiben die beiden Ehebrecher ihr Spiel ungehindert und sozusagen unter der Duldung des Königs, was den erotischen Reiz lähmt, so daß sie einander das Ende ihrer Liebe gestehen, was der König belauscht.

---
1   Loehr (1919), 116.
2   Kaiser, 370–454.

> Tristan: Er machte aus ihr [der Liebe zwischen Tristan und Isolde; Bi] eine wüste Tat, als er mit einer Duldung zu uns trat und nicht von uns wegging. ... Warum hätte er uns so an seine Nähe gefesselt? Weil wir uns nicht mehr lieben?
> Isolde: Kann er das Früher ausstreichen und vergessen?
> Tristan: Ich weiß es nicht! Aber es muß so sein, wenn ich mir eine Erklärung für das letzte schaffen soll!
> Isolde: Hat er uns damit verziehen, als er uns aus dem Walde zurückrief?
> Tristan: Er gab alle seine Freunde dafür hin. Hier lebt er nur noch mit uns allein!
> Isolde: Vielleicht sollte uns das strenger ermahnen, von einander zu lassen, weil er von jedem Abschied nahm!
> Iristan: So ist ihm sein Willen geworden – aber auf einem anderen Wege haben wir ihn erfüllt!
> Isolde *nickt*: Kalt bin ich innen, daß der Schnee nicht einmal zu mir dringt, in dem ich ohne Schutz stehe!
> Tristan: Wie mit Schnee ist alles kühl und stumm zugedeckt! *Sie blicken vor sich nieder.*

Der eifersüchtige König tötet zuerst Isoldes kleinen Bruder, als dieser ihn auf den Trug Tristans hinweist. In völliger Perversion seiner Gefühle fordert Marke von dem Liebespaar, sich wieder so zu lieben wie einst.

> Marke: – Zu kalt? – zu frostig? – – – – Kommt in meine Kammer! – – Besucht mein Bett! – – Da soll wieder sein, wie es immer war: ich liege still – – und ihr seid beieinander! – – Ihr kost – ich lausche! – – Ihr rollt – ich schiele! – – Ich verschütte den Nachtwein – – um wach zu bleiben! – – So ist alles geschaffen – – was alle glücklich macht! – Kommt in die wärmende Kammer!

Als die einst Liebenden einander entfremdet bleiben, durchbohrt er beide mit einem einzigen Speerwurf:

> Vom Speer vereinigt sinken sie seitüber, sind tot.

Zu spät erkennt Marke:

> Ich habe sie getötet! – – – – und habe mich getroffen!!!!

Eine motivlich interessante Lösung des Todes der Liebenden findet sich bei Eduard Stucken. In seinem „Tristram und Ysolt" (1916) rationalisierte er das Problem insoweit, als er die Wirkung des Minnetranks nur bis zur Eheschließung Isolts gelten ließ und die spätere Beziehung der Heldin mit *Tristram* als freiwilligen Ehebruch ansah, der dann im Waldleben kulminierte. Stucken ist von den „Minderdichtern" der *matière de Bretagne* stoffgeschichtlich gesehen einer der interessantesten, weil er sich in ihrem Themenkreis sehr weit umgesehen hat, auf Eilhard und Béroul zurückgriff und, wie die Einführung des irischen Ritters *Palamides* zeigt, auch den Prosa-Tristan heranzog. So erwähnt der Narr sogar die angeblichen Pferdeohren Markes. *Gormon* (nach Gottfried) ist König von Irland und mit *Lotta* vermählt. Der Name ist keine besonders glückliche Wortschöpfung, zeigt aber, daß Stucken die Gleichheit des Namens von Mutter und Tochter (*Isalde/Isolt/Isôt*) unpassend schien. Der *Morholt* und *Ysolt* sind hier Geschwister. Die Minnetrankszene auf dem Schiff klingt so:

> Ysolt: Mund und Seele sind durstig ... Dort blinkt und lockt ein Pokal
> Mich lüstet danach! ... Muskateller ist's perlenrein,
> Wie indischer Amber heller süßester Wein!
> *Tristram reicht ihr den Pokal.*
> Bald bin ich in Markes Reich ... (und am Blumensee!...)
> Eine Königin, silberhaft bleich wie Weihnachtsschnee.
> Und alles Vergangene versank dann im Nebelheim ...
> *Sie leert den Pokal zur Hälfte.*
> Es ist ein Abschiedstrunk ... süß wie Honigseim ...
> ...
> Vorbei ist's, zerschellte an Klippen, erlosch wie ein Stern ...
> Von der Freundin und Bechers Lippen tranket Ihr einst gern ...
> Tristram: Gott lohn Euch, Prinzessin! ... Dank! Dank! ... Ihr mahnt nicht vergebens.
> *Tristram trinkt den Pokal leer.*
> Ysolt: Wie mundet der Wein?
> Tristram *ekstatisch*: Ich trank vom Wasser des Lebens –
> Denn Ihr gabt mir's zu Eigentume! Es durchdringt mich rot,
> Wonnesüß, eine Flammenblume ...
> Ysolt: Ich gab Euch den Tod!
> ...

>   Gift, Tristram! ... Du bist verloren ... ein Ave sprich!
>   Sieh, ich habe keinen erkoren zum Gatten als dich.
> Tristram: Arznei war's: sie heilt und labt! Und liebestrunken
>   Verscheiden wir unerschrocken!
> Ysolt: Erlöst von Not,
>   Im Leben getrennt – mit Frohlocken vereint im Tod!
>   Unausdenkliche Wonne! Im Wald ohne Wiederkehr[1]
>   Erfüllt sich uns Seligen bald des Herzens Begehr!

Es ist leicht einzusehen, daß Stucken der dritten Isolde ("Weißhand") nicht ihren Namen ließ, sondern entgegen allen Quellen *Girida* nannte und zum Bruder eines Ritters an Markes Hof machte. Aus Eifersucht verübt sie an dem von *Andred* mit vergiftetem Pfeil tödlich verletzten Tristram den Trug mit dem schwarzen Segel, bereut aber sofort, als sie erkennt, daß diese Nachricht ihrem Mann den Tod bringt. Tristram verzeiht ihr großmütig. Als nun *Marke* mit Ysolt gelandet ist, läßt er seine Gemahlin zunächst nicht an das Lager Tristrams, den er als seinen Todfeind ansieht. Erst als Tristram zum dritten Mal fordert, mit Ysolt allein sein zu können, zieht sich Marke zurück. Aber jede Hilfe kommt zu spät, auch weil der eifersüchtige Marke Ysolts Medizinkasten über Bord geworfen hat. Sie bittet Tristram um Vergebung, daß sie ihn in den letzten beiden Jahren nicht mehr geliebt habe. Doch dann kehrt die Liebe zurück. Sie beugt sich über den sterbenden Tristram, der sie erwürgt. Eine interessante Lösung unter Rückgriff auf den „Urtristan", die Stuckens Belesenheit zeigt, aber ihm auch die Darstellung eines Liebestodes erspart, die nach Richard Wagner schwierig sein mußte.

Es ist einleuchtend, daß die Gestalt der Isolt Weißhand und die Ehe mit ihr, mochte sie auch noch so keusch bleiben, eine Herausforderung an die Kunst der psychologischen Gestaltung bot, denn die Namengleichheit ist heute für uns, die wir nicht mehr an die Wesensbeziehung der Namen glauben, doch ein etwas fragiles Moment, Tristan zur Eheschließung zu bewegen. Auch der große Gottfried von Straßburg hatte hier

---

[1] Den „Wald ohne Wiederkehr" hat Stucken dem *val sans retour* des „Prosa-Lancelot" entnommen, der weiter oben erwähnte „Blumensee" ist wohl durch die *Avalun*-Legende inspiriert. Das dazwischen genannte „Nebelheim" ist wohl das altnordische *niflheim*.

schon seine liebe Not gehabt, und vielleicht ist es mehr als Zufall, daß sein Werk gerade an dieser Stelle mit V. 19548 abbricht.

Man hat auch versucht, das Tristanproblem aus der Sicht der bretonischen Isolde zu sehen.

L. Andro (Pseudonym f. Therese Rie) „Tristans Tod" (1910) und Albert Erks „Isolde Weißhand" (1921) bemühten sich, den Haß der Weißhändingen und den Betrug mit den Segeln psychologisch zu rechtfertigen. Emil Lucka unternahm es in seinem Roman „Isolde Weisshand" (1909), die Liebe zur zweiten Isolt in dem Sinne in den Vordergrund zu stellen, daß Tristan durch sie die Liebe zur ersten zu überwinden versucht, was allerdings fehlschlägt.

Auch dem Artusstoff wandte sich Eduard Ludwig Stucken zu, der mehrere einschlägige Dramen verfaßte: „Gawan. Ein Mysterium" (Berlin 1902), „Lanval. Ein Drama" (Berlin 1903),[1] „Lancelot. Ein Drama" (Berlin 1909) und „Merlins Geburt. Ein Mysterium" (Berlin 1913). Wieder ist die Erfindung und Belesenheit Stuckens um vieles eindrucksvoller als die Ausführung.

Im „Gawan" gestaltete er – was in der deutschen Literatur Seltenheitswert hat – den mittelenglischen *Sir Gawaine and the Green Knight* in sehr charakteristischer Weise um: Der Grüne Ritter, der in der Quelle eigentlich *Bertilak* heißt, wird noch stärker dämonisiert, wenn Gawan Arthurn die folgenden köstlichen Verse zuruft:

> So schicke mich; mir übergieb die Aventiure;
> Und spalten wird mein Hieb den Kopf der Lemure!

In der „Grünen Kapelle" verhindert die Jungfrau Maria, die, das Jesuskind im Arm, von einem Podest heruntersteigt, den Axthieb des Grünen: Zwar habe Gawan auch gesündigt, aber von den drei Lilien der Himmelsaue, der Güte, dem Schmerz und der „Heilsgnade in Sündenmitte" (also etwa der *felix culpa*) falle ihm die dritte zu. So sei er des Grals würdig, der vor den Augen des verblüfften Grünen Ritters und des Publikums auch

---

[1] Von Paul Ernst erschien 1905 ein „Ritter Lanval".

prompt erscheint. Das ist deshalb höchst bemerkenswert, weil Gawans Gralsmission, wenn wir von Heinrichs von dem Türlîn Roman *Diu crône* (der eine Art „Anti-Parzivâl" ist) absehen, traditionell ein Mißerfolg ist. Stucken hat das „beheading-game" der alten keltischen Tradition, vom Grünen Ritter als „Christabendscherz" bezeichnet, zur Tapferkeitsprobe gemacht, deren Proband zur Gralsnähe legitimiert wird.

„Lanval" beruht auf dem *lais* der Marie de France und schildert die Opposition zwischen der Liebe zu einer Fee und der standesgemäßen Ehe. Die Feeengeliebte erlegt dem Artusritter *Lanval* ein Heiratstabu auf, das er allerdings durch die Ehe mit *Lionors* verletzt, weshalb sie sich zurückzieht, wobei freilich die Nachkommen der Beziehung als Gründer einer Adelsfamilie weiterbestehen. Stucken hat der namenlosen Fee und ihren Kindern Namen gegeben und sich dabei kurioserweise gälischer Traditionen bedient. So hat die Fee den „ossianischen" Namen *Finngula*, während die Kinder *Aod*, *Konn* und *Fiachra* heißen. Lanval gelobt:...
>   Obzwar ich Gefahr nicht sehe,
>   Trägt doch mein Herz kein Verlangen, zu Artus zu reiten.
>   Und reichte mir, behangen mit Kostbarkeiten
>   Damosel Lionors ihrer Brüste blauweiße Narzissen
>   Und bäte, dass ich sie küsste auf seidenen Kissen,
>   Und lockte, verkleidet als Page, im Liebesgarten, –
>   Ich bliebe in Castel Salvage, um dich zu erwarten.

Zuletzt tötet (gegen die Sagentradition) Lanval die als Schwarzer Ritter verkleidete Fee und verstößt seine narzissenbrüstige Gattin, was deren Bruder *Agravain* rächt.

Im „Mysterium" von Merlins Geburt nehmen die Teufelsszenen einen sehr großen Raum ein, wobei der die spätere Merlinsmutter *Dahüt* beschlafende *Lucifer* deutlich Züge des Mephistopheles trägt. Sehr hübsch ist die Reaktion der Dahüt, als sie erfährt, empfangen zu haben:
>   Ein Kind soll ich haben?
>   Ein Teufelskindchen? Dunkel wie die kleinen Raben?
>   Spitzohrig? – das zappelt und humpelt? – und oh so behaart
>   Wie ein Äffchen, blinzäugig, verschrumpelt? mit langem Ziegenbart?

Worauf Lucifer sie beruhigt: Der kleine *Merlin* werde außerordentlich schön sein. Der Name der Dahüt entstammt der bretonischen Sage. Dort ist sie die notorisch bösartige Tochter des großen Ur-Königs der Bretonen *Gradlon* (s. unten S. 391).

Insgesamt kann man Stucken neben großem Wissen eine beachtliche Originalität in der Auswahl, Behandlung und Kombination der Stoffe bescheinigen, wenn deren dichterische (stets gereimte) Ausführung heute auch vorwiegend komisch anmutet.

Das gilt nicht für Friedrich Lienhards „König Arthur" (Trauerspiel in 5 Aufzügen, 1908), das in mehrfacher Hinsicht interessant ist. Der Autor versucht das Ehebruchsthema aus der Sicht des frühgeschichtlichen Britannien darzustellen. Das zeigt sich schon bei den *dramatis personae*: *Merlin* erscheint als Barde Arthurs, *Mordred* ist ein „vornehmer Fürst", als Tafelrundenritter erscheint auch *Geraint*, *Moran* ist ein Druide, *Ossian* ein Barde, *Albanus* ein Mönch, *Mävius* und *Dacius Pansa* sind Römer, *Horsa* und *Wulf* sind Angelsachsen, *Enid* ist eine Dame Ginevras, und *Owen* bzw. *Viviane* sind – etwas überraschend – „halbwüchsige Köhlerkinder".

Lienhard kann nun in expressionistischer Prosa einerseits den Konflikt zwischen *Arthur* und *Ginevra* dadurch verschärfen, daß Merlin und die Königin in Kaledonien einst Geliebte waren und noch mit aller Zuneigung aneinander hängen. Widerwillig heiratet Ginevra den schon alten Arthur, eine Verbindung, die Merlin aus politischen Gründen einfädelte. Mordred wird als galanter Verführer und Verräter eingeführt, der auf Arthurs Untergang sinnt. Ginevra ist leicht zu verführen, sie verfällt später auch Horsa. Dieser emotionalen Spannung steht also die politische gegenüber, der Kaledonier gegenüber dem Britannier Arthur und dieser wieder dem Angelsachsen und den beiden Vertretern Roms, wobei Arthur an ein Großreich denkt, in das nicht nur die Kaledonier, sondern auch die Sachsen eingefügt sein sollen. Auf dritter Ebene besteht ein Konflikt zwischen Heiden- und Christentum, wobei Ginevra sozusagen ein Bindeglied bildet, da sich in ihr beide Religionen treffen. Lienhard hat sich in der Sagengeschichte umgetan: So kennt er das ziemlich entlegene Motiv aus der Vorgeschichte des *Merlin/Lailoken*, daß der Seher die Frau des Fürsten durch einen Schleier des Ehebruchs überführen kann. Geraint und Enid zeigen die Vertrautheit mit dem sogenannten Mabinogi. Lienhard baut auch das Motiv der als Krieger verkleideten Frauen ein, er läßt Geraint die Streitwagen zerschlagen, so wie Hagen im Nibelungenlied die Schiffe verbrennt, um ja keine Hoffnung auf Rückkehr zu lassen, und wenn Merlin mit dem kaledonischen „Hochwald" verbunden wird, so dieser letztere wieder mit *Birnam Wood* aus dem „Macbeth".

Von allen Dramen der ersten Hälfte des 20. Jh.s könnte das Lienhards – geschickt überarbeitet – heute noch am ehesten bestehen.

Als Tragikomödie hat Jean Cocteau „Les chevaliers de la table ronde" (1937) angelegt. Hier ist Merlin eine mephistophelische Figur, die ihren Diener *Ginifer* in verschiedenen Gestalten, so als *Gauvain*, *Galaad* und sogar *Guenièvre* an den Hof schickt, um den Hof zu „berauschen" (*intoxiquer*). Galaad kann sich selbständig machen und den Zauber brechen, doch bedeutet dies den Tod Guenièvres und ihres Liebhabers. Dem Film „L'éternel retour" (1943) legte Cocteau die Tristansage zugrunde.

In der zweiten Hälfte des 20. Jh.s gibt es gleichfalls eine Reihe „arthurischer" Dramen. Die Hispanistin Florence Delay und der Mathematiker und Komponist Jacques Roubaud versuchten eine große zyklische Bearbeitung des Lancelot-Gral-Komplexes in ihrem „Graal théâtre" (1977–1981; neu bearbeitet 2005). Was die Form angeht, so sprechen die Autoren von einem „grand roman-feuilleton dialogué", der aus Episoden besteht, die zusammen eine Art Mysterienspiel bilden sollen. Inwieweit sie dabei Wagnerschen, gerade in Frankreich sehr populären, Vorstellungen im „Ring" und dem „Bühnenweihfestspiel" folgen, bleibe offen. Jedenfalls fühlen sie sich den „mystères éternels, ceux de la généalogie du Roi Pêcheur par exemple" verpflichtet. In dieser neuen „Summa" werden nicht nur die konventionellen Liebesbeziehungen dargestellt, sondern natürlich auch homosexuelle und inzestuöse, wie die beiden Autoren in einem Gespräch 2005 betonten:

> „Aujourd'hui, comme les mœurs ont quelque peu changé, on peut dire ce que les médiévistes ont longtemps tu: Lancelot est amoureux de la reine Guenièvre, mais il est en même temps l'objet de l'amour du chevalier Galehaut, au point qu'à une période de sa vie, il se partage entre la reine et le chevalier. – C'est une très belle description de l'amour d'un homme pour un autre homme. Et quand Lancelot meurt, il demande à partager la tombe de Galehaut. Ce n'est pas tout: l'inceste règne à chaque épisode! D'ailleurs je me suis toujours demandée pourquoi la psychanalyse française ne s'est jamais intéressée à Perceval." –

Galahad wird dagegen zum ungeliebten seelenlosen Vollstrecker:

> „Nous n'avons presque rien inventé, mais nous ne sommes pas privés de traiter un personnage comme il nous semblait le mériter. Ainsi Galahad, le héros de la quête du Graal, que nous trouvons très antipathique: nous en avons fait une sorte de robot, avant de lui jouer un tour à notre façon!"[1]

Schon 1959 hat Italo Calvino in seinem Roman „Il cavaliere inesistente" die Gralsritter in der Art schlafwandelnder Halbroboter gezeichnet, die automatenhaft von Impulsen gesteuert werden, welche vom Gral ausgehen. Sie werden letztlich von hungernden Bauern vertrieben, deren Bedürfnisse ihnen fremd sind.

Die deutschen Dramen in der späteren zweiten Hälfte des 20. Jh.s erwecken den Eindruck, daß man um die Werke Wagners mit Absicht einen großer Bogen macht, weniger aus ideologischen Gründen, eher weil das Pathos nicht erträglich scheint, was man ja auch daran erkennen kann, daß sich das „deutsche Regietheater" zum Ziel gesetzt hat, es zu vernichten und der Lächerlichkeit preiszugeben, was natürlich ein extremes Spannungsverhältnis zur immer noch – und sehr ernst genommenen – pathetischen Musik ergibt. Man stelle sich etwa den dritten Aufzug des „Tristan" in einem Büro mit Tristan als verwundetem Filialleiter und Kurwenal als seinen Sekretär vor. Isolde erscheint in nabelfreien Jeans und Sonnenbrille und wirft sich über den am Schreibtisch zusammengebrochenen Tristan. Da legt die Yacht Markes, des Konzernchefs, mit Melot als Betriebsratboß an und Marke masturbiert, während er das Los der Liebenden beklagt ... Übrigens, warum soll Isolde nicht ein junger Mann (Hosenrolle), transsexuell oder „queer" sein?

Die deutschsprachigen dramatischen Arbeiten zu Themen der *matière de Bretagne* sind nun dadurch gekennzeichnet, daß die Handlung nicht im Mittelalter, sondern eher in der Gegenwart oder zeitlos angesetzt wird. Das soll die Allgemeingültigkeit der Aussagen und das Überzeitliche betonen oder auch als Zeitkritik und aktuelle politische Satire wirken. Je-

---

[1] http://81.93.4.22/catalog/Entretiens/01057096.HTM (4. 4. 2006).

denfalls entzieht es die Stücke weitgehend der Verhunzung durch das „Regietheater".

Im deutschen Sprachraum verbindet man am ehesten den Namen Tankred Dorst mit dramatischen Fassungen der *matière de Bretagne*. Das „Merlin oder Das wüste Land"[1] genannte Konglomerat aus den Jahren 1981/82 ist in dieser Version schon wegen seines Umfangs nicht aufführbar und eher als Lese- oder „Ideendrama" zu werten. Deutlich hat Dorst wohl nach dem Vorbild Goethes im Zweiten Teil des „Faust" viel an Aperçuhaftem, an Persönlichem und Philosophischem (im weitesten Wortsinn) „hineingeheimnist". Die Handlung folgt im Großen und Ganzen Malory, hat aber auch viele Beziehungen zum Werk Wolframs und anderer. *Mark Twain* ist als Figur des rationalistischen modernen Menschen, der nicht nur seine Überlegenheit, sondern auch die Schwachpunkte seiner modernen Zivilisation erkennen muß, eingeführt und begleitet das Stück stellenweise sich wundernd oder kommentierend. Dann kommt wieder eine groteske Szene, in der *Arthur* inkognito bei einem alten Schreinermeister einen großen runden Tisch bestellt, ohne dessen Maße angeben zu können. Als Artus verlangt, daß der Tisch auch noch durch die Tür passen soll, platzt dem Handwerker der Kragen:

> SCHREINER Durch die Tür? Dieser Tisch? Was willst du denn noch! So groß, und durch die Tür! Stellt sich da hin und hält mir Vorträge übern Tisch und weiß selber nicht, was er damit will! Durch die Tür! Klein! Groß! Rund! Abbild der Welt! Ich mache Mühlenräder und nicht ein Abbild! Und die besten Mühlenräder! Weiß nicht, ob es ein Konferenztisch oder Eßtisch ist! Und heilig soll er auch noch sein! Heiliger Tisch! Was geht mich dein Joseph von Soundso an! Was geht mich dein Tisch an! Verschwinde!
> KÖNIG ARTUS Der Tisch ist für König Artus!
> SCHREINER Soll der mal kommen, dein König! Soll er sich mal zeigen! Soll er mal erscheinen! *Er wirft König Artus vor die Tür:* Wir sind Kelten!
> In der nächsten Szene zeigt Merlin dem König allerlei Gemälde, unter anderen eines der Tochter von König Lodegrance.
> KÖNIG ARTUS Das ist sehr interessant! Das ist unglaublich!
> MERLIN Auf dem Bild ist sie erst zwölf. Jetzt wird sie etwa achtzehn sein.

---

1 Dorst, Merlin.

KÖNIG ARTUS Wie?
MERLIN Ginevra.
KÖNIG ARTUS Sieh doch, Merlin! Sieh doch mal hin!
MERLIN Sie hat grüne Augen.
KÖNIG ARTUS Der Tisch! Ich meine den Tisch! Da steht doch ein Tisch im Hintergrund!
MERLIN Ach ja. Ich sehe. Das ist der Tisch von König Lodegrance von Cameliard. Den bekommt sie als Mitgift.
KÖNIG ARTUS Dann will ich sie heiraten! ...

Nun werden Parzivalteile nach Wolfram einmontiert, dann folgt ein Briefwechsel zwischen *Ginevra* und *Isolde*, irgendwann später ein Gespräch des von seinem Löwen begleiteten *Iwein* mit einem Clown. Vom *Gral* heißt es:

Auf dem höchsten Gipfel eines wüsten Gebirgsmassivs steht riesengroß der schimmernde Gral. An den Bergwänden klimmen Menschen hoch, sie hängen winzig klein in den Felsen. Man sieht sie sich bewegen, aber sie scheinen kaum höher hinaufzukommen.

Der Gral als alpines Ziel über einer Art Eiger-Nordwand. Die nächste Szene zeigt den als Puffmutter verkleideten *Merlin*, der *Sir Gawain* verführen will, doch ohne Erfolg: er ist auf der Gralssuche. Insgesamt kann man Merlin mit einem Regisseur vergleichen, der eine Utopie (die Tafelrunde) inszenieren soll, aber an der Zwietracht und Eifersucht seiner Akteure scheitert. Auch hier zerbricht das Reich am Aufstand des *Mordred*, der als unehelicher Sohn des Königs gilt. Am Ende stehen das „wüste Land" und der von Merlin im Weißdornbusch *„mit einer hohen wunderbaren Stimme"* gesungene Text:

I attempt from Love's sickness to fly in vain,
since I am myself my own fever and pain.
No more now, found heart,
with pride no more swell
thou canst not raise forces enough to rebel
for Love has more pow'r and less mercy than fate
to make us seek ruin and love those that hate.

Peter von Becker konstatiert das Fehlen eines „tragischen Pathos" bei Dorst, was einerseits durch Brecht und Dürrenmatt, andererseits durch den täglichen „globalen Schrecken" unserer Welt bestimmt sei. Dorsts „*comédie humaine*" vertrete eine „thematisch, motivisch übergreifende Immanenz", welche die „alte Geschichte" ins „Jetztzeitliche" erhebe und Dorst so erlaube, „ein imaginäres Bild der Gegenwart aufzubauen."[1]

Sein „Szenarium" „Parzival" (1987) läßt Dorst wieder mit alpiner Assoziation enden: *Galahad* steigt über den Gletscher hinauf. *Parzival* stolpert, durch einen Abgrund von Galahad getrennt, über einen Schneehang gleichfalls nach oben. Er stürzt, liegt im Schnee, glaubt schon Jahre darin zu liegen, bis ihn *Blanchefleur* (seine Frau) aufrüttelt, indem sie sagt:

> Ich lege mich zu dir in den Schnee, damit du warm wirst.
> *Sie legt sich zu ihm.*
> Ich bin aufgestanden. Ich werfe mich in den Abgrund! Gott fängt mich auf mit einem Ginsterzweig.

Dorst sagt in einer abschließenden „Notiz" zu „Parzival":

> "Merlin ging mit Parzival um wie ein Künstler mit seinem Geschöpf, brachte ihn in Situationen, in denen er seine Natur offenbaren, sich entscheiden, sich bewähren mußte. Merlin war selbst ein Lernender, auch ein Lehrer. Was Parzival lernen mußte, war: daß es Schuld gibt, und daß in der unschuldigen Naturwildnis für ihn kein Platz mehr ist. Er kann nicht umkehren; sein neues Paradies, wenn es denn eines für ihn gibt, kann er nur dann finden, wenn er auf seinem Weg weiter vorwärts geht."[2]

Freilich fällt er dann zwar nicht in den Abgrund, aber auf einen Ginsterzweig, und der Keltenfreund, dem der Ginster in der inselkeltischen Landschaft bestens vertraut ist, mag sich vorstellen, wie schmerzhaft der Fall endet. Dorst zeigt, wie man, in der arthurischen Welt befangen, aus ihr hinausfallen kann.

Schon weit abgelöst vom Thema der Gralssuche ist der *Parzival* in Peter Handkes groteskem Lesedrama „Das Spiel vom Fragen oder die Reise zum sonoren Land" (1989), in dem Parzival lange Zeit stumm ist bzw. als

---

1 Dorst, Merlin, 310–312.
2 Dorst, Merlin., 89, 91.

aggressiver Jugendlicher die anderen Personen gefährdet, dann jedoch in reinen Leerformeln sozialisiert ist. Er reflektiert seinen Autismus:

„Ach, Eltern, hättet ihr mich, sooft ich heimkam, statt mit eurem Selbstgemachten von Keller und Herd, bewirtet mit einer richtigen Frage! ... Das Fragen ist beständig in mir, aber ich konnte es nie äußern, auch nicht in Haltung oder Blick. Das Nichtfragenkönnen: mein Lebensproblem. Daß meine Mutter mir eingeschärft hat, niemand zu fragen, ist eine Legende: Immer wieder kam sie und sagte: 'Kind, frag mich etwas!' Wie hätte sie meine Fragen gebraucht, denn sooft sie das sagte, war sie in Not. Einmal fiel sie, mit dem Gesicht voraus, vor mir zu Boden, und ich löffelte – nicht einmal ein 'Was hast du?' kam mir über die Lippen – meine Nachspeise weiter.[1] ..."

Es gelingt der Umwelt nicht, Parzival als „den in sich selbst Gefangenen zum Fragen zu bringen". Und der „Spielverderber" behauptet und verkündet:

„Das Fragen erst schafft sich den Ort und krümmt den Raum. Keine höhere Steigerung der Wirklichkeit als durch die Entdeckung einer Frage! ... Parzival hat vom Fragen erzählt: Nun wird die Frage-E r z ä h l u n g übergehen in das fragende S p i e l [Sperrungen von Handke]."[2]

Das Nichtfragenkönnen ist auch ein Problem der Schauspieler, deren einer gesteht:

„'Unterwegs war ich voll des Fragens, doch jetzt, da ich eine bestimmte Frage an den Bestimmten hier richten soll, bin ich in Gefahr, das Fragen selber zu verlieren. Schon in der Annäherung an den Frageort ist das Fragen in mir abgeflaut.' Zu PARZIVAL: 'Was sollen wir tun?' PARZIVAL *springt auf, umarmt die beiden und gesellt sich als Zuschauer zu den anderen an den Rand.*"[3]

Nach einigen weiteren Räsonnements über das Abenteuer des Fragens machen sich die beiden „Alten" nach EMMAUS – einen „Billigwohnblock am Ortsrand, wo einem beim Vorbeigehen die Aasfliegen in den Mund

---

1 Handke, 131f.
2 Handke, 134f.
3 Handke, 138.

schwirren" – auf den Weg, ebenso die „Schauspieler", denen der Spielverderber mit Geste auf Parzival nachruft:

> „Nehmt ihn mit euch, Schauspieler, und tragt ihn, denn er ist der Leib des Fragens und soll alle Zeit bei euch bleiben, damit ihr Leute von heute vielleicht doch noch einmal das Fragen darstellen lernt."[1]

Es sind vier Menschenpaare, die die Möglich- oder Unmöglichkeiten von Kommunikation vor Augen führen sollen, auch das Sprachloswerden. Jedenfalls ist das Sinnangebot der Parzival-Gralshandlung so groß, daß darin der Tiefsinn des Stücks bequem Platz hat.

Der DDR-Dramatiker Christoph Hein hat sich nach der Wende mit zwei Artusstücken zu Wort gemeldet: „Die Ritter der Tafelrunde" (1989) und die Komödie „In Acht und Bann" (1999). Die Werke leben von der Desillusionierung der Artuswelt, deren Repräsentanten und Repräsentantinnen alt geworden sind – *Orilus* kann sich z.B. gar nicht mehr auf dem Pferd halten. Die Tafelrunde ist die Allegorie einer überständigen Gesellschaft, deren Ideal – die Gralssuche – obsolet geworden ist. Das Bild taugt ebenso für das untergegangene Nazideutschland wie für die zur Zeit der Niederschrift sich gerade auflösende DDR. Der verzweifelte *Parzival* hat die Suche enttäuscht aufgegeben und redigiert nun eine tafelrundenkritische Zeitschrift, *Gawain* ist in *Chastell Merveille* bei den Frauen geblieben, wo er eine Familie gründen und das Land bebauen will. Er ist aus der Tafelrunde förmlich ausgetreten, und der alt gewordene *Lancelot* „hat nichts mehr zu sagen", nachdem er unablässig Jahre lang den *Gral* gesucht hat. Bezeichnend ist schon, daß ein Tischbein der runden Tafel ausgebrochen ist und es nicht gelingt, einen Tischler dazu zu bewegen, es anzuleimen. Der noch jünglingshafte *Mordret* lehnt sich gegen die vergreiste Gesellschaft, deren Heldentaten er bereits in der Schule lernen mußte, auf, ohne indessen ein bestimmtes neues Ziel zu haben. Und dennoch ist der Gral zu suchen. Bezeichnend ist das Wort des *Artus*:

---

[1] Handke, 146.

„Doch der Gral, Parzival, ist keine Dummheit. Nur die Tiere können ohne ihn auskommen, weil sie nicht wissen, daß sie sterben müssen. Unsere Sterblichkeit zwingt uns, den Gral zu suchen. Das Wissen um unseren Tod macht uns ruhelos und zwingt uns, aufzubrechen und zu suchen. – Die Tafelrunde hat sich sehr verändert. Jetzt sitzen schon Frauen hier und junge Leute. Das war noch vor einigen Jahren undenkbar. Aber alles verändert sich, und das ist gut so."[1]

So der weise Artus, dem gegenüber sich *Keie* und Orilus als ausgesprochen doktrinär erweisen. Mordret, den Keie töten möchte, wird die Runde Tafel dereinst entfernen und in ein Museum stellen. Der Paradigmenwechsel ist hiemit vollzogen, doch wie das neue Paradigma aussehen wird, weiß keiner.

In der Komödie „In Acht und Bann" befindet sich der harte Kern des Artushofes in einem Gefängnis mit Innenhof und Blumenbeet, das *Parzival* betreut – vielleicht im Anschluß an Voltaires „Candide", von dem es auch heißt: „mais il faut cultiver notre jardin"[2] oder weil Parsifal es bei Wagner mit den Blumenmädchen hat. Die Tafelrunde ist durch einen Putsch Klingsors aufgehoben, der neue Ministerpräsident ist *Mordret*. *Lancelot*, *Orilus* und *Keie* spielen im Gefängnishof an einem runden Gartentisch unverdrossen „Regierung", während sie den notorisch unschuldigen Parzival, der von den Verbrechen der Tafelrunde nichts gewußt haben will, als Verräter beschimpfen und *Artus*, der als einziger menschliche Überlegenheit und Reife zeigt, bespucken: Eine Abrechnung mit der NS- und DDR-Zeit voll kritischer Seitenhiebe auf die Gegenwart.

Theatralische Neufassungen der *matière de Bretagne* versuchten das Werkhaus Moosach bei München („Flechtungen. Der Fall Partzifall" 1978), zwei Theaterprojekte in Salzburg und eines in Hannover. Eine Marionettentheaterfassung des Parzival „Recht mitten durch" stammt von Natalie Harder (1982) und ist durch Emma Jungs Interpretation des „Parzival"

---

1 Hein, 181.
2 Ich stelle im Nachhinein fest, daß Sabine Obermaier in ihrem hochinteressanten, material- und gedankenreichen Aufsatz Obermaier (2000) dieses Zitat auf das Ende des roten Ritters bei Muschg bezieht (S. 8). Obermaiers Arbeit ist leichter zugänglich in der Internetadresse: http://www.hlb-wiesbaden.de/lev1/pdf/Obermaier.pdf (21. 4. 2006).

angeregt. Hier wird das Schicksal des Dümmlings bis zur Erlangung des Grals als Selbstfindungsakt, der vom Unbewußten, zum Bewußten und zum Menschlichen führt, verstanden.[1] Der Wiener Puppenspieler Leopold Grausam stellte 1998 eine Marionettenfassung von Hartmanns von Aue „Îwein" her (eine kindergemäße Fassung 2002), in der die Gestalt des „Waldmenschen" durch einen Schauspieler außerhalb der Guckkastenbühne repräsentiert wird, der nach dem Vorbild des Cernunnos auf dem Gundestrupkessel konzipiert ist und so die Vorstellung des „Herren der Tiere", die im Roman ja anklingt, noch vertieft.

Im Bereich des Musiktheaters[2] sind mehrere Werke zu erwähnen, die um die Wende vom 19. zum 20. Jh.s entstanden und sich natürlich mit Wagner (dazu Frido Manns Roman „Professor Parsifal") auseinanderzusetzen hatten. In den Umkreis des „triangle de Bretagne" gehören thematisch „Pelléas et Mélisande" (nach dem Text von Maeterlinck) von Claude Debussy (1902) und die hochdramatische „Francesca da Rimini" von Ricardo Zandonai (1914), einem Vertreter des Verismo. Hier entflammt die ehebrecherische Liebe zwischen Francesca und Paolo Malaspina durch die Lektüre des Lancelotromans, wie Dante Alighieri es in der *Divina Commedia* (V, 97ff., bes. 127–138) angedeutet hatte. Um die Jahrhundertwende entstanden zwei Werke, die sich Wagners Einfluß nicht entziehen konnten: „Le roi Arthus" (1903) von Ernest Chausson (1855–1899) und der erst 1985 konzertant, 2003 szenisch aufgeführte „Merlin" von Isaac Albéniz (1860–1909). Beide Werke stellen Arthurs magischen Helfer *Merlin* stärker in den Vordergrund.

Chaussons Oper zeigt, daß der Komponist Traditionen kannte, die den Zauberer mit Apfelbäumen verbanden, wie wir sie oben schon in *Yr Afallenau* kennengelernt haben (s. oben S. 148). Dabei geht in der schon früher beobachteten Art die Trennschärfe verloren: Die kriegerische und mantische Verbindungen mit dem Apfelbaum verfließen in eins. So kündigt der aus einem Apfelbaum plötzlich erschienene Merlin den Untergang des Artusreiches an:

---

1 Nach: http://www.natalie-harder.de/html/marionetten.html (20. 4. 2006).
2 Müller (1981b); Müller (1986a); Whittall (2004); Zychowicz (2004).

Pommiers verts, pommiers prophétiques
Qui révélez les mots magiques ...

Die „pommiers verts, pommiers fleuris" Chaussons stellen vielleicht auch einen guten Übergang zur paradiesischen Apfelinsel Avalon her, und Alfred Ebenbauer könnte in seiner Vermutung durchaus Recht haben, daß die Gestalten Arthurs und Merlins hier einander angenähert werden sollten.[1] Jedenfalls hat das Thema Chausson fasziniert. Er hatte es schon zuvor in einer symphonischen Dichtung „Viviane" bearbeitet.

Man hat dem Komponisten, der sich selbst das Libretto geschrieben hatte, „wagnérisme" vorgeworfen, dennoch ging es ihm gewiß um die „keltische Seele", der sein Zeitgenosse Edouard Schuré das Buch „Les Grandes Légendes de France" widmete und dazu fast gebetartige Worte fand (s. unten S. 473ff.), derselbe Autor hatte übrigens auch ein Buch über das Musikdrama und eines über Wagner verfaßt.

Schwerer zu beurteilen ist „Merlin" von Isaac Albéniz (1860–1909), weil das ca. 1898 entstandene Werk nur den ersten, ausgeführten Teil einer projektierten Trilogie „King Arthur" bildet, dessen Libretto allerdings 1897 erschienen ist. Auch dieses Werk ist durch seine Leitmotivtechnik in gewissem Ausmaß Wagner verpflichtet, erinnert stellenweise jedoch stärker an die französischen Impressionisten. Es beginnt mit Arthurs Krönung, nachdem ihm im Gegensatz zu Gawain und Mordred, die Schwertprobe gelungen war. Am merkwürdigsten ist die Einkreuzung eines nibelungischen Themas: Merlin läßt in einer Grotte von Gnomen ständig Gold gewinnen, das er ihnen immer wieder raubt, um damit Arthurs Macht zu vergrößern. Dazu bedient er sich des gefangenen Sarazenenmädchens *Nivian*, welche durch ihren betörenden Tanz von Zeit zu Zeit die Gnome ablenkt, so daß Merlin sie berauben kann. Als er sich weigert, die Sarazenin nach Arthurs Krönung freizulassen, schlägt sie sich auf die Seite der Arthur-Feindin *Morgane*, erbittet sich von Merlin dessen Zauberstab, den er ihr als Spielzeug überläßt, obwohl er bedenkt:

---

1 Ebenbauer (1996).

> If Nivian knew that she held
> the key that this cavern can weld,
> the child might entomb me alive!
> Ha! ha! ha! ha!

So geschieht es denn auch, und Merlin verschwindet – vermutlich – auf ewig. Die Musik zum zweiten Teil der Trilogie „Launcelot" ist nur fragmentarisch erhalten, für den dritten Teil „Guenevere" gibt es keine musikalischen Vorarbeiten. Guenevere, die der weise Merlin als unheilvoll ablehnte, sollte zum Untergang des Arthurreiches führen.

Auffällig ist das patriotische Pathos, welches das Werk mit seinem von Haus aus englischem Libretto (von Francis Burdett Money Coutts, dem Mäzen des Komponisten), voll gestelzter Archaismen, durchweht und das am Ende des 1. Aktes zu folgendem Hymnus gerät, wobei „England" gesagt wird, wo wir „Britain" erwarten würden:

> Citadel Isle of the wardering waters!
> Moated tower of the marching main!
> England! mother of sons and daughters
> rul'd to be monarchs, govern'd to reign!
> Born of the womb of the labouring ages,
> lo! the man whom the stars ordain!
> Praise, ye warriors, praise, ye ages,
> God! King Arthur has come to reign!

So war das Werk denn auch als Seitenstück zum „Ring des Nibelungen" und als englische Nationaloper gedacht.

Nach Wagner, Goldmark, Chausson und Albéniz scheint sich längere Zeit niemand an die *matière de Bretagne* als Opernstoff gewagt zu haben. Ein gewaltiger Entwurf des Wagnerianers Rutland Boughton (1878–1960) plante einen arthurischen Zyklus von fünf Opern („The Birth of Arthur", „The Round Table", „The Lily Maid" [das Motiv der „Lady of Shalott], „Galahad", „Avalon"), der auch den Übergang vom Christentum zum Sozialismus beinhalten sollte. Leider ist davon so gut wie nichts fertig geworden.¹ Die Chorstücke „Chapel in Lyonesse" und „King Arthur Had Three Sons" ²wurden allerdings aufgeführt. Als Kammeroper wurde ein in der Kompositionsklasse von Adriana Hölszky der Musikhochschule Rostock komponierter „Parzival" 1999 im Stadttheater Gießen gespielt. Von einem George Gruntz stammt ein Jazz-Oratorium „The Holy Grail of Joy and Jazz". Das bretonische Märchen vom Dümmling *Peronnik* 'Peterchen', auf dessen Helden die Perceval-Handlung übertragen wurde (vgl. den Roman „Peronnik the Fool" [1924] von George Moore),³ hat Hans-André Stamm zu einer Kinderoper „Peronnik und der Schatz des dunklen Königs" (Libretto Alexander Nitzberg) verarbeitet, die 2008 in Bonn uraufgeführt wurde.⁴ Auch hier geht es um die Erringung der Gralsreliquien, wobei der Speer eine besondere Rolle spielt.

Arthurische Themen wurden auch gerne verfilmt.⁵ Noch aus der Stummfilmzeit stammen zwei „Parsifal" [sic !] genannte Arbeiten von 1903 und 1909 und der Film „Lancelot and Elaine" (1912), der den „Idylls of the King" folgt. Die erste Tristanverfilmung war „Tristand and Iseult" (1921). Mark Twains „A Connecticut Yankee..." wurde noch vor dem Weltkrieg zweimal verfilmt, nach dem Krieg noch dreimal, darunter in einer Musicalversion von Bing Crosby (1949) und in einem Disneyfilm in den 60er Jahren. Claus Hammel brachte den „Yankee" 1967 auf die Bühne.

Sonderfälle sind Robert Bressons kunstpreisgekrönter Film „Lancelot de Lac" (1974) und das Werk Eric Rohmers, der 1979 „Perceval le Gallois" in der afrz. Urfassung Chrestiens drehte. Es gibt eine Reihe großer Ausstattungsfilme, die aus der Sicht des Kenners der Traditionen nicht

---

1 Vgl. Lacy (1996), 48f.
2 „King Arthur had Thre Sons" ist eine seit etwa 1600 belegte Volksballade. Sie weiß, daß der König drei Söhne, einen Müller, einen Weber und einen Schneider hatte, die er aus dem Haus warf, weil sie Nichtsnutze waren. Sie erhalten sich dann durch Diebstahl. Die beiden älteren werden hongerichtet, während der jüngste sich durch Schlauheit entzieht. Text und Melodie: http://www.contemplator.com/england/arthur.html: Das Werk Boughtons ist eine Bearbeitung dieses Liedes.
3 Lozachmeur (1992), 397f.
4 Das Internet meldet dazu: „Die Märchenvertonung mit Solisten, Chor und Instrumentalbesetzung verbindet in einzigartiger Weise irische Folkloremusik mit spätromantischer Symphonik zu einem farbigen, illustrierenden Mix, der mit schönen Melodien und Leitmotiven anspricht. Die moderne Bühneninszenierung gestaltet die abenteuerlichen Begegnungen mit aktuellen Medien wie Videoprojektionen und schattenspielartigen Tänzen"; http://www.peronnik.de/de/inhalt/index.html (6. 6. 2008).
5 Dazu die große Vollständigkeit erzielenden Abschnitte bei Lupack (2007).

immer geglückt sind und manchmal schon die Grenze des Peinlichen überschreiten. Dabei ist in letzter Zeit zu beobachten, daß das Gralssuche-Thema mit dem Templer(schatz)-Thema verquickt wird, um den spektakulären Ritterkämpfen neue Aspekte abzugewinnen. Beispiele für mehr oder minder geglückte Artusfilme sind etwa: „Knights of the Round Table" (1953) von Richard Thorpe, „Merlin" (13-teilige TV-Serie, Deutschland 1980), „Excalibur" von John Boorman (USA 1981) und „Indiana Jones and the Last Crusade" von Steven Spielberg (USA 1989), einem ziemlich wirren Machwerk, in dem es um die Vater- und Gralssuche geht. Die Handlung spielt in Nazideutschland – auch Hitler kommt kurz vor –, als Verräterfiguren gibt es eine Deutsche und einen Iren sowie mehrere Doppelgänger. Der action-reiche Film hat aber dazu geführt, daß viele jüngere Zeitgenossen, auch Studierende, bei dem Wort „Gral" primär an diesen Film denken! Natürlich wurde auch der Erfolgsroman Marion Zimmer Bradleys „Die Nebel von Avalon" (USA/Deutschland/Tschechien 2001) verfilmt. Zu nennen sind noch: „The Fisher King" (USA 1991), „First Knight" von Jerry Zucker (1995), „National Treasure" (dt.: „Das Vermächtnis der Tempelritter") von Jon Turteltaub (USA 2004), „Das Blut der Templer" von Florian Baxmeyer (Deutschland 2004), „King Arthur" von Antoine Fuqua (2004). Dieser letztgenannte Film greift auf die historische Urgestalt des *Artorius Castus* zurück und verbindet ihn mit den im Lake District stationierten Sarmaten (s. oben S. 99f.). Nach Absolvierung ihrer Dienstzeit wollen sie in die Heimat zurück, bekommen aber von Bischof Germanus noch den Auftrag eine am Antoninuswall lebende römische Familie, die von den Pikten und Sachsen bedroht ist, in die Provinz diesseits des Hadrianswalls zu eskortieren. Dabei befreit Artorius die am Antoninuswall gefangengehaltene und gefolterte Ginevra. Merlin erscheint als Anführer einer piktisch-britannischen Guerillagruppe und spricht ein sehr unbritisches mit Untertiteln versehenes Kauderwelsch, in dem das Wort *inglesi* offenbar die Angelsachsen bedeutet! Arthur wurde übrigens von Pelagius (s. oben S. 44f.) erzogen und ist eine Art Urkommunist. An dem etwas dümmlichen, action-reichen Film ist immerhin der Rückgriff auf die scheinbare historische Tradition bemerkenswert.

Natürlich hat man sich auch karikierend und heiter mit der Tafelrunde auseinandergesetzt: so in Monty Pythons „Monty Python and the Holy Grail" (1975; deutsch: „Die Ritter der Kokosnuß"; als Musical „Monty Python's Spamalot") und im Trickfilm „The Sword in the Stone" (Disney 1963) mit den Zaubererfiguren *Merlin* und *Mim*.[1]

d. Bildende Kunst. Comics

Einen guten Überblick über arthurische Themen in der Bildenden Kunst, vor allem der Buch- und Wandmalerei des Mittelalters geben Loomis (1938), dazu Stones (1991), und speziell der Gralsthematik in Handschriften Rehm (1995). Umfassend und durch weniger bekanntes Bildmaterial anregend ist die Darstellung bei Whitaker (1995). Whitaker (1995); besonders mit der bildlichen Artusrezeption im deutschen Norden und Nordosten beschäftigt sich Selzer (1996). Während sich die Fülle des Bilderbestandes zur *matière de Bretagne* in Manuskripten einer gerafften Schau wie der vorliegenden widersetzt, ist es doch unumgänglich, auf einige der wichtigsten Bildzeugnisse außerhalb der Bibliotheken hinzuweisen. Hat man diesen Produkten nur illustrative Funktion zugewiesen, so ist man heute geneigt, sie als eigenständige Interpretationen der arthurischen Sujets anzusehen.

Die sehr frühen Skulpturen an der Kathedrale von Modena und das Bodenmosaik von Òtranto, beide mit Beischriften, wurden schon erwähnt (s. oben S. 108ff.).

Ausgesprochen beliebt waren Szenen aus höfischen Romanen in der Elfenbeinschnitzerei. So die Tristanszenen auf zwei Stücken aus Köln von ca. 1200[2] und aus der Eremitage (ca. 1325).[3] Höchst kurios ist die Abbildung des Liebespaares beim Schachspiel, die sich in den Niederlanden

---

[1] Einen bequemen Überblick bietet die Adresse: http://members.fortunecity.com/tennysonlord/cinema.html (21. 4. 2006).
[2] Loomis (1938), Abb. 19–24; Whitaker (1995), 110–115.
[3] Loomis (1938), Abb. 87–91. Weitere Schnitzereien auf Kästchen und Spiegelkapseln aus der ersten Hälfte des 14. Jh.s bei Loomis (1938), Abb. 121–125.

(Mechelen, Leiden, Dordrecht) auf Schuhen findet, die offenbar hochzeitliche Geschenke an die Braut waren und später in einer Abfallgrube oder Latrine landeten.[1] Das aufwendigste Kunstwerk zur Tristansage ist wohl das als Schiff mit den Liebenden gestaltete vergoldete Salzfaß, das in Paris 1482/3 von einem Pierre le Flamand hergestellt wurde und sich jetzt im Victoria und Albert-Museum befindet.[2] Daneben gibt es nicht wenige Darstellungen aus der *Lancelot-Gral-Sage*.[3] Besonders kurios ist die Venusfigur auf einem norditalienischen „plateau d'acouchement" im Louvre (um 1400), einem Tablett, auf dem man Wöchnerinnen die Speisen ans Bett brachte. Es zeigt die nackte Liebesgöttin in einer Mandorla (!) in der Luft schwebend, während sie zu beiden Seiten von Amoretten mit Vogelfüßen (!) umflattert wird. Unter ihr knieen sechs höfisch gekleidete Ritter, die durch ihre Namenbeischriften als klassische Minneritter, freilich nicht alle der *matière de Bretagne* angehörig, ausgewiesen sind: *Achilles, Tristan, Lancelot, Sanson* [sic!], *Paris* und *Troilus*. Die Helden zeigen teilweise adorierende Hand- und Armhaltung, ihre Sehstrahlen fixieren das pudendum der Liebesgöttin! Man kann dem Bild einerseits eine zutiefst antiklerikale, vielleicht sogar neopagane Geisteshaltung unterstellen[4] – denn gewöhnlich zeigen die plateaux d'acouchement biblische Szenen – andererseits aber auch an eine stark heroisierte Präsentation der „Minnesklaven" denken. *Samson* und den antiken Helden hat die Minne nur Unglück gebracht, ist doch Troja durch sie in Asche aufgegangen, und so könnten auch die „leidenden" Ritter Tristan und Lancelot hier als abschreckende Beispiele gemeint sein.

Gleichfalls an die Damenwelt wandte sich vermutlich der sogenannte „Maltererteppich", so benannt nach der Nonne Anna Malterer, die ihn als „Aussteuer" um 1320 – 1330 in das Kloster St. Katharina in Adelhausen einbrachte und der sich jetzt im Augustinermuseum in Freiburg im Breisgau befindet.[5] Auch hier wurde die Minne problematisiert: Man sieht, wie

---

1 Whitaker (1995), 110.
2 Whitaker (1995), 117f.
3 Loomis (1938), Abb. 136f., 140–142, 145–148, 155–158.
4 Loomis (1938), 70, Abb. 135; Whitaker (1995), 115f.
5 Loomis (1938), Abb. 167.

Îwein den König *Askalon* beim Brunnen erschlägt, aber auch Îwein zusammen mit *Laudîne* und ihrer Vertrauten *Lunête*. Hartmanns Roman hätte freilich auch andere dankbare Szenen geliefert – etwa Îweins Wahnsinn oder den Kampf des Löwen gegen den Drachen –, aber auch hier hat man die Problemszene bevorzugt. Für diese Interpretation spricht auch, daß auf den Medaillons des Teppichs die paradigmatischen „Minnesklaven" (*Samson*, *Aristoteles* und *Vergil*) dargestellt sind, lauter Exempla für die sinnberaubende Kraft der Minne, die würdige Männer zu Sklaven von Frauen macht. Das Bildprogramm steht damit dem des oben erwähnten Wöchnerinnentabletts nahe.

Von etwa 1300 stammt der älteste der drei berühmten Tristanteppiche aus dem Nonnenkloster Wienhausen (Niedersachsen).[1] Er ist in drei Bildreihen unterteilt, die durch Wappen und mittelniederdeutsche Texte voneinander geschieden sind. Das Bildprogramm folgt der Tristansage und setzt mit dem Kampf gegen den *Môrholt* ein. Die zweite Reihe zeigt den verwundeten *Tristan*, sein Auftreten als Spielmann am irischen Hof, seine Heilung durch *Îsolt* in Gegenwart von *Brangæne* und seine Rückkehr nach Cornwall. Die dritte Reihe führt uns Tristan auf Brautfahrt in Irland vor Augen, den Drachenkampf und seine Werbung bis zum gemeinsamen Genuß des Minnetrankes. Der zweite Wienhausener Teppich von ca. 1325 ist sehr stark abgetreten, weil er über den Altarstufen (!) gelegen hatte. Das Stück zeigt Tristans Kampf mit dem *Môrholt*, die Werbung, den Drachenkampf und Tristan im Badezuber. Die Darstellung verwendet ungewöhnliche Namensformen und Wörter (*sarpant* für 'Drache') und geht, wie Loomis bemerkte, weder sicher auf Eilhart noch auf Gottfried zurück. Der dritte Wienhausener Teppich ist noch jünger (ca. 1340) und etwas besser erhalten. Er stellte wohl ursprünglich den ganzen Tristanroman über Gottfried hinaus in seinen vier Bilderreihen dar, auch das keusche Beilager mit *Isolt Weißhand* und den Besuch in Cornwall, bei dem die blonde *Isolt* Tristans Hund (auf einer Art Sänfte von zwei Pferden getragen!) besser behandelt als die bretonische Namensschwester ihren Gemahl.

---

1 Loomis (1938), Abb. 76–79; Wilhelm (s. a.).

Weitere fragmentarische Tristanszenen finden sich in Lüneburg,[1] besser erhaltene stammen von einem Tischtuch aus einem Würzburger Nonnenkloster (um 1370), das sich im Erfurter Domschatz befindet, einem im Victoria and Albert Museum sehr ähnlich ist und die Minnegrottenszene zeigt. Die Bilder des Erfurter Stückes folgen dem Roman Eilharts. Die Serie endet mit der Mißhandlung des Zwerges nach der Baumgartenszene durch Marke, der von der Unschuld der Liebenden überzeugt ist![2] Die Frage, warum gerade das anzügliche Tristanthema so gerne in Nonnenklöstern auf Stickereien erscheint, ist wohl nicht zur allgemeinen Zufriedenheit geklärt. Denkbar wäre, daß man, ähnlich der *Lancelot-Gral*-Tradition, das Thema heilsgeschichtlich allegorisierte (*Îsolt – Tristan* als Seele und Seelenbräutigam ?), doch ist m. W. derlei in der Tristantradition nicht belegt. Immerhin zeigt der Regensburger Medaillonsteppich von ca. 1370 mit einer sehr kuriosen Darstellung der Baumgartenszene, daß man das Thema auch zur Ausgestaltung eines Rathauses verwendete.

Neben Szenen aus dem Leben von Richard Löwenherz und seinem Umgang mit Sultan Saladin während des Dritten Kreuzzuges wurden auf den Bodenfliesen der Abtei Chertsey (Surrey) auch Szenen des Tristanromans von Thomas (s. oben S. 171) dargestellt. Die über 30 Fliesen oder deren Fragmente (jetzt im British Museum) stammen vielleicht von einem Meister William of Westminster[3] und etwa aus der Zeit um 1270. Sie zeigen *Tristan* beim Schachspiel auf dem norwegischen Handelsschiff, das ihn entführen sollte, beim Harfenspiel, im Kampf mit dem *Môrholt* und seinen Sieg über ihn. Sodann *Marke*, wie er den verwundeten Tristan besucht (wegen des Gestankes der Wunde hält sich der König die Nase zu!), Tristan im Drachenkampf und bei der Überreichung des Minnetrankes an *Îsôt*.[4]

Die älteste Bezeugung eines arthurischen Themas in der Wandmalerei ist zugleich eine besonders ästhetische: Es sind die bald nach 1970 entdeckten und kunstvoll restaurierten Al-secco-Malereien in der Trinkstu-

---

1 Loomis (1938), Abb. 80–82.
2 Loomis (1938), Abb. 83–86.
3 http://www.jstor.org/stable/860345?seq=2 (1. 6. 2008).
4 Loomis (1938), Abb. 25–59.

be des Palas der Burg Rodenegg bei Brixen (Südtirol).[1] Es handelt sich um fast lebensgroße Szenen aus Hartmanns von Aue „Îwein", die zwischen 1220 und 1230 entstanden sein dürften, also etwa 50 Jahre nach Abfassung des Literaturwerks. Sie sind damit die frühesten profanen Wandmalereien im deutschen Kulturraum und bezeugen die außerordentliche Beliebtheit des Werkes, für das es ja auch über 30 Handschriftzeugnisse gibt. Abgebildet ist der monströse Waldmensch, der dem Helden den Weg zur Zauberquelle weist, Îweins Kampf mit dem Burgherren *Askalon* bei der Gewitterquelle im Wald von *Breziljan* (die *Fontaine de Barenton* im Wald von *Bronceliande*; s. oben S. 183). *Îwein* verfolgt und tötet den Quellenwächter auf nicht ganz ritterliche Weise (*âne zuht*), was ihm aber später keine Kritik einbringt. Die verwitwete Brunnenherrin und Gemahlin Askalons *Laudîne* bedarf nun zum Schutz von Quelle und Land eines neuen Gemahls, der womöglich stärker sein sollte als ihr früherer. Die Logik, von ihrer Zofe *Lûnete* vertreten, lehrt, daß dies nur der Töter Askalons sein könne. Die Darstellung des Sinneswandels Laudînens vom Haß bis zur Bereitschaft, sich mit dem Artusritter Îwein zu verbinden, ist Hartmanns Parforceleistung weiblicher Seelenschilderung. Die nächste erhaltene Szene zeigt, wie die Diener des erschlagenen Askalon den durch einen Zauberring unsichtbaren Îwein suchen, bzw. unter Einsetzung der mittelalterlichen Denkgebärde nachgrübeln. Daneben gibt es noch einige Fragmente anderer Szenen, alle aus dem ersten Teil des Romans, der mit Îweins Verehelichung und befristeter Rückkehr an den Artushof schließt. Die Figuren sind durch die darüber gesetzten Namen (*Ywain, Aschelon, Luneta, Laudine*) eindeutig zu identifizieren. Daß nur dieser Teil des Romans dargestellt ist und nicht, wie Îwein Laudînens Huld verliert, wahnsinnig und letztlich doch geheilt nach allerlei Abenteuern mit ihr versöhnt wird, könnte im Zusammenhang mit der Funktion des Raumes als heizbarer Trinkraum dafür sprechen, daß man hier in höfischer (Männer?-)Gesellschaft die Problematik der Handlung diskutierte, was ja sehr gut zu der Annahme paßt, daß es sich schon bei Chrestien um einen „Thesenroman" gehandelt habe.

---

1   Schupp (1982); Whitaker (1995), 124f.; Rushing (2000), 257–259.

Auch im „Hessenhof" in Schmalkalden (Thüringen) dienten ehemals 26 (jetzt: 23) Abbildungen zu Hartmanns „Îwein" der Repräsentation und dem adeligen Selbstverständnis. Auch sie stammen noch aus der ersten Hälfte des 13. Jh.s. Im Gewölbe eines wahrscheinlich als Trinkstube verwendeten Kellers angebracht, sind sie jedoch sehr schlecht erhalten und nur in Nachzeichnungen (etwa in dem oben genannten Werk von Loomis) zugänglich.[1] Auch hier war unter anderem der Sinnesumschwung der *Laudîne* dargestellt. Ihre Funktion dürfte ähnlich wie auf Rodenegg gewesen sein.

Etwa zur gleichen Zeit ließ Heinrich III. von England im 1834 abgebrannten Palast von Westminster Fresken im „höfischen Stil" anbringen, die arthurische Themen enthalten haben werden. In Dover Castle jedenfalls gab es eine „Arthur's Hall" und ein „Guinevere's Chamber".[2]

Bedeutende Wandmalereien zum Prosa-Tristan-Roman sind in St. Floret in der Auvergne (etwa von 1350) erhalten, wo einige Male auch *Palamedes* erscheint,[3] dagegen erzählen die Deckengemälde von Palermo (1377–1380) die Handlung nur bis zur Baumgartenszene.[4] Um 1330 dürften die 1927 entdeckten, aber heute verlorenen, Parzivalgemälde in Lübeck entstanden sein, von denen es nur noch Aquarellkopien gibt.[5]

Die nach dem Erhaltungszustand spektakulärste, wenn auch keineswegs älteste Sammlung von Wandgemälden der *matière de Bretagne* findet sich auf der Burg Runkelstein bei Bozen (Südtirol).[6] Die vor der Mitte des 13. Jh.s erbaute Burg wurde 1385 von zwei Bozener Patriziern, Franz und Nikolaus Vintler, gekauft. Sie veränderten die Anlage etwas, indem sie nördlich vom Palas das sogenannte „Sommerhaus" dazubauen ließen. Während der Palas mit Fresken aus dem höfischen Leben (Ballspiel, Tanz-, Jagd- und Turnierszenen) und vielen Wappen geschmückt wurde, ließen die Vintlers auf der Außenseite des Sommerhauses „Triaden"

---

1 Loomis (1938), Abb. 159–166; Whitaker (1995), 126; Rushing (2000), 259–261. Dem Internet entnehme ich, daß sich eine 1:1 Raumkopie in einem Gewölbekeller unter der Schloßkirche von Schloß Wilhelmsburg befindet; http://www.thueringen.info/index.php?id=620 (1. 6. 2008).
2 Whitaker (1995), 121.
3 Loomis (1938), Abb. 92–105.
4 Loomis (1938), Abb. 106–116.
5 Whitaker (1995), 127.
6 http://www.geschichte-tirol.com/burgenschlosser/sudtirol/runkelstein-324.html (1. 6. 2008); Loomis (1938), Abb. 60–75, 184–201; Rasmo (1973); Runkelstein (1982); Whitaker (1995), 129–132.

darstellen, was den Keltologen fast an die *Trioedd Ynys Prydein* erinnert. *Arthur* neben *Karl d. Großen* und *Gottfried von Bouillon* kommt auch sonst als einer der „Three Christian Worthies" vor.[1] So auch hier. Daneben bilden *Parzivâl*, *Gâwein* und *Îwein* eine Trias der besten und vorbildlichsten Ritter. Der Maler folgte dabei Wolfram, was man daran erkennt, daß *Parzivâl* einen Anker im Schild führt.

Ist man gewohnt, die Arthurtradition in gesamteuropäischen Bezügen zu sehen, so wird man die Auswahl dieser drei Ritter in ihrer „Rückständigkeit" geradezu ergreifend finden. Hier in Tirol ruhte man noch fest in der klassischen Tradition mit dem Dreigestirn Hartmann, Wolfram und Gottfried und hatte z.B. den „Prosa-Lancelot", den es schon seit über 100 Jahren auch in deutscher Übersetzung gab, gar nicht zur Kenntnis genommen. Auch die Trennung von Tristan- und Arthursage war schon überholt. Eine um 1400 „moderne" Triade hätte etwa gelautet: *Galahad*, *Lancelot*, *Tristan* oder vielleicht auch *Lancelot*, *Tristan*, *Palamedes*. Jedenfalls *Gâwein* und wohl auch *Parzivâl* wären kaum „auf die Charts" gekommen.

Bei den drei bedeutendsten Liebespaaren erscheinen natürlich *Tristan* (mit Eberwappen nach Gottfried) und *Isôt*, neben zwei weiteren Paaren aus höfischen Liebesromanen ohne Bezug zur *matière de Bretagne*.

Im Inneren des Sommerhauses ließen die Vintlers unter anderen Szenen aus dem nicht sehr originellen Roman „Garel von dem Blühenden Tal" eines Autors, der sich *Pleier* nennt, abbilden.

Dieser Roman kann nur dann voll gewürdigt werden, wenn man ihn als polemische Replik auf den sehr viel originelleren und humoristischen „Daniel von dem Blühenden Tal" des Strickers (s. oben S. 196f.) wertet. Der Pleier hat die Strickersche Verletzung der arthurischen Romannormen in seinem vorbildlichen Durchschnittsroman, der sich in der Handlung dem „Daniel" anschließt, „exemplarisch verbessert", ohne allerdings

---

[1] Loomis (1938), Abb. 12–17, 60; Whitaker (1995), 137–158. Selzer (1996), 83–85. Die „Nine Worthies" bestehen aus 3 Triaden: die größten antiken Helden (*Hector, Alexander, Iulius Caesar*), die 3 größten Helden des Alten Testaments (*Josua, David, Judas Maccabaeus*) und eben die genannten 3 christlichen Könige. Gegen die Konvention werden in Runkelstein noch 6 weitere Triaden dargestellt: die berühmtesten Helden der deutschen Sage, die berühmtesten Riesen, Riesinnen, Zwerge, Artushelden und Liebespaare.

um eine sonst dem arthurischen Genre fremde Massenschlacht herumzukommen.[1] Während die *Garel*-Szenen zum Teil noch einigermaßen erhalten sind, muß das minder geübte Auge bei den *Wigalois*-Abbildungen,[2] die sich auf Wirnts von Grafenberg Fassung der Erzählung vom „schönen Unbekannten" beziehen, frühere Abzeichnungen zu Hilfe nehmen.

Außer diesen beiden Sujets wurden aber auch eindrucksvolle Szenen aus dem Tristanroman Gottfrieds in „Terraverde-Technik", d.h. grünlich-monochrom mit aufgesetzen Lichtern, dargestellt. Gottfried folgend wird die Handlung vom Môrholtkampf, die Drachentötung, die mehrfachen Irlandreisen, der Genuß des Liebestrankes, Isôts und Markes Brautnacht, der versuchte Mord an *Brangæne*, die Baumgartenszene, der „kühne Sprung" bis zum „gelüppeten Eid" dargestellt. Unvergessen bleibt dem Betrachter der gar schröckliche Drache, dem Tristan eben die Zunge herausschneidet, und der gewiß das an Drachensagen so reiche Tirol faszinierte.

Im Auftrag von Gianfrancesco Gonzaga malte Antonio Pisanello in den späten 40er Jahren des 15. Jh. in der Sala del Pisanello in der Corte Vecchia des Palazzo Ducale zu Mantua an drei Wänden Szenen aus dem „Prosa-Tristan", die durch Einsturz des Raumes 1480 verlorengingen, jedoch ab 1969 wieder aufgefunden und allmählich wieder teilweise rekonstruiert werden konnten.[3]

Gehen wir in die Neuzeit!

Besondere Beliebtheit erfreuten sich arthurische Szenen und Motive bei den englischen Präraffaeliten (der „Pre-Raphaelite Brotherhood" [PRB]),[4] wie sich die von John Everett Millais[5] und William Holman Hunt 1848 gegründete gegen den von der Royal Academy in London vertrete-

---

1 Kern (1981).
2 Dazu Rushing (2000), 271f.
3 Whitaker (1995), 132–136.
4 Dazu wegweisend: Lottes (1984); Whitaker (1995). Vgl. auch Lupack (2007), 252–254. Dazu noch die Fresken zur Gralssage von Edwin Austin Abbey in der Boston Public Library (1895–1902); http://etext.virginia.edu/railton/yankee/abbey.html (1. 6. 2008); Lupack (2007), 257f.
5 Vgl. seine „Lady of Shalott" (1854); http://www.artmagick.com/pictures/picture.aspx?id=6265&name=the-lady-of-shalott (28. 5. 2008)

nen „ungenauen, barocken" Malstil gerichtete Gruppe nannte. Ziel war eine quasi naturalistisch-genaue Bildgestaltung (bei manchen geradezu eine Vorform des „Fotorealismus"), wie sie an der Trecento- und Quattrocento-Malerei in Italien (etwa zwischen Giotto und Boticelli), also in der Zeit „vor Raffael", bewundert wurde. Der neue Malstil scheint mir aber auch ein eskapistisches Moment enthalten zu haben, indem man die Genauigkeit der Darstellung auf Genrebilder, Porträts, biblische und literarische Szenen anwandte, nicht etwa auf die neu aufkommende Eisen- und Kohlenindustrie,[1] als wollte man der damals entstehenden Industriehölle in eine bessere Welt entfliehen. Der PRB traten der Dichter-Maler Dante Gabriel Rossetti,[2] der auch die erste Ausstellung in Amerika 1857 organisierte, sowie dessen Bruder William Michael Rossetti, Frederic George Stephens, Thomas Woolner, James Collinson und andere bei. Auch Gustave Doré stand ihr in manchen Arbeiten nahe.[3] Die malenden Damen bildeten inzwischen eine „Sisterhood". Obwohl die Gruppe sich 1853 deshalb auflöste, weil Millais an die Akademie aufgenommen wurde und nunmehr zum Establishment gehörte, hatte die Stilrichtung weitreichenden Erfolg.

Sehr wesentlich war das nun dominierende nationale Element, hatte doch auch Prinz Albert für den Freskenschmuck des New Palace of Westminster ab 1841 immer stärker die Arthurtradition (nach Malory) forciert (s. oben S. 237). Man hatte sich daran gewöhnt, den Kelten Arthur als einen Engländer anzusehen und betonte aus nationalen und moralischen Gründen die positiven Tugenden, die in der Ritterwelt in bestimmten Figuren inkarniert schienen. Dem sentimentalen Bedürfnis trugen Gestalten wie Helaine, Guinevere und besonders die „Lady of Shalott" Rechnung.

Insbesondere Dante Gabriel Rossetti (1828–1882), der die programmatische Schrift der PRB „The Germ" (1850) verfaßte und eine größere Gralsdichtung plante, von der nur „God's Graal" ausgeführt wurde,

---

1 Vgl. z. B. William Bell Scott, „Iron and Coal" (1855–60); Hardin (2006), 4.
2 www.rossettiarchive.org/picturesalpha.qr.html (20. 3. 2006).
3 Etwa in „Viviane und Merlin in einem Wald"; http://www.artmagick.com/pictures/picture.aspx?id=-5414&name=viviane-and-merlin-in-a-forest (28. 5. 2008).

und seine malenden Mitbrüder haben sich eindringlich mit arthurischen Themen – und gerade mit dem Lancelot-Gral-Komplex – abgegeben. Besonders bemerkenswert sind Rossettis Bilder „How Sir Galahad, Sir Bors and Sir Percival were fed with the Grael; but Sir Percival's Sister Died by the Way" (1864),[1] „Sir Tristram and La Belle Yseult Drink the Love Potion" (1867)[2] und die Glasmalereien zur Tristansage von Dante Gabriel Rossetti, William Morris, Sir Edward Coley Burne-Jones (1833–1898) und anderen.[3] Hier verschwisterten sich Eros und Religion aufs Innigste mit der Bildenden Kunst, so, wie – etwa gleichzeitig – in den Musikdramen Richard Wagners.

> Außer den oben genannten Meistern sind hierher noch Künstler zu zählen, die 1858 den kurzlebigen „Hogarth Club" bildeten. Dabei war am Werk Hogarths nicht nur der starke Realismus, sondern auch die moralisierende Sichtweise beherrschend. Dazu gehörten außer den schon genannten Präraffaeliten noch Ford Maddox Brown, John Roddam Spencer Stanhope, William Russel Flint und George Wooliscroft Rhead. Der Kunststil setzte sich aber weithin in der viktorianischen Malerei durch, so daß viele Werke als „präraffaelitisch" bezeichnet werden, deren Schöpfer jünger als die Angehörigen der PRB sind, oder doch nicht im engeren Sinn zu diesem Kreis gehörten.

1857 hatte Dante Gabriel Rosssetti den Auftrag erhalten, die Union Debate Hall in Oxford mit Fresken auszugestalten, und er tat dies mit einigen anderen, die er ausgewählt hatte – darunter Burne-Jones – , indem Szenen aus Malory dargestellt wurden, die er für Schlüsselszenen hielt: darunter die Szene, in der *Arthur* das Schwert *Excalibur* von der „Lady of the Lake" empfängt, die Eifersucht des *Palamedes*, die unglückliche Liebe von *Pelleas* und *Ettarde* und den Tod Arthurs. Rossetti selbst behielt sich die *Lancelot-*, *Galahad-* und Gralsszenen vor.[4]

Das zeigt schon die Vorlieben an: Es wurde Arthur, viel häufiger jedoch Galahad, den ja Tennyson schon herausgehoben hatte, als Inbegriff

---

1   In den Birmingham City Galleries.
2   In The Cecil Higgins Art Gallery, Bedford.
3   http://www.angelfire.com/al/tristanglass/ (1. 6. 2008).
4   S. bei Mancoff (1995), 112, Abb. 2; Whitaker (1995), 183–192.

aller Tugend und der Gral dargestellt,[1] die größte Anziehungskraft übten aber Frauengestalten auf die PRB aus, vor allem dann, wenn sie das Flair des Verführerischen, Geheimnisvollen oder Traurigen umgab, den die PRB lebte ebenso vom Mystischen wie von der Ästhetisierung der *matière de Bretagne*. Dazu gehörten außer *Ophelia* und *Beatrice* die arthurischen Frauen *Guinevere*[2] ebenso wie *Iseult*[3], *Viviane-Nimüe-Morgan*[4] ebenso wie *Ygraine*.[5] Insbesondere aber zog die „Lady of Shalott" die Phantasie auf sich.[6]

Diese Gestalt hat sich anscheinend erst bei Malory als eine Art Verdoppelung aus *Elaine* von *Corbenic*, der Tochter des Königs *Pelles*, entwickelt. Wir wissen schon, daß *Lancelot* im Glauben mit dieser schlief, daß sie *Guinevere* sei und so den späteren Gralskönig *Galahad* zeugte (Malory XI, 2f.; s. oben S. 287). Sie kam später nach Camelot, wurde zwar des Hofes verwiesen (Malory XI, 7, 9),

---

1 Z. B. Sir Edward Burne-Jones, „Arthur with Excalibur" (1859): http://artmagick.com/pictures/picture.aspx?id=7673&name=arthur-with-excalibur (28. 5. 2008); ders., „The Last Sleep of Arthur in Avalon" (1881 – 1898): http://artmagick.com/pictures/picture.aspx?id=6057&name=the-last-sleep-of-arthur-in-avalon-detail (26. 5. 2008). George Frederic Watts: „Sir Galahad"; http://artmagick.com/pictures/picture.aspx?id=5880&name=sir-galahad (28. 5. 2008). Burne-Jones, „The Achievement of the Grail" (1891-4) Tapisserie): http://en.wikipedia.org/wiki/Image:Galahad_grail.jpg (28. 5. 2008); Dante Gabriel Rossetti, „The Holy Grail": http://www.artmagick.com/pictures/picture.aspx?id=6175&name=the-holy-grail (28. 5. 2008); http://www.artmagick.com/pictures/picture.aspx?id=6940&name=sir-galahad (28. 5. 2008); Arthur Hughes, „Sir Galahad" (ca. 1894): http://www.artmagick.com/pictures/picture.aspx?id=6094&name=sir-galahad (28. 5. 2008). Weitere Bilder in Der Gral und bei Mancoff (1995) und in Der Gral, 218–237; Hardin (2006), 60f., 94.
2 Z. B. James Archer „Queen Guinevere" (1860): http://artmagick.com/pictures/picture.aspx?id=6450&name=queen-guinevere. Jesse Marion King, „Queen Guenevere. None with her save a little Maid. a Novice": http://www.victorianweb.org/painting/king/drawings/1.html (15. 5. 2008); Hardin (2006), 89.
3 Von William Morris (1858): http://www.mezzo-mondo.com/arts/mm/preraphaelites/index_k.html (28. 5. 2008); Marie Spartali Stillman, „Sir Tristram and Queen Yseult" (1873): http://www.artmagick.com/pictures/picture.aspx?id=7578&name=sir-tristram-and-queen-yseult; John William Waterhouse, „Tristan and Isolde with the Potion" (ca. 1916): http://www.artmagick.com/pictures/picture.aspx?id=5677&name=tristan-and-isolde-with-the-potion; Sir Frank Dicksee, „Yseult" (1901): http://www.artmagick.com/pictures/picture.aspx?id=6670&name=yseult; Hardin (2006), 62.
4 Z. B. Sir Edward Burne-Jones, „The Beguiling of Merlin" (1874): http://artmagick.com/pictures/picture.aspx?id=6019&name=the-beguiling-of-merlin (28. 5. 2008); ders., „Morgan Le Fay": http://artmagick.com/pictures/picture.aspx?id=6029&name=morgan-le-fay (28. 5. 2008). Gustave Doré, „Viviane und Merlin im Wald": http://artmagick.com/pictures/picture.aspx?id=5414&name=viviane-and-merlin-in-a-forest (18. 5. 2008). Frank Cadogan Cowper, „The Damsel of the Lake, Called Nimüe the Enchantress" (1924): http://artmagick.com/pictures/picture.aspx?id=5904&name=the-damsel-of-the-lake-called-nim%C3%BCe-the-enchantress (28. 5. 2008); Hardin (2006), 74f.
5 Z. B. Fernand Khnopff, „Ygraine at the Gate" (1898): http://artmagick.com/pictures/picture.aspx?id=5051&name=ygraine-at-the-gate (28. 5. 2008).
6 Vgl. dazu Lacy (1996), 128 – 130, 417; Lupack (2007), 152–157.

griff aber doch noch mehrfach in Lancelots Leben ein (XII, 4 – 6). Daneben gab es schon im *Vulgata*-Prosaroman (cap. 36) ein Fräulein von *Escalot*, das um 1300 auch als *Donna di Scalotta* in der italienischen Sammlung *Cento Novelle Antiche* (No. 81) erschien.[1] Malory nannte sie *Elaine* von *Astolat* und berichtet, daß Lancelot für sie zwar im Turnier ein Liebeszeichen getragen hätte, sonst aber ihre Liebe unerwidert ließ, worauf sie an gebrochenem Herzen starb (XVIII, 9, 19f.).

Das Schicksal dieser *Elaine d'Escalotte* hat Tennyson in einer der berühmten „Idylls" sehr frei gestaltet (1833, 1842 umgearbeitet), indem er sich stärker auf die romanischen Versionen stützte als auf Malory. Danach lebt die „Lady of Shalott", von den Landleute für eine Fairy gehalten, allein in einem Turm, von dem aus sie die Welt nur durch einen Spiegel wahrnimmt. Das im Spiegel Geschaute verarbeitet sie zu einer wunderbaren Tapisserie. Als sie eines Tages Lancelot erblickt, sieht sie durch das Fenster selbst, worauf ihr Spiegel zerbricht und ihr Gewebe sich auflöst. Der Blick auf *Lancelot* hat einen Fluch bewirkt. Sie beschließt nun in die Welt zu gehen, verläßt den Turm und besteigt eine Barke, in der sie jedoch vor Erschöpfung stirbt. Die Barke treibt flußabwärts bis *Camelot*, wo die Ritter sie (nach Tennyson [1842]) finden:

> Who is this? And what is here?
> And in the lighted palace near
> Died the sound of royal cheer;
> And they crossed themselves for fear,
> All the Knights at Camelot;
> But Lancelot mused a little space
> He said, „She has a lovely face;
> God in his mercy lend her grace,
> The Lady of Shalott."[2]

---

[1] Abgedruckt in: Potvin (1902), 474f.; jetzt leicht zugänglich in: http://www.jstor.org/stable/2917812?seq=1 (27. 5. 2008).
[2] Text in: http://charon.sfsu.edu/TENNYSON/TENNLADY.HTML (27. 5. 2008).

Die in mehrfacher Hinsicht tiefsinnige Erzählung zeigt, wie die höfische Welt nur mittelbar wahrgenommen wird. Tritt das Subjekt in die Unmittelbarkeit des Erkennens – symbolhaft durch den Blick aus dem Fenster, die Liebe zu Lancelot und das Verlassen des Turmes ausgedrückt –, so verliert es seine Unschuld (Bruch des Spiegels), und die bisher wahrgenommene Welt verliert sich (wie das Gewebe). Lancelot, hier der Vertreter der realistischen Unmittelbarkeit, welcher der Lady nicht „bestimmt" ist, kann nur die Hübschheit des Gesichtes wahrnehmen und ihrer Seele nach höfischer Konvention Heil wünschen – bei Malory übernimmt er die Begräbniskosten und stiftet die Seelenmesse. Auch das verhängnisvolle Erwachen der Sexualität konnte an dieser Erzählung exemplifiziert werden.

Das unglückliche Schicksal der „Lady of Shalott" war ein ausgesprochenes Lieblingsthema der viktorianischen Kunst und wurde oft dargestellt,[1] z.B. von William Holman Hunt (1857),[2] von Henry Ryland (1865),[3] Dante Gabriel Rossetti,[4] von einem unbekannten Künstler 1887 und – am bekanntesten – in mehreren Gemälden von John William Waterhouse (1888).[5] Ein von Toby E. Rosenthal gemaltes historisches Bild der Todesbarke, das in San Francisco 1875 ausgestellt wurde, versetzte die Stadt in einen wahren Begeisterungsrausch.[6] Noch 1981 entstand die Graphik „My Lady of Shalott" von Shelah Horvitz, in der nun allerdings die nackte Heldin sich völlig autistisch von der Welt abzukapseln scheint.[7] Von Henry Peach Robinson stammt das erste künstlerische Foto eines arthurischen Themas: natürlich zeigt es die „Lady of Shalott" (1861). Die Sage war so populär, daß sogar drei Stummfilme (1909, 1912, 1915) entstanden, von denen keiner mehr erhalten ist.

Selbst Agatha Christie verwendete das Thema in dem Miss Marple-Krimi „The Mirror Crack'd from Side to Side" mit einer kleinen kulturkritischen

---

1 S. in: Dante Gabriel Rossetti, „The Lady of Shalott" (Gravierung 1857): http://www.lib.rochester.edu/Camelot/images/drshalt.htm (28. 5. 2008); Edmund Blair Leighton, „Elaine" (1899): http://www.artmagick.com/pictures/picture.aspx?id=5470&name=elaine; Hardin (2006), 109f., 120f.
2 Whitaker (1995), Abb. 24; http://www.lib.rochester.edu/Camelot/images/whhshalt.htm (28. 5. 2008).
3 http://artmagick.com/pictures/picture.aspx?id=11855&name=the-lady-of-shalott (28. 5. 2008).
4 http://www.lib.rochester.edu/Camelot/images/drshalt.htm (28. 5. 2008)
5 Die Bilder von Waterhouse und des Anonymus in: http://en.wikipedia.org/wiki/The_Lady_of_Shalott (26. 5. 2008).
6 Pinder (1998).
7 Whitaker (1995), Abb. 42.

> Spitze: Während Miss Marple das Gedicht natürlich auswendig kann, bedeutet Tennyson der jüngeren Generation nichts mehr!

Im Laufe der Zeit wurde die Malweise immer gefälliger und ersetzte den Naturalismus durch eine Neigung zum Symbol, die sich dann Richtung Jugendstil weiterentwickelte. Besonders Aubrey Beardsley (1872 - 1898) ist hier zu nennen, der auch die Neuausgabe des „Morte Darthur" von Malory – Caxton illustrierte. Weiteres kann man leicht dem Camelot-Projekt der Universität Rochester entnehmen.[1] Ein Nachzügler ist der Schotte Stephen Reid (1873–1948), der vielfach Graphiken zu mythologischen und Sagenthemen schuf.[2]

Etwa gleichzeitig mit den jüngeren Präraffaeliten stand der Gral im Mittelpunkt der Gefühlswelt und des inneren Erlebens von König Ludwig II. von Bayern (1845–1886), der sein theokratisch-herrscherliches Dasein als Kunstfigur „Parzivâl" geführt hat und in der Tradition selbst zu einer Art Mythos geworden ist.[3] Unter Einfluß der Vorstellungen vom Gralstempel im „Jüngeren Titurel", byzantinischer Vorbilder, unter denen Ludwig die Hagia Sophia für das vollkommenste ansah, aber auch der thüringischen Wartburg entstand in Neuschwanstein mit unerhörtem Aufwand ein dem Geist Wagners, aber auch dem Wolframs und Albrechts geweihtes „Weltkulturerbe". Emphatisch feierte Paul Verlaine den „Schwanenkönig" als den einzigen wahren König des Jahrhunderts und schließt sein Sonett mit diesen beiden Terzinen, in deren letzte Zeile er den göttlichen Namen [vagˈnɛːr] preßt:[4]

> Vous fûtes un poète, un soldat, le seul Roi
> De ce siècle où les rois se font si peu de choses,
> Et le Martyr de la Raison selon la Foi.

---

1 http://www.lib.rochester.edu/camelot/cphome.stm und den einzelnen Helden gewidmeten Adressen wie z.B.: http://www.lib.rochester.edu/camelot/lanmenu.htm. Eine umfassende Zusammenstellung des arthurischen Bildmaterials findet man unter http://www.pittstate.edu/engl/nichols/arthur.html (20. 3. 2006).
2 Z. B. in Rolleston (1911), wo vor allem die Frauengestalten *Sinend, Macha, Emer, Rhiannon* den Zusammenhang mit den Präraffaeliten deutlich machen.
3 Whitaker (1995), 204–206.
4 Zitiert nach: http://www.louis2debaviere.net/pages/aujourdhui/litter.htm (26. 5. 2008).

> Salut à votre très unique apothéose,
> Et que votre âme ait son fier cortège, or et fer,
> Sur un air magnifique et joyeux de Wagner.

Das Wohnzimmer des Königs zeigt das Gemälde „Gralswunder" von Wilhelm Hauschild, den Sängersaal schmückt ein gewaltiger Bilderzyklus nach der Parzivaldichtung Wolframs von Eschenbach.[1] Die Parzival-Tradition sollte integrierender Bestandteil des Zyklus „Aus deutscher Sage und Geschichte" sein, den Eduard Ille malen sollte – die Bezüge auf Arthurs Britannien sind unterdrückt. Auf dem als Modell fungierenden „Parzival-Bilderbogen" folgt der Künstler Wolfram, jedoch läßt er, unter Verkennung ihres tieferen Sinnes, Gawans Weg und *Queste* völlig beiseite. Die Trevrizent-Szene des 9. Buches steht auch hier im Zentrum. Natürlich ist Parzivals heidnischer Halbbruder entgegen Wolfram nicht von gescheckter Hautfarbe.[2]

Das Bühnenbild der Parsifal-Uraufführung 1882 ersetzte Ludwig jedoch manches Bauprojekt, das am Geldmangel scheitern mußte. Die Kulissen ließ Wagner aus Bayreuth in das Münchener Hof- und Nationaltheater bringen, wo 1884 eine Reihe von Sondervorstellungen des „Parsifal" nur vor dem menschenscheuen Monarchen gegeben wurde. Am Entwurf des Bühnenbildes des Gralstempels, zuerst im byzantinischen, später im romanischen Stil, nahm Ludwig selbst Anteil. Allerdings setzte sich zuletzt doch Wagner gegen die vom König gemachten Vorschläge durch, wenn es ihm auch nicht gelang, Arnold Böcklin für die Herstellung zu gewinnen.

Das Innere der Gralsburg im ersten und dritten Aufzug wurde von Paul von Joukowsky dem Dom von Siena nachgebildet. Die für damalige Verhältnisse unerhörte Wandeldekoration sowie die verblüffende Verödung von Klingsors Zaubergarten mit Hilfe des Bühnentechnikers Carl Brandt stellt einen absoluten theatergeschichtlichen Höhepunkt des illusionistischen Bühnenbildes dar,[3] in dem zum ersten Mal auch das elektri-

---

[1] Petzet (1995), 75–79.
[2] Birkhan (1999b), Abb. 776.
[3] Petzet (1995), 82f.; Bauer (1995), 91f.

sche Licht (Beleuchtung des Grals; bengalische Scheinwerferbeleuchtung der Blumenmädchen) auf der Bühne entsprechend eingesetzt wurde. Der „Parsifal" konkretisierte das Eingreifen der Heilsgeschichte im 19. Jh., indem sie sich zum Heil verdichtete, und deshalb verfügte Cosima auch nach dem Tod Wagners, daß das Bühnenbild sozusagen für alle Ewigkeit zu konservieren sei: es war ebenso sakral wie die Dichtung und die Musik. Leute, die dem katholischen Gottesdienst aus ideologischen Gründen fernblieben, erfuhren die Gnade der Eucharistie in der Oper.

Bezeichnenderweise boten Bayreuther Firmen um 1913 „Gralskelche" in drei Preisklassen zu 15, 22 und 56 Mark als kunsthandwerkliches Souvenir an, um den „Gral" auch daheim haben zu können.[1] Daß der „Parsifal" Malerei und Kunsthandwerk nachhaltig anregte, muß kaum eigens erwähnt werden.[2]

In die zeichnerische Welt der Comics ist die Tradition von Arthur vor allem durch „Prince Valiant" („Prinz Eisenherz")[3] von Harold (Hal) R. Foster (1892–1982), einem von den Arthur-Illustratoren der Zeit um 1900 wie Howard Pyle und Arthur Rackham angeregten Zeichner, der schon die Tarzanfigur 1929 belebt hatte, ab 1937 gelangt. Der Held ist der Sohn des Königs von Thule, der mit einer Schar Getreuer aus der Heimat fliehen muß. Sie gelangen nach Britannien, von dessen halbwilden Bewohnern sie sich ein Siedlungsgebiet im Sumpfland erkämpfen. Von dort bricht *Eisenherz* auf, um in Britannien Abenteuer zu erleben. Er gelangt an den Artusritter *Gawain*, den er vor Bösewichtern und einem Riesenkrokodil rettet. Der Gerettete führt ihn bei *Artus* ein, und nun beginnt eine steile Aufsteigerkarriere, die sich über viele Bände hinzieht. Die hier ausgebreitete Handlung erstreckt sich von Nordamerika bis zum Dnjepr und von Thule bis Damaskus, überschreitet also bei weitem den arthurischen Einzugsbereich. Zeitlich wird Spätantik-Frühmittelalterliches

---

1   Bauer (1995), 100f.
2   Der Gral, 194–215; Whitaker (1995), 252–258, 325–328.
3   Dazu sehr hilfreich: http://www.hillschmidt.de/ger/eis_neu.htm (20. 3. 2006). In der Neuausgabe des 1. Bandes findet sich ein informatives Vorwort zur Genese dieser Comics; Prinz Eisenherz (2006).

mit den hochmittelalterlichen Kreuzzügen vermischt. Auch die Grenze zwischen Germanen (Sachsen, Wikingern) und Kelten verfließt. Natürlich geht Eisenherz auch auf Gralssuche, denn es gilt aufzuklären, warum immer wieder die Tafelrundenritter bei dieser *Queste* spurlos verschwinden. Seine Recherchen führen ihn nach Stonehenge, von wo aus ihm ein alter Priester nach *Avalon* weiterschickt ... Immerhin kommen der Hadrianswall, der Verräter *Modred*, die Schlacht am *Badon Hill* und anderes echt Arthurische vor.

Die Fortsetzung (ab 1971) durch John Cullen Murphy (1919–2004) und jetzt Garry Gianni sprengt nun jeden Zeit- und Handlungsrahmen, indem sie *Eisenherz* an der chinesischen Mauer zeigt oder als eine Art James Bond 007, jedoch im Auftrag des Papstes agierend.

C. Die Ossianische Dichtung[1]

Diese ist ein Ergebnis einer frühen „Renaissance des Keltentums" in der 2. Hälfte des 18. Jh.s. Die „eigentliche" „Celtic Renaissance" verbindet man gewöhnlich mit der irischen Literatur von den letzten Jahrzehnten des 19. Jh.s an, die in der Gestalt von Yeats kulminierte (s. unten S. 651). Das politische Ziel dieser Strömungen war die nationale Selbstbestimmung der Inselkelten, insbesondere in Schottland und Irland, was über eine Wiedererweckung des keltischen Traditionsgutes angestrebt wurde.

> Aber schon die gelehrten Antiquare des 17. und 18. Jh.s (s. unten S. 437ff.) hatten sich für Monumente, Traditionen und Volksbräuche der keltischen Länder interessiert. Das gilt auch für die Belletristik. Da zeigt etwa Tobias Smolletts Briefroman „The Expedition of Humphrey Clinker" (1771) ein satirisch-humoristisch getöntes Interesse an schottischen Eigenheiten, die immer wieder mit walisischen verglichen werden. So ist J. Melfords fiktiver Brief aus Argyleshire an Sir Watkin Phillips in Oxford ein kleines Meisterwerk der Landes- und Kulturschilderung, in dem Eigenheiten der Namengebung ebenso beschrieben werden wie die rituellen Klagen (*keening*) bei einer Leichenfeier.[2] Diese wurden mit antiquarischer Neugier als exotische Kuriositäten bestaunt. Noch jetzt gibt es eine eigene Clan-Wissenschaft, die bei jeder Familie den gälischen Namen, eine sagenhafte Gründerfigur („Chief's Patronymic"), die Wappenfigur („Crest"), die „Wappenpflanze" („Badge"), den Schlachtruf, die Maxime („Motto") und ein spezifisches Dudelsackstück unterscheidet.[3]

Bemerkenswerterweise wurde in die Altertumskunde das altnordische Traditionsgut, das sich in Schottland, auf den Orkneys, Shetlandinseln und Island erhalten hatte, insbesondere auch die Runen, miteinbezogen. Die alte skandinavische Sprache der Orkneys und Shetland-Inseln, das dem Färingischen verwandte *Norn*, soll erst um 1850 ausgestorben sein. Noch heute enthält das Schottisch-Englische der Highlands viele Wörter

---

[1] Teilen dieses Kapitels liegt ein 2007 an der Universität Mainz gehaltener Vortrag zugrunde, der in dem Sammelband „Ruhm und Unsterblichkeit" [im Druck] erscheinen wird.
[2] Smollett (1995), 227f. Zur *caoineadh* in Irland s. Wilde (1888), 119–123. Zu der „American wake" vgl. Wagner (1963b), 339–341.
[3] Rennie (1951).

nordischer Herkunft. Hier zwischen keltischem und skandinavischem Traditionsgut nicht scharf zu trennen, war auch schon deshalb naheliegend, weil ja den Vorstellungen von den alten Kelten ebenso wie jenen von den alten Skandinaviern die gleiche von Rousseau verbreitete Idee vom „edlen Wilden" zugrundelag (s. unten S. 451). Wesentliche formale Merkmale der Literaturen waren die balladenähnlichen Formen bzw. rhythmische Prosa und eine eher düstere Stimmungslage in den von sentimentaler Natursehnsucht und „joy of grief" geprägten Dichtungen.

1. Vorspiel: „Of Heroic Virtue" und „The Bard"

Sir William Temple hatte 1685 einen bahnbrechenden Aufsatz „Of Heroic Virtue" geschrieben, in dem er für seine englischen Zeitgenossen eine Art heldischen Ehrbegriff entwickelt, dessen Spuren er in den damals gleichsam „übersehenen" Reichen der Chinesen, Tartaren, Inkas usw. findet, in Europa in der nordischen Kultur vor allem der alten Skandinavier. Sir Temple orientierte sich an skandinavischen Gelehrten. Er verwendete die altertumskundlichen Schriften des Olaus Wormius (1588–1654), in dessen lateinischer Übersetzung er die *Krákumál* 'Lied der Kráka'[1] kennengelernt hatte und diskutierte die altnordischen – oder wie er sagte: runischen – Texte in Nijmwegen mit dem Grafen Oxenstierna. In dieser Zeit entstanden auch die ersten Neudrucke der gotischen Bibel und der berühmte *Thesaurus Linguarum Veterum Septentrionalium.* Am Beispiel der *Krákumál*, welche das Ende von König Ragnarr loðbrók schildern und ihm in den Mund gelegt sind, wird der neue Heldenbegriff entwickelt.

Ragnarr wird der Sage nach vom nordhumbrischen König *Ælla* gefangen genommen und in eine Schlangengrube geworfen, wo er nun sein Todeslied singt. Darin gedenkt er der vielen geschlagenen Schlachten, entwirft aber dann ein Heldenideal, als dessen eigentliches Ziel der heroische Tod, dem der Held lachend entgegengeht, angesehen wird. Das zweite bedeutende Motiv ist der Rachegedanke: Die Söhne, die Ragnarr mit *Áslaug*, der Tochter Sigurds

---

[1] Schlauch (1964); De Vries (1964–67), 37–41; Heinrichs (1978).

und Brynhilds, gezeugt hat, werden ihn rächen, während er selbst in *Valhalla* am Mettisch sitzen und, wie Olaf Worm übersetzte, den Met aus den Schädeln der erschlagenen Feinde trinken wird.

Dieses neue „wilde" Heldenideal beeindruckte die Zeitgenossen und wirkte lange nach: Noch Lessing sollte sich damit auseinandersetzen und es dem griechischen Ideal entgegenstellen, in dem die Helden auch weinen durften.[1] Es ist übrigens interessant, daß der angelsächsischen Dichtung keine vergleichbar begeisterte Aufnahme bereitet wurde: kein Versepos, kein Drama, keine Oper feiert *Byrhtnōth*, den Helden des „Battle of Maldon", das 1729 erstmals ediert wurde.[2] Den *Beowulf*, dessen einzige Handschrift 1731 fast verbrannt wäre, gab erst 1815 der isländische Gelehrte Grímur Jónsson Thorkelin in Kopenhagen heraus!

Es war natürlich auch kein Zufall, daß William Temple gerade auf eine Heldengestalt zurückgriff, die mit Britannien zu tun hatte. Man nimmt an, daß die *Krákumál* im 12. Jh. auf den Orkneys entstanden sind. Jedenfalls war das ein Heldengeschehen, das einen Engländer mehr ergreifen konnte, als die bekannten antiken Heroenleben.

Eine jüngere, aber gleichfalls bedeutsame literarische Erscheinung war Thomas Gray (1716–1771) mit seiner *Elegy Written in A Country Church-Yard* (1750), in der schon romantische Gefühlselemente anklingen, wenn der Landfriedhof in fahles Dämmerlicht getaucht erscheint (9ff.):

> Save that from yonder ivy-mantled tower
> The moping owl does to the moon complain
> Of such, as wandering near her secret bower,
> Molest her ancient solitary reign.[3]

---

1   Laokoon I: „Alle schmerzen verbeißen, dem Streiche des Todes mit unverwandtem Auge entgegensehen, unter den Bissen der Nattern lachend sterben, weder seine Sünde noch den Verlust seines liebsten Freundes beweinen, sind Züge des alten nordischen Heldenmutes". Wenn man im Lager Agamemnons weint, während Priamos dies verbietet, so will uns Homer sagen, „daß nur der gesittete Grieche zugleich weinen und tapfer sein könne; indem der ungesittete Trojaner, um es zu sein, alle Menschlichkeit vorher ersticken müsse."
2   Frank (1993), 30.
3   Zitiert nach: http://www.thomasgray.org/cgi-bin/display.cgi?text=elcc (26. 3. 2006).

Die Sympathie mit den anonymen Toten stimmt schon auf das „Fascinans des Großen Steines" ein. *The paths of glory lead but to the grave* ist ein gewichtiger Satz, der auch für die ossianische Totenwelt stehen kann.[1]

Die Brücke zu den ossianischen Dichtungen schlägt die 1757 erschienene Ode „The Bard", die auch Anne-Louis Girodet-Trioson (s. unten S. 362, 370) zu einer Graphik, sowie Thomas Jones 1774 und John Martin 1817 zu Gemälden[2] anregte. In diesem Werk stellt Gray den einzigen Barden, der der Sage nach die Eroberung von Wales durch die Normannen überlebt haben soll, dem König Edward I. (reg. 1272 – 1307), der häufig den Kelten zum Feindbild diente (s. unten S. 636, 783), gegenüber (15ff.):

> On a rock, whose haughty brow
> Frowns o'er old Conway's foaming flood,
> Robed in the sable garb of woe,
> With haggard eyes the poet stood;
> (Loose his beard, and hoary hair
> Streamed, like a meteor, to the troubled air)
> And with a master's hand and prophet's fire,
> Struck the deep sorrows of his lyre.
> 'Hark, how each giant-oak, and desert cave,
> Sighs to the torrent's awful voice beneath
> O'er thee, oh king![3]

Er ruft im Gebirgsland von Snowdonia seine ermordeten Bardenbrüder auf, mit ihrem gemeinsamen Gesang, ein Leichentuch für die Normannenkönige zu weben. In Form der *prophetia ex eventu* verkünden die Bardengeister, Taliesin beschwörend, nun alle Greuel, die bis Heinrich V. stattfinden sollten. Deren Prophezeiung werde erst durch die Herrschaft der walisischen Tudors erfüllt werden, deren künftige Königin Elisabeth I. der Barde preist. Dann stürzt er sich vom Felsen hinab (143f.):

---

[1] Vgl William Blake, The Voice of the Ancient Bard from Songs of Innocence 1789: http://www.ngv.vic.gov.au/blake/
[2] http://artmagick.com/pictures/picture.aspx?id=5427&name=the-bard (27. 5. 2008).; das Gemälde von Jones zeigt den Barden rechts im Vordergrund vor dem Sprung in die Tiefe, im Hintergrund links auf einer Anhöhe Stonehenge, offenbar als Inbegriff des Urbritisch-Keltischen; Maier (2005), 91; vgl. auch Greenslade (2000), 66f.
[3] Zitiert nach: http://www.thomasgray.org/cgi-bin/display.cgi?text=bapo (26. 3. 2006).

> He spoke, and headlong from the mountain's height
> Deep in the roaring tide he plunged to endless night.

Das Werk, für das Gray auf die Odenform Pindars zurückgriff, ist das eines *poeta doctus*, der mittels Fußnoten die Einzelheiten seiner prophetischen Reden dem historisch minder bewanderten Leser erklärt. Auch hier finden wir die aus der *Prophetia Merlini* bekannten allegorischen Tierbilder, z.B. *She-wolf of France, with unrelenting fangs* als Anrede an „Isabel of France, Edward the Second's adulterous Queen" (s. unten S. 636), u. a. Tatsächlich wurde das Werk von den Zeitgenossen wegen seiner zu großen Dunkelheit abgelehnt. Es kündigte aber eine Zeit der zunehmenden Faszination der eigenen heroischen Vergangenheiten an, als dessen Exponenten dann auch Sir Walter Scott (1771–1832) und – freilich ein halbes Jahrhundert später – in Finnland Elias Lönnrot (1802–1884) hervortraten.

Das „Kalevala" unterscheidet sich allerdings sowohl vom „Ossian" als auch vom „Barzaz Breiz" dadurch, daß Lönnrot die von karelischen Volkssängern überlieferten epischen Texte von metrisch immer gleicher Bauart nach homerischem Vorbild zu einem einzigen Epos zusammengebaut hat, während die genannten keltischen Werke durchaus als Sammlungen kürzerer Stücke erscheinen.

2. James MacPherson und sein „Ossian"

1765 brachte James MacPherson (auch: McPherson; 1736–1796) „The Works of Ossian, Son of Fingal"[1] heraus, ein Buch, das besonders außerhalb der Britischen Inseln einer der größten literarischen Erfolge werden sollte. Der Schotte war Sohn eines Kleinpächters (*crofter*) aus dem MacPherson-Clan in den Highlands mit gälischer Muttersprache. Als Kind hatte er noch die Schlacht von Culloden (1746) miterlebt, in der der letzte katholische Kronprätendent Charles Edward („Bonnie Prince

---

[1] Stafford (1992); Ferguson (1998), 227–249; Schmidt (2003); Hemprich (2004b), 188f.

Charlie", der Enkel Jakobs II.) entscheidend von George II. geschlagen wurde, womit das Haus Stuart vom Haus Hannover abgelöst war. Das beendete die Sonderstellung Schottlands.

Nach wenig erfolgreichen lyrischen Versuchen begegnete MacPherson dem Literaten John Home, der ihn als gälisch sprechenden Vermittler highlandischer Traditionen ansah und nach und nach zur „Übersetzung" angeblicher schottischer heldenepischer Texte bewog. So kam es 1760 zur Publikation der „Fragments of Ancient Poetry. Collected in the Highlands of Scotland and translated from the galic or erse language". Es enthielt 16 Stücke, von denen zwei auf echten „Balladen" beruhten, während die anderen frei erfunden waren. Die 1765 erschienenen „Works of Ossian" bestehen nun – z. T. aus schon früher publizierten Einzelteilen – , nämlich „Fingal" (1762), „Temora" (1763), einer „Critical Dissertation on the Poems of Ossian" von Hugh Blair und etwa 20 Prosagedichten.

> Wenn die Dinge in der Ossiansage auch anders liegen als in der *matière de Bretagne*, so ist doch auch hier die Sekundärliteratur nicht mehr leicht überschaubar. Hier gab es schon sehr früh Gesellschaften, die sich mit der Erforschung (und auch Verbreitung) der ossianischen Traditionen beschäftigten. Es sind dies eine „Ossianic Society", die ab 1831 in Schottland wirkte und ab 1854 ein Gegenstück in Dublin hatte, deren Aufgabe die Sammlung und Publikation der Traditionen insbesondere in irischen Handschriften war. Bevor sie 1863 einging, hatte sie sechs Bände an „Transactions" herausgebracht.[1] Die schottische Ossiangesellschaft besteht bis heute als *Comunn Oiseanach Oilthigh Ghlaschu* („Glasgow University Ossianic Society"), hat jedoch als Vereinsziel jetzt primär die Förderung und Pflege des Schottisch-Gälischen.[2]

---

1 Dazu: http://www.ucd.ie/pages/99/articles/somewood.html (11. 8. 2005).
2 The objects of the society shall be :
   [a] to promote the Gaelic language within and outwith the University;
   [b] to encourage the discussion of subjects of interest among members of the society;
   [c] to promote social intercourse among members of the society; and
   [d] to promote the learning of Gaelic through the medium of conversation classes within the University.
   http://www.gla.ac.uk/clubs/ossianic/ (11. 8. 2005).

3. Die Grundlagen des „Ossian"

Bevor wir uns dem „Ossian" und seiner Wirkung zuwenden, wollen wir uns kurz die sagenmäßigen Voraussetzungen von MacPhersons Übersetzungen und Fälschungen ansehen.

Der „Ossian" greift zurück auf die irisch-schottischen *Finn*-Sagen,[1] dem neben den Ulster-Sagen bedeutendsten Sagenkreis, dessen Hauptgestalt *Finn mac Umail* (oder auch *mac Cumail*, anglisiert *Finn Mac Cool*) ist. *Finn* (im wissenschaftlichen Schrifttum oft auch *Find*, doch wird das d nicht gesprochen) ≈ kymr. *Gwynn* 'der Weiße' → 'Schöne' – in Wales der Name eines frauenraubenden Elfenfürsten – ist der Anführer der *fían* genannten Kriegergruppe.

Im Gegensatz zur Ulstersage steht in der *Finn*-Tradition nicht das Hirtentum im Vordergrund, sondern die Jagd auf das Rotwild, was einen neuen Naturzugang zu Wald und Fels eröffnet und sich schon in den Namen der Protagonisten zeigt: Die beiden Haupthelden *Osscar* ('Hirschlieb')[2] und dessen Vater *Oissín* ('Hirschlein', bei MacPherson zu *Ossian* geworden) zeigen das bereits in ihrem Namen.[3] Dabei ist Oissín nicht nur Finns Sohn, sondern auch der einer Hinde, ursprünglich vielleicht einer göttlichen Hirschkuh.[4] Man erzählte sich von ihm in einer hochberühmten Sage, daß er einst die Andere Welt, das „Land der Jungen" (bzw. „der Jugend") *Tír na nÓg* aufgesucht habe.[5] *Finn*, den MacPherson *Fingal* nannte, hatte selbst mit seinem „Jugendnamen" *Demne* 'Hirschlein' (< *dam-n̥ios, etymologisch zu dt. *Damwild*) geheißen. Ein Stamm in West-Leinster,

---

1 Deren Hauptquellen sind: *Acallam na Senórach, Cath Finntrága, Duanaire Finn, Fianaigecht, Macgnímartha Find, Tóraigheacht Dhiarmada agus Ghráinne*; einen guten Überblick bieten Schmidt (1984); MacCulloch (1918), 160 – 183; Dillon (1958); Murphy (1961); Nagy (1985) und die noch immer ausgezeichnete und wichtige Darstellung von Hull (1910), 1f.
2 Es gibt allerdings in Duanaire Finn II, 32–57 („The Battle of Gabhar"), noch einen zweiten zweiten *Osgar*, den Sohn des *Garaidh* aus Schottland, welchen *Osgar mac Oissín* erschlägt. Es ist sehr bemerkenswert, daß auch der Ossian die Doppelung des *Oscar* kennt, wobei der Vatername *Garaidh* nun als *Caruth* erscheint.
3 Vgl. GKAR 452, 455 m. Anm. 1274.; ein anderes Wort für 'Hirsch' ist gall. *karu̯os dazu GPN 329f. Albertos (1979), S. 141.
4 Waifs and Strays (1891b), 78; Carmina Gadelica II, 22f.; McKay (1932).
5 Übersetzt in Cross – Slover (1936), 439–456; Lautenbach (1991), 228–245; vgl. mit tiefenpsychologischer Deutung Campbell (1949), 221–223.

der Heimat der *Finn*-Sage, hieß *Osraige* 'Hirschreich' (< *Ukso-rīgi̯on*), ein Name, der bis heute in dem der Grafschaft *Ossory* weiterlebt. Das Rotwild dominiert diese Welt und ihre Naturlyrik, wie das schöne, Finn in den Mund gelegte Gedicht sagt:

> Botschaft habe ich für euch: der Hirsch röhrt;
> Der Winter schneit;   der Sommer ist gegangen.
> Überaus kalter Wind;   tief die Sonne;
> kurz ihr Lauf;   hochflutend das Meer.
> Tiefrot der Farn;   verborgen ist seine Gestalt;
> Gewohnheit geworden: der Wildgans Stimme.
> Kälte hat ergriffen   die Flügel der Vögel;
> Eises Zeit;   das meine Botschaft.[1]

Als Gegenspieler Finns erscheint der Feind seines Clans *Goll mac Morna*. Er ist in den Sagen fast ebenso gegenwärtig wie Oissín und Osscar. Es gibt aber auch eine ganze Reihe von Erzählungen, wo er als heldenhafter Beistand eingreift, wenn Finn mit seiner Fiana in schwerer Gefahr ist. Hier gibt es viele Situationen, in denen die Sippenfehde teils aus strategischen Gründen, teils aus menschlicher Größe in den Hintergrund tritt. Dieser Held erscheint im Ossian als *Gaul mac Morni*. Dagegen fehlt dem Ossian eine sehr wichtige Figur der Finn-Sage, nämlich *Caoilte*, der meisterhafte Läufer, auf dessen Spur wir in *Culhwch ac Olwen* als *Sgilti Iawntroed* gestoßen sind (s. oben S. 135).

Eigentümlich verändert ist die Fabel von *Diarmait* und *Gráinne*, insofern als *Dermid mac Morni* und *Oscar* die Tochter eines gewissen *Dargo* lieben, den *Oscar* erschlägt. Jedoch die Jungfrau erwidert Dermids Liebe nicht:

> „Son of Oscian, said Dermid, I love; O Oscur, I love this maid. But her soul cleaveth unto thee; and nothing can heal Dermid. Here, pierce this bosom, Oscur; relieve me, my friend, with thy sword.
>
> My sword, son of Morny, shall never be stained with the blood of Dermid.

---

1   Nach Weisweiler (1963), 42.

> Who then is worthy to slay me, O Oscur son of Oscian? Let not my life pass away unknown. Let none but Oscur slay me. Send me with honour to the grave, and let my death be renowned ..."[1]

Die Helden kämpfen dann an einem Gebirgsbach, wobei Dermid seinem eigenen Wunsch gemäß fällt. Wenn wir diese Erzählung mit der oben (s. S. 174f.) angedeuteten Fabel von Diarmait und Gráinne vergleichen, erkennen wir sofort den völlig anderen Geist des Ossian. Nicht Finn (Fingal) ist der Gegner, sondern zwei Freunde stehen einander gegenüber, von denen jedoch die (namenlose) Jungfrau nur einen liebt, was den anderen zwingt, den Tod durch die Hand seines glücklichen Rivalen und zugleich besten Freundes zu suchen. Wenn das die Leserinnen und Leser nicht zu Tränen rührte, was dann?

Der Untergang Finns und seiner Krieger kommt in der echten Sage durch innere Entzweiung zustande, die mit der Fabel von Diarmait und Gráinne zu tun hat: Eines Tages sitzen Finn und Oissín beim Brettspiel, während sich in einer Eibe über ihren Häuptern der verfolgte Diarmait verbirgt. Als Oissín am Zug ist, läßt Diarmait eine Eibenbeere genau auf jenes Feld fallen, auf welches Oissín ziehen muß, um Finn matt zu setzen. Darüber entsteht zwischen dem Vater auf der einen, dem Sohn und dem Enkel Osscar auf der anderen Seite ein Konflikt, der letztlich die *fían* entzweit.[2] Es ist leicht zu verstehen, daß diese Sage überhaupt nicht in die Gedanken- und Gefühlswelt des Ossian paßt.

Die *fían* genannte Gruppe ist eigentlich aus der königlichen Schutztruppe hervorgegangen, hat sich verselbständigt und besteht nun neben und außerhalb des eigentlichen Staates mit einem eigenen König (*rígfénnid*). Danach hatte ursprünglich jede der irischen Provinzen ihre eigene *fían*, die einerseits zum übergeordneten König, andererseits zu den *fíanna* der anderen Provinzen in Opposition stand. Demnach bildete die *fían* eine Art Staat im Staat. Im Falle der *fían* von Leinster war ihr Anführer oder König eben der erwähnte *Finn mac Umail*. Er galt einerseits als ein Nachkomme des Gottes *Nuadu* der *Tuatha Dé Danann* (der altirischen

---

[1] Fragments of Ancient Poetry, Nr. VII, in: The Poems of Ossian, 16f.
[2] Duanaire Finn II, 402–409.

Götter) – so wie sein walisisches Pendant *Gwynn ap Nudd* –, anderseits als Nachkomme der *Firbolg*-Reste von Leinster, auf die man allgemein die *fían* zurückführte.[1] Im Übrigen soll es keinen Anführer oder Häuptling der *fíanna* Irlands gegeben haben, „dessen Mutter, Ziehmutter oder Frau nicht eine von den *Tuatha Dé Danann* gewesen wäre."[2] Finn selbst verfügte nach Art der Sakralkönige sogar über besondere Heilkräfte (in den Händen; s. oben S. 175). Weitere Kennzeichen seines übermenschlichen Vermögens waren das magische Wissen – die Art, wie er dieses erlangt, erinnert an die *Siegfried*-Tradition[3] –, das er durch „Saugen am Daumen", später mittels eines bestimmten Weisheitszahns (*dét fis*), mit dem er den Daumen fast bis auf den Knochen abkaute,[4] aktivieren konnte, und seine Langlebigkeit, die ihn 230 Jahre alt werden ließ. Darüber hinaus fehlt es nicht an Erzählungen, die, wie bei anderen Herrschern auch, von seiner Wiederkunft wissen. Die Finn-Sage, die den Helden in das 3. Jh. n. Chr. setzt, stellt diesen geradezu über die fünf Provinzkönige und – ganz anachronistisch – dem Hochkönig (*ard-rí*) als siebenten König direkt an die Seite.

Die *fían* Finns soll aus 150 Anführern, die je 27 Krieger unter sich hatten, bestanden haben, also insgesamt aus 4.200 Personen, darunter auch einzelne Frauen als Kriegerinnen oder Druidinnen, wie z.B. Finns Vaterschwester *Bodhmall*, die den verwaisten Helden zum Krieger erzog, oder die Botin *Birgad*. Dennoch haben die Männer wohl so dominiert, daß man gewiß von einem Männerbund sprechen kann.[5] Was die Altersklasse betrifft, so war die *fían* speziell auch ein Jugendverband, in welchem die Jungkrieger im Rahmen der *fénnidecht* sozialisiert wurden.[6] Ich habe das „eine Art gewalttätiger Pfadfinder" genannt, in dem es wohl auch ho-

---

1   Hull (1910) II, 27f.
2   *Acallam na Senórach* zitiert nach Hull (1910), II, 47.
3   Finn brät für einen Druiden den „Lachs der Weisheit", verbrennt sich die Finger, steckt diese in den Mund und wird wissend. Siegfried brät für Mime das Drachenherz, verbrennt sich den Finger und versteht nun die Vogelsprache. Weitere Jugendtaten Finns erinnern an die CúChulainns (Kampf mit monströsem Hund); Maclean (1957), 205–210.
4   EIHM, 334ff.
5   McCone (1986), 13ff.; McCone (1987).
6   Nagy (1985), 63ff., wo die große Bedeutung der *gilli* 'Burschen' in der *fían* herausgearbeitet wird.

moerotische bzw. päderastische Bindung gab.[1] Aus Giraldus Cambrensis (Descriptio Cambriae I, 10) können wir ersehen, daß ein der *fían* ähnlicher Jugendverband als vergleichbare Institution auch in Wales bestanden hat.

> Das einzelne Mitglied der *fían*, das *fénnid* hieß, mußte sich vor seiner Aufnahme in den Verband einer schwierigen Initiation unterziehen.[2] So hieß es: Niemand sei zugelassen worden, der nicht ein großer Dichter war und die zwölf Bücher der Dichtkunst beherrschte. Ferner mußte der Initiand in eine hüfttiefe Grube steigen, worauf neun Krieger gleichzeitig ihre Speere aus geringer Entfernung auf ihn zu werfen hatten. Zur Abwehr durfte er nur seinen Schild und einen Haselnußstecken von der Länge seines Unterarms verwenden. Wenn er auch nur eine einzige Wunde erhielt, so wurde er nicht zugelassen. Danach mußte er bei einem Waldlauf seinen knapp hinter ihm startenden Verfolgern entkommen. Wurde er verwundet oder zitterte die Waffe in seiner Hand, so hatte er nicht bestanden. Desgleichen, wenn unter seinem flüchtenden Fuß ein dürrer Ast knackste oder wenn seine vor dem Lauf kunstvoll geflochtene Frisur durch Zweige in Unordnung geraten war. Ferner hatte er in vollem Lauf einen Ast in der Höhe seiner Braue zu überspringen und sich unter einem anderen, kniehohen, hindurchzuwinden. Eine weitere Aufgabe bestand darin, ohne im Lauf nachzulassen, einen Dorn mit den Fingernägeln aus dem Fuß zu ziehen. Diese natürlich sagenhaften Leibesübungen der *fían* galten noch der irischen Widerstandsbewegung der „Fenians" (s. unten S. 643) als vorbildlich, wie wir dem „Ulysses" entnehmen können.[3] Der Kriegerverband mit seiner Guerilla-Taktik war lange das Leitbild der IRA.

Der *fénnid* hatte eine ungewöhnliche rechtliche Stellung: Er durfte niemandem Besitz oder Nahrung verwehren, und er durfte auch vor einer Übermacht von neun Gegnern nicht fliehen. Sollte eine junge Frau verheiratet werden, so hatten die Mitglieder der *fían* die erste Wahl, ein deutlicher Hinweis auf ihr Ansehen als Kriegerelite. Erst wenn nach dreimaligem Aufgebot kein *fénnid* das Mädchen für sich begehrte, durf-

---

1 So läßt sich Nagy (1985), 74, verstehen.
2 Silva Gadelica II, 99ff.; Nagy (1987).
3 Ulysses, 440.

te sie außerhalb des Kriegerverbandes vergeben werden. Durch eine der *fían* gezahlte Abfertigungssumme konnte man eine Frau jedoch freikaufen. Wurde ein *fénnid* ermordet oder verraten, so durfte dies seine Sippe nicht rächen, offenbar weil er nicht mehr als ihr Verwandter angesehen wurde und daher auch nicht das Recht der übrigen Rechtsgenossen des Stammes teilte. Deshalb durfte auch ein von einem *fénnid* begangenes Verbrechen nicht an dessen Sippe gerächt werden.[1] Ein Aspekt der *fían* war, daß sie nicht nur wie eine Art Polizeitruppe wirkte, sondern daß sie auch das Land vor der Invasion feindlicher (menschlicher oder dämonischer) Mächte verteidigte. Ihr Unterhalt galt daher als öffentliches Anliegen und war so geregelt, daß der Kriegerverband in der kalten Jahreszeit (von *samain* bis *beltaine*) zur Gänze von der Volksgemeinschaft ausgehalten wurde, während die *fénnidi* im Sommerhalbjahr sich von der Jagd[2] ernährten. So war denn die Jagd, soweit die *fían* nicht im Krieg mit einer der anderen *fíanna* stand oder sich als Söldnerheer anderweitig verdingt hatte, der eigentliche Lebensinhalt des Kriegerverbandes.

> Als Lebenszeugnis galten und gelten die direkt zu Siedlungen gehörigen *fulachta fíann* 'Kochstellen der *fíanna*' bzw. *fulachta fíadh* 'Kochstellen für Rotwild', obwohl die datierten Anlagen dieser Art noch aus der Bronzezeit stammen, also wesentlich älter sind, als die Finn-Sage.[3] Da es bei diesen Anlagen keine Siedlungsspuren gibt, nimmt man an, daß sie nur sommersüber von jagenden Gemeinschaften benutzt wurden. Sie bestanden aus einem Holzbehältnis, das in eine rechteckige Erdgrube eingelassen war. Man füllte es mit Wasser, das man durch hineingeworfene Steine, die an einer danebengelegenen Feuerstelle erhitzt worden waren, zum Kochen brachte. Das eben erlegte Wild wurde so als „Eintopf" gegart. Mancherorts werden die sonst als „Bett

---

1 Nagy (1985), 45f. Er meint allerdings, solche Bestimmungen „can be marshalled as evidence for *fénnidecht* as only a temporary shelving rather than a complete and irreparable break with the world of the *túath*." Zum Helden „außerhalb der Gesellschaft" s. Edel (2004), 136–138.
2 Schon von den mittelalterlichen irischen Etymologen wurde *fían/fénnid* mit lat. *vēnātio* zusammengestellt. Es ist eine der wenigen alten Etymologien, welche auch die moderne Forschung anerkennt; Nagy (1985), 42f.
3 Dies und andere Einzelheiten nach *Keating* bei Nagy (1985), 53ff. Die heute noch archäologisch nachweisbaren Kochgruben im Boden (*fulachta fíadh*) wurden später oft mit der umherschweifenden *fían* zusammengebracht (*fulachta-na-Fíann*); Nagy (1985), 133; Ó Ríordáin (1987), 84ff., Abb. 41f.; Mallory (1992), 129; Birkhan (1999b), Abb. 686.

von Diarmait und Gráinne" bezeichneten Dolmen auch *Grideall mór na bhFiann* 'Grillplätze der Fianna' genannt (so in Culleens, Co. Sligo).

Obwohl wir keine historischen Nachrichten aus den ersten nachchristlichen Jahrhunderten kennen, die das Bestehen der *fíanna* sichern, haben wir wohl keinen Grund zu bezweifeln, daß es diese männerbündische Sozialform in Irland tatsächlich gegeben hat. Freilich nicht zu allen Zeiten und überall. Es läßt sich jedoch annehmen, daß die *fíanna* im vierten und frühen fünften Jahrhundert vorwiegend in Britannien und Schottland als Söldnerheere tätig waren,[1] ähnlich den viel späteren *Gallowglasses* (nir. *Gallóglaigh*), wie die hebridischen Söldner genannt wurden, die in elisabethanischer Zeit in Irland als besoldete Widerstandskämpfer wirkten oder den berühmten irischen Söldnern, die Dürer im 16. Jh. zeichnete,[2] und jenen, die als „Wildgänse" („Wild Geese") ab dem 17. Jh. in kontinentalen Heeresverbänden mitfochten und es zu hohem Ansehen und zur Nobilitierung brachten, wie etwa Franz-Moritz de Lacy, der Präsident des Österreichischen Hofkriegsrates, oder John Sigismund McGuire, der Gouverneur von Dresden und später Kärnten, und viele andere.[3]

> Besonders berühmt ist der Offizier Maximilian Karl Lamoral Count O'Donell von Castlebar und Tyrconell, der am 18. Februar 1853 den Mordanschlag auf Kaiser Franz Joseph verhinderte, woran die Wiener Votivkirche erinnert.

Aber es ist sogar naheliegend mit der Anwesenheit irischer Kontingente schon im römischen Heer zu rechnen – daß Irland zwar nicht erobert, aber doch in die römische Kultur am Rande einbezogen wurde, läßt sich gut belegen. Die wegen ihrer notorischen Wildheit und ihres angeblichen Kannibalismus berühmten *Attecotti* scheinen eine solche irische Söldnertruppe gewesen zu sein.[4] Ein noch besseres Beispiel bildet die Kriegergruppe der *Déisi* (Pl. von *déis* 'Gefolgsmann', eigentlich 'Angehöriger des

---

1 Hull (1910), II, 34f.
2 James (1996), 179; Abbildungen bei Simms (1996).
3 Ó Mara (1988); Downey (2000); Downey (2002).
4 Rance (2001).

herrschaftlichen Haushalts'[1]), die nach ihrem Widerstand und ihrer Niederlage gegen *Cormac mac Airt* sich unter ihrem Anführer *Eochaid Allmuir* in Südwales ansiedelten, wo sie vielleicht die Ogamschrift erfanden, mit der auch ihre Anwesenheit bezeugt ist.[2]

4. MacPherson und seine „Quellen"

Das war also die Tradition, von der MacPherson ausging. Auf Reisen in den Hebriden und im schottischen Hochland suchte er nach einschlägigen lebendigen Traditionen, wobei er nicht viel an Altem ans Tageslicht förderte. Die zu seiner Zeit noch lebendigen Bearbeitungen der Finnsage stammten aus dem Spätmittelalter. Erst als man MacPhersons Lieder im Original suchte und die „Highland Society of London" John Mackenzie, einen begeisterten Highlander mit ausgezeichneten Gälischkenntnissen, mit der Suche betraute, kam das „Book of the Dean of Lismore" aus dem 16. Jh. ans Licht, in dem sich tatsächlich Traditionen der Finnsage in sehr eigenwilliger phonetischer Schreibung finden.

> Die echten Heldenlieder der Finn-Sage sind als „Carmina Gadelica" von Alexander Carmichael (1832–1912), „Popular Tales of the West Highlands" von *Campell of Islay* (= J. F. Campbell) und „More West Highland Tales" von John G. Mackay (auch: McKay) ediert worden. Die Finn-Sage war in den 70er Jahren des 20. Jh.s noch Erzählgut, wie man einer von Alasdair 'Brian' Stewart von Culrain (Easter Ross) stammenden Sage entnehmen kann, die durchaus den alten Traditionen folgt, aber *Oissín* nun *Ossian* nennt.[3] Die irische Tradition ist in *Duanaire Finn* 'The Book of the Lays of Fionn' zugänglich.[4] Der *Duanaire* wurde übrigens in Leuven, einem bedeutenden geistlichen Zentrum der Iren auf dem Kontinent,[5] von zwei irischen Franziskanern im Auftrag eines Cap-

---

1   McCone (1992), 195f., leitet das Wort als hocharchaisches Wurzelnomen aus idg. *dems (zu lat. *domus* usw. 'Haus') her.
2   Birkhan (2009a).
3   Scottish Traditional Tales (1994), 171–176, 454f.
4   Duanaire Finn. Dazu der schöne Aufsatz Weisweiler (1963), der den Zusammenhang mit der irischen Naturlyrik in den Vordergrund stellt.
5   Breatnach (2000). Da ab Heinrich VIII. in Irland der Protestantismus immer mächtiger wurde, was sich schon in der protestantischen Bibelübersetzung, die Elisabeth in Auftrag gegeben hatte, zeigte,

tain MacDonnell geschrieben, der als „wild goose" 1626-27 in den Niederlanden stationiert war. In der Cromwell-Zeit hatte sich in Leuven ein irischfranziskanisches Gelehrtenzentrum etabliert.[1]

„Temora" – der Name meint mir. *Temair, Tamhra*, angloir. *Tara* den Sitz des *ard-rí*, des 'Hochkönigs' – ist, abgesehen vom ersten der acht Gesänge, von MacPherson völlig frei erfunden und als Überlieferung ausgegeben. Als Zweifel an der Echtheit laut wurden, behauptete MacPherson, er hätte die Originalmanuskripte edieren wollen, doch keine Subskribenten gefunden, was er als ein „Urteil der Öffentlichkeit" ansehe. Dennoch gedenke er sie zu gegebener Zeit herauszubringen oder zumindest in einer öffentlichen Bibliothek zu hinterlegen.[2] Später unter dem Druck der Öffentlichkeit sah sich MacPherson genötigt, doch gälische Originale vorzuweisen und er tat dies, indem er seine Fälschungen in das Gälische übersetzte. Die Drucklegung erfolgte allerdings erst 1807, elf Jahre nach seinem Tod in drei sehr ansehnlichen Bänden der „Highland Society of London". Freilich entlarvten der Historiker Malcolm Laing und andere die angeblichen Originale sofort als Übersetzungen aus dem Englischen, aber der einmal gefestigte Ruhm des „Ossian" blieb unberührt.[3]

Wie MacPherson verfuhr, macht eine Gegenüberstellung deutlich, die ich der Arbeit Udo Leuschners entnehme. Es geht darum, daß *Lorma*, die Gemahlin des Königs *Erragon* von *Sora*, durch den jungen Krieger *Aldo* von *Morven* entführt wird.

Dies drückt MacPhersons Quelle mit diesen wenigen Zeilen aus:

> Heiße Liebe die Königin
> Des braungeschildeten Lochlins ergriff
> Für Aldo der Waffen; langen Haars;
> Mit ihm führte sie aus den Betrug.

---

wurde ein Teil der katholischen Gelehrsamkeit auf den Kontinent verpflanzt; Ó Cuív (1961), 140f., 149f.
1   Power (1969), 78-80.
2   Zusammenfassend zur Fälschung des MacPherson und dessen Auswirkung (auch in der Bildenden Kunst) die interessante Arbeit von Udo Leuschner in: http://www.udo-leuschner.de/sehn-sucht/gothicrevival/s16ossian.htm (28. 3. 2006).
3   Vgl. Udo Leuschner in: http://www.udo-leuschner.de/sehn-sucht/gothicrevival/s16ossian.htm

Um ihn verließ sie des Königs Bett,
Dies war die That, wo Blut drum floß!

Mit ihm nach Alwin, der Finnier Sitz,
Ueber das Meer entflohen sie.

Dagegen heißt es im „Ossian" in der „Schlacht von Lora":

„Aldo kehrte in seinem Ruhme zu Soras luftigen Mauern. Von ihrem Thurme blickte die Gattin Erragon's, das feuchte spähende Auge Lorma's; ihr blondes Haar floß Winde des Meeres; ihr weißer Busen wallte wie Schnee auf der Haide, wenn sanfte Winde sich heben und langsam im Lichte wogen. Sie sah den jugendlichen Aldo, gleich einem Strahle der sinkenden Sonne in Sora. Ihr sanftes Herz seufzte. Thränen füllten ihr Auge, ihr weißer Arm stützte das Haupt. Drei Tage saß sie in der Halle und verbarg ihren Gram unter Freude. Am vierten floh sie mit dem Helden über das wogende Meer. Sie kamen zu Konas moosigen Türmen, zu Fingal dem König der Speere! –

'Aldo, Du Herz des Stolzes,' sagte Fingal im Zorn sich erhebend, 'soll ich Dich vertheidigen gegen die Wuth von Soras beleidigtem König? Wer wird ferner mein Volk in seinen Hallen empfangen, wenn die Fremden laden zum Mahle, seit Aldo mit der kleinen Seele meinen Namen in Sora entehrt hat? Geh zu Deinen Hügeln, Du schwache Hand, und verbirg Dich in Deinen Höhlen! Trauervoll ist die Schlacht, die wir müssen mit Soras trübem Könige kämpfen! Geist des edeln Trenmor, wann wird Fingal aufhören zu kämpfen? Mitten in Schlachten bin ich geboren und meine Schritte wandeln im Blute zum Grabe! Doch meine Hand beleidigt den Schwachen nie, mein Stahl berührt der Feigen Waffen nicht! Ich seh Deine Stürme, o Morven, welche meine Halle verwüsten, wenn meine Kinder sterben im Kampf und Niemand übrig bleibt, in Selma zu wohnen! Dann werden Schwache kommen, aber nicht kennen mein Grab! Mein Ruhm ist im Gesange! und meine Thaten werden gleich einem Traume künftigen Zeiten erscheinen!'"[1]

Charakteristisch für MacPherson ist hier außer der starken Aufschwellung die sittliche Entrüstung über den Ehebruch, die Vorausdeutung kommenden Unheils und der Rezeption, die „einem Traume künftigen Zeiten" gleichen wird.

---

[1] Die Gegenüberstellung beider Texte übernahm Leuschner aus Talvj (1840), 88–90.

Der Handlungskern des „Ossian" beruht auf der irischen Tradition, daß *Oissín, Caoilte* und andere greise Krieger mit ihren Jagd- und Kriegshunden auf St. Patrick mit seinen herumziehenden und missionierenden Klerikern trafen. Die Mönche erschraken angesichts der riesigen Gestalten dieser Helden und ihrer Hunde, „denn sie waren nicht Menschen der gleichen Zeit oder Epoche".[1] Von Finn fabelte man, daß er denn „Giant's Causeway", eine Basaltformation an der Küste von Antrim, die an eine gepflasterte, sich im Meer verlierende Straße gemahnt, gebaut habe, und darauf zu einer auf Staffa wohnenden geliebten Riesin gewatet sei.[2] Schon hier stellt man fest: die Helden der Vorzeit waren und sind riesig, die Götter der Vorzeit sind eher zu Zwergen geworden (s. unten S. 545).

Die greisen Helden zogen sodann mit Patrick über das Land und berichteten ihm in dem *Acallam na Senórach* 'Gespräche der Alten' genannten Text die wichtigen Ereignisse der Sagenvorzeit, deren Gedächtnis meist an Ortsnamen hängt.[3] Es ist „Erinnerungskultur schlechthin". „Ossians Grab", eine megalithische Grabstätte im Bergland von Antrim am Hang des Tievebulliagh, wird noch heute gezeigt.[4] Solche Erinnerungskultur wurde aber auch willkürlich gestiftet, wenn man etwa eine in der Nähe von Dunkeld (Perth) gelegene schon 1758 erbaute Anlage mit schöner Aussicht, ein „Belvedere", in der ossianischen Begeisterung „Ossian's Hall" nannte.

In späteren Volkstraditionen tritt manchmal Oissín als der einzige Überlebende Patrick gegenüber und ist nicht immer bereit, die Überlegenheit der christlichen Kultur – akustisch verbildlicht in der klerikalen Musik – anzuerkennen. In diesen der altirischen Naturlyrik sehr nahestehenden Dichtungen zieht Oissín den Vogelsang der Amseln und Drosseln und das Bellen von Finns Meute der „Himmelsmusik" Patricks vor:

---

1   Cross – Slover (1969), 459. Ähnlich die deutsche Vorstellung von „Hünen" und „Hünengräbern" (dazu GKAR 368ff.). Bereits in den Patricksviten des Probus und Tírechán findet sich ein Bericht, daß der Heilige einen Riesen aus dem Hünengrab zum Leben erweckt habe, welcher der Schweinehirt eines Heldenkönigs der Vorzeit gewesen war; Bieler (1971), 213; Bieler (1979), 154f.
2   Watson (2000).
3   Acallamh na Senórach; Acallamh na Senórach (1970); Murphy (1959); Power (1969), 39–43; Teilübersetzung: Cross – Slover (1936), 457–468.
4   Die Kelten (2001), 21.

Eine „Ballade" des 17. Jh.s stellt Oissín dem Heiligen gegenüber:

Patrick: Oisín, you sleep too long,
          Rise up and hear the psalm
        now your strength and health are gone
          and your fierce fighting over.
Oisín: My strength and health are gone
          because Fionn's troops are dead.
        No music but theirs I love.
        I have no care for priests.
Patrick: You never heard such music
          from the great world's birth till now.
        You paid your poets once, on the hills,
          but now you are old, witless and grey.
Oisín: For all that you praise your priests
          I have heard better music than theirs:
        the blackbird warbling on Leitir Laoigh,
          the humming of the Dord Fiann."[1]

Bei MacPherson ist der greise Ossian der Erzähler, der nach gut homerischem Vorbild – aber entgegen den meisten irischen Traditionen – blind ist. Blinde Musiker hat es natürlich immer wieder gegeben. Einer, Nicholas Pierce of Clonmaurice oder kurz *Nicholas Dall* 'der blinde N.', ist uns als musikalisches Genie bekannt und 1601 bezeugt. Auf ihn entstanden noch zu seinen Lebzeiten zwei Preislieder, in deren zweitem gesagt wird:[2]

„Framer of mystic feats, thief of the winter night, a stirring of sorrows in the wayward hearts of women, a voice one would not think to hear in fairyland.

Cause of the cherishing of grief, expert in exalting courage, melody that shortens long days, sweet as the cuckoo in May.

The brute beasts sleep at the beauty of his playing: harkening to the dying strains from his quick fingers, the bird would wait to be struck.

More in number than the growing grass is that which spreads from the hands of Nicholas, the swaths of his calm and dewy arms, of the bright reed-

---
1 An Duanaire, 44–47. Dort auch noch zwei weitere Dichtungen aus der Finnsage.
2 Irish Bardic Poetry, 197–199, 306.

growth of tuneful strings.¹

Like a carven image, one knows not that it is not human, is the dead-clear melody of his happy (?) finger to kindle the imprisoned music."²

Die Hochschätzung des Sängers gilt auch der Vielfalt seines Repertoires, und hier unterscheidet sich der gefeierte Barde, mag auch seine Kunst besonders Frauenherzen angesprochen haben, von der eher düsteren Stimmung Ossians, denn der Rückblick auf die vergangene Heldenzeit ist natürlich elegisch, und dieser Grundton durchzieht den gesamten „Ossian", was sich schon in der Trostlosigkeit der öden düsteren Landschaft mit ihren kahlen Bergen, den brausenden Stürmen, nebelbedeckten Heiden, dem „*fascinans* der Großen Steine" als Heldengräber und donnernden Meereswogen äußert, im Grunde eine großartige – heute schwer genießbare – Monotonie, die auf die damaligen Leser einen geradezu psychedelischen Reiz ausgeübt haben muß.

Neben *Fingal*, *Ossian* und *Oscar* heißen einige bedeutende Gestalten *Agandecca* als Geliebte Fingals, die Schwester des Königs *Swaran*, des Sohnes des *Starno* von *Lochlin* (air. *Lochlann* 'Skandinavien'), dann *Malvina*, die Geliebte Oscars und spätere Führerin des blinden Ossian, und *Fillan*, ein Sohn Oscars. Von *Cathmor* erschlagen, erscheint er in „Temora VII" als Gespenst, wie übrigens andere Helden auch. Im Steinkreis von *Loda* auf den Orkneys spukt der *spirit of Loda*, womit *Odin* gemeint sein soll, der auch *Cruth-loda* heißt, so daß *Loda's hall* geradezu als Bezeichnung für *Valhalla* gebraucht wird. Ich habe schon darauf hingewiesen, mit welcher Selbstverständlichkeit skandinavische Traditionen einbezogen wurden. Als Reich Fingals gilt das Land *Morven*, womit zunächst nur die Nordwestküste Schottlands gemeint ist, doch erstreckt sich sein Macht- und Einflußbereich auf ganz Schottland samt den nördlichen Inseln und natürlich Irland. Auch in der alten Finnsage ist Skandinavien schon mit großer Selbstverständlichkeit einbezogen. In der Geschichte vom Tode

---

1 Nach dem Übersetzer scheint der Barde Nicholas mit einem Mäher zu vergleichen, dessen Mahd die Melodienfülle des Harfners ist.
2 Bergin versteht das Gleichnis so: Wie ein kunstvolles Bildwerk für ein lebendiges genommen werden kann, so setzt die Harfe in der Hand des Künstlers die in ihr gefangene Musik frei.

Finns fällt z. B. *cédach Ciothach*, der Sohn des norwegischen Königs, an Finns Seite.[1] Bemerkenswerterweise kommen aber weder die Angelsachsen vor noch auch Arthur und sein Heldenkreis. Es gibt nur einen *Artho* als irischer Hochkönig in *Temora*, auf den sein Sohn *Cormac* folgte (in den irischen Traditionen der berühmte *Cormac mac Airt*), ein Zeitgenosse des Ulsterhelden *Cuchullin* [sic!].

Die folgende Szene spielt in der Festhalle *Selma*, wo *Minona*, eine Sängerin vor Fingal das Leid der liebenden *Colma* besingt, deren Geliebten *Salgar* ihr eigener Bruder erschlagen hat.

> „Minona came forth in her beauty: with downcast look and tearful eye. Her hair flew slowly on the blast, that rushed unfrequent from the hill. – The souls of the heroes were sad when she raised the tuneful voice. Often had they seen the grave of Salgar, the dark dwelling of white-bosomed Colma. Colma left alone on the hill, with all her voice of song! Salgar promised to come: but the night descended around. – Hear the voice of Colma, when she sat alone on the hill.
>
> Colma: 'It is night, I am alone, forlorn on the hill of storms. The wind is heard on the mountain. The torrent shrieks down the rock. No hut receives me from the rain; forlorn on the hill of winds!
>
> Rise, moon! from behind thy clouds. Stars of the night appear! Lead me, some light, to the place where my love rests from the toil of the chace! his bow near him, unstrung: his dogs panting around him. But here I must sit alone, by the rock of the mossy stream. The stream and the wind roar aloud. I hear not the voice of my love! Why delays my Salgar, why the chief of the hill, his promise? here is the rock, and here the tree! here is the roaring stream! Thou didst promise with night to be here. Ah! whither is my Salgar gone? With thee, I would fly from my father; with thee, from my brother of pride. Our race have long been foes; we are not foes, O Salgar!
>
> Cease a little while, O wind! stream, be thou silent awhile! let my voice be heard around. Let my wanderer hear me! Salgar! it is Colma who calls. Here is the tree, and the rock. Salgar, my love! I am here. Why delayest thou thy coming? Lo! the calm moon comes forth. The flood is bright in the vale. The rocks are gray on the steep, I see him not on the brow. His dogs come not before him, with tidings of his near approach. Here I must sit alone!

---

1 Fianaigecht, 92f. (§ 38).

Who lie on the heath beside me? Are they my love and my brother? Speak to me, O my friends! To Colma they give no reply. Speak to me; I am alone! My soul is tormented with fears! Ah! they are dead! Their swords are red from the fight. O my brother! my brother! why hast thou slain my Salgar? why, O Salgar! hast thou slain my brother? Dear were ye both to me! what shalt I say in your praise? Thou wert fair on the hill among thousands! he was terrible in fight. Speak to me; hear my voice; hear me, song of my love! They are silent; silent for ever! Cold, cold, are their breasts of clay! Oh! from the rock on the hill, from the top of the windy steep, speak, ye ghosts of the dead! speak, I will not be afraid! Whither are ye gone to rest? In what cave of the hill shall I find the departed? No feeble voice is on the gale: no answer half-drowned in the storm! I sit in my grief; I wait for morning in my tears! Rear the tomb, ye friends of the dead. Close it not till Colma come. My life flies away like a dream: why should I stay behind? Here shall I rest with my friends, by the stream of the sounding rock. When night comes on the hilt; when the loud winds arise; my ghost shall stand in the blast, and mourn the death of my friends. The hunter shall hear from his booth. he shall fear but love my voice! For sweet shall my voice be for my friends: pleasant were her friends to Colma!"'[1]

Bei allen hochwogenden Gefühlen vergißt MacPherson natürlich nicht das philologische Detail, und so findet sich eine Fülle von Anmerkungen antiquarischer und meist auch etymologischer Art. So z.B., daß der Hallenname *Selma* aus *Seláma* 'beautiful to behold, or a place with a pleasant or wide prospect' kommen soll, daß *Minona* aus *Min-'ónn* 'soft air', *Colma* aus *Cul-math* 'a woman with fine hair' und *Salgar* aus *Sealg-'er* 'a hunter' stammen sollen.

Das deutet sehr gewichtig darauf hin, daß man die ossianische Dichtung auch als ernstzunehmende Vorzeitkunde, als Geschichte jener Länder verstand, deren (lateinische) Historiographie erst sehr viel später einsetzt, als die Zeit, in der Fingal angeblich lebte. Diese Dichtung diente als Verlängerung der vaterländischen Geschichte der Goidelen und Skandinavier weit über die sonst bekannten Quellen hinaus. Dazu paßt, daß nicht nur Elemente der Leinstersage bzw. deren schottische Pendants

---

[1] Zitiert nach: http://www.sacred-texts.com/neu/ossian/oss23.htm (26. 3. 2006).

erscheinen, sondern auch die bedeutendsten Personen der Ulstersage. *CúChulainn* (*Cuchullin*) als Sohn eines *Semo* und Enkel des (in der „Táin Bó Cúailnge": Druiden) *Caithbad*, wird von *Swaran* besiegt (was Fingal rächt). Sein Name wird fälschlich auf *Cuth-Ullin* 'die Stimme von *Ullin*' zurückgeführt, was beweist, daß MacPherson die Jugendgeschichte des Helden und wie er zu seinem Namen 'Hund des (Schmiedes) Caulann' kam, nicht kannte. Wenn er auch *Fergus*, *Connal* (*Cernach*) und *Lugar* (*Laoghaire Buadach* ?) erwähnt, so schweigt er doch über die Connachter, ein weiterer Hinweis, daß ihm die Ulstersage im Wesentlichen nicht bekannt war.

Über die Bedeutung der ossianischen Dichtungen im Zusammenhang einer größeren Kulturgeschichte gibt Blairs *Dissertation* Aufschluß. Dr. Hugh Blair war „One of the Ministers of the High Church, and Professor of Rhetorick and Belles-Lettres, in the University of Edinburgh". Er war einer jener, der MacPherson zu ständig neuen Fälschungen veranlaßte, da er fand, daß gerade ihre barbarische Rohheit den Reiz dieser Dichtungen bewirke, die er für Fragmente eines noch aufzufindenden Fingal-Epos hielt:

> „They promise some of the highest beauties of poetical writing. Irregular and unpolished we may expect the productions of uncultivated ages to be; but abounding, at the same time, with that enthusiasm, that vehemence and fire, which are the soul of poetry. For many circumstances of those times which we call barbarous, are favorable to the poetical spirit. That state, in which human nature shoots wild and free, though unfit for other improvements, certainly encourages the high exertions of fancy and passion."[1] Für die „infancy of societies" gelte: „Their passions have nothing to restrain them: their imagination has nothing to check it. They display themselves to one another without disguise: and converse and act in the uncovered simplicity of nature. As their feelings are strong, so their language, of itself, assumes a poetical turn."[2]

Im Folgenden wendet Blair sich der „Gothic poetry" (gemeint ist die skandinavische) zu, wobei er wieder – wie Sir Temple – auf Olaus Wor-

---

[1] Zitiert nach: The Poems of Ossian, 345.
[2] The Poems of Ossian, 345.

mius' lateinische Übersetzung der *Krákumál* zurückgreift und sie gekürzt ins Englische übersetzt.¹

> Das sei Dichtung „from a barbarous nation. It breathes a most ferocious spirit. It is wild, harsh and irregular; but at the same time animated and strong; the style, in the original, full of inversions, and, as we learn from some of Olaus's notes, highly metaphorical and figured."²

Betrachten wir dagegen die ossianische Dichtung!

> „... we find the fire and the enthusiasm of the most early times, combined with an amazing degree of regularity and art. We find tenderness, and even delicacy of sentiment, greatly predominant over fierceness and barbarity. Our hearts are melted with the softest feelings, and at the same time elevated with the highest ideas of magnanimity, generosity, and true heroism. When we turn from the poetry of Lodbrog to that of Ossian, it is like passing from a savage desart, into a fertile and cultivated country."³

Blair erklärt diese Verfeinerung der Poesie aus der Wirkung langer druidischer und bardischer Tradition, die sich auch im hohen Ansehen dieser Funktionen zeige. Dennoch begegnet uns – wie erwähnt – im Ossian auf Schritt und Tritt auch Skandinavisches. Im Hinblick darauf und angesichts der starken wikingischen Präsenz in Schottland, ist Klopstocks Satz „Ossian war deutscher Abkunft, weil er ein Kaledonier war"⁴ zwar natürlich falsch, aber der ihm zugrundeliegende Irrtum verständlich. Wir werden noch sehen, daß auch die zeitgenössische antiquarische Wissenschaft die Skandinavier für eine Art Unterabteilung der alten „Celten" ansah (s. unten S. 486),⁵ ja daß die Gleichsetzung von Kelten und Germanen noch in der Ariermystik des Dritten Reichs (s. unten S. 576f.) und modernen esoterischen Vorstellungen (s. unten S. 575, 766ff.) nachwirkt.⁶

---

1 The Poems of Ossian, 345, 347–349.
2 The Poems of Ossian, 349.
3 The Poems of Ossian, 349.
4 In einem Brief vom 31. Januar 1769 an Gleim (zitiert bei Schmidt, Bd. 1, 508).
5 Ferguson (1998), 250–273.
6 Das eher populärwissenschaftliche „Lexikon der keltischen Mythologie" führt mit großer Selbst-

Blair teilt die Menschheitsgeschichte in vier Epochen (Jägerkultur, Hirtenkultur mit aufkommendem Eigentumsbegriff, Ackerbau und Handel) und ordnet die ossianische Dichtung der ersten und ältesten Kultur zu.

„The compositions of Ossian are so strongly marked with characters of antiquity, that although there were no external proof to support that antiquity, hardly any reader of judgement and taste, could hesitate in referring them to a very remote æra."[1]

Natürlich setzte sich Blair auch mit der Echtheitsfrage auseinander. Er meint dazu, die Quellenlage sei so, daß, wenn Fälschungen vorlägen, diese vor 200 oder 300 Jahren entstanden sein müßten, aber da seien die Highlands in „a state of gross ignorance and barbarity" gewesen, so daß es unwahrscheinlich sei, daß sie einen Poeten wie Ossian hervorgebracht hätten, dessen Werk vor mindestens 1000 Jahren entstanden sei. Das Fehlen jeglicher religiöser Motive deute in eine Zeit, in der das Druidentum bereits überständig und im Untergehen gewesen sei, das Christentum aber noch nicht Fuß gefaßt habe. Auch die Tatsache, daß keiner der zeitgenössischen, aber sehr alten Clans in den Highlands erwähnt werde, weise auf das hohe Alter dieser Dichtungen. Der mehrfach auftretende und von Fingal überwundene Feind *Caracul* sei kein anderer als der römische Kaiser *Caracalla* (211–217), womit ein zeitlicher Rahmen fixiert sei. Erhalten habe sich das Vorzeitwissen durch Hofbarden, wobei die Eigenart des Gälischen und seine Metrik es verhinderten, daß die Traditionen verfälscht wurden. Sie könnten daher auch als historisches Zeugnis für ein sonst wenig bekanntes Dark Age gelten.

Immer wieder wurde nach dem Wort von Sir Horace Walpole (1717–1797), dem Begründer der „Gothic novel" in England, dem Thomas Gray begeistert beipflichtete, Ossian als „Homer des Nordens" gefeiert, worin Madame de Staël in Frankreich einstimmte. Damit war ein neuer Schwerpunkt der großen archaischen Dichtung außerhalb Griechenlands im äußersten Nordwesten Europas entstanden.

---

verständlichkeit altnordische Stichwörter wie den Namen der eddischen Ur-Kuh *Auðumla* neben echten oder entstellten keltischen Namen an. Kurios sind die Spekulationen bei Hope (1990), 56–60, die ungefähr auf den Wissensstand der Antiquare des 17. Jh.s zurückführen.
1 Ibid. 353.

Auch Hegels Auffassung in seinen Vorlesungen zur Ästhetik ist hier bemerkenswert, denn er sagt zur Echtheit der ossianischen Lieder:

„Obschon englische berühmte Kritiker ... blind genug gewesen sind, sie für ein eigenes Machwerk Macphersons auszugeben, so ist es doch ganz unmöglich, daß irgendein heutiger Dichter dergleichen alte Volkszustände und Begebenheiten aus sich selber schöpfen könne, so daß hier notwendig ursprüngliche Poesien zugrunde liegen, wenn sich auch in ihrem Tone und der Vorstellungs- und Empfindungsweise ... manches ins Moderne hin geändert hat. ... sie mögen doch wohl eintausend oder fünfzehnhundert Jahre im Munde des Volkes lebendig geblieben sein. In ihrer ganzen Haltung erscheinen sie vorherrschend lyrisch ... so bleiben sie ihrem Gehalte nach wiederum episch, denn ebendiese Klagen gehen um das, was gewesen ist ... [Gegenüber den Figuren Homers; Bi.] fehlt die feste Plastik der Gestalten und die taghelle Klarheit der Veranschaulichung. Denn wir sind schon dem Lokal nach in ein nordisches stürmisches Nebelland verwiesen, mit trübem Himmel und schweren Wolken, auf denen die Geister reiten oder sich auf einsamer Heide in Wolkengestalt kleiden und den Helden erscheinen."[1]

Wie das von Hegel entworfene „Bühnenbild" der ossianischen Epopöen eindrucksvoll zeigt, ist es neben der Landschaft mit Meer, Heide und natürlich den großen Steinen, die düstere, nebelverhangene Stimmung, die „Celtic atmosphere", die als charakteristisch heraus und dem hellenischen Sonnenglast mit seinen scharfen Konturen gegenübergestellt wird. In viel höherem Ausmaß als später billigte man damals und bis in die erste Hälfte des 19. Jh.s Landschaft und Klima völkercharakterkonstituierende Funktionen zu: Es war ja auch religionsgeschichtlich die Blütezeit der Naturmythologie. Die Naturumstände prägten die Anschauungen von Göttern und Menschen.

Nachdem Alexander Pope den pittoresken Park *Windsor Forest* 1713 noch allegorisch gedeutet hatte, erhielt der Naturpark eine eigene Lebensberechtigung, da sich in ihm „roughness" und „smoothness" einmalig zu einer pittoresken Landschaft verbanden.[2] Daneben wurden in

---

1   Hegel, Ästhetik, 459f.
2   Wolfzettel (2007a), 17–25.

Kelten-, besonders Druidenbegeisterung, die Gärten mit „Follies" wie künstlichen Megalithen usw. versehen (s. S. 442). Zusammen mit dem Ossian scheint auch der englische Park in Mitteleuropa seinen Siegeszug angetreten zu haben. Die künstlich-kunstlose Naturlandschaft, vor allem mit Wasser und in Kombination mit einer Felsgruppe oder einer künstlichen Ruine waren der unmittelbare Ausdruck des vom Geist Ossians mitgetragenen Naturgefühls, obwohl Baum und Wald einen seelischen Eigenwert hatten, der der Heidelandschaft des Ossian fremd ist. Nicht zufällig hielt er in der Umgebung der Adelssitze wie der von Friedrich Ludwig Sckell in Nymphenburg und München oder der 1790 für Wolfgang Heribert von Dalberg angelegte seinen Einzug. Musterhaft bietet er um Schloß Herrnsheim, das jetzt zur Stadt Worms gehört, das romantische Ensemble von Wald, Wiese, Gewässer mit einer Insel. Auch das im Kleinstaat Dessau-Anhalt gelegene Wörlitz wurde von dem Gartenarchitekten Johann-Friedrich Eyserbeck um 1770 so sehr im neuen romantischen Landschaftsstil gestaltet, daß der Meister sogar von Friedrich Wilhelm II. den Auftrag erhielt, die Gartenanlagen von Sanssouci im englischen Stil zu erweitern. Fürst Leopold III. Friedrich Franz von Anhalt-Dessau krönte seinen englischen Park in Wörlitz noch dadurch, daß er in einem Teich ein winziges Inselchen anlegen ließ, das er als Gedenkstätte für Jean-Jacques Rousseau einrichtete. Nicht zuletzt hat bekanntlich auch Goethe seinen Garten an der Ilm als englischen samt künstlicher Ruine anlegen lassen.

5. Die Rezeption des „Ossian" auf dem Kontinent

a. In der kontinentalen Literatur

Mit ihrem Vorgriff auf die Romantik hatte die ossianische Dichtung unerhörten Erfolg, vor allem in Italien, wo der Abbé Melchiore Cesarotti (1730–1808) die „Poesie di Ossian" (1763 und 1772–1801) übertrug und damit die neuere italienische Literatur eines Vittorio Alfieri, Vincenzo

Monti, Ugo Foscolo und Giacomo Leopardi befruchtete.[1] Dabei ist es bemerkenswert, daß Ossian auf den Napoleon-Gegner Foscolo seine Wirkung ebenso wenig verfehlte wie auf den großen Kriegsherrn selbst, der ein begeisterter Ossianleser war. Ein Gemälde von Anne-Louis Girodet-Trioson (ca. 1801) stellt dar, wie Ossian gefallene Helden der napoleonischen Kriege im Reich Fingals empfängt.[2]

Besonders bestimmend wurde Ossian für die deutsche Literatur.[3] Hier kam es als Gegenbewegung zum Rationalismus der Aufklärung zu einer besonderen Hinwendung zu Themen des nordischen und keltischen Altertums und Mittelalters, wenn sich auch anfangs einzelne Gegenstimmen vernehmen ließen, so etwa Johann Jakob Wilhelm Heinse (1749-1803), Johann Jakob Bodmer (1698-1783), Johann Christoph Adelung (1732-1806), August Wilhelm Schlegel (1767-1845) und Talvj [Therese Adolfine Louise von Jacob] (1797-1870), die berühmte Herausgeberin der „Volkslieder der Serben" (1825f.).

Wortführer in der Ossianbegeisterung waren dagegen Friedrich Gottlieb Klopstock (1724-1803), der in seinem ersten *Bardiet* [!] „Hermanns Schlacht" bereits ossianische Stimmung erzeugte, ferner Jakob Michael Reinhold Lenz (1751-1792) und Gottfried August Bürger (1747-1794), der Schöpfer der „Gespensterballade" (z.B. „Lenore"). Besonders stark war der Eindruck auf Johann Gottfried Herder (1744-1803), der 1773 einen „Briefwechsel über Ossian und die Lieder alter Völker" verfaßte, mehrere Ossianlieder in seine „Stimmen der Völker in Liedern"[4] aufnahm und insbesondere auch Goethe, der selbst das Gälische zu erlernen versuchte und Stellen aus den „Songs of Selma" in den „Leiden des jungen Werther" übersetzte.

„Da trat Minona hervor in ihrer Schönheit, mit niedergeschlagenem Blick und tränenvollem Auge, schwer floß ihr Haar im unsteten Winde, der von dem Hügel herstieß. – Düster ward's in der Seele der Helden, als sie die lieb-

---

[1] KNLL X, 838f.
[2] Das Bild bei Udo Leuschner in: http://www.udo-leuschner.de/sehn-sucht/gothicrevival/s16ossian.htm
[3] Schmidt (2003).
[4] Herder (1807), Teil 2, Buch 2, Nr. 14, 15, 16.

liche Stimme erhob; denn oft hatten sie das Grab Salgars gesehen, oft die finstere Wohnung der weißen Colma. Colma, verlassen auf dem Hügel, mit der harmonischen Stimme; Salgar versprach zu kommen; aber ringsum zog sich die Nacht. Höret Colmas Stimme, da sie auf dem Hügel allein saß.

Colma: 'Es ist Nacht! – Ich bin allein, verloren auf dem stürmischen Hügel. Der Wind saust im Gebirge. Der Strom heult den Felsen hinab. Keine Hütte schützt mich vor Regen, mich Verlaßne auf dem stürmischen Hügel. Tritt, o Mond, aus deinen Wolken, erscheinet, Sterne der Nacht! Leite mich irgend ein Strahl zu dem Orte, wo meine Liebe ruht von den Beschwerden der Jagd, sein Bogen neben ihm abgespannt, seine Hunde schnobend um ihn! Aber hier muß ich sitzen allein auf dem Felsen des verwachsenen Stroms. Der Strom und der Sturm saust, ich höre nicht die Stimme meines Geliebten.

Warum zaudert mein Salgar? Hat er sein Wort vergessen? – Da ist der Fels und der Baum und hier der rauschende Strom! Mit einbrechender Nacht versprachst du hier zu sein; ach! Wohin hat sich mein Salgar verirrt? Mit dir wollt' ich fliehen, verlassen Vater und Bruder, die stolzen! Lange sind unsere Geschlechter Feinde, aber wir sind keine Feinde, o Salgar!

Schweig eine Weile, o Wind! Still eine kleine Weile, o Strom, daß meine Stimme klinge durchs Tal, daß mein Wanderer mich höre. Salgar! Ich bin's, die ruft! Hier ist der Baum und der Fels! Salgar! Mein Lieber! Hier bin ich; warum zauderst du zu kommen?

Sieh, der Mond erscheint, die Flut glänzt im Tale, die Felsen stehen grau den Hügel hinauf; aber ich seh' ihn nicht auf der Höhe, seine Hunde vor ihm her verkündigen nicht seine Ankunft. Hier muß ich sitzen allein.

Aber wer sind, die dort unten liegen auf der Heide? – Mein Geliebter? Mein Bruder? – Redet, o meine Freunde! Sie antworten nicht. Wie geängstigt ist meine Seele! – Ach sie sind tot! Ihre Schwester rot vom Gefechte! O mein Bruder, mein Bruder, warum hast du meinen Salgar erschlagen? O mein Salgar, warum hast du meinen Bruder erschlagen? Ihr wart mir beide so lieb! O du warst schön an dem Hügel unter Tausenden! Es war schrecklich in der Schlacht. Antwortet mir! Hört meine Stimme, meine Geliebten! Aber ach, sie sind stumm, stumm auf ewig! Kalt wie die Erde ist ihr Busen!

O von dem Felsen des Hügels, von dem Gipfel des stürmenden Berges, redet, Geister der Toten! Redet! Mir soll es nicht grausen! – Wohin seid ihr zur Ruhe gegangen? In welcher Gruft des Gebirges soll ich euch finden? – Keine schwache Stimme vernehme ich im Winde, keine wehende Antwort im Sturme des Hügels. Ich sitze in meinem Jammer, ich harre auf den Morgen in meinen Tränen. Wühlet das Grab, ihr Freunde der Toten, aber schließt es nicht, bis ich komme. Mein Leben schwindet wie ein Traum; wie sollt' ich zurückbleiben!

Hier will ich wohnen mit meinen Freunden an dem Strome des klingenden Felsens. – Wenn's Nacht wird auf dem Hügel, und Wind kommt über die Heide, soll mein Geist im Winde stehn und trauern den Tod meiner Freunde. Der Jäger hört mich aus seiner Laube, fürchtet meine Stimme und liebt sie; denn süß soll meine Stimme sein um meine Freunde, sie waren mir beide so lieb!"[1]

Johann Gottfried Herder nannte die zärtlich-traurige Stimme Ossians in ihrer Welt der glücklichen Wehmut und ihrer Begnadung durch das Vergehen „sanft wie ein Harfenton", der aus den Gräbern „entschlüpfte".

„Die Stimme Oßians... bringt uns wie in einem Zauberspiegel, nicht nur Gemälde alter Taten und Sitten vor Augen; sondern die ganze Denk- und Empfindungsweise eines Volkes auf dieser Stufe der Kultur, in solchen Gegenden, bei solchen Sitten tönet uns durch sie in Herz und Seele. Oßian und seine Genossen sangen uns mehr vom inneren Zustande der alten Galen, als ein Geschichtsschreiber uns sagen könnte, und werden uns gleichsam rührende Prediger der Humanität, wie solche auch in den einfachsten Verbindungen der menschlichen Gesellschaft lebt. Zarte Bande ziehen sich auch dort von Herz zu Herzen; und jede ihrer Saiten tönt Wehmut."[2]

Er sprach sich in einer Rezension kritisch über den Versuch (Oßian [1768]) des Jesuiten Johann Nepomuk Michael Denis (1729-1800) aus, die ossianischen Dichtungen im Hexameter zu übersetzen:

„Wir wissen von den Nordischen Dichtern der Celten wenig; aber, was wir von ihnen wissen, was die Analogie der Skalden, ihrer Brüder, uns ausserdem noch auf sie schließen läßt, dürfte das für den Hexameter entscheiden? Nach allen einzelnen Tönen, die uns von ihnen zurückgeblieben, haben sie in einer Art von lyrischer Poesie gesungen, und da dies aus den Nachrichten von Skalden gewiß wird, da man den Strophen- und Versbau dieser Liedersänger zum Theil entwickelt hat: so wünschten wir, Hr. D. hätte sich nach den Accenten solcher Bardengesänge sorgfältiger erkundigt, von denen in den so bearbeiteten celtischen Alterthümern Spuren gnug anzutreffen sind. Unsre Sprache, die in so vielen Jahrhunderten freylich sehr nach andern discipliniret und von ihrem Bardenursprung weggebogen ist, würde vielleicht in diesem

---

[1] Werther, 108–110.
[2] Herder Ideen, 683.

Rhythmus Töne finden, die zum zweytenmale deutsche Barden wieder aufwekten. Und gewiß, so weit die Gesänge und Bilder eines Oßians von Homer im Innern abgehen; so anders die Laute der Sprache und der Kehle gewesen: so anders auch sein Saitenspiel. Jetzt ists also Oßian der Barde im Sylbenmaase eines griechischen Rhapsodisten."

Herder fragt, ob Ossian durch den Hexameter „verschönert, und gleichsam claßisch" würde und verneint dies wegen des abweichenden Sprachbaus und des ganz anderen Charakters der Dichtungen:

„Homers Muse wählte den Hexameter, weil dieser in der reichen, vieltönigen, abwechselnden griechischen Sprache lag, und auch in seinem langen und immer rastlosen Gange dem Gange der Poesie am besten nach- und mitarbeiten konnte. ... Noch aus einer andern Ursache kleidet den Homer sein Hexameter so vortrefflich, seiner süßen griechischen Geschwätzigkeit wegen. Sein Ueberfluß an mahlenden Adjektiven und Participien, an tausend angenehmen Veränderungen und kleinen Bezeichnungen, seine Gewohnheit zu wiederholen u. s. w. Alles schickt sich so vortrefflich in den immer fallenden und wiederkommenden Hexameter, daß dieser aus mehr als einem Grunde im eigentlichsten Verstande der Vers Homers heissen kann.

Nun aber Oßian, und er ist fast in allem das Gegentheil. Er ist kurz und abgebrochen: nicht angenehm fortwallend und ausmahlend. Er läßt die Bilder alle schnell, einzeln, hinter einander dem Auge vorbeyrücken; und das Anreihen derselben, ihre Verkettung und Verschränkung in einen Zug kennet er nicht. Rauhe Kürze, starke Erhabenheit ist sein Charakter – kein fortwallender Strom, kein süsses Ausreden. Er tritt einher, möchte ich mit seinen Worten sagen; er tritt einher in der Stärke seines Stals, und rollt wie ein Meteor vorbey und zerfährt im Winde ..."

So mache denn auch die Hexameterübersetzung von Denis einen „epischen, heroischen Eindruk ...; aber nicht Schottischheroischen, Nordischepischen Eindruk. Sie muß die kurze Abgebrochenheit des Dichters mildern, und gleichsam verschmelzen: sie muß seine Bilder reihen, die er erhaben hinwarf: die Lücken zwischen ihnen verstößet sie: sie bringt alles in Fluß der Rede – ein homerischer Rhapsodist, nicht aber auch dem Haupteindruk des Tons nach, der raue erhabne Schotte."[1]

---

[1] Entnommen aus: http://www.phf.uni-rostock.de/institut/igerman/forschung/litkritik/litkritik/start.htm?/institut/igerman/forschung/litkritik/litkritik/Rezensionen/AufEmpf/TbHerder-10orig.htm (28. 3. 2006).

Der Vergleich mit der archaischen Kunst Homers, der oft gezogen wurde, hätte auch Schiller auf den Gedanken bringen können, Ossian gleich Homer für einen „naiven" Dichter zu halten, bei dem „alles Natur ist". Er sagt aber:

> „Der elegische Dichter sucht die Natur, aber als eine Idee und in einer Vollkommenheit, in der sie nie existiert hat, wenn er sie gleich als etwas Dagewesenes und nun Verlorenes beweint. Wenn uns Ossian von den Tagen erzählt, die nicht mehr sind, und von den Helden, die verschwunden sind, so hat seine Dichtungskraft jene Bilder der Erinnerung längst in Ideale, jene Helden in Götter umgestaltet. Die Erfahrungen eines bestimmten Verlustes haben sich zur Idee der allgemeinen Vergänglichkeit erweitert, und der gerührte Barde, den das Bild des allgegenwärtigen Ruins verfolgt, schwingt sich zum Himmel auf, um dort in dem Sonnenlauf ein Sinnbild des Unvergänglichen zu finden."[1]

Schiller konnte freilich nicht wissen, daß die ossianischen Dichtungen weitgehend Fälschungen eines Fälschergenies waren, aber der ihm eigene kritische Geist und seine „dichterische Empathie" verrieten ihm den „sentimentalischen" und daher durchaus nicht-archaischen Charakter dieser Dichtungen. Wir wissen ja heute, daß MacPherson bei der Umarbeitung einiger wirklich echter alter Dichtungen Texte, die gegen die Prüderie der Zeit verstießen, aber auch besonders krasse oder burleske Stellen weggelassen hat. Gerade diese hätten Schiller vielleicht in seinem Urteil umstimmen und den „rauen erhabenen Schotten" Herders als einen „naiven" Dichter ansehen lassen. So aber war Ossian der Sänger des „joy of grief", eines Ur- und Weltgefühles, das dann als „Wonne der Wehmut" noch eine Zeitlang in der deutschen Literatur weiterleben sollte.[2]

Werther vermerkt in seinem Tagebuch:

> „Ossian hat in meinem Herzen den Homer verdrängt. Welch eine Welt, in die der Herrliche mich führt! Zu wandern über die Heide, umsaust vom Sturmwinde, der in dampfenden Nebeln die Geister der Väter im dämmernden

---

[1] Schiller VI, 406.
[2] Schmidt (2003).

Lichte des Mondes hinführt. Zu hören vom Gebirge her, im Gebrüll des Waldstroms, halb verwehtes Ächzen der Geister aus ihren Höhlen, und die Wehklagen des zu Tode sich jammernden Mädchens, um die vier moosbedeckten, graswachsenen Steine des Edelgefallnen, ihres Geliebten."[1]

Nachdem Werther aus „Alpin" den Satz „Oft im sinkenden Monde seh' ich die Geister meiner Kinder, halb dämmernd wandeln sie zusammen in trauriger Eintracht" vorgelesen, kann die Geliebte nicht mehr an sich halten:

„Ein Strom von Tränen, der aus Lottens Augen brach und ihrem Gepreßten Herzen Luft machte, hemmte Werthers Gesang. Er warf das Papier hin, faßte ihre Hand und weinte die bittersten Tränen. Lotte ruhte auf der andern und verbarg ihre Augen ins Schnupftuch. Die Bewegung beider war fürchterlich. Sie fühlten ihr eigenes Elend in dem Schicksal der Edlen, fühlten es zusammen, und ihre Tränen vereinigten sich ..."

Werther liest weiter:

„'... Aber die Zeit meines Welkens ist nahe, nahe der Sturm, der meine Blätter herabstört! Morgen wird der Wanderer kommen, kommen der mich sah in meiner Schönheit, ringsum wird sein Auge im Felde mich suchen und wird mich nicht finden.' –

Die ganze Gewalt dieser Worte fiel über den Unglücklichen. Er warf sich vor Lotten nieder in der vollen Verzweiflung, faßte ihre Hände, drückte sie in seine Augen, wider seine Stirne und ihr schien eine Ahnung seines schrecklichen Vorhabens durch die Seele zu fliegen. ..."[2]

Goethe erinnerte sich später in „Dichtung und Wahrheit" (III. Teil, 13. Buch) dieser Ossianschwärmerei:

„... wo wir denn auf grauer, unendlicher Heide, unter vorstarrenden bemoosten Grabsteinen wandelnd, das durch einen schauerlichen Wind bewegte Gras um uns, und einen schwer bewölkten Himmel über uns erblickten. Beim Mondschein ward dann erst diese kaledonische Nacht zum Tage; untergegan-

---

1 Werther, 82.
2 Werther, 114f.

gene Helden, verblühte Mädchen umschwebten uns, bis wir zuletzt den Geist von Loda wirklich in seiner furchtbaren Gestalt zu erblicken glaubten."[1]

Wie die germanischen Götter und Helden hatten jedoch die Helden Ossians für Goethe etwas „Formloses", das sich der Gestaltung durch den an die Vorstellung und Abbildung der griechischen Götter Gewöhnten entzog (III, 12). An anderer Stelle gedenkt er der Freuden des Schlittschuhlaufens und erinnert sich zum Krachen der springenden Eisplatten (ibid.):

> „... des bei abnehmendem Wasser sich senkenden Eises ernsthafter Donner, unserer eigenen Bewegung sonderbarer Nachhall vergegenwärtigten uns Ossianische Szenen ganz vollkommen."[2]

Die wilde Bergwelt mit ihren „großen Steinen" hatte die Konnotation des Archaisch-Gewaltigen und wurde in der Phantasie der empfindsamen Leserinnen wohl noch übertrieben. Man erinnert sich, daß es als Mutprobe der Damen galt, die in Goethes englischem Garten in der Nähe der Ilm befindliche Felsformation zu durchschreiten, die eine Art natürlichen, jedoch keinesfalls engen Durchgang bietet und – wenig treffend – als „Nadelöhr" bezeichnet wurde. Hier nun „schweifte" der Barde, der Brautraub- und Brautrückgewinnung besang und zum Tode des Geliebten in die Saiten griff. So konnte Ossian als Naturpoet gelten, als – wenn auch sentimentalisches – Originalgenie, wobei man noch an die kontemporär zunehmende Bedeutung Shakespeares erinnern kann, die mit derjenigen Ossians koinzidiert.[3]

b. Der „Ossian" in Musik und Bildender Kunst

Bekanntlich hat der Zauber des Ossian auch seine Wirkung auf die Komponisten der Zeit ausgeübt, allen voran auf Franz Schubert (1797–1828),

---

1 Dichtung und Wahrheit, 582.
2 Dichtung und Wahrheit, 523.
3 Schmidt (2003).

der 11 Lieder auf ossianische Texte schrieb.[1] Felix Mendelssohn Bartholdi (1809–1847) besuchte am 7. August 1829 mit einem Boot die Fingal-Höhle auf der Insel Staffa der Inneren Hebriden und ließ sich hier zu seiner „Hebridenouverture" (op. 26) anregen. Die sechseckigen Basaltsäulen der Fingal-Höhle sind geologisch gesehen die Fortsetzung der Basalteinlagerung, die auch den nicht minder berühmten „Giant's Causeway" an der Küste von Antrim in Nordirland bildet. Hier wie dort hat man das imposante Kunstwerk der Natur mit dem riesenhaften Helden Finn zusammengebracht. Der Name *Fingal's Cave* verdankt sich natürlich ossianischen Assoziationen, was eigentlich selbstverständlich ist, wenn man bedenkt, daß die Höhle erst 1772 von Sir Joseph Banks im Zusammenhang einer Expedition nach Island entdeckt wurde. Die schott.-gäl. Bezeichnung *Uamh-Binn* 'Höhle der Musik' bezieht sich wohl auf den Echoeffekt der brandenden Wogen oder die Basaltsäulen, die an Orgelpfeifen erinnern. Drei Jahre nach Mendelssohns Besuch entstand das Gemälde „Fingal's Cave" von Joseph M. W. Turner (1775–1851). Die Höhle wurde natürlich nicht nur von Ossianbegeisterten besucht, sondern auch von William Wordsworth, Sir Walter Scott, John Keats, Alfred Lord Tennyson, Theodor Fontane, Jules Verne und vielen anderen. Sozusagen als Abgesang auf die symphonische Ossianschwärmerei darf man wohl die Ouvertüre „Nachklänge auf Ossian" op. 1 (1841) des Dänen Niels Wilhelm Gade (1817–1890) bezeichnen, die Mendelssohn, dessen Schüler Gade war, in Leipzig aufführte.

Erstaunlich breit war die Rezeption des Ossian im europäischen Musiktheater. Manuela Jahrmärker[2] weist eine ganze Anzahl solcher Werke nach: *Colma* (1791) von William Bach, die englische Ballett-Pantomime „Oscar and Malvina" (1791) von William Byrnes, das Ballett „Mora's Love" (1809) des Tänzers, Choreographen und Komponisten James Harvey D'Egville, die Opern „Ossian, ou Les Bardes" (1804) von Jean François F. Le Sueur – ein Werk, welches den

---

[1] „Lodas Gespenst" D150; „Kolmas Klage" D217; „Ossians Lied nach dem Falle Nathos" D278; „Das Mädchen von Inistore" D281; „Cronnan" D282; „Shilrik und Vinvela" D293; „Lorma" D327; „Der Tod Oscars" D375; „Lorma" D376; „Die Nacht I" („Die Nacht ist dumpfig") D534/1; „Die Nacht II" („Lass Wolken an Hügeln ruhn") D534/2.

[2] Ossian – Eine Figur und eine Idee des Europäischen Musiktheaters um 1800, in: http://www.muut.de/studio/Inhalt.html (28. 4. 2008)

besonderen Gefallen Napoleons erweckte –, „Uthal" (1806)[1] von Etienne Nicolas Méhul, „Fingallo e Comala" (1805) von Stefano Pavesi, „Gaulo ed Oitona" (1813) von Pietro Generali, *Sulmalle* (1802) von Bernhard Anselm Weber sowie die „deutschen" Singspiele „Ossians Harfe" (1799) von Friedrich Ludwig Aemilius Kunzen und „Colmal" (1809) von Peter von Winter, wobei der Librettist des letztgenannten Werkes Matthäus von Collin auch als Verfasser der Texte Schubertscher Lieder bekannt ist. Während jedoch die *matière de Bretagne* sich bis heute in dieser oder jener Form im Musiktheater halten konnte, dürften die Ossian-Opern samt und sonders vergessen sein.

In der Bildenden Kunst[2] erscheint Ossian vor allem in der Napoleonverherrlichung. So bei Anne-Louis Girodet-Trioson (1767–1824). Der Künstler stellte in dem vom Kaiser in Auftrag gegebenen sehr dynamischen Bild (ca. 1801) französische Krieger dar, wie sie unter ihrem Anführer Napoleon von einem Adler geführt nach links oben stürmen. Der durch einen Stab als blind gekennzeichnete Ossian empfängt sie, während sie der weiter hinten thronende Fingal erwartet. Barbrüstige Maiden strecken den Kriegern ihre Arme entgegen, greifen in die Harfe oder spielen Fiedel.[3] Etwa aus der gleichen Zeit stammt „Der Tod der Malvine" in den Armen Fingals.[4] Gleichfalls der pathetischen Kaiserverehrung entstammt Dominique Ingres (1780–1876) „Der Traum des Ossian" von 1813.[5] Es zeigt im Vordergrund den entschlafenen Dichter und dahinter auf Wolkenbänken die um den greisen Fingal gelagerten Heldengestalten, die in fahlem Grau gehalten sind. Auch François Gérard (1770–1837) gestaltete ossianische Motive. So in dem 1802 entstandenen Gemälde „ Ossian évoque les fantômes au son de la harpe sur les bords du fleuve Lora"[6], das von Kaiserin Joséphine in Auftrag gegeben wurde. Hier sitzt

---

1 Dazu noch im gleichen Jahr eine Parodie „Brutal, ou il vaut mieux tard que jamais" von J. M. Pain und P. A. Vieillard.
2 Dazu: Ossian und die Kunst.
3 Musée national des châteaux de Malmaison et de Bois-Préaux; Abb.: http://www.wooop.de/app?service=external/Artist&sp=l319&sp=l104(1. 5. 2006).
4 Museum Varzy; Abb.: http://de.wikipedia.org/wiki/Anne_Louis_Girodet-Trioson (1. 5. 2006).
5 Im Musée Ingres, Mountauban, France; Abb. in: http://www.abcgallery.com/I/ingres/ingres.html (1. 5. 2006).
6 Musée national des châteaux de Malmaison et de Bois-Préaux; Abb.: http://www.musees-nationaux-napoleoniens.org/pages/page_id19162_u1l2.htm (1. 5. 2006).

der neuzeitliche Ossian (MacPherson) harfespielend auf einer Felsplatte hoch über einem Tal, das von einem silberhellen Gewässer durchflossen ist. Ossian gegenüber erscheinen die geisterhaften Gestalten des Fingal (mit Flügelhelm), Malvine und der anderen. Einer von ihnen, ein – vielleicht blinder – Greis, der selbst eine Harfe hält, streckt seine Rechte dem Rhapsoden entgegen.

Die pathetische Kündergeste ist deutlich mit Ossianassoziationen verbunden, so bei William Blake,[1] aber auch in einer reizvollen Karikatur des Amerikaners Edward Gorey.[2] Sie zeigt eine wilde sturmumtoste Felsklippe, „wie ein erratischer Block ... eingestemmt in den Dunstkreis irdischer Begebenheiten" [wie Franz Spunda sagen würde],[3] auf der ein schnauzbärtiger Kelte im Fellmantel steht, ein Blatt in der Hand, auf eine Eingebung wartend. Dazu sagt der Text:

> „He would like to have written an epic in Erse,
> But the best he could manage was GREETING CARD VERSE."

c. Der „Ossian" und die deutsche „Bardenpoesie"[4]

Der von Herder kritisch beurteilte Michael Denis war Jesuit und ab 1759 Lehrer für Rhetorik an der Theresianischen Akademie in Wien, auch nach der Auflösung der Societas Jesu 1777. Seinen aktiven Dienst beschloß er als Direktor der Wiener Hofbibliothek. Zunächst in seinen Interessen durch das barocke neulateinische Schuldrama geprägt, wurde er, beeinflußt durch Brockes' „Irdisches Vergnügen in Gott" und die Dichtungen Hoffmannswaldaus, zu einem Vertreter der Empfindsamkeitsdichtung, ähnlich wie Johann Wilhelm Ludwig Gleim, mit dem er einen Wettstreit in der Besingung „der meisten kriegerischen Vorgänge in Europa seit

---

1 William Blake, „Arise, O Rintrah!" aus „Europe: A Prophecy" (1794–95); http://www.ngv.vic.gov.au/blake/
2 http://www.goreydetails.net/show.php?alpha=62 (30. 5. 2008).
3 Zitiert nach Weisweiler (1963), 21.
4 Zu diesem Abschnitt vgl. die ausgezeichnete Behandlung des Themas durch Düwel – Zimmerman (1986).

1756" abwickelte. Allmählich erlangte er den Ruf, „ein österreichischer Klopstock" zu sein. So ist es nicht erstaunlich, daß er 1768/69 eine Ossianübersetzung vorlegte, die, wie schon erwähnt wurde, in Hexametern einherging, weil Denis davon eine Erneuerung der deutschsprachigen „bardischen" Heldendichtung nach dem Vorbild von Klopstocks „Messias" auch in prosodischer Form erhoffte.

Mit Umkehrung seines Namens brachte er nun „Lieder Sineds des Barden mit Vorbericht und Anmerkungen" (1772) heraus. Dabei hatte Denis wie auch Klopstock die *Barden* einerseits für eine keltische Bezeichnung, andererseits auch für germanisch gehalten. So schreibt er in sehr bezeichnender Weise (§ 1):

> Ich verbreite mich über das eigentliche Germanien, über Scandinavien, Gallien, England, Schottland und Irland, weil nach dem Zeugnisse der Schriftsteller diese Länder nach und nach von einem grossen Stamme bevölkert sich immer an Sprache, Religion, Staatsverfassung und Sitten glichen.

Kronzeuge war immer auch Tacitus, der in seiner *Germania* (cap. 3) das Wort *barditus* für etwas gebrauchte, was man sich als „Schildgesang" – aber eben der Germanen – vorstellte: *carmina, quorum relatu, quem barditum vocant, accendunt animos* 'Lieder, deren Vortrag sie *barditus* nennen, entzünden die Gemüter'.[1] So leitete Denis das keltische Bardenwort von einem fabelhaften König *Bardus I.* her, „der der 5te König der Gallier und Einführer der Singkunst gewesen sein soll", und sah andererseits in Ortsnamen wie *Bardenburg, Bardeleben, Bardengau, Bardewick* Beweise für die Existenz der germanischen Barden (§ 4). Tacitus folgend bezeichnete Klopstock seine „Hermanns Schlacht" als *Bardiet*, und so konnte ein Autor, welcher derlei national-ausgerichtete Werke verfaßte, auch wohl *Barde* genannt werden. Denis stellte sich auch direkt mit „dem Barden

---

1   Der berühmte *barditus* scheint sich volksetymologischer Annäherung an das Barden-Wort zu verdanken, aber auf lat. *barrītus* zurückzugehen, womit die Römer das Trompeten der Elefanten bezeichneten. Besonders wichtig ist der folgende Satz: *affectatur praecipue asperitas soni et fractum murmur, obiectis ad os scutis, quo plenior et gravior vox repercussu intumescat* 'Man strebt dabei besonders nach Rauhheit des Tones und dumpfem Getöse, indem man den Schild vor den Mund hält, damit die Stimme desto voller und kräftiger durch das Zurückprallen derselben anwachse', was keineswegs auf sprachlich strukturierte „Lieder" weist; zuletzt Birkhan (2006b).

schlechthin" auf eine Ebene, wenn er 1784 „Ossian und Sineds Lieder" in 5 Bänden herausbrachte. Seine Kompositionen dieser Lieder hielt der glänzende Pianist und Flötist jedoch leider nicht für publikationswürdig. Eine gleichgestimmte Seele fand er in Karl Friedrich Kretschmann (1738-1809), der sich als Barde *Ringulph*, also mit einem germanischen Namen, nannte.

Bei Klopstock sind die Prinzipien der Bardendichtung jenen der griechischen (und römischen) in der Ode „Der Hügel und der Hain"[1] einander gegenüber gestellt. Es ist ein Dreigespräch zwischen dem Dichter-Ich, dem „Poeten" als Vertreter der klassisch-antiken Dichtung und des „Hügels" und dem „Barden" als Repräsentanten des „Hains" und des Uralt-Neuen. Auf die Frage des Poeten, warum der Dichter dem „fernen sterbenden Widerhalle des Bardengesanges" lausche, antwortet dieser:

> Laß mich weinen, Schatten!
> Laß die goldene Leyer schweigen!
> Auch meinem Vaterlande sangen Barden,
> Und, ach, ihr Gesang ist nicht mehr!
>
> Laß mich weinen!
> Lange Jahrhunderte schon
> Hat ihn in ihre Nacht hinab
> Gestürzt die Vergessenheit.
>
> Und in den öden dunkeln Trümmern
> Der alten Celtensprache
> Seufzen nur einige seiner leisen Laute,
> Wie um Gräber Todesstimmen seufzen.

Die Kunst der Barden ist die ältere Kunst und die der Unmittelbarkeit und der Natürlichkeit, und so sagt der Dichter zum Poeten:

> Noch rauschest du stets mit Geniusfluge die Saiten herab,
> Lang kenn' ich deine Silbertöne;

---

[1] Klopstock (1785), 266–277.

> Schweig'! Ich bilde mir ein Bild
> Jenes feurigen Naturgesangs.
>
> Unumschränkter ist in deinem Herrscherin,
> Als in des Barden Gesange, die Kunst.
> Oft stammelst du nur die Stimme der Natur;
> Er tönet sie laut ins erschütterte Herz.
>
> O Bild, das jetzt mit den Fittigen der Morgenröthe schwebt,
> Jetzt, in Wolken gehüllt, mit des Meeres hoher Woge steigt,
> Jetzt den sanften Liedestanz
> Tanzt in dem Schimmer der Sommermondnacht!
> ...
> Laß fliegen, o Schatten, deinen Zaubergesang
> Den mächtigsten Flug
> Und rufe mir einen der Barden
> Meines Vaterlandes herauf,
>
> Einen Herminon,
> Der unter den tausendjährigen
> Eichen einst wandelte,
> Unter deren alterndem Sproß ich wandle.

Nachdem auch der Poet unter Berufung auf die Schlacht im Teutoburgerwald[1] einen der Barden Teutoniens heraufbeschworen hat, um seine antik-klassische Überlegenheit zur Schau zu stellen, erscheint von „Wurdi's Quell" angekündigt, tatsächlich ein Barde, den der Dichter begeistert begrüßt:

> Wer kommt? Wer kommt? Kriegerisch ertönt
> Ihm die thatenvolle Telyn,
> Eichenlaub schattet auf seine glühende Stirn,
> Er ist, ach, er ist ein Barde meines Vaterlands!

---

[1] Damals *Winfeld* genannt; vgl. die Ode „Die Roßtrappe".

Der Poet bittet seine Leyer, von der Grazie zu singen, den leichten Tritt an der Hand der Kunst. Doch der Barde stellt dem entgegen:

> Sing', Telyn, dem Dichter die schönere Grazie
> Der seelenvollen Natur!
> Gehorcht hat uns die Kunst; sie geschreckt,
> Wollte sie herrschen, mit hohem Blick die Natur.

Nun will der Poet Zeus vom Olympus donnern lassen, Apollon, Pan und Artemis einsetzen, doch der Barde erwidert:

> Ist Achäa der Thuiskone Vaterland?
> Unter des weißen Teppichs Hülle ruh' auf dem Friedenswagen
> Hertha! Im blumenbestreuten Hain walle der Wagen hin
> Und bringe die Göttin zum Bade des einsamen Sees!

Der Dichter erkennt:

> Des Hügels Quell ertönet von Zeus,
> Von Wodan der Quell des Hains.
> Weck' ich aus dem Untergange Götter
> Zu Gemälden des fabelhaften Liedes auf:
>
> So haben die in Teutoniens Hain
> Edlere Züge für mich;
> Mich weilet dann der Achäer Hügel nicht,
> Ich geh' zu dem Quell des Hains.

Wie man sieht, unterscheidet Klopstock zwischen Kelten und Germanen nicht oder – besser gesagt – er hält die Germanen für eine besondere Ausprägung der Kelten. Deshalb kann er auch die „alte Celtensprache" beschwören, die Harfe mit dem kymr. Wort *telyn* nennen und ihr nachsagen, daß sie von sich aus zu spielen vermag, ein alter Sagenzug, der letztlich auf verschnörkelten Umwegen aus dem irischen Landnahmebuch *Lebor Gabála* stammt. Eingestreut dazwischen sind die taciteischen Stammesnamen in der damals vermuteten Lautung und die Nachricht vom rituellen Bad der *Nerthus* (bei Klopstock wie damals allgemein: *Hertha*) bei Tacitus (Germ. 40). Die Wahrnehmung des Altgermanischen ist ebenso selektiv wie die des Keltischen: von diesen erfahren wir nichts über die Kopfjagd und von jenen nichts über die rituelle Tötung derer, die das Götterbild waschen durften.

Auch in der Ode „Wingolf. An des Dichters Freunde", die in 5 Fassungen überliefert ist, zeigt sich ein Bild, das zu dem oben Hervorgehobenen paßt. Es ist ein Huldigungslied an Klopstocks Freunde, die Anwesenden und die Nichtanwesenden, von heute schwer erträglichem Schwulst, in dem die Überarbeitung der ersten Fassung A von 1747 in der späten Fassung C von 1771 durchaus verräterisch ist: In Strophe I der Fassung A will der Dichter wie die Göttin Hebe und wie Apollo den Freunden „mächtige Dithyramben" singen, in der späten Fassung C wie die (relativ unbedeutende) nordische Göttin *Gna* und als ob ihm die Götter von *Idunens* Golde reichten, die Freunde in „kühnerem Bardenliede" feiern. In Strophe II soll in A das Lied „ununterwürfig Pindars Gesängen gleich" entstehen, in der Fassung C wird der „Haingesang" gefragt, ob er „gesetzlos, Ossians Schwunge gleich ... aus der Seele des Dichters schweben" wolle. In Strophe III wird „Orpheus Leyer" von A in C durch „des Celten Leyer" ersetzt. Immer ist das „Celtische" das Unvermittelte, Kunstlos-Geniale, noch mehr als der geniale Pindar begehrt der „Schwung Ossians" gegen die Metrik auf. Und so geht es fort.

Anders Herder, der in seinem Aufsatz „Iduna, oder der Apfel der Verjüngung"[1] eine scharfe Grenzlinie zwischen Kelten und Germanen zog. Der „Deutsche Stamm" gehöre zu den Nordmännern, deren Mythologie er daher auch borgen dürfe – daher *Iduna* –, und unterscheide sich nachdrücklich von den Kelten: „Man vermischt uns mit den Galen; man fordert einen Ossian von uns: Nie gab es zwei verschiedenere Völkerstämme als diese beiden; sie sind daher auch jederzeit gegeneinander gewesen. Der Gale sang weiche, traurige Empfindungen; der Normann sang Taten."

Das war jedoch auch für Herder eine neuere Erkenntnis, denn in seiner Rezension der deutschen Übersetzung von Mallets „Histoire de Dannemarc" von 1795 hatte er noch das Nordisch-Keltische mit dem Nor-

---

[1] Herder II, 570.

disch-Skandinavischen vermischt und beiden das Germanisch-Deutsche gegenübergestellt.[1]

Blickt man auf diese seltsame Bardenpoesie zurück, dann entsteht der Eindruck, daß das „Germanentümelnde" in ihr eigentlich durch die „Keltentümelei" der eklektizistisch und schwärmerisch verklärten Ossianrezeption, wenn nicht zustandekam, so doch wesentlich befördert wurde. Noch Friedrich de la Motte-Fouqués in der Tragik an Aischylos angelehnte Nibelungentrilogie „Der Held des Nordens" (1810) zeigt überaus deutlich Nachwirkungen der Ossianrezeption.[2]

Eine Generation jünger als MacPherson war Sir Walter Scott (1771–1832), dessen Romane eine breite Aufnahme fanden – denken wir nur an „Waverley" oder „Ivanhoe", den Vorbildern aller späteren „Historischen Romane" – besonders aber auch Scotts balladenartige Versdichtungen, die in ihrer Stimmung der Ossians nahestehen, darunter auch das Versepos „The Lady of the Lake" (1810), aus dem das „Gebet einer Jungfrau" oder „Ellens dritter Gesang" als Franz Schuberts „Ave Maria" (D 839, Op 52 no 6; 1825) am bekanntesten blieb. Die Handlung führt mitten in die Spannungen zwischen den Highlanders vom Clan Douglas und König Jacob V. Auf einer Insel im Loch Katrin sucht James of Douglas mit seiner Tochter Ellen in der Burg eines Freundes Zuflucht, wobei ein unbekannter Ritter James Fitz-James auftaucht, der sich in Ellen verliebt. Um den Freund nicht zu gefährden, beschließt der Earl of Douglas sich allein nach Stirling durchzuschlagen. Der fremde Ritter übergibt Ellen einen Ring, der ihr das Wohlwollen des Königs sichern soll. Nach einer kriegerischen Verwicklung gibt sich James Fitz-James als der König selbst zu erkennen (ähnlich wie Richard Löwenherz in „Ivanhoe"). Bewegt durch Ellens Liebe, die einem jungen Mann Malcolm Graeme gilt, und den Edelmut, den er beim Clan Douglas und seinem Anhang erfahren hat, begräbt der König die Feindschaft und söhnt sich mit den Hochländern aus. Der gewaltige Erfolg der „Lady of the Lake" brach damals alle buchhändlerischen Rekorde und erweckte ein unerhörtes Interesse am Lokalkolorit

---

[1] Zu den Begriffen *Deutsch* und *Germanisch* vgl. Haubrichs (2004), 199–227 und Monyk (2006), 23–28.
[2] Volker Gallé, MacPhersons „Ossian" und Fouqués „Held des Nordens", in: (http://www.nibelungenlied-gesellschaft.de/vortraege/galle/fs05_galle.html)

des Schauplatzes am romantischen See. Wie ihr „Journal of our Life in the Highlands" (1868) zeigt, konnte sich dem auch Königin Victoria nicht entziehen. In ihrem Reisetagebuch von 1869 nimmt sie wiederholt auf Scott Bezug und vergleicht die Berglandschaft um Loch Venachar und Loch Katrine immer wieder mit der Szenerie der Schweizer Alpen.[1] Ebenso wirkte der besondere Zauber dieser Landschaft auf Fontane.[2] Die Faszination hält bis heute an und rückt die Natur- und Literaturlandschaft Schottlands – insbesondere der *Trossach*, wie die Landschaft um Loch Katrine heißt – ganz in den Vordergrund.

Viele Romane Scotts wurden als Opern vertont, manche gleich mehrmals („Ivanhoe" und „The Bride of Lammermoor" sechsmal,[3] „Kenilworth" siebenmal). So hat Scott in gewissem Sinn das Erbe MacPhersons angetreten, die Problematik der Borderlands, der Konflikt zwischen Lowlands und Highlands, die Feindschaften zwischen verschiedenen Clans, die romantische Landschaft und das ins Übernatürliche hinüberspielende Element ergaben eine keltische Version der Gothic novel, die auch den Kontinent in ihren Bann schlug.

d. Der „Ossian" heute

Die Ossianbegeisterung war doch in ihrer sentimentalen Komponente des „kultivierten Leidensgenusses" („joy of grief") zu zeitgebunden, als daß sie nach der Klassik und der durch sie mitbestimmten frühen Romantik, als deren „Epos" Hegel den „Ossian" bezeichnete,[4] noch lange angehalten hätte. Mit August Wilhelm Schlegels Polemik gegen MacPhersons Dichtung aus dem Jahre 1800 tritt in der Literaturtheorie der Umschwung ein.[5] Demgegenüber läßt sich wohl nicht einwenden, daß die Publikationsziffern des „Ossian" besonders in der ersten Dekade des 19.

---

1 Victoria (1885), 58–67.
2 Dazu noch Victoria (1885).
3 Am bekanntesten ist freilich „Lucia di Lammermoor" von Gaetano Donizetti (1835).
4 Hegel, Ästhetik, 459f.
5 Zur Rezeption s. das umfangreiche Material in: Howard Gaskill (Hrsg.), Schmidt (2003).

Jh.s die höchsten gewesen seien, denn wann hätte sich der Publikumsgeschmack je pflichtschuldig der zeitgenössischen Ästhetik, Literaturkritik oder einer das „Moderne" hochjubelnden Lobby untergeordnet? Ab der zweiten Hälfte des 19. Jh.s wird es um Ossian still. Am Beginn des 20. Jh.s baute Friedrich Lienhard die Gestalt des Barden in sein Trauerspiel „König Arthur" ein (s. oben S. 305). In einer Szene stellt er den Heldensänger den dekadenten Römern, die aber immer noch den „klassischen" Geschmack repräsentieren, gegenüber und läßt ihn sagen:

„Ha, du anmaßender Fremdling: und die furchtbare Majestät mitternächtiger Nordlandsstürme? Wenn Geister und Götter auf Nebelrossen mit Hussa tauchen aus dem Windgesang der See? Wenn Schwärme weißer Flocken im Tanze kommen über die Nordsee und den goldenen Herbst des schwermutvollen Britanniens wandeln in leuchtend Weiß? ... Wenn Rudel von Wölfen heulen in den Eiswäldern Caledoniens ...?" [Auch hier die Neigung, Schottland gewaltsam zu vernorden.]

Worauf Mordred mit Bezug auf das wirre Haar Ossians und die Kahlheit des Römers erwidert: „Dein ungestümer Sang wuchert wie dein Haar", und zu dem Römer: „Deine verständige Kunst schert das Haupt kahl."

Als einziger versuchte der Olmützer Gymnasiallehrer und aus dem Expressionismus hervorgehende Verfasser okkultistischer und phantastischer Romane Franz Spunda (1890–1963) durch eine rhythmische Neuübersetzung des „Ossian" (1924) eine entsprechende Renaissance hervorzurufen. Da heißt es nun in expressionistischer Kraftsprache:

„Wo ist ein Held in der ganzen Sagenwelt, der Fingal gliche an Wucht der Rede und Tat? Wo sind Herakles, Achill, Arthur oder Sigurd? Nur Macht, Sieg und Ehre sind diese, Fingal aber ist unendlich mehr, ist Urkraft, Kraft, die des Beweises nicht bedarf: Buddha, Christus, Laotse, die Dreieinigkeit der menschlichen Götter" und von den ossianischen Helden singt Spunda: „Keine Verheißung der Himmel, keine Drohung der Hölle macht wankend ihr Herz. Im Sange der Barden zu tönen, genannt von Kindern und Enkeln, kommt ihnen gleich der Unsterblichkeit".[1]

---

1   Zitiert nach Weisweiler (1963), 21.

Der Sohn der Hinde, Finn, hätte sich gewiß gefreut, hätte er ahnen können, daß er dereinst mit Laotse auf eine Stufe gestellt würde! Gerade, wenn man die Sagen und ihre Hintergründe kennt, ist Spundas Ossianverständnis kaum erträglich. Es hat sich auch nicht bewährt: Im Gegensatz zu Romanen wie der „Der Baphomet", die direkt in Magie und Okkultismus vorstießen und besser zum Geschmack der Zeit paßten, in der z.B. der Stummfilm „Das Kabinett des Dr. Caligari" entstand, blieb die Bemühung um den „Ossian" ohne große Wirkung.

Auch der 1996 erschienene experimentelle „Ossian-Roman" von Gila Prast, der aus interpunktionslosen Assoziationsketten besteht, fällt wohl der Vergessenheit anheim:

> „rinnender Leichnam stürzt Sonne
> Stimmen und alt geführt tragen Ossian
> Gefährten Ansicht verlorener Bahre
> hört der Stich in der Leber wenn
> über dem Tor Medaillon der Mantel
> ankündigend großartig viel Silber in
> stehend Geheiß Meerschaum geboren
> so schnell vorbei Hitze schlank wo
> Ossian wenig Hände Schmuck in den letzten
> Tagen auf dem Balkon einer Erde
> fürchterliches Beben flickt
> Spiegel und Urne Hingabe vollenden
> Trauer weben die Herzen als Ossian
> erschien und eine Dauer worüber Ossian
> spricht Meereswind so erscheinen sieben
> Engel zum letzten mal sein Krieger als..."[1]

Nicht nur wird Prasts hochgespanntes Ziel einer Art romanhafter Kritik am deutschen Idealismus nicht plausibel,[2] auch die Willkürlichkeit der Assoziationen entspricht nicht der ossianischen Atmosphäre. Der Leser

---

1 Prast, 139.
2 Dazu der Kommentar Prasts in: http://books.google.at/books?id=pKUutyQJ8OQC&pg=PA1130&lpg=-PA1130&dq=%22Gila+Prast%22+%2B+Ossian&source=web&ots=95Tvrtl8Et&sig=Jt5c6C1SbYNKNc2ayJp5LryuSvs&hl=de (14. 5. 2008).

mache den Versuch, in obigem Zitat statt „Ossian" „Lancelot", „Parzival" oder „Tristan" einzufügen, der Text wird gleich „sinnig" oder „unsinnig" erscheinen. Natürlich entsteht aus den Wortassoziationen ein bestimmtes emotionales Feld, in das z.B. „Faust", „Hitler" oder auch der Name einer Frau weniger „passen" würde – andererseits, was paßt hier schon? Allerdings sind die „Privatheit" und Subjektivität der Assoziationen Prasts gutes Recht, nur enthalten sie – soweit ich sehe – kein Deutungsangebot, das in irgendeiner Weise der durch den Titel *Ossian* ausgelösten Erwartung gerecht würde.

Heute versteht man unter „Ossian" aber auch „eine der legendärsten Bands Schottlands", die 1976 in Glasgow gegründet worden war. Das Internet meldet dazu: „Der Name Ossian stammt von dem gleichnamigen legendären keltischen Barden und Folkhelden [sic!] aus dem 3. Jahrhundert"[1] – also aus der Zeit Caracallas – ein kurioser Rückgriff auf Blair.

---

1 http://www.folkworld.de/1/newsd.html (30. 4. 2006).

D. Der *Barzaz breiz* – ein bretonischer Ossian?

Der „Ossian" war am Vorabend der Romantik herausgekommen und hat ihre Entfaltung gefördert. In den frühen 30er-Jahren des 19. Jh.s gab es im Gefolge nationaler Besinnung nach den napoleonischen Kriegen und angeregt durch Werke wie Johann Gottfried Herders Volksliedersammlungen vielerorts ein beachtliches Sammlerinteresse an der eigenen Volkspoesie.

In diese Zeit fällt auch die Entstehung eines Werkes, in dem erstmals auch das Bretonentum, das im Mittelalter seine Spur der arthurischen Tradition eingeprägt hatte, zu Wort kommen sollte. Mit dem Aufblühen des walisischen Selbstgefühls in der *Eisteddfod*-Kultur und dem Neubardentum erwachte auch das bretonische Selbstbewußtsein, und so wurde auf Veranlassung des ossianbegeisterten und keltenfreundlichen Napoleon von einigen Antiquaren am „9. Germinal an XII" (= 30. März 1804) die „Académie Celtique" in Paris gegründet.[1] Sie setzte sich zum Ziel „retrouver le passé de la France, recueillir les vestiges archéologique, linguistique et coutumier de l'ancienne civilisation gauloise".

Einer der Gründer war Jacques Cambry (1749–1807), der altertumskundliche Werke wie den *Voyage dans le département du Finistère* (1799), eine *Description du département de l'Oise* (1803) und die *Monuments celtiques, ou Recherches sur le culte des pierres* (1805) verfaßte. Ein anderer Mitbegründer war Jacques Le Brigant (auch: Bigant; 1720–1804), ein Angehöriger des bretonischen Parlaments und linguistischer Keltomane, der die Überzeugung vertrat, daß das Keltische die Mutter aller Sprachen sei und diese – insbesondere auch das Chinesische, das Sanskrit und die Sprache Tahitis – aus ihr ableitbar seien. Der berühmte Abbé de la Rue, der sich große Verdienste um die Erforschung der Normandie erworben hatte, widmete auch den bretonischen Barden eine Untersuchung. Einem Aufruf der Académie celtique folgend, begann eine rege Sammeltätigkeit, in der sich Aymar de Blois, der Graf Jean-François de Kergariou, Madame de Saint-Prix, der Abbé Mahé, Jean-Marie Penguern, Jean-Marie Le Huerou,

---

[1] Die Gesellschaft heißt heute *Société nationale des antiquaires de France*. Ihre Mitglieder treffen einander jeden Mittwoch im Louvre, Pavillon Mollien.

Jean-René Kerambrun, der Chevalier de Fréminville, Emile Souvestre und Louis Dufilhol besonders hervortaten. Einigen dieser Persönlichkeiten werden wir weiter unten (S. 444) wieder begegnen. Entscheidend war auch die Angst, daß das mündliche Traditionsgut, das tiefe Einblicke in Geschichte und Mentalität des Bretonentums gewähre, aussterben könnte.

Hier trat Théodore-Claude-Henry Vicomte Hersart de La Villemarqué (1815–1895) auf den Plan.[1] Er war während seines Studiums in Paris mit der bretonischen Bewegung in Berührung gekommen und hatte sofort Volkslieder zu sammeln angefangen. Nachdem er sich in Wales mit Land und Leuten vertraut gemacht, 1838 an der *Eisteddfod* in Abergavenny teilgenommen und im Jesus College (Oxford) kymrische Handschriften eingesehen hatte, publizierte der 24-Jährige 1839 den *Barzaz Breiz* 'Bardendichtung der Bretagne', der sogleich ein gewaltiger Erfolg war. Neuauflagen erschienen 1845 und 1867.[2] In seinem Vorwort von 1839 weist La Villemarqué ausdrücklich auf die damals europaweit sich erstreckende Volksliedsammeltätigkeit hin, indem er u. a. als Beispiele die Sammler in Italien, Schweden, Serbien, Dänemark, Deutschland und England anführt. Er nennt als seine Quelle die einfachen illiteraten Leute, die ihm während seiner jahrelangen Sammeltätigkeit die Texte mitgeteilt bzw. vorgesungen hätten:

> „J'ai assisté aux grandes réunions du peuple, à ses fêtes religieuses ou profanes, aux *pardons*, aux foires, aux veillées, aux *fileries*; les bardes populaires, les mendiants, les meuniers, les laboureurs ont été mes collaborateurs les plus actifs; j'ai aussi fréquemment consulté, avec fruit, les vieilles femmes, les nourrices, les jeunes filles et les vieillards. Les enfants mêmes dans leurs jeux, m'ont quelquefois, sans le savoir, révélé des trésors. Le degré d'intelligence de ces personnes variait souvent; mais ce que je puis affirmer, c'est qu'aucune d'elles ne savait lire."

Freilich habe er eine gewisse Auswahl walten lassen:

---
1 Plötner – Laurent (1993) mit Abb. 81.
2 Jetzt bequem zugänglich in: Barzaz-Breiz; dazu u. a. Hemprich (2004b), 189f.

„La seule licence qu'il puisse se permettre, est de substituer à certaines expressions vicieuses, à certaines strophes moins poétiques de cette version, les stances, les vers, ou les mots correspondants des autre leçons. Telle a été la méthode de Walter Scott; je l'ai suivie. A ces libertés indispensables se bornent tout celles que je me suis cru autorisé à prendre, et je présente ces poésies au public, avec la conviction qu'elles portent en elles les marques les plus incontestables de leur authenticité. Je pourrais donner d'autres preuves si cela était nécessaire, je pourrais citer les noms des chanteurs qui me les ont apprises; mais il me suffit d'invoquer l'autorité des personnes respectables des diverses parties de la Bretagne, où elles se chantent en ce moment."[1]

Mit dieser im Geschmack der Zeit liegenden Vorgangsweise, die Texte zu purgieren und die Informanten in der Menge des „Volkes" in ihrer Anonymität untergehen zu lassen, lieferte La Villemarqué seinen Kritikern, die ihm im Laufe der Zeit unterstellten, Fälschungen im Stile MacPhersons durchgeführt zu haben, allerlei Zündstoff. Bedenklich stimmte aber auch die Sprache. Das Werk ist so organisiert, daß zunächst ein mit *Argument* überschriebenes Kapitel die Handlung kurz zusammenfaßt. Darauf folgen die Lieder selbst in französischer Übersetzung, auf dem unteren Teil jeder Seite in wesentlich kleinerem Druck die bretonische Originalfassung. Danach bietet La Villemarqué Anmerkungen und am Ende des Buches auch die Melodien vieler Stücke, die Jules Schaëffer transkribierte, einige davon im Stil der Zeit auch für Gesang mit Klavierbegleitung setzte.

Die zweite Quelle der Skepsis und Vorwürfe war die sprachliche Seite des Werkes. Von ihr sagt der Vicomte:

„Les contractions et permutations de lettres que font subir à des mots indentiques la variété des idiomes locaux, et surtout les règles des consonnes muables, lesquelles sont presque aussi multiple et aussi difficiles à suivre dans les langues celtiques que dans les langues orientales, pourraient faire croire au premier abord que je n'ai pas suivi une orthographe régulière; un simple examen des textes prouvera le contraire; je me suis scrupuleusement astreint à celle de notre excellent grammairien Breton, M. Le Gonidec. Il n'y

---

[1] Barzaz-Breiz, 17f.

a qu'un seul point où, d'après son avis même, je m'en sois écarté, c'est dans l'accentuation des voyelles, qui varie de canton à canton, et qui n'a rien de fixe."[1]

Jean François Marie Le Gonidec (1775–1838), den man den *Tad ar Yezh* 'Vater der Sprache' nannte, hatte als Erster nicht nur das Neue Testament ins Bretonische übersetzt, sondern auch die Sprache durch eine Grammatik, Wörterbücher und eine Orthographie erschlossen. Sich an ihm zu orientieren, lag in einer Zeit, als Feldforschung noch in den Kinderschuhen stak, nahe genug. La Villemarqué plante den *Barzaz Breiz* ja auch nicht als linguistische Bestandsaufnahme, sondern nach dem Inhalt der Lieder, die von kulturkundlichem Interesse sein sollten. Er normalisierte daher auch über die Grenzen der vier bretonischen Dialekte hinweg und ließ viele holprige Wendungen und syntaktische Verstöße zu. Auch sind seine Übersetzungen nicht immer korrekt (s. unten S. 387).

Er unterteilte seine Anthologie in *Gwerzéennou* 'historische Lieder', *Sounennou* 'Liebeslieder' und *Kanaouennou* 'geistliche Lieder'. Bezeichnend war die Feststellung, der *Barzaz* enthalte wenig *chants nationaux*. Im Vorwort zur zweiten Auflage 1845 kommt der Herausgeber auf diesen Tatbestand zu sprechen: Er habe wiederholt Titel und einzelne Verse solcher Lieder nennen hören, sei aber nie wirklich an sie herangekommen. Von seinen Kundfahrten berichtet er, wie leicht es sei, einen eher friedlichen Talbewohner der Bretagne zum Singen zu bringen, der kriegerischere Bergbewohner hingegen hätte schon auf seine Erscheinung mit Mißtrauen reagiert:

„.... si quelque gentilhomme s'adressait à lui, c'était le fusil et non le portefeuille sous le bras; c'était pour lui demander où gîtait le lièvre, ou remisait la perdix, et non s'il savait la ballade d'Arthur ou de Noménoë."[2]

Im Allgemeinen fand der *Barzaz* begeisterte Aufnahme: in England, in Frankreich, besonders aber in Deutschland bei einem „professeur de lit-

---
1 Barzaz-Breiz, 18.
2 Barzaz-Breiz, 22.

térature dont tout le monde sait le nom" (gemeint ist Jacob Grimm), wie überhaupt die Deutschen für Volksdichtungen besonders empfänglich seien, was sich schon darin zeige, daß das Werk gleich zweimal ins Deutsche übersetzt worden sei.[1]

La Villemarqué sagt von den Volksliedern:

> „Ils sont les conservateurs de la langue, des annales populaires, des bonnes mœrs même, des vertus sociales, et, nous osons le dire, un des instrument de la civilisation…"[2]

Was konnte man nun im *Barzaz Breiz* über die bretonische Vorzeit und an spezifisch Keltischem lesen?

Die Reihenfolge der Stücke entspricht ihrem vom Autor gemutmaßten Alter. Den *Barzaz* eröffnen also Lieder, in denen der Sammler noch heidnische Elemente vermutete.

Das gilt für *Ar rannou* 'Les Séries' („ou le druide et l'enfant").[3] Darin fragt ein Druide ein Kind, worüber er ihm vorsingen solle. Das Kind wünscht sich ein „Aufreihlied", in dessen Strophen jeweils der Inhalt der früheren Strophen wiederholt wird (der Typus ist auch bei uns noch im Volkslied ganz geläufig). Auf den Wunsch, der Druide möge vom Einen singen, antwortet dieser:

> „Pas de série pour le nombre un: la Nécessité unique, le Trépas, père de la Douleur; rien avant, rien de plus."

Darauf über die Zwei:

> „Deux bœufs attelés à une coque; ils tirent, ils vont expirer; voyez la merveille. Pas de série pour le nombre un: la Nécessité unique, le Trépas, père de la Douleur; rien avant, rien de plus."

---

1 Durch Von Keller – von Seckendorff (1841) und Hartmann – Pfau (1851). Zu Grimm und La Villemarqué s. Blanchard (2007).
2 Barzaz-Breiz, 59.
3 Barzaz-Breiz, 69–75.

Die Drei:

> „Il y a trois parties dans le monde: trois commencements et trois fins, pour l'homme comme pour le chêne. Trois royaumes de Merlin, pleins de fruits d'or, de fleurs brillantes, des petits enfants qui rient. Deux bœufs attelés à une coque..., la Nécessité unique..."

Des weiteren gibt es vier Wetzsteine des Merlin, fünf Erdzonen, Weltalter und „cinq rochers sur notre sœur", sechs Wachskinder („enfants de cire"), welche die Mondenergie belebt, sechs Heilpflanzen in einem kleinen Kessel, dessen Inhalt „der kleine Zwerg" umrührt, den kleinen Finger im Mund. Es gibt sieben Sonnen, sieben Monde, sieben Planeten („y compris la *Poule*": bret. *seiz planeden gand ar lar*), sieben Elemente mit dem „Mehl der Luft" (*gand bleud ann ear*). Es gibt acht Winde, acht Feuer mit dem großen Feuer, das im Mai „sur la montagne de la guerre" entzündet wird, acht weiße Jungkühe, die auf der „tiefen Insel" (*enez don*) grasen, die acht weißen Jungkühe der Herrin.

Es gibt beim Turm von Lezarmeur neun kleine weiße Hände über einem „Luft-Tisch" (*war dol leur*), wobei neun Mütter ächzen, und neun Elfen, die in weißem Kleid mit Blumen im Haar im Vollmondlicht den Brunnen umtanzen. (Wir befinden uns im Zeitalter der beginnenden Elfenfaszination; s. unten S. 549FF:) Die Bache und ihre neun Frischlinge vor ihrem Lager, „grunzend und umherwühlend, umherwühlend und grunzend, Eber, Eber, Eber,[1] läuft zum Apfelbaum, der alte Eber wird es euch geben!" Die Zahl Zehn ist mit feindlichen Schiffen, Elf mit bewaffneten (christlichen) Priestern und Zwölf mit den Tierkreiszeichen, aber auch dem Weltuntergang verbunden.

> Das Beispiel mag genügen, um dem Leser eine Vorstellung des hier vorgestellten bretonischen „Heidentums" zu geben. Natürlich braucht La Villemarqué einige engbedruckte Seiten, um die krausen Aussagen dieses Textes zu kommentieren: Eins ist der Tod, vielleicht der laut Caesar von den Kelten so verehrte *Dis*(*pater*). Die beiden überanstrengten Rinder sollen sich auf eine

---

1 La Villemarqué übersetzt, mir unverständlich, bret. *torc'h*, was doch offensichtlich *tourc'h*, kymr. *twrch*, air. *torc* 'Eber' bedeutet, mit 'petit'.

bei walisischen Barden überlieferte Sage beziehen, nach der einst ein Krokodil eine Art Sintflut bewirkt habe, das mittels einer Kette von zwei Stieren weggezogen worden sei, wobei der eine aus Überanstrengung verstarb, der zweite aus Kummer über den Tod seines Kollegen. Die „Schale" (*coque*; bret. *kibi* ?) soll das Krokodil bezeichnen. Bei den fünf Felsen, unter denen die Schwester schmachtet, wirft auch der Kommentator die Flinte ins Korn. Die sechs Wachskinder erklärt er als mittelalterlichen Analogiezauber. Angeblich schrieb man auf die Rückseite dieser Wachsfigürchen *Bélial*, was einen Zusammenhang mit dem (keltisch-semitischen ?) Gott †*Bel*- herstellen sollte. Die sechs Zauberkräuter werden aus den Zauberpflanzen bei Plinius (Mistel, *selago, samolus, verbenaca*) rekrutiert. Dazu sollen noch die Primel und der Klee kommen.

Die Anspielung auf den Kessel und den umrührenden Zwerg verbindet La Villemarqué natürlich zu Recht mit der sehr beliebten Geschichte des *Gwion Bach* in dem mkymr. Text *Hanes Taliesin*. Er erzählt von einer Magierin (Göttin? Druidin?) *Ceridwen*, die zur Heilung ihres dummen und häßlichen Sohnes (*Avagddu*) einen Zaubertrank zubereitet. Ein Knabe, der „kleine Gwion" (*Gwion bach*) muß ein Jahr hindurch den Zaubertrank unter Rühren am Köcheln halten. Als drei Tropfen herausspritzen und ihm die Hand verbrennen, führt er diese zum Mund und wird, weil die drei Tropfen gerade jene mit dem gewünschten magischen Vermögen waren, dadurch weise. Ceridwen trachtet ihm nach dem Leben und verschlingt ihn nach einer Reihe von Verwandlungen in Gestalt einer Henne als Korn. Sie gebiert ihn dann als den berühmten Dichter Taliesin (s. auch unten S. 498).[1]

Bezüglich der sieben Elemente kann man dem Kommentator nur in seinem Staunen beipflichten. Hinter den acht Feuern können Kultvorstellungen, vor allem im Zusammenhang mit dem *Beltaine*-Fest stehen. Die acht weißen Jungkühe bleiben trotz La Villemarqués Versuchen unerklärt.

Die Tradition von den neun kleinen Händchen bringt der Kommentar mit einer Nachricht in Pierres Le Baud *Compillations des croniques et Ystoires des Bretons* (1480-1482) zusammen, der zur volksetymologischen Erklärung des Ortsnamens *Porz Keinan* als „port des lamentations" berichtet, daß man einst hier einer falschen Gottheit Kinder geopfert habe (vgl. die moderne Hallowe'en-Sage; s. unten S. 713F:), weshalb die Mütter klagten. Die neun Elfen im Mondlicht werden mit den Priesterinnen auf der Îsle-de-Sein zusammengebracht. Die Neun-Ferkel-Geschichte läßt sich verhältnismäßig einfach

---

1   Campbell (1949), 197f., 239.

mit Fragmenten der merlinischen Poesie, die wir schon kennen (*Yr Afallenau* und *Yr Hoianau*; s. oben S. 148F:) verbinden.

Was wir an diesen „Druidentraditionen" fassen können, ist ein lebhaftes antiquarisches Interesse wohl des 18. Jh.s, das in Kenntnis bestimmter kymrischer, wahrscheinlich gleichfalls nicht sehr alter Traditionen eine gemutmaßte Druidentradition generierte. Da die Sprache des Liedes keineswegs besonders archaisch ist, die Dichtung also nicht auf wirklich alte Entstehung und Konservierung weist, wie etwa in Wales – mit Vorbehalten – *Y Gododdin*, muß das Zahlenlied mit dem grotesken Inhalt zur Zeit der Aufnahme doch irgendwie „gelebt" haben, was natürlich auf eine gewisse Beziehung der bretonischen Barden zu den kymrischen, wenn auch nicht auf besondere Volkstümlichkeit, weist.

Wenn wir uns nach der kymr. Quelle für diese merkwürdige Druidentradition umsehen, stoßen wir fast zwangsläufig auf Edward Williams, der sich *Iolo Morgannwg* nannte.[1] Wir werden auf diese Persönlichkeit noch im Zusammenhang mit dem Neodruidismus zurückkommen (s. unten S. 781). Iolo Morgannwg ist heute primär als Fälscher angeblich mittelalterlicher Texte und Handschriften berühmt, die er in der von seinem Freund Owain Myfyr herausgegebenen *Myvyrian Archaiology* „edierte". Zu seinen mutmaßlichen Fälschungen gehört auch das *Barddas* 'Dichtkunst' genannte Werk, das sich für das eines Barden *Llewellyn Sion* aus dem 16. Jh. ausgibt und angeblich die gesamte (geheime) Überlieferung des Bardenstandes vom 6. Jh. an enthält. Im guten (?) Glauben übersetzte ein Reverend J. A. Williams Ap Ithel Iolos Phantastereien ins Englische.[2] Schon die Übereinstimmung des Titels dieses Werkes mit dem La Villemarqués ist verräterisch.

Beeindruckt von dem zeitgenössischen walisischen Bardenbrimborium bei den *Eisteddfodau* und den *gorsedd*-Veranstaltungen scheint der Vicomte versucht gewesen zu sein, nun auch eine Art Äquivalent zu diesem angeblichen Schlüsseltext herauszubringen. Im Gegensatz aber zu MacPherson kann man ihm sicher nicht vorwerfen, die Texte gefälscht zu ha-

---

1 Williams (1992), 71f., 74.
2 S. die Angaben in der Bibliographie s. v. Barddas.

ben. Sie sind vermutlich tatsächlich mehr oder weniger in der überlieferten Form – vielleicht bei nur sehr wenigen Gewährsleuten – im Umlauf gewesen, und sein Geschick bestand darin, die richtigen Traditionsträger zu finden, deren Analphabetismus er allerdings überschätzte, denn natürlich liegt einem Werk wie der besprochenen Druidenunterweisung ein gelehrtes Konstrukt zugrunde, das vielleicht erst kurz vor dem *Barzaz* durch einen bretonischen „Barden" entstanden war, der damit die eigene Vergangenheit zu re-konstruieren glaubte.

Wir würden dem *Barzaz Breiz* nicht gerecht, wenn wir unser Urteil nur auf den angeblichen Druidenspruch gründeten. Das Werk hat nämlich literarisch höchst eindrucksvolle Lieder. Dazu gehört Nr. 2 *Diougan Gwenc'hlan* 'La prophétie de Gwenc'hlan'.[1] Es handelt von einem Barden, der angeblich im 5. Jh. gelebt haben soll. *Gwenc'hlan* wurde von einem Fürsten verfolgt, geblendet und in den Kerker geworfen, wo er auch starb. Er soll den Tod seines Feindes vorhergesehen haben. Nach der Art der Tierbilder in den *Prophetiae Merlini* (s. oben S. 150) sieht er in einer Vision seinen Gegner als einen alten Eber, aus dessen Maul Blut trieft und gegen den sich ein wunderbares Meerespferd – auch dies eine alte keltische Tradition –[2] erhebt.

> „Il est aussi blanc que la neige brillante; il porte au front des cornes d'argent.
> L'eau bouillonne sous lui, au feu du tonnerre de ses naseaux.
> Deux chevaux marins l'entourent, aussi pressés que l'herbe au bord de l'etang."

Das „cheval de mer" wird aufgerufen, mit seinen Hufen den Kopf des Ebers zu zermalmen:

> Darc'h mat'ta! darc'h mat'ta morvac'h,
> Darc'h gand he benn, darc'h mat'ta, darc'h.

> 'Frappe fort! frappe fort, cheval de mer! Frappe-le à la tête! frappe fort! frappe!'

1　Barzaz-Breiz, 83–85.
2　Dazu läßt sich an die schottische und Manx Vorstellungen von Wasserpferden (*each uisgey*, kelpie) und den berittenen Meeresgott Manannán erinnern.

Im dritten Teil ist Gwenc'hlan in der kalten Gruft entschlafen – als Texte Lebendigbegrabener geben sich Traditionen des hl. Adamnán (s. unten S. 599), aber auch arthurische Merlins aus –, als er den Adler die Vögel des Himmels herbeirufen hört. Er fragt den Meeresraben (*Morvran*), was er denn habe:

> Je tiens la tête du Chef d'Armée; je veux avoir ses deux yeux rouges.
> Je lui arrache les deux yeux, parce qu'il t'a arraché les tiens.
> Et toi, renard, dis-moi, que tiens-tu là?
> Je tiens son cœur, qui était aussi faux que le mien.
> ...
> Et toi, dis-moi, crapaud, que fais-tu là, au coin de sa bouche?
> Moi, je me suis mis ici pour attendre son âme au passage.

Natürlich findet sich auch bei La Villemarqué die Wechselbalggeschichte mit der Wendung, daß das Kochen in Eierschalen die Elfen zum Rücktausch des entführten Kindes bewegt. Diese merkwürdige Vorstellung begegnet ebenso in der irischen Tradition[1] wie in germanischen Sagen, ohne daß sich für mich eine Entlehnrichtung feststellen ließe.

Von allgemeinerem Interesse ist die auch bei La Villemarqué aufgenommene Tradition vom berühmten Bretonenkönig *Gradlon*, den wir auch als *Graelant* aus einer Feeensage allerdings sehr anderen Inhaltes kennen. Auch sind beide Namen keineswegs linguistisch leicht zu vereinen. Immerhin verbindet Gradlon und Graelent die Gefährdung durch Wasser. Wir haben schon gesehen, daß die *lais* genannten afrz. Erzählungen eigentlich zur bretonischen Literatur gehören, auch wenn sie in ihrer verschriftlichten Form nicht bretonisch sind. Wir können den Versuch des Vicomte auch so verstehen, daß das Manko an verschriftlichten Texten endlich aufgeholt werden sollte, indem sie aus der Oralität, in der sie sich Jahrhunderte lang befanden, herausgeholt würden.

Ein guter Ansatzpunkt zu diesem Vorhaben müßte auch die Form sein, in der sonst bekannte Themen der *matière de Bretagne* im *Barzaz Breiz* erscheinen. Da ist nun aber eigentlich erstaunlich, daß es nur ein

---

1 Yeats (1888), 48–50. Jacobs (1892), 223–225; Briggs (1971), 221f.

einziges Lied gibt, in dem Arthur, den der Sammler selbst mehrfach als eine Art Nationalhelden ansieht, vorkommt. Nr. VIII *Bale Arzur* 'La marche d'Arthur' erwähnt nur das Sagenmotiv, daß der mit seinen Mannen in die Montagnes Noires entrückte Arthur zu erscheinen pflegt, wenn sich ein Krieg ankündigt.[1] Das ist nicht viel mehr, als wenn in den englischen Traditionen gelegentlich Arthur bei nächtlichen festlichen Umzügen erscheint – vielleicht als abgeschwächte Variante der Wilden Jagd (s. oben S. 159). Viel interessanter sind dagegen die als Nr. X erscheinenden Merlin-Fragmente.[2] Das erste zeigt uns *Marzin* in der Wiege oder besser gesagt: die Geschichte von Marzins Zeugung. In sehr stimmungsvollem Monolog erinnert sich Marzins Mutter, von einem *Duzik* 'petit *Duz*' empfangen zu haben, der sie offenbar in Gestalt einer Turteltaube (*turzunel*) heimsuchte. Ist die Nähe zu marianischen Vorstellungen Zufall?

> Trois fois elle becqueta mon oreille, et de s'en retourner gaiement sous le bois vert.

Der eben geborene Marzin spricht sofort. Sein Vater sei kein *Duard diouz* 'Esprit noir', sondern ebenso hell wie der Mond, unterstütze die Armen usw., und er selbst sei nur auf die Welt gekommen, um sein Land vor Kummer zu bewahren.

Das zweite Fragment stellt Marzin als *divinour* 'devin' vor. Es ist aus den Angaben des Plinius über das „Schlangen-Ei" und die Mistel im Kultbrauch der Druiden herausentwickelt, sagengeschichtlich ohne Bedeutung, jedoch rezeptionshistorisch interessant. Dieses Lied stammt jedenfalls von einem Antiquar, vielleicht schon der Humanistenzeit. Das dritte Lied besteht wieder aus mehreren Teilen und handelt von *Marzin* als Barden. Als solcher ist er im Besitz einer Harfe und eines kostbaren Goldrings. Beides muß ihm ein Werber um die Hand der schönen *Linor* rauben, wenn er die Braut gewinnen will. Zuletzt muß er noch zur Hochzeit Marzin an den Hof holen. Er nimmt denn

---

1 Barzaz-Breiz, 111–113.
2 Barzaz-Breiz, 119–138.

auch an dem überaus großzügigen Fest teil, der Brautvater jedoch ist
unzufrieden, denn:

Merlin encore une fois est perdu, et l'on ne sait ce qu'il est devenu.¹

Das letzte Stück zeigt den gealterten *Marzin* in einer veränderten und
seiner nicht mehr achtenden Welt. Er haust im Wald, wo ihn wilde Tiere bedrohen. Die Bretonen wollen keine Weissagungen mehr, sondern
nennen ihn nur noch *Marzin-fol* 'Merlin le Fou'. Der hl. *Kado* trifft Marzin
in diesem traurigen Zustand und bekehrt ihn. Die ergreifende Szene erinnert an *Acallam na Senórach*, wo ja auch die überständige Helden- und
Heidenwelt von St. Patrick mit Gott versöhnt wird. Marzin, wie er hier
erscheint, ist am ehesten dem alten waldbewohnenden *Myrddin* oder
Lailoken verwandt, wenn auch von deren magischen Fähigkeiten nicht
die Rede ist.

Mit Erstaunen kann man feststellen, daß nicht so sehr die arthurische Welt den erwarteten Niederschlag findet, vielmehr der Freiheitskampf der Bretonen in der Karolingerzeit, der mit dem Namen der
Nationalhelden *Morvan* (oder *Lez-Breiz* 'Hüfte der Bretagne'), an dem
übrigens auch der Glaube einer Wiederkehr hing,² und *Nominoë* (*Neumenoiou*) untrennbar verbunden ist. Man kann das schon daraus ersehen,
daß das erste Lied von der Jugend des *Lez-Breiz* nichts anderes ist als
eine Umsetzung von Percevals Kindheit, seinem Zusammentreffen mit
dem Ritter und seiner Ausfahrt ohne Rücksicht auf den Tod der Mutter,
deutlich nach dem Vorbild von Chrestiens de Troyes, in der jedoch der
Held nicht *Perceval*, sondern eben *Lez-Breiz* heißt. Den Höhepunkt bildet
das Lied *Drouk-Kinnig Neumenoiou* 'Le tribut de Nominoë',³ das folgende
Sage enthält:

> *Karo*, der Sohn einer adeligen Familie der *Montagnes d'Arez* (jetzt: Monts
> d'Arrée), hat mit Wagen den fälligen Frankentribut nach Rennes gebracht.

---

1   *Marzin c'hoaz eur wech, zo kollet,*
    N'ouzer doare pelec'h ma eet. Barzaz-Breiz, 133.
2   Barzaz-Breiz, 139, 159.
3   Barzaz-Breiz, 166–174.

Ein Kaufmann berichtet, daß beim Nachwiegen des Geldes drei Pfund gefehlt hätten, worauf der Franke ihm das Haupt abgeschlagen habe, um es an Stelle des fehlenden Geldes auf die Waage zu werfen. Der alte Vater wendet sich, um sich zu rächen an *Nominoë*, der im Namen der Franken herrscht, im Herzen aber dem Bretonentum treu geblieben ist (zum geeigneten Zeitpunkt, im Jahr 841, vertrieb er tatsächlich die Franken vom bretonischen Gebiet). Nach einem kurzen Gespräch mit dem Türhüter erblickt der Alte Nominoë, der gerade von der Jagd zurückkehrt, die „schönen weißen Hände rot vom Blut des Ebers" – auch hier die Tiersymbolik wie in den Visionen des *Gwenc'hlan*, nur daß hier Nominoë beim Haupt des Ebers Karo zu rächen schwört. Eigenhändig füllt er am Strand einen Sack mit Kieselsteinen und in eigener Person liefert er den Tribut in Rennes ab. Als der Sack zu leicht befunden wird, zieht Nominoë das Schwert, um damit die Schnur aufzuschneiden, mit der der Sack zugebunden ist. Unversehens schlägt er dem Franken den Kopf ab, so daß dieser in die Waagschale fällt und das Gewicht voll macht. Das Lied endet mit den Worten:

„Vous n'userez plus vos balances d'or en pesant les pierres des Bretons. – Bataille!"

Die schwärmerische George Sand sagte von den 144 Versen dieses Liedes, sie seien „großartiger als die Ilias, vollständiger, schöner und vollkommener als irgendein Meisterwerk, das menschlichem Geist entsprungen ist."[1]

Besonders merkwürdig ist, was von der Geliebten des bekanntesten Bretonen des Mittelalters, *Abaelard*, erzählt wird.[2] *Loiza hag Abalard* (Nr. XVI) ist eigentlich ein Monolog der Heloise, in dem sie sich als verruchte Zauberin und Hexe ausweist – offenbar aus Verbitterung über das Geschick ihres Geliebten, den sie sich mit einem Liebestrank gefügig gemacht hat. Sie kann genug Latein, um die Hostie zu konsekrieren und den Priester am Lesen der Messe zu hindern. Und wieder kommt das „Schlangen-Ei" des Plinius vor und beweist den gelehrten Hintergrund des so misogynen Liedes, das vermutlich zur Zeit der Hexenverfolgungen entstanden ist.

---

1 Zitiert nach: KNLL 10 (1988), 64.
2 Barzaz-Breiz, 186–189.

Ich deutete an, daß La Villemarqué von einigen seiner Zeitgenossen der Fälschung bezichtigt und auf eine Ebene mit MacPherson gestellt wurde. Die Kritik wurde ab 1867 laut und entzündete sich verständlicherweise an der Form des Bretonischen. Besonders R. F. Le Men und François-Marie Luzel waren die Wortführer, beide mit bretonischer Muttersprache.[1] Der Volkskundler und Literat Luzel (Pseudonyme: *Fañch an Uhel* und *Barzh Treger*), ein Schüler des berühmten Sagensammlers Anatole Le Braz, hielt 1872 auf dem Kongreß der „Association bretonne" einen Vortrag, dessen Drucklegung die Gesellschaft verweigerte – dies nur als Beleg, wie sehr die Frage der Echtheit des *Barzaz* den Bretonen unter die Haut ging. Das Todesurteil über La Villemarqués Werk schien mit der Dissertation von Francis Gourvil (Pseudonym: *Barr-Ilio*) an der Universität Rennes, dem Zentrum der Bretonistik, 1960 endgültig gesprochen zu sein. Wieder auf der Basis des Sprachbefundes wies er auf viele Unkorrektheiten, Solözismen und andere Verstöße hin, die die Bretonischkenntnisse des Sammlers in einem schlechten Licht erscheinen ließen, ja sogar zu der Annahme führten, der Vicomte habe die Texte auf Französisch verfaßt (und auch selbst vertont!) und diese dann sekundär in das Bretonische übertragen (lassen), ähnlich wie man es bei MacPherson erlebt hatte.[2] Aber bereits 1964 kündigte sich eine Wende an, als Donatien Laurent in den Familienarchiven des Vicomte in dessen Herrensitz die Notizhefte aufstöberte, die dieser während seiner Feldforschung angelegt hatte, und aus denen nun eindeutig hervorgeht, daß die Texte tatsächlich aus der Feldforschung stammen.[3]

Heute ist La Villemarqué „rehabilitiert", was nicht bedeutet, daß die Überlieferungen tatsächlich so alt und ursprünglich sind, wie ihr Sammler annahm. Immerhin hatte die ganze Auseinandersetzung den Vorteil, daß nun Kritiker wie Luzel selbst auf Kundfahrt gingen und eigene Sammlungen anlegten,[4] die natürlich viel eher den heutigen wissenschaftlichen Ansprüchen gerecht werden als das Werk La Villemarqués,

---

1   Le Men (1867); Le Braz (1903), 321–325
2   Gourvil (1960); Gourvil (1966); Gourvil (1982).
3   Laurent (1989).
4   Luzel (1868–74); Luzel (1890). Vgl. auch Le Mercier D'erm (1919); Postic (1993).

der aber jedenfalls das Verdienst hat, das Bretonentum literarisch einem großen Leserkreis inner- und außerhalb Frankreichs erschlossen und besonders die deutschen Leser begeistert zu haben.

E. Die wissenschaftliche Keltenrezeption in der Neuzeit in Britannien und auf dem Kontinent

1. Die Entstehung der keltischen Sprachwissenschaft

Es wurde mit Recht schon mehrfach von Forscherpersönlichkeiten wie Simon James (1999), John Collis (zuletzt in Collis [2007]) oder Michael A. Morse (2005) herausgestellt, daß unser neuzeitlicher Keltenbegriff, wenn wir von „Inselkelten" reden, einem Paradigma folgt, das im inselkeltischen Bereich entstand und sich an der unleugbaren Sprachverwandtschaft der inselkeltischen Sprachen untereinander orientiert. Die sog. *p/q*-Isoglosse, d.h. die Tatsache, daß einem altkelt. *q*, das zunächst in den goidelischen Sprachen erhalten blieb, dann zu *c* wurde, in den britannischen Sprachen ein *p* entspricht (air. *mac* 'Sohn' : akymr. *map* 'Sohn'), ist seit über 1100 Jahren bekannt. Sie ist bereits dem gelehrten König und Bischof *Cormac Mac Cuilleanain* von Cashel († 908) aufgefallen.

Es ist daher nur berechtigt, daß wir uns etwas genauer mit der weiteren Entwicklung dieser Erkenntnis beschäftigen. Ein zweiter Grundgedanke ist der, daß wir durch den Keltenbegriff einen irgendwie gearteten Zusammenhang zwischen den „Alten Kelten", die wir aus der Archäologie und von den antiken Autoren zu kennen glauben, und den „Neuen (Insel-)Kelten" herstellen (s. oben S. 15f.).

Man hat zu beiden Punkten auf die spätmittelalterliche und humanistenzeitliche Historiographie Britanniens verwiesen.[1] Diese ist zunächst durch die Auseinandersetzung mit Geoffreys *Historia Regum Britanniae* und seiner Herleitung der Briten von dem Trojanerflüchtling *Brutus* bestimmt. Während John Leland (? 1506–1552), der Antiquar Heinrichs VIII., und der Arzt Humphrey Lhuyd (1527–1568) in seinem *Commentarioli Descriptionis Britanniae Fragmentum* (1572) weiterhin Geoffreys *Historia* folgten, gab es doch auch schon spätmittelalterliche Gelehrte, die sie hinsichtlich der allgemeinen historischen Wahrheit anzweifelten und

---

1 Ferguson (1998), 56–78. Dazu schon der Sammelband The Celts and the Renaissance.

nicht nur wegen der *Prophetiae Merlini* und der fabulösen Arthurtradition, wie es schon Giraldus Cambrensis 1191 getan hatte (s. oben S. 144).

Anscheinend um die Sachlage noch mehr zu verwirren, hatte der Dominikaner Annius von Viterbo (1432–1502), Hofmeister des Papstes Alexander VI., das Buch eines babylonischen Chronisten *Berosus* aus alexandrinischer Zeit gefälscht. In diesen *Commentaria super opera diversorum auctorum de antiquitatibus* (1499) wurde für die postdiluviale Welt ein Japhet-Nachkomme in Gallien namens *Samothes* eingeführt. Dieser Phantasiename ist möglicherweise aus der mehr als unklaren Druidenbezeichnung *semnótheoi* bei Pseudo-Aristoteles (2. Jh. v. Chr.) und in der Suidas (um 950 n. Chr.)[1] herausentwickelt. Von *Samothes* stammten angeblich König *Celtes*, der Ahnherr der gallischen Kelten, und *Druys*, der Begründer des Druidentums. Im Großen und Ganzen fand diese Theorie wenig Anhänger, wenn auch Richard White von Basingstoke in seinen *Historiarum Britanniae libri IX cum notis antiquitatum Britannicarum* um 1570 die *Brutus*- mit der *Samothes*-Genealogie kombinierte.

Brutus-(und später *Samothes*-)skeptische Gelehrte waren dagegen John von Fordun in seinem *Scottichronicon* (um 1345)[2] oder der Italiener *Polydorus Vergilius* (ca. 1470–1555) in seiner *Historia Anglica* (1534). Die kritischen Stimmen über die Zuverlässigkeit Geoffreys etwa von Giraldus Cambrensis und William von Newburgh (s. oben S. 145) aus dem Hochmittelalter aufgreifend beklagte Polydorus, daß „in unserer Zeit" ein Schreiber aufgetreten sei, der Lächerliches mit Erfundenem verwebend, in schamloser Eitelkeit die Tugend der Briten weit über jene der Makedonier und der Römer gestellt habe. Er hieß *Gaufredus* mit dem Beinamen *Arthurus*, weil er so viel aus den alten Fabelgeschichten der Briten genommen, mit Eigenem vermehrt und durch die aufgesetzte Farbe des Lateinischen mit dem ehrenwerten Namen „Geschichte" bedeckt habe. Aber damit nicht genug, habe er noch gewagt, die ganz und gar falschen

---

[1] Zwicker (1936), 8, 252.
[2] John erwägt mehrere *Brutus*-Ableitungen, stimmt aber letztlich doch mit Geoffrey überein Die entsprechenden Abschnitte bequem zugänglich in: http://www.archive.org/stream/johnoffordunschr00fordrich/johnoffordunschr00fordrich_djvu.txt (15. 1. 2009). Die *Brutus*-Diskussion in lib. II, cap. 4–6.

Vorhersagen eines gewissen *Merlinus*, deren er eine große Zahl hinzufügte, indem er sie ins Lateinische übertrug, als gleichsam bewährte und durch feststehende Wahrheit gestützte Prophezeiungen zu verbreiten.[1] In das gleiche Horn stießen Hector Boece (= Boyce; etwa 1465–1536), Bischof William Elphinstone, der Gründer der Universität von Aberdeen (1431–1514), John Mair (oder: *Major*; ca. 1467–1550) und dessen Schüler George Buchanan (1506–1582),[2] letzterer eine besonders schillernde Figur: klassischer Philologe, Jurist und Universalgelehrter, neulateinischer Dichter, katholischer Student in Paris, Magister der Sorbonne, als akademischer Lehrer in Portugal von der Inquisition angeklagt, Lehrer der Maria Stuart, später vom Katholizismus abgefallen und der gerichtliche Hauptankläger seiner ehemaligen Schülerin.

Die früheren Traditionen nahmen zwischen den Britanniern und den Vorfahren der Iren (und damit auch der Schotten) keinen genetischen Zusammenhang an. Der oben genannte John von Fordun z.B. leitete die Gälen letztlich von einem griechischen Prinzen *Gaythelos* (oder ähnlich) her, der als Exponent eines *ver sacrum* nach Ägypten gekommen sei und es bis zum Schwiegersohn des Pharao gebracht habe, dessen Tochter *Scot(i)a* er heimführte. Wir werden noch sehen, daß Reflexe dieser Tradition in den Sláine-Comics (s. S. 525) auch heute noch weiterleben. Als Freund der Juden blieb er vom Untergang der Ägypter im Roten Meer verschont, mußte aber dann doch mit seinen inzwischen angewachsenen Volksmassen nach Westen auswandern. Nach einem längeren Zwischenaufenthalt in Numidien gelangte er nach Spanien, wo er die Stadt *Brigancia* gründete und sich in ihr ansiedelte. Da jedoch die alten Iberer eher ungemütliche Nachbarn waren, suchte sein Sohn *Hyber* ein Sied-

---

[1] Ich zitiere nur seine Stimme als Beispiel der Geoffrey-Kritiker: *At contra quidam nostris temporibus ... scriptor emersit, ridicula de eisdem figmenta contexens, eosque longe supra virtutem Macedonorum & Romanorum impudenti vanitate attolens: Gaufredus hic est dictus, cognomine Arthurus, pro eo, quod multa de Arthuro ex priscis Britonum pigmentis* [recte: *figmentis*; Bi] *sumpta, & ab se aucta, per superductum latini sermonis colorem honesto historiae nomine obtexit. Quinetiam maiore ausu, cuiusdam Merlini diuinationes falsissimas, quibus vtique de suo plurimum addidit, dum eas in latinum transferret, tanquam approbatas & immobili veritate subnixas prophetias vulgauit;* Polydori Vergilii Vrbinatis Anglicae Historiae libri XXVII, Basel 1570, 17. Dem aufmerksamen Leser wird nicht entgehen, daß diese Kritik weitgehend und z. T. wörtlich mit der viel älteren des William von Newburgh in seinem *Prooemium* zur *Historia rerum Anglicarum* übereinstimmt; vgl. oben S. 145.

[2] Dazu: Ferguson (1998), 79–89.

lungsgebiet im westlichen Meer und wurde in Irland fündig, das je nach Tradition von einem einzigen[1] oder nur wenigen Menschen oder Riesen bewohnt war. Das Land nannte er nach seiner Mutter *Scottia*.

Nach anderer Tradition, die schon bei Giraldus Cambrensis (Topographia Hiberniae III, 85) referiert wird, kam als erste *Cessair*, eine Enkelin Noes, nach Irland. Sie hatte gehört, daß eine Sintflut kommen werde und sich in einem Schiff rechtzeitig abgesetzt. Ihr Grab war zur Zeit des Giraldus noch zu sehen[2] – vermutlich eine megalithische Steinsetzung.

Nach wieder anderer Tradition, der auch das irische Landnahmebuch, der *Lebor Gabála*,[3] folgt, war es erst der spätere Nachkomme *Pertholomus* (air. *Parthólon*), der sich im Jahr 300 nach der Sintflut in Irland ansiedelte, wo er mit den einheimischen Riesen kämpfte.[4] Auf seiner Westfahrt traf er auf den Britannierkönig *Gwrgunt Barbtrwc*, der eben von einer Strafexpedition gegen die tributsäumigen Daker heimkehrte. Der Britannier wies dem landsuchenden Pertholomus Irland als neue Heimat an. Als äußeres Zeichen der *translatio imperii* holte dann *Simon Brec*, einer der ersten Einwohner der Grünen Insel, von Spanien den Inaugurationsstein *Lía Fáil*.[5]

> Er ist mit dem alten Stein von *Scone* [sku:n] in Schottland „verwandt", der als Krönungsstein der schottischen Könige fungierte. Dieser war von 1290 – mit der kurzen Unterbrechung von 1950/51, als er nach Schottland von Nationalisten entführt war – in Westminster Abbey und in den englischen Thron inkorporiert.[6] (Seit 1996 befindet er sich in Edinburgh, von wo er nur anläßlich einer Krönung nach London geholt werden muß.)

Die enorme Bedeutung, welche die Iberische Halbinsel in all diesen Landnahmetraditionen hat, erklärt sich aus der lautlichen Nähe von *Iberia* und

---

1 Hier schlägt wohl die Sage von *Tuan mac Cairill* durch, die berichtete, wie dieser e i n e Mensch alle irischen Einwanderungswellen in der Gestalt notorisch altwerdender Tiere (s. oben zu *Culhwch ac Olwen* S. 132) überstand, um zuletzt als Lachs der Weisheit verzehrt und als Heiliger reinkarniert zu werden; Carey (1984); Koch-Carey (2000), 223–225.
2 Gerald of Wales (1982), 92f.
3 Lebor Gabála I; so auch Gerald of Wales (1982), 93–99.
4 Camden (1607), 728.
5 Birkhan (1999b), Abb. 467, 599.
6 Birkhan (1999b), Abb. 600.

Ibernia – tatsächlich werden beide Landesnamen bei Isidor von Sevilla (Etymologiae lib. XIV, 6, 6) miteinander verbunden.[1] In ähnlicher Weise hat man wegen der „Etymologie" von *Scottia* die Vorfahren der Inselkelten gerne von den *Scythi* abstammen lassen. Schon oben (S. 336ff.) wurde bemerkt, daß man zur Zeit des Ossian zwischen Kelten und Germanen (Skandinaviern) nicht scharf unterschied, weil es nur auf den Gegensatz zur antiken mediterranen Kultur ankam. In der irischen Altertumskunde des Mittelalters und der frühen Neuzeit begegnet schon eine ähnliche Erscheinung im „Skythismus", indem man sich seit dem *Lebor Gabála* auch von Skythen herleitete oder die Hauptheiden der Erzählung irgendwie mit den Skythen zusammenbrachte – vgl. auch dazu die Sláine-Comics (s. S. 525).

Inwieweit nun bestimmte archäologische Hinweise tatsächlich auf eine Einwanderung der Bevölkerungsgruppen im *Lebor Gabála* aus Spanien deuten, kann ich nicht beurteilen und ist auch nicht Gegenstand dieses Buches. Gerade neuerdings werden auffällige Zusammenhänge in der „Rock Art" stark in den Vordergrund gestellt. Dabei wird den Kreisen, Schälchen, Fußspuren und Tierdarstellungen geradezu ein gewisser Informationswert im Sinne eines archaischen Zeichensystems als Vorform der Schrift zuerkannt, und es werden Handelswege rekonstruiert, alles natürlich in der Jungsteinzeit und fast zwei Jahrtausende, bevor von Kelten die Rede sein kann. Der *Lebor Gabála* müßte dann mit seinen Einwanderertraditionen buchstäblich „jahrtausendealtes Wissen" bewahrt haben.[2] Wenn wir jedoch davon ausgehen, daß das Landnahmebuch keltische Sprachträger meinte, dann müßten diese Auswanderungen aus dem heutigen *Galicia* gekommen sein, und mit den jungsteinzeitlichen Kontakten nichts oder nur indirekt zu tun haben.

Da nun das Galizische oder Galegische sich tatsächlich ziemlich von der *lengua Castellana* unterscheidet, besteht seit geraumer Zeit die Überzeugung, daß dem Galizischen ein keltisches Substrat zugrundeliege, bzw. in der typi-

---

[1] *Iberia* war auch ein alter Name Georgiens, weshalb heute noch viele Georgier glauben, daß ihre Kaukasussprache von sehr fremdartigem Sprachbau mit dem Baskischen verwandt sei.
[2] Bradley (1997).

schen Weise vergröbert: „die Einwohner von *Galicia* eigentlich Kelten seien."
Dafür kann man auch die Ortsnamen ins Treffen führen.[1] Gelegentlich wird
z.B. auch bei Keltenfesten (s. unten S. 733) das Galizische geradezu neben
Kymrisch, Gälisch und Bretonisch als keltische Sprache oder keltischer Dialekt angeführt. So erscheint auch bei Eduardo Pondal (1835–1917), dem Dichter der galicischen Nationalhymne, der sich als Barde seiner Nation sah, ein
galizisch-keltischer Urahn, weshalb die von ihrem mythischen Stammvater
Breogán hervorgegangenen Galizier ein Volk von Barden seien.[2]

Schottland (*Albion*) wurde angeblich von Irland aus durch *Fergus* (*I.*) *mac
Ferchar* besiedelt, auf den dann noch eine größere Zahl von fabelhaften
Königen bis *Fergus* (*II.*) *mór mac Eirc* folgte. Die Pikten, die uns meist als
die vorkeltischen Ureinwohner Schottlands gelten, kamen nach John aus
Aquitanien, wollten sich ursprünglich in Irland niederlassen, doch wies
ihnen *Simon Brec* eine Wohnstatt in dem wenig besiedelten Albion an,
weshalb sie als sekundäre Bewohner Schottlands galten. Das hatte natürlich einerseits einen ganz vordergründigen propagandistischen Sinn,
war aber andererseits durch die gallischen Stammesnamen der *Pictāvi*,
später *Pictones* in *Poitiers* (und *Poitou*) begründet, eine Herleitung, die
auch heute angesichts des Wenigen, was man über das Piktische weiß,
noch vertreten werden kann.

So ungefähr stellte man sich die frühe Geschichte Irlands und Schottlands vor. Dabei fällt auf, daß John of Fordun keine nähere genetische
Verbindung zwischen den Britanniern, die durch den *Belinus*-Sohn *Gwrgunt* repräsentiert sind, und den auf *Gaythelos* zurückgehenden *Gälen* annimmt. Zwar kritisiert er die *Brutus*-Herleitung, aber im Grunde interessieren ihn die britannische Vorzeit und die Britannier selbst wenig.

> Die Trojaner-Sage mit der *Brutus*-Tradition war natürlich nicht von einem
> Tag auf den anderen auszurotten. Sie fand eine bedeutende Ausgestaltung
> im ersten Buch des *Poly-Olbion or A Chorographicall Description Of Tracts, Rivers,
> Mountaines ... Of Great Britaine* (1612–1622) von Michael Drayton, einem Zeit-

---

1   Caridad Arias (1999); Caridad Arias (2006).
2   Dazu: Hans-Ingo Radatz, „Galiza: unha das sete nacións celtas" – Wie keltisch ist Galicien? in: http://user.uni-frankfurt.de/~hradatz/Radatz_Galicia_Celta_Deutsch.pdf

genossen Shakespeares, der in der Herrschaft Elisabeths I. die – sozusagen heilsgeschichtliche – Erfüllung der in der Trojaner-Sage begründeten Verheißung sah.

George Buchanan kam nun im zweiten Buch seiner *Rerum Scoticarum Historia* von 1582,[1] gestützt vor allem auf die antiken Autoren, zu einem völlig sensationellen Ergebnis: Er verwarf Johns von Fordun Ableitung der Gälen von *Gaythelos*, von dem kein griechischer Autor wisse (II, 12). Die Gallier, deren älterer Name auch *Celtae* gewesen sei, seien aus Gallien auch auf die Iberische Halbinsel ausgewandert, wo sie die *Celtiberi* gebildet hätten. Ein anderer Teil sei in *Gallia cisalpina* eingefallen. Die Wanderbewegung nach Kleinasien ist Buchanan gleichfalls bekannt, doch für seine „Schottische Geschichte" ohne große Bedeutung (II, 13). Gestützt auf Caesar und Tacitus referiert er sodann über die keltische Wurzel der Germanen, insbesondere der *Gothini* (gemeint sind die laut Tacitus, Germania 43, keltisch sprechenden *Cotini* im südlichen Polen), die er offenbar mit den Goten identifizierte. Auch die *Cimbri* an der Ostsee, „wo man den Bernstein findet", hätten damals Britannisch gesprochen, was mit dem Gallischen gleich oder nur wenig verschieden gewesen sei.[2]

Der Gelehrte will zeigen, wie weit Gallien das Land um Britannien herum kolonisiert habe (II, 14).[3] Britannien sei von Gallien aus besiedelt worden. Daß Caesar nur eine belgische Einwanderung kurz vor seiner Zeit gelten ließ und die Bevölkerung im Landesinneren für „indigen" ansah, ist nur seiner mangelnden Information zuzuschreiben. Der höchst verläßliche Zeuge Tacitus (Agr. XI) hingegen weist auf die Ähnlichkeit der Gesellschaft diesseits und jenseits des Kanals hin, und, daß schließlich Britannien zu seiner Zeit so gewesen sei wie Gallien vor der Ankunft der

---

1 Um dem Leser die Auffindung der Stellen zu erleichtern, zitiere ich nicht nach der Erstausgabe von 1582, sondern nach einer späteren, in der Buchanans Text in Kapitel gliedert und durch einen Index erschlossen ist, so daß man sich leichter zurechtfindet: Buchanan (1725). Die folgenden Stellenverweise beziehen sich auf den ersten Band dieser Ausgabe. – Zum schottischen „Keltenbewußtsein" s. Chapman (1978).
2 *Cimbri quoque ... ad mare Suevicum, ubi succinum legitur, habitantes, tum locuti sunt britannice, qui sermo erat idem cum Gallico, aut non multum ab eo diversus.*
3 *... quam late Gallia circa Britanniam suas diffuderit colonias.*

Römer (II, 15).¹ Im nächsten Abschnitt handelt Buchanan von den „gallischen Niederlassungen, die nach Irland gesandt wurden" (*de Gallicis coloniis in Hiberniam missis*). Diese seien von Spanien aus nach Irland gekommen, wofür Buchanan eine ganze Anzahl von Gründen angibt (II, 16).

Bei allen vermuteten Wanderungen seien Übervölkerung und die größere Annehmlichkeit des Einwanderungslandes ausschlaggebend gewesen. Die Besiedlung Schottlands erfolgte dann in der schon bekannten Weise unter *Fergusio Ferchardi filio* (II, 17). Die Pikten seien nach ihrer Bemalung so benannt und aus Skythien und Germanien eingewandert, weil die Körperbemalung ja auch von den germanischen Hariern und den skythischen Agathyrsen berichtet werde. Von welchem germanischen Volk sie auch kämen, Buchanan hält es für wahrscheinlich, daß sie von alten gallischen Ansiedlern abstammten, die an der Ostsee oder Donau saßen (II, 18f.).² Im Übrigen meint der Schotte, daß die Iren sich von den Britanniern nicht durch eine andere Sprache, sondern eher dialektal abgrenzten und sich zu seiner Zeit weniger unterschieden als bestimmte gallische Stämme, obwohl man diesen doch nur eine Sprache, nämlich Gallisch, zuschreibe.³ Auch das Piktische sei letztlich dazuzustellen (II, 20).

So wie Horaz in der *Ars poetica* die Veränderung des Lateinischen erwähnt, so müsse natürlich auch bei all diesen gallischen Dialekten mit Sprachveränderung durch Handel, neue Erfindungen etc. gerechnet werden, weshalb die beobachtbare Verschiedenheit nicht über die einheitliche Herkunft hinwegtäuschen dürfe (II, 24). Wir brauchen gar nicht erst das Verhältnis des Ionischen zum Attischen befragen, es genügt, die Verschiedenheit des Französischen, Italienischen und Spanischen zu betrachten, die sich doch alle aus dem Latein abgespalten haben, und warum solle etwas Ähnliches nicht auch für das Gallische gelten (II, 24f.)? Die Sprache verändere sich eben, und so könne auch niemand die eng-

---

1 Denique sua aetate talem esse Britanniam, qualis ante adventum Romanorum fuerat Gallia.
2 Verum e quacunque natione Germanica advenerint, mihi fit verisimile, eos fuisse de veteribus Gallorum colonis, qui vel ad mare Suevicum, vel Danubium, sedes habuerunt.
3 Sed nec Scotos a Brittonibus sermone, sed dialecto potius, discrepasse arbitror, uti posterius dicam: cum nunc etiam tam in sermone consentiant, ut eodem aliquando usi fuisse videantur, minusque inter se different, quam quaedam Gallicae nationes, quae omnes Gallice loqui dicuntur.

lischen Gesetze, die vor 500 Jahren von Wilhelm dem Eroberer erlassen wurden, ohne Übersetzer verstehen (II, 25).

Wenn George Buchanan auch gemäß der irischen Vorstellung im *Lebor Gabála*, bei John of Fordun und anderen die Gälen nicht direkt aus Gallien stammen, sondern einem Umweg über Spanien machen läßt, so ist der harte Kern dieser Aussagen doch der, daß ein Festlandkeltisch, das der Autor meist „Gallisch" nennt, dem Britannischen, Schottisch-Gälischen und auch dem Piktischen zugrundeliegt. Mit Recht gelten die einschlägigen Passagen bei Buchanan als archimedischer Punkt unserer heutigen Vorstellungen der Inselkelten als Kelten überhaupt, und Buchanan damit als einer der Gründerväter der Keltologie, vor allem, was die linguistische Seite angeht.

Wenn auch durch Buchanans Erkenntnis die Weichen gestellt waren, so wurden sie doch nicht befahren. Die Sprachverwandtschaft war zunächst noch kein Argument in den ethnogenetischen Theorien der Folgezeit.

Einen Umschwung brachte erst der bretonische Zisterzienserabt Paul Pezron (1638–1706) mit seinem Werk *Antiquité de la nation et de la langue des Celtes, autrement appellez Gaulois* (1703), das eine verhältnismäßig breite Aufnahme fand, fast bis zur Mitte des 19. Jh.s die linguistische Keltologie mitprägte und bereits 1706 in englischer Version,[1] die heute im Nachdruck[2] leicht zugänglich ist, vorlag:

Es ist natürlich kein Zufall, daß es ein Kirchenmann ist, der mit diesen Sprachforschungen beginnt, denn er hatte die Bibel in jeder Hinsicht wörtlich zu nehmen, mußte jedoch ihre Aussagen mit denen der antiken Autoren abstimmen.

> Dabei gab es das kleine Problem, daß die Genesis bekanntlich zwei Berichte von der Erschaffung des Menschen enthält. Während Mann und Frau im ersten Bericht (Gen. 1, 26–29) ohne Namen, aber mit dem Gebot sich zu vermehren und sich die Erde untertan zu machen, verbleiben, erhält nach dem

---

1 Pezron (1706) = Celtic Linguistics 1700–1850, I.
2 Diese und die folgenden Arbeiten in: Celtic Linguistics, 1700–1850, 8 vols., with a new introduction by Daniel R. Davies, London – New York 2000.

zweiten (Gen. 2, 7–15) der Mann einen Namen *Adam* (2, 25). An diesen zweiten Bericht schließt sich der des Sündenfalles und der weiteren biblischen Geschichte. Das führte ganz konsequent zur Frage, was mit den Menschen des ersten Berichtes, den sogenannten Prä-Adamiten, geschehen sei, ob sie auch von der Erbsünde betroffen seien usw. Mit den neu erschlossenen Welten der großen Entdeckungsreisen fragte man sich, ob deren Bewohner wirklich auch von Adam kämen oder nicht doch „Prä-Adamiten" seien.[1] Noch 1872 wurde vor dem British Anthropological Institute ein Vortrag über dieses Thema gehalten.[2] Auch die Nachkommen Kains und Henochs (Gen. 4, 17) hätten nach Westen auswandern und einer nur partiellen Sintflut, die auch die Prä-Adamiten in Amerika verschonte, entgehen können. Tatsächlich hat dies der im Exil lebende englische Katholik Richard White in seinen *Historiarum Britanniae ... libri 1-9 cum notis antiquitatum Britannicarum* (Arras und Douai, 1597–1602) angenommen und, wie schon die Sage vor ihm, Britannien mit vorzeitlichen Riesen bevölkert, deren Erinnerung sowohl im Namen des Stonehenge als *Chorea gigantum* als auch in z.B. bei Gottfried von Straßburg bzw. Thomas von Britannien erhaltenen Vorstellungen von der riesenhaften Erbauern der Minnegrotte weiterlebt.

Natürlich hatte man schon vor Pezron die Notwendigkeit einer Abstimmung mit dem Alten Testament erkannt. Die Ursprache der Menschheit war natürlich Hebräisch. Der Schottenkönig Jakob IV. hatte angeblich 1493 auf der Insel Inchkeith im Firth of Forth den Versuch gemacht und zwei neugeborene Kinder durch eine stumme Frau aufziehen lassen, um die Ursprache des Menschen festzustellen – Vorläufer waren bekanntlich der Pharao Psammetichos I.[3] und der Stauferkaiser Friedrich II., die ähnliche Versuche angestellt hatten – es soll sich gezeigt haben, daß *they spak very guid Ebrew*.[4] Danach hatte Samuel Bochart im „Phaleg", dem ersten Teil seiner *Geographia sacra* (Caen 1646) angenommen, daß diese Ur-

---

1 Die Frage wurde von dem Kalviner Isaac de Lapeyrère in seinem *Systema Theologicum ex Praeadamitarum Hypothesi: Prae-adamitae*, Bordeaux 1655 aufgeworfen und erregte die Gemüter so sehr, daß schon im Folgejahr eine englische Übersetzung *Man Before Adam* erschien; Piggott (1989), 45f.
2 Piggott (1989), 56.
3 Er soll laut Herodot hist. II, 2 ein Kind in völliger Isolation aufziehen haben lassen, um zu sehen, welche Sprache „natürlich" erworben wird und damit als Ursprache der Menschen anzusehen ist (s. auch unten S. 421). Die Kinder sagten *bekkos* für 'Brot' und zeigten damit, daß Phrygisch die Ursprache war.
4 Scotland (1967), 269. Vgl. http://en.wikipedia.org/wiki/Inchkeith (14. 8. 2008).

sprache bei der babylonischen Sprachenverwirrung u. a. in das Phönizische verderbt und dieses dann durch Seeleute, die als erste die Britischen Inseln besiedelten, nach Britannien übertragen worden sei.[1] Schon der Traktat der *Sex Aetates Mundi* (spätes 11. Jh.) rechnete mit einem **Phoenicius* (oder ähnlich), den er wie der Lebor Gabála *Foénius* nannte und als Begründer des Irischen ansah.[2] Der Gedanke des phönizischen Erbes der Britischen Inseln sollte übrigens noch bis tief in das 19. Jh. aktuell bleiben und findet jetzt in modifizierter Form wieder Anhänger.[3] Von *Celtae* und Galliern sagte Bochart nichts und genau das war für Pezron die Ansatzstelle für sein eigenes historisches System.

> Die Menschheit muß laut Gen. 10, 1–5 von den drei Söhnen Noes abstammen, weil ja sonst niemand die Sintflut überlebt hat. Die „Kainiten" (Nachkommen Kains; Gen. 4, 16–23) werden dabei vergessen. Nach der Sintflut fiel seit altersher Europa und ein Teil Asiens den Japhet-Nachkommen zu. Von Japhets sieben Söhnen war *Gomer* der Älteste (1. Mo 10,2). Pezron stützt sich auf Flavius Josephus (*ant. Iud.* I, 6), der berichtet, daß das zu seiner Zeit „Galater" genannte Volk einst „Gomarenser" (Γομαρεῖς) geheißen habe, weil sie direkt von *Gomer* abstammten. Da nun die Galater eindeutig Gallier waren, mußten nun alle Gallier Nachkommen Gomers sein. Mir ist nicht klar geworden, ob Pezron die Wanderrichtung der Galater einfach umkehrt – was doch wegen der Zeugnisse der antiken Autoren nicht gut möglich war –, oder ob er nur pauschal von Ausbreitung und Wanderung spricht.

Immerhin wurden diese Kelten, Gallier oder Gomeriten im mediterranen Raum als Titanen angesehen und wegen ihrer Riesenhaftigkeit fälsch-

---

1   Vgl. http://www.mhs.ox.ac.uk/gatt/criticism/catalog.asp?CN=83&H=yes (25. 5. 2006).
2   Sex Aetatates Mundi, 73, 115 u. öfter.
3   Broderick (2008) mit Bezug auf zwei Arbeiten von Theo Vennemann. Das Problem ist, daß Phönizisch kaum überliefert ist. Es hat aber von allen semitischen Sprachen dem Hebräischen am nächsten gestanden. Wenn man wie diese Gelehrten für **Pritannia* und **Iveriu* 'Irland' semitische Ausgangsformen mit den Bedeutungen „Insel des Zinns" (Britannien), bzw. „Insel des Kupfers" (Irland) annimmt, so müßte ersteres ähnlich hebräisch *ī bdīl*, letzteres etwa *ī nechoshet* geheißen haben, was mit den ältesten erschließbaren Formen nicht zusammengeht. Vennemann (1998), 465, zog daher ostsemitische Wörter für Kupfer wie assyrisch *weri'um* heran, aber warum sollte das Kupfer mit einem ostsemitischen Wort bezeichnet worden sein, wenn die Phöniker die Vermittler waren. Während der Zinnimport von Cornwall sehr gut gesichert ist, kam das Kupfer aber, wie der Name heute noch nahelegt, eher aus Zypern. Mich überzeugen daher die Annahmen Vennemanns und Brodericks nicht.

lich als Götter wie Saturn oder Juppiter verehrt. Der Euhemerismus wird uns bei dem aufgeklärten Abt wohl nicht wundern. Diese Gomeriten erscheinen immer unter anderen Namen: bald als Saker, bald als Kimbren, Kimerier oder Teutonen. Es dürfe daher nicht erstaunen, daß man im Persischen so viele deutsche Wörter finde.[1] So wurden die *Celtæ*, die nach Norden gegangen waren, zu *Cimbri* und *Cimmerii*, letztlich Germanen – daher die vielen keltischen Wörter in den germanischen Sprachen –, die *Sacæ* genannten Gallier (von deren Namen Pezron den des Schachspiels ableitet) erhielten in Phrygien den Namen der *Titanes*.

Kapitel 14 führt dann breiter aus, daß die Titanen die „eigentlichen" Kelten waren. Zwar kann der Autor auch auf die berühmte Stelle bei Kallimachos (Hymnus IV, 173ff.) verweisen, wo die Kelten als Titanen bezeichnet werden[2] – wie sie ja bekanntlich auch in der hellenistischen Kunst z.B. auf dem Pergamon-Altar erscheinen –, aber die gewichtigsten Beweise entstammen der Etymologie:

> „.... yet the Names of the Princes and Princesses, who have Reign'd over this Famous Nation, being all taken from the *Celtick* Tongue, are of themselves such strong and convincing Proofs, that they re better than the Authority of many of the Ancients."[3]

Der „Beweis" wird oft mittels der Beinamen geführt. In *Teutat* für *Mercurius* erkennt Pezron *teut* 'People' und *tat* 'Father'.[4] Die Griechen seien Nachkommen der Titanen – daher Kelten, ebenso wie die Spartaner. Gerade sie hätten in der Bezeichnung der Hirse, der Vorliebe für große Hunde, der Neigung, die Kinder besonders abzuhärten, viele keltische Eigenheiten bewahrt. Besonders Pythagoras stand lange im Rufe, ein Nachahmer der Druiden gewesen sein, weil er nach dem Vorbild der Druiden Frauen in seinen Bund aufgenommen habe, ferner wegen der weißen Gewänder und wegen des Glaubens an die Metempsychose. Einer der späteren Hauptvertreter dieser Theorie war der Schweizer Johann

---

1 Celtic Linguistics I, 26.
2 Vgl. Kistler (2007).
3 Celtic Linguistics I, 90.
4 Celtic Linguistics I, 98.

Baptist Brosi,[1] aber eine besondere Nähe zwischen Druidentum und Pythagoräismus nahm auch Georg Friedrich Creuzer in seiner „Symbolik"[2] an, und sie wird auch heute noch gelegentlich ventiliert. Noch 1901 (!) konnte der Reverend Alexander MacGregor schreiben: „it is well-known that the Greek itself is partly at least of Celtic origin."[3]

So wird auch die keltische Identität der alten Italiker „nachgewiesen". Das „gall." *Dec* 'zehn' lebt in griech. δέκα, lat. *decem* ebenso weiter, wie (bret.) *Daoudec* 'zwölf' in δώδεκα. Dabei macht Pezron die Beobachtung, daß die „keltischen" Wörter kürzer sind als die der Trägersprachen, in denen sie überliefert werden (Lat., Griech. Deutsch usw.). Hierin folgt Pezron – ohne ihn zu nennen – Johannes Goropius (s. unten S. 415) in der Hypothese, daß das Kürzere allemal auch das Einfachere und Ältere sei. Daher müßte z.B. in *Celtick*-griechischen Wortgleichungen das Griech. immer aus dem *Celtick* entlehnt haben und nicht umgekehrt![4] Das Lateinische ist die Sprache der *Aborigines* der italischen Halbinsel (wie mit Japhet verwandt, sagt Pezron nicht) und hat durch seine Titanenprinzen wie Saturn, Ianus, Merkur usw. natürlich eine Menge „keltischer" Lehnwörter wie *Hostis* und *Hospes*, die aus „Celtick" *Osb* und *Osp* stammen. Besonders die Wochentage wurden alle aus dem Keltischen übernommen: *Di-Mercher* > *Dies Mercurii*, *Di-Jou* > *Dies Iovis*, *Di-Sadorn* > *Dies Saturni* usw. Den Schluß von Pezrons Werk bilden drei Verzeichnisse von griech., lat. und germ. Wörtern, die aus dem *Celtick* stammen bzw. in einer der Urform nahen Gestalt erhalten sind. Wenn nach heutigem Wissenstand durch Entlehnung bedingte etymologische Übereinstimmungen zitiert werden, dann wird die Entlehnrichtung immer umgekehrt, z.B. „Fenestra ... from the *Celtick Fenestr*." Natürlich gibt es viele Kuriosa wie z.B.: dt. „*Frau*, an unmarried Woman, a Virgin, from the *Celtick, Frau*, which signifies Fair, Beautiful, that suits a Young Woman". Nur nebenbei sei erwähnt, daß sich die Vorstellung vom hohen Alter kurzer Wörter und Wortelemente auch in der Theorie zur Genese des Altdeutschen durchgesetzt hat, wie Johann August Egenolff in seiner „Historie der Teutschen Sprache" (Leipzig 1716, S. 114) zeigt.

---

1   Brosi (1851), 94.
2   Creuzer (1810), 143. Dazu auch: Schauberg (1861) I, 564–568. Zum gegenwärtigen Forschungsstand: Perrin (2002).
3   MacGregor (1901), 14.
4   Ibid., 183.

Neben der uns keltomanisch anmutenden Konstruktion der keltischen Ursprache der Gomeriten, die völlig unkritisch mit der bretonischen Muttersprache Pezrons gleichgesetzt wird, ist aber doch auch festzuhalten, daß erstmalig ein kulturwissenschaftlicher Ansatz versucht wird und daß neben den antiken Autoren die Etymologie nicht nur von Stammesnamen, die Hauptlast des Beweises trägt. Insoferne weist das Werk des gelehrten Abts neue Wege der Argumentation in der Altertumskunde.

Bereits ein Jahr nach Erscheinung von Pezrons „Antiquité de la nation ..." in englischer Übersetzung erschien ein Werk, das zu einem völligen Neuansatz geführt hätte, wenn es breiter rezipiert worden wäre: die *Archæologia Britannica*.[1] Ihr Verfasser, Edward Lhuyd (1660–1709), ist das große Beispiel eines walisischen Universalgelehrten. Nachdem er aus Armut sein Studium in Oxford abgebrochen und eine Stelle als Hilfskraft am Ashmolean Museum erhalten hatte, übernahm er dessen Leitung ab 1690 und trat zunächst als Paläontologe hervor. So brachte er einen systematischen Katalog von gegen 2000 Fossilien heraus (*Lithophylacii Britannia Ichonographia*, 1699), den auch Sir Isaac Newton subskribierte. Schon früher hatte er sich als Botaniker der Bergflora der Britischen Inseln gewidmet und an der Neuauflage von William Camdens *Britannia* mitgewirkt, wo er die auf Wales bezüglichen Stichwörter überarbeitete. 1701 zeichnete ihn die Universität Oxford mit dem Titel eines *Magister honoris causa* aus. Ab 1697 unternahm Lhuyd Feldforschungen in allen keltischsprachigen Ländern,[2] wozu damals auch noch Cornwall gehörte. Das Ergebnis sollte eine Altertumskunde Britanniens (inklusive Irlands und der Bretagne) werden, die Lhuyd auf sprachwissenschaftlichen Grundlagen plante. Im Gegensatz zu Pezron war er kein Schreibtischgelehrter und an einer Abstimmung der biblischen Daten mit dem empirisch Erfaßbaren wenig interessiert. Er glaubte vielmehr, durch Sprachvergleich die Kenntnis der „British Antiquities" besonders fördern zu können:

---
1 Lhuyd (1707).
2 Lediglich die Isle of Man wurde offenbar ausgelassen. Allerdings finden sich in der Appendix zum „Etymologicon" auch Manx Formen, neben den germanischen, slawischen, ungarischen und türkischen; Celtic Linguistics II, 290–298.

„Nothing after some Consideration, seem'd more proper to begin with, than an Essay of tracing out the Original Language, beyond what had been hitherto attempted. ... The Inducement I had, was no other than a seeming Probability that such an Essay might in this Curious Age, contribute not a little towards a Clearer Notion of the First Planters of the Three Kingdoms and a better Understanding of our Ancient Names of Persons and Places. ... Another Prospect was, that such a Work would be an Acceptable Service, to all that are Curious in the Antiquities of the Ancient *Gauls*; whose Language will I presume, upon a diligent Examination, be found to be in a great measure retriev'd in the Second Title of this Volume, or Comparative Vocabulary ... I am sensible Mr. Camden, Boxhornius[1] and others have long since taken notice of the Affinity of our *British* with the *Celtic*; but there being no Vocabulary extant of the Irish (or Ancient Scotish) they could not collate that Language therewith, which the Curious in these studies, will not find to agree rather more than ours, with the Gaulish."[2]

Lhuyd rechnet auch schon mit mehreren – mindestens drei – gallischen Dialekten, aquitanisch, belgisch und gallisch, was bedeutet, daß nicht alle Wortgleichungen nur auf ein einziges Gallisch zurückgeführt werden müssen. Er meint auch, daß die Kenntnis inselkeltischer Sprachen wie Britannisch und Irisch ganz allgemein für den Etymologen von Nutzen sei, anderenfalls

„he knows not whence to derive; and of a great many others which he fetches much further off, than he would ... had he been acquainted with either of those Languages."[3]

Lhuyd wollte weiterhin der wissenschaftlichen Etymologie eine Lanze brechen, denn der Begriff „Etymologie" war zu seiner Zeit schon sehr in Verruf geraten:

---

1   Gemeint ist Marcus Zuerius Boxhorn (1602–1653), der einen Dictionnaire de la langue Aremorique verfaßte, den Leibniz in den *Collectanea etymologica* (= Celtic Linguistics II, 81) zitierte.
2   Ibid. „Preface" [pg. 1].
3   Ibid.; das hier erwähnte *Etymologicon* von G. Menage, Origines de la langue françoise, erschien in Paris 1650. Bald darauf erschien übrigens in Amsterdam: J. Bothornius, Originum gallicarum liber, 1654

„What I aim'd at therein, was the shewing by a Collection of Examples methodized, that Etymology is not, as a great many till they have consider'd it with some Application, are apt to be perswaded, a Speculation merely Groundless or Conjectural."

Noch Voltaire soll ja in einem apokryphen Bonmot behauptet haben, die Etymologie sei „jene Wissenschaft, bei der die Vokale gar nichts bedeuten – und die Konsonanten nicht viel."

Besonders bemerkenswert ist in diesem Kontext das Vorwort zu Tit. VIII, dem Britischen Etymologicon von David Parry, wo Lhuyd einräumt, daß Gelehrte und erleuchtete Geister

„are perswaded the Derivation of any Greek or Latin from Welsh, is a mere jest, and to be look'd upon as no other than an Humour of maintaining Paradoxes; or at best but as a Groundless and very Erroneous Opinion. But it should seem they do not take notice that the criticks are agreed on the *Greek* and *Latin's* being, as to the main, but of one common Origin; that the Roman Authors themselves deriv'd divers of their Latin words from the old Gaulish or Celtic, and that several of the greatest Philologists of *England* and *France*, have maintain'd that to be the chief Remains ... of the *Celtique*, which is spoken in *Wales, Cornwal,* and *Bass Bretagne.*"

Die Grundlage des etymologischen Vergleichs war z.B. die Annahme hinzugefügter oder weggelassener Mutae, die Lhuyd „Prepositives" nannte. So unterscheidet sich Kymr. *T-rûyn* 'Nase' „nur" durch das vorgesetzte *t* von griech. *rhîn*; umgekehrt verhält es sich bei kymr. *Lhydan* 'breit', das griech. *P-latyn* entspräche (nur nebenbei sei erwähnt, daß dieser Vergleich auch heute noch gilt). Sodann wurden griech., lat. und kymr. Wortgleichungen aufgestellt, in denen das kymr. Wort näher zum Griech. stimmte als das lat. So etwa in kymr. *Halen* zu griech. *Halon* gegenüber lat. *Sal* oder in kymr. *Arth* zu griech. *Arktos* gegenüber lat. *ursus*.[1] Angesichts von Pezrons Werk gesteht Lhuyd ein:

„I cannot see what Rules there can be for distinguishing those Words we have received from other Nations, from those they might have receiv'd from Ours

---

[1] Celtic Linguistics II, 268f.

> ... I grant Dr. Pezron ... that in the main there is much greater probability for the Antiquity of the Monosyllables; but it's by no means, as he insists, a general Rule ... and that it's so particularly in most Words the *Britons* have borrow'd from the Latin, will appear partly ... from what I have observ'd of the Nouns in the Cornish Grammar ..."[1]

Natürlich konnte sich Lhuyd bereits auf bedeutende Vorarbeiten stützen, z.B. auf eine 1677 in Rom erschienene lateinisch-irische Grammatik von F. O. Molloy, eine bretonische Grammatik samt Vokabular des Jesuiten Julian Manoir und das kymrische Wörterbuch *Dictionarium Duplex* (1632) des Dr. John Davies, das sich allerdings noch bemühte, die keltischen Wörter aus dem Hebräischen herzuleiten. Eine besondere Leistung stellte auch die orthographische Bewältigung der z. T. bloß oralen Tradition dar. Der gewaltige Folioband Lhuyds mit 440 engst bedruckten Seiten ist allerdings ein Gemeinschaftswerk, an dem auch andere Gelehrte mitgewirkt haben.[2]

Der Autor, der zum großen Teil auf empirischer Grundlage dieses Riesenwerk auf die Beine stellte, war sich durchaus bewußt, daß sein Inhalt nicht unbedingt das bot, was der Titel erwarten ließ, und nahm das Desinteresse des Publikums in einer galligen Passage des Vorwortes vorweg, wo er einen Gesellschaftsmenschen sagen läßt:

> „*It's the Opinion of a great many, which in troth I am sorry for* (says a Gentleman that would seem concern'd for this Undertaking) *that this first Volume will meet but with a Cold Reception. It consists only of Etymology and welsh and Irish Vocabularies: Now there are not perhaps above half a douzen or half a score in the Kingdom that are Curious that way. The World expected according to his Promise and Undertaking, a Natural History, which is a Study of establish'd Request and that a great many are Curious in, &*"[3]

---

1 Celtic Linguistics II, 266f.
2 So besteht es aus: Tit. I. Comparative Etymology – Tit. II. Comparative Vocabulary of the Original Languages of Britain and Ireland – Tit. Ill., IV. An Armoric Grammar and Vocabulary by Julian Manoir, Jesuit. English'd out of French by M. Williams, Sublibrarian at the Ashmolean Museum – Tit. V. Some Welsh Words Omitted in Dr. Davies's Dictionary – Tit. VI. Cornish Grammar – Tit. VII. Antiqua Britanni Lingua Scriptorum, qu non impressa sunt Catalogus – Tit. VIII. An Essay towards a British Etymologicon, samt einer Appendix: Voces aliquot quotidiani & Maxime antiqui usus, plerisque Europ linguis complectens by D. Parry – Tit. IX. A brief Introduction to the Irish or Ancient Scotish language – Tit. X. Focloir Gaoidheilge-Shagsonach; An Irish-English Dictionary; im Anschluß daran: A Catalogue of Irish Manuscripts – The Index.
3 Preface, c 2.

Tatsächlich wurde jedenfalls, was die Subskribenten angeht, die *Archæologia Britannica* vor allem vom Adel, vom Klerus und von den Intellektuellen in Wales erwartet. Das verraten die vielen Evans, Gwyn, Jones, Lloyd, Morgan, Owen, Powel, Price und Williams, die hier erscheinen. Insgesamt sollte aber Lhuyd mit seiner pessimistischen Prognose Recht behalten: Im Gegensatz zu Pezrons „Antiquities of Nations" wurde sein weit über den allgemeinen Forschungsstand hinausragendes Werk nur wenig wahrgenommen. Einer der Gründe ist gewiß der, daß Pezron als Kirchenmann eine (aus unserer Sicht, falsche), aber in sich weitgehend stimmige, Abstammungstheorie für große Teile Europas vorlegte und diese linguistisch durch die (gleichfalls falsche) „allgemeine Regel" von der primären Kürze der Wortkörper „begründete", während bei dem Empiriker Lhuyd eigentlich lauter *membra disiecta* übrigbleiben mit der Botschaft: So könnte es gewesen sein – oder auch ganz anders, ein Standpunkt, der freilich der „offenen" modernen Wissenschaft sehr viel näher steht als der dogmatischen des Zisterzienserabts. Im Vergleich zu Lhuyds Wortlisten, aus denen sich jeder seinen Reim machen konnte, ist es nicht verwunderlich, wenn die Öffentlichkeit auf den Britischen Inseln den eher wahrnahm, der da geschrieben hatte:

> „I shall conclude with one Thing, that Men ought not to be ignorant of, and that is, That the Language of the Titans, which was that of the Ancient Gauls, is, after a Revolution of about Four Thousand Years, preserved even to our Time: A strange Thing, that so ancient a Language should now be spoken by the Americon Britons in France, and by the Ancient Britains in Wales: These are the People who have the Honour to preserve the Language of the Posterity of Gomer, Japhet's Eldest Son …, the Language of those Princes called Saturn und Jupiter, who passed for great Deities among the Ancients. … It may be thought I have undertaken this Subject with a Design to aggrandize my own Nation, by making it appear beyond Contradiction, to be one of the Ancientest in the World …"[1]

Wenn auch der gelehrte Abbé beteuert, daß ihm dieser Gedanke ferngelegen sei, daß er viel mehr den Irrglauben an die antiken Götter als

---

[1] Celtic Linguistics I, XIIf.

solchen aufdecken wollte, so werden doch viele Leser in der Bretagne und auf den Britischen Inseln die Botschaft dieses Werkes als unerhörte Erhöhung der keltischen Tradition und Kultur verstanden haben. Wenn es ein Frühzeugnis der Keltomanie, ja sogar eines gewissen Pankeltismus gibt, dann ist er hier mit Händen zu greifen.

Tatsächlich hat ja auch Gottfried Wilhelm von Leibniz (1646–1716) in seinen posthumen *Collectanea etymologica*[1] 1717 gegen Pezron den Vorwurf erhoben, er „rudbeckisiere" oder „goropisiere".[2]

> Die von Leibniz gebildeten Verba sind von den Namen Olof Rudbeck (1630–1702) und Johannes Goropius Becanus (1519–1572) abgeleitet. Ersterer, der Entdecker des Lymphsystems, hatte mit seinem Buch *Atlantica* die menschliche Kultur nicht aus dem Osten, sondern aus der „kimmerischen Finsternis" des Nordens stammen lassen. Die elysäischen Gefilde, die Götter, alles ist in Atlantis-Schweden angesiedelt bzw. geht – wie die Goten – von dort aus. Die Theorien des letzteren sind nicht weniger kühn, denn sie behaupteten, daß die flämisch-brabantische Antwerpener Sprache des Autors die Ursprache Adams und Evas sei, deren Namen er aus dem Brabantischen erklärte (*Hath-Dam* 'Damm gegen den Haß' > *Adam*, *Eu-Vat* 'Ursprungsgefäß' > *Eva*). Sowohl diese als auch Rudbecks Theorien haben in den Atlantistheorien der Ariogermanenmystik bis in das Dritte Reich und darüber hinaus weitergewirkt (s. unten S. 507ff.). Das Argument, das Goropius dafür vorbrachte, war das der Wortkürze. Weil Latein, Griechisch und Hebräisch längere Wörter haben als das Brabantische, müssen sie aus letzterem stammen, etwa lat. *quercus*, 'Eiche' aus *werd-cou* 'wehrt der Kälte' usw. Wir haben gesehen, wie dieses Argument noch bei Pezron weiterlebte.

Leibniz weist nun Pezrons Chauvinismus die Schranken. Da im Übrigen die antiken Autoren oft Germanen und Gallier mit dem Wort *Celtae* bezeichnen, gälte aller Ruhm dieser auch jenen, d.h. „uns": *Itaque quæ horum honori dicuntur, etiam ad nos pertinent.*[3] Leibniz meint ferner, daß *Galatas & Celtas, vel (ut pronuntiari deberet) Keltas idem vocabulum esse*, also auf ein und dieselbe Wurzel zurückgingen.

---

1 Leibniz (1717).
2 *Et vereor, ne Pezronius nonnihil Rudbeckizet, aut Goropizet.* Leibniz (1717), 57.
3 Leibniz (1717), 57.

Zwar findet er es nicht unpassend, daß die *Gomeritas* mit den Kimmeriern und Kimbern identisch sein sollen, befürchtet jedoch, daß dies für sicher genommen wird und daß neben den *Kimmeriern* und *Kimbern* auch die *Geten* und *Goten*, die *Saker* und *Sachsen* lediglich wegen der Namen gleichgesetzt oder als verwandt angesehen werden.[1]

Im Gegensatz zu Pezrons starrer Keltendogmatik stellt sich Leibniz alles bewegter, mit stärkerem Sprachaustausch und daher doch auch realistischer vor und versucht eine linguistische Klärung: Er hält das Kymrische und Bretonische für dem Altgallischen am nächsten stehend und sieht diese Sprache für „halb-verschwistert" an (*linguam ... semi-Germanam*). Viele Wörter, die dem Griechischen, Lateinischen, Germanischen und dem Gallischen gemeinsam sind, will er auf einen gemeinsamen skythischen Ursprung zurückführen, wie Leibniz ja überhaupt eine große Kulturausbreitung durch Wanderung von Ost nach West annimmt. Das, was das Lateinische mit dem Germanischen und Gallischen gemeinsam hat, nennt er „Keltisch" (*Celtica*).[2]

> Schon 7 Jahre davor hatte er in seiner *Brevis designatio meditationum de Originibus Gentium, ductis potissimum ex indicio linguarum* in den *Miscellanea Berolinensia* die japhetitische Nordsprache im Anschluß an antike Autoren „kelto-skythisch" genannt und mit großen Wanderbewegungen im eurasischen Raum gerechnet, was ihm sogar ermöglichte, chinesisch *ma* 'Pferd' mit kelt. *ma-r-ka, dt. *Mä-hre*, aber auch mongolisch *khan* mit dt. *König* usw. zu vergleichen.

Auf die Klärung des Begriffes „keltisch" folgt in den *Collectanea* nun ein französischer Brief an eine Dame, der von der Auffindung des sog. „Weihepfeilers der Pariser Schiffergilde" („plier des nautes")[3] und dessen Bildprogramm handelt. Leibniz nimmt zu den meisten Abbildungen Stel-

---

1   Leibniz (1717),73: *Gomeritas, Cimmerios, Cimbros eosdem esse, dicitur non ineptè; sed vereor ut tutò asseverari possit. Etiam Cimmerios & Cimbros, Getas & Gothos, Sacas & Saxones, Dahas & Dacos, eosdem aut cognatos esse, solis nominibus non temere crediderim.*
2   *Linguam Wallicam aut Aremoricam proximam veteri Callicae ipse credo, nec indiligenter inspexi, & semi-Germanam agnosco. Vocabula innumera, Græcis, Latinis, Germanis, Gallis communia, ad origines communes ex Scythia refero: quæ solis Latinis cum nostris & Gallis antiquis communia sunt, Celtica appello*; Leibniz (1717), 74.
3   Birkhan (1999b), Abb. 374.

lung, indem er die bärtigen, mit einem (Eichen-)Kranz gekrönten Männer für Barden hält, wobei er eine germanische Herkunft des Bardenwortes verteidigt.[1]

> Die berühmte *Esus*-Darstellung und den Götternamen verbindet er mit der bekannten Lucan-Stelle, wo von den „wilden Altären" (*feris altaribus*; Lucan. I, 445) des *Esus* die Rede ist, und verbindet den Namen fälschlich mit *Ares* und einem germanischen Gott *Erich*, dessen Name in süddeutschen Benennung des Dienstags („*Erich-dag*") stecken soll. Den Stier mit den drei Kranichen (*Tarvos Trigaranus*) erklärt Leibniz nach heutiger Kenntnis durchaus richtig, bei *Cernunnos* erkennt er natürlich den Zusammenhang mit bret. *kern*, germ. *horn-, möchte aber die Gestalt als *Bacchus* interpretieren und den Namen mit dem Monatsnamen *Hornung* als dem Monat der Bacchanalien verbinden.

Das folgende *Glossarii Celtici Specimen* beruht auf dem *Dictionarium Duplex* (1632) des Dr. John Davies, das auch schon von Lhuyd vielfach herangezogen wurde und das Marcus Zuerius Boxhorn (1602 – 1653) überarbeitet hatte. Die Stichwörter sind entweder kymrisch oder „gallisch" – oft nur Wortwurzeln. Das eigentliche Etymologisieren scheint mir nicht unbedingt Leibnizens Stärke. Relevanter war die Skepsis, die er Pezron entgegenbrachte und dadurch die Einbeziehung der Germanen in die Altertumskunde bewirkte, wenn wir auch heute natürlich nicht mehr an deren Vermittlerrolle zwischen Skythen und Kelten glauben, und daß er die Wanderbewegungen und östlichen Kulturkontakte stärker in den Vordergrund stellte.

Wie die gebildete Welt außerhalb der Britischen Inseln – vor allem in Frankreich – die Kelten sah, erhellt aus der Keltendefintion Voltaires in seinem „Dictionnaire philosophique" von 1764: Danach sind „Kelten"

> (Eine) „Rasse Wilder, von denen wir nur den Namen kennen und die man vergebens mittels Geschichten berühmt machen wollte. ... Ein letzter Überrest

---

[1] Le mot n'appartenoit pas moins aux Germains qu'aux Gaulois, & je ne say, pourquoy l'auteur [Adrien Turnebe] veut, qu'il soit venu de la langue Gauloise dans la langue Germanique. Il y a plus d'apparence, que la langue & la nation Gauloise soient venues des Germains; si nous admettons que les peuples d'Europe sont venus de l'Orient ...; Celtic Linguistics II, 76.

ihres alten Jargons ist noch unter den Landpomeranzen der Niederbretagne und anderswo erhalten. Arme Kelten, laßt mich euch sagen, daß Leute, die nie auch nur das geringste oberflächliche Wissen von den nützlichen und angenehmen Künsten hatten, unsere Forschungen nicht mehr verdienen, als die Schweine und Esel, die in ihren Ländern wohnen."[1]

Eines der seltsamsten Werke folgte etwa ein halbes Jahrhundert auf den skeptischen Leibniz. Es heißt mit seinem aussagekräftigen vollen Titel:

> The Origin of Language and Nations, Hieroglyfically, Etymologically, and Topografically Defined and Fixed, After the Method of an English, Celtic, Greek and Latin English Lexicon. Together with An Historical Preface, An Hieroglyfical Definition and Characters, A Celtic General Grammar, and Various other Matters of Antiquity. Treated of a Method Entirely New. By Rowland Jones, Esqu. Of the Inner Temple. London 1764. Dazu noch: A Postscript to the Origin of Language and Nations; Containing a farther Illustration of Languages, A Plan for the Restoration of the Primitive One, And A Demonstration of its Utility and Importance, as an universal Language and a general Key to Knowledge; With Various Specimens of its Powers on ancient Authors, Coins, Tenures, Policy, Names, and other Things, London [s. a.][2]

Der Rechtsanwalt Rowland Jones (1722–1774) lebte in einer linguistischen Umbruchsphase. Nach Lhuyds empirischer Großtat und Leibnizens Skeptizismus herrschte in der Sprachwissenschaft eine Art Chaos durch die langwierigen Todeszuckungen der Sintflut- und Babeltheorien. Im Grunde ging es um die Auseinandersetzung zwischen der kirchlichen Lehrmeinung von der wörtlichen Gültigkeit der Genesis-Stellen und der „Aufklärung", eingefärbt durch den auch in der Altertumswissenschaft austreibenden „Pankeltismus", der in diesem Werk eine besondere Blüte hervorbrachte. Jones sagt im Preface, es bleibe dem Urteil der Öffentlichkeit überlassen,

> „whether the illustrating, defining, and fixing the ancient language, origin and antiquities of the prisocial Cumbri, the gallant Galli and the primæval

---

1 Zitiert nach Kuter (1986), 577.
2 Celtic Linguistics III.

Celtes, with natural precision, will not accumulate honour, glory and dignity upon the Cumbri-Galli-Celtes, aid the operations of human understanding, and tend towards the advancement of learning in general, or at least to the restoration of ancient knowledge; and as the confusion of language was productive of great disorders, disputes and disusion amongst mankind, it is to be hoped, that a step towards restoring their ancient language and antiquities may be a means of reconciling and reuniting such of them at least, as have sprung from the same root, and branched on the same stem, like the Cumbri-Galli-Celtes, who appear to be the fathers, or founders of the first nations of Asia Minor, Greece, Italy, ancient Gaul, Germany, Britain, Ireland, and most other countries of Europe."[1]

Die „Keltenrezeption" als linguistischer Beitrag zum Weltfrieden!
Jones glaubt nun eine eigene Theorie der Sprachgenese und der Zeichenbedeutsamkeit auf graphischer und phonetischer Ebene vorlegen zu müssen, aus der dann komplexere Einheiten gemäß einer dafür „entdeckten" „Partikellehre" entstehen können.

> So beginnt das Kapitel „Of Letters and Characters" mit *o*, „the indefinite circle of time and space", die als „particle" alles Runde ("a globe, the sun, a wheel") bezeichnet und in „secondary sense" „motion, heat, light". Wenn *o* der einzige Vokal einer Partikel oder eines Wortes ist, dann müssen andere Buchstaben differenzieren, welche Aussagewert das *o* gerade hat. Im keltischen Wort *ol* 'all' hat das *l* die Aufgabe, die Ausdehnung des *o* auszudrücken, weil das zum Wesen des *l* gehört. Steht das *o* allein, so ist es entweder eine Interjektion oder eine Präposition. Als Interjektion drückt es Bewunderung aus, weil die (runde) Sonne bewunderungswürdig ist, als Präposition *o* bedeutet es 'von', „because the sun is at a distance from us." Das *i* bezeichnet eine Linie, über der als Sonne der Punkt steht, d.h. „length or a line to the utmost bounds of sight", daher bezeichnet es 'Höhe', 'Feuer', 'Zorn', 'Lebenskraft', 'Geradheit'. Es bildet daher die Präposition *i* 'zu', aber auch das Pronomen 'me', weil es aufrecht wie ein Mensch oder Pfosten ist. ... Das *g* assistiert dem für Handlungen zuständigen *c* „in expressing the lower kind of actions as birth, growth, &c whence it was shaped like a sheaf of corn, a bundle of faggots, &c. tied up in the middle.' ... *ad*, for *at*, 'to', is a compound of *a*, the 'earth', and *t*, the 'sky', that is, 'from the earth to the sky' ..."

---

1   Ibid., A 2.

Es ist bemerkenswert, daß Jones in seiner Entdeckerfreude so naheliegende Einwände wie den, daß seine völlig subjektiven Buchstabeninterpretationen ja nur für ganz bestimmte Schriftformen gelten, nicht erkennt: Nur in der Kleinschrift ist *g* „eingeschnürt", für das *G* der Kapitalschrift gilt das nicht; da hat das *I* auch keinen Punkt. Nicht minder erstaunlich ist aus heutiger Sicht die völlig naive Gleichsetzung des modernen Kymrischen mit der Ursprache der Menschheit. Bei Pezron konnte man das Bretonische eher gelten lassen, weil es immerhin im Raum des einstigen Gallischen gesprochen wird. Nicht minder erstaunlich ist, daß jegliche zeitliche Tiefe fehlt. Gerade als Waliser mußte Jones doch wohl wissen, daß auch seine Muttersprache in früheren Zeiten etwas anders ausgesehen hat als das moderne Kymrisch der zweiten Hälfte des 18. Jh.s. Die naive Übertragung des aktuellen Sprachzustandes in die Vorzeit, die bei Johannes Goropius Becanus im 16. Jh. noch „verzeihlich" war, wirkt nun allmählich recht befremdlich.

Die Art, wie Jones sich noch den Sprachursprung zurechtlegte, ist für viele der früheren Herkunftstheorien charakteristisch:

> Als Gott Adam die Sprechfähigkeit verliehen hatte, bildete dieser eine Ursprache, eben das aus „Partikeln" gebildete Kymrisch. Es wurde natürlich auch während und nach der Sintflut gesprochen, u. a. von dem Druiden *Japhet* (dessen Name auch *Juppiter* zugrundeliegt und dessen Volk letztlich auch nach Amerika gelangte).[1] So wanderten die Japhetiten zuerst nach Norden, dann vom Schwarzen Meer nach Westen, wo sie u. a. *Troja* gründeten (< *tre-io* 'Siedlung des *Io* [= Japhet]). In den 400 Jahren, die zwischen dem Ende der Sintflut und der Sprachenverwirrung nach traditioneller Auffassung liegen, gelangten die Japhetiten bis nach Ungarn. Als nun Nimrod im fernen Babel zum Bau des Babylonischen Turms aufrief, warum hätten sich da die Japhetiten beteiligen sollen? Das erklärt, weshalb sich ihre Sprache, nämlich die kymrische *lingua Adamica*, aller Verwirrung und Verderbnis entzog. Nimmt man dies an, ist die weitere Differenzierung fast Kinderspiel. Die Waliser heißen *Welsh*, weil sie von den *Gauls* abstammen. Sie nennen sich selbst *Cymbraeg* nach den *Cymbri*, hinter deren Name ebenso der des Japhetsohnes *Gomer* steckt, wie hinter dem Namen der *Cumbri*, der letztlich mit dem Namen der *Umbri* – und damit der Italiker – identisch ist. Schon die Tatsache, daß ein monoglotter Kymrisch-

---

[1] Ibid., B 3–4.

sprecher aus Carnarvonshire oder Merionethshire eben Kymrisch spricht, ist eine Wiederholung des berühmten Versuches des Pharao Psammetichos I. Das oben (S. 406) erwähnte Experiment Jakobs IV. auf Inchkeith scheint Rowland Jones nicht gekannt zu haben. Der Unterschied zwischen den nichtkeltischen Sprachen wie Latein oder Griechisch ergibt sich dadurch, daß sie unterschiedliche Teile des urkeltischen Vokabulars beibehalten haben.

Wie sieht nun eine Jones'sche Etymologie aus? Ich wähle willkürlich ein Beispiel:

„DANCE, BALL or PLAY; XWARE; XOREAI; CHOREA." *Dance* (damals noch [dæns] gesprochen) „is from *id-en-îs*, 'it is up and down'; *ball* and *play* are from the Celtic *pela*, 'to play with a ball'; the other words are from *ux-ar-hai*, 'high and merry upon action'."

Selbst ein Wort wie *Adieu* bietet keine Probleme:

„ADIEU; IDDIU; ENOSO; AVE. These come from *i-diu*, 'to God', except *ave*, which seems to be from *a-vi*, signifying 'away but live'; or *enoso* may be from *en-w-si*, 'be to the high or divine being'."

Es scheint nicht unzweckmäßig, in diesem Zusammenhang an die Wurzeltheorie von Friedrich Carl Fulda (1724–1788) in seiner „Sammlung und Abstammung germanischer Wurzel-Wörter, nach der Reihe menschlicher Begriffe"[1] zu erinnern, die im Prinzip vergleichbar ist, allerdings vom Hebräischen ausgeht.

Von John Cleland (1709–1789), dessen bewegtes Leben im Dienste der Ostindischen Kompanie in Bombay und als Autor des Prostituiertenromans „Fanny Hill" besser bekannt ist als seine linguistischen Studien, stammt das Werk mit dem originellen Titel:

---

1 Fulda (1776). Während Jones seine semantischen Vorstellungen zunächst an der Buchstabenform entwickelte, ging die „Wurzeltheorie"des protestantischen Pfarrers von den für die semitischen Sprachen charakteristischen Wurzelradikalen aus. Während die Vokale unbestimmt bleiben, differenzieren die antretenden Konsonanten, die Fulda „Regenten" und „Minister" nannte, die Wortbedeutung. Fulda meinte, daß am Beginn der Sprache nur Vokale gestanden hätten. Erst durch das Antreten von Konsonanten sei die Sprache in das „Knabenalter" getreten.

The Way To Things by Words, and To Words by Things; Being A Sketch of An Attempt at the Retrieval of The Antient Celtic or Primitive Language of Europe. To which is added, A succinct Account of the Sanscort, or Learned Language of the Bramins. Also Two Essays, the one On the Origin of the Musical Waits at Christmas. The other On the Real Secret of the Free Masons, London 1766.[1]

Cleland geht wie andere vor ihm davon aus, daß die keltische Ursprache Europas einsilbig und „stronger of the energy of nature" gewesen, aber in dieser Form untergegangen sei. Es sei höchst zweifelhaft, ob man „Celtic as a lost language" zurückgewinnen könne, wenn auch „the advantages to literature from such a retrieval" unbestreitbar seien.[2]

Cleland ist sich bewußt, nicht der erste bei diesen Versuchen zu sein; doch bestehe die Gefahr „of carrying it too deep, so as to reduce the language sought for to nothing but the vague of mere minims of speech, or sounds of vowels and consonants."[3]

> Dies gewiß polemisch gegen Rowland Jones![4] Cleland rechnet mit größeren einsilbigen Gebilden und kommt damit unserem Wurzelbegriff näher. Den Namen der Druiden etwa leitet Cleland aber nicht von dem Wort für 'Eiche' her, sondern aus *D-Er-eud* 'Man of God'.[5]

Clelands Arbeit stellt insoferne einen Fortschritt dar, als er das „Celtic" als etwas ansieht, das rekonstruiert werden muß und nicht als etwas, das mit einer zeitgenössischen keltischen Sprache identisch ist. Dadurch entsteht eine Art zeitlicher Tiefe, und wir könnten im Gedankenexperiment Clelands „Keltisch" mit unserem „Indogermanisch" gleichsetzen, um die Neuartigkeit dieses Ansatzes besser zu verstehen. Möglicherweise ist das auch damit begründet, daß der in Kingston upon Thames (Surrey) gebore-

---

1 Cleland (1766) in: Celtic Linguistics III.
2 Cleland (1766) in: Celtic Linguistics III, ii.
3 Cleland (1766) in: Celtic Linguistics III, iii.
4 Es ist klar, daß Rowland Jones Clelands Verfahren nicht widerspruchlos hinnehmen konnte, und so folgte denn: Jones (1767). Jones versuchte hier z.B. durch Hinweis auf altbritannische Münzen nach William Camden seine Etymologie von *Camul* etc. zu erhärten und legt ganz am Ende eine Art Wörterbuch seiner rekonstruierten Wurzelwörter vor.
5 Cleland (1766) in: Celtic Linguistics III, 44.

ne Engländer keine keltische Sprachkompetenz hatte, die mit der Pezrons oder Jones' vergleichbar war, d.h. daß es ihm auch kein Anliegen war, eine noch gesprochene Sprache als adamitische Ursprache herauszustellen. Ich würde aber auch meinen, daß er einfach etwas mehr Augenmaß für das Wahrscheinliche hatte. Andererseits verfocht er gegenüber John Lockes empiristischer Vorstellung von der Sprache als einem System arbiträrer Zeichen den Standpunkt „primärer Lautbedeutsamkeit": Manche Wörter seien „big with meaning, emphatic and picturesque" wie etwa *billow* 'a high wave' ..., The Latin *Hirundo* [scil. 'Schwalbe'] is ... expressive, and signifies in the *Celtic* a bird that takes a *circular* sweep over waters."[1]

Eine Neuerung, die sich bei Cleland kühn genug ausnimmt, ist die, daß er, der immerhin 12 Jahre in Indien verbracht hatte, nun erstmals auch das Sanskrit als Modell für seine grammatischen Vorstellungen heranzieht.[2] Das Studium des Indischen sollte dann bei dem Waliser Sir William Jones (1746–1794), der seit 1783 als Judge at the High Court in Kalkutta wirkte und bei einem Brahmanen Unterricht genommen hatte, zu einem tiefergehenden Vergleich zwischen Sanskrit, Griechisch und Latein führen. In seinem Werk „The Sanskrit Language" (1786) erkannte er den gemeinsamen Ursprung des Sanskrit auch mit dem Gotischen, den keltischen Sprachen und dem Farsi und wies damit als Erster auf die indogermanische Sprachfamilie hin.

Der Arzt James Parsons (1705–1770) wuchs zum Teil in Dublin auf, was offenbar sein Interesse am Irischen begründete, das die meisten – außer Lhuyd – eher vernachlässigt hatten. Sein Werk mit knappem Titel[3] bietet wieder den Versuch einer Zusammenschau aller inselkeltischen Spra-

---

1   Cleland (1766) in: Celtic Linguistics III, 24. Was die „primäre Lautbedeutsamkeit" betrifft, so war hier der Deutsche Johannes Clauberg (1622–1665) allerdings längst vorangegangen, denn in seiner *Ars etymologica Teutonum e Philosophiae fontibus derivata* (1663) stellte er *sehen* und *suchen* zusammen, so wie *flehen* und *fluchen*, wobei die u-Vokalisierung das Dunkle bezeichnen sollte. Er erkannte bereits das *s-mobile* in Fällen wie *spreiten* : *breiten*, *stumm* : *dumm* und meinte, daß das *s*- die größere Heftigkeit bezeichnen sollte (*non raro vehementiae causa*). Auch Leibniz hatte in seiner *Brevis designatio* bei der Aussprache des *k* eine starke Anspannung der Kraft festgestellt, mit der die Luft herausgepreßt werde, was denn auch gut zum Vorkommen des *k* in Wörtern der Macht wie *können*, *König*, *Khan* passe.
2   Cleland (1766) in: Celtic Linguistics III, 88–93.
3   Remains of Japhet: Being Historical Enquiries into The Affinity and Origin of the European Languages. By James Parsons, London 1767 = Celtic Linguistics 1701850, IV.

chen. Parsons nimmt an, daß das Phönizische [fə'niːʃn], eine Tochtersprache des Japhetitischen auf einen König *Fenius* als Ahnherrn weise, was natürlich in der Zeit Ossians (s. oben S. 346) und der Fenier die Verbindung zu den Inselkelten, insbesondere den Iren und Schotten herstellte.

Dabei verkörpere das Irische den magogischen Dialekt (nach dem Japhetsohn Magog), das Kymrische den gomerischen. Erstmals seit Lhuyd wird wieder ein innerkeltischer Vergleich angestellt, der durch alphabetische Wortlisten konkretisiert wird.[1] Die originelle Neuerung Parsons besteht darin, daß er sich fragte, welche Teile des Wortschatzes besonders wenig anfällig gegen Neuerungen seien, und bei den Numeralia landete.

> So findet sich denn auch eine große Tabelle „Names of the Numbers in these European Nations", in der er dem Irischen und Kymrischen das Griechische, Lateinische, die romanischen Sprachen (Italienisch, Spanisch, Französisch), die germanischen Sprachen (Deutsch, Niederländisch, Schwedisch, Dänisch, „Saxon" [= Angelsächsisch], Englisch), die slawischen Sprachen (Polnisch, Russisch) und das Ungarische gegenüberstellt. Er beobachtet eine „surprising affinity" unter all diesen Numeralia (inklusive der ungarischen!). In einer zweiten Liste vergleicht Parsons das Magogisch-Irische mit den Bengali und persischen Zahlwörtern. Auch hier ist die Übereinstimmung beachtlich und legt damit Zeugnis für die japhetitische Herkunft auch dieser Sprachen ab. In einer dritten Tabelle stellt Parsons nun die bengalischen und persischen Numeralia den türkischen, hebräischen, malaiischen und chinesischen (kantonesischen) gegenüber – und findet keine Übereinstimmung weder mit dem Japhetitischen noch der asiatischen Sprachen untereinander.[2] Einige Indianersprachen haben noch magogische Ähnlichkeiten, nicht jedoch die der Karibik, was zu altertumskundlichen Überlegungen anregt.[3]

Über den König *Fenius* und seine „Phönizier" kamen denn auch die Schriftzeichen, die das „magogische" (= irische) Alphabet bilden, nach Irland. Unter allen Schriftsystemen – inklusive dem hebräischen – steht die irische Schrift der Adams am nächsten, denn Parsons zweifelt nicht, daß Gott bei der Vermittlung des Sprachvermögens Adam auch die Schrift

---

1   Parsons (1767) in: Celtic Linguistics IV, 244–309.
2   Parsons (1767) in: Celtic Linguistics IV, 310–340.
3   Parsons (1767) in: Celtic Linguistics IV 341–345.

mitgegeben habe. Zwar stammt auch das hebräische System schon aus der Zeit vor der Sintflut, aber Parsons hält es für eine Sakralschrift, während die profane Alltagsschrift sich der irischen Buchstaben in der Art des *Cló gaelach* bediente.[1] Die Ogamschrift scheint Parsons nicht interessiert zu haben.

Bei all diesen Spekulationen ging es immer um den Wortschatz, nicht die Grammatik. Diese bezog erst der Major Charles Vallancey (1721/25–1812), einer der Mitbegründer der Royal Irish Academy, ein.[2]

Er geht von Hebräisch als Ursprache aus. Das Phönizische sei ein „corrupted dialect of the Hebrew" gewesen, von dem das Irische abstamme, ja das eigentlich im Irischen erhalten sei. Dieses wäre dann auch „in great degree the language of Hannibal, Hamilcar and Asdrubal".[3]

Auch Samuel Bochart hatte ja in seinem „Phaleg" (1646) schon Ähnliches behauptet. Unter dem Eindruck des *Lebor Gabála* nahm Vallancey an, daß in Irland zwischen der Einwanderung der Milesier, die aus Phöniziern, Karthagern und Iberern bestanden hätten, und der Anglisierung keine sprachliche Veränderung eingetreten sei, weshalb das Irische archaischer sein müsse als die britannischen Sprachen, die ja durch die Römer, Pikten und Sachsen beeinflußt seien. Auch sei das Kornische fast verschwunden – 1777 starb tatsächlich die letzte Kornisch-Sprecherin Dorothy Pentreath[4] – und das Kymrische: „so much corrupted as scarce to be distinguished" – ein starkes Wort angesichts der gerade damals aufblühenden nationalen Erweckung durch Persönlichkeiten wie Iolo Morgannwg oder William Owen (Pughe)! Aus dem Phönizisch-Irischen stamme auch die nordamerikanische Algonkin-Sprache ab. Der Stammesname *Algonkin* sei aus irisch *algan cine* 'the noble tribe' herzuleiten, aus älterem phöniz. *al gand gins*.[5] Dazu „stimmen" die algonkinsprachlichen Felsinschriften in „altlibyscher" Schrift in West Virginia, die ich schon erwähnte (s. oben S. 89).

---

1   Parsons (1767) in: Celtic Linguistics IV 346–419.
2   Vallancey (1773) = Celtic Linguistics IV; Ferguson (1998), 267–269.
3   Vallancey (1773), iii.
4   Pool (1975), 25f.; vgl. Birkhan (1999b), Abb. 321.
5   Vallancey (1773), iv.

Natürlich schrieb Vallancey die Ogamschrift auch den Phöniziern zu. *Ogam* soll ursprünglich 'fremd' bedeutet und in †*Onka*, dem Namen der Athene bei den Phöniziern, eine Parallele haben. Im Übrigen stünden auch die Runen dieser Schrift sehr nahe.[1] Wie schon bei Lhuyd bildet die irische Orthographie besondere Schwierigkeiten, was Vallancey auch zu Ausfällen gegen MacPherson und die Orthographie seiner schottisch-gälischen „Originale" veranlaßt.[2] Im Übrigen gibt sich die Grammatik als praktisches Sprachlehrbuch, das auch ein Vokabular, Redewendungen des Alltags und einige Gedichte im Original und in Übersetzung enthält.

Eine „romantische" Neuerung liegt in Vallanceys Einschätzung der Sprache als Hinweis auf die kollektive Mentalität der Sprachträger, den Nationalcharakter, gewissermaßen auf das, was ein Jahrhundert später die „keltische Seele" (s. unten S. 462ff.) heißen wird:

> Where the language of any ancient nation is attainable, a criterion is discovered for distinguishing accurately, the more remarkable features in the national character. Should the dialect be found destitute of the general rules of grammatical construction, and concordance; barren of scientific terms; and grating in its cadence; we may without hesitation pronounce, that the speakers were a rude and barbarous nation. The case will be altered much, where we find a language masculine and nervous; harmonious in its articulation; copious in its phraseology; and replete with those abstract and technical terms, which no civilized people can want. We not only grant that the speakers were once a thinking and cultivated people; but we must confess that the language itself, is a species of historical inscription, more ancient, and more authentic also, as far as it goes, than any precarious hearsays of old foreign writers, strangers in general, to the natural, as well as civil history of the remote countries they describe.[3]

Nicht ohne Pikanterie ist freilich, daß gerade das Irische als ein besonderes Muster an „rules of grammatical construction, and concordance" angesehen wird, denn Vallancey konnte ohne Kenntnis der historischen Grammatik die Regelhaftigkeit des Irischen keineswegs erkennen. Auch

---

1 Vallancey (1773), 1–14.
2 Vallancey (1773), xxviif.
3 Ibid., Vallancey (1773), i.

die Ansicht, daß das Irische „männlich und nervicht" sei, wird wohl nicht ungeteilte Zustimmung finden.

Damit haben wir die ältesten und einige der wichtigsten Monographien zur Stellung des Keltischen kennengelernt. Die folgenden Autoren haben sich bald diesem, bald jenem der vorgestellten Forscher angeschlossen, jedoch gibt es auch jetzt noch keinen, der nicht letztlich von Pezron angeregt gewesen wäre. Unter der Annahme, daß der biblische Bericht buchstäblich zu nehmen sei, gibt es eben nur eine beschränkte Anzahl von Möglichkeiten, damit die inselkeltischen Sprachen zu verbinden: Entweder sind sie aus dem Hebräischen als der *lingua Adamica* herzuleiten, dann ist ihre Andersartigkeit irgendwie zu begründen, am natürlichsten durch die Sprachverwirrung, was dem Prestige dieser Sprachen nicht zuträglich ist, oder sie stammen nicht vom Hebräischen, dann ist natürlich die Stellung des letzteren als *lingua sacra* eigens zu erklären und für das Inselkeltische eine Zusatzhypothese zur Erklärung seiner Entstehung und Erhaltung als Ursprache zu finden.

Der walisische Pfarrer Edward Davies (1756–1831)[1] nahm an, daß die babylonische Verwirrung nur die Sprache der Hamiten betroffen habe, nicht die der Semiten und Japhetiten. Er geht von einer „Partikeltheorie" wie Rowland Jones aus, mit deren Hilfe er Kymrisch, Kornisch, Irisch, Latein, Griechisch und Hebräisch etymologisierte, wobei ihm das Hebräische als eine der Tochtersprachen galt und damit auf gleicher hierarchischer Ebene wie die inselkeltischen Sprachen stand.

Die Neuerung ist hier vor allem die, daß Davies für die Erhaltung der Ursprachen das Druidentum verantwortlich machte. Natürlich waren die Druiden längst, vor allem seit John Aubrey und John Toland im Zentrum des antiquarischen Interesses gestanden. Toland hatte 1717 in London „The Druid Circle of the Universal Bond" gegründet, eine Vereinigung aus der durch Initiative von Henry Hurle und seiner Freunde 1781 der „Ancient Order of Druids (AOD)" im Londoner Gasthaus „The King's

---

1   Davies (1804).

Arms" hervorgehen sollte,¹ aber in den linguistischen Arbeiten waren die Druiden noch kaum entsprechend argumentativ instrumentalisiert worden.

Lachlan Maclean (ca. 1776–1855)² aus einer berühmten Highland-Familie folgte Edward Davies in vielen Punkten, doch hielt er als Schotte das Schottisch-Gälische für die keltische Ursprache, die nicht nur die Japhets, sondern geradezu die *lingua Adamica* sei.

> Das Neue an dieser Arbeit ist, daß der Autor zu zeigen versucht, daß Adam bei der Benennung der Tiere durchaus onomatopoetischen Prinzipien folgte. Mit „Celtic" *bua, buo, bō* habe Adam die Kuh, mit *caer* – „pronounced with a tremulous voice" – das Schaf, mit *each* das Pferd und mit *orc* das Schwein bezeichnet, jeweils nach dem Klang ihres Muhens, Blökens, Wieherns und Grunzens. Wegen „adamisch-keltisch" *laogh* 'Kalb' muß auch *Laokoon* „a calf-worshipper" gewesen sein – in der Tat opferte er dem Poseidon einen Ochsen.³

Der Genealoge und Heraldiker William Betham (1779–1853)⁴ stand Vallancey in der Annahme vom phönizischen Ursprung des Irischen nahe, ging aber insoferne noch über ihn hinaus, als er die nähere Verwandtschaft von Irisch und Kymrisch leugnete, wobei er letzteres aus dem Skythischen herleitete und die alte etymologische Verbindung von *Scythi* und *Scoti* (s. oben S. 401) aufgab. In seiner linguistischen Abhandlung findet sich zum ersten Mal das Bild eines Fundgegenstandes: Die „Bronze Figure of a Phenician Soldier, found in a bog in Ireland. It is exactly similar to the Etruscan bronzes found in Italy."⁵ Das Phönizische habe sich durch viele Kontakte mit anderen Sprachen stark verändert und damit der Ursprache Hebräisch entfremdet.⁶ Das Irische sei somit eine semitische, das Kymrische eine japhetitische Sprache. Übereinstimmungen zwischen Kymrisch und Irisch seien das Produkt irischer Einfälle in Britannien.

---

1 Dazu: http://de.wikipedia.org/wiki/Druiden-Orden#Symbole_des_Druiden-Ordens (5. 1. 2008).
2 Maclean (1840) = Celtic Linguistics VII.
3 Maclean (1840), 73 – 84.
4 Betham (1834) = Celtic Linguistics VI.
5 Betham (1834), 86.
6 Betham (1834), vi-xvi.

Damit wurde eine Position aufgegeben, die seit Buchanan als gesichert gegolten hatte. Natürlich ist besonders im Vergleich zu Lhuyd der Rückschritt enorm. Bethams Arbeit verstand sich übrigens als Antwort auf eine 1831 von der Royal Irish Academy gestellte Preisfrage „Who were the Scoti and at what period did they settle in Ireland?", die innerhalb eines Jahres beantwortet hätte werden sollen, aber unbeantwortet blieb.

William Frédéric Edwards (1777–1842) war ein Naturwissenschaftler walisischer Herkunft, der in Frankreich wirkte. Seine posthum erschienene Untersuchung von 1831 sollte gleichfalls eine Preisfrage beantworten, die nach dem Verhältnis der keltischen Sprachen in Frankreich und auf den Britischen Inseln zueinander bzw. nach dem Vorkommen von Lehnbeziehungen mit dem Lateinischen und anderen Sprachen.[1] Edwards stellte belangvolle Gemeinsamkeiten der britannischen Sprachen gegenüber den goidelischen heraus, wenn man auch den Ausführungen über den „Sprachgeist" („le génie de ces langues") nicht unbedingt folgen wird. Immerhin beobachten wir hier die Nachwirkung Charles Vallanceys. Edwards erkennt das Manx als eigene Sprache an, wenn auch bedauernd, daß ihm außer der Bibel keine einschlägigen Texte vorlagen.

Was die Beziehung zum Französischen angeht, so ist Edwards überzeugt, daß „la prononciation du breton a donné les caractères distinctifs à la prononciation de la langue française proprement dite." Das betrifft vor allem die Vokalnasalierung, die aus dem Bretonischen stammen soll, in Wirklichkeit aber schon eine vulgärlateinische Erscheinung ist. Dagegen wird heute öfters angenommen, daß die Entwicklung von vulgärlat. u > afrz. $[y]$ Ergebnis des keltischen Substrates sei. Mit dem Baskischen bestehen zwar auch Beziehungen, aber die Unterschiede sind so tiefgreifend, daß es nicht verglichen werden kann.[2]

Mit den Werken von Betham (1834) und Maclean (1840) einerseits und Edwards (1831) andererseits haben wir eine „Wasserscheide" erreicht, die die Dominanz des religiös bestimmten Geschichtsbewußtseins von einer profanen faktenbezogenen Geschichtswissenschaft trennt. Ab

---

[1] Edwards (1844) = Celtic Linguistics VIII.
[2] Edwards (1844) 536–538. Die Einbeziehung des Baskischen in die Untersuchung hat Edwards zu einem Mitbegründer der Baskologie werden lassen.

jetzt geht es nicht mehr um eine japhetitische, gomeritische, magogische, skythische, adamitische, hebräische oder phönizische Ursprache, sondern um das Indogermanische oder Indo-European/indo-européen,[1] auch wenn man anfangs das Indogermanische mehr oder minder naiv mit dem Sanskrit gleichsetzte, dessen Prestige seit der Arbeit von Sir William Jones (s. oben S. 423) und Friedrich Schlegels Abhandlung „Über die Sprache und Weisheit der Indier. Ein Beitrag zur Begründung der Altertumskunde" (1805) ständig gewachsen war.

Oberflächlich betrachtet, könnte man fast den Eindruck gewinnen, daß die alte *lingua Adamica* nun durch das Sanskrit ersetzt worden sei. Aber zusammen mit dem indogermanistischen Sprachvergleich entdeckte man auch die Regelmäßigkeit des Laut- und Phonemwandels – obwohl man anfangs nur von „Buchstaben" redete – und diese Erkenntnis mußte über kurz oder lang zeigen, daß auch das Sanskrit und sogar das ältere Vedische ebenso nur „Tochtersprachen" waren wie Italisch, Griechisch, Germanisch oder Keltisch. In diese frühe Zeit der Indogermanistik fällt auch das Werk:

> The Eastern Origin of the Celtic Nations Proved by a Comparison of Their Dialects with the Sanskrit, Greek, Latin, and Teutonic Languages Forming a Supplement to Researches into the Physical History of Mankind by James Cowles Prichard, M.D. F.R.S. M.R.I.A, London 1831.

Der, wie die Mitgliedschaft bei berühmten gelehrten Gesellschaften zeigt, hochangesehene Arzt (1786–1848) sagt programmatisch:

> „The main object which I have had in view in the composition of this work has been, to institute such a comparison of the Celtic dialects with the languages allowed to belong to the Indo-European stock, as may tend to illustrate the

---

[1] Während „indogermanisch" durchaus richtig ist, weil es die südlichste und nördlichste Sprachfamilie bezeichnet – eine Alternative könnte „tocharisch-keltisch" heißen, falls man die Sprachen ost-westlich begrenzen wollte –, ist „indoeuropäisch" „politisch-inkorrekt", da der Begriff „europäisch" eine Reihe von Sprachen vereinnahmt, die nicht indogermanisch waren oder sind: etruskisch, baskisch, türkisch, ungarisch, estnisch, finnisch und samisch. Doch haben sich die Termini so eingebürgert, daß es sinnlos wäre, hier korrigieren zu wollen.
Der Ausdruck „indogermanisch" stammt aus „Asia polyglotta" (Paris 1823, nebst Sprachatlas) des Orientalisten Julius v. Klaproth.

relation of the Celtic people to the rest of mankind. In the course, however, of this inquiry, I have incidentally discovered that the relations between the … [Indo-European] languages and the Celtic is … [able] … to throw light upon the structure of the Indo-European languages in general …"[1]

Pritchard hat das Werk denn auch Jacob Grimm in Göttingen gewidmet und beruft sich außer auf Edward Lhuyd, der nun aus der Vergessenheit neu erweckt wird, auch ganz besonders auf den Theologen und Orientalisten Johann Severin Vater (Halle a. d. Saale), auf Friedrich und August Wilhelm Schlegel, auf den Begründer der Vergleichenden Sprachwissenschaft, den Mainzer Franz Bopp (1791–1867) und wieder auf Jacob Grimm. Der Naturwissenschaftler in Pritchard begnügte sich aber nicht mit dem Sprachvergleich, sondern bemühte sich auch um einen Vergleich der Sprachträger im Sinne der Rasse, denn:

„The use of languages really cognate must be allowed to furnish a proof, or at least a strong presumption, of kindred race."[2]

Damit ist forschungsgeschichtlich ein neues Thema, das der keltischen Rasse (s. unten S. 452ff.), angeschlagen.

Runden wir mit ein paar Hinweisen die frühe Entwicklung der keltischen Linguistik ab!

Mit den Werken des Genfers Adolphe Pictet (1799–1875) „De l'affinité des langues celtiques avec le Sanscrit" (1837) und Franz Bopps stehen wir nun auf dem methodisch gefestigten Boden der Indogermanistik, als deren Begründer letzterer mit seinem Hauptwerk „Vergleichende Grammatik des Sanskrit, Zend, Griechischen, Lateinischen, Litauischen, Gotischen und Deutschen" (Berlin 1833–52, 6 Bde.; auch in engl. und frz. Übersetzung) gilt. Den Keltologen wird vorwiegend die der Königlichen Akademie der Wissenschaften zu Berlin 1838 vorgelegte Abhandlung „Über die celtischen Sprachen vom Gesichtspunkte der vergleichenden Sprachforschung" (1839 gedruckt) interessieren, weil sich hier erstmals

---

1   Celtic Linguistics VI, 23f.
2   Celtic Linguistics VI, 8.

die historische Erklärung für die so chrakteristischen „Mutationen" findet. (Die irischen Barden haben das Prinzip freilich schon im 14. Jh. durchschaut, was verständlich ist, wenn man bedenkt, daß sie durch die geforderte Alliteration der Verse dem Anlaut besondere Aufmerksamkeit schenkten.)[1] Mit Bopps Erkenntnis erst war der Blick auf das Regelhafte in den keltischen Sprachen frei. Die eigentliche Geburtsstunde der keltischen Linguistik schlug dann mit Erscheinen der Grammatica Celtica (1. Bd. 1851, 2. Bd. 1853) von Johann Kaspar Zeuß (auch: Zeuss; 1806–1856) aus dem fränkischen Vogtendorf (heute zu Kronach gehörig).[2]

Die weitere Entfaltung der (linguistischen) Keltologie kann mit einigen Namen gestreift werden.[3] Es sind dies: der Indologe Ernst Windisch (1844–1918), der in Leipzig wirkte, der Indologe und Keltologe Heinrich Zimmer (1851–1910), der in Berlin die erste Professur für keltische Sprachen innehatte. Sein Nachfolger war Kuno Meyer (1858–1919), der eng mit der irischen Unabhängigkeitsbewegung verbunden war und in Dublin die „Irish School of Learning" (jetzt am Institute for Advanced Studies) mitbegründete (s. unten S. 648). Sein Nachfolger war der Wiener Julius Pokorny (1887–1970), der 1935 aus rassischen Gründen Berlin verlassen mußte.[4] Der bisher wohl bedeutendste Keltologe war der Schweizer Rudolf Thurneysen (1857–1940), ein Schüler von Windisch und Zimmer, der zuerst in Freiburg im Breisgau, ab 1913 in Bonn wirkte.

Als bedeutende Namen von deutschen Keltologen nach 1945 nenne ich Heinrich Wagner (1923–1988), den Erforscher der irischen Dialekte, und Leo Weisgerber (1899–1985), der als Bretonist im Krieg eine recht bedenkliche Rolle spielte,[5] am nachhaltigsten aber dann durch seine Arbeiten über das Festlandkeltische gewirkt hat. Da dieses Buch keine Forschungsgeschichte der Keltologie bieten soll, begnüge ich mich im Folgenden mit einigen Namen großer, schon verstorbener Keltologen, die

---

1   Ó Cuív (1987).
2   Vgl. Hablitzel (1986); Johann Kaspar Zeuß.
3   Dazu Bauersfeld (1944); Will (1999) und andere Arbeiten in Heinz (1999); Ó Lúing (2000), wo in sehr schönen Einzelstudien Persönlichkeiten wie Douglas Hyde, Robin Flower, Marie-Louise Sjoestedt, Carl Marstrander und viele andere gewürdigt werden.
4   Schachtmann (1999); Ó Dochartaigh (2004).
5   Blanchard (1999); Tristram – Cünnen (1999).

der kundige Leser vielleicht auch nicht immer als repräsentativ ansehen wird.

In Frankreich hat Henri d'Arbois de Jubainville (1827–1910) den Grundstein der Keltologie gelegt, indem er ab 1882 den neugegründeten Lehrstuhl für Keltologie am Collège de France innehatte. In seinem 12-bändigen Werk „Cours de littérature celtique" erschloß er 1908 erstmals die keltische Literatur einem französischen Publikum. In „L'Épopée celtique en Irlande" (1892) hatte er die Ulstersage bekannt gemacht, und in seinen „Études de droit celtique" (1895) legte er den Grundstein für die später so bedeutende rechtshistorische Forschung. Henri Gaidoz (1842–1932) gründete die wichtige „Revue celtique". Bei den Bretonen Joseph Loth (1847–1934) und Émile Ernault (1852–1938) stand natürlich die Erforschung des Bretonischen im Vordergrund, so auch später bei Roparz Hemon, Pseudonym für Louis Paul Némo (1900–1978), der eine Anzahl von Grammatiken und Wörterbüchern, aber auch die Kulturzeitschrift *Gwalarn* 'Nordwest' herausbrachte[1] (s. unten S. 622). Loth hat das Augenmerk der Forschung besonders auch auf die sogenannten *Mabinogion* (s. oben S. 96) gelenkt. Henri-Georges Dottin (1863–1928) war ein sehr vielseitiger Keltologe in Rennes, der auch den ersten Versuch eines Handbuches des Gallischen wagte („La Langue Gauloise: Grammaire, Textes et Glossaire. Avec une préface de François Falc'hun, Paris 1920). Sehr wesentlich hat auch Joseph Vendryes (1875–1960) die Keltologie vor allem durch das von ihm begonnene etymologische Wörterbuch des Altirischen gefördert.

In den Niederlanden geht die Keltologie, die dort in Utrecht betrieben wird, auf Anton Gerardus van Hamel (1886–1945) und seine Schülerin Maartje Draak (1907–1995) zurück, in Skandinavien auf den Norweger Carl Marstrander (1883–1965), der speziell die Traditionsgemeinschaft der Nordsee, von Irland und Skandavien, in das Zentrum stellte und die Blasket Islands samt deren Dialekt erforschte. Der dänische Indogermanist Holger Pedersen (1867–1953) förderte die keltischen Studien ganz

---

[1] Piriou (1993), 131–133.

wesentlich durch seine „Vergleichende Grammatik der keltischen Sprachen" (2 Bde; 1909-1913).

In Großbritannien regte Matthew Arnold die keltischen Studien auf universitärem Boden an (s. oben S. 264, unten S. 465). Der erste Inhaber des keltologischen Lehrstuhls und damit der Gründer der keltischen Studien in Oxford war Sir John Rhŷs (1840-1915), der außer den philologischen Interessen auch solche der Schulpolitik vertrat und einer der Mitbegründer der British Academy wurde. Einer seiner Nachfolger war Sir Idris Llewelyn Foster (1911-1984), der sich hauptsächlich der mittelwalisischen Dichtung, aber auch der Institution der *Eisteddfod* widmete. Besonders um die Erforschung des Kymrischen und seiner historischen Grammatik hat sich Sir John Morris-Jones (1864-1929) verdient gemacht. Von ihm stammen auch die ersten Erklärungsversuche der unindogermanischen Eigenheiten der inselkeltischen Syntax unter Heranziehung eines vorindogermanischen Substrates, ein Gedanke, der auf den ersten Blick an die Spekulationen der gelehrten Philologen und Antiquare erinnert, aber nun wohl begründet und methodisch abgesichert ist. Sein Schüler und Nachfolger an der Universität in Bangor war Sir Ifor Williams (1885-1965), dem wir die Erforschung, Interpretation und Ausgabe fast aller älteren kymrischen Texte verdanken. Bedeutende Vorarbeiten hatte der Reverend John Gwenogvryn Evans (1852-1930) geleistet, ein Paläograph, der die Handschriften in einer einem Faksimile angenäherten Weise herausbrachte. Gleichfalls in Bangor wirkte anfangs John Ellis Caerwyn Williams (1912-1999), bis er in Aberystwyth ein neues Zentrum der Keltologie errichtete, was ja schon deshalb naheliegt, weil sich dort auch die National Library of Wales mit ihren Handschriftenschätzen befindet. In Cornwall bemühte sich Henry Jenner (1849-1934) um eine Wiederbelebung der vor 1780 ausgestorbenen Sprache.

Besonders eindrucksvoll ist das Sprachengenie Kenneth Hurlstone Jackson (1909-1991), der sich auf den Blasket Inseln aufgehalten hatte und alle keltischen Sprachen (inklusive des gerade wiederbelebten Kornischen) geläufig sprechen konnte. Er wirkte zuletzt in Edinburgh. Sein bahnbrechendes Werk „Language and History in Early Britain"

(1953) mit der umsichtigen Datierung sprachlicher Entwicklungen ist auch heute nicht überholt, ebensowenig seine Studien zum Manx und zur bretonischen Phonologie. Lediglich die 1964 erschienene Abhandlung „The oldest Irish tradition: A window on the Iron Age" (Cambridge) wird auf Grund neuerer urgeschichtlicher Einsichten und des „Antinativismus", der möglichst wenig als ererbt ansehen will (s. oben S. 173), nicht mehr akzeptiert. Jackson hat sich auch mit internationalen Volkserzählungsmotiven in den „Vier Zweigen des *Mabinogi*" und der Arthurtradition auseinandergesetzt. In diesem Zusammenhang sei noch eine der bedeutendsten Artusforscherinnen genannt: Jessie Laidley Weston (1850–1928), die als Volkskundlerin und Mythenforscherin auf J. George Frazer aufbaute. Die gewöhnlich als „Miss Weston" zitierte Gelehrte hat fast über alle arthurischen Themen, besonders den Gral, hochinteressante religionsgeschichtliche Untersuchungen vorgelegt, deren bekannteste „From Ritual to Romance" (1920) ist, die schon T. S. Eliot in seinen „bogus scholarship"-Anmerkungen zu „The Waste Land" (s. oben S. 282) zitierte und die auch in dem Film „Apokalypse Now" (Francis Ford Coppola; 1979) auftaucht. Man kann Westons Arbeiten sicher zu den am meisten befruchtenden rechnen, da ja auch der Amerikaner Roger Sherman Loomis (1887–1966), einer der einflußreichsten Arthurforscher, auf ihrem Werk aufbaute.

In Irland blühte die Keltologie sowohl am Trinity College als auch an der School of Irish Learning am Dublin Institute of Advanced Studies auf, später natürlich auch am University College of Dublin, in Galway, Cork, Belfast und Coleraine. Bedeutende Gelehrte waren Osborn Bergin (1873–1950), Richard Irvine Best (1872–1959), berühmte Herausgeber belangreicher Texte, und Robin Flower (1881–1946), der wie Marstrander und Jackson auf den Blasket Islands „studiert" hatte. Daniel Anthony Binchy (1900–1989), der schon in jungen Jahren irischer Botschafter in Deutschland gewesen war, trat vor allem als Erforscher des altirischen Rechtes hervor. Myles Dillon (1900–1972), ein Schüler Rudolf Thurneysens, bearbeitete alle Bereiche der irischen Literatur und trug durch Radiovorträge und zusammenfassende, etwas populäre Darstellungen zu deren Bekanntheit bei. Er war aber auch einer der bedeutenden „Nativisten", der immer wieder Übereinstimmungen zwischen irischen und altindischen Kulturelementen aufwies, in dieser Hinsicht war ihm auch Proinsias Mac Cana (1926–2004) nicht unähnlich. Zusammen mit Nora Kershaw Chadwick (1891–1972), die mit ihrem Gatten Hector Munro Chadwick gemeinsam im Bereich der oral poetry-Forschung tätig war, verfaßten Kenneth H. Jackson und Myles Dillon Werke zur keltischen Geschichte (etwa „Celtic Realms", „Early Scotland", „The Colonization of Brittany from Celtic Britain").

Zu erwähnen ist auch das sehr streitbare Geschwisterpaar Thomas Francis O'Rahilly (1883–1953) und Cecile O'Rahilly (1894–1980). Während sich die Schwester durch Edition und Übersetzung der „Táin Bó Cuailnge" in den verschiedenen Fassungen einen Namen machte, rang der Bruder mit der irischen Urgeschichte, die er in einem vielbeachteten Buch „Early Irish History and Mythology" (EIHM; 1946) auf Grund der Bodenfunde, der antiken Autoren, der Sagenüberlieferungen und Etymologien zu rekonstruieren suchte. Das heute skeptisch gesehene Werk ist doch in seiner Art eine großartige Zusammenschau aller möglichen Informationen, darunter auch der in den Sagen erzählten Historie. Daß der *Lebor Gabála Érenn*, das Irische Landnahmebuch, ein sehr schwieriges und durch mehrere Redaktionen unübersichtliches Werk, erschlossen wurde, ist das Verdienst des vielseitigen R. A. Stewart Macalister (1870 - 1950), ein Archäologe, der in Palästina und Irland (Tara) Grabungen durchführte, die ältesten Inschriften der Britischen Inseln edierte, aber auch als Philologe wirkte und sich sogar mit Geheimsprachen und -schriften beschäftigte.

Daß O'Rahillys Werk eine „antinativistische" Gegenbewegung auslösen mußte, deren Hauptexponent James Carney (1914–1989) war, läßt sich leicht nachvollziehen. Er wollte die irische Dichtung als spezifisch mittelalterliche Literatur sehen, d.h. unter Betonung der christlichen, aus Bibel und Antike stammenden Quellen oder auch von Einflüssen der Nachbarschaft. Wir haben im Zusammenhang mit der Tristantradition diese Sicht kennengelernt (s. oben S. 173).

2. Antiquare und Archäologen

Der Rezeption der Kelten durch die Gelehrten, die man *Antiquarians* nannte und aus denen dann die Archäologen hervorgehen sollten, d. h. wie es zum archäologischen Keltenbegriff kam, ist am ausführlichsten Stuart Piggott (1980 = 1989) nachgegangen, auf den ich mich im Folgenden immer wieder stützen werde.

Bahnbrechend war hier ein Mann, der zwar kein neues Geschichtsbild vermittelte – Geoffreys Trojaner-These war schon sehr zweifelhaft geworden (s. oben S. 398) –, vielmehr einen neuen Wahrnehmungsbereich, nämlich den der „alten Realien" (= „Antiquitäten"), eröffnete.

Es war der Londoner William Camden (1551–1623),[1] der mit seinem bahnbrechenden Werk *Britannia sive regnorum Angliæ Scottiæ Hiberniæ descriptio* (London 1586) den wichtigsten Vorstoß machte. Das lateinisch geschriebene Werk erlebte noch in Camdens Lebenszeit sechs Auflagen, wurde 1610 unter Aufsicht des Autors ins Englische übersetzt und auch nach seinem Tod noch lange aufgelegt. Wir haben gesehen, daß Edward Lhuyd in den 90-er Jahren des 17. Jh.s die Revision der auf Wales bezüglichen Partien durchzuführen hatte.

Die Aufmerksamkeit verlagerte sich damit von der alleinigen Konzentration auf das geschriebene Wort auf die „Altsachen" wie z.B. Funde, die zufällig bei Ausgrabungen ans Licht gekommen waren, Anlagen in der Landschaft, wie die Megalithen, Bauten, Bilddenkmäler oder etwa alte Sitten. Bezeichnend ist z.B., daß Camden 1607, als er die sechste Auflage vorbereitete, das Bleikreuz aus dem angeblichen Grab Arthurs (s. oben S. 154) beschaute und uns dessen Aussehen samt „authentischer" Inschrift überliefert. Ebenso haben ihn als einen der ersten die antiken Nachrichten über die Körperbemalung bzw. -tätowierung der Britannier fasziniert, so daß er – m. E. übrigens ganz mit Recht – den Namen der Inselbewohner mit *brith* 'bemalt' zusammenstellte,[2] während er mit dem Vergleich des Namens der Gallier mit kymr. *gwallt* 'Haar' weniger glück-

---

1 Trevor-Roper (1971).
2 Nach Morse (2005), 17.

lich war. Auch der Name *Celtae* sollte aus †*gwaltoc* 'behaart' entstanden sein. Seitenlang listete er zum Teil richtige Wortgleichungen aus dem gesamten keltischen Gebiet, inklusive der Iberischen Halbinsel (!), auf.[1] Wenn auch Camden kein ausschließliches Kelteninteresse gehabt zu haben scheint, so ist sein Werk für den Keltologen doch von allergrößter Bedeutung, weil es – abgesehen von der Bretagne – alle damals noch keltischsprachigen Gebiete einschließt, die der Antiquar ab 1582 bereiste, nachdem er sich im Selbstunterricht Kymrisch und Angelsächsich beigebracht hatte, um seine geschriebenen Quellen besser zu verstehen.

In den Vordergrund treten die Kelten (jedenfalls die „Secondary Celts"; s. oben S. 16) zuerst bei John Aubrey (1626–1697) aus Wiltshire, der eine „Natural History" seiner Heimatgrafschaft verfaßte.[2] Aubreys Hauptwerk *Monumenta Britannica* blieb bis 1980 (!) unveröffentlicht, sollte aber doch als Manuskript die weitere Forschung nachhaltig beeinflussen.[3] Angeblich soll sein Autor 1648 in Avebury (Wiltshire) zufällig bei der Jagd auf die vorzeitlichen Erdanlagen und die Megalithen gestoßen sein, die er mit Stonehenge, das er genau untersuchte – noch heute werden die von ihm entdeckten 56 Löcher unmittelbar nach dem Innenwall als „Aubrey holes" bezeichnet –, und der Grabanlage von Wayland's Smithy[4] (nahe von Uffington in Oxfordshire) verglich. Er sah diese Steinsetzungen als Druidentempel an – wie ein Vierteljahrtausend später noch der Reverend Alexander MacGregor[5] und wie auch heute noch der „British Druid Order – BDO " mit den steinzeitlichen Einwohnern von Avebury verbunden zu sein glaubt (s. unten S. 504) – und nannte sie in der Folgezeit *Templa Druidum*. Obschon er die altbritannischen Druiden nicht explizit als „Kelten" bezeichnet, so kann doch kein Zweifel daran bestehen, daß er die britannischen Druiden mit den von Caesar beschriebenen verband, ob er nun das Wort *Celtae* benützte oder nicht. Da es ihm ja lediglich um die religiöse Institution der Druiden und ihre archäologische

---

1   Camden (1607), 12–16
2   Sie wurde allerdings erst 1847 von John Britton als „Natural History of Wiltshire" herausgebracht. Zu Aubrey s. Green (1998), 140f.
3   Aubreys wichtigste Arbeiten über Avebury brachte erst William Long 1858–1862 heraus.
4   Die Kelten (2001), 15.
5   MacGregor (1901), 16f.

Manifestation ging, bestand keine Notwendigkeit, sie einem bestimmten Ethnos zuzuweisen. Daß sie letztlich Phönizier waren, war für ihn ohnedies klar.

Besonders Stonehenge hatte sich als das Vorzeitmal schlechthin dem kollektiven Gedächtnis eingeprägt, auch wenn es nicht bei Geoffrey (s. oben S. 142) mit den Namen Merlins und Utherpendragons verbunden worden wäre. Die auch *Chorea gigantum* 'Tanz der Giganten' genannte Anlage „is surely Britain's greatest national icon, symbolizing mystery, power and endurance", wie das Internet meldet.[1] Sie galt bald als Tempel, als Herrschersitz, als Grabanlage oder als Kalenderbau und wurde im Laufe der Zeit nicht nur mythischen Riesen, sondern auch der historischen menschlichen Vorbevölkerung zugeschrieben, ob diese nun Römer (so der Architekt Inigo Jones), Dänen (so der Arzt Walter Charleton) oder eben Britannier waren.[2]

1676 konnte Walter Pope dichten:

> I will not forget these Stones that are set
>   In a round, on Salsbury Plains
> Tho' who brought 'em there, 'tis hard to declare,
>   The Romans, or Merlin, or Danes.[3]

Da es sich offenbar um einen Kultbau handelt, lag die Verknüpfung mit den Druiden nahe genug. Und natürlich wurden auch anderwärts megalithische Anlagen als druidische Kultplätze angesehen, vor allem wenn sie so spektakulär waren wie „Cheesewring" in Bodmin Moore, worüber der kornische Antiquar William Borlase (1695–1772) in seinen „Antiquities of Cornwall" (1754) handelte,[4] oder der *Men an tol* 'Lochstein', ein eindrucksvolles Steingebilde mit einem großen Loch, das nachweislich Verwendung im magischen Volksglauben fand.[5] 1708 brachte Henry

---

1 http://wonderclub.com/WorldWonders/StonehengeHistory.html (4. 6. 2006); Birkhan (1999b), Abb. 758–761; Cunliffe (2000), 14.
2 Dazu zur ersten Information Maier (2005).
3 Zitiert nach Piggott (1968), 140.
4 Abbildungen in: http://www.connexions.co.uk/culture/html/stones.htm (4. 6. 2006); Piggott (1968), 170. Über Borlase Piggott (1989), 33f.
5 Courtney (1909).

Rowlands (1655–1723) eine Monographie über Anglesey heraus: *Mona Antiqua Restaurata*. Darin vertrat er nicht nur das besondere Alter der Druidenplätze seiner Heimat, sondern auch die damals übliche Auffassung, daß das Kymrische nahe mit dem Hebräischen verbunden sei und daß die Druiden in ihrer Lehre den Vätern des Alten Testamentes nahestünden, ein Gedanke, den William Stukeley wieder aufgreifen sollte, und der dann schon Tradition hatte. Die Vorstellung, daß Druidenerbe besonders in Wales weiterlebe, gehörte natürlich auch später zum festen Bestand der walisischen Revival-Bewegung, deren Exponenten Iolo Morgannwg und Edward Davies waren (s. unten S. 427, 781).

Die *Geographia sacra* Samuel Bocharts (s. oben S. 406) mit ihren weitreichenden Theorien von der phönizischen Abstammung der alten Britannier hatte nämlich 1676 auch eine altertumskundliche Parallele in der *Britannia Antiqua Illustrata* des Juristen Aylett Sammes (1636?–1679?) gezeitigt, der gemäß den alttestamentarischen Zusammenhängen die Druiden in der Art der Propheten abbildete. Das schon zu seiner Zeit stark kritisierte Werk zeigt aber doch insoferne bemerkenswerte neue Ansätze, als es noch vor den Phöniziern eine frühe Einwanderung der Teutonen annahm, die dann die Aborigines Britanniens bildeten. Die Phönizierbesiedlung stand nach Sammes in enger Beziehung mit dem Zinnhandel. Die antiken „Zinninseln" (*Cassiterides*) waren danach die Isles of Scilly und Cornwall.[1]

Zu den um etwa zwei Menschenalter jüngeren Zeitgenossen gehörte auch die äußerst interessante Persönlichkeit William Stukeley (1687–1765),[2] dem die 1695 von Edmund Gibson in die Neuauflage der *Britannia* Camdens aufgenommene Kurzfassung der Erkenntnisse Aubreys zugänglich war und der vom Yorker Dekan Thomas Gale eine Abschrift der *Monumenta Britannica* erhalten hatte. Eine der Hauptleistungen des Arztes Stukeley war, die Feldforschungen in Avebury und Stonehenge wieder initiiert und damit das unterbrochene Werk Aubreys und Lhuyds (s. oben

---

1 Dazu neuerdings wieder Vennemann (1998) ; s. oben S. 407, Anm. 3.
2 Piggott (1985); Green (1998), 142–146; Haycock (2002).

S. 410, 438) fortgeführt zu haben. Erste Ergebnisse dieser Feldforschung hielt er in seinem *Itinerarium curiosum* 1724 fest. Bei der genauen Vermessung von Stonehenge glaubte der Gelehrte sogar, auf ein altes Längenmaß, die „Druiden-Elle" (*druid cubit*) von 52,83 cm, gestoßen zu sein,[1] was angesichts der sonstigen Ellenmaße nicht auf riesenhafte Druiden weist.

1729 ließ sich Stukeley zum Reverenden der Anglikanischen Kirche weihen und gab die empirische Forschungstätigkeit fast auf. Die Keltologen kennen ihn vorwiegend aus dieser zweiten Lebensphase, in der er sich in sehr spekulativer Weise mit den Druiden beschäftigte,[2] indem er die Ideale seines eigenen Freimaurerordens, dem er seit 1721 angehörte, mit der gemutmaßten Druidenweisheit verband. Aus den späteren Jahren Stukeleys stammen „Stonehenge, a Temple restor'd to the British Druids" (1740) und „Avebury, a Temple of the British Druids, With Some Others, Described" (1743). Der Freund Isaac Newtons, dessen Biographie er 1752 verfaßte, und das hochangesehene Mitglied der wichtigsten gelehrten Gesellschaften ließ sich im vertrauten Kreis gerne „Arch-Druid" nennen. Um dies bei einem anglikanischen Vikar zu verstehen, muß man bedenken, daß für Stukeley noch immer – wie für Aylett Samms und Henry Rowlands – die Besiedelung der britischen Inseln durch Phönizier erfolgt war. Diese, als Semiten den Juden nahe verwandt oder aus ihnen entstanden, mußten wohl eine Lehre vertreten haben, die der des Alten Testamentes glich, oder, wie Stukeley sagte, der Unterschied zwischen den Druiden und den Christen bestehe nur darin, daß erstere noch auf den Messias hofften, während letztere wüßten, daß er schon gekommen sei. Umgekehrt konnte man noch im 19. Jh. in Schottland glauben, daß der feurige Wagen des Propheten Elias (2 Kön 2, 11) Druidenwerk gewesen sei.[3] Stukeley nahm also keinen Anstoß daran, auch in seinen Predigten Druiden „auftreten zu lassen".[4] Schon 1723 schrieb er, daß die Druiden zum Frühlingsäquinoktium Menschen durch Kreuzigung geopfert hätten

---

[1] Hawkins (1967).
[2] Burl (1980).
[3] MacGregor (1901), 17f. Dort auch die kuriose Etymologie von schott.-gäl. *drèag, driùg* 'Meteor' < *druidh-eug* 'Druiden-Tod; Tod eines Druiden'! Als solcher wurde offenbar Elias angesehen.
[4] Piggott (1968), 151.

und „crucifying a man at one of their great festivals in the temple, is a wonderful tho' horrid notion of the sacrifice of the Messiah."[1] 1726 ließ er den Garten seines Hauses[2] in Grantham (Lincolnshire) nach Art eines „Druidenhaines" mit Megalithen anlegen (die sogenannte „Folly"), nun unterzeichnete er Briefe mit *Chyndonax, Druid of Mount Haemus*.[3] Prinzessin Augusta von Sachsen-Gotha-Altenburg, die Mutter König Georgs III., die als Witwe die berühmten Kew Gardens ausbauen ließ, erhielt von Stukeley den Titel *Veleda, the Archdruidess of Kew*. Sie soll dem Titel nach die einzige Frau in den alten neodruidischen Orden gewesen sein. Auch die derzeit regierende britische Königin Elisabeth II. ist Ehrendruidin (allerdings der *Gorsedd y Beirdd* der *Eisteddfod*).

Gemäß der Verknüpfung von Megalithdenkmälern und Druidentum entstanden auch mancherorts „neudruidische" Heiligtümer. In Ilton bei Masham (Yorkshire)[4] erbaute William Danby in den 1820er Jahren einen „Druidentempel" mit Steinkreis und Trilithen und in Park Place bei Henley-on-Thames errichtete General Henry Seymour Conway 1788 eine Druidenkultstätte von Megalithen aus St. Helier, die ihm die Einwohner von Jersey geschenkt hatten.[5] Noch heute werden solche „Follies" errichtet, sogar als Kalenderbauten, natürlich in einer Billigvariante und mit geringerem Aufwand bezüglich der Steingröße und des Transportes. Immerhin wurde in dem abgelegenen Örtchen Geyersberg im niederösterreichischen Dunkelsteiner Wald eine Steinreihe, ein astronomisch ausgerichteter Steinkreis und ein Dolmen gesetzt – alles über 5000 Jahre hinweg „nachempfunden" –, die dann der Druide „Raborne" aus Sooß

---

1 Zitat aus dem handschriftlichen Nachlaß bei Haycock (2002); zitiert nach: http://www.newtonproject.ic.ac.uk/texts/viewtext.php?id=OTHE00023&mode=normalized (5. 6. 2006). Stukeleys Zeichnung einer solchen Kreuzigungsszene bei Maier (2005) 73, Abb. 12.
2 Scoones (1999).
3 *Chyndonax* sollte als Name eines Druiden in einer griechischen Grabinschrift auf einer Bronzeplatte belegt sein, die angeblich 1598 oder 1623 bei Dijon entdeckt wurde; http://www.infoplease.com/search?q=Chyndonax&in=all&fr=iptn&js=true&x=0&y=0 (30. 4. 2008). Ebenezer Cobham Brewer, Dictionary of Phrase and Fable, 1895, s. v. *Chyndonax*.
4 Piggott (1968), 170, 173, Abb. 118; Foto im Internet: http://www.megalithic.co.uk/modules.php?op=modload&name=a312&file=index&do=showpic&gid=11&pid=4138&orderby=dateD (5. 6. 2006). Zum Einstieg: http://www.megalithic.co.uk/ Weitere „follies" findet man in: http://www.follies.btinternet.co.uk
5 Piggott (1968), 170.

bei Loosdorf vom *Artemisia nemeton* am 25. 5. 1989 etwas anachronistisch durch Einweihung keltisierte.[1] Ein Akt, der auch in der Zeit Stukeleys hätte stattfinden können.

Nur am Rande sei erwähnt, daß 1843 Graf Björnstjerna die Phönizier und damit auch die Druiden, aber ebenso die alten Germanen für Buddhisten halten sollte, womit erstmalig, aber freilich noch nicht als theoretischer Ansatz, in einem Vorklang der „Marginaltheorie" eine engere Verbindung zwischen (Insel-)Kelten und Indern hergestellt war.[2] Schon zuvor hatte Carl Ritter im keltischen *Mercurius* Buddha erkennen wollen.[3] Besonders nach Auffindung des Gundestrupkessels 1891 wurden wegen des „Buddhasitzes" des *Cernunnos* auf einer Innenplatten noch öfter engere Zusammenhänge mit Indien erwogen (s. unten S. 757).

Etwa gleichzeitig mit Stukeley reklamierte der in Berlin wirkende Simon Pelloutier (1694–1757) die Megalithanlagen der Bretagne als druidische Kultplätze[4] und fand damit breite Zustimmung. Schon seit Pezron (s. oben S. 405) nahmen ja die Bretonen an, daß sie die eigentlichen Erben der alten

---

[1] S. dazu: http://dunkelsteinerwald.wordpress.com/2008/06/20/der-keltische-steinkreis-von-geyersberg-ein-videoreport/ und: http://www.kersti.de/V0078.HTM (3. 8. 2008). S. unten Anm. 793. Die Weiheplakette auf einem der Steine zeigt als „Markenzeichen" des Druiden Wermut- oder Beifußblätter, was sich aus dem botanischen Namen *Artemisia* für das *nemeton* ('Hain; Heiligtum') des Raborne erklärt.
Dahinter steckt der „Privatgelehrte" Anton Urszovics, der sich als Druide *Raborne* nennt. Der „Künstlername" könnte durch einen Comics-Band wie „Die Klauen des Sumpfes. Der Raborne" (Text: Corbeyran, Zeichnungen: Amblevert) aus der Edition Vents d'Ouest 1989 (deutsch: Splitter-Verlag München 1991) angeregt sein. Dort wird um ein im Sumpf lebendes „Ungeheuer" *Raborne* solange Mystifikation betrieben, bis sich herausstellt, daß der „Raborne" ein mit Habichtsmaske agierender Mensch vom Typus des Robin Hood ist. Denkbar wäre auch, daß Urszovics den Namen mit engl. *reborn* in Zusammenhang bringt. Der in Sooß, Gemeinde Mank (Niederösterreich) in einem alten Gutshof, der ganz in der Art des Lebkuchenhauses in „Hänsel und Gretel" bemalt ist und auch sonst allerlei kitschige Einsprengsel zeigt, residierende Druide soll am 1. Mai 1992 bei der Initiation der Jungdruiden ein „Distelritual" durchgeführt haben, das gewiß schmerzlich, aber nicht authentisch ist. Einer seiner Schüler Stefan D. hatte im selben Jahr auf einem „großen Stein", den er als Druidenaltar ansah, in Laimbach am Ostrong (Waldviertel; Niederösterreich) seinen 8 Monate alten Sohn durch Messerstiche zu opfern versucht, weil ihm dieser angeblich bei der Zeugung die Lebenskraft geraubt habe. Im Prozeß berief er sich auf das den Druiden zustehende Recht, Menschenopfer durchzuführen, wie er bei seiner Ausbildung gelernt hatte! Vgl. Birkhan (1999a), 13, Anm. 2; Birkhan (1999b), Abb. 768f. Natürlich ist dies nur eine mißverstandene, besonders extreme Form neuzeitlicher Druidenpraxis. Die Sooßer Nachbarn scheinen ihren Druiden wenig zu würdigen, jedenfalls verweigern sie („no comment!") jedes Gespräch über ihn.
[2] Björnstjerna (1843). Im Germanischen sollte *Wodan* dem *Boda*, die *Edda* den *Vedas* entsprechen usw.
[3] Ritter (1820).
[4] Pelloutier (1770).

Kelten (und damit der Japhetiten, Gomeriten oder Phönizier) seien, deren Siedlungsraum sich nach Pelloutier über fast ganz Europa erstreckt hatte.

Théophile-Malo Corret de La Tour d'Auvergne (1743–1800), ein gewaltiger Held der Revolutionskriege, hielt danach die Megalithen für den typischen Ausdruck keltischer Kultur.[1] Er scheint auch den bretonischen Benennungen *menhir* 'langer Stein' (engl. „standing stone") und *dolmen* 'Tisch-Stein' (angloir. *cromlech* 'Krummstein') weitere Geltung verschafft zu haben, und natürlich hielt er letzteren für einen Druidenaltar. In das gleiche Horn stieß Jacques Le Brigant, den wir schon als linguistischen Keltomanen (s. oben S. 382) kennengelernt haben. Jacques Cambry, mit Le Brigant einer der Mitbegründer der „Académie celtique", setzte sich gleichfalls für archäologische Forschungen in der Bretagne ein. Er scheint der erste gewesen zu sein, der die Megalithanlage von Carnac als Kalenderbau – wie man es für Stonehenge annahm und annimmt – ansah. In seinem Hauptwerk „Monuments celtiques ou Recherche sur le culte des pierres" (Paris 1805) finden sich bemerkenswerte Stiche, die Druiden teils bei der Predigt von Dolmen aus zeigen, teils bei der Opferung von Menschen.[2] (Woran übrigens der Reverend Alexander MacGregor 1901 noch glaubte![3]) Der uns als Wegbereiter La Villemarqués schon bekannte Abbé P. Mahé (s. oben S. 382) schrieb über Dolmen wie den von Pen Hap, der auch „Pierre des sacrifices" heißt, nicht ohne faszinierten Abscheu:

> „Man erschauert, wenn man dieses unheilvolle Monument erblickt und dabei bedenkt, daß die Priester eines unbarmherzigen Kultes hier die Brust von Ihresgleichen und ihrer Landsmänner durchbohrten, daß sie unbewegt zuschauten, wie deren Blut floß und daß sie neugierig in deren noch zukkenden Eingeweiden wühlten, um aus diesen völlig nichtssagende Omen auszudeuten."[4]

---

1 La Tour d'Auvergne (1792–96). Eine ausgezeichnete Darstellung der Megalithen Frankreichs in: Ferguson (1871), 325–376; vgl. Pollès (1993).
2 Pollès (1993), Abb. 63–65, 67
3 MacGregor (1901), 15.
4 Zitiert nach: http://www2.fb1.uni-siegen.de/ifer/ifer-alt/ifer/ir/brunn_t.htm (15. 6. 2006).

Christophe-Paulin de La Poix de Fréminville (1787–1848), ein Reisender und Naturforscher, verfaßte mehrere Bände über die „Antiquité de la Bretagne" (über le Morbihan, le Finistère und les Côtes-du-Nord). Als Präsident der jetzt nicht mehr „Académie celtique", sondern „Société royale des antiquaires de France" genannten Gesellschaft brachte er auch noch den „Voyage dans le Finistère" von Jacques Cambry heraus (1836). Auch bei ihm verbanden sich Druidenphantasien mit solchen der Freimaurerei und – angeblich – auch der Alchemie.[1]

Es ist selbstverständlich, daß die bretonische Keltomanie durch den „Barzaz Breiz" von Hersart de La Villemarqué gewaltigen Auftrieb empfing,[2] obwohl dieses Werk eigentlich wenig Druidisches enthält, wie man heute seinem Schöpfer zu Ehren einräumen muß. Immerhin gründete er 1857 eine „Bretonische Bruderschaft" (Breuriez Breiz), womit ein Pendant zu der *gorsedd y beirdd* geschaffen war, die Iolo Morgannwg ins Leben gerufen hatte. So ging der pankeltische Druidengedanke auch in die Geschichtswerke der Zeit von Jules Michelet und Henri Martin, auf den Ernest Renan in seiner „Keltischen Seele" (s. unten S. 462ff.) verweist, ein.

Wenden wir uns wieder Britannien zu!

Außer den Druiden verband man mit den alten Britanniern, ob man sie nun explizit „Kelten" nannte oder nicht, die spektakulären Details, die man bei den antiken Autoren vorfand: die Lederboote, die Körperbemalung oder -tätowierung mit Färberwaid (*Insatis tinctoria*) und das Wagenkriegertum. Nicht vergessen wurden auch die „wicker men" und die Kopfjagd.

Unter ersteren versteht man nach der Schilderung Caesars (b. G. VI, 16, 4) „Standbilder von ungeheurer Größe, deren aus Ruten geflochtene Glieder sie [die Gallier] mit lebenden Menschen anfüllen; dann zündet man unten an, die Menschen werden von der Flamme eingeschlossen und kommen darin um ..."[3] Diese Nachricht findet sich auch bei Strabon

---

1 S. dazu die wichtige Zusammenstellung von Vincent Wyart, La recherche archéologique en Bretagne ou la construction d'un mythe, in: Les Cahiers du Cériem 2000 = http://www.uhb.fr/sc_humaines/ceriem/documents/cc6/cc6wyart.htm (15. 6. 2006).
2 Pollès (1993).
3 Caesar, 141; Hofeneder (2005), 202f.

(IV, 4, 5), der sogar von mitverbrannten Tieren weiß. Der Brauch scheint übrigens in England und Belgien bis ins 18. Jh., in Frankreich sogar bis ins 19. Jh., fortgelebt zu haben, indem man auf diese Weise bei Sonnwendfeiern Katzen, Füchse und Schlangen unter großer Begeisterung der Zuseher verbrannte.[1] Wie man sich diese „wicker images" im 17. Jh. vorstellte, veranschaulicht eine Abbildung in der „Britannia Antiqua Illustrata" (1676) von Aylett Sammes.[2] Als Bildmotiv archaischer Wildheit lebte der „Krutschmann" bis ins 19. Jh. weiter[3] und hat einen neopaganen Horrorfilm angeregt (s. unten S. 764ff.).

Was die Kopfjagd und die „têtes coupées" angeht, so hat Stuart Piggott bereits die einschlägigen Zeugnisse der Antiquare zu diesen Punkten zusammengestellt, so daß ich nur auf seine Arbeit verweisen muß.[4] Die Schädeltrophäe ist allerdings kein ausschließliches Merkmal keltischen Brauchs,[5] abgesehen davon gab es auch die kultische Verehrung des Hauptes eines Helden nach seinem Tode, wie im Falle des *Bendigeidvran* (s. oben S. 114) und als literarische Reminiszenz wohl auch noch des *Gwalchmai-Gawaine*.

Das Lederboot war im 17. Jh. ein ganz geläufiger Anblick, was schon Camden 1586 betonte, sowohl die in Wales gebräuchlichen runden flußgängigen Formen (kymr. *corwg, corwgl*, engl. *coracle*)[6] als auch die vor allem an der irischen Westküste bis vor kurzem übliche langgestreckte seegängige Bauart (ir. *curach,* angloir. *curragh*).[7] Hier erfuhren die antiken Autoren volle Bestätigung. Ab und zu wurden auch abgetriebene Inuit gefangen, deren Lederboote gleichfalls zum archaischen Bild dieser Fahrzeuge beitrugen.

Was die Bemalung betrifft, so gibt es eine große Zahl antiker bis frühmittelalterlicher Autoren, die Body-art in irgendeiner Form mit Hilfe des

---

[1] Hartmann (1952), 60; Frazer (2000), 745–749.
[2] S. bei Piggott (1975), 111, Abb. 78.
[3] Birkhan (1999b), Abb. 756f. nach Wollheim (1849), Abb. 34.
[4] Piggott (1989), 62ff.
[5] Davidson (1988), 71–77.
[6] Piggott (1989), Abb. 12, 13; Birkhan (1999b), Abb. 716; Greenslade (2000), 30f.
[7] Piggott (1989), Abb. 11; Birkhan (1999b), Abb. 717f.; Enchanted Ireland, 134f.

glaston 'Färberwaid' bezeugen, dazu noch die Etymologie des Pikten-, ja vielleicht auch des Briten-Namens selbst,[1] daß an diesem Brauch kaum gezweifelt werden kann. Auf den Entdeckungsreisen war man auf Völkerschaften gestoßen, bei denen body-art zum Alltag gehörte, und so stellten die gelehrten Antiquare gerne ihre britannischen Vorfahren in der Art der „Naturvölker" bemalt und natürlich nackt dar. Der Nacktkampf ist ja durch antike Autoren gut bezeugt – wir denken auch an die Angleichung der alten Kelten an die Titanen – und war schon deshalb naheliegend, weil sonst die Bemalung, die ja wohl auch den Feind schrekken sollte, nicht sichtbar gewesen wäre. Künstler wie Lucas de Heere, John White, Jacque le Moyne, Theodor De Bry und John Speed stellten gerne Krieger und Kriegerinnen nach dem Vorbild von Indianern, aber auch in europäischen manierierten Phantasiestilen dar.

So etwa John White (1588) einen Piktenkrieger mit Teufelsfratzen auf Brust, Bauch und Kniegelenken in der Art spätmittelalterlicher Teufelsabbildungen, mit Torques, Kraftgürtel und orientalisierendem Schwert, das an den „Sarmatismus" in der Frühen Neuzeit Osteuropas gemahnt,[2] in der Rechten einen abgeschlagenen Kopf. Oder Jacques le Moyne (1590) *A yonge dowgter of the Pictes* mit rubens-artigen Formen über und über mit Blumen tätowiert, auch sie mit Torques, Kraftgürtel und an einer Kette daran befestigtem „Sarmatenschwert", die Rechte kokett in die Hüfte gestützt, die Linke mit gezierter Handhaltung nahe der phantastischen Speerspitze.[3] Was den Speer angeht, so scheint es bemerkenswert, daß er bald „naturalistisch" mit den merkwürdigen kugelförmigen Lanzenschuhen (spearbutts) abgebildet wird, die ja tatsächlich dem archäologischen Fundmaterial zumindest in Irland und indirekt auch in Schottland[4] entsprechen, während die Schwerter offenbar in einer Form dargestellt wurden, wie man sich eben ein Barbarenschwert vorzustellen hatte: als mehr oder minder gekrümmten Säbel, eben „sarmatisch".

---

1 Birkhan (2007).
2 Dazu Ascherson (1996), 360–370.
3 Vgl. die Bilder bei Piggott (1989), Abb. 17, 18 und Birkhan (1999b), Abb. 713, 753–755.
4 Birkhan (1999a), 416.

Das Wagenkriegertum ist gut durch antike Autoren bezeugt, sowohl auf dem Festland als auch in Britannien (durch Sagen auch in Irland). Bei der Frage, wie es nach Britannien kam, schieden sich die Geister. Richard Rowlands (ursprünglich: Verstegen) nahm in seinem 1605 in Antwerpen erschienenen und mehrfach in England nachgedruckten Buch *Restitution of Decayed Intelligence in Antiquities Concerning the most noble, and renowned English nation. By the studie and trauaile of RV*[1] an, daß nach der Sintflut eine Landbrücke nach Britannien bestanden habe – wie sie auch die Sláine-Comics voraussetzen (s. unten S. 523) –, nach deren Untergang die Halbinsel zur Insel geworden sei.

Das Argument scheint nicht unlogisch: Wer wäre so töricht gewesen, den Wolf nach Britannien zu bringen, wenn dies schon immer eine Insel gewesen wäre? Eher hat sich nach der Landung der Arche der Wolf über die Landbrücke nach Britannien ausgebreitet. Nahm man diese an, so konnte der Streitwagen auch auf dem Landweg dorthin gelangen.

Aber Rowlands Theorie fand keinen Anklang. Aylett Sammes, der wie auch viele neuzeitliche Briten den Segen der „splendid isolation" betonte, vermutete, daß *Cimbri* vom Schwarzen Meer zusammen mit Phöniziern unter Führung des *Hercules* nach Britannien gekommen seien und noch vor dem Trojanischen Krieg das Streitwagenkriegertum mitbrachten.

Wie sehr nun das Britannentum zur Staatssache und zum Anliegen des Reiches gemacht wurde, zeigt Piggotts Wiedergabe eines Holzschnittes, der „Boadicea" (richtig: *Boudicca*) als Königin der *Iceni* in der 1578 erschienenen Chronik Raphael Holinsheds präsentiert,[2] aus der übrigens Shakespeare Stoffe wie „King Lear" oder „Macbeth" bezog. Die britannische Königin trägt unverwechselbar die Gesichtszüge der Königin Elisabeth, hält aber unter dem rechten Arm einen Hasen für das von Cassius Dio (*hist. Rom.* LXII 6) erwähnte Hasenorakel bereit! „Boadicea" ist immerdar präsent, wie die gewaltige Bronzeskulptur der Königin auf ihrem Sichelwagen von Thomas Thornycroft (1815–1885) an Westminster-Bridge lehrt.

---

1 Piggott (1989), 57f.
2 Piggott (1989), 84f. Man vgl. damit die Illustrationen von James Field in: Matthews (1988).

Die frühen Antiquare konnten, da sie allein dem biblischen Bericht und seinen Zeitangaben folgten, keine zeitliche Tiefe im Sinne einer relativen Chronologie strukturieren. Nach den Berechnungen des Eusebius von Caesarea und Hieronymus gab es zwei Weltschöpfungsdaten: entweder 5200 oder 3964 v. Chr. Damit konkurrierten aber auch die Daten 4004 und 5400 v. Chr. Für die Antiquare, soferne sie nicht der prä-adamitischen oder kainitischen Theorie anhingen, war aber die Chronologie der Sintflut wichtiger, und diese wurde zwischen 2500 und 2000 v. Chr. angesetzt. Ging man von dem früheren Ansatz aus, so konnten nach konventioneller Lehre die Japhetiten bzw. die Pezronschen „Kelten", denen man etwa 300 Jahre für den Weg nach Britannien zugestand, mit Leichtigkeit ab 2000 v. Chr. auf der Insel siedeln.[1]

Die Antiquare wußten natürlich, daß sie Stein-, Bronze- und Eisengegenstände in ihren Sammlungen hatten, wenn auch vielleicht nicht immer klar war, ob ein Steingegenstand eher als Naturmerkwürdigkeit (z.B. ein „Donnerkeil" als fossile Rückenschulpe eines Kopffüßers) oder als Menschenwerk erstaunlich war. Der Vergleich mit den tätowierten oder bemalten „Naturvölkern", den „Wilden" in ihren Lederbooten, zeigte, daß die Steingeräte einer sehr frühen Kulturschicht angehörten. Sie bildeten also das britannisch-keltische Erbe. Dann mußten die Metallgeräte römerzeitlich sein. Allerdings mußte man den Britanniern oder Kelten *nolens volens* doch auch Waffen aus Metall zubilligen, denn kein antiker Autor erwähnte, daß die Britannier mit Steinwaffen gekämpft hätten, und so zeigen die Abbildungen britannischer Krieger und Kriegerinnen diese zwar nackt und tätowiert, aber doch mit Metallwaffen ausgestattet. Über steinerne Pfeilspitzen, die auf Raasay (Innere Hebriden) gefunden wurden, schrieb 1775 Samuel Johnson:

> „The people call them *Elf-bolts*, and believe the fairies shoot them at the cattle. They nearly resemble those which Mr. *Banks* has lately brought from the savage countries in the Pacific Ocean, and must have been made by a nation to which the use of metals was unknown."[2]

---

1   Dazu die ausführliche Darlegung in: Piggott (1989), 38–43.
2   Zitiert nach Piggott (1989), 86; vgl. MacGregor (1901), 22; Craine (1994), 20.

Der stellenweise sehr herbe Landschaftsreiz der britischen Inseln eignete sich gut für archaische Vorzeitphantasien, wie die folgende Stelle von Sir Arthur Conan Doyles Schilderung Cornwalls als „most God-forsaken corner of the world" zeigt:

> „The longer one stays here the more does the spirit of the moor sink into one's soul, its vastness, and also its grim charm. When you are once out upon its bosom you have left all traces of modern England behind you, but, on the other hand you are conscious everywhere of the homes and the work of the prehistoric people. On all sides of you as you walk are the houses of the forgotten folk, with their graves and the huge monoliths which are supposed to have marked their temples. As you look at their grey stone huts against the scarred hillsides you leave your own age behind you, and if you were to see a skin-clad, hairy man crawl out from the low door fitting a flint tipped arrow on to the string of his bow, you would feel that his presence there was more natural than your own. The strange thing is that they should have lived so thickly on what must always have been most unfruitful soil. I am no antiquarian, but I could imagine that they were some unwarlike and harried race who were forced to accept that which none other would occupy."[1]

Dem läßt sich die Erscheinung eines gnomenartigen Pikten in John Buchans „No-Man's-Land" (1902) zur Seite stellen:

> „Then suddenly in the hollow trough of mist before me, where things could still be half-discerned, there appeared a figure. It was little and squat and dark; naked, apparently, but so rough with hair that it wore the appearance of a skin-covered being. It crossed my line of vision, not staying for a moment, but in its face and eyes there seemed to lurk an elder world of mystery and barbarism, a troll-like life which was too horrible for words."[2]

Die Pikten sollten wie andere Ahnen (s. unten S. 542) als zwergenhafte Wesen weiterleben.

Die Auffassung der alten Kelten als „Wilde" war naheliegend genug, bedeutete aber damals längst keine negative Einschätzung im allgemein

---

1 Conan Doyle 96f.
2 Ritchie (1994), 24.

menschlichen Bereich mehr, den man vor allem nach Jean-Jacques Rousseau (1712–1778) und seinem Traktat *Discours sur l'origine et les fondemens de l'inégalité parmi les hommes* (1755) scharf von materieller Rückständigkeit zu trennen wußte. In dieser Preisschrift der Académie von Dijon wurde die Auffassung ursprünglicher Gleichheit in materieller und gesetzlicher Perspektive vertreten. So konnte der Kelte längst als „edler Wilder" in einer Art glücklicher Urgesellschaft gelten. Rousseaus Abhandlung, die von Moses Mendelssohn ins Deutsche übersetzt worden war, wirkte bekanntlich bei Johann Gottfried Herder, seinen „Ideen zur Philosophie der Geschichte der Menschheit" (1784–91) und seiner Hochschätzung des „Ossian" weiter. Auch hier war ja der Kelte als Repräsentant eines heroisch-unschuldigen Urzustandes angesehen worden, in dem die völlige Freiheit nur durch kriegsbedingte Führertätigkeit einzelner Helden zeitweise unterbrochen war. Daß die frühesten antiken Berichte über die alten Kelten von einer Klassengesellschaft reden, an deren Spitze Druiden und Adel standen, wurde erstaunlicherweise nicht beachtet bzw. für eine erst spätere Entwicklung angesehen. Freilich hätte nüchterne Überlegung zeigen müssen, daß selbst jene „Celten", die angeblich Stonehenge erbaut hatten, kaum einer egalitären Gesellschaft angehört haben können.

Der erste Antiquar, der sich bemühte, in seiner Gräberarchäologie verschiedene Ethnien zu unterscheiden, war Reverend James Douglas (1753–1819) mit einem Werk, das den poetischen Titel *Nenia Britannica* 'Britannischer Leichengesang' führte, im Untertitel aber verkündete:

> „A sepulchral history of Great Britain, from the earliest period to its general conversion to Christianity including a Complete Series of the British, Roman and Saxon Sepulchral Rites and Ceremonies with the Contents of several hundred burial places opened under a careful inspection of the Author. The Barrows Containing Urns, Swords, Spear-heads, Daggers, Knives, Battle-Axes, Shields, and Armillæ: - Decorations of Women; Consisting of Gems, Pensile Ornaments, Bracelets, Beads, Gold and Silver Buckles, Broaches ornamented with Precious Stones; several Magical Instruments; some very scarce and unpublished coins; and a Variety of other curious Relics deposited with the Dead. Tending to illustrate the Early Part of And to fix on a more unquestio-

nable Criterion for the Study of Antiquity: To which are added, Observations on the Celtic, British, Roman, and Danish Barrows, discovered in Britain ... London 1793"

Ich habe den Titel in seiner ganzen Länge angeführt, weil er veranschaulicht, welche Art von Altertümern im Vordergrund des Interesses standen.

Die eigentliche methodische Neuerung in der Interpretation der Funde kam durch die „Drei-Phasen-Theorie" zustande, die man mit dem Namen Christian Jürgensen Thomsen (1788–1865) verbindet, der in seiner Abhandlung „Ledetraad til Nordisk Oldkyndighed udgiven af det kongelige Nordiske Oldskriftselskab. Kjøbenhavn. 1836" zum ersten Mal Stein-, Bronze- und Eisenzeit unterschied und – lange unwidersprochen – annahm, daß die Entwicklung der Menschheit durch den Fortschritt zu immer besseren Werkzeugen bestimmt sei. 1848 wurde dieses Werk bereits von Lord Francis Egerton, einem Angehörigen der Hocharistokratie, ins Englische übersetzt und sollte nun als „Guide to Northern Archaeology" eine starke Wirkung haben. Durch die „Drei-Phasen-Theorie" entstand erstmals unter den Funden eine Art zeitlicher Tiefe. Die Bedeutung dieser Theorie, die ja auch heute noch gilt, kann gar nicht hoch genug eingeschätzt werden. Fraglich blieb bei alledem nur, welchen Ethnien die einzelnen Phasen zuzuordnen waren. Hier sollte später ein zweiter Ansatz skandinavischer Gelehrter, wie es schien, weiterhelfen: der rassenkundliche, der sich der Kraniometrie bediente.

3. Die „keltische Rasse"

Wir haben schon gesehen, daß 1831 James Cowles Prichard, dessen Bedeutung nun immer stärker hervortritt, auch auf die rassenkundlichen Implikationen seiner linguistischen Untersuchungen hingewiesen hat (s. oben S. 430f.). Eingeleitet wurden diese Studien durch die Arbeit des Niederländers Pieter (Petrus) Camper (1722–1789),[1] dem es, wie übrigens

---

[1] Einen guten Einstieg bietet: http://www-users.rwth-aachen.de/kunstserviceg/gerlach/archiv/Physiognomik/Archiv/u.htm (10. 6. 2006).

auch dem englischen Graphiker und Karikaturisten William Hogarth (1697–1764),[1] um ein klassizistisches Schönheitsideal ging, das aber nun nicht nur bewundert, sondern durch exakte Vermessung definiert und daher konstruierbar werden sollte. Camper legte dabei sein Hauptaugenmerk auf den „Gesichtswinkel". Es ist der Winkel, der dadurch entsteht, daß man im Profil vom vorspringendsten Teil des Oberkiefers eine Linie zum Kiefergelenk und eine zum Augenbrauenknochen zieht. Der Winkel ist bei Affen spitz, bei modernen Europäern fast 90grädig. In dem 1791 posthum herausgegebenen Werk wurde der Gesichtswinkel noch nicht phylogenetisch interpretiert. Diesbezügliche Versuche stammen erst von Jean-Baptiste de Lamarck (1809) und von Charles Darwin (1859). Zur Zeit Prichards lagen solche Gedanken jedoch schon in der Luft.

Der dänische Anatom und Wal-Spezialist Daniel F. Eschricht (1798–1863) ordnete in Kopenhagen die ergrabenen Schädel gemäß der „Drei-Phasen-Theorie" an, ebenso Sven Nilsson (1787–1883) in seinem Buch „Skandinaviska nordens urinvånare" (1838–1843), das 1868 ins Englische übersetzt wurde. Der schwedische Anatom Anders Retzius (1796–1860) verbesserte um 1842 die von Camper begründete Schädelvermessung in „Über den natürlichen Unterschied der Gesichtszüge" (Berlin 1792) und führte die Begriffe „dolichocephal" ('langschädelig') und „brachycephal" ('breitschädelig') ein. Die Verbreitung der auf der Kraniometrie beruhenden Rassenlehre und der „Drei-Phasen-Theorie" geschah in Britannien durch Jens Jacob Asmussen Worsaae (1821–1885), einen Schüler Thomsens, der 1846 und im Folgejahr Britannien und Irland bereiste und Anhänger für die skandinavischen Theorien warb. Natürlich griff die neue Lehre der „Drei-Phasen-Theorie" auch auf die Bretagne über und machte den Druiden an ihren Dolmen den Garaus. Zu den ersten Anhängern Worsaaes gehörten Arcisse de Caumont (1801–1873) und Prosper Mérimée (1803–1870), letzterer hochgeachtetes Mitglied der Académie française, Kenner der russischen Literatur – heute sicher am bekanntesten als Verfasser der *Carmen*-Novelle.

---

1 Dessen „Analyse de la Beauté" posthum 1805 in Paris erschienen ist.

So blieben beide Theorien lange miteinander verbunden, wobei sie durch Gelehrte wie Prichard allmählich zum allgemeinen Glaubensgut wurden, wenn auch Prichard selbst den Sprachzeugnissen höhere Aussagekraft als den kraniometrischen und archäologischen zumaß.

Die Faszination der kraniometrischen Rassenlehre kann ein weiteres Zitat Conan Doyles belegen, wenn in „The Hound of the Baskervilles" Doktor Mortimer mit Bezug auf den jungen Henry, den begeisterungsfähigen Erben des Hauses, und auf das Mordopfer Charles sagt:

> „A glance at our friend here reveals the rounded head of the Celt, which carries inside it the Celtic enthusiasm and power of attachment. Poor Sir Charles's head was of a very rare type, half Gaelic, half Ivernian in its characteristics."[1]

Von den erwähnten skandinavischen Gelehrten übernahm man auf den Britischen Inseln, die Auffassung, daß Europa vor den Indogermanen von einer steinzeitlichen nicht-indogermanischen Bevölkerung (wie Finnen oder Basken) bewohnt war – wenn auch in Britannien keine Reste dieses Substrates vorhanden waren –, während man die indogermanischen Kelten mit der Bronzezeit verband. Dabei galten Retzius die Kelten als dolichocephal, die Finnen als brachycephal. Mehr oder minder gleichzeitig stellte Nilsson fest, daß die vorindogermanischen Ur-Europäer brachycephal, die „Goten" (= Germanen) dolichocephal waren, und die Kelten dazwischen standen, indem sie breitschädeliger als die Germanen, aber langschädeliger als die Vorindogermanen waren.

Worsaaes „Missionsreise" hatte schon einen Gedanken scharf hervortreten lassen: Die Kelten sind in West- und Nordeuropa nicht mehr omnipräsent, wie sie es als Japhetiten zu sein pflegten. Die runischen Denkmäler in Dänemark lehrten, daß es hier in alter Zeit eine unkeltische Bevölkerung gab, die Worsaae, einem skandinavischen Brauch aus der Zeit Rudbecks folgend, mit den durch ihr Schicksal so imposanten Goten gleichsetzte, weshalb man vom „Gotismus" in der skandinavischen Altertumskunde spricht. Für ihn ergab sich Dänemark als Zentrum des

---

[1] Conan Doyle, 70f.

alten Germanentums und Irland als Zentrum des Keltentums, weil dort neben der Sprache mehr alte Literatur erhalten ist als in Schottland oder Wales, die freilich auch als „keltisch" galten, aber eben nicht als „chief land of the ancient Celtic tribes."[1] Freilich galt ihm Wales mit seiner besser erhaltenen keltischen Sprache als der letzte Rückzugsort der einst so mächtigen und über ein großes Gebiet nördlich der Alpen herrschenden Kelten. Mit bewegten Worten rief er die Waliser zur Erinnerung an ihre einstige Bedeutung auf und auch darüber zu reflektieren, wie es zum gegenwärtigen Zustand kommen konnte. So half Worsaae dem keltischen Nationalismus gleichsam auf die Sprünge, wobei aber Michael Morse hervorhebt,[2] daß das Selbstverständnis der Iren als „Celtic" erst in den 1850er Jahren durchgedrungen ist, wobei natürlich die englische Mißwirtschaft während der Großen Hungersnot (1845 – 1848) das Ihre dazu beigetragen hat, daß auch in der Politik allmählich separatistische Bewegungen (s. unten S. 642ff.) aufflackerten.

Für die Keltenrezeption war vor allem auch Sir William (Robert Wills) Wilde (1815–1876) wichtig, der damals bekannteste Augen- und Ohren-Chirurg Irlands und Besitzer eines eigenen Spitals in Dublin, der Vater Oscar Wildes, der im Gedankenaustausch mit Prichard und den skandinavischen Vordenkern der Zeit die „Drei-Phasen-Theorie" mit der Kraniometrie verband. Der geadelte und in Skandinavien hochdekorierte Gelehrte blieb im Grunde jedoch der Tradition der gelehrten Antiquare treu, insoferne er auch die überlieferte Vorzeitkunde mit seinen Forschungen verband. Die in den Traditionen der Britischen Inseln sonst nicht greifbare steinzeitliche Vorbevölkerung identifizierte er mit den ackerbautreibenden *Firbolg* aus dem *Lebor Gabála*. Diesem zufolge wurden jene von den „Stämmen der Göttin *Danu*" (den *Tuatha Dé Danann*) abgelöst, die Wilde mit den Kelten der Bronzezeit gleichsetzte und sich „globular-headed, light-eyed, fair-haired" vorstellte.[3] Das würde eher auf Henry von Baskerville passen! Daß die handwerksbetonten *Tuatha Dé Danann* eine Metallkultur repräsentieren, kann man gewiß nicht bestrei-

---

1   Zitiert nach Morse (2005), 107.
2   Morse (2005), 107–110.
3   Dazu Morse (2005), 104.

ten, doch muß man fragen, wo nach Wildes Hypothese die sogenannten „Milesier" bleiben, welche die *Tuatha* ihrerseits wieder in die Grabhügel verdrängten und sonst für die Vorfahren der späteren Iren angesehen wurden. Camden hatte sie einige Jahrhunderte nach *Gaothelus* und *Scota* unter ihrem Anführer *Hiberus*, dem Sohn des spanischen Königs *Milesius*, einwandern lassen (s. oben, S. 399f.).

In der Art eines gelehrten und nach Kuriositäten suchenden Antiquars hat Wilde auch seine Bücher verfaßt, die heute noch lesenswert sind: „The Boyne and the Blackwater" (1849), in dem z.B. auch die Schädelfunde eine große Rolle spielen und das eine genaue Schilderung des New Grange Tumulus enthält, und „Lough Corrib, its Shores and Islands" (1867). Wilde verstand es aber auch, sehr eindrucksvoll, das wissenschaftliche Interesse an seiner Heimatinsel zu wecken und zu vertiefen. Anläßlich der Tagung der „British Antiquarians' Association" 1857 in Dublin brachte er nicht nur einen Katalog der in Dublin aufbewahrten frühirischen Funde heraus, sondern organisierte auch eine Exkursion von etwa 70 Teilnehmern zu den Aran-Inseln. Dabei gab es in den Ruinen von Dún Aengus, einer höchst eindrucksvollen Befestigung, die heute manche Esoteriker als eine Art „Bühne" zur Aufführung „uririscher" Kultdramen ansehen,[1] ein Dinner, in dessen Verlauf Wilde die Anlage und die Bevölkerung der Aran-Inseln als die letzten Repräsentanten der *Firbolg*, also der irischen *aborigines*, herausstellte.[2]

Im gleichen Jahr 1857 fand in Manchester die „Art Treasures Exhibition" statt, in der erstmals einem großen Publikum auch die inselkeltische Kunst vorgestellt wurde. Ausgelöst war das Interesse unter anderem 1850 durch die Auffindung einer besonders kunstvollen Fibel am Strand bei Drogheda, die dann als „Tara-Brooch" (etwa 700 n. Chr.) berühmt werden sollte.[3] Sie wurde nachgebildet und, als Königin Victoria zwei der Imitationen kaufte und auch trug, entstand in der High Society Englands eine Art „Keltenmode". Mit einer solchen Fibel im Tartangewand stellte auch der den Präraffaeliten nahestehende John Duncan den Heldenjüng-

---

[1] Cunliffe (2000), 62f.; O'Brien – Harbison (1996), 30; Birkhan (1999b), Abb. 83f.; Enchanted Ireland, 18.
[2] Synge The Aran Islands.
[3] Oft abgebildet, z.B. Treasures (1977), Abb. 32.

ling CúChulainn dar.¹ Aber auch in der Themse hatte man beim Brückenbau in Battersea 1854 und 1855 aufsehenerregende Funde wie den „Battersea-Schild" und das „Themse-Schwert" gemacht. Flankierend wirkten das Interesse des British Museum für Numismatik und andere keltische Funde unter seinem Kurator Augustus Wollaston Franks (1826–1897),² ferner das Interesse an Kunstgegenständen des irischen Altertums, das die Royal Irish Academy bekundete, die in William Wilde einen rührigen Förderer fand, insbesondere aber das Wirken eines Mannes, der sich die Erforschung des insularen keltischen und angelsächsischen Kunsthandwerks zum Ziel gesetzt hatte: John Mitchell Kemble (1807–1857).

Wie Lord Tennyson war auch Kemble Mitglied der Cambridger Geheimgesellschaft der „Apostles", wo er als Historiker hervortrat. Unter dem Einfluß der Brüder Grimm in Göttingen verlagerte sich sein Hauptinteresse auf das Angelsächsische, wo er mit der Ausgabe des „Beowulf" (1833–1837) Pionierarbeit leisten sollte. In seinen „Horae Ferales, or Studies in the Archaeology of Northern Nations", die posthum 1864 von Franks und dem Sprachwissenschaftler Robert Gordon Latham herausgebracht wurden, definierte er erstmals Merkmale des insularen Kunsthandwerks, insbesondere die „Doppelspirale", die er für eine Art nur auf die Kelten beschränktes „Leitfossil" ansah. Damit war eine ethnische Bestimmung eines Kunstwerkes möglich. Die Vergleiche liefen nicht mehr allein über die kraniometrische Schiene, sondern auch über die Artefakte, insbesondere deren Stilmerkmale. Franks nannte in den „Horae Ferales" die Battersea-Funde „Late Celtic", vor allem weil sie offenbar nicht römisch oder germanisch waren. Damit waren die vorrömische Eisenzeit in Britannien und bestimmte Stilmerkmale als „spätkeltisch" etikettiert, die Kelten wurden von der Bronzezeit gelöst und als eisenzeitliche Einwanderer auf den Britischen Inseln angesehen. Die Einwanderungszeit wurde ein bis zwei Jahrhunderte vor Ankunft der Römer angesetzt.

---

1 Die Kelten (2001), 22.
2 Der Name ist heute noch bekannt durch „Franks' Casket", ein Kästchen aus Walbein mit Darstellung der Weihnachtsszene, der Einnahme Jerusalems, der Brüder Romulus und Remus, der germanischen Wielandsage samt berühmter Runeninschrift, aber auch einer inselkeltischen Tradition.

Der Polyhistor Franks, der auch starke Beziehungen zum Kontinent unterhielt, nahm nun auch die Entdeckungen wahr, die man seit 1846 in Hallstatt gemacht hatte. In dem an Ereignissen für die Keltologie so reichen Jahr 1857 kamen auch die Funde von La Tène am Neuenburger See ans Licht, wurden von Franks stilistisch mit dem insularen Fundmaterial verglichen, und damit die Schweiz als Urheimat der Kelten erwogen.

In den 1860er Jahren hielt der Dandy, Dichter und Kulturkritiker Matthew Arnold, den ich schon als den Verfasser einer originellen Bearbeitung des Tristanthemas erwähnt habe (s. S. 264f.), in Oxford Vorlesungen, in denen er nun die Wesensmerkmale der keltischen Dichtung herausarbeitete und sie als Hervorbringung des „Celtic genius" ansah (s. unten S. 458), womit ein rassebedingtes kollektives Charakteristikum der keltischen Mentalität gemeint war, wie es schon Charles Vallancey der Sprache entnehmen wollte (s. oben S. 426), ein Vorgriff auf das, was man später „Nationalcharakter" nannte,[1] an dem dann auch Persönlichkeiten wie Yeats bauen sollten.[2] Das relevanteste Werk in diesem Zusammenhang ist Arnolds Buch „On the Study of Celtic Literature" (1867, 1883). Es wird weiter unten noch genauer besehen werden (s. S. 465ff.).

Für die folgende Entwicklung des Keltenverständnisses und -selbstverständnisses war der Schotte Daniel Wilson (1816–1892), dem man auch die Wortbildung *Prehistoric* zumindest auf den Britischen Inseln zuschreibt, von großer Bedeutung. Sie wird klarer, wenn wir uns die „Critical Dissertation on the Poems of Ossian" von Hugh Blair (1765) und seine vier Epochen der Menschheitsgeschichte (Jägerkultur, Hirtenkultur mit entstehendem Eigentumsbegriff, Ackerbau und Handel) in Erinnerung rufen (s. S. 359). Wilson versuchte diese „Vier-Epochen-Theorie" mit der „Drei-Phasen-Theorie" und den kraniometrischen Sachverhalten einer steinzeitlichen Ureinwohnerschaft und den folgenden Schädelformen auf gleich zu bringen und dazu das Ganze auf die Forschungen Prichards und natürlich letztlich auch die biblische Chronologie abzustimmen.

---

1 Zum Verhältnis der Kelten und Angelsachsen s. Curtis (1968).
2 Wood (1997), 163.

Das Ergebnis war „The Archaeology and Prehistoric Annals of Scotland" (1851), in dem die „Drei-Phasen-Theorie" auf ein „Vier-Phasen-System" erweitert wird, deren letzter Zeitabschnitt der „christliche" ist.

Eine belangreiche Neuerung war nun, daß die vorindogermanische Megalithzeit und damit ihre „druidischen" Kultstätten wie Stonehenge eindeutig und endgültig den Kelten abgesprochen wurden, wenn auch reiche Funde belegen, daß in keltischer und romano-britischer Zeit Stonehenge noch oder wieder als Kultort fungierte.[1] Gegenüber der scharfen „Drei-Phasen-Theorie" der Skandinavier rechnete Wilson damit, daß die Megalitherbauer bereits den Beginn einer Bronzekultur hinter sich hatten, als die Kelten als Hauptrepräsentanten der Bronzezeit kamen. (In Stonehenge ist auf einem der Steine bekanntlich eine bronzezeitliche, mykenische Doppelaxt abgebildet.)

Der zweite, noch gewichtigere, Unterschied war, daß nun auch den Kelten eine (kurze) Eisenzeit vor dem Eintreffen der Römer zugestanden wurde. Wilson nahm einen bestimmten Schädel als den keltischen „Musterschädel" schlechthin an. Er stammte aus der von Columcille gegründeten Klostergemeinschaft von Iona, war also der Schädel eines Christen, in dem Wilson den Inbegriff des Keltentums auch physisch verkörpert sah.[2]

Die weitere Entwicklung der keltischen Rassenlehre war durch das kurze Zwischenspiel der Phrenologen bestimmt, die annahmen, daß man aus der Schädelform auch auf die geistigen Vorgänge im Gehirn schließen könne. Die Phrenologie war von Franz Joseph Gall (1758–1828) propagiert worden und war von Anfang an eine wenig seriöse Schwester der Kraniometrie. Gall hatte als erster erkannt, daß alle mentalen Tätigkeiten vom Gehirn ausgehen (und nicht etwa von Herz, Milz oder Uterus), daß das Hirn eine Faserstruktur besitzt und daß mentale Vorgänge über die Mimik ablesbar sind. Die Hoffnung, aus der Schädelvermessung Rückschlüsse auf das Gehirn und damit die seelisch-geistigen Vorgänge ziehen zu können, erwies sich bald als haltlos.

---

1 Kendrick (1927), 153; zum religiösen Hintergrund der Megalithgräber in vorkeltischer Zeit vgl. Ó hÓgáin (1999), 1–38.
2 Morse (2005), 117.

Joseph Barnard Davis (1801–1881) veröffentlichte nun zusammen mit dem Arzt John Thurnam (1810–1873) das zweibändige Überblickswerk „Crania Britannica" (1856–65), eine vergleichende anatomische Studie der frühen Einwohner der Britischen Inseln, und stellte einen bestimmten Schädel nach phrenologischen Kriterien als ein typisch keltisches Cranium heraus, da die Muskelansätze „indications of wild passions operating on the muscles of expression" seien und so den „savage character" des angeblichen Kelten erwiesen.[1] Wir können hier sehr schön die Genese und Wirkmächtigkeit eines Keltenklischees beobachten.

John Lubbock (später: Lord Avebury; 1834–1913), der mit Charles Darwin in freundschaftlichem und wissenschaftlichem Kontakt stand, faßte in seinem „Pre-Historic Times" (1865) noch einmal die bestehenden Anschauungen in Form der „Drei-Phasen-Theorie" und der kraniometrischen Befunde der Gräberarchäologie zusammen, wobei nun die Kraniometrie zu einem unabdingbaren Bestandteil der Ethnologie werden sollte. Bei der Steinzeit unterschied Lubbock erstmals zwischen Alt- und Jungsteinzeit. Im Übrigen war gerade das Werk Lubbocks durch große Vorsicht bestimmt, da er nicht selten auf die schlechte Quellenlage und die zu geringe Zahl von Belegen hinwies. Wegen der vorherrschenden Brandbestattung und daher geringen Schädelzahl schien Lubbock letztlich unklar, woher die Bevölkerung der Bronzezeit – für ihn noch die „Kelten" – stammte, wenn ihm auch ein östlicher Ursprung nahezuliegen schien.

Der letzte große, noch rassenkundlich denkende britische Archäologe war wohl der Waliser John Beddoe (1826–1911), der die schon klassischen Schädelvermessungen nicht ausreichend fand und, um eine Brücke zur Gegenwart zu schlagen, in „The Races of Britain" (1885) nun als zusätzlichen Faktor die Pigmentierung einbezog. In seinem „Index of nigrescence" stellte er die Pigmentierung der Haare und die Augenfarbe an rezenten Bevölkerungsgruppen zusammen und fand dabei heraus, daß der „Nigreszenzfaktor" von Ost nach West sowohl in Britannien als auch in Irland zunahm – letzteres besonders erstaunlich, weil dem

---

1 Nach Morse (2005), 117.

das seit der Antike geläufige Keltenklischee, die Vorstellung des hellhäutigen, blond- oder rothaarigen, blau- oder grünäugigen Kelten widerspricht. Wer Wales und Irland kennt, wird freilich den hohen Anteil dunkelhaariger Menschen – bei allerdings erstaunlich heller Hautfarbe – bemerkt haben. Nach Beddoe herrscht helle Pigmentierung nur im Norden Schottlands vor, wo mit starker skandinavischer Einstrahlung zu rechnen ist.

Drei Jahre vor Beddoes Buch hatte der Schotte Robert Munro (1835–1920) ein Buch über „Ancient Scottish Lake-Dwellings" publiziert, in dem er die schottischen *crannog*-Siedlungen untersuchte und mit Schweizer Fundorten wie La Tène verglich. Gestützt auf Fundstücke und Siedlungsformen nahm er an, daß die Kelten aus Mitteleuropa eingewandert seien.[1] Damit ist in großen Zügen auch der heutige Standpunkt der meisten Archäologen erreicht, mögen auch die Meinungen darüber, wie die Sprecher des Keltischen nach Britannien kamen, sehr geteilt sein.

Eine Schlüsselposition fiel in der Folgezeit Joseph Anderson (1832–1916) und John Romilly Allen (1847–1907) zu, die beide den Begriff des Keltischen im Kunsthandwerk zu bestimmen suchten. Dabei orientierte sich Anderson vor allem am Bandornament der frühchristlichen Handschriften, dem er einen „intense Celticism" zusprach,[2] der, in Irland herausgebildet, sich am deutlichsten in der frühchristlichen Kunst Schottlands verwirkliche. Im Folgenden ging es nicht mehr um Rassenfragen und auch nicht primär um Gräberarchäologie, sondern um Herkunft und Wanderung von Ornamenten, die auch jetzt noch ganz besonders faszinieren (s. unten S. 616ff., 743ff.).

Den eigentlichen Durchbruch zu dem, was wir heute unter keltischer Kunst (besser: Kunsthandwerk) verstehen, brachte dann Allens Buch „Celtic Art in Pagan and Christian Times" (1904), das noch 1998 (!) ins Deutsche übersetzt wurde.[3] Nach Allen ist keltische Kunst „the art of the peoples in Europe who spoke the Celtic language", für die jedoch keine

---

1   Dorthin waren sie nach Sir Arthur John Evans (1851–1941), dem Entdecker und Ausgräber des Königspalastes in Knossos, aus dem bronzezeitlichen Kulturkreis Mykenes gelangt.
2   Morse (2005), 143.
3   Allen (1998). Die Übersetzung am Ende des 20. Jh.s zeigt die hohe Wertschätzung dieses Werkes.

rassische Einheit angenommen wird; wenn Allen für die Inselkelten auch von einer Mischung keltischen und iberischen Blutes ausgeht, so ist dies mehr eine Pflichtübung im (vielen vertrauten) Rassegedanken, denn für Allen bedeutet diese Mischung keine wie immer geartete Einheitlichkeit. Die Besiedelung Irlands nahm er für die Hallstattzeit an, die Britanniens mit der Latènezeit. Die frühchristliche keltische Kunst sah Allen als „a local variety of the Lombardo-Byzantine style", „grafted upon the Pagan art of the Late-Celtic period" an.[1] Die Einheitlichkeit des „Keltischen" bestand nur in der Sprache und der dieser zugeordneten Kunst, wobei Allen glaubte, daß sich die beiden Begriffe zur Deckung bringen ließen. Die heutige Gepflogenheit, archäologische, historische und linguistische Daten unter dem Begriff „keltisch" zu subsumieren, geht auf Joseph Déchelette (1862–1914) zurück, der als erster Fundorte aus dem ganzen heute als „keltisch" angesehenen Bereich unter der Annahme einer Kultur verband.[2]

Die Frage, wie die Kelten (= Keltischsprecher) nach Britannien und Irland kamen und ob vor ihnen schon indogermanische Stämme auf den Inseln waren und wer diesen vorausging, ist nach wie vor ungeklärt.[3]

4. Das schöngeistige Keltenbild von Ernest Renan und Matthew Arnold

Hier ist ein Autor zu erwähnen, der als erster eine Bestimmung des keltischen Geistes versuchte: der bretonische Orientalist Ernest Renan (1823–1892), der durch sein „Leben Jesu", seine siebenbändige „Geschichte der Ursprünge des Christentums", durch seine „Geschichte Israels bis auf David" berühmt war und wegen seiner Rede „Qu'est-ce qu'une nation?" heute als ein Vordenker der Europäischen Union gilt. Innerhalb seines reichen Schaffens nimmt die kleine Abhandlung „La poésie de la race

---

1 Nach Morse (2005), 148.
2 Collis (2007), 115.
3 Erheiternd der gallige Überblick von O'Rahilly in EIHM 419–443.

celtique" (1854)[1] umfangmäßig nur einen bescheidenen Platz ein, sie hat aber ihre Wirkung nicht verfehlt, wie das folgende Zitat beweist:

> „S'il était permis d'assigner un sexe aux nations comme aux individus, il faudrait dire sans hésiter que la race celtique, surtout envisagée dans sa branche kymrique ou bretonne, est une race essentiellement féminine. Aucune famille humaine, je crois, n'a porté dans l'amour autant de mystère. Nulle autre n'a conçu à pies de délicatesse l'idéal de la femme et n'en a été plus dominée. C'est une sorte d'enivrement, une folie, un vertige. Lisez l'étrange mabinogi de Pérédur …: ces pages sont humides, pour ainsi dire, du sentiment féminin. La femme y apparaît connue une sorte de vision vécue, intermédiaire entre l'homme et le monde surnaturel. Je ne vois aucune littérature qui offre rien d'analogue à ceci. Comparez Geneviève et Iseult à ces furies scandinaves de Gudruna et de Chrimhilde, et vous avouerez que la femme telle que l'a conçue la chevalerie, – cet idéal de douceur et de beauté posé comme but suprême de la vie, – n'est une création ni classique, ni chrétienne, ni germanique, mais bien réellement celtique."

Hier ist also der Ansatz zur Erklärung der mittelalterlichen Frauenverehrung, den auch Arnold später andeutet, ausgesprochen. Es ist übrigens erstaunlich, daß Renan nicht auch den Minnesang der Trobadors und Trouvères aus einem keltischen Substrat herleitete, wie das etwa 100 Jahre später durch Ernst Werner geschah, der den immer unerfüllten Frauendienst mit dem „weißen Martyrium" des altkeltischen Syneisaktenwesens und speziell dem 1109 von dem bretonischen Asketen Robert d'Arbrissel gegründeten Orden und Kloster von *Fons Ebraus* (Fontevrault), der Grablege des angevinischen Herrscherhauses, verband, wo Mönche und Nonnen getrennt lebend unter der Autorität einer Äbtissin vereinigt waren.[2] Gewissermaßen für die Keimzelle des arthurischen Romans gilt nach Renan:

---

1 Der Text ist als ein Schlüsseltext des „Keltismus" gut zugänglich in: http://www.lexilogos.com/document/renan/ame_celtique.htm: (15. 6. 2006). Danach zitiere ich auch. Eine Karikatur Renans: Piriou (1993), Abb. 73.
2 Werner (1955).

„L'élément essentiel de la vie poétique du Celte, c'est l'aventure, c'est-à-dire la poursuite de l'inconnu, une course sans fin après l'objet toujours fuyant du désir. Voilà ce que saint Brandan rêvait au delà des mers, voilà ce que Pérédur cherchait dans sa chevalerie mystique, voilà ce que le chevalier Owenn demandait à ses pérégrinations souterraines. [im *Purgatorium Sancti Patricii*; s. oben S. 77ff.]. Cette race veut l'infini ; elle en a soif, elle le poursuit à tout prix, au delà de la tombe, au delà de l'enfer. Le défaut essentiel des peuples bretons, le penchant à l'ivresse, défaut qui, selon toutes les traditions du sixième siècle, fut la cause de leurs désastres, tient à cet invincible besoin d'illusion ..."

Auch der Gedanke, daß die Phantasie ein wesentliches Merkmal der „race celtique" sei, findet sich bei Renan ausgesprochen, denn er fügt hinzu:

„La puissance de l'imagination est presque toujours proportionnée à la concentration du sentiment et au peu de développement extérieur de la vie. ... Comparée à l'imagination classique, l'imagination celtique est vraiment l'infini comparé au fini."

Im Gegensatz zu dem etwas späteren Matthew Arnold leitete der Bretone Renan diese besondere „puissance de l'imagination" von den gedrückten und isolierten Lebensumständen der Kelten her, die er aus seinem eigenen Leben kannte, indem er einleitend sagte:

„Jamais famille humaine n'a vécu plus isolée du monde et plus pure de tout mélange étranger. Resserrée sur la conquête dans des îles et des presqu'îles oubliées, elle a opposé une barrière infranchissable aux influences du dehors elle a tout tiré d'elle-même, et n'a vécu que de son propre fonds. De là cette puissante individualité, cette haine de l'étranger qui, jusqu'à nos jours, a formé le trait essentiel des peuples celtiques."

Deshalb sei auch die keltische Seele:

„à la fois fière et timide, puissante par le sentiment et faible dans l'action; chez elle, libre et épanouie; à l'extérieur, gauche et embarrassée. ... Doués de peu d'initiative, trop portés à s'envisager comme mineurs et en tutelle, ils croient vite à la fatalité et s'y résignent. A la voir si peu audacieuse contre Dieu, on croirait à peine que cette race est fille de Japhet. ... De là vient sa tristesse. Prenez les chants de ses bardes du sixième siècle; ils pleurent plus de défaites qu'ils ne chantent de victoires."

Das führe auch zum Wiederkehrglauben, der sich an Arthur oder den bretonischen *Lez-Breiz* heftete. Und so kann Renan auch von „l'infinie délicatesse de sentiment qui caractérise la race celtique" sprechen.

13 Jahre nach dem Essai Renans kam in London die Abhandlung „On the Study of Celtic Literature"[1] (1867) des Schriftstellers, Literaturkritikers und Oxforder „Professor of Poetry" Matthew Arnold (1822–1888) heraus. Es ist eine Serie von sechs Vorträgen, die in der gebildeten Welt nicht weniger Aufsehen erregten, als Arnolds frühere Reflexionen zur Möglichkeit, Homer zu übersetzen,[2] aber auch zu einem durchaus handfesten Ergebnis führten, indem sich die Universitätsverwaltung in Oxford dem Ruf nach einem „Chair of Celtic" nicht verschloß und diesen einrichtete. Auf diese Abhandlung ist nun etwas genauer einzugehen, da sie für die Einschätzung des Keltentums innerhalb und außerhalb Englands bahnbrechend war.

Arnold nimmt Bezug auf Renan, wenn er sagt:

„For instance, in his beautiful essay on the poetry of the Celtic races, M. Renan, with his eyes fixed on the Bretons and the Welsh, is struck with the timidity, the shyness, the delicacy of the Celtic nature, its preference for a retired life, its embarrassment at having to deal with the great world. He talks of the douce petite race naturellement chretienne, his race fiere et timide, a l'exterieur gauche et embarrassée. But it is evident that this description, however well it may do for the Cymri, will never do for the Gael, never do for the typical Irishman of Donnybrook fair. Again, M. Renan's 'infinie delicatesse de sentiment qui caracterise la race Celtique', how little that accords with the popular conception of an Irishman who wants to borrow money!"

Das Grundprinzip ist das der „Rasse", meist durch „blood" umschrieben oder direkt „race" genannt, die sich im „genius" – ein sehr häufiges Wort – eines Volkes oder einer Völkergruppe ausdrückt und etwa mit „Volks-

---
1 Dieses Werk ist durch das Internet zugänglich in der Reihe: Sacred Texts, Sagas and Legends. Scanned and redacted by Phillip Brown. Additional formatting and proofreading at sacred-texts.com, by John B. Hare. Ich zitiere im Folgenden aus dieser Internetversion: http://www.sacred-texts.com/neu/celt/scl/index.htm.
2 On Translating Homer (1861, 1862).

geist", „Volkscharakter" oder „kollektive geistige Anlage" einer solchen Gemeinschaft zu übersetzen ist. So gibt es natürlich einen „Celtic genius", innerhalb dessen dann der „Celtic genius of Wales or Ireland" unterschieden wird, dem steht der „Semitic genius" fremd gegenüber, da Arnold bereits in den Begriffen „Indo-European" gegenüber dem fremden „Semitic" denkt. Die Herleitung des Keltischen aus dem Phönizischen oder Hebräischen ist natürlich längst passé. Eher fühlt er sich dem „genius of Greece or India" verbunden. Dem keltischen „Volksgeist" steht der „English genius" gegenüber, der etwas vom „Germanic genius", aber auch „Norman habit and genius" hat und dadurch auch einen Anflug von „Latin genius" enthält. Diese „kollektiven geistigen Anlagen" sind ihm natürlich über das Blut vererbbar. Wie es zur Ausdifferenzierung der in sich doch sehr verschiedenen *genii* aus dem „Indo-European genius" kam, darüber spekuliert Arnold nicht. Die Ausführungen gehen weit über die keltische Literatur hinaus, da sie geradezu eine rassenmäßig begründete Kulturtheorie bilden. Dazu ist es natürlich nötig, den einzelnen *genii* Charaktermerkmale zuzuschreiben, die Arnold zumeist aus der Dichtung gewinnt. Sie wirken sich dann freilich auch in den anderen künstlerischen Leistungen der Völker aus, aber auch in deren Geschichte, Verwaltung und Alltag als „Nationalcharakter".

Um die Beschreibung des „Celtic genius" zu verstehen, ist zu bedenken, daß Arnold keine keltische Sprache beherrschte und daher nur auf Übersetzungen angewiesen war, und daß die inselkeltischen Literaturen zum Teil noch mangelhaft durch solche erschlossen waren. Die kymrischen Werke, an denen sich Arnold orientiert, waren vor allem die „Mabinogion" (im weitesten Sinn; s. oben S. 96) in der Übersetzung von Charlotte Guest, und die den „frühen Barden" (*cynfeirdd*), besonders Taliesin und Llywarch Hen, zugeschriebenen Gedichte.[1] Hier gab es – wie ja auch heute – schon eine große unseriöse, „esoterische" Deutungs-Schriftstellerei, die sich entweder an den „semitischen Wurzeln" im Kymrischen orientierte oder, als mythologischen Unfug, *Ceridwen* mit *Ceres* zusam-

---

[1] Stephens (1849). Dieses von San Marte (1864) auch ins Deutsche übersetzte Werk hatte als höchste Auszeichnung den „Prince of Wales's Prize" gewonnen.

menstellte, wogegen z.B. der nüchterne Waliser David William Nash heftig ankämpfte,[1] was ihm übrigens häufig gallige Bemerkungen Arnolds eintrug. Aus der irischen Literatur kannte Arnold die „Annalen der Vier Meister", die Tradition des *Lebor Gabála*, den Namen der wichtigen großen Handschriften und deren Bearbeiter Eugene O'Curry. Er scheint die irische Naturlyrik gekannt zu haben, nicht aber die Ulstersage, die Finnsage nur durch die Vermittlung Ossians. Eine Hochrechnung am Anfang sollte den gewaltigen Umfang der keltischen Literaturen demonstrieren, aber dabei wird klar, daß Arnold keinerlei Zweifel an der Echtheit der Texte der *Myvyrian Archaeology* hegte, indem er ja *Iolo Morgannwg* als unumstrittene Autorität erwähnte. Er zweifelte natürlich ebensowenig an der Echtheit der Stücke des *Barzaz Breiz*, und was den *Ossian* angeht, so wußte Arnold zwar um den Fälschungsverdacht, nahm diesen aber weiter nicht ernst, da ja die Stücke, selbst wenn sie gefälscht waren, immer noch von einem „Celtic genius", nämlich MacPherson, stammten. Ähnliches hätte er wohl auch erwidert, wenn er von den Fälschungen Iolo Morgannwgs gewußt hätte.

Die keltische Literatur war zur Zeit Arnolds – wie auch heute – Tummelplatz Keltophiler und Keltophober; das Idealwerk, das als „disinterested" und daher als höchst objektiv und vorbildlich herausgestellt wird, ist die *Grammatica celtica* von Caspar Zeuß. So sagt also Arnold, bevor er auf die Eigenheiten des keltischen Charakters zu sprechen kommt, programmatisch:

> „I say, then, what we want is to know the Celt and his genius; not to exalt him or to abase him, but to know him. And for this a disinterested, positive, and constructive criticism is needed. Neither his friends nor his enemies have yet given us much of this. His friends have given us materials for criticism, and for these we ought to be grateful; his enemies have given us negative criticism, and for this, too, up to a certain point, we may be grateful; but the criticism we really want neither of them has yet given us."

---

1 Nash (1858b).

Arnold will aber nicht nur den „Celtic genius" herausarbeiten, sondern eigentlich eine Analyse des englischen „Volksgeistes" liefern, um zu zeigen, daß dieser neben normannischen auch keltische Elemente enthalte. Vom „Celtic genius" sagt er nun:

> „... sentimental, if the Celtic nature is to be characterised by a single term, is the best term to take. An organisation quick to feel impressions, and feeling them very strongly; a lively personality therefore, keenly sensitive to joy and to sorrow; this is the main point. If the downs of life too much outnumber the ups, this temperament, just because it is so quickly and nearly conscious of all impressions, may no doubt be seen shy and wounded; it may be seen in wistful regret, it may be seen in passionate, penetrating melancholy; but its essence is to aspire ardently after life, light, and emotion, to be expansive, adventurous, and gay ... and the impressionable Celt, soon up and soon down, is the more down because it is so his nature to be up to be sociable, hospitable, eloquent, admired, figuring away brilliantly. He loves bright colours, he easily becomes audacious, overcrowing, full of fanfaronade.
>
> The German, say the physiologists, has the larger volume of intestines (and who that has ever seen a German at a table-d'hote will not readily believe this?), the Frenchman has the more developed organs of respiration. That is just the expansive, eager Celtic nature; the head in the air, snuffing and snorting ... For good and for bad, the Celtic genius is more airy and unsubstantial, goes less near the ground, than the German. The Celt is often called sensual; but it is not so much the vulgar satisfactions of sense that attract him as emotion and excitement; he is truly, as I began by saying, sentimental.
>
> Sentimental,--Always ready to react against the despotism of fact.
>
> That is the description a great friend[1] of the Celt gives of him; and it is not a bad description of the sentimental temperament; it lets us into the secret of its dangers and of its habitual want of success."

Jedoch auch das glücklichste Temperament bedarf der „balance, measure, and patience", um großen Erfolg zu haben,

> „and balance, measure, and patience are just what the Celt has never had. Even in the world of spiritual creation, he has never, in spite of his admi-

---

[1] Arnold verweist zu diesem Wort auf Henri Martins „Histoire de France" (1844) mit ihrem lehrreichen Kapitel über die Kelten.

rable gifts of quick perception and warm emotion, succeeded perfectly, because he never has had steadiness, patience, sanity enough to comply with the conditions under which alone can expression be perfectly given to the finest perceptions and emotions. The Greek has the same perceptive, emotional temperament as the Celt; but he adds to this temperament the sense of measure; hence his admirable success in the plastic arts, in which the Celtic genius, with its chafing against the despotism of fact, its perpetual straining after mere emotion, has accomplished nothing. In the comparatively petty art of ornamentation, in rings, brooches, crosiers, relic-cases, and so on, he has done just enough to show his delicacy of taste, his happy temperament; but the grand difficulties of painting and sculpture, the prolonged dealings of spirit with matter, he has never had patience for. Take the more spiritual arts of music and poetry. All that emotion alone can do in music the Celt has done; the very soul of emotion breathes in the Scotch and Irish airs; but with all this power of musical feeling, what has the Celt, so eager for emotion that he has not patience for science, effected in music, to be compared with what the less emotional German, steadily developing his musical feeling with the science of a Sebastian Bach or a Beethoven, has effected? In poetry, again, poetry which the Celt has so passionately, so nobly loved; poetry where emotion counts for so much, but where reason, too, reason, measure, sanity, also count for so much, – the Celt has shown genius, indeed, splendid genius; but even here his faults have clung to him, and hindered him from producing great works, such as other nations with a genius for poetry, – the Greeks, say, or the Italians, – have produced. The Celt has not produced great poetical works, he has only produced poetry with an air of greatness investing it all, and sometimes giving, moreover, to short pieces, or to passages, lines, and snatches of long pieces, singular beauty and power. And yet he loved poetry so much that he grudged no pains to it; but the true art, the architectonic which shapes great works, such as the Agamemnon or the Divine Comedy, comes only after a steady, deep-searching survey, a firm conception of the facts of human life, which the Celt has not patience for. So he runs off into technic, where he employs the utmost elaboration, and attains astonishing skill; but in the contents of his poetry you have only so much interpretation of the world as the first dash of a quick, strong perception, and then sentiment, infinite sentiment, can bring you. Here, too, his want of sanity and steadfastness has kept the Celt back from the highest success. If his rebellion against fact has thus lamed the Celt even in spiritual work, how much more must it have lamed him in the world of business and politics! The skilful and resolute appliance of means to ends which is needed both to make progress in material civilisation, and also to form powerful states, is just what the Celt has least turn for. He is sensual, as I have said, or at least sensuous; loves bright colours, company, and pleasure; and here he is like the Greek and Latin races; but compare the talent the Greek and Latin (or Latinised) races have shown for gratifying their senses, for procuring an outward life, rich, luxurious, splendid, with the Celt's failure to reach any material civilisation sound and satisfying, and not out at elbows, poor, slovenly, and half-barbarous. The sensuousness of the Greek made Sybaris and Corinth, the sensuousness of the Latin made Rome and Baiae, the sensuousness of the Latinised Frenchman makes Paris; the sensuousness of the Celt proper has made Ireland."

Arnold versucht also, die Keltenseele mit Schlüsselattributen wie „gefühlsdominiert", „temperamentvoll", „von schneller Auffassungsgabe", aber auch „Mangel an praktischer Vernünftigkeit und Beständigkeit" zu bestimmen. Und das habe sich auch in der Geschichte nur zu deutlich erwiesen:

„And as in material civilisation he has been ineffectual, so has the Celt been ineffectual in politics. This colossal, impetuous, adventurous wanderer, the Titan of the early world, who in primitive times fills so large a place on earth's scene, dwindles and dwindles as history goes on, and at last is shrunk to what we now see him. For ages and ages the world has been constantly slipping, ever more and more out of the Celt's grasp. 'They went forth to the war,' Ossian says most truly, 'but they always fell'."

Was den Wert des Gefühlhaften angeht, so heißt es:

„... the sensibility of the Celt, if everything else were not sacrificed to it, is a beautiful and admirable force. For sensibility, the power of quick and strong perception and emotion, is one of the very prime constituents of genius, perhaps its most positive constituent; it is to the soul what good senses are to the body, the grand natural condition of successful activity. Sensibility gives genius its materials; one cannot have too much of it, if one can but keep its master and not be its slave. Do not let us wish that the Celt had had less sensibility, but that he had been more master of it."

Ich sagte schon, daß es Arnold vor allem um das englische Selbstverständnis ging, und so stellte er dem idealen Keltengeist immer wieder den der Sachsen gegenüber:

„The same sensibility made the Celts full of reverence and enthusiasm for genius, learning, and the things of the mind; to be a bard, freed a man, – that is a characteristic stroke of this generous and ennobling ardour of theirs, which no race has ever shown more strongly. Even the extravagance and exaggeration of the sentimental Celtic nature has often something romantic and attractive about it, something which has a sort of smack of misdirected good. The Celt, undisciplinable, anarchical, and turbulent by nature, but out of affection and admiration giving himself body and soul to some leader, that is not a promising political temperament, it is just the opposite of the Anglo-Saxon temperament, disciplinable and steadily obedient within certain limits, but retaining an inalienable part of freedom and self-dependence; but it is a temperament for which one has a kind of sympathy notwithstanding."

Mit der terminologischen Schwäche des Englischen, das auch heute noch oft genug *German* sagt, wo *Germanic* gemeint wäre,[1] stellt er dem Kelten den idealen Deutschen gegenüber, ohne zu bedenken, daß natürlich auch für die „deutsche Seele" ein keltisches und römisches Substrat anzusetzen wäre. Da Arnold Skandinavien nicht zu kennen scheint, lag die deutsche Kultur, in der er sich auskannte, ihm als „German genius" am nächsten. Er bestimmt also:

„the English spirit, the English genius ... is characterised ... by energy with honesty. Take away some of the energy which comes to us, as I believe, in part from Celtic and Roman sources; instead of energy, say rather steadiness; and you have the German genius steadiness with honesty ... the danger for a national spirit thus composed is the humdrum, the plain and ugly, the ignoble: in a word, *das Gemeine, die Gemeinheit*, that curse of Germany, against which Goethe was all his life fighting. The excellence of a national spirit thus composed is freedom from whim, flightiness, perverseness; patient fidelity to Nature, in a word, science, – leading it at last, though slowly, and not by the most brilliant road, out of the bondage of the humdrum and common, into the better life. The universal dead-level of plainness and homeliness, the lack of all beauty and distinction in form and feature, the slowness and clumsiness of the language, the eternal beer, sausages, and bad tobacco, the blank commonness everywhere, pressing at last like a weight on the spirits of the

---

[1] Es ist hier nicht der Ort, auf die Genese und Verzahnung der Begriffe „germanisch" und „deutsch" einzugehen. Einen guten Einstieg bietet Haubrichs (2004).

traveller in Northern Germany, and making him impatient to be gone, this is the weak side; the industry, the well-doing, the patient steady elaboration of things, the idea of science governing all departments of human activity – this is the strong side; and through this side of her genius, Germany has already obtained excellent results, and is destined ... to an immense development."

Die Engländer sind nun als Mischung aus drei Elementen anzusehen: dem „Celtic genius", dem „German" und dem „Normannic (Latin) genius", wie an ihrem größten Dramatiker sichtbar sei:

„Shakespeare's greatness is thus in his blending an openness and flexibility of spirit, not English, with the English basis. ... The Englishman, in so far as he is German,– and he is mainly German, – proceeds in the steady-going German fashion; if he were all German he would proceed thus for ever without self-consciousness or embarrassment; but, in so far as he is Celtic, he has snatches of quick instinct which often make him feel he is fumbling, show him visions of an easier, more dexterous behaviour, disconcert him and fill him with misgiving. No people, therefore, are so shy, so self-conscious, so embarrassed as the English, because two natures are mixed in them, and natures which pull them such different ways. The Germanic part, indeed, triumphs in us, we are a Germanic people; but not so wholly as to exclude hauntings of Celtism, which clash with our Germanism, producing, as I believe, our humour, neither German nor Celtic, and so affect us that we strike people as odd and singular, not to be referred to any known type, and like nothing but ourselves."

Das Studium der keltischen Literatur sei nun gerade auch für den Engländer ein Weg zur Selbsterkenntnis und schon aus diesem Grunde erwünscht.

So gesehen klingt die Verarbeitung skandinavischer und angelsächsischer Traditionen auch mit der Arthursage von 1789, die wir bei Richard Hole (s. oben S. 250) schon kennengelernt haben, wie eine interessante poetische Vorwegnahme. In „Arthur or the Northern Enchantment" liebt der keltische Britenkönig, der Feind der Angelsachsen, *Inogen*, die Tochter Merlins, die aber auch vom Sachsenfürsten *Hengist* geminnt wird, der sich dazu mit den drei Nornen (*Urda*, *Valdandi* und *Skulda*) verbündet. Nur Merlin selbst, im Bunde mit dem „Genius of the Isle of Britain", vermochte Arthur und Britanniens Ehre zu retten.[1] Bei Arnold beobachten wir nun den Übergang einer Allegorie in einen Mentalitätsbegriff.

In Bezug auf den „Celtic genius" reißt er einen interessanten und anregenden Gedanken an, wenn er sagt:

> „Even as it is, if his sensibility has been a source of weakness to him, it has been a source of power too, and a source of happiness. Some people have found in the Celtic nature and its sensibility the main root out of which chivalry and romance and the glorification of a feminine ideal spring; this is a great question, with which I cannot deal here. Let me notice in passing, however, that there is, in truth, a Celtic air about the extravagance of chivalry, its reaction against the despotism of fact, its straining human nature further than it will stand. But putting all this question of chivalry and its origin on one side, no doubt the sensibility of the Celtic nature, its nervous exaltation, have something feminine in them, and the Celt is thus peculiarly disposed to feel the spell of the feminine idiosyncrasy; he has an affinity to it; he is not far from its secret. Again, his sensibility gives him a peculiarly near and intimate feeling of nature and the life of nature; here, too, he seems in a special way attracted by the secret before him, the secret of natural beauty and natural magic, and to be close to it, to half-divine it."

Dies scheint aus der Feder eines Mannes, der sich, wie wir gesehen haben auch mit der *matière de Bretagne*, der Tristansage, beschäftigte, nicht uninteressant, denn sie rührt an das noch ungelöste Problem des Ursprungs der mittelalterlichen Frauenverehrung, auf das ich schon im Zusammenhang mit Ernest Renan (s. oben S. 463) hinwies. Man würde aber Arnold Unrecht tun, wenn man seine Vortragsserie auf die von Renan angeschlagenen Themen reduzieren wollte, denn Arnold versucht ja eine blut- und rassenbedingte Kulturmorphologie der Kelten zu erstellen und insbesondere deren Weiterleben in seiner eigenen englischen Kultur aufzuzeigen.

Einer der extremen Anbeter der „keltischen Seele" war der auch für Wagner und Rudolf Steiner schwärmende Édouard Schuré, ein „Kelte aus dem Elsaß", der sein Buch „Les Grandes Légendes de France" (1925) ganz in den Dienst der „âme celtique" stellte. In dessen Widmung verkündete er:

---

[1] Lupack (2007), 50f.

„L'Ame celtique est l'âme intérieure et profonde de la France. C'est d'elle que viennent les impulsions élémentaires comme les hautes inspirations du peuple français. Impressionnable, vibrante, impétueuse, elle court aux extrêmes et a besoin d'être dominée pour trouver son équilibre. Livrée à l'instinct, elle sera la colère, la révolte, l'anarchie ; ramenée à son essence supérieure, elle s'appellera : intuition, sympathie, humanité. Druidesse passionnée ou Voyante sublime, l'Ame celtique est dans notre histoire la glorieuse vaincue qui toujours rebondit de ses défaites, la grande Dormeuse qui toujours ressuscite de ses sommeils séculaires. ... l'antique prophétesse n'en ressort pas moins d'âge en âge de sa forêt épaisse. [Indem sie gewissermaßen wie Merlin aus den Apfelbäumen erscheint; Bi.] Elle reparaît, jeune toujours, et couronnée de rameaux verts. Or, pour qu'un homme ou un peuple remplisse toute sa mission, il faut que son âme arrive à la plénitude de sa conscience, à l'entière possession d'elle-même. ... aujourd'hui elle est prête à dire au monde son secret. Elle n'a cessé de parler par les héros, les poètes et les penseurs de la France. ... La Légende, rêve lucide de l'âme d'un peuple, est sa manifestation directe, sa révélation vivante. Si les destinées de la race germanique sont écrites dans l'Edda, la mission du genre celtique brille dans les triades des bardes, elle se personnifie dans les grandes légendes de saint Patrice, de Merlin l'Enchanteur et du mage Taliésinn. Mais souvent les fils oublieux ne se souviennent plus de leurs ancêtres. O Ame celtique, toi qui dors au cœur de la France et qui veilles au-dessus d'elle j'aurais voulu faire vibrer toutes les cordes de ta harpe mélodieuse, et je n'ai pu qu'en tirer quelques notes éparses. ... ta parole ne sera plus une lettre morte, mais une parole de vie, et tu diras – avec la voix de l'Ame – aux nations sœurs – ton verbe d'amour, de justice et de fraternité.

Par les grandes légendes de France, je voudrais qu'on entende celles qui, dépassant l'intérêt local, ont quelque rapport avec le développement national de la France et prennent une valeur symbolique dans son histoire, parce qu'elles représentent un élément essentiel de son âme collective."

Später ließ Schuré noch ein zweites Werk folgen: „L'Ame Celtique et le génie de la France à travers les Ages". Obwohl sich der schwarmgeistige Autor auch für Platon, die Sphinx und viele andere „mystische" Themen begeisterte, am meisten lag ihm doch die keltische Seele, die er ganz und gar in der französischen Mentalität verwirklicht sah, am Herzen; es wirkt gerade so, als hätte er sich von ihr einen kathartischen Effekt auf den Geist des Abendlandes erhofft. Auch in seinem Drama „La Druidesse" scheint er den mystischen Aspekt der keltischen Seele besonders gesucht zu haben. Letztlich ist es das Unberechenbare, Progressive an Frankreich, das er als Ausfluß der keltischen Seele ansieht:

> „Quant au génie celtique, c'est à la fois le sang qui coule dans ses veines, l'âme profonde qui agite son corps et sa conscience seconde, secrète inspiratrice de son intellect. C'est du tempérament et de l'âme celtiques de la France que viennent ses mouvements incalculables, ses soubresauts les plus terribles comme ses plus sublimes inspirations."

Aber es gibt zwei verschiedene Typen keltischer Mentalität:

> „Mais, de même que la race celtique primitive eut deux branches essentielles dont les rejetons se retrouvent çà et là, les Gaëls et les Kymris, de même le génie celtique se montre à nous sous deux faces. L'une joviale et railleuse, celle qu'a vue César et qu'il définit par ces mots: 'Les Gaulois sont changeants et amants des choses nouvelles.' C'est l'esprit gaulois proprement dit, léger, pénétrant et vif comme l'air, un peu grivois et moqueur, facilement superficiel. L'autre face est le génie kymrique, grave jusqu'à la lourdeur, sérieux jusqu'à la tristesse, tenace jusqu'à l'obstination, mais profond et passionné, gardant au fond de son cœur des trésors de fidélité et d'enthousiasme, souvent excessif et violent, mais doué de hautes facultés poétiques, d'un véritable don d'intuition et de prophétie. C'est ce côté de la nature celtique qui prédomine en Irlande, dans le pays de Galles et dans notre Armorique. On dirait que l'élite de la race s'est réfugiée dans ces pays sauvages, pour s'y défendre derrière ses forêts, ses montagnes et ses récifs et y veiller sur l'arche sainte des souvenirs contre des conquérants destructeurs."

Die Auseinandersetzung mit den Germanen, spätestens in der Normannenzeit, läuft über die Gestalt *Wodan-Odin*, von dem Schuré befindet:

> „La religion d'Odin semble avoir été créée par un Scandinave, qui aurait été initié à la religion de Zoroastre et qui l'aurait appliquée aux mœurs et aux passions d'un peuple barbare, en haine de l'empire romain, et pour préparer ce peuple à une immense invasion."

Für den Elsässer besteht trotz Richard Wagner kein Zweifel, daß das Germanentum der keltischen Seele unterlegen ist.

Was die Iren betrifft, so gab der einleitend genannte irische Lexikograph und Reverend Patrick S. Dinneen (s. oben S. 19) vier Merkmale des „Gaeldom" an: einen „oratorical genius", einen „political genius", einen „military genius" und „religious fervour" und belegte dies mit Beispielen.[1] Einige dieser Vorstellungen bilden wohl heute noch Keltenklischees bzw. sind durch verwandte oder ähnliche ersetzt: etwa „religious fervour" durch die berühmte Naturnähe (Topos Nr. 2). An Stelle der herausragenden politischen und militärischen Begabung wird den Kelten der Nonkonformismus (Topos Nr. 1) bescheinigt. Der Glaube an das Matriarchat (Topos Nr. 3) führt manchmal zur Vorstellung großer Friedfertigkeit und Humanität.

Insbesondere von Reisenden erwartet man oft Aufschluß, „wie denn die Leute in dem bereisten Land so seien", und jeder, der schon einmal dieser Art befragt wurde, weiß, wie schwer eine bündige Antwort ist. Soll man antworten, jeder sei eben verschieden, wie bei uns auch, oder gelingt es doch zu einer Art Abstraktion des „Nationalcharakters" vorzudringen, etwa den Engländern die Neigung zum „Humor" zu bescheinigen, wie das die englische Ethnologien Kate Fox mit Bezug auf ihre eigenen Landsleuten tut?[2]

Joachim Gerstenberg, der 1939 Irland bereiste, schrieb, die irische Seele sei aufgespalten

> „in Melancholie, Selbstaufgabe, Traumverlorenheit, und auf der andern Seite in fanatischen Realismus, eine beispiellose Kampflust und einen solchen Grad harten, klaren Verstandes, daß Chesterton gesagt hat, das Harte und Klare daran sei härter als der Verstand selbst. Um das Irentum – mit seiner dreitausend Jahre alten Kulturgeschichte – wittert auch heute noch ... in einer gewissen Beziehung die widerspruchsvolle Problematik des Genies, mit all der heißen Zustimmung, die wir ihm zollen und mit all seinen Anfechtbarkeiten. Alles, was Aberglaube auf Erin ist und irische Mystik ... gehört dazu. Indessen auf einem solchen Boden und aus einem solchen Volke entstanden machtvollste Persönlichkeiten der Geschichte: im 5. Jahrhundert der heilige

---

1 Dinneen (1910),
2 Fox (2004), 61–72.

Patrick [man kann den Briten schwerlich als Muster-Iren bezeichnen, aber wir könnten Columcille nennen; Bi.], durch den das Abendland einen so starken Antrieb der Christianisierung erhalten sollte. Spätere Feldherren wie der Herzog von Wellington, Denker wie George Berkeley, Dichter wie Oliver Goldsmith. Heute Dichter wie William Butler Yeats und George Moore, oder auch eiserne Zeitungs- und Geldmenschen wie Lord Rothermere und Politiker vom Range eines Eamon de Valera."

Weiteren Ausdruck der „irischen Seele" fand Gerstenberg im irischen Humor – er zitierte Swift und Sterne, Oscar Wilde und Bernard Shaw – und in der Musik ..."[1]

Das Eigenartige bei all diesen Pauschalurteilen ist, daß sie nach unserer Einschätzung nie völlig falsch, aber auch nie ganz richtig sind, denn immer wieder meldet sich das „Ja, aber" des Zweifels an, vor allem, wenn man Irland England gegenüberstellt. Kann man den Anglo-Iren Arthur Wellesley, den ersten Duke of Wellington (1769–1852), als so typisch für Irland ansehen? Vor allem verglichen mit seinem Zeitgenossen Horatio Nelson (1758–1805), der trotz seines letztlich teilweise keltischen Namens als waschechter Engländer gilt? Wodurch sollte sich der irische vom englischen Humor unterscheiden? Die Leserinnen und Leser dieser Zeilen werden, wenn sie „Kelten" kennengelernt haben, sich vielleicht ganz andere Urteile über deren Kollektivseele bilden, die z.B. das Grotesk-Phantastische stärker betonen. Sie können aber auch wie Gerstenberg[2] die Differenz an den handelnden Personen des berühmten Stückes „John Bull's Other Island" von George Bernard Shaw (1904), dem Engländer Broadbent und dem Iren Doyle festmachen, was dann freilich wieder teilweise alle Klischeevorstellungen zerstört.

Obwohl ich selbst doch einigermaßen mit keltischer Kultur vertraut bin, sehe ich hier keine Möglichkeit eines abschließenden Wortes.

---

[1] Gerstenberg (1940), 18f.
[2] Gerstenberg (1940), 55–63.

5. Die Kelten im Museum und im populärwissenschaftlichen Film

Die bedeutendste Keltenausstellung des 20. Jh.s war gewiß jene, die 1991 in Venedig, von Fiat gesponsert, im Palazzo Grassi stattfand. Ihre wissenschaftlichen Leiter waren höchst angesehene Gelehrte: Otto Hermann Frey, Venceslas Kruta, Barry Raftery, Miklós Szabó und der Koordinator Sabatino Moscati. In insgesamt 27 Sälen und einem umfangreichen Katalog versuchte man möglichst alle Aspekte des alten Keltentums darzustellen. Dabei wurde besonderes Gewicht auf die kulturgeschichtlichen Aspekte gelegt. Die Säle im ersten Stock waren Themen wie „Das Zeitalter der Krieger", „Die Kelten in Italien", „Die Kelten an der Donau" gewidmet, im darüberliegenden etwa den „mythischen Tieren", der „Götterwelt", der „Totenwelt" und den „Bauwerken und dem keltischen Leben". In zwei Räumen wurde der „Kelten auf den Inseln", der „Reise" und der „Botschaft" (Missionierung) gedacht. Im Saal 27 („Das Erbe") kam auch die Esoterik zu Wort. Als das „große Thema der Ausstellung" wird in einem Prospekt „das Verhältnis zum Göttlichen und die Kunst" genannt. Es heißt weiter: „Wir beobachten perfekte Anwendung ineinanderlaufender Muster, komplexe Symmetrien, einen sich ergänzenden Gebrauch der geraden und der krummen Linie, Gleichgewicht zwischen plastischen und linearen Werten, die schließlich in der Auflösung der Grenzen zwischen Dekors und symbolischer figürlicher Anspielung münden, im R e l i g i ö s e n also" [Sperrung von Bi.].

Um der Wahrheit die Ehre zu geben, ist zu betonen, daß diese esoterisch-schwarmgeistigen Gedanken mehr im programmatischen Teil der Einführungen zum Ausdruck kamen, daß dagegen die Auswahl, Beschreibung und Bewertung der Objekte durchaus nüchtern und auf hohem wissenschaftlichen Stand vor sich gingen. Das gilt auch für die ausgezeichneten Artikel im Katalog. Vom „Erbe" heißt es mit Bezug auf den Gundestrupkessel:[1] „Dieselbe Fülle von Gestalten bevölkert auch die Märchenwelt, die mittlerweile versteckten Mythen, die Alpträume und

---
[1] Birkhan (1999b), Abb. 207.

die Phantasie der westlichen Welt des Mittelalters. Von hier aus dringen sie in die Kunst, die Literatur und in den zeitgenössischen Geschmack" … die „Bilder lassen die Kraft dieses Erbes erkennen, das unsere Welt zutiefst durchdringt".

Man war also in Venedig sehr daran interessiert, das Keltentum als etwas in unserer Kultur quasi subkutan Weiterwirkendes herauszustellen, also die Wissenschaft von den Kelten durch Aktualität zu rechtfertigen. Durch die merkwürdige Marotte, die Kelten als „Baumleute" interpretieren zu wollen, erhielt die großartige Ausstellung noch eine Art modernen Umwelttouch.

Die meisten Keltendarstellungen in Museen, die ich kenne, folgen bewußt oder unbewußt den Leitlinien der Ausstellung in Venedig, indem sie die oft opulenten Exponate mit höchst sachlichen Informationen verbinden und es meist dabei belassen, nur, wenn sie zu Überschau und Zusammenfassung abheben, sind sie in Gefahr, in die schlammigen Abwege der Esoterik abzugleiten.

Auch das Nebeneinander von Kelten und Germanen im selben Museum ist unproblematisch, selbst wenn man den Germanen etwas geringere Zivilisation bescheinigen muß: man vergleiche ein Jastorf-Gefäß mit Latène-Keramik!

Bezeichnend scheinen mir die museumsdidaktischen Richtlinien eines Tourismusberaters, der für den „Naturpark Schwarzwald Mitte/Nord" zuständig ist:

„In jeder Produktgestaltung, ob im Museum oder in der touristischen Nische, müssen folgende psychologische Kriterien enthalten sein: 1. der 'Kopf', also Wissen, Erklärungen, wie die Funde ans Tageslicht kamen, die Methode und Lehrpfade mit Schautafeln; 2. der 'Körper', also Bewegung, Wandern, Erkunden, Entdecken; 3. das 'Herz' oder der 'Bauch', also Mitmachen, Erfahren und Erleben; 4. die 'Seele' oder die Spiritualität, also Selbstfindung, Magie, Kultplätze, zurück vor die Zeit der Trennung von Natur und Kultur."[1]

---

[1] Die Ausführungen von Gerhard Armin Hepp zitiert nach Friesinger (2001), 155.

Der Keltologe, der die zum Teil läppische Verzerrung seines Gegenstandes in der Keltenesoterik manchmal mit Erheiterung, manchmal mit Grauen sieht, wird angesichts des vierten Punktes („Seele") freilich die Brauen schürzen, und doch – einigermaßen überrascht – zur Kenntnis nehmen, daß die Musealpädagogik mitunter einen gewissen Verdummungsfaktor enthält. Wer jedoch viele Ausstellungen besucht, wird auch wissen, daß gerade Punkt vier dann glücklicherweise, wahrscheinlich dank dem wissenschaftlichen Gewissen des Ausstellungsleiters, doch zu kurz kommt.

Von großer Bedeutung für die Keltenrezeption ist heute der populärwissenschaftliche Film, wie er nicht selten in qualitativ hochwertigen Fernsehprogrammen wie „3sat" oder „arte" gezeigt wird. Hier läßt sich das mutmaßliche Leben der alten Kelten natürlich noch plastischer vermitteln als im Museum, dafür besteht aber auch die Möglichkeit einer gewissen Ideologisierung. Berühmt ist der 1939 entstandene „Kulturfilm" „Germanen gegen Pharaonen", in dem an Hand des „urnordischen Heiligtums" von Stonehenge dem Publikum das höhere Alter und die Überlegenheit der „nordisch-germanischen Kultur" – Stonehenge als Germanenbau! – eingehämmert wurde. Die nordischen Astronomen, die Stonehenge ausrichteten, waren den ägyptischen deshalb so überlegen, weil sie meist bei bedecktem Himmel arbeiten mußten, also höhere Kenntnisse brauchten und auch hatten![1] Zuletzt hat Patrizia Rahemipour in einer differenzierten Arbeit zum Verhältnis von Archäologie und (Kultur-)Film Stellung genommen.[2] Sie faßt die Beobachtungen unter den Gesichtspunkten einer „konstruierten Identität", einer „konstruierten Tradition" und damit im Zusammenhang „konstruierter Werte" zusammen. Gerade der letztgenannte Punkt zeigt sehr deutlich, wie die Sichtweise der Kelten in die der Esoterik hinüberwechselt.

Aber selbst wenn keine aufdringliche Tendenz besteht, so erzeugt der Film doch gerade durch die bildkräftige Visualisierung eine stärkere Suggestion, daß das Gezeigte auch „richtig" sei. Lanzen und Schwerter

---

1 Sünner (1999), 73f.
2 Rahemipour (2007), bes. 402–407.

im Museum sind weniger suggestiv als eine Kampfszene entblößter und tätowierter, schnurrbärtiger und athletischer „Kelten", die diese Waffen gebrauchen! Wenn also der Film originale Schauplätze, Landschaften, Ausgrabungen und eindrucksvolle Aktionen zeigt, so besteht immer auch die Gefahr, eben dadurch zu verzeichnen, vielleicht auch falsch zu informieren, weil eben das Drehbuch fehlerhaft sein kann, die oft ins Bild gebrachten „Autoritäten" mißverstanden werden, auch weil der Regisseur es nicht besser weiß oder Zeitdruck und Filmschnitt ungünstige Folgen haben. So wird die bestmögliche Information oft nicht „herübergebracht".

> Nicht selten schweift die Kameraführung scheinbar vom Thema ab, wodurch die eigentliche Information verloren geht. So sagt also etwa die Stimme des Sprechers, die Kelten hätten Gold aus Flüssen gewaschen, ohne einen Fluß, wie etwa den goldführenden Rhein zu nennen, während das Bild irgendein schnellfließendes Gewässer zeigt, um dann in einem Schwenk auf einen schönen Eisvogel zu zoomen. Informativer wäre eine Karte der goldführenden Flüsse oder auch nur der goldführenden Abschnitte des Rheins gewesen.

Da ich selbst einmal ein Drehbuch für einen Keltenfilm in der Reihe „Universum" geschrieben habe,[1] weiß ich, daß es nicht immer einfach ist, die gesprochene Information mit einem passenden aussagekräftigen Bild zu verbinden.

Beispielhaft möchte ich an drei rezenten Keltenfilmen die Gefahren der Fehlinformation durch falsche, allzu verkürzte, schlecht übersetzte und bewußt „knallige" oder reißerische Aussagen vorführen. Es geht mir dabei nicht so sehr um eine Kritik der drei Filme oder die Korrekturen des einzelnen Fehlerhaften und Bedenklichen als darum, die Grenzen dieses jetzt im Fernsehen sehr beliebten Genres als solche der Gattung selbst aufzuzeigen, was natürlich nicht notwendig bedeutet, daß ein Filmemacher den dem Genre inhärenten Gefahren erliegen muß:

---

1 „Irland – Insel der Heiligen" (Regie Kurt Mayer; Erstausstrahlung am 27. 9. 1991).

„Sur la trace des Celtes" ('Auf der Spur der Kelten') von Marc Jampolsky (Frankreich 2003) behandelt die durch die TGV-Trasse in der Champagne bedingten Notgrabungen recht eindrucksvoll, auch durch eingebaute wissenschaftliche Aussagen von Kapazitäten wie dem Metallspezialisten unter den Archäologen André Rapin. Im Text des „Sprechers" finden sich relativ wenig bedenkliche Aussagen wie etwa die, daß die Kelten den Kriegern die Waffen mit in das Grab gegeben hätten, weil diese jeweils nur von einem Krieger verwendet werden durften. Wie immer man Waffenbeigaben in Gräbern interpretiert, für die hier als Erklärung ausgesprochene Annahme gibt es nicht den Schatten eines Beweises. Sie würde voraussetzen, daß die Waffen immer gleich alt wie die Gräber sind und daß nicht – im Hinblick auf den Zeithorizont des Grabes – auch ältere Waffen, die der Krieger z.B. ererbt oder erbeutet hatte, gefunden wurden. Zumindest hätte man sagen müssen: „es scheint, als ob ..."

Bei der Übersetzung eines französischen Filmes kann es zu Fehlern kommen wie der, daß statt „Bernsteinstraße" *Ambrastraße* gesagt wird, weil dem Übersetzer der Unterschied zwischen *ambre* 'Ambra' (Duftstoff aus den Eingeweiden des Pottwals) und *ambre jaune* 'Bernstein' nicht klar war.

Ganz allgemein besteht in den Filmen die Neigung, altbekannte Tatsachen als neue, revolutionäre Entdeckungen darzustellen. Das gilt hier vom sogenannten „Ungarischen Schwertstil" und dem schon um 1940 beobachteten Phänomen, daß in keltischen Ornamenten bei bestimmter Betrachtung Fratzen und Masken zu stecken scheinen, die Paul Jacobsthal (1941) „Cheshire Cats" (nach der grinsenden Katze in „Alice in Wonderland") nannte (s. u. S. 618). Der Film erweckt den Eindruck, als würde dieses Phänomen erst jetzt entdeckt.

Reißerisch aufgemacht und viel weniger solid ist „Das Gold der Kelten" von Gisela Graichen und Peter Prestel (Deutschland 2005). Darin heißt es am Anfang:

„Die Druiden waren die mächtigsten Leute in jedem Stamm, ihre Zaubertränke stachelten die raublustigen Krieger an, wenn sie in die Schlacht zogen. Gekämpft wurde meistens um Gold ... Wer waren diese Kelten, für die Gold ein magisches Lebenselixir war, über den Tod hinaus, für das sie mordeten, brandschatzten und sogar die Furcht vor der Dunkelheit überwanden?" [gemeint ist: unter Tag in Bergwerken arbeiteten.]

Die Zaubertränke der Druiden gibt es nur im „Astérix"! Natürlich ging es bei den Kämpfen auch um materiellen Gewinn, aber bei welchem Krieg ist das nicht der Fall? Den Krieg als „Mord" anzusehen, mag eine lobenswerte pazifistische Haltung sein, aber hier entsteht der Eindruck, daß man die Kelten gleichsam als Bravos dingen konnte, was natürlich nicht der Fall war. Auch daß die Kelten dem Gold mehr verfallen gewesen seien als die Skandinavier der Bronzezeit, die Skythen oder die Mykener wäre erst noch zu belegen.

Die aus dramaturgischen Gründen in populärwissenschaftlichen Filmen oft eingesetzte Masche, einen Wissenschaftler bei seinen „Forschungen" zu verfolgen, indem man ihn an verschiedene Schauplätze führt und mit lokalen Autoritäten plaudern läßt, wirkt dann leicht komisch, wenn die so gewonnenen Erkenntnisse eher elementar sind. Mitunter stellt der „Forscher" Fragen, die ein Proseminarist der Ur- und Frühgeschichte aus dem Stegreif beantworten könnte.

Am kuriosesten ist „Le crépuscule des Celtes" ('Die Dämmerung der Kelten') von Stéphane Goël (Schweiz 2007). Darin geht es um das 2006 entdeckte höchst eindrucksvolle Helvetierheiligtum von Mormont im Schweizer Jura mit seinen vielen Opfergruben und Gräbern.[1] Schon der reißerische Titel stimmt skeptisch. *Crépuscule* wird in solchen Verbindungen meist im Zusammenhang mit der *Götterdämmerung* (*crépuscule des dieux*) gebraucht. Da die Funde etwa aus der Zeit um 100 v.Chr. stammen, lange vor der Ankunft Caesars (58 v.Chr.), ist nicht einzusehen, worin die „Dämmerung der Kelten" bestanden haben soll.

Hier strotzt nun der Text von falschen Angaben, z. B. der mehrmaligen Behauptung, daß man die gallischen Götter nur von ein paar römischen Skulpturen kenne. Die Götternamen, die Lucan und andere erwähnen, und die Hunderte altkeltischen Göttern geweihten Inschriften werden einfach verschwiegen.

Die Vernachlässigung alles Philologischen und Sprachlichen ist überhaupt ein Kennzeichen der ganzen Gattung des populärwissenschaftlichen Films. Auch den Freund des „Keltengoldes" könnte es interessieren, daß wir nicht sicher wissen,[2] wie die alten Kelten eigentlich das Metall benannten, dem zuliebe sie „mordeten", weil in den inselkeltischen Sprachen immer lat. *aurum* als Lehnwort verwendet wird. Es ist klar, daß linguistische Fakten in einem Film schwer zu vermitteln sind, aber ebenso unvertretbar scheint es, sie überhaupt totzuschweigen. Damit beraubt man sich mutwillig etwa 50% des Informationsmaterials!

---

[1] http://www.nike-kultur.ch/fileadmin/user_upload/Bulletin/2007/04/PDF/artikel_kaenel.pdf (3. 12. 2008).
[2] Ich sehe hier von der problematischen Bedeutung von *kaneko-* ab; Delamarre (2003), 102.

Haarsträubend sind die Aussagen, die in der „Keltendämmerung" über religiöse Phänomene gemacht werden. So, wenn es heißt, daß die Kelten laut Caesar „auch vor Menschenopfern nicht zurückgeschreckt seien" ... „zugleich aber sollen diese Leute ein diffuses Gefühl für das Sakrale gehabt haben..." (als ob Menschenopfer nicht sakral wären!). Von den Opfergaben wie z. B. Werkzeugen heißt es:

„Warum sollten sie Dinge hineinlegen [gemeint: in Opfergruben], also sprichwörtlich [sic!] *opfern* im Sinne von 'als heilig verehren',[1] die sie dann nicht mehr benutzen können? Damit sind wir mitten in der Mentalität der gallischen Religion, die sich durch diese Art von 'Opfer' auszeichnet."

Hier ist wohl jeder Satz unsinnig, weil grundsätzlich der Sinn des „Opfers" - auch im alltäglichen Sprachgebrauch - verkannt wird. Im Übrigen werden die Opfergaben selbst nicht unbedingt als „heilig verehrt", sondern primär ihr Empfänger, dem man sie opfert. Auch die Behauptung, daß die Entdeckung von Opferplätzen wie in der Picardie oder auf dem Mormont unsere Kenntnisse über die keltische Religion „auf den Kopf stelle" ist grundfalsch, denn diese Funde bestätigen, vervielfachen und präzisieren ja nur, was wir schon von den antiken Autoren wußten.

Des weiteren erfährt man, es gäbe „verschiedene Darstellungen von Gottheiten im Schneidersitz. Diese Haltung galt als heilig und könnte den Druiden vorbehalten gewesen sein." Die antiken Autoren Athenaios, Diodor und Strabon berichten, daß die Kelten üblicherweise nicht auf Stühlen, sondern auf dem Boden saßen.[2] Warum sollten da die Druiden allein in der Buddhahaltung sitzen dürfen? Die Druiden bewegen ja immer die Phantasie besonders und werden mit Recht als belangreich angesehen. Die folgende Aussage in der „Keltendämmerung" ist aber schlichtweg falsch:

„Der Druide ist ein hoher Adeliger, der sich Aufgaben widmet, die mit dem Messen [gemeint etwa in der Astronomie und der Kalenderwissenschaft] zu tun haben ... zugleich ist und bleibt er ein Mitglied der Aristokratie."

Demgegenüber wissen wir von Caesar mit großer Bestimmtheit, daß die Druiden gerade nicht zum Adel gehörten, eher in Spannung zu ihm standen. Druide wurde man nicht durch Geburt. Dadurch unterscheidet sich ja dieser Orden vom oft verglichenen Brahmanentum. Die Vermutung, die in Hockergräbern gefundenen Skelette alter Männer müßten die von Druiden sein, ist gleichfalls völlig haltlos.

---

1   Ein Mißverständnis der Etymologie von frz. *sacrefier*, das wörtlich 'heilig machen' bedeutet und nicht schon 'als heilig verehren'.
2   Dazu Birkhan (1999a), 1053–1055.

Man sieht: Aufbauschen, Wichtigmachen und törichte oder falsche Informationen – dazu kommt noch die Musik, die dem landläufigen esoterischen Keltenbild entspricht – gehören ebenso zum populärwissenschaftlichen Keltenfilm wie der unzweifelhafte Bildungswert der Bilder von Situationen im Gelände, der Ausgrabungstätigkeit, der Gegenstände und all dessen, was die Kamera noch einfangen kann. Wenn eine Autorität wie Gilbert Kaenel, der Ausgräber von Mormont, das Wort ergreift, und sein Text unverstümmelt und richtig übersetzt zu uns gelangt, bereichert uns die Information und wir sind für sie dankbar. Der Keltendinteressent und -freund als Laie wird aber selten genug imstande sein, die Spreu vom Weizen zu sondern. Jedenfalls tut er gut daran, der hier charakterisierten Gattung mit Skepsis zu begegnen.

F. Kelteninteresse und Keltomanie in Mitteleuropa

1. Bellinis „Norma"

Da die Kelten früher und besser bezeugt sind als die Germanen, wurde in der frühen Neuzeit auf dem Kontinent nicht zwischen beiden unterschieden. Sehr deutlich zeigt dies etwa das posthume Werk des frühverstorbenen Elias Schedius (1615–1641) mit dem Titel *De Dis Germanis Sive Veteri Germanorvm, Gallorvm, Brittanorvm, Vandalorvm Religione Syngrammata Quatuor. Amsterodami 1648*, auf dessen Titelseite wir einen Druiden mit Kelch und sichelartigem Messer sehen, der eine Art Chorhemd trägt. Ihm gegenüber schlägt eine Frau mit menschlichen Schenkelknochen eine Trommel, an der ein bebarteter Schrumpfkopf zu hängen scheint. Zwischen den beiden und nach hinten zu liegen geköpfte Leichen, neben den Gestalten die abgeschlagenen têtes coupées.[1] Wie man sieht, werden die Vandalen zusammen mit Germanen, Galliern und Briten genannt. Das Buch bietet auch eine der ältesten Beschreibung eines Lieblingskapitels der germanischen Religion, der *Irmensūl* und der Externsteine im Teutoburgerwald, welch letztere später als germanischer Kultbau und „Kalender" in der Astroarchäologie des Dritten Reiches eine große Rolle spielen sollten.[2]

Die vor allem von Frankreich ausgehende Absolutsetzung der Kelten, die man später Keltomanie nannte, bewirkte zunächst, daß man die Germanen als einen untergeordneten und etwas primitiveren Zweig der alten Kelten ansah, so daß Bücher erscheinen konnten, wie jenes von Paul Henri Mallet aus Genf (1756), der am Hof Frederiks V. von Dänemark wirkte, das da hieß „Monumens de la Mythologie et la Poésie des Celtes et particulièrement des Anciens Scandinaves". Es ist genau der Geist, der in Blairs „Dissertation" zum Ossian herrschte (s. oben S. 357f.) und der sich in der Auffassung von Edward Gibbon (1737–1794) ausdrückt, daß

---

1   Abbildung in Green (1998), 151.
2   Teudt (1931); dazu Sünner (1999), 70–73.

die *Edda* das heilige Buch der Kelten sei.[1] Das mag dem Opernfreund erklären, wie es kommen kann, daß die Druidin *Norma* in der gleichnamigen Oper von 1831 einem angeblich keltischen Gott *Irminsul* dient, den die heidnischen Sachsen mit mehr Recht als Weltsäule verehrt hätten, was aber den Librettisten Felice Romani und den Komponisten Vincenzo Bellini nicht weiter störte, weil für sie die Vorzeit Europas, soweit sie nicht der mediterranen Kultur zugehörte, eben „keltisch" war. Bedeutungsvoll war: Es gab einen Steinaltar in der Tradition der mißverstandenen Dolmen in einem heiligen Hain.[2] Ebenso wie unsere heutigen Waldviertler Druiden war man der „Faszination des Großen Steines" erlegen.

Das Vorbild für Bellinis Oper war letztlich eine Episode des Romans „Les Martyrs ou le triomphe de la religion chrétienne" (1809) von François René Vicomte de Chateaubriand (1768–1848), einem Christus- und Gottsucher, der außerhalb der kirchlichen Konvention eine Rückkehr zu mittelalterlicher Frömmigkeit ersehnte, die für ihn mit der geheimnisvollen Bretagne verbunden war.[3] Hauptperson dieses Epos auf der Basis der christlichen Mythologie ist ein junger griechischer Christ *Eudore*, der in frühen Jahren nach Rom verschleppt wird und dort in der lasterhaften Gesellschaft des späteren Kaisers Konstantin, des Augustinus und Hieronymus (die alle noch Heiden sind) sich innerlich dem Christentum entfremdet. Später Oberbefehlshaber von Aremorica, verlieben er, der erkannt hat, daß scheinbar barbarisches Heidentum auch meditativer Einsichten fähig ist, und die durch ein Keuschheitsgelübde gebundene Druidin *Velléda* [sic!] sich ineinander. Die kontemplative, nur von einem durchsichtigen Schleier bedeckte, an einen „Druidenstein" gelehnte Velléda, zu deren Füßen Mistelzweige liegen, hat André-Charles Voillement (1823–1893) in einem berühmten Gemälde dargestellt.[4] Wie wir schon gesehen haben, spukte der Name *Veleda* auch in den Druidenphantasien

---

1 Piggott (1968), 168.
2 Birkhan (1999b), Abb. 763.
3 Vgl. die Lithographie von Chateaubriands Begräbnis bei Saint Malo; Dupuy (1993), 78; Piriou (1993), Abb. 72; zur „Norma" vgl. Pollès (1993), 97.
4 In Rennes, Musée des Beaux-Arts, Inv. Nr. D 861.1.1; abgebildet auch in: Bretagne, Abb. III.10 (S. 312). Eine andere Darstellung einer Druidin stammt von Odilon Redon (1893); http://artmagick.com/pictures/picture.aspx?id=5267&name=the-druidess (26. 5. 2008)

eines William Stukeley (s. oben S. 442). Angesichts der ausweglosen kriegerischen Situation gibt sich *Velléda* selbst den Tod. Dadurch geläutert kehrt *Eudore* wieder zum Christentum zurück.

Hinter der Gestalt dieser Priesterin steht die von Tacitus (hist. IV, 63ff.; V, 22) erwähnte Seherin *Veleda*, die zwar einen keltischen Kulttitel führte (zu air. *fili* 'Seher' und kymr. *gweled* 'sehen'), aber unter den germanischen Brukterern am Niederrhein wirkte. Sie spielte zur Zeit Vespasians (69-79) beim Aufstand des Iulius Civilis eine bedeutende Rolle und erhielt ein den Römern abgenommenes Schiff als Geschenk. Chateaubriand freilich hat den Akzent völlig auf den Kultur- und Religionskonflikt zwischen Römer- und Keltentum, Heiden- und Christentum verschoben. Die Gestalt der Seherin fasziniert heute noch die Populärwissenschaft.[1]

Alexandre Soumet verarbeitete das Sujet zu einer französischen Tragödie „Norma", die 1831 im Théâtre royal de l'Odéon begeisterte Aufnahme fand, noch im gleichen Jahr hat Bellini das Werk komponiert, und schon am 26. Dezember 1831 wurde es vor einem enflammierten Publikum aufgeführt. Das Motiv des Christentums war hier allerdings weggefallen. Das Sprechstück hatte in Madame Georges über eine dämonische, ihre Kinder mordende und in Wahnsinn verfallende *Norma* verfügt,[2] die etwas veränderte Handlung der Bellini-Oper muß einen beachtlichen Zauber ausgeübt haben, der uns fragen läßt, welches Keltenbild hier vermittelt wurde und warum es solchen Anklang fand. Dabei ist freilich zu bedenken, daß das Sujet der jungfräulichen Priesterin mit dem (hier: gegnerischen) Feldherren als Geliebten bereits seit Spontinis „La Vesta-

---

[1] Terhart (2009) [noch nicht gesehen].
[2] Das französische Drama unterscheidet sich am Schluß sehr stark von Romanis Libretto. Norma wird wahnsinnig und zieht sich mit ihren halberwachsenen Söhnen in eine Grotte zurück, wo sie den Jüngeren (Clodomir) ersticht, während Agénor auf die Bühne flieht und dem entsetzten Pollion den Wahnsinn der Mutter schildert (V, 3). Dann erscheint Norma (V, 4), verwirrt und in Raserei ausbrechend, selbst. Ein heiliger See im Hintergrund heult auf. Den dramatischen und schauspielerischen Höhepunkt erreichte Norma, als sie sich des getöteten Kindes erinnerte und Madame Georges das Publikum mit dem Vers
   Tué ton frère!... a oui! Je me souviens, c'est moi!
mit Schauder erfüllte. Sie holt auch Agénor in die Höhle, um ihn zu opfern, doch Pollion kann das Ärgste verhindern. Das verletzte Kind wird aus der Höhle geholt, doch zuletzt stürzt sich Norma mit Agénor in den Abgrund (V, 6), während Pollion am Leben bleibt.

le" (1807) dem Publikum vertraut war, nur daß eben die „Norma", in der kein Blitz der Vesta den Schleier des Keuschheitsgelübdes verbrennt, ein tragisches Ende findet und daneben als aktuelles Thema den Kolonialismus anklingen läßt.

Der Librettist Felice Romani hatte schon vor der „Norma" ein Libretto mit dem Titel „La sacerdotessa d'Irminsul" verfaßt, das zur Grundlage einer der über siebzig Opern von Giovanni Pac(c)ini, einem der Konkurrenten Bellinis, werden sollte.[1] Das „Melodramma eroico" wurde in Triest im Sommer 1820 uraufgeführt. Die Handlung spielt – wegen des Namens *Irminsul* historisch richtig – bei den alten Sachsen (mit nicht unbedingt sächsischen Namen wie *Romilda, Clodomiro, Sennone* und *Ubaldo*) und weist gewisse Ähnlichkeiten mit der der „Norma" auf.[2]

Zwischen dem ersten und zweiten Akt von Pac(c)inis Oper war als Intermezzo das vieraktige Ballet „La legge di Brama" von Antonio Montecini eingelegt, dessen Handlung jener der „Sacerdotessa d'Irminsul" verwandt ist, wobei die heidnischen Sachsen den brahmagläubigen Indern und die Franken den aufgeklärten britischen Kolonialoffizieren entsprechen. Hier sind die Inderin *Bezai* und der Engländer *Valcurt* in geheimer Ehe verbunden, ein Vergehen, für welches das Gesetz Brahmas die Todesstrafe der Frau durch Lebendigbegrabenwerden vorsieht. *Bezai*, die dem Engländer sogar eine Tochter geboren hat, dient nach wie vor als keusche Jungfrau im Tempel des *Brahma*. Als der Betrug aufkommt, verhindert die englische Flotte im letzten Augenblick die Anwendung des Gesetzes und bewirkt dessen Aufhebung. Man erkennt hier sehr deutlich, daß angesichts des Kolonialismus des 19. Jahrhunderts auch

---

[1] Es ist mir nicht gelungen, der Partitur dieses Werkes in Wien habhaft zu werden. Die Österreichische Nationalbibliothek besitzt es nicht und in der Wiener Universitätsbibliothek sind die musikalischen Werke Giovanni Pac(c)inis vom Bibliothekspersonal nicht auffindbar.

[2] Romilda ist die Irmensul-Priesterin, Tochter des Oberpriesters Sennone und hat, wie man meint, ihre Keuschheit im Heiligtum bewahrt. Die Handlung spielt im Irmensul-Hain, in dem sich die Gräber der gegen Karl d. Gr. gefallenen sächsischen Helden, insbesondere auch des Vitikindo befinden. Der Sachsenkönig Clodomiro, Sohn Vitikindos, liebt Romilda und plant einen Befreiungskrieg gegen die Franken. Deren General, der normannische Ritter Ruggiero, fällt mit einer Abteilung Franken den Sachsen in die Hände und soll hingerichtet werden. Da erfährt Sennone, daß seine Tochter und Ruggiero einander seit langem lieben. Er beschließt zunächst, nicht nur Ruggiero, sondern auch Romilda hinrichten bzw. opfern zu lassen. Jedoch, gerührt von der Liebe des Paares, ermöglicht er ihnen die Flucht aus den Kellergewölben des Irmensul-Tempels. Nur Ruggiero kann fliehen. Als Romilda, die sich allen Werbungsversuchen Clodomiros von Anfang an hartnäckig widersetzte, eben hingerichtet werden soll, trifft ein von Ruggiero angeführtes Frankenheer ein, das Romilda befreit. Sie und Ruggiero sind glücklich vereint.

Pac(c)inis Oper, in der fränkische Humanität über sächsische Barbarei und dumpfes Heidentum siegt, „aktuell" war.

Die „Norma" ergreift mit ihrer überreichen Melodienfülle – man denke nur an die Mondbeschwörung im Zeichen der Mistel in der wunderbaren Arie

> Casta Diva, che inargenti
> Queste sacre antiche piante,
> A noi volgi il bel sembiante
> Senza nube e senza vel.

Sie ergreift auch durch das Selbstopfer der Heldin, denn sie kennt nicht den gleichen fortschrittsgläubigen Optimismus, sehr wohl aber das Aufeinanderprallen der römischen Kultur mit dem archaisch-wilden, aber edlen Keltentum oder, um es mit Herbert Rosendorfer zu formulieren: „die Gedanken von Freiheit und Patriotismus, vom Widerstand gegen eine Besatzungsmacht", und steht damit offensichtlich im Dienste des Risorgimento.[1]

Ein später Nachklang der *Veleda*-Tradition findet sich in Max von Schillings Oper „Der Moloch" (Libretto von Emil Gerhäuser; Uraufführung Dresden 1906).[2] Hier ist *Velleda* [sic!] die Gemahlin des Königs von Thule. Nach der Zerstörung Karthagos ist Hiram mit dem eisernen Götterbild des Molochs nach Thule geflohen, dessen Landschaft laut Regieanweisung der Insel Rügen gleichen soll. Er versucht dort, unterstützt vom Königssohn *Teut*, die Herrschaft des Molochs, die mit der Neuerung des Getreidebaus verbunden ist, aufzurichten. In der folgenden Auseinandersetzung mit dem König von Thule erscheint auch Velleda auf der Bühne:

„Velleda, die Königin, eine erhabene Frauengestalt, schreitet langsam, wie blind und seherhaft, aus dem Walde. Teut stürzt der Mutter entgegen, beugt vor ihr das Knie und küßt den Saum ihres Gewandes." Doch die Seherin erkennt das Unheil, das vom Kulturheros Hiram und seinem Moloch ausgeht, und dem auch Teut zum Opfer fallen wird. „Zu Teut gewandt:

---

1 Rosendorfer (1997a), 127–146.
2 Schillings: Der Moloch, in: Digitale Bibliothek Band 57: Operntexte von Monteverdi bis Strauss, S. 19532.

> Du selber in des Untiers Rachen,
> Du selber – ein Opfer seiner Glut!
> Helft mir – Nacht wird's – verloren – Teut!

Sie verhüllt ihr Haupt und schreitet wankend in den Wald zurück. Ihre Frauen folgen ihr bestürzt. Alles schweigt in Bangen." Teut findet durch Freundeshand den Tod, Hiram stürzt von der Klippe. Die Herrschaft des Molochs ist gebrochen.

Hier erscheint Velleda offenbar als germanische Seherin. Thule selbst ist deutlich nach dem Vorbild der nordischen Atlantisvorstellungen gedacht.

Natürlich regte sich auch der Rest von Pankeltismus bzw. Keltomanie, der in Frankreich nach Zerstörung der Druidentheorie (s. oben S. 453f.) noch bestand, insoferne, als der Historiker L. M. Moreau-Christophe 1881 in seinem Buch „Les Gaulois nos aïeux" forderte, daß man den berühmten Dolmen von Locmariaquer auf den Mont Auxois transferieren solle, zum alten *Alesia* (Alise Sainte-Reine), wo Vercingetorix 52 v. Chr. gegen Caesar unterlegen war. Auf dem statt dessen errichteten Vercingetorix-Denkmal von Aimé Millet trägt der gallische Held die Gesichtszüge Napoleons III.![1] Immerhin hat derselbe Herrscher das zuvor als Gefängnis genützte Schloß von Saint-Germain-en-Laye 1867 in das berühme „Musée des Antiquités Nationales" (MAN) umwandeln lassen, das neuerdings „Musée d'Archéologie Nationale" heißt und die kostbarsten Funde von der Steinzeit bis zur Zeit der Franken birgt, darunter auch wichtigste Stücke aus dem alten Gallien.

Ebensowenig drangen die bretonischen Nationalisten Anatole Le Braz und Charles Le Goffic mit ihrem Wunsch durch, den genannten Dolmen anläßlich der Pariser Weltausstellung nach Paris zu verpflanzen, um den pankeltischen Gedanken bzw. das keltische Erbe, das Frankreich verwalte, zum Ausdruck zu bringen. Immerhin konnte 1899 eine bretonische *gorsedd* abgehalten werden, was zur Vertiefung der Beziehung mit dem britannischen Brudervolk jenseits des Kanals dienen und die Zusammengehörigkeit mit ihm hervorheben sollte. Das bretonische Druidenspektakel findet heute noch statt. Ein bemerkenswertes Nachleben sollten

---

[1] Birkhan (1999b), Abb. 299.

die Keltenfaszination und ihr Mißbrauch noch in Spanien in der Zeit des „franquismo" erleben.[1]

2. Vischers „Pfahldorfgeschichte" als „Momentaufnahme" der Keltenrezeption um 1880 und weitere vor allem deutschsprachige Beispiele

Ein ganz spezifisches Nachwirken der alten Kelten können wir in dem heute ziemlich vergessenen, aber bis in die 50er Jahre des 20. Jahrhunderts in Intellektuellenkreisen weithin gelesenen humoristischen Roman „Auch Einer" (1878) beobachten. Die spezifisch „keltische" Thematik entfaltet der junghegelianische Professor der Ästhetik Friedrich Theodor Vischer (1807–1887) in der halb-parodistischen „Pfahldorfgeschichte" „Der Besuch",[2] die als literarisches Werk des Romanhelden Albert Einhart in das Buch eingeschoben ist und deshalb unsere besondere Aufmerksamkeit verdient, weil sie uns ein eindringliches Bild der Keltenrezeption im gebildeten Bürgertum im deutschen Sprach- und Kulturkreis bietet. Gleichzeitig sollte aber die Beschäftigung mit der Vorzeit neue Bausteine einer schweizerischen Geschichte liefern. Albrecht von Haller hatte polemisch gefragt:

> Sag an, Helvetien, du Heldenvaterland,
> Wie ist dein altes Volk dem jetzigen verwandt?[3]

Jetzt erfolgte eine humorig-behäbige Antwort.

Danach leben die Pfahlbürger in der Unschuld eines vorindustriellen Zeitalters, wenn sie als Tauschmittel nur Naturalien kennen, aber dennoch schon von Metallen und Bergbau vage Kenntnis haben. So gerät der Held *Alpin*, der als Hirte ganz auf die hergebrachte Lebensweise

---

1 Zapatero (2003).
2 Ich zitiere nach meiner Ausgabe der Schreiterschen Verlagsbuchhandlung (Berlin W 50), s. a. Das Werk ist aber jetzt im Rahmen des Gutenberg-Projektes unter http://gutenberg.spiegel.de/vischer/aucheinr/aucheinr.htm im Internet bequem zugänglich.
3 Newald (1963), 464.

setzt, mit seinem Vater, der von „moderneren" Dingen weiß, in Konflikt:

„In beiden Köpfen bohrte etwas, wollte ein Gedanke zur Geburt dringen, der doch unmöglich geboren werden konnte. Zwei Pfahlbauerngehirne, Gehirne, wie sie organisiert sein konnten vor etwa sechs Jahrtausenden, an dem Punkte einer Vorstellungsreihe angekommen, der sie in logischer Linie hätte auf die Perspektive weisen müssen: die Arbeiterfrage! Geld! Geldspekulation, Geldhandel, Geld aus Geld! Banken! Gründungen!"

Das Glück zwischen *Alpin* und seiner Verlobten *Sigune* ist jedoch nicht ungetrübt, weil ein weitschichtig Verwandter, *Arthur*, ein kühner erzsuchender Bursche,[1] der den Fortschritt verkörpert, sich gleichfalls Sigunens Zuneigung erfreut. An einem jährlich stattfindenden Fest zu Ehren der Mondgöttin *Selinur* und zur Besänftigung des vor allem durch die feuchte Seeluft bedrohlichen, molchgestaltigen Schnupfen- und Katarrhgottes *Grippo* haben die progressiveren Pfahlbauern gegen den Willen ihres konservativen Druiden *Angus* einen schier allwissenden *Seanacha* aus *Turik* (= Zürich), einen echten *Pencerdd* (Meister) namens *Feridun Kallar* eingeladen und ebenso einen begnadeten *Pencerdd* der Musik namens *Guffrud Kullur* [Gottfried Keller!]. Am Vorabend des Festes wird die Jugend des Pfahldorfes in einer „Betuchungsfeier" initiiert, wobei sie aus einer Urne der Selinur ihre ersten Schnupftücher erhält.

Der Kultort selbst wird so geschildert:

„Nahe dem Ziele führt unsern Wanderer sein Weg an vier grauen, dunkeln Steinmalen vorüber. Sie scheinen gottesdienstliche Bedeutung zu haben. Ei-

---

1 Vom langjährigen Wiener Vertreter der Ur- und Frühgeschichte Richard Pittioni stammt der Roman „Der Bergfürst. Erzählung aus der Urzeit Österreichs", Wien 1947. Das Werk spielt am Übergang der Mittleren Bronze- zur Urnenfelderzeit, hat ein erklärendes Vorwort und ein Nachwort, in dem Pittioni seine didaktischen Ziele umreißt. Es geht ihm um größten Realismus im wissenschaftlichen Sinn, sogar die Personennamen wurden nach dem Stand der damaligen Forschung als „illyrisch" mit dem Indogermanisten Hans Krahe abgesprochen. Der Erzprospektor aus Osteuropa legt mit seinen Begleitern den Weg vom Neusiedler See bis in den Kitzbüheler Raum zurück, wobei Pittioni darauf achtet, daß sie möglichst nur Gebiet betreten, das durch Funde als besiedelt ausgewiesen ist. Daß für eine Liebeshandlung kein Raum bleibt, ist nicht verwunderlich, es fehlt aber auch das religiöse Element fast zur Gänze. Besonderen Erfolg hatte Pittioni mit seinem spröden Professorenroman wohl nicht, und es scheint mir nicht erstaunlich, daß ihn nicht einmal alle Pittionischüler kennen.

nes derselben besteht in einer rohen, mächtigen Granitplatte, die wagerecht auf vier ebenso rohen steinernen Stützen ruht. Es wird wohl ein heiliger Tisch, ein Altar sein. Rechts davon, etwas rückwärts, befindet sich, senkrecht als hochragender Steinpfeiler aufgestellt, ein zweiter Granitblock, unbehauen wie jener; auf seinem Gipfel erscheint ein Gebilde des Meißels, so unbeholfen, als es herzustellen ist, wo alle Geräte selbst noch aus Stein bestehen und nur der härtere in weicherem arbeitet. ... zwei ausgebogene Hörner stellen wohl einen Halbmond vor, scheinen aber auch an den Stirnschmuck des Rindes erinnern zu wollen. Links vom Steintisch, ebenfalls etwas zurücktretend, ragt ein zweiter Pfeiler, gleich massig und roh, nur etwas niedriger; er trägt auf seiner Spitze ein Bild, so ungeschlacht wie jenes, nur etwas erkennbarer; es ist offenbar ein Molch, was es darstellt."

Wie treffend kommt die „Faszination des Großen Steines" zum Ausdruck, wenn Vischer von einem solchen Kultstein sagt, er sei besonders „altersgrau, rauh und gemahnend, als schwebten uralte Ahnungen der Völker, die in unvordenklicher Zeit solche Felsen aufgerichtet, um seine moosbewachsenen Hüften." Dieser Felsen ist ein „Wackelstein", der *Wagstein*, was als besonderes Zeichen seiner Heiligkeit gilt. Der „Betuchung" geht als „liminaler Prozeß" eine Wissensprobe durch rituelle Befragung der „Heidenkinder" voraus. Wir belauschen kurz einen Teil der Prüfung, die vom Druiden gestellten Frage nach der Mondgöttin:

„'Wer ist denn *Selinur*?'
'Die große Mutter aller Dinge, die da wohnet im Monde, die da gesponnen hat auf heiliger Spindel Erde und Wasser und Luft und Gras und Bäume und Tiere und Menschen und diesen oft erschienen ist als weiße Kuh.'
'Was tat sie, als sie den Menschen gesponnen?'
'Sie blies ihm den lebendigen Odem durch die Nase.'
'Was tat der Mensch hierauf?'
'Er nos.'
'Richtig, liebes Heidenkind, aber man sagt nicht: er nos, sondern: er nieste.'
Der Knabe, ein allerliebster Lockenkopf, wurde feuerrot. Der Druide streichelte ihm freundlich die Wange. In diesem Augenblick mußte der Junge selbst niesen. Ein wohlwollendes Nicken und Lächeln ging durch die Gemeinde. Der Druide fragt weiter den nächsten Knaben..."

Grippo, „der große Molch, der da erzeuget ist im Urschlamm, der Drache aus dem Pfuhl, der furchtbare Entzünder", ist mit Tier- und Menschenopfern, die durch einen Horndolch fallen und aus deren Zuckungen der Druide (nach Strabon IV, 4, 5), die Zukunft liest, zu versöhnen. Er ist auch der Gott des Kriegs und entzündet bei dem Volke, dem er gnädig ist, aus dem „Hirnreize des Pfnüssels" die *Aergawydd* (richtig: *aergawdd*), die Kampfeswut, während er den Feind mit der Stumpfheit und Dumpfheit des Schnupfens schlägt.

Nun drückt sich im Grippo-Kult nicht nur die Schnupfenidiosynkrasie des fiktiven Autors der Pfahldorfgeschichte aus, den Vischer meist „AE" nennt, sondern ist auch eine Frage des Kulturzustandes, denn die katarrhfördernde Seesiedlung gibt Sicherheit, die an Land erst durch Wehranlagen errungen werden muß.

Am andern Tag überstürzen sich die Ereignisse, als die „Modernisten" aus Zürich kommen und Feridun Kallar einen Vortrag hält, der so progressiv ist, daß die meisten Pfahlbauern seine Ideen ablehnen. Es geht auch um die Stellung der Religion, der Vischer – das Buch entstammt der Zeit des Kulturkampfes und der Gott *Grippo* verwaltet hier auch die Höllenqualen der katholischen Lehre – die Schranken weisen will. Das ist in der Gestalt des Druiden sehr deutlich, der seinem Wesen nach gütig, aber etwas beschränkt ist und, da Zölibat herrscht, unter der strengen Fuchtel seiner „Pfarrersköchin", der Hexe *Urhixidur*, steht, die übrigens auch den Mistelschnitt besorgt.

Es verwundert nicht, daß auch die für das neuzeitliche Keltenbild so bedeutsame Tätowierung bei der Initiation gepflegt wird:

> „Der erste Knabe schritt stolz entschlossen zum andern Ende des Dolmen, wo der bärtige Alte stand, und bot ihm den entblößten Arm. Der Greis hatte bereits eines seiner spitzen Beinstäbchen in den Napf getaucht, die Spitze erschien nun blau, er faßte den Arm des Knaben, ritzte ihm die Haut und verweilte einige Sekunden drehend in der Wunde, der Junge biß die Zähne übereinander und verharrte lautlos … unter den Mädchen waren kaum ein paar, die nicht aufquiekten und weinten, worauf jedesmal ein helles Lachen durch das junge Volk in der Gemeinde lief. Auch diese Handlung war endlich zum Schlusse gelangt, das Halbmondzeichen war auf dem letzten Mädchenarm …"

Natürlich applizieren die Pfahldörfler auch die bei Plinius (nat. XXIV, 103f.; XXV, 105) genannten Druidenpflanzen *Selago* und *Verbena*.

Nachdem der Barde Kullur sein nach einer archaischen Melodie gesetztes Festlied vorgetragen und der Barde Kallar mit seinem wissenschaftlichen Vortrag über die im Seeboden gemachten Funde einer sonst unbekannten Vorzeit den Unwillen der Konservativen und die Zustimmung der „Linken" [sic!] gefunden hat, folgt anderntags die Festkomposition des Druiden Angus, die gewaltig und schlechthin genial ist, so daß der Gedanke an die Zukunftsmusik Richard Wagners, mit dem Vischer in Kontakt stand, nahe genug liegt.[1]

Daran schließt sich ein Festmahl, das in seiner rekonstruierten Vollkommenheit des mutmaßlichen keltischen Speisezettels nicht pedantischer sein könnte. Es endet mit einer gewaltigen Rauferei, und das Glück des Liebespaares ist wiederhergestellt, nachdem Arthur, der Erzprospektor, der in seinem Modernismus eine Reihe blasphemischer Handlungen gesetzt hatte und zuletzt geopfert werden sollte, mit Alpins Hilfe befreit wurde und das Pfahldorf endgültig verlassen hat.

Die „Pfahldorfgeschichte" ist aus mehreren Gründen hochinteressant: Sie ist ein klassischer Professorenroman, von einem Universitätsprofessor für ein gebildetes bürgerliches Lesepublikum geschrieben, durchaus aus dem Geist der Zeit heraus mit antiklerikalem, fortschrittsgläubigem und vor allem auch vaterländischem Unterton, der immer wieder auf kulturelle Kontinuitäten wie Jodeln, „Kuhreigen", „Schnitzli" oder Schützenfeste aus der Pfahlbauzeit bis in die rezente Schweiz hinweist. Es geht dabei um die Vermittlung historischer Tiefe, vor allem bei der Interpretation der aus älteren Zeiten stammenden Bodenfunde durch den *Pencerdd Kallar*, die dem „Druidenpfarrer" ein Dorn im Auge ist, weil sie anscheinend die Richtigkeit der Druidenlehre in Frage stellt, ganz wie der Darwinismus und die Archäologie die wörtlich genommenen Lehren der Bibel und damit der Kirche. Dasselbe gilt für die Vorausdeutungen

---

1 Die Anrufung Grippos beginnt so: Du aber, Grippo! /Grimmiger Greifer, /Grunzender Lindwurm, /Dräuender Drache! /Jegliche Dumpfheit, /Dickung und Dämmung, /Die das Gehirn drückt, /Wenn sich der Pfnüssel /Sperret und pferchet, /Spare den Pfahlmann, /Pfropfe dem Feind ein, /Daß er in Stumpfsinn /Stocke und starre, /Sticke und stiere! ...

auf ein heraufdräuendes Metall- und Maschinenzeitalter, das mit den Ewigkeitswerten der *Selinur*-Religion nicht zu vereinbaren ist.[1]

Gleichzeitig finden sich aber genügend Hinweise, daß die Erzählung den historischen oder Professorenroman parodiert. Bei der Rauferei nach dem Festmahl fällt das schweizerdeutsche Schimpfwort *Kaib*, das hier als Entstellung eines hohen Ehrennamens erklärt wird, wozu der Autor bemerkt:

„Der oberste Druide hieß, …, *Coibhi-Druid*, Druidenhaupt. Es kam auf, dies Wort ironisch anzuwenden, so daß es das Gegenteil seines Sinns bezeichnete; um den Frevel zu mindern, sprach man es unrichtig aus, wie wir heute noch mit Wörtern heiligen Sinns verfahren … Man begreift, daß es in einer Zeit, wo dieser sein Ursprung noch bekannt war, für ein sehr starkes Scheltwort galt."

Die Pfahldorfgeschichte bietet eine Art Momentaufnahme dessen, was ein akademischer Autor und sein gebildetes Publikum in den 70er Jahren des 19. Jh.s mit dem Begriff „Kelten" verbanden. Aufschlußreich sind vor allem auch die Namen der handelnden Figuren, von denen neben den schon erwähnten noch in der Reihenfolge des Auftritts genannt seien: *Minona, Odgal, Ullin, Gwalchmai, Griffith, Gwennywar, Gwydyr, Daura, Morbihan, Liwarch* usw. Neben reinen Phantasienamen, nordisch Klingendem und einigen aus dem Ossian geläufigen wie *Alpin* verwendete Vischer vorwiegend kymrische Namen, die ihm aus frühen Übersetzungen mittelkymrischer Texte durch San-Marte (s. oben S. 252) und wohl auch Lady Charlotte Guest (s. unten S. 605) geläufig waren. Er hatte sich auch

---

1 Die Pfahlbauern kennen auch Druidinnen, die man *Gwyllion* nennt, weil man ihnen die Weisheit Taliesins doch nicht zugestehen möchte und sie daher mit einer Deminutivbildung zu *Gwyon* als „Gwyonkind, Gwyonchen" (eben *Gwyllion*) bezeichnete. Vischer weiß vom heiligen Opferhain, wie er bei Lucan (de bello civ. III, 399ff.) beschrieben ist, und ist mit der Tradition der Menschenopfer vertraut. Er nennt aber auch die Musikinstrumente *Telyn* (Harfe) und *Krott* (angeblich eine Art Geige, in Wirklichkeit ein Zupfinstrument), er kennt die Form der Triaden und stellt dem *Selinur*-Glauben den an den schauerlichen *Esus* (Lucan. de bello civ. I, 444ff.), wie ihn im Westen die *Gaels* oder *Gadhelen* kennen, gegenüber. Dem *Esus*-Glauben aber steht jener der Kymren „von einem breiten Eiland im großen Wasser" an *Hu Gadarn* „das ist Hu, der Gewaltige" gegenüber, eine Art Sonnengott und Kulturheros, die aber nichts anderes als die positive Inkarnation des *Esus* sei. Im Übrigen weiß Arthur noch von einem namenlosen, unbekannten Gott, der offenbar als abstraktes ethisches Prinzip die personell gedachten Götter des Mythos philosophisch überhöhen sollte.

etwas weiter in der keltischen Altertumskunde umgesehen: So kennt er ziemlich genau die antiken Berichte über die vielen Wissensgebiete, für die der Druidenorden zuständig war, dessen Kampfmittel der „Exkommunikation" und spekuliert über das Verhältnis von Druiden und Barden. Den Druidenorden soll Taliesin gegründet haben, dessen Herkunft nach dem „Buch von Taliesin" (*Llyfr Taliesin*) in einer Art Volkslied den Kindern vorgesungen wird:[1]

> Gwyon, dieser kleine Tropf –
> > Was tut der?
> Hat geschleckt vom Zaubertopf.
> > Wer kommt her?
> Kommt hinzu, o weh! o weh!
> > Coridwen, die starke Fee!

Es folgt der bekannte Verwandlungswettkampf der „Magischen Flucht", bis endlich die in eine Henne verwandelte Fee den sich als Weizenkorn tarnenden Gwyon aufpickt:

> Das Korn hat gegoren
> > Im heiligen Leib,
> Da hat sie geboren
> > Das Wunderweib,
> Die Strahlenstirne, den Taliesin
> Der da schauet allen geheimen Sinn,
> Der da blicket hinaus in die Ewigkeit,
> Der da ist und war in aller Zeit,
> Der Druiden Vater und Geisterhaupt.
> Verflucht, wer nicht an Taliesin glaubt!

Diesem zwar kunterbunten, aber doch sehr bestimmten und in manchen Punkten erstaunlichen Wissen scheint aber eine weitgehende Uninformiertheit im Bereich der Archäologie gegenüberzustehen. Was über die Dolmen gesagt wird, geht kaum über das hinaus, was die britischen An-

---

[1] Eine moderne Übersetzung in Lautenbach (1991), 142–144.

tiquare schon Jahrhunderte zuvor geglaubt hatten, auch die Drei-Phasen-Theorie ist mehr oder minder gegenstandslos. Zwar nennt der Modernist Arthur die Steinsetzungen von Carnac in der Bretagne aus der Sicht der Pfahldorfzeit „Vorzeitmale", aber die „Stein-, Bein-, Horn- und Holzgemüter" der Pfahlbauern von Robanus sind über die Steinzeit noch nicht entscheidend hinausgewachsen. Arthur ist der Kulturheros des Fortschritts und nach dem häufigen Schicksal von Kulturheroen unverstanden.

Vischers scheinbares Manko wird hier deutlich, wenn wir „Auch Einer" mit Wilhelm Raabes humoristischer Erzählung „Keltische Knochen" von 1864 vergleichen. Hier geht es um Skelettfunde aus Hallstatt, also von einer Fundstätte zweifelsfreier Metallkultur, um die ein Wettrennen zwischen dem norddeutschen Anatomen Prosektor Zuckriegel und dem Berliner Kulturforscher Professor Steinbüchse stattfindet, wobei nicht nur möglichst viele Leichenteile entwendet werden sollen, sondern auch um die Frage gestritten wird, ob die Gebeine Reste von Germanen oder Kelten seien. Man hat vordergründig den Eindruck, als hätte Vischer von Steinbüchse, der die Knochen als keltische ansieht, einiges über Chronologie lernen können. Allerdings kennt der progressive *Arthur* ja die Metallverwendung am See *Nuburik* (= Neuenburg). Dort waren tatsächlich seit 1857 Eisenwaffen gefunden worden, die seit 1863 ernsthaft diskutiert wurden, wobei zur Frage stand, ob die Waffen keltischer oder „helvetischer" Herkunft seien, d.h. von einer Bevölkerung stamme, die aus dem südwestgermanischen Raum eingewandert sei. Der schwedische Archäologe Hans Hildebrand nannte zuerst 1876 auf dem Stockholmer Kongreß für Anthropologie und Archäologie die zweite Phase der Eisenzeit „La Tène-Zeit" nach der berühmten Fundstelle am See *Nuburik*.

Wir können die „Pfahldorfgeschichte" des Linkshegelianers Vischer daher auch als Polemik gegen die Rückständigkeit bestimmter kultureller Hinterwäldler verstehen, die aus ihrer Steinzeit einfach nicht hinaus wollen. Interessanterweise ist aber gerade der bodenständige Hirte *Alpin* der eigentliche Held der Geschichte, so als wollte der Autor sagen: „Fortschritt ja, aber erst, wenn die Zeit dafür reif ist." Immerhin ist es kurios, daß es gerade zwei humoristische Literaturwerke sind, die sich erstmalig mit der keltischen Vorzeit in den Alpen beschäftigen, wodurch sie sich auch von den üblichen historischen Bildungsromanen unterscheiden.

Gerade in Zeiten bedrohter politischer Freiheit oder politischen Hochgefühls wird das Altertum heroisiert. Das gilt für *Arminius-Hermann* und andere „urdeutsche" Helden, aber auch für Gestalten des keltischen Altertums. Es zeigt sich in einer Reihe von *Vercingetorix*-Denkmälern, aber auch an der Kolossalstatue des Eburonenkönigs und Caesarfeindes *Ambiorix*, der zusammen mit *Catuvolcus* 54/53 v. Chr. einen Aufstand unternommen hatte, in Tongern (1866 von Jules Bertin) und natürlich auch in der Literatur.

So geht ja auch das Ambiorix-Standbild auf ein fast nur aus Keltenklischees bestehendes, idealisierendes Gedicht von J. K. H. Nolet de Brauwere van Steeland (1841) zurück, welches das damals noch junge Königtum Belgiens heroisieren sollte. Der blauäugige Recke, mit edler Seele und wallenden blonden Locken sucht nach allerlei Schreckensvisionen in einem Tempel Rat, in dessen Druidin *Brenda* er sich verliebt. Zu zweit besiegen sie die Römer, doch dann, von Caesar in die Enge getrieben, verliert Ambiorix den Verstand, spaltet der Geliebten das Haupt und fällt endlich selbst.[1]

Brennus, der Eroberer Roms, regte einen Friedrich August von Grevenitz (1730–1809) zu einer Verserzählung, *Vercingetorix* Conrad F. Meyer (1825–1898) zu seiner Ballade „Das Geisterroß" an. Die tragische Gestalt des Attrebaten *Commius* gestaltete Anatole France (1844–1924) in seiner Erzählung „Komm l'Atrébate". Besonders beliebt war Königin *Boudicca*, deren Geschick John Fletcher (1579–1625) und Richard Glover (1712–1785) in Dramen, William Cowper (1731–1800) und Lord Tennyson in Balladen gestalteten.[2]

Das 19. und 20. Jh. erlebte aber auch die Hochblüte des historischen Bildungs- bzw. Professorenromans, also eines Romantyps, der Bildung vermitteln will, indem er den Leser in eine bestimmte Phase der Vergangenheit versetzt und peinlich darauf achtet, ja keinen Anachronismus zu

---

[1] http://www.atuatuca.de/kunden/atuatuca.de/web/v2/infos/ambiorix_kult.php (1. 9. 2008).
[2] Fries-Knoblach (2002), 210.

begehen. Um den Haupttext lesbar zu gestalten, verbanne ich die Titel der einschlägigen deutschsprachigen Professorenromane aus der Keltenzeit, die mir untergekommen sind, in die Anmerkung.[1]

Bei dieser Gelegenheit ist auch auf das Jugendbuch hinzuweisen. Insbesondere brachten es die Bücher von A. Th. Sonnleitner (eigentl. Alois Tluchor, 1869–1939) zu Millionenauflagen. Sie zeichnen anhand des Schicksals zweier genetisch nicht verwandter „Höhlenkinder" Peter und Eva nach einer Katastrophe die gesamte Menschheitsentwicklung von der Steinzeit an nach. Im letzten Band „Die Höhlenkinder im Steinhaus" erlangt der Sohn der Höhlenkinder das Stadium der keltischen Eisenzeit. Die durchaus unterhaltsam zu lesenden Jugendromane über die Genese menschlicher Kultur und Gesittung – eine Variante der Robinsonade – erwiesen sich als „Dauerbrenner" und sind noch immer (wieder) im Buchhandel. Darüber hinaus haben W. Marienfeld (1997) und Janine Fries-Knoblach (2002) die wichtigsten Werke dieser Art zusammengestellt[2] und Miriam Sénécheau[3] sich über die Grundsatzprobleme dieser Geschichtsvermittlung Gedanken gemacht. Allerdings ist der Übergang zu Fantasy-Literatur fließend.[4]

---

1   Ernst Anton Quitzmann, Isomara, die Priesterin der Cisa, Leipzig 1874; Jenny Dirnböck – Schulz, Der Töpfer von Vindobona, Wien 1899; dieselbe, Agunta. Kulturbild aus der Keltenzeit, Wien – Prag 1915; Miriam Eck, Augusta Trevirorum. Skizzen und Bilder aus trierischer Mappe, Berlin 1900; Hermann von Randow, Saalburg, Leipzig 1905; A. Linden, Veleda, die Jungfrau vom Turm. Erzählung aus der Zeit der Römerherrschaft am Niederrhein, Konstanz 1912; Samuel Scheidegger, Cornelia. Historischer Roman aus den Tagen des alten Augusta Rauracorum, Weinfelden 1919; Karl Hans Strobl, Heerkönig Ariovist, Leipzig 1927; die Romane des Priesters Franz Heinrich Achermann, Der Totenrufer von Halodin. Prähistorischer Kulturroman aus den Wildnissen der ersten Eisenzeit, Olten 1928 (handelt vom Sklavenwesen bei den Boiiern); ders., Dämonentänzer der Urzeit. Roman aus den Wildnissen der 2. Eisenzeit (Zeit der Helvetier), Olten 1933; Kurt Friedrich Uhlig, Um Heimat und Freiheit. Roman aus der Urgeschichte der Schweiz, Lungern 1930; Kurt Pastenaci, Bojo. Sieger über die Legionen und den Tod, Berlin 1937 (handelt vom Kimbern- und Teutonenzug); Hermann Stresau, Adler über Gallien, Frankfurt/Main 1943; Richard Pittioni, Der Bergfürst. Erzählung aus der Urzeit Österreichs, Wien 1947; Helmuth Miethke, Geh nicht nach Alesia, Leipzig 1964. Das jüngste mir bekannte Werk dieser Art ist: Helmut Schmidmeier, Salix der Druide. Kelte zwischen den Welten, 2 Bde., München 1999.
2   Marienfeld (1997); Fries-Knoblach (2002), 211f.
3   Sénécheau (2003).
4   So das jüngste mir bekannte Werk dieser Gattung: Dietlof Reiche, Keltenfeuer, München 2004, in dem die toten Kelten eines Hügelgrabs sich, mit Jugendlichen verbündet, gegen Grabräuber wehren. Auch in „Das keltische Sonnentor" von Werner A. Prochazka (2. Aufl. Wien 2008), ein Roman, der allerdings kein Jugendbuch ist, ist unsere Welt in das keltische Altertum hin durchlässig. Das traditionelle „Sonnentor" der niederösterreichischen Bauernhöfe, durch das hier der Kontakt mit der keltischen Anderen Welt zustandekommt, gilt auch der esoterischen Literatur manchmal als ein Element keltischer Tradition.

Prodesse et delectare wörtlich genommen, findet sich in dem Heftchen „The Cut-Throat Celts" von Terry Deary (Text) und Martin Brown (Illustrationen), in der Reihe „The Horrible Histories Collection" (Nr. 42), das allerdings schon die Grenze zu den Comics überschreitet. Es richtet sich in erster Linie an 7 bis 11jährige und bietet ein ins Makabre (Kopfjagd!) und Komische übersteigertes Keltenbild. Komisch ist etwa, wenn sich *Cernunnos* mit seinem Hirschgeweih einen Pullover überziehen will. Bei aller durchaus herzerfrischenden Groteske bleibt die Verbildlichung grundsätzlich quellenbezogen – wenn auch nicht kritisch im wissenschaftlichen Sinn – und steht somit immer noch in der Tradition des „Professorenromans".

3. Deutsche Keltomanie versus Germanomanie

„Nos ancêtres les Gaulois" sagen die Franzosen[1] – und dieses Interesse an den Ahnen beflügelt die archäologischen Forscher[2] – mit einigem Recht, wenn sie an einen großen Teil ihrer Fluß- und Ortsnamen denken. Ähnliches könnten auch die Bewohner des Schweizer Mittellandes in Erinnerung an die *Helvetii* und die Tschechen und Slowaken im Hinblick auf die *Boii* sagen. Freilich muß der alte keltische Ortsname nicht unbedingt bis in die Gegenwart weiterleben, wie bekanntlich der Name *Wien* zeigt, der als slawische Benennung des Ortes nach einem Fluß nichts mit dem kelt. *Vindobona* zu tun hat, ebensowenig *Salzburg* mit *Iuvavum*. Die Schweizer Ortschaft *Villeneuve* (Kanton Waadt) hat sogar mindestens dreimal den Namen gewechselt: *Neuenstadt am Genfersee*, im Mittelalter *Compengie*, im Altertum kelt. *Pennelocos*. Die Verbindung des Eigenen mit der keltischen Vorzeit hat immer dann einen Anschein von Berechtigung, wenn tatsächlich eine keltische Namenschicht belegbar ist – und man sich selbst für indigen genug hält, um sich bei den Namengebern „anzusippen".

---

1 Nos ancêtres; Dubois (1972); Genty (1968).
2 Z. B. Paunier (2006), wo die Frage des „héritage celtique" von allen Seiten beleuchtet und mit großer Objektivität abgehandelt wird.

Das gilt natürlich in gewisser Hinsicht besonders für Irland und Schottland, wo die Familiennamen oft durch *Mac*, *Ní* oder *Ó* von den Namen alter Stämme abgeleitet sind, deren Wohnsitz im Mittelalter und später in der Regel bekannt ist, wenn sie auch durch die gewaltigen Umsiedlungen nach Cromwell durcheinanderkamen.[1] So gehört ein *Mac Cana* ('Sohn des Wolfsjungen') zu einem Stammesverband, der einst südlich des Loch Neagh in der Grafschaft Armagh saß. Oft tritt auch jetzt noch ein bestimmter Name im Umkreis des mittelalterlichen Stammesbereiches besonders häufig auf; so der Name *Brosnahan*, *Brosnan* in Kerry. Man weiß, daß ein *Kennedy* (eigentlich *Ó Cinnéide* 'Enkel des „häßlichen Kopfes"') letztlich von den Dalcassians im östlichen Teil von Co. Clare abstammt, von wo sich die Familie bis Tipperary, ja sogar bis Wexford ausbreitete. Ein *Mac Mathúna* (anglisiert: *Mac Mahon*), eigentlich *Mac Mathghamhna* 'Sohn des Bären', stammt entweder aus Thomond und ist dann mit dem Hochkönig BrianBorú verwandt, oder aus Co. Clare oder Co. Monachan. Es darf uns daher nicht wundern, wenn es in Irland viele Genealogen und genealogische Vereine gibt, wo man der Frage der Herkunft nachgeht, und das gilt natürlich auch für die anderen Länder wie Großbritannien, die USA oder Australien, wohin viele Iren ausgewandert sind.

Auf dem Festland ist dieses genealogische Denken im biologischen Sinn natürlich nicht möglich, denn alle festlandkeltischen Gebiete wurden einst von Römern oder Griechen, Germanen und/oder Slawen und anderen nichtkeltischen Völkern besiedelt. „Keltische Erbmasse" definieren zu wollen, wäre ebenso absurd wie in unseren Tagen von „keltischer Rasse" zu sprechen.

Eine Mitochondrienanalyse nach dem von Bryan Sykes ausgedachten Verfahren[2] kann die Möchtegern-Kelten zwar als Nachkommen einer der sieben für unseren europäischen Raum wichtigen „Urmütter" *Tara*, *Helena*, *Katrine*, *Ursula*, *Valda*, *Xenia* und *Jasmine* erweisen, aber da gelangen wir in zu große Zeittiefe zurück, denn wir finden uns als Nach-

---

1 Rockel (1989b), 73f.
2 Neben dem Oxforder Institut „Oxford Ancestors", das gegen etwa 190 £ aus einer Speichelprobe eine Mitochondrienanalyse vornimmt, gibt es auch zwei amerikanische Konkurrenzunternehmen. Dazu: http://www.heise.de/tp/deutsch/special/leb/6832/1.html. Für den Nichtfachmann hat Bryan Sykes seine Erkenntnisse in unterhaltsamer Form in dem Buch „Die sieben Töchter Evas. Warum wir alle von sieben Frauen abstammen – revolutionäre Erkenntnisse der Gen-Forschung" (Bergisch Gladbach 2003) dargestellt.

kommen zum Beispiel einer am Beginn der Menschheitsgeschichte in einer Höhle des Parnaß hausenden „Ursula" wieder, ein Schicksal, das wir mit Millionen anderer Europäer und Nicht-Europäer teilen, ohne zu wissen, wo sich die Vorfahren unserer Gene in den dazwischenliegenden vielen Jahrtausenden herumgetrieben haben.[1] Das Problem stellt sich auch neuerdings angesichts der Knochen von „Charly", einem etwa dreijährigen Kind, das um 3500 v.Chr. in Avebury begraben wurde, und jetzt von Paul Davies, dem „Reburial Officer" vom Council of British Druid Orders (BDO), als Stammesvorfahre reklamiert wird, während die Denkmalschutzbehörde English Heritage und die Organisation „National Trust" feststellen, daß es keinen Grund gäbe anzunehmen, daß die modernen Druiden mit „Charly" enger verwandt seien „als die Mehrheit der derzeitigen Bevölkerung Westeuropas."[2]

Bei all diesen Bemühungen, den eigenen (keltischen) Ursprung zu finden, bieten Individualnamen (Orts-, Gewässer-, Stammes- und Personennamen), dann aber überhaupt die Sprache, die scheinbar festesten – aber oft trügerischsten – Argumente.

Im deutschen Sprachgebiet blühte vor allem bei Laienforschern die Keltomanie, und sie tut es bis heute.[3]

Ich nenne einige Marksteine, die noch als Curiosa erinnerungswürdig sind, wie etwa I. J. Radloffs „Neue Untersuchungen des Keltenthums zur Aufhellung der Urgeschichte der Teutschen" von 1822 oder Chr. Kefersteins „Ansichten über die keltischen Alterthümer, die Kelten überhaupt und besonders in Teutschland, sowie den keltischen Ursprung der Stadt Halle" (Halle 1846–1851); noch weiter griffen N. Sparschuhs „Keltische Studien, oder Untersuchungen über Wesen und Entstehung der griechischen Sprache, Mythologie und Philosophie vermittels der keltischen Dialekte" (1848) und die von der ernsthaften Keltologie in amüsanter Weise verrissene Studie „Die gallische Sprache und ihre Brauchbarkeit für die Geschichte" (1851)

---

1 Es gibt gewerbliche Ahnenforscher, die gewiß bereit sind, keltische Abstammung zu bestätigen, aber da ist es dann doch einfacher und billiger, sich selbst zum Kelten zu erklären und damit „Kelte zu sein" wie Malcolm Chapman zeigte.
2 Bericht in: Der Spiegel 6 (2009), 125.
3 Gegen Keltomanie in der 1. Häfte des 20. Jh.s: Schröder (1929) samt Rez. von G. Neckel, in: Dt. Litztg., N. F. 6, 521–524.

von F. J. Mone aus. Die Hauspostille der folgenden Keltomanengeneration bildete W. Obermüllers „Deutsch-keltisches, geschichtlich geographisches Wörterbuch zur Erklärung der Fluß-, Berg-, Orts-, Gau-, Völker- und Personen-Namen Europas, Westasiens und Nordafrikas im allgemeinen wie insbesondere Deutschlands, nebst den daraus sich ergebenden Folgerungen für die Urgeschichte der Menschheit" (Berlin 1872).[1]

Man kann zu all diesen Versuchen das Bibelwort variierend sagen: „An ihren Etymologien werdet ihr sie erkennen." Von dem, was die diachrone Linguistik ausmacht und was die Rekonstruktion der in der Jungsteinzeit gesprochenen indogermanischen Sprachen – gewiß eine der Großtaten des menschlichen Geistes! – ermöglicht, nämlich der systematische Vergleich und die daraus folgende Erkenntnis der Regelhaftigkeit sprachlicher Veränderungen, die erst die Basis von Rekonstruktionen und Gleichungen bildet, haben diese selbsternannten Etymologen keine Ahnung. Das ist im Grunde erstaunlich, denn jeder aufmerksame Mensch kann die Beobachtung machen, daß sich schon allein die Muttersprache im Laufe der Zeit eines Menschenlebens etwas ändert, die Jungen anders als die Alten reden, und zwar nicht nur im lexikalischen Bereich, sondern auch im phonetischen. Bedenkt man nun die großen zeitlichen und räumlichen Differenzen, dann müßte einem einigermaßen realistisch Denkenden doch aufgehen, daß es höchst unwahrscheinlich ist, daß irgendein inselkeltisches Wort, das ja übrigens selbst wieder seine Geschichte hat, unverändert im Deutschen erscheint, wie es etwa Pezron mit der Gleichsetzung von kymr. *ffraw* und dt. *Frau* behauptet hat (s. oben S. 409). „Das Etymologisieren gehört zu den menschlichen Urbeschäftigungen, sowohl in ontogenetischem, wie in phylogenetischem Sinne" sagte Hugo Schuchardt,[2] einer der bedeutendsten Linguisten, und bekannte sich gleichzeitig zu seinen eigenen sprachlichen Fehlleistungen wie zu den

---

1   Diese „Forschungen" führte in jüngster Zeit der Leipziger Privatgelehrte Richter (2002) weiter, während ein gewisser Hady Jiffy in seinem „Ursprungswörterbuch der deutschen Sprache" I., Hamburg – Augsburg 2000, unseren gesamten Wortschatz aus dem Akkadischen und Arabischen herleitet, und ein nicht unbekannter Linguist in Bayern eher baskischen Wurzeln zuneigt. Natürlich kommen auch das Etruskische und das Rätische in Frage. Warum sollen diese Sprachen als Idiome Japhets nicht einst in ganz Europa gesprochen worden sein? Anything goes.
2   Schuchardt (1925), 11.

omnipräsenten volksetymologischen oder gelehrt-volksetymologischen. Man muß sie nicht verachten, nur darf man sie nicht glauben! Da nun die zünftigen Linguisten es vielfach als unter ihrer Würde ansehen, mit Werken wie den oben Genannten groß abzurechnen, bleiben viele der haarsträubenden Aussagen unwidersprochen und bilden ein großes Reservoir, aus dem sich Keltomanen, Esoteriker und die „fiktionale Wissenschaft" nur zu gerne bedienen.

Mit Pezronschen Etymologien nicht ganz zu vergleichen, weil auf etwas höherer Stufe und mit ein wenig weiterem Horizont steht das Werk Inge Resch-Rauters „Unser keltisches Erbe" (1992). Die Verfasserin kennt die zeitliche Tiefe der Sprachen, weshalb sie nicht etwa ein beliebiges keltisches Wörterbuch für ihre Arbeit heranzieht, sondern immerhin Alfred Holders „Alt-celtischen Sprachschatz" (1896–1907). Den Einstieg bilden immer Flurnamen, die aber zumeist dann doch unrichtig erklärt werden – nach unseren wissenschaftlichen Standards. Die Autorin ringt aber ernsthaft um eine ganzheitliche Darstellung, weshalb sie Elemente der Volkskunde, aber auch Archäologisches und im engeren Sinn Heimatkundliches miteinbringt: Woher stammen die Sonnenmotive auf Hoftoren im Weinviertel,[1] woher die blauen Schürzen der Bauern? Natürlich alles keltisches Erbe. Jedoch verglichen mit der Ödheit Obermüllerscher angeblicher Wortgleichungen schwingt sich Resch-Rauter geradezu zu „fiktionaler Wissenschaft" auf, so daß man ihr umfangreiches Werk, das keine allzu aufdringlichen matriarchalen Tendenzen verfolgt und keine Germanophobie kennt, den Liebhaberinnen und Liebhabern dieses Genres im Vergleich mit anderem Schrifttum dieser Art eigentlich empfehlen könnte.

An einer Stelle heißt es:

„Flurnamen und Sagen raunen uns die Vergangenheit zu in ihrer alten schon vergessenen Sprache … Kinderspiele und Brauchtum halten an längst unverständlichen Zeremonien der Vergangeheit fest, mit leichten Fingern, leichtem Sinn… Steine, Wege, Berge, Täler sind nicht stumm und mundlos, seit langen Zeiten warten sie darauf, daß wir endlich wieder sehen und hören

---

[1] s.o. S. 501, Anm. 4.

lernen, daß wir sie als Zeugen des einst Gewesenen begreifen, um unserer Wurzeln gewahr werden zu können."[1]

Allerdings standen den keltomanischen Ambitionen immer auch germanomanische gegenüber. Ich meine hier nicht die Versuche, den „Eintritt der Germanen in die Weltgeschichte", gestützt auf antike Autoren und ambivalente Sprachzeugnisse um einige Jahrhunderte vorzuverlegen, die heute als irrig gelten können,[2] sondern es geht um Absolutsetzung des Germanentums mit deutlicher Zurückstufung der Kelten ohne den Schein wissenschaftlicher Argumente. Der Schwabe Friedrich David Gräter (1768-1830), der als einer der Begründer der Skandinavistik gilt und als Mitglied des Pegnesischen Blumenordens zu Nürnberg, dessen Aufgabe die Erforschung des deutschen Nationalgeists war, den Namen „Vergißmeinnicht" führte, begann in seinen Zeitschriften „Bragur" (1791-1802) und „Idunna und Hermode" (1812-1816) die (nord)germanische Kultur gegenüber der keltischen aufzuwerten.[3] Er läßt im Huldigungsgedicht „schwäbische Barden" aus dem Grab auferstehen zum Preis des Württembergischen Kurfürsten Friedrich, den er mit keinem Geringeren als Friedrich Barbarossa vergleicht.

Als Germanomanen mit der oft ausgesprochenen Verneinung des Wortes *ex oriente lux* hatten freilich die schon erwähnten Olof Rudbeck und Johannes Goropius Becanus (s. oben S. 415) bereits vorgearbeitet. In ihre Spuren treten „Atlantis-Theoretiker", darunter etwa 300 Jahre später die Fälscher der sogenannten „Ura-Linda Chronik", vermutlich François HaverSchmidt [sic!], Eelco Verwijs und Cornelis over de Linden um 1860,[4] jedenfalls nach der Mitte des 19. Jh.s, nachdem man den ge-

---

1 Resch – Rauter (1992), 189.
2 Schmeja (1968).
3 Dazu Volker Gallé, MacPhersons „Ossian" und Fouqués „Held des Nordens", in: http://www.nibelungenlied-gesellschaft.de/vortraege/galle/fs05_galle.html (6. 3. 2007).
4 Jensma (2004). Die Überlegungen sind durchaus schlüssig. Was mich weniger überzeugt, ist die Annahme, daß das Ganze ursprünglich als Satire oder Jux entstanden sei. Wie das Mittelalter lehrt, kann man auch aus Gläubigkeit fälschen, wenn man nämlich von einer Sache so fest überzeugt ist, daß man ihr Nichtvorhandensein als eine Willkür des Zufalls, der fehlerhaften Überlieferung usw. wertet (s. S. 155 zum Arthurkreuz aus Glastonbury). Die schärfste Ablehnung erfuhr die „Ura-Linda Chronik" freilich schon in einer 4-stündigen Podiumsdiskussion am 4. Mai 1934 im Auditorium Maximum der Universität Berlin, wo die von Herman Wirth und Walther Wüst vertretene Echtheit

netischen Zusammenhang des Ungarischen mit dem Finnischen erkannt hatte. Denn hier taucht ein *Magí*, ein Zauberkönig der „Magyaren", auch als Gründer des finnischen Volkes auf.[1]

Auch diese Geschichtsklitterung, die über den Utrechter Privatgelehrten und späteren SS-Obersturmführer Herman Wirth und Heinrich Himmlers „Ahnenerbe", dessen Ehrenpräsident Wirth war, ziemlichen Bekanntheitsgrad erlangte und auch heute wieder verkauft wird, läßt die Menschheit auf einem 2193 v. Chr. im Nordmeer versunkenen *Altland*, dessen Name zu *Atlantis* verderbt wird, beginnen. Es lag nördlich der Britischen Inseln, und Helgoland galt als letzter Rest dieser Region. Die Weltschöpfung geht auf einen *Wralda* 'Welt' genannten Logos-Gott zurück, der die drei Urmütter *Lyda*, *Finda*[2] und *Frya* erschuf, von denen die schwarze, die gelbe und die weiße Rasse entsprangen – letztere natürlich den anderen überlegen und im Friesentum weiterlebend. Die Fortpflanzung sei anfangs übrigens völlig parthenogenetisch vor sich gegangen. Auch hier begegnen uns Matriarchatsphantasien. Das alles gestaltende Moment ist aber der durch die Sonne bestimmte Jahreskreislauf des „Juls", der „Kroder", aus dessen geometrisiertem Sinnbild die für die Chronik eigens erfundenen „Runen" der Handschrift gebildet sind. Die Kelten stammen letztlich über ihre Ahnin *Kelta*[3] von der weißen friesi-

---

der Chronik von Arthur Hübner schärfstens zurückgewiesen und das Werk selbst als Fälschung des Cornelis over de Linden herausgestellt wurde. Dieser Einsatz wird verständlich, wenn man bedenkt, daß hier Himmlers SS-Ahnenerbe und das Amt Rosenberg, das für die Nazi-Ideologie zuständig war, aufeinanderprallten. Rosenberg hat damals den Sieg davongetragen; vgl. http://homepages.uni-tuebingen.de/gerd.simon/himmlerbibel.pdf (21. 12. 2007). Gewöhnlich wird die Wiederbelebung der Atlantis-Sage im neuzeitlichen Okkultismus Helena Petrovna Hahn, verehelichte Blavatsky (1831–1891), zugeschrieben, speziell ihrem 1877 in London erschienenem Buch „Isis Unveiled". Aber die Sage war ja seit der Antike und dann wieder seit der Renaissance allgemein bekannt, so daß die Verfasser der Ura-Linda-Chronik schon vor Blavatsky Zugriff auf sie hatten. Zu Atlantis s. jetzt die umfassenden Zusammenstellungen in: http://www.crystalinks.com/atlantis.html; http://www.crystalinks.com/atlantisgraphics.html (14. 2. 2008), s. auch Sünner (1999).

1   Ura-Linda Chronik, 48.
2   Immerhin wurde im Finda-Land ein Kind auf unehrenhafte Weise gezeugt, das die Eltern armen Leuten übergaben. Es war von großer Weisheit und lehrte die Menschen. „Sein erster Name war Jesus. Doch die Priester, die ihn sehr haßten, hießen ihn Fo, das ist „falsch"; das Volk hieß ihn Kris-en [Anmerkung: = *Krischna*], das ist „Hirte", und sein friesischer Freund nannte ihn Bûda, weil er in seinem Haupt einen Schatz an Weisheit hatte und in seinem Herzen einen Schatz an Liebe"; Ura-Linda Chronik, 99–101.
3   Ura-Linda Chronik; 55f.: „Jenseits der Schelde auf der Flyburg saß Syrhed. Diese Maid war voller Ränke: schön war ihr Antlitz und flink ihre Zunge. Aber der Rat, den sie gab, war immer in dunklen

schen Urmutter *Frya* ab, sind aber durch Laszivität zu *Golen* („Gallier" = Franzosen) verkommen[1] und von eben solcher Bosheit wie die „Magyaren". Auch Karl Georg Zschaetzsch leitete die Kelten von Atlantis, das er sich allerdings in der Nähe der Kanarischen Inseln dachte, her und sah die antike Nachricht, die Druiden hätten gelehrt, daß ein Teil der Gallier von überseeischen Inseln gekommen sei (Amm. XV, 9, 4), als Beweis an.[2]

Die Atlantistheorien standen in der Nazi-Zeit in engem Zusammenhang mit der „Welteislehre" Hanns Hörbigers und wurden von vielen dritt- und viertrangigen, meist völkischen Historikern und Mythologen vertreten.[3] Man würde nicht unbedingt erwarten, daß bei diesem Blatt die Kelten viele Stiche machen konnten. Der weiter unten noch vorzustellende Goldkessel aus dem Chiemsee (s. S. 751ff.) legt aber nahe, daß man im Dritten Reich bei aller bestehenden Germanomanie die Kelten durchaus auch als achtenswerte „nordische" Gruppe einstufte.

4. Keltische Modenamen

In den Einzugsbereich der Keltenbegeisterung gehören natürlich auch die Modenamen: Wer seinen Sohn *Arthur* nennt, hat natürlich wirklich keltische Traditionen vor Augen, wenn auch vielleicht nicht die alten. Der gleich nach *Arthur* vielleicht bestbekannte Name keltischer Herkunft

---

Worten. Darum wurde sie von den Seeleuten Kelta geheißen. Die Landsassen meinten, dass es ein Ehrenname sei ... Auf dass man ein größeres Dünken von ihrer Wachsamkeit haben sollte, machte sie einen Hahn auf ihre Fahne ..." Mit Lug und von den „Magyaren" gelerntem Zaubertrug versucht sie ihre ältere Schwester *Minerva-Nyhellenia*, der eigentlich die Herrschaft zufallen sollte, zu überwinden, doch deren „Maiden und die Lampe wurden alle von den flinken Seeleuten gerettet."

1 Ura-Linda Chronik, 54: „die Golen feierten allerhand schmutzige Götzenfeste und zogen die Küstenheimer vermittels ihrer unzüchtigen Mädchen und der Süßheit ihres giftigen Weines heran ... In Britannien waren sehr viele Männer, doch lützel (wenig) Weiber. Als die Golen das erfuhren, ließen sie alleweg Mädchen entführen, und diese gaben sie den Briten um nichts hin. Doch alle diese Mädchen waren ihre Dienerinnen, die die Kinder Wraldas stahlen, um sie ihren falschen Göttern zu geben.

2 Zschaetzsch (1922), 81. Timagenes, auf den die Nachricht bei Ammianus zurückgeht, dachte allerdings kaum an Inseln im Atlantik, sondern eher im Bereich von Nord- und Ostsee. Im Übrigen verbindet auch noch Herm (1991), 139–157 die Kelten mit Atlantis. Die flüchtigen Atlanter hätten sich *Umbrer* oder *Ambronen*, *Teutonen* oder *Teutanen* von dem Wort *teuta* 'Volk' benannt...

3 Z.B. Wieland (1921); Herrmann (1934); von Wendrin (1924); zusammenfassend s. Wegener (1997) und: http://www.intro-online.de/atlantis.html (21. 12. 2007).

Kilroy, angeblich der des amerikanischen Schiffsinspektors James J. Kilroy, wird allerdings m. W. als Vorname nicht vergeben, obwohl dies vom Gesetz her, durchaus möglich wäre. Offenbar gilt der Name doch als zu unernst, obwohl ihn das dahinterstehende Prinzip, immer schon der Erste gewesen zu sein, eigentlich attraktiv macht. Aber der Namenmode ist rational schwer beizukommen.

Bemerkenswert ist in diesem Zusammenhang der Einfluß der Artusliteratur. Hier läßt sich vom 12. Jh. an mit zunächst spärlichen Anfängen im Adel und Rittertum ein ständig breiter werdender Strom nun auch im Bürgertum beliebter Namen bis in das 15. Jh. beobachten, wobei ich mich hier auf den deutschen Sprachraum beschränken muß. Am verbreitetsten war ohne Zweifel der Name *Parzival*. *Tristan* ist ebenso weit verbreitet, wenn auch insgesamt seltener. Der Name *Artus* hingegen war nicht sehr häufig und mehr im Westen und im niederdeutschen Bereich zu Hause. *Iwein*, dessen Nebenform *Iban/Ivan* auch slawisch sein könnte, ist keinesfalls selten und gerade im Raum um Köln gut belegt, und zwar im 12. Jh. schon vor der Entstehung von Hartmanns von Aue „Löwenritter"! Bei *Gawan* unterscheidet sich der Westen wie auch die Niederlande durch Formen, die auf *Walwan* zurückgehen – so ja auch italien. *Galvani* - von den vorwiegend süddeutschen *Gawan/Gawein*-Namen. Besonders in Bayern war der Name *Wigelais* (zu *Wigalois*) verbreitet. Nur ganz sporadisch sind die Namen *Genteflor, Schionatulander, Gramoflanz, Segremors, Lanzelet* und *Erec* belegt.

Unter den Frauennamen ist der mit Abstand häufigste *Sigune* (auch in der Form *Sigaun*), vor allem in Bayern und Österreich. *Isolde/Isalde* ist seltener als Tristan, begegnet aber vom 13. bis ins 15. Jh. im gesamten deutschen Sprachgebiet. *Herzeloyde* und *Enite* kommen im bairischen Raum, aber auch weiter nördlich vor. *Lunete* ist etwas häufiger im bairischen und obersächsischen Gebiet, während *Amphalisa, Laudina, Secundilla* und *Orgeluse* nur sporadisch belegt sind. In einzelnen Familien treten arthurische Namen gehäuft auf, was ganz offenkundig auf weitgehende Identifikationsbereitschaft weist.[1]

---

[1] Ich folge hier der gut belegten Darstellung von Jackson (2000a), 280–282.

Heute sind Namen wie *Gawan*, *Parzival*, *Merlin* oder *Ginnover*, obwohl positiv besetzt, wohl doch recht selten. Ich nehme an, daß der nicht seltene Name *Arthur* bei uns einen Anglismus bildet (wie *Edith*, *Eduard* und *Alfred*). Im englischen Sprachraum kommen Namen wie *Percival*, *Gawaine* usw. vor. Warum diese mit seltenen Ausnahmen wie *Percy*,[1] nicht entlehnt wurden, ist mir nicht ganz klar. Bei den gar nicht so seltenen Namen *Tristan* und *Isolde* – letzterer scheint mir viel häufiger, und so nannte schon der Gottfried-Übersetzer Hermann Kurtz seine Tochter –, steht aber jetzt wohl nicht so sehr die alte Sage, sondern nach Angabe mir bekannter Namensträger die Oper Wagners im Hintergrund. Nicht allen wird der Name *Tristan* akzeptabel erscheinen: denken wir daran, wie *Tristram Shandy* in Laurence Sternes Roman (I, 19) seinen prüden Vater mit dem Namen hadern läßt.

Als Ergebnis der Ossian-Rezeption hat sich der Name *Oscar* eingebürgert. Man übertrug mit diesem Namen auch die spezifische Stimmung. 1850, unmittelbar nach der Geburt ihres zweiten Sohnes, schrieb Lady Wilde („Speranza"): „He is to be called Oscar Fingal Wilde. Is not that grand, misty, and Ossianic?"[2] Der Heldenname ist auf dem Kontinent sehr beliebt geworden, besonders auch in Deutschland, wo er eben deshalb aber auch eine Zeit lang wie *Siegmund* und *Siegfried* (*Siggi*) als charakteristischer Judenname galt.

Seltener ist die feminine Form des Namens *Finn* nämlich *Fiona*, *Fionnula*, *Fionnghuala*, während *Ossian* oder *Fingal* ganz ungewöhnlich sind. Dagegen erlebten Frauennamen wie *Malwine* und *Selma* (im „Ossian" eigentlich der Name einer Halle!)[3] im 19. Jh. eine gewisse Blütezeit. Wer heute bei uns seinen Sohn *Kevin* nennt, tut es gewiß nicht so sehr, weil er an den hl. *Caoimghen* von Glendalough denkt, als wegen eines berühm-

---

1   So hieß der Sohn des Wiener Polyhistors Friedrich Eckstein (1861–1939). Ecksteins Frau Bertha Eckstein-Diener, eine Femme de plume und frühe Feministin, nannte sich übrigens nach ihrer Scheidung *Sir Galahad*, wohl als Inbegriff der Reinheit, was im Zusammenhang mit Parthenogenesephantasien steht! Gestützt auf Bachofen (1861) beschäftigte sie sich wohl als erste Frau mit dem Matriarchat: Sir Galahad (1932). Vgl. Schäfer (2001), 85–94.
    Der Historiker wird bei dem Namen *Percy* unweigerlich an den Hamburger Patrizier *Percy* Ernst Schramm (1894–1970) denken.
2   Stafford (1992), 40.
3   Denkbar wäre auch eine movierte Kurzform zu dt. *Anselm*.

ten Filmes mit einem *Kevin* genannten Kinderhelden bzw. wegen eines beliebten Filmschauspielers. Bei der Benennung dieser amerikanischen Primärnamenträger Kevin mag das irische Element mitgespielt haben, bei den Sekundärbenennungen, die bei uns häufig sind, spielt es wohl keine entscheidende Rolle, weshalb der Name ja auch „falsch" als [ˈkeːvin] ausgesprochen wird. Etwas anders liegen die Dinge bei den Modenamen *Patrick* und *Deirdre*. In solchen Fällen wäre das Benennungsmotiv durch Exploration bei den Eltern genauer zu untersuchen.

> Interessanterweise gibt es offenbar Lautkonstellationen, die als spezifisch romantisch-schottisch gelten. Dazu gehört der im angelsächsischen Raum eine Zeitlang sehr beliebte Frauenname *Lorna*, der nach seiner Lautkonstellation o+Liquid + Nasal/Vokal „ossianisch" aussieht (vgl. *Lorma, Colma, Mora* ...), ohne es zu sein (vgl. den seltenen irischen Namen *Morna*). In Wirklichkeit soll er nach dem schottischen Ortsnamen *Lorn* gebildet und durch den viktorianischen Trivialroman „Lorna Doon" (1869) von Richard D. Blackmore verbreitet worden sein.[1]

Sehr häufig wird der Name wohl nur nach dem Klang und ohne besondere Identifikationsabsicht gegeben: das *o* in *Fiona* bezeichnet bei „richtiger", schottisch-gälischer Aussprache nur die neutrale „Farbe" des *n*. „Schön" klingt der Name nur bei „falscher Aussprache" als [fiˈjoːna]! Der Name muß also nicht ein Bekenntnis zur Ossian-Tradition bedeuten, sondern kann auch auf ein ästhetisches Bedürfnis der Eltern, gepaart mit mangelndem Wissen, weisen.

Als für Celtic Renaissance und Revival typische Namen sind in der angelsächsischen Welt die Frauennamen der Ulstersage *Deirdre* (vor allem um 1960) und *Maeve* (zunehmend ab 1996) beliebt.

---

1 http://www.thinkbabynames.com/babyname.php?g=0&n=Lorna&a=1 (11. 8. 2008).

G. Die moderne Keltenrezeption im *Astérix* und in anderen Comics

1. Asterix und Konsorten

Meines Wissens war die „Pfahldorfgeschichte" (s. oben S. 492ff.) die erste (teilweise) parodistische Gestaltung des keltischen Altertums. Wir sind heute durch *Astérix*, der immerhin die Traditionalität der Gallier und die herausragende Patriarchenfigur des Druiden mit der „Pfahldorfgeschichte" gemein hat, an diese Darstellungsweise der alten Kelten gewöhnt, aber sie setzt eine Vertrautheit, um nicht zu sagen Vertraulichkeit, mit ihnen voraus, die nur in Frankreich und der Schweiz entstehen konnte, wo man sich, historisch natürlich zu Unrecht, in ungebrochener Linie mit den Kelten verbunden glaubte und glaubt.

Die Entstehung des „Astérix" geht in das Jahr 1959 zurück, als Albert Uderzo (geb. 1927) und René Goscinny (1926–1977) die ersten Bildfolgen für das französische Comic-Magazin „Pilote" entwarfen. Die Gestalt des Astérix ist eindeutig eine Karikatur des Galliers, der ein Flugblatt der Vichy-Regierung mit dem Aufruf „France tojours" des „Chantier de jeunesse" zierte. Der reckenhafte Gallier in einer Art „Siegfried-Pose" mit gewaltigem goldblonden Schnurrbart und Flügelhelm, die Rechte auf eine Doppelaxt gestützt und schützend hinter einem sehr viel kleineren französischen Soldaten stehend, ist auf die liebenswert-kleine Figur des Comics-Helden geschrumpft. 1961 kam dann das erste französische Album („Astérix le Gaulois") heraus.[1] Bis 2005 sind 33 Bände erschienen, wobei sich freilich bei dem seit Goscinnys Tod allein verantwortlichen Text- und Bildautor Uderzo starke Ermüdungserscheinungen abzeichnen. So mußten für Band 33 „Le Ciel lui tombe sur la tête" (deutsch: „Gallien in Gefahr") sogar Außerirdische als Bedrohung Galliens eingeführt werden, gewiß ein Armutszeugnis, das auch gegen die Gattungsprinzipien der Astérix-Comics verstößt. Ähnliches gilt für Astérix-Plagiate wie

---

[1] S. dazu http://www.comedix.de/medien/hefte.php

die in Deutschland verbotenen Hefte „Asterix und das Atomkraftwerk", „Asterix in Bombenstimmung" (gegen die bundesdeutsche Nachrüstung) und „Asterix im Hüttendorf" (gegen die „Startbahn West").

Grundsätzlich lassen sich zwei Handlungstypen unterscheiden: ein innergallisch-römischer, bei dem die Gallier Abenteuer erleben, die Ergebnis persönlicher Konflikte und des Zusammenpralls mit der römischen Herrschaft sind, und ein außergallisch-römischer, in dem die Gallier Reisen in römische Randprovinzen oder überhaupt außerhalb des Imperiums unternehmen. Zu ersteren gehören (in Klammer die Band-Nummer) z.B.: „Asterix als Gladiator" (4), „Der Kampf der Häuptlinge" (7), „Die goldene Sichel" (2), „Asterix als Legionär" (10), „Die Trabantenstadt" (17: „Le Domaine des Dieux"), „Die Lorbeeren des Cäsar" (18), „Der Seher" (19), „Obelix GmbH & Co. KG" (23: „Obelix et compagnie"). Zur zweiten Gruppe zählen etwa „Asterix und Kleopatra" (6), „Asterix und die Goten" (3), „Asterix bei den Briten" (8), „Asterix und die Normannen" (9), „Asterix bei den Schweizern" (16), „Asterix auf Korsika" (20), „Asterix im Morgenland" (28: „Astérix chez Rahàzade") und natürlich „Die große Überfahrt" (22: „La Grande Traversée" nach Amerika) sowie „Obelix auf Kreuzfahrt" (30: „La Galère d'Obélix" nach Atlantis). Jeder Band erlebte eine Auflage von mehreren Millionen – von Bd. 1 bis 30 wurden mehr als 250 Millionen Exemplare verkauft[1] –, wobei gegen 40% allein der Verkauf in der deutschen Fassung ausmachte. (Zum Vergleich: Der 1845 erschienene „Struwwelpeter" brachte es bis 1988 angeblich auf 25 Millionen.)

> Unter anderen entstand aus den Comics eine ganze Astérix-Industrie mit Verfilmungen, einer Astérix-Eisrevue, und nach dem Vorbild von Disneyland wurde 1989 der „Parc Astérix" in Plailly, etwa dreißig Kilometer nördlich von Paris, eröffnet. Selbst im Sprachunterricht wird der in mehr als 80 Sprachen (darunter die westgrönländische Kalaallisut-Sprache) sowie Dialekte (Kölsch, Pfälzisch, Ruhrdeutsch, Ostfriesisch, Schwäbisch, Schwyzerdütsch, Bairisch, Tirolerisch, Wienerisch usw.) übersetzte „Asterix" gerne herangezogen. Es gibt Gymnasien, an denen der Lateinunterricht auch mit Hilfe der 22 bisher ins Lateinische übersetzten Astérix-Bände stattfindet.

---

1   http://www.bdparadisio.com/scripts/detail.cfm?Id=326

Der Grund für diese unerhörte mediale Präsenz ist vielfältig.

Dem Unlustgefühl, welches die Erfahrung zunehmenden Verwaltetseins und zentralistischer Enteignung auslöst, wirkt das Keltentum des kleinen, noch uneroberten gallischen Dorfes als überschaubare Idylle entgegen. Der Mikrokosmos ist *in nuce* Gegenbild dessen, wogegen sich die Widerborstigkeit des Bürgers aus der Sicht des „David-und-Goliath-Motivs" richtet.

Für das französische Publikum der ersten Astérix-Hefte war es wohl die zentralistische Metropole Paris, die mit Rom identifiziert wurde. Die Offenheit des Identifikationsangebotes ist es aber eigentlich, was den Astérix-Comics die Möglichkeit weltweiter Wirkung verschaffte. Ältere Franzosen werden beim Widerstand des gallischen Dorfes sicher auch an die „Resistance" gedacht haben. Aber die Rahmenhandlung blieb immer aktuell.

So titelte am 27. Mai 2005 „Der Spiegel.online": „Mit Asterix gegen die EU-Verfassung". Gemeint war der prominente Bauernführer José Bové, der wegen seiner rebellischen Tugenden und seines buschigen Schnurrbarts gern mit Astérix verglichen wurde und der als Globalisierungsgegner gegen den Vertrag stimmte. Tatsächlich hat sich ja damals „Astérix" beim Referendum gegen die EU-Verfassung durchgesetzt. So kann das Rom des „Astérix" den Pariser Zentralismus, die seelenlose und skurrile Bürokratie der EU und überhaupt jede Form von Diktatur bezeichnen, die über die Belange der Bürger „drüberfährt". Ebenso steht Rom aber auch für die Großmannssucht der USA, die Europa einzustecken droht wie Caesar die unbeugsamen Gallier. Jedenfalls kann die Darstellung des römisches Protzentums und der römischen Dekadenz für Kapitalismus und verderbte Scheinmoral der USA stehen. Wieder in einer anderen Perspektive ließe sich Astérix mit der Vercingetorixgestalt als Sieger von Gergovia und der Selbstidentifikation des schnurrbärtigen Napoleon III. mit diesem – freilich tragischen – Helden verbinden.

Ist die Welthaltung der Römer bürokratisch, straff vereinheitlichend und militaristisch, so ist die der unbeugsamen Gallier, die zugleich Lebenskünstler sind, improvisierend und individualistisch, wie ein Blick aus der Vogelperspektive auf die sympathisch-wirre Bauordnung in dem

„kleinen gallischen Dorf" zeigt (etwa in „Asterix bei den Olympischen Spielen" oder in „Streit um Asterix").

Was das Kriegerische betrifft, liegt die Stärke in der Magie des Zaubertranks begründet, für den es keine historischen Hinweise gibt. Der kleine Astérix hält die römische Weltmacht in Schach, und dies dank einer rational nicht begründbaren Kraftreserve, wie sie schon „Popeye, the Sailor" in seinen Spinatbüchsen hatte. So wird Astérix auch zu einem komischen Pendant zu „Superman" und anderen *heroes* der Comics. Die Durchbruchszeit des Astérix liegt in den späten 60er-Jahren und fällt damit auch zeitlich mit der Hippie-Kultur der Anti-Vietnam-Gegner, Woodstock und den friedfertigen Blumenkindern der Flowerpower-Bewegung (vgl. den Beatles-Film „The Yellow Submarine") zusammen. Die Grundeinstellung ist die der pazifistischen Gallier mit unschuldigen Freuden wie Hinkelstein-Setzen und Wildschweinjagd; gegen den Militarismus setzt der Druide den Zaubertrank ein wie der Hippie Cannabis oder LSD.

Gallien und die Gallier als Sympathiefiguren eines breiten Publikums müssen freilich in einigen bedeutenden Punkten geschönt werden. Der Druide *Panoramix* (dt. *Miraculix*) kennt – im Gegensatz zu *Angus* in der „Pfahldorfgeschichte" – keine Menschenopfer, die Helden üben keine Kopfjagd und wissen nichts von Homosexualität.[1] Auch neutralere Einzelheiten wie Nacktkampf, Wagenkampf und Tätowierung fehlen. Die heroischen Momente bleiben auf Astérix und Obelix beschränkt. Die Einwohner des Dorfes sind eigentlich samt und sonders prüde französische Spießbürger der niederen Bourgeoisie. Frauen erscheinen gewöhnlich als stupsnäsige blonde Schönheiten oder Hausdrachen. Deswegen hat ja auch die Einführung der völlig stereotyp und klischeehaft gesehenen Powerfrau, der Bardin *Maestria*, in einem der späten Bände beim Publikum beachtlichen Unmut erregt. Dementsprechend gibt es eigentlich auch keine Liebeshandlung – höchstens zeitweise Verliebtheit –, vielmehr sind die Freunde vom Schema „der Dünne und der Dicke", „der Kluge und der Dumme" einander selbst genug. Das in Band 6 („Tour de France") dazugekommene Hündchen, dessen Name *Idefix* (= *idée fixe*) von den

---

[1] van Royen – van der Vegt (1998), 148f.

Lesern vorgeschlagen wurde, rundet das Bild dieser freundlichen Harmonie ab. Es ist gewissermaßen das „Kind" des „Ehepaares" Astérix und Obelix. Als dann Astérix tatsächlich ein Findelkind vor die Türe praktiziert wird (27: „Le fils d'Astérix"), handelt es sich natürlich um römische Ranküne (diesmal des *Brutus*).

> Über diese allgemeinen Attraktionspunkte hinaus haben die meisten Astérixbände ihren eigenen satirisch-komischen Reiz: das Warmwassertrinken und die Teepause bei den Britanniern, die ungefüg-barbarische provinzialrömische Architektur im „Kampf der Häuptlinge", der liebenswerte ägyptische Baumeister *Numerobis* in „Asterix und Kleopatra" und vieles andere.

Manches hat ganz konkrete Bezüge: So ist Caesars Wirtschaftsberater *Technocratus* in „Obelix GmbH...", der durch seinen fatalen Rat einer Hinkelsteinüberproduktion das Römische Reich gefährdet, ein leicht erkennbares Zerrbild von Jacques Chirac (Ministerpräsident 1974–1976). In „Asterix bei den Goten" wird zwischen Ost- und Westgoten unterschieden. In den „Asterixinischen Kriegen" als Folge der Entführung des *Panoramix* tauchen zwei einander bekriegende Gotenanführer *Holperik* und *Cholerik* auf, wobei hinter ersterem sich wohl Walter Ulbricht (1893–1973; seit 1960 Staatsoberhaupt der DDR und Errichter der Berliner Mauer) verbirgt. In der ersten deutschen Version von 1966 sächselte er und sprach in roter Schrift. Wahrscheinlich bezieht sich auch der Satz des Asterix „Ich mache mir nichts aus Kohl" auf den gleichnamigen CDU-Politiker. Ganz offen ist die politische Beziehung in „Der große Graben" (25: „Le grand Fossé") ausgedrückt, wo nach dem Vorbild Berlins ein durch einen Graben geteiltes gallisches Dorf erscheint, dessen zwei Anführer *Griesgramix* und *Grobianix* längs- und quergestreifte Hosen tragen. Die glückliche Vereinigung der Dorfhälften führt dann zur Kombination der Streifung, also zum („keltischen") Karo.

Anläßlich der 2000-Jahr-Feier der Stadt Neuss erschien 1984 mit Billigung der französischen Astérix-Produzenten ein Sonderband „Asterix in Novaesium", „in dem unter Verwendung von Bildern aus 17 verschiedenen, schon bestehenden Bänden und unter Hinzufügung neuer Sprechblasentexte (u. a. sprechen römische Legionäre nun Neusser Platt) die Gründungsgeschichte der Stadt Neuss im Jahre 16 v. Chr. mit den Hauptakteuren Asterix und Obelix wiedergegeben wird".[1] Der, wie erwähnt, weithin abgelehnte 29. Band „Asterix und Maestria" („La rose et le glaive") nimmt den Feminismus, insbesondere die intellektuelle Frau, aufs Korn.

Der auch in seiner Komik als „schwach" beurteilte Band rief schon im Folgejahr 1992 die Parodie „Feminax & Walkürax" von Franziska Becker, der Hauskarikaturistin des „Emma-Verlages" (Köln), auf den Plan. Die beiden Protagonistinnen sind nun Germaninnen aus einem matriarchalen Dorf, dessen Bewohnerinnen sich einmal jährlich mit einem patriarchalen Germanendorf zur Paarungsfeier treffen, und natürlich gehen *Walkürax*, die den Zaubertrank der Druidin *Abrakadabrax* mit der Muttermilch getrunken hat und statt eines Hinkelsteines einen Riesenlebkuchen mit sich trägt, und die durch den Trank gestärkte *Feminax* mit den Römern so um wie sonst Astérix und Obelix. Trotz der genauen Kontrafaktur ist die Parodie Beckers aber ausgesprochen geistreich und witzig.

Natürlich liegt die Frage nahe, wie „keltisch" solche Produkte eigentlich noch sind, und ob sich die „Keltizität" nicht letztlich auf die Endung *-x* beschränke, die aber dann nicht mehr spezifisch keltisch wäre (vgl. lat. *felix*). Der Name *Astérix* ist nämlich aus *astérisque* 'Sternchen, *' durch Metathese der Endkonsonanten gebildet, wodurch gewissermaßen „zufällig" ein keltischer *rix*-Name (wie *Vercingetorix*) entstand. Mit diesem vermeintlich keltischen Suffix *-ix* sind dann auch alle anderen Namen wie *Obelix, Troubadix, Majestix* usw. komponiert. Andererseits wird die

---

[1] An die Seite stellt sich noch eine jüngere Aktualisierung der Asterix-Figuren: „ Vor der Bundestagswahl 2005 kursierte im Internet die 44-seitige PDF-Datei Asterix und der Kampf ums Kanzleramt, die ebenfalls mit (nunmehr computergestützter) Bildmontage und geänderten Texten arbeitet. Mit Majestix als Schrödix (Gerhard Schröder), Maestria als Angela Merktnix (Angela Merkel), Greulix (aus: Der große Graben) als Guidefix (Guido Westerwelle), Miraculix als Münteferix (Franz Müntefering), Stellartoix (aus Asterix bei den Belgiern) als Läuftfortwienix (Oskar Lafontaine) und dem ebenfalls in Der großen Graben vorkommenden Grobianix als Bavarix (Edmund Stoiber) persifliert die Geschichte wichtige Akteure des Wahlkampfes und entwirft eine recht groteske Geschichte mit zahlreichen Anspielungen auf die zu der Zeit aktuelle Bundes- und Weltpolitik. In Nebenrollen: Julius Caesar als amerikanischer Präsident Dabbeljus (George W. Bush), der heruntergekommene Legionär Keinentschlus aus Das Geschenk Cäsars als rechter Nationalix sowie die Gurus Schandadh und Daisayah aus Asterix im Morgenland als islamistische Terroristen"; http://de.wikipedia.org/wiki/Asterix (3. 2. 2007).

Keltizität sehr demonstrativ zur Schau gestellt und andere Völker des öfteren aus angeblich keltischer, in Wirklichkeit französischer Sicht nicht ohne Chauvinismus gezeichnet.

Sehr bemerkenswert erscheint mir, daß die ersten Astérix-Comics im Deutschen den Helden zu einem Germanen uminterpretieren wollten, was sich natürlich auch auf die Handlung erstrecken mußte: *Siggi*[1] und *Babarras* (= Obelix) stammen aus dem rechtsrheinisch gelegenen Dorf *Bonnhalla*, das die Römer um die Zeitenwende bedrohen. Vieles gibt dann natürlich keinen Sinn, so etwa die Gestalt des Druiden mit der goldenen Sichel. Es mußte in geradezu peinlicher Weise uminterpretiert werden. Doch *Siggi* wurde bald wieder in *Asterix* rückbenannt. Der Grund, warum die germanisierte Form abgelehnt wurde, lag wohl nicht nur in sachlichen Unstimmigkeiten, sondern auch daran, daß jene, die um die gallische Herkunft des Astérix wußten, die Germanisierung als witzlos ablehnten, und Unbedarftere keine „komischen Germanen" wollten. Nach den ersten vier Geschichten entzogen die Astérix-Autoren Goscinny und Uderzo dem deutschen Verlag die Abdruckgenehmigung.

Besonders in der Rahmenhandlung der Bände, aber auch darüber hinaus ist der Anteil des kulturgeschichtlich Richtigen in den Comics so hoch, daß man ihnen geradezu einen gewissen Bildungswert zusprechen kann. Anachronismen sind meist um ihrer Komik willen beabsichtigt. Sieht man von dem geschönten Keltenbild, dem Zaubertrank des Druiden[2] und von der anachronistischen Vorstellung einer durch Obelix vertretenen Megalithkultur ab, so zeigt sich ein überraschend hohes

---

1 Der erste Band hieß „Siggi der Unverwüstliche" in der Comics-Zeitschrift „Lupo modern" (1966). „Lupo", „das junge Magazin" „aus dem Hause des Fix und Foxi-Vaters Rolf Kauka, tauft Asterix und Obelix jedoch auf Siggi und Babarras um und transformiert die Gallier in Westgermanen." „Die im Original beschriebene gallische Widerstandskraft gegen die römischen Invasoren wird umgemünzt in die Auflehnung der Germanen gegen ihre Besatzer, und der Comic reflektiert die bundesrepublikanische Nachkriegspolitik unter dem Blickwinkel dumpfster nationaler Gesinnung"; http://www.comedix.de/medien/lit/s47.php.

2 Die Anregung mag vom plinianischen Bericht über die große Bedeutung der Mistel und anderer Pflanzen in der Magie der Druiden ausgegangen sein. Wenn die alten Kelten kriegerekstatische Praktiken hatten, so waren dies der Nacktkampf, insbesondere aber der mit Stimme und Kriegstrompete erzeugte Kampflärm, der durch das Schlagen auf die Schilde noch verstärkt wurde; dazu Birkhan (2006b). Von einer Droge, welche die Kampfkraft erhöhen sollte, wissen wir nichts.

Detailwissen vom keltischen und römischen Altertum, wie zwei niederländische Forscher, eine klassische Philologin und ein Althistoriker, vor einiger Zeit feststellten.[1]

Nicht zuletzt ist auch dies ein recht anziehendes Element, das sich allerdings an eine höhere Bildungsschicht richtet. Was man in der Schule über die Römer, insbesondere Caesar und den Gallischen Krieg, gelernt hatte, erfuhr hier bisweilen seine vergnügliche Bestätigung ohne die erinnerte Qual des als öde empfundenen Lateinunterrichts und obendrein lernte man viele faszinierende Einzelheiten aus dem Bereich des früher im Gymnasialunterricht arg vernachlässigten Alltagslebens kennen. Der etwas verstaubte einstige Geschichtsunterricht, der sich vorwiegend auf Kriegszüge und Schlachten beschränkt hatte, wurde nun durch lebendige Realienkunde aufgemischt. Im flapsig, gewollt-legèren Spachgebrauch von Journalisten, wie sie etwa im „Spiegel" schreiben, sind Asterix & Co. immer quasi automatisch präsent, sobald von Kelten die Rede ist. Die Entdeckung des Arztgrabes von Stanway aus der ältesten Römerzeit in Britannien meldet der „Spiegel" mit diesen Worten: „Mysteriöses Miraculix-Grab verzaubert Forscher".[2]

Allerdings muß man den Astérixfiguren zugestehen, daß sie liebenswert komisch sind – auch die spinnenden Römer – und daß sie eine Lakune ausfüllen, die dann entsteht, wenn der junge Comics-Konsument sich an Mickymaus und Donald Duck sattgelesen hat. Da die Bände „bedenkliche Dinge" wie Tod, Grausamkeit und Sex, insbesondere Homosexualität, ausklammern, werden sie auch vom pädagogischen Standpunkt geradezu geschätzt. Im Gegensatz zu anderen Kelten-Comics wie etwa „Sláine" wollen die Astérixbände grundsätzlich nicht nur ernst sein, vielmehr gilt für sie das horazische *prodesse et delectare*, mit Akzent auf letzterem, die heitere Vermittlung kulturhistorischen Wissens, freilich mit allen Freiheiten, die das „kunstvolle Blödeln" zu einer eigenen liebenswerten

---

1   van Royen – van der Vegt (1998).
2   http://www.spiegel.de/wissenschaft/mensch/0,1518,536011,00.html (18. 2. 2008). Der erste Satz „Druiden gehörten bislang ins Reich der Mythologie" beweist schon, wie oberflächlich die Kenntnisse der Autorin sind, denn man kann Caesar oder Plinius wohl kaum als „Mythologen" bezeichnen, und legen den Gedanken nahe, daß bis zur Abfassung des Artikels die Asterixhefte die Hauptquelle ihres Wissens über die Kelten gewesen waren.

Gattung macht, etwas, was sich auch die Autoren erst im Laufe der Zeit erringen mußten.

Wenn es um die moderne literarische Keltenrezeption geht, bei der in der Fiktion die Kelten ganz im Vordergrund stehen und die nicht auf keltische Themen wie jene der *matière de Bretagne* aufbaut oder ein keltisierendes Teilmoment zeigt wie das Elfenbild Tolkiens, so ist der Astérix gewiß das bedeutsamste, nachdrücklichste und auch intellektuell anziehendste einschlägige Kulturphänomen.

2. „Ernsthafte" Comics

Unter den ernst gemeinten Heldenepen in ComicsForm sticht vor allem seit 1983 die Reihe *Sláine* hervor, „one of Britain's most popular comic books", von dem bisher 54 Bände erschienen sind.[1] Die Texte stammen von Pat Mills, die Illustrationen zunächst von dessen Frau Angela Kincaid, später von Mike McMahon, Massimo Belardinelli, Glenn Fabry, Simon Bisley und Clint Langley. Seit 2006 erscheint auch eine Fantasy-Romanversion.[2]

In diesem eher kräftig gebauten Helden, dessen Name ja auch 'Kraft' bedeutet, lernen wir eine Kreuzung von „Superman" und dem in der Wutverzerrung (air. *riastrad*; hier *warp spasm*) angeschwollenen *CúChulainn*, dem Haupthelden der Ulster-Sage, kennen.[3] Dieser stärkere Bezug auf die keltische Tradition unterscheidet *Sláine* von seinem unzweifelhaften Vorgänger *Conan the Barbarian* von Robert E. Howard (1932), später fortgeführt von L. Sprague de Camp und Lin Carter. Dieser Heros mit dem irischen Heldennamen gehört etwa der gleichen Zeit wie Sláine an; als *Cimmerian* entstammt er einem Volk, das unmittelbar in der Zeit nach dem Untergang von Atlantis herrschte. So gesehen galt *Conan* den einen als Ur-Germane, seinem Erfinder eher als Ur-Kelte, obwohl er und seine

---

[1] Dazu die ausführliche und gründliche Darstellung in: http://en.wikipedia.org/wiki/Sláine_(comics).
[2] Savile (2006).
[3] Vgl. Birkhan (1999b), Abb. 782.

Abenteuer so gut wie nichts Keltisches an sich haben, wenn man vom Wiedergeburtsglauben und der Erwähnung eines Gottes *Crom* absieht. Ich sehe keinen Anlaß, hier im Einzelnen auf Conan und die mit ihm verbundenen Romane, Comics, Videospiele oder den berühmten Hollywoodfilm „Conan the Barbarian" (1982) und „Conan the Destroyer" (1984; Titelrolle: Arnold Schwarzenegger) einzugehen.[1]

Die bildliche Ausführung der Sláine-Comics bewegt sich in einer Art groteskem Fotorealismus, einer Form des Manierismus, ist von enormer Detailfreudigkeit und sehr hohem technischen Können, das sich vor allem in den häufigen düsteren Stimmungen und originellen Kompositionen und Perspektiven bewundern läßt. Oft erinnern diese an Kameraeinstellungen, ja das Ganze scheint mit den Augen eines Filmemachers gesehen.

Sláine ist ein Kraftlackel, der eben vom Bodybuilding zu kommen scheint und an Gestalten wie den „Terminator" erinnert. Michelangelos Muskelmänner erscheinen neben ihm geradezu asthenisch. Durch den etwas zu kleinen Kopf wirkt er freilich auch dysplastisch. Er führt eine breite Axt und immer erbeutete Schädel mit sich. Der Körper und das Gesicht sind bemalt. Die Haare stehen wild zu Berge. Um die enge Taille trägt er einen breiten Metallgürtel (wohl von Silber?), der im Bereich des Bauches und der Scham in einen Eberkopf mit Riesenhauern übergeht. In etwas kurioser Weise baumelt vor dem Gemächte eine Art schottischer *sporran* aus Fell mit Metallpommeln hernieder.

Wir müssen uns – ähnlich wie in der Besiedelungstheorie Richard Rowlands [Verstegen] (s. oben S. 448) – dazu vorstellen, daß die Britischen Inseln noch nicht vom Kontinent getrennt waren. Die handelnden Personen sind sich ihres Keltentums wohl bewußt und drücken dies durch Wendungen wie „Wir Kelten ..." auch aus – im Gegensatz zu *Conan the Barbarian*. In dem jetzt überfluteten Land zwischen England und der Bretagne sitzen *The Tribes of the Drune Lords* (*drunes* sind die bösen Entsprechungen zu den *druids*, die aber – ähnlich anderen Priestern –

---

[1] Dazu die ausgezeichnete Übersicht in: http://en.wikipedia.org/wiki/Conan_the_Barbarian (3. 5. 2008).

zu Machtspielen und Heuchelei neigen[1] wie der verräterische *Cathbad*), welche den behornten Gott *Carnun* und den Blutigen Wurm *Crom-Cruach* verehren. Dieser in der heidnischen Tradition Irlands bekannte 'blutige Gekrümmte' hieß auch *Cenn Crúach* 'blutiger Kopf' und galt in den Patricksviten als „Hauptidol von Irland" (*ard-ídal na hÉrend*).[2] Davon weiß Sláine freilich nichts, sondern hält den Dämon für einen unsichtbaren *Time Worm*, den die *Dark Gods of Cythraul* (kymr. *cythrawl* 'Feind, Teufel') beherrschen. Sein wild-archaisch inhumaner Charakter erhellt schon aus den Menschenopfern, die ihm – frei nach Caesar (b. G. VI, 16) – in gewaltigen Figuren aus Weidenruten (den berüchtigten „Wicker Men") dargebracht werden.

„The Tribes of the Earth Goddess" dagegen bewohnen das heutige Britannien und Irland und auch das versunkene Land dazwischen, unter der Irischen See bzw. dem St. Georgskanal, das *Sessair* genannt wird. Sláine ist der Champion dieses Landes. Über Sessair wacht die Göttin *Danu* in drei Gestalten: Als Mädchen (kymr.) *Blodeuwedd*,[3] als Kriegsgöttin (air.) *Morrígu*[4] und als Todesgöttin, die aus der *Taliesin*-Sage bekannte (kymr.) *Ceridwen*.[5] Die eigentlich zu erwartende Muttergestalt als „Große Mutter" oder „Matrone" fehlt erstaunlicherweise. Ihr göttlicher Gemahl, in den König inkarniert, ist der „Sonnengott" *Lug*.[6] Sonne und Erde schienen

---

1 Mit Bezug auf sie mault die Erdgöttin: YOUR DRUIDS PAY ME LIP SERVICE. THEY PUT ME ON A PEDESTAL WHERE I'M OUT OF THE WAY AND NO LONGER A „THREAT", THEN TRY TO CONTROL ME BY PUTTING MALE GODS OVER ME; *Sláine* (Neuauflage in Titan Books ab 2002), das Heft ist nicht paginiert.

2 Eine ausführliche Analyse der darauf bezüglichen Texte bei Dalton (1921–24), bes. 40ff.; Zwicker (1934–36), 143f. Dalton deutet übrigens den Namen als „Head of the Rick" und sucht die Kultstätte an einer felsigen Stelle. Die Gestalt heißt auch *Crom Dubh*. Ihre Überwindung ist eine der Heldentaten des missionierenden St. Patrick. Man gedenkt dieser Großtat Patricks in der Wallfahrt auf den Croagh Patrick (s. unten S. 724).

3 Mittelkymr. *Blodeuwedd* 'Blumengesicht' ist ein dichtersprachliches Wort für 'Eule'. Die im „Vierten Zweig des Mabinogi" (*Math vab Mathonwy*) vorkommende, aus Ginsterblüten geschaffene Heldin dieses Namens lädt wegen ihrer Treulosigkeit nicht unbedingt zu Identifikation ein.

4 Entweder mit „die große Königin" oder mit „Gespensterkönigin" zu übersetzen.

5 Der Name *Ceridwen* 'geliebt + schön' paßt nicht ganz zum Charakter dieser Sagengestalt, weshalb Rachel Bromwich (TYP, 308) ihn aus *Cyrridfen* 'buckelige Frau' herleiten wollte. Haben die Verfasser des Comic diese Deutung gekannt oder gehen sie den Matriarchatstheorien folgend einfach von der verschlingenden und wiedergebärenden Todesgöttin aus?

6 Nach einer längst überholten Lieblingstheorie der frühen Keltologie war *Lugus*, nach dem auch viele Städte (z.B. *Lyon*) benannt sind, ein Sonnengott, während wir ihn heute als Intellektuellen und Handwerkergott einschätzen, da er auch mit *Mercurius* identifiziert wird, während dem lat. *Apollo* im Allgemeinen der kelt. *Belenos* entspricht.

den Sláine-Autoren ein gutes Paar zu bilden, wenn auch die symbolischen Machtverhältnisse etwas unlogisch verkehrt sind, denn die Sonne erwärmt und befruchtet die Erde – nicht umgekehrt –, während der Sakralkönig, wie wir schon beim Studium der *matière de Bretagne* beobachten konnten, durch die „heilige Ehe" mit dem Land inauguriert und Herrscher, sozusagen fruchtbar, wird.

Im Folgenden gebe ich eine sehr geraffte Andeutung des Inhaltes der Sláine-Tradition:[1]

> Der junge, von seinem Stamm wegen der Liebe zu der auch vom König begehrten *Niamh* verbannte *Sláine Mac Roth* erforscht das „Land der Jugend" (air. *Tír na nÓg*), überwindet Ungeheuer und befreit gegen ihren Willen[2] die Jungfrau [!] *Medb*, die in einem Wicker Man dem *Crom Cruach* geopfert werden sollte. Ihr Herr und Gebieter ist der wahnsinnige und in Verwesung begriffene *Lord Weird Slough Feg* und zugleich der Hauptbösewicht der ganzen Serie. Später kehrt Sláine nach *Sessair* zurück, wird dort König und ist in endlose Kämpfe gegen die Meeresdämonen (Fomorians) verwickelt. Dann gelingt es dem Helden, die drei Schätze (Sonnenspeer, Mondschwert und Blutkessel), die von verschiedenen Königen aufbewahrt werden) an sich zu bringen und ein Bündnis aller Stämme, welche der Erdgöttin huldigen, gegen Slough Feg zu schließen, wobei er selbst in seiner Verehrung der Erdgöttin zu einer Inkarnation des Behornten Gottes Carnun wird, von dem sich herausstellt, daß er der Gott der Tiere und ein von sich aus friedlicher Gott ist: „THE HORNED GOD IS NOT AFRAID TO SHOW 'WEAKNESS', SEAKS PEACE RATHER THAN WAR … COOPERATION RATHER THAN STRIFE … AND COULDN'T GIVE A DAMN ABOUT POWER." Nur der Behornte Gott erkennt die Oberherrschaft der Mutter *Danu* an und ist dadurch der männliche Repräsentant des Lebensprinzips, aber auch der des Todes und der Unterwelt. Der Lord Weird Slough Feg ist ein früherer Behornter Gott, der seine Herrschaftszeit überzogen hat, daher unter Gestank verwest und sich nur noch der Höhlenmalerei (in Steinzeithöhlen wie Lascaux) widmet. Als Inkarnation des Behornten erlangt Sláine auch die Oberherrschaft über Irland als Hochkönig.
>
> In dieser Funktion kann Sláine die Zeitschranken durchbrechen und etwa der Königin *Boudicca* gegen die Römer zu Hilfe kommen, ja sich zusammen mit seiner Frau Niamh auch noch in viel späterer Zeit für die Freiheit Irlands

---

[1] Da ich keineswegs alle Bände selbst gesehen habe, beziehe ich mich hier auf die Zusammenfassung in: http://en.wikipedia.org/wiki/Sláine_(comics).

[2] SHE'D NO DIFFICULTY IN RECONCILING HERSELF TO BECOMING THE BRIDE OF THE GREAT WORM …; *Sláine*.

einsetzen. Die Feinde erweisen sich als Fomorians, die unter der Führung von *Balor* und dessen „serpent Lord Moloch of the Many Swords" Sláines Land verwüsten,[1] bis er – wieder in Wutverzerrung – Balor unschädlich macht. Dabei wird Sláine selbst in seiner Verzerrung vor allem durch den Graphiker Clint Langley den Dämonen angeglichen. Da *Moloch* verspricht, in Zukunft die Fomorians fernzuhalten, beschließt der Stamm, ihn zu begnadigen. Als er jedoch Niamh, die hier als Nacktkämpferin hervortritt, vergewaltigt und tötet, verzichtet Sláine auf den Thron, um die Untat in *Albion* (gemeint sind die östlichen Midlands) zu rächen. Sein Sohn *Kai* bricht auf, um den Vater zu suchen.

Während dessen fallen die *Golamhs* – der Name wohl angeregt durch den des Tolkienschen *Gollum* – als Bedrohung Europas in Irland ein. Sie sind *Atlanteans*, deren Vorfahren „wanderers in Scythia and Gothia, mercenaries for the Empire of Egypt" – vgl. die mittelalterlichen Herkunftssagen der Inselkelten (s. oben S. 399) – noch vor den Völkern der Danu Sessair bewohnt hatten. Der Held *Gael* als Entführer und Schützer der Pharaonentochter *Meritaten-Scota* (die Tochter Nofretes und Schwester Tutenchamons) ist Anführer einer Gruppe, die in der Abfolge der vorgeschichtlichen Einwanderer im *Lebor Gabála* als Volk der Miled oder „Milesier" bezeichnet werden.[2] Die Golamhs stehen nun unter dem Befehl des Fomoriernachkommens *Lord Odacon* und bedrohen Sláines Land, indem sie die gegen sie eingesetzten „Sky Chariots" in die Andere Welt senden. Sláines Nachfolger als Hochkönig ist bereit, Odacon halb Irland als Gegengabe für Kulturwissen zu überlassen.

Sláine überzeugt seinen Stamm, daß dies nicht zugelassen werden dürfe, und so beginnt der Krieg gegen die Fomorians erneut. Sláine faßt den Plan, mit seinem gesamten Stamm in die Andere Welt zu übersiedeln, wo sich ja schon die „Sky Chariots" befinden. Von dort aus fällt er verbündet mit den Atlanteans über Odacon und die Meeresdämonen her. Es gelingt, den Anführer der Atlanter Gael gegen den irischen Hochkönig *Sethor* einzutauschen. Während um Tara gekämpft wird, geht Sláine in die Andere Welt, um den Segen der Muttergöttin Danu zu erlangen. Danu erscheint ihm zuerst auf einem gewaltigen Eber reitend, dann aber ganz in der Gestalt einer Tolkienschen spitzohrigen Elfe.[3] Durch sie gestärkt kann er endlich Odacon vernichten. Nun ist Gael Hochkönig und damit Begründer der Gälen, womit die

---

1 Sláine. Invasions.
2 Sogar das merkwürdige Detail, daß mit der „neunten Woge" gelandet werden muß, findet sich hier; Sláine. Invasions; dazu Birkhan (1999a), 946f.
3 Sláine. Invasiuns II.

Geschichte in die mittelalterliche Vorstellung vom Heros eponymos der Iren und Schotten einmündet. Der ruhelose Sláine bricht zur Suche nach seinem Sohn Kai auf und später zu einem neuen Kampf gegen Crom Dubh ...

Viele der Elemente dieses hier kurz zusammengefaßten „Epos" sind der altkeltischen Tradition entnommen. Auf die Namen der dreifaltigen Danu habe ich schon hingewiesen. Der mit ihr im Hieròs Gámos verbundene „Horned God" ist freilich kein anderer als der festlandkeltische *Cernunos*, dessen Darstellung auf dem Gundestrupkessel[1] anzitiert wird. Aus der kontinentalkeltischen Tradition stammt *Drunemeton* als Hauptort der *Drunes*, was der Name des zentralen Kultortes der kleinasiatischen Galater war. Auch sonst treten immer wieder festlandkeltische Assoziationen auf. Öffnet man „Sláine. The Horned God. Part One",[2] so begrüßt einen auf der inneren Titelseite zu Füßen des grotesken Behornten Gottes eine etwas vereinfachte Form des berühmten Kessels aus dem späthallstattzeitlichen Fürstengrab von Hochdorf.

Balor ist natürlich niemand anderer als „Balor mit dem Bösen Auge" aus einer Seitentradition des „Buches der Landnahme" (*Lebor Gabála*) bzw. nur eine andere Erscheinungsform von Culhwchs Schwiegervater, dem Oberriesen *Ysbaddaden*.[3] Medb, die widerwillig gerettete Jungfrau, ist die aus Ulstersagensicht negativ gezeichnete Königin *Medb* von Connacht, in der Geschichte vom Rinderraub von Cooley (*Táin Bó Cuailnge*), die Hauptfeindin CúChulainns und der Ulsterkrieger. Sláine kämpft erstaunlicherweise gewöhnlich mit einer Streitaxt „Brainbiter", was natürlich an *Cúroi* in „Bricrius Fest", den „Green Knight" und den Zauberer *Gansguoter* in der mittelhochdeutschen „Krone" (s. oben S. 219) denken läßt. Er beherrscht aber auch CúChulainns Geheimwaffe, den harpunenartigen *gae bulga*, der tatsächlich mit den Zehen abgeschossen wird, aber nicht in der Furt, und im Widerspruch zu seinem Namen an keiner Blase hängt.[4] *Macha*, Sláines Mutter, kommt dadurch ums Leben, daß sie zu

---

1 Birkhan (1999b), Abb. 207.
2 Sláine.
3 S. oben S. 130.
4 Man bringt *bulga* mit air. *bolg* 'Balg; Blase' zusammen und sieht den *gae bulga* als eine Art Harpune mit einer luftgefüllten Tierblase an, wie die Inuit sie verwendeten.

einem Wettlauf mit Pferden gezwungen wird, auch dies eine Sage aus dem Ulsterkreis (*Noinden Ulad*). Die Gestalt der Niamh spiegelt die der *Deirdre* (s. oben S. 175f.) wider. Das Land der Jugend ist besonders mit der Finnsage verbunden: *Oissín* wird dorthin entrückt (s. oben S. 342). Der den Vater suchende Sohn begegnet in der Ulstersage, aber mehrfach auch in der Artustradition, woher auch der Name *Kai* stammen dürfte. Aus der walisischen Tradition kommt *Avagddu* (= *Morvran vab Tegid*), von dem es übrigens in *Culhwch ac Olwen* heißt, daß er während der Schlacht bei Camlann unbehelligt blieb, weil ihn alle wegen seiner Häßlichkeit für einen Dämon hielten. Hier wohnt er in Drachengestalt in jenem Kessel, in dem Ceridwen für ihn den Weisheits- und Verschönerungstrank braute, dessen magische Kraft auf *Gwion-Taliesin* überging, wie wir schon aus dem *Barzaz breiz* (s. oben S. 388) und der „Pfahldorfgeschichte" (s. oben S. 498) wissen. Er frißt irrtümlich König *Ruadraige* die Hand ab, weshalb diese wie bei *Nuadu* durch eine silberne Prothese ersetzt wird.

Wenn auch Fremdelemente wie der koboldartige Hofzwerg *Ukko* vorkommen,[1] so ist doch das Bemerkenswerte an „Sláine", daß die meisten Abenteuer in der Mythologie und Heldensage der Inselkelten eine Grundlage suchen. Natürlich ist die mythische Welt wieder über dem unvermeidlichen „Matriarchat" der Muttergottheit aufgebaut, wenn auch ungeklärt ist, wie gerade Carnun (Cernunos) zum Göttergemahl der Danu (von der übrigens der Wissenschaft nicht viel mehr als ihr Name bekannt ist) werden konnte. Als Sláine in den Kessel der Wiedergeburt (nach dem „Dritten Zweig des Mabinogi") eintaucht, teilt sich ihm die Muttergöttin mit und liefert damit das Credo der Comics-Weltsicht:

RACE MEMORIES OF A BYGONE ERA WHEN FOR TWO HUNDRED THOUSAND YEARS, MEN WORSHIPPED A GODDESS AND THERE WERE NO GODS ... AN ERA WHEN WOMEN LOOKED AFTER THE EARTH. AN ERA MEN HAVE CONVENIENTLY CHOSEN TO FORGET OR DENY ... YET SECRETLY YEARN TO RETURN TO, EVEN THOUGH THEY DREAD IT ... YEARN ... BECAUSE IT IS A RETURN TO THE MOTHER TO THE PLEASURES AND COMFORT OF THE WOMB ... TO THE

---

[1] *Ukko* – der Name soll finnisch sein – sorgt als komische Gestalt für ein derb-heiteres Moment. In seiner Geldgier leidet er unter dem Gedanken, daß andere später mit seiner Aufzeichnung von Sláines Heldentaten das große Geschäft machen werden, während die Autoren in komischer Treuherzigkeit versichern, die Comics nicht aus finanziellen Gründen, sondern nur „for their legendary value" herauszubringen; Sláine.

CAULDRON OF PLENTY THAT FEEDS ALL WHO COME BEFORE IT ... DREAD ... BECAUSE IT IS ALSO A RETURN TO THE BLACK, BOTTOMLESS PIT OF THE UNKNOWN FROM WHICH THEY SPRANG ... WHEN THEY WERE POWERLESS, ALONE AND AFRAID ... BUT FIRST THEY MUST DEFEAT THE SEA DEMONS WHO DWELL THERE ... MATERIALISATIONS OF THEIR FEARS OF RETURNING TO THE LOST ERA OF WOMEN. TO DEFEAT THEM, YOU HAVE TO ACCEPT THIS KNOWLEDGE AND BE PREPARED TO REJECT THE MALE PATH OF POWER AND DOMINATION OVER WOMEN. ONLY WHEN YOU HAVE OVERCOME YOUR MENTAL DEMONS WILL YOU BE READY FOR WHAT LIES BEYOND.[1]

Die Botschaft von „Sláine" ist also auch die einer mentalen emanzipationistischen[2] Umerziehung, die auch vom Muskelprotz die Unterordnung unter die große Mutter fordert, und – angesichts des höchst zwielichtigen Druiden *Cathbad* – in einer spontanen quasi-mystischen Hingabe. Natürlich ergibt sich so ein enger Zusammenhang zwischen diesen Sagenklitterungen und den neuheidnischen matriarchalen Keltenideologien. Nicht zufällig wird Sláine in den sogenannten „Rollenspielen" auch nachgespielt.[3]

---

1 Sláine.
2 Ich hatte hier ursprünglich „feministisch" gesagt. Da ich aber seitens des wissenschaftlichen Feminismus darauf hingewiesen wurde, daß dieser und ähnliche Kontexte das erhabene Vokabel des Feministischen nicht verdienen, es vielmehr herabwürdigen, so schreibe ich hier – wie in Zukunft – „emanzipatonistisch".
3 S. z.B. Ian Sturrock (2003).

H. Die Keltenrezeption bei Tolkien und die modernen Elfen

1. Das Weltendrama Tolkiens

John Ronald Reuel Tolkien (1892–1973) hat den Ruhm, den wohl bisher bedeutendsten „Kunstmythos" als spontane und individuelle Hervorbringung eines Einzigen geschaffen zu haben.[1] Wie oben geschehen, kann man natürlich auch von der *matière de Bretagne* als Ganzes von einem „Kunstmythos" sprechen. Doch unterscheidet sich dieser von dem Tolkiens dadurch, daß er ja in sich keineswegs stimmig und in seinem Variantenreichtum alles andere als einheitlich ist, Ergebnis jahrhundertelanger Sagenbildung und literarischer Veränderung und keineswegs das schöpferische Produkt eines einzigen Menschen. Genau das ist aber an Tolkiens Werk das Erstaunliche, ja Einzigartige!

Daß es zum Durchbruch kam, verdankt sich der „Jugendbewegung" der mittleren und späten Sechzigerjahre des 20. Jh.s. So unterschiedlich beide Kulturmanifestationen sein mögen, das Tolkien-Fieber fällt sehr genau mit der Astérix-Begeisterung zusammen. Galt die Sympathie der Astérix-Rezipienten den im Grunde pazifistischen Helden des kleinen gallischen Dorfes, so gilt sie hier wieder den Kleinen, nämlich den Hobbits, jenen „Halblingen", an denen letztlich die Errettung der Welt vor den dunklen Mächten Saurons, der kapitalistischen Ausbeuterwelt Sarumans und den militaristischen Horden der Orks, hängt. Mit diesen Bedrohungen muß es der im *Hobbit* karikierte Mittelstandsbürger mit Gärtchen aufnehmen, der angesichts der Übermacht so jämmerlich scheint, aber durch Zähigkeit und das Eingreifen freundlicher Mächte wie der Elfen und des Zauberers *Gandalf* dann doch zuletzt die Welt erlöst. An einer Gestalt wie *Gollum* konnte man lernen, wohin blinde Besitzgier einen Hobbit führen kann. Den negativen Bereichen von *Mordor* und *Isengard* (welch letzteres wie ein Zerrbild der Industriestädte Birmingham oder

---

[1] Zu Tolkien vgl. Krause (2007), 238–240.

Manchester wirken mußte) stehen die heile Welt des „Auenlandes" der Hobbits, die unschuldige Naturwelt des *Tom Bombadil*, die Ewigkeitswelt der Baumhirten, die treuherzige angelsächsische Reckenwelt des *Beorn* und der Pferdeherren von *Rohan* und – nicht zuletzt – die ästhetisch-intellektuelle Welt der Elfen gegenüber.

Das erzählerische Werk Ronald Tolkiens besteht aus „The Hobbit: or There and Back Again" (1937), dem dreiteiligen „The Lord of the Rings"[1] (1954f.) als Herzstück und dem „nachgereichten" mythischen Grundlagenwerk „Silmarillion" (1977) sowie die als Hobbit-Versdichtung aus dem *Red Book of Westmarch* ausgegebenen „Adventures of Tom Bombadil" (1961). Systemhaft wird das alles durch eine Fülle von Nachträgen, Anhängen und Lexika aus dem Nachlaß ergänzt.[2] Dazu gehören von Tolkien hergestellte Graphiken und Gemälde, Gedichte in Englisch und Elfensprachen, die von Donald Ibrahim Swann (1926–1994) in „The Road Goes Ever On" vertont wurden, ferner die von Christopher Tolkien herausgegebene 12-bändige „History of Middle Earth", „Unfinished Tales of Númenor and Middle-earth", das 2-bändige „The Book of Lost Tales", die Schriftenreihen „Vinyar Tengwar" und „Parma Eldalamberon" sowie die von Vater und Sohn gezeichnete „Map of Middle-earth". Die großen Erzählungen sind in alle größeren Sprachen übersetzt. Auch die Verfilmungen (1977 von Ralph Bakshi; 1980 von Jules Bass und Arthur Rankin Jr. in Zusammenarbeit mit Tokyo Movie Shinsha; 2001–2003 von Peter Jackson), zeigen, zu welch bedeutendem Wirtschaftsfaktor das Werk des Oxforder Altgermanisten geworden ist.

Im ersten Teil der Trilogie „The Lord of the Rings" mit dem Titel „The Fellowship of the Ring" nützt Tolkien die Mystifikation in Form des angeblich vom bedeutendsten aller Hobbits, nämlich *Bilbo Baggins*, geschriebenen *Red Book of Westmarch*, um die Geschichte des Ringes einzuführen. Er wurde von *Sauron*,

---

1 Birkhan (1999b), Abb. 788. Der Poster zum „Lord of the Rings" zeigt in einer Art Simultandarstellung die wichtigsten Personen und ihre Welten.
2 Vgl. Foster (2003); Tolkien (2004); Tolkien (2005). Einen Einstieg in die TolkienForschung bietet: A select list of books and pamphlets about Tolkien, compiled by Lester Simons. Update information by Charles E. Noad, March 2000 im Internet unter: http://www.tolkien.org/tolkien/bibl3.html (10. Juni 2005). Vgl. auch die Publikationen der Tolkien Society: http://www.tolkiensociety.org/tolkien/bibl.html (30. 5. 2005).

dem dunklen Herrn von *Mordor* und Inbegriff alles Bösen, geschmiedet und gelangte durch das vom Ring verdorbene Wesen *Gollum* in Bilbos Besitz, der seinem Erben *Frodo* den Ring vermacht. Als der Zauberer *Gandalf* entdeckt, daß gerade dieser der mächtigste der Ringe ist und durch ihn Sauron auf die Träger Macht ausübt, wird beschlossen, den Ring zu vernichten, was nur dadurch geschehen kann, daß er in den Feuerberg von Mordor geworfen wird, aus dem ihn einst Sauron schmiedete. Bereits von den Schwarzen Reitern Saurons verfolgt, bildet sich unter der Leitung Gandalfs eine Bruderschaft zur Zerstörung des Ringes, der *Aragorn* und *Boromir* als Menschen, *Legolas* als Elfe, *Gimli* als Zwerg und die Hobbits *Frodo*, *Gamschi Samwise*, *Meriadoc* und *Peregrin* angehören. Während der langwierigen und gefahrvollen Reise nach Mordor erwacht in Boromir die Gier nach dem Ring, die ihm den Tod bringt und den Freundeskreis aufspaltet.

Der zweite Teil „The Two Towers" – der eine Turm ist der Saurons in Mordor, der andere der des weisen, aber auf die Seite der Bösen übergetretenen *Saruman* von *Isengard* – führt die Aufgabe unter immer größeren Gefahren und Schwierigkeiten weiter, wobei nun auch der ringlüsterne Gollum als ambivalente Figur zunehmend Bedeutung erlangt. Immerhin wird Sarumans Isengard unter anderen auch von monströsen Baumhirten, den *ents*, zerstört.

Im dritten Teil „The Return of the King" kommt es dann zum entscheidenden Kampf zwischen dem Ringträger Frodo und seinem Diener Sam auf der einen Seite und dem Herrn von Mordor, der immer nur als senkrecht stehendes Auge sichtbar wird, auf der anderen. Aragorn wird zum König des angelsächsischen Reiches *Gondor*, das er mit seiner Elfengemahlin regiert, während Frodo und Sam tatsächlich den Ring zum Feuerberg bringen, wo ihn Gollum dem Frodo noch entreißen will, doch dabei selbst mit dem Ring in die Glut stürzt. Das Reich des Bösen, Mordor samt den vielen es bevölkernden Ungeheuern wie etwa den *Orcs*, geht unter, die Hobbits kehren in ihre idyllische *Shire* zurück, nur Frodo tritt zusammen mit Bilbo und Gandalf die Fahrt in ein fernes grünes Land jenseits des Meeres an. Eine genauere Zusammenfassung des Inhalts ist bei einem „Kultbuch" wie dem Herren der Ringe wohl nicht nötig.

Die Tolkienforschung ist kaum überschaubar: die „Elfensprachen" *Quenya* und *Sindarin* sind durch Grammatiken und Wörterbücher sogar für den Selbstunterricht erschlossen.[1] Die Helden – Frauen und Erotik sind

---
1 Pesch (2006a); Pesch (2006b).

von geringer oder gar keiner Bedeutung – werden vielfach in „Rollenspielen" nachgespielt, und Kinder werden nach Tolkien-Gestalten, wie etwa der Elfe *Elbereth*, der Schöpferin der Sterne, benannt. Eine mehr oder minder genaue Kenntnis von „The Lord of the Rings" gehört heute unbestreitbar zum Allgemeinbildungsgut.[1]

Die Anregungen, die Tolkien aufgriff, stammen nicht nur aus dem Keltischen, sondern überwiegend aus der germanischen Philologie. So aus der angelsächsischen Heldenepik, für die Tolkien ja als akademischer Lehrer zuständig war, aus der *Völsungasaga*, aus den Edden[2] und doch wohl auch aus Wagners „Ring des Nibelungen", wenn der Autor auch diesen Zusammenhang bestritt und als einzige Gemeinsamkeit zwischen den Ringen Alberichs und Saurons deren Rundheit gelten lassen wollte. Wirklich gemeinsam ist indessen beiden, daß die Ringe einen Fluch auf sich tragen, daß es dem Ringbesitzer schwer ist, sich von dem Kleinod zu trennen, daß die Errettung der Welt auch an der Neuschmiedung eines zerbrochenen Schwertes hängt und natürlich an der Rückkehr des Ringes zu den Naturelementen (in den Rhein bzw. den Feuerberg *Orodruin*). Damit sind freilich die Parallelen erschöpft. Der bei Wagner menschengleich schwache und scheiternde Wotan hat wenig Ähnlichkeit mit Tolkiens Wodanshypostase *Gandalf* ('Zauber[stab]-Albe') – der Name ist übrigens tatsächlich als einer der vielen Decknamen Odins belegt, die Figur selber scheint aber viel eher durch die Merlins angeregt.

Am stärksten dem Keltischen verpflichtet ist Tolkiens Elfenbild. Dem Schöpfungsbericht *Ainulindale* 'The Music of Ainur',[3] der die Geschichte der Weltschöpfung durch *Ea* ('Es sei!') berichtet, einer Emanationsform des *Eru* ('Der Eine'), den seine Geschöpfe hier in *Arda* ('Reich' = Erde) den *Ilúvatar* ('Allvater') nannten, ist zu entnehmen, daß die Elfen als die edelsten und ältesten sprechenden Wesen in Mittelerde erschaffen wurden.

---

1   Der Text Tolkiens kann sich in Literatur und Performance „fortpflanzen": Am 2. 4. 2005 wurde vor der Universität Wien aus Protest gegen den neuen Organisationsplan von Studenten ein Theaterstück aufgeführt, in dem der ungeliebte Rektor Georg Winckler als dunkler Herrscher Sauron mit dem „Ring der Macht" dargestellt wurde. Vorbild war vielleicht ein schon im Internet kursierender Witz (17. September 2003), der George W. Bush mit dem Ring Saurons zeigte.
2   Zur germanischen Thematik bei Tolkien s. jetzt das interessante Büchlein Simek (2005).
3   Tolkien-Tolkien (1977), 15–24.

Sie wurden von *Yavanna* ('Früchte-Spenderin') reich mit allen guten Gaben ausgestattet. *Melkor* ('Er, der in Macht ersteht'), ein sehr mächtiges frühes Schöpfungsergebnis Ilúvatars, konnte jedoch viele Elfen versklaven und aus ihnen *Orcs* (eine Art von Kriegerdämonen) züchten. Ein anderes Urwesen *Aule* ('Former') schuf neben den Gefäßen für Sonne und Mond und anderen Kostbarkeiten auch die Zwerge, die er dem Willen Ilúvatars unterwarf. Die Elfen spalteten sich in drei Gruppen, von denen hier nur die wichtigsten Namen genannt seien:[1] die *Eldar* ('Die von den Sternen'), die in den paradiesischen Kontinent *Aman* ('Frei von Unheil', 'Reich des Segens') im Westen auswanderten und sich dort im „Land der Unsterblichen" weiter veredelten, die *Sindar* ('Grauelfen'), die nur einen Teil des Weges mitmachten, und die *Avari* ('Verweigerer'), die in Mittelerde verbleibend die „Waldelfen" bildeten. Grau- und Waldelfen wurden von *Eldar* beherrscht. Eine bewährte Elfenkönigin wie *Galadriel* ('Lichtbekränzte Maid'), der Waldelf *Legolas*, der Zauberer *Gandalf* ('Stab-Albe') und auch die Hobbits Bilbo und Frodo segelten am Ende ihres Lebens nach *Aman*, etwa so wie *Arthur* zuletzt nach *Avalon* entrückt wurde.

Insgesamt kann man vereinfachend sagen, daß die Elfen am Ende des Dritten Zeitalters den Menschen weichen mußten und zurückgezogen als „heimliches Volk" bis heute weiterleben. Hier sehen wir die Tolkienschen Elfen in die traditionelle Elfenvorstellung der Inselkelten einmünden. Auch die sonst mit Elfen verbundenen Eigenschaften wie Schönheit und Gewandtheit, scharfes Gehör und Gesicht, Liebe zu schönen Dingen und wunderbaren Besitztümern, besonders auch zur Musik schreibt Tolkien seinen Elfen zu. Tatsächlich gibt es ja in der Volksmusik eine eigene Gattung, die man „Fairy Songs" nennt.[2] Sie werden immer einer Elfe in den Mund gelegt und beinhalten oft Prophezeiungen, die Klage einer Elfe um ihren heimtückisch ermordeten irdischen Geliebten, oder sind Wiegenlieder.[3] Besonders bedeutsam jedoch ist das Sprachvermögen der Elfen, nach dem sie sich selbst die *Quendi* ('Sprecher') nannten.

Gemäß der Dreiteilung des Elfengeschlechts gab es auch mehrere

---

1 Tolkien–Tolkien (1977), 373.
2 Ross (1957), 134–137.
3 Ross (1957), 97, 134–137, 142

Sprachen: das *Eldarin* als Sprache der *Eldar*, daneben das „Hochelbische" als archaisches *Quenya* der *Quendi*, das grauelbische *Sindarin* und das wald- oder schwarzelbische *Avarin*. Nur das Hoch- und Grauelbische sind den Tolkien-Lesern gut bekannt. Das Quenya hat eine Art archaischer Einfachheit bei gleichzeitig höchstem Wohlklang. Das immer noch wohlklingende Sindarin ist in seiner Struktur viel komplexer. Das Verhältnis der beiden Elfensprachen ist also nicht etwa mit dem des Indogermanischen zu einer Tochtersprache vergleichbar. Die relative Schwierigkeit des Sindarin, das übrigens als eine Art *lingua franca* auch von den anderen Gruppen verstanden und gebraucht wird, beruht auf einer weitgehenden Ähnlichkeit seiner Struktur mit dem Kymrischen. Tolkiens Schlüsselerlebnis war nach einer späteren Äußerung das Erlernen des Mittelkymrischen, dessen Wortklang ihn beim Erfinden des Sindarin inspirierte und das er als seine eigentliche „innere Sprache" bezeichnete,[1] wenngleich er sich von den keltischen Sagen distanzierte. So sagte Tolkien in einen Brief (Nr. 19) an seinen Verleger unter Bezugnahme auf das Gutachten eines Lektors, dem die „keltischen" Namen im „Silmarillion" mißfielen:

> „Sie [die Namen] sind in sich stimmig und aus zwei miteinander verwandten Sprachstämmen gebildet, so daß sie einen Realitätsgrad erreichen, wie ihn andere Namenerfinder (z.B. Swift oder Dunsany[2]) nicht ganz erreicht haben. Überflüssig zu sagen, daß sie nicht keltisch sind! Ebensowenig wie die Geschichten. Ich kenne keltische Sachen (viele davon im irischen oder

---

[1] Chapman (1992), 243ff.
[2] Gemeint ist Edward John Moreton Drax Plunkett, 18th Baron of Dunsany (1878–1957), ein Ire, der etwa in der Zeit der Irish Renaissance und Yeats' als fruchtbarer Autor u. a. phantastischer Romane hervortrat und dadurch zu einem der Begründer der Fantasy-Literatur wurde. Soweit ich sein Werk übersehe, war er nur in gewissem Sinn ein Vorläufer Tolkiens, da seinem extrem fruchtbaren und vielseitigen Schaffen der Wille zum Systemhaften, der Tolkien auszeichnet, fehlte. Dunsanys erstes Hauptwerk, mit dem er seinen Ruhm als Fantasy-Autor begründete, ist das Bändchen „The Gods of Pegana" (1905). Es entwirft eine Art Basismythos mit einer Vielzahl von Göttergestalten, die ihren Namen und ihrer Zeichnung nach nichts mit keltischen Vorstellungen zu tun haben. Die Welt von *Pegana* wird durch den Kulturheros *Mana-Yood-Sushai* begründet, indem er den Trommelgott *Skarl* erschuf, der durch sein Trommeln die Welt und die kleineren Götter „erzeugte". Diese tragen Namen wie *Kib* (Schöpfer von Mensch und Tier), *Mung* (Herr des Todes), *Sish* (Gott der Zeit), *Dorozhand* ("'Whose Eyes Regard the End', The god of Destiny"), *Limpang-Tung* ("the God of Mirth and of Melodious Minstrels") usw. Namen und Funktion der Götter weisen eher in den fernen Osten, sind jedenfalls nicht mit keltischen Vorstellungen verbunden. Das gilt auch für die vielen weiteren Publikationen Dunsanys, wenn sie auch punktuell Lovecraft oder Tolkien anregten.

kymrischen Originaltext) und hege eine gewisse Abneigung gegen sie, in der Hauptsache, weil sie so von Grund auf unvernünftig sind. Leuchtende Farben haben sie zwar, aber nur so wie ein zerbrochenes Kirchenglasfenster, das man planlos wieder zusammengestückelt hätte. Sie sind tatsächlich, wie Ihr Lektor sagt, „verrückt" – aber ich glaube nicht, daß ich's auch bin."[1]

Angesichts der Bedeutung des Mittelkymrischen für Tolkien darf man sich bei Betrachtung des *Sindarin* nicht wundern, wenn man die durch „liaison" bedingten Sandhi-Regeln der inselkeltischen Mutationen wiederfindet. Wer ihr Erscheinen im Irischen, Kymrischen und Bretonischen vergleicht, kennt die Vielgestaltigkeit der Erscheinungsform ein und desselben lautphysiologischen Prinzips.

> So ergibt die Lenition („Soft Mutation") die gleichen Ergebnisse wie im Kymrischen, nämlich p > b, t > d, c [k] > g, b >v, d > dh [ð], g > 0 (totaler Schwund) und m > v. In *Sindarin* z.B. nach dem bestimmten Artikel *i*: *pân* 'Brett' → *i bân* 'das Brett', *tawar* 'Wald' → *i dawar*, *calad* 'Licht' → *i galad*, *benn* 'Mann' → *i venn*, *dôl* 'Kopf' → *i dhôl*, *galadh* 'Baum' → *i aladh*, *mellon* 'Freund' → *i vellon*. Im Gegensatz zum Kymrischen werden aber auch s- > h- und h- > ch-. Darüber hinaus gibt es noch Nasalmutation mit teilweise anderem Ergebnis als im Kymrischen, eine „gemischte Mutation", eine „Plosivmutation" (die man sonst „Aspiration" nennt) und eine von -r und -l ausgelöste „Liquidmutation". Wie öfters im Kymrischen wird der Plural des Substantivs durch Umlaut gebildet, gibt es keine Kasusendungen mehr (im Gegensatz zu *Quenya*), wird das Personalpronomen an Präpositionen suffigiert. Im Gegensatz zum Kymrischen gibt es jedoch kein grammatisches Geschlecht.
>
> Auch die Verbalflexion des *Sindarin* ist wesentlich einfacher im Hinblick auf Zeiten und Aktionsarten. Wie heute noch in den inselkeltischen Sprachen wird der Infinitiv durch ein Verbalnomen ("Gerundium") ersetzt. Wie im Griechischen und Slawischen gibt es jedoch ein aktives Perfektpartizip. Im Gegensatz zu den inselkeltischen Sprachen ist die Satzstellung im Aussagesatz allerdings die uns geläufige: „Subjekt – Prädikat – Objekt ...".

Der zum Katholizismus konvertierte fromme Tolkien hat die von ihm konstruierten Elfensprachen so ernst genommen, daß er sogar das Va-

---

[1] Tolkien-Carpenter (2002), 38. Ich verdanke die Kenntnis dieser Briefstelle und das Zitat Frau Mag. Judith Oliva.

terunser (in Sindarin: *Ae Adar Nín*), das Avemaria (in Quenya: *Aia Maria*), das *Gloria in excelsis Deo* (in Quenia: *Alcar mi Tarmenel na Erui*) und andere wichtige Gebete in sie übersetzte und als „Words of Joy" herausbrachte.[1]

Im Gegensatz zu den Menschensprachen und den (germanisch-nordischen) Zwergennamen im Herrn der Ringe ist das Wortmaterial der Elfensprachen, der „Schwarzen Sprache" Saurons, der Orkdialekte, des Entischen von Baumhirten wie *Fangorn* und des Zwergischen (*Khuzdul*) allem Anschein nach nicht indogermanisch. Als solches könnte am ehesten funktionell das „Westronische" gelten, von dem aber nur wenig überliefert ist und das für die englische Trägersprache der „Übersetzungen" steht.

Vergleichen wir die Zahlwörter von 1 – 3 in Quenia und Sindarin mit den indogermanischen Rekonstrukten! Man kann daraus auch ersehen, wie nahe sich Tolkien das Verhältnis zwischen den beiden Elfensprachen dachte, und wie wenig diese mit dem Indogermanischen zu tun haben:

Quenya	Sindarin	Idg.[2]
1 *min, mine*	*mîn*	**oinos, *sem-*
2 *atta, tata*	*tâd*	**duwō/*dwō*
3 *nel, nelde*	*nêl*	**treyes*
usw.		

Wie das Beispiel *otso* '7' (und nicht '8'!) lehrt, hat Tolkien jede Ähnlichkeit mit dem Indogermanischen geradezu ängstlich vermieden. Dennoch gibt es (zufällige?) Wortanklänge wie Quenya *atar* 'Vater' (: air. *athir*), *arda* 'Bereich, Welt, Erde' (vgl. *Erde*), Sindarin *cai* 'Hecke' (: kymr. *cae* 'Feld' bezeichnete ursprünglich die Einzäunung), *can-* 'rufen' (: kymr. *canu* 'singen'), *carag* 'Felszacke' (: kymr. *carreg* 'Fels') usw. Namen wie *Arwen, Fangorn, Finglas* machen beim ersten Hinsehen einen keltischen Eindruck, sind aber nur keltischem Wortklang nachempfunden und nicht wirklich keltisch zu etymologisieren.

Daß die verschiedenen, die Welt bewohnenden mythischen Wesen verschiedene Sprachen sprechen, ist eine relativ weit verbreitete, bereits bei Homer belegte Vorstellung (Il. XX, 74), wenn er etwa vom Fluß *Ska-*

---

1 Dazu die bibliographischen Hinweise in: Pesch (2006a), 506f.
2 Nach Szemerényi (1970), 205f. Ich gebe einfachheitshalber nur die maskulinen Formen an.

mandros erwähnt, daß dieser bei den Göttern *Xanthos* geheißen habe.[1] Natürlich waren Tolkien auch die altnordischen *Alvíssmál*, ein jüngeres Lied der „Älteren Edda", geläufig, in dem der Gott *Þórr* einen Zwerg *Alvís* ('Allweise') etwa befragt, wie die Erde bei den Bewohnern der verschiedenen Welten heiße, worauf dieser sagt:

> *Erde* bei den Menschen,
> bei den Asen *Flur*,
> Bei den Wanen *Wegbreite*,
> *Allgrün* bei den Riesen,
> bei den Alben *Sprießende*,
> bei den Luftherrschern *Land*.[2]

Wie man sieht, beschränken sich die mythischen Sondersprachen durchaus auf Metaphern – ganz im Gegensatz zu den Sprachen der verschiedenen Wesen bei Tolkien. Dort heißen die Hobbits in ihrer eigenen Sprache *kuduk*, was aus der „alt-rohirrischen" Bezeichnung *kûd-dûkan* 'Höhlenbauer' stammen soll, aber später von rohirrisch *holbytlan* (eine wohl germanische Wortbildung) gleicher Bedeutung abgelöst wurde. In der Elfensprache Sindarin sagte man *periain* oder *periannath* und im ältesten Westron *banakil*. Die letztgenannten Namen bedeuten 'halflings', ein Wort, das die Hobbits gelegentlich selbst für sich gebrauchen, wenn sie englisch reden.

Woher bezog Tolkien sein Elfenbild?

Wenn auch Arthurs Gattin *Gwenhwyvar* (s. oben S. 108, Anm. 3) elfischer Herkunft gewesen zu sein scheint, so hat sich doch aus Wales verhältnismäßig wenig an altem Sagenmaterial über diese Wesen erhalten. Man wird daher den Elfencharakter am ehesten in der altirischen Tradition in Götter(= Elfen)-Gestalten wie *Midir, Oengus mac ind Óc, Bodb Derg* und Elfenfrauen wie *Lí Ban, Fann* in *Serglige ConCulainn* („Das Krankenlager CúChulainns'), *Béfinn* in *Táin bó Fraich* ('Der Raub von Fraechs Rindern') und vielen anderen wiederfinden.[3]

---

1 Vgl. Güntert (1921); Watkins (1970), 1–17.
2 Edda, 92.
3 Dazu zur allgemeinen Orientierung über die Elfentradition auf den Britischen Inseln das reiche

Als Beispiel fasse ich die Schilderung der *Étáin* in *Tochmarc Étáine* ('Werbung um Étáin') zusammen:[1]

Eochaid Airem, der eine Frau suchte, sah ein Mädchen am Rand einer Quelle, die einen goldgeschmückten Silberkamm in der Hand hielt. Vor ihr stand ein silbernes Waschbecken, auf dem vier Vögel in Gold ziseliert und in dessen Rand Karfunkelsteine eingesetzt waren. Sie hatte einen faltenreichen Purpurmantel umgeworfen, darunter einen mit Silberbordüren und einer Goldspange über ihren Brüsten. Sie trug eine weiche, glänzende Tunika mit Kapuze aus grünlicher Seide und roter Goldstickerei und wunderbare silberne und goldene Fibeln an ihrem Busen, so daß man im Sonnenlicht die Röte des Goldes vom Grün der Seide deutlich hervorstechen sah. Sie hatte zwei goldfarbene Haarzöpfe um ihr Haupt gelegt, in die ein viersträngiges Band eingeflochten war, das in einer Goldkugel endete. Und die Jungfrau löste ihr Haar, um es zu waschen, wobei zwei Arme aus der Tunika hervortraten, die weißer als Schnee waren, während ihre Wangen röter als der Fingerhut auf dem Berg leuchteten. Jedes ihrer Augen war blau wie die Hyazinthe, ihre Lippen verlockend rot, zart und weiß ihre Schultern. Ebenso zart, weich und weiß ihre Handgelenke, weiß auch ihre langen Finger, deren Nägel schön und rosa waren. Weich, weiß und zart waren ihre Schenkel, rund, klein, fest und weiß ihre Knie. Die Knöchel waren gerade, die Füße schmal und schaumweiß. Ihre Augen waren sehr schön, die Brauen blauschwarz wie der Panzer eines Käfers. Sie war das schönste und lieblichste Mädchen, das je ein Männerauge gesehen hatte, und der König war sich sicher, daß sie aus einem Elfenhügel stammte.

Auch in „The Land of Heart's Desire" von Yeats wird der „Princess Edain" im „Land of Faery" zu *Beltaine* gedacht. Der (Reigen-)Tanz ist in den volkstümlichen Vorstellungen eine der Hauptbeschäftigungen der Elfen:

> And she is still there, busied with a dance
> Deep in the dewy shadow of a wood,
> Or where stars walk upon a mountain top.[2]

Material in Briggs (1971), 175–411; zur altirischen Sagenwelt: IHK; Cross (1952) unter F 200.
1 IHK, 597–615; Cross – Slover (1936), 82–92; Dillon (1959); Jackson (1971), 181f.
2 Yeats, Plays, 67.

In *Midir* lernt Eochaid auch einen männlichen Elfen kennen:

> Er sah plötzlich einen jungen fremden Krieger auf der Anhöhe an seiner Seite stehen. Die Tunika des Kriegers war purpurn, sein Haar goldgelb und so lang, daß es bis auf seine Schultern reichte. Die Augen waren grau und blitzten. In der einen Hand hielt er einen Speer mit fünf Spitzen, in der anderen einen Schild mit weißem Buckel in der Mitte und Goldverzierung herum ...[1]

Es scheint mir gewiß, daß Tolkien seinen Fairies im Großen und Ganzen das Elfenbild der alten irischen Sagen zugrundegelegt und dies nach den Vorstellungen der Romantik ausgesponnen hat. Im Gegensatz zum rezenten Volksglauben auf den Britischen Inseln sind seine Fairies nämlich nicht kleiner als Menschen und schon gar nicht zwergenhaft gedacht.

Was die monströsen Baumhirten, die *Ents*, angeht, die sich immer mehr den gehüteten Bäumen anpassen, so ist klar, daß sie als Namen das ags. Wort *ent 'Riese' tragen. Ihr Angriff auf Sarumans germanisch benannte Feste *Isengard* (etwa 'Eisen-Stadt') läßt natürlich an den sich nahenden „Wald von Birnam" denken, und in der Tat betonte Tolkien in einem Brief an seinen Bewunderer W. H. Auden die Verwandtschaft der *Ents* mit *Great Birnam Wood* in Shakespeares *Macbeth* (V, IVf.), wo jedoch seiner Meinung nach das Thema der kriegerischen Bäume mißverstanden ist.[2] Wenn die Bezeichnung für die Baumhirten auch aus dem Angelsächsischen stammt, und man – zumal in knorrige – Baumstämme leicht menschliche Gestalten hineinsehen kann, wie etwa Vincent Van Gogh in die Kopfweiden des elterlichen Pfarrgartens, so ist die Vorstellung von kämpfenden Bäumen nicht so naheliegend, doch jedenfalls keltisch und angesichts der Verwendung von Baumnamen als Personennamen bei den Kelten auch nicht übermäßig erstaunlich. Es ist durchaus naheliegend, daß die Episode vom „kämpfenden Gehölz" auch durch den berühmt-berüchtigten Text *Kat Godeu* (s. unten S. 568) bedingt ist, zumal

---

[1] Ich entnehme die beiden Schilderungen den Ancient Irish Tales, edited by Cross-Slover (1936), 83, 87.
[2] Simek (2005), 90f.

ja zwischen den schon verholzten und wenig beweglichen Baumhirten und den eigentlichen Bäumen, die sie hüten, kaum unterschieden wird.

Geringe oder gar keine Spuren von Keltizität weisen dagegen die *Hobbits* auf. Zwar gab es in Wales und Schottland die Vorstellung von einem Zwergenvolk, das unterirdisch lebt, gelegentlich als *pygmaei* bezeichnet wird und als deminuierte Form der Ahnen gelten kann (s. unten), aber die auffällige Betonung des angelsächsischen Elementes der Bewohner von Auenland, der *Shire*, in ihren Namen, ihrer Sprache und ihrer etwas spießbürgerlich-behaglichen Wohn- und Gartenkultur erweist die *Hobbits* doch als ein liebenswürdig gezeichnetes Zerrbild der Engländer von heute.[1]

2. Die Rezeption der „niederen Mythologie" und die „Verelfung" der Welt

a. Der inselkeltische Elfenglaube

Für die neuzeitlichen Vorstellungen von der „niederen Mythologie", besonders der Elfen und Kobolde auch auf dem Kontinent, ist der inselkeltische Volksglaube weithin maßgebend,[2] indem diese die angestammten Heinzelleute, Wichtel, Schratte usw. verdrängten. Auch hier scheint wieder der Einfluß Irlands ungleich wichtiger als jener der anderen keltischen Länder. Der inselkeltische Elfenglaube hat meiner Meinung nach drei Wurzeln:

(1) Da man wußte, daß die *cairn* genannten Megalithanlagen Gräber sind, verband man die Grabhügel wie die übrige Unterwelt immer auch mit den Ahnen. Wir kennen durch Giraldus Cambrensis die Geschichte eines Priesters *Elidyr*, der eine Zeitlang mit einem kleinen, aber schönen Volk, das in sonnenloser trüber Landschaft unterirdisch nur von Getreidebrei

---

1 Simek (2005), 98–103.
2 Vgl. dazu auch Krause (2007), 208–213.

lebte und das er als „Pygmäen" bezeichnete, verkehrte.[1] Wie später Alice (1865) durch den Kaninchenbau in Lewis Carrolls „Wonderland" gerät, so der kleine *Elidyr* durch einen Erdtunnel an einem Flußufer in diese Andere Welt, in der Gold keinen besonderen Wert hatte und die Bewohner nichts mehr als die Lüge verabscheuten. Er erinnerte sich später an zwei Sätzchen in ihrer Sprache, die die Wörter *ydor* 'Wasser' und *halgen* 'Salz' enthielten, Giraldus erkannte die Ähnlichkeit mit dem Griechischen und konnte dies leicht mit Hilfe der Theorie von der Trojanerabstammung der Briten (s. oben S. 142) erklären: Es waren eben die kleingewordenen, das heißt als Eidola fortexistierenden Vorfahren, die ihren griechischen Dialekt behalten hatten. Die Schönheit dieser Wesen zeigt sich heute noch in der kymrischen Elfenbezeichnung, wenn man sie *ellyllon*' die Anderen' auch *tylwyth teg* 'Schöne Vorfahren' nennt.

Bestätigung liefert der Nordwesten: 1549 findet sich in Monros Beschreibung der westlichen Inseln Schottlands die bemerkenswerte Nachricht von der „Pygmäen"-Insel vor der Nordküste von Lewis in den Äußeren Hebriden. Hier – auf *Luchruban* – hatte man angeblich im 16. Jh. die Knochen einer zwergenartigen Vorbevölkerung ausgegraben, und der Name des Inselchens stellt den Zusammenhang mit dem irischen Elfennamen *Lechorpán, Luchorpán, Leprechán* usw. außer Zweifel.[2] Auch Gerald B. Gardner, einer der Begründer des modernen Hexenwesens behauptete, an die Existenz von „pigmy races" auf den Britischen Inseln zu glauben.[3]

---

[1] Itinerarium Cambriae I, 8, in: Gerald of Wales (1978), 133–136; Birkhan (2002b).

[2] „At the north pont of Leozus thair is ane little Ile callit the *Pygmeis Ile*, with ane little kirk in it of thair awn handie wark. Within this kirk the ancients of the cuntrie of Leozus say is that the saids Pygmeis hes bene earthit thair. Many men of divers cuntries hes delvit up deiply the fluir of said kirk, and I myself amangis the lave, and hes fundin in it deip under the earth certaine banes and round heids of verie little quantitie, alledgit to be the banes of the saids Pygmeis, quhilk may be licklie according to sindrie storeis that we reid of the Pygmeis. But I leave this far of it to the ancients of the Leozus..."; Munro (1961), 82f., 133f. In einer anderen Beschreibung aus der Zeit zwischen 1577 und 1595 heißt es: „In this Ile thair is ane little Cove biggit in form of ane kirk, and is callit the Pygmies Kirk. It is sa little, that ane man may scairslie stand uprichtlie in it eftir he is gane in on his kneis. Thair is sum of the Pygmies banes thairinto as yit, of the quhilkis the thrie banes being measurit is not fullie twa inches lang"; Skene (1880), 429. Es handelt sich in Wirklichkeit um die Knochen kleiner Säugetiere und von Vögeln auf der Insel, etwa 1 km südwestl. des Butt of Lewis. Die *kirk* ist eine frühmittelalterliche Mönchszelle.

[3] Gardner (2004), 56–61. Murray (1921), 238; s. auch oben S. 152f. Dazu: Macfarlane (1970), 10f.

Natürlich kannte auch die irische Tradition mehrere Arten zwergenhafter Wesen, insbesondere die *Tuath Lochra* mit dem an *Luchruban* anklingenden Namen, deren König vom Ulsterfürsten *Fergus mac Léte* gefangengenommen wird, wodurch es zu einem Kriegszug des kleinen Volkes gegen die Ulter kommt.[1] Man darf vermuten, daß diese Geschichte der Vorstellung von *Lilliput* des Dubliner Dekans Jonathan Swift (1667-1745) in seinem satirischen Werk „Gullivers Reisen",[2] einem der meistgelesenen Romane der Weltliteratur, zugrundeliegt. Der vierteilige Roman Swifts gehört formal der altirischen Gattung der *immrama* (s. oben S. 81) an.

In ähnlicher Weise denkt man sich ja auch die Pikten in Gestalt kleiner Gnome weiterlebend (s. oben S. 450). Der Schotte sagt heute noch für eine ungewöhnlich kleine Person *a wee picht o' a body*. So wie Elidyrs Pygmäen ihren Getreidebrei, so brauen die sagenhaften Piktenzwerge aus Heidekraut ihr mysteriöses *heather ale*, das mit einiger Phantasie 1993 in Glasgow unter dem Namen *Leann Fraoch* nachgebraut und in den Handel gebracht wurde.[3] Verwandt und nicht ganz sauber zu trennen ist ja auch die Vorstellung von Arthur, der über das Pygmäenreich der Antipoden herrscht (s. oben S. 152f.). Danach lebt der Ahne unterirdisch oder auf einer Insel entrückt gewissermaßen als Seelen-Eidolon und Gespenst en miniature weiter.

(2) Fairies sind ehemalige Lokalgeister, -gottheiten und -dämonen. Sie erscheinen dann als Wesen, die an einen bestimmten Ort, einen auffälligen Stein, eine Quelle, ein Gewässer (wie Boyne, Shannon oder Severn) oder – meist – einen Baum gebunden sind. Jeanne d'Arc wurde der Vowurf gemacht, sie hätte ihre Mission bei einer heiligen Buche nahe Domremy von den Feeen übertragen bekommen. Der Baum wird *Arbor Dominarum* oder *Arbor Fatalium gallice des Faées*, „von dem der Mai kommt" (*unde venit mayum*), genannt. Dort seien oft Feeen (Elfen) gesichtet worden.[4] Es ist

---

1 So in der Erzählung *Imthechta Tuaithe Luchra ocus aided Fergusa* 'Die Wanderung der Tuath Luchra und der Tod des Fergus'; IHKS 541–546.
2 Swift, Travels
3 Ritchie (1994), 26.
4 Murray (1921), 238–240; zu dem Motivkomplex vgl. Gallais (1992). Zu Baumgottheiten in anthropomorpher Erscheinung allgemein vgl. Frazer (2000), 85f.

leicht, von den keltischen Muttergottheiten, die mit Bäumen verbunden sind, eine religionsgeschichtliche Linie zu dieser Tradition zu ziehen. In Wales heißen die Elfen auch *Bendith y Mamau* 'Segen der Mütter'.

(3) Fairies sind ehemals bedeutende überregionale Gottheiten (in Irland *Tuatha Dé Danann*), die ja nach der Landnahmesage von den christlichen Iren – euhemerisiert – nur als Zauberer (Druiden) angesehen wurden, somit für viele sterblich waren[1] und so mit den Vorfahren auf eine Stufe gestellt werden konnten. Diesen zu Elfen herabgesunkenen Göttern wies der „Ur-Dichter" *Amorgen Glúnmár* oder der Göttervater *Dagda* selbst das unterirdische Irland als Wohnbereich zu, in dessen Megalithgräbern sie nun hausen.[2]

Das berühmteste Beispiel ist bekanntlich der Newgrange Tumulus,[3] air. *Bruig na Bóinne* (eigentlich 'Palast der Weißen Kuh'), im Tal der Boyne, der ursprünglich als Wohnung des Vatergottes *Dagda* selbst, später als der des „Liebesgottes" *Oengus mac ind Óc* 'Oengus, der junge Sohn" galt. Der nach dem Dagda regierende Götterkönig *Bodb Derg* hauste in *Sídh ar Femen* (Slievenanam in Tipperary), sein Sohn *Donn* in *Sídh Breagh* (Co. Meath). *Midir* hat seinen Wohnsitz in *Brí Léith* auf *Slieve Golry* (*Sliabh Calraighe*) oder Ardagh Hill (westlich von Ardagh, Co. Longford).[4] Die berühmte *Medb* (angloir. *Mab*), eine der bedeutendsten der *mná sídhe* 'Elfenfrauen', ruht oder haust in dem gewaltigen *cairn* von Knocknarea,[5] der im Landschaftsbild die Bucht von Sligo beherrscht. Für den Iren gehörten die *cairn*s offenbar so sehr zur Natur des Landes, daß er sich in dem Gedicht über die „Sechs Weltzeitalter" (*Sex Aetates Mundi*) aus dem späten 11. Jh. vielleicht sogar *Adam* und seine Nachkommen in einer Elfenhügellandschaft vorstellte:

---

1 Carey (1999b), 1–38.
2 Wilde (1888), 93–96; MacCulloch (1918), 49–53; Lautenbach (1991), 104f.; Koch-Carey (2000), 145.
3 Ó Ríordáin (1979), 56–80, Abb. 56–62; O'Brien-Harbison (1996), 15–19; Birkhan (1999b), Abb. 540-543. Die Beschreibung bei O'Kelly (1971).
4 Kennedy-Smyth (1993), 10; Dames (1992), 239f.; Birkhan (1999b), Abb. 539.
5 Kennedy-Smyth (1993), 16; O'Brien – Harbison (1996), 11–13; vgl. Schäfer (2000), 284–288.

„There was one language up till then for the proud family of Adam; in every place where there was possession of peaceful plains studded with elf-mounds (?) – a language whose splendid name was *Gairthigern*" (Str. 78).¹

Das air. Wort *síd* (< idg. **sēd-*)² bezeichnet den Elfenhügel als Wohn-*Sitz* eines *fer síde* (nir. *sídhe*) 'Mann des Hügels' → 'Elf' (angloir. *shee*, z. B. in *ban-shee* 'weibliches unheilverkündendes Gespenst'³) oder der Elfen (air. *áes síde* 'Volk des Grabhügels', schott.-gäl. *sìodhach, sìochach*) als Wesen der „niederen Mythologie". Danach benannten die Iren und Schotten die in den Grabhügeln, die in Schottland *knaps* oder *sians* hießen, wohnenden Wesen,⁴ ob von menschlicher Größe wie die alten Götter oder die kleinen Eidola der Ahnen. In Frankreich heißen die Dolmen *grottes des fées*.⁵ Ein Gemälde des Praeraffaeliten Edward Burn-Jones zeigt sehr hübsch, wie man sich den Aufenthalt der Fairies in der inneren Steinlandschaft der Hügel als „cave fairies" dachte.⁶

Bemerkenswerterweise kannte man auch bei Wörth in der Pfalz „Erdmännlein", die dort die bronzezeitlichen Grabhügel bewohnten und 1858 in ihrer seltsamen Vorzeittracht beschrieben wurden.⁷ In welchem Verhältnis dieser Glaube zum inselkeltischen steht, wage ich nicht endgültig

---

1   *Oénbérla ro-baí co sain*
    i[c] clainn uaibrechtaig Ádaim
    cech airm i mbaí sídmag selb,
    diarb' ainm gríbglan Gairthigern.
Hier bedeutet *sídmag* wörtlich etwa 'fairy plain'. *Gáirthigern* ist wohl 'Ruf (= Benennung; Wort) des Herren' als *lingua adamica*; Sex Aetates Mundi, 107, 137, 180.
2 Ó Cathasaigh (1977/8).
3 1825 wurde die komische Oper „La dame blanche" von François-Adrien Boieldieu uraufgeführt, in der im schottischen Schloß derer von Avenel angeblich eine *ban-shee* ihr Unwesen treibt. Sie entpuppt sich später als Anna, das Mündel des bösen Schloßverwalters, die einen wackeren Offizier heiratet, der sich als totgeglaubter Sohn des Schloßherren erweist.
Der Idee des Gespenstes gerechter werden das musikalische Stimmungsbild von Henry Cowell (s. S. 690) und das Gemälde von John Anster Fitzgerald „The Old Hall by Moonlight: Spectes and Shades, Brownies and Banshees" in: http://www.victorianweb.org/painting/fitzgerald/wc/2.html (26. 5. 2008), in dem auch andere Rassen der Fairies dargestellt sind. Als „fiktionale Wissenschaft" vgl. Starhawk (1992), 16 passim, wo der „Feeentradition" der Beweiswert von Quellen zuerkannt wird.
4 MacGregor (1901), 19, 22, 28; Edel (2004), 141–143.
5 Ferguson (1871), 340–343.
6 http://www.excitingposters.com/1366375.htm (28. 5. 2008); das Wort „cave fairies" bei Wilde (1888), 93.
7 Magin (2000), 254f.

zu beurteilen. Ich denke hier eher an Spontanparallelen als an die Entlehnung insularer Vorstellungen.

Kurioserweise ist die spätere Entwicklung bei Göttern und Helden also konträr verlaufen: während die Götter einen Schrumpfungsprozeß mitmachten, bis sie mit den Eidola der Ahnen gleich waren, wuchsen die Helden – insbesondere die der Finnsage – in der Volksvorstellung zu riesenhaften Gestalten heran, wie ja überhaupt die (menschlichen) Helden der alten Zeit gerne als Riesen gedacht sind. Das lehren Bibel (4. Mo 13, 33) und Koran (z. B. VII, 70) und wir sind dieser Vorstellung schon öfter auch bei keltischen Helden wie *Arthur* oder *Finn* (s. oben S. 155, 352) begegnet. Ganz allgemein gilt, daß die Elfen der Neuzeit meist viel kleiner als Menschen gedacht sind. Es gibt Ausnahmen. Eine davon macht das Elfenbild Tolkiens.

Freilich teilten nicht alle Götter dieses Geschick: Der altkelt. Gott **Noudents*, der in Lidney Park am Severn und anderwärts als *Nodens* verehrt wurde (s. oben *Edern vab Nudd* S. 108, Anm. 5), lebte zunächst als wichtiger Gott *Nuadu*, einer der *Tuatha Dé Danann*, in der irischen Tradition weiter. Als sein Sohn galt manchen Traditionen *Finn* – der *Fingal* Ossians. In der walisischen Überlieferung entspricht *Finn* dem Namen nach genau dem Elfen *Gwynn ap Nudd*, der in ihr als elfenhaft-dämonischer Frauenentführer erscheint, wie in der irischen *Midir*. Ein *cairn* scheint diesem Gott allerdings nicht zugeschrieben worden zu sein, allerdings trieb er auf einem Hügel bei Llangollen sein spukhaftes Unwesen, durch welches er den hl. Collen selbst zu verführen suchte.[1]

Natürlich kannten auch andere Völker vergleichbare Wesen der „niederen Mythologie" wie etwa die Griechen die als *Dryaden* bezeichneten Baumgeister. Rudolf Simek hat die Entwicklung der germanischen *Alben* zu den altnordischen *álfar* und den angelsächsischen *ælfen* (ne. elves) sehr schön nachgezeichnet.[2] Im Altnordischen werden die *álfar* manchmal den Asen gegenüber- oder an die Seite gestellt. Sie empfingen in Schweden ein eigenes Opfer

---

[1] Lautenbach (1991), 249.
[2] Simek (2005), 109–113; Stuart (1976).

(*álfablót*) und konnten als Namenselement auszeichnende Bedeutung haben (wie in *Álfhild* oder *Gandálfr*). Ähnlich im Angelsächsischen, wie die Namen *Ælfred* 'Albenrat' oder *Ælfwine* 'Albenfreund' zeigen. Nach ihrem Wohnort unterschied man im alten England zwischen *bergælfen, landælfen, wæterælfen, wuduælfen* 'Waldelfen' u. a. Unter christlichem Einfluß wurden *álfar* und *ælfen* zu Krankheitsdämonen, die einem z.B. ein *ylfa gesceot* 'Elfengeschoß = Hexenschuß' verpassen konnten, wie ja auch Tolkiens Elfen passionierte und zielsichere Bogenschützen sind. Um 1200 wußte auch der deutsche Minnesänger Heinrich von Morungen, daß man von einem Elbengeschoß, einem „elf-bolt", nir. *poc sí* 'fairy stroke' (s. oben S. 449), getroffen werden konnte und verglich dessen Wirkung mit der Liebe zu seiner Minneherrin. Weil die Dämonen und Geister – wie die Ahnen – oft altmodische Utensilien gebrauchen, tragen die Pfeile meist Spitzen aus Flint.[1]

Danach wurde es bei uns um die Alben still. Die aus der Romania, vor allem der Artuswelt, und dem Orient stammenden Feeen (mhd. *feien*) hatten die Herrschaft übernommen, weniger ausdrücklich im Englischen, wo zwar auch die *Fairies* – bis heute – im Großen und Ganzen siegten, aber doch die *elves* nicht völlig vertreiben konnten. Darüber hinaus bestand vor allem in Großbritannien ein enger Zusammenhang zwischen Elfen und Hexen.[2]

In der frühen Neuzeit setzte sich nun in England als eine Art Substrat aus dem inselkeltischen Volksglauben dessen Elfenvorstellung durch, wie wir sie in den oben genannten Beispielen der irischen Sagentradition kennen. Dabei wurde zwischen Elfen wie *Étáin* und einer Sagenheldin wie der Königin *Medb* von Connacht nicht scharf geschieden. Medbs Gemahl, der König von Connacht, heißt *Aillil*, ein Name, welcher der kymr. Elfenbezeichnung *Ellyll* 'der (ganz) Andere' entspricht. Das Ergebnis dieser Vermischung wurde wieder mit dem Eidolon, dem kleinen Ahnengeist, gleichgesetzt, so daß *Queen Mab* bei Shakespeare ("Romeo and Juliet", I, IV) nun in winziger Gestalt als boshafte Elfe erscheinen kann, die den Frauen Pusteln zufügt und Pferdemähnen verwirrt. Sie war auch anderen zeitgenössischen Autoren als Schadstifterin nach Art des Irrlichts geläufig und galt als *Méadhbh* in Connacht als Anführerin der Fairies.[3] Als

---

[1] MacGregor (1901), 22; Murray (1921), 201, 245; Ó Súilleabháin (1967), 59.
[2] Murray (1921), 238–246.
[3] Simpson-Roud (2003), 221.

ein geheimnisvoll spukhaftes kleines Wesen hat sich auch M. W. Turner (1846) die *Mab* vorgestellt,[1] nachdem Percy Bysshe Shelley (1792–1822) in seinem von Karl Marx bewunderten philosophischen Lehrgedicht „Queen Mab" (1813) die Feeenkönigin als die Repräsentantin einer idealen, autoritätsfreien, nur der Natürlichkeit unterstellten Herrschaft mit völliger Gleichberechtigung aller gezeichnet hatte.

Der Grund für das Durchhalte- und Durchsetzungsvermögen gerade irischer Elfen ist wohl auch in der Haltung der katholischen Kirche zu suchen, die insgesamt dem Volksglauben und -brauch permissiver gegenüberstand als die protestantischen Kirchen. Immerhin galt das Elfenvolk im Gegensatz zu den englischen Landlords da und dort als quasi katholisch, wenn auch daneben gewöhnlich die Auffassung bestand, daß die Fairies neutrale oder gefallene Engel seien, die nur dann am Jüngsten Tag gerettet würden, wenn sie mit ihrem eigenen Blut ihren Namen schreiben können (was sie nicht vermögen).[2] Jedenfalls ist ihnen oft der Anblick des Kreuzes verhaßt – offenbar dann, wenn der Zusammenhang mit den *Tuatha Dé Danann* noch dunkel mitassoziiert wurde. In der katholischen Bretagne wurden viele Volksüberlieferungen seit dem Anschluß an Frankreich aus „kulturpolitischen" Gründen in großem Maße als etwas Irrationales, der Aufklärung Widerstrebendes ausgelöscht. Der Sprache erging es nicht viel anders. Kleine Überreste vormaliger Dämonenherrlichkeit sind die *maouez noz* 'Frau der Nacht' und die *kannerez noz* 'Wäscherin der Nacht'.

Später, zur Zeit der Hungersnot (1845–1848), die man übrigens auch auf Fairy-Einwirkung zurückführte,[3] erfolgte auch in Irland ein dramatischer Traditionsbruch. Drastisch schildert dies 1852 William Robert Wilde in „Irish Popular Superstition":

„When now I enquire after the old farmer, who conducted me in former years, to the ruined Castle or Abbey, and told me the story of its early history and

---

1   http://www.tate.org.uk/servlet/ViewWork?cgroupid=999999996&workid=14803&searchid=9315& tabview=image (29. 5. 2008).
2   Wilde (1852), 102–118 (mit einem Überblick über verschiedene Fairy-Traditionen). Yeats (1888), 1–3; Wilde (1888), 89; Ó Súilleabháin (1967), 82–87; Christiansen (1975), 96; Cashen (1993), 7.
3   Ó Súilleabháin (1967), 85.

inhabitants, I hear that he died during the famine. On asking for the peasant who used to sit with me in the ancient Rath, and recite the Fairy legends of the locality, the answer is: 'He is gone to America'; and the old woman who took me to the Blessed Well, and gave me an account of its wondrous cures and charms – 'Where is she?' – 'Living in the Workhouse.' These legendary tales and Popular Superstitions have now become the history of the past – a portion of the traits and characteristics of other days."[1]

Lady Jane Francesca Wilde, William Wildes Gemahlin, konnte immerhin 1888 noch eine umfangreiche und differenzierte Wiedergabe des irischen Volksbrauches und -glaubens, insbesondere auch in Bezug auf die Fairies, vorlegen.[2]

Noch heute hört man in Irland, wenn von der (für das Land gar nicht so) guten alten Zeit die Rede ist: „It all went out with the fairies." Aber vor allem im Westen Irlands war der Glaube an Fairies, wie ich selbst beobachten konnte, um 1960 noch geläufig.[3] *Caithfidh sé gur ruag sídheóg é* 'da müssen die Elfen im Spiel sein' sagte man, wenn man etwas nicht finden konnte, was man kurz zuvor gesehen hatte. Und wenn man von ihnen redete, fügte man hinzu: *Indiu an Luan ní chluinfidh siad sinn* 'heute ist Montag, da werden sie uns nicht hören.'[4] 1958 sollte auf Shannon Airport eine zusätzliche Startbahn angelegt werden, doch weil diese durch ein „leprechaun or fairy settlement" geführt hätte, wurde sie verlegt.[5] Am 23. April 1959 berichtete der „Daily Mail", daß 25 Arbeiter, die bei Toorghlas (Co. Mayo) eine Straße bauen sollten, gestrikt hätten, weil man beim Straßenbau einen „fairy palace" zerstören hätte müssen. Erst als der Straßenverlauf abgeändert wurde, konnten sie zur Weiterarbeit bewegt werden.[6]

---

1   Wilde (1852), 6.
2   Wilde (1988).
3   Ich traf in Connemara 1961 einen alten Mann, den die fairies oft erschreckt hatten. Vgl. Wagner (1963b), 334–338.
4   Wagner (1963a), 56f.
5   Holzer (1967), 55f.
6   Christiansen (1975), 102; Granard (1995), 118.

b. Die Elfen der frühen Neuzeit bis ins 19. Jh.[1]

Es scheint, als hätte Shakespeare sehr wesentlich zum Entstehen und der Festigung des Elfenbildes in England und auf dem Kontinent beigetragen.[2] Besonders im „Sommernachtstraum" erkennen wir einen starken Einfluß dieses „positiven" inselkeltischen Elfenglaubens. Selbst der germanische *Alberich* in seiner französisierten Form *Oberon* mußte sich der neuen Sichtweise anbequemen. Der neuen Einschätzung als eher freundliche, wenngleich schelmische Naturgeister entsprechen auch die Elfennamen in „A Midsummernight's Dream": *Pease-blossom*, *Cobweb*, *Moth* und *Mustard-Seed*. Auch in „The Merry Wives of Windsor" werden Elfen teils zur Segnung, teils zur Bestrafung der Bösen und Nachlässigen beschworen. So gibt Pistol Ordre (V, V):

> *Cricket*, to Windsor chimneys shalt thou leap:
> Where fires thou find'st unrak'd and hearths unswept,
> There pinch the maids as blue as bilberry ...

Im gleichen Stück schickt der walisische Pfarrer Sir Hugh Evans eine Elfe *Bede*, um gottesfürchtigen Mägden gute Träume zu bringen:

> But those that sleep and think not on their sins,
> Pinch them, arms, legs, backs, shoulders, sides and shins.

Als sich Evans mit den Worten:

---

[1] Einen Teil des folgenden Abschnittes habe ich 2007 auf der Keltologentagung in Bonn vorgetragen; ein anderer Teil wurde auf dem „III Simpósio Nacional e II Internacional de Estudos Celtas e Germânicos (UFSJ & BRATHAIR) São João del Rei MG (8 a 11 de julho de 2008)", das ich nicht besuchen konnte, in portugiesischer Fassung unter dem Titel „Por que nos encantamos tanto com os celtas e a 'elfização' do mundo" von meinem Freund Álvaro Alfredo Bragança Júnior gelesen. Ich möchte ihm an dieser Stelle herzlich dafür danken. Von einer Drucklegung des portugiesischen Textes ist mir derzeit nichts bekannt.

[2] Die älteste deutsche Übersetzung der Werke Shakespeares ist die von Christoph Martin Wieland, die in Zürich 1762–66 in acht Bänden erschien. Sie umfaßt 22 Stücke und diente später der verbessernden und ergänzenden Übertragung von Johann Joachim Eschenburg (zuletzt Zürich 1798–1806, 12 Bde.) zur Grundlage. Die erste französische Übersetzung der Werke Shakespeares ist die von Pierre Letourneur (1736–1788), die anonym in Paris 1776–83 in 20 Bänden erschien und von Guizot und Pichot (5. Aufl., Paris 8 Bde.) überarbeitet wurde.

> But stay; I smell a man of middle-earth

dem ängstlichen Falstaff nähert, stöhnt dieser:

> Heavens defend me from that Welsh fairy, lest he transform me to a bit of cheese!

Abgesehen von Falstaffs Bestrafung steht auch hier die segensreiche Wirkung der Elfen im Vordergrund:

> Search Windsor castle, elvs, within and out:
> Strew good luck, ouphs[1], on every sacred room,
> That it may stand till the perpetual doom,
> In state as wholesome as in state 'tis fit,
> Worthy the owner, and the owner it.

Vom keltischen Volksglauben nicht zu trennen ist der für Konfusion sorgende *Puck*, der wohl mit dem irischen *Púca* und dem walisischen *Bwca* identisch ist, der, wenngleich meist in Tiergestalt, sich auch um das Hauswesen kümmert[2] (vgl. „A Midsummer-Night's Dream", V, II). Er wird es treulich hüten:

> ... not a mouse
> Shall disturb this hallow'd house:
> I am sent with broom before,
> To sweep the dust behind the door.

Jedoch *Puck* heißt bekanntlich auch *Robin (Goodfellow)* mit einem germanischen Namen, der von dem „mythischen" *Robin Hood*, einer der Hauptpersonen in Walter Scotts „Ivanhoe", nicht zu trennen ist. Seine Welt ist der Wald und die Wildnis. Kam man nachts vom Weg ab, so nannte man das *poake-led*.[3] Aus England gibt es aber auch Sagen, die berichten, wie der Puck Hausarbeiten verrichtet (etwa hinter der Türe kehrt wie im

---

[1] Eine heute unübliche Schreibung für *oaf* (< anord. *álf*) 'Kobold; plumpes Kind'.
[2] Yeats (1888), 105–107.
[3] Simpson-Roud (2003), 286.

„Sommernachtstraum") und wie gefährlich es ist, ihn dabei zu beobachten. Jedenfalls erinnert der *Púca-Puck* in seiner häuslichen Funktion an die deutschen Heinzelmännchen.

Andere sehr bekannte Gestalten sind der Elfenschuster (*Leporcán/ Leprecaun/Lepracaun/Leprechaun*), der einen Goldschatz besitzt (s. unten S. 666), der *Cluricaun*, der mancherorts in den Kellern haust und sich an den Alkoholika gütlich tut, und der *Far Darrig*, der 'Rote Mann', der nur boshafte Streiche spielt.[1] Wirklich zu literarischem Ruhm hat es aber nur der Elfenschuster gebracht, heute noch eine Lieblingsvorstellung der Iren und in jedem Touristenshop präsent.

Spensers „Faerie Queene", besonders aber die Rezeption von Shakespeares „Sommernachtstraum" und „Sturm" brachten in England im viktorianischen Zeitalter eine Art „Elfenmode" in der Bildenden Kunst hervor. Jedenfalls nennt das „Victorian Web" im Bereich der „Arts" unter „Genres, Movements, and Schools" neben „Portraiture", „The Classical Revival" und orientalisierenden Arbeiten eine eigene Gruppe, die „Fairy Painting" genannt wird,[2] ein Genre, dem Königin Victoria selbst nicht minder zugetan war als etwa Charles Dickens oder Lewis Carroll, der Autor von „Alice in Wonderland".[3] Angeregt wurde die neue Gattung durch Henry Fuseli (den deutschsprachigen Lesern als der Schweizer Heinrich Füssli wohl geläufiger) und den Londoner Mystiker, Propheten, Dichter und Graphiker William Blake. Auch die irischen Maler Francis Danby und Daniel Maclise sowie der Schotte David Scott werden hier genannt. Der volkstümliche Einfluß läßt sich u. a. auf Thomas Crofton Croker (1798–1854) und die englische Übersetzung der Grimmschen Kinder- und Hausmärchen (1823) zurückführen. Das bewirkte, daß sich gelegentlich die keltischen und englischen Elfenvorstellungen mit den deutschen überkreuzen.

Richard A. Schindler bemerkt dazu:

---

1   Yeats (1888), 80f. Vgl. die ausgedehnte „Fairy lore" in Wilde (1888).
2   http://www.victorianweb.org/painting/index.html (29. 5. 2008).
3   Dazu der lehrreiche Überblick von Richard A. Schindler, Art to Enchant: The Development of Victorian Fairy Painting; http://www.victorianweb.org/painting/fairy/ras1.html (29. 5. 2008) in mehreren Folgen.

„Fairy painting became a surrogate for certain subject matter, motifs, and themes unavailable or unacceptable in more elite categories of the academic hierachy of painting. This genre crossed boundaries between the nude figure study, pastoral landscape, erotic mythological scenes, sentimental narrative, and literary history painting."[1]

Soweit es sich um Shakespeareszenen aus „Sommernachtstraum" oder „Sturm" handelt, erscheinen die Elfenwesen wie *Oberon*, *Titania* oder *Ariel* in normaler Menschengröße. (So natürlich auch jene Elfen, die Menschenkinder rauben und gegen Wechselbälge eintauschen.[2] Immerhin wird oft gesagt, daß der Wechselbalg nicht wachsen wollte.) Jedoch das eigentliche Volk Oberons, *Puck* und die zarten Elfen wie etwa *Moth*, sind wohl schon ursprünglich kleiner gedacht. Moth und ihre Gespielinnen werden auch heute gewöhnlich mit zarten kleinen Gestalten aus dem Ballett besetzt.

Auch in der landläufigen Vorstellung erscheinen die Elfen in der Regel als sehr kleine Wesen,[3] etwa spannenlang, manchmal nur in der Größe von Heuschrecken, so auf dem Bild von Richard „Dickie" Doyle, einem bekannten Karikaturisten des „Punch", mit dem Titel „The Fairy Queen Takes an Airy Drive" (1870). Es zeigt die Elfenkönigin auf einer Blüte thronend, die von Schmetterlingen durch die Luft gezogen wird. Im „Triumphal March of the Elf King by Night" reiten die Elfen auf Schnecken dahin, die sie allerdings gehörig antreiben müssen.[4] Anschließend an Shakespeares *Moth* ist wohl „The Moth Fairy" von Lady Oswald (Amelia Jane Murray) zu verstehen.[5] Gerne werden die Elfen im Zusammenhang

---

1   http://www.victorianweb.org/painting/fairy/ras3.html (29. 5. 2008).
2   Mehrere Sagen bei Wilde (1888); das Gemälde „The Fairy Raid: Carrying off a Changeling – Midsummer Eve" (1867) von Joseph Noel Paton; http://www.glasgowmuseums.com/shop.cfm?itemid=-17&Showid=13&slideid=4 (29. 5. 2008).
3   So etwa die fliegende Elfenkönigin, der Yeats den literarischen Kollegen George Moore präsentiert, in: Foster (1989). Eine Ausnahme macht dagegen der Holzschnitt „The Flitting" von Laurence Housman (1894), der ein spitzohriges Elfenliebespaar, vermutlich in Menschengröße, bei der Liebkosung darstellt; http://www.victorianweb.org/art/illustration/housman/5.html (28. 5. 2008); vgl auch „The Building" des selben Künstlers.
4   http://www.victorianweb.org/painting/doyle/graphics/index.html (28. 5. 2008); dort auch weitere Elfenbilder.
5   In: http://www.victorianweb.org/painting/murray/wc/3.html (28. 5. 2008); unter http://www.victorianweb.org/painting/murray/wc/index.html (28. 5. 2008) finden sich noch weitere Elfenbilder.

mit Pilzen dargestellt, die dann etwa von gleicher Größe oder auch größer sind.[1] Dahinter steht die jedem Pilzfreund geläufige Vorstellung der im Kreis wachsenden Pilze als „Elfenringe". Neckische kleine angezogene ("bürgerliche") Elfen, die einem Naturfreund Streiche spielen, finden sich im „Enchanted Picnic" von Charles Doyle.[2] Verschiedene Elfenrassen stellte Gustave Doré in seinem „Elfenfest" dar.[3]

Die inselkeltischen Elfenwesen fanden also ihren Weg auf den Kontinent und auch nach Deutschland, wo sie speziell in Christoph Martin Wieland (1733–1813) eine verwandte Seele fanden. Bezeichnenderweise hatte er als einziges der Shakespeare-Stücke den „Sommernachtstraum" nicht in Prosa, sondern metrisch übersetzt, gewiß ein Hinweis auf tiefere Seelensympathie, die „schwingende Leichtigkeit der Rokokowelt" (Richard Newald). Neben Wieland nahmen sich vor allem Johann Gottfried Herder und dann auch die Brüder Grimm der Elfen an. Sie hatten schon 1826 „Irische Elfenmärchen" aus dem Englischen übersetzt,[4] und spätestens seit damals bemächtigte sich das inselkeltische Elfenbild zarter, luftiganmutiger Gestalten auch der mitteleuropäischen Phantasie. Auch das engl. *elf* wurde ins Deutsche übernommen. Freilich hat Jacob Grimm in seiner „Deutschen Mythologie" statt *Elfe* wieder das dt. *Elbe* eingeführt,[5] auch um Fehlassoziationen beim Wort *Elfenbein* zu verhindern, durchgesetzt hat sich aber in der Folgezeit doch das englische Wort. Kurioserweise versteht man unter *elves* im englischen Sprachraum selbst eher unschöne oder gar häßliche Wesen wie Kobolde, Zwerge oder *brownies*, wogegen die lieblichen Elfen *fairies* oder *faeries* genannt werden.[6] Im Deutschen haben sich die alten angestammten *Alben* nur noch auf *Albdrücken*

---

1 So in: http://www.victorianweb.org/painting/doyle/graphics/5.html (28. 5. 2008); http://www.victorianweb.org/painting/doyle/graphics/2.html (28. 5. 2008); http://www.victorianweb.org/painting/doyle/graphics/9.html; http://www.victorianweb.org/painting/doyle/wc/1.html (28. 5. 2008). Vgl. auch: http://www.victorianweb.org/painting/fairy/morgan1.html (28. 5. 2008). Vgl. auch Marlene Ekman in: Wilde (1852), 117. Nach Richard A. Schindler erzeugen die Pilze „a phallic detail to the erotic subtext"; http://www.victorianweb.org/painting/fairy/ras6.html (29. 5. 2008).
2 http://www.victorianweb.org/painting/cdoyle/wc/1.html (28. 5. 2008).
3 http://www.victorianweb.org/painting/dore/wc/1.html (28. 5. 2008).
4 Crocker (1825). Vgl. Krause (2007), 210–213.
5 „elf *klingt in unserer sprache so, als wollten wir* kalf, half *anstatt* kalb, halb *sagen*"; DWb III, Sp. 400.
6 Vgl. MacGregor (1901), 18f.

und *Albträume* verlegt. Im heutigen deutschen Sprachgebrauch bestehen Feeen und Elfen nebeneinander, wobei sich die letzteren durch ihre stärkere Naturhaftigkeit als Elementargeister unterscheiden.[1] Dornröschens Unheil etwa kann nur durch eine Fee, die in höfischen Kreisen verkehrt, verursacht sein, keinesfalls durch eine Elfe. Diese würde vielleicht die Beschädigung eines Baumes bestrafen. Die *Feeereien* (*féeries*) sind gesellschaftlich raffinierte Kunstprodukte des Rokoko romanischen und orientalischen Ursprungs, womöglich in bengalisches Licht getaucht. So sind die Feeen Ferdinand Raimunds (1790–1836), die romanisch *Lakrimosa* oder orientalisch *Cheristane* heißen und die als Gestalter menschlicher Schicksale Theodor Fontane den Kommerzienräten der Gesellschaftsstücke vorzog.[2] Und so konnte noch 1833 Johann Nestroy (1801–1862) besonders prächtige Läden ("Gewölbe") mit Feeentempel vergleichen, die man nicht zu betreten wage.[3] Wo dagegen die Elfen zu Hause sind, sagt uns Ludwig H. Chr. Hölty (1748–1776), wenn er in „Auf den Tod einer Nachtigall" singt:

> Da tanzeten die Elfen ihre Reihen
> darnach im Hain.

Und Wieland dichtete in seinem Singspiel „Aurora", das er in Weimar 1772 inszenierte:

> Der Elfen schöne Königin
> hat ihren Ringeltanz beschlossen,
> und sanft auf Blumen hingegossen
> schlief jede kleine Tänzerin.

---

[1] Möglicherweise gilt dies nicht für die Schweiz. Der Basler Rudolf Thurneysen nannte die weiblichen Elementargeister „Feeen", die männlichen „Elfen", und ähnlich verfährt offenbar die Schweizerin Sylvia Botheroyd; Botheroyd (1999), 126, 145.

[2] Theodor Fontane in seiner Schrift über den Verschwender von 1886; in: Fontane, Schriften zum Theater, 164.

[3] Abends traut man ins zehnte G'wölb sich nicht hinein
Vor Glanz, denn sie richten's wie d' Feentempel ein;
Der Zauberer Luxus schaut blendend hervor,
Die böse Fee Krida sperrt nacher 's G'wölb zur.
Lied des Knieriem aus „Der böse Geist Lumpazivagabundus", 3. Akt, 8. Szene.

In dieser Welt naturhafter Anmut, neckischer Verspieltheit, lieblichen Vogelsangs, Waldzaubers, schwellender Moospolster, aber auch möglicher Minnegewährung und längerer Liebesverbindung ist die Elfenvorstellung bis heute angesiedelt. Sie entspricht nicht mehr ganz der der irischen *Étáin*. Aber es ist immerhin bezeichnend, daß man sich die musikliebenden, liebreizend-sanften oder neckischen Elfen gewöhnlich weiblich denkt.

Verbreitet wurde das erotische Elfenbild im englischen Sprachraum u. a. durch die schottische Ballade (14. Jh.) *True Thomas* (auch *The Rhymer*), im deutschen Bereich durch die Nachdichtung der Ballade von Theodor Fontane als „Tom der Reimer" in einer berühmten Vertonung von Johann Karl Gottfried Loewe (1796–1869; als op. 135), deren Beginn schon diese liebliche Elfenvorstellung herbeizaubert:

True Thomas lay on Huntlie bank;	Der Reimer Thomas lag am Bach,
A ferlie he spied wi' his e'e;	Am Kieselbach bei Huntly Schloß.
And there he saw a lady bright	Da sah er eine blonde Frau,
Come riding down by the Eildon Tree.	Die saß auf einem weißen Roß.
Her skirt was o' the grass-green silk,	Sie saß auf einem weißen Roß,
Her mantle o' the velvet fine;	Die Mähne war geflochten fein,
At ilka tett of her horse's mane	Und hell an jeder Flechte hing
Hung fifty sil'er bells and nine.	Ein silberblankes Glöckelein.
True Thomas he pulled off his cap	Und Tom der Reimer zog den Hut
And louted low down to his knee:	Und fiel auf's Knie, – er grüßt und spricht:
„*All hail, thou mighty Queen of Heaven!*	„Du bist die Himmelskönigin
For thy peer on earth I never did see."	Und bist von dieser Erde nicht!"
„*O no, O no, Thomas,*" she said,	Die blonde Frau, sie hält ihr Roß:
„*That name does not belang to me;*	„Ich will dir sagen, wer ich bin:
I am but the Queen of fair Elfland,	Ich bin die Himmelsjungfrau nicht,
That am hither come to visit thee.	Ich bin die Elfenkönigin.
Harp and carp, Thomas," she said,	Nimm deine Harf und spiel und sing
„*Harp and carp along wi' me;*	Und laß dein bestes Lied erschalln,

> *And if ye dare to kiss my lips,*   Doch wenn du meine Lippe küßt,
> *Sure of your body I will be."*   Bist sieben Jahr du mir verfalln!"[1]

Was als eine Variante der Tannhäuser-Sage verstanden werden kann, erscheint nun in ihrer schottischen Ausprägung und vertieft das verführerische keltische Elfenbild. Thomas Learmont of Ercildoune (ca. 1220 – ca. 1294)[2] galt den Zeitgenossen und Nachfahren wegen seines Verkehrs mit den Elfen als wahrheitsverkündender Prophet ("*True Thomas*"), dessen Prophezeiungen gesammelt wurden.

Seine Hingabe ist vom religiösen Standpunkt nicht ganz unbedenklich, denn die Elfenkönigin – sonst auch *Quene of Elfhame* 'Elfheim'[3] genannt – stellt in der schottischen Ballade der „narrow road ... of righteousness" und der „braid, braid road ... of wickedness"[4] als dritte Möglichkeit ein irdisches Paradies zu erreichen „that bonny road that winds about the ferny brae" als „road to fair Elfland" entgegen. Daß hier noch an die Nähe zum Totenreich gedacht ist, geht wohl aus dem Schweigegebot hervor, das sie „dem Reimer" auferlegt:

> But Thomas, ye maun hold your tongue,
> whatever ye may hear or see;
> for if ye speak word in Elfenland,
> ye'll ne'er get back to your ain country.

Unversehens verwandelt sich die Elfenkönigin in eine schreckliche Hexe, die Thomas auffordert ihr zu folgen. So waten sie drei Tage lang in einer Höhle durch Seeen von Blut, bevor sie einen lieblichen Obstgarten erreichen, in dem die Königin wieder ihre schöne Gestalt annimmt. In einem wunderbaren Schloß genießt Thomas alle höfischen Vergnügungen, bis ihn nach scheinbar kurzer Zeit, in Wirklichkeit jedoch sieben langen Jah-

---

[1] Der Rest der Übersetzung, die allerdings nur den ersten Teil der Ballade bietet, findet sich abgedruckt in: Fontane (1860), 247f.
[2] Ercildoune, jetzt Earlston in Lauderdale (Berwickshire) ist ein Dorf, wo noch Reste des Schlosses der Learmonts zu sehen sind. Zur Sage vgl. auch MacGregor (1901), 19–21; Wilde (1997), 106f.
[3] Murray (1921), 240–242.
[4] Die *Quene of Elphen* wird im Zusammenhang mit Hexen gewöhnlich mit dem Teufel identifiziert. Die Hexe Agnes Sampson redete 1590 ihren teuflischen Helfer als *Elva* an; Murray (1921), 206, 240–246.

ren, die Königin wieder in seine Heimat entläßt, wobei sie seiner Zunge die Gabe schenkt, nicht lügen zu können. Daher auch der Name *True Thomas*.

Die angloirische Entsprechung heißt *Leanhaun Shee.* Sie sucht die Liebe Sterblicher, die, wenn sie diese erwidern, die Ihren werden. Yeats bemerkt dazu:

> „The fairy lives on their life, and they waste away. Death is no escape from her. She is the Gaelic muse, for she gives inspiration to those she persecutes. The Gaelic poets die young, for she is restless, and will not let them remain long on earth – this malignant phantom."[1]

Fontane hat diese gefährlichen mythischen Relikte weggelassen und sich nur auf das verführerische Elfenbild konzentriert, das dann auch weiterhin im deutschen Bereich vorherrschend blieb.

Daß Thomas seine Inspiration dem Umgang mit der Elfenkönigin verdankte, machte ihn später gewissermaßen zum lyrischen Naturtalent, das so attraktiv war, daß sich der russische Lyriker Michail Jurjevič Lermontov (1814–1841), der sich selbst für einen sichtigen Propheten hielt, auch als einen buchstäblichen Nachfahren des Thomas Learmont ansah.

c. „Moderne" Elfen

Wahrscheinlich als Widerschein des „Celtic Twilight"[2] erlangten in England die Fairies neues Leben, als es zwei jungen Mädchen, Frances Griffiths (1907–1986) und Elsie Wright (1901–1988), 1916 und 1917 in Cottingley (Yorkshire) allem Anschein nach gelang, die zarten Wesen auf die fotografische Platte zu bannen.[3] Yeats hatte von „twilight beings" gesprochen „who flit hither and thither" und die einen „with a passiona-

---

1 Yeats (1888), 81.
2 Vgl. die große Bedeutung der Faeries [sic!] in den frühen Schriften von William Butler Yeats, insbesondere in der namengebenden Sammlung solcher Erzählungen Yeats (1902).
3 Eine genaue Darstellung des Sachverhaltes samt den Reaktionen Gardners, Hodsons, Sir Arthur Conan Doyles und natürlich den Fotos in: http://www.cottingleyconnect.org.uk/fairies.htm#areas (12. 2. 2007).

te and melancholy multitude" umgeben.[1] Erstaunlicherweise waren die etwa spannengroßen Figuren, die sich den beiden Mädchen zeigten, sehr elegant und modisch im Stil der Zeit, also z.B. mit „Bubikopf-Frisuren" und der um 1915 aktuellen Kleidung, wohl nach damaligen Modezeitschriften, angetan, soweit sie nicht überhaupt in Ballettszenen umherschwebten.[2] Sie entsprachen aber auch recht gut den „Hamadryads at the Dawning", wie sie Alexander Abdo 1908 in Öl festgehalten hatte.[3]

Während Elsies Vater, der nüchterne Elektroingenieur Wright, fragte, was denn die ausgeschnittenen Papierfiguren auf den Fotos sollten, nahm die Mutter und eine Anzahl gutgläubiger Esoteriker die Elfenfotos durchaus ernst. Dazu gehörte der Theosophist Edward Gardner, das Medium Geoffrey Hodson und auch Sir Arthur Conan Doyle, der Erfinder des Sherlock Holmes, dessen Interesse für Keltenrassen wir schon kennen (s. oben S. 454). Obwohl man sich im Kodak-Labor, was die Echtheit betraf, bedeckt hielt, brachte Doyle die Fotos 1920 doch als echte Elfenbilder durch Veröffentlichung im „The Strand"-Magazin unter dem Titel „An Epoch Making Event – Fairies Photographed" in die gebildete Welt. Doyle verfaßte dazu auch eine Monographie „The Coming of the Fairies". Publikationen von Gardner und Hodson sollten folgen.

> Erst 1983 bekannte die nun schon über 80-jährige Elsie, daß die Elfenfotos als Jux entstanden waren, Frances aber behauptete noch 1986, daß es in Cottingley Fairies gegeben habe, so daß nun den ernsthaften Elfengläubigen immer noch einen Hoffnungsschimmer bleibt, die Bilder könnten „irgendwie echt" sein. Heute, wo die Fotografie eine alltägliche Selbstverständlichkeit ist und wir allerorts computerunterstützte Fotomontagen antreffen, scheint es uns unverständlich, wie man einst an die Echtheit der Bilder glauben konnte und in keltenesoterischen Konventikeln wohl jetzt noch glaubt.
>
> Noch 1990 erschien eine Monographie von Joe Cooper „The Case of the

---

1 Yeats (1902), 31
2 Scherzhaft variiert erscheint das Motiv der zarten Elfenmädchen bei Alan Dean Foster im dritten Teil des mehrbändigen Werkes „Spellsinger", dem „The Day of Dissonance", wo ein verfettetes flugunfähiges Elfenvolk erscheint, dessen Königin *Grelgen* annähernd die Gestalt eines Würfels von etwa 10 cm Kantenlänge hat; in deutscher Übersetzung: Foster (1994), 219 240. Liebenswürdiger Hinweis meiner Kollegin Ingrid Cella.
3 http://www.victorianweb.org/painting/fairy/abdo1.html (28. 5. 2008).

Cottingley Fairies" und 1997 drehten Warner Bros. den Film „Fairy Tale – A True Story" (Regie: Charles Sturridge). Gegen 700 Internetadressen beschäftigen sich heute (2007) mit den Fairy-Fotos, davon erstaunlich viele als „Gläubige". In Österreich verkehrt die Literatin Lotte Ingrisch (geb. 1930) mit Feeen.[1] Niemanden, der sie kennt, wird es wundern.

Der schon genannte Hodson, dem solche Wesen mit schöner Regelmäßigkeit erschienen, entwarf eine Art „Phänomenologie der Fairies", welche den Cottingley-Typus als nur einen unter mehreren anderen herausstellte. In seinem Büchlein von 1925 unterscheidet er *Brownies*, behaarte, männliche Wichtel in ländlicher Kleidung, die ein Handwerk ausüben oder auszuüben scheinen, zu denen auch der gälische *Leprechaun* als „Elfenschuster" gehört, und *Elves*, von denen wir erfahren:

> „Elves differ from other nature-spirits chiefly in that they do not appear to be clothed in any reproduction of human attire, and that their bodily constitution appears to consist of one solid mass of gelatinous substance, entirely without interior organisation."[2]

Obschon in Cottingly [sic!] unter alten Buchen beobachtet, scheinen diese gelatinösen Wesen mit den von Elsie und Frances Fotografierten nicht viel Ähnlichkeit zu haben. Da sie ja nicht einmal Zähne oder Zungen besitzen – wenn auch große, oben zugespitzte Ohren –, erscheint die Frage nach Geschlechtsmerkmalen obsolet. Im Gegensatz zur Elfenvorstellung der Laien scheinen sie geschlechtslos. Die *Gnomes*, die kein „pleasant type of elemental" sind, zeichnen sich durch ihre Häßlichkeit – die zu langen Arme, die, wie die Beine, verkrümmt sind – und das grobe Äußere, das den Eindruck eines sehr alten Mannes erweckt, aus. Hodson hält es für denkbar, daß die Gnome ein Überbleibsel des alten Volkes von Atlantis bilden,[3] – sie sind aber natürlich nicht mit den Ariern und Ariogermanen oder Armanen zu verwechseln, die ja gleichfalls Atlantiden sind (s.

---

1 Ingrisch (1991)
2 Hodson (1925), 32.
3 Hodson (1925), 35.

unten S. 763). Sie leben in Bäumen,[1] unter Felsen, in Mooren und können auch beim Tanz beobachtet werden. Unter *Mannikins* faßte der Autor alle männlichen Elementargeister zusammen, die Merkmale der *Brownies*, *Elves* und *Gnomes* haben, aber keiner dieser Rassen mit Bestimmtheit zugeordnet werden können. Sie leben vorwiegend in Bäumen, im Gras oder unter Farnen, sind dann grün gekleidet und erwecken oft den Eindruck von Kindern, sind jedenfalls in der Regel angenehme Wesen, die gleichfalls gerne tanzen. Unter den weiblichen Fairies stechen die wasserfallbewohnenden *Undines*, die stets nackt erscheinen und ungeflügelt sind, durch besonderen Liebreiz hervor. Hodson hat sie mehrfach im Lake District, vor allem 1922, beobachtet. Im offenen Meer gibt es auch *Sea Spirits*, „huge, sea-green etheric monsters, fish-like, and yet unlike any fish. Their forms are transparent like glass – shining with a weird green light of their own." Daneben treibt sich eine ganze Reihe anderer Meereswesen um: muntere menschengestaltige wellenreitende Elfen, träge Tiefseemonster und eben auch göttergestaltige, gekrönte Wesen, die Hodson an Neptun erinnerten.[2] Unter den Land-fairies befindet sich dann auch jene Rasse, die in Cottingley fotografiert wurde:

> She is decidedly fair in colouring, full of laughter and happiness, very open and fearless in expression and is surrounded by an aura of golden radiance in which the outline of her wings can be traced. There is also a hint of mockery in her attitude and expression, as of one who is enjoying a joke against the poor mortals who are studying her. Suddenly her manner changes and she becomes serious. Stretching out her arms to their full length, she performs an act of concentration which has the effect of reducing the size of her aura and of turning its energies inwards upon herself. Having maintained this condition for about fifteen seconds she releases the whole of concentrated energy, which pours forth in all directions in streams of gold force, and appears to affect every single stem and flower within its reach...[3]

---

1 „Enchanted woods" gelten als besonderer Tummelplatz der Elfen; Yeats (1902), 47ff.
2 Hodson (1925), 66f.
3 Hodson (1925), 74f.

Hodson will dieses Wesen, dessen Aura sich einer ganzen Chrysanthemenstaude mitteilte, am 17. Oktober 1921 in seinem Garten beobachtet haben. Natürlich gibt es lokale Varianten. So sehen die auf dem Hang des Snaefell auf der Isle of Man beobachteten Fairies etwas anders aus: „in height from four to six inches, they suggest, in miniature, the appearance of men and women of very ancient times,"[1] da sie in Kleidung und Gehabe an die Stuartzeit erinnern. Gemäß der Entwicklung des Menschen über mineralische, vegetabile und tierische Stadien entwickelten sich auch die Fairies. Die in den ersten fünf Kapiteln von Hodsons Buch abgehandelten Wesen, darunter der Cottingley-Typ, „are about at the level of our domestic animals."[2] Höhere Entwicklung zeigen die Luftgeister oder *Sylphs* und insbesondere die *Devas*, die Hodson nach dem Sanskrit-Wort für 'Gott' (*dēváḥ*) so nennt. Sie verstehen das menschliche Denken „in seinen logischen Kategorien", „das Formale" und „Details" nicht und sind so gewissermaßen Allegorien reinen Naturempfindens, *genii loci*, freilich voll Intelligenz und Willenskraft. In Hodsons „System" können die *Devas* im Grunde neuheidnische Nationalgottheiten bilden, so wie er einen Deva der Isle of Man beobachtet zu haben glaubte. Allerdings treten keltische Reminiszenzen hier zurück, während der Einfluß der antiken Tradition stärker hervortritt, wenn der Deva etwa das Aussehen Neptuns annimmt oder in „the Kingdom of Pan" faunartige Gestalten bildet. Besonders eindrucksvoll ist es, wenn sich Engelgestalten hinzugesellen, wie das Hodson vom Hotelbalkon in Grand Salève aus auf dem Gipfel des Mont Blanc beobachten konnte. „At intervals streams of energy rush out into the upper air like gigantic sky-rockets, while all around ... are numbers of mountain-devas, wild and fierce", die der seltsame Visionär für das Vorbild von Wagners Walküren hielt.[3]

---

[1] Hodson (1925), 75. Eine reich differenzierte Fairy-lore der Isle of Man entwickelte Charles Roeder um 1900; Roeder (1993), 3–27. Es hat den Anschein, als hätte sich Hodson an Roeder orientiert. Übrigens ist auch für Gardner (2004), 56–61, die Isle of Man ein beliebter Tummelplatz des „kleinen Volks".

[2] Hodson (1925), 83.

[3] „I feel that these must be the beings from whom Wagner drew the musical inspiration for the Valkyries (the opera, *Die Walküre*, was written within a mile of this place), for I recognise a close resemblance between them and his Valkyries, as also between their vibration and that of the opera ... the call of the Valkyries is easily recognisable." Hodson (1927), 5.

Inzwischen hat sich in der Popkultur ein eigenes Fairy-Bild entwickelt, das allerdings der Elfendarstellung in den Tolkien-Filmen nur teilweise entspricht. Dieses Elfenbild wurde und wird ganz wesentlich von den Frouds (das Ehepaar Brian und Wendy Froud samt Sohn Toby), den Puppenschöpfern der „Muppet-Show", gestaltet und vermarktet.[1] An weiteren Künstlern wären etwa Michael Hague und Alan Lee zu erwähnen.

Die Idee der „fake photographs" von Cottingley wurde von Froud in „Lady Cottington's Pressed Fairy Book" (1994) in durchaus origineller Weise aufgegriffen. Nach dem Vorbild der Mädchen von Cottingley wird hier eine Lady Angelica Cottington (gest. 1991 weit über 100-jährig) eingeführt, die offenbar die Gabe besaß, neugierige Elflein besonders anzuziehen. Kaum setzten sich diese auf ihr Tagebuch, so schlug sie dieses schnell das Buch zu, wobei die überraschten Elfen zerklatscht und flachgedrückt wurden und so – ähnlich einem Herbarium – eine Art „Elfarium" lieferten. In dem Raum, der freiblieb, notierte Angelica Cottington dann die Details des Fanges in braver Schulmädchenschrift und bedenklicher Orthographie.[2] Freilich sind die hier zerklatschten Elfen nicht immer schön, manchmal auch grün, mit absurden Grimassen. So grausam die Idee des „Elfariums" ist, so sehr hat sich der Stil der Familie Froud durchgesetzt. Wenig später erschien wieder auf der Basis des nun schon klassischen Elfenbildes das Buch „Strange Stains and Mysterious Smells",[3] in dem nach einem Verfahren, das der Zwillingsbruder Angelica Cottingtons entwickelt haben soll, nun die sonst gewöhnlich unsichtbaren Gerüche samt zugehörigen Flecken als Elfen entlarvt werden. Weitere Bücher sind u. a. „Goblins of the Labyrinth" (1986), „Goblins" (1991), „Good Faeries – Bad Faeries" (1998), „The Faeries' Oracle" (2000), „The Runes of Elfland" (2003)[4], „The Goblin Companion: A Field Guide to Goblins" (2003).

---

1 Einen ersten Hinweis darauf verdanke ich Magistra Katja Allinger, Oppenheim.
2 Froud (1994).
3 Jones-Froud (1996).
4 Ari Berk, der Texter dieses Buches, ist sich durchaus der germanischen Herkunft der Runen bewußt. Doch verfließt hier in eher ungewöhnlicher Weise die Grenze zwischen keltischer und germanischer Mythologie und Fantasy-Welt.

Danach gibt es heute im Wesentlichen zwei Typen von „Faeries":[1]
(1) die schönen Mädchen mit flachen, zierlichen Näschen, zarten Flügeln, überlangen Beinen, ansonsten aber wohlproportionierten Extremitäten, gewöhnlich nackt oder durchscheinend bekleidet, gelegentlich mit stark betonten sekundären Geschlechtsmerkmalen, was sie als besonders „sexy" erscheinen läßt. Abgesehen von den vollen Brüsten wirken die Elfenfrauen wie liebevolle Karikaturen des jetzt modernen anorektischen Modeltyps.

(2) die überwiegend männlichen Fairies oder *elves* (auch *goblins* 'Kobolde', *gnomes* 'Gnome', *pucks*, *pixies*, *bwbach*, *bwca*, *bwci*, *bwgan*, *bugganes*, *coblyn*) mit z. T. schrecklichen Grimassengesichtern, Tierschnauzen, unförmigen Nasen und unproportioniertem Körperbau, dünnen Extremitäten, zu großen Füßen und Händen, oft dicken Krötenbäuchen usw. Vertreter des männlichen Typs sind etwa der Hausgeist *Toby* oder die Gnome in der Magierbank in Harry-Potter-Filmen bzw. *Smeagol-Gollum* im Herrn der Ringe.

Gemeinsam haben die Fairy-Typen die ausdrucksstarken, meist übergroßen Augen mit oft seelenvollem Kindchenblick und nach alter, auch bei Tolkien belegter Tradition die oben zugespitzten Ohren.[2] Dem Charakter nach sind auch die männlichen Fairies durchaus dem Warenzeichen „The World of Froud™" angepaßt.

Schon 1982 hatten die Frouds an einem Puppentrickfilm der Fantasy-Kategorie „The Dark Crystal"[3] mitgewirkt, in dem es um die Wiederherstellung der heilen Welt druidenartiger weiser *Urus* ging, von denen sich durch einen Sprung im Weltkristall die bösen *Skeksis* abgespalten hatten. Ein *Gelfling* – ein kleines elfenartiges Geschöpf – heilt den Kristall und stellt den harmonischen Urzustand wieder her. Hier sind die Einflüsse aus dem Werk Tolkiens ganz unverkennbar, auch in der Idee der verschiedenen Sprachen. In „Labyrinth" (deutsch: 'Die Reise ins Labyrinth')

---

1   Ab Ende der 90-er Jahre schrieben die Frouds gewöhnlich nicht mehr *Fairy*, sondern *Faery*, offenbar weil dieses Schriftbild archaischer wirkte. Es wird darauf geachtet, daß das Wort dreisilbig, also *fay-er-ree*, ausgesprochen wird.
2   Die sie freilich auch mit einem Alien wie Mr. Spock vom Raumschiff „Enterprise" gemein haben.
3   Regisseure: Jim Henson, Frank Oz, USA/UK 1982; mit Figuren von Brian und Wendy Froud.

wird vom König der Fairies *Jareth* das Menschenbaby *Toby* (dargestellt von Toby Froud, damals ein Kleinkind) geraubt, das von seiner Schwester aus der als Labyrinth strukturierten Anderen Welt zurückgeholt werden muß.[1]

Die Wirtschaftsmacht der Familie Froud äußert sich in einem „Fairy Market" und einem „Goblin's Market", mit der Vertriebsfirma „The Faery Tree.com", wo CDs mit Fairy-Musik (wie „Fairies. A Musical Companion To The Art Of Brian Froud", 2002), „a variety of fairy gifts, fairy art, fairy jewelry, fairy books, and fairy figurines for the young and the young at heart" angeboten werden.[2]

Regelmäßig finden Events statt. Die Firma wirbt geradezu für einen „Elfischen Lebensstil":

> „Faerie as Lifestyle". These passionate fans …, predominantly female demographic embrace faerie not solely as „entertainment" but as a rich „lifestyle." They aggressively and perennially consume a wide range of fairy themed and related products in the following product categories: Publishing – Music – Apparel – Jewelry – Merchandise – Home Décor – Personal Health Care – Natural Foods and Beverages – Beauty Products … High quality fairy products such as … Fairy Jewelry including oil holders, chains, fairy dust, and even 7 pointed fairy stars. You will find fairy incense holders, fairy figurines and fairy bumper stickers.[3] Eine der letzten Kreationen ist der Schokoriegel „Kissed by the Fairies".[4]

Die Elfen haben es auch zu einer Art religiöser Wiederbelebung gebracht, einer *Feri*-"Religion", die dem *Wicca*-Glauben nicht unähnlich ist: Sie wurde von Victor H. Anderson und Cora Anderson gegründet, verehrt eine Sterngöttin sowie deren göttliche Zwillingskinder und glaubt an eine „dreiteilige Seele des Menschen" bzw. an drei Körper zusätzlich zu dem „bürgerlichen". Die *Feri*-Anhänger benützen gerne hawaiianische Termini: So ist der erste etwa im Abstand von 2 cm den bürgerlichen („dense")

---

[1] Regisseur: Jim Henson, Drehbuch: Terry Jones, UK/USA 1986, mit Figuren der Frouds und dem Popsänger David Bowie als Elfenkönig.
[2] http://www.thefaerytree.com/
[3] http://www.faerieworlds.com/img2007/FW2007-sponsors.pdf
[4] Vgl. http://www.worldoffroud.com/www/about/bios/toby.cfm (10. 8. 2005).

Körper umgebende Körper aus Feinmaterie der „Vital Body" (*Unihipili*), 7–9 Zoll darüber liegt, den ganzen Körper umgebend, die „Aura" (*Ke Kino Wailua*), vergleichbar dem „Od" des Karl Freiherrn von Reichenbach (1788 – 1869), die ganz verschiedenfarbig sein kann.[1] Darüber schwebt, an den christlichen Nimbus erinnernd, „The Personal God" (*ke Akua Noho Maluna O Ke Kino* 'The God dwelling above the Body'), „the personal holy *Aumakua*."[2] Daß das hawaiianisch beeinflußte Hauptgebet, das „Vaterunser" der *Feri*, mit angeblichen Aussagen eines irischen Druiden zusammengebracht wird, braucht uns nicht weiter zu verwundern.[3] „Die ekstatische Arbeit mit der sogenannten Feenenergie sowie mit Sexualmagie steht im Vordergrund. Gwydion Pendderwen[4] und Starhawk (s. unten S. 768) sind die bekanntesten Nachfolger aus der Feeentradition. Diese gilt als besonders offen gegenüber jeglicher sexuellen Orientierung."[5]

Die „Verelfung" der Welt ist also heute auch aus dem Alltag kaum mehr wegzudenken, und es sind die keltischen Elfen und Fairies – nicht die germanischen Alben oder Elben – die weltweit herrschen.

---

1 Vgl. Frei (1985), 82, 85, 231, 240, 251.
2 Anderson (2004), 11–33.
3 Anderson (2004), 48.
4 „Gwydion Eichen-Haupt" war der Künstlername des amerikanischen Musikers, Autors und Okkultisten Thomas de Long (1946–1982). Seine Kompositionen wurden in okkultistischen Kreisen zu Klassikern. Er selbst sah sich als „court bard to the West Kingdom of the Society for Creative Anachronism".
5 http://de.wikipedia.org/wiki/Wicca (15. 1. 2008). Sehr hübsch ist die Schilderung eines „astralen Liebeserlebnisses", wobei die Körperhülle als „auric substance" erscheint, „'lorika' as they call it over there"; Anderson (2004), 74.

I. „Fiktionale Wissenschaft"

1. Robert (Ranke-)Graves

Robert Graves (1895–1985) war ein englischer Literat und Universitätsprofessor für Poetik in Oxford, der – gewissermaßen in der Spur von Matthew Arnold – einen beachtlichen Beitrag zur modernen Keltenrezeption geleistet hat. Von seinen ca. 140 Büchern sind im deutschen Sprachraum wohl die bekanntesten „Ich, Claudius, Kaiser und Gott", „Griechische Mythologie" und „Die weiße Göttin".[1] Im Verkehr mit den Künstlern Ava Gardner, Alec Guiness, Peter Ustinov und Gabriel Garcia Marquez verbrachte Graves einen großen Teil seines Lebens auf seinem Anwesen auf Mallorca, wo in Deià nun sogar ein Robert-Graves-Museum eingerichtet ist; eine „Robert Graves Society" und ein „Robert Graves Archive" gibt es außerdem.

Robert von Ranke-Graves, wie sich der Autor nach dem Großonkel seiner Mutter, dem berühmten Historiker Friedrich von Ranke, in deutschen Buchtiteln nannte, ist sehr wesentlich an einer bestimmten Form der Keltenrezeption in der zweiten Hälfte des 20. Jh.s beteiligt, ja geradezu einer ihrer Hauptanreger. „The White Goddess" ist zuerst 1948 erschienen und kam 1966 in erweiterter und verbesserter Fassung wieder heraus, gerade rechtzeitig, um vom aufflammenden Keltenfieber erfaßt zu werden.[2] 1981 wurde das Werk ins Deutsche übersetzt und zog sofort das Interesse der „EsoterikerInnen" auf sich.

Die Quintessenz seines Werkes ist die Behauptung, daß es eine alteuropäische „Weiße Göttin der Geburt, der Liebe und des Todes" gegeben habe, die mit den Mondphasen in Rapport stand. Sie sei die Tiefenstruktur, die sich in den Göttinnengestalten der Einzelmythologien als deren Oberflächengestalten abbilde. Diese Metapher aus der Transformationsgrammatik ist deswegen berechtigt, weil Graves selbst sein Werk „a hi-

---

[1] Ranke-Graves (1981); Graves (1948).
[2] Dazu Graves (1995), der die Rolle der „Musen" im literarischen Werk seines Vaters hervorhebt und mit seiner lyrischen Produktion verbindet. Zur wissenschaftlichen Beurteilung des Werkes, die übrigens mit meiner übereinstimmt, s. Demandt (2002), 147–149.

storical grammar of the language of poetic myth" nannte. Freilich ist der Vergleich nicht zu sehr zu pressen, denn während die Grammatik ein formales Regelwerk bildet, das auch inhaltlich falsche, ja sogar unsinnige Sätze erlaubt, würde Graves wohl kaum eingeräumt haben, daß seine „historische Grammatik" materialiter falsche Aussagen über die „Weiße Göttin" verwalte.

Unser Autor hätte nun aus einer vergleichenden Studie möglichst aller alteuropäischen Göttinnengestalten seine Göttin im Sinne des kleinsten gemeinsamen Nenners erschließen können und hätte sich damit der ethnologischen Arbeitsweise von Sir James George Frazer (1854–1941) angenähert, von dessen Hauptwerk „The Golden Bough" die dritte Auflage in zwölf Bänden 1915 erschienen war (eine einbändige Kurzfassung kam 1922 heraus).[1] Graves ging nun nicht den empirischen Weg Frazers, sondern schlug ein mehr spekulatives Verfahren ein, indem er speziell von der inselkeltischen Überlieferung ausging, die er fallweise mit anderen europäischen Traditionen und solchen des Mittleren Ostens abglich. Die Hauptlast der Argumentation trug dabei die Etymologie, auf die man sinngemäß das Theologieverdikt des Mephistopheles anwenden kann: „Es liegt darin soviel verborg'nes Gift, und von der Arzenei ist's kaum zu unterscheiden" (s. oben S. 505).

So erschloß Graves nicht nur die Existenz der „Weißen Göttin", sondern aus den Baumnamen des in seinem Alter stark überschätzten Ogam[2] (richtiger der *Cló gaelach*-Schrift) auch einen Baumkreis, der als Baumkalender zum liturgischen Rahmen eines archaischen Kultes wurde, bei dem ein Sakralkönig den Opfertod fand.[3]

Eine große Rolle spielte dabei der behauptete rituelle Genuß halluzinogener Pilze wie jener aus der Gattung *Psilocybe*, der den Kult des aztekischen *Tlaloc* mit dem des griechischen *Dionysos* verbunden haben soll, des Fliegenpilzes (*Amanita muscaria*) und des *Panaeolus papilionaceus* ('Behangener Dünger-

---

[1] Dazu: Leonard-McClure (2005), 57f.
[2] Zum Ogam, seinem Alter und seiner Entstehung zuletzt: Birkhan (2009a). Vgl. Birkhan (1999b), Abb. 335–340.
[3] Das von mir so genannte „Nemi-See-Syndrom", das auch schon den Ausgangspunkt für Frazers „Golden Bough" lieferte; vgl. oben S. 92, Anm. 3.

ling').¹ Damit fielen die Behauptungen von Graves in der Jugendbewegung ab Mitte der 60er Jahre des 20. Jh.s gleich Pilzsporen auf fruchtbaren Boden, der von Gordon Wasson, Aldous Huxley und anderen bereitet war.² Für Alteuropa ist der Gebrauch dieser Pilze m. W. jedoch nicht sicher nachgewiesen.

Der außerordentlich kenntnis- und gedankenreiche Graves litt unter einer Art „Ideenflucht", bei der sich die Assoziationen mutierend und selbstzeugend (gewissermaßen wie Lebewesen) fortgebärend überpurzelten. Ein Beispiel:

> Er beginnt mit dem Text *Kat Godeu* (in moderner Orthographie *Cad Goddau*), den man gewöhnlich mit 'Die Schlacht (oder: Heerschar) der Bäume' übersetzt, den Markale für den Rest einer „très vaste épopée dont le héros semble être Gwyddyon" hielt,³ und dessen Inhalt ich hier kürzend zusammenfasse:
> Das kleine Werk ist im *Llyfr Taliesin* (frühes 14. Jh.) erhalten,⁴ an einer Stelle, wo Taliesin anscheinend die Vorstadien seiner Existenz (als Schwert, Regentropfen, Buchstabe, Laterne, Brücke, Pfad, Adler, coracle, Blase im Bierschaum usw.) aufzählt. So war er auch bei der Schlacht von *Caer Nefenhir* anwesend, „wo Gras und Bäume angriffen." Der aus dem Vierten Zweig des Mabinogi bekannte Zauberer *Gwydion* war offenbar in eine schwierige kriegerische Situation geraten und bat Christus um Hilfe. Dieser riet ihm, „stämmige Bäume in Heerscharen zu verwandeln", um auf diese Weise dem Gegner Widerstand zu leisten. Eine rätselhafte Passage deutet an, daß auch die Bäume niedergehauen wurden, und daß man bis zu den Schenkeln in Blut watete. Diese Schlacht sei neben der Kreuzigung Christi und dem Jüngsten Gericht der größte Aufruhr in der Welt gewesen. „Die Erle – hervorragend durch ihre Abstammung – griff zuerst an. Weide und Eberesche stießen erst zur Schar. Die dornige Pflaume lechzte nach der Schlacht. Der machtvolle

---

1 Ranke-Graves (1981), 48f. Graves hat gewiß in Esoterikerkreisen zum Konsum bestimmter tropischer Psilocyben mit LSD-ähnlicher Wirkung beigetragen, so von *Psilocybe aztecorum* ('Niños'), *Psilocybe azurescens* ('Flying saucer mushroom', 'Blue angels'), *Psilocybe yungensis* ('Divinatory mushroom,' 'Genius mushroom', *Teonanacatl*) und *Psilocybe zapotecorum*. Dazu der Internethandel über: http://www.magicmushrooms.org/
2 Vgl. Stafford (1980), 7–22.
3 Markale (1975), 271–273. Zu den Deutungen des mkymr. Tetxtes vgl. http://en.wikipedia.org/wiki/Cad_Goddeu#Interpretations (26.2.2009).
4 Vgl. The Book of Taliesin, 23–27; Haycock (1990). Die klassische ältere Übersetzung ist die von W. F. Skene von 1868, abgedruckt in: A Celtic Reader, 218–223; ich folge der neueren von Ford (1977), 183–187. Es geht mir hier primär um die Baumnamen, nicht um die religions- und sagengeschichtliche Einbettung des Textes.

Hartriegel leistete als Prinz Widerstand. Rosensträucher gingen zornig gegen den Feind vor, Himbeerstauden zeichneten sich aus ..., Geißblatt und Efeu durch ihre Schönheit..." Des weiteren werden genannt: Stechginster, Kirsche, Birke, Fichte, Esche, Ulme, Hasel, Stechpalme, Weißdorn, Weinrebe, Farn, Besenginster, Heidekraut, Eiche, Birne, Kastanie und einige unsichere Pflanzennamen.

Die Deutungen dieses Textes gehen sehr auseinander. Eingedenk der keltischen Neigung, Pflanzennamen als Personennamen zu verwenden, könnte man die Wurzel der Vorstellung in einer Art Pflanzentotem suchen. Man könnte das Gedicht aber auch als Parodie auf die schwülstige Bardendichtung verstehen, als Virtuosenstück, das darin bestünde, so viele Pflanzennamen wie möglich trotz komplizierter metrischer Anforderungen in dem kurzen Text unterzubringen oder einfach aus dem Wunsch heraus erklären, dem berühmten Baumkatalog Ovids (Metam. X, 90–108) etwas rhetorisch und poetisch Vergleichbares in vernakulärer Sprache an die Seite zu stellen.

Graves nun verschob und veränderte die Zeilen solange, bis ein ihm akzeptabler Sinn entstand, natürlich ohne dabei die sonst in der Textkritik üblichen methodischen Prinzipien zu beachten. Er verband die Pflanzennamen sodann mit den neuirischen Buchstabennamen,[1] deren Problematik ihm nicht klar gewesen sein dürfte.

Bezeichnend ist seine Interpretation der Stelle, die von der Eiche handelt: Im Text steht etwa: „Die schnelle und mächtige Eiche, vor ihr bebten Himmel und Erde, ein wuchtiger Feind der Krieger ihr Name auf Wachstafeln." Graves machte die Eiche zur Buche, die er mit unserem *Buchstaben* verband und verwies dazu auf eine Stelle bei Venantius Fortunatus, wo aber nicht

---

1 Die Ogamnamen sind: *beithe* 'Birke', *luis* 'Flamme' oder 'Kraut', *fern* [für V] 'Erle', *sail* 'Weide', *nin* 'Gabel', *hÚath* [für H, das aber aus sprachhistorischen Gründen für das Urirische nicht gebraucht wird] 'Schrecken', *dair* 'Eiche', *tinne* 'Metallbarren', *coll* 'Hasel', *ce(i)rt* [für Q] 'Eichenbusch ?', *muin* 'Hals', *gort* 'Feld', *gétal* [für /NG/] 'Tötung', *straif, sraib* [für Z, das im Uririschen nicht vorkam] 'Schwefel', *ruis* 'Röte', *ailm* 'Nadelbaum' [eher 'Ulme'?], *onn* 'Esche', *úr* 'Erde', *edad* '?', *idad* '?']. Die Buchstabennamen der nach 1960 als offizielle Schrift der Irischen Republik abgekommenen Mönchsschrift *Cló gaelach* sind zu Baumnamen vereinheitlicht und lauten: *ailm* 'Ulme', *beith* 'Birke', *coll* 'Hasel', *dair* 'Eiche', *eadhadh, eabhadh* 'Espe', *fearn* 'Erle', *gath* 'Efeu', [h]uath 'Weißdorn', *íodha* 'Eibe', *luis* 'Wacholder', *muin* 'Weinrebe', *nuin* 'Esche', *oir* 'Besenginster', *peith* 'Attich', *ruis* 'Holunder', *sail* 'Weide', *teithne* 'Stechginster', *ur* 'Heide'. Auf diesen nicht-ogamischen Namen baute Graves seine Theorie auf. Zu den Ogamnamen vgl. Birkhan (2006c).

von Buchen-, sondern von Eschentafeln (*fraxineis tabellis*) die Rede ist.¹ Dieser Baum mutiert weiter zur Erle und diese, zwecks besserer Vergleichbarkeit mit dem jüdischen Laubhüttenfest, zur Weide, da beide Pflanzen angeblich der gleichen Familie angehören (was übrigens keineswegs stimmt) – als ob die Religion sich um botanische Pflanzenfamilien kümmerte!

Zum Wildapfel sagt Graves dann etwa: „Olwen, die lachende Aphrodite der walisischen Legende, erscheint immer zusammen mit dem Wildapfel",² was in keiner Weise der Fall ist, und so geht es weiter. So wird *Kat Godeu* mittels des „pelasgischen" *Ogam*-Alphabets als druidischer Geheimbericht über den um 400 v. Chr. errungenen Sieg der eisenzeitlichen Kelten über die hyperboreischen bronzezeitlichen Vorbewohner der Britischen Inseln gedeutet. Diese hatten in Stonehenge eine Totenstadt nach dem Gesetz des *Ogam* errichtet, wo die „Weiße Göttin" verehrt wurde, die nunmehr durch die patriarchale Gesellschaft des *Gwydion-Wotan* [sic!] verdrängt wurde. Wenn im „Vierten Zweig des Mabinogi" der Knabe *Llew* von seiner Mutter Waffen empfängt, so nennt das Graves „eine gängige keltische Formel." Daß dies das Vorrecht der Frauen war, erwähne schon Tacitus in seinem Werk über die Germanen – und die Germanen seiner Zeit waren keltische Einwohner Germaniens, das noch nicht von den patriarchalisch organisierten „Quadratschädeln" („square-heads") besetzt gewesen sei, „die wir heute als Germanen ansprechen."³ Nicht nur, daß die taciteische Nachricht von der Waffengabe der Frauen (cap. 18) sich auf das Hochzeitsgeschenk bezieht, auch die Behauptung, daß die Germanen des Tacitus Kelten gewesen seien, war zu Graves' Zeiten längst obsolet. Sie gehörte früheren keltomanischen Zeitläuften an (s. oben S. 504f.).

Kaum ein Satz darf ernstlich geglaubt werden, obwohl Graves natürlich keineswegs ein „Fälscher" im landläufigen Sinne zu nennen ist. Vielmehr entschuldigt er sich selbst dafür, daß er ohne Kenntnis des Kym-

---

1 Ranke-Graves (1981), 42f.
2 Ranke-Graves (1981), 46.
3 Ranke-Graves (1981), 378. Man würde gerne von Torheit und Ignoranz sprechen, doch hat m. E. der Oxforder Professor auf diese Milderungsgründe keinen Anspruch. Vgl. Much (1928) und auch Much (1932).

rischen über Texte wie *Kat Godeu* handelt. Er sagt selbst: „Mein Beruf ist die Dichtung, und ich pflichte den walisischen Minnesängern [welchen? Bi.] bei, daß des Dichters höchste Tugend Kenntnis und Verständnis der Mythen ist".[1]

Man hat also Graves als Poeten zu nehmen, seine „Erkenntnisse" sind *figmenta*, wie sie dem Reich des Dichters angehören und in der Belletristik üblich sind. Deswegen konnte auch Cynthia Eller formulieren: „Wellknown poet Robert Graves sang the praises of the 'White Goddess' and foresaw an apocalypse in which patriarchal repression and rampant industrialization would give way to a return of the prehistoric goddess."[2] Das Mißverständnis beginnt erst, wenn man die Aussagen im Sinne historischer Wahrheit wissenschaftlich ernstnehmen wollte.

Ich sehe also das Problem eher als eine Gattungsfrage: Man muß eben den traditionellen Formen wie Epik, Dramatik und Lyrik etwas hinzufügen, was auf der Darstellungsebene „Inventions-" oder „Fiktionsdidaktik" heißen könnte, eine Form lehrhafter Literatur, die ihre *argumenta ad hoc* frei erfindet und die Argumentationsstrategie der Wissenschaft verwendet[3] – in diesem Punkt der „Science fiction" nicht unähnlich. Was sie vorführt oder lehrt, nenne ich „fiktionale Wissenschaft". Richtig betrachtet kommt es bei solchen Werken nicht primär auf den wissenschaftlichen Wahrheitsgehalt der Aussagen, sondern auf die Originalität der Erfindung, den Lustgewinn (des Wiedererkennens) und die Ästhetik des Argumentierens an.[4]

---

1   Ranke-Graves (1981), 32. Leider erfahren wir nicht, welcher „Minnesänger" – solche gab es im alten Wales kaum – dies wo und wie sagte!
2   Eller (2000), 33.
3   Ich habe selbst in diesem Sinne zwei Kinder meiner Laune hervorgebracht: einen Aufsatz, in dem für die Indogermanen noch die Existenz eines Schwanzes „nachgewiesen" und die hochdeutsche Lautverschiebung als Ergebnis eines eingekreuzten Affendialektes „erklärt" wird, und einen anderen, in dem ich einen nicht-existenten mittelhochdeutschen Artusroman, den „Ritter mit dem Zebra" nach allen Regeln der Kunst interpretiere. Ich habe jedoch diese Hervorbringungen nie als ernsthafte wissenschaftliche Beiträge ausgegeben und sie so publiziert, daß an ihrem Charakter kein Zweifel bestehen kann; Germanistisches Narren=Häubel, das ist: *minima ridicula tetriciana* oder: Curieuse Nebenproducte der nimmermüden Feder des Wiener Philologen *Doctor* Helmut J. R. Birkhan ... [Wien 2006], 15–34, 41–73.
4   Robert Graves ist natürlich nicht der erste „Fiktionsdidaktiker". Die Geschichte der Gattung zu verfolgen, würde hier zu weit führen. Ein wichtiges Kriterium scheint mir immer die ideologische „Ein-

Mit den Kelten hat dies natürlich nur bedingt zu tun, wie Graves ohnedies nahelegt, der seine „Argumente" ja auch aus dem Alten Testament oder der griechischen Mythologie bezieht. Es geht nämlich um alteuropäische Vorgänge, die noch in die Altsteinzeit fallen und den griechischen Altertumskundler und den Alttestamentler eben auch interessieren müßten. Nur scheinen diese Spezialistenfächer Graves nicht so auf den Leim gegangen zu sein, wie die emanzipationistisch bewegten „LaienforscherInnen", die das Land der Kelten „mit der Seele suchen", und von denen billigerweise keine Kenntnisse in Sachen *Ogam*-Entstehung usw. erwartet werden dürfen.

> Den Garaus soll der Weißen Göttin nach Graves der Judengott Jahwe als der „einzige", bildlose und zugleich Vater-Gott gemacht haben und daher für späteres Unheil mitverantwortlich sein.[1] Graves, der ja auch ein Buch über „King Jesus" (New York – London 1946), „Adam's Rib" (London 1955) und zusammen mit Raphael Patai über „Hebrew Myths. The Book of Genesis" (London – New York 1964) verfaßte, „rekonstruierte" gemeinsam mit Joshua Podro sogar die „richtigen" Evangelien in dem umfangreichen Werk „The Nazarene Gospel Restored" (London 1953), das sich nichts Geringeres zum Ziel setzte, als die „Frohbotschaft" historisch und textkritisch zu „reinigen". An Selbstbewußtsein hat es ihm nicht gefehlt.

„Die Weiße Göttin" bildete für Generationen von Emanzipationistinnen aller Geschlechter ein maßgebliches und autoritatives Werk, auch wenn es den Frauen ganz allgemein die Fähigkeit zur (literarischen und sonstigen künstlerischen) Schöpfung abspricht: „Aber die Frau ist kein Dichter: sie ist entweder Muse, oder sie ist nichts."[2] Würde man die Frau vom Literaturgeschehen ausschließen, so würde die Gesellschaft „in sentimen-

---

genommenheit" und als anderes unfehlbares die linguistische Haltlosigkeit von etymologischen Anschlüssen in einer Zeit, in der die Grundlagen der Etymologien zuverlässig erforscht waren. Kein Kriterium scheint mir das Ausmaß zu sein, in dem die Autoren an ihre eigenen Theorien glaubten. Natürlich gehört zur Fiktionsdidaktik die gesamte „Atlantis-Theorie" – aber eben noch nicht die Rudbecks, sondern erst jene, die in der Zeit eines geschärften linguistischen Instrumentariums entstanden. Auch Werke, die später unter Umständen einen unheilvollen Einfluß ausübten, wie jene des Guido von List („Armanenlehre") und die „Theozoologie" des Georg Lanz von Liebenfels gehören hieher.

1 Ranke-Graves (1981), 400–407.
2 Ranke-Graves (1981), 537.

tale Homosexualität" verfallen. Seine Meinung über das Geschlechterverhältnis hat Graves in dem Band „Man Does, Woman Is" (London – New York 1964) angedeutet. In durch und durch patriarchalischer Sichtweise hat sich die Rolle der Frau auf die einer „Muse des Mannes" zu beschränken, und wenig diskretes, vom Internet vermitteltes, Insiderwissen ist durchaus imstande, die beiden Musen zu benennen, die in der „Weißen Göttin" ihre Spuren hinterlassen haben. Das ist deshalb bemerkenswert, weil Graves annahm, daß die Sprache wahrer Dichtung seit der Altsteinzeit eine magische Sprache war, die aus den Kulthandlungen zu Ehren der Mondgöttin oder Muse erwachsen sei.

Mit seiner matriarchalen Hypothese hat Graves Schule gemacht. So hat auch der Bildhauer und Historiker Merlin Stone in seinem Buch „When God Was a Woman"[1] mit einem ursprünglichen Göttinnenkult in Europa (und darüber hinaus) gerechnet, der erst durch den jüdisch-christlichen Vatergott abgelöst worden sei. Besonders verbreitet wurde die Matriarchatsthese durch das belletristische Werk von Marion Zimmer Bradley mit ihrer emanzipationistischen Interpretation der Arthursage (s. oben S. 592).[2] Auch der an pseudowissenschaftlichen Werken fruchtbare Jean Markale[3] (Pseudonym für Jean Bertrand) förderte diese Richtung,[4] obwohl ihn die bretonischen Gelehrten Christian-J. Guyonvarc'h und Françoise Le Roux eines Besseren belehren hätten können.[5] Auf dem großen Keltenfest im niederösterreichischen Zisterzienserstift Zwettel (29. 8. – 2. 9. 1984) stand sein von der Berufshexe Luisa Francia, der Gründerin der Österreichischen „Grünen" Freda Meissner-Blau und der Matriarchatsanwältin Heide Göttner-Abendroth heftig beworbenes Buch über die kel-

---

1 = „The Paradise Papers"; 1976.
2 Tuczay (1988).
3 Markale (1984). Vgl. das Urteil über Markale in: Marchale – Bertrand (1980), *39–*41, und die Kritik an seiner Vorstellung von den Rechten der inselkeltischen Frau in De Paor (1997), 39–41.
4 Der Vielschreiber Markale ist in der journalistischen und esoterischen Literatur schier omnipräsent, dennoch sind seine Arbeiten nur von bedingtem wissenschaftlichen Wert und bleiben auch als „fiktionale Wissenschaft" hinter Graves oder Gould Davis zurück; vgl. http://en.wikipedia.org/wiki/Jean_Markale (8. 5. 2008).
5 Z. B. Guyonvarc'h – Le Roux (1990). Mich stimmt die allzu große Dumézil-Gläubigkeit skeptisch, ich bewundere aber den Einsatz und die Verve, mit der viele Jahre hindurch mit geringen Mitteln die Zeitschrift „Ogam" herausgebracht wurde, und bestaune die Kompetenz der Autoren, die immer aus erster Hand schöpften.

tische Frau als Standardwerk im Mittelpunkt.[1] Etwas zurückhaltender in Sachen Mutterrecht ist Murry Hope, dessen „Magie und Mythologie der Kelten" im Übrigen ein weiteres Musterbeispiel krauser „Fiktionsdidaktik" ist.[2]

Besonders kühn verfuhr die amerikanische Bibliothekarin Elizabeth Gould Davis (1910-1974),[3] wenn sie behauptete, daß am Anfang der Zeiten eine blauäugige, blonde oder rothaarige, subarktische, matriarchal organisierte Rasse, eine „Gynocratic World", bestanden habe,[4] die dann vom „teutonisch-semitischen Patriarchat" im Rahmen einer „Patriarchal Revolution" unterjocht worden sei, was das derzeitige dunkle Zeitalter eingeleitet habe. Damit sei auch der Krieg in die Welt gekommen; in der Zeitstufe der anatolischen Steinzeitsiedlung von Çatal Hüyük hätte es nicht einmal einen gewaltsamen Tod gegeben. Auch Gewalt gegen Tiere sei verpönt gewesen. Die größere Körperkraft des Mannes ginge letztlich darauf zurück, daß Männer Fleisch gegessen hätten. Das seien semitische Hirtennomaden gewesen, die selbst keine eigene Zivilisation hervorgebracht, statt dessen die „queendoms" kaputtgemacht und alle Spuren einst weiblicher Überlegenheit ausgelöscht hätten, so sei auch die Bibel von diesen semitischen Bibel-Patriarchen umgeschrieben worden. Der Mann sei letztlich nichts anderes als ein Mutant der Frau. Das war auch eine der Annahmen des Hexenmeisters Victor H. Anderson,[5] einer der Väter der *Wicca*-Religion.

Reste der matriarchalen Kultur seien noch in Kreta, Mykene – und bei den alten Kelten sichtbar, bei denen die Frauen besondere Macht besessen hätten und wo das Königtum in weiblicher Linie erblich gewesen sei. Noch im frühen Mittelalter sei die Gelehrsamkeit und Bildung vor allem in den Händen von Keltinnen gelegen.

---

1 Gugenberger-Schweidlenka (1987), 276-279.
2 Hope (1990).
3 Dazu vgl. die übersichtliche Darstellung samt Kritik in Wikipedia: http://en.wikipedia.org/wiki/The_First_Sex
4 Gould Davis (1972), 26.
5 Anderson (2004), 30 (die Behauptung ist aber auch schon in The Psychic Structure of the Human Being [1972] enthalten).

Wir sehen hier auch die bekannten Atlantistheorien (s. unten S. 597, 756 und oben S. 415, 507ff.) wirken, auf die Gould Davis natürlich zurückgreift. Um dies alles in der „herstory" der Kelten zu begründen, mußte frau den taciteischen Bericht von den Germanen allerdings ungeniert verfälschen.[1] Sie tut dies, indem sie, ohne weitere Begründung, alles über Germaninnen Gesagte, einfach auf Keltinnen bezieht. An Germanen kennt Gould Davis nur „Teutons":

„The conquerors of the Celts were the barbaric and savage Teutons, the modern Germans [sic!], who emerged from their dense Baltic forests as the Vandals and the Goths in the fifth century of our era and aided unwittingly the Christian effort to destroy both the Celtic and the Roman empires."[2]

Soll man wirklich annehmen, daß die Bibliothekarin noch nie von einer Schlacht im Teutoburger Wald oder anderen Kämpfen zwischen Römern und Germanen vor dem 5. Jh. n.Chr. gehört hat? Plappert sie wirklich nur Graves nach?

Auch die von Herodot (hist. IV, 5) erwähnten goldenen Kultgegenstände, ein Pflug, eine Streitaxt, ein Joch und ein Trinkbecher, sind den Skythen vom Himmel gefallen – nicht den Kelten![3] So ist natürlich auch die Vermutung, daß aus dem Joch der Torques entstanden sei, völlig haltlos.

Soll man wirklich annehmen, daß die Bibliothekarin die Skythen für Kelten hielt, wie die gelehrten Antiquare der frühen Neuzeit (s. oben S. 401)? Nein, natürlich nicht! Wir beobachten nur die Kategorie der „fiktionalen Wissenschaft". Also nicht Irrtum, sondern schöpferische Fiktionalität! Wer es glaubt, ist selber schuld.

Trotz aller jüdischchristlichen Verfolgungen hätte aber diese weiblich dominierte Religion reliktthaft im Hexenwesen überlebt.[4] Mit diesen Hypothesen wurde dem neopaganen *Wicca*-Glauben (s. unten S. 766) ein fiktionales Fundament geboten.

---

1 Vor allem im Kapitel „Die Frauen Galliens", 214–217.
2 Gould Davis (1972), 207.
3 Gould Davis (1972), 26f.
4 Gould Davis (1977); hier nach Winkler (2006), 81.

Allen allzu gläubigen Emanzipationistinnen seien die wohlbedachten Worte einer wirklichen Keltologin ins Stammbuch geschrieben, die da in einem Kapitel mit der bezeichnenden Überschrift „In der Dämmerung" sagt:

> „Neuerdings haben populäre feministische Vorstellungen der keltischen Mythologie eine zusätzliche Dimension verliehen. Das Bild des edlen Wilden und die Mystik sind durch eine mächtige, aber liebende matriarchale Göttin ergänzt worden, die sich um eine harmonische soziale und physische Umwelt kümmert. All dies gehört zu einer Tradition in dem Sinn, daß damit die für eine bestimmte Kultur relevanten Bilder und Symbole erzeugt werden. Es wäre jedoch angemessener, das oben Genannte eher als Mythen über die KeltInnen denn als keltische Mythologie zu bezeichnen."[1]

2. Rudolf John Gorsleben

Während Robert Graves heute deutlich nachwirkt, ist die „Hoch-Zeit der Menschheit. Das Welt-Gesetz der Drei oder: Entstehen – Sein – Vergehen in Ursprache – Urschrift – Urglaube aus den Runen geschöpft" von Rudolf John Gorsleben (1883–1930) nur noch in (wohl eher „rechten") Esoterikerkreisen bekannt, obwohl das im Todesjahr des Autors erschienene Werk 1981 und 1993 nachgedruckt wurde. Es war das umfangreiche Hauptwerk des als Eddaübersetzers in nichtakademischen Kreisen angesehenen Autors, der im „Deutsch-völkischen Schutz- und Trutzbund" wirkte und 1925 die „Edda-Gesellschaft" gründete, aus der sich letztlich der nach der *hagal*-Rune benannte *Hag-All*-Verlag entwickelte, welcher das 1993 in der Bundesrepublik Deutschland verbotene Werk im Jahr 2005 wieder herausbrachte. Wir müssen uns hier auf die abstruse Gedankenwelt Gorslebens nur am Rande insoferne einlassen, als er die uns

---

[1] Wood (1997), 163. Zur Terminologie ist hier zu bemerken, daß Wood, die zuvor „Mythen" im religionsgeschichtlichen Sinn gebraucht hat (so wie hier „Mythologie"), die neuen „Mythen über die KeltInnen" nun im Sinne von „Phantasma", „Einbildung", „Vorstellung" oder „Idee" verwendet, also in dem „unernsten Wortsinn", in dem man heute etwa vom „Mythos der sozialen Marktwirtschaft" und dgl. sprechen könnte.

schon vertraute Brücke zwischen Germanen und Kelten schlägt – beide sind Arier und eigentlich identisch – und als er die vorher schon erwähnte „etymologische Gedankenflucht" wohl am eindrucksvollsten veranschaulicht. Hier, wie auch bei anderen Ariosophen, wird das Christentum einbezogen:

> „... die christliche Lehre nahm nicht ihren Ausgangspunkt von Palästina, sondern ist eine Urschöpfung der untergegangenen atlantischen Kultur. Sie gelangte über die Reste jenes Weltteils Atlantis zuerst nach Irland und Schottland, dann nach Osten weiter, und gleichzeitig nach Westen zum amerikanischen Festlande ... [wo sie angeblich bei Inkas, Mayas und Azteken weiterlebte]. ... Ur-arischatlantische Gotteserkenntnis und ihr heutiges Wurzelwerk haben sich am längsten lebendig erhalten im Norden Europas, wo die Pflanzstätten der Atlantis bis in unsere Zeitrechnung blühten auf Iona und der Insel Man. ... [St. Patrick entfällt also, da das Christentum atlantisches Erbe ist] ... Jona ist das Mutterland der Jaones, des Joanes, der Jonier, die auch als Jawones auftauchen. Junier, Juno, Dione, Dion, Zion, Jon sind Ableitungen aus diesem Worte, das die Gehenden, mundartlich die 'Jehenden', bezeichnet. Die 'Gehenden' (gehen, jehen, to go) sind aber die irdischen Söhne der himmlischen Schrittmacher... [diese 22 Göttersöhne sollen in Iona begraben sein] ... Diese Sage aus der alten keltischen Dichtung [welche wird nicht verraten: ein fiktionaldidaktisches Merkmal] ist so zu verstehen, daß das Wissen von 22 Königen, nämlich den 22 Ar-kana, was Sonnen-Kahne [gemeint: *khane*], Sonnen-Könige heißt, begraben liegt ... Die 22 großen Arkanas sind die 22 Blätter aber des ägyptischen Tarots, jenes Kartenspiels, das ... die Grundgedanken der Welt verhaftet birgt. Durch die Zigeuner ist es uns, in der Hand von Unwürdigen, überliefert ... [im Norden versank das Wissen zwar], aber die Kunde von der *Druida*, der *Troja*, der *Torta*, der *Tortla*, wie die Priesterschule hieß, blieb lebendig weit draußen in der Welt, so vor allem besonders rein in den Eleusinischen Mysterien. *Dortla*, *dorda*, *turtur* ist die *Turtel*-Taube als das Sinnbild des Heiligen Geistes, der hier allgegenwärtig war. Daß sich im Worte Turtel die drehende, balzende Bewegung des Täuberichs ausdrückt, ist anzunehmen. So erklärt es sich, wenn der 'Heilige Geist' als der Dritte, das Schicksal-Wendende, der Drehende, der Drittelnde, der 'Trittelnde', der 'Reinen Jungfrau' Maria die Empfängnis des Gottessohnes verkündet, ver-kindet, was die Rune ᚴ Kun, Keim, Kind ganz klar andeutet. ... Die Priesterschaft der germanischen, das heißt auch der keltischen Bewohner Mitteleuropas und des Nordwestens, denn hier lebte an seiner Wiege das

arische Urvolk nach dem Untergang der Atlantis, waren die Druiden, die Trojaiden, die Treuen, die die Treue, die Dreie, die große Drei, das Trauen, das Vertrauen in das Göttliche lehrten, das Geschehen vom Entstehen über das Sein zum Vergehen ... Troja nennt auch Tacitus die Seelen-Grundverfassung des Germanen [natürlich nur in der krausen Phantasie Gorslebens] ..."[1]

Im Weiteren erfahren wir, daß das „'Gallier-Land' [mißverstanden als *Galilea*] das Kelten-, Helden- und Heliand-Land ist" [*Heliand* 'Heiland' nennt man das altsächsische Jesus-Epos, das freilich mit den Kelten nichts zu tun hat], identisch mit den „arischen Sagen und Legenden" von Artus, Parzival, Tristan etc. Als Heiligtum der Druiden lernen wir *Carnuntum* „heute Chartres" [sic!] kennen, als Stammvater der Druiden Noah.[2] „Der Vater des Jesus, des Asus [des Asen!], des Christus", war „ein Zimmermann, gleich wie der des indischen Christus-Christna, gehörte also zur Zunft der göttlichen Weltenbaumeister, die das 'Gerüst', mundartlich 'Grist', das heißt den 'Krist' für den Weltenbau erstellten, erzeugten." ... Und weiter in volksetymologischer Gedankenflucht: „der *Grist*, mundartlich, oder der *Krist*, nämlich das Krist-All, der Kristall, aus dem 'alles gemacht ist' im Kosmos."[3]

Und jetzt das linguistische Credo aller deutschsprachigen Esoteriker:

> „Wer sich über diese Ableitung wundert, der zieht nicht in Betracht, daß sich aus der deutschen Sprache alle Begriffe und Sinnmale abdeuten [sic!] und ableiten lassen, denn die deutsche Sprache steht der arischen Ursprache als älteste Tochtersprache am nächsten"[4] (s. oben S. 505).

Wenn uns solche Überlegungen läppisch anmuten, dann müssen wir uns daran erinnern, daß die Esoterik ebensowenig linguistische Diachronie kennt, wie etwa Johannes Goropius Becanus im 16. oder Olof Rudbeck im 17. Jh. und daß dies ihr wesensbestimmendes Gattungsmerkmal ist, daß es immer um große Entwürfe und um Welterkenntnis geht – mit

---

1 Gorsleben (1930), 158f.
2 Gorsleben (1930), 161f. In Wirklichkeit war Carnuntum eine wichtige Römerstadt östlich von Wien, gegenüber der Einmündung der March in die Donau, nahe bei Preßburg (Bratislava).
3 Gorsleben (1930), 412.
4 Gorsleben (1930), 412.

Detailfragen geben sich die Esoteriker kaum ab – und daß wissenschaftlicher Fortschritt nur ganz vereinzelt und punktuell wahrgenommen wird. Ein Beispiel für letzteres bietet Lanz von Liebenfels, der nach der Entdeckung der Röntgenstrahlen und der Od-Theorie des Freiherrn von Reichenbach angenommen hatte, daß einst die Götter mit den Menschen mittels dieser Strahlen und bestimmter, bei den Menschen vorhandener „elektro-magnetisch-radiologischer" Organe kommuniziert hätten.[1]

Was die Kelten angeht, so werden sie als Arier angesehen und in der Regel von den Germanen kaum unterschieden. Die Dichotomie lautet wie bei Klopstock Hain oder Hügel, nordisch oder mediterran.

3. Martha Sills–Fuchs

Die moderne Keltenbegeisterung zumindest im deutschsprachigen Raum empfing einen beachtlichen Impuls durch die österreich-ungarische Germanistin Martha Sills–Fuchs (1896–?), eine empfindsame Seele und angebliche Freundin von Max Planck, die – im Waldviertel aufgewachsen und als hohe Greisin beim Zwettler Keltenfest 1984 anwesend – während des Zweiten Weltkrieges als Journalistin wirkte und u. a. gemäß der Ideologie des von Julius Streicher gegründeten Vereines „Deutsche Volksheilkunde", drei Dramen über Paracelsus schrieb, die diesen „as a precursor of Nazism"[2] erweisen sollten. Später scheint Sills–Fuchs weiterhin ihrer Waldviertler Heimat treu geblieben und mit Gottfried von Einem in engerem Kontakt gestanden zu sein, der ja Wahlwaldviertler war und sich selbst mit den Gedanken einer Keltenoper trug.[3] Jedenfalls widmete er ihr den Dritten Satz der Vierten Symphonie (op. 80), die 1988 uraufgeführt wurde.

Das in sehr kultivierter, etwas altmodischer Sprache geschriebene Büchlein „Wiederkehr der Kelten" ist das Werk einer 87-Jährigen, das bei einem entsprechend gestimmten Publikum durch die Bestimmtheit

---
1 Daim (1985), 99–101.
2 http://www.ncbi.nlm.nih.gov/pubmed/8153970 (22. 7. 2008)
3 Mündliche Mitteilung von Frau Lotte Ingrisch.

seiner welt- und kosmosumspannenden Aussagen sogleich Furore machte. Das hervorragende Beispiel „fiktionaler Wissenschaft" ist sich der Richtigkeit seiner Aussagen und der eigenen Autorität so bewußt, daß es nicht nur auf Anmerkungen, sondern meist auch auf konkrete Angaben zu Ort und Zeit verzichten kann. Sehr deutlich hingegen wird hier die in der esoterischen Schriftstellerei immer wieder zu beobachtende Gepflogenheit, bei im Text genannten Gewährspersonen stets deren volle akademische Titulatur (also „Dr.", „Diplom-Ingenieur" usw.) zu nennen, offenbar weil die mangelnde Autorität dieser Personen durch den Titel wettgemacht und der Leser durch diesen eingeschüchtert werden soll.

Bemerkenswert sind die kosmischen Bezüge, die aus den in den 80er Jahren modernen Spekulationen über das Weltenjahr mit dem einstehenden Wassermannzeitalter erwuchsen. 1983, im Jahr der „Wiederkehr der Kelten", erschien auch die berühmte „Wendezeit" von Fritjof Capra. Nach Sills-Fuchs entstanden die Kelten, die sie mehr oder minder mit den „Indoeuropäern" (sie verwirft „Indogermanen") gleichsetzt, noch im „Stierzeitalter" des auslaufenden Weltenjahres, also ca. 4000–2000 v. Chr., weshalb die Kelten auch besonders einen männlichen himmeltragenden Stiergott verehrten, wie sie (später) Alexander dem Großen mitteilten.[1] Doch weh! Das Stierzeitalter wich und machte dem Widderzeitalter (2000 bis Christi Geburt) Platz, mit dessen Beginn die Kelten aus ihrer Urheimat auswanderten. Deshalb ist die Hallstattzeit, für uns der Aufgang der keltischen Ära, für Sills-Fuchs schon deren „Niedergangszeit, in der sie noch große kulturelle Werte schufen."[2]

> „In einem Buch von Dr. Franz Spunda wurden die Kreta angreifenden Eindringlinge als Männer mit Widderhörnern auf ihren Helmen geschildert, dem illyrischen Stamm der Dorer zugehörig. Die an den Stierkult gebundenen Kreter sahen in ihnen die Unbezwinglichen, vom Widderzeichen Gestärkten."[3]

---

1 Sills-Fuchs (1983), 24f.
2 Sills-Fuchs (1983), 125.
3 Sills-Fuchs (1983), 26. Zu Franz Spunda s. oben S. 379f..

Das bedeutete auch für die Kelten eine Herausforderung, der sie durch Verehrung eines Widdergottes Rechnung trugen. Deshalb finden sich im alpenländischen Raum nicht selten Widderhörner an Hauswänden und Türen angenagelt. (Die keltische Widderhornschlange auf dem Kessel von Gundestrup und anderwärts sowie die gehörnten Götterbilder im alten Britannien scheint die Autorin nicht gekannt zu haben.) Bemerkenswerterweise werden die Aussagen im Allgemeinen nicht durch keltische Belege gestützt, sondern überwiegend durch rezente Volksbräuche, wo freilich Sills-Fuchs der Phantasie die Zügel schießen läßt; so wenn etwa der Silber- und Weihnachtsschmuck des Christbaumes mit den Torques („Mondamuletten"), wie sie „jeder Kelte trug"[1] verbunden werden oder das Herstellen von Mohnspeisen in Böhmen und im Waldviertel schon auf die Kelten zurückgeführt wird.[2]

Das wird durch die Kontinuität des Blutes bewirkt, denn:

> „das Beharrungsvermögen des Blutes ist kaum zu begreifen. Heute noch, nach Jahrmillionen der Entwicklung, hat das menschliche Blut noch immer dieselbe Zusammensetzung wie das Meerwasser ... Deshalb glaube ich, was Dr. Herms in seinem Keltenbuch behauptet, daß die Kelten noch unter uns sind. Man kann sogar noch weiter gehen und sagen: in uns!"[3]

Als die „Kelten" aus ihrer Steppe nach Westen wanderten und plötzlich vor dem Urwald des Böhmerwaldes standen, „nahm das Erlebnis 'Baum' einen großen Platz im Seelenleben der Kelten ein."[4] Aber von einem Baumkalender und -horoskop weiß die Verfasserin nichts. Das Um und Auf der keltischen Religion scheint vielmehr die Astrologie gewesen zu sein. „Die Weltschau der Kelten, ihr Charakter, ihr Wesen wären nicht zu enträtseln, wenn sie nicht aus dem Sternglauben heraus erklärt werden könnten."[5] Immerhin entsteht durch die astrologische Weltenjahrargumentation eine Art naturwissenschaftliches Verifikationsangebot.

---

1   Sills-Fuchs (1983), 79, 108f.
2   Sills-Fuchs (1983), 70f.
3   Sills-Fuchs (1983), 42.
4   Sills-Fuchs (1983), 48.
5   Sills-Fuchs (1983), 31.

Ein zweites sind die von Sills-Fuchs als Erklärungspotential so geschätzten „Erdstrahlen", die die Landschaft mit ihren natürlichen „Straßenkreuzungen" (wo die Strahlung besonders stark ist) gestalten. Dort weissagten die Druiden, Vorgänger des Hl. Nikolaus.[1] Da bestimmte Pflanzen die Erdstrahlen anzeigen, bedienten sich die Kelten dieser, indem sie „sich gegen rasche Ermüdung Blätter von Beifuß und Beinwell in die Fußbekleidung" einlegten[2] – hübsche Beispiele von aus der Volksetymologie herausgesponnenen Phantasien. Andererseits bedienten sie sich – wie die Finnen in der Sauna – des Rutenschlagens, um sich dadurch zu „entstrahlen".[3]

Aber auch der Mond hat es in sich, besonders der zweite Tag vor Mondwechsel, der „Dreizehnte", der „Urfreitag" (= Ur-Frauentag):

> „Der Mensch kann gesteigerte Unruhe fühlen, Benommenheit, Kopfweh. Die Liebessehnsucht steigt, die Geschlechter suchen einander. ... Unruhig schreit das Käuzchen sein unheimliches Buhu und hofft dadurch einen Gefährten zu errufen. Ungeduldig klopft das Holzwurmfräulein sein, dem Uhrgang ähnliches Tiktik, als rufende Botschaft an einen Geliebten."[4]

Denn: „Eine, das keltisch geistige Fühlen kennzeichnende Lebensform war die enge Bindung an die Natur und in der Folge die Beseelung ihrer Erscheinungen"[5] (Keltenstereotyp Nr. 2).

> „Die Schöpfung sahen sie als nicht endgültig an, sondern als einen ununterbrochen andauernden, dynamischen Prozeß ... Solcher dynamischer Glaube unterscheidet die keltische Religion von allen bis dahin bekannten Glaubensbekenntnissen, besonders von jenen der Antike, die Religion als etwas Definitives, Beständiges und Unabänderliches ansah. Der keltische Glaube kennt kein Dogma, keine Morallehre. Er war eine Religion jenseits von Gut und Böse ... Es gab keine vorgeschriebenen Riten, die vollzogen werden *mußten*. ... Religiöse Verrichtungen wurden je nach gegebenen Umständen vollzogen. Sie

---

[1] Sills-Fuchs (1983), 55, 89. Den Vorfahren des Krampus benennt die Verfasserin leider nicht!
[2] Sills-Fuchs (1983), 53.
[3] Sills-Fuchs (1983), 71.
[4] Sills-Fuchs (1983), 105.
[5] Sills-Fuchs (1983), 62, 119.

hatten damit ein den religiösen Glaubensinhalt stets verjüngendes Element. ... Eine Priesterschaft, die Verbote aussprach, herrschen wollte und Machtansprüche stellte, konnte sich unter solchen Umständen nicht entwickeln."¹ – (Die Druiden sind hier offenbar vergessen!)

Immerhin gibt es neben *Lug*, der, wie bei Esoterikern und in der älteren Keltologie üblich, für einen Himmelsgott gehalten wird und in einem Ortsnamen wie *Lugendorf* im Waldviertel weiterleben soll (!), noch *Teutates*, *Taranis* und *Esus*, „letzterer auch Cernunnos genannt."² Er mußte seine Gattin mit dem Himmelsgott Taranis teilen, weshalb heute noch die frivolen, aber offenbar traditionsbewußten Franzosen von einem „gehörnten" Ehemann sprechen.³ Es gab auch eine Erdmuttergöttin, welche die Germanen *Erda* oder *Freya* (warum kommen plötzlich Germanen ins Spiel?) nannten und deren Kult heute in der Marienwallfahrt weiterlebt.⁴ Für die Druiden beruft sich Sills-Fuchs auf den Anthroposophen Rudolf Steiner, der angenommen hatte, daß die Druiden das Schreiben ablehnten, weil sie gewohnt waren, die „Urschrift der Natur" zu lesen,⁵ ein Gedanke, der zur masonistischen Deutung dieses Ordens paßt (s. unten S. 789f.).

Im Gegensatz zu anderen esoterischen Kelteninterpreten ist Sills-Fuchs aber keine blinde Keltomanin: Sie läßt die Griechen gelten und hält die Germanen, deren Fürst Marbod die letzten versprengten Kelten aufnahm, immerhin für deren „sehr gelehrige Nachahmer".⁶ Durch und durch schlecht waren nur die Römer!

Bei aller Ver-rücktheit ihrer „fiktionalen Wissenschaft" ist Sills-Fuchs jedoch keine sture und monomanische Matriarchatsverfechterin – indessen, schon indem ich dieses schreibe, erweise ich mich als ein Angehöriger des alles relativierenden Wassermannzeitalters!

---

1 Sills-Fuchs (1983), 119f. [Kursivierung von Sills-Fuchs].
2 Sills-Fuchs (1983), 122.
3 Sills-Fuchs (1983), 135.
4 Sills-Fuchs (1983), 122.
5 Sills-Fuchs (1983), 129
6 Sills-Fuchs (1983), 109.

Immerhin: Das ganze Buch durchzieht das „*fascinans* des Großen Steines" – insbesondere des Schalen- und Schälchensteines und ein Satz lautet: „In den zweitausend Jahren ihrer Gestirnszeit haben die Kelten in der ihnen eigenen Art immer für Überraschungen gesorgt und Rätsel aufgegeben."[1] Also auch Keltenstereotyp Nr. 6 bleibt gewahrt!

4. „Keltenbotanik"

Das Werk des Oxforder Poetologen Graves galt bald als Kronzeuge eines üppigen Baumkultes und dementsprechenden Naturgefühls.

Die Keltenideologie mit ökologischem Akzent entstammt dem schon erwähnten Klischee Nr. 2 der Kelten als Menschen mit besonders tiefer Naturerfahrung (s. oben S. 31), das sich in der Vorstellung, sie seien speziell Wald und Naturleute gewesen, äußerte.[2] So hat schon die berühmte Keltenausstellung im Palazzo Grassi 1991 die Kelten völlig unbegründet als „Waldleute" gefeiert.[3] Aus unserem Bewußtsein von einer zerstörten Umwelt, von abgeholzten Regenwäldern und Klimakatastrophen heraus entstand damals und entsteht auch noch jetzt eine eskapistische Sehnsucht, die sich am behaupteten keltischen Naturwissen emporrankt.

---

1   Sills-Fuchs (1983), 138.
2   In dem kleinen Keltenmuseum in Roseldorf (Niederösterreich) findet sich folgendes anonyme Gedichtchen voll romantischer Naturschwärmerei:
    Wie Merlin möchte ich durch die Wälder ziehn,
    Was die Stürme wehen,
    Was die Donner rollen,
    Und die Blitze wollen,
    Was die Bäume sprechen,
    Wenn sie brechen,
    Möchte ich wie Merlin verstehen.
    Ein Keltenbegeisterter schrieb in das Gipfelbuch des Gaisberges (im Wienerwald bei Kaltenleutgeben), wo sich laut keltomanischer Annahme ein Druidenheiligtum befunden haben soll: „Danke für das Verständnis für unser keltisches Erbe! Wer hört in unserer hektischen, technokratischen, kapitalistischen Zeit noch die Stimme der Bäume, wer kennt die Weisheit unserer Ahnen?" Steiner (2006), 29.
3   Thomas Pownall, A Description of the Sepulchral Monument at New Grange, near Drogheda, in the County of Meath, in Ireland, in: Archaeologia 2 (1773), 241 (zitiert nach Morse [2005], 81, 208) hatte den Namen der Kelten etymologisch mit einem Wort für 'Wald' oder 'Holz' verbunden, doch kann ich mir nicht vorstellen, daß dieser vorwissenschaftliche Versuch noch bis 1991 – auch nur versteckt – weiterlebte. Eher wirkte sich hier der Tick eines der Ausstellungsorganisatoren aus.

Auch hier wieder in den Spuren von Robert Graves' „Weißer Göttin" (s. oben S. 567), in der die Baumnamen des „uririschen Ogamalphabets" und die mittelkymrische Dichtung von der Schlacht der Bäume (*Kat Godeu*; s. oben S. 568) als Kronzeugen gelten, die – wie erwähnt – wohl auch in der Gestalt der *Ents* bei Tolkien (s. oben S. 539) weiterlebt.

So kommt es zu der Vorstellung von den Kelten als den „Ur-Grünen" und „Ur-Naturverbundenen". Vor allem Merlin in seinem Apfelbaum, Weißdorn oder Eiche wurde als Exponent dieser angeblich besonderen Naturverbundenheit angesehen. Im schottischen Drumelzier (Peeblesshire), dem Heimatland von *Merlinus Silvester-Lailoken* wird das vor kurzem mit einem Weißdorn neubepflanzte Grab Merlins gezeigt.[1]

Es ist kein Zweifel, daß die Kelten – wie andere Völker, Griechen, Germanen, Slawen auch – Baumverehrung kannten.[2] Wir wissen von den Heiligen, daß sie in Gallien kultisch verehrte Bäume fällten, wir wissen, daß Bäume mit dem Kult der Mütter, später der Feeen (s. S. 542) verbunden waren, wir kennen heilige Bäume in Irland, die teils gefällt, teils im Christentum weiter verehrt wurden, wir kennen die Benennung nach Bäumen in der Anthroponymie,[3] aber die Verehrung einzelner Bäume schließt die allgemeine wirtschaftliche Verwendung der Bäume nicht aus, und es gibt platterdings keinen Grund anzunehmen, daß die keltischen Handwerker und Bauern naturverbundener gewesen seien als die anderer alteuropäischer Stämme. In Trier findet sich sogar die Skulptur eines vermutlich einen Baum fällenden Gottes.[4] Im Gegenteil: Die Kelten als Meister des Metallhandwerks haben die europäischen Urwälder in großem Stil abgeholzt. Um ein Kilo Eisen zu reduzieren, müssen 16 m³ Holz geschlägert werden. Auch der Einsatz des Streitwagens ist nur in einer weitgehend baumfreien Landschaft möglich!

Die magisch-rituelle Entsprechung zum Phantasma der „Baumleute" finden sich im keltischen Baumkreis – gewissermaßen als Nachholung eines Ritualgedankens, den uns die historischen Kelten schuldig geblie-

---
1 Demandt (2002), 146.
2 Dazu und zum Folgenden Demandt (2002), 138–147.
3 Birkhan (1999a), 881f.
4 Birkhan (1999a), 643–645; Birkhan (1999b), Abb. 417; Cunliffe (2000), 75.

ben sind oder in einem phantastischen Nachvollzug einer Kreisanlage wie Stonehenge,[1] im „Baumkalender"[2] und, sozusagen nur konsequent, im „Baumhoroskop",[3] das der Schweizer Esoteriker Michael Vescoli[4] bekannt gemacht hat, von dem selbst wieder eine ganze Reihe anderer einschlägiger Publikationen abhängig ist.

Der Esoteriker und Tarot-Spezialist Bertram Wallrath will die Vorgeschichte des Baumhoroskops und Baumkreises eruiert haben. Ich folge hier seiner Darstellung:

> Anfang der siebziger Jahre soll die französische Kulturjournalistin Paule Delsol von der Redaktion der Frauenzeitschrift „Marie Claire" den Auftrag erhalten haben, „einige neue 'alte' Horoskope zu entwickeln". Paule Delsol machte sich an die Arbeit, und so entstand „nach eingehenden Studien der jeweiligen Kulturen" ihre Folge von „horoscopes insolites", unter anderem ein „Horoscope Gaulois" (das vorliegende „Keltische Horoskop"), ein „Horoscope Arabe" (inzwischen ebenfalls auf Deutsch erschienen!), ein „Horoscope Tibetain" (das noch auf seine deutsche Entdeckung wartet) und verschiedene andere. Paule Delsol hatte sich angeblich mit viel Fingerspitzengefühl in die Gedankenwelt und die Überlieferungen der jeweiligen Völker hineingedacht und so die verschiedenen Horoskope erfunden. So auch das „Keltische Baum-Horoskop", welches – wie man meinte – „geradezu kongenial die Gefühlswelt der keltischen Gallier und ihrer Beziehungen zu den Bäumen widerspiegelt. So könnte also ein keltisches oder gallisches Horoskop ausgesehen haben, wenn es eine gesicherte Überlieferung gäbe."

So Wallrath, der ja gleichfalls in der Baumkreiswelle mitgeschwommen war und nun, nachdem er selbst an der Aufdeckung des Schwindels beteiligt scheint, offensichtlich nicht seine eigenen Horoskopspekulationen über Bord gehen lassen wollte.

---

1 Tatsächlich gab es seit der Jungsteinzeit solche „henge-artige", aus Holz errichtete Kreisanlagen, nicht nur als Woodhenge (Wiltshire), sondern auch in Mitteleuropa, insbesondere in Österreich; Hasenhündl – Neubauer – Trnka. Mit den Kelten hat dies freilich nichts zu tun.
2 Matzl (1997); Krause (2007), 232f.
3 Matzl (1997); die sozialdemokratisch regierte Gemeinde Wien hat das Baumhoroskop in Sievering um Millionen Euro mit kleinen botanischen Fehlern – wie die Verwechslung von Fichte und Tanne – nachgebaut.
4 Vescoli (2003); Wallrath (1995); Blamires (2001); im Hintergrund stehen Arbeiten wie: Brosse (1990); Höhler (1985).

Dieses Horoskop soll in den achtziger Jahren dem Göttinger Verleger Bert Schlender von der Autorin Annemarie Mütsch-Engel angeboten worden sein, der es unter dem Titel „Bäume lügen nicht – Das keltische Horoskop" herausbrachte.

> „Dieses keltische Horoskop war angeblich in Polen tradiert und von einer Volksdeutschen auf ihrem Weg in die alte neue Heimat in polnischer Sprache mitgebracht worden. Das von der Volksdeutschen mitgebrachte, 'in Polen tradierte' handschriftliche Textkonvolut war nichts anderes als eine Abschrift aus einem polnischen Gartenkalender", dem wieder Delsols Horoskop in „Marie Claire" zugrundelag.

Dem Buch „Bäume lügen nicht" entnahmen mehrere Astrologen ihre Weisheit, unter anderen Wallrath selbst und eben auch Michael Vescoli, der das Plagiat allerdings bestritt, doch durch einen Übersetzungsfehler bei der Erstübersetzung aus dem Französischen überführt worden sein soll, den er aus „Bäume lügen nicht" übernommen hatte.[1]

Nach Wallrath sind die 20 (21!) Bäume des Baumkalenders: Ahorn, Apfelbaum, Birke, Buche, Eberesche, Eiche, Esche, Feigenbaum, Hainbuche, Haselnuß, Kastanie, Kiefer, Linde, Nußbaum, Ölbaum, Pappel, Tanne, Ulme, Weide, Zürgelbaum und Zypresse. Man muß nicht, wie der Verfasser dieser Zeilen, der gemäß „seiner" Zypresse „die Fähigkeit zu reflektieren" besitzt,[2] botanisch ambitioniert sein, um zu sehen, daß die alten Kelten, insbesondere auch der inselkeltische Ogamerfinder, einige der Bäume – darunter just die Zypresse! – kaum kennen konnten.[3]

Bertram Wallrath verfaßte 2003 selbst „Das keltische Baum-Horoskop", das von Amazon.de so beworben wird:

> „Das keltische Baumhoroskop zeichnet menschliche Eigenschaften in ihrer Zuordnung zu unseren Bäumen als faszinierende Alternative zu den uns vertrauten Tierkreiszeichen. Diese Umsetzung kannten bereits die Druiden im

---
1 http://www.euro-celts.com/arboreum/baumkreis.html (4. 9. 2005).
2 Matzl (1997), 48.
3 Bemerkenswerterweise fehlt die sicher als heilig angesehene Eibe! Bei Matzl (1997) ist sie samt Zeder aufgenommen, dafür fehlt der Zürgelbaum.

alten gallischen Frankreich, denen, wie uns heute erneut, die Bäume näher waren als die Sterne. Darüber hinaus werden das druidisch-magische Heilwissen und seine Anwendung für den Alltag wiederentdeckt. 'Der Apfelbaum – die Liebe' (23. Dezember bis 1. Januar und 25. Juni bis 4. Juli) oder 'Die Haselnuß – das Außergewöhnliche' (22. bis 31. März und 24. September bis 3. Oktober)."

Daneben gibt es „Das keltische Baumorakel von Bertram Wallrath" (2007), „Das keltische Baum-Tarot. Buch und Karten von Leah Levine und Bertram Wallrath" (2004) und ein Baum-Horoskop für Liebessachen als ein „astreines Beziehungsbuch" von denselben beiden Autoren. Hier findet sich die Zuordnung zu den Kelten nur im Titel. Im Text selber heißt es: „Auch die Kelten und andere Kulturen verehrten besonders den Stamm eines Baumes...".[1] Als Belege für die alte (keltische) Baumverehrung werden die Zerstörung der Irmensul und der Donareiche, also Maßnamen gegen das germanische Heidentum, genannt. Relevanter für den Käufer sind wohl die ausführlichen Anleitungen zu diversen Zauberverrichtungen.

Ein Nebenprodukt der Baumverehrung ist die Vorstellung vom besonderen Heilwissen der Kelten. Mit ihr wirbt z.B. ein als „Druidentee" verkaufter harmloser Kräutertee. Ein findiger Juwelier verkauft Rohbernsteinstücke als „Wendesteine",[2] die, unter das Kopfpolster gelegt, die Gesundheit zum Besseren „wenden" – natürlich ist der Hinweis auf den keltischen Ursprung dieser Magie unausweichlich.

Die Vorstellung, daß die Kelten besonders viel von Kräutermedizin verstanden hätten, geht einerseits auf die Sagen von *Diancécht* im *Lebor Gabála*,[3] andererseits auf die walisische Tradition von den „Ärzten von Mydd-

---

[1] Levine–Wallrath (2005), 10.
[2] www.wendestein.at
[3] Dort werden neben *Diancécht* selbst noch seine beiden Söhne *Óc-Tríal* und *Míach* und deren Schwester *Airmed* erwähnt. Sie verwandeln durch Zaubersprüche eine Quelle in eine Heilquelle, die dann später das *Loch Luibe* 'Loch des Krautes' (wegen der von *Diancécht* dort gesetzten Heilkräuter) ergab. Als dann nach einer Tradition *Míach* die abgeschlagene Hand des Gottes Nuadu anheilte, erschlug der Vater seinen Sohn aus Eifersucht und errichtete über ihm einen Grabhügel, aus dem 365 Arten von Heilkräutern wuchsen, entsprechend den Gelenken und Nerven des Darunterliegenden. *Airmed* sammelte sie in der richtigen Ordnung ein, aber der immer noch eifersüchtige *Diancécht* brachte sie

fai" zurück, die ihr magisches Wissen angeblich von einem Elfenvolk aus den Tiefen des Sees Llyn Fan Fach bezogen haben.[1] Eine dieser Lehren besagt: „If thou desirest to die, eat cabbage in August." Man sagt aber auch: „Suppers kill more than the Physicians of Myddfai can cure." Jedenfalls fährt auch die Schmalspurbahn des gemutmaßten esoterischen Kelten-Heilwissens auf den Schienen der „alternativen Vorzeitmedizin" daher.

5. Matriarchatsphantasien

a. Populärwissenschaftliche Vorstellungen vom altkeltischen Matriarchat

Obwohl etwa in dem großen, mehrbändigen Sammelwerk „A History of Women" (1992)[2] nicht einmal ein Stichwort „Celtic" vorhanden ist, sind im Alltag viele populäre Keltenvorstellungen vom Topos Nr. 3 eines altkeltischen Matriarchats bestimmt (s. oben S. 31), wobei solche Vorstellungen sowohl als "Mythos *in illo tempore*" als auch als utopischer Zukunftsentwurf fungieren können. Dahinter steht als Denkprinzip: „If the goddess is female, then females are goddesses."[3] So hat der Matriarchatsgedanken für viele Frauen existentielle Bedeutung, sowohl in ihrer Ideologie als auch der individuellen Lebenspraxis.

Die gesellschaftliche und religiöse Stellung der Frau bei den alten Kelten hat immer wieder zu Diskussionen Anlaß gegeben seit Heinrich Zimmer 1894 zuerst das „Das Mutterrecht bei Pikten und Schotten" ins Spiel brachte.[4] Es folgte eine Reihe von Untersuchungen, unter denen vor

---

aus Bosheit durcheinander, so daß sie nur noch der göttlich Inspirierte anwenden kann; dazu und allgemeiner zur keltischen Medizin: Birkhan (1999a), 626–634.
1 Wilde (1997), 105f.; Ross (2001), 98f., 113–121; Jacobs (1892), 57–60.
2 A History of Women. Mit Bachofens Thesen zum Mutterrecht setzt sich Stella Georgoudi, Creating a Myth of Matriarchy, in: I, 449–463 auseinander. Man kann dem Buch vorwerfen, daß es auf barbarische Kulturen nicht eingeht, umgekehrt ginge es aber gewiß auf solche ein, wenn von dieser Seite irgendwelche handfeste Ansätze für ein Matriarchat kämen. Vgl. die besonnene Diskussion von Wesel (1980), der gleichfalls nichts von matriarchalen Kelten weiß, über den ethnologischen Paradefall der Irokesen (107–113).
3 Zitat nach Judy Mann bei Eller (2000), 103.
4 Zimmer (1894).

allem die von Eleanor Hull (1927), J. G. McKay (1932), Josef Weisweiler (1939; 1941), Proinsias Mac Cana (1955; 1958–59) und Máire Breathnach (1982) besonders hervorstechen. Kurt Derungs (1995a) hat dankenswerter Weise einige dieser besonders wichtigen Arbeiten wieder abgedruckt und um einige andere, auch aus eigener Feder, vermehrt. Darunter einer Deutung der *Iarlles y Ffynhawn*, der 'Brunnengräfin' (s. o. S. 97), aus tiefenpsychologischer Sicht, die mir durchaus – neben anderen Interpretationen wie der dort kritisierten „germanistischen" – möglich scheint.[1] Ich selbst habe in meinem „Versuch einer Gesamtdarstellung" altkeltischer Kultur (1999a) das große religionsgeschichtliche Kapitel mit einer umfangreichen Erörterung der Muttergottheit begonnen und oben mehrfach auf die Göttin der „Landesherrschaft", bzw. die „Souveränitätsgöttin" hingewiesen (s. oben S. 91ff., 167, 188). An der enormen Relevanz dieser Vorstellungen, die sich in Matrilinearität und Uxorilokalität (letztere besonders auch noch in der Welt des Volksmärchens) äußern können, ist gewiß nicht zu zweifeln.

Eine andere Frage ist freilich, ob diese Vorstellungen als Reste eines früheren „Matriarchats" zu bewerten sind,[2] und ob sie auf die Kelten beschränkt bleiben. Ich habe oben (S. 92f.) verwandte Vorstellungen in der Hamletsage aufgezeigt und kann auch auf die Deutung der *Sváva* in der nordischen Helgitradition der Edda als *Suēbia*, die Landesgöttin des Suebenlandes, verweisen.[3] In einem Buch mit dem bezeichnenden Titel „Lady with a Mead Cup"[4] finden sich weitere Belege zu diesem angeblich nur-keltischem Vorstellungssyndrom. Außerhalb meiner Kompetenz liegt die Frage, wieweit solche Ideeen nicht auch bei Balten und Slawen (etwa in der Sage von *Libussa*) vorhanden waren. In der Fixierung auf die Kelten tritt wohl auch das „modische Element", das deren Rezeption heute so deutlich begleitet, zu Tage. Wenn wir diese Form des Hieròs gámos mit Heide Göttner-Abendroth (1980) unter dem Schlagwort „die Göttin und ihr Heros" subsumieren, ist dagegen nichts zu sagen. Fatal wird

---

1   Derungs (1995b).
2   Wie es z. B. French-Wieser (2001) tut, und es in der Matriarchatsforschung allgemein üblich ist.
3   Höfler (1952).
4   Enright (1996).

erst die Ideologisierung dieser religionsgeschichtlichen Rekonstruktion, indem das solcherart rekonstruierte „Matriarchat" als die einzig-heile Welt angesehen wird, der gegenüber alle späteren Epochen als patriarchale Perversionen eines glücklichen Urzustandes erscheinen müssen.

Die gerade genannte höchst prominente Matriarchatsforscherin hat hier manche – in den Augen einer kritischen Feministin durchaus bedenkliche – Anregungen gegeben, als sie 1986 „die autonome Bildungsstätte" *Akademie Hagia* für moderne Matriarchatsforschung gründete. Es handelt sich dabei angeblich um eine sektenähnliche Institution, deren weibliche Angehörige sich in einen „Coven" einweihen lassen können (oder: konnten?). Nach dem Bericht einer Abtrünnigen mach(t)en die Initiandinnen mit verbundenen Augen eine mehrstündige Initiation durch, wobei die Initiationsmeisterin Göttner-Abendroth selbst als Göttin *Brigit* wirkt(e), während sie sonst im matriarchalen *Lugnasad*-Ritus die Rolle des „Heros" einnehmen soll.[1]

Vielfach glaubt frau, daß die Urform der menschlichen Gesellschaft eine „matriarchale" gewesen sei. Nachdem sich aber eine „Frauenherrschaft" im strengen Wortsinn einer „Gynaikokratie" für keine Menschheitsepoche nachweisen ließ,[2] hat bei intellektuellen Feminist(inn)en der Terminus „Matriarchat" eine neue Bedeutung angenommen, nämlich die einer „entralen Position der Frau" oder sogar von "völliger Ebenbürtigkeit von Mann und Frau". Statt „matriarchal" wäre nun etwa „maternal"

---

1   Für Keltologen interessant sind: Göttner-Abendroth (1980); Göttner-Abendroth (2005a); Göttner-Abendroth (2005b); zum angeblichen Sektenwesen, den esoterischen Festen, Göttner-Abendroths Magieauffassung und zur Initiation in den Coven s. Schäfer (2001), 163–165, 177–181. Dagegen s. Diskriminierung (2003), wo sich Göttner-Abendroth gegen ideologische Unterstellungen, nicht aber gegen die der Praxis in ihrer ashram-artigen Gründung verteidigt. Während Schäfer behauptet die Einweihung mitgemacht zu haben, antwortet Frau Dr. Göttner-Abendroth auf meine Anfrage bezüglich des gegenwärtigen Standes des Covens per email am 26. 1. 2009: „Frau Schäfer wurde nicht in einen Coven eingeweiht, denn sie hat niemals die Kenntnis erworben, die erforderlich ist, um die Leitung der Matriarchalen Mysterienfeste zu übernehmen. Nur solche ausgebildeten Frauen wären Mitglied in einem Coven."
    Einen Schritt weiter zur Magie und zum Hexenwesen geht Daly (1990) „with 'New Intergalactic Introduction by the Author.'" Die Verfasserin definiert sich selbst als „a positively revolting hag who holds doctorates in theology and philosophy from the University of Fribourg, Switzerland. An associate professor of theology at Boston College, this Spinster spins and weaves cosmic tapestries in her own time/space." So die Mary-Daly-Website.

2   Lerner (1991), 52, wo der Begriff „Matriarchat" verworfen wird.

oder „matrizentrisch" zu sagen. Damit ist die strenge Opposition „Patriarchat : Matriarchat" aufgehoben und „Matriarchat" könnte als Verwirrung stiftendes Unwort in die Mottenkiste überlebter Begriffe wandern.

Beim breiten feministischen Fußvolk aber auch in offiziellen Bezeichnungen hat sich der unhaltbare Wortgebrauch jedoch unausrottbar festgesetzt.

So verkündete eine populärwissenschaftliche Ausstellung[1] über „Macht und Liebe" im burgenländischen Schloß Halbturn in Riesenlettern:

„Acht Millionen Jahre Mutterherrschaft (Matriarchat), siebentausend Jahre Vaterherrschaft (Patriarchat). Wären acht Millionen Jahre ein Tag, dann gäbe es das Patriarchat seit einer Minute".[2]

In Schwung gekommen sind die Mutterrechtsphantasien in jüngerer Zeit in breiten Kreisen durch Marion Zimmer Bradley (1930–1999) und ihren Roman „The Mists of Avalon" (1982), eine sehr umfangreiche Bearbeitung der Arthursage mit stark ideologisch-matriarchaler Schlagseite. Ähnlich wie bei Tolkien gibt es auch bei Bradley, die von Insidern gewöhnlich MZB genannt wird, eine Reihe von Vorspiel- und Fortsetzungsromanen, die sie zusammen mit Diana L. Paxson verfaßte, bzw. später diese allein. Wie Tolkien hat auch sie eine eigene Fantasy- und Science fiction-Welt in ihren 22 „Darkover-Romanen" geschaffen.

---

[1] Produktion: Marietheres Waldbott - Bassenheim, Texte: Georg Halbgebauer, Wissenschaftliche Beratung: Eduard Graf Wickenburg, Assistenz: Stephanie Habsburg-Lothringen.
[2] Es spricht eigentlich für das Patriarchat, daß es sich in dieser angeblich kurzen Zeit so völlig durchsetzte! So etwas bedachten die „VerfasserInnen" dieses Textes freilich nicht. In der von blaublütigen, jedoch nicht von Fachleuten gestalteten Ausstellung hieß es unter „Die Frau der Kelten": „Obwohl in der Familie, wie bei den antiken Völkern allgemein, strenges Patriarchat herrschte (die Männer hatten die volle Gewalt über Leben und Tod von Frauen und Kindern), spiegeln sich bei den Kelten noch die Relikte uralter matriarchalischer Gesellschaftsformen wieder [sic!]. Die keltische Frau genoss alle Rechte, die ihrer sozialen Herkunft und ihrem Vermögen entsprachen und damit verbunden die gleichen Freiheiten wie ein gleichgestellter Mann. Sie konnte ebenso wie er Familienoberhaupt werden, Königin, Seherin, Magierin, Richterin, Anwältin und Erzieherin. Sie hatte die Freiheit selbst zu entscheiden, ob sie heiraten wollte oder nicht, und sie war erbberechtigt. Der Eingriff in diese gleichberechtigte Stellung der Frau fand erst durch das Christentum statt." Aufmerksame LeserInnen werden verwirrt sein, denn wie paßt das „strenge Patriarchat" zu dieser aus oberflächlicher Kenntnis irischer Verhältnisse plakativ herausgestellten Freiheit?

MZB hat auch Schule gemacht. Nachdem Claire French-Wieser (2001) erklärt hatte, wie die „Göttin" im Verfall der alteuropäischen Mythologie "keltisch wurde", legte Heide Göttner-Abendroth eine matriarchale Umdeutung der gesamten Arthursage vor, insoferne sie Frauen betrifft, also die Verwandten der *Igerne*, sowie den gesamten Lancelot- und Gralskomplex.[1] Die Nacherzählung ist sprachlich keineswegs reizlos und kann in meinen Augen durchaus als Literaturwerk *sui generis* gelten. Wollte man es als Gattung bestimmen, so wäre es am ehesten als "ProfessorInnen-Roman" einzustufen. Dem tragen auch Anhänge Rechnung, die jeweils nach der Sagenerzählung eingeschaltet werden und eine matriarchale Deutung der Handlung enthalten, desgleichen das "Nachwort. Vergleich der Gralsmythen mit dem Lanzelot-Zyklus und der Isis-Religion", auch wenn solch didaktische Anhänge dem klassischen Professoren-Roman fremd sind. So wie auch in ihrem Märchenbuch von Frau Holle und dem Feeenvolk der Dolomiten[2] ist das berühmte *prodesse et delectare* ein wichtiges Anliegen dieser Schriften, denen man einen gewissen poetischen Reiz nicht absprechen kann. Die jeweiligen Nachworte holen Leserin und Leser wieder in die Matriarchatsideologie zurück.

Das Eigenwillige bei Göttner-Abendroths Vorläuferin MZB in ihrem arthurischen Werk kommt dadurch zustande, daß sie – wie auch in ihrem Trojaroman „The Firebrand" – alles konsequent aus der Sicht der beteiligten und betroffenen Frauen zeichnet, ein durchaus origineller und begrüßenswerter, allerdings auch sehr ideologieträchtiger Ansatz. Die Handlung ist durchzogen von der Auseinandersetzung zwischen der matriarchalen Keltenkultur und dem Christentum – oder, wie *Morgaine* gleich eingangs sagt: nicht Christus, sondern seinen Priestern. Danach spielt die Handlung in einer Umbruchsphase. So unterscheidet „der" *Merlin* – der Name hier als Appellativ gebraucht – *Taliesin* im Gespräch mit *Igraine*:

„... ihre Welt unter dem einen Gott und Christus und daneben und dahinter die Welt, in der die Große Mutter noch immer herrscht, die Welt, in der das Alte Volk beschlossen hat zu leben und der Göttin in Ehrfurcht zu dienen ..."

---

1 Göttner-Abendroth (2005a).
2 Göttner-Abendroth (2005b). Das Patriarchat bricht in der Gestalt des Germanenfürsten *Wotan* herein, dessen Name kurioserweise durchaus in der Wagnerschen Unform und nicht als *Wodan* erscheint.

„Sláine" eingedenk, werden wir nicht erstaunt sein, wenn wir erfahren:

> „Unsere Welt, in der die Göttin und der Gehörnte, ihr Gefährte, herrschen ... wird aus dem großen Strom der Zeit abgedrängt. Schon heute ... kann ein Reisender, der sich ohne Führer auf den Weg nach Avalon macht, die Insel nur erreichen, wenn er den Weg wohl weiß. Sonst findet er nur die Insel der Priester ..."[1]

Wieder erscheint der vertraute *Cernunnos* als männlicher Partner der Großen Mutter. Sein Leben und sein ritueller Tod werden in Hirschmasken in saturnalienartigen Riten nachvollzogen,[2] was die Verfasserin als Lesefrucht aus Frazers „Golden Bough" eingebracht hat. Kurios ist, daß sie – sicher zufällig mit Gorsleben (s. oben S. 576ff.) übereinstimmend – mit einer Art Urchristentum bei den Kelten rechnet, welches freilich das matriarchale Heidentum untergrub, denn der *Merlin* weiß:

> „Vor vierhundert Jahren schworen die Priester uns einen Eid ... noch ehe die Römer hierherkamen und versuchten, unser Land zu erobern. Sie schworen, sich nie gegen uns zu erheben und uns mit Waffengewalt zu vertreiben. Denn wir waren vor ihnen da; sie kamen damals als Bittsteller, und sie waren schwach. Sie haben den Schwur nicht gebrochen ... Aber im Geist, in ihren Gebeten haben sie nie aufgehört, gegen uns zu kämpfen."[3]

Daß die christlichen Priester noch vor der Eroberung Britanniens (unter Kaiser Claudius 43/44) schon bei den Kelten Fuß faßten, ist eine Vorstellung, die mir sonst nicht untergekommen ist und in dieser Form singulär sein dürfte. Dieses „keltische Urchristentum" ging dann doch irgendwie im keltischen Matriarchat auf, denn *Patricius* hat nach der Missionierung Irlands zur Zeit Arthurs Glastonbury vom unheilvollen Druideneinfluß zu säubern und zu reevangelisieren, was die Verfasserin recht negativ bewertet.[4] Dieses Detail zeigt indessen, daß MZB entweder O'Rahillys oder

---

1 Zimmer Bradley (1987), 26.
2 Zimmer Bradley (1987), 227f.
3 Zimmer Bradley (1987), 26.
4 Zimmer Bradley (1987), 338.

Carneys[1] Forschungen gekannt hat, denn m. W. wird sonst nicht die Auffassung vertreten, daß Patrick am Ende seiner Laufbahn Glastonbury, das O'Rahilly für seine Heimat hielt, besucht habe. Der Übergang von menschlichen Frauen zu Göttinnen ist fließend, da die Heldinnen in Priesterinnenfunktion gedacht werden. So sagt *Viviane* zu ihrer Schwester *Igraine*, indem sie den alten Hieròs gámos-Gedanken (s. oben S. 91ff.) aufgreift:

> „Ein Teil der Bretagne ist im Nebel verschwunden und das Große Heiligtum der Steine [scil. Carnac; Bi.] ist schon nicht mehr auffindbar ... Aber König Ban hat geschworen zu verhindern, daß die Welten auseinandertreiben. Er verbürgt sich dafür, die Pforten zu den Mysterien geöffnet zu halten. Deshalb wird er die Heilige Ehe mit dem Land schließen, zum Zeichen, daß sein Blut vergossen wird, um die Ernte zu retten, wenn es das Schicksal verlangt. Es ist angemessen, daß ich als letzten Dienst, den ich der Mutter erweise, bevor ich meinen Platz unter den weisen Frauen einnehme, sein Land an Avalon binde. Und so werde ich bei diesem Mysterium für ihn die Göttin sein."

Bemerkenswert ist, daß es hinter den „Göttern", die auf Erden wirken, noch weitere „Götter" gibt, die wie Parzen oder Nornen mehr als die Götter wissen. Wir erfahren bei dieser Gelegenheit auch, daß die Große Göttin mit dem Mond identisch ist:

> „Der Mond zeigte sich nicht am Himmel. Dann, so sagte man den jungen Priesterinnen im Haus der Jungfrauen, verschleiert die Göttin ihr Gesicht vor den Menschen und holt sich Rat in den Himmeln und bei den Göttern, die hinter den Göttern stehen, die wir kennen."[2]

Um der fixen Idee von der trinitarischen Großen Mutter gerecht zu werden, sagt Viviane mit Bezug auf die noch kindlich-schlafende *Morgaine*, die Tochter ihrer Schwester *Igraine*, zu dieser:

> „Noch ist sie nicht Jungfrau, und ich bin noch nicht die weise Frau, ... Aber wir sind die Drei, Igraine. Zusammen sind wir die Göttin, und sie ist mitten unter uns."

---
1 Carney (1973), 122.
2 Zimmer Bradley (1987), 253.

Aber freilich ist da noch die dritte Schwester *Morgause*, und indem *Igraine* sich fragt, welche Rolle denn Morgause spielen solle, antwortet *Viviane*, die den Gedanken gelesen hatte, bebend:

> „Die Göttin hat ein viertes Gesicht, das verborgen ist, und du solltest zu ihr beten, wie ich es tue ... wie ich es tue, Igraine ... daß Morgause nie dieses Gesicht tragen wird."[1]

Daß hier die übliche Dreiheit durch eine offenbar den Tod bezeichnende vierte Erscheinungsform übertrumpft wird, ist ein origineller Ansatz. Er kommt dadurch zustande, daß einerseits zwischen den drei Schwestern, *Morgause*, *Viviane* und *Igraine* kein so großer Altersunterschied gedacht werden kann, daß alle drei Erscheinungsformen der Muttergöttin (Mädchen, reife Frau, Alte) abgedeckt wären. Um alle weiblichen Handlungsträger im Schema unterzubringen, muß daher die kindliche *Morgaine* als „noch nicht ganz Jungfrau" herhalten. Dadurch gerät *Morgause* als die Unbeliebteste der drei Schwestern, die auch relativ selten auftritt, ins Out und erhält die schreckliche Maske. Man sieht, wie schwer es ist, der Sagentradition das unbelegbare Dogma der dreifaltigen Muttergottheit[2] überzustülpen!

MZB teilt uns in der „Danksagung" am Ende des gewaltigen Werkes ihre Quellen mit. Da steht denn auch Frazers „Golden Bough" mit dem zu tötenden Sakralkönig als Partner einer ewigen Göttin (im sog. „Nemi-See-Syndrom"; s. oben S. 92) ganz vorne. Die merkwürdige Vorstellung von einem britannischen Urchristentum in vorrömischer Zeit dürfte auf ein Mißverständnis apokrypher Texte zurückgehen. Für die Rekonstruktion folgte MZB u. a. teilweise der *„Gardnerian Wicca"*-Literatur, dann aber auch

> „Alison Harlow und dem Orden der Großen Göttin, *Otter and Morning-Glory Zell*, Isaac Bonewits und den Neuen Reformierten Druiden [s. unten S. 792],

---

1 Zimmer Bradley (1987), 39.
2 Diese emanzipationistische Lieblingsidee, wahrscheinlich nach dem Vorbild der christlichen Dreifaltigkeit erfunden, hat in der keltischen Religion keinen Rückhalt. Die häufigen Göttinnendreiheiten (z.B. der Matronen oder *Coventinae*) zeigen nicht die gewünschte altersmäßige Abstufung; z. B. Horn (1987); Green (1993), 72–85.

Robin Goodfellow und Gaia Wildwoode, Philip Wayne und Crystal Well, Starhawk, deren Buch 'Spiral Dance' mir eine unschätzbare Hilfe für die Schilderung des Werdegangs einer Priesterin war."[1]

Man sieht, wie sehr die Erfolgsautorin dem okkulten Schrifttum, auf das ich noch da und dort zurückkommen werde (s. unten S. 768ff.), verpflichtet ist und wie sie angesichts der Millionenhöhe der Auflage ihres Buches als Multiplikatorin dieser Lehren gewirkt hat. Daß natürlich auch die Atlantissage aufscheint,[2] muß kaum noch erwähnt werden. 1983 kam „Web of Light – Web of Darkness" heraus, das den deutschen Titel „Das Licht von Atlantis" (1984) erhielt. Wie im Falle Tolkiens wurde nach dem Tod der Schriftstellerin aus ihrem Nachlaß und aus freier Phantasie eine Vorgeschichte zu den „Nebeln von Avalon" hergestellt, in welcher der Atlantisroman in einer Bearbeitung von Diana L. Paxson den Anfang bildete.

Die besondere Bedeutung des Werkes von MZB drückt folgender Satz aus der Internetwerbung aus:

„Dieses fundiert recherchierte Frauen-Kultbuch erinnert an die eigene Magie der Frauen, an die Blüte ihrer Macht und ihrer Spiritualität und legt aus der Artus Sage [sic!] die ältere, weibliche Geschichte frei."[3]

b. Zeugnisse zur Stellung der Frau bei den alten Iren

Ohne auf die Haltlosigkeit von Konzepten wie dem einer überhaupt herrschaftsfreien und gewaltlosen oder einer völlig von Frauen beherrschten Gesellschaft oder Götterwelt eingehen zu wollen, weise ich eingangs

---

1   Zimmer Bradley (1987), 1118. Nach dem Tod der Autorin scheinen an den Marion Zimmer Bradley Literary Works Trust häufig Anfragen über matriarchale neuheidnische Religionsformen gekommen zu sein, so daß die Trustleitung einerseits eine Internetadresse zur Information über einen „Covenant of the Goddess" mitteilt (http://www.cog.org/), anderseits sich bemüßigt fühlt zu betonen, daß MZB nicht nur keinem Coven und keiner neuheidnischen Gruppe angehörte, sondern Christin war. Sie hat sich zur Priesterin der „Holy Apostolic-Catholic Church of the East (Chaldean-Syrian)" weihen lassen, hatte allerdings zusammen mit Paxson 1978 den *Wicca*-Coven *Darkmoon Circle* gegründet, was offenbar verschwiegen werden soll; vgl. http://de.wikipedia.org/wiki/Marion_Zimmer_Bradley (31. 3. 2008).
2   Zimmer Bradley (1987), 81.
3   http://www.wecarelife.at/urlaub-freizeit/die-nebel-von-avalon/die-nebel-von-avalon/ (29. 3. 2008)

darauf hin, daß im altinselkeltischen Recht die Frau in mancher Hinsicht (Eherecht, Scheidungsrecht)[1] eine etwas bessere Stellung als bei den mediterranen Völkern, vor allen den Griechen, hatte.[2] Grundsätzlich ist festzuhalten, daß das Recht nur Polygamie des Mannes, also Polygynie, nicht Polyandrie, vorsah. Hervorragend durch Nüchternheit und Objektivität ist in diesem Zusammenhang Bitel (1996).[3]

Ein beredtes Zeugnis für eine Art altirischer „Frauenemanzipation", das freilich indirekt den üblichen niederen Status der Frau in der durchaus patriarchalen altkeltischen Gesellschaft[4] vor diesem neuen Recht bezeugt, bietet die „*Cáin Adamnáin*", der *Canon* Adamnáns, eine altirische Abhandlung über die Rechtsvorstellungen, die Frauen betreffen. Sie stammt aus dem 9. Jh., wurde aber *Adamnán*, dem Verfasser der Columcille-Vita (7. Jh.) zugeschrieben. Hier werden zunächst Beispiele früher irischer (das heißt aber wohl auch altkeltischer!) „Sklavinnenhaftigkeit" (*cumalacht*) genannt:

> etwa, daß die Frau in einem Erdloch zu stecken hatte, so tief, daß ihre Genitalien verborgen waren, und einen Spieß so lange über dem Feuer halten mußte, bis der Braten gar war, ferner hatte sie bis zur Schlafenszeit als Kerzenhalter zu dienen. Im Kampf schleppte sie auf der einen Schulter ihre Lebensmittel, auf der anderen ihr kleines Kind. Auf dem Rücken trug sie einen 30 Fuß langen Stab mit einem Eisenhaken, mit dem sie in den feindlichen Scharen eine Gegnerin beim Zopf packen sollte. Hinter ihr kam ihr Mann, der sie mit Zaunstangen zum Kampf antrieb.[5] Als Trophäen nahm man den Kopf oder die Brüste der Frauen.

Man wird das nicht unbedingt für bare Münze nehmen, denn wahrscheinlich wurde der Status der Frau grotesk erniedrigt, um Adamnáns Leistung leuchtender hervortreten zu lassen. Jedenfalls soll er all das auf

---

[1] Dazu Kelly (1995), 68–81; Ó Corráin (1995); Birkhan (1999a), 1022–1036.
[2] Dazu vgl. Vogt (1988), 118–167.
[3] Die Verfasserin, keltologisch, speziell altirisch bewanderte Professorin „of History and Women's Studies at the University of Kansas", steht wohl schwerlich im Verdacht, einseitig machistischer Auffassungen. S. davor schon die wichtige Darstellung von Weisweiler (1940).
[4] Dazu Wood (1997), 161f.
[5] Vgl. dazu Bitel (1996), 206–216. Vgl. dagegen die von einer Wiener Esoterikerin dargestellte „Kampffrau" in: Birkhan (1999b), Abb. 783.

Betreiben seiner Mutter *Rónnat* abgeschafft haben. Die Frau sollte höher geachtet werden, gingen doch aus ihrem Schoß Heilige, Äbte und ehrenhafte Männer hervor! Als Schöpferin ist sie Jehova vergleichbar.[1] Da die Iren sich selbst seit dem Hungerstreik St. Patricks (s. unten S. 724) immer einen Sonderstatus bei Gott einräumten, so setzte die Mutter des Heiligen nun den Herrn dadurch unter Druck, daß sie ihrem Sohn unerhörte Qualen auferlegte, indem sie ihn nur mit einem Stein im Mund acht Monate an einen Brückenpfeiler kettete und dann in einem Steinsarg lebendig begrub. Ein Engel befreite ihn und sagte ihm zu, daß ihm Gott jeden Wunsch erfüllen werde. Zwar rebellierten die Könige gegen die Emanzipation der Mütter, aber Adamnán zog nur mit seinem Altarglöcklein bewaffnet gegen sie zu Feld und verfluchte sie so, daß endlich das frauenfreundliche Gesetz eingeführt werden konnte. Der Heilige verlangte freilich von Gott Sicherheiten, und so verpfändete der Herr Sonne, Mond, alle Elemente, seine Apostel und die wichtigsten Heiligen.

Auf diese Weise befreite Adamnán, dem sein Vorgehen die Bezeichnung „Shaman-Saint" eingetragen hat,[2] die Frauen – oder eigentlicher: die Mütter[3] – aus der Sklaverei und nahm von ihnen dafür nur ganz geringe Gaben als Dank. Gegen jene, die wider die neuen Gleichstellungsgesetze verstoßen sollten, formulierte er eigene Flüche, verhieß aber den Pflichtbewußten ein langes glückliches Leben: Um der Mütter willen, die alle hervorgebracht haben, ist die Tötung von Frauen verboten. Wer eine Frau tötet, dem wird die rechte Hand und der linke Fuß abgeschlagen, er wird sodann hingerichtet und seine Angehörigen sollen den Wert von sieben Sklavinnen oder 21 Milchkühen an Wergeld entrichten oder aber 14 Jahre büßen und vierzehnfaches Wergeld zahlen. (Im klassischen irischen Recht vor dieser Neuerung war mit dem halben Wergeld eines der Frau sozial gleichgestellten Mannes zu büßen). Ist eine ganze Kriegsschar an einem Frauenmord schuldig, so soll jeder fünfte Mann bis 300, also maximal 60 Männer, diese Strafe erleiden. Bringt man eine Frau von Adel zum Erröten, so ist man zur Zahlung des Wertes von sieben Sklavinnen

---

1 Bitel (1996), 119.
2 Daniel Mella (1983), 113–128.
3 Bitel (1996), 85.

verpflichtet. Die Vergewaltigung einer nicht-adeligen Jungfrau ist mit dem halben Wert dessen, was einer adeligen zustünde, zu bestrafen usw. Freilich haben auch Frauen Kapitalverbrechen zu büßen, aber anders als Männer: Begehen sie einen Mord an einer anderen oder an einem Mann, so besteht ihre Strafe darin, daß sie in einem Boot mit Speise und Wasser, aber nur einem einzigen Ruder ausgesetzt werden. Diese Form der *Cáin* ist allerdings die Überarbeitung einer älteren, die wohl wirklich von *Adamnán* stammte, zwischen 690 und 700 entstanden ist, und für alle nichtkämpfenden Gruppen wie Kinder und Kleriker eine Schonung und Sonderregelung vorsah.[1] Inwieweit die von Juristen stammende spätere Version mit der Überbewertung der Frau in der Rechtspraxis angewandt wurde, scheint nicht bekannt zu sein.

Die Erzähltraditionen etwa der *matière de Bretagne* oder unserer Märchen wissen auch von Avunkulat, uxorilokaler Wohnfolge und Herrschaft zu berichten, die Archäologie von bedeutenden „Müttern" (z.B. Matronen), die Königssagen von der als anthropomorphen oder theriomorphen Göttin vorgestellten „Landesherrschaft", die in ihrer heiligen Ehe mit dem König diesen legitimierte, wozu ja auch die *Medb* 'die Berauschende; die Berauschung'[2] genannten Funktionsträgerinnen gehören (s. oben S. 91). An diesem Punkt hat Marion Zimmer Bradley ihre matriarchale Ausdeutung aufgehängt.

Die antiken Autoren waren von der Größe, Kraft, Schönheit und dem Mut keltischer Frauen beeindruckt. Diodorus wunderte sich, daß die Kelten ihre schönen Frauen nicht mehr schätzten. Ammianus Marcellinus beschreibt, wie die Gallierinnen im *Furor heroicus* in einer Schlacht gerast hätten: „groß wie Männer, mit blitzenden Augen und gebleckten Zähnen".[3]

Nicht selten wird auf politisch mächtige oder sonst vorbildliche Frauen wie *Onomaris*,[4] die Galaterin *Chiomara*[5] oder die britannische Icenenkö-

---

1 Ní Dhonnchadha (1995); Bitel (1996), 104.
2 Dazu Kelly (1992), 77–84, mit dem vielsagenden Titel „Medb: Sovereignty Goddess or All-Too-Human?"
3 Wood (1997), 151. Dort auch die Verbindung zu den keltischen Kriegsgöttinnen.
4 Tomaschitz (1994), 102–112; Evans (1999); Koch-Carey (2000), 42.
5 Hofeneder (2005), 98f.; Hofeneder (2008), 189f., 258f.

nigin *Boudicca*[1] und natürlich auch die in den Gräbern wie Mitterkirchen, Vix oder Waldalgesheim bestatteten Fürstinnen verwiesen.[2] Andererseits zeigt eine Autorin die Problematik solcher über große Zeiträume und aus den verschiedensten Informationsquellen stammenden Befunde auf.[3] Würde eine gekrönte Herrscherin schon ein Matriarchat ausmachen, so hätte Shakespeare im Mutterrecht gelebt, und auch heute noch wäre das United Kingdom ein Matriarchat.

Der Auffassung von der herausragenden Stellung der Frau scheint ein Titel wie *Parliament na mBan* 'Das Frauenparlamet' Vorschub zu leisten. Dieses Ende des 17. Jh.s entstandene Werk geht von der Feststellung aus, daß alle Männerparlamente gescheitert seien, weshalb nun die Frauen versuchen sollten, das auf Grund gelaufene Schiff wieder flott zu machen. Sein Verfasser, ein Kleriker, fordert daher eine höhere Schulbildung, ja sogar Hochschulbildung für alle Frauen, verbietet ihnen aber gleichzeitig aus moralischen Gründen Tanz und den niederen Ständen bunte Kleidung. Wahre Emanzipation ist das wohl auch nicht.[4]

c. Inselkeltische Vorbildfrauen

Freilich werden immer wieder bedeutende Frauengestalten aus Spätmittelalter und Neuzeit als Repräsentantinnen „der keltischen Frau" genannt,[5] wie sie übrigens in der sehr bestimmenden Frau des Häuptlings *Abraracourcix* (dt. *Majestix*) im „Astérix" parodiert wird. Von den späteren historischen oder „quasi-historischen" Vorbildfrauen erwähne ich:

α. Duchesse Anne
Diese Heldin (1477–1514) war die Tochter von Franz II., dem letzten Herzog der Bretagne (die 1488 mit seinem Tod die Unabhängigkeit verlor).

---

1 Matthews (1988); De Paor (1997), 39–41; Koch–Carey (2000), 43; Birkhan (1999b), Abb. 307, 309.
2 Dazu z.B. Rankin (1996), 245–258; Wilde (1997), 140–158.
3 Brandt (1995), 87–90.
4 Power (1969), 90f.
5 Wilde (1997).

Sie war mit Maximilian I. von Österreich, später mit Karl VIII. und Ludwig XII. von Frankreich vermählt und setzte sich in ihren Ehen so sehr für die Bretagne ein, daß ihre Heimat während ihrer Herrschaft und der ihrer Tochter Claude, die mit dem Duc de Valois, als König Franz I., vermählt war, eine Blütezeit erlebte. Auf ihren Wunsch setzte man ihr Herz in Nantes bei, wo es als eine Art Reliquie in einer Goldkapsel verehrt wurde. Während der französischen Revolution wurde das Herz weggeworfen, die Kapsel sollte eingeschmolzen werden, blieb aber doch erhalten und befindet sich heute wieder in Nantes.

β. Grace O'Malley
Eine andere, im Charakter völlig verschiedene, oft beschworene Frauengestalt ist Grace O'Malley (ca. 1530 – ca. 1603), die „Dark Lady of Doona", nach ihrer dunklen Komplexion und einem ihrer herrschaftlichen Sitze. Sie vertritt den Typus der kriegerischen Powerfrau als Piratin und einer noch dem altirischen Recht anhängenden Tochter eines Lokalkönigs, die sich z.B. die Freiheit nahm, sich gemäß den sog. *Brehon Laws*, von ihrem Gemahl selbst zu scheiden.[1]

γ. Róisín Dubh
Róisín Dubh 'Schwarzes Röschen' scheint der Kosename einer der Töchter des Hugh O'Neill, Second Earl of Tyrone (ca. 1540–1616), eines der bedeutendsten frühen Freiheitshelden Irlands, gewesen zu sein.[2] Von ihrem Leben ist wenig bekannt. Ihr Ruhm beruht auf dem gleichnamigen Lied des 16. Jh.s, das sich als visionäres Liebeslied gibt, aber im Grunde ein rein politisches Lied ist, da das „Schwarze Röschen" (*Dark Rosaleen*) eigentlich eine Allegorie Irlands sein soll.[3] Die Gleichsetzung von Land, Heimat und Herrschaft mit der Umworbenen, Geliebten oder Gemahlin des Herrschers ist bei den Inselkelten omnipräsent, uns schon wieder-

---

[1] Weiteres bei Wilde (1997), 142–145.
[2] http://en.wikipedia.org/wiki/Hugh_O'Neill%2C_2nd_Earl_of_Tyrone (6. 1. 2008).
[3] Der irische und englische Text ist zugänglich in: http://www.irishpage.com/songs/roisdubh.htm (6. 1. 2008). http://en.wikipedia.org/wiki/Róisín_Dubh_(song). Der hier zitierte Text soll die Übersetzung des Freiheitshelden und Revolutionsführers Pádraig Pearse sein. Eine abweichende Version in: The Guinness Book of Irish Ballads, 266–268.

holt begegnet (s. oben S. 91ff.) und wird uns noch begegnen (s. unten S. 606). Hier erscheint nun Irland als das geliebte „Schwarze Röschen", dem vom Dichter-Ich des Liedes Hoffnung gemacht wird, daß der Papst von Rom und die spanische Armada es in seiner Not unterstützen werden. Der Dichter ist weit mit der geliebten Rose in Berg und Tal und am Loch Erne unterwegs gewesen, und die Geliebte hat offenbar gezeigt, daß sie ihn verlassen könnte, vielleicht um einen besseren Beschützer zu finden:

> Thou hast slain me, O my bride, and may it serve thee no whit,
> For the soul within me loveth thee, not since yesterday nor today,
> Thou has left me weak and broken in mien and in shape,
> Betray me not who love thee, my Little Dark Rose!

Dahinter stehen politische Verwicklungen, auf die hier nicht einzugehen ist. Das Röschen, ein „fragrant branch", hat dem Dichter seine Liebe versprochen, und er wäre zu den größten Taten für sie bereit: die Berge umzupflügen oder mitten in die Messe hinein ihr zuliebe ein neues Evangelium einzufügen! Zuletzt beschwört der Dichter in apokalyptischen Bildern, was alles geschehen müßte, bevor er die Geliebte im Stich ließe:

> The Erne shall rise in rude torrents, hills shall be rent,
> The sea shall roll in red waves, and blood be poured out,
> Every mountain glen in Ireland, and the bogs shall quake
> Some day ere shall perish my Little Dark Rose!

Wenn auch die historische Person hinter *Róisín Dubh* ganz zurücktritt, so werden doch das Lied und seine Heldin gerne im Zusammenhang mit der herausragenden Stellung der keltischen Frau zitiert – mit Recht, jedoch auf keiner biographischen, sondern einer kultisch-allegorischen Ebene. Diese hat Yeats durch das Rosensymbol in seiner Gedichtsammlung „The Rose" (1893) noch vertieft, da nun noch der Bezug auf die Rosenkreuzer dazukommt und auf die Geliebte Maud Gonne, die ja durch ihre politische Stellung auch mit der *Róisín dubh* verglichen werden kann.

Im Übrigen kann auch ein Rind das Land repräsentieren, so die beiden Stiere die Provinzen Ulster und Connacht in der Sage *Táin Bó Cuailnge* und die berühmte Kuh *Droimeann Donn*, die in der volkstümlichen Lyrik für Irland steht.[1]

δ. Flora MacDonald

Diese in Schottland bis auf den heutigen Tag als Heroine verehrte Jakobitin (1722–1790)[2] stammte von South Uist (in den Äußeren Hebriden). Ihre Ruhmestat bestand darin, daß sie dem letzten katholischen Kronprätendenten Prince Charles Edward Stuart (1720–1788) rettete, der nach seinem mißlungenen Versuch, von Frankreich aus den Stuarts das Königtum über Schottland, Irland und England zurückzugewinnen, nach der verlorenen Schlacht von Culloden bei Inverness (1746), zur Fahndung ausgeschrieben war. Obwohl ein Kopfgeld von 30.000 Pfund auf ihn ausgeboten wurde und man ihn wochenlang in den Highlands verfolgte, fand sich kein Verräter des Fürsten, den man wegen seiner Hübschheit „Bonnie Prince Charlie" nannte. Zuletzt errettete den in die Enge getriebenen Prinzen Flora MacDonald, indem sie ihn in Frauenkleider steckte und mit dieser „Zofe Betty Burke" nach Skye hinüberruderte. Am 20. September 1746 gelang es dann dem Geretteten, über Schottland wieder nach Frankreich und zum Ausgangspunkt seines Eroberungsversuches zurückzukehren. Bonnie Prince Charlie betrat die Britischen Inseln nie mehr, scheiterte in zwei Ehen und verstarb zuletzt in Italien. Er wurde in Rom beigesetzt, wo sein Grab im Petersdom zu sehen ist. Seine Retterin hat er nie mehr gesehen, sie aber bewahrte das Leintuch, auf dem er auf Skye geschlafen hatte, als Reliquie auf, in das eingehüllt sie zuletzt auch bestattet wurde – wohl symbolisch eine Art intimer Verbindung zwischen sich selbst als Repräsentantin Schottlands und dem Prinzen wenigstens im Tode andeutend. Sie heiratete später, zog in die Vereinigten Staaten und kehrte nach der Unabhängigkeitserklärung nach Schottland zurück. Bis heute gilt sie als Muster einer edlen und beherzten Frau. „Courage" und „fidelity" sind die Tugenden, um derentwillen sie auf dem Hochkreuz, das man ihr zu Ehren in Kilmuire auf Skye setzte, gerühmt wird.

---

1 Vgl. das ergreifende Lied in An Duanaire, 310f.
2 Birkhan (1999b), Abb. 778. Vgl. auch An Duanaire, 308–311.

ε. Lady Charlotte Elizabeth Guest

Die Engländerin Lady Charlotte (1812–1895) war in Uffington House als Tochter von Albemarle Bertie, 9th Earl of Lindsey, geboren. Sie war mit dem walisischen Großindustriellen der Eisenbranche John Josiah Guest verheiratet, der später auch Parlamentsabgeordneter und Baronet war, und lebte in Merthyr Tydfil mitten im südwalisischen Industriegebiet. Sie teilte das philanthropisch-soziale Anliegen ihres Gemahls und führte nach dessen Tod das Werk eine Zeitlang allein weiter. In zweiter Ehe war sie dann mit dem klassischen Philologen Charles Schreiber, gleichfalls einem Parlamentabgeordneten, verbunden. Mit ihm unternahm sie weite Reisen in Europa, wobei das Ehepaar Keramik, Fächer, Spielbretter und Spielkarten sammelte, die es später großen Londoner Museen vermachte. Für die Keltenrezeption ist Lady Guest vor allem deshalb höchst bedeutsam, weil sie als erste die walisischen mittelalterlichen Traditionen durch wissenschaftlich zuverlässige Übersetzungen erschloß. Schon als Mädchen hatte sie sich im Selbstunterricht Hebräisch, Arabisch und Persisch beigebracht, in Wales lernte sie Kymrisch und stand mit verschiedenen Gelehrten wie Thomas Price und La Villemarqué (s. oben S. 383, 625) in Verkehr, lehnte sich aber nicht an Owen Pughes Mabinogiondarstellung in der Myvyrian Archiaology of Wales und seiner Übersetzung von 1835 an. Sie ist es auch, die als erste die Bezeichnung *mabinogion* 'enfances; Jugendgeschichten von Helden' nicht nur auf die „Vier Zweige" (*Pedeir Keinc*), sondern auch auf die anderen Erzählungen (s. oben S. 96f.) anwendete. Ihre Übersetzung, die zwischen 1838 und 1849 erschien, war so bahnbrechend, daß nicht nur Lord Tennyson und Matthew Arnold im 19. Jh. darauf zurückgriffen, sondern daß sie auch noch in der ersten Hälfte des 20. Jh.s im englischen Sprachraum maßgeblich blieb. Lady Guest hat also den Ruhm, als Erste jene Texte, die als die interessantesten aus dem alten Wales galten, einer größeren nicht-walisischen Lesergemeinde zugänglich gemacht zu haben.[1]

---

[1] Auf dem Kontinent verwendete man ab dem frühen 20. Jh. die dann durch Anmerkungen und Textkritik dann überlegenen Übertragungen des bretonischen Keltologen Loth (1913).

ζ. Cathleen ni Houlihan

Diese Figur ist eine Irland verkörpernde Sagengestalt, die Yeats (s. unten S. 651ff.) zur Hauptperson eines berühmten einaktigen Dramas machte, mit dem am 27. Dezember 1904 das Abbey Theatre eröffnet wurde. *Cathleen*[1] ist eine geheimnisvolle alte arme Frau, die 1798 mitten in der Hochstimmung eines bäuerlichen Hochzeitsfestes auftaucht. Sie fasziniert die Gesellschaft durch ihre Klagen, daß zu viele Fremde in ihrem Hause wohnen und ihr die vier schönen Felder (gemeint sind natürlich die vier irischen Provinzen) enteignet seien. Anderseits rühmt sie sich, daß viele junge Männer für sie gekämpft hätten und für sie in den Tod gegangen seien. Es sind Gedanken, die an *Róisín Dubh* anklingen. *Michael*, der Bräutigam, verfällt ihr immer mehr. Sie sagt noch:

„They that have red cheeks will have pale cheeks for my sake, and for all that, they will think they are well paid".

Und das Haus verlassend singt sie:

„They shall be remembered for ever,
They shall be alive for ever,
They shall be speaking for ever,
The people shall hear them for ever."[2]

Obwohl die eintreffende Braut Michael zurückhalten will, folgt er der Alten, um unten im Hafen von Kilala die Franzosen zu treffen, die eben zur Befreiung Irlands landen. Unterwegs begegnet ihr Michaels jüngerer Bruder. Gefragt, ob er nicht der Alten auf dem Weg begegnet sei, antwortet er: „I did not, but I saw a young girl, and she had the walk of a queen." Tatsächlich führte das Eingreifen der französischen Truppen zur Einrichtung einer sehr kurzlebigen „Republic of Connaught". Die Verwandlung der Alten in eine schöne, die Herrschaft über Irland oder *Ériu*

---

1   Wohl nach der hl. Katharina von Alexandrien benannt, die in Irland große Verehrung genießt. So ist ihr auch eines der „penitential beds" auf Station Island in Lough Derg geweiht. Zur Allegorisierung in diesem Stück s. Foster (1989), 283–287; vgl. Wood (1997), 158.
2   Yeats, Plays, 92f.

selbst repräsentierende Jungfrau ist ein aus der altirischen Königssage gut bekanntes Motiv. Ein Plakat der Gaelic League von 1910/15 stellte unter *Éire* eine majestätische Frau mit Speer einer trauernden barfüßigen Bettlerin, die in den Union Jack gehüllt ist und *West Britain* heißt, gegenüber.[1] Die allegorisch-geheimnisvolle Dichtung, in der die Angebetete des Dichters, Maud Gonne (1866–1953),[2] die Nationalistin, Widerstandskämpferin und spätere Gründerin der revolutionären irischen Frauenbewegung *Inghinidhe na hÉireann* ('Daughters of Ireland'), die Hauptrolle spielte, wurde mit großer Begeisterung aufgenommen und wirkte noch beim Osteraufstand 1916 nach.

Eine weitere Personifikation des Landes hatte Yeats schon zuvor in „The Countess Cathleen" (1892) geschaffen, einem Versdrama, das er der geliebten Maud Gonne gewidmet hatte. In diesem Einakter opfert sich die Gräfin *Cathleen* – wieder das personifizierte Irland –, indem sie, um die armen Bauern vor dem Hungertod zu retten, ihre Seele dem Teufel in Gestalt zweier aus behornten Eulen entstandenen, „östlich gekleideten" Kaufleute, verschreibt.[3] Angesichts des militanten irischen Katholizismus ein heikles Thema, das, wieder mit Maud Gonne in der Hauptrolle, gleichwohl ein Meisterwerk des irischen Symbolismus bildet. Abgesehen von der Sprachgewalt besticht das Werk auch durch eine Fülle von Sagenreminiszenzen, die der Dichter *Aleel* beschwört.

Cathleen als Repräsentantin Irlands ist im allgemeinen Bewußtsein der Iren noch präsent und ein nationales Symbol wie Shamrock, Round Tower, Harfe und wolf-hound.[4]

---

1   Kenny (1993), 18.
2   Sie heiratete den Major John MacBride, der sich im Burenkrieg hervorgetan hatte, in der Gaelic Athletic Association aktiv war, am Osteraufstand 1916 teilnahm und hingerichtet wurde. Yeats hat die Ehe der feinsinnigen Frau, die mehrmals seinen eigenen Heiratsantrag abgewiesen hatte, gerade mit diesem Mann, den man als seinen Antityp bezeichnen könnte, sein Leben lang verbittert. Zu Maud Gonne s. Wilde (1997), 151–156.
3   Yeats, Plays, 27ff.
4   Vgl. Tieger (1991), 9, Abb. 1

η. Lady Isabella Augusta Gregory

Isabella Augusta Persse (1852–1932) aus Roxborough (Grafschaft Galway) war nach dem Tod ihres Mannes Sir William Gregory, dem pensionierten Britischen Gouverneur von Ceylon, eine der führenden intellektuellen Gestalten der Irish Renaissance. Sie stammte aus streng protestantisch-angloirischer Familie, hatte aber bereits als Kind von ihrem Kindermädchen Irisch gelernt. Sie war einerseits selbst Dramatikerin (mit nur mittelmäßigem Erfolg), aber vor allem eine äußerst tatkräftige Initiatorin und mit Yeats befreundet. Mit ihm, Edward Martyn und Robert Moore (1852–1933) gründete sie in Dublin das Irish Literary Theatre und danach das noch bedeutendere Abbey Theatre. Das waren jene Bühnen, auf denen die Stücke des Celtic Revival aufgeführt werden sollten. Andererseits aber – und darin besteht ihr Hauptverdienst – erschloß sie durch ihr Buch „Cuchulain of Muirthemne. The Story of the Men of the Red Branch of Ulster, arranged and put into English by Lady Gregory" (1902) wieder die alten Sagen, insbesondere des Ulster-Sagenkreises, der im Gegensatz zur Leinstersage ja weitgehend vergessen war. In seinem Vorwort schrieb Yeats folgende hymnische Worte:

> „I think this book is the best that has come out of Ireland in my time. Perhaps I should say that it is the best book that has ever come out of Ireland; for the stories which it tells are a chief part of Ireland's gift to the imagination of the world – and it tells them perfectly for the first time."[1]

Sie dürfte auch „Cathleen ni Houlihan" aus ihrer Kenntnis der Königssage heraus angeregt haben, und Yeats erwähnte später, „how often Lady Gregory has collaborated with me ... 'The Green Helmet' and 'The Player Queen' alone perhaps are wholly mine."[2] Eine Mitbegründerin der irischen Volkskunde wurde sie auch durch ihre frühe Feldforschung und eine Reihe von Einaktern, die sie im sogenannten *Kiltartanese*, verfaßte. Das war der angloirische Mischdialekt, wie er um Cool Park verwendet wurde, wo sie später auf den Ländereien ihres Mannes bei Gort (Co.

---

1 Gregory (1902), 7.
2 Yeats, Plays, 862.

Galway) residierte.[1] Ihr 1918 gefallener Sohn Robert Gregory schuf die Bühnenbilder zu den Stücken von Yeats. Neben diesen förderte sie auch andere Autoren des erwachenden irischen Selbstbewußtseins wie John Millington Synge, George Moore, George Bernard Shaw, Sean O'Casey, Katharine Tynan und Violet Martin (Martin Ross).

θ. Constance, Countess Markiewicz

Die Engländerin Constance Georgine Gore-Booth (1868–1927) war die in London geborene Tochter eines anglo-irischen Grundherrn, der über etwa 100 km² Boden im nördlichen County Sligo verfügte. Im Gegensatz zu anderen Landlords war er durch sehr starkes soziales Verantwortungsgefühl bestimmt, was sich während der Hungersnot 1879 – 80 zeigte. Seine beiden Töchter Constance und Eva gerieten ihm nach und waren in der Folgezeit in sozialistischen Bewegungen engagiert. Mit Yeats befreundet, gelangte Constance in den Geist der Irish Renaissance, dem sie mentalitätsmäßig dann auch immer verhaftet bleiben sollte, darüber hinaus aber als die wichtigste irische Politikerin – wohl bis heute – hervortrat. Sie studierte Malerei und engagierte sich bereits während ihres Studiums in London für das Frauenwahlrecht. An der Pariser Akademie lernte sie ihren späteren Gatten Graf Kazimierz Dunin-Markiewicz, einen ukrainischen Adeligen polnischer Abstammung, kennen. Ihre gemeinsame Tochter erhielt den prestigeträchtigen Namen *Maeva* nach der berühmten Königin *Medb* von Connacht.

Es ist hier nicht nötig, das weitere Leben der Gräfin im Einzelnen nachzuzeichnen, obwohl es spektakulär genug verlief.[2] Nachdem ihr Mann in seine slawische Heimat zurückgekehrt war, blieb sie in Irland und war maßgeblich an allen Organisationen und Verbänden beteiligt, die irgendwie mit dem irischen Unabhängigkeitskampf zu tun hatten (der „Irish Republican Brotherhood", der „Irish Citizen Army", der „Irish Republican Army" [IRA, wo sie den Rang eines „Colonel Second-in-command" bekleidete]). Sie nahm am Osteraufstand 1916 teil, wurde gefan-

---

1 Rauchbauer (2002), 64–70.
2 Wilde (1997), 156 158. Abgebildet: Birkhan (1999b), Abb. 777; in Uniform bei Kenny (1993), 35.

gengenommen und nur wegen ihres Geschlechtes nicht mit den anderen Anführern hingerichtet. Bereits im Folgejahr 1917 begnadigt, wurde sie die führende *Sinn Féin-* und *Fianna Fáil-* Politikerin und als erste Frau in das British House of Commons gewählt, wobei sie allerdings diese Position aus Protest nicht annahm. Als Arbeitsministerin der Irischen Republik war sie auch die erste Frau in Europa, die ein Ministeramt innehatte (1919–1922).

So bemerkenswert, ja vorbildhaft ihr couragiertes Leben auch war, im Sinne der Keltenrezeption ist es deswegen nicht so relevant, weil Constance sich durch soziales Mitgefühl bzw. aus feministischen Ansprüchen heraus motivierte. Das spezifisch keltische Element, für Yeats und Synge, aber auch für die Freiheitskämpfer wie den Marxisten James Connolly (1868–1916), Pádraig Pearse (1879–1916) und Douglas Hyde (1860–1949) so bedeutsam, hat sie weniger beeinflußt (trotz des Namens ihrer Tochter). Die Gräfin ist natürlich eine Ikone der internationalen Frauenbewegung, der Demokratisierung und des Sozialismus, das „Keltische" hat in ihrem so aktiven Leben eher eine marginale Rolle gespielt.

Welche Frauen sahen die Inselkelten selbst als ihre Vorbildfrauen an?
Darauf antwortet die hymnenartige Dichtung eines Hochzeitsliedes, das Alexander Carmichael im 19. Jh. im schottischen Hochland aufzeichnete. Litaneiartig werden darin Vergleiche als Vorbilder beschworen.[1]

> Die Frau und Braut ist ein Schatten in der Hitze, eine Zuflucht in der Kälte, Augen dem Blinden, ein Stab dem Pilgrim, eine Insel dem Meer, eine Festung an Land, ein Quell in der Wüste, Heilung den Kranken.

> „Yours is the skill of the Fairy Woman,
> Yours is the virtue of Brigit the serene,
> Yours is the faith of Mary the gentle,
> Yours is the tact of the women of Greece,
> Yours is the loveliness of Emer the Beauty,
> Yours is the tenderness of Darthula the delightful,

---

[1] Zitiert nach Wilde (1997), 170f.

> Yours is the courage of Maeve the battler,
> Yours is the charm of the mouth of Melody."

Des weiteren ist sie die Freude aller Dinge, ein lichtvoller Sonnenstrahl, das Tor der Gastfreundlichkeit, ein Leitstern, der Schritt der Hinde auf dem Hügel, der Stute auf der Straße, die Gestalt des schwimmenden Schwans, der Liebreiz jedes Liebreizes ...

Bemerkenswert scheint darin die Vermischung konventioneller lustbetonter Bilder mit solchen der schottischen Lebenswelt ("Festung an Land") und die Einbettung der heiligen Frauen zwischen Elfen und Sagengestalten. Warum die Griechinnen als Muster an Takt gelten, ist nicht ganz klar. Vielleicht schlägt sich hier dieselbe Hochachtung vor Griechenland nieder, die auch der *Lebor Gabála* zeigt. Auch *Darthula/Deirdre* würden wir nicht unbedingt mit dem Begriff „delightful" verbinden; zu sehr überwiegt in unserer Vorstellung die Konnotation des Leidvoll-Tragischen in dieser Gestalt. Würde man bei uns in einem Brautlied die Gefeierte mit Isolde vergleichen? Interessant ist auch die Auffassung der *Medb* als „battler", da die Connachtkönigin ja selbst kaum kämpft, sondern als Aufhetzerin und Strategin wirkt. Immerhin zeigt sich in diesem Brautlied das Ideal der Hochländerin auch mit einer kriegerischen Komponente.

d. Neuere wissenschaftliche Versuche zur Matriarchatsbegründung

Die Matriarchatsanhängerinnen berufen sich gerne auf die Arbeiten der litauischen Archäologin Marija Gimbutas (1921–1994) und des C. G. Jung-Schülers Erich Neumann (1905–1960).

Gimbutas[1] nimmt an, daß die Domestizierung des Pferdes im Raum der sogenannten Kurgankultur zu deren kriegerischer Expansion unter patriarchalischer Gesellschaftsform geführt habe. Das seien die Indogermanen gewesen, die bei ihrer Expansion nach Westen zwischen etwa

---
1 Gimbutas (1974); Gimbutas (1982); Gimbutas (1991).

4500–3000 v. Chr. von Osten in das Dnjepr-Donez-Gebiet, die westliche Ukraine und die moldavische Steppe im unteren Donaugebiet und bis nach Ostungarn eingedrungen seien, wo neolithische Ackerbaukulturen mit einer „gynandrischen" Gesellschaftsform bestanden hätten. Diese leitete Gimbutas aus den zahlreichen weiblichen Idolfiguren ab, die sie als Hinweis auf die Verehrung einer großen Muttergottheit ansah. Die Indogermanisierung der Agrarkulturen durch eine kriegerische und dank des Pferdes mobile Oberschicht hätte dann im Norden die Trichterbecherkultur, im Osten und Südosten auch Anatolien und den Nordiran erfaßt und letztlich zur Ausbildung der jungsteinzeitlichen Glockenbecher-, Schnurkeramik- und Streitaxtkultur geführt.

Es ist hier nicht der Ort, auf diese Theorie einzugehen, abgesehen davon, daß dies auch deutlich meine Kompetenz überstiege.[1] Es genügt vielmehr, auf die Problematik eines Schlusses aus dem Vorkommen weiblicher Idolfiguren auf eine weiblich dominierte Religion und/oder gar Gesellschaft hinzuweisen. Es wäre ja auch verfehlt, aus der großen Zahl von Marienstatuen und Bildern auf die Dominanz der Gottesmutter als „Muttergottheit" im Katholizismus zu schließen. Aber selbst dann, wenn man diesen Schluß für berechtigt hält, so ist an den großen zeitlichen Abstand zwischen diesen vermuteten jungsteinzeitlichen Verhältnissen und dem Entstehen des Keltentums in der letzten Phase der Hallstattzeit in einem weiter westlichen Raum zu erinnern.

Trotz der wichtigen Rolle von Frauen auf den osthallstättischen Tongefäßen aus Sopron (Ödenburg), die in den Kreis der als Dreieck stilisierten Frauengestalten gehören und der dort angedeuteten Umfahrt einer so dargestellten Frau,[2] berechtigt nichts zur Annahme etwa von Matrilokalität, Matrilinearität und schon gar eines „Matriarchats". Wenn in der erzählerischen Überlieferung der Inselkelten Motive vorkommen, die derlei nahelegen, so ist – wie schon erwähnt – meiner Meinung nach die

---

[1] Zu Marija Gimbutas, Heide Göttner – Abendroth und anderen Anwältinnen eines Ur-Matriarchats s. Röder – Hummel – Kunz (1996). Eine weitere ausführliche Kritik durch eine feministische Forscherin findet sich in: Frauen – Forschung – Archäologie, darin besonders Brand (1995); Eller (2000).

[2] Vgl. Eibner (1997), die überzeugend zeigt, daß die auf einer Seitenlinie aufstehenden gleichseitigen Dreiecke, nicht das auf der Spitze stehende „Schamdreieck", Abbreviaturen für Frauendarstellungen sind. Dazu vgl. auch Allinger (2002).

Annahme naheliegender, daß sie eine Auswirkung des vorindogermanischen Substrats auf den Britischen Inseln seien.

Neuerdings geht man wieder von einer eiszeitlichen Urgöttin aus und erklärt dann etwa die griechische Mythologie aus dem Aufeinanderprallen von alteuropäisch-matriarchalen und indogermanisch-patriarchalen religiösen Systemen.[1] Dabei fällt dem Urbaskischen als Ursprache des vorindogermanischen matrilinear strukturierten Europa und den DNS-Analysen ganz besondere Bedeutung zu.

Die in „Sláine", bei Zimmer Bradley und im *Wicca*-Glauben vertretene Annahme einer dominierenden Mondgöttin (nennen wir sie etwa *Arianrhod*!) mit nachgeordnetem Sonnengott findet hier jedenfalls keine Stütze.

Erich Neumanns[2] Spekulationen beruhen auf Archetypen – als solche *per definitionem* universal in Raum und Zeit und daher nicht spezifisch keltisch –, und beziehen so von der Steinzeit bis heute den alten Orient, Alteuropa, Asien und Amerika ein. Alchemistische Vorstellungen stehen neben schematischen Darstellungen der Philosophie im Mittelalter und der Steatopygie steinzeitlicher Statuetten. Glaubt man an die Welt der Archetypen, dann kann der Keltologe entweder weitere Beispiele liefern oder die Erklärungsmächtigkeit der Tiefenpsychologie zur Deutung keltologischer Kontexte benützen. Das spezifisch Keltische wird dann nur auf dem Umweg erfahrbar, so etwa in dem Kapitel „Das große Runde", wo es um kosmische Vorstellungen von Ei und Meer geht usw. In einem Anhang über die „Schicksalsgöttin" wird auf die Bedeutung des Runden und des Rades in diesem Kontext hingewiesen. Hier könnte der Keltologe eine Gestalt wie *Arianrhod* aus der walisischen Tradition (dem „Vierten Zweig des Mabinogi") als Schicksalsgöttin dazu stellen.[3] Der Vergleich mit dem tibetanischen Lebensrad[4] bei Neumann wird aber wenig zur speziellen Deutung der *Arianrhod* beitragen, eher ein Vergleich mit der mediterranen *Tyche-Fortuna*-Gestalt. In Neumanns umfangreichem Buch

---

1   Del Giorgio (2006).
2   Neumann (1974).
3   Vgl. Birkhan (1990a); Birkhan (1990b).
4   Neumann (1974), 224ff.

kommen die Kelten nur marginal vor, am ausführlichsten noch in dem Kapitel „Die Frau als Manafigur", in dem von den Fruchtbarkeitskesseln, insbesondere vom Kessel von Gundestrup die Rede ist.[1] Auch hier sind apodiktische Aussagen, für den Forscher, der das jeweils Individuelle im Auge hat, gewöhnungsbedürftig. So sagt Neumann: „Wie Briffault nachgewiesen hat, stammt jedes Tabu ursprünglich von dem Menstruations-Tabu, welches das Weibliche für diese Periode über sich und über die Männer verhängt hat". Der Satz ist angesichts der „Willkürlichkeit" der irischen *geassa* schwer zu glauben. Immerhin gibt es bei Neumann – im Gegensatz zu Graves – eine nachvollziehbare Argumentation, mit der sich die Keltologie durchaus auseinandersetzen kann; so z.B. auch mit der matriarchalen Herleitung des Totemismus von der Herrin der Tiere.[2]

---

[1] Neumann (1974), 273ff. – Der Gundestrupkessel: Birkhan (1999b), Abb. 207.
[2] Neumann (1974), 256ff.

J. Die Inselkelten melden sich zu Wort. Bewußtwerdung und neues Selbstbewußtsein

Da es ja abgesehen von den antiken Autoren, den archäologischen Funden und sprachlichen Resten, vor allem im Namenschatz Kontinentaleuropas, kaum einen Zugang zu den „Kelten" auf dem Festland gibt, beruht alles bisher Gesagte von der Missionierung, über die *matière de Bretagne*, den „Ossian", den „Barzaz breiz" bis zu den Spekulationen über die „keltische Seele" letztlich auf inselkeltischer Wortmeldung. In diesem Kapitel wollen wir primär dem Keltenbild nachgehen, das nach der Entstehung einer wissenschaftlichen Keltenforschung bei den Inselkelten hervortritt und sich in einem neuen Selbstbewußtsein äußert.[1] Man verbindet heute mit den Kelten nicht nur mehr oder minder vage mythologische Kenntnisse, sondern hat Zugang zu allen maßgeblichen Traditionen der inselkeltischen Kultur, selbst wenn man keine der inselkeltischen Sprachen beherrscht. Das zeitgenössische Schaffen „keltischer" Autorinnen und Autoren ist uns oft durch Anthologien wie das schöne Bändchen „Keltische Sprachinseln" zugänglich,[2] die keltischen Lande sind leicht bereisbar und durch ausgezeichnete Reiseführer erschlossen.[3]

1. Faszination des Kunsthandwerks

Im Vergleich zu anderen „barbarischen Kulturen" Alteuropas, wozu die Skythen nur bedingt zu rechnen sind, sind die Kelten seit der späten Hallstattzeit durch ihr ganz außerordentlich hochstehendes Kunsthandwerk

---

1 Was Irland betrifft, so ist zwischen der Zeit des „Celtic Tiger" und der „Pre-Tiger"-Zeit zu unterscheiden, die sehr treffend in Tieger (1991) dargestellt wird, allerdings mehr im ökonomischen Bereich, die Mentalität der Iren hat durch die ungesunde extreme Blüte einiger Wirtschaftszweige hoffentlich nicht gelitten. Die am 12. Juni 2008 erfolgte Abstimmung des EU-Reformvertrags von Lissabon in Irland hat einmal mehr dem Keltenklischee (1) Recht gegeben. Noch immer hat Irland den Nimbus des „Geheimnisvoll-Mythischen" nicht ganz verloren; vgl. Terhart – Hölz – Freidzon (2008), das zur Hausbootfahrt auf dem Shannon einlädt.
2 Heinz (2001) mit einer sehr lesenswerten Einleitung über die modernen inselkeltischen Literaturen.
3 Zur Landeskunde der heutigen Kelten s. Birkhan (2005a).

in Keramik und Metall berühmt.¹ Zwar gab es auch schon in der Bronzezeit ähnlich hochstehende Goldarbeiten, aber nach der linguistischen Definition der Kulturen können wir diese nicht ohne weiteres „keltisch" oder (in Skandinavien) „germanisch" nennen. Die „eigentlichen Germanen" sind erst seit der Völkerwanderungszeit mit vergleichbarem Kunsthandwerk – vor allem Fibeln – hervorgetreten.

Soweit ich sehe, war die keltische „Kunst" noch nicht „Kunst um ihrer selbst willen", sondern eben Kunsthandwerk, was dessen künstlerischen Wert natürlich nicht mindert. Unsere Museen und Keltenausstellungen sind voll von diesen höchst ansehnlichen und ästhetischen Schätzen. Daß an der Wiege dieses Kunstwollens etruskische, d.h. letztlich griechische Vorbilder standen, braucht uns hier nicht intensiver zu beschäftigen. Immerhin ist es eindrucksvoll zu sehen, wie die griechischen Ornamente letztlich zu einer latènezeitlichen „Ornamentgrammatik" mit floralen Motiven, „Fischblasenmustern" usw. umgeformt wurden.

Es ist kein Zweifel, daß es das Ornament war, wo sich die Kelten am schöpferischsten betätigten und Formen von unerhörter Eleganz und Ausdruckskraft hervorbrachten. Die Latènekunst wirkt in der frühchristlichen Ornamentik der Britischen Inseln, z.B. in den berühmten Handschriften und auf den Hochkreuzen weiter. Es sind besonders die Elemente „Spirale", „Ranke", „Wirbel" („Triskele" 'Dreischenkel' als heraldisches Zeichen der Isle of Man) und das unendlich verflochtene, allerdings auch germanisch angeregte Bandornament, das bis zu den „Knoten" Leonardo da Vincis weiterlebte.² In Bezug darauf konnte Paul Duval sagen:

> „Die Kelten haben etwas zustandegebracht, was es sonst nirgends in der antiken Kunst gibt, nämlich Dekors, die meistens nichts darstellen, die sich nur auf das genau berechnete Spiel der geschwungenen Linie gründen, in den

---

1 Es gibt eine große Zahl von Bildbänden, die diese sehr anziehende Materie veranschaulichen: Ich nenne nur in Auswahl: Zachar (1987); Megaw-Megaw (1989); Gold der Helvetier, Laing–Laing (1992); Hundert Meisterwerke; Birkhan (1999b). Cunliffe (2000); Das Rätsel der Kelten; einen ausgezeichneten Überblick bieten Urban (2005) und Frey (2007). Interessante Beobachtungen bei Duval (1983), 60–65.

2 Z.B. Fox (1958), bes. auch fig. 82f.; Hundert Meisterwerke, bes. 19–29; Bain (1998); Birkhan (1999b), Abb. 104f.; Wood (1998), 78f.; Schickler (2001), 233–239.

Raum zu übertragen und sie darin zu entwickeln. Es ist dies die schönste Frucht ihrer Reifezeit."[1]

Diese Ornamente sind Ergebnis eiserner Disziplinierung und zielstrebiger Organisation, geistige Einstellungen, die nicht unbedingt zum Aufbau der keltischen Sagen stimmen, die ja nicht selten einen verworrenen Eindruck machen, andererseits sich durchaus mit den strengen Prinzipien der z.T. sehr verkünstelten Bardenpoesie und ihrer vertrackten Metrik vergleichen lassen. Als Materialien dienten: Bronze (in verschiedenen Zusammensetzungen), Gold, Silber (verhältnismäßig selten), Eisen (auch Stahl), Keramik, Glas, Bernstein, Gagat und als „Schmuckstein" Koralle. Wichtige Fundorte sind (in alphabetischer Reihenfolge und ohne den geringsten Anspruch auf Vollständigkeit):

> Agris (Dep. Charente), Auvers-sur-Oise (Dep. Val d'Oise), Basse-Yutz (Dep. Moselle), Canosa di Puglia (Bari), Cuperly (Dep. Marne), Erstfeld (Kt. Uri), Goeblingen-Nospelt (Luxemburg), der Dürrnberg bei Hallein (Salzburg), Hallstatt (Oberösterreich), Hercegmárok (Brananya, Ungarn), Hochscheid (Kr. Bernkastel-Wittich), Kleinaspergle (Kr. Ludwigsburg), Libkovice (Tschechien), Magdalenenberg (Schwarzwald-Baar-Kr.), Maloměřice (Tschechien), Reinheim (Saarpfalz-Kreis), Rodenbach (Kr. Kaiserslautern), San Polo d'Enza (Reggio Emilia), Schwarzenbach (Kr. St. Wendel), Slovenské Pravno (Slowakei), Stupava (Slowakei), Waldalgesheim (Kr. Mainz-Bingen), Wederath (Kr. Bernkastel-Wittlich), Weiskirchen (Kr. Merzig-Wadern). Dazu noch der Rhein und die Donau.

Auf Gebrauchsgegenständen wie Trinkhornbeschlägen, Schnabel- und Röhrenkannen, Achsnägeln, Zügeldurchlässen, Fibeln, Torques, Arm-, Fuß- und Fingerringen, Glasperlen, Schwertscheiden und Schwertern, Schildbeschlägen, Helmen, Metallspiegeln, Gürtelschnallen, Gefäßen und Münzen haben es die Festland- und Inselkelten schon im Altertum zu einer unerhörten Meisterschaft gebracht, sowohl in flächig-linearem Stil z.B. mit Zirkelschlagkonstruktionen als auch in einem dreidimensional-plastischen Stil. Sehr oft haben diese Kunstwerke etwas Geheimnisvolles

---

1 Zitiert nach Cunliffe (2000), 214.

dadurch, daß aus ihnen Fratzen, maskenartige Gesichter von Menschen oder Ungeheuern herausglotzen, die sich beim genaueren Hinsehen als „harmloses" Ornament erweisen, um gleich darauf doch wieder dämonisch hervorzugrinsen oder zu -drohen. Paul Jacobsthal (1880–1957),[1] der gegen die Mitte des 20. Jh.s das keltische Kunsthandwerk zuerst in Stile einteilte, nannte diese Fratzen „Cheshire Cats" nach der berühmten Katze in „Alice in Wonderland", die plötzlich aus dem Nichts grinsend erscheint, um bald darauf wieder zu verschwinden.[2] Jacobsthal sagte dazu:

> „These masks and animals adorn implements which served for meals, battle, personal ornament, and make these vessels, torcs, brooches, clasps, chariot-parts the haunt of demons and beasts: in their migration from land to land they keep their bodies and change their souls. Lacking literary evidence for Celtic religion in this early age, we are unable to define what they meant to the Celts: a meaning they certainly had."[3]

Die mehr oder minder deutlich hervortretenden Gesichter und Köpfe haben dazu verführt, sie vorschnell keltischen Göttern zuzuordnen, so daß in ungerechtfertigter Weise aus den Ornamenten eine ganze Mythologie entwickelt wurde.[4] Möglich, daß solche Gedanken heute in Laienkreisen, vielleicht auch bei Tätowierern (s. unten S. 743ff.), weiterwirken.

Der starke „modern" anmutende Stilwille ist vor allem auch in der Plastik zu beobachten, der etwa bei einem Eber zur Reduktion auf das Wesentliche (Hauer, Borsten) neigt und nicht eigentlich realistisch oder gar naturalistisch genannt werden kann. Das trifft ganz besonders auf menschliche Großplastiken zu (wie die Stelen der Fürsten von Glauberg und Hirschlanden), die mit der gleichzeitigen mediterranen Plastik nicht zu vergleichen sind und heute auf unbefangene Beschauer fast komisch wirken.[5] Dahinter steckt ein uns fremdes Stilwollen, denn natürlich hätten die keltischen Steinmetze, die ausdrucksvolle têtes coupées meißeln

---

1   Jacobsthal (1941); Jacobsthal (1942).
2   Beispiele bei Megaw – Megaw (1989), passim; Laing-Laing (1992), 96, 104, 114; Birkhan (1999b), 119–121, 129, 131, 141.
3   Jacobsthal (1941), 19.
4   Besonders ausgeprägt bei Hatt (1989).
5   Vgl. Cunliffe (2000), 69–77, 91; Birkhan (1999b), Abb. 38f., 41–45, 229.

konnten, auch eine „expressionistisch" wirkende Vollplastik „zusammengebracht".[1]

Durch opulente Ausstellungen ist das keltische Kunsthandwerk durchaus im allgemeinen Bewußtsein, die Museum-Shops bieten im Allgemeinen gute und erschwingliche Imitationen, aber etwa auch die Abbildung solcher Gegenstände auf T-Shirts und dergleichen an.

Auch die Inselkelten haben es durch ihr Kunsthandwerk zu höchstem Ansehen gebracht. Ich erwähne nur wieder einige wenige Fundorte:

Aylesford (Kent), Broighter (Co. Londonderry), Desborough (Northamptonshire), Great Chesterford (Essex), Ipswich (Suffolk), Lisnacrogher (Co. Antrim), Llyn Cerrig Bach (Anglesey), Marlborough (Wiltshire), Monasterevin (Co. Kildare), Snettisham (Norfolk), Torrs Farm (Dumfries), Trawsfynydd (Gwynedd), Wetwang Slack (North Humberside), sowie die Flüsse Themse und Witham.[2]

Welch große Bedeutung die Auffindung der Tara-Fibel aus dem 8. Jh. und des Kelches von Ardagh aus derselben Zeit hatte, habe ich schon erwähnt (s. oben S. 456). Zu dieser frühchristlichen Kunst[3] gehören auch die Bronzebrosche von Ballindery (Co. Offaly), die berühmte vergoldete Bronzeplatte mit einer Kreuzigungsszene aus St. John's, Rinnagan (Co. Roscommon), das imposante Reliquiar „Soiscél Molaise" (9. Jh.)[4], das Reliquiar für die Glocke des hl. Patrick (9. Jh.)[5] und natürlich als höchst glanzvolle Produkte die Flachreliefs der Hochkreuze, aber vor allem die Buchmalerei.

Die berühmtesten Bücher sind das Book of Durrow (um 675) mit den ganz in insularen Ornamenten komponierten „Teppichseiten", das Book of Dimna (7. Jh. aus der Abtei von Roscrea), das Book of Saint Chad (das

---

1 Abbildungen: Birkhan (1999b), Abb. 233, 237, 239, 240, 367, 456f., 500–502, 509; Ross (2201), 20–31.
2 Abbildungen in: Treasures (1977); Megaw-Megaw (1989), 189–256; Meisterwerke (1992); James-Rigby (1997); Birkhan (1999b), 198, 230, 156, 199, 155, 127, 203, 157, 558, 491, 194–197, 424; Cunliffe (2000), 96–104.
3 Henry (1965); Treasures (1977); Irische Kunst (1983), 31ff.; Laing-Laing (1992), 138–205; Ryan (1993); Raftery (1994); Bourke (1993); Migrating Ideas; O'Brien – Harbison (1996); Wood (1998), 15; Harbison (2005).
4 Treasure (1977), 57.
5 Treasure (1977), 61.

einst um den Preis eines Pferdes eingetauschte Evangeliar von Lichfield; etwa 2. Viertel des 8. Jh.s),¹ ein in St. Petersburg befindliches Evangeliar etwa derselben Zeit und als weithin bekanntestes Werk das Book of Kells (spätes 8. oder frühes 9. Jh.).² In welchem Ansehen diese Handschriften standen, ersehen wir aus der Nachricht, daß der hl. Columcille selbst als Schreiber wasserresistenter Codices gewirkt habe (s. oben S. 54), und daß man bei kriegerischen Ereignissen solche Handschriften in eigenen Metallkapseln vorantrug. 1990 wurde durch einen Luzerner Verlag ein Faksimile des Book of Kells in 1480 Exemplaren herausgebracht und trotz des horrenden Preises (jetzt € 15.500,-) zu einem Riesenerfolg. Noch der Toten des Osteraufstandes gedachte man in einer Handschrift, die nach dem Vorbild des Book of Kells gestaltet ist. Dieser *Leabhar na hAisérighe* 'Buch der Erhebung' wurde bei dem Maler und Bühnenbildner Art O'Murnaghan 1922 in Auftrag gegeben und 1951 abgeschlossen.³

In den Shops der Museen liegen Musterbücher, mit deren Hilfe man keltische Ornamente zeichnen lernen kann.⁴ Ja, gelegentlich kann man dem Ornamentenschatz des Book of Durrow oder des Book of Kells auch im FKK-Gelände als Tattooing auf nackten Körpern bewundern (s. unten S. 743).

Bezeichnenderweise verschwindet das schöpferische Element der keltischen Kunst mit der Romanik, d.h. mit dem Verlust der Unabhängigkeit. In den folgenden Jahrhunderten haben die Kelten weder in der bildenden Kunst noch Architektur etwas Großes geleistet, was man als „spezifisch keltisch" ansehen könnte, geschweige denn, daß sich ihre Werke solcher Anerkennung erfreut und durchgesetzt hätten wie die hier genannten Zeugnisse frühen Kunsthandwerks.

---

1   Treasures (1977), 27a–27d; Allen (1998), 205–207; dort auch eine Liste weiterer Evangelien-Hss. (darunter St. Petersburg, Stockholm und St. Gallen).
2   Henry (1974); Treasures (1977), Abb. 35b–38f.
3   Abbildung einer Seite mit den Namen der Hingerichteten in Kenny (1993), 22.
4   Das erste Werk dieser Art war wohl Bain (1951). Derzeit besonders wichtig und gut zugänglich Meehan (1992). Daneben werden noch „A Beginner's Manual", „Knotwork: The Secret Method of the Scribes", „Spiral Patterns", „The Dragon and the Griffin", „Maze Patterns", „Illuminated Letters" und „The Tree of Life" angeboten; neuerdings auch Meehan (2006). Zu Aidan Meehan s. http://mypage.direct.ca/a/ameehan/ (2. August 2005). Bei der Herstellung des Celtic Tattoo wird gewöhnlich auf Meehan zurückgegriffen.

2. Celtic Dawn

Unter „Celtic Dawn" oder „Celtic Revival" versteht man die moderne verstärkte Hinwendung zu Tradition und Geschichte der Inselkelten – besonders des Mittelalters – und den daraus erwachsenen Sagen. Man erkennt die Eigenständigkeit der Mythen und heroischen Traditionen und ihre Gleichwertigkeit mit anderen, z.B. den antiken. So hatte ja schon Shakespeare mit großer Selbstverständlichkeit neben Römerdramen wie „Titus Andronicus", „Coriolanus" und „Julius Caesar" auch die Keltendramen „King Lear" und „Macbeth" geschrieben.

Voraussetzung dieser neuen Wahrnehmung war freilich, daß sich die Inselkelten ihrer selbst bewußt wurden, ein zunächst kulturpolitischer Vorgang, der dann wichtige realpolitische Folgerungen zeitigen sollte, deren Darstellung in ihren Einzelheiten im Rahmen dieses Buches nicht vorgesehen ist. Wir sprechen in diesem Zusammenhang von „Celtic Dawn", „Celtic Twilight" oder – besser – von „Celtic Renaissance", die dann zu einer spezifischen Milieuschilderung führen kann, die man z.B. „Welshness" oder „Irishness" nennt. Da die Begriffe „irisch" und „keltisch" natürlich nicht deckungsgleich sind, ist es unkorrekt, wie es oft geschieht, „Celtic Dawn" und „Celtic Revival" mit „Irish Renaissance" und „Irish Revival" gleichzusetzen. Ich verstehe unter „Celtic Dawn" und „Celtic Revival" mehr die romantisch-stimmungsmäßige Teilhabe an idealisierten (heroisierten) inselkeltischen Traditionen, während „Irish Renaissance" oder „Irish Revival" mehr auf die synchrone kollektive Mentalität und die konkrete Wirklichkeit Irlands auch als Entwurf politischen Handelns (in den verschiedenen Phasen des Unabhängigkeitskampfes) zielt.

Die Bezugnahme auf die eigene (keltische) Identität ist ein Vorgang, der im Grunde schon mit der Unterwerfung durch die Angelsachsen, in Irland die Anglonormannen, einsetzte. Widerstand und Emanzipationsbewegungen bilden im Selbstverständnis der Völker nicht selten eine Heldenzeit. Im „Heraufdämmern des Keltentums" ("Celtic Dawn") bzw. dem als „Revival", „Renaissance" oder „Renascence" bezeichneten Kulturprozeß werden nun die autochthonen Quellen keltischer Traditionen in den Vordergrund gestellt, wobei jetzt auf die Originalsprache zurückgegriffen wird, was ohne die keltische Philologie kaum möglich gewesen wäre. Man erwartete eine gesellschaftliche und soziale Erneuerung aus den „mysteries" eines „Celtic Avatar".

An dieser Entwicklung nimmt Schottland allerdings nur bedingt teil, während die Bretagne fast vollkommen ausfällt. Bei aller nationalen Bewegtheit ist es dort kaum gelungen, durch spezifisch keltische Themen in die Öffentlichkeit zu treten. Unter dem Eindruck des irischen Freiheitskampfes war auch eine Bretonische Nationalistenpartei, „Parti Nationaliste Breton", entstanden, die sich 1927 zum „Parti Autonomiste Breton" und dann 1931 unter dem Eindruck des Faschismus zum „Parti National Breton" (PNB) mauserte. Mit der Besetzung Frankreichs schienen 1940 die Nationalbretonen die Oberhand gewonnen zu haben.[1] Bekanntlich bildete der harte Kern der PNB Kampftruppen aus, die sich in deutschen Uniformen gegen die bretonischen Widerstandskämpfer wandten, was natürlich während und nach dem Krieg der nationalen Bewegung in den Augen der Öffentlichkeit extrem schadete.

Kulturpolitisch scheint das Erwachen in einzelnen lokalen Kulturzirkeln und immer auf Bretonisch stattgefunden zu haben, mit unendlichen Streitereien über die Orthographie der vier Dialekte,[2] was den Ideen die Möglichkeit eines weiteren Wirkens verschloß. Das gilt leider besonders für das Hauptwerk dieser Richtung: *An aotroù Bimbochet e Breizh* ('Herr Bimbochet in der Bretagne'; 1925/26 und 1931) von Roparz Hemon, dem bretonischen intellektuellen Widerstandskämpfer und Collaborateur, der nach einem Prozeß in Frankreich 1947 nach Dublin in das Exil ging. Der Roman spielt in einer unabhängigen Bretagne im Jahr 2125, in der Frankreich und das Französische fast vergessen sind. Der mögliche Reiz[3] dieser Utopie zerschellt an der Sprachbarriere, da das Werk unübersetzt blieb und daher im Rahmen einer Keltenrezeption überhaupt nicht wahrgenommen wurde.

---

1 Párdányi (1942); dort im Dokumentenanhang auch diverse Aufrufe, Parteiprogramme etc in deutscher Übersetzung.
2 Dazu Ternes (1993).
3 Vgl. R. R. Giot, in: Creston (2000), 17f.

a. Wales und Welshness

Die Wahrnehmung von Wales orientierte sich einerseits an seiner Landschaft, andererseits an seiner Heldenzeit.

Die noch von Daniel Defoe um 1722 als „horrid and frightful" empfundene Bergwelt wird bereits ein halbes Jahrhundert später touristisch entdeckt, zunächst die lieblichen Flußlandschaften, bald aber auch die alpenähnliche Bergwelt. „Seit William Wordsworth (1770-1850) strömt zudem die romantische Poesie über Wales, seine Berge, Ruinen und Wasserfälle, über seine bisweilen schauerliche, bisweilen liebreizende geheimnisvolle Atmosphäre und die vermeintlich uralten Sitten und Gebräuche der keltischen Ureinwohner."[1] Zu Ende des 19. Jh.s wurde das Land auch touristisch durch Eisenbahnen erschlossen.[2]

Als Ergebnis der statistischen Untersuchung von Stefanie Patzer (s. oben S. 30) wissen wir,[3] daß, zumindest unter ihren Informanten, auch heute noch vorwiegend Naturschönheit ("Landschaft/Natur" und „grün/Wiese") als Spontanassoziation zu „Wales" im Vordergrund steht. An zweiter Stelle assoziiert man das „englische Königshaus", wohl wegen des Titels „Prince of Wales".

Die Heldenzeit des Roten Drachen war die des frühen und hohen Mittelalters. Noch heute zeugen die berühmten Burgen des Landes wie Cardiff, Neath, Carew, Tenby, Manorbier oder Pembroke, die fast alle von Anglonormannen erbaut wurden, von der Unterdrückung, aber auch vom Widerstand gegen die Eroberer. Die merkwürdige historische Gestalt des *Owain Glyndŵr* habe ich schon erwähnt (s. oben S. 141). Allerdings war mit Heinrich VII. (1457-1509) ein Angehöriger des walisischen Geschlechts der *Tewdwr* (auch: *Tudur*) an die Macht gekommen, der väterlicherseits von dem Sympathieträger und Helden Rhys ap Gruffydd (1132-1197) abstammte, der als *Arglwydd Rhys* 'Lord Rhys' dem fast ständigen Gegner Heinrich

---

1 Zimmer (2001b), 253f.
2 1896 wurde – übrigens mit einem schweren Unfall bei der Jungfernfahrt – die Zahnradbahn auf den Snowdon eröffnet, ein Jahr nachdem bereits der Snaefell auf der Isle of Man per Zug erklommen werden konnte.
3 Patzer (2009).

II. gegenüberstand. Demonstrativ nannte Heinrich VII. seinen dann jungverstorbenen Kronprinzen *Arthur Tudor* und „Prince of Wales". Dennoch herrschten die Tudors nicht als Waliser, sondern als englische Könige.

Das Nationalbewußtsein,[1] das Wir-Gefühl der Waliser hängt heute sehr entscheidend am Rugby, das als d e r Nationalsport schlechthin verstanden wird, obwohl das Spiel mit dem ovalen Ball angeblich aus England stammt. Eine Waliserin bekennt dazu:

> „... sobald die 50.000 Kehlen Hymnen aus der Vergangenheit singen und die walisische Nationalhymne alle zu einem klebrigen Gefühlsbrei zusammenschrumpfen läßt, ist hier der Ort, wo man sich einen Augenblick als Waliser fühlt ... Wenn wir siegen, dann ist der Gesang gewaltiger und Cardiff ist in dieser Nacht nicht nur dem Namen nach die Hauptstadt von Wales. Verlieren wir, so überleben wir, um neuerlich zu siegen ..."
> Es folgt ein Vergleich mit dem tragischen Untergang der *Gododdin* (s. oben S. 111), und es wird kein Hehl daraus gemacht, daß nur der Sieg über England wirklich zählt.[2]

Die Bewußtwerdung des Eigenen hing aber, historisch gesehen, sehr stark mit der Erhaltung der Sprache zusammen,[3] gegen die immer wieder seitens der Engländer durch Strafmaßnahmen vorgegangen wurde. Von 1746 bis 1967 wurde Wales auch ganz offiziell als ein Teil Englands bezeichnet, wenn es auch durch seine fremde Sprache ein quasi-exotisches Flair hatte und ethnologisches Interesse hervorrief. Dieses beobachten wir etwa in „Wild Wales: Its people, language and scenery" von George Borrow (1862), dem Bericht über eine zu Fuß zurückgelegte Reise durch Wales, von einen Autor, der sich im Selbstunterricht Kymrisch beigebracht hatte und nun mit den Leuten ins Reden kommt, ihre Ansichten, Gedichte und Lieder übersetzt, dann wieder die liebliche Landschaft schildert, wobei ein stark sentimentalischer Einschlag nicht zu verkennen ist. Die Schilderung sozialen Elends, bettelnder Kinder usw. erinnert heute an Reisen in Dritte-Welt-Länder.

---

1   Dazu die umfassende Darstellung Morgan (1981).
2   Wynne Lloyd in: Szene Magazin, 19
3   Lloyd (1995).

Abgesehen von den frühen arthurischen Texten, die wir schon kennen (s. oben S. 116ff.), den noch dem Mythos nahestehenden „Vier Zweigen des Mabinogi" (*Pedeir Keinc y Mabinogi*) und einigen alten Sagentraditionen aus Altbritanniens römischer Kolonialzeit, wie eine Geschichte über den Kaiser Maxentius (*Macsen Wledic*), finden sich in der mittelkymrischen Prosa vorwiegend Bearbeitungen festlandeuropäischer Stoffe und Texte, etwa über Karl d. Gr., die Freundschaftssage von „Amicus und Amelius" (1940 von Saunders Lewis als *Amlyn ac Amig* dramatisch bearbeitet) und dergleichen, wie sie auch in anderen Literaturen begegnen. Es ist die große Leistung von Lady Charlotte Guest (s. oben S. 605) die sogenannten *Mabinogion* für englische Leser erschlossen zu haben.[1]

Sehr bewußt nahm sich Lady Augusta Hall, Baroness Llanover (1802 – 1896), gewöhnlich Lady Llanover genannt, des walisischen Volksbewußtseins an.[2] Dabei gab ihr ihr Mann, der Baronet und später auch Mitglied des House of Lords war, den entsprechenden materiellen und Prestigerückhalt. In ihrer Schwester Frances und deren Gemahl Baron Christan Charles Josias Bunsen, dem deutschen Botschafter in England, hatte sie gleichfalls am Keltentum sehr interessierte Seelenverwandte. Ihr eigentlicher Lehrer war Thomas Price („*Carnhuanawc*"; 1787–1848), den sie 1826 auf der *Eisteddfod* kennengelernt hatte, und mit dem auch Lady Guest in Verbindung stand. Von ihm lernte sie Kymrisch und von ihm erhielt sie auch den „Bardennamen" *Gwenynen Gwent* 'Biene von Gwent' (offenbar wegen ihres Fleißes). Sie war Mitglied der „Welsh Society of Abergavenny" (*Cymdeithas Cymreigyddion y Fenni*) und richtete das Herrenhaus von Llanover Hall demonstrativ walisisch ein, indem sie den Bedienten walisische Titel und eine von ihr erfundene bzw. rekonstruierte walisische Volkstracht verpaßte. Davon ist heute noch die taillebetonte Tracht der Frauen mit dem zylinder- oder kegelstumpfförmigen, schwarzen, hohen Filzhut bei Festlichkeiten und touristischen Events zu sehen, jedenfalls als „walisische Tracht" neben dem „love spoon",[3] den der Bräutigam der Braut zur Verlobung schenkte, als eines der wenigen volkskundlichen

---
1 Guest (1838–1849).
2 Zum Folgenden s. http://en.wikipedia.org/wiki/Lady_Llanover (29. 3. 2008).
3 Greenslade (2000), 80f.

Relikte im allgemeinen Bewußtsein.[1] 1908 malte Sidney Curnow Vosper die alte Waliserin Siân Owen von Ty'n-y-fawnog in der Baptistenkapelle von Cefncymerau in Llanbedr (bei Harlech; Nordwales). Das „Salem" betitelte Aquarell ist sicher die berühmteste Abbildung einer Waliserin und war als solches, wenn es um Solid-Bodenständiges ging, auch für eine Seifenreklame, höchst populär, ja ist sogar zu einem nationalen tausendfach abgebildeten Emblem – nicht nur auf *tea-towels* – geworden, auch in England.

1834 hatte Lady Llanover auf der Eisteddfod von Cardiff den ersten Preis mit einer Abhandlung über den Vorteil der Erhaltung des Kymrischen und der walisischen Volkstracht errungen. Sie regte die erste walisische Frauenzeitschrift Y *Gymraes* 'Die Waliserin' an, schrieb sogar ein walisisches Kochbuch und unterstützte die Musikpflege, insbesondere die Verwendung der traditionellen walisischen Harfe. Hier förderte sie die Harfenistin Maria Jane Williams und gab mit Henry Brinley Richards auch ein walisisches Liederbuch heraus. Die von ihr angekauften Handschriften (z.T. Fälschungen) befinden sich jetzt im National Museum of Wales in Cardiff. Zusammen mit ihrem Gemahl setzte sie sich auch sehr für den kymrischen (methodistischen) Gottesdienst und das Temperenzlertum ein: In den Pubs auf ihrem Grund und Boden herrschte strenges Alkoholverbot.

Durch den „Mr. Mundella's Act" (1880) wurden alle walisischen Kinder gezwungen, Englisch zu lernen. Der Kymrischunterricht wurde auf Sonntagsschulen reduziert. Durch die Industrialisierung im Kohle- und Schieferbergbau und der Eisenverhüttung nahm das Englische weiter überhand, so daß es verwunderlich ist, daß die Sprache nicht ähnlich stark geschwunden ist wie in Irland. Hand in Hand ging damit eine zunehmende Proletarisierung der Bevölkerung samt Zerstörung der Landschaft, die einem der berühmtesten Romane aus Wales den Titel gegeben hat: „How Green Was My Valley" (1939) von Richard Llewellyn, ein Werk, das vor allem auch durch seine Verfilmung (1941) viel zur Kenntnis der Lebensumstände im industriellen Südwales, dem Gebiet von Gilfach Goch, beigetragen hat.

---

1 Dazu Beddoe (1986); Greenslade (2000), 12–15.

Der seinerzeit für den Nobelpreis vorgeschlagene Literat und Politiker Saunders Lewis (1893–1985) hielt 1962 in dem neu eingerichteten Welsh Home Service der BBC den berühmten Vortrag *Tynged yr iaith* ('Das Geschick der Sprache'), in dem er das völlige Aussterben des Kymrischen auf Grund statistischen Materials vorhersagte.[1]

Die Rede zeigte Wirkung: Ab 1964 ging es mit der Sprache wieder aufwärts, nachdem eine *Swyddfa Gymreig* 'Welsh Office' geschaffen und ein *Ysgrifennydd Gwladol* 'Staatssekretär für das Land' eingesetzt war. Ab 1982 gab es in der BBC einen eigenen Fernsehkanal. Gwynfor Evans, der frühere Präsident von *Plaid Cymru* (National Party of Wales) hatte ihn durch Hungerstreik „unto death if necessary" erzwungen. Seine 1925 vom Spiritus Rector Saunders Lewis gegründete Partei, die als Fernziel völlige staatliche Souveränität als eigenständiges EU-Mitglied angibt[2] und 1966 ihren ersten Parlamentssitz errang, konnte ab 1997 eine Selbstverwaltung für Wales durchzusetzen. Die Sprache wird durch den Language Act von 1993 mit gesetzlicher Gleichstellung von Kymrisch und Englisch im öffentlichen Sektor weiterhin gestützt, wenn auch, wie in all solchen Fällen, das Gesetz keineswegs in der Praxis und im Alltag ausreicht, um die Sprache wirklich intakt zu halten.

Auch für das Gefühl der Welshness bei Nichtwalisern ist die Sprache ganz entscheidend, nicht nur die gesprochene, sondern insbesondere auch das Schriftbild, das durch seine vielen *y*, durch unübliche Konsonantenverbindungen vor allem im Anlaut wie *nh-*, *mh-*, *ngh-*, *ff-*, durch die Verwendung des *w* als Vokal, insbesondere aber das *ll* hervorsticht, dessen Aussprache als ein Schibboleth der Welshness gilt. Welcher Reisende in Wales hätte nicht schon über den (allerdings artifiziellen) zur Förderung des Tourismus erfundenen Ortsnamen *Llanfairpwllgwyngyllgogerychwyrndrobwllllantysiliogogogoch* gestaunt,[3] dessen Aussprache in

---

1 Williams (1992), 99–101; Delaney (1993), 155–157.
2 Vgl. http://en.wikipedia.org/wiki/Plaid_Cymru (12. 4. 2008).
3 S. z. B.: Cunliffe (2000), 202. In dem Namen sind willkürlich mehrere Lokalbezeichnungen zusammengezogen. Er ist etwa zu übersetzen: 'Marienkirche in einer Senke weißer Haselnußsträucher in der Nähe eines schnellen Sprudelbrunnens und in der Gegend der Tysiliokirche bei einer roten Höhle'. Dazu vgl.: http://de.wikipedia.org/wiki/Llanfairpwllgwyngyllgogerychwyrndrobwllllantysiliogogogoch.

einer eigenen Internetadresse gelehrt wird und der als exotisch genug galt, um als ein Codewort Außerirdischer im Film „Barbarella" (Roger Vadim; 1968) zu erscheinen. Auf der Linie nach Holyhead wurde schon in viktorianischer Zeit für diesen Ortsnamen ein eigener Bahnhof errichtet und vor kurzem renoviert. Der Stationsname ist ein beliebtes Fotomotiv. Die Einheimischen sagen freilich nur *Llanfair* 'Saint Mary's'.

Daß Kymrisch trotz eines gewissen Sprachverfalls und einer Art Pidginisierung nicht so stark reduziert wurde wie Irisch, sondern immer nicht nur ein Element des nationalen Bewußtseins blieb, und auch gesprochen wurde und weiterhin wird, beruht einerseits auf dem zeitweise verschütteten, dann wieder auflebenden Bardentum und den *Eisteddfodau* (s. unten S. 781ff.), andererseits auf der religiösen Sonderstellung von Wales durch den Methodismus, die 1740 von John und Charles Wesley und George Whitefield aus dem Anglikanismus und Presbyterianertum abgeleitete Erweckerkirche. Diese nonkonformistische Lehre bemüht sich in erster Linie um vertieften Glauben und um ein ausgeprägtes Tat- und Willens-Christentum.

Im Schrifttum äußerte sich dieses Kulturbewußtsein in einer besonders hochstehenden und rhetorisch reichen Predigtliteratur (William Williams Pantycelyn),[1] in der Musik im 1859 von Ieuan Gwyllt (= John Roberts) in Aberdare begründeten mehrstimmigen männlichen Gemeindegesang (*Cymanfaganu*), der ein besonderes Kennzeichen walisischer Frömmigkeit war, aber eben auch bei Rugby-Matches und im Pub ertönt(e). All das bewirkt, daß heute das Kymrische nicht nur die lebenskräftigste keltische Sprache ist, sondern in ihr auch bemerkenswerte Belletristik, sowie eine erkleckliche Anzahl an Liebes- und Kriminalromanen, historischen Romanen, Kinderbüchern und Comics erscheint, die freilich, ähnlich wie die zeitgenössische irische Literatur, doch vorwiegend vom eigenen Land, der eigenen Gesellschaft und den eigenen Problemen, sozusagen dem „Welsh thing" handelt. Autoren, die wie der zum Katholizismus konvertierte Saunders Lewis grundsätzlich walisisch schreiben, dringen aus

---

[1] Williams (1992), 66.

der doch relativ kleinen Sprachgemeinschaft, für die sie wirken, nicht hinaus, so daß sie für die Keltenrezeption eher unbedeutend sind.[1]

Mit seinen Dramen aus der keltischen Tradition wie *Blodeuwedd* ('Blütengesicht'; 1923–1948), *Siwan* ('The King of England's Daughter'; 1954) und den *Dwy Gomedi* ('Zwei Komödien'; 1950/52), von denen das erst- und letztgenannte Erzählungen aus den „Vier Zweigen des Mabinogi" gestalten, schien Lewis einen ähnlichen Weg einschlagen zu wollen, wie ihn Yeats in Irland gegangen war (s. unten S. 606, 608). Dem Abbey-Theatre in Dublin sollte das Garthewin Theatre in Llanfair Talhaearn (Denbighshire) gegenübergestellt werden. Die satirische Gestaltung mythischer Elemente in der Gegenwart, wie sie bei James Stephens, James Joyce und Flann O'Brien (s. unten S. 665, 671, 673) ausgekostet wird, versuchte auch Lewis in einer der beiden Komödien, der „Eisteddfod von Bodran", in der die Helden des „Dritten Zweiges des Mabinogi" *Manawydan vab Lyr* (bei Lewis *Manawydan O'Leary*) und *Rhiannon* als Lehrerehepaar sich zu einer unkonventionellen Lebensweise durchringen.

Welshness vermitteln auch jene Autoren, die englisch schreiben. Das bekannteste Beispiel ist wohl „Under Milkwood" (1953) von Dylan Thomas (1914–1953), ein gleichsam „lyrisches" Hörspiel, das den Zuhörer durch den gesamten Tagesablauf einer walisischen Kleinstadt führt und in humoriger Weise die Träume, Sehnsüchte, Erinnerungen und Leidenschaften der Einwohner Revue passieren läßt. Dem Erzähler („First Voice") gelingt es schon mit den ersten Sätzen, ein Bild des verschlafenen Fischerstädtchens zu entwerfen:

> „It is spring, moonless night in the small town, starless and bible-black, the cobblestreets silent and the hunched, courters'-and-rabbits' wood limping invisible down to the sloeblack, slow, black, crowblack, fishingboat-bobbing sea. The houses are blind as moles ... or blind as Captain Cat there in the muffled middle by the pump and the town clock, the shops in mourning, the Welfare Hall in widows' weeds ..."

---

[1] Vgl. Heinz (2007), die nach einem Vergleich mit der anglo-irischen Literatur zu einem ähnlichen Ergebnis kommt.

In die Träume des blinden Kapitäns mischen sich nun die Stimmen der Ertrunkenen, die er einst kannte. Sie werden abgelöst von den Liebesträumen der Myfanwy Price und des Mog Edwards. Dann erwacht das Städtchen langsam zum Leben, in das kunstvoll die angedeutete „Liebeshandlung" eingeflochten ist. Ein anzügliches Lied von einem Rauchfangkehrer und die einander umarmenden Geliebten beschließen den Tag in Llaregyb.[1]

Die Welshness des Hörspiels zeigt sich in einer Fülle von Details, die ein Uneingeweihter wohl nicht gleich durchschaut. So heißt eine der Figuren *Dai Bread*, eine Komik, die man nur dann versteht, wenn man weiß, daß *Davis* mit dem Kosenamen *Dai* ein so häufiger Name ist, daß man die Namensträger mittels zugesetzter Berufsbezeichnung unterscheidet. So ist *Dai Bread* Bäcker; wäre er Fleischhauer, hieße er *Dai Meat*. Das später auch für die Schaubühne bearbeitete Werk nimmt einen bedeutenden Platz in der neueren englischen Literatur ein, zusammen mit Thornton Wilders „Our Town", mit dem es thematisch verwandt ist. Noch wichtiger ist es wohl für die Waliser als humorig-schrulliges Spiegelbild einer typischen Kleinstadt voll poetischer Welshness. Darüber hinaus hat Dylan Thomas, der sich selbst zur Kunstfigur als Bohemien stilisierte, auch ein beachtliches lyrisches Werk hinterlassen. Es gibt noch eine große Zahl weiterer englischsprachiger Autoren, deren Werke freilich wieder thematisch um Wales kreisen, aber nicht eigentlich zu einer „Keltenrezeption" außerhalb ihrer englischsprachigen, walisischen Leserschaft beitragen.

Von größerem Interesse auch außerhalb von Wales ist jedoch das Werk des Maler-Dichters David Jones (1895–1974). Als eine herausragende literarische Gestalt, die etwa mit Yeats oder Joyce verglichen werden kann, erlangte er allerdings nicht die gleiche weltliterarische Wirkung. Jones, der persönlich T. S. Eliot nahestand, schreibt eine rhythmische Prosa bzw. freie Verse mit eigenwilliger Zeichensetzung, die sehr stark das innere Erleben des katholischen (!) Autors wiedergeben. Das eine Hauptwerk „In Parenthesis" (1937), weil es gleichsam einen „eingeklammerten" Lebensabschnitt behandelt, ist durch Jones' eigene Geschicke an der Westfront des Ersten Weltkrieges bestimmt, die er eine symbo-

---

1   Under Milk Wood, 1f., 83, 85.

lische Figur, John Ball – benannt nach einem Priester, der im Zuge des englischen Bauernaufstandes 1381 hingerichtet wurde – erleben läßt. In einer dichten Bilderfülle verbindet Jones Stellen aus dem *Gododdin* mit solchen der „Vier Zweige des Mabinogi", aber auch aus Malorys Artusroman. Eine große Rolle spielt dabei auch die Bibel und die Karfreitagsliturgie. In diesem Werk ist Keltenrezeption nicht nur ein äußeres Thema, sondern insoferne integriert, als Jones sich in der Grenzsituation der Schützengräben seiner walisischen („keltischen") Herkunft besonders bewußt wird. Die lyrischen Partien sind nach dem Vorbild der *retorics* in den irischen Heldensagen eingestreut.

Zum „Welsh element" sagt Jones: „... the Boar Trwyth, Badon Hill, Troy Novaunt,[1] Elen of the Hosts,[2] will only find response in those who, by blood or inclination, feel a kinship with the more venerable culture in that hotchpotch which is ourselves. Yet that elder element is integral to our tradition. From Layamon to Blake 'Sabrina' would call up spirits rather than 'Ypwinesfloet'. ... If ... it is the conservatism and loyalty to lost causes of Western Britain that has given our national tradition its distinctive character, then perhaps the middle ages were not far wrong in choosing Arthur, rather than Alfred or Edmund or Harold, as the central figure of the national heroic legend."

Der vorletzte Satz der Dichtung lautet mit deutlicher Anspielung auf Glewlwyds Worte in *Culhwch ac Olwen*, wo von verschiedenen „Anderen Welten" und Totenreichen die Rede ist:

„Oeth and Anoeth's hosts they were
who in that night grew
younger men
younger striplings."[3]

---

1   Eine alte volksetymologische Entstellung des Namens der britannischen Einwohner Londons, der *Trinovantes*, unter Eindeutung der Troja-Sage mit London als dem Troja Britanniens.
2   St. *Elen*, auch St. Helena von Caernarvon, ist eine Gestalt des späten 4. Jh.s. Da sie einen Sohn *Custenhin* (= *Constantin*) hat, wurde sie fälschlich mit der hl. Helena, der Mutter des Kaisers Konstantin d. Gr., identifiziert. Sie gilt der walisischen Sage als Kuturheroine, die die wichtigsten Straßen im Lande anlegte.
3   Jones (1937), xiii, 187. Das altkymrische *Gododdin*-Zitat im Untertitel könnte man übersetzen mit: 'Der Klang seines Schwertes hallte wider im Haupte der Mütter'. Da Jones ein *poeta doctus* war, versah er die Anspielungen auf die keltische Mythologie mit einem erklärenden Kommentar, im Falle von *Oeth* und *Anoeth* auf die *Englynion y Beddeu* (s. oben S. 152).

Das zweite Hauptwerk dieses außerordentlich interessanten Dichters heißt „The Anathemata. Fragments of an Attempted Writing" (1952). Unter *anathemata* versteht Jones „geweihte Dinge", und so handelt sein Werk von seinen Assoziationen und inneren Erlebnissen während einer Messe. Das auch diesmal zwischen Prosa und Versen schwankende Gebilde hat der Autor selbst durch Miniaturen und Kalligraphien bereichert.[1] In diesem der Liturgie verbundenen Werk greift Jones wieder deutlich auf die keltische Mythologie – vor allem die irische Sage – zurück und versucht diese Elemente mit dem christlichen Mythos und Ritus zu verbinden. Es geht sprachlich um die Vereinigung des Lateinischen mit dem phonetisch transkribierten Keltischen im Englischen des Textes. Die Gesamtaussage mutet eigentlich mittelalterlich an: Das Schaffen des Künstlers wird in der profanen Welt zum religiösen Akt, das Kunstwerk dem Sakrament vergleichbar. Die Sprache von Jones hat etwas Berauschendes, sie will den Leser durch Klang und Rhythmus zum Nachvollzug der Schöpfertat des Autors (und dann natürlich auch Gottes) inspirieren, weshalb er auch lautes Lesen des Textes wünschte. Im Gegensatz zu den USA ist Jones bei uns wenig bekannt und auch kaum ins Deutsche zu übersetzen. „Anathemata" ist zweisprachig (dt.-engl.) erschienen,[2] „In Parenthesis" ist m. W. noch unübersetzt.

b. Schottische Identität und schottisches Selbstbewußtsein als Keltenrezeption

Wir haben gesehen, wie die Schotten unter entscheidender Mitwirkung von George Buchanan ihre ethnische Identität gefunden haben (s. oben S. 403). Ganz besondere Bedeutung kam dabei den Highlands zu, die immer als militärischer Machtfaktor und Unruheherd verstanden wurden. Bezeichnenderweise hat deren notorische Wildheit und der Schlachtruf ihrer Mannen die Engländer so beeindruckt, daß sie die gälische Bezeich-

---

1   S. etwa die Aquarelle „Guenever" von 1940 und „Trystan ac Essyllt" von (1962) in Whitaker (1995), Abb. 36, 70.
2   Jones (1988).

nung *sluagh-ghairm* 'Truppenschrei' um 1513 als *slogorne* übernahmen, woraus schon 1680 das uns heute geläufige (wenn auch wohl amerikanisch vermittelte) *slogan* entstand.[1] Im Übrigen wurde die Hochland- und Schottenfaszination später durch Literaten wie Walter Scott (s. oben S. 377) stark vertieft. Stärker noch als Wales oder Irland zieht Schottland durch seine kühne, stellenweise geradezu alpin wirkende Landschaft an. Hunderte Menschen haben dort den Lebenstraum, möglichst viele der 277 *munros* ihrer Bergwelt bestiegen zu haben, verwirklicht – ein *munro* ist ein Berg mit mehr als 3000 Fuß Höhe.[2]

Daneben ist aber nicht zu vergessen, daß auch heute viele Schotten geneigt sind, sich als „Pikten" zu fühlen, als jene geheimnisvollen Fremden, von deren Sprache wir so wenig wissen, die aber durch ihre frühmittelalterlichen, letztlich nicht zur allgemeinen Zufriedenheit gedeuteten sogenannten „Symbolsteine"[3] auch heute noch eine enorme Faszination ausüben. Als „Staatsbezeichnung" durch einen ovalen Aufkleber auf dem Auto sieht man gelegentlich „Pictland" (oder ähnlich), halb scherzhaft natürlich, halb aber auch in der Absicht, sich als eine dritte – nicht irisch-gälische und nur ja nicht britisch-englische Gruppe – zu deklarieren. Dazu kommt ja auch noch das nordische Element, das in den Hochlanddialekten und auf den Orkney- und Shetlandinseln starke Spuren hinterlassen hat.

Schottlands Verwaltung war seit 1707 durch einen „Act of Union" mit dem englischen Parlament gleichgeschaltet, ließ aber doch bestimmte ältere Rechtsnormen, die aus dem keltischen Recht erwachsen waren, zu. So griff 1753 „Lord Hardwicke's Marriage Act" in Schottland nicht, sondern hier blieb bekanntlich die Regelung, daß Minderjährige (Burschen ab 14, Mädchen ab 12 Jahren) ohne Zustimmung der Erziehungsberechtigten heiraten durften. Mit 1929 wurde das Alter auf 16 für beide Geschlechter hinaufgesetzt. Bis 1969 konnte solcherart der Schmied des Grenzdorfes *Gretna Green* die Ehen über dem Amboß schließen, und die

---

[1] Chambers, 1019 (s. v. *slogan*).
[2] Vogt (1994), 132f.
[3] Jackson (1989); Ritchie (1993); Sutherland (1994), passim; Carver (1999); Birkhan (1999b), Abb. 342–345.

Schmiede – schon Ende des 19. Jh.s eine Touristenattraktion – war ein beliebtes Ziel jugendlicher Ausreißer. Solch ein Eheschluß war allerdings auch im „Weißen Rössel" („White Horse Inn") in Edinburgh möglich.[1]

Erst 1998 erhielt Schottland ein teilweise eigenständiges schottisches Parlament, ist aber doch in vielen wichtigen Punkten Westminster unterstellt. Wie im Falle von Gretna Green wurde auch jetzt dem schottischen Selbstbewußtsein durch eine besondere Kuriosität Rechnung getragen: Neben den üblichen englischen Pfund-Banknoten kursieren nämlich im Lande auch drei (!) spezifisch schottische Banknotentypen, die von der „Bank of Schottland", der „Royal Bank of Scotland" und der „Clydesdale Bank" ausgegeben werden. Wie ich aus eigener Erfahrung weiß, werden die englischen Geldscheine von national eingestellten Schotten nicht akzeptiert, und umgekehrt kann es schwierig sein, die schottischen Banknoten in England anzubringen. Allerdings ist es leicht, das Papiergeld bei den Banken spesenfrei und 1:1 umzutauschen. Neben dieser monetären Irrationalität, sollte auch die Rückgabe des „Stone of Scone" (1996) eine Art von Unabhängigkeit vortäuschen.

Fragt man nach mit Schottland verbundenen Assoziationen, so erhält man bei möglichen Mehrfachangaben folgende Antworten:[2] „Dudelsack" (90,97%), „Loch Ness-Monster" (79,43%), „Whisky" (78%), „Schottenkaro/Kilt" (73,71%) und den allgemeinen Begriff „Highlands" (62%). Viel seltener werden die „Sparsamkeit" („Schottenwitz") und die Fußballmannschaft *Celtic Glasgow* (hier immer ['sɛltɪk] gesprochen) – eigentlich „Celtic FC" – genannt. Das einst für die Highlands und die Inseln sprichwörtliche okkulte Element der Präkognition als „Zweites Gesicht"[3] scheint in der Zeit der Informationsüberflutung innerhalb Schottlands kaum mehr aufzutreten und außerhalb Schottlands als einstiges Spezifikum seiner Einwohner heute vergessen. Als zeichenhaft gelten unter Gebildeteren jedoch die Namen dreier historischer Gestalten: *Macbeth*, *Braveheart* und *Maria Stuart*.

---

[1] Bennet (1992), 167f.; http://de.wikipedia.org/wiki/Gretna_Green (30. 6. 2008).
[2] Patzer (2009).
[3] MacGregor (1901), 33–43.

Besonders für den Nicht-Schotten ist der Name dieses Landes untrennbar mit Macbeth (*Mac Bethad mac Findlàich*, 1005–1057) verbunden, und zwar natürlich nicht mit diesem König in seiner historischen Gestalt,[1] sondern in der Form, die Shakespeare aus der Chronik Holinsheds übernommen hat. Der historische Macbeth war der Heerführer seines Vetters Duncan I., den man wegen seiner Brutalität „den Wohlwollenden" nannte. Aus nicht genauer bekannten Ursachen tötete er diesen bei Elgin ['ɛlgɪn] in einer Schlacht. Die Geschichte kennt Macbeth nicht als Tyrannen, sondern als einen besonnenen und ausgleichenden Herrscher, der während seiner 17-jährigen Herrschaft dem Land den Frieden erhielt, so daß er sogar eine längere Pilgerreise nach Rom unternehmen konnte, ohne das Land durch seine Abwesenheit ins Chaos zu stürzen. Er starb angeblich durch die Hand eines Angehörigen der berühmten Familie der MacDuff (*Mac Duibh*), Thanes of Fife, im Kampf gegen Duncans Sohn Malcolm III. bei Lumphanan (Kincardine and Deeside), nicht auf Dunsinane Hill (Perthshire). Malcolm bedurfte dazu der Unterstützung des angelsächsischen Königs Eduard „des Bekenners", was letztlich zu einer stärkeren Anglisierung und Normannisierung Schottlands, d.h. auch zu einem Rückgang des Keltentums, führte.

Das „Scottish play", wie abergläubische Theaterleute auch heute noch das Stück nennen, weil der eigentliche Titel Unglück bringen soll, verwebt nun Spuren der historischen Handlung mit Ereignissen aus der Regierungszeit Jakobs I. und allerlei Volkstraditionen wie die Rolle der Hexen (*weird sisters*), den wandernden Wald von Birnam (Perth; s. oben S. 539), MacDuffs Geburt durch Kaiserschnitt u.a. mit der gewissenlos-dämonischen, dann wahnsinnigen Gestalt der Lady Macbeth und schuf dadurch die unheimlich-düstere, schicksalshafte Stimmung, die wir mit dem Namen des Helden verbinden, eine spezifische Form der „Celtic atmosphere". Das Drama, das mehrfach ins Deutsche übersetzt wurde (u.a. von Christoph Martin Wieland, Friedrich Schiller und Dorothea Tieck), hatte solch gewaltigen Erfolg, daß es sechsmal als Oper komponiert wurde – am bekanntesten in der Fassung von Giuseppe Verdi (1847), zuletzt

---

[1] Roberts (1997), 24f.

noch 2002 von Salvatore Sciarrino –, daß ihm Richard Strauss eine symphonische Dichtung widmete (1888) und es sogar in zwei Metal-Alben (2000, 2002) gestaltet wurde, weiters daß es sechs Filmen (u. a. von Orson Wells, Roman Polański, einem japanischen von Akiro Kurosawa und einem indischen) zugrundeliegt[1] – dieses Drama hat vor allem in Akademikerkreisen das Schottlandbild des Kontinents beeinflußt.

Eine andere heroische Epoche der Schotten bildet Ende des 13. Jh.s der Kampf der Wallaces und anderer Hochlandstämme gegen Edward I. („Longshanks"). Er gilt durch den mit fünf Oscars ausgezeichneten Hollywood-Historienfilm „Braveheart" (Regie und Hauptrolle Mel Gibson) bei manchen als das bedeutendste schottische Thema. *William Wallace (Walleys)* of Elderslie „Braveheart" (um 1270–1305), dessen Vater der König hatte ermorden lassen, wächst in Irland auf, kehrt aber nach Schottland zurück und heiratet seine Jugendliebe Murron (*Marion Braidfood*). Als diese sich dem Vergewaltigungsversuch eines englischen Soldaten widersetzt, läßt der Sherrif sie hinrichten, worauf Braveheart seinerseits dessen Festung einnimmt und ihn töten läßt. Nun sammeln sich die Schotten und verschiedene Clans um William, der in der Schlacht von Stirling Bridge (1297), jetzt auch vom schottischen Hochadel unterstützt, Edward besiegt. Nunmehr selbst geadelt und zum „Guardian of Scotland" ernannt, versucht William den Adel zu einigen, was jedoch an dessen Selbstsucht scheitert. Edward läßt Isabelle von Frankreich, die Gemahlin seines homosexuellen Sohnes, mit Braveheart verhandeln, doch diese verliebt sich in ihn. Indessen verschafft sich der König die Unterstützung der Franzosen und überfällt zusammen mit bestochenen Adeligen den Helden bei Falkirk (1298). Robert the Bruce (*Robert de Brus*), aus königlichem schottischen Geblüt, der Braveheart Treue geschworen hatte, verrät ihn gleichfalls, läßt ihn aber dann doch vor der Gefangennahme fliehen. Bestochen durch hohe Summen, liefert der Adel William Wallace an Edward aus. Der König zeiht trotz der Bitten seiner Schwiegertochter Braveheart des Hochverrates. Er läßt ihn vor der Hinrichtung foltern, um ihm das Wort „Gnade!" abzuringen, doch der Held ruft „Freiheit!"

---

1   s. dazu: http://de.wikipedia.org/wiki/Macbeth_(Shakespeare) (20. 3. 2008).

und wird nun hingerichtet. (Seine letzten Worte sollen gewesen sein: „Ihr englischen Hunde ihr, verweichlichte Huren seid ihr, küßt meinen schottischen Arsch und seid stolz darauf, dies tun zu können, etwas Besseres kann ein jämmerlicher Engländer nicht erreichen!")[1] Robert the Bruce hingegen, der nun als schottischer König eingesetzt werden soll, liefert mit Anhängern Bravehearts Edward die Schlacht von Bannockburn (1314), als deren Ergebnis die Schotten die Freiheit wiedererlangen. Von demselben Bruce fabelte man, daß er auf Rathlin Island vor der Küste von Antrim begraben sei, aber wiederkehren werde, um diese Insel mit Schottland zu vereinen.[2]

> Schon seit 1869 gibt es ein Wallace-Monument bei Stirling in Gestalt eines fast 70 m hohen, besteigbaren Turmes, der heute auch ein kleines Museum enthält. Nach dem gewaltigen Erfolg des Filmes wurde Braveheart dort auch ein modern-archaisches Denkmal mit dem Porträt Mel Gibsons gesetzt. Es scheint jedoch den Vorstellungen der Bevölkerung nicht ganz entsprochen zu haben, da es immer wieder beschädigt wurde. Zuletzt mußte ein Gitterkäfig darum errichtet werden, was angesichts der Aufschrift „Freedom" nicht ohne Komik ist.[3] Mögen auch – wie in bombastischen Historienfilmen üblich – historische Unkorrektheiten und Verzerrungen vorkommen,[4] für das Gros jüngerer Kinogeher wurde „Braveheart" zu einem gewaltigen Erlebnis, das in ihrer Vorstellung das Bild Schottlands ausfüllte.

Für Schottland selbst war die Heldenzeit zweifellos die des Kampfes der Stuarts gegen die Tudors. Hier können wir auch beobachten, wie heroische Interpretation keineswegs auf das handelnde Volk beschränkt blieb, sondern auch auf dem Kontinent Mitgefühl auslöste, das sich dann in der literarischen Gestaltung des Schicksals der Maria Stuart (1542–1587) und ihrer Niederlage gegen Elisabeth I. (1533–1603) äußerte. Bereits sechs Jahre nach Marias Tod erschien das erste einschlägige Werk, das jesuitische Ordensdrama in lateinischer Sprache *Stuarta Tragoedia* von Adrian de Roulers. Darauf folgten italienische, eine niederländische

---

1 http://de.wikipedia.org/wiki/William_Wallace (17. 4. 2008).
2 Wilde (1888), 86.
3 http://en.wikipedia.org/wiki/Wallace_Monument (18. 4. 2008).
4 http://de.wikipedia.org/wiki/Braveheart_(Film) (17. 4. 2008).

Bearbeitung (durch Joost van den Vondel), eine französische, eine englische und eine spanische von Felix Lope de Vega. Am bedeutsamsten wurde natürlich die 1800 in Weimar aufgeführte Tragödie von Friedrich Schiller (1759-1805), die wegen ihres vollkommenen, symmetrischen Aufbaus und ihrer spannenden Handlung (vgl. das unhistorische Zusammentreffen der Königinnen im 3. Akt!) vielen als eines der bedeutendsten deutschen Trauerspiele gilt. Gaetano Donizetti schuf daraus 1834 die Oper „Maria Stuarda".[1]

Neben Macbeth wurde dieser Teil der schottischen Geschichte im kontinentaleuropäischen Bewußtsein durch den literarischen Kanon, der natürlich Schillers Drama enthielt, zu einem unabdingbaren Bildungswissen. Dazu kamen noch die Romane Walther Scotts und natürlich auch Ossian. Theodor Fontane hat in seiner Londoner Zeit offenbar noch weitere Quellenstudien betrieben, eine Reihe schottischer Balladen übersetzt und nachgedichtet (z. B. „Archibald Douglas") und in einer lesenswerten Beschreibung seiner Reise durch Schottland „Jenseit des Tweed" (1860) sehr genau über seinen langen Aufenthalt im „Athen des Nordens", wie man Edinburgh gerne nennt, die Sehenswürdigkeiten - etwa das Geburtszimmer Marias in Linlithgow Castle oder die „Queen Mary Apartments" in Holyrood Palace (Edinburgh) - nach diesen Gesichtspunkten ausgewählt und geradezu mit der Inbrunst eines Pilgers aufgesucht. Gleiches gilt natürlich auch für die Schauplätze der Macbeth-Sage,[2] für Loch Katrine (zu Scotts „Lady of the Lake"; s. S. 377), andere Scott-Orte, aber auch für die Fingalshöhle auf Staffa und das frühchristliche Heiligtum von Iona (s. oben S. 53), wo Macbeth als letzter schottischer König begraben ist.

Daß die Highlands Königin Victoria besonders ans Herz gewachsen waren, wurde schon erwähnt. So achtete sie auch darauf, daß das schottische Hallowe'en-Brauchtum des Fackellaufes an den Grundstücksgrenzen ordentlich eingehalten werde.[3] Im August 1862 ließ sie in der Nähe

---

1 Vgl. dazu Kindlers Neues Literaturlexikon, 14, München 1988, 935-937; zur Gestalt der Königin s. Vogt (1994), 83-107.
2 Dazu jetzt das handliche Büchlein Sinclair (1999).
3 MacGregor (1901), 57.

ihrer Sommerresidenz Balmoral auf dem Craig Lowrigan auf archaische Art zu Ehren ihres verstorbenen Gatten Prinz Albert einen *cairn* von etwa 12 m Höhe errichten, der vom Tal aus weithin sichtbar ist. Er hat die Form einer Pyramide und ist aus Granit mörtellos gefugt.[1]

Gleichzeitig mit dem Niedergang des katholischen Herrscherhauses faßte eine um 1560 weiterentwickelte Form des Kalvinismus, der Presbyterianismus, Fuß. (Natürlich hat Fontane nicht verabsäumt, sich auch das Haus des John Knox anzusehen.) Beim Presbyterianertum liegt die Leitung nicht bei Bischöfen, sondern auf allen Ebenen bei „Älteren" (Presbytern), wobei zwischen „lehrenden Älteren", welche die Sakramente verwalten, und „leitenden Älteren", welche Laien sind, unterschieden wird. Auch hier gibt es wieder Abtönungen und Varianten: die „Free Wees" genannten Angehörigen der „Free Church" of Scotland tun sich durch Temperenzlertum, extreme Moralstrenge und Sabbatruhe besonders hervor. Aus dem kalvinistischen Glauben, daß sich die Gnade Gottes schon auf Erden durch materiellen Besitz erweise, erwächst wohl die schottische Sparsamkeit, welche die Grundlage der bekannten „Schottenwitze" der bekannten „Schottenwitze" und der heute als „cool" angesehenen perversen Idealvorstellung des *Mäc Geiz* bildet.

Das schottische Selbstbewußtsein hängt so sehr mit den genannten Themen, wozu noch die Brauchtümer der Kleidung mit dem Tartan, der Hochlandspiele und die Verehrung Flora MacDonalds und Robert Burns kommen (s. oben S. 604 und unten S. 687, 714, 726), zusammen, daß sich anderes daneben kaum durchsetzen konnte.[2] So ist etwa der Ruhm eines William Sharp (1855–1905), der unter dem Pseudonym „Fiona Macleod" volkskundlich getönte, stimmungsvolle romantische Erzählungen verfaßte, kaum über Großbritannien hinaus in den allgemeinen Bildungskanon gedrungen – wenn er auch Julius Pokorny zum Studium der Keltologie begeisterte[3] –, und ähnliches gilt für eine Reihe anderer Autoren, denen Hermann Vogt als Repräsentanten der „Einsamkeit" feinfühlig nachspürt.[4]

---

1 Victoria (1884), 7–9.
2 Chapman (1978).
3 Lerchenmueller (1997), 17.
4 Vogt (1994), 190–204.

Auf die „Celtic atmosphere" Schottlands und des Hochländerwesens setzte der Fantasy-Film „Highlander. There Can Be Only One" (1985; mit Fortsetzung), in dem ein 1536 erschlagener Highlander *Connor MacLeod* zum Wiedergänger wird. Ein spanischer Aristokrat *Juan Sanchez Villa-Lobos Ramirez* klärt Connor auf, daß er ein Unsterblicher sei, der mittels eines altjapanischen Zauberschwertes der Welt die Gerechtigkeit zu bringen habe. Das geschieht denn auch in Episoden, indem *Connor* z.B. das Judenmädchen *Rachel* in Holland vor den Nazis rettet. Am Ende steht dann 1985 in New York ein Kampf gegen den Hauptwidersacher, den gleichfalls unsterblichen *Kurgan*, den *Connor* für sich entscheiden kann. Dadurch erhält er die Macht, die Gedanken zu lesen. So kann er Politiker beeinflussen. Zugleich gewinnt er die Sterblichkeit zurück. Außer den Highland-Assoziationen und gewissen Stimmungen erinnert in diesem Film nichts mehr an den keltischen Hintergrund, doch wird er gewiß wegen des Titels von vielen mit Schottland und den Kelten zusammengebracht.

c. Politik und „Irish Renaissance" in Irland oder: Vom „Celtic Dawn" zur „Irish atmosphere"

Der irische Freiheitskampf hat in seiner Dauer, seiner Intensität, seinem ideologischen und konfessionellen Hintergrund alles Vergleichbare bei den anderen Keltenvölkern übertroffen, als Ergebnis die Unabhängigkeit des größten Teiles des Landes als freie Republik und – bis vor kurzem noch durchaus schmerzlich nachwirkend – die Tätigkeit der IRA und die sogenannte „irische Frage" gebracht.[1] Im Verständnis breiter Kreise ist neuzeitliches Keltentum außer mit Astérix und Esoterik am ehesten mit Irland verbunden. Es ist daher berechtigt, wenn ich mich hier speziell auf Irland konzentriere, denn es war der Hauptträger inselkeltischer Tradition. Nach der Untersuchung von Stefanie Patzer[2] wird „Irland" am weitaus häufigsten mit „Kelten" assoziiert, während „Schottland" und „Wales" weit seltener spontan genannt werden.

---

1 Vgl. die geraffte Darstellung der Geschichte bei Wagner (1963b), 126–142, 212–226; 246–250. Zum gesamten folgenden Kapitel vgl. die in Wort und Bild umfassende Darstellung: Morrogh (1998). Zur „irischen Frage" Gallenmüller (1997).
2 Patzer (2009).

Als symbolhaft für die Geisteskultur Irlands bis zur Revolution am Beginn des 20. Jh.s kann m. E. das irisch geschriebene historische Werk *Foras Feasa ar Éirinn* 'Grundlagen der Kenntnis Irlands' (um 1633/34) des Katholischen Theologen Geoffrey Keating (etwa 1570 – etwa 1645) gelten,[1] das die Ereignisse von der ersten Besiedlung Irlands 40 Tage vor der Sintflut bis zur normannischen Invasion in der Zeit Heinrichs II. darstellt. Es ist bezeichnend, daß dieses Werk, das einen sehr hohen Anteil an Sagenhaftem enthält, rund 200 Jahre lang immer noch abgeschrieben wurde.

Trotz „Penal Laws" gegen Katholiken (1695), Unterdrückung des Buchdrucks, Verbannung des katholischen Unterrichts in „hedge-schools", Verarmung, Auswanderung und Hungersnöten riß natürlich die Tradition der mittelalterlichen Kultur, wie das Werk Keatings zeigt, nicht ganz ab, auch nach 1800 nicht, nachdem im „Act of Union" Irland und England in einem Königreich vereinigt waren und die Anglisierung ihren Höhepunkt erlebte.[2] Damit waren die Iren zu „West Britons" geworden. In gewissem Sinn kann man von Kolonialherrschaft reden, wenn auch ein Vergleich mit den Verhältnissen in Indien, China, Japan usw., wie ihn Edward W. Said anstellen wollte, doch nicht zulässig ist.[3]

Das erschütterndste Zeugnis der Not im 18. Jh. bietet der protestantische Pfarrer und Dekan Jonathan Swift mit seiner 1729 erschienenen Satire „Ein bescheidener Vorschlag …",[4] in dem der Autor, um die Not zu lindern, vorschlägt, die Kinder im ersten Lebensjahr zu schlachten, um sie an die reichen Gutsherren als Leckerbissen zu verkaufen. Es wird ganz im bevölkerungsstatistischen Sinn angegeben, wie viele Kinder am Leben zu lassen wären, wobei auf je vier Mädchen („Muttertiere") ein männliches „Zuchttier" käme, das Ganze natürlich auch als Satire auf den grassierenden Merkantilismus. Auch später galten die Iren als eine

---

1 Power (1969), 80–83; Rockel (1989b), 70.
2 Rockel (1989b), 81–86. Dabei war erstaunlicherweise eine Zeitlang gerade die katholische Kirche, die sich offenbar größeren Erfolg durch das höhere Prestige des Englischen versprach, gegen die Pflege des Irischen aufgetreten; Lerchenmueller (1997), 9–11.
3 Rauchbauer (2002), 42f.
4 Swift (1729).

Art „weißer Schimpansen"[1], und noch in den 1950er-Jahren konnte man in London rassistische Aufschriften wie „no Blacks, no Irish!" sehen.[2]

Unter dem Juristen Daniel O'Connell (1775–1847) setzten dann die katholische Emanzipation und allmähliche politische Bewußtseinsbildung in den 1830er und 1840er-Jahren ein. Man tröstete sich im Katholizismus und sagte mit Bezug auf *Emain Macha* (angloir. *Navan*), das politische Zentrum in der Sagenzeit:

> Navan town is shattered,
> Ruins everywhere;
> Glendalough remains,
> Half a world is there.[3]

O'Connell versuchte, auf friedlichem Verhandlungsweg den „Act of Union" rückgängig zu machen, wobei er allerdings, da die Fortschritte sehr gering waren, viele Anhänger verlor. Den letzten konkreten Anlaß für die Entstehung von Selbsthilfegruppen und Geheimbünden bot die durch die Kraut- und Knollenfäule der Kartoffel bewirkte Hungersnot 1845–1848 und die massive Mißwirtschaft der Landlords bei gleichzeitigem Export landwirtschaftlicher Produkte nach England. Von 1801 mit 5 Millionen Iren hatte sich die Bevölkerung um 1845 auf 8 Millionen erhöht. Die Hungersnot forderte etwa 1 Million Opfer, eine weitere Million wanderte vor allem in die USA aus. Die Emigrationslieder bilden eine eigene Gruppe unter den irischen „Volksballaden".[4] Bis 1940 emigrierten etwa 5 Millionen Iren allein nach Amerika. Ein drastisches Bild der

---

1 Vgl. die Karikaturen des Punch „The Irish Frankenstein" (Delaney [1993]) und „An Irish Jig" von November 1880 mit dem Kommentar von Foster (1989): „Uncle Sam and John Bull despair of their peaceful attempts to control the violent Irish Celt, fattened by the largesse of Britain and the US; and so they roll up their sleeves to implement more forceful methods. Victorian fears of the 'beastly Irish' were connected to popular disquiet at the findings of Charles Darwin, leading cartoonists to suggest that if man really was descended from the ape, then the Irish – like the blacks – must be closer to animality on the ecological scale." Ein Porträt von Sir Thomas Lee von 1594 zeigt den halbbarbarischen Edelmann mit Spitzbart und in elisabethanischer Hoftracht, aber mit nackten Beinen und einen Speer in der Rechten; Foster (1989).
2 Collis (2007), 118f.
3 De Paor (1997), 77.
4 Healy (1969), 55–57; zur Auswanderung: Cunliffe (2000), 206–209.

Zeit entwirft Sir William Wilde.[1] Damals fluchte man: „To Hell or Connaught!"

So entstand der revolutionäre Geheimbund der „Irish Republican Brotherhood" (IRB). Er bildete zusammen mit dem „Ancient Order of Hibernians" (AOH), der späteren *Sinn Féin*, und der „Gaelic League" ab 1913 die Kampfgruppe der „Irish Volunteers", aus der 1916 die „Irish Republican Army" (IRA) hervorgehen sollte. An diese Phase des Freiheitskampfes erinnert heute noch das Wort *Boykott*, das auf einen Grundstücksverwalter Charles Cunningham Boycott zurückgeht, dem die Bevölkerung 1880 die Ablieferung bäuerlicher Produkte verweigerte.

Unmittelbar nach der IRB wurde in Amerika die „Fenian Brotherhood" gegründet, die den Freiheitskampf von den USA aus betrieb und in Irland in den „Fenians" bald einen Ableger gebildet hatte.[2] Diese „Fenier" sahen sich in der Tradition der alten *Fíanna*. Einer der Gründer dieser Organisationen war John O'Mahony (1816–1877) gewesen, der Hebräisch, Sanskrit und Irisch studiert hatte und auch als erster Übersetzer Keatings hervortrat (1857). Gemäß den Berichten über die Initiation der *fíanna* (s. oben S. 346) sollten sich auch die Mitglieder der militanten Geheimbünde ertüchtigen.[3]

Die „Gaelic Athletic Association" (GAA) ist hier gleichfalls zu erwähnen. Ihr Ziel war nicht nur die Ertüchtigung durch nationale Sportarten wie *hurling* oder Gaelic football, sondern auch die Pflege der Volksmusik und der irischen Sprache. Sie wurde zu Samhain 1884 von dem Irischsprecher Michael Cusack gegründet und hatte natürlich nationale, weniger wissenschaftliche Ambitionen.

Auf der Suche nach der eigenen staatlichen Identität waren in Irland um die Mitte des 19. Jh.s viele, und regelmäßig fanden sie diese in ihrem Keltentum. Ein Mitarbeiter der Historical Society, Thomas Osborne Davis (1814–1845), der für seine Redensart „Gentlemen, you have a

---

1 Wilde (1852), 52–100.
2 Vgl. das bekannte Freiheitslied „The Bold Fenian Men", in: The Guiness Book of Irish Ballads, 33.
3 Den deutschsprachigen Leser wird O'Mahony natürlich an den „Turnvater" Friedrich Ludwig Jahn (1778–1852) erinnern, der gleichfalls in der Leibesertüchtigung ein wesentliches Element des Freiheitskampfes – in diesem Falle gegen die napoleonischen Truppen – gefunden hatte, wenn er auch wissenschaftlich bei weitem nicht an den Iren heranreichte. Zu den Feniern s. Kenny (1994).

country" berühmt war, unterzeichnete seine Dichtung mit „A True Celt". Sein Leitsatz war auch, daß ein Volk ohne eine eigene Sprache nur eine halbe Nation sei, und so galt die allgemeine Bemühung dem Ziel, den Untergang des Irischen zu verhindern. Der jungverstorbene Charismatiker, der einen Pádraig Pearse und viele andere nachhaltig beeinflußte, verfaßte eine Menge vaterländischer Dichtungen, von denen eine sich bis heute großer Bekanntheit erfreut. Darin heißt es in der dritten Strophe:

> It [scil. die Hoffnung] whisper'd too, that freedom's ark
> And service high and holy,
> Would be profaned by feelings dark
> And passions vain or lowly;
> For, Freedom comes from God's right hand,
> And needs a Godly train;
> And righteous men must make our land
> A Nation once again!
> Chorus:
> A Nation once again,
> A Nation once again,
> And Ireland, long a province, be
> A Nation once again![1]

Gott verleiht also Freiheit und nationale Identität, aber zu unserm Erstaunen nicht nur durch den Einsatz der Katholiken, denn eine große Zahl der führenden Geister in der nationalen Strömung und im Freiheitskampf waren Protestanten.

Die Ablehnung der von William Gladstone 1886 vorgelegten „Home Rule Bill", die für Irland ein eigenes Parlament für irische Angelegenheiten vorgesehen hatte, schon im Unterhaus bereitete dem Nationalismus eine gute Grundlage. Der zweite Versuch Gladstones 1892 wurde zwar vom House of Commons angenommen, scheiterte aber im House of Lords mit 419 zu 41 Stimmen. All diese Vorgänge haben natürlich auch einen starken Einfluß auf die „Keltenideologie" und die damit verbundene Unabhängigkeitsbewegung zumindest in Irland gehabt.

---

[1] The Guinness Book of Irish Ballads, 42f.

Von Anfang an war die „Irish Renaissance" mit der Entwicklung der Keltologie, zumindest der Hibernistik, verbunden.[1] Das Interesse an der irischen Kultur hatte sich ab dem 18 Jh. parallel zum antiquarischen Interesse in Großbritannien, das wir schon kennengelernt haben (s. oben S. 437ff.), entwickelt. Wir haben gesehen, daß dabei Sir William Wilde, Oscar Wildes Vater, eine gewisse Bedeutung zukam (s. oben S. 457). Solcher Antiquare gab es mehr, war doch 1785 von Protestanten die Royal Irish Academy gegründet worden, die neben den naturwissenschaftlichen auch geisteswissenschaftliche Zielsetzungen hatte. Sie hatte ja auch Sammlungen angelegt und besaß eine Reihe kostbarster Handschriften, wie den angeblich von Columcille geschriebenen *Cathach* (s. oben S. 54). Der Major Thomas Colby begann 1824 Irland für die Ordnance Survey-Karten aufzunehmen, was natürlich auch mit einer genauen Ortsnamensammlung verbunden war. So erschienen in den 1830er-Jahren die ersten irischen Karten, die auf Vermessung mit einem neu entwickelten Theodoliten basierten. Daneben sollten von der Ordnance Survey-Kommission auch die Bodendenkmäler erforscht werden. Auch die ersten Schritte zur Anlage von Glossaren wurden unternommen. Die irisch-schottischen Familiennamen fordern allerdings zur historischen Herleitung und zur Altertumskunde geradezu heraus, so daß in den Namenträgern immer auch *in nuce* Genealogen stecken (s. oben S. 503).

Zwei native speakers John O'Donovan (1806–1861) und sein Schwager Eugene (Eoghan) O'Curry (1794–1862) spielten bei der Entstehung der „irischen Renaissance" als Philologen die maßgebliche Rolle. Ersterer arbeitete entscheidend am Ordnance Survey-Projekt als Ortsnamenforscher mit, war auf Jacob Grimms Empfehlung auch Korrespondierendes Mitglied der Preußischen Akademie der Wissenschaften in Berlin und gilt heute noch vielen als der größte irische Hibernist mit vor allem historischem Interesse. O'Currys Arbeit ging gleichfalls aus dem Ordnance Survey-Projekt hervor, er erforschte die handschriftlichen Bestände in Irland, aber auch in der British Library und beschäftigte sich auch mit Irlands alter Musik. Heute noch eine Fundgrube ist O'Currys gewaltiges

---

1 Dazu vgl. Rockel (1989b), 87–92.

Werk „On the Manners and Customs of the Ancient Irish" (1873). Besondere Aufmerksamkeit widmete er auch dem ältesten irischen Recht (den sogenannten *Brehon*-Laws). Und es gilt auch als Hauptleistung O'Donovans und O'Currys, den „Dictionary of the Irish Language" (DIL) initiiert zu haben, der zwischen 1913 und 1976 entstand. Als dritten maßgeblichen Gelehrten muß ich noch George Petrie (1789-1866) nennen, auch er am Ordnance Survey-Projekt beteiligt, der jedoch ebenso Altertümer sammelte (vgl. die „Petrie Crown"[1] im irischen Nationalmuseum), in der Academy als Handschriftenspezialist tätig war, aber auch als Musikwissenschaftler 1855 „The Ancient Music of Ireland" herausbrachte. Die berühmte „Petrie-Collection" besteht aus nicht weniger als 1582 Melodien, von denen viele auf diese Weise gerettet worden sind. Unter den auf den Aran-Inseln gesammelten Liedern ragte *Péarla an Bhrollaigh Bháin* heraus, das Petrie selbst als „The Snowy-Breasted Pearl" übersetzte.[2] Einen informativen thematischen Überblick über das Volksliedgut bietet James Ross.[3]

Für die Frage der Keltenrezeption war aber dann das entscheidende Ereignis 1879 die Veröffentlichung der „History of Ireland – Heroic Period" des Protestanten Standish James O'Grady (1846-1928), ein Buch, dem noch im selben Jahr „Early Bardic Literature of Ireland" (1879) folgte. Danach verlegte sich James O'Grady auf romanhafte Nachdichtungen wie „Finn and his Companions" (1891) oder „The Coming of Cuculain" (1894), fast als ob er ein neuer MacPherson hätte sein wollen. Dieser frühen Sagenrezeption ist allerdings da und dort eine gewisse Prüderie nicht abzusprechen. Das englische Vorurteil gegenüber der altirischen Dichtung sieht diese ja als frömmelnd, läppisch und obszön an. So wurde die Art, wie etwa die Heldin *Dervorgilla* (*Derbhfhorgaill*) durch die Eifersucht der Frauen der Ulter zu Tode kommt, verschwiegen und erst 1911 durch eine Übersetzung des norwegischen Keltologen Carl Marstrander in der Fachwelt bekannt.[4] (Ich möchte die skandalöse Handlung den wißbegie-

---

[1] Treasures (1977), 24; Laing-Laing (1992), Abb. 145; Birkhan (1999b), Abb. 594.
[2] O'Sullivan (1961), 17-19.
[3] Ross (1390).
[4] Marstrander (1911); Bitel (1996), 162f. Gewisse dunkle – und obszöne – Stellen in der Sage von CúChulainns Werbung um Emer (*Tochmarc Emire*) sind m. W. immer noch nicht übersetzt – oder verstanden.

rigen LeserInnen zur Selbsterforschung überlassen.) In der „History of Ireland" ist deutlich die Bemühung um eine integrale Altertumskunde aus Erzählungen und archäologischen Zeugnissen zu erkennen. Standish James O'Gradys Vetter Standish Hayes O'Grady (1832–1915) war gleichfalls Altertumskundler. Ihm verdanken wir die 1892 erschienene *Silva Gadelica*, Erzählungen aus alten Handschriften mit interessanten Texten besonders zur *Finn*-Sage. Vor allem O'Gradys „History" wurde zu einem Schlüsselwerk, aus dem sich das „Celtic Twilight" des „Jungen Irland", z. T. auch unter Berufung auf Herder und Goethe, speiste. Später hat die Irish Folklore Commission unter anderen durch den berühmten Volkserzählungsforscher Séamus Ó Duilearga (1899–1980) das Wissen der Geschichtenerzähler, der *shanachies*, systematisch aufzeichnen und archivieren lassen.[1]

Ein Meilenstein Richtung Traditionsbewahrung und Wissenschaft, aber eben auch Freiheitskampf, war die Gründung der „Gaelic League" (*Conradh na Gaeilge*), mit einem eigenen „Zweig für Frauen" (*Craobh na mBan*), durch den Hibernisten, Volkskundler und als Herausgeber der „Love Songs of Connacht" hoch geschätzten späteren ersten Staatspräsidenten, den Protestanten Douglas Hyde, den Priester und Irischlehrer Eugene O'Growney (1863–1899), den Keltologen Eoin MacNeill (1867–1945) und anderen zu Lughnasad 1893. Wie der Brief eines Araninsulaners an J. M. Synge zeigt,[2] wirkte die „Gaelic League" sogar auf den westlichen Inseln, wo ja Irisch angeblich noch muttersprachlich intakt und verbreitet war.

An dieser Stelle muß ich aber auch eines Deutschen gedenken, der sich in ganz besonderer Weise um das Irentum und die Keltologie verdient gemacht hat: Kuno Meyer (1858–1919) hatte in Leipzig bei Ernst Windisch Indogermanistik, insbesondere aber keltische Sprachen studiert und war Dozent für germanische Sprachen am University College Liverpool, dem Vorläufer der heutigen Universität. Von Irland und seiner Sprache in Bann gezogen, entstand eine Fülle von Texteditionen und

---

1 Vgl. Wagner (1963b), 293–295.
2 Synge The Aran Islands, 57.

linguistischen Arbeiten, so daß Kuno Meyer als einer der Väter der Keltologie gelten kann. Auf ihn geht die wichtigste deutsche keltologische Zeitschrift (Zeitschrift für celtische Philologie) zurück, er war aber auch 1903 Mitbegründer der „Sgoil Árd-Léighinn na Gaedhilge" ('School of Irish Learning'), die heute noch als Abteilung im „Dublin Institute of Advanced Studies" (DIAS) weiterlebt und die von ihm initiierte Zeitschrift *Ériu* 'Irland' herausgibt. 1904 lehrte Meyer als „Todd Professor in the Celtic Languages" an der Royal Irish Academy. 1912 wurde er Ehrenbürger von Dublin und Cork. Die Ehrenbürgerschaften sowie die Professur in Liverpool wurden ihm allerdings wegen seiner prodeutschen Gesinnung im ersten Weltkrieg bald wieder aberkannt. Nach einigen Jahren in den USA kehrte Meyer nach Deutschland zurück, wo er in Leipzig starb.

Diese „grobmaschige" Erwähnung einiger Lebensdaten Meyers wird allerdings nur dem ganz äußerlichen Werdegang gerecht. In Wirklichkeit war Meyers Leben, wie bei Joachim Lerchenmueller nachzulesen ist,[1] reich an Polemiken gegen Irlands Katholiken, denen er Verrat an der Sprache vorwarf, gegen das Trinity College und gegen die Royal Irish Academy, die sich seiner Meinung nach viel zu wenig um die Erforschung von Sprache und Literatur, also die Hibernistik, bemühten. Die Rolle Kuno Meyers als Propagandist – auch in den USA – ist jedenfalls nicht unterzubewerten.

Mit der Entstehung des Irischen Freistaates änderte sich freilich auch das Verhältnis zu Deutschland – es gibt ja eine Reihe von Sagen über die Unterstützung deutscher U-Boote im Zweiten Weltkrieg seitens des offiziell neutralen Irland. Der „König von Inishmore" Pat Mullan befand – allerdings noch 1939 – „Hitler is right ..., quite right."[2] Der irische *Taoiseach* ('Führer = Ministerpräsident') Eamon De Valera (1882–1975) soll dem deutschen Botschafter am Tag von Hitlers Selbstmord offiziell kondoliert haben.

Douglas Hyde hatte das Ziel des irischen Kulturkampfes unter Einbeziehung von Rasse, Boden und Blut so definiert:

---

1   Lerchenmueller (1997), 3-145.
2   Gerstenberg (1940), 40.

„In a word, we must strive to cultivate everything that is most racial, most smacking of the soil, most Gaelic, most Irish, because in spite of the little admixture of Saxon blood in the north-east corner, this island is and will ever remain Celtic at the core..."[1]

Es bedarf keiner besonders geschärften Kritikfähigkeit, um zu erkennen, daß solche Aussagen, die ihre Wurzeln in den Spekulationen zur „keltischen Rasse" bei den Antiquaren des 19. Jh.s und Matthew Arnold hatten, der deutschen Blut- und Bodenmystik nahe standen, und so grüßten einander über Britannien hinweg zwei verwandte Seelen. Es ist daher auch keineswegs erstaunlich, daß ein Autor wie James Stephens und die „Irish Renaissance" eine bemerkenswerte Deutung aus „völkischer Sicht" erfuhren.[2]

Damit wurde wohl auch die vaterländische Gesinnung Kuno Meyers im Irischen Freistaat anders bewertet. Die „School of Irish Learning", an deren Eingang der Besucher noch heute durch ein schönes Porträt dieses Gelehrten empfangen wird und an der dann auch Rudolf Thurneysen und Holger Pedersen Sommerkurse abhielten, war auf hoher akademischer Ebene eine Ausblühung eben jenes Geistes, der auch die Gaelic League hervorgebracht hatte.

Diese gab auch eine eigene Zeitung *An Claidheamh Soluis* ('Das Schwert des Lichtes') heraus, deren Editor bald der Lehrer Pádraig Pearse war. Er hatte das Wunschbild der Befreiung Irlands immer mit dem Fortbestand der irischen Sprache verbunden und gründete zu diesem Zweck eine zweisprachige Schule, die nach St. *Enda*, dem Heiligen der Aran-Insel Inishmore und Lehrer des *Brendan*, benannt ist. Die in einem alten Herrenhaus in Rathfarnham, einem südwestlichen Vorort Dublins, untergebrachte Schule florierte, und der Irischunterricht begeisterte die Schüler so, daß sie in den Ferien in die Gaeltacht gingen, um dort Feldforschung zu betreiben. Parallel zu Saint Enda's gründete Pearse dann auch eine Mädchenschule, die im Zeichen der hl. *Ita*, der geistlichen Mutter des hl. Brendan, stand. Ein getreuer Weggefährte war dabei Thomas MacDonagh (1878–1916), der Pearses Anschauungen und Ideale völlig teilte.

---

1   Zitiert nach Lerchenmueller (1997), 13.
2   Poepping (1940).

Trotz der großen Bedeutung, die man der Beherrschung des Irischen zuschrieb, ist aber festzustellen, daß „Irish Renaissance" oder „Celtic Dawn" nicht auf Irisch, sondern fast durchwegs auf Englisch oder Angloirisch stattfand. Große Dichterpersönlichkeiten wie Yeats konnten kaum Irisch, gute Irischkenner wie Lady Gregory, Pearse oder Douglas Hyde waren keine so großen Poeten. Synge allerdings hätte beides gekonnt, hat jedoch wohl auch an die Wirkung gedacht. Man konnte – vor allem in der Großstadt – mit der vom Aussterben bedrohten Sprache keinen großen Publikumserfolg erwarten. Dagegen boten die angloirischen Dialekte, wie Lady Gregory mit ihrem *Kiltartanese* und Synge sie einsetzten, eine zusätzliche Möglichkeit künstlerischer Verfremdung und auch der Komik. Vor allem Flann O'Brien wird in der Folgezeit mit dem Angloirischen experimentieren.

In den später heroisch verklärten Gestalten zeigt sich sehr deutlich die enge Bindung, die das keltische Traditionsgut, insbesondere der Ulstersage, mit der Sprachbelebung und -pflege und der revolutionären Praxis des Freiheitskampfes eingegangen war. Am Ostermontag, dem 24. April 1916, kam es zu dem berühmten „Osteraufstand".[1] Von den Stufen der General Post Office in Dublin, die den Hauptstützpunkt der Revolutionäre bildete, rief Pearse die Irische Republik aus. Bekanntlich mußten die Revultionäre nach sechs Tagen erbitterten Widerstandes, bei dem sich auch die Gräfin Markiewicz hervorgetan hatte, aufgeben. Pearse und MacDonagh waren die ersten, die am 3. Mai 1916 hingerichtet wurden. Es hat natürlich einen tieferen symbolischen Sinn, wenn bis heute eine Bronzeplastik gerade des sterbenden Heldenjünglings CúChulainn (1911/12 von Oliver Sheppard) in der General Post Office an den Tod der Märtyrer des Irentums gemahnt.[2] Übrigens blieb, was gerne vergessen wird, der Aufstand nicht nur auf Dublin beschränkt. Den Erinnerungen von Peig Sayers kann man z.B. entnehmen, daß die Unruhen sogar in Dingle, im äußersten Südwesten Irlands, spürbar waren. Die Engländer scheinen geglaubt zu haben, daß die Irish Volunteers ir-

---

1   Dazu Kenny (1993).
2   Birkhan (1999b), Abb. 779.

gendwo im unzugänglichen Westen noch eine Reservearmee versteckt hätten.[1]

Die Schlüsselfigur der „Irish Renaissance", aber auch des „Celtic Dawn" war der schon oft genannte William Butler Yeats (1865–1939), ein Mitautor der 1888 erschienen lyrischen Anthologie „Poets and Ballads of Young Ireland". Der Dubliner, der mütterlicherseits aus der Grafschaft Sligo stammte, gehörte einer Intellektuellen- und Künstlerfamilie an. Vater John und Bruder Jack waren Maler – letzterer erfreut sich auch heute noch eines beachtlichen Ansehens –, während die Schwestern Elizabeth und Susan („Lollie and Lily") sich in der „Arts and Crafts"-Bewegung, einer Variante des Jugendstils, der in Irland auch keltische Elemente einzubeziehen suchte,[2] profilierten.

Man könnte Yeats sehr gut als Gegenpol zu seinem Zeit- und Landesgenossen Oscar Wilde (1854–1900) bestimmen, der kein Interesse am irischen Altertum und der Keltenromantik zeigte, nicht einmal in seinen berühmten Märchen trotz der altertumskundlichen Interessen seines Vaters und dem Engagement seiner Mutter in der nationalirischen Bewegung. Sie publizierte als revolutionäre Lyrikerin („Speranza") und verfaßte 1888 „Ancient Legends of Ireland", das Yeats emphatisch begrüßte:

> „We have here the innermost heart of the Celt in the moments he has grown to love through years of persecution, when, awakening himself almost with dreams, and hearing fairy-songs in the twilight, he ponders on the soul and on the dead. Here is the Celt, only it is the Celt dreaming."

Abgesehen von der fast pflichtgemäßen Zugehörigkeit zu einer Loge, hatte der Dandy und Gesellschaftsmensch Wilde keine besondere Neigung zu Okkultem. Yeats hingegen war das ganze Leben hindurch von esoterischen Gesellschaften und Ideen fasziniert, Vorsitzender des „Dublin Hermetic Order", später auch in der „Theosophical Society" sehr aktiv, in deren Rahmen ihn der Guru Brahmin Mohini Chatterjee beeinflußte und

---

[1] Sayers (1962), 113–120.
[2] Rauchbauer (2002), 39f. Zur bildenden Kunst und der Familie Yeats' s. Pyle (1997).

in der er das Rosenkreuzertum der Loge des „Golden Dawn" vertrat, wo ihn sein Dämon *Leo Africanus* nannte. Seine spätere Frau Georgie war ein Medium, mit dessen Hilfe er nach Geisterdiktat „automatisch" schrieb.

Als intellektueller Schöngeist und Ire hatte er zwar zur Literatur seiner Heimat und dem Freiheitskampf Zugang, jedoch zunächst trotz der engen Beziehung zur Aktivistin Maud Gonne wenig Sinn für die Not des Volkes und die politischen Vorgänge des Alltags, die letztlich zum Bürgerkrieg führten. Der Osteraufstand und seine Niederschlagung 1916 brachten die Peripetie, die der Ästhet in dem Gedicht „Easter 1916" so ausdrückte:

> We know their dream; enough
> To know they dreamed and are dead;
> And what if excess of love
> Bewildered them till they died?
> I write it out in a verse –
> MacDonagh and MacBride
> And Connolly and Pearse
> Now and in time to be,
> Wherever green is worn,
> Are changed, changed utterly:
> A terrible beauty is born.

(Sean O'Casey wird 1926 in seiner Tragödie „The Plough and the Stars" [gemeint ist die Fahne der „Irish Citizen Army"][1] ein völlig illusionsloses Bild des Osteraufstandes entwerfen und in eine Pub-Szene die von außen hereindringenden Wortfetzen der von Pádraic Pearse gehaltenen Rede einmontieren. Der daraus erwachsende Skandal wird O'Casey zwingen, nach England auszuwandern!)

Trotz häufiger Aufenthalte in England fühlte sich Yeats sehr stark Irland, seiner Kultur und Landschaft, zugehörig. Bezeichnenderweise erwarb er den mittelalterlichen Donjon von Thoor Ballylee (Co. Galway), wo er ab 1918 die Sommer verbrachte[2] – heute eine Pilgerstätte des

---

1 Der als Sternzeichen verstandene Pflug ist abgebildet in Kenny (1993), 23.
2 O'Brien – Harbison (1996), 200f.

Yeats-Kultes. Diese Verwurzelung meinte auch die Schwedische Akademie, als sie 1923 die Verleihung des Literaturnobelpreises mit den Worten begründete, daß sie damit seine „inspired poetry, which in a highly artistic form gives expression to the spirit of a whole nation" würdigte. Es ist klar, daß man, wie öfter in der Geschichte des Nobelpreises, auch in diesem Fall, zwei Jahre nach der Entstehung des „Irish Free State", ein politisches Zeichen setzen wollte. Daß zwei Jahre später ein anderer Ire, George Bernard Shaw, der fanatische Anhänger von Karl Marx und Richard Wagner, dessen Keltentum jedoch im Britentum aufgegangen war, den Nobelpreis erhielt, könnte gleichfalls eine politische Nebenkomponente haben.

Yeats war für sein gewaltiges lyrisches Oeuvre und seine Dramen ausgezeichnet worden, für die Keltenrezeption ist aber zunächst seine Prosa von großer Bedeutung: „Fairy and Folk Tales of the Irish Peasantry" (1888), „Representative Irish Tales" (1891), „Irish Faerie Tales" (1892) und – namengebend – „The Celtic Twilight" (1893, 1902), eine Sammlung von Elfengeschichten, die z. T. als selbsterlebt dargestellt sind.[1]

Auch in seinem lyrischen Werk, aus dem einzelne Stücke von dem italienischen Liedermacher Angelo Branduardi (geb. 1950) 1986 als „Branduardi canta Yeats – Dieci ballate su lirichi di William Butler Yeats" vertont wurden,[2] griff der Dichter gerne auf Volkstraditionen zurück, so in dem wunderbaren Gedicht „The Stolen Child", das von der Entführung eines Menschenkindes – also eine Art irischer „Erlkönig" – durch Elfen erzählt. Es ist übrigens hochinteressant zu beobachten, daß diese Gewohnheit der Elfen, Irdische zu entführen, heute z. T. auch auf die Besatzung von UFOs übertragen wird. Die Einzelheiten solcher Erzählungen können mitunter stark an die Verschleppung durch Fairies erinnern.[3]

Häufiger aber erliegt der Sterbliche den sanften Verlockungen der Elfen:[4]

---

[1] Yeats (1902). Darin S. 54–58 Geschichten von Kindern, die Elfen raubten.
[2] Weitere musikalische Versuche mit Yeats' Lyrik s. in: http://de.wikipedia.org/wiki/William_Butler_Yeats (6. 11. 2008).
[3] Whitmore (2005), 398f.
[4] Yeats (1888), 59f. Vgl. Yeats (1902), 54–58.

> Where dips the rocky highland
> Of Sleuth Wood in the lake,
> There lies a leafy island
> Where flapping herons wake
> The drowsy water rats;
> There we've hid our faery vats,
> Full of berrys
> And of reddest stolen cherries.
> Come away, O human child!
> To the waters and the wild
> With a faery, hand in hand,
> For the world's more full of weeping than you can understand.

In der letzten Strophe bleiben all die menschlichen Alltagsbezüge (Kälber, Teekessel, Haferflocken für den porridge) des geraubten Menschenkindes zurück:

> Away with us he's going,
> The solemn-eyed:
> He'll hear no more the lowing
> Of the calves on the warm hillside
> Or the kettle on the hob
> Sing peace into his breast,
> Or see the brown mice bob
> Round and round the oatmeal chest.
> For he comes, the human child,
> To the waters and the wild
> With a faery, hand in hand,
> For the world's more full of weeping than he can understand.

Das Elfenreich ist also das Außerordentliche, nur in der Dichtung Erreichbare, nach dem wir uns aus unserer Tränenwelt sehnen. Die Vorstellung von der Anderen Welt, welche die gesamte keltische Spiritualität durchpulst und sich ja noch in der heutigen Elfenmode niederschlägt (s. S. 557ff.), übte auch auf Yeats ihre besondere Anziehung aus. So programmatisch in dem Gedicht „Into the Twilight", in dem die jugendliche Mutter Irland in das graue Zwielicht der Elfen gerückt wird. Programmatisch drängt sich das Wort *twilight – Celtic Twilight* – auf:

> Out-worn heart, in a time out-worn,
> Come clear of the nets of wrong and right;
> Laugh, heart, again in the gray twilight;
> Sigh, heart, again in the dew of the morn.
> Thy mother Eire is always young,
> Dew ever shining and twilight gray,
> Though hope fall from thee or love decay
> Burning in fires of a slanderous tongue.
> Come, heart, where hill is heaped upon hill,
> For there the mystical brotherhood
> Of hollow wood and the hilly wood
> And the changing moon work out their will.
> And God stands winding his lonely horn;
> And Time and World are never in flight,
> And love is less kind than the gray twilight,
> And hope is less dear than the dew of the morn.[1]

Die Elfenwelt ist aber auch oft als etwas Verlorenes, Unerreichbares mit Wehmut gepaart. So auch in der frühen Gedichtsammlung „The Wanderings of Oisin and Other Poems" (1889), einer Bearbeitung des irischen „Lay of Oisin and the Land of Youth" eines Lyrikers Michael Comyn (Mitte des 18. Jh.s), die auf die neue naturlyrische Sichtweise einstimmt, was besonders deutlich wird, wenn wir sie mit der „naturrhetorischen" des „Ossian" (s. oben S. 360ff.) vergleichen:

> We rode in sorrow, with strong hounds three,
> Bran, Sgeolan, and Lomair,
> On a morning misty and mild and fair.
> The mist-drops hung on the fragrant trees,
> And in the blossoms hung the bees.
> We rode in sadness above Lough Lean,
> For our best were dead on Gavra's green...[2]

---

1 Yeats (1902), 103.
2 http://www.jstor.org/stable/458836?seq=2 (6. 11. 208).

Eine der Hauptsagen des Finn-Kreises erzählt ja von Oissíns Besuch im Reich der ewigen Jugend (s. oben S. 342). Fairies sind omnipräsent, sobald sich der Dichter einem Hügelgrab nähert. In diesem Fall begegnet er *Medb* im Umkreis ihres sagenhaften Grabhügels (Knocknarea) bei Sligo.

> Caolte, and Conan, and Finn were there,
> When we followed a deer with our baying hounds,
> With Bran, Sgeolan, and Lomair,
> And passing the Firbolgs' burial mounds,
> Came to the cairn-heaped grassy hill
> Where passionate Maeve is stony still
> And found on the dove-gray edge of the sea
> A pearl-pale, high-born lady, who rode
> On a horse with bridle of findrinny[1]
> And like a sunset were her lips,
> A stormy sunset on doomed ships;
> A citron colour gloomed in her hair,
> But down to her feet white vesture flowed,
> And with the glimmering crimson glowed
> Of many a figured embroidery;
> And it was bound with a pearl-pale shell.[2]

Am meisten beeindruckten und beeindrucken noch immer Yeats' Dramen mit keltischem Sagenhintergrund, in denen aber ständig ein lyrisches Element mitschwingt und die dadurch bestechen, daß sie die Forderung nach Einheit von Schauplatz, Zeit und Handlung in ihrer schlanken Textgestalt entsprechen.

Die Idee der Anderen Welt kommt am deutlichsten in dem symbolistischen Einakter „The Land of Heart's Desire" (1894) zum Ausdruck. Es spielt in der Walpurgisnacht, also zu *Beltaine*, wenn die Tore zum Jenseits offenstehen. Ein junges Ehepaar will es sich zusammen mit einem zu Gast weilenden Priester vor dem Feuer bequem machen. Nur kann *Mary*, die junge Frau des Hauses, nicht von einem Sagenbuch lassen, in dem sie

---

[1] Gemeint ist *findruine* 'Weißgold, -bronze', eine Legierung, die oft mit Elfen zusammengebracht wird.
[2] http://www.archive.org/stream/poeticalworks01yeatuoft/poeticalworks01yeatuoft_djvu.txt (6. 11. 2008).

über Fairies liest. Zwei unheimliche Gestalten erbitten etwas Milch und Feuer, was ihnen auch gereicht wird, obwohl die Alten warnen, daß dies die Fairies herbeilocken werde. *Mary* wünscht sich sehnsüchtig in ihren Kreis.

> Come, faeries, take me out of this dull house!
> Let me have all the freedom I have lost;
> Work when I will and idle when I will!
> Faeries, come take me out of this dull world,
> For I would ride with you upon the wind,
> Run on the top of the dishevelled tide,
> And dance upon the mountains like a flame.

Da erscheint unversehens ein geheimnisvolles Kind, das singt:

> The wind blows out of the gates of the day,
> The wind blows on the lonely heart,
> And the lonely heart is withered away.
> While the faeries dance in a place apart,
> Shaking their milk-white feet in a ring,
> Tossing their milk-white arms in the air;
> For they hear the wind laugh and murmur and sing
> Of a land where even the old are fair,
> and even the wise are merry of tongue ...

Die Familie lädt das frierende Kind ans Feuer ein und bewirtet es mit Brot und Honig – schon der hl. Patrick wußte, daß dieser eine heidnische Speise ist (s. o. S. 48). Zufällig erblickt das Elfenkind das Kreuz mit dem Crucifixus an der Wand und fühlt sich unwohl, worauf es der gutmütige Priester entfernt, in der Hoffnung, dadurch das Vertrauen des Kindes zu gewinnen, das er über das Christentum belehren will. Darauf beginnt das Kind zu tanzen und singt *Mary* ein verlockendes Lied vom „Land of Heart's Desire" vor,

> Where beauty has no ebb, decay no flood,
> But joy is wisdom, time an endless song,
> I kiss you and the world begins to fade.

Gegen ihren Willen erliegt *Mary* dem Zauber, und obwohl sie ihr liebender Mann zurückhalten will und sie selbst in Stoßgebeten Maria beschwört, nimmt der Elf sie mit sich, d.h. sie stirbt, um mit ihm im Jenseits den Reigen zu tanzen. Zuletzt klagt der Priester Father Hart:

> Thus do the spirits of evil snatch their prey
> Almost out of the very hands of God;
> And day by day their power is more and more,
> And men and women leave old paths, for pride
> Comes knocking with thin knuckles on the heart.[1]

Auch der Einakter „The Shadowy Waters" (1894) umspielt die Feeenliebe. Hier ist der Held *Forgael* mit Piraten zu einem Traumland „westlich der Sonne" aufgebrochen, um die vollkommene Liebe einer schattenlosen Frau zu finden – gewissermaßen in den Spuren der altirischem *immrama*-Expeditionen (s. oben S. 81), wozu ja auch die des *Bran mac Ferbail* gehört –, es ist das Land der Toten, die sich zu den Klängen von Forgaels „harp of nine spells" den Seeleuten als geflügelte Gestalten zeigen. Da die Suche nach dem Land lange Zeit erfolglos bleibt, wollen die Piraten meutern. Doch in diesem Augenblick sichten sie das reichbeladene Schiff eines Königspaares, das sie entern und plündern. Sie erschlagen den König, dessen Witwe *Dectora* – der Name erinnert an *Deichtire*, die Schwester Conchobors und Mutter CúChulainns –, sich zu *Forgael* flüchtet und die sich seiner Musik und Liebe nicht widersetzen kann:

> I understand you now.
> You have a Druid craft of wicked music,
> Wrung from the cold women of the sea –
> A magic that can call a demon up,
> Until my body give you kiss for kiss.

Es ist die Macht der Elfenliebe, die wie ein goldenes Netz – ein beliebtes Bild – alles umspannt und dessen Maschen niemand zerreißen kann. *Dectora* will *Forgael* durch seine eigenen Piraten töten lassen, doch des-

---

[1] Yeats, Plays, 73ff.

sen magische Harfe verhindert ihre aggressiven Wünsche. In einer psychologischen Parforce-Entwicklung weicht ihr Haß tiefer Liebe, so daß beide nun, vom bezwingenden Vogelgesang umtönt, in das Traumreich der alten Harfe und der grauen Vögel, die schon den Vätern die Träume sandten, entschwinden.[1]

1904 entstand „On Baile's Strand", ein Drama, das die tragische Tötung von *Conlæch*, Cúchulainns Sohn mit der Kriegsdämonin *Aífe*, durch seinen Vater zum Inhalt hat.[2] Als der Held das Land der Aífe verließ, erlegte er dem Sohn Tabus auf, daß dieser, sobald ihm ein zurückgelassener Daumenring passe, zur Suche nach seinem Vater aufbrechen solle, aber dabei die *geassa* zu beachten habe, daß er sich nicht vom Weg abbringen lassen, sich keinem Einzelnen nennen und keinem Zweikampf ausweichen dürfe. Der herangewachsene Knabe – je nach Sagenvariante 7- oder 21-jährig, erscheint an der Küste, wo er alle Gesandten Conchoburs besiegt und erniedrigt. Er bildet eine allgemeine Gefahr, weshalb *CúChulainn*, den eine böse Vorahnung warnt, gegen ihn kämpfen muß. Conlæch gelingt es mehrfach, seinen Vater zu besiegen, so daß dieser, der die Identität des Knaben längst erkannt hat, gezwungen ist, jene Waffe einzusetzen, die Aífe nur ihn, den „Zögling ihrer Schenkel", nicht Conlæch, den „Zögling ihrer Brust", lehrte. Zu spät erfährt der zu Tode getroffene Jüngling, wer ihn erschlagen hat. Der Vater verfällt für einige Zeit in Wahnsinn.

Diese Sage hat Yeats so gestaltet, daß *Conchubar* [sic!] als der eigentlich Schuldige erscheint, weil er Cuchulain zum Kampf zwingt. Das tragische Moment entsteht auch hier dadurch, daß Cuchulain ja schon immer weiß, gegen wen er kämpft. Der Kampf findet nicht auf der Bühne statt, und während der Vater den Sohn tötet, rollt hier eine burleske Szene zwischen Frauen, einem Blinden und dem Narren ab, den Yeats nach dem Vorbild Shakespeares eingeführt hat. Auch der Wechsel von Prosa und Blankvers deutet darauf hin, daß dieser als Vorbild dem Dramatiker vor Augen stand. Die beiden „komischen Figuren" sollten Masken tra-

---

1 Yeats, Plays, 257ff.
2 Kraml (1979); Gantz (1981), 147–152.

gen. Yeats wollte, daß das Abbey Theatre die erste moderne Bühne sein solle, in der wieder Masken aufträten.[1]

Eines der berühmtesten Themen ist das der Tristansage verwandte von *Deirdre*, deren Inhalt schon oben angedeutet wurde (s. S. 175f.), und das nun einen Boom an Beliebtheit erlangte.[2] Bei Yeats sind *Deirdre*, *Naoise* und der vermittelnde treue Held *Fergus* bereits von Schottland zurückgekehrt und erwarten König *Conchubar*, der sich vorgeblich mit ihnen aussöhnen will, in einer Waldhütte. Der König erscheint nach düsteren Vorahnungen Deirdres, aber nur um sein Versprechen zu brechen und Naoise hinrichten zu lassen. Deirdre tötet sich an der Seite des Gemordeten. Wie man sieht, ist die Handlung aufs Äußerste verknappt, die Vorgänge ganz auf die seelische Stimmung verlegt.[3] Das außerordentlich populäre Stück wurde bis in die 50er Jahre des 20. Jh.s aufgeführt. Es mutet eigenartig an, die berühmte Deirdre-Gestalt in einen Brief des Dramatikers an Lady Gregory auf das menschliche Normalmaß reduziert zu sehen:

„Deirdre is the normal, compassionate, wise house wife lifted into immortality by beauty & tragedy. Her fealing [sic!] for her lover is the fealing of the house wife for the man of the house. She had been less beautiful, considering her type if she had not been fruitful."[4]

So wollte er denn auch *Gaiar* und *Aebgreine*, die beiden Kinder der Heldin, in die Tragödie einbeziehen, was dann unterblieb. Jedenfalls sah er Deirdre als den Gegentyp zu *Gráinne* an, für die Fruchtbarkeit unangebracht wäre. Das Schlußwort hat hier *Conchobur*, dem *Fergus* die Berührung der Toten untersagt:

---

1   Yeats, Plays, 151ff., 850f. „Baile's Strand" ist *Baila na Tragha*, jetzt Seatown, ein Vorort von Dundalk, wo CúChulainns Herrschaftszentrum angenommen wurde.
2   Vgl. die Kreidezeichnung „Deirdre die Traurige" von John Duncan (1866–1945); Die Kelten (2001), 20.
3   Yeats, Plays, 175ff.
4   Yeats, Plays, 854.

> You are all traitors, all against me – all.
> And she has deceived me for a second time;
> And every common man can keep his wife,
> But not the King. ... I have no need of weapons,
> There's not a traitor that dare stop my way.
> Howl, if you will; but I, being King, did right
> In choosing her most fitting to be Queen,
> And letting no boy lover take the sway.[1]

„An Heroic Farce" nannte Yeats sein Stück „The Green Helmet" (1910), dem zwei Jahre zuvor die Prosafassung als „The Golden Helmet" vorausgegangen war. Es beruht auf der Tradition von „Bricrius Fest" (*Fled Bricrenn*), das wir schon im Zusammenhang mit „Sir Gawaine and the Green Knight" kennengelernt haben (s. oben S. 517f.). Dabei versuchte er auf der kleinen Bühne des Abbey Theatre durch Vielfarbigkeit einen überwirklichen Effekt zu erzielen: „I have noticed the more obviously decorative is the scene and costuming of any play, the more it is lifted out of time and place, and the nearer to faeryland do we carry it."[2] Aus solchen Überlegungen heraus verteilte Yeats hier die Farben neu. Grün verkleidet ist der junge *CúChulainn*, der unerwartet seine Gefährten heimsucht, die ihn für ein Ungeheuer halten. Der dämonische Riese mit seinem „beheading game" erscheint nun in Rot. Äußerlich tragen die alexandrinischen Verspaare mit ihren teilweise dialektalen Reimen zur Komik bei. Dieses Stück nannte Padraic Colum, ein Freund des Dichters, dessen „most effective play".[3]

Yeats experimentierte bekanntlich auch mit Elementen des japanischen Nō-Theaters, sowohl mit Ausdruckstanz als auch mit Masken, Trommeln und Gong. Eines dieser Werke ist „At the Hawk's Well or Waters of Eternity" (1916): Zwischen Gebirge und Meer liegt eine heilige Quelle (von einem blauen Tuch dargestellt), die aber versiegt ist, von einer Frau bewacht, welche auch Falkengestalt annehmen kann. (Der Sage nach ist es CúChulainns Geliebte *Aífe*, was die Musiker durch ihre

---

[1] Yeats, Plays, 199f.
[2] Yeats, Plays, 688f.
[3] Yeats, Plays, 863.

Rufe andeuten.)[1] An der Quelle lebt seit fünfzig Jahren ein Mann in der Hoffnung, dereinst von dem Quellwasser, das Weisheit und Unsterblichkeit verleiht, trinken zu können. Doch immer, bevor die Quelle zu sprudeln begann, war er eingeschlafen – das Verschlafen des Heils kennen wir auch aus der Gralsdichtung, die hier von Yeats miteingebracht wird. Da kommt der berühmte Held *Cuchulain* [sic!], der, koste, was es wolle, gleichfalls von der Quelle trinken will. Als die Falkenfrau erscheint, fällt der Alte sofort vor Erschöpfung in Schlaf, während Cuchulain der Dämonin ins Auge schaut, wodurch er in eine tiefe Trance versinkt, so daß er von der nun sprudelnden Quelle ebensowenig trinken kann wie der Schlafende. Wieder erwacht, beschließt der Alte, weiterhin an der Quelle auf seine nächste Chance zu warten, während Cuchulain die aus dem Gebirge heraushallenden Schlachtrufe vernimmt, denen er nun folgt. So wird er durch heroische Bewährung, selbst wenn er dabei zugrundegeht, eher Unsterblichkeit erlangen als der bloß hoffende und zaudernde Alte.

Es scheint eine kuriose Symbolik darin zu liegen, daß dieses Werk in London im Salon einer Dame im privaten Kreis vor geladenen Gästen uraufgeführt wurde, während in Dublin fast zur gleichen Zeit der Osteraufstand tobte. Und es ist leicht verständlich, daß gerade dieses Stück als Aufruf zur Heldentat der revolutionären Praxis verstanden werden mußte und wurde – nachdem es dann auch den Weg ins Abbey Theatre gefunden hatte.

In dem gleichen Nō-Stil ist auch „The Only Jealousy of Emer"[2] (1919) verfaßt. Hier wachen CúChulainns Frau *Emer* und seine Geliebte *Eithne Inguba* über den schon im Koma liegenden Helden. Da beginnt er zu sprechen, wobei er eine Maske trägt, die ihn in der Verzerrung zeigt und hier als „Figure of Cuchulain" bezeichnet wird, aber in Wirklichkeit *Bricriu* ist, den wir vom „beheading game" kennen. Er beschwört nun den „Ghost of Cuchulain", dem die „Woman of the Sidhe" in metallisch wirkender Maske und Kleidung begegnet.[3] (In der Sage ist es *Fann*, die Gemahlin

---

1 Yeats, Plays, 305.
2 Dillon (1958), 118–123; Übersetzung des altirischen Textes bei Gantz (1981), 153–178; Lautenbach (1991), 177–204; vgl. Neeson (1966), 110–128.
3 Yeats, Plays, 325, 461.

des Meeresgottes *Manannán mac Lir*, deren Liebe zu CúChulainn eben der einzige Eifersuchtsgrund für Emer ist). Als sie einander küssen, glaubt er Emer zu küssen. Da entzieht sich ihm die Elfe. Cuchulains Geist folgt ihr. Doch dann erklärt Cuchulains „Gestalt" (in Wirklichkeit *Bricriu*), aus Bosheit gegen die Elfenfrau alles so geplant zu haben. Emer weist Cuchulains Liebe zurück, während der nun wirklich zum Leben erwachte Held der Eithne Inguba in die Arme sinkt.

Ein altes Motiv aufgreifend, daß die Kelten in ihrer kriegerischen Verblendung sogar gegen die Wellen wie gegen echte Feinde kämpften,[1] hat Yeats „Emers einzige Eifersucht" 1930 noch einmal in einem Nō-Spiel gestaltet.

Yeats hatte eine starke Neigung zum Zeichenhaften. So hat er nicht nur seine eigene Grabschrift entworfen, die wir heute noch auf seinem Grab in Drummcliffe zu Füßen des Sagenberges Ben Gulban lesen können („Cast a cold eye on life, on death! Horseman pass by!"), sondern seinen eigenen Tod in der Phantasie in seinem letzten Stück „The Death of Cuchulain" gestaltet, das der 74jährige in seinem Todesjahr 1939 schrieb.

Im Prolog spricht ein „Old Man":

> I have been asked to produce a play called *The Death of Cuchulain*. It is the last of a series of plays which has for theme his life and death. I have been selected because I am out of fashion and out of date like the antiquated romantic stuff the thing is made of. … I wanted a dance because where there are no words there is less to spoil. Emer must dance, there must be severed heads – I am old, I belong to mythology – severed heads for her to dance before…[2]

Der in der Schlacht tödlich verwundete Held sehnt sich vor seinem Tod noch einmal nach all den Frauen, die ihm einst nahestanden: die Kriegsgöttin *Morrígan*, *Eithne*, seine Gemahlin *Emer* und seine Geliebte im Schattenreich *Aífe*. Sie hatte ihm ja einen Sohn geboren, den Cuchulain auf tragische Weise erschlagen mußte. Aífe allein möchte er sein Leben zum Opfer bringen – doch da tastet sich ein blinder Bettler an ihn heran und

---

1 Vgl. Birkhan (1999a), 23.
2 Yeats, Plays, 545f.

schneidet ihm mit seinem Messer den Kopf ab, um dafür zwölf Pennies zu erhalten. Nun erscheint die Kriegsgöttin Morrígan mit Krähenmaske selbst. Sie trägt Cuchulains Haupt mit sich, ebenso die Häupter seiner Feinde und seines Rächers. Sie legt Cuchulains Haupt nieder. Dann beginnt Emer einen wilden Tanz vor den Häuptern der Feinde, der allmählich abflaut und durch moderne irische Jahrmarktmusik abgelöst wird. Die Nō-Sänger treten nun als irische Straßenmusikanten mit Dudelsack und Handtrommel auf.[1]

Es scheint, daß der alte Dichter den „Niedergang" der irischen Sage in der hohen Literatur mit Verbitterung zur Kenntnis nahm. Im gleichen Jahr 1939 erschien „At Swim Two Birds" von Flann O'Brien, mit dessen Darstellung des keltischen Sagenerbes Yeats wohl nicht viel anfangen hätte können.

Yeats ist als Nobelpreisträger spektakulär, aber hinsichtlich der Keltenrezeption keine Ausnahmeerscheinung, sondern von einer ganzen Schar weiterer Literaten mit ähnlichen Interessen, wenn auch nicht seiner Schaffensbreite, umgeben.

Von der wesentlich älteren Lady Gregory war schon als hochbedeutender Organisatorin und Mitbegründerin zweier Theater die Rede, aber auch als Anregerin des jungen Yeats und davor als Erschließerin der alten Sagen, insbesondere der jetzt so faszinierenden Ulstersage. Die oben (s. S. 608) zitierten Worte aus der Vorrede von Yeats weisen auf die gewaltige Bedeutung Lady Gregorys und ihres „Cuchulain of Muirthemne" für die internationale Keltenrezeption hin. Philologisch folgte sie dabei den Spuren von O'Donovan, O'Curry und Standish James O'Grady.

Edward Martyn (1853–1923), Mitbegründer der irischen Theater, war gleichzeitig auch politischer Aktivist und als solcher bedeutender denn als Autor. Immerhin hatte er mit seinem Stück „Maeve" der Connacht-Königin und Repräsentantin der Herrschaft ein Denkmal gesetzt. Als Politiker war er der erste Präsident der Sinn Féin-Bewegung, die er mit Arthur Griffith zusammen gegründet hatte.

George Augustus Moore (1852–1933), ein Cousin Martyns, hatte ur-

---
[1] Yeats, Plays, 553f.

sprünglich Malerei studiert und war in Paris mit den damals wichtigen Impressionisten, aber auch mit Emile Zola bekannt geworden, dessen Naturalismus er übernahm. In dem prüden England konnte er zunächst mit seinen Romanen, in denen er Themen wie Prostitution oder Lesbentum behandelte, nicht Fuß fassen. In Irland stellte er sich eine Zeitlang in die Revivalbewegung, betonte den Wert der irischen Sprache für das nationale Selbstbewußtsein und verfaßte mit Yeats zusammen 1901 ein Drama „Diarmuid and Grania" (die irische Variante der Tristansage; s. oben S. 174f.) für das Abbey Theatre. Alles in allem scheint er ein Yeats sehr fremder Typ gewesen zu sein.[1] Da er bei all seinen nationalen Bestrebungen mehrfach in Konflikt mit der katholischen Kirche kam, verbrachte er den Rest seines Lebens ab 1911 in England. Er gilt als einer der Anreger von James Joyce.

Der Generation von Yeats gehört dann George William Russell (1867–1935) an, der gewöhnlich unter dem Pseudonym Æ auftrat. Auch er war Literat und Maler, daneben Journalist und – wie Yeats von einer starken Neigung zum Okkulten getrieben – Theosoph und Mitbegründer der „Hermetic Society" in Dublin. Von ihm stammt die Auffassung, daß die Fairies sich auf „Ley-Linien" dahinbewegten, welche die „Arterien" seien, durch die der Erdmagnetismus sich fortpflanze,[2] ein Gedanke, der auch der modernen Geomantie und Ufologie nicht fernliegt. Auch Æ schrieb eine „Deirdre", sonst überwiegend Lyrik, war aber auch als Kulturjournalist tätig und führte den jungen Joyce in den Kreis um Yeats ein. 1992 versuchte der Verlag Diederichs ein deutschsprachiges Come-back zu initiieren.[3]

James Stephens (1880 oder 1882–1950) stand Æ besonders nahe und führte anfangs vielleicht am getreuesten die Ideale des „Celtic Dawn" weiter. Neben einem *Deirdre*-Drama (1923), brachte er eine Märchensammlung heraus, aber auch Romane, die von irischen Sagentraditionen inspiriert sind, so z.B. „In the Land of Youth" (1924),[4] das u. a. auf der altirischen Sage *Echtra Nerai* beruht, einer der berühmtesten Schilderungen

---

1 Eine Karikatur zeigt Moore, wie Yeats ihn der Elfenkönigin vorstellt; Foster (1989).
2 Magin (1996), 56.
3 Botheroyd (1992).
4 Deutsch: James Stephens, Maeves Fest, Köln 1987.

einer Fahrt in die Andere Welt, deren Schicksale mit jener unserer Welt verquickt erscheinen.[1]

Die Werke von Stephens verbinden nun die irische Sagenwelt erstmals in freier Phantasie, mit ironisch-komischem Akzent und stark verfremdet, mit der zeitgenössischen Wirklichkeit, ein auch von James Joyce im *Cyclops*-Kapitel des „Ulysses" geübtes Verfahren.

> Unter diesen Romanen von Stephens ist „The Crock of Gold" (1912) der berühmteste und wohl auch bei allem Witz tiefsinnigste. Darin stellt er einander zwei Welten gegenüber, die Alltagswelt eines etwas verrückten irischen Polyhistors und die Welt des Mythos, der irischen Götter, besonders der sogenannten „niederen Mythologie". Die drei Hauptpersonen haben je eine *Queste* zu absolvieren, wobei sie von den Überirdischen jeweils Lehren empfangen. Der hirnlastige und solipsistische Philosoph lernt, daß es auch Emotionen gibt, seine Ehefrau, die „Dünne Frau" (aus dem Elfenreich), daß der Kampf der Geschlechter nicht das Um und Auf ist, und die Bauernmagd *Caitilin* lernt durch den nach Irland ausgewanderten *Pan* und dem altirischen „Liebesgott" *Angus óg* 'Angus der Junge' [richtiger: *Œngus mac Ind Óg* 'Œ. Sohn des Jungen'] ihre Sexualität und Fraulichkeit kennen. (Dieser Gott, der im Newgrange Tumulus wohnen soll, ist neben dem *Dagda* in der Spätzeit besonders populär, wie auch die Finnsage lehrt.) Der Gelehrte hat Caitilins Vater verraten, wo sich der Goldschatz der *Leprechauns* befindet, worauf diese Dämonen die Kinder des Gelehrten entführen, allerdings aus Angst vor dem Elfenvolk der „Dünnen Frau" bald wieder zurückbringen. Sie schwärzen aus Rache den Philosophen sogar bei der Polizei an, der er aber beim Abführen abhanden kommt. Da er sich schuldlos weiß, stellt er sich selbst, muß sich aber im Gefängnis von Mitgefangenen das wirkliche Leid der Menschen anhören. Zu seiner Befreiung marschieren die Götter nach Dublin, auch um die Menschen ein unbeschwertes Leben zu lehren. So entsteht durch Einbeziehung der dämonischen Gestalten der Volksüberlieferung und der Götter in ihren Elfenhügeln einige Turbulenz. Der Name der zur autonomen Frau erwachten Bauerntochter ist natürlich wieder eine Anspielung auf die weibliche Personifikation von Land und Landesherrschaft, hier durch die Namengleichheit mit der *Cathleen Ni Houlihan* von Yeats nicht zu verkennen.

---

[1] Übersetzt: Cross – Slover (1936), 248–253.

Dem Mythos steht Stephens' zweiter berühmter Roman etwas ferner. „The Demi-Gods" handelt von einem „Tinker" und seiner Tochter, die eine Art Initiation durchmachen, bei der wieder unter den keineswegs nur positiv gesehenen Helfergestalten eine *Caeltia* [sic!] und ein Engel *Cuchulain* [sic!] erscheinen.

Eine Randfigur ist aus heutiger Sicht die weithin vergessene Katharine Tynan (1861–1931), eine Vielschreiberin (gegen 100 Romane), die eine Zeitlang mit Yeats befreundet war und in einer Reihe von Büchern „romantisch-irische" Themen behandelte. Die Bücher tragen dann Namen wie „Shamrocks" (1887), „Irish Love-Songs" (1892), „Cuckoo Songs" (1894), „The Land of Mist and Mountain" (1895). Sie hat zur Popularisierung des spezifischen Irlandbildes nicht wenig beigetragen.

Violet Florence Martin (1862–1915) aus Connemara, die sich des Umgangs mit Lady Gregory erfreute, schrieb gewöhnlich unter dem Pseudonym Martin Ross und zusammen mit ihrer Kusine Edith Anna Œnone Somerville (1858–1949), einer Malerin, so daß ihre gemeinsamen Werke unter „Somerville & Ross" erschienen.[1] Die auf Irland bezüglichen Genrebilder könnte man als „Studien zum Volksleben" bezeichnen, so etwa „All on the Irish Shore. Irish Sketches" (1903), das dem Leser die vom Engländertum abweichende Mentalität nahezubringen sucht, aber nicht die Vergangenheit verklärt oder heroisiert, wie es gewöhnlich der Haltung des „Celtic Dawn" entspricht.

Eine sehr schillernde Figur war Wei Wu Wei (etwa 'die Handlung, welche Nicht-Handlung ist'), wie sich der Ire Terence Gray (1895–1986) in seinem späteren taoistischen Lebensabschnitt nannte. In seiner ersten Phase, in welcher der Ägyptologe sich um ein nationales irisches Mysterienspiel bemühte, stand das Tanztheater ganz im Vordergrund seines Interesses. Angeregt durch die Bühnenbilder des Schweizers Adolphe Appia zum „Ring", plante Gray als eine Art Pendant zu Wagners Gestaltung der germanischen Mythologie und Sage ein mehrtägiges Mysterienspiel über das Leben des *CúChulainn*, für das er in einem umfangreichen Werk einen detaillierten Plan, inklusive des vorwiegend auf Quader und Kuben redu-

---

[1] Dazu Rauchbauer (2002), 234–242.

zierten, stark durch Lichtregie gestalteten Bühnenbildes vorlegte.[1] Gray versuchte zwar, seine Vorhaben eines Tanztheaters im Cambridge Festival Theatre zu verwirklichen, doch ging es dabei um Shakespeare. Zu einer tanzdramatischen Bewältigung der *CúChulainn*-Tradition ist Gray auf einer Bühne leider nicht gelangt. Nach 1933 verschob sich sein Interesse auf indische und chinesische Philosophie. Zur Ulstersage und der „Irish Renaissance" ist der spätere Wei Wu Wei nicht mehr zurückgekehrt.

John Millington Synge (1871–1909) war gewiß ein Stern erster Größe. Der vielseitig begabte junge Mann, der insbesondere auch Musik und Zoologie studierte, verlor über der Beschäftigung mit Charles Darwin den Glauben, was ihn in den Augen von kirchlich geprägten Nationalisten wie Pádraig Pearse verdächtig machte. Da er sich seit längerem für keltische Altertümer interessierte, studierte er an der Sorbonne bei einem der damals berühmtesten Keltologen Henri d'Arbois de Jubainville. Die Sommer verbrachte er regelmäßig auf den Araninseln, wo er sein Irisch perfektionierte und in Galway Kontakt mit Lady Gregory und Yeats unterhielt. So reichte er denn auch seine Stücke beim Abbey Theatre ein.

Mit Ausnahme eines *Deirdre*-Dramas („Deirdre of the Sorrows"), seines letzten unvollendeten Werkes, das Yeats und Synges Frau abschlossen, bezog dieser Dichter seine Stoffe aus Erzählungen, die er auf den Araninseln gehört hatte. Die Keltenrezeption durch Synge erstreckte sich also nicht auf mythische Themen. Das gilt besonders für die einaktige Komödie „In the Shadow of the Glen" (1903) und den Einakter „Riders to the Sea" (1904), eine Tragödie. Letzteres ist eine ergreifende Geschichte aus dem harten Alltagsleben der Aranfischer, in der das Meer im Vordergrund steht.[2] Es hat einer Fischersfrau bereits ihren Mann und fünf Söhne entrissen und entreißt ihr nun noch die letzten beiden. Dies ist mit der Vorstellung verbunden, daß die Toten die noch Lebenden zu sich holen. Die hier ausgedrückte atheistische Verzweiflung fand bei den religiösen Widerstandskämpfern Kritik. Die zweiaktige Komödie „The Tinker's Wedding" enthält in der Gestalt eines habgierigen Pfaffen so

---

1 Birkhan (1997).
2 Den Vorfall deutet der Dramatiker an in: Synge The Aran Islands, 88f.

viel Kritik am Katholizismus, daß Synge gar nicht den Versuch machte, das Stück in Dublin herauszubringen, worauf die Premiere 1909 in London stattfand. Für die Keltenrezeption ist es eigentlich nur insoferne von Bedeutung, als es die Aufmerksamkeit auf die soziale Randgruppe der nomadischen Kesselflicker (*tinkers*, jetzt „politisch korrekt" *travellers* oder *Pavees* genannt) lenkte.

Synges Meisterwerk „The Playboy of the Western World" ist eine Groteskkomödie von zweimaligem und immer mißlungenem Vatermord, weiblicher Begierlichkeit und billigem Heroentum, verfremdet – und daher schwer übersetzbar – durch den angloirischen Dialekt der Westküste.[1]

> Der junge *Christopher Mahon* ist auf der Flucht, weil er im Zorn seinen Vater erschlagen hat. Da er von der Polizei verfolgt wird und sich sehr prahlerisch benimmt, sieht man ihn als Helden an und beschließt, ihn zu verstecken. So findet er in einem Pub Anstellung und bricht der Dorfschönen und Wirtstochter *Pegeen*, aber auch der Witwe *Quin* das Herz. *Christy* ist jedoch von Haus aus schüchtern und eher ängstlich: erst durch die allgemeine Bewunderung wächst er über sich hinaus und wird – großsprecherisch – zu einem „Playboy" (etwa 'Helden') „des Westens". Am Höhepunkt seines Heldenruhms taucht der totgeglaubte Vater auf, der durch den Spatenhieb nur betäubt war, jetzt aber mit einer gewissen Zufriedenheit feststellt, daß sein Sohn doch „ein ganzer Kerl" ist. *Quin* gelingt es, ihn auf eine falsche Spur zu setzen, so daß *Christy* sein Heldentum weiter üben kann. Bei sportlichen Spielen, die – ähnlich den Highland Games – abgehalten werden, tut es Christy wieder allen zuvor. Doch nun begegnet ihm der Totgeglaubte wirklich, *Christy* verliert sein Heldentum und der Vater verprügelt ihn vor seinem Abgang jämmerlich. Nun ist er in Gefahr, seinen gesamten Nimbus, insbesondere auch die geliebte *Pegeen*, zu verlieren, stürzt dem Vater nach und erschlägt ihn mit dem Spaten ein zweites Mal. Aber jetzt hat er alle Sympathien verloren und seine ehemaligen Freunde schicken sich an, ihn aufzuknüpfen. Doch da erscheint der Vater, der auch den zweiten Spatenschlag überlebt hat, und der nun – im Gegensatz zu den Dörflern – Christy erst recht für einen wahren Helden hält, da er nun gewissermaßen alle Initiationen hinter sich gebracht hat. Er ordnet sich gerne Christy unter, und die beiden brechen zu einem Leben als Landstreicher und Geschichtenerzähler auf.

---

[1] Der Handlung liegen wirkliche Kriminalfälle zugrunde; Synge The Aran Islands, xxxivf.

Dieses tragikomisch-tiefsinnige Stück hat einen Siegeszug angetreten und bald unter dem Namen „Der Gaukler von Mayo", bald als „Held des Abendlandes" oder als „Ein wahrer Held" unter anderen von Heinrich Böll und Peter Hacks übertragen, von Bertolt Brecht hochgeschätzt, viel zur Bekanntheit westirischer ländlicher Verhältnisse und der dort herrschenden Mentalität im deutschen Sprachraum beigetragen. Der vielgespielte Klassiker des modernen englischsprachigen Dramas hat aber bei der Uraufführung im Abbey Theatre 1907 einen enormen Theaterskandal ausgelöst: Man meinte, das Irentum, insbesondere die Keuschheit der Frauen, werde in wüster Sprache heruntergemacht. Der Lärm der Zuschauer übertönte auf weite Strecken den Text, so daß Yeats, damals Leiter des Theaters, die weiteren Aufführungen nur mit Polizeiunterstützung durchsetzen konnte. Er selbst führte den Protest auf sexuelle Verklemmtheit zurück und meinte, daß die Eunuchen in der Hölle mit ähnlichem Haß Don Juans pralles Gemächte betrachten würden.[1]

Inzwischen ist das Stück verfilmt (1962), auf mittelamerikanische Verhältnisse als „Playboy of the West Indies" nach Trinidad oder auch in die USA verlegt. Giselher Klebe bearbeitete das Stück als Oper (Zürich 1975), Mark Alburger als „Cabaret Opera" (2007), Kate Hancock und Richard B. Evans als Musical (2005). 2006 wurde das ins Chinesische übertragene Werk nun auch in Peking aufgeführt, dort allerdings auf chinesische Verhältnisse adaptiert und die Handlung in ein Friseurgeschäft verlegt.[2]

Wie hoch wir auch Synge einschätzen, sein Werk wurzelt zwar sehr deutlich im irischen Volkstum, trägt aber weniger als das von Yeats zu einer „Irish Renaissance" bei. Selbst wenn wir zugeben, daß im „Playboy" die Mentalität des irischen Westens sehr genau getroffen und scharf gezeichnet ist, so zeigt doch die Tatsache, daß die Grundfabel der Handlung auch nach Trinidad oder Peking verlegt werden kann, daß es um allgemein-menschliche Charakter- und Handlungsstrukturen geht, deren Konkretisierung nur in dieser einen spezifischen Form bei Synge

---

[1] Foster (1989) mit Abbildung einer Karikatur zum Theaterskandal.
[2] http://en.wikipedia.org/wiki/The_Playboy_of_the_Western_World (20. 1. 2008).

„keltisch" ist. Im Gegensatz zu den Werken von Yeats „wirbt" Synge eigentlich nicht für Iren- oder Keltentum, sondern zeichnet es durchaus illusionslos.

Das gilt übrigens auch für Sean O'Casey (1880–1964), der dem Unabhängigkeitskampf drei packende, aber ganz und gar unheroische, ja fast pazifistische Stücke gewidmet hat („The Shadow of a Gunman", „The Plough and the Stars" und „Juno and the Paycock"). Am „irischsten" im Sinne grellen und absurden Humors ist O'Caseys Burleske „Cock-a-doodle Dandy" (1949), wo es um die läppische Dämonisierung des Eros geht, was allerdings nur mehr wenig mit „Irish Renaissance" oder „Celtic Dawn" zu tun hat.

Gerade bei Literaten wie Synge oder O'Casey mußte ich mir die Frage stellen, ob ihre Werke eigentlich soviel zur Keltenrezeption beitragen, daß sie in diesem Buch erwähnt werden müssen oder dürfen. Wenn ich dies wegen der breiten Rezeption des irischen Lokalkolorits und weil sie überhaupt die Aufmerksamkeit auf Irland gelenkt haben, vertreten zu können glaube, so habe ich sofort als Nächstes zu begründen, warum ich nicht die Werke so bedeutender Iren wie James Joyce (1882–1941) oder gar Samuel Becketts (1906–1989) in jener Breite einbeziehe, die sie als Literaturwerke verdienen.

Bei Joyce liegt die Irishness in all seinen Werken offen zu Tage, wenn auch, wie schon in den „Dubliners" (1914) deutlich genug, in einer Haßliebe zu seiner Vaterstadt mit unübersehbarer Desillusionierungsstrategie. Es ist immer ein pessimistisches Geschehen, dessen Handlungsverlauf, aufs Äußerste reduziert, als seelischer Vorgang dargestellt wird. Das Milieu des „schmutzigen" Dublin bildet das Biotop, in dem sich die Miseren der Erzählungen ereignen. In „A Portrait of the Artist as a Young Man" (1916), dem eine Vorfassung „Stephen Hero" (erst 1944 publiziert) in auktorialer Erzählperspektive vorausging, stellte Joyce weitgehend autobiographisch sein Leben von der frühen Kindheit bis in die Abfassungszeit aus völlig subjektiver Sicht dar.

Das eine Hauptthema seiner inneren Entwicklung ist die Auseinandersetzung mit dem Katholizismus, dem der erwachsene, mündige Stephen Dedalus am Ende völlig absagt, obwohl er sein künstlerisches Form- und

Schönheitsgefühl vor allem an Thomas von Aquin entwickelt hat – die natürliche, luzide Schönheit eines Korbes wird so zu einer Epiphanie, einer plötzlichen geistigen Manifestation.[1] In den Predigten Father Arnalls über die Letzten Dinge, die den noch Ungefestigten zutiefst aufwühlen,[2] wirken mentalitätsgeschichtlich gewiß die Jenseitsvorstellungen der irischen Visionäre (s. oben S. 71ff.) nach. Gleichzeitig mit der Absage an den Katholizismus geht die an Irland. So sagt Stephan:

„'Meine Vorfahren haben ihre Sprache abgeworfen und eine andere angenommen ... Sie ließen sich unterjochen von einer Handvoll Fremder. Meinst du, ich wollte mit meinem eigenen Leben und meiner Person Schulden bezahlen, die sie machten? Wozu?'"

'Für unsere Freiheit,' sagte Davin. '... Zuerst kommt das Vaterland. Zuerst Irland, Stevie. Dann kannst du Dichter oder Mystiker sein.'

'Weißt du, was Irland ist?' fragte Stephan mit kalter Heftigkeit. 'Irland ist die alte Sau, die ihre Jungen frißt.'"[3]

Auch die Frau, das umworbene Mädchen Irland, erscheint ihm als junge Hure. Dahin kann sich ja die Souveränität, die sich an den Nächstbesten wegwirft, entwickeln, so wie die lüsterne *Medb* (*Maeve*) als Königin von Connacht und „Berauschung",[4] die sich nicht nur ihrem Gemahl, sondern auch *Fergus*, dem Repräsentanten männlicher Potenz – und später „Kiefersperre" im Höllenrachen Acharon (s. oben S. 74) –, hingibt. Die Gestalt der *Róisín* oder *Caithlín* kann leicht in diese negative Richtung umgedeutet werden.

So kommt Irishness gewissermaßen indirekt zur Sprache, indem Joyce sich von ihr lossagt. Ganz ähnlich ist die Haltung im „Ulysses" (1922), wo die irische Kunst mit dem zerbrochenen Spiegel einer Dienstmagd verglichen wird, zwar am Rande eine Vielzahl Dubliner Details genannt werden – Anlaß für den neuerfundenen „Bloomsday" (s. unten S. 722) – und immer wieder mythologische Anspielungen vorhanden sind, wobei Joyce sogar

---

1 Jugendbildnis des Dichters, 165f.
2 Jugendbildnis des Dichters, 93–97, 99–104.
3 Jugendbildnis des Dichters, 158.
4 Zu ihrer Einschätzung Kelly (1992), 77–84; Wood (1997), 159.

einmal den Wiener Keltologen Julius Pokorny namentlich erwähnt. „Finnegans Wake" (1939) ist nach einer Dubliner Moritat benannt, greift aber im Titel auf die rituellen Totenwachen (*wakes*) im irischen Brauch zurück und wurde von andern als die verschlüsselte nationalirische Botschaft „Finn again is awake" verstanden. Dieses Werk hat in seiner Schwierigkeit, ja oft beteuerten Unverständlichkeit, kaum direkt zur Keltenrezeption beigetragen, höchstens zur Klischeevorstellung, daß die „keltische Seele" geheimnisvoll und schwer verständlich sei. Das Drama „Exiles" (1918) greift scheinbar ein aktuelles irisches Problem auf, nämlich die Rückkehr eines längere Zeit im Ausland tätigen Iren und seine Wiedereingliederung in die Dubliner Gesellschaft, doch tritt ein erotisches Problem zusammen mit ethischen und religiösen Bedenken so stark in den Vordergrund, daß die Thematik auch zu Ibsen oder Schnitzler passen würde, jedenfalls m. E. nichts spezifisch „Keltisches" hat. Insgesamt wird sicher von den meisten der Name Joyce mit Irland, besonders Dublin, assoziiert, aber was das Revolutionäre an diesem Autor ausmacht, die Neuerungen in Sprache und Darstellungsform („stream of consciousness"), der alles durchziehende Symbolismus und der literarische Totalitätsanspruch, gehören kaum mehr zur Keltenrezeption.

Das gilt in noch höherem Maße für den Nobelpreisträger Beckett, dessen eigentliche Leistung wohl nur dann mit seiner irischen Herkunft zu verbinden wäre, wenn man – etwa unter Rückgriff auf die „keltische Seele" (s. oben S. 469ff.) – z.B. das Ausbleiben Godots als besondere Ausblühung des zum Phantastisch-Bizarren Neigenden verstehen wollte. Ebensogut könnte man – gestützt auf den Namen – im „Manifeste du surréalisme" (1924) von André Breton, der ja dem inneren Monolog im „stream of conciousness" bei Joyce nicht so ferne steht, Spuren keltischen Ingeniums orten wollen![1]

Flann O'Brien (eigentlich Brian O'Nolan; 1911–1966) war ein Schriftsteller mit starkem Hang zu Humor, Satire und Groteske, der sehr in der Erzähltradition seiner Heimat verwurzelt war. Dennoch erreichte er es,

---

[1] Bei Krause (2007) verbinden sich die in der Einleitung genannten Keltentopoi (5) und (6), so daß er allen Ernstes sowohl in der Welt des Hieronymus Bosch als auch bei Dalí und Magritte Reste keltischer Traumwelten aufspüren will (S. 241f.).

weit über Irland hinaus bekannt zu werden. Am berühmtesten wurde wohl der 1939 verfaßte Roman „At Swim-Two-Birds" („In Schwimmen-zwei-Vögel"), der oft als ein Pionierwerk der Postmoderne oder als „Meta-Roman" angesehen wird. Daß er sich in der Spur von James Joyce befindet, ist nicht zu verkennen. Joyce hat ihn auch kurz vor seinem Tod noch gelesen und seinen Autor gelobt. Das Werk erzählt von einem verbummelten Studenten des Irischen, der einen mehrsträngigen Roman verfaßt. Er handelt einerseits von einem irischen Autor *Trellis*, der einen Wildwestroman schreibt, andererseits aber auch von irischen Sagen. Dabei wird *Finn macCool* (s. oben S. 342) eingeführt, der seinerseits die Sage von *Suibhne geilt* 'Mad Sweeney' (S. oben S. 146) erzählt, wobei die pathetische Kunstsprache der Lady Gregory parodiert wird. Der merkwürdige Titel ist die englische Übersetzung der irischen Bezeichnung *Snámh-dá-én*, einer Furt am Shannon (Clonburren, etwas südlich von Clonmacnoise), die in mehreren Sagen, darunter einer *Finn*-Sage, auftaucht.[1] Sweenys Eintreffen wird dort in einer Weise geschildert, die für O'Briens ironischen Umgang mit den altirischen Traditionen charakteristisch ist:

> „After another time he set forth in the air again till he reached the church at Snámh-dá-én ... by the side of the Shannon, arriving there on a Friday, to speak precisely; here the clerics were engaged at the observation of their nones, flax was being beaten and here and there a woman was giving birth to a child; and Sweeny did not stop until he had recited the full length of a further lay."[2]

Der Romanschriftsteller verliebt sich in eine von ihm geschaffene Frauengestalt, die er auch sogleich schwängert und die ein Kind *Orlick* gebiert, das schon ein volljähriger und gewiefter Autor ist, den jedoch ein im ganzen Roman herumgeisternder, recht derber *Pooka MacPhellimey* weiter erzieht, damit dieser einst über seinen Vater Trellis einen Roman schreibe und so an ihm Rache nehme. Überhaupt sind die Romanfiguren mit ihrer Behandlung durch Trellis sehr unzufrieden. Doch wird die Revolte am Höhepunkt abgebrochen, weil das Dienstmädchen mit dem Rest

---

1 Gwynn (1903–1935) IV, 350–367, 471.
2 O'Brien (1939), 68.

des Manuskriptes eingeheizt hat und der Autor sich die Pulsadern öffnet. Hier wird mit Traditionen spielerisch und parodistisch umgegangen, wie es die „Irish Renaissance" zur Zeit von Yeats wohl kaum getan hätte. Die Vermittlerfunktion von James Stephens wird hier sehr deutlich. Die Idee der aus dem Roman heraustretenden literarischen Figuren lebt in den Romanen von Jasper Fforde (z. B. „The Eyre Affair"; 2001) weiter.

Auch der irisch geschriebene Roman „An Béal Bocht" (1941; engl. Übersetzung 'The Poor Mouth') von Myles na Gopaleen (Pseudonym für Brian O'Nolan) ist eine Satire.[1] Sie bezieht sich auf eine spezifische Form von Heimatdichtung, wie sie im Westen, zunächst 1909 von dem Keltologen Carl Marstrander (1883–1965) angeregt, besonders auf den Blasketinseln von Tomás Ó Criomhthain (anglisiert: Tomás O'Crohan) und Peig Sayers[2] als Anekdotensammlungen und Selbstbiographien verfaßt wurde. Extreme Armut, Ausgeliefertsein an die Natur, pittoreske Rückständigkeit und eine gute Portion Witz machten den Reiz dieser Werke aus. Myles na Gopaleen schildert das elende Leben in einem ganz im Westen gelegenen Dorf, das nur dadurch bescheidenen Ruhm erlangt, daß aus Dublin Sprachfanatiker angereist kommen, die alles noch hören und aufzeichnen wollen, bevor es verschwindet.[3] Sehr witzig ist eine Episode, in der ein berühmter deutscher Keltologe von der Preußischen Akademie der Wissenschaften in das Dorf kommt, um ganz echtes unverfälschtes Gälisch auf seinen Phonographen zu bannen. In nicht mehr ganz nüchterner Stimmung wird ein Schwein menschlich angekleidet und grunzt in das Mikrophon. Der Professor – es kann eigentlich nur der berühmte Heinrich Zimmer aus Berlin gemeint gewesen sein – bewundert dann das so besonders kehlige, idiomatische und unverständliche Gälisch dieses „Sprechers". Das also war Bild und Zerrbild des Irentums, wie es in der späteren Form der „Irish Renaissance" erscheint.

Schon bei Flann O'Brien und erst recht heute ist die „romantische Seite" des „Celtic Dawn" und der „Irish Renaissance" stark in den Hintergrund getreten, dafür steht die soziale Seite des Irentums als „Irish

---

1 Power (1969), 122–124.
2 Fotos dieser beiden Gewährsleute in: An Duanaire, 358f.
3 Genau das schildert O'Crohan (1928), 28, aus seinen Erinnerungen unter „Gaelic Enthusiasts in Dingle".

atmosphere" im 19. und frühen 20. Jh. und eine nüchterne, manchmal zynisch-burleske Aufarbeitung des Osteraufstandes und des übrigen Freiheitskampfes, wie es schon Sean O'Casey vorgemacht hatte, im Vordergrund. Das zeigt der große Erfolg, den ein Autor wie John Brendan Keane (1928–2002) mit dem Drama aus dem irischen Landleben „The Field" (1965; verfilmt 1990) hatte. Eine ergreifende Schilderung der Hungersnot und des Lebens im *workhouse* bot der von den Aran Inseln stammende Liam O'Flaherty (1896–1984) mit seinem Roman „Famine" (1937; in deutscher Übersetzung zuletzt „Zornige grüne Insel"). Ihm zur Seite stehen Romane wie „Angela's Ashes" (1996; 'Die Asche meiner Mutter'), eine Art Autobiographie äußerst entbehrungsreicher Kindheit in Sligo von Frank McCourt, die mit der Auswanderung in die USA endet, oder „A Star Called Henry" (1999; 'Henry der Held') von Roddy Doyle. Letzteres ist ein auf weite Strecken geradezu burleskes Werk in der Art eines Schelmenromans, obwohl es das Leben eines 5-jährigen Knaben schildert, der sich allein mit seinem 3-jährigen Bruder in Dublin durchbringen muß. Mit 14 gerät Henry in den Osteraufstand und wird *nolens volens* zu einem in den Pubs gefeierten Helden und *gunman*. Die Schilderung der Ereignisse vom Ostermontag 1916 ist ausgesprochen unheroisch, zynisch und desillusionistisch, und auch sehr witzig.

Auseinandersetzung mit der Tradition prägt auch das fruchtbare Schaffen des nordirischen Katholiken Seamus Justin Heaney (geb. 1939), der 1995 den Literaturnobelpreis erhielt. Er ist Anglist, hatte u. a. auch die Oxforder Professur für Poetik inne (wie Matthew Arnold und Robert Graves), ist aber ansonsten vorwiegend Lyriker. Deshalb bescheinigte ihm das Nobelpreiskomitee „works of lyrical beauty and ethical depth, which exalt everyday miracles and the living past". In der Tat schließt Heaney in seiner Keltizität bei Yeats an, bezieht aber als Anglist auch das sprachliche Interferenzverhältnis stark ein und hat kurioserweise gerade als Ire und Beowulfübersetzer eine kleine Renaissance des Interesses am Angelsächsischen ausgelöst. Heaney hat sich mehrfach auch in Prosa irischer Themen wie des „Mad Sweeney" (*Suibhne geilt*) oder Columcilles angenommen.

Wenn das Wort nicht einen für uns heute negativen Beigeschmack hätte, dann könnte man den größten Teil dieser Schriften als „heimatorientiert" bezeichnen – Patrick Kavanagh hatte diesen fast unendlichen Themenkreis etwas abfällig „the Irish thing" genannt.[1] Es sind Werke, die in Irland spielen oder in irischen Kolonien in den USA, deren Helden und Heldinnen Iren sind und für die die Vergangenheitsbewältigung von der Hungersnot (1845–1848) bis heute ein wichtiges Element der Identitätsfindung ist.

Für den Nicht-Iren freilich waren die Armut und die immer Spukhäusern gleichenden Hausruinen, die von Fairies bewohnten *lisses*, die man noch vor dem EU-Wirtschaftsboom des „Celtic Tiger" überall auf der Grünen Insel antreffen konnte, romantisch und zusammen mit der gerne als völlig irrational hingestellten irischen Mentalität sehr anziehend. Irland, wo 1871 noch ein Hexenprozeß stattgefunden hatte[2] und man noch Mitte des 20. Jh.s beim Straßenbau auf Elfenwohnungen Rücksicht nahm, war das archaische und urtümliche Land schlechthin. Ein ausgesprochen interessantes deutsches Reisebuch ist „Éire" von Joachim Gerstenberg, der offenen Auges, wachen Sinnes und mit guten Englischkenntnissen das Land gerade in einer sehr sensiblen Zeit (1939) bereiste. Hier sind die Pauschalurteile über die „irische Seele" (Phantastik, Schlamperei, Unzuverlässigkeit ...) durch reichdifferenzierte Beobachtungen ersetzt, die gerade für den Irlandkenner von Interesse sind, weil sie einerseits die Konstanz der irischen Mentalität, andererseits doch starke soziale Verbesserungen in der jüngeren Vergangenheit belegen. Irland mit seinen früher niederen Grundstückpreisen war lange das ideale Land für Aussteiger und Alternative. Dieses Irlandbild vermittelten bei uns etwa Heinrich Böll („Irisches Tagebuch" 1961), Margit Wagner („Irland" 1963) und Manfred P. Tieger („Irland" 1984).

Welche Vorstellungen heute (in Wien) von der Allgemeinheit mit „Irland" verbunden werden, lehrt die statistische Untersuchung Patzers.[3] Auf die 350 Personen gestellte Frage „Woran denken Sie bei 'Irland' zuerst?", die Mehrfachantworten zuließ, antworteten die meisten spontan mit „Grüne Insel", dann folgte „Guiness Bier" (wobei kein geschlechts-

---

1 Power (1969), 180.
2 MacGregor (1901), 32.
3 Patzer (2008).

spezifischer Unterschied festgestellt werden konnte), an dritter Stelle (für mich erstaunlicherweise[1]) „St. Patrick", an vierter Stelle „Musik" und an fünfter Stelle „Kleeblatt". Die IRA scheint bei den Spontanassoziationen der befragten Gruppe schon aus dem allgemeinen Gedächtnis verschwunden!

3. „Celtic atmosphere"

Darunter kann man die Einbettung von Literaturwerken in keltische Lebensumstände der Vergangenheit und Gegenwart, speziell auch in die maritim geprägte Landschaft des Westens der Britischen Inseln und Irlands, insbesondere auch der Küsten, der Moore, der Heckenlandschaft mit ihrer Fuchsienglut, der Rhododendronhaine, der Weiden und der neolithischen Zeugen uralter Zeiten verstehen. „Celtic atmosphere" hat oft einen gespenstischen Einschlag. Für Irland gibt es eine Art „Gespensterführer" aus der Feder eines Amerikaners, der das Land mit einem Medium bereiste, das bei den berühmten Spukhäusern – wie etwa Hellfire House auf Montpelier Hill – „a strong presence" verspürte.[2]

Diese durch atmosphärische Phänomene wie vor allem den Nebel auch sehr photogene Landschaft drängt natürlich auch zur Verfilmung. Das gilt in besonderem Maße schon für einen der Klassiker unter den Kriminalromanen, Arthur Conan Doyles „The Hound of the Baskervilles" (1901), in den die archaische, natürlich mit der „keltischen Rasse" (s. oben S. 454) assoziierte Landschaft von Dartmoor einbezogen ist (verfilmt von Sidney Lanfield, USA 1939; Neuverfilmung: Terence Fisher, UK 1959). Devonshire und Cornwall bilden auch den atmosphärischen Hintergrund der Romane von Daphne du Maurier (1907–1989) wie „My Cousin Rachel" (1952). Die zur „Dame of the British Empire" geadelte Daphne brachte ihre tiefe Verbindung mit dem Land sehr deutlich zum Ausdruck: Sie war Mitglied einer kornischen nationalistischen Bewegung *Mebyon Kernow*,

---

[1] Die Umfrage wurde im Hochsommer, also nicht in zeitlicher Nähe zum St. Patrick's Day durchgeführt.
[2] Holzer (1967).

auf eigenen Wunsch wurde nach ihrem Tod 1989 ihre Asche über den Klippen nahe ihres Hauses in Cornwall ausgestreut.

Was Wales angeht, so sei auf Arthur Machen, Pseudonym für Arthur Llewellyn Jones (1863–1947) hingewiesen, der zuerst in seinem „The Great God Pan" (1890) die antike und keltische Mythologie einander gegenüberstellte – die Einbeziehung Pans in ein keltisches Thema wurde dann von James Stephens (s. oben S. 666) wieder aufgenommen. Mit seiner Erzählung „The Terror: A Fantasy" (1917) scheint er Daphne du Maurier zu „The Birds" (1952) angeregt zu haben (verfilmt von Alfred Hitchcock; 1963). Held einiger Geschichten ist ein Hobbydetektiv Mr. Dysen, der – ähnlich Sherlock Holmes – in mysteriöse Kriminalfälle verwickelt erscheint. Immer geht es um mythische Parallelwelten, die auch aus der Eigenerfahrung hermetischer Verbände wie des „Hermetic Order of the Golden Dawn" konstituiert werden.

Im Zusammenhang mit Dysen muß ich auch die eigenartige gattungsüberschreitende Schriftstellerei des Kameramannes Jasper Fforde (geb. 1961) erwähnen. Die sich äußerlich als Kriminalromane (mit der Detektivin *Thursday Next*) gebenden Bücher verbinden die Kriminalhandlung mit so viel grotesker und utopischer Phantastik, daß sie vielleicht als kriminalistische Fantasy-Grotesken zu bezeichnen wären: so das schon erwähnte Buch „The Eyre Affair", dann auch „Lost in a Good Book", „The Well of Lost Plots", „Something Rotten" und andere. Sehr stark steht die Literatursatire im Vordergrund, die „Celtic atmosphere" tritt – wenn wir von der Tradition und dem Zusammenhang mit Flann O'Brien und der Schilderung der „Volksrepublik Wales" absehen – zurück.

Das gilt hingegen nicht für die Romane von Malcolm Pryce (geb. 1960), deren Handlung in Wales, in Aberystwyth und Umgebung, spielt und das kleinstädtische Flair mit dem Universitätsleben, dem Constitution Hill und dem landschaftlich reizvollen Hinterland sowie dem Zauber der Meeresküste verbindet. In diesem Ambiente ereignen sich die Horrorverbrechen, die Aberystwyths bester (und einziger) Detektiv Louie Knight aufklärt: Jugendliche verschwinden, aber die Spur führt dann etwa zu Druiden ... Die reißerischen Titel lauten z.B.: „Aberystwyth Mon Amour" (2001), „Last Tango in Aberystwyth" (2003), „The Unbearable Lightness of Being in Aberystwyth" (2005) oder „Don't Cry for Me Aberystwyth" (2007).

Aus dem Bereich der Fantasy- und Jugendbücher möchte ich hier „Die Kinder von Erin" von Helmut W. Pesch (Wien 1999) erwähnen.[1] Es handelt sich um eine Fortsetzung von und ein Pendant zu „Die Kinder der Nibelungen" desselben Autors. Es sind drei Kinder mit ausgeprägt germanischen Namen (*Gunhild, Siggi, Hagen*), die, von *sídhe* verführt, unversehens in die „Anderswelt" geraten. Die Sagen des *Lebor Gabála* und von *Tuan Mac Cairill*[2] ziehen als Abenteuer Siggis an uns vorüber, während Hagen in die Welt des *Cúchullin* gerät. Gunhild gelangt in das unterseeische Land *Tír fa Thonn*, wo sie *Brigid*, hier die Tochter Mannanáns, begrüßt und so geht es weiter. Die *Queste* besteht nun darin, daß Gunhild gesucht werden muß. Siggi kämpft gegen die Nordleute. Bei der Siegesfeier singt *Oisin* zur Harfe. Das Ganze ist eine Collage aus irischen Sagenelementen und beweist, daß sich der Autor rundum gut eingelesen hat, er kennt auch viele Details aus der walisischen Tradition. Verglichen mit dem Werk Tolkiens, aber auch den *Sláine*-Comics, scheint das Ganze mit Motiven überfrachtet. Was in vielen eigenständigen irischen Traditionen erzählt wird, muß hier in einen einzigen Roman eingepackt werden. Darunter leiden Übersichtlichkeit und Spannung. Bezeichnenderweise löst sich ja zuletzt alles als Siggis Traum auf. Letztlich wollte Tuan, der mit dem Ur-Dichter *Amergin* identisch ist, sein verlorenes Land zurück. Er wird es in einem anderen Leben wieder versuchen.

Eine Reihe von Romanen spielt in „keltischen" Glaubens- und Erziehungsgemeinschaften, in denen mysteriöse Vorfälle aufgeklärt werden. Im Bereich des Kriminalromans ist Edith Mary Pargeter (1913–1995) mit dem Pseudonym Ellis Peters aus Horsehay (Shropshire) zu erwähnen. Drei Jahre vor Umberto Ecos „Il nome della rosa" schuf sie 1977 mit Ein-

---

[1] In Anlehnung an Tolkien haben Helmut W. Pesch und Horst Hermann von Allwörden den Fantasy-Roman „Die Ringe der Macht", verfaßt, von dem ein Internet-Rezensent sagt, er schmecke wie nach einem „Rezept für verwässertes Dosengoulasch" (http://www.amazon.de/Die-Ringe-Macht-Helmut-Pesch/dp/340420333X). Ich verdanke das Wissen von diesem Produkt meiner lieben Kollegin Ingrid Cella.

[2] Carey (1984).

führung des Mönch-Detektivs *Brother Cadfael* bereits einen mittelalterlichen Klosterkrimi („A Morbid Taste for Bones"), der durch walisisches Ambiente gekennzeichnet ist. Ihm sollten 20 weitere Bände folgen.

In ihre Fußstapfen trat Peter Berresford Ellis (geb. 1943 in Coventry) mit dem Pseudonym Peter Tremayne. Der Historiker, der sich für die Wiederbelebung des Kornischen einsetzt und sich vor allem auch durch populärwissenschaftliche Arbeiten zur keltischen Mythologie, Geschichte usw. einen Namen gemacht hat, läßt seine Kriminalromane im Irland des 7. Jh.s spielen. Sie haben einen emanzipatorischen *touch*, indem eine Nonne *Sister Fidelma* (der Name ist der einer Prophetin in der altirischen Sage *Táin Bó Cuailnge*) die Morde aufklärt, hinter denen oft politische Spannungen stehen, die sich aus der Rom-Orientierung des irischen Christentums nach der Synode von Whitby (664; s. oben S. 52) ergaben. Auf den Erstling „Absolution by Murder" (1994) folgten bisher 13 Bände.

Sehr gering ist dagegen erstaunlicherweise der Einfluß keltischer Mythologie und des spezifisch keltischen Volksglaubens auf Joan Kathleen Rowlings Harry-Potter-Romane (bisher 7 Bände, weit über 100 Millionen mal verkauft). Es sind nur punktuelle Elemente, die der Keltenrezeption geschuldet sind: so das Schulspiel *Quidditch*, welches an das mit einem Silberball gespielte kornische *hurlya* erinnert, ferner der Hauself *Toby*, der mit dem angloirischen *Pooka* gemeinsam hat, daß er durch Beschenkung mit einem Kleidungsstück „frei" wird. Auch Rowlings neuestes Werk, die Erzählungen „The Tales of Beedle the Bard" (Märchen für Kinder von Magiern und Muggles), steht dem Keltenthema nicht näher.

Das Bretonentum[1] ist für Reisende am ehesten an den sakralen Skulpturen des „enclos paroissal" mit seinen Kirchen, Pforten, Kreuzen, Karnern und Calvaires, an der noch da und dort sichtbaren Haubentracht der Frauen, an der Volksmusik und an der stimmungsvollen, atlantischen Landschaft zu erfahren, die Maler wie Auguste Flameng, James Abbott McNeill Whistler, Henri Le Fauconier, Yan' Dargent, Claude Monet, Paul

---

1   Der Bretagne sind ab und zu Ausstellungen gewidmet; z. B. Bretagne; Breizh.

Gauguin, Maxime Maufra, Mathurin Méheut und viele andere anzog.[1]

Natürlich offenbart sich das Bretonentum auch in der Geschichte,[2] die etwa Honoré de Balzac (1799–1850) zu seinem Liebesroman „Les Chouans" (1829) anregte. Dabei geht es äußerlich um die royalistische bretonische Widerstandsbewegung gegen die Revolutionäre von 1799,[3] ein Geheimbund, der sich angeblich des Käuzchenrufes (*chouan*) als Zeichen bediente. Die Aristokratin Marie de Verneuil soll den Marquis de Montauran „Le Gars" mit den Waffen der Frau zur Strecke bringen, was aber daran scheitert, daß sie sich in ihn verliebt. Nun nimmt das Desastre seinen Lauf, führt aber von der Bretagne und ihrer Atmosphäre weg. Im Gegensatz dazu vermittelt Gustave Flaubert (1821–1880) mit dem Bericht einer 1847 zusammen mit Maxime du Camp durchgeführten Wanderung durch die Bretagne unter dem Titel „Par les champs et par les grèves" (1885) ein durchaus authentisches Erlebnis von Natur und Geschichte, in einer Weise, die an Fontanes „Jenseit des Tweed" erinnert. Schon um 1800 wollte der Graphiker Olivier Perrin „Galeries des mœurs, usages et costumes des Bretons de l'Armorique" herausbringen. Doch erst 1835 wurde der Plan mit Hilfe von Alexandre Bouët verwirklicht. Das 1986 neuredigierte Werk bildet einen ausgezeichneten Einstieg in die bretonische Volkskunde.[4]

Stimmungsbilder aus der Bretagne entwarf auch Marcel Proust (1871–1922) in seinem erst postum erschienenen Romanfragment „Jean Santeuil". Bedeutender ist aber wohl „Pêcheur d'Islande („Islandfischer"; 1886) von Pierre Loti (Pseudonym für Julien Viaud), die von einem höchst bemerkenswerten Spezifikum der Bretagne, besonders der Gegend von Paimpol und Tréguier, handelt. Von dort brachen jährlich viele Dutzende Segelschiffe zum Dorschfang nach Island auf, von denen viele nicht zurückkehrten, wie das „Witwenkreuz" (*Croix de Veuves*) bei Paimpol bezeugt. Im Grunde ist es die Schilderung sozialen Elends, aber in einer

---

1 Beispiele für bretonische Tracht und Gemälde in: Breizh, Abb. 2ff.; Le Stum (1993); Delouche (1993). Eine minutiöse Monographie zur Tracht bietet: Creston (2000).
2 Cassard (1993).
3 Dupuy (1993), 75f.
4 Bouët-Perrin (1986).

impressionistischen Art verfremdet, die dem Autor, der bei seiner Wahl in die Académie behauptete, nicht lesen zu können, einen Vergleich mit Monet eintrug. So gesehen kann man sagen, daß das Meer das eigentliche Zentrum und den Handlungsträger des Romanes bildet. Das ist es auch in Bernhard Kellermanns Roman „Das Meer" (1910), einer Geschichte von gescheiterten Liebesbeziehungen voll Aberglauben und mit viel bretonischem Lokalkolorit, das seinerzeit zur Verfilmung (1926/7 mit Olga Tschechowa als die Heldin Rosseherre durch Peter Paul Felner, Sofar-Film-Produktion GmbH) herausforderte.

In diesem Zusammenhang könnte man auch an die „Bécassine" 'Sumpfschnepfe; Gänschen' denken: ein einfältiges Bretonenmädchen, das nach Paris kommt und überhaupt nichts versteht. Es handelte sich um Bildergeschichten von Joseph-Porphyre Pinchon (1871–1953) für kleine Mädchen aus bürgerlicher Familie. Die liebenswerten Karikaturen wurden aber von nationalistischen Bretonen mißverstanden und setzten sich in der Bretagne nicht durch. In Paris wurde *Bécassine* als Inbegriff des naiven Dienstmädchens und einer Landpomeranze eine beliebte Figur – heute natürlich total „politisch unkorrekt". Ihrem Bretoninnentum trägt die Heldin durch ein Häubchen und die Holzschuhe Rechnung.

Georges Simenon (1903–1989) siedelte einen Kriminalroman in der Bretagne an. In „Les demoiselles de Concarneau" geht es aber vorwiegend um zwischenmenschliche Beziehungen, einen unmündigen, von seinen Schwestern beherrschten Mann und ein Verbrechen, das auf absurde Art gesühnt werden soll. Concarneau ist eine Kleinstadt oder ein Markt, also sehr provinziell, aber spezifisch bretonisch ist die Erzählung nicht. Am intensivsten vermittelte wohl der jüngeren Vergangenheit der Bretone Henri Queffélec (1910–1992) die Mentalität seines „Volkes" durch eine Fülle von Erzählungen und Romanen, von denen vor allem „Un royaume sous la mer" (1957) ausgezeichnet wurde. Von allen mir bekannten einschlägigen Autoren gelingt es Queffélec am besten, das bretonische Lebensgefühl und die Stimmung der Landschaft zu vermitteln.

Sie verband Paul Celan (Anagramm für Ancel; 1920–1970) mit der Tristansage, wenn sein „Matière de Bretagne" überschriebenes Gedicht (um 1948) so beginnt:

> Ginsterlicht, gelb, die Hänge
> eitern gen Himmel, der Dorn
> wirbt um die Wunde, es läutet
> darin, es ist Abend, das Nichts
> rollt seine Meere zur Andacht,
> das Blutsegel hält auf dich zu.

„Keltische Atmosphäre" findet sich im Spielfilm nicht selten. Vom eindringlichsten Beispiel „Wicker Man" wird noch zu reden sein (s. unten S. 764ff.). Am keltischen Brauchtum äußerlich aufgehängt sind die „HalloweenFilme" (s. unten S. 713). Natürlich gibt es auch Filme, in denen einfach das keltische Ambiente des zugrundeliegenden Schriftwerks durchschlägt, so naheliegenderweise z.B. in allen Artusfilmen, Hochlandfilmen usw. Die schottische Landschaft spielt in den Harry-Potter-Filmen eine große Rolle.

K. Die Keltenrezeption in der modernen Lebenspraxis

1. Mode

Seit dem 14. Jh. treten Schotten als Händler und Handwerker insbesondere in der Textilbranche auf dem Kontinent auf. Obgleich der schottische Krämer geradezu als sprichwörtlicher Konkurrent des jüdischen auch im süddeutschen Sprachgebiet auftaucht, so war das eigentliche Zentrum seiner Tätigkeit erstaunlicherweise doch im deutschen (jetzt polnischen) Nordosten gelegen.

> Die „Krämerrolle" (Zunftordnung) der Hansestadt Anklam an der Peene (Neubrandenburg) erwähnt die schottischen Kaufleute schon 1330.[1] Besonders im 16. Jh. häufen sich dann die Klagen über „unzünftige" schottische Krämer und Hausierer, die z.B. die Wolle schon auf dem Schaf kaufen, ohne sie dann auch zu verarbeiten. Der Zwischenhandel, der hier und anderwärts in der Hand der Schotten lag, galt als betrügerisch. Sie verkauften nicht nur Textilien (Wollstoffe), was man noch gelten ließ, wenn es „zünftig" geschah, sondern hielten angeblich sogar Gewürze und Lebensmittel feil, die sie manchmal gegen Naturalien eintauschten. Man warf ihnen auch das unbefugte Bernsteinsuchen sowie den illegalen Handel mit Fellen vor. Ja, sie drängten sich gemäß den zahlreichen Klagen so sehr überall hervor, daß ein Adeliger nicht einmal sterben konnte, ohne daß der Schotte schon bereit stand und seine Dienste anbot. Durch ihre Wanderungen kannten sie angeblich alle Wege und waren im Falle eines Krieges eine potentielle Gefahr, weil sie dem Feind Geheimnisse verraten konnten. Das Hauptgewicht ihrer Tätigkeit lag allerdings in den Textilhandwerken wie Weberei, Färberei, Bandmacherei und Schneiderei. In der Nähe von Danzig waren die schottischen Leinenweber in einem eigenen Dorf angesiedelt, das *Schottland* hieß und heute ein Vorort der Stadt ist (*Nowe Szkoty*). Aber auch in Städten wie Königsberg und Elbing gab es viele Schotten. Daneben leisteten sie ähnlich den irischen „Wildgänsen" (s. oben S. 348) auch Kriegsdienste und brachten es manchmal zu hohen Chargen. Die Namen wurden später eingedeutscht: Wallace >

---

[1] DWB 15, Sp. 1610; Scots in Eastern and Western Prussia, 1903 edition by Otto Schulze & Co., Edinburgh = http://www.studienstelleog.de/download/ScotsEWPrussia_Schulze.pdf (31. 1. 2008)

Wallis, Mackenzie > Mekkentsien, Crawford > Craffert, Moir > Muhr, Morris > Moritz, Rutherford > Riderfarth usw. [1] Im Geistesleben von Elbing und Königsberg haben die Schotten anscheinend auch greifbare Spuren in den Bücherbeständen der Bibliotheken hinterlassen.[2]

Wir lesen, daß man einen groben Wollstoff, *macheier* genannt, bei den Schotten kaufte,[3] und können uns fragen, ob es sich wohl um eine Art Vorläufer des späteren *Tweed*[4] gehandelt habe, also ein leinwandbindiges Gewebe mit eingestreuten Noppen aus einem groben Wollgarn. Dieses Gewebe wird heute noch speziell auf der Hebrideninsel *Harris* hergestellt. Wenn es bei uns en vogue war und noch ist, so scheint das jedoch nicht auf „keltischen" Einfluß zurückzugehen, sondern ein Ergebnis der Anglisierung unserer Kultur durch den als spezifisch englisch empfundenen Sport zu sein, wie er um die Mitte des 19. Jh. bei uns aufkam. Das Bild des spleenigen Engländers – das Wort *Spleen* selbst ist schon ein Lehnwort –, wie er etwa von Wilhelm Busch in „Plisch und Plum" (1882) karikiert wird, zeigt meist einen hageren Mann mit schottisch-kariertem Sportanzug (wie wir uns auch gern die Gestalt des *Sherlock Holmes* vorstellen). So gelangten die Schirmmütze, das Sportsakko und die „Knickerbocker" genannten Hosen in unseren Alltag. Als spezifisch schottisch sind nur der Stoff und das „Schottenkaro" anzusehen. Die *Cardigan* genannte Wollweste, vorne zu knöpfen oder mit Zippverschluß und dadurch vom *Pullover* unterschieden, verdankt ihren Namen James Brudenell, 5th Earl of Cardigan, der 1760–1791 als Englands königlicher Hofkämmerer (Master of the Robes) wirkte.

---

1 DWB 15, Sp. 1610; Scots in Eastern and Western Prussia, 1903 edition by Otto Schulze & Co., Edinburgh = http://www.studienstelleog.de/download/ScotsEWPrussia_Schulze.pdf (31. 1. 2008)

2 S. den Entwurf von Almut Hillebrand (geb. Jess), Die Kaufmannschaft 'großbritannischer Nation' und Danzig im 18. Jahrhundert – eine Beziehungsgeschichte; http://www.uni-greifswald.de/~marebalt/kolle/kurzbejess.htm (31. 1. 2008)

3 http://www.studienstelleog.de/download/ScotsEWPrussia_Schulze.pdf (31. 1. 2008). Möglicherweise gehört der Name zu schott.-gäl. *machair* 'a plain, level or low land, an extensive beach', das wie air. *machaire* auch als Landschafts- und Ortsname (*Maceria*) dient. Die *machair* genannten breiten Wiesenflächen z. B. auf Nord- und Süd-Uist laden zur Zucht von Wollschafen ein.

4 *Tweed* geht auf entstelltes afrz. *teile, toile* 'Tuch' zurück.

Eine Wolldecke, meist als eine Art von „Tartan" kariert, heißt *Plaid*[1] (mit deutscher Aussprache gegenüber angloschottisch [plæd]). Es bildete die schottische Tracht und konnte je nach Jahreszeit und Witterung verschieden getragen werden, wobei Knie und Waden unbedeckt blieben. *Tartan* nennt man heute die spezifisch-karierten Wollstoffe der Clans. Das Wort selbst ist nicht keltisch, sondern aus afrz. *tiretaine*, das auch schon einen karierten Stoff bedeutet, entlehnt. Die schottisch-gälische Bezeichnung ist *breacan*. Das Alter des *Tartan* als differenzierte Institution, vergleichbar unserem Wappenwesen, ist heftig umstritten. Die karierte Kleidung der Kelten als solche ist jedoch seit den ältesten Funden in Hallstatt und durch antike Autoren gut bezeugt. Ursprünglich scheinen die Tartans mehr nach Landschaften differenziert gewesen zu sein.

Den Kilt als knielangen Rock soll um 1727 Thomas Rawlinson, ein englischer Eisenhüttenbesitzer „erfunden" haben, weil der bis dahin getragene gegürtete Umhang bei der Arbeit an den Öfen zu gefährlich war. Durch den „Disclothing Act" wurde 1746/47 der Tartan außer im 1739 gegründeten Highland-Regiment verboten, in diesem aber in der uns heute geläufigen Weise durch den Kilt und einen verkleinerten Plaid beibehalten. Eine Vorreiterrolle im militärischen Gebrauch fiel Alasdair Ranaldson MacDonell of Glengarry (s. unten S. 726) zu. Das Gesetz, das die patriotischen Schotten ihres angestammten Trachtenelementes berauben und dadurch erniedrigen sollte, wurde 1782 wieder aufgehoben, doch wurden Plaid und Tartan dadurch nicht mehr zur Alltagskleidung, blieben aber weiterhin als Spezifikum echten Schottentums im allgemeinen Bewußtsein und waren von Hochlandromantik nicht mehr zu trennen. Als dann noch Georg IV., Königin Victoria und Prinz Albert ihre Schwäche für die Tartantracht entdeckten, war der Siegeszug des Karos nicht mehr aufzuhalten.

1842 fälschten die walisischen Hochstaplerbrüder John Carter Allen and Charles Manning Allen, die sich schon zuvor bei Walter Scott angebiedert und unter seinem Namen publiziert hatten (!),[2] sich später als

---

1   Zugrundeliegt ihm gael. *plaide*, eine Verkürzung von schott.-ir. *peallaid*, was ursprünglich 'Schafhaut' bedeutet und letztlich ein aus lat. *pellis* 'Haut' abgeleitetes Lehnwort ist.
2   http://en.wikipedia.org/wiki/John_Sobieski_Stuart (11. 8. 2008).

Stuarts(-Sobiesky) ausgaben und auf ihrem Landsitz in den Highlands regulär Hof hielten, das *Vestiarum Scoticum*, das eine Handschrift des 16. Jh.s sein sollte und dessen Sprache nur ihnen verständlich war (!), womit sie den Grundstein für die heute normierte Zusammengehörigkeit von Tartan und Clan herstellten.[1]

Danach unterscheiden „traditionsbewußte Highlander" sechs verschiedene Tartantypen: „'The Chief's Dress Sett': Worn only by himself and members of his family", den bei der Jagd getragenen „Hunting Sett" mit weniger leuchtenden Farben, den „Mourning Sett" oder Trauer-Tartan mit grauen, schwarzen oder weißen Mustern usw.[2] Die Kombination der Farben in den Karos ist jetzt streng geregelt. Aus dem Karo einer Krawatte kann heute der Kundige erkennen, ob der Träger etwa zum Clan der Buchanans, der Frazers oder der McStewarts gehört.

Während sich der *Tartan* als „Schottenkaro" ganz allgemein durchgesetzt hat, scheint das Wort *Plaid* (und wohl auch die Sache) vor allem durch die Walther Scott-Rezeption zu uns gekommen zu sein. Der erste mir bekannte Beleg findet sich in dem 1825 komponierten Schubert-Lied „Normans Gesang" (D 846, op. 52, Nr. 5), wo es genrespezifisch heißt:[3]

> Und wird es morgen Abend, und kommt die trübe Zeit,
> Dann ist vielleicht mein Lager der blutig rote Plaid,
> Mein Abendlied verstummt, du schleichst dann trüb und bang,
> Maria, mich wecken kann nicht dein Totensang.

Mit der Übernahme von *Plaid* ging auch die Übernahme des Schottenrokkes nach dem Vorbild des *Kilt* mit oder ohne Fibel in der Damenkleidung Hand in Hand. Daß die Verwendung des Kilt bei den schottischen Truppen der Britischen Armee ebenso zu seiner Popularität beitrug wie im Falle des Dudelsacks, ist durchaus einsichtig. Heute ist die Assoziation von Schotte mit Tartan und Kilt geradezu automatisiert und ebenso die

---

[1] http://www.scottishamericansociety.org/id21.html (2. 7. 2008).
[2] Rennie (1951), 277–285. Vgl. 296–301 mit der bezeichnenden Feststellung: „Never was Scot born who did not *want* to connect himself with the tartan in some way or other ..."
[3] Zum Bild vergleiche die Schilderung bei Rennie (1951), 287.

berühmte Frage „What is worn under the kilt?" Weitere spezifisch „keltische" Elemente gibt es m. W. in der Mode nicht.

Neuerdings entwickelt sich in Frankreich eine bescheidene Kelten-Möbelmode: Neben „tables de salon Provençales" wird von einer Möbelfabrik auch „La table de salon Celtique" angeboten.[1] Es sind nicht ganz kniehohe Beistelltische, die vielleicht ihren Namen davon haben, daß die alten Kelten, wie wir von antiken Autoren und aus dem irischen Altertum wissen, zu Tisch lagen. Ein Zusammenhang mit dem von Napoleon III. geförderten nationalen „Keltenstil" kann ich nicht erkennen. Eine andere Keltisierung der Sachmode könnte von der Verelfung (s. S. 564) ausgehen.

2. Musik

„Keltische Musik" im weitesten Sinne wurde wiederholt vom Kontinent übernommen. In der Zeit von Barock und Klassik waren es bestimmte Tänze wie die Gigue, Reel und die Ecossaise, die dann auch in die klassische Suite bzw. in das romantische Musikprogramm aufgenommen wurden. Dabei fiel jedoch den „Kelten" keine herausragende Bedeutung zu, denn auch andere Tanzformen wie Sarabande, Walzer oder Mazurka haben letztlich ihre Ursprünge in verschiedenen Volksmusiken, und die irische Jig selber kam aus England, stammte aber wohl letztlich aus Italien.[2] Insgesamt lagen die Inselkelten von der europäischen Musikentwicklung, wie sie die Musikwissenschaft untersucht, ziemlich weit ab, mag auch „zufällig" Händels „Messias" am 13. April 1742 in Dublin uraufgeführt worden sein.[3] Heute ist das anders, denn die keltische Volksmusik ist besonders populär geworden und befindet sich weiterhin im Vormarsch. Das gilt insbesondere von der irischen Musik: 11% von 350 Befragten assoziieren zu „Irland" spontan und als erstes „Musik" (s.

---

1 http://www.123meuble.com/boutique/fiche_produit.cfm?type=73&ref=Table-de-salon-Celtique&code_lg=lg_fr&pag=1&num=7 (14. 6. 2008).
2 Breathnach (1996), 57.
3 Vogt (1994), 153.

oben S. 678), was bei der breiten Streuung der Assoziationen relativ viel ist – die häufigste Assoziation „Grüne Insel" brachte es nur auf 14,45 %! Neben der irischen Musik kann man auf Keltenfesten oft auch bretonische und schottische hören, sowie *square dances* mit z. T. komplizierten Schrittfolgen beobachten.

Was die sogenannte „E-Musik" oder „Kunstmusik" angeht, so ist vor allem auf Henry Cowell (1897–1965) als einen Wegbereiter der Moderne zu verweisen. Sein Biograph Virgil Thomson faßte einst die Wirkung dieses Amerikaners irischer Herkunft so zusammen:[1]

> „Henry Cowell's music covers a wider range in both expression and technique than that of any other living composer. His experiments begun three decades ago in rhythm, in harmony, and in instrumental sonorities were considered then by many to be wild. Today they are the Bible of the young and still, to the conservatives, „advanced."... No other composer of our time has produced a body of works so radical and so normal, so penetrating and so comprehensive."

Cowell wuchs in engem Kontakt mit irischen Traditionen (musikalischen und solchen der Sagen) auf, wovon bereits sein erstes und bekanntestes Werk „The Tides of Manaunaun" (1917), ein durch donnernde und kunstvoll verhallende Cluster wirksames, sehr expressives Stimmungsgemälde der Wogen des Meeresgottes bildet. Béla Bartók ersuchte angeblich Cowell ausdrücklich um die Erlaubnis, die Cluster-Technik übernehmen zu dürfen. In anderen Punkten wie Tonalität, Polytonalität, Polyrhythmik usw. lag Cowell durchaus im damals avantgardistischen Mainstream, wobei allerdings auffällt, daß seine Kompositionen auch noch für jene unmittelbar verständlich sind, denen der theoretische Hintergrund nicht zugänglich ist. Seine neue Technik, die Klaviersaiten direkt zu bearbeiten, die dann auch John Cage anregte, wirkt besonders virtuos in dem Tonstück „The Banshee" (1925), dessen jähe Aufschreie heute noch in vielen Musiken zu Horrorfilmen nachzuwirken scheinen. Cowell entwickelte seine Musik in Kontakt mit Arnold Schönberg, Anton von Webern (der einen Satz sei-

---

1 Zitiert nach: http://en.wikipedia.org/wiki/Henry_Cowell (11. 5. 2008).

ner „Sinfonietta" in Wien 1928 aufführte), Edgard Varèse, Aaron Copland und Charles Ives. Seine Arbeit ist für uns insoferne belangreich, als sie keltische (irische) Musik und Motive aufgreift („Harp of Life", „Lilt of the Reel", „Fairy Answer", „Jig", „Voice of Lir", „Trumpet of Angus Og"), von denen einige ursprünglich eine „mythologische Oper" bilden sollten, in der etwa Manaunaun [recte *Mannanán*] als Weltschöpfer erschienen wäre. Bedeutend ist aber auch Cowells spätere Beschäftigung mit Musikethnologie. Wenn man diesen irischen Amerikaner als „Kelten" ansieht, dann wird man allerdings feststellen müssen, daß er wohl der einzige hochbedeutende „individuelle" Komponist keltischer Herkunft war, der in der Kunstmusik von sich reden machte und neue Wege ging.

Wenden wir uns der reichen traditionellen Volksmusik mit ihrer archaischen, meist auf Kirchentonarten, seltener auf Pentatonik beruhenden Melodien zu![1]

Was Irland betrifft, so bezeugt Giraldus Cambrensis die erfindungsreiche und virtuos ausgeführte Musik bereits im 12. Jh. (*Topographia hibernica* III, 11).[2] Später fiel das spezifische Harfenspiel 1581 dem Lautenisten und Musiktheoretiker Vincenzo Galilei (1520-1591), dem Vater des Astronomen Galileo, auf.[3] Auf breit angelegter Basis hat zuerst der Musiker Edward Bunting (1773-1843)[4] auf mehreren Kundfahrten seit 1792 mit einer Sammlung traditioneller Volksmusik begonnen. Da er jedoch die Maßstäbe der klassischen kontinentalen Musik anlegte, wurde er vielfach den irischen Spezifika nicht gerecht. So „verbesserte" er die Melodien bei der Transkription entsprechend der klassischen Tonalität, was dazu führte, daß sie danach in Tonarten erschienen, die für die irische Harfe gar nicht spielbar sind. Dennoch sind seine Beschreibung des irischen Harfenspiels und die Rettung vieler Melodien vor dem Vergessen von hohem Wert. Sie finden sich in: „The Ancient Music of Ireland. 165

---

1 Zum Folgenden Curwen (1940); Harrison (1986); Vogt (1994), 153 – 165. Vgl. auch Breathnach (1996), 8–15; Paulus (2005); Broderick (2005a), Broderick (2005b).
2 Gerald of Wales (1982), 103f.
3 O'Sullivan (1961), 30f.
4 O'Sullivan (1961), 10–14; http://en.wikipedia.org/wiki/Edward_Bunting (30. 12. 2007).

airs" von 1840, der „A Dissertation on the Irish Harp and Harpers, Including an Account of the Old Melodies of Ireland" beigebunden ist.[1] Schon 1808 hatte Thomas Moore (1779-1852), der vielen als der Nationaldichter Irlands gilt, den traditionellen irischen Melodien englische Texte unterlegt, die sich nicht selten auf Geschichte und Sagen beziehen. Viele seiner Lieder wie „The Harp that once through Tara's Halls" oder „Believe me if all those endearing young charms" sind unvergessen und heute noch zu hören. Die vielen Unglücksschläge, die Irland trafen – später insbesondere die große Hungersnot – bewirkten insgesamt freilich einen radikalen Rückgang der Harfenmusik, so daß schon 1792 Belfaster Patrioten zu einem „Festival of Harps" aufriefen, bei dem dann die letzten Virtuosen unter den wandernden oder in Herrengunst wirkenden Harfenisten auftraten.[2]

Gerade die Harfe war das traditionelle Instrument der auf Gönner angewiesenen Barden gewesen. Es gibt daher traditionell auch mehrere Bardengedichte, die „Auf eine Harfe" oder „Auf einen blinden Harfner" heißen.

> In Irland war die Zunft der „Intellektuellen" in drei Hauptklassen gegliedert: die *fileadha*, eigentlich 'Seher', die bestimmte speziell mantische Praktiken verwalteten, die früher in den Händen der Druiden gelegen hatten; die *breitheamhain* (angloir. brehon), welche als Richter fungierten; und die *seanchaidhe* (angloir. shanachie), die als Historiker und Genealogen den Herren zur Seite standen.[3] Die Barden, die tiefer standen als die *fileadha* wurden in sieben bis sechzehn Grade unterteilt, je nach Schwierigkeit der von ihnen beherrschten Metren und demgemäß auch honoriert,[4] waren jedoch durch allerlei Privilegien geschützt[5] und hatten im Laufe der Zeit durch Landbesitz Macht erlangt, weshalb sich das Volk zeitweise gegen sie auflehnte.

---

1   Wieder herausgegeben: Ancient Music of Ireland; schon von Bunting selbst gibt es Transkriptionen für Klavier, die gleichfalls wieder abgedruckt sind.
2   O'Sullivan (1961), 10-14; Paulus (2005), 423.
3   Vgl. dazu Meid (1974); Meid (1997), 29-32.
4   Kelly (1995), 43-49.
5   Ein berühmter Holzschnitt zeigt einen MacSweeney beim Mahl. Der Barde selbst sitzt neben dem Herrn bei Tisch und genießt sein Werk, das ein blinder (?) Harfner vorträgt; Foster (1989).

Mit der Normannenherrschaft und dem Verschwinden der Gönner verband sich natürlich allmählich auch der Niedergang des Bardentums. „Wer will schon ein Gedicht kaufen?" fragte im frühen 17. Jh. der frustrierte Barde Mathghamhain Ó Hifearnáin.[1] Die Flucht der irischen Oberschicht („Flight of the Earls") aus Tyrone und Tyrconnel besiegelte das Schicksal.[2] So gilt der blinde Toirealach Ó Cearúllain (anglisiert *Carolan*; 1670–1738) als der letzte irische Barde im klassischen Sinn.[3] Übrigens starb auch in Schottland etwa zur gleichen Zeit der Stand der Barden, die auch hier erbliche Diener des Adels waren, mit der Aufhebung der Erbgerichtsbarkeit (1748) aus.

Jedenfalls war die „nach altem Brauch" (*sean nós*) gespielte und gesungene irische Musik[4] in den frühen 40er-Jahren des 20. Jh.s schon sehr stark reduziert. Harfe und Dudelsack (oder Sackpfeife) wurden von nur wenigen – meist alten – herumziehenden Musikern, wie sie Yeats auf die Bühne gebracht hatte (s. oben S. 664), gespielt. Dem letzteren Instrument war eine bescheidene Rolle auch dadurch zugefallen, daß es seit der Cromwell-Zeit in den verbotenen und eher im Freien abgehaltenen katholischen Gottesdiensten[5] da und dort die Orgel ersetzte (z.B. mit dem getragenen und sehr langsamen Stück „Were you at the Rocks?").

Der Dudelsack wird von vielen auch mit der Bretagne, noch mehr aber mit Schottland und der schottischen Militärmusik assoziiert. Angesehene Familien hatten ihre eigenen Pfeifer und – so wie ihr Tartan – auch ihr eigenes Musikstück. In Tobias Smolletts „The Expedition of Humphrey Clinker" (1771) findet sich das köstliche Bekenntnis eines Schotten, daß er sich aus Prestigegründen einen Dudelsackspieler halten müsse, obwohl er sich dessen Unterhalt eigentlich nicht leisten könne und er es hasse, täglich durch das Gequäke der Pfeifen geweckt zu werden.[6] Im Gegensatz zum Dudelsack, der heute in weiten Kreisen als „typisch keltisch" gilt, wurden wirkliche Spezifika der schottischen Volksmusik, wie etwa der „waulking song", das zum

---

1 Jackson (1971), 241f.; Bergin (1984), 145f., 279f
2 Rockel (1989b), 69f.
3 O'Sullivan (1961), 33–37; Power (1969), 95f.; Porträt von Francis Bindon in: An Duanaire, Abb. 24.
4 Enchanted Ireland, 162, 174f.
5 Dazu ein Foto von 1867 in: An Duanaire, 357.
6 Smollett (1995), 226f.

Walken der Wollstoffe gesungene Arbeitslied, außerhalb Schottlands nicht wahrgenommen.

Noch knapp vor ihrem Vergessenwerden hatte George Petrie (s. oben S. 646) über 1000 Melodien gesammelt, die 1905 ediert wurden, aber in weiteren Kreisen dann doch allmählich in Vergessenheit gerieten. Ein Umschwung trat in der zweiten Jahrhunderthälfte, insbesondere ab den 70er-Jahren, ein. Dabei ist dem amerikanischen Musikethnologen Alan Lomax (1915–2002) großer Einfluß zuzuschreiben. Ihm war das Interesse an Volksmusik bereits als Sohn des Texaners John Avery Lomax (1867–1948), des ersten Sammlers von Cowboyliedern und später des gesamten Volksmusikgutes der USA inklusive von Blues und Jazz, in die Wiege gelegt. Auch seine drei Geschwister traten als Sammler hervor. Übrigens gehörte auch Stith Thompson, der Begründer der Motivindices der Volkserzählung, zum Kreis um die Lomaxes. Ende der 40er-Jahre hatte sich der Dudelsackvirtuose und Sänger Séamus Ennis (1919–1982) ernsthaft mit der irischen Musiziertradition auseinanderzusetzen begonnen und in Elizabeth Cronin (1879–1956) eine bedeutende traditionelle Sängerin gefunden, deren Lieder er nun 1947 aufzeichnete. Alan Lomax bereiste 1951 Irland, wo er eine reiche Ernte in allen volksmusikalischen Gattungen einbrachte – a capella-Lieder mit z.B. religiöser oder nationalfreiheitlicher Thematik, Fairy Songs (die von Elfenliebe oder Entführung durch Elfen handeln wie das berühmte *Fairy Lullaby*) und Klagelieder (*caoineadh*), aber auch in der Instrumentalmusik Jigs und Reels, virtuose Fiedel- und Dudelsackstücke – und in der Columbia World Library of Folk and Primitive Music (New York 1955) herausgab.

Auf dieser Reise hatte Lomax auch die „Tinker Lady" Margaret Barry (1917–1990) kennengelernt, die, sich selbst auf dem Banjo begleitend, einige der schönsten Stücke der irischen Liedkunst beisteuerte, so das berühmte geheimnisvolle Feeenlied „As She Moved Through the Fair" oder ihre Favourites „The Galway Shawl", „The Turfman From Ardee" und das Liebeslied „My Lagan Love". Wenn Barry über die Londoner Pubs, wo sie später auftrat, im Fernsehen und in der Londoner Royal Festival Hall berühmt wurde, so verbreitete sich die irische Volksmusik durch die Vermittlung von Lomax in den USA, wo sie unter den irischen Emigranten begeisterte Anhänger fand. Auch hier erschien Margaret Barry regelmäßig zu Konzerten und Festivals, z.B. im Rockefeller Centre in New York. Besonders zur Verbreitung der irischen Volksmusik haben dann Gruppen wie „Dubliners" (seit 1962), „The Chieftains", „Clannad", „Planxty", „Dé Danann", „The Boys of the Lough" und „Ceoltóirí Chualann" beigetragen.

Hohen Ansehens erfreut sich die Fiddle,[1] die, wenn man so will, auch die Basis der irischen traditionellen Musik bildet, wie die Bezeichnung *fidil* schon sagt, allerdings ursprünglich kein keltisches Instrument, sondern im 18. Jh. von virtuosen *dancing masters* verbreitet. Der berühmteste Fiddler unter den Wandermusikern ist gewiß der blinde Antoine Ó Reachtabhra (Anthony Raftery; 1784–1835), dem die folgenden Verse zugeschrieben wurden:

> *Mise Raifteirí, an file, lán dóchais is grá*
> *le súile gan solas, ciúineas gan crá,*
> *ag dul síos ar m'aistear le solas mo chroí,*
> *fann agus tursach go deireadh mo shlí;*
> *tá mé anois lem aghaidh ar bhalla*
> *ag seinm cheoíl do phócaí falamh'.*

> 'I am Raftery, the poet, full of courage and love,
> my eyes without light, in calmness serene,
> taking wy way by the light of my heart,
> feeble and tired to the end of my road:
> look at me now, my face toward the wall,
> performing music to empty pockets!'[2]

Man kann in der Fiddlemusik verschiedene Regionalstile unterscheiden, so den Stil von Co. Clare, Co. Kerry, Co. Cork und den durch höchste Virtuosität geprägte Sligo-Style, den etwa Michael Coleman (1891–1945) und

---

1 Breathnach (1996), 79–80; Paulus (2005), 422.
2 An Duanaire, 252f., 366 (statt den Ortsnamen *Balla* habe ich *wall* gesetzt, was gleichfalls möglich, aber poetischer ist).

James Morrison (1893–1947) vertraten. Unter den jüngeren Fiddlern war einer der bedeutendsten John Doherty (um 1895–1980), der zusammen mit seinen Brüdern Mickey und Simon als wichtigster Repräsentant des Stils von Donegal gilt. Der wegen seiner ungewöhnlichen Bogentechnik berühmte Künstler entstammte einem Traveller-Clan, dessen Angehörige seit mehreren Generationen als Rastelbinder und Musiker hervortraten. Das bekannteste Stück des „Donegal-Stils" ist „The Fox Chase", eine Art „Charakterstück" der Fuchsjagd von Mickey Doherty. Gerade der äußerste Westen Donegals, besonders die Dörfer Glencolumcille, Ardara und Teelin sind durch ihre traditionelle Fiddlemusik, die der Schottlands nahesteht, berühmt. Bedeutende Fiddler waren etwa John Mhosey McGinley, Frank und Con Cassidy, sowie Francie und Mickey O'Beirne.[1] Ein anderer Meister des Instrumentes war Sean MacDonnchadha, dessen berühmtestes Stück „The Lark in the Morning" eine Art Stimmungsbild des jubelnden Lerchengesanges malt. Den Melodien liegen gewöhnlich Kirchentonarten (ionisch, mixolydisch, dorisch und äolisch) zugrunde. Die „sprunghafte Melodik erzeugt bei den schnellen und notenreichen Jigs und Reels durch ein Immerwiederkehren von bestimmten Noten in schneller Abfolge einen Effekt der Mehrstimmigkeit",[2] der über die grundsätzliche Einstimmigkeit des größten Teils der keltischen Volksmusik hinwegtäuscht.

Stärker als die Fiddle tritt im Gesamthöreindruck oft die Tinwhistle (*feadóg* [*stáin*]) hervor.[3] Das ist eine „Variante" der Blockflöte mit sechs Grifflöchern, heute meist aus Blech mit Plastikmundstück oder zur Gänze aus Plastik, seltener aus Holz. Dieses sehr einfache Instrument ist aus Irland seit dem Hochmittelalter, aus Schottland seit der frühen Neuzeit durch Funde bekannt. Die seit 1843 industrielle Fertigung in England bewirkte, daß das Instrument besonders billig war (daher auch „pennywhistle" hieß) und nicht selten von Bettelmusikanten gespielt wurde. Die diatonisch gestimmten Whistles sind gewöhnlich für D- und C-Dur ausgelegt. Durch Halbabdecken eines Loches lassen sich dann problem-

---

1 Mac Aoidh (1994); Nic Suibhne (1995); vgl. http://www.iol.ie/~ronolan/doherty.html (2. 8. 2007).
2 Paulus (2005), 426.
3 Breathnach (1996), 81–83; Hemprich (2004a), 183f.

los auch G- und F-Dur spielen. Für andere Tonarten wird gewöhnlich eine andere spezifische Whistle verwendet. Wie bei der Blockflöte gelangt man durch Überblasen in eine höhere Oktave. Das Spiel auf der Tin-Whistle setzt noch allerlei Techniken und Kniffe voraus, die als „cuts", „strikes", „rolls", „cranns", „slides", „tonguing" und „vibrato" bezeichnet werden. „Schulen" wie bei der Fiddle-Musik werden m. W. bei der Tinwhistle nicht unterschieden. Als besondere Virtuosen gelten: Paddy Moloney (aus der Gruppe „The Chieftains"), Sean Potts, Mary Bergin, Brian Finnegan und Seán Ryan, um nur einige zu nennen.[1]

Gewöhnlich wird keltische Musik mit Dudelsack und Harfe assoziiert. Ersterer ist ein sehr altes, schon in der Bibel (Daniel 3, Verse 5, 7, 10, 15) erwähntes Rohrblattinstrument,[2] das fast überall in Europa und im Nahen Osten gespielt wurde bzw. im Zuge folkloristischer Erneuerungsbewegungen wieder gespielt wird. Die Melodien werden auf der Spielpfeife ausgeführt, daneben entsteht ein ununterbrochener Bordunton durch eine oder mehrere Bordunpfeifen. Die Luftzufuhr kommt durch einen Luftsack zustande, den der Spieler durch ein mit Ventil verschlossenes Anblasrohr zu füllen hat. Durch den Luftvorrat im Sack ist ein vom Atem unabhängiger Dauerton möglich, ebenso die Aufrechterhaltung einer gleichmäßigen Lautstärke. Es gibt eine Vielzahl von Varianten, u.a. kann die Spielpfeife konisch oder zylindrisch gebohrt sein. Bei ventillosen Luftsäcken mußte beim Atemholen das Anblasrohr durch die Zunge verschlossen werden. Am bekanntesten ist der schottische, sogenannte große Highland-Dudelsack (die Great Highland Bagpipes; *pìob mhòr*), der ja auch aus der militärischen Praxis der schottischen Regimenter nicht wegzudenken ist. In Irland entsprach ihm die *Irish War Pipe*, später die komplizierter gebaute und anspruchsvollere *píob uilleann* 'Ellenbogen-Pfeife' (kurioserweise angloir. *Union Pipe* genannt), die bretonische Variante war der *binioù kozh* 'alter Dudelsack', der jedoch vom schottischen Instrument abgelöst wurde.[3]

---

[1] Dazu die ausgezeichnete Adresse: http://en.wikipedia.org/wiki/Tin_whistle#History (29. 12. 2007).
[2] Breathnach (1996), 69–79; Hemprich (2004a), 181–183.
[3] Paulus (2005), 424, 421.

Das zweite „klassisch-keltische" Instrument ist die Harfe (ir. *cruit*, *cláirseach*; kymr. *telyn*). Die altkeltische Leier bzw. Lyra (akelt. **krotta*)[1] ist durch Texte und archäologische Funde (z.B. auch auf Münzbildern) bekannt. Bemerkenswerterweise wurden Wort und Instrument auch in das Germanische entlehnt,[2] wo es als frühestes Beispiel musikalischer Keltenrezeption bis ins Mittelhochdeutsche weiterlebte. Eine Episode in Gottfrieds Tristanroman (13110 – 13441) zeigt um 1200 die Konfrontation des *rotte* genannten Instrumentes mit der damals bei Hof schon geläufigeren Harfe, die ihren Adel durch den Harfenisten König David erhalten hatte.[3] Der Ire *Gandîn*, der das traditionelle, aber offenbar schon altmodische Instrument spielt und Ansprüche auf *Îsôt* erhebt, wird von *Tristan*, dem früheren Harfenlehrer seiner Geliebten, auch durch die Überlegenheit der „moderneren" Harfe überwunden. In Wales, wo die Konzertharfe *telyn* (s. oben S. 374) etwa jene Rolle spielte, die bei uns bis vor kurzem im gutbürgerlichen Haus das Klavier hatte, wurde das alte **krotta* als *crwth* (anglisiert > *crowd*) zur Bezeichnung der Drehleier, dann auch der Geige bzw. Fiddle. Diese Entwicklung ging schon im Hochmittelalter vor sich, das die gestrichene Leier *timpanum* nannte.

Als charakteristisch für die irisch-schottische Harfe gilt deren dreieckiger Umriß,[4] den auch die als nationales Emblem Irlands und Warenzeichen der Brauerei Guiness dienende Harfe zeigt. (Guiness hat auch ein *Harp* genanntes untergäriges Bier entwickelt.) Aus dem 14. oder 15. Jh. soll die Harfe in Trinity College Dublin stammen, die einer halbgelehrten Sagentradition zufolge mit dem Hochkönig Brian Boru als Nationalhelden zusammengebracht wird, der in der Schlacht von Clontarf 1014 gegen die Könige von Ulster und Leinster, aber auch die Wikinger von Dublin, fiel, was sogar in der altnordischen *Njáls Saga* und der *Orkneyinga*

---

[1] Sayers (1988).
[2] Und mehrfach auch archäologisch aufgefunden. Die besterhaltene *Krotta* stammt aus einem alemannischen Adelsgrab aus Trossingen (bei Tuttlingen) im Schwarzwald und ist dendrochronologisch auf etwa 580 n. Chr. datierbar. Wenn man so will, könnte man in dem Stück, das so gut erhalten ist, daß es in allen Einzelheiten nachgebaut werden konnte, das älteste „materielle" Beispiel spätantiker Keltenrezeption sehen! Vgl. Theune-Großkopf (2006).
[3] Steger (1961).
[4] Breathnach (1996), 65–69; Hemprich (2004b), 195–198.

Saga breit geschildert wird. Etwa aus der gleichen Zeit, dem Spätmittelalter, stammen die zwei erhaltenen schottischen Harfen gleicher Bauart, die – bezeichnend für das hohe Prestige dieses Instrumentes – wieder mit dem Hochadel zusammengebrachte *Queen Mary Harp* und die *Lamont Harp* im National Museum of Scotland, Edinburgh. Diese archaische Harfenform starb mit Ende des 18. Jh.s aus: nur ein einziger Teilnehmer an dem erwähnten *Belfast Festival of Harps* soll es 1792 noch gespielt haben.[1]

Der neue, am Ende des 18. Jh.s in Dublin entwickelte Harfentyp, der unter Beibehaltung der alten Form, aber doch – wie die Konzertharfe –, das Spielen aller Halbtöne erlaubte, befand sich vorwiegend in der Hand adeliger Damen.[2] Ab den 70er-Jahren des 20. Jh.s erlebte durch den Einsatz der Pionierin Ann Heymann die ältere irische Harfe eine Renaissance, indem die erhaltenen alten Instrumente nachgebaut wurden, so daß heute beide Harfentypen nebeneinander bestehen. In Kilkenny findet jährlich das internationale Treffen der *Scoil na gCláirseach* ('Harfenschule') statt.[3] Die Nachfrage nach der (älteren) Harfe ist inzwischen so groß geworden, daß seit 2005 im Gedenken an den oben genannten letzten Barden Toirealach Ó Cearúllain in der County Roscommon das „O'Carolan Harp Festival"[4] abgehalten wird.

Die Harfe ist wegen ihres „sanften" Charakter heute ein Lieblingsinstrument der Esoteriker und des sentimentalen Folk. Harfenkurse werden im Internet als „meditative, keltische Musik für die Seele" angepriesen, das Harfenspiel wird mit „musikalischen Vollmondnächten"[5] assoziiert.

Unter den weiteren Instrumenten der keltischen Volksmusiken befinden sich Ziehharmonika, Akkordeon, Concertina, Mundharmonika,[6] das aus den USA eingewanderte Banjo und die kleine Handtrommel (*bodhrán*), wobei letztere noch als besonders charakteristisch angesehen wird. Sie taucht zuerst in der Armee irischer Rebellen als Kriegstrommel auf.

---

1   Paulus (2005), 423.
2   Vgl. dazu das Gemälde „Die Harfe von Tara" von Antoine-Auguste-Ernest Hebert (1817 – 1909); http://artmagick.com/pictures/picture.aspx?id=7060&name=the-harp-of-tara (16. 5. 2008).
3   http://en.wikipedia.org/wiki/Clàrsach#Gaelic_words_for_harps (30. 12. 2007).
4   http://www.irelandman.de/index.htm?News/2005jul.htm (30. 12. 2007).
5   www.axxus.de/ k__Kunst_und_Kultur__Kunstformen_und_Medien:Konzert_und_Virtuosen/fi__615/(30. 12. 2007); www.shamrock-duo.de/4-maerchen.html (30. 12. 2007).
6   Breathnach (1996), 83–87.

Der *bodhrán* ist eine einseitig bespannte runde Rahmentrommel – vielleicht aus der zum Worfeln des Getreides verwendeten Reiter entwickelt[1] – und ursprünglich nicht spezifisch keltisch, da im ganzen Mittelmeerraum, insbesondere auch in Nordafrika verbreitet. Man vermutete daher, daß das irische Instrument von einer spanischen Militärtrommel abgeleitet sei. Jedenfalls blieb die Verwendung auch in der Volksmusik eher eingeschränkt und wurde erst in den 1950ern durch The Clancy Brothers, später durch Sean O Riada und durch Spieler wie Peadar Mercier von „The Chieftains" populär. Die Trommel wird im Sitzen mit dem linken Schenkel und dem Arm gehalten, wobei die linke Hand (die *skin hand*) von der Innenseite das Fell spannungs- und klangmäßig modifiziert, während es von der Rechten angeschlagen wird, entweder von der bloßen Hand oder mittels eines Knöchleins oder Holzknebels (*tipper*). Schläge gegen den Trommelrand variieren das Spiel. Natürlich gibt es auch hier verschiedene Stile.[2]

In der traditionellen irischen Volksmusik wurde vor dem Durchdringen des *bodhrán* dem Rhythmus eher durch improvisierte „Instrumente" (wie in „Stomp"), von *Spoons* und *Bones* Rechnung getragen. Dazu gehörte auch das Steppen, wie man es beim „Copperplate-Reel" von Seamus Ennis und Steven Folan bewundern kann, sowie das *lilting*, eine Form des rhythmischen Singens von Nonsense-Texten, zu dem im Dreiertakt getanzt werden konnte; z.B.:

> Whát would ye dó if the kéttle boiled óver? Whát would ye dó but to fíll it agáin?
> Whát would ye dó if the cóws ate the clóver? Whát would ye dó but to sét it agáin?

Vergleichbar ist die *Port A Bèul* 'Mundmusik' genannte, schnelle und zungenakrobatische Singweise in Schottland, die gleichfalls als Tanzmusik dient.[3]

---

1 Paulus (2005), 425.
2 http://en.wikipedia.org/wiki/Bodhrán (30. 12. 2007); Enchanted Ireland, 163.
3 Paulus (2005), 427.

Erstaunlicherweise gibt es keinen literarischen Beleg dafür, daß die alten Iren – etwa der Ulster- oder Finnsage – tanzten! Die irischen Verba, die 'tanzen' bedeuten, sind Entlehnungen aus dem Französischen oder Englischen. Erst um 1300 ist vom Tanz in Irland die Rede,[1] und aus dem frühen 14. Jh. stammt das anonyme Liedchen:

> Icham of Irlaunde
> Ant of the holy londe
> of irlaunde,
> gode sire pray ich thee
> for of saynte charite
> come ant daunce wyt me,
> in irlaunde.[2]

Bei den Bretonen, wo neben verschiedenen Arten des Dudelsacks (*biniou*) und der Harfe eine Schalmei (*bombard*) und eine „Kohlstrunk" genannte Klarinette (*treujenn gaol*) Verwendung finden, gibt es neben dem meist a capella gesungenen *Gwerz* 'Vers' auch eine aus dem Arbeitslied herausentwickelte Form des als Wechselrede (*Kan-ha-diskan*) gestalteten Sprechgesangs. Doch wurde dieser ebenso wenig außerhalb seiner Heimat rezipiert wie die schottischen *waulking songs*. Durchgesetzt hat sich doch eher eine dem Volkstümlichen entfremdete Form mit Musikern wie Gilles Servat, der sich auch als Dichter betätigte und Beziehungen zur irischen Musik entwickelte, und die Harfenistin Soazig, die als Ehefrau des Kornen Kyt le Nen Davey auch in der nun mächtig aufblühenden kornischen Folk-music erscheint.[3]

Im Vordergrund steht aber doch in der allgemeinen Wahrnehmung Alan Stivell 'Quelle' (Künstlername für Alan Cochevelou; geb. 1944). Er tritt einerseits als Harfenvirtuose – auf einer eigens entwickelten „bardischen Harfe" mit Bronzesaiten – und Dudelsackspieler hervor, andererseits als Experimentator, der Jazz, indische und afrikanische Volksmusiken einkreuzt und einen esoterischen Touch entwickelt. Seine Alben

---

1 O'Sullivan (1961), 48–50; zu Schottland s. Flett (1957).
2 Dames (1992), 258, 264.
3 Vgl. http://www.jimwearne.com/CMUS.HTM (2. 9. 2008).

heißen demnach „Tir na nOg" (1980)[1] nach dem Jenseits der irischen Sage, „Terre des vivants" (1981), „Légende" (1983), „Harpes du nouvel âge" (1985), „The Mist of Avalon" (1991) oder „Brian Boru" (1995). Dazu singt der Vielseitige in allen keltischen Sprachen.

Bei der auch als „Symphonie Celtique" bezeichneten „Tir na nOg" handelt es sich eigentlich um eine Art Programmmusik, die mit ihrer Besetzung (75 Musiker, inklusive Klavier, Orgel und Chor) kaum mehr als „Volksmusik" bezeichnet werden kann, sondern programmatisch eher bei Grieg, Richard Strauss oder Sibelius anzusiedeln ist, mag die Tonsprache auch völlig anders sein. So besteht das Werk aus 13 Sätzen, die Titel tragen wie „Voyage vers les espaces intérieurs", „Lac profonde que j'interroge", „Vibrations avec tous les univers", „Debarquer sur l'ille", „La cité rayonnante", worin es um die Darstellung einer mythischen Stadt-Insel *Inis Gwenva* geht.

Der Text des ersten Satzes stimmt besser als alle Beschreibungen auf den esoterischen Charakter des Ganzen ein:
    Fermés sont mes yeux
    Je marche en moi vers une lumière
    Au-delà de mes organes
    Au-delà de mes cellules
    Avant ma naissance
    Au-delà de mon premier atome
    Avant toute tradition
    A travers les trois mondes
    A travers mes trois formes actuelles
    Tu es là au fond de moi
    Et je suis tout en toi
    Innommable Ame de l'Univers
    Tout ici est vrai illusion
    Le passé est le futur
    Le futur est le passé
    Il est dangereux et necessaire d'aller vers toi
    Malgré les vents contraires

Man wird fragen, was dieser Mystizismus mit den Kelten zu tun hat. Wenig. Wäre da nicht die Begleitmusik auf Harfe und Dudelsack mit der

---

[1] Es gibt auch eine eigene Gruppe dieses Namens.

beschwörenden, leisen bretonischen Stimme und der für uns ungewöhnlichen Tonalität. Wenn Stivell irisch singt, so klingt dies gleichfalls sehr authentisch, wenn auch längst nicht mehr volksliedartig und „naturbelassen" wie bei Séamus Ennis.

Insgesamt muß man wohl sagen, daß Stivell über seine Anfänge in der Volksmusik hinausgewachsen ist und auch den Schritt von der U-Musik zur E-Musik durchaus eindrucksvoll getan hat, wenn er in dieser auch bei weitem nicht die Originalität von Cowell erreicht. Für die Keltenrezeption ist gerade dieser Künstler von großer Wichtigkeit, da sehr viele den Begriff der keltischen, besonders bretonischen Musik mit ihm – und nur mit ihm – verbinden.

Die walisische traditionelle Musik, deren Schönheit und Virtuosität in einer Art Mehrstimmigkeit Giraldus Cambrensis (Descriptio Cambriae, cap. 12f.)[1] aufs Höchste pries, scheint im Großen und Ganzen untergegangen, es sei denn, die Polyphonie hätte im *Cymanfaganu* (s. oben S. 624) wieder aufgelebt.

Neben der Drehleier, der *crwth* und einer Art Klarinette war das Hauptinstrument die Harfe (*telyn*). Aus dem 15. Jh. gibt es eine außerordentlich bissige Satire eines walisischen Harfenisten auf einen englischen Dudelsackspieler vor englischem Publikum in Flint. Während die Hochzeitsgäste das komplizierte, bardische Preislied des Harfenisten verlachen, hat der Sackpfeifer mit seinem ekelhaften Gequäke, das mit dem Lärm einer erstochenen Gans, tausend miauender Katzen oder dem monotonen Klagen einer schwangeren Ziege verglichen wird, mehr Erfolg. Allerdings bekommt auch er von den neidigen Engländern nur kleine Münze. Das Stück ist eine der giftigsten Satiren, die ich kenne.[2]

Zum Harfenspiel sang man auch *penillion* 'Strophen', in der Regel streng gebaute Vierzeiler, die ab 1771 durch die „Society of Gwneddigion" und ab 1820 durch den Verein „Canorion" gesammelt wurden. Es sind meist sehr einfache lyrische Gebilde. Ein solches Liedchen kann den

---

1 Gerald of Wales (1978), 239–242.
2 Jackson (1971), 216f.

Charakter eines echten Volksliedes haben wie etwa das berühmte *Ar lan y môr* 'Am Meeresstrand':

> *Ar lan y môr mae carreg wastad,*
> *Lle bûm yn siarad gair a'm cariad.*
> *O amgylch hon fe dyf y lili*
> *Ac amgen gangen o rosmari.*[1]

> 'Am Meeresstrand ein flacher Felsen,
> wo ich mit meiner Liebe sprach.
> Dort wächst im Umkreis auch die Lilie,
> ja auch der Zweig von Rosmarin.'

Nur wenige dieser Lieder scheinen heute noch im Umlauf zu sein. Danach hat sich der jetzt gleichfalls schon selten gewordene, mit großer Inbrunst vorgetragene methodistische Gemeindegesang der Männer (*Cymanfaganu*) mit seinen vielen mehrstimmigen, meist nach Orten benannten Hymnen wie *Cwm Rhondda* (*Arglwydd Iesu, dysg im gerdded...* 'Herr Jesus, lehre mich gehen ...') als besondere Eigenheit herausgebildet. Die in Wales stärker entwickelte Salonmusik (vor allem für Konzertharfe) scheidet hier natürlich aus.

Die irische, aber auch die schottisch-gälische[2] und auch die bretonische Volksmusik, wie sie seit 1972 von der Gesellschaft „Dastum" in Rennes gesammelt wird, wurden auch außerhalb der Britischen Inseln, auf dem Kontinent und besonders auch im deutschsprachigen Raum rezipiert.

Für die Übernahme der keltischen Volksmusik in Österreich und Deutschland gilt wohl folgendes:

> „Traditionelle Volksmusik ..., seit [gemeint ist: nach] der Zeit des Nationalsozialismus mit einem negativen Image behaftet, fristet einerseits ein museales Dasein, andererseits mutierte die Volksmusik in die populäre Form der volkstümlichen Musik, die mit der gängigen Schlagermusik weit mehr

---

1 Parry-Williams (1956), 90; Fries-Knoblach (2002), 153.
2 Brown (1838); Maclauchlan (1875); Macleod (1998). Eine Spezialität Schottlands sind die beim Tuchwalken gesungenen Arbeitslieder („Waulking Songs"): Hebridean Folksongs.

gemeinsam hat als mit der traditionellen Volksmusik. Besonders die volkstümliche Musik zeichnet sich durch starke Kommerzialisierung und Zuwendung an den Massengeschmack aus. Durch Massenmedien noch verstärkt, kommt es zu einer Vereinheitlichung und Austauschbarkeit in diesem Genre. Synthetische Produktionsformen von Musik, die weitgehend von der eigentlichen Tradition losgelöst sind und den Ansprüchen des Tourismus an Pseudofolklorismus folgen, führen zu einer quasi synkretischen [sic!] Situation, aus der eine „Einheitsvolksmusik" entsteht. In Deutschland und Österreich wurde damit zwar ein kommerzieller Höhepunkt, künstlerisch gesehen jedoch ein Tiefpunkt erreicht. Viele primär an Volksmusik Interessierte wenden sich daher ausländischen Volks- und Folkmusiken zu."[1]

Martin Walser äußerte gar: „Ich frage mich, ob ich je etwas Obszöneres erlebt habe als das: der Betrug des Volkes in der Maske des Volkstümlichen."[2]

In Österreich und wohl auch anderorts auf dem Kontinent hat allerdings die keltische Volksmusik in jener der „neuen Dialektwelle" (in Österreich dem Typus der „Attwenger"), jener der Roma-, der jiddischen und verschiedener Balkanvolksmusiken Konkurrenten. Auch für die irische Volksmusik besteht „die Gefahr der Kommerzialisierung und Anbiederung an Bedürfnisse der Tourismusindustrie ... Früher relativ isolierte Gebiete der Westküste werden heute als 'Geheimtipps' für ... Reisende gehandelt",[3] die das „Unverfälschte" und Urige suchen. Die neue Rolle Irlands als „Celtic Tiger" ist der Bewahrung der eigentlichen Volksmusik keinesfalls günstig, so daß auch in Irland selbst die Volksmusik nicht selten entweder in kitschigen Arrangements angeboten wird oder zur Rock-, Pop- und Metal-Musik mutiert, je nachdem, was gerade als „cool" gilt. Auf dem Keltenfest 2007 im niederösterreichischen Schwarzenbach war z.B. das traditionelle irische Freiheitslied „The Rocks of Bawn", mit Lichteffekten, Synthesizer und wummernden Lautsprechern verfremdet, zu hören. Dem wirkt eine „in jüngster Zeit sprunghaft sich entwickelnde Amateurtätigkeit"[4] entgegen. Wie dem auch sei, Tatsache ist, daß sich die keltische Volksmusik auf dem Kontinent nicht nur wachsender

---

1 Prinz (1994), 71f.
2 Zitiert nach Thiel (1984), 13.
3 Thiel (1984), 13.
4 Thiel (1984), 13.

Beliebtheit erfreut, sondern daß immer mehr lokale *Céilidhe*-Bands[1] entstehen, die dann etwa „Kleeblattl" oder „Shamrock Duo" heißen und sich um mehr oder minder authentisches Musizieren bemühen – oder mitten im tiefsten Waldviertel (in Gutenbrunn am Weinsbergforst; NÖ) einen *Céilidhe*-Abend geben.

3. Gastronomie

Sei es wegen der notorischen Armut der keltischen Länder, sei es wegen der im reformierten Protestantismus (Methodismus, Presbyterianismus) geübten Konsumaskese, die bekannteren Spezialitäten der rezenten inselkeltischen Küche lassen sich ungefähr an zwei Händen abzählen. Ein Witz besagt, ein Ire verstünde unter einer Mahlzeit von sieben Gängen eine Portion Chips und eine Sechser-Packung Guiness.[2]

Aus Irland, wo man tatsächlich zwischen einer Vorkartoffel- und einer Kartoffelzeit (ab ca. Mitte des 17. Jh.s) unterscheidet, sind das *Irish stew* und der vor allem zu *Samain* gegessene Kohl-Kartoffel-Eintopf *colcannon chowder* zu erwähnen;[3] aus Schottland die *haggis* oder *haggies* genannte Spezialität aus zusammen mit Talg faschierten Schafinnereien, mit Zwiebeln und anderen Gewürzen im Magen des Schafes gekocht, an die Robert Burns das berühmte Gedicht „Address to a Haggis" richtete (s. S. 715); aus Wales der *rabbit* 'Kaninchen', jetzt *rarebit* genannte Käsetoast,[4] das aus Seetang und feinen Haferflocken hergestellte *laverbread*,[5] das freilich schon fast verschwunden ist, und *cawl*, die walisische Entsprechung zum Irish stew.[6] Kulinarisch am interessantesten ist die Bretagne, die den Liebhaber von Fischsuppen durch *kaoteriad* (> frz. *cotriade*) aus zehnerlei Fischsorten und Kartoffeln erfreut, sodann durch verschiedene (süße)

---

1 Nir. *céilidhe* heißt eigentlich 'Abendbesuch; musikalische Abendunterhaltung', hat aber in unseren Breiten in der Form *Céilí* (oder ähnlich) die Bedeutung 'irische Musik' angenommen.
2 Tieger (1991), 140.
3 Ó Súilleabháin (1967), 70; http://www.ravensgard.org/prdunham/irishfood.html (31. 12. 2007).
4 Greenslade (2000), 132f.
5 Greenslade (2000), 130f.
6 http://www.experiencefestival.com/welsh_cuisine (31. 12. 2007).

Crêpes und (salzige, ursprünglich aus Buchweizenmehl hergestellte) Galettes, die allerdings auch die Normandie für sich in Anspruch nimmt, sowie durch die Teigspeise *far* (*farz*), die sowohl eine Art Eierkuchen mit Rumpflaumen (*far breton*) als auch eine Art Serviettenknödel aus Buchweizenmehl sein kann, den man zu gekochtem Fleisch (vgl. Irish stew) und Wirsingkohl ißt (*kig ha farz*).[1]

Von all diesen Köstlichkeiten wurde nur das Irish Stew in nennenswertem Ausmaß international rezipiert, so daß es sich in Kochbüchern außerhalb Irlands findet, was nicht bedeutet, daß es nicht da und dort Crêperien gibt, wo wohlschmeckende Galettes in bretonischer Art gebakken und mit Cidre bouché serviert werden.

Als die eigentliche Spezialität der keltischen Völker gelten eher alkoholische Getränke: für Schottland der Whisky, das 'Wasser des Lebens', der industriell vor allem im Tal des Spey (Glenfiddich) hergestellt wird. Er ist längst eine fast mythische Größe, deren Ruhm u. a. der Film „Whiskey Galore!" (Alexander Mackendrick; 1948) verbreitete. Für Irland steht das dunkle, bittere Bier und gleichfalls der Whiskey (immer so geschrieben), wobei letzterer so bedeutend ist, daß viele Sätze im Angloirischen mit „my whiskey" (*M'uishe* > angloir. *Musha*) als eine Art Beteuerungsformel eingeleitet werden. Ein eigener Kult wird mit dem „schwarzgebrannten" Whiskey (angloir. *poteen*, dialektal auch ir. *gamhnach* 'Galtvieh; sterile Kuh' genannt) getrieben, der einst auf abgelegenen Inseln oder im Bergland von *moonshiners* gebrannt wurde. Für die Bretagne könnte man den Apfelwein (Cidre) als charakteristisch ansehen, doch ist für ihn die Normandie mindestens ebenso bekannt. Nur Wales hat nichts Spezifisches – vielleicht wegen der Strenge des Methodismus (s. oben S. 626). Die alkoholischen Getränke sind weltweit berühmt, von den Speisen – außer dem Irish Stew und den Crêpes/Galettes im Allgemeinen – keine einzige.

Viel relevanter ist aber der gastronomische Schauplatz selbst, und da ist unbestreitbar von einem Siegeszug des irischen Pub zu berichten. Bemerkenswert ist dabei freilich, daß das Pub ja nicht unbedingt eine gemütliche Institution ist. Man läßt sich – bei entsprechender Jahreszeit im

---

1   http://www.nieuwsbronnen.com/camping-manoir-surzur/gastronomie.html (31. 12. 2007).

Mantel – im Gedränge von muffigen Barkeepern tyrannisieren und hat bei den Speisen kaum Auswahl. Auf den Britischen Inseln und in Irland erfüllt das Pub jedoch eine bedeutende gesellschaftliche Funktion. Hier gibt es scharfdefinierte Regeln über die Art der Gespräche, des Bestellens, wie der Barkeeper einzuladen ist usw.[1] Vergleichbares kann ich bei uns nicht feststellen.

Die Gründe für den Siegeszug des irischen Pubs liegen wohl teilweise darin, daß es in der angloirischen Literatur und im irischen Selbstverständnis als einer der Hauptrepräsentanten der irischen Lebensart gilt, weil die Iren sich selbst gerne als trinkfreudig verstehen. Nicht umsonst sind sie in der Bierproduktion international an 30. Stelle in der Welt, im -konsum jedoch an fünfter! Flann O'Brien nannte das Pub den „patentierten Ort des Kultes." Man sagte auf dem Land, wenn jemand gerne trinkt: *Tá sé geárr-chogarach don ghloine* 'er unterhält sich leise mit dem Glas', man erhebt aber auch gerne das Glas auf die Gesundheit Irlands und die der jeweiligen Grafschaft.[2] Andererseits besitzt das Pub aber auch – nicht zuletzt durch Schriftsteller – internationales Flair, wodurch sein Sozialprestige bei uns hoch ist. Ins Wirtshaus kann jeder ab einem bestimmten Alter gehen, es ist sozusagen „unmarkiert" und man kann dort auch „nur einen Kaffee" trinken. Das Pub ist „markiert", man gehört bei uns zu einer bestimmten sozialen Gruppe (Akademiker, Intellektuelle, Geschäftsleute, Angestellte in höheren Positionen), wenn man es besucht. Es ist auch teurer als das vergleichbare Wirtshaus oder Beisel.

Ein wichtiges Kennzeichen ist gewiß, daß im Pub mehr gestanden wird als in unseren Gasthäusern. In diesen gibt es einige wenige Stammgäste, die gleich vorne an der Schank stehen bleiben oder auf den Barhockern Platz nehmen. Anders beim Pub. Da wird eigentlich grundsätzlich eher gestanden, selbst wenn an den Wänden gepolsterte Bänke vorhanden sind. Das erleichtert auch einen Wechsel des Gesprächspartners, indem man sich – das Getränk in der Hand – bald zu dieser, bald zu jener Gruppe gesellen kann.

---

[1] Fox (2004), 88–108. Vgl. Barley (1993), 22–24, 88–108.
[2] Wagner (1963a), 53f. Vgl. etwa Enchanted Ireland, 71, 153f.

Ein anderes Element bildet der Nimbus des Genuinen, Zünftigen, der vom Irish Pub ausgeht, so etwa wenn der Barkeeper bei uns vorgibt, nur Englisch zu können – Irisch kann er auf dem Kontinent wohl so gut wie nie. Hier ergibt sich die Paradoxie, daß das englische Pub nicht im entferntesten so populär ist wie das irische. Das Stout-Bier, das wegen seines Namens und seiner Farbe als stärker angesehen wird als es ist, erweckt gleichfalls den Eindruck des Zünftig-Authentischen. Das mahagonigebeizte Mobiliar, das gewöhnlich herrschende gedämpfte Licht, die oft farbigen Fenster und bestimmte Antiquitäten oder auch Ramsch (*bric a' brac*)[1] bewirken eine gewisse Heimeligkeit und ein folkloristisches Ambiente.[2]

Dazu kann noch irische Musik – life oder von der Platte – kommen. In vorgeschrittener Stimmung kann es geschehen, daß die Gäste selbst zu singen beginnen. Ein weltweit bekanntes Lied ist dann jenes von der muschelverkaufenden Prostituierten *Molly Malone*:

> In Dublin's fair city,
> Where the girls are so pretty,
> I first set my eyes,
> On sweet Molly Malone,
> As she wheeled her wheel barrow,
> Through the streets broad and narrow,
> Crying cockles and mussels,
> Alive alive o!

---

1 Die „Irish Pub Company", 3 The Courtyard, Carmenhall Road, Sandyford Industrial Estate, Dublin 18 (info@irishpubcompany.com) schreibt dazu: „A vital component in breathing life into the Irish pub lies in the detail. It is the collectables and the original Irish artefacts which ensure that each Irish pub is able to forge its own unique identity. The Irish Pub Company or its affiliates will assist in sourcing original or reproduction antiquities, as well as offering a full range of graphic and artistic services. The company's development program, with experts constantly researching a host of Irish cultural references, helps to create an individual feel and personality for each Irish pub. Irish pubs around the world enjoy substantial sales of merchandise featuring the pub's name and logo. As part of its service to clients, the Irish Pub Company can provide a graphic identity for each pub and then develop designs for a range of very distinctive brnaded [sic!] merchandise, and will source initial supplies if so requested."

2 Vgl. die guten Schilderungen bei Wagner (1963b), 9–13, und Tieger (1991), 148–152, und die Pub-Empfehlungen in Kelleher (1972), 69–74, routard (2003), 110–111; stimmungsvolle Bilder: Enchanted Ireland, 141, 180f.

> She was a fish monger,
> And sure it was no wonder,
> For so were her
> Father and mother before,
> And they both wheeled their barrow,
> Through the streets broad and narrow,
> Crying cockles and mussels,
> Alive alive o!
>
>
> She died of a fever,
> And no one could save her,
> And that was the end
> Of sweet Molly Malone,
> But her ghost wheels her barrow,
> Through the streets broad and narrow,
> Crying cockles and mussels,
> Alive alive o!

Daran könnte sich noch *The Wild Rover* anschließen, der mit den Worten beginnt:

> I've been a wild rover for many a year
> and I spent all my money on Whiskey and beer...

Eine Firma, die serienmäßig Irish Pubs mit dem charakteristischen Mobiliar und anderen Accessoires ausstattet, unterscheidet einen „Country Cottage Style" mit offenem Kamin, einen „Victorian Dublin Style", einen „Traditional Pub Style", einen „Gaelic Style" und einen „Brewery Style". Dem Pub wird eine eigene „Philosophie" unterlegt, das Verhalten des Personals, das eigens darauf trainiert wird, zum „Ethos" hochstilisiert:

> „The Irish Pub Company has invested in the development of comprehensive operational systems for Irish pubs. These provide written procedures for pub tasks in order to achieve high performance and operational efficiency. These systems define an Irish pub's 'way of being' – its personality and ethos, expressed through well trained and motivated staff. This is a fee-based service designed to ensure that investors from any background can establish a very

successful and authentic Irish pub in terms of not only design, products and music – but of ethos, atmosphere and personality – all of which combine to create commercial success."[1]

Dennoch ist das massenhafte und weltweite Emporwuchern der irischen Pubs keine Selbstverständlichkeit, sondern verrät schon die grundsätzliche Bereitschaft zur Übernahme von angeblicher Irishness, wie ich glaube ursprünglich auch durch Literatur initiiert, und daher zunächst unter Gebildeteren und Intellektuellen zu Hause, dann aber aus Prestigegründen weiter diffundiert und heute allgegenwärtig – auch in Japan. Es bleibt abzuwarten, wie sich die gegenwärtige Anti-Raucher-Hysterie der EU à la longue auf das Pub in einem so regenreichen Gebiet wie Irland (und Britannien) auswirken wird.

4. Event-Kultur

Aktionismus und Event-Kultur gehen in der Regel von einem zeitlichen oder örtlichen Fixpunkt aus.

a. Zeitliche Fixpunkte

Hier ist natürlich zunächst vom jetzt eher spärlichen Brauchtum selbst zu reden, das noch bei den Inselkelten besteht, das aber zumindest in einem Fall sich weit über das heutige Keltengebiet ausgebreitet hat.

Ich denke dabei an ir. *Samhain* (air. *samain*; schott.-gäl. *Samhuinn*) 'Allhallows-Eve; *Hallowe'en, Halloween, Hollantide* (auf Man), *Allan-Night* (in Cornwall)', das „Sommerende" (wie es eine Deutung des irischen Wortes will),[2] kymr. *Calan gaeaf* 'Winteranfang', das Fest vom 1. November, das nach altkeltischer Gewohnheit schon am (heiligen) Vorabend (*Hallow*

---

1 Vgl. http://www.irishpubcompany.com/training.htm (2. August 2005).
2 Eine andere Etymologie geht von *samain* als 'Zeit der Versammlungen (Märkte)' aus. Durch die Schwächung des *th* in den neugälischen Sprachen war auch eine „gelehrte Volksetymologie" als *samtheine* 'fire of peace' möglich; MacGregor (1901), 55.

eve[*n*]) gefeiert wird.¹ Es ist die Nacht, in der Kontakt zu den Jenseitigen und Toten besteht, die sich daher auch für mantisches Brauchtum anbietet, und ich habe schon erwähnt (s. oben S. 61), wie das Christentum vermutlich den 1. November zum Tag aller Heiligen uminterpretiert und einen zweiten Festtag dazu erfunden hat, an dem nun auch der nicht heiligen Toten gedacht wird.

Das alte Brauchtum des „Gabenheischens" unter dem Motto der stellenweise wirklich zu fürchtenden Drohung „Trick or treat" (etwa 'Schabernack oder Verköstigung') hat sich über die Auswanderer auch in den USA durchgesetzt, von wo es nun nach Europa gekommen ist. Dabei herrscht – ähnlich wie im alpinen Perchtenbrauchtum – die „Freiheit der Maske". Die alte Vorstellung, daß in der Nacht auf Allerheiligen die Andere Welt offen stehe, so daß aus ihr Gespenster in unsere Welt eindringen können, führt zu einem üppigen Gespenstertreiben. Dabei hat man in Irland große Runkelrüben als Köpfe zurechtgeschnitzt, ausgehöhlt und von innen mit einer Kerze beleuchtet. Sie heißen mancherorts *Jack O'Lantern* – eigentlich im kornischen und irischen Volksglauben eine Art Irrlicht.² In den USA wurden die Rüben durch die bekannten großen Kürbisse ersetzt.

> „In der Folge hat sich eine merkwürdige Allianz von Unschuld und Bösem, Kindern und Hexen gebildet – Wesen, die die Gemeinschaft durch Scheinmitleid und Drohung reinigen, Streiche spielen, wenn sie nicht bewirtet werden, und – zumindest in den USA – den Weg bereiten für Communitas-Festmahle mit sonnenähnlichen Kürbistorten. Wie Dramatiker und Romanschriftsteller sehr gut wissen, scheint ein Hauch von Sünde und Bösem notwendiger Zündstoff für die Feuer der Communitas zu sein ..."³

---

1 Wilde (1888), 109–112; Ó Súilleabháin (1967), 69; Danaher (1972), 200–227.
2 Simpson-Roud (2003), 197. Nach irischer Tradition war Jack ein trunksüchtiger, lügnerischer Schmied, der seine Seele dem Teufel um ein Sixpence für einen letzten Drink verkaufte. Er überlistete jedoch den Bösen zweimal, so daß dieser ihn von der Hölle verschonen mußte. Da er aber wegen seiner Sünden auch für das Himmelreich nicht geeignet war, so muß er zwischen Himmel und Hölle umherwandern, wobei er sich an einem Stück Kohle, das man ihm in der Hölle geschenkt hatte, in einer ausgehöhlten Rübe die Hände wärmen darf. Auf der Isle of Man bewarfen die *mob-beg* genannten Gruppen die Häuser mißliebiger Personen mit Runkelrüben; Gill (1993), 2.
3 Turner (1989), 174.

Inzwischen ist das Fest auch wegen der dafür nötigen Accessoirs zu einem Wirtschaftsfaktor geworden und hat – jedenfalls in Österreich – eine *Colocynthomania*, einen „Kürbiswahn", hervorgerufen, dem sich, vom Kindergarten bis zur Spitzengastronomie, vom „Bauernmarkt" bis zum Schrebergarten, alles beugt.

> Dabei ist aber zu beachten, daß auch das Martinifest (am 11. November) mit einem Lichterbrauch begangen wurde und noch wird, entweder mit herumgetragenen Laternen oder auch mit ausgehöhlten erleuchteten Rüben, dem *Rääbeliechtli*. So bezeichnet sie das *Rääbechilbi* genannte Fest am zweiten Sonntag im November der Gemeinde Richterswil am Zürichsee und anderwärts. In der Praxis kann das Martinifest mit Hallowe'en verschmelzen.

Noch deutlicheren Ausdruck findet das Gespenstertreiben scheinbar auch in einer Serie von bisher 8 (!) Horrorfilmen, deren erster „Hallo-ween – Die Nacht des Grauens" (Regisseur John Carpenter mit Jamie Lee Curtis als Laurie Strode, der „Scream Queen"; 1978) fast ein eigenes Genre begründete. Der Horrorfilm und seine sieben Nachfolger ist hier freilich nur bedingt zu zitieren, weil er Hallowe'en eigentlich schon in einer Brechung zeigt. Er führt kein echtes Gespenst ein, sondern den Psychopathen und das durch alle Fortsetzungen hindurch unzerstörbare Stehaufmännchen Michael Myers, von dem schon als kleines Kind zu Hallowe'en die Maske Besitz ergriffen hat und der daher immer wieder morden muß.

> Die Institution von Hallowe'en hat selbst zur Sekundärmythenbildung Anlaß gegeben, wie man eine Zeitlang in Zeitungen für eher schlichte Gemüter nachlesen konnte. So fand sich in einer österreichischen Zeitung[1] folgender Leserbrief einer „Prof. Brigitte S." aus Wien, die in ihrer „Erklärung" auf das Motiv der „Wicker Men" zurückgreift und es mit alttestamentlichen Assoziationen kombiniert:
>
> „Ich würde zum Ursprung dieses wegen der Kommerzialisierung ungeheuer nervenden Festes gerne hinzufügen, worauf es zurückgeht, daß amerikanische Kinder zu Halloween den Leuten, die keine Süßigkeiten herausrük-

---

[1] Am 5. November 2003 in der österreichischen Zeitschrift „Die ganze Woche", Nr. 45/03, 6.

ken wollen, einen Streich spielen. Im 2. Jahrhundert vor Christus schützten sich irische Kelten vor den herumirrenden Seelen Verstorbener mit einem Menschenopfer an den Totengott Samhain. Ein Kind, das die Druiden von der verängstigten und eingeschüchterten Bevölkerung forderten, wurde in einen Weidenkorb gesperrt und verbrannt. Die Druiden suchten die Opferfamilien dadurch aus, indem sie vor ihrem Haus eine erleuchtete Steckrübe (später war es ein Kürbis) stellten. Die war, wenn das Opfer ausgeliefert war, ein Schutzsymbol. Verweigerte die Familie das Kind, beschmierten die keltischen Priester die Tür mit Blut, was einem Todesurteil aller dort Wohnenden gleichkam. Irische Auswanderer brachten den Hallowe'en-Brauch nach Amerika mit. Kinder ziehen (wie einst die Druiden) von Haus zu Haus und fordern ein Opfer (treat). Wenn sie nichts Süßes bekommen, spielen sie den Hausbewohnern einen Streich (trick). Das ursprüngliche 'Trick or treat' der Druiden brachte Tod und Verderben!"

Die indirekte Quelle dieser Mitteilung war ein „Kräuterpfarrer" und Gesundheitsapostel, der in einer anderen sehr populären Zeitung in einer täglichen Kolumne seine Weisheit unter das Volk brachte. Dessen Quelle soll wieder ein sektiererischer amerikanischer Missionar sein, der das Christentum mittels Comic strips verbreitet. Bemerkenswert ist, wie hier die jüdische Passah-Tradition mit dem Blutzeichen (nach 2. Mo 12, 7, 22 und 12, 29f.) mit den Wicker Men (s. oben S. 445 und unten S. 764) kombiniert erscheint, ein gutes Beispiel „fiktionaler Didaktik".

Vielleicht sollte ich das schottische Silvester- und Neujahrsfest *Hogmanay* [hɔgmə'nɛj] (< gäl. *h' og maidne* 'neuer Morgen' erwähnen, das reich an allerlei Brauchtümern ist, doch ist es m. W. in seinen spezifischen Formen weniger charakteristisch und auch weniger über Schottland hinausgedrungen als „Burns Night". Am 25. Januar, dem Geburtstag des schottischen Nationaldichters Robert Burns (1759–1796), der ähnlich populär ist wie bei uns Wilhelm Busch, feiert man in Schottland, aber auch bei den Exilschotten anderwärts, dieses Fest, das wichtiger genommen wird als Saint Andrew's Day, der eigentliche Nationalfeiertag am 30. November. Die Feier besteht im Grunde aus einem Abendessen, dessen Höhepunkt das Anschneiden des *haggis* ist, wozu Robert Burns Gedicht „To A Haggis" vorgetragen werden muß:

> Fair fa' your honest, sonsie face,
> Great Chieftain o' the Puddin-race!
> Aboon them a' ye tak your place.
> > Painch, tripe, or thairm:
> Weel are ye wordy o' a grace
> > As lang's my arm.

Etwa: 'Gegrüßt sei Euer ehrlich-plumpes Gesicht, [Ihr] großer Häuptling des Würstevolks! Über ihnen allen thront Ihr, Magen, Kuttelfleck, oder Gedärm: Ihr seid wohl würdig eines Tischgebets, So lang als mein Arm ist.'[1]

Wobei die vorletzte Strophe den französischen Speisen, die zu wenig Kraft geben, machtvoll die Tugend des *haggis* entgegenstellt:

> But mark the Rustic, haggis-fed,
> The trembling earth resounds his tread,
> Clap in his walie nieve a blade,
> > He'll mak it whissle;
> An' legs, an' arms, an' heads will sned,
> > Like taps o' thrissle.

'Doch sieh den Landmann, haggis-satt, von dessen Schritt die zitternde Erde widerhallt, klatsch ihm eine Klinge in seine massige Faust, und er wird sie pfeifen lassen! Und abschneiden wird er Beine, Arme und Schädel, als wären's Distelköpfe.'

Nun beginnt der allgemeine Schmaus, während dessen eine kurze Biographie des Dichters verlesen werden sollte. Den Abschluß bildet die Burns zugeschriebene inoffizielle Hymne der Briten „Auld Lang Syne",[2] die ja auch zu Silvester und bei Abschieden gesungen wird.

Gleichzeitig mit „Burns Night" gedenkt man in Wales der hl. *Dwynwen*, die für Liebesfragen zuständig ist. Dwynwen soll im 5. Jh. einen gewissen *Maelon* geliebt haben, aber nicht willens gewesen sein, sich ihm hinzu-

---

1 Ich danke meinem Kollegen Herbert Schendl für freundliche Hinweise.
2 Text mit standardenglischer Übertragung und schottischer Aussprache nach IPA in: http://en.wikipedia.org/wiki/Auld_Lang_Syne (31. 12. 2007).

geben. Mittels eines von einem Engel gebrachten Zaubertranks verwandelte sie den Geliebten in einen Eisklumpen, was nun offenbar wieder zu weitgehend war. Sie bat Gott, Maelon zurückzuverwandeln, sich insbesondere aller Liebespaare anzunehmen und sich selbst die ewige Jungfernschaft zu sichern, was ihr denn auch gewährt wurde. An der Südküste von Anglesey, auf Llanddwyn Island, das man bei Ebbe zu Fuß erreicht, hatte die Heilige ihr Kloster, und hieher fanden auch Pilgerfahrten statt. Alles in allem dürfte das *Dwynwen*-Fest nicht über Wales hinausgedrungen und daher für die Keltenrezeption eher bedeutungslos sein. Für die Waliser selbst ist es „willkommener Anlaß zu einer Party".[1]

Das altkeltische Fest am 1. Februar (air. *imbolc, oimelc*) hatte, wie die Namen sagen, mit Reinigungsbräuchen und dem ersten Milchgeben der Schafe zu tun. In christlicher Zeit gilt dieser Tag als der der Hl. *Brigit, Brigid* (nir. *Lá Fhéile Brighde*), in deren Leben und Wundern mehrfach Affinität zu Feuer und Licht auftritt.[2] Der Gedanke drängt sich auf, daß das Fest von „Mariä Lichtmeß" am 2. Februar damit zu tun hat, denn eigentlich sollte am 40. Tag nach der Geburt Christi die „Reinigung" der Gottesmutter gefeiert werden sowie die Übergabe Christi als Erstgeborener an den Tempel („Darstellung Christi"). Die Umdeutung zu einem Lichtfest mit Kerzenweihe ist durch die Heilige Schrift nicht nahegelegt. Man zögert aber mit Recht, keltische Zusammenhänge anzunehmen, weil Mariä Lichtmeß in der uns geläufigen Form mit Kerzenweihe zuerst im 5. Jh. in Palästina in der *Peregrinatio Aetheriae* bezeugt ist,[3] etwas zu östlich und zu früh, um hier den Kelten größeren Einfluß zuzuschreiben. *Brigit* selbst wird in Irland z.B. an Quellheiligtümern noch hoch verehrt.[4] Eine bestimmte Art von Strohkreuzen (Brigittenkreuze) wird ihr zu Ehren in Schulen und Kindergärten gebastelt. Einst spezifischere und ausgedehntere Riten (Anklopfspiele, Prozession mit Puppen, Reinigungsriten

---

[1] Schulze – Thulin (2006), 45.
[2] Danaher (1972), 13–38; Dames (1992), 252–254.
[3] Schultz (1962)
[4] Logan (1980), passim.

usw.) sind m. W. weitgehend abgekommen.[1] Darüber hinaus spielt der 1. Februar als keltischer Festtag außerhalb Irlands keine besondere Rolle, obwohl da und dort (wie z.B. in *Gabreta*-Ringelai) ein neuheidnisches *imbolc*-Fest gefeiert wird.

Der 1. März ist der Tag des hl. David (kymr. *Dewi*), des walisischen Landespatrons, dessen man früher durch eine *Gŵyl mabsant* 'Fest des Schutzpatrons' beging. Solcher Patroziniumsfeste gab es noch im 19. Jh. mehrere, doch arteten sie aus und kamen ab. Die in Wales herrschenden strengen reformierten Kirchen ermutigen zu solchen Festen, die immer auch mit Alkoholkonsum verbunden sind, nicht. Dann gedachte man des Heiligen eher in der Stille bei einer Pint, wenn man davon absieht, daß viele Waliser ihm zu Ehren sich mit einer Narzisse schmücken. Dem liegt ein absichtliches, scherzhaftes Mißverständnis zugrunde, demzufolge das eigentliche Symbol des Heiligen, der Lauchstengel (kymr. *cennin*), als zu „anrüchig" oder bäurisch empfunden und durch die ansehnlichere Narzisse, deren Name *cennin Pedr* (eigentlich 'Peterslauch') ähnlich klingt, ersetzt wurde.[2] In Shakespeares „Henry V." (Akt 5, Szene 1) zieht der Rüppel *Pistol* den nationalstolzen Waliser *Fluellen* (für richtigeres *Llewellyn*) mit dem *leek* auf und wird dann von diesem gezwungen, die für ihn übelriechende Pflanze selbst zu essen. Derzeit wird die *Gŵyl Ddewi* mit Paraden, zu deren Teilnahme im Internet eingeladen wird, in Cardiff[3] und vielleicht auch andernorts gefeiert. Ich sehe das eher als eine touristische Neuerung nach dem Vorbild des Patrickstages an.

St. Patrick's Day am 17. März ist ein sehr traditionelles Fest![4] Hier finden heute in allen größeren Orten, an denen eine gewisse Anzahl von Iren lebt, Aufmärsche statt, die in New York vom „Ancient Order of Hiberni-

---

1   Doch s. Le Roux – Guyonvarc'h (1997), 87–92.
2   Das Wort *cennin* scheint ursprünglich eine Pflanze mit mehreren „Häuten" zu bezeichnen und kann daher auf verschiedene Gewächse mit häutigen Zwiebeln angewandt werden. Greenslade (2000), 11, weist auf Legendenbeziehungen zum Hl. David hin; was der Literat zur Narzisse sagt (149) ist politisches Selbstmitleid. Zum leek vgl. auch De Paor (1997), 96–98.
3   http://www.stdavidsday.org/index-e.htm (2. Juli 2008).
4   Danaher (1972), 58–66.

ans" (AOH)¹ organisiert, sonst meist auch von den irischen Botschaften (und vermutlich auch den Brauereien) unterstützt werden. Bei den mir bekannten Patrick's Day-Paraden herrscht öfters eine Art paramilitärisches Moment. Zu Dudelsack und Trommel wird marschiert, wobei sich nicht selten ein Trupp „Girls" in einer Art Phantasieuniform mit kurzen Röckchen bei Exerzierübungen hervortut, sicher ein aus den USA stammender Einschlag des Revuehaften. Wer einen Irish setter oder gar ein Wolfhound hat, stellt ihn bei diesem Anlaß gerne zur Schau. Der Besuch eines oder mehrerer Pubs ist unumgänglich, ebenso das dreiblättrige Kleeblatt des Shamrock (s. oben S. 49). In manchen traditionellen irischen Familien wird an diesem Tag besonders Räucherlachs mit *brown bread*, Guiness und Whiskey verzehrt. Es ist unverkennbar, daß Saint Patrick's Day im 19. und einem großen Teil des 20. Jh.s ein Bestätigungsfest irisch-keltischer Nationalität, noch mehr aber Mentalität, darstellte, dessen drei Exponenten der Shamrock, die Musik und das Bier bildeten. Deshalb auch das „Assoziationssyndrom" in der Untersuchung Patzers (s. oben S. 678). Durch die Globalisierung ist dieser nationale Sinn heute verloren gegangen, andererseits hat die neue Keltenesoterik dieses Fest noch nicht für sich beanspruchen können. Es ist einfach zu einem geräuschvollen Volksfest mit Umzug geworden. Des heiligen Patrick und seines Fegfeuers gedenken wohl nur wenige der Teilnehmer.

Am 6. April feiern die Schotten und Nachkommen schottischer Familien in den USA – angeblich über 30 Millionen – den „Tartan Day". Das Datum soll die Erinnerung an die Declaration of Arbroath (1320), die schottische Unabhängigkeitserklärung von England, aufrechterhalten, die schon deshalb von großer Bedeutung ist, weil die Amerikanische Unabhängigkeitserklärung nach ihrem Muster formuliert wurde. Fast die Hälfte der amerikanischen Unterzeichner und neun der Gouverneure der ursprünglich dreizehn Bundesstaaten waren schottischer Abkunft. Die Konföderationsflagge enthält das Andreaskreuz. (Bei dieser Gelegenheit soll aber auch nicht verschwiegen werden, daß der in den Südstaaten so

---

1   http://en.wikipedia.org/wiki/Ancient_Order_of_Hibernians (28. 12. 2007).

verhängnisvolle „Ku Klux Klan" am 24. Dezember 1865 in Tennessee von sechs Offizieren gegründet wurde, die allesamt schottischer Herkunft waren, worauf ja schon das *clan* 'Familie' im Namen des Geheimbundes und das Andreaskreuz als sein Emblem weisen.) In Australien und Neuseeland wird der „Tartantag" dagegen am 1. Juli gefeiert, weil an diesem Tag 1782 das Proskriptionsgesetz von 1746 abgeschafft wurde, das den Hochlandschotten das Tragen von Waffen, der traditionellen Kleidung (mit dem Tartanmuster) und den Gebrauch des Gälischen verboten hatte. Wie am St. Patrick's Day finden auch am Tartan Day hauptsächlich Paraden mit lebhafter Beteiligung des Dudelsacks statt. 2002 sollen 10.000 Trommler und Pfeifer durch New Yorks Straßen gezogen sein.[1]

Auch das *Beltaine*-Fest am 1. Mai (schott.-gäl. *Là Bealltainn*), dessen nir. Namen *Bealtaine* die älteren Volkskundler als *Baal-tine* zum semitischen *Baal* stellten,[2] was gut zu den Herkunftstheorien der Linguisten und Antiquare paßte (s. oben S. 406ff.), samt der davorliegenden Walpurgisnacht ist eine Zeit, in der die Tore zur Anderen Welt offenstanden und gesteigerte Hexen- und Elfenaktivität zu beobachten war.[3] Es gibt sogar eine merkwürdige Arthurtradition, die den Gedanken an alte Menschenopfer nahelegt (Malory I, 27). Abgesehen vom Hexentreiben im Harz und den korn. *tintarrems* genannten Lärmorgien,[4] sind vielerorts ein Maitanz, das Aufstellen von Maibäumen (die gestohlen werden können) sowie Bräuche mit erotischem Hintergrund üblich. Man wird sich hüten, all dies für „keltisch" zu erklären, denn sowohl bei den Römern als auch bei den Germanen gab es einschlägige erotische Brauchtümer (z.B. *gadelam* 'Gassenlamm' und *gadebasse* 'Gassenbär' in Dänemark, die „Mailehen" auch anderwärts).[5] In Irland ist das traditionelle *Beltaine*-Fest, etwa mit Maifeuer[6] und rituellem Butterdiebstahl beim Nachbarn, heute weitgehend vergessen.[7]

---

1   http://en.wikipedia.org/wiki/Tartan_Day (31. 12. 2007).
2   Z. B. Wilde (1888), 101f.; MacGregor (1901), 55.
3   Zum *Beltaine*-Brauchtum s. Wilde (1852), 18–49; Ó Súilleabháin (1967), 68; Danaher (1972), 86–127.
4   Hunt (s. a.), 8.
5   Grimm (1876) II, 646–649.
6   Wilde (1852), 20–24, 34f.
7   Lysaght (1993); 31–37; Le Roux – Guyonvarc'h (1997), 110–112.

Für den nicht ganz kleinen Kreis von Neodruiden ist *beltaine* allerdings ein bedeutsamer Anlaß, sich an bestimmten „Kraftorten" wie Primrose Hill in London oder gar in Stonehenge, einem wichtigen *leys*-Punkt, zu versammeln.[1] Auch bei uns wird von neuheidnischen „Keltengruppen" ein „beltane"-Fest gefeiert (z.B. in *Gabreta*-Ringelai).

Dagegen wurde das Frühlingsfest in sehr bemerkenswerter Weise zum „Tag der Arbeit", der „1. Mai-Feier" des Proletariats, umfunktioniert. Auslösendes Moment scheint am 21. April 1856 eine Massendemonstration der Arbeiter in Australien gewesen zu sein, wobei der Achtstundentag gefordert wurde. Am 1. Mai 1886 rief die nordamerikanische Arbeiterbewegung einen Generalstreik zur Durchsetzung des Achtstundentags aus, wobei es zu kämpferischen Auseinandersetzungen und in Chikago zu Todesopfern kam. Beim anschließenden „Haymarket Riot" am 3. Mai in Chicago gab es über 200 verletzte Arbeiter, mehrere Tote und Festnahmen, die in einigen Fällen zu Hinrichtungen führten. 1889 fand der Gründungskongreß der „Zweiten Internationalen" (Arbeiterbewegung) statt, bei dem man dieser Opfer gedachte und für die Zukunft den 1. Mai zum „Kampftag der Arbeiterbewegung" machte. Am 1. Mai 1890 wurde dieser Tag zum ersten Mal unter den Industrienationen mit Massendemonstrationen begangen. Daß hier beim Arbeiterfest älteres Maibrauchtum weiterlebt, verrät schon die Tatsache, daß der Maibaum auch in der amerikanischen Gewerkschaftsbewegung eine bedeutende Rolle spielte, wie das berühmte marxistische Mailied von Walter Crane (1894) zeigt, wo es in einer Strophe heißt:

Let the winds lift your banners from far lands
With a message of strife and of hope:
Raise the Maypole aloft with its garlands
That gathers your cause in its scope.[2]

Die Frage ist freilich, ob sich im Termin am 1. Mai irgendein Element keltischen Brauchtums niederschlägt. Der Maibaum ist auch auf den Britischen Inseln bekannt. Der walisische Barde Gruffyd ap Addaf ap Dafydd hat um die Mitte des 14. Jh.s schon ein Lied auf eine in Llanidloes augestellte Birke gesungen.[3] Im 17. Jh. wurde die Errichtung eines Maibaumes unter Cromwell

---

1 Vgl. Maier (2005), 96–98; zu den sogenannten „Kraftorten" der deutschsprachigen Länder s. http://www.kraftort.org/
2 http://www.marxists.org/subject/mayday/poetry/crane.html (27. 12. 2007).
3 Jackson (1971), 82–84.

mehrmals verboten, aber er ist dennoch kein keltisches Spezifikum.[1] Von den acht nach dem „Haymarket-Riot" angeklagten Arbeiterführern waren sechs Deutsche oder deutscher Abkunft, kein Ire darunter.[2] Das deutsche Element ist also in der Frühzeit der Gewerkschaft gewiß nicht zu übersehen.

Andererseits war, zumindest im Bergbau von Pennsylvanien, bei den Arbeiterunruhen der irische Geheimbund der „Molly Maguires" höchst aktiv[3] und in ihm Persönlichkeiten wie Alexander Campbell, John „Black Jack" Kehoe, Michael Doyle, John „Yellow Jack" Donahue und Edward Kelly. Der letztlich aus den Verhältnissen des 18. Jh.s in Irland hervorgegangene Geheimbund stand im Zusammenhang mit Geheimgesellschaften wie den „Whiteboys",[4] den ländlich-national-irisch-katholischen „Ribbonmen", aber auch den anglikanischen Maschinenstürmern „Peep O'Day Boys" – deren Aktivität sich in Irland gegen alle nicht-anglikanischen Webereien und andere Kleinindustrie gerichtet hatte –, gegen welche wieder die katholischen „Defenders" aufgetreten waren und vor allem mit dem „Ancient Order of Hibernians", der auch St. Patrick's Day-Feste ausrichtete, in einem verschieden eng eingeschätzten Zusammenhang. Dabei war dem AOH, der oft in die Nähe der „Ribbonmen" gestellt wird, und dessen Mitglieder katholisch und irischer Abkunft sein müssen, die Aufgabe zugefallen, den Immigranten in den USA den Einstieg zu erleichtern, was natürlich auch eine arbeitsrechtliche Seite hatte. In diesem Zusammenhang ist auch die 1837 geborene Mother Jones (eigentlich Mary Harris Jones) aus Cork zu nennen,[5] die wohl prominenteste amerikanische Führerin der Arbeiter- und Gewerkschaftsbewegung, eine Mitbegründerin der „Industrial Workers of the World", der „United Mine Workers" und der „Socialist Party of America". Obwohl nach neueren Bele-

---

1 Wilde (1852), 38f.; Simpson–Roud (2003), 229f.; vgl. schon Frazer (2000), 88–92
2 Louis Lingg, Michael Schwab, Oscar Neebe, August Spies, Georg Engel, Adolph Fischer, von den beiden anderen war Albert Parsons amerikanischer Herkunft und Samuel Fielden aus Lancashire.
3 http://www.encyclopedia.com/SearchResults.aspx?Q=Molly%20Maguires (28. 12. 2007); http://en.wikipedia.org/wiki/Molly_Maguires (28. 12. 2007); http://www.crimelibrary.com/notorious_murders/not_guilty/molly_maguires/index.html (28. 12. 2007). Campbell (1991). Arthur Conan Doyle zeichnete in seinem Roman „The Valley of Fear" (1915) die Situation sehr eindrucksvoll nach.
4 Die „Whiteboys" waren ein ländlicher Geheimbund, der zuerst 1761 - 1764 gegen die Enteignung des Landes durch englische Pächter auftrat und sich selbst als „Queen Sive Oultagh's children", als „fairies" oder Gefolgsleute einer „Johanna Meskill" oder „Sheila Meskill" bezeichnete; http://en.wikipedia.org/wiki/Whiteboys (28. 2. 2007). Die Verhaltensweise der „Whiteboys" erinnert an alpine Formen des Rügegerichtes wie das „Haberfeldtreiben", wenn David Featherstone sagt: „The Whiteboys' forms of 'justice', then, were not a purified human achievement. They intervened in the ongoing relations between humans and nonhumans. They constructed certain ways of generating relations between humans and nonhumans as unjust." http://www.envplan.com/abstract.cgi?id=d419t (28. 12. 2007).
5 http://en.wikipedia.org/wiki/Mother_Jones (28. 12. 2007).

gen am 1. August 1837 geboren, gab sie aus „symbolischen Gründen" den 1. Mai als ihr Geburtsdatum an.

Angesichts der Sachlage besteht durchaus die Möglichkeit, daß ein Nachkomme des irischen *beltaine*-Festes in unserer sozialistischen Maifeier weiterlebt, so wahrscheinlich wie im Falle des Allerheiligenfestes sind die keltischen Wurzeln jedoch nicht, da der 1. Mai eben auch unter anderen Immigranten traditionell als Festtag eine Rolle spielen konnte.

Den 19. Mai begeht der Bretone feierlich als Fest des. Hl. *Yvo* (*Gouel Erwan*). Yves Hélory de Kermartin (*Erwan Helouri a Gervarzhin*) war Rechtsanwalt und Priester (um 1247–1303). Er wirkte nach seiner Priesterweihe als „Advokat der Armen" und genoß solche Verehrung, daß sich Juristen in romanischen Ländern zu „Ivo-Bruderschaften" zusammenschlossen. Aber auch die Juridische Fakultät der Universität Trier verehrte ihn als ihren Heiligen, so daß bis Ende des 18. Jh.s der Dekan an seinem Festtag gewählt wurde. Mit dem Erwachen des bretonischen Nationalgefühls wurde das Fest des *Yves Hélory* nach dem Vorbild von St. Patrick's Day zum Nationalfeiertag der Bretagne aufgebaut. Das Fest, das wie alle bretonischen Feste vorwiegend eines der Volksmusik ist, ringt noch um seine internationale Anerkennung. Vergleicht man die entsprechenden Internetseiten, so zeigt sich allerdings eine beachtliche Ausweitung: außer in vielen bretonischen Gemeinden wurde es 2008 auch in Cork, Berlin, New York und – wohl wegen der Olympiade – sogar in Peking gefeiert.

Den Kulturwissenschaftler fasziniert es, wenn er die Entstehung neuer Bräuche und Riten beobachten kann. Eines der interessantesten Beispiele ist der Bloomsday (ir. *Lá Bhloom*) am 16. Juni. Das ist jener Tag, an dem James Joyce im Jahre 1904 seinen Helden Leopold Bloom auf die Odyssee durch Dublin schickte. Dieses Ereignisses wird seit dem 16. Juni 1954 gedacht, wobei der erste Bloomsday ein reines Literatentreffen mit Persönlichkeiten wie John Ryan, Flann O'Brien und Patrick Kavanagh war. Das Fest besteht darin, daß man den Spuren der Hauphelden Leopold Bloom, des Angestellten eines Reklamebüros, und des Schriftstellers Stephen Dedalus durch Dublin folgt und an den durch eine Messingplatte im Straßenpflaster markierten Stelle etwas tut, was die Romanfiguren taten, „wie Zitronenseife in Sweny's Shop erwerben oder [zu einem Glas Burgunder] ein Gorgonzolabrot bei Davy Byrne verspeisen".[1] Daß diese Wanderung, die man etwa als Blooms Weg vom Stadtzentrum über den Glasnevin-Friedhof, die Nationalbibliothek zum Ormond Hotel und Davy Byrnes Pub oder als den Weg Stephens vom Martello Tower und Sandymount nach Bad im „Forty Foot" in die Innenstadt machen kann, bei vielen Pubs vorbeiführen und der Feiernde keineswegs promillefrei ins Ziel kommen wird, ist ohnedies klar.

> In Dublin wird z. T. hinsichtlich der Maskierung großer Aufwand getrieben. Ich erinnere mich, vor einigen Jahren, als ich zufällig an einem 16. Juni nach Dublin kam, schon am Flughafen von einem „James Joyce" begrüßt worden zu sein, der einen metergroßen Papiermachékopf mit den verkniffenen Gesichtszügen und der dicken Brille des Autors auf hatte, während Molly Bloom im Nachthäubchen ein ganzes Bett einem Bauchladen gleich vor sich hertrug, um den Eindruck zu erwecken, sie liege darinnen und denke gerade den berühmten überhundertseitigen inneren Monolog ohne Satzzeichen.

Bloomsday, an dem sich viele Joyce-Fans in die schwarzen Gewänder der Jahrhundertwende kleiden, ist heute eine der größten touristischen Attraktionen Dublins. Bemerkenswerterweise wird das, was aus irischer Lokalsicht einigermaßen verständlich ist, nun im Sinne der Globalisierung auch weltweit gefeiert, und zwar, so darf vermutet werden, ohne daß die Feiernden den Roman „Ulysses" je begonnen oder gar zu Ende gelesen haben. Bloomsday ist also ein Fest der Intellektualität.

Der mythenschöpferische Joyce erfand in „Finnegan's Wake" noch eine Personifikation des Liffey, des kurzen, aber Dublin beherrschenden Flusses, bemerkenswerterweise als Frau *Anna Livia Plurabella* und ersann zur Flußgöttin der Stadt eine Art Mythos, der mit der *Finn*-Sage zusammenhängt. Tatsächlich wurde in Dublin ein wasserüberspültes Standbild dieser Göttin aufgestellt und in der Kulturhauptstadt Europas von Touristen fleißig aufgesucht, umrätselt und – jedenfalls fotografiert.[2]

---

1 S. Norris (1982); http://de.wikipedia.org/wiki/Bloomsday (30. 12. 2007). An der Adresse wird eigens darauf hingewiesen, daß es die bestimmte Zitronenseife auch heute noch in der betreffenden Apotheke zu kaufen gibt.
2 Dames (1992), 143f.; Birkhan (1999b), Abb. 787, Enchanted Ireland, 84.

Das alte Fest *Lugnasad* (nir. *Lughnasad*, angloir. *Lammas*, kymr. *Gwyl Awst*, bret. *gaoulaoust, goelaust*) am 1. August, lebte und lebt in neuerer Zeit verschiedentlich weiter.[1] In Wales als Jahrmarkt und Hirtenfest, in Irland und auf Man einerseits in Pilger- und Wallfahrten, andererseits in Märkten wie *Puck Fair Festival*.

Die Pilgerfahrt auf den Croagh Patrick (oder „The Reek"; ir. *Cruachán Aigle*) genannten Berg (765 m) in der Bucht von Westport (Co. Mayo) an „Garland Sunday" (dem letzten Sonntag im Juli) soll an das 40-tägige Fasten des Hl. Patrick und seine Überwindung des heidnischen Gottes *Crom Dubh* oder *Crom Cruach* (auch: *Cenn Cruach*; s. oben S. 523) erinnern.[2] Bei dieser Gelegenheit verbannte er auch die Schlangen, Maulwürfe, Kröten usw. und handelte mit Gott Bestimmungen über eine Sonderbehandlung der Iren beim Jüngsten Gericht, wo Patrick über deren Schicksal mitentscheiden wird, aus.[3] Die Pilgerfahrt ist eine etwa eineinhalbstündige, zuletzt steile und durch das Geröll kraftraubende Bergtour, an der jedes Jahr mehrere Zehntausend Pilger, davon einige barfuß, teilnehmen. Am zweiten Sonntag im August wurde auf Man traditionell der South Barrule genannte Berg (483 m) bestiegen und der oben befindliche Grabhügel – der Tradition nach die Wohnstätte des Meeresgottes *Manannán mac Lir* – besucht, wo man seinen Namen in einen der Steine ritzte, ein Brauch, der wohl von der Besteigung des Croagh Patrick nicht zu trennen ist,[4] ebensowenig wie die früheren Pilgerfahrten auf Mount Brandon (748 m; Co. Kerry) zu Ehren des Hl. Brendan.

---

[1] Ó Súilleabháin (1967), 68; Danaher (1972), 167–177; Le Roux – Guyonvarc'h (1997), 159 – 163. Brian Friel verfaßte ein Stück „Dancing at Lughnasa", das 1990 im Abbey Theatre uraufgeführt wurde, und, um 1936 angesiedelt, eine Art heiteres Familiendrama entwirft, dessen Protagonisten einerseits postpubertäre tanzlustige Töchter, andererseits deren Onkel, ein ehemaliger Missionar, sind, der die als Vorbild bewertete Unabhängigkeit einer afrikanischen Gesellschaft der prüden Kirchlichkeit Irlands gegenüberstellt; Griffin (1994), 79–82.

[2] O'Brien – Harbison (1996), 58f.; Birkhan (1999b), Abb. 329, 331. Enchanted Ireland, 106–115. Vgl. Hyde (1915), 1–11; Lautenbach (1991), 47. Hughes (1991). Eine Stimmungsschilderung bei Wagner (1963b), 105–108.

[3] Nach dem Muster der Frage von Hilaire J. P. Belloc „How odd of God to choose the Jews!" fragt Lehane (1968), 105, scherzhaft: „How did God fail to choose the Gael?" Zu den Zugeständnissen Gottes gehört, daß keine Ausländer in Irland wohnen sollen (auch nicht in dem EU-Staat?), daß Patrick jeden Donnerstag sieben und jeden Samstag zwölf Personen aus der Hölle erlösen darf, daß, wer immer Patricks *Lorica* an seinem Todestag singt, von der Hölle verschont bleibt, daß Patrick am Jüngsten Tag siebenmal so viele Iren als sich Wollhaare in seiner Casel befinden, aus der Hölle befreien darf, und daß er am Ende der Zeiten über die Iren zu Gericht sitzen wird! Stokes (1887), II, 477.

[4] Gill (1993), 2

Das *Puck Fair Festival* von Killorglin (Co. Kerry) findet am 12. August und an den folgenden drei Tagen statt und kreist, wie die Symbolik zu verraten scheint, noch immer um den Gedanken der „Heiligen Hochzeit" (mit einem Tier). Das hat schon Gerald B. Gardner gesehen, allerdings in etwas eigenwilliger Weise mit einem vermuteten irischen Hexenkult verbunden.[1] In malerischem Umzug wird ein möglichst starker und wilder Ziegenbock durch das Städtchen geführt, um dann auf dem Hauptplatz von einem 12-jährigen Mädchen, der *Lady of the Laune*, gekrönt zu werden. Der *Puck* präsidiert dann das Fest von einem Käfig aus, der sich in 17 m Höhe über der Straße befindet.[2] Die „Queen of Puck" spricht dabei, begleitet von einer Schar „Hofdamen" und „Ehrenjungfern", etwa:

> „I offer you for the next three days, the sincere welcome of the people and the freedom of the town of Killorglin, under the patronage of his Majesty, King Puck".

Daß es sich dabei um einen „business event" mit Pferde- und Rindermarkt handelt, räumen die Veranstalter durchaus ein, betonen aber dennoch das angeblich nicht bestimmbare Alter des Festes,[3] dessen Vorgänger Lugnasad ja auch schon mit einem Markt verbunden war und eine deutlich sexuelle Note hatte. Letztere manifestierte sich bis in die Mitte des 19. Jh.s auch darin, daß die Pilgerfahrt auf den Croagh Patrick nur Frauen gestattet war und Kinderlose in der Hoffnung auf Nachkommenschaft die Nacht auf dem Gipfel schliefen.

Zu *Lammas* wird unter diesem Namen auch in Castlebar (Co. Antrim in Ulster) ein Jahrmarkt abgehalten und ist dort mit dem Verzehr von speziell dafür gesammeltem Seetang (*dulse*) verbunden. Das *Lugnasad*-Brauchtum scheint sich nicht wie das von *Samhain* auch außerhalb Irlands verbreitet zu haben – mit einer gewichtigen Ausnahme.

---

1 Gardner (2004), 100.
2 Birkhan (1999b), Abb. 532; Enchanted Ireland, 170–173.
3 Mündliche Überlieferung verbindet das Fest mit der Zeit Cromwells oder gar noch mit dem Heidentum. In der jetzigen Form soll das Fest angeblich auf das Jahr 1808 zurückgehen. Es werden verschiedene Ursprungstraditionen genannt; http://www.puckfair.ie/origins.php (27. 12. 2007).

Den ganzen Sommer hindurch finden vielerorts in Schottland „Highland Games"[1] statt. Es wird vermutet, daß diese Spiele auf die Auswahl starker Männer zurückgehen, die dann die schottisch-königliche Garde bildeten. Auch die irischen Könige hatten solche „Kraftleute" um sich. Der Brauch wäre dann rund tausend Jahre alt. Da es zu *Lughnasad* üblich war, Dienstboten einzustellen, halte ich es für berechtigt, die Hochlandspiele als einen Rest des Lughnasad-Brauchtums anzusehen. Daß sie heute von Mai bis September hindurch an vielen Orten Schottlands[2] abgehalten werden, hat wohl vor allem touristische Gründe. In der heutigen Form und mit den jetzt üblichen Bewerben gehen die Spiele wohl erst in die Zeit um 1820 zurück und scheinen so ein Ergebnis der von Scott und anderen ausgelösten Highland-Romantik zu sein.

Abgesehen von den Dudelsack- und Trommelwettbewerben handelt es sich um athletische Übungen (*heavy events*), die im Allgemeinen aus Kugelstoßen (*putting the shot*), Hammerwerfen (*throwing the hammer*), Steinwurf (*throwing the weight*), Baumstammwerfen (*tossing the caber*)[3] und Seilziehen zweier Mannschaften (*tug o' war*) bestehen. Dazu können jederzeit weitere Wettbewerbe wie das „Haggis-Wett-Essen" in Birnam (Perthshire) oder Darbietungen schottischer Tänze kommen. Besonders angesehen sind die Spiele von Braemar (Aberdeen) in den ersten Septembertagen, die unter der Schirmherrschaft der gewöhnlich anwesenden englischen Königin stehen. Eine vielbesuchte Veranstaltung ist das im August abgehaltene „Cowal Highland Gathering" („Cowal Games") in Dunoon (Argyll), das gegen 3.500 Mitwirkende und zwischen 15.000 und 20.000 Zuschauer anzieht. Es wird freilich durch die Spiele an den Hängen des Grandfather Mountain in North Carolina, wo sich eine starke schottische Minderheit schon seit der Schlacht bei Culloden 1745 niedergelassen hat, in den Schatten gestellt. Die schottische Militärmütze mit Tartan, wie sie Colonel Alasdair Ranaldson MacDonell of Glengarry (1771–1828) eingeführt hatte, der Glengarry Hat, wurde sogar von den Irokesen um 1880 übernommen und statt des traditionellen Federschmucks ge-

---

1 http://en.wikipedia.org/wiki/Highland_games
2 Zusammengestellt in: http://www.albagames.co.uk/Highland_games2000.htm#COWAL (1. 1. 2008).
3 Cunliffe (2000), 201.

tragen. Am 19. August 1956 wurden in den USA die Highland Games von Donald MacDonald das erste Mal durchgeführt, nachdem schon verschiedene Clans und die Robert-Burns-Society solche Spiele angeregt hatten. Heute nehmen etwa 50.000 Menschen als Zuschauer an ihnen teil. Bei der Tartan-Parade sind die Tartans von etwa 120 Clans zu bewundern.[1]

> Auch die Highland-Games haben den Sprung in Gebiete geschafft, wo sie zwar von „Stämmigen", aber nicht unbedingt von „Keltisch-Stämmigen" ausgeübt werden, so nach Deutschland, Österreich, die Schweiz und sogar nach Gotland.[2] In Deutschland kann man ihnen derzeit in Xanten – in der Heimat Siegfrieds! –, in Kempen am Niederrhein, in der Stahlstadt Peine (Niedersachsen), in Halle/Saale und in Angelbachtal (im Kraichgau) beiwohnen, in Österreich bei den „Alpen Highland Games" auf der Burgruine Finkenstein bei Villach im August, an denen Männer und Frauen teilnehmen dürfen, solange sie nur Röcke (*Kittel*) tragen. Zu den Bewerben zählen: Seilziehen, agonales Biertrinken nach Zeit, Eier sich möglichst weit zuzuwerfen, ohne sie zu zerbrechen (*Eia wixn*), Baumstammwerfen und „Hügellaufen" (*Higl laafm*). Der Verband „Austrian Highlander-Cup" organisiert die Bewerbe in Wien, im niederösterreichischen Langenzersdorf, im burgenländischen Donnerskirchen, im steirischen Veitsch und oberösterreichischen Gramastetten. Aber es gibt auch in Nord- und Südtirol solche Veranstaltungen. Die Schweiz schießt insoferne den Vogel ab, als sie bei den Bewerben in Fehraltorf am Greifensee, wo auch Baumstammklettern, Balancieren, Hindernislauf und Streitaxtwerfen vorgeführt werden, lizenzierte schottische Kampfrichter zuzieht.[3]

Interessant ist die „Olympiade von Gotland" („Gutarnas olymp") auf der Wiese Stängmalmen von Stänga, die schon seit 1924 abgehalten werden. Neben Lauf, Hochsprung, Steinwerfen, Ringen und Baumstammwerfen (*stängstörtning*) gehört auch das Ballspiel *pärk* zu den Bewerben. Hier wäre zu fragen, ob nicht auch Reminiszenzen der Nibelungensage vorliegen – Brünhilt muß ja auch durch Weitsprung und Steinstoßen errungen

---

1 http://en.wikipedia.org/wiki/Grandfather_Mountain_Highland_Games (31. 12. 2007).
2 Dazu: http://de.wikipedia.org/wiki/Highland_Games (1. 1. 2008).
3 Dazu: www.highlanders.at/index.php?option=com_ content&task=view&id=48&Itemid=82; http://www.austrian-highlander.com/ ; http://www.highland-games.ch/Verein.html (1. 1. 2008).

werden –, d.h. mittelalterliche nordische Traditionen, auf die dann das Highlandertum aufgepfropft wurde.

b. Räumliche Fixpunkte und die Kelten in der Landschaft

Hier äußert sich die Keltenfaszination in eher sachbezogener und nicht primär keltenideologischer oder esoterischer EventKultur.[1] Neben Spontaninteresse gilt für das Geheimnis des großen Zulaufes bei solchen Events, daß uns das Erlebnis des Fremden nicht selten die Augen für das Eigene öffnet. Wer etwa Irland oder andere keltische Länder bereist hat, wird auch für die Frage nach der keltischen Vorbevölkerung in der eigenen Heimat offen sein. Da bei den Kelten das „Geheimnisvolle" immer mitschwingt, ist zu erwarten, daß auch das Interesse vorwiegend der keltischen Religion – und nicht etwa der politischen Geschichte der Kelten – gilt. So orientieren sich die Ausstellungen und Feste zeitlich am sakralen keltischen Festkalender, obwohl dessen Gültigkeit für die Festlandkelten nicht über jeden Zweifel erhaben ist. Aus touristischen Gründen und wetterbedingt treten dabei *Imbolc* und *Samhain* zurück, bzw. werden so verlegt, daß sie in eine Wetterperiode fallen, die „Outdoor activities" zuläßt. Aus den gleichen Gründen wird entgegen den eigentlichen keltischen Traditionen[2] die Sommersonnwende zu einem beliebten Festtermin. So etwa auch in Stonehenge.

Die Organisation liegt, soweit sie nicht von Museen getragen ist (wie etwa im Museum of Welsh Life, St Fagans/Cardiff), in der Hand von Vereinen, die sich manchmal nach alten Stämmen oder auch keltischen Gottheiten benennen. Eine wichtige organisatorische Gruppe heißt *Pax Celtica*[3] mit dem Emblem des Silberringes von Trichtingen. Im Rahmen

---

1 Vgl. Krause (2007), 228–232.
2 Das gilt nur *cum grano salis*, denn da und dort fanden und finden sich doch vereinzelt Mittsommerfeste mit Sonnwendfeuern, sogar in so traditionellen Gebieten wie auf den Araninseln; Synge The Aran Islands, 56; Danaher (1972), 134–153. Die Bräuche stimmen hier sehr genau zu germanischen, was im Hinblick auf die Seltenheit der keltischen doch vielleicht auf Beeinflussung durch die Engländer deutet; vgl. Wilde (1852), 20–22.
3 http://www.pax-celtica.com/

dieser Organisation feierten 2002 die *Ambiani* (aus der Gegend von Amiens) in Grand-Laviers bei Abbeville in der Picardie, 2003 die Gruppe *Taranis* (nach dem Donnergott) in Reinheim, 2004 die Gruppe *Carnyx* (nach der gallischen Kriegstrompete) in Rottenburg am Neckar, 2005 der Verband *Les Leuki* in Nancy usw.

Die allermeisten der Keltenfeste im deutschsprachigen Raum sind mit der Archäologie verbunden und finden entweder an bedeutenderen Ausgrabungsstätten, an Museen oder Orten rekonstruierter Keltensiedlungen statt. So in Österreich in Freilichtmuseen wie Asparn an der Zaya, wo nach den spektakulären Funden eines Heiligtums auf dem Sandberg bei Roseldorf (Weinviertel, NÖ)[1] der mutmaßliche Tempel unter Zuhilfenahme der pikardischen Opferplätze, der Cernunnos-Abbildung auf dem Gundestrupkessel und den gegenständigen „steigenden" Böcken von Fellbach-Schmieden (Stuttgart) ein Heiligtum rekonstruiert wurde.[2] Die Burganlagen auf dem Braunsberg bei Hainburg an der Donau und von Schwarzenbach[3] in der Buckligen Welt, wo auch Keltenfeste stattfinden (beide Niederösterreich), bezeichnet jeweils ein Stück rekonstruierter Pfostenschlitzmauer samt Wachturm. Besonderes Interesse finden natürlich spektakuläre Fundorte der Hallstatt- und Latènezeit wie Mitterkirchen (Oberösterreich) und natürlich Hallein (Salzburg) und Hallstatt (Oberösterreich) selbst.

Aus Deutschland erwähne ich noch (notgedrungen und wegen der Fülle an Orten recht unvollständig): Ringelai (*Gabreta*; Niederbayern); Seebruck (*Bedaium*) am Chiemsee; Münzenberg im Taunus, wo ein „Stamm" namens *Teutates* die Traditionen des keltisch-germanischen Kulturkontaktes pflegt;[4] das „Keltenbad" Bad Salzungen im Thüringer Wald, wo allerdings auch ein Kobold mit dem wenig keltischen Namen *Pummpälz* sein Unwesen treibt; Hochdorf westlich von Stuttgart mit einem der berühmtesten Frühkeltengräber (und Museum); den „Römerpark Aldenho-

---

1 Holzer (2008).
2 Lauermann (2008).
3 Birkhan (1999b), Abb. 79f., 533.
4 Dort befindet sich auch der „Orden vom Steinberg. keltisch-germanische Religionsgemeinschaft e.V.i.G. Order of Clochsliaph" [sic!]; http://www.clochsliaph.de/forum/album_allpics.php (2.1. 2008); s.u. S. 790.

ven" bei Jülich (*Iuliacum*); das Museum und Gräberfeld von *Belginum* bei Wederath im Hunsrück mit der nahegelegenen Keltensiedlung „Altburg" bei Bundenbach; Oerlinghausen bei Bielefeld (mit stark „germanischem Angebot"); Nagold im Schwarzwald mit dem hallstattzeitlichen Großgrab „Krautbühl" und einem alljährlichen Keltenfest, das auch „Schwäbische Highland Games" bereichern; das hessische Biebertal/Dünsberg mit Keltengehöft am Krummbacher Kreuz an einem „Keltenwanderweg" gelegen; Bad Buchau am schwäbischen Federsee; den Kulturpark Bliesbruck – Reinheim, der staatenübergreifend das Departement Moselle mit dem Saarland verbindet; Otzenhausen in der Eifel mit reichen Aktivitäten um den guterhaltenen Ringwall;[1] Neuenbürg bei Pforzheim; Landersdorf im Altmühltal; Landau an der Isar mit keltischem Bierfest; dazu praktisch alle wichtigen Fundorte wie Heuneburg, Waldalgesheim, Glauberg usw.[2]

In Frankreich stellt sich der „Archéodrome" bei Beaune dazu, in Nordirland ist es der „Ulster History Park", in England die „Butser Ancient Farm" in Hampshire und in der Slowakei Liptovská Mara.

Bei diesen Kelten-Events bekommt man z. T. auch Einblicke in die altkeltische Lebenswelt der materiellen Kultur. Neben der geheimnisvollen religiösen Seite der Kelten ist nämlich auch die der Alltagskultur besonders anziehend, was freilich auch für andere Zeiten, wie etwa das Mittelalter, gilt. Auch hier wird man sich heute nicht mehr mit Schnitzaltären, „schönen Madonnen" und Tapisserien zufrieden geben. Der Beschauer will die Ritterrüstung nicht nur sehen, sondern womöglich auch anprobieren. Er möchte mittelalterliche Musik, die mittelalterliche Kochkunst und womöglich auch den Badebetrieb miterleben. Nicht anders ist es bei den Kelten-Events.

Gewöhnlich werden diese unter der Illusion der „Zeitreise" gestaltet, die Teilnehmer sind „keltisch verkleidet" (gewöhnlich in karierten Stoffen), z.T. an den „Astérix" angelehnt, die Musikgattung „Celtic-Folk" feiert Triumphe. Der Altertumskundler wird natürlich vieles anstößig

---

1 Birkhan (1999b), Abb. 71
2 Eine sehr nützliche Zusammenstellung der meisten einschlägigen Örtlichkeiten und Veranstaltungen findet man in: http://www.hassiaceltica.de/eventsalt.htm; http://www.blinde-kuh.de/kelten/museen.html (2. 1. 2008).

finden, aber doch die Bemühung um museale Vermittlung, vor allem auch an Kinder und Jugendliche, würdigen. Bei dieser Gelegenheit kann man meist auch die Versuche der Wiederbelebung des alten Handwerks beobachten: Fibeln und Spinnwirtelgewichte aus Ton werden hergestellt, manchmal mit den anzüglichen gallischen Inschriften, die wir von Funden kennen; mittels eines alten Feuerzeuges wird aus einem Flint ein Funken geschlagen und mit selbst aufbereitetem Zunder vom Zunderschwamm zur Flamme gebracht; mit der Handmühle vermahlener Dinkel wird zu Brot verbacken, mit Waid und Krapp gefärbte Wolle verkauft. Kurzum, die experimentelle Archäologie kommt zu ihrem Recht. Aus den versteinerten Exkrementen der Hallstätter Bergleute konnten die Archäologen ein Hauptgericht der keltischen Knappen rekonstruieren: Es entspricht recht genau dem rezenten als *Ritscher*(t) bezeichneten Eintopf der Alpengegenden und kann da und dort bei Kelten-Events verkostet werden.[1] Ansonsten sind die Speisen meist Hausmannskost (ähnlich wie bei Mittelalterfesten mit ihren „Raubritteressen" usw.) und heißen dann vielleicht „Obelix-Schnitzel", aber nicht etwa inselkeltisch. An den keltischen Sprachen besteht gewöhnlich kein merkliches Interesse. (Wie wären diese auch zu verkaufen?) Natürlich kann eine solche Ausstellungs- und Eventkultur durchaus einige Seiten der materiellen Kultur vermitteln.[2]

Etwas anders liegen die Dinge bei den französischsprachigen Keltenfesten in Luxemburg, der Schweiz und Frankreich, denn hier kann man auf die Bretagne zurückgreifen, in der „Kelten" mit bretonischer und französischer Muttersprache leben.

---

[1] Das Gericht besteht aus Saubohnen (auch „Pferdebohnen" oder „Puffbohnen" genannt), Rollgerste, Hirse und „Klachelfleisch" (das ist Schaf- oder Schweinefleisch vom Kopf oder von den Füßen). Alles zusammen weichgekocht, wurde es sicher mit Salz, vielleicht auch Apfelessig, wildem Thymian und Kümmel, gewürzt. In der neuzeitlichen „Museumsvariante" wird das Fleisch durch besseres ersetzt und aus Unkenntnis oft auch die Saubohne (*Vicia faba*) durch die uns geläufigere aus der neuen Welt stammende Bohne (*Phaseolus*).

[2] Im Freilichtmuseum von St. Fagans bei Cardiff konnte ich den Versuch erleben, das (jugendliche) Publikum auch in die nicht-materielle Lebenswelt der Kelten einzuführen: In einem Rundhaus saß ein „alter Kelte" an einem Feuer und gab den Fragenden eigentlich über alle Aspekte des keltischen Lebens (die Ausbildung der Druiden, die Gliederung des Stammes, die Stellung der Frauen, den Sinn der Kopfjagd usw.) bereitwillig Auskunft.

Eine Gruppe, die sich *Dasson Breizh* 'Echos der Bretagne' nennt, veranstaltet auf dem „Grund" in der Stadt Luxemburg ein Keltenfest, das bretonisch dominiert ist. Unter anderem gibt es hier die Möglichkeit, bretonische Tänze, die Herstellung von Crêpes und auch die Sprache zu lernen. Freilich werden die anderen Inselkelten nicht vergessen, und so hieß es in der Ankündigung vom 9. Juni 2007:

> Le Festival Celtique Luxembourg 2007 célèbre les Traditions et les Spécialités Celtiques de Bretagne, d'Irlande, d'Ecosse et du Pays de Galles … Les cultures celtiques sont combinées sous la forme de musique, de chant et de danse, de gastronomie, d'artisanat, de tourisme et de vente de produits régionaux.
>
> Ouvert à un large public de toutes nationalités et de tous âges, ce festival réunit les associations culturelles des quatre régions celtiques du Grand-Duché en un seul et même lieu. Cette fête d'un jour prend place au milieu des villages de tentes, sur les terrasses des pubs et des cafés locaux, spécialement rebaptisés Celticafés pour l'occasion, dans un esprit de bonne humeur et de fête populaire.[1]

Wie nicht anders zu erwarten, ist hier *Astérix* ganz besonders präsent: So gibt es einen „Tournoi Gaulois" und eine Gruppe „Astérix, Obelix et Falbala". Daneben erklingen die Töne der „Luxembourg Pipe Band", aber auch schottische und irische Gruppen. So eindrucksvoll dieses Fest 2007 gewesen sein mag, im Gegensatz zu deutschsprachigen Festen fällt auf, daß die archäologische Seite überhaupt nicht in Erscheinung tritt, erstaunlich, wenn man die reichen treverischen Funde des Großfürstentums bedenkt.

Im schweizerischen Corbeyrier (Kanton Waadt) gibt es das Fest „Danse avec le Loup" (nach dem berühmten Film mit Kevin Costner), das von einer „Confrérie du Loup" organisiert wird, und zum Sonnenuntergang in 900 m Seehöhe bretonische Musik mit irischer und „des émanations de rock celtique" vereint.[2] Am stärksten auf das alte Galliertum bezogen scheint mir „le festival celtique du Mont Vully" (Fribourg), wo eine Grup-

---

[1] http://www.nightlife-mag.lu/article.php3?id_article=1226&id_mot=1Festival Celtique Luxembourg 2007, par Dasson Breizh (3. 1. 2008)

[2] http://www.festival-corbeyrier.ch/ (3. 1. 2008)

pe „Pro Vistaliaco" sich um gallische Schaukämpfe sowie um Authentizität von Handwerk und Speisen bemüht.[1]

Natürlich hat auch Frankreich seine Keltenfeste, in der Bretagne, in der Normandie und – anscheinend das größte – in der Picardie. Es ist das im Stadion abgehaltene, vier Tage währende „Festival celtique de Grandvilliers" (Dep. Oise), das neben einem irischen Film nun wirklich ein Non-plus-ultra an Musik aufbietet und auch „Musique Traditionelle de Galice" zu Gehör bringt. Damit wird es auch dem keltischen Erbe der spanischen Provinz *Galicia* (*Galizia*) und dem dort gesprochenen, dem Portugiesischen nahestehenden Galegischen gerecht, dem vor allem in separatistischen Kreisen ein stärkerer keltischer Anteil als dem Kastilianisch-Spanischen zugeschrieben wird (s. oben S. 402). Natürlich werden auch wieder Kurse in bretonischem Tanz abgehalten. Soweit ich sehe, tritt das Interesse am materiellen keltischen Erbe der Archäologie gleichfalls völlig zurück.[2] Und das gilt ebenso für die Feste in der Bretagne, in der Charente maritime und in der Normandie.

Auch in Kanada gibt es natürlich Keltenfeste, teils über die französische Schiene und die Bretagne, teils über die sehr aktiven nordamerikanischen Gruppen mit schottischem Hintergrund vermittelt. Das gilt z.B. für das „Festival celtique de Quebec", das „Festival celtique de Vancouver", „les festivals celtiques du Cap-Breton" und auch für das Keltenfest von Montreal, dessen Musik die Kritik als „du jazz cubain aux accents celtiques" und „un ceilidh havanais torride au rythme [sic!] endiablé" bezeichnete.[3]

Neben all diesen Veranstaltungen gibt es die sog. „Pan-Celtic musical encounters".[4] In Irland in Tralee, Downpatrick und Ballyshannon; in Schottland in Glasgow, Stornoway in den Äußeren Hebriden und Balloch am Loch Lomond; auf der Isle of Man in Ramsey; in Wales in Pontarda-

---

1 http://www.provistiliaco.ch/ (3. 1. 2008).
2 http://www.linternaute.com/agenda/evenement/53617/3eme-festival-celtique-de-grandvilliers-oise/; http://www.sites-francophones.com/default.asp?q=festival+celtique; http://festivalceltique-picardie.com (3. 1. 2008)
3 http://www.festivalceltique.morrin.org/fr/accueil.php;http://www.celticfestvancouver.com/; http://www.montrealcelticfestival.com/francais/wn.html (3. 1. 2008)
4 http://www.celtia.info/web/festivals.html (3. 1. 2008)

we; in Cornwall in Truro und Penzance, wo auch immer wieder Versuche zur Wiederbelebung des Kornischen unternommen werden; besonders berühmt sind in der Bretagne in Lorient das „Interceltique"[1] und in Quimper das „Festival de Cornouaille".[2] Dazu kommen noch Festivals in Galicia in Ortigueira, Moaña und Zas. Wie der Name schon sagt, sind das primär musikalische Veranstaltungen, die ein pan-keltisches Lebensgefühl erwecken sollen. Erstaunlich scheint dabei die geringe Beteiligung von Wales mit durchaus lebendiger keltischer Landessprache gegenüber Galicia, wo das Keltische schon im Altertum erloschen ist. Es ist, als ob z.B. Baden-Württemberg, wo das Keltische etwa zur gleichen Zeit wie in Galicia untergegangen sein wird, sich auch unter die „pankeltischen Veranstalter" mischen wollte.

Daß das Interesse in Wales unterrepräsentiert scheint, hat m. E. den Grund, daß die scheinbar mangelnde keltische Selbstbesinnung dort durch die jährlich in der ersten Augustwoche – also gewissermaßen zu *Lughnasad* – stattfindenden *Eisteddfodau* durchaus abgegolten ist. Daneben gibt es ja noch eine „*Eisteddfod* für die Jugend" und eine Internationale *Eisteddfod* in Llangollen im Juli. Die 'Sitzung', deren Wiedereinführung und Institutionalisierung wir als maßgebliches Symptom des walisischen Selbstbewußtseins kennen (s. unten S. 781, 783ff.), ist aber nun überhaupt nicht mit den übrigen Keltenfestivals vergleichbar, weil sie durch die strikte walisische Einsprachigkeit[3] schon bei Information und Anmeldung ja alle Nicht-Waliser faktisch ausschließt. Die Bewerbe (darunter in Musik, Blechmusik, Tanz, Drama und Film, Bildender Kunst, Rezitationskunst und Literatur) sollen eine Leistungsschau des walisischen Geisteslebens insgesamt bieten, sind daher nicht eigentlich ein Zeugnis der Keltenrezeption, wie sie dieses Buch nachzeichnet, müssen daher hier auch nicht weiter dargestellt werden. Das gilt natürlich auch für die *Eisteddfodau*, die regelmäßig in den kymrischen Sprachkolonien in der

---

[1] http://www.festival-interceltique.com/ (29. 6. 2008)
[2] http://www.lastfm.de/event/542940?setlang=de (29. 6. 2008)
[3] http://www.eisteddfod.org.uk/cymraeg/content.php?nID=99 (4. 1. 2008). Wie weit die z.B. von Synge The Aran Islands, 77f. erwähnt *Feis* als „Sprachfest" mit einem *Eisteddfod* vergleichbar war, kann ich nicht beurteilen. Es war wohl von der „Gaelic League" organisiert.

Provinz Chubut in Patagonien stattfinden und von denen man sich eine weitere Stärkung des Walisischen erhofft.[1]

Eine fitnessorientierte Gesellschaft wird natürlich dazu neigen, zwischen den einzelnen Hügelfestungen „Keltenerlebniswege" anzulegen, so etwa zwischen Thüringerwald und Rhön. Da notiert eine Keltenwanderin:[2]

> „... jetzt, aus der Ferne, zeigt sich der unverwechselbare Dolmar: ein einzelner Berg, 740 Meter hoch, erhebt sich aus der Ebene zwischen den Höhenzügen des Thüringer Waldes und der Rhön. ... Er ist ein sagenumwobener Berg, der vielen Menschen der Region geradezu heilig ist. Bedeutsam war der Dolmar aber vor allem in prähistorischen Zeiten. Er war ein Kultplatz. Nachweislich siedelten hier zwischen 700 v. Chr. und der Zeitenwende die Kelten. Abendstimmung auf dem Kleinen Gleichberg. ... Deutsche Lande zu unseren Füßen, als wären sie zeitlos. Mittelgebirge. Wir sind noch in Thüringen. Anschließend wollen wir durch die fränkischen Haßberge, dann den Main überqueren und schließlich durch den Steigerwald bis nach Bad Windsheim wandern. Eine Strecke von über 200 Kilometern. Dabei folgen wir der Markierung 'Keltenerlebnisweg'. Wir wandern von Berg zu Berg. Davon gibt es auf dieser Route eine Menge."

Im Feuilleton gestaltet sich Geschichte und Kultur aus der ergangenen Landschaft:

> „Zur Keltenfestung des Kleinen Gleichbergs sind wir über Steinfelder und Geröllwälle hochgestiegen. In Vorzeiten waren es befestigte Mauern, die sich in Ringen um den Berg zogen. Hier soll ein Fürstensitz gewesen sein ... Direkt gegenüber, nach Süden hin, liegt der Große Gleichberg. Auch ein ehemaliger Keltensitz ... Viele der Keltenschätze, die man hier mit Recht unter der Erde vermutet hat, sind im Museum ausgestellt. Besonders reizvolle Hinterlassenschaften der Kelten sind ihre Bronzefibeln ... Sie sind oft virtuos geformt, verkörpern Fabeltiere, Mischwesen aus Tier und Mensch, Masken oder stellen Vogelköpfe dar, bilden eine sehr eigenwillige künstlerische Form, die Spekulationen über Kultur und Religion der immer noch rätselhaften Kelten nährt."

---

1 s. z. B. http://www.eisteddfod.org.uk/english/content.php?nID=3&newsID=22 (29. 6. 2008).
2 Christel Burghoff, in: http://www.taz.de/index.php?id=archivseite&dig=2003/09/06/a0207 (2. 1. 2008)

Damit ist nun das Keltenklischee Nr. 6 der „Rätselhaftigkeit" erreicht. „Bei aller Keltomanie – niemand weiß Genaues. Seit der Romantik bricht immer mal wieder das Keltenfieber aus. Artus-Sagen machen seither die Runde, sehr populär wurden auch die Asterix-Comics. ... Ziemlich sicher ist, dass die Kelten mindestens tausend Jahre lang Zentraleuropa besiedelten und bestimmten. Bis sie Germanen aus dem Norden und Römer aus dem Süden zur Zeitenwende mehr oder weniger verschwinden ließen. ... Man bezeichnet die Kelten heutzutage gern als die ersten Europäer. Der Dolmar in Thüringen könnte ihr nordöstlicher Außenposten gewesen sein."

Damit sind die Kelten nicht nur zeitlich verortet, sondern auch aktualisiert. Als Ur-Europäer sind sie auch die Vorfahren der EU vor der Osterweiterung.

„Ein Wanderprogramm, das in gewisser Weise auch erdet. Irgendwann stellt sich nämlich das Gefühl ein, dass alle Wege schon seit eh und je begangen wurden, selbst die abgelegensten."

Natürlich wird auf dem Weg von Thüringen nach Franken auch die „Wende" nacherlebt. Die Schilderung solcher Wege in der Landschaft und die dabei gemachte Raum- und Geschichtserfahrung erinnern den Keltologen geradezu an die altirische „Geschichte der Ortsnamen" (*Dindshenchas*), wo allerdings nicht nur die Orte selbst, sondern auch ihre Namen Garanten historischer Wahrheit sind. Gelehrte Antiquare wie Sir William Wilde haben die Landschaft konsequent mit den Sagen verbunden und jene als die Garantie für die Richtigkeit dieser angesehen, so etwa die Landschaft am Loch Corrib als Schauplatz der vorgeschichtlichen Schlacht von Moytura im *Lebor Gabála*.[1] Richtigkeit dieser angesehen, so etwa die Landschaft am Loch Corrib als Schauplatz der vorgeschichtlichen Schlacht von Moytura im *Lebor Gabála*.[2] Auch heute noch üben die Keltenländer ihren verführerischen Zauber aus, wie man dem reichen Sortiment

---

1 Wilde (1867).
2 Wilde (1867).

an Reisehandbüchern entnehmen kann. Der Kuriosität halber erwähne ich nur „Die magischen Stätten der Frauen", ein Führer, der – er wendet sich ausschließlich an Frauen! – die matriarchal interessanten Gebiete – und damit auch die keltischen – für Emanzipationistinnen erschließt. Zu den jeweiligen Orten gibt es auch spezifische Sagen, die Martina Schäfer im Sinne der fiktionalen Didaktik großteils erfunden hat. Besonders hübsch ist die in der Ichform vorgetragene modernisierte Erzählung von der Osterfeier St. Brandans auf dem *Jasconius*, die fast zu einer Katastrophe geworden wäre, sowie die Schnurren vom „Gott" *Lugnasad*, welcher der „Heros" und Jahreszeitengott im feministischen Credo sein soll.[1]

Die Historisierung der Landschaft auf den kontinentalen Wanderwegen, ihre Aufladung mit Gewesenem, erreicht zwar nicht jene Irlands (oder gar Islands), weil die individuelle Betroffenheit durch Clannamen (s. oben S. 503) fehlt. Immerhin – auch der Gedanke, an der gleichen Stelle sich in einer Wellness-Anstalt zu verwöhnen, wo einst keltische Salinenarbeiter schufteten, fasziniert die Keltenwanderer.

Auch der Weg durch den Naturpark Steigerwald berührt immer wieder den „Keltenweg", allerdings ohne spektakuläre Ausgrabungsstätten zu erreichen.[2]

Viel intensiver ist das „Keltenerlebnis" auf dem (kürzeren) „Sirona-Weg", der das Naheland mit dem Hunsrück verbindet, indem er an der Altburg in Bundenbach beginnt und an der Altburg bei Hoppstädten-Weiersbach endet. Der Weg führt die Wanderer über „Hügelgräber, Höhenburgen, ein rekonstruiertes Keltendorf sowie Museen".[3] Die Objekte liegen etwas näher beisammen, vermitteln aber dasselbe Keltenerlebnis. Der Name der Göttin *Sirona* erinnert an die starke Verehrung dieser Heilgottheit im treverischen Raum. Ein weiterer sehr „intensiver" Keltenweg hinsichtlich der Dichte der besuchten Fundorte berührt in

---

1   Schäfer (2000), 282 - 284, 298f. Die riesenhaften und dämonischen *Fomóire* der irischen Mythologie hält Schäfer für eine Art Heinzelleute (292f.) und die Bedeutung der *Maeva* als Souveränitätsgöttin *Medb* wird krass verkannt (287f.), was gerade bei einer feministischen Autorin besonders schwer wiegt.
2   http://www.naturparke.de/park_aktivitaeten.php?nid=16 (2. 1. 2008)
3   http://de.wikipedia.org/wiki/Sirona-Weg (2. 1. 2008)

Schwaben die Punkte Hochdorf – Hirschlanden – Hohenasperg – Kleinaspergle.[1]

Auch in Österreich gibt es „Keltenwege", so z.B. am Attersee,[2] während der „chemin des Celtes" in Vercorin im Wallis nur zu den berühmten heiligen Bäumen der Kelten (s. oben S. 586ff.) führt.[3] Aber ein „Keltenweg" ist schnell geschaffen. Da es in Österreich kaum Megalithen gibt, werden unter der „Faszination des Großen Steines" auffällige erratische Blöcke und Findlinge aus der Eiszeit, überhaupt auffällige Felsen, fast zwanghaft mit Kelten verbunden. So gelten viele Steine im niederösterreichischen Waldviertel als druidische Kraftsteine, z.B. an der Ysperklamm.[4] Die „Kogelsteine" und die „Feeenhaube" mit ihrer interessanten Steppenflora bei Eggenburg (Niederösterreich) werden ebenso für die Kelten vereinnahmt wie von den Ufologen als Landeplätze für Extraterrestrische (Ein kleiner Schritt nur, und man verbindet beides, indem man etwa den Druiden elektromagnetische Kräfte und Wahrnehmungsorgane bescheinigt, und man stünde wieder auf der Position des unseligen Jörg Lanz von Liebenfels; s. oben S. 579).[5] Natürlich gibt es auch im Kalk des südlichen Wienerwaldes „Druidensteine" und „Opferplätze" und den Namen des Mödlinger „Kalenderberges" nach dessen Keramikfunden die osthallstattzeitliche „Kalenderbergkultur" benannt ist, „erklärt" ein heimatverbundener Autor aus einer – freilich erfundenen – „keltischen" Wortwurzel †kal-, die 'Mutterschoß' bedeutet haben soll:[6] Der Kalenderberg bei Mödling mit seinen Felsabbrüchen auf der Südseite als Bauch einer Mutter! So absurd, wie es scheint ist der Gedanke zunächst nicht, denn bereits Cormac weist in seinem Glossar des 9. Jh.s darauf hin, daß zwei Erhebungen mit Tumuli bei Cloonken ca. 11 km südöstlich von Killarney als die Brüste der Muttergöttin *Anu* galten und daher *Dá chích Annaine* 'The Paps of Anu' hießen.[7] Die Landschaft als Körperteile einer daliegenden Muttergottheit zu interpre-

---

1 http://www.moeglingen.de/data/keltenweg.php (2. 1. 2008)
2 http://www.hotel-irmgard.at/attersee/der-keltenbaumweg-in-st-georgen-im-attergau (2. 1. 2008)
3 http://www.myswitzerland.com/fr/infra.cfm/rkey/814 (2. 1. 2008)
4 Birkhan (1999b), Abb. 762.
5 Magin (1996), 75f.
6 Steiner (2006), 114; vgl. auch 27–31.
7 Zwicker (1934–1936), 246; vgl. Birkhan (1999a), 546, m. Anm. 7; abgebildet Birkhan (1999b), Abb. 357.

tieren kann verlockend sein: zwei ähnlich große Hügel wie die Gleichenberge werden dann zu Brüsten, ein möglichst gerundeter Berggupf zum Bauch der schwangeren Muttergöttin.[1] Nur in wenigen Fällen wird eine solche Deutung durch alte Ortsnamen unterstützt, gewöhnlich bleibt sie wie beim Kalenderberg reines Hirngespinst.

Nicht zu verwechseln mit diesen pseudowissenschaftlichen Behauptungen sind die soliden archäologischen Angaben zu Wanderungen, wie sie etwa Otto H. Urban und Thomas F. Klein vorschlagen[2] oder das Verzeichnis keltischer Fundorte in Deutschland von Jörg Biel.[3] Auch Urban und Klein führen zum Kalenderberg, dem *kahlen Berg*, und zu vielen anderen Fundstellen, bleiben aber immer auf dem Boden des Nachweisbaren.

Der Keltenbezug innerhalb der (heimatlichen) Landschaft und der uns umgebenden Lebenswelt kann sinnstiftend sein. Er führt uns in die eigene Vergangenheit zurück und regt an, wieder so zu handeln, wie wir es den Vorfahren zuschreiben, also vor allem alternativ-ökologisch, weil doch die Kelten angeblich so ganz im Einklang mit der Natur lebten (Topos Nr. 2; s. oben S. 31).

Der Aktionist Joseph Beuys hatte belangreiche Anregungen aus Volks- und Heimatkunde bezogen, wobei er nicht scharf zwischen Kelten und Germanen trennte, was natürlich im Rheinland durchaus verständlich ist.

> So sprach er von der Eiche als Versammlungsplatz, der „Erde als Platz einer geistigen Kultur für den Priester, für den Druiden oder für denjenigen, der für die Spiritualität verantwortlich ist. So war es ja in unserem Lebensraum, wo Germanen und Kelten gelebt haben, nie ein urbanes Gebilde, sondern immer dieser Naturgegenstand. Spiritualität fand statt in Wäldern an bedeutenden Naturstellen, ebenda, wo eine wichtige große Eiche war im Zusammenhang vielleicht mit einem gutgearteten Felsen. In diesem Bereich haben die Germanen ihre Kultstätte gehabt, ebenso die Kelten."[4]

---

1 Beispiele bei dem „Landschaftsmythologen" Derungs (2000).
2 Urban (1989), 182f.; Klein (2004).
3 Rieckhoff – Biel (2001), 278–502.
4 Fritz (2002), 86, 153, Anm. 629. (in Gänze zugänglich in: http://deposit.ddb.de/cgi-bin/dokserv?idn=-971580715&dok_var=d1&dok_ext=pdf&filename=971580715.pdf) (8. 1. 2007).

Keltenheiligtümer sind leicht daherphantasiert:[1] Man nehme einen katholischen Wallfahrtsort, wo sich oft ein bemerkenswerter Stein, ein Baum und ein Brunnen befand oder befindet, und behaupte, das sei ein ehemals keltisches Heiligtum, das nun leider christianisiert sei.[2] Den Vorkelten, Römern, Germanen und Slawen wird die Möglichkeit, gleichfalls solche Heiligtümer geschaffen zu haben, abgesprochen, die Existenz der beiden letzteren Gruppen (in irrationalem Widerspruch zur spontanen Selbstzuordnung der Österreicher; s. oben S. 31) überhaupt möglichst negiert, obwohl dann die Frage offen bleibt, warum wir eine germanische und keine keltische Sprache reden. Die durchaus zu bejahende Lokalforschung und Heimatkunde ist daran zu erkennen, daß sie solche Möglichkeiten nicht ausschließt.[3] Kurios ist jedoch bei der keltomanischen, daß wirkliche oder mögliche Kultplätze wie die bei den Felszeichnungen in der „Höll" (Wurzeralm) und in der Kienbachklamm (beide Oberösterreich), der des *Mars Latobius* auf der Koralpe (Kärnten), der Kultplatz in „Noreia" (richtiger: St. Margareten am Silberberg; Steiermark) oder das „Quellheiligtum" von Kleinmariazell (Niederösterreich)[4] den Autoren offenbar unbekannt blieben. Oder werden sie nur nicht erwähnt, weil sie nicht „matriarchal" genug sind? Wie in solchen Textsorten argumentiert wird, mag folgendes Beispiel zeigen:

---

1   Jetzt Penz (2008) mit Hinweis auf die Mystik der Schalensteine, des „Tafelsteines" von Maria Taferl (Bezirk Melk, NÖ), der „heidnischen Opferstätte" von Loiwein (Bezirk Krems, NÖ) und der Stufenpyramide („Kraftarena") von Groß Gerungs, die zum nahegelegenen Schloß Rosenau gehören dürfte. Was die letztgenannte Anlage betrifft, so könnte man sie auch als Thingstätte verstehen, die der germanomane Georg Ritter von Schönerer, Besitzer des Schlosses und Errichter eines Bismarckturmes sowie eines Bismarckrunensteines, angelegt haben könnte. Die konzentrischen Kreise der Anlage erinnern an nordische Thingstätten und haben heute noch in Tynwald, dem Sitz des Parlaments der Isle of Man, ihre Entsprechung.
2   So schon Sills-Fuchs, 167 mit Bezug auf Maria Taferl über der Donau, wo es auch einen heiligen Baum mit christlicher Votivtafel gab, zu dem seit etwa 1600 Wallfahrten bezeugt sind. Unterwegs stärkte man sich auf einem tischähnlichen Felsen. Dieser wurde dann um 1800 zur Erinnerung an diese Wallfahrten in, später vor der Kirche von Maria Taferl aufgestellt und ist heute Kultstein und Kraftort der Esoteriker; vgl. Penz (2008).
    Daß die Kelten Bäume und Baumgottheiten verehrten, ist natürlich unbestritten. Freilich sind Bäume schlechter nachweisbar als Steine und Quellen. Wenn unter den keltischen Gottheiten in Noricum keine Baumgottheiten belegt sind, so wird das wohl auf Zufall beruhen; De Bernardo Stempel (2005), 18.
3   Z. B. Milfait (1990).
4   http://www.kleinmariazell.at/new/content/site/kirche/article/12.html (16. 7. 2008). Mir selbst scheint es jedoch trotz der Behauptung des Wiener Kardinals Schönborn fraglich, ob die Funde von Quelle und Wurzelstock wirklich in die Keltenzeit zurückreichen.

„Im Stiftsort Heiligenkreuz ... beenden wir schließlich unsere Tour durch Niederösterreichs Heilige Orte an einer wichtigen Straßenstation (Zelle) [?] auf dem prähistorischen Wallfahrtsweg von der Metropole an der Donau zum Urmutter-Kultplatz nach Maria Zell. Trotz – oder gerade wegen – des späten Gründungsdatums des christlichen Klosters (1133) in Heiligenkreuz können wir von der großen Bedeutung des Heiligen Ortes in keltischer Zeit ausgehen. Und als Heiligen Berg können wir schließlich sicher noch den hiesigen Bodenberg einschätzen, der wie die anderen gleichlautenden Berge unseres Landes seinen Namen von keinem germanischen Odin oder Wotan hat, sondern von den keltischen Bethen."[1]

Ich wüßte nicht, welcher Ortsnamenforscher je so töricht gewesen wäre, den *Bodenberg* mit *Wodan* zu verbinden – ein solcher Berg müßte schriftsprachlich †*Wutenberg*, dialektal etwa *Wuatnbeag*, heißen – und zu den *Bethen* ist zu bemerken, daß sie im Keltomanenjargon, m. W. eingeführt durch Sills-Fuchs und Resch-Rauter, die einfache oder dreifache keltische Muttergottheit bezeichnen sollen,[2] was freilich völlig ungesichert ist.

Wegen der gewöhnlich unberechtigten pseudologischen Gleichsetzung mit den keltischen Vorfahren wachen schlichtere Gemüter darüber, daß diese möglichst idealisiert werden, indem sie „düstere" Züge wie etwa die Menschenopfer oder die Kopfjagd trotz der guten Bezeugung durch die antiken Autoren und die Archäologie einfach leugnen. Die Keltenrezeption ist eben auch dann interessant und lehrreich, wenn sie das Narrenszepter führt.

Schon 1875 hatte ein fanatischer Bretone, E. Le Gall de Kerlinou, gereimt:[3]

„Nul crime n'a souillé nos druidesses sveltes.
Hélas! beaucoup l'ont cru, mais nous, les fils des Celtes
Nous avons effacé du front de nos aïeux
Le sanglant souvenir de forfaits odieux."

---

1   Rohrecker (2005), 135. Zu dieser Spielart der Keltomanie s. Birkhan (2005b).
2   Sills-Fuchs (1983), 166; Resch-Rauter (1992), 236f., 241–269.
3   Pollès (1993), 101.

5. Tattooing

Eindeutig mitbeeinflußt durch keltische Ornamentik sind die modischen Tätowierungen, die man in unseren Breiten auf FKK-Geländen bei beiden Geschlechtern bewundern kann.

Die Tradition der Tätowierung, die es einst bei Kelten (s. oben S. 446f.) und anderen alteuropäischen Völkern gegeben hatte, war schon seit dem Frühmittelalter abgekommen. In Japan, wo das *horimono* eine entscheidende soziale Funktion hatte, bestand es bis 1872, als man die Kunst als *irezumi* 'barbarische Sitte' verbot, um in den Augen des Westens nicht als rückständig zu gelten. Nur zwei Werkstätten blieben in Yokohama bestehen. Das *horimono* lebte jählings wieder auf, als bedeutende Repräsentanten des Abendlandes an ihm Gefallen fanden: 1881 ließ sich der spätere englische König Georg V. als junger Marineoffizier auf dem rechten Unterarm ein allegorisches Bild anbringen, die Herzöge von York und Edinburgh, Königin Olga von Griechenland und Nikolaus II. als Zarewitsch folgten seinem Beispiel. Nach und nach wurde die Tätowierung Mode, nicht nur bei Seeleuten und Strafgefangenen, sondern vor allem auch in der Schickeria, die sich etwa um 1928 Tätowierungen in Form von Badekostümen oder Netzstrümpfen anbringen ließ.[1]

Heute bieten die Tattoo-Firmen über 60 Bildkategorien an, neben „Animals", „Fantasy", „Floral", „Japanese", „Kanji", „Religious", „Symbols", „Traditional" und „Tribal" auch „Celtic".[2] Auch in der Kategorie „Tribal" kann manches seine keltischen Wurzeln nicht verleugnen,[3] wie ja überhaupt „Celtic" oft als eine Unterart von „Tribal" angesehen wird. Wird ein Kreuz mit Bandornamentik im Stil der irischen Hochkreuze dargestellt, so schlägt „Celtic" auch eine Brücke zu „Religious".[4] In einem der klassischen Werke[5] werden als Herkunftsländer des „Tribal" Neuseeland, Borneo, die Marquesas, Samoa, Tahiti und Polynesien,

---

[1] Martischnig (1987), 26–30.
[2] Sloss (1998).
[3] http://www.tattoodles.com/gallery/?gallery=2&page=37 (1. August 2005). Einer der wichtigsten Tattoo-Entwerfer ist Jeff Bartels; vgl. www.jeffbartels.com (1. August 2005).
[4] Z.B. in: Hofmann (2004), 80.
[5] Warneck – Ulrich (2002)

Mentawei (Indonesien), Japan, China und Sibirien, Birma, Mikronesien, Haida (Nordwestamerika), Inuit und „Nordland" unterschieden, wobei zu letzterem „Celtic", aber auch die Tätowierungen der Skythenmumien gehören.

Soweit ich aus dem Fachschrifttum ersehe, gibt es im Bereich „Celtic" wieder zwei Typen: als typisch „Celtic" wird das Bandornament in Anlehnung an Handschriften wie das Book of Durrow und das Book of Kells angesehen. Daneben greift der Meister bzw. sein Musterbuch auch auf Latènemotive und den Insular Celtic Style des Celtic Iron Age zurück. Zu letzterem scheint man auch die Piktogramme der Pikten zu rechnen, von denen ja angenommen wurde, daß sie aus der Tätowierung erwachsene Clanzeichen seien.[1] Der zweite Typ ist noch deutlicher esoterisch inspiriert. Er zeigt z.B. einen „Lebensbaum", dessen Wurzeln und Äste miteinander so verflochten sind, daß die obere und untere Hälfte wie eine Spiegelung wirken und natürlich eine Interpretation nahelegen, die auf Ökologie, Ganzheit aber auch vereinte Polarität (*Yinyang*) abzielt. Heißt es doch auch vom keltischen Kreuz, es symbolisiere

> „getreu des keltischen Glaubens [sic!] die Vereinigung der entgegengesetzten Sphären: Oben und Unten (Himmel und Erde), Rechts und Links (männlich und weiblich). Der Kreis – die perfekt geschlossene Form, der ewige Kreislauf, das göttliche Symbol – unterstreicht diese Vereinigung."[2]

Auch hier werden die Kelten als die großen Geheimnisvollen stilisiert:

> „Wabernde Nebel, versunkene Inseln, intrigante Hexen und Zauberer, ein ewiger Kampf zwischen Gut und Böse – die keltischen Muster faszinieren nicht nur durch ihre Schönheit, sondern auch dadurch, daß sie einer geheimnisvollen, sagenumwobenen Kultur entstammen, über die wir heute nur noch wenig wissen."[3]

---

1 Sutherland (1994), 78.
2 Feige-Krause (2004), 140.
3 Hofmann (2004), 80.

Das angeblich Geheimnisvolle an den Kelten in Kombination mit Stimmungen, wie sie Tolkiens Land *Mordor* entstammen könnten, kann im Zusammenhang mit „Schädelromantik" zu Stilen führen, die man dem Begriff „Gothic" bzw. „Horror & Tod-Tattoos" zuordnen kann.[1]

Schwierig ist allerdings die „Auslegung" der traditionellen Bandornamente, wobei die in der Laienforschung übliche Unbekümmertheit in der Deutung von Kreuzen, Spiralen, Triskelen, Palmetten, „Fischblasen" usw. zum Ausdruck kommt. Bei manchen Tätowierern finden sich für diese nicht nur vorwiegend solare, astrale und lunare Interpretationen, wie wir sie z.B. aus dem okkulten Schrifttum kennen, sondern die Ornamente sind geradezu „Erzähler":

> „So hält in jedem Flechtmuster Artus Hof in Camelot, reiten die Ritter der Tafelrunde aus zur Suche nach dem Heiligen Gral, huscht die keltische Göttin Morgan durch die Nebelwälder von Avalon oder träumt Merlin, der weise Druide und Heide, seine ewige Wacht über England. In jedem keltischen Symbol begegnen uns die Sagen und Legenden um Zauberer, Feen und wagemutige Wikinger [sic!]." Als Schreiber der kostbaren Handschriften gelten natürlich die Mönche, „in Mehrzahl Druiden oder deren Schüler..."[2]

Die Erwähnung der in diesem Kontext deplacierten Wikinger ist deshalb bemerkenswert, weil sie ein gewisses Indiz bildet, daß die Verfasser auch schon vom germanischen Tierstil gehört haben. Tatsächlich leitet der von ihnen gelobte Aidan Meehan die irischen Bandornamente von germanischen völkerwanderungszeitlichen Vorbildern ab.[3] So gibt es ein Tattoo „Wikingerromantik mit keltischem Flechtwerk", in dem beide Themen kombiniert erscheinen.[4] Auch die sogenannten „Dark images", die vielfach an die Lettristik und Tags der Graffiti-Kunst gemahnen – Maschinenmenschen, Mißgeburten, Totenschädelarrangements, Welt-

---

1 Vgl. etwa Schiffmacher-Riemschneider, 151.
2 Warneck-Ulrich (2002), 74f.
3 Meehan (1992), 9–20.
4 Hofmann (2004), 81; Eine von dem dänischen Wikinger-Tattoo-Spezialisten Erik Reime gestochenes Werk, das aus einer Kombination gotländischer Bildsteinmotive besteht, wird irrtümlich für „keltisch" gehalten, in: Feige-Krause (2004), 141. Man sieht die latente Einstellung „im Zweifelsfall eher keltisch".

untergangshorror, Satansköpfe – können von keltischen Ranken oder Bändern eingefaßt sein.[1] Nicht selten erscheint „Celtic" mit anderen „Tribals" kombiniert, so ist der Rücken eines Mannes mit einem sehr eleganten, aber raumgreifenden abstrakten Motiv im Stil der Mariannen-Inseln bedeckt, die linke Schulter beherrscht ein gewaltiger japanischer Drache und in der Lendengegend finden sich zwei gegenständige Tiere im irischen oder nordischen Stil, die Beine und Zungen in einander verflechten.

> Die Flechtmuster werden so interpretiert: „Symbolisieren sie „etwa das ewige Verwobensein aller mit allen, ein unendliches, unübersehbar reiches Begegnen und Miteinanderwirken von Kräften, einen unendlichen Prozess des Befruchtens? Zeigt es uns, dass es keine geraden Linien, keinen geraden Weg zum Ziel gibt? Ja, daß dieses Ziel Ende und Ursprung zugleich ist, gemäß der druidischen Weisheit, wonach der 'Tod die Mitte eines langen Lebens' sei?"

Nach Meinung der Tattoo-Meister sollten wir uns nicht zu sehr mit den Bildmotiven auf rationaler Ebene auseinanderzusetzen versuchen.

> „Denn jenseits der Dispute, Auslegungen und Wortgefechte, die nur zergliedern und töten, liegt das fruchtbare Land der inneren Erfahrung und der ganzheitlichen Spiritualität, das dem Menschen den Frieden seiner religiösen Empfindung ermöglicht!"[2]

Zum besseren Verständnisses des Tattoo wird die Lektüre einer Einführung in den Neopaganismus empfohlen.[3] Die Tätowierung ist als Initiationsritus verstanden: „Allein die dabei zu bestehenden Schmerzen und das Wissen, nach erfolgreicher Session für den Rest des Lebens ein anderer zu sein, wirken stark auf das Bewußtsein."[4] Daneben kann die Tätowierung aber auch als „Sigillenmagie" eingesetzt werden und bestimmte positiv formulierte Leitsätze mit Ewigkeitscharakter beschwören oder auch ein gewähltes und für den Lebensentwurf wichtiges „Totem" abbil-

---

1 Hofmann (2004), 79.
2 Warneck – Ulrich (2002), 76.
3 Gabriel (2003).
4 Warneck – Ulrich (2002), 109.

den. Daß Tätowierung sehr viel mit Magie zu tun hat, ja überhaupt eine Art Magie ist, darüber scheinen sich alle einig.

Soweit die Darlegungen der Tattoo-Literatur.

In der Praxis ist alles allerdings wesentlich einfacher und auch handwerksmäßiger. Auf meine Anregung hin, hat Renata Segal in Wiener FKK-Geländen und in Tattoostudios Feldforschung betrieben und diese durch Bildmaterial dokumentiert. Da zeigt sich nun, daß die Tattoomeister in der Regel die Zusammenhänge ihrer Arbeit mit den Latènemustern nicht kennen. Die allermeisten bezeichneten nur das reine Bandornament als „keltisch". Ein Tätowierer sagte: „Schlangen, Hunde, Schweine oder Eber sind keine keltischen Muster, die gehören zu den Germanen."[1] Auch Schädel- und Totenkopfdarstellungen werden nicht etwa mit den keltischen têtes coupées zusammengebracht, sondern als Piratenmotive angesehen, „bzw. bestenfalls mit den Wikingern assoziiert."[2] Als Quelle der Bandornamente und Knoten werden oft „Bücher oder Hefte mit Thema Handarbeiten-Strickmuster nach keltischer Art" genannt oder auf das Internet verwiesen.[3] Die meisten Künstler waren erstaunt, ja sogar ergriffen, als sie das hohe Alter mancher Ornamente erfuhren. Als Laie bedenkt man übrigens nicht, daß die Ausführung „keltischer" Tattoos besonders schwierig ist und daher von manchen Meistern abgelehnt wird. Die Verflechtungen bieten immer die Möglichkeit, Fehler zu machen, Fehler, die gerade wegen der Strenge des Flechtwerks besonders schwierig zu korrigieren sind. Im Gegensatz zu Motiven wie die „Betenden Hände", den Adler mit gesprengten Ketten oder einen großzügigen-japanischen Drachen gilt das keltische Motiv den Meistern als ungeliebte „Fuzelei", der sie sich gerne entziehen.[4] Mit der Konstruktion der Muster, wie sie etwa von Meehan gelehrt wird, geben sie sich nicht ab, weil sie immer schon auf Vorlagen zurückgreifen.

---

1 Segal (2008), 64.
2 Segal (2008), ibid.
3 Segal (2008), 63.
4 Segal (2008), 65.

Diese bieten dann Spiralknoten („keltische Borten"), Triquetren, Flechtkreuze (die gerne auf dem Oberarm getragen werden), den schon erwähnten „Doppelbaum", die „neokeltische Josephinische Borte" usw. In der Praxis tauchen dann doch bei vielen Tattooträgern und -trägerinnen Tierelemente oder Schädel auf, in einem Fall auch eine menschliche Kriegergestalt.[1] In einem anderen Beispiel sehen wir einen Krieger mit Brünne, der aus Rankenwerk herauszusteigen scheint, das an keltische Motivik denken läßt, wenngleich der bärtige Kämpfer durch einen auf der Schulter sitzenden Raben vielleicht eher als Wodan zu verstehen ist.[2] Das zeigt die mangelnde Trennschärfe im Bewußtsein des Kunden und/oder des Tattoomeisters. Besonders bemerkenswert ist die im Studio als „keltisch" angebotene zarte Frauengestalt, die aus einer Art Blüte herauszuwachsen scheint, da sie die assoziative Verbindung mit dem Elfenschema dokumentiert.[3]

Als Motivation, ein Tattoo zu tragen, wurde „Fremd-" und „Eigenbestimmung" genannt. Zur ersten Gruppe gehören Antworten wie: „es gefällt meinem Freund/meiner Freundin", „ich gehöre zu einem Club" oder „um meine Eltern zu ärgern". Die „Eigenbestimmung" manifestiert sich in Antworten wie: „das ist ein Symbol meiner inneren Kraft", „ich bin stolz: das ist eine alte Männersache", „das ist eine Art von Schmuck", „ich kann machen, was ich will, und das betrifft auch meinen Körper" oder einfach: „das gefällt mir", „das ist modern."[4] Die oben aus der Literatur zitierten phantasievollen oder keltenesoterischen Argumente hat die Exploratorin in der freien Wildbahn des FKK-Geländes nicht gehört.

---

1 Segal (2008), 91, 93–96, 104, 107–109.
2 Segal (2008), 110.
3 Segal (2008), 116; vgl. auch 27.
4 Segal (2008), 26–28.

L. Echte und scheinbare Fälschungen

Den Fälschungen keltischer Objekte nachzugehen, ist äußerst verlockend. Man wird jedoch dafür Verständnis haben, wenn ich mich auf einige wenige für die Sachlage typische Fälle und einen spektakulären Kriminalfall beschränken werde.

Nicht zu den Fälschungen sind natürlich die neuheidnischen „Follies" Stukeleys und anderer zu rechnen (s. oben S. 442), weil sie sich nicht für alt ausgaben, sondern „aus dem Geist" henge-artiger oder anderer archaischer Steinsetzungen entstanden. Die Frage, inwieweit man im Mittelalter pauschal von Fälschungen sprechen kann, ist bekanntlich – schon angesichts Tausender gefälschter Reliquien und Urkunden – umstritten. Dazu gehört natürlich auch das Arthurgrab samt Bleikreuz (s. oben S. 154) in Glastonbury, das eine „Fälschung im Dienst der Wahrheit" im Sinne der „fiktionalen Wissenschaft" (s. oben S. 566ff.) sein kann.

Unter den literarischen Fälschungen ist wohl die des „Ossian" (s. oben S. 336ff.) die bemerkenswerteste und weittragendste, sollte sie doch auch von immenser geistesgeschichtlicher Bedeutung sein. Von geringerem Interesse außerhalb des keltischen Raumes sind dagegen die Werke Iolo Morgannwgs (s. oben S. 389). Ihre Auswirkung ist eher indirekt über die *Eisteddfodau* und die moderne Bardentradition verlaufen.

Auch die Archäologie bietet sich natürlich als Tummelplatz fälschender oder scheinbar fälschender Tätigkeit an. Wenn nämlich ein nachweislich alter oder alt wirkender Gegenstand nur fälschlich von einem Keltomanen ohne wissenschaftliche Autorität oder auch von der seriösen Wissenschaft irrtümlich den Kelten zugeschrieben wird, können wir solche Fehlzuschreibungen nicht auf eine Stufe mit einer geplant durchgeführten Fälschung stellen.

Da ist zunächst viel Strittiges, wobei es sich in den meisten Fällen um Kopfplastiken handelt. Der „archaische Charakter" der keltischen Skulpturen bringt es mit sich, daß man in einzelnen Fällen im Zweifel sein kann, ob ein bestimmtes Stück latènezeitlich, barbarisch-provinzialrömisch, romanisch oder gar Ergebnis einer modernen gewollt oder ungewollt

„primitiven" Arbeit ist.[1] Zu diesen mehr oder minder zweifelhaften Stücken gehören die Köpfe von St. Donat,[2] die Kopfplastik eines angeblich im Mittelalter durch Justizirrtum hingerichteten Lehrlings am Haus „Alter Platz 2" in Klagenfurt,[3] die beiden Köpfe beim Zenswirt (Semlach-Hüttenberg), der Kopf vom Wasserbecken der Rosaliengrotte auf dem Hemmaberg (alle Kärnten),[4] der Porträtkopf des *Popaius Senator* in Bichl bei Matrei (Osttirol),[5] die „Kopfplastik keltischer Art" (früher) über der Roßpforte in der Mauer der Festung Hohensalzburg,[6] der „keltische" Kopf auf der Stele von Enzenkirchen (Oberösterreich),[7] der in eine Stallwand eingemauerte Kopf von Dimbach (Mühlviertel; Oberösterreich),[8] der mitten in der Aschach in einen Granitstein eingemeißelte archaische Kopf mit henkelförmigen Ohren, der als „keltisch" angesehen wurde[9] und der grinsende Steinkopf von Kopfing (Innviertel; Oberösterreich), der jedoch jetzt mit einer Pestepidemie zusammengebracht wird. Sicher kennen die Heimatforscher noch eine Fülle weiterer vergleichbarer Gegenstände. Gelegentlich wird auch in einen Stein etwas hineingesehen, was nur in der Phantasie einer Beschauerin existierte und nicht verifizierbar ist; so das „Felsgesicht" bei der Ruine Freyenstein (Niederösterreich).[10]

Ich sehe im Weiteren hier von Kleinfunden, die irgendwo in Museen liegen mögen, ab und streife nur kurz die Inschriften, die zu Recht oder Unrecht als Fälschungen anzusprechen sind. Unecht sind dem Augenschein, dem Inhalt und den Randumständen der Erhaltung und Auf-

---

1 Vgl. Ross (2001), 67f.
2 Birkhan (1999b), Abb. 234, 512.
3 Brandstetter (2007), 131–133, der vom Kopf sagt: „Nach neuerer Ansicht könnte er aus der Keltenzeit stammen."
4 Schlinke (1987), 99.
5 Birkhan (1999b), Abb. 236,
6 Wegen zwei Vergleichsbeispielen aus Pförring (Pfarre Eichstätt) wird der Kopf nun in die zweite Hälfte des 12. Jh.s gesetzt; Heger (1983).
7 Resch-Rauter (1992), 255.
8 Auf den mich freundlichweise Herr Dipl.-Ing. Leopold Bald, Eferding, hinwies und mir auch zeigte.
9 Lukan (1996), 14–16. Auch hier danke ich Herrn Dipl.-Ing. Leopold Bald dafür, daß er mich zu der unbezeichneten Stelle am Fluß brachte. Um die Skulptur genauer zu sehen, muß man in die recht reißende Aschach hineinwaten. Es geht das Gerücht, der Kopf sei in den 1970er-Jahren von einem Hobby-Steinmetz eingemeißelt worden.
10 Resch–Rauter (1992), gegenüber 272. Natürlich weiß dann auch das lokale Touristenbüro nichts von einem Steingesicht, und die Autopsie (13. 7. 2008) zeigt, daß der Stein keinerlei Bearbeitungsspuren aufweist.

findung nach die christliche Felsinschriften von West Virginia (s. oben S. 89), welche die Anwesenheit irischer Seefahrer vom Schlag des hl. Brendan belegen sollten, aber doch vermutlich erst nach Tim Severins Fahrt (1976/77) hergestellt wurden. Wenn sie christliche Texte in „altlibyscher" Schrift und Algonkinsprache enthalten sollen, dann erinnert dies freilich auch an die oben (S. 425) erörterten Theorien von Charles Vallancey, der ja diese Indianersprache aus dem Phönizisch-Irischen herleiten wollte.

Dem gegenüber stehen die früher oft als Fälschungen angesehenen Funde von Glozel (bei Vichy im Departement Allier) aus den Jahren 1924–1928.[1] Etwa 250 der dort auf den Fluren des Bauers Émile Fradin gefundenen gegen 3000 Objekte tragen meist kurze und noch nicht zur allgemeinen Zufriedenheit gedeutete Inschriften. So ungewöhnlich und wenig „archaisch" manche Objekte aussehen, für einige ist durch das Thermolumineszenzverfahren erwiesen, daß sie aus gallischer Zeit (300 v.Chr. – 100 n.Chr.) stammen. Wir lesen oft nur einzelne Namen wie SIIXU (für Setu zu lepontisch Setupokios). Verhältnismäßig selten findet sich eine Verbalform wie in: AV[O]T VOIE N[I]KE TEDA für zu erwartendes *Boios Nikos avot Tedai 'Der Boier Nikos machte für Teda'. Eine der längsten Inschriften lautet in der vom Entzifferer Hans-Rudolf Hitz vermuteten Übersetzung:

> „Vun Tun hat dem Camu Eitutag, (Sohn des) Ekhenhos Kousaios (?) gewidmet. Der Toulousier Kikic ist in den heiligen Hain (?) von Chlause (Glozel ?) gekommen (?). Lapios in Toulouse hat besiegt (?) Vepa Tun, (Sohn des) Lapitios Vetios (?)."

Der Text ist höchst problematisch, was Hitz schon durch die vielen Fragezeichen zum Ausdruck bringt. Die hier vorkommenden Namen wirken bis auf *Camu Eitutag* völlig unkeltisch, und selbst bei diesen beiden muß man mit unorganischen Kürzungen und untypischen Graphien oder Lautformen rechnen. Es ist verständlich, daß die zünftigen Spezialisten des Festlandkeltischen um diese Inschriften einen großen Bogen machen. Zu groß

---

[1] Morlet (1927); dazu Hitz (2007); dort reiche Hinweise auf ältere Literatur. Vgl. auch Birkhan (1999b), Abb. 232.

ist die Angst, doch einer Fälschung aufzusitzen und sich dadurch womöglich eine akademische Karriere zu verbauen, bestenfalls sich zum Gespött zu machen. Der derzeitige Entzifferer, ein Biochemiker, kann sich einen solchen Balanceakt auf dem Hochseil eher zutrauen. Wenn die Inschriften echt sein sollten, dann müßten es wohl knappe Weiheinschriften eines mindestens über vier Jahrhunderte bestehenden Kultzentrums sein, die sich höchst eigenwilliger Schreib- und Abbreviationskonventionen bedienen. Diese Annahme liegt näher als die eines „autistischen" Fälschers, der (*cui bono*?) in den 20-er Jahren des 20. Jh.s in nachweislich alte Gegenstände willkürlich und karg archaische Schriftzeichen eingeritzt hätte. Die Inschriften, soweit „entziffert", bestehen, wie erwähnt, im Wesentlichen aus Namen. Wären sie wirklich gefälscht, so würde man doch irgendwelche längere, sinnvolle Texte mit einem narrativen Element (z.B. den Beginn eines gallischen Epos über die Weltschöpfung und die Abstammung der Menschen von *Dispater* oder etwas über Druiden ...) erwarten. Aber selbst wenn die Inschriften Fälschungen wären, so hätte es keinerlei ideelle oder merkantile Auswirkungen gehabt, da die Objekte, die im Privatmuseum des Finders aufbewahrt werden, doch nicht in die große Öffentlichkeit gelangten und bestenfalls einer Handvoll Keltologen bekannt – ihrem mutmaßlichen Inhalt nach jedenfalls keineswegs sensationell – sind.

Das genaue Gegenteil zu diesem angeblichen, jedoch unmotivierten Fälschungstyp bildet der sogenannte „Chiemsee-Kessel", der im Sommer 2001 in der Nähe eines Badestrandes bei Arlaching im Chiemsee in 11 m Tiefe, teilweise von Schlamm bedeckt, von Tauchern gefunden worden sein soll. Vorgänge, die Gerichte interessieren, haben es bisher verhindert, daß dieser Kessel einer breiteren Öffentlichkeit bekannt wurde.

Die weitere Geschichte des Fundes ist höchst mysteriös, was gewiß auch schon mit seinem materiellen Wert zu tun hat. Es ist ein Kessel aus 9 Seitenplatten (6 fast quadratische Außen- und 3 langrechteckige Innenplatten) von 50 cm Durchmesser und 32 cm Höhe aus in der Neuzeit gewalztem 18 karätigem Goldblech von fast 11 kg Gewicht. Trotz des für die Antike nicht herstellbaren Walzblechs und der modernen Verlötung mit 17 karätigem Goldlot gab es einige „Gutgläubige" oder nur vorgeblich

Einfältige, die den Kessel als alt ansahen.[1] Als Vorzeitprodukt hätte das Gebilde natürlich ungleich höheren Wert – man spricht von 250 bis 350 Millionen Euro – als wenn es eine rezentere Arbeit – etwa aus den 30er Jahren des 20. Jh.s ist – ist. Indessen, auch damals betrug der Goldwert allein etwa 40.000 RM (ca. 257.000 €) – heute ist der Materialwert natürlich um ein Vielfaches höher –, und es bedurfte einer beachtlichen Autorität, um fast 11 kg Gold bei der DEGUSSA anzukaufen.

Ein Argument für die Frühdatierung durch die „Gutgläubigen" ist die offensichtliche Verwandtschaft mit dem berühmten Silberkessel von Gundestrup im Dänischen Nationalmuseum.[2] Dieser etwas größere Kessel von 65 cm Durchmesser mit 13 (ursprünglich 14) Seitenplatten aus 97%igem stellenweise vergoldetem Silber von knapp 9 kg Gewicht wurde 1891 im Rævenmosen bei Gundestrup (Seeland) gefunden, wo er wohl als Weihegabe deponiert worden war, und ist einer der großartigsten Schätze des Dänischen Nationalmuseums.[3] Die toreutische Arbeit entstand vermutlich im 1. Jh. v. Chr. wahrscheinlich im thrakischen Einflußgebiet der Ostkelten, etwa in *Singidunum* (jetzt Belgrad), weshalb sie auch nicht dem keltischen Latènestil angehört.[4] In zerlegtem Zustand gelangte das Stück im Zusammenhang wohl mit einem religiösen Brauch oder als Siegestrophäe nach Dänemark, wobei eine Seitenplatte und die ursprüngliche Bodenplatte abhanden kamen. Seit seiner Auffindung hat das reiche Bildprogramm (darunter eine Initiationsszene und die oft beschworene Darstellung des Gottes *Cernunnos*) die Forschung zu immer neuen Deutungen angeregt. Für viele stellen wohl nicht die Funde von Waldalgesheim, Reinheim oder Erstfeld das wichtigste Erbe keltischen Kunsthandwerks dar, sondern der Gundestrupkessel, dessen Bilder ja nicht bloß ornamental sind, sondern Mythen oder Riten erzählen.

---

1 Auch die von ca. 1600 v. Chr. stammende „Himmelsscheibe von Nebra" wurde von Laienkeltologen flugs mit den Kelten in Verbindung gebracht, obwohl natürlich für diese frühe Zeit noch lange nicht mit Kelten zu rechnen ist.
2 Der Kessel ist sehr oft, eigentlich in jedem Bildband über die alten Kelten, abgebildet; so z.B. auch in: Birkhan (1999b), Abb. 207.
3 Birkhan (1999a), 378–385; Birkhan (1999b), Abb. 207, 286, 287, 375, 408, 445, 478, 489, 647, 648, 662.
4 Deutliche Übereinstimmung der toreutischen Arbeit mit der Technik im thrakisch-dakischen Einflußbereich zeigt: Thraker und Kelten, vor allem die Zierbeschläge etwa Abb. 89–92, 112–116 und die Stierköpfe mit den markanten Wirbeln, Abb. 93–95.

Der Chiemsee-Kessel imitiert nun offensichtlich diesen Kessel und seine Einzelheiten recht genau. Sind bei diesem die ursprünglich aus Glasschmelz mit Goldauflage bestehenden Augen der Götterköpfe verloren gegangen, so folgt ihm jener so sklavisch, daß nun die Iris in den Augen der großen Göttergesichter einfach Löcher bilden.

Ein Urteil über den kostbaren Fund aus dem Chiemsee wird durch die Randumstände, die einen Kriminalfall darstellen, erschwert:

> Einer Svetlana K. aus Kasachstan sollte der Chiemseeer Kessel angedreht werden. Verschiedene Lobbyisten und Promotoren, darunter ein namentlich nicht genannter „Experte für keltische Kunst", setzten sich für die Echtheit ein, um den Deal mit den östlichen Käufern durchführen zu können, obwohl man an der Technischen Universität und in der Archäologischen Staatssammlung in München das Werk längst als Fälschung erkannt und ihr Direktor am 1. Februar 2002 dies in einem öffentlichen Vortrag ausgeführt hatte, der jedoch ungedruckt blieb und angeblich nicht wiederholt werden durfte.[1] So avancierte das Falsifikat zu einer Art Staatsgeheimnis, was schon darin sichtbar wird, daß es kaum möglich ist, Bilder des Kessels zu sehen zu bekommen.[2] Die meisten offiziell zugänglichen Informationen finden sich in zwei kürzeren Artikeln des Nachrichtenmagazins „Der Spiegel".[3]
>
> Es ist durchaus denkbar und mir am wahrscheinlichsten, daß der Kessel ursprünglich als Geschenk zum 50. Geburtstag des Führers am 20. April 1939 gedacht war und für diesen besonderen Zweck ausnahmsweise auch die 11 kg Gold gekauft werden konnten. Hitler erhielt dann jedoch als Geschenk Partiturautographen Richard Wagners sowie eine Gotenkrone, die sich jedoch bald als Fälschung erwies.

Der Chiemseeer Kessel könnte statt dessen als „Initiationsgefäß" oder eine Art Gral angesehen worden sein – er könnte wegen der dicht verlöteten Seitenplatten tatsächlich als Behältnis für Flüssigkeiten gedient haben –; entweder im Lager Alfred Rosenbergs und seines Hausphilosophen, des Männerbund- und Gemeinschaftserlebnis-Spezialisten Alf-

---

1 Meine diesbezüglichen Anfragen blieben natürlich unbeantwortet.
2 Mir wurden als Keltologen Farbfotos der Goldplatten zugespielt, die ich, um meine Informanten nicht zu kompromittieren, beschreiben, aber nicht wiedergeben werde.
3 Im „Spiegel" 33 (2002) und im „Spiegel" 17 (2007).

red Baeumler[1] – vielleicht sollte er in der am Chiemsee geplanten „Hohen Schule der NSDAP"[2] verwendet werden, zu welcher der Architekt Hermann Gießler bombastische Pläne vorgelegt hatte –, oder im Lager Heinrich Himmlers und dem Verein „Ahnenerbe" der SS. In diesem Fall könnte man an die „Junkerschulen" denken, deren erste sich in Bad Tölz – nicht in der Nähe des Chiemsees –, befunden hat[3] oder auch an die „Ordensschulen" wie die von Vogelsang bei Gemünd/Eifel, Sonthofen im Allgäu oder „die Falkenburg am Krössinsee" (jetzt Złocienec) in Pommern (jetzt Polen). Die Singularität und der hohe materielle Wert des Kessels sprechen jedoch gegen die Annahme, daß er als Kult- und Ausstattungsstück zu einer dieser Erziehungsstätten gehörte. War der Kessel als eine Art „Gral" gedacht, so könnte man, wie schon im „Spiegel" angedeutet, in dem Gralssucher Otto Wilhelm Rahn (s. oben S. 203) das Bindeglied sehen.

Natürlich wissen wir nichts über einen mit dem Kessel durchgeführten Ritus, aber wir kennen den Ablauf einer Initiationszeremonie des völkisch-freimaurerischen „Germanenordens" der Provinz Berlin, wie diese am 11. Januar 1914 stattfand:

> Nach der Kontrolle der Rassereinheit der Novizen versammelten sich die Brüder im Zeremoniensaal. Der Meister saß unter einem Baldachin, den zwei Ritter mit Hörnerhelmen flankierten. ... „Am Ende des Raumes im Gralshain stand der Barde in weißem und vor ihm der Weihemeister im blauen Talar. Die anderen Brüder saßen in einem Halbkreis ... Hinter dem Gralshain befand

---

[1] Kater (2006), 142f. Rosenberg und Baeumler hatten in dem Prähistoriker Hans Reinert und dem „völkischen Laienforscher" Wilhelm Teudt durchaus verwandte Seelen, die ihre Erziehungstätigkeit im Sinne der völkischen Weltanschauung und Dogmatik voll unterstützten (Kater 21). In der Fälschung einer gotischen Adlerfibel, die angeblich bei Mährisch-Ostrau gefunden und über einen Münchener Kunsthändler verkauft worden war, könnte man sogar ein – freilich wenig bedeutendes – Gegenstück zum Goldkessel sehen; dazu ausführlich Kater, 300f. m. Anmerkungen.

[2] Piper (2007), 465f.

[3] Kater (2006), 343. Die zunächst „SS-Führerschulen" genannten Einrichtung in Tölz unter der Leitung des bereits im Ersten Weltkrieg ausgezeichneten Felix Steiner wurde 1937 in „SS-Junkerschulen" umbenannt. Die Junkerschulen waren nun den regulären Kriegsschulen des Heeres vergleichbare Ausbildungseinrichtungen für den Führernachwuchs der Waffen-SS. Als Vorbild hierzu diente offensichtlich die „SS-Unterführerschule" (der SS-Totenkopfverbände) in Dachau. Ziel der Schulen war die Heranbildung einer reinrassig-arischen Führungsschicht, wobei neben körperlicher Ertüchtigung, Waffenkunde usw. auch die Ideologie der neuheidnischen Religion gelehrt wurde. Vgl. http://de.wikipedia.org/wiki/SS-Junkerschulen (21. 8. 2007).

sich ein Gesangs- und Musikraum, in dem ein Harmonium und ein Klavier von einem kleinen Chor von 'Waldelfen' musikalisch begleitet wurden. Die Zeremonie begann mit leiser Harmoniumsmusik, während die Brüder den Pilgerchor aus Wagners 'Tannhäuser' sangen. Kerzen wurden entzündet, die Brüder machten das Zeichen der Swastika und der Meister erwiderte dieses. Dann wurden die Novizen mit verbundenen Augen, Pilgermäntel tragend, vom Weihemeister in den Raum geleitet. Hier sprach nun der Meister zu ihnen über die ario-germanische und die aristokratische Weltanschauung des Ordens, bevor der Barde das heilige Feuer (Kiefernadelessenz) entzündete und den Novizen Mäntel und Augenbinden abgenommen wurden. In diesem Augenblick hob der Meister Wotans Speer und hielt ihn vor sich, dieweil die beiden Ritter die Schwerter über ihm kreuzten. Eine Reihe von Rufen und Antworten, begleitet von Musik aus dem 'Lohengrin', vervollständigten den Eid der Novizen. Ihre Weihe begleiteten Rufe der 'Waldelfen', während die neuen Brüder im Gralshain rund um das heilige Feuer des Barden geführt wurden."[1]

Ob der „Gralshain" wirklich einen „Gral" barg, erfahren wir leider nicht. In der Handskizze ist nichts eingezeichnet. Wie der hier erwähnte „Barde" schon nahelegt, stand bei der Erfindung des Initiationsablaufs direkt oder indirekt der *Eisteddfod*-Ritus im Hintergrund. Dem dort geübten „Elfentanz" entspricht vielleicht hier der „Elfenchor".

Nicht zuletzt wollte Himmler ja die Wewelsburg unweit Paderborn zu einem Artus- und vielleicht Gralshof umfunktionieren. Er hielt sich selbst für den wiedergeborenen König Heinrich I. („der Vogler"; 876–936), dessen Reich 919 zum ersten Mal als *regnum Teutonicorum* 'Reich der Deutschen' bezeichnet wird, und der damit als „Gründer des Deutschen Reiches" gilt. Himmler plante in dieser Eigenschaft mit seinen zwölf besten Gruppenführern Tafelrunden abzuhalten. Auch in Berlin tafelte Himmler nach arthurischem Vorbild selbdreizehnt. Im Nordturm der Wewelsburg befinden sich noch immer als ehemaliger SS-Kultraum die „Gruft", wo die Totenkopfringe aufbewahrt worden sein sollen, und der „Gruppenführersaal", in dem heute noch als Symbol der Nazi-Esoterik die aus Hakenkreuzen bzw. Siegrunen zusammengesetzte „Schwarze Sonne" zu

---

1 Goodrick-Clarke (2004), 117f.

sehen ist,[1] ein dunkelgrünes Mosaik, in dessen Mitte sich angeblich eine Goldplatte befand. Hat sie dem Kessel als Untersatz gedient?

Der Kessel wäre somit ein symbolträchtiger Gegenstand gewesen, jedoch ebenso wenig eine „Fälschung" wie eine neugotische Kirche oder eine *Folly* Stukeleys eine solche ist. Es ging bei der NSDAP und besonders in der SS um die Stiftung einer neuen „arischen" Religion bzw. eines neuen germanenesoterischen Bewußtseins. Dazu mußte aber der zentrale Kultgegenstand ebenso wenig als „alt" angesehen werden wie die massenhaft hergestellten Julleuchter und die von Karl Maria Wiligut ("Weisthor") entworfenen Totenkopfringe „alt" waren.[2] Die angebliche Hochkultur in Deutschland vor 250.000 Jahren, die „Welteislehre" Hanns Hörbigers und die Atlantistheorien[3] bildeten als Glaubensgut einen „Mythos", wobei der den Mythos repräsentierende Kult sich als Sinnzeichen und Kultobjekt eines Werkes in „archaischer Machart" bedienten konnte, von dem man wußte, daß es nicht alt, aber dennoch „heilig" war.

Da wird es nun doch erstaunen, daß ausgerechnet ein keltischer Kessel zum Vorbild dienen sollte und nicht etwa germanische Motive, wie sie auf den Abbildungen der Goldhörner von Gallehus oder auf den wikingerzeitlichen Torslundablechen zu sehen sind.

> Hier mag ein Rückfall in die Zeit der Kelto- und Germanomanie vorgelegen haben, indem man die Kelten als gleichfalls nordische Rasse ansah, also letztlich eine Art von „Germanen", die eben schon früher nach Süden vorgestoßen waren. In diesem Punkte war man wissenschaftsgeschichtlich auf das Klopstockwort „Ossian war deutscher Abkunft, weil er ein Kaledonier war" (s. oben S. 352) zurückgefallen. In der von Heinrich Himmler persönlich gewünschten Klopstock-Ausgabe durch das „Ahnenerbe"[4] hätte gewiß auch die *Telyn* des Barden getönt (s. oben S. 374). Tatsächlich finden sich ja viele der Keltenklischees (Blondheit, weiße Haut, Körperkraft, Raserei, Neigung zur

---

[1] Dazu ausführlich und mit gutem Urteil: Sünner (1999).
[2] Kater (2006); vgl. die Abbildungen bei Sünner (1999), 133.
[3] Kater (2006), 51–53. Dazu jetzt auch Wegener (2003); Sünner (1999), 44–54.
[4] Brief des SS-Obersturmbannführers Wolfram Sievers vom 18. 10. 1937 an Univ.-Prof. Otto Höfler (Kiel). Das Schreiben liegt mir in einer Xeroxkopie des Berlin Document Center vor.

Trunksucht, höhere Rechtsstellung der Frau)[1] in der antiken Überlieferung ohne weiteres auch auf die Germanen angewandt.

Der Ahnenerbe-Ideologe Herman Wirth stellte in seiner Deutung der Ura-Linda-Chronik (s. oben S. 507f.) die von ihm als Darstellung der „Irtha" (Erde) angesehenen Göttinnen in den Vordergrund.[2] Die „Cernunnosplatte" von Gundestrup und der Radgott zeigen den „wintersonnenwendlichen Jahrgott und daher auch Schwurgott (der eddische *Ullr*...) mit einer bestimmten Armhaltung bzw. den Jahresgott mit dem Jahresrad, der mit dem Unterweltgott um die Herrschaft streitet, also wieder die Wintersonnenwende bezeichnet."[3] Die Bilder des Gundestrupkessels nennt Wirth „eine Kreuzung von germanischen, gallischen, römischen, griechischen und ostischen, asiatisch-indischen Bestandteilen. Der Entstehungsort selber muß wohl Dänemark gewesen sein."[4] Der Runenmystiker Gorsleben bespricht die „Initiationsplatte" auf dem Gundestrupkessel, der jedenfalls ein arisches (=keltisches = germanisches) Produkt sein soll, und nennt den übergroßen „Initiationsmeister" schlicht „den 'Deutschen Michel'."[5]

Trotz der Germanomanie des Nationalsozialismus erfreuten sich auch die „nordisch-rassischen" Kelten einer beachtlichen Beliebtheit, was natürlich auch einen tieferen Grund in der Politik hatte. Keltologen wie Ludwig Mühlhausen und Leo Weisgerber wurden als Vermittler zwischen dem Reich und keltischen Nationalisten, die gegen England und Frankreich im Widerstand waren, eingesetzt und sollten die antifranzösische und antibritische Propaganda schüren. Schon aus diesem Grund war die Keltologie, die von ihrer Entstehung her als „deutsche Wissenschaft" galt, durchaus wohlgelitten, ja sogar angesehen.[6] Rosenberg plante unter anderem auch eine Arbeitsstelle für Keltenforschung in Römhild,[7] der Stadt der keltisch besiedelten Gleichenberge in Thüringen, die jedoch ebenso wenig eingerichtet werden konnte wie die NSDAP-Hochschule am Chiemsee.

---

1 Cain (2002); Fless (2002).
2 Ura-Linda Chronik, 16.
3 II, 121, 3; 122, 4; I, 373f.
4 Ura-Lindachronik, 278. Die Deutung des Gundestrupkessels als Zeugnis germanischer – nicht keltischer – Vorzeit ist noch hie und da zu beobachten; Larrington (1997), 178f.
5 Zu mhd. *michel* 'groß'; Gorsleben (1930), 335.
6 S. die ausführliche Darstellung in Lerchenmueller (1997).
7 Piper (2007), 462ff., bes. 473.

Reizvoll wäre es nun zu wissen, ob das dargestellte Bildprogramm etwas über die Funktion des Kessels aussagen kann:

Wie beim Gundestrupkessel zeigt die Außenwand die Brustbilder wohl göttlicher Gestalten, wobei auffälligerweise und im Gegensatz zum Vorbild keine sicher weiblichen Figuren erscheinen. Wir sehen bärtige Männerköpfe und bartlose Gesichter, welche ohne weiteres die unbärtiger Jünglinge oder Knaben sein können. Das gilt insbesondere für den torquesgeschmückten Jüngling, der in der Rechten eine *karnyx* hochhält, also offenbar einen Krieger bezeichnet, ganz wie der berühmte „Sterbende Galater", der über seinem Kriegshorn zusammengebrochen ist.[1] Um einen „Barden" handelt es sich wohl nicht, denn der Sänger kann schwerlich zugleich mit einem Blasinstrument dargestellt sein. Die kleine Figur unter seinem erhobenen Arm scheint in der einen Hand eine „tête coupée" zu tragen und die andere zum übergroßen Karnyxbläser zu erheben.

Die Kopfjagd ist auf dem Kessel mehrfach zu sehen und hat wohl ihre Vorbilder auf gallischen Münzen wie jener des Caesarfeindes *Dubnoreix* (gewöhnlich: *Dumnorix*), die den Fürsten mit einem abgeschlagenen Kopf, einem erlegten Tier und einer *karnyx* zeigt.[2]

Die Darstellung des Mondes ist wie das grammatische Geschlecht zumeist in den germanischen Sprachen, männlich. Er befindet sich auf der Innenseite und hat die Form eines waagrecht liegenden Sichelmondes, dessen ein gekrümmter Ausläufer in einer Hand endet, die einen Rinderkopf an einem Hornende hält, während die Hand des anderen Sichelarms ein Tier mit Gras zu füttern scheint. Das Kugelgesicht des Mondes wächst aus der konkaven Krümmung nach oben, ist wieder bartlos und wie das des „Barden" mit einer enganliegenden Mütze nach Art einer Badehaube bedeckt. Wie allen Figuren fehlen auch dem Mond die Ohren. Unterhalb des Mondes stehen vier Männer, deren einer ein liegendes Rind am Halfter hält, was auch auf eine Opferszene deuten könnte. Darüber befinden sich ein fliegender Greif und ein ungehörntes springendes Tier (eine Hirschkuh?) mit sehr ungewöhnlich abgewinkelten Vorderbeinen. Der Mond ist offenbar auch der „Herr der Tiere" und entspricht somit thematisch und funktionell in etwa der Wiedergabe des Gottes mit Hirschgeweih (*Cernunnos*) auf dem Kessel von Gundestrup. Er ist übrigens das einzige nicht-terrestrische Element auf dem Kessel, ein Befund,

---

1   Birkhan (1999b), Abb. 279.
2   Birkhan (1999b), Abb. 293

der gegen jegliches astrologischen Interpretationsversuch spricht.

Nach links anschließend stellt die nächste Innenplatte zwei Krieger mit gebündelten Kurzspeeren dar, die an die „Spielspeere" des Ulsterhelden *CúChulainn* erinnern, denen ein Krieger mit Kopftrophäe entgegenreitet. Dazwischen steht ein Laubbaum, in dessen Krone sich ein überdimensionaler bartloser Kopf en face vom selben Typ wie der des „Mondgottes" mit geöffnetem Mund befindet, was an ein Baumorakel oder eine Baumgottheit denken läßt. Neben dem Baum befindet sich ein Eber, ein Lieblingstier des gallischen Kunsthandwerks, der ein gutes Gegenstück in der gallo-romanischen Eberbronze von Neuvy-en-Sullias hat.[1]

Weiter nach links schließt eine merkwürdige Szene an, die von einem kentaurenartigen Mischwesen beherrscht wird. Zwischen Vorder- und Hinterbeinen befindet sich ein Rad und legt somit die Herkunft des Bildes von gallischen Münzen nahe. „Genetisch" stammt dieses Rad aus der Barbarisierung der griechischen Goldstatere, die auf dem Revers den Makedonenkönig auf seinem Kampfwagen zeigen. Bei der Keltisierung des Bildprogramms ging der Kampfwagen verloren, während eines seiner Räder zwischen die Pferdehufe geriet. Nach Wirth war das Pferd natürlich ein Sonnenzeichen und meinte letztlich „das Roß am Welten- oder Lebensbaum".[2] Auf den Münzen wird das Roß vor allem bei den pferdegeisterten Treverern kentaurenartig mit Menschenhaupt dargestellt.[3] Mit einiger Wahrscheinlichkeit kann man die Idee des Kentaurenbildes auf dem Kessel aus dem Chiemsee von keltischen Münzen herleiten. Doch was bei diesen in einer faszinierenden Weise „expressionistisch" hingeworfen erscheint, ist hier durchaus schülerhaftbrav.

Vor dem Kentauren steht ein Mann mit enganliegenden Hosen, wie wir sie auch vom Gundestrupkessel kennen, jedoch beide Arme in die Hüfte gestützt, was ihm trotz seiner relativen Kleinheit – sein Scheitel befindet sich nicht einmal in der Widerristhöhe des Kentauren – etwas Herrscherliches gibt, so daß er den Eindruck eines Dompteurs erweckt, der nun gleichsam abwartet, ob der Kentaur ein bestimmtes Kunststück ausführen wird. Allein diese Pose scheint ein deutlicher Anachronismus, ist mir jedenfalls aus prähistorischem Bildmaterial der Eisenzeit und später nicht geläufig.

Links von dem Kentauren befinden sich drei Krieger, die mit ihren Langschilden stark an den Gundestrupkessel gemahnen. Darüber fliegen drei

---

1 Birkhan (1999b), Abb. 439.
2 II, 146, 7, 9, 10; I, 412.
3 Gruel (1989), 78; Dembski (1998), Abb. 220f., 228, 322–327.

Greifvögel oder Raben (etwa Walküren?), welche Leichen durch die Luft davontragen (ob nach Walhall?), wobei der erste Leichnam enthauptet ist. Hier könnten ebenso gut germanische wie keltische Vorstellungen dahinterliegen. In der mythischen Welt beider Völker spielen Raubvögel und Aasfresser eine große Rolle. So erscheint die irische Schlachtgöttin *Bodb* in Krähengestalt, in der altkymrischen *Gododdin*-Elegie ist oft von diesen Leichenvögeln die Rede und für die Germanen ist der Zusammenhang so geläufig, daß es hier keiner Belege bedarf.

Anachronistisch insgesamt sind die Dreiviertelprofile der Figuren, die Form der Helme mit Nasenschutz und die Schwertform, relativ gut imitiert dagegen die Götterbilder mit ihren stark betonten Bärten – darunter ein Gott mit sechsspeichigem Rad, vergleichbar dem „Orakelrad"-Gott (bzw. dem Walter des Julrades in der Ideenwelt des Herman Wirth; s. oben S. 508) auf dem Gundestrupkessel. Die engen bademützenartigen Hauben erinnern an die Kopfbedeckung auf späthallstatt- oder frühlatènezeitlichen Kopfplastiken wie dem Köpfchen von Heidelberg oder auf der Säule von Pfalzfeld.[1] Natürlich gibt es dabei Unterschiede: die alten Darstellungen zeigen Zirkelschlagzwickel, während die Hauben auf dem Goldkessel eher gerieft scheinen. Die motivliche Verwandtschaft ist aber deutlich genug.

Fragt man nach dem Sinn des Ganzen, nach dem Aufbau und der inneren Logik des Bildprogramms, so steht man vor einer Gleichung mit vielen Unbekannten. Eigentlich ist jedes Bild für sich irgendwie aus dem Geist der möglichen Rezipienten deutbar – am schwierigsten der Kopf im Baum –, aber eine durchgehende Kulthandlung oder ein neuheidnisches Credo etwa der SS-Ideologie oder der Rosenbergschen Rassenphilosophie kann ich (noch?) nicht erkennen.

Am nächstliegenden scheint mir bisher die Vermutung, daß es sich bei den Innenplatten um eine Wiedergabe der drei Stände, des „Lehr-, Wehr- und Nährstandes", handelt. Dabei müßte das prophetisch-wissende (?) Haupt im Baum Lehren erteilen,[2] der Kentaure den Kavalleristen

---

1 Birkhan (1999b), Abb. 222f.
2 Ich denke dabei am ehesten an das berühmt-berüchtigte „Lied der alten Linde", ein prophetisches Schriftstück, das beim Fällen einer sehr alten Linde in Staffelstein (Bayern) ans Licht gekommen sein soll. Es ist in dem unsäglichen Buch von Alexander und Edith Tollmann „Das Weltenjahr geht zur Neige. Mythos und Wahrheit der Prophezeiungen; Wien – Köln – Weimar, 1998" wieder stärker in den Vordergund gestellt worden, wo das Machwerk auch abgedruckt ist. Die klerikale *prophetia ex eventu* muß nach dem ersten Weltkrieg, während der kurzlebigen Hoffnungen auf eine Restitu-

in der Ausbildung zeigen – man sagt ja von einem guten Reiter, daß er wie ein Kentaure „mit dem Pferd verwachsen" sei. Der davor stehende „Dompteur" wäre dann der Ausbildner des jungen „Kentauren". Der „junge Mond" würde dann die kultisch relevante Zeit des zunehmenden Mondes bezeichnen, die nach weitverbreitetem Aberglauben das Wachstum fördert, und würde sich so auf den „Nährstand" beziehen. Immer würden die jünglingshaften Köpfe die Jungmannen einladen, sich mit ihren Funktionen zu identifizieren. An Mädchen oder Frauen richtet sich der Kessel als Identifikationsangebot definitiv nicht.

Bei dieser Deutung bleibt vieles, vor allem auch das Bildprogramm – wenn es ein solches ist – auf den Außenplatten, offen. Ich rechne durchaus damit, daß meine Vermutungen bald durch genauere Interpretationen mit Abstimmung der Details auf Schlüsseltexte der Nazi-Esoterik präzisiert, wenn nicht gar überholt sein werden, auch sobald die Bilder einem größeren Publikum zugänglich sind.

Indessen tröste ich mich damit, daß eine allgemein befriedigende Deutung auch alter vergleichbarer Werke nicht widerspruchslos gelungen ist. So haben weder die Interpretationen des Gundestrupkessels selbst[1] noch auch jene der Hörner von Gallehus bisher einhellige Zustimmung gefunden.

---

tion des Habsburgermonarchie entstanden, aber in der Nazizeit überarbeitet worden sein, wie die folgende Strophe mit Bezug auf die „Legion Condor" (1936) beweist:
> Deutscher Nam', du littest schwer,
> Wieder glänzt um dich die alte Ehr',
> Wächst um den verschlung'nen Doppelast,
> Dessen Schatten sucht gar mancher Gast.
> Dantes und Cervantes welscher Laut,
> Schon dem deutschen Kinde ist vertraut,
> Und am Tiber- wie am Ebrostrand
> Liegt der braune Freund von Herrmannsland.

1 Allerdings haben die phantasievollen Deutungen von Jean-Jacques Hatt lange das Feld beherrscht und sich sogar in den Schautafeln mancher Museen niedergeschlagen; Hatt (1972); Hatt (1989).

M. Die Keltenrezeption im Neuheidentum

Der Mißbrauch des Germanenbildes seit der wilhelminischen Ära, besonders aber in der Nazizeit ließ die Germanen als Leitbild eines Neuheidentums nach dem Krieg in den Hintergrund treten.[1] Nach 1945, besonders aber eine Generation danach, als die „Aufarbeitung" begann, entstand ein Germanenbild, das so umschrieben werden konnte:

> „Die Germanen ... sind eher mit Vorsicht zu genießende Berserker, die den deutschen Nationalismus in SA- und SS-Uniform incl. einen eliminatorischen Antisemitismus quasi mythisch und wesenhaft in sich tragen, unkultivierte Barbaren, die ohne die griechisch-römisch-jüdisch-christliche-europäische Zivilisation und deren säkularen Höhepunkt, die Aufklärung, nicht zu ertragen sind: sie sind sozusagen die vorislamische Achse des Bösen. In dieses Bild fließen dann auch deutsche Tiefdenkerei, Romantik, Jugendbewegung, Ökologie, verspätete Nation und deutscher Sonderweg bruchlos mit ein.
>
> Weil die Deutschen nach 1945 natürlich nicht so sein und den ideologischen NS-Ballast möglich schnell los werden wollten, nahmen sie gern das Angebot der Re-Education an, das u.a. mit der keltischen Überlieferung die Möglichkeit bot, sich mit den bekannten Strömungen deutscher Kulturgeschichte zu identifizieren, ohne germanisch sein zu müssen."[2]

Indessen hat sich das Blatt gewendet. Das Heimatlich-Bodenständige gewann wieder an Wert. Zuerst in der Poesie (Dialektdichtung manchmal auch mit dadaistischem Einschlag) und in der Musikszene, wo die bodenständige Volksmusik durch die „Dialektwelle" an Terrain gewonnen hat, freilich nicht als etwas spezifisch Germanisches (was sie ja auch nicht ist), sondern als Inbegriff des „Lokal-urig-Alternativen" oft mit sozialethischer Komponente und unter Einkreuzung von Pop-Elementen. Wie überhaupt „alternativ" das Zauberwort ist.[3]

Heimat ist wieder „in", daher auch der Österreichbezug vieler bei uns erscheinender Keltenbücher von begeisterten Amateuren und für sol-

---

1 Dazu die interessanten Bemerkungen von Larrington (1997), 192–194.
2 So Volker Gallé, MacPhersons „Ossian" und Fouqués „Held des Nordens" in: http://www.nibelungenlied-gesellschaft.de/vortraege/galle/fs05_galle.html (6. 9. 2007).
3 Rahemipour (2002), 124–126.

che. Die Bücher tragen dann Titel wie: „Unser keltisches Erbe",[1] „Druiden, Wilde Frauen, Andersweltfürsten. Das Keltische Erbe in Österreichs Sagen", „Kelten Götter Heilige: Mythologie der Ostalpen", „Die Kelten Österreichs: Auf den Spuren unseres versteckten Erbes".[2]

Jenseits des Kantönligeistes fällt allerdings zunehmend die Opposition „keltisch versus germanisch" in sich zusammen. „Cool" und „in" ist „Alternativ-grün-ökologisch-spirituell" (Keltentopos Nr. 2) und gilt nun besonders für die Esoterik:

> „'Runen & Kelten'" heißt z.B. die Abteilung eines Esoterik-Versandes im Internet, ein anderer bietet 'Bücher zum Thema Runen, Kelten, Druiden, Germanen, keltische und germanische Mythologie, heilige Steinkreise, alte Rituale, Naturmagie, Kultorte und Kraftorte, Krafttiere, Symbole und Religion der Kelten und Germanen' an. Neuheidnische Naturreligionen ... mischen keltische, germanische, indianische, kabbalistische und okkultistische Überlieferungen und schmücken sich mit dem seit dem Feminismus positiv aufgeladenen Antibild der Hexe."[3]

Die höchst informative und m. E. vorbildliche Studie „Schwarze Sonne" von Rüdiger Sünner[4] zeigt eindrucksvoll, wie in der Ideologie und Diktion gegenwärtiger „rechter" Gruppen wie etwa des „Armanen-Ordens" und der „Artgemeinschaft" keineswegs scharf zwischen Kelten und Germanen geschieden wird. Dies zeigt sich schon in der Vereinnahmung von Stonehenge als urnordische Anlage, an der offenbar Kelten und Germanen Anteil haben. Es wäre gewiß zu viel verlangt, von den Wirrköpfen dieser Vereine auch noch eine Unterscheidung von Kelten und Germanen – womöglich auf linguistischer Basis – zu verlangen. Außerdem: die Herkunft aus Thule oder Atlantis – oder gar von den Sternen[5] – teilen ohnedies beide Völkerschaften, solange sie nur hochgewachsend und blond sind.

---

1 Resch-Rauter (1992).
2 Alle von Georg Rohrecker.
3 Gallé, ibid.
4 Sünner (1999), bes. 171–179.
5 Sünner (1999), 164–170, zum Versuch einer verschwörungstheoretischen Urmythologie durch Jan van Helsing (= Jan Udo Holay) in dem Buch „Unternehmen Aldebaran. Kontakte mit Menschen aus einem anderen Sonnensystem. Die sensationellen Erlebnisse der Familie Feistle", Lathen (Ems), 1997 [non vidi].

Ein Überblick[1] über all die, oft nur sehr kurzlebigen Vereine, Gruppen und Gemeinschaften ist hier nicht möglich und eigentlich auch nicht nötig, denn tatsächlich lassen sich alle Kreuzungen und Mixturen aus den genannten Elementen, wozu noch solche aus dem indischen Raum (Wiedergeburtslehre!) zu stellen wären, denken und auch – vor allem im Internet – belegen, wenn auch zuzugeben ist, daß eine Suche nach „Mevlana + Celtic", wenn man von CDs absieht, noch keine „spirituellen" Ergebnisse erzielte. Es bleibt also noch einem künftigen Guru vorbehalten, druidische Weisheit im Dervischtanz zu erlangen!

Ich konzentriere mich auf Vorstellungen von einer durchgehenden neuheidnischen Lebensordnung auf keltischer Basis, auf das „matriarchal" eingestellte Heidentum und den Neodruidismus.

1. Die neuheidnische Utopie von Summerisle

Ein frühes und sehr eindrucksvolles Beispiel einer neo-paganen Gesellschaft bietet der Film „The Wicker Man" (Anthony Shaffer; 1973). Mystifizierend meldet die Peter Snell Production im Vorspann: „Der Hersteller dankt Lord Summerisle und den Bewohnern seiner Insel an der Westküste von Schottland für das Vorrecht, Einblick in ihre religiöse Praxis nehmen zu dürfen ..."

> Auf *Summerisle* sind die alten Götter nicht tot. Der Christengott, in uralter Zeit durch Missionare verbreitet, hat seine Chance gehabt – und sich nicht bewährt. Um 1886 kaufte ein *Lord Summerisle*, ein angesehener viktorianischer Gelehrter und *freethinker*, eine verarmte Insel, stellte fest, daß der vulkanische Boden zusammen mit dem Golfstrom besondere Fruchtbarkeit verspreche und bepflanzte das Land mit erlesenem Obst. Nach ethnologischen Vorbildern führte er einen dazu stimmenden Fruchtbarkeitskult ein, den sein Sohn und sein Enkel, der gegenwärtige Lord (dargestellt von Christopher Lee), weiterführten, während das Christentum in Vergessenheit geriet. Die Einwohner von Summerisle glauben, daß ein Mensch nach seinem Tod in

---

[1] http://www.running-gag.de/wiki/Neo-Keltismus#Celtoi (22. 12. 2007) bietet einen guten Überblick über das keltische Neuheidentum mit wichtiger Literaturliste und weiteren Links.

einem Baum inkarniert werde. Dank des Fruchtbarkeitskultes konnten insbesondere die Äpfel von Summerisle zum Hauptexportgut werden und der Insel einen gewissen Wohlstand sichern. Gerät die Apfelernte in Gefahr, so ist mit einem Menschenopfer die Fruchtbarkeit wieder herzustellen. Im Vorjahr traf es ein Mädchen namens *Rowan*, in dessen Sarg sich bei der Exhumierung übrigens ein Hase findet, und aus dessen Grab ein zartes Ebereschenbäumchen (*rowantree*) wächst.

Im Gegensatz zu dem ermittelnden Polizeibeamten (dargestellt von Edward Woodward) vom schottischen Festland erscheint den Insulanern dies alles selbstverständlich und natürlich. Die Polizeiermittlung findet übrigens zufällig gerade an einem *beltaine*-Fest statt, dessen fruchtbarkeitsbestimmendes Brauchtum zum Ärgernis des prüden Beamten nur so von Sexualität strotzt: splitternackte Mädchen springen bei einer stonehengeartigen Steingruppe über offenes Feuer usw. Der alte Lord hatte sich freilich seinerzeit nicht nur an die keltischen Riten gehalten, sondern fast die gesamte viktorianische ethnologische Tradition seinen Untertanen auferlegt, und sich dabei offensichtlich von Frazers „Golden Bough" anregen lassen, so auch durch das Saturnalienfest, das nun hier auf den 1. Mai verlegt ist. Um den Unfug besser beobachten zu können, raubt der Sergeant einem der Teilnehmer sein Narrengewand und mischt sich in ihm unter die maskierte Menge mit dem Ergebnis, daß er zuletzt von *Lord Summerisle*, der selbst als Druide fungiert, in einem überdimensionalen *Wicker Man* zusammen mit einer Menge von Opfertieren, ganz wie es bei Caesar und Strabo steht, verbrannt wird.

Die neuheidnische Keltenrezeption hat, soweit ich sehe, mindestens drei Facetten, von denen die eine der Matriarchatsthese nahesteht, die zweite eine Verbindung mit christlichen Vorstellungen sucht, während die dritte sich eher dem patriarchalischen Druidentum verhaftet zeigt.

2. „Wiccas"

Die *Wicca*-Bewegung nahm ihren Aufschwung in der Aufbruchstimmung der mittleren und späten 60erJahre des 20. Jh.s zusammen mit der sexuellen Revolution, für die der Name „Woodstock", der der Beatles, der Beate Uhses und Oswald Kolles steht. Die Grundidee geht allerdings schon in die 1920er Jahre und auf das Werk von Margaret Alice Murray zurück.[1] In ihrer Beschäftigung mit der neuzeitlichen Hexentradition kam sie zu dem Ergebnis, daß das Hexenwesen tatsächlichen einen realen Hintergrund in der Form weiterlebender paganer Riten gehabt habe, die das Mittelalter überdauerten und bis in die Neuzeit neben der christlich-kirchlichen Kultur einherliefen. Den mutmaßlichen Hexenkult rekonstruierte sie in Anlehnung an Frazers Kategorien, in denen die Fruchtbarkeitsrituale eine große Rolle spielten. Obwohl diese „Kontinuitätstheorie" zum Teil durch die historischen Fakten nicht erhärtet werden konnte, hat sie doch für sich, daß es leichter vorstellbar ist, daß archaische Ideen und halbreligiöse Muster „subkutan" weiterleben, als daß im Spätmittelalter oder der frühen Neuzeit – womöglich unter dem strengen Auge des Protestantismus – neue Aberglauben und Bräuche quasi *ex nihilo* erfunden wurden.

Es ist freilich eine Ironie der Geschichte des Neuheidentums, daß ausgerechnet jene Bewegung, welche die vulgär-emanzipationistische Ideologie auf ihre Fahne heftete, von einem Mann, nämlich dem Engländer Gerald Broussau Gardner (1884–1964), ausgelöst und nachhaltig verbreitet wurde, auf den auch der Begriff *wicca* zurückzugehen scheint. Er konnte sich freilich schon auf einen älteren Forscher, Charles Godfrey Leland (1824–1903),[2] stützen, der als Sammler von Volkstraditionen, vor allem über die „Vecchia Religione", den Kult der *Aradia* und die Hexen berühmt geworden war und ihn wohl auch maßgeblich angeregt hat.

---

1 Murray (1921).
2 Frenschkowski (2008). Für den Keltologen ist Leland schon deshalb interessant, weil er glaubte, in der Sprache der damals *Tinkers* genannten *Traveller* einen eigenen keltischen Dialekt, das *Shelta*, entdeckt zu haben. Es erwies sich später als ein durch Lehnwörter und Solözismen zur Geheimsprache mutiertes Neuirisch.

Gardner hatte sich angeblich[1] in Ceylon, in Malaysia und auf Zypern mit allem Okkulten beschäftigt und einschlägige Arbeiten verfaßt. Ob Rosenkreuzer oder den *Ordo Templi Orientis* des berühmten „Großen Tieres 666" von Edward Alexander Crowley (der sich keltisierend *Aleister* nannte),[2] Gardner scheint keine Möglichkeit ausgelassen zu haben, in einen Geheimbund initiiert zu werden. Im Übrigen können wir an einer Gestalt wie der von Yeats, die freilich eine andere Dimension als Gardner hatte, sehen, welch unerhörter Einfluß von diesen Geheimbünden und Orden (wie ja auch Mathers „Golden Dawn") auf die Intellektuellen ausging.

Nachdem er die „Erbhexe" („Hereditary") Dorothy Clutterbuck kennengelernt hatte, trat er in ihren Hexenverband, den *New Forest Coven* ein. Unter Gardners Einfluß sollen 1951 die amerikanischen „Witchcraft Acts", welche Hexerei verboten, aufgehoben worden sein. Im gleichen Jahr gründete Gardner mit Edith Woodford-Grime den *Northern Coven*, der später *Bricket Wood Coven* genannt wurde. Fast selbstverständlich befreundete er sich auch mit Ross Nichols, den wir noch als Gründer der druidischen Freimaurerloge OBOD kennen lernen werden (s. unten S. 787). Gardner legte seine magischen Erkenntnisse im von Crowley beeinflußten „Buch der Schatten" nieder, dessen Texte vom Göttinnenkult handeln, ferner in der Gesamtdarstellung „Witchcraft Today" (1954) und in „The Meaning of Witchcraft" (1959). Natürlich handelt es sich auch hier um „fiktionale Wissenschaft", wenn Gardner etwa zu den „Druidinnen", deren Existenz im Altertum nicht über jeden Zweifel erhaben ist, sagt:

> „There was also a class of diviners called Druidesses and mentioned by Caesar in his *De bello Gallico*, who were looked on as even more ancient than the Druids; they were shape-changers and seem to have had all the characteristcs of witches. They made rain by sprinkling water over or beside nude virgins..."[3]

---

1 Luhrmann (2005), 275, spricht von „fictitious ethnographies of supposedly contemporeous witches".
2 Er siedelte sich um 1900 am Ufer des Loch Ness an, nannte sich Laird of Boleskine und trug die Tracht der Highlander; http://de.wikipedia.org/wiki/Aleister_Crowley (15. 1. 2008).
3 Gardner (2004), 37.

Der schon mit der „fiktionalen Didaktik" vertraute Leser wird gar nicht erst den Versuch machen, die angebliche Stelle bei Caesar zu finden. Gardner hat hier die Nachricht von Pomponius Mela (3, 6, 46) von neun jungfräulichen Priesterinnen auf der Insel Sena, die über Meer und Stürme gebieten und sich in Tiere verwandeln konnten sowie prophetische und Heilkraft besaßen (also „Hexen"!), mit der Sage von der Regenquelle im Wald von *Barenton* (s. oben S. 183) verbunden. Daß dabei nackte Jungfrauen besprengt werden mußten, dürfte Gardner frei hinzuerfunden haben. Der Name Caesars verleiht dem Mischmasch eine gewisse Autorität. Jedenfalls hielt Gardner die Kelten für besonders zum Hexenwesen prädestiniert.[1]

Der von ihm initiierte Raymond Buckland brachte durch seine Hohepriesterin Monique Wilson den *Wicca*-Glauben in die USA, wo er seit 1994 offiziell als „Religion" gilt.[2] Eine der Hauptrepräsentantinnen des *Wicca*-Kultes ist die 1951 geborene amerikanische Psychotherapeutin und „Ökofeministin" Starhawk, mit bürgerlichem Namen Miriam Simos,[3] eine „Adeptin" von Victor und Cora Anderson (s. oben S. 564).

Die *Wicca*-Religion geht von dem ags. Wort *wicca* ['witʃa] aus, das hier – nebenbei erwähnt – gewöhnlich falsch als ['wika] ausgesprochen und verwendet wird, weil es nur den männlichen Zauberer bezeichnet – die Zauberin heißt *wicce* (> nengl. *witch*), der Plural für beide Geschlechter *wiccan*. Das wird uns nicht weiter wundern, denn die mangelnde Beherrschung linguistischer Fakten gilt in den meisten Esoterikerkreisen wohl geradezu als Tugend. Wenn man die Rettung der Welt und die Zerschlagung des Patriarchats vor Augen hat, wird man sich nicht mit lächerlichen Endungen abgeben!

Die *Wicca*-Bewegung wurde mit der matriarchalischen Göttinnen-Bewegung von der dreigestaltigen Muttergottheit, wie sie u. a. Robert Graves und Zimmer Bradleys (s. oben S. 566, 595) vertreten hatten, gekreuzt. Wichtig ist, daß hier germanische Hexenvorstellungen, wie sie in dem Wort *wicce* stecken, mit keltischem Pseudo-Matriarchatsdenken

---

1 Luhrmann (2005), 275.
2 http://de.wikipedia.org/wiki/Gerald_Brousseau_Gardner (15. 1. 2008).
3 Starhawk (1979); Starhawk (1992), bes. 16. Dazu Winkler (2006), 81–87.

vermischt sind.[1] Man kann die Anhänger der *Wicca-*„Religion" oder des *Alten Pfades* bzw. der *Alten Religion*, religionsphänomenologisch ihrer Grundüberzeugung nach vielleicht am ehesten als „maternal-pantheistische Animisten" bezeichnen. Belangreich sind auch ökologische Prinzipien und allgemein der Ruf „Zurück zur Natur!"[2]

Die darübergestülpten Formalien und Riten können eigentlich von überall kommen: aus Neuplatonismus, Kabbala, Alchemie, Suffismus, Vedanta, Chakralehre, Astralleib- und Auraspiritismus, Taoismus, Masonismus, Ssabäertum etc. Alles ist mit allem kombinierbar, anything goes, ein Überwiegen der keltischen Mythologie ist nicht sehr deutlich.[3] Die Ethik läßt sich in dem Satz „Tue, was du willst, solange du niemandem schadest!" zusammenfassen. Entgegen den hochgesteckten synkretistischen Glaubensinhalten, nehmen sich dann die Zeilen eines Art Lehrgedichtes (die „Wiccan Rede" von Doreen Valiente) doch als seltsam banales Gereimsel aus:

Leb und lass andere leben,
sei mäßig beim Nehmen und mäßig beim Geben. ...
Alle Pflanzen sollst du hegen,
denn das bringt der Göttin Segen. ...
Doch heult der Wolf beim blauen Eisenkraut,
dann geh der Sonne entgegen, denn der Mond wird abgebaut.[4]

„Im Gegensatz zu den großen Weltreligionen (einschl. der fernöstlichen), die durchweg das eigentliche Heil im Jenseits suchen und die materielle Welt als unrein oder leidvoll betrachten, ist Wicca eine freudvolle, lustbetonte und diesseitsbejahende Religion, die den Körper nicht als ein zu überwindendes Übel ansieht und Körperlichkeit und Natur auch nicht als sündhaft, sondern als im höchsten Maße heilig erachtet."[5]

---

1 Sie sind speziell ausgeformt im „Norse Wicca (Teutonic Wicca, Wiccatru)". Dies „bezeichnet eine Mischung aus Wicca und dem germanischen Heidentum Asatru, wobei die meisten Vertreter des Asatru diese Art von Synkretismus strikt ablehnen. Im Wiccatru werden das germanische Pantheon der Edda und die germanischen Namen der Jahresfeste verwendet und die Ethik wird durch die sogenannten 'Neun edlen Tugenden' (Mut, Wahrheit, Ehre, Treue, Disziplin, Gastfreundschaft, Fleiß, Selbstständigkeit und Ausdauer) ergänzt. In der magischen Praxis werden z.B. Runen-Orakel und die schamanisch-ekstatische Seiðr-Magie verwendet"; http://de.wikipedia.org/wiki/Wicca (15. 1. 2008).
2 Gugenberger – Schweidlenka (1987), 256–261.
3 http://de.wikipedia.org/wiki/Wicca (15. 1. 2008).
4 http://de.wikipedia.org/wiki/Wicca (15. 1. 2008).
5 http://de.wikipedia.org/wiki/Wicca (15. 1. 2008).

Es gibt auch Wiedergeburt, doch ist diese keinem Karma und keiner Prädestination unterstellt. Zwischen den Inkarnationen ruhen sich die Seelen im „Sommerland" aus. – *Sapienti sat*. Diese *aestiva regio* ist *Somerset* mit Glastonbury/*Avalon*, dem Entrückungsort Arthurs, könnte wohl auch der Bardenideologie des *gorsedd* entspringen, aber ebenso gut auch die *Summerisle* des Filmes „Wicker Man" sein.

> Im Gegensatz zum Schadzauber der klassischen Hexen „dient Magie im *Wicca*-Kult angeblich nur dazu, natürliche Energien zu lenken und notwendige Veränderungen zum Positiven anzustoßen [sic!]. Gewaltfreiheit hat einen hohen Stellenwert."[1]

Als Hauptgottheiten gelten die berühmte dreifaltige Göttin, die die Lebensstadien symbolisiert und zum Mond gehört, und ein ihr unterstellter behornter Sonnengott.[2] Wir haben gesehen (s. oben S. 524), daß das Comics „Sláine" diesem Konzept nahesteht, wenn auch spielerisch sehr viel fester in der inselkeltischen Tradition verwurzelt. Gardner erklärte den behornten, jedenfalls männlichen Partner der Göttin (= Hexe) als jene Gestalt, die in kirchlicher Terminologie „Teufel" genannt wurde. Dabei habe es eigentlich an den Umständen gelegen, ob in dieser Rolle ein Druide, der Mann der Priesterin-Göttin (= Hexe) oder etwa der Stammesälteste fungierte, ohne daß die „Hexe" es gewußt hätte. Ja, durch Verkleidung als schwerttragender Mann konnte sie selbst diese Funktion übernehmen.[3]

Im *Wicca*-Glauben sind synkretistisch mehrere Formen heidnischer Religiosität mit Christlich-Jüdischem zusammengeflossen. Außer Al-

---

1   http://de.wikipedia.org/wiki/Wicca (15. 1. 2008).
2   Nach C. G. Jung gelten diese Gottheiten manchen Gläubigen nur als Archetypen des kollektiven Unbewußten „oder Göttin und Gott werden als Symbole für Anima und Animus im individuellen Unterbewußtsein angesehen." ... „Oftmals werden die Göttin und der Gott auch als polare Aspekte eines allumfassenden, ungeschlechtlichen und monistischen Eins gesehen, das von Patricia Crowther als Dryghten (ein altgermanisches Wort unbekannten Ursprungs ...) bezeichnet wurde und in etwa dem hinduistischen Konzept des Brahman oder dem buddhistischen Shunyata sowie dem taoistischen Tao entspricht. So: http://de.wikipedia.org/wiki/Wicca (15. 1. 2008). Wie gewöhnlich offenbart sich auch hier die linguistische Schwäche, denn ags. *drychten* ist ein gutbekanntes Wort, dessen Grundwort *druht-* in allen germ. Sprachen belegt ist (vgl. dt. *Truchseß*) und 'Truppe' bedeutet. Der *drychten* ist also der „Herr der Heerscharen"!
3   Gardner (2004), 131f.

tägyptischem und Indianischem gibt es eine alteuropäische Tradition: aus antiker Wurzel stammt die auf den mediterranen Volksglauben zurückgehende Figur der *Herodias* (auch: *Aradia*),[1] speziell „keltisch" ist außer der erwähnten Vorstellung von der Göttin und ihrem „Partner" der Festkreis, der die vier Feste der Inselkelten umfaßt und wohl auch der Begriff des meist mit Hain und Wald verbundenen *Coven* – nach Gardner ein uraltes und unerklärtes Hexenwort[2] –, da man die Kelten doch wegen Klischee Nr. 2 speziell für „Waldleute" hielt (s. oben S. 31). Während bei den meisten *Wicca*-Sekten die Riten im Freien stattfinden, verfügt die „Aquarian Tabernacle Church (ATC)" über eigene „Kirchen und Ritualplätze, die meistens mit Menhiren umgeben sind:"[3] Wieder einmal das „Fascinans des Großen Steins".

Häufig verehrte Götterpaare sind: *Aradia – Cernunnos* (= auch *Aradia – Karnayna*), *Habondia/Dana – Cernunnos*, *Diana – Pan*, *Frigg/Freya/Holda – Freyr* oder *Odin* (*Wodan*). Als Partnerin des behornten *Cernunnos* kommt also außer der *Herodias* und der *Abundantia* 'Überfluß' die irische Muttergottheit *Danu* in Frage. Marion Zimmer Bradley (s. oben S. 596) hätte da freilich arthurische Namen bereit. [Ein Schönheitsfehler ist, daß weder *Freyr* noch *Wodan* als Hornträger besonders bedeutend sind.] Unter den „seltener angerufenen Gottheiten" finden sich außer *Proserpina* und *Pluto* nur semitische und indische Namen.

Im Festkreis werden die vier „Feuerfeste" der Kelten als die „höheren" Festtage oder „Großen Sabbate" gefeiert; also: *Samhain, Imbolc, Beltaine* und *Lughnasad*.[4] Dazwischen die den Kelten wahrscheinlich ursprünglich fremden, aus der germanischen Tradition stammenden „kleinen Sonnenfeste" oder „Kleinen Sabbate": *Litha* (Sommersonnwende),[5] *Jul* oder

---

1   Leland (1899); jetzt auch zugänglich unter: http://www.sacred-texts.com/pag/aradia/index.htm (15. 1. 2008). Zu *Herodias* s. auch: Murray (1921), 102; eine Gesamtwürdigung Lelands neuerdings in: Frenschkowski (2008).
2   Gardner (1959), 60. Das Wort *coven* gehört natürlich zu *convenire, convent* usw.
3   http://de.wikipedia.org/wiki/Wicca (15. 1. 2008)
4   Was freilich als Hinweis auf keltisch-druidische Wurzeln im *Wicca*-Glauben gewertet wird; Gardner (1959), 66–68.
5   Vgl. auch die Druidenaktivität in Stonehenge, bes. in einem Youtube-Film vom Sommersolstitium 1987; http://www.youtube.com/watch?v=NYCvOX0b8QY&NR=1; vgl. auch: http://www.illuminati.ch/cgi-bin/pnews/powernews.cgi?Pagan+News (6. 6. 2008)

Alban Arthan (Wintersonnwende), *Ostara* oder *Alban Eiler* (Frühlings-Tagundnachtgleiche) und *Mabon* (Herbst-Tagundnachtgleiche). Dabei fällt auf, daß auch *Litha* (zu air. lith 'Festtag') und *Mabon*, hinter dem sich der uns bekannte Sohn der *Modron* verbergen wird (s. oben S. 132) – warum gerade beim Herbstäquinoktium? –, gleichfalls keltisch benannt sind. *Litha* deutet sogar auf einen Namengeber, der eine Ahnung vom Irischen hatte, nämlich einen gewissen Aidan Kelly, der diese Namen in den 1970er-Jahren erfunden haben soll. *Alban arthan* 'Bärenäquinoktium' und *Alban eiler* 'Schmetterlingstagundnachtgleiche' wird auf den „Druidenkalender" des *Iolo Morganwg* zurückgeführt.[1]

> An Besonderheiten des Glaubens ist zu den Festen zu bemerken, daß der „gehörnte Gott" zu *Samhain* stirbt – wohl „geopfert" wird, „doch die Göttin trägt bereits seinen Samen in sich." ... „Mit der *Wintersonnenwende* wird die Wiedergeburt des geopferten Jahresgottes bzw. der Tod des Stechpalmenkönigs (Gott des abnehmenden Jahres) und dessen Ablösung durch den Eichenkönig (Gott des zunehmenden Jahres) gefeiert. Traditionsgemäß werden in dieser Nacht zahlreiche Feuer und Kerzen entzündet, um die Rückkehr des Lichts herbeizubeschwören." [Man merkt hier deutlich den Einfluß des „Golden Bough"] ... Zu *Imbolc*: „Die Göttin ist zu dieser Zeit im Jahreszyklus eine Jungfrau. ... Manche Wicca setzen sich eine Krone mit brennenden Kerzen auf den Kopf [ähnlich der Luzia im schwedischen Brauchtum]. Da der Tag die Kräfte der Sonne und des Feuers, und damit Licht und Inspiration symbolisiert, wird er gern für Initiationsrituale genutzt." ... [zu *Ostara*]: „In der Wicca-Religion bedeutet die gleiche Länge von Nacht und Tag, dass das Licht nun die Dunkelheit überholt und die Göttin erwacht und Fruchtbarkeit über die Erde bringt", was sich natürlich auch in Ostereiern äußert ... *Beltaine* ist ein sexuell konnotiertes Fest, aber mit Blocksberg und Teufelsbuhlschaft zu Walpurgis will die moderne Hexe angeblich nichts zu tun haben. ... [Zu *Litha*] finden Freudenfeuer statt" – vgl. die Sonnwendfeuer des kontinentaleuropäischen Brauchtums – ... *Lughnasad* „ist das Fest der Fülle und des Überflusses, bei dem man den Göttern mit Opfergaben für die blühende Natur und das reife Korn dankt und sie um eine reiche Ernte bittet. Neben Beltane [sic!] diente das Fest auch dazu, menschliche Bindungen zu weihen." ... *Mabon* „ist das zweite Haupt-Erntefest. Es beginnt bei Sonnenuntergang an dem Tag, an dem

---

1   http://de.wikipedia.org/wiki/Wicca (15. 1. 2008)

die Sonne in das Tierkreiszeichen Waage eintritt. Mittelpunkt des Festes ist eine üppige Mahlzeit, mit der man für die reiche Ernte dankt. Als Zeichen der Dankbarkeit wirft man drei Früchte zu Ehren der Kornmutter über die Schulter. Bei der Getreideernte bleibt die letzte Garbe zusammengebunden stehen oder wird überhaupt nicht geschnitten. Das Fest steht auch für den feierlichen Abschied vom Sommer und dient der innerlichen Vorbereitung auf den Winter. An diesem Tag wird dann auch innegehalten und darüber reflektiert, was im vergangen Jahr geschehen ist, um sich für das kommende Jahr neu vorzubereiten. Zu einem Mabon-Mahl gehören in erster Linie Wild, rote Weine, Melonen, Kuchen und alles, was man aus Äpfeln zubereiten kann."[1]

An Requisiten braucht die „Hexe" einen schwarzen Zeremonialdolch (*Athame*), ein „weißes Messer", einen Zauberstab, ein „Pentakel" (Gegenstand mit Pentagramm), ein Weihrauchfaß, eine Peitsche, eine Kordel, einen Besen [zur Reinigung, nicht für den Ritt!], einen schmiedeeisernen Kessel, ein Pendel, Kuchen und Wein für Kommunionsrituale, einen Kelch, einen Weihwedel aus Kräutern, Salz, Weihwasser, eine minoische Doppelaxt und natürlich ein Zauberbuch (das „Buch der Schatten").

Die Riten werden oft nackt („skyclad") ausgeführt, da die Kleidung die magischen Energien isoliert. Maßgeblich sind der magische Kreis und seine Viertel, die den Himmelsrichtungen, Jahreszeiten und Elementen entsprechen.[2] Für die Bewegung im Uhrzeigersinn sagt man *deosil* (= air. *dessel*), die Bewegung gegen den Sonnenlauf heißt mit dem engl. Wort *widdershins*. Bei Vollmond findet das *Esbat*-Ritual „Drawing down the moon" statt, „bei dem die Göttin herbeigerufen und von der Hohepriesterin verkörpert wird, indem diese deren Kraft in sich aufnimmt. Dies ist eine Form von gewollter ritueller Besessenheit", während der sogenannte „Große Ritus" aus einem symbolischen oder tatsächlichen Hieròs gámos „mit Elementen der tantrischen Sexualmagie" besteht. Zwei andere zentrale Riten sind „Erden" und „Zentrieren".

---

1 http://de.wikipedia.org/wiki/Wicca (15. 1. 2008)
2 Vgl. das Hexenbild von John William Waterhouse „The Magic Circle" (1886), wo die Hexe allerdings viktorianischer Sitte gemäß bekleidet ist; http://artmagick.com/pictures/picture.aspx?id=5605&name=the-magic-circle (26. 5. 2008).

Was die Elementargeister angeht, so beruft sich die Lehre auf Okkultisten wie den walisischen Angelologen und Alchemisten John Dee (1527–1608), den englischen Alchemisten Edward Kelley (1555–1594) und Paracelsus (1493–1541), sowie auf den Anthroposophen Rudolf Steiner (1861–1925).

Die vielen Unterformen, Varianten und Sekten der „*Wicca*-Religion" sind für den Außenstehenden kaum überschaubar, zumal es ja jedem freisteht, sobald eine Zahl von zwölf Personen (darunter eine Frau, ein Mann und ein junges Mädchen) erreicht ist, einen eigenen *Coven* zu eröffnen und den Schwerpunkt der „Arbeit" willkürlich oder nach besonderer Eingebung festzusetzen. Aus unserer Sicht genügt es, auf einige wenige *Wicca*-Richtungen hinzuweisen:

> *Corellian Wicca*, welche die Lehren der schottischen High-Corell Familie mit solchen der Cherokesen vermischt. *Pecti-Witta* [sic!] steht der angelsächsischen *Seax Wicca* nahe, verwendet aber stärker schottisches Traditionsgut. Der Name will ja glauben machen, daß piktische Wurzeln zugrundeliegen. *Faery Wicca* (nicht identisch mit *Feri Wicca*; s. oben S. 564) glaubt besonders an Naturgeister und Feeen, die vom „Volk der Thuata de Danaan" [sic!] abgeleitet werden. Am interessantesten im Hinblick auf die Keltenrezeption ist natürlich *Celtic-Wicca*, „bei der unter praktischem Bezug auf Wicca-Rituale und Philosophie auf keltische, hauptsächlich irische und walisische Symbolismen zurückgegriffen wird. Im Mittelpunkt stehen hier häufig die Göttinnen Ceridwen oder Brigid und die Götter Cernunnos und Lugh. Im Gegensatz zu den meisten Wicca-Traditionen gilt im Celtic Wicca häufig der Mond als männlicher und die Sonne als weiblicher Aspekt des Göttlichen."[1]

Betrachtet man die einzelnen Facetten des *Wicca*-Kultes, vor allem „Celtic-*Wicca*", so kann man nicht umhin, sie mit dem in der „Pfahldorfgeschichte" Fr. Th. Vischers gezeichneten Heidentum zu vergleichen und festzustellen, daß der Vergleich deutlich zum Vorteil Vischers ausfällt. Natürlich ist diese Feststellung nicht ganz fair, weil Vischer ja eine durch und durch heidnische Lebenswelt mit all ihren materiellen Möglichkeiten zeichnet, über die der „Verein" des *Wicca-Coven* natürlich nicht ver-

---

[1] http://de.wikipedia.org/wiki/Wicca (15. 1. 2008)

fügt. Dennoch, was Originalität und Phantasie angeht, könnte der *Wicca*-Kult gewiß einiges bei Vischer lernen.

3. Celtic Wisdom

Das Buch „Celtic Wisdom and Contemporary Living", 2007 von einer Autorin auf den Markt gebracht, die sich *Phyllida Anam-Áire* ('Seel-Sorge') nennt, stehe als ein Beispiel für – wahrscheinlich – viele andere, die unter dem Deckmäntelchen der Keltizität eine pseudoreligiöse Lebenshilfe anbieten. Dem Internet entnimmt man, daß die Verfasserin „eine irische Druidin, Heilerin, Schamanin, Sängerin und Mutter" ist, dem Buchumschlag nach ist sie außerdem eine muttersprachliche Irischsprecherin aus einem kleinen Dorf in Donegal, „where she learned Celtic mythology and rituals." Nachdem sie dem Nonnendasein abgesagt hatte, ließ sie sich von Elisabeth Kübler-Ross zur Sterbebegleiterin ausbilden. Danach wirkte sie als Laienseelsorgerin in Gefängnissen und als Mitarbeiterin der Friedensbewegung in Nordirland. „She also is a poet, a singer and a storyteller, as well as the author of 'The Celtic Book of Dying'". In ihrer synkretistischen Frömmigkeit, die auch christliche Einschläge kennt, nimmt die altirische Göttin *Brigit* eine ganz besondere Stelle ein.

Die Lehre scheint durch C. G. Jung angeregt. Das Buch „Celtic Wisdom" gibt sich als eine Art spirituelles Vademecum für alle Lebenslagen, in das immer wieder erklärende Partien und Übungen ("Exercises") eingeschoben sind. Das Titelbild zeigt den mystischen Baum, dessen Wurzeln sich mit den Ästen symmetrisch verflechten, den wir auch als „keltisches" Tätowiermotiv kennen (s. oben S. 743). Die Lehren selber verstehen sich z. T. als psychotherapeutische und sind nicht Gegenstand meiner Untersuchung. Erstaunlich ist nur die Art, wie sie mit den Kelten zusammengebracht oder ihnen in die Schuhe geschoben werden.

Wer waren die Kelten?
Darüber belehrt uns Appendix 2: „They came from Russia in the third millennium BC. [hier wirkt wohl Marija Gimbutas nach, nur daß die Kelten

mit den Indogermanen verwechselt werden!], and were known as a passionate, earthy tribe of people. They studied mathematics [?], astrology and the sleep of the dead [gemeint ist vielleicht der Seelenwanderungsglaube der Druiden]. Three tribes settled in Asia Minor, where they founded the town of Ankara, (*anam cara* 'soul friend' [!]) ... Auf dem „Gundestrop [sic!] Cauldron" beeindruckt unsere „Seelsorgerin" vor allem der geweihtragende Gott *Cerunnos* [immer so geschrieben!] mit seinem Torques, der den Kreislauf von Leben und Tod bezeichnet, „and the serpent represents the kundalini energy[1] of life force." Die sieben Enden seines Geweihs bezeichnen die sieben Energiezentren des Körpers. Ohne Geschichte lebten die Kelten in der „Traumzeit", dem „eternal now" bzw. in einer Art zyklischem Weltbild. „One full cycle of breath took millions of years, and so the great breath is still creating its evolutionary creation on the earth [nicht immer zu deren Vorteil, wie die Klimakatastrophe zeigt!], and in all other worlds, seen and unseen." ... „My father's father's use of language was dramatic, sensuous, and poignant. The Celtic soul is steeped in symbolism and living the symbolic life adds both colour and dynamism to the most mundane situation. [In der „Celtic soul" leben die Ideen von Renan und Arnolds fort, wahrscheinlich ohne daß dies der Verfasserin bewußt ist; s. oben S. 462ff.]. For this I am grateful because nothing is as it appears in the mind of the Celt but in the very bloodstream of nature herself are such mystories [sic!] and magick [sic!] making. Living the elemental life brings us closer to our primal nature, soul."[2]

Da gesagt wird, daß die „Seelsorgerin" in ihrem Heimatdorf in Donegal die keltischen Mythen und Riten kennengelernt habe, mag der Folklorist gespannt sein, was ihm etwa bei seinen Kundfahrten entgangen ist. Da lernen wir den Aufklärungsunterricht des jungen Mannes durch drei ältere Männer im „Männerhaus" ('The House of Men') kennen. Einer der Initianten zeichnete einen weiblichen Körper und bezeichnete dem Initianden die erogenen Zonen. Die junge Frau wurde im „Frauenhaus" unterwiesen, allerdings, wie sich aus dem Kontext ergibt, in vorchristlicher Zeit. Die „Göttin" *Sheela-na-gig*, eine in der Romanik nicht seltene apotropäische Steinfigur,[3] die dem Beschauer das *pudendum muliebre* weist, soll

---

1 Nach tantrischer Lehre eine Art Bioenergie, die man gerne als zusammengerollte Schlange abbildet.
2 Anam-Aire (2007), 202f.
3 Dazu Kelly (1996); Bitel (1990), 229–234; Birkhan (1999b), 513 – 515. Dort Druckfehler „Ballyparty" für richtiges „Ballyporty" (Co. Clare).

die Frauen in der Masturbation unterwiesen haben, aber auch in lesbischen Vergnügungen. Dadurch lernten die Frauen ihren Körper kennen ... Das Menstruationsblut „was ceremoniously taken from the vagina in a small shell, and placed in the earth. A blessing was said as the earth covered the red blood from the woman's womb."[1] All das hat sich unsere „Seelsorgerin" schön und tiefsinnig ausgedacht. Daß nichts davon im keltischen Altertum, geschweige denn in jüngerer Vergangenheit in abgelegenen Dörfern Donegals belegt scheint, muß kaum noch erwähnt werden.

> Originell ist auch die Deutung des Maibaumes (May-pole) mit seinen bunten Bändern. Er erinnert daran, daß nach dem altirischen Landnahmebuch „Lebor Gabála" die unter *Partholon* gelandeten Menschen zu *Beltaine* durch eine Seuche hinweggerafft wurden. „The pole represents the pestilence itself, whilst the colourful streamers flowing from the top symbolize the ways in which it spread from one to the other. The dance depicts the writhing of the bodies as they contracted the plague or petulance."[2] Ich glaube kaum, daß der Maitanz jemals eine originellere Deutung gefunden hat.

Reizvoll sind in diesem Schrifttum immer die etymologischen Erklärungen (s. oben zu *Ankara*). Mit Recht fällt dem Kessel eine zentrale Bedeutung zu: „The word 'cauldron' comes from the Celtic, *calla* or *caul*, or 'hood' – something encompassing the head of a child when born..."[3] Der Kessel ist aber nicht nur Eihaut und – wie man bei uns sagte – „Glücks-

---

1 Anam-Aire (2007), 137f. Meiner lieben irischen Kollegin Amanda Reid verdanke ich den Hinweis auf das irische *piseog*-Brauchtum. Dabei wird faules Fleisch, ein faules Ei oder eine gebrauchte Damenbinde in einem Strohnest irgendwo auf dem Grund jener Person vergraben, der man schaden will. Da ir. *pis* eine Nebenform zu *pit* 'vulva' ist, denkt Reid in diesem Zusammenhang an die *Sheila-na-gig*-Tradition, die hier von der „Seelsorgerin" mißverstanden oder bewußt umgedeutet wäre. Reid verweist dazu auf folgende Literatur: Angela Bourke, The Burning of Bridget Cleary, London 2006; Richard Breen, The Ritual Expression of Inter-household Relationships in Ireland, Anthropology 6 (1980), 37; Danaher (1972), 117; Conrad Arensberg, The Irish Countryman: An Anthropological Study, New York 1968, 174–178; E. Estyn Evans, Irish Folk Ways, London 1957, 295 306. Natürlich wäre es denkbar, daß man im Heimatort der „Seelsorgerin" tatsächlich etwas Menstruationsblut in einer Muschel vergrub, aber dann doch wohl immer noch als Schadzauber. Von einem ähnlichen Heilzauber scheint nichts bekannt.
2 Anam-Aire (2007), 151.
3 Anam-Aire (2007), 51. – In Wirklichkeit ist *cauldron* ein romanisches Lehnwort (zu frz. *chaudron*, span. *calderon*, italien. *calderone*), das von lat. *calidus* 'warm' abgeleitet ist.

haube", sondern auch ein Symbol von Brigits Mutterschoß, in dem sie alles in Liebe birgt, heißt sie doch auch „'keeper of the heart', which can be translated as the 'keeper of the hearth', as 'hearth' and 'heart' are synonymous within the Celtic soul" [!],[1] die somit über einen eigenen semantischen Kode verfügt. Ohne wohl die kymrische Entsprechung zu kennen (s. oben S. 120), hat auch Anam-Áire ihre Belehrung aus dem Kessel erhalten, „the Cauldron teaches that we need to be able to 'see our own faces in the face of all humanity', only this way can we become truly holy."[2] In auffälliger Weise werden alle Gralsassoziationen vermieden. Es ist auch offenkundig, daß uns die „Seelsorgerin" eine sublimere, reflektiertere Form der keltischen Religion bieten will als etwa die *Wicca*-Bewegung. Die eingestreuten Gebets- und Meditationstexte verraten manchmal geradezu poetischen Aufschwung. Das psychologische Rätsel, daß persönlich sicher höchst integre Personen einfach Traditionen verfälschen und erfinden, stellt sich bei dieser anscheinend von Idealismus und Künderbewußtsein erfüllten Autorin mit besonderer Deutlichkeit.

4. Der Neodruidismus

Eigentlich sollte man die geradlinige Fortsetzung keltischer Religiosität[3] und keltischer Kulte im neuheidnischen Druidentum[4] erwarten.

Wie heute der „Druide eingeschätzt" wird, hat die statistische Untersuchung Stefanie Patzers gezeigt:[5] Von 314 Antwortenden fiel 147 Personen spontan „Asterix/Miraculix" ein, 80 Personen verbanden sie mit „Heilkunde", 66 Personen mit „Weisheit/Bildung" und nur 47 mit „Zauberer/Magier". Unter einer Reihe möglicher Persönlichkeitstypen, die sie 350 Befragten vorschlug, wurde der „Druide" (bei möglichen Mehrfachantworten) von 232 Personen dem weisen Zauberer „Gandalf" (aus

---

1 Anam-Aire (2007), 52.
2 Anam-Aire (2007), 59.
3 Dazu jetzt Hofeneder (2005) und Hofeneder (2008).
4 Dazu das reich bebilderte Buch Green (1998), 138-179. Das Werk hat (180f.) ein Adressenverzeichnis moderner Druidenorganisationen! Dazu neuerdings auch Kowarik (2008) und Penz (2008).
5 Patzer (2009.

Tolkiens „Herr der Ringe"), von 78 dem „Dalai Lama", von 69 „Gandhi" und von 39 „Einstein" als nächststehend zugewiesen. Von 350 Befragten glauben 39,4% (138 Personen), daß es heute noch Druiden gäbe, während dies 24% (84 Personen) verneinten. Der Rest war sich unschlüssig. Wenn es heute noch Druiden gibt, worauf 132 Personen antworteten, so nach der Meinung von 34 „in Irland", 23 „auf der ganzen Welt", 18 unter „Naturvölkern", 17 in Europa und nach der Meinung von 12 Befragten speziell in Schottland. Auf die Frage „Woher, glauben Sie, kommt das Wissen über die Druiden?" haben 244 Personen Mehrfachantworten gegeben. Immerhin gaben 34,34% (137 Personen) „durch schriftliche Überlieferung" an, während 27,82% (111 Personen) auch die Vermittlung dieses Wissens durch „mündliche Überlieferung" für möglich hielten. Nur wenige, nämlich 7,02% (28), glauben, daß wir unsere Kenntnis aus „Sagen/Mythen/Märchen und Comics wie Asterix" schöpfen. Auf die Frage, wie man zum Druiden würde, antworteten 284 Befragte: 67 „durch höhere Bestimmung" (23,59%), 55 durch „persönliche Einstellung" (19,37%) oder – sozusagen rein formal – 53 (18,66%) „durch Aufnahme in einen Orden" (15, 14). Interessanterweise scheint das von den antiken Autoren so in den Vordergrund gestellte langwierige Studium überhaupt nicht präsent zu sein.

Für die Frage der modernen Druiden liegt das Problem vor allem darin, daß man zwar mancherlei über die Institution des Druidentums weiß,[1] z.B. daß die Druiden bestimmte Vorrechte genossen, einen Mistelkult übten[2] und die Metempsychose lehrten, daß uns aber andererseits die genauen, ja nur mündlich überlieferten Lehrinhalte unbekannt sind, wenn auch die Neodruiden glauben, daß sich das alte Wissen auf mysteriöse Weise trotz Romanisierung und Christanisierung bis heute erhalten habe. Wer nun einen Druidenkult ins Leben rufen will, steht vor der Schwierigkeit, daß er im Grunde so gut wie keine speziellen Lehrinhalte kennt. Wir wissen, daß wir „in abgelegenen Schluchten und Höhlen" lernen und lehren müssen und nur ja nichts aufschreiben dürfen, aber wir wissen nicht, was das

---

[1] Brunaux (1996), 28–38; Ó hÓgáin (1999); Brunaux (2002); Van Andringa (2002); Coulon (2002); Birkhan (2002a); Birkhan (2003a); Hofeneder (2007).
[2] Dazu: Birkhan (1999c) und neuerdings: Andreas Hofeneder (2007).

sein soll. Das führt dazu, daß der Neodruidismus sich eklektisch bei allen halbwegs geheimnisvollen oder alten Vorstellungen bedienen muß.[1]

Eine mir bekannte Akademikerin, die sich zur Druidin ausbilden ließ, mußte z.B. lange arthurische Texte auswendig lernen. Das ist deshalb nicht erstaunlich, weil auch der unvermeidliche Jean Markale die *Queste* der arthurischen Ritterwelt im Sinne der Besuche in der Anderen Welt als ein besonderes Anliegen der Druiden herausgestellt hat.[2]

Besonderes Ansehen genießt dabei die Mistel, wie jeder Astérix-Leser weiß, eine Lieblingspflanze der Mythologen, die – eingetrocknet – golden leuchtet und daher angeblich von Frazer als der „Golden Bough" des Aeneas angesehen wurde, während sie in der altnordischen Mythologie als die Todespflanze des Gottes *Baldr* gilt. Das Geheimnisvolle ihres unberechenbaren Parasitentums und die ihr zugeschriebene Heilwirkung machen die Mistel für alle Esoteriker attraktiv. „Druidinnen" und als Druiden gewandete Herren posierten gerne mit Mistelzweigen, und sogar die Archäologen nannten die „Mickymaus-Ohren" späthallstattzeitlicher und frühlatènezeitlicher Stelen, wie jener vom Glauberg, „Mistelblätter" einer „Blattkrone", was nicht unbedingt auf botanische Beobachtung deutet. Besonders der Jugendstil hat das Mistelblatt als Motiv der Kunst entdeckt.[3]

---

1 Als mutmaßliches Druidenwerk könnte den Adepten die Geomantie gelten, wie sie etwa von einem sonst ernst zu nehmenden Archäologen für fünf Berge im Dreiländereck Frankreich-Deutschland-Schweiz behauptet wird, die alle den Namen *Belchen* tragen. Verbindet man die Gipfel mit Visierlinien, so ergeben sich Linien, die den Sonnenstand zu bestimmten markanten Tagen des Jahres bezeichnen. Doch daß diese Tatsache in der Vorzeit zu astronomischen Beobachtungen benutzt wurde, ist (auch archäologisch!) nicht wahrscheinlich zu machen; Magin (2000), 74f. Die Namen *Belchen* und (*Grand*) *Ballon* können zwar aus dem Keltischen hergeleitetet werden, beziehen sich jedoch nicht auf die Visur. Von den inselkeltischen Festtagen spielen nur *Beltaine* und *Samain* eine Rolle, nicht *Imbolc*, nicht *Lugnasad*. Nun kann man freilich mit Recht bezweifeln, daß dieses Festsystem schon bei den Kontinentalkelten gegolten hat, warum wären aber *Beltaine* und *Samain* dann doch wichtige Daten in der „Belchenoskopie"? Ich habe in Basel, im Zentrum der *Belchen*-Studien, einen diesbezüglichen Vortrag gehalten, der jedoch nicht gedruckt vorliegt. Die ganze Spekulation gehört letztlich in eine Phase der Archäologie, die in „Sternenpfaden und Kalenderbauten" schwelgte, eine Sichtweise, die sehr stark in Halle verwurzelt war (Magin [1996], 67f.) und jetzt durch die „Himmelsscheibe von Nebra", aber auch die Anlage des keltischen Fürstengrabes vom Glauberg (Wetterau), wieder Auftrieb erhielt.
2 Markale (1989), 249–253.
3 Becker – Schmoll (1986).

Da nun die in der Antike genannten druidischen Zauberpflanzen nicht mehr zu bestimmen sind und auch die Beschaffung des aus Schlangengeifer gebildeten *ovum anguinum* schwierig sein dürfte,[1] erhebt sich ernstlich die Frage, womit sich denn ein Neodruide beschäftigen soll.[2]

a. Die *Gorsedd*

Wir haben gesehen, wie die Druiden und die Wicker Men die Phantasien der frühen Altertumskundler beflügelten (s. oben S. 445), insbesondere die des William Stukeley, der sie für kreuzigende Juden hielt und mit einer Variante der Freimaurerei verquickte. Der um etwa drei Generationen jüngere Steinmetz Edward Williams (1747–1826), der sich nach seiner Herkunft aus Glamorganshire *Iolo Morgannwg* nannte (*Iolo* ist die kymrische Koseform für *Iorwerth* = *Edward*) und sich selbst für den Nachkommen eines Druidengeschlechtes ausgab, verband die Druidenphantasien[3] mit den seit dem Hochmittelalter belegten „Sitzungen" (*Eisteddfodau*) der Barden, die zuerst 1176 erwähnt werden.

Damals hatte der Fürst von Deheubarth (Südwestwales) Rhys ap Gruffudd, der *Arglwydd Rhys* (s. oben S. 623), dessen mutmaßliche Grabplastik wir in der Kathedrale von St. David's bewundern können, in der Burg von Cardigan aus ganz Wales Barden zum Wettstreit aufgerufen, wobei der Preis darin bestand, mit dem Fürsten an der Tafel speisen zu dürfen. Gestützt auf Namen historischer Barden wie *Aneirin*, *Llywarch Hen* und den besonderen Liebling *Taliesin*[4] (s. oben S. 119, 121f., 140, 148, 153) versuchten die Waliser der Neuzeit natürlich eine Kontinuität mit dem keltischen Altertum, den alten Barden, der Bestätigung ihres Standes und

---

[1] Dazu die interessante Ausgestaltung in MacGregor (1901), 15, in der sich die antiken Berichte mit esoterischen Vorstellungen kreuzen, und bei unbedarften Lesern den Eindruck des „Faktischen" erwecken konnten.
[2] Zum Folgenden vgl. den ausgezeichneten wikipedia-Artikel: http://de.wikipedia.org/wiki/Neuzeitliche_Druiden (30. 4. 2008).
[3] Diese sind lehrreich zusammengestellt von Edward Davies (1809).
[4] Vgl. Nash (1858a); Nash (1858b).

ihrer Rechte durch Hywel Dda um 970, der Reformation des Ordens unter Gryffyth ap Cynan 1078 und den Dichtern des 12. Jh.s herzustellen. Die außerordentlich hochstehende Metrik und die grammatischen Einsichten der alten Barden regten zur Weiterführung dieser Wissenschaft an.[1] Die alten Gesetze schreiben ja die Rechte und Pflichten der Barden minutiös und für uns manchmal erheiternd vor. So heißt es im Gesetz des Hywel Dda etwa vom Hofbarden, er habe zuerst, wenn ein Gesang verlangt wird, von Gott zu singen, dann vom König des Hofes und, wenn es von diesem nichts zu singen gäbe, eben von (irgend) einem anderen König.[2] In der Aufzählung der Hofämter erscheint der Hofbarde zwischen dem Metbrauer und dem Arzt, eine andere Regelung stellt ihn mit Schmied und Priester auf eine Stufe.[3] Es lag für die „Neubarden" nahe, hier an dieser herausgehobenen Position anzuschließen.

So liest man etwa in der *Barddas* ('Poetry') des *Llewellyn Sion* (Pseudonym für *Iolo Morganwg*) in der Übersetzung durch Rev. John Williams ab Ithel, daß unter *Macsen Wledig* 383 n. Chr. die Barden zu ihrer Unterstützung besondere Vorrechte erhalten hätten, daß es in der Folgezeit aber doch bergab gegangen sei, durch „divulging of the name of God, introducing falsehood into vocal song, and distorting the sciences of Bardism." Um dem abzuhelfen, habe Arthur im 6. Jh. seine Tafelrunde gegründet – ein neuer Aspekt derselben! –, „which was 'an arrangement of the arts, sciences, usages, and privileges of the Bards and men of vocal song...'"[4] Die beiden Merline, *Taliesin* und *St. Mabon* – der Sohn der *Modron* (s. oben S. 132) hat es inzwischen wie seine Mutter zum Heiligen gebracht[5] –, führten den Vorsitz an dieser „Bardentafel".[6] Natürlich entstand im Kontext der *Barddas* auch die Pseudo-Runenschrift des *Coelbren y beirdd*, der 'Loshölzer der Barden'.[7]

---

1 Lewis (1984).
2 Jenkins (2000), 147.
3 Jenkins (2000), 146, 151.
4 Vgl. die kühnen Kombinationen von Morgan (1911), 89–98.
5 Roscarrock's Lives, 148–150.
6 Barddas, lxxif.
7 Barddas, 55–167. Vgl. den Internetartikel von Serenwen [Weißer Stern], Coelbren Ar Beirdd, in: http://www.druidry.org/obod/lore/corlbren/coelbren.html (4. 1. 2005).

Zurück zur Geschichte: Die *Eisteddfodau* wurden nach Rhys eine Zeitlang weitergepflegt, indem man jährlich solche Konkurrenzkämpfe austrug. Seit der Eroberung von Wales durch Edward I. 1284 wurde der Bardenstand verfolgt, behielt jedoch noch einen Rest seiner sozialen und politischen Bedeutung, der aber mit dem Verbot unter Elisabeth völlig verlorenging. Allerdings wurde das Bardenwesen im frühen 19. Jh. wieder aufgenommen und nun kontinuierlich fortgeführt. Iolo Morganwg und sein Gesinnungsgenosse, der Pfarrer Edward Davies (s. oben S. 427), führten jetzt die Idee der *gorsedd* (< abrit. **u̯or-essed-*) 'Daraufsitzen' ein, wobei ursprünglich an das Sitzen auf einem Grab- oder Erdhügel gedacht war. Nach dem Untergang des Druidentums soll die *gorsedd* auf dem entlegenen Margam Mountain (*Twyn y Duwlith* 'Hill of the Divine Lessons') weitergeführt worden sein.[1] Im „Ersten Zweig des Mabinogi" lesen wir, wie *Pwyll*, der Fürst von *Dyvet* (*Demetia*), von einem solchen Hügel aus die elfenhafte Reiterin *Rhiannon* wahrnahm.[2] „Hügelsitzung" inspiriert also und ist daher auch in der Rechtsfindung eine bestehende Praxis.[3] Deswegen war die *Gorsedd* früher auch mit Steinsetzungen verbunden, die man da und dort noch als Zeugen einer solchen Veranstaltung und der damit verquickten Inspiration in walisischen Städten (z. B. in Aberystwyth in den Castle Grounds) sehen kann.[4] Heute führt angeblich eine die *Eisteddfodau* organisierende Agentur Steinattrappen mit sich, die je nach Schauplatz installiert werden können.[5]

Iolo erfand mit der *Gorsedd* eine Art ritueller Sitzung, die den Druiden inspirieren sollte und heute allgemein als das „Thronen des Druiden" bzw. als *Gorsedd y Beirdd* 'Thronen der Barden' die elitäre Tafel und ihre um das Walisertum verdienten Mitglieder (Politiker, Sportler, Künstler, Intellektuelle) bezeichnet. Der Bardenthron wird immer wieder neu kon-

---

1 Morgan (1911), 152. Zur Lokalität: http://www.ucl.ac.uk/archaeology/cisp/database/site/marg1.html (30. 6. 2008)
2 Vgl. das Aquarell „Rhiannon" (1981) von Alan Lee; Die Kelten (2001), 31.
3 So erklärt sich wohl auch das Wort *gorsedd* im mittelalterlichen walisischen Recht; Charles-Edwards – Jones (2000). Auch im deutschen Mittelalter wurde auf Gerichtsbergen Recht gesprochen, so etwa auf dem vorgeschichtlichen Grabhügel auf dem Quetzer Berg südlich von Zörbig (Ldkr. Bitterfeld), wo man regelmäßig zu Gericht saß; Lück (2005), 18f.
4 Birkhan (1999b), Abb. 765.
5 Vgl. http://www.bbc.co.uk/wales/northeast/sites/eisteddfod/pages/history.shtml (5. 1. 2008).

struiert und war Abbild aller möglichen Stil- und Geschmacksrichtungen – inklusive extremer Chinoiserien.[1] Die erste *Gorsedd* Iolos kam in London am 23. September 1792 auf Primrose Hill – noch heute Schauplatz neodruidischer Aktivitäten zu *Beltaine* – zusammen.

Ihr Credo war, wie die *Barddas* zeigt, eine weitausgebaute Lehre, die sich in „Symbol", „Theology" und „Privilege and Usage" gliedert. Jede der Wahrheiten bzw. jeder der Lehrsätze ist wieder triadisch aufgebaut. Es gibt z.B. „drei Kreise der Existenz":[2] den Kreis von *Ceugant* (etwa 'Unendlichkeit'), den Kreis von *Abred* (etwa 'innerweltliche Wiedergeburt') und den Kreis von *Gwynvyd* ('Weiße Welt = Seligkeit'). Erstaunlich ist dann der nächste Lehrsatz: „The three states of existence of living beings: the state of Abred in Annwn [gemeint ist der *Abyssus*]; the state of liberty in humanity; and the state of love, that is, Gwynvyd in heaven." Natürlich müßte hier für *Abred* eigentlich *Ceugant* stehen, denn die innerweltliche Wiedergeburt gehört eher zum „state of liberty in humanity" und die Unendlichkeit eher zu *Annwn.* Dann würde auch die Reihenfolge der ersten Triade zur zweiten stimmen. Das folgt auch aus einem späteren Initiationsgespräch nach dem Muster der Türhütergespräche.[3] Bei genauerer Betrachtung strotzen diese Texte von logischen Inkonzinnitäten und Inkonsequenzen, was nur dann erklärlich ist, wenn man annimmt, daß sie wenig gelesen und noch weniger oder gar nicht durchdacht und diskutiert wurden.

Diese neuheidnische – oder besser: neuheidnisch-christlich-synkretistische – Institution wurde ab 1819 mit der damals in Carmarthen in der „Ivy Bush Inn" abgehaltenen *Eisteddfod* verbunden.[4] Auch heute noch präsidiert der jeweils auf drei Jahre gewählte Archdruid die *Gorsedd*, wo er in seinem Phantasiekostüm aus bronze- und eisenzeitlichen Accessoirs[5] während der *Eisteddfod*-Woche die von Iolo erfundenen Riten auszuüben hat. Dazu gehören Beschwörungen, weiße, blaue und grüne Roben, „das Schwert des Friedens", „das Horn der Fülle (*Hirlas*)", „die Getreidegarbe"

---

1 Greenslade (2000), 62f.
2 Das Folgende aus Barddas 170–173.
3 Barddas, 226f.
4 Bilder zu *gorsedd* und *eisteddfod* bei Green (1998), 152–157.
5 Stuart Piggott (1968), Abb. 116; den bronzezeitlichen Goldkragen des Ornates s. in: O'Brien–Harbison (1996), 23.

– und der „Elfentanz".[1] Die Aufgabe des Archdruid besteht auch in der Krönung der im Wettstreit (im strengen Metrum und in Prosa) siegreichen Barden, die zunächst unter Decknamen auftreten, wie überhaupt die Geheimniskrämerei der Künstler- und Decknamen, die ja auch bei den Bretonen begegnet, für die bardische Gelehrsamkeit ganz spezifisch zu sein scheint. Tatsächlich gibt es ja auch ein bretonisches Neodruidentum, das alljährlich ein Druidenfest abhält.

Der Erzdruide vertritt in gewisser Weise auch die Kelten nach außen. Als 1980 im Keltenmuseum von Hallein eine Keltenausstellung eröffnet wurde, befand sich der Archdruid Dr. Geraint Bowen in vollem Ornat unter den Ehrengästen.[2] Seit 1880 hat die „National Eisteddfod Association" jährlich die *Eisteddfod* samt *Gorsedd* abwechselnd in Süd- und Nordwales auszurichten, was lediglich 1914 und 1940 nicht gelungen ist. Wie populär *Eisteddfod* und *Gorsedd* waren, kann man einer Buchstabentabelle für die Alphabetisierung der Kinder in den Sonntagsschulen entnehmen. Dort wird für A das Beispielwort *afal* 'Apfel' genannt, wie wir es für den Elementarunterricht erwarten, aber schon für B steht 'Barde' (*bardd*), für D 'Druide' (*derwydd*), für H 'Trinkhorn' (*hirlas*) – gemeint ist das rituelle, Owein zugeschriebene Trinkhorn des *Archdruid* – und für Th das Muster 'und eine Harfe' (*a thelyn*). Darunter befinden sich das Ogamalphabet sowie die erfundenen Buchstaben von *Coelbren y Beirdd* samt deren angeblichen Vorstufen.[3]

b. Masonismus

Abgesehen von der *Gorsedd* existiert heute der Neodruidismus in zwei Spielarten: in einer masonistischen und einer neopaganen.

Von Anfang an hatte die Weisheit der Druiden, ihre angeblich tiefe Einsicht in Naturzusammenhänge und ihre vermutlich überschätzte Humanität sie als geeignete Vorbilder der Freimaurerei erscheinen lassen.

---

1 Vgl. Delaney (1993), 204–207.
2 Szene Magazin, 19.
3 Delaney (1993); Birkhan (1999b), Abb. 765–767.

Eine zentrale Rolle sollte dabei der Persönlichkeit von John Toland (1670–1722) (s. oben S. 427) zufallen.[1] Dieser ursprünglich katholische Ire aus Ardagh war früh zum Protestantismus übergetreten, hatte in Glasgow, Edinburgh und Leiden studiert und 1696 das Buch „Christianity Not Mysterious" verfaßt, das in Dublin vom Henker öffentlich verbrannt wurde. Später entwickelte sich Toland zu einem der Hauptrepräsentanten des Empirismus und eines vernunftbetonten Deismus, angeblich die erste Person, die man *freethinker* nannte. So gründete er 1717 den ersten druidischen Freimaurerverband, aus dem 1781 der „Ancient Order of Druids (AOD)" hervorgehen sollte. John Toland schrieb 1718 „The History of the Druids, Containing an Account of the Antient Celtic Religion and Learning", worin er die Meinung vertrat, daß Keltentum – für ihn am ehesten im Irentum greifbar –, Druidentum und Freimaurerei untrennbar miteinander verbunden seien. John Cleland erklärte 1766 das engl. *Freemasons* unter Hinweis auf *Beltaine* als „die freien Söhne des Maien", also: *Free May sons*.[2] Trotz der heidnisch-deistischen Grundeinstellung hatte der Freimaurerorden auch eine christliche Färbung. Für William Stukeley, Kleriker der anglikanischen Kirche, war der Beitritt 1721 keineswegs problematisch.

Dem „Ancient Order of the Druids" gehörte Thomas Gray, der Verfasser der Bardenode (s. oben S. 338) ebenso an, wie der Dichter-Mystiker William Blake (1757–1827) und der bedeutende Lyriker William Wordsworth (1770–1850). Ein berühmter Exzentriker und Sonderling[3] war der walisische Arzt William Price (1800–1893) von Llantrisant (Glamorgan), der ein Druidenkostüm und eine Kopfbedeckung aus Fuchspelzen trug,[4] wenn er nicht nackt ging. Er erregte u.a. dadurch Aufsehen, daß er 1884 seinen mit fünf Monaten verstorbenen Sohn *Iesu Grist ap Rhys* ('Jesus Christus, Sohn des Rhys'!) öffentlich verbrannte – um die Erde durch den Leichnam nicht zu beschmutzen – und nach einigen rechtlichen Querelen so zum Begründer der neuzeitlichen Feuerbestattung in Großbritannien wurde.

---

[1] Vgl. Green (1998), 146f.
[2] Cleland (1766), 120f. (= Celtic Linguistics, 1700-1850, Bd. 3, London – New York 2000).
[3] Thomas (2001).
[4] Birkhan (1999b), Abb. 764.

Der AOD[1] spaltete sich 1833, wobei der „United Ancient Order of Druids (UAOD)" eine Großloge bildete, aus der dann die „Friendly Society" (eine Versicherungsgesellschaft auf Gegenseitigkeit) hervorging, die sich besonders der Hilfe für ihre Mitglieder und deren Angehörige in Situationen der Not widmete und damit eine der Vorstufen der heutigen Sozialversicherung wurde. Noch in den 30er-Jahren entstand die erste dieser Logen in den USA, von wo aus auch 1872 eine Tochterloge in Berlin gegründet wurde („Vereinigter Alter Orden der Druiden [VAOD]").[2] Diese Logen bestehen bis heute. Auch der „Ancient Order of the Druids", in den 1908 immerhin auch Winston Churchill aufgenommen wurde, existiert noch und ist, wie man dem Internet entnehmen kann, z. B. auch an der University of Oregon aktiv.[3] 1964 spaltete sich unter Führung des Geheimbündlers und Gerald-Gardner-Freundes Ross Nichols eine eigene Gruppe „The Order of Bards, Ovates and Druids (OBOD)" ab.[4]

Dabei stellt der Begriff der †Ovaten den Freimaurerdruiden als Philologen kein gutes Zeugnis aus, denn das Wort †ovates ist bloß das Ergebnis einer Fehllesung des festlandkeltischen und später auch lateinischen Wortes vātes für den inspirierten Dichter. Wurde dieses Wort mit griechischen Buchstaben als οὐάτεις geschrieben, so konnte es von einem minder Bewanderten in †ovates mißverstanden und flugs zu einer Art „Druidengesellen" als Vorstufe des „Druidenmeisters" umgedeutet werden.

„Die genaue Mitgliederzahl [scil. der neuzeitlichen Druidenorden] ist nicht bekannt, sie schwankt, je nach Autor, zwischen 50.000 und 2 Mio. Die Tätigkeit beschränkt sich jedoch auf die englischsprachenden Länder, auf Skandinavien, Deutschland und die Schweiz."[5] Wie man leicht

---

1 Das Folgende nach: http://de.wikipedia.org/wiki/Druiden-Orden#Symbole_des_Druiden-Ordens (5. 1. 2008).
2 Dazu: http://www.druiden-orden.de/111.html (24. 5. 2008).
3 Auch die deutschen Freimaurer leiteten sich von den Druiden her, wie die Geschichte einer großen Tropfsteingrotte im Altmühltal bei Kelheim beweist. Antike Autoren hatten berichtet, daß die Druiden sich zu ihrem Unterricht in Waldschluchten und Höhlen zurückzogen. Anton von Schmauß, der Besitzer der Höhle, hielt also das „Schulerloch", das danach bis heute seinen Namen hat, für den Versammlungsort dieser alten naturforschenden Gelehrten und brachte sie 1825 durch eine Statue in der Wand des Eingangspavillons mit der ägyptischen Isis zusammen, die er als pantheistische Göttin ansah.
4 http://de.wikipedia.org/wiki/Druiden-Orden#Symbole_des_Druiden-Ordens (5. 1. 2008).
5 http://de.wikipedia.org/wiki/Druiden-Orden#Symbole_des_Druiden-Ordens (5. 1. 2008).

beobachten kann, ist hier das Geheimbundwesen und die Vereinsmeierei manchmal wohl auch zum Selbstzweck geworden, wozu auch die „malerischen" Abbreviaturen wie AOD, UAOD, VAOD, OBOD, ADO (*Anglesey Druid Order*), BDO (*British Druid Order*), OOC (*Order of Clochsliaph* bzw. *Orden vom Steinberg*; s. unten S. 790f.), OWO (*Order of Whiteoak*), DDO (*Deutscher Druiden-Orden*)[1] usw. gehören. So entstanden die „Druidenorden" aus Freimaurerlogen und haben bis heute noch eine ähnliche Struktur wie diese. Andererseits waren sie ja gerade in Schottland und Wales auch Keimzellen des Nationalismus – ein Gedanke, der grundsätzlich den masonistischen Prinzipien widerspricht. Ein besserer Kenner der Freimauerei als ich könnte vielleicht auch beurteilen, inwieweit sich die 33 „Schottischen Hochgrade", die in den preußischen Logen noch über den drei Graden der Johannisfreimaurerei stehen,[2] auf angeblich druidisches Gedankengut stützten.

Im frühen 19. Jh. gelangte die Idee des Neodruidismus auch in die kontinentalen Logen.

Der Amberger Regierungsrat Anton von Schmauß kaufte 1825 die im Altmühltal (nahe Kehlheim) gelegene „Riedlhöhle", eine ansehnliche Tropfsteingrotte. Da er aber von den Druiden wußte, daß sie vorwiegend in Höhlen und abgelegenen Schluchten unterrichteten (*aut in specu aut in abditis saltibus*; Pomponius Mela 3, 2, 19), so erklärte er die Höhle, die er mit großem Aufwand für die Allgemeinheit erschlossen hatte, schnurstracks zur druidischen Akademie, weshalb sie bis heute das „Große Schulerloch" heißt (*Schuler* '*scolares*; Gelehrte'). Die deistisch-pantheistische Gesinnung des Freimaurers Schmauß drückt sich in einer beim Eingangspavillon der Höhle befindlichen Isis-Statue als Verkörperung der Göttin *Natura* aus.

Das große Interesse der Zeit und der Gegend erweist sich übrigens auch in den archäologischen Grabungen des Eichstätter Stadtpfarrers Franz Anton Mayer, der einen Grabhügel geöffnet hatte, welchen er für den eines „altteutschen Druiden" hielt. Dabei verstand er unter „altteutsch" weniger die ethni-

---
1 Wiese-Fricke (1931).
2 Hoffmann (2000), 61.

sche Zugehörigkeit zu den Germanen als die Tatsache, daß der Tote im Boden des Vaterlandes gelegen war. Der Pfarrer pflegte „die Knochen manches hier beerdigten Landsmannes ihrer alten Steindecke zu entlasten und sich für diesen Liebesdienst die neben ihm entdeckten Seltenheiten zuzueignen."[1] Schon sechs Jahre zuvor (1826) wollte Mayer das Grab einer Druidin entdeckt haben. Sein Hauptkriterium für die Annahme, daß es sich um Druiden handle, bildet der relative Reichtum des Grabes einerseits, und das Fehlen aller kriegerischen Paraphernalien andererseits. Dazu schien ihm auch ein rituelles Steinmesser (?) zu stimmen, das er im Druidengrab gefunden hatte. „Kelten" – „Steingerät" – „Druiden" – „Vorzeit" bilden ein Vorstellungssyndrom, wie wir es ganz am Beginn der keltischen Altertumswissenschaft kennengelernt haben (s. o. S. 438ff.).

„Moderne Druidenorden" gibt es – wie angedeutet – auch in Deutschland mit der Abfolge: Ovate – Barde – Druide plus 7 Hochgrade, wobei zu betonen ist, daß Frauen in allen masonistischen Druidenorden ausgeschlossen bleiben. Die offizielle Darstellung in Wikipedia[2] bekennt sich zur Verbindung mit den alten Druiden, betont aber, nicht die alten Kulte nachäffen zu wollen:

„Die Symbole des Druiden-Ordens nehmen, soweit aus heutiger Sicht noch nachvollziehbar, meist auf die keltische Überlieferung Bezug. Dabei spielen Kult oder Religion der in den Kämpfen mit Rom untergegangenen keltischen Zivilisation jedoch keine Rolle – im Gegensatz zu anderen neuzeitlichen Vereinigungen, die Glauben und Götterlehre der Kelten bewahren oder wiederbeleben wollen …
  Die *Eiche* versinnbildlicht dem modernen Druiden Stärke und Kraft. Zur inneren Logensitzung versammelt man sich um den *Druidenstein*: Auf zwei aufrecht stehenden Steinen ruht waagrecht ein dritter. [Ein letzter Rest der Dolmenfaszination!] Er ist Sinnbild der Festigkeit und der Beständigkeit des Bundes. Die auf ihm lodernde *Flamme* symbolisiert das Licht der Erkenntnis und des Wissens, sie bedeutet zugleich Herzenswärme und Seelenreinheit. Die *Mistel* steht für ewige Erneuerung und die Jugendkraft, sie ist somit auch das Zeichen der Ovaten, der neu in den Orden Eingetretenen. Mit der *Sichel* schnitt einst der Druide die Mistel von der heiligen Eiche. Darum steht die Sichel für zielbewusste Arbeit. Die *Harfe* war das Instrument der Barden,

---

1 Mayer (1831), 4.
2 http://de.wikipedia.org/wiki/Druiden-Orden#Symbole_des_Druiden-Ordens (5. 1. 2008)

der keltischen Sänger; sie symbolisiert Harmonie und Frieden. Die Symbole *Schwert und Schild*, die früher für Recht und Gerechtigkeit standen, wurden in neuerer Zeit durch den *Globus* ersetzt, der zur Verantwortung für den Lebensraum Erde und die Umwelt aufruft" [Kursivierungen von Bi.].[1]

Die masonistische Druidenlehre kann unter Umständen „moderne Sagen" aus dem alten Irland generieren, wie sie von Graves nicht schöner zu erwarten wären.

> Zur Erklärung des uns schon bekannten Liedes „Róisín Dubh" mit seiner politischen Allegorie vom Ende des 16. Jh.s liest man unter „Wissenswertes" im Internet: „Viele Jahre nachdem Cuculain [sic!], Sohn des Gottes Lug, seine letzte Schlacht gegen die Königin von Connachta geschlagen hatte, lebten in Eriu bei Briug na Boinde einige Druiden. Diese Druiden trugen schwarze und rote Gewänder mit ihrem Symbol, der 'Roisin Dubh', der schwarzen Rose."[2] Der Verfasser hatte von dem Zusammenhang zwischen Druiden und Freimaurern und von der masonistischen Symbolik der Rose (als Zeichen der Verschwiegenheit, daher *sub rosa*) gehört und – Knall und Fall – einen Zusammenhang hergestellt, der nun arglosen Lesern verkauft wird!

Als Nachfahre und Erbe des 1964 von Ross Nichols gegründeten OBOD (dem „Orden der Barden, Ovaten und Druiden") und des „Orders of Whiteoak" (*Ord na darach Gile*; OWO) wurde von Uwe Eckert und Anja Flegel am Steinberg in der Burg Münzenberg (im hessischen Wetteraukreis) zu *Lughnasad* 2001 der OOC, der „Deutsche Orden vom Steinberg – keltisch-germanische Religionsgemeinschaft e.V.i.G. – Order of Clochsliaph" [sic!] gegründet. Dieser neuheidnisch-synkretistische Orden beruft sich nicht nur auf die üblichen pseudodruidischen Vorstellungen und Riten, sondern auch auf die christliche Bewegung der *Céli Dé* (> angloir. *Culdee*), der 'Gefolgsleute Gottes', einer vom hl. *Máelrúain* von Tallacht zu Ende des 8. Jh.s besonders vertretenen Reform der Frömmigkeit, die sich in „Wüsten"-Siedlungen wie *Dysert O Dea* (Co. Clare) mit sehr strenger Regel ausdrückte. Nach und nach entwickelte sich das Wort *Culdee* zur Bezeich-

---

1 http://de.wikipedia.org/wiki/Druiden-Orden#Symbole_des_Druiden-Ordens (5. 1. 2008).
2 http://www.floggingmolly.de/html/wissenswertes.html (6. 1. 2008). Man beachte die optische Sensation der schwarzen Rose auf dem schwarzen Druidengewand!

nung eines antipapistischen christlichen Geheimbundes. Solche Traditionen scheint auch der „Orden vom Steinberg" einbezogen zu haben. Im Gegensatz zu den klassischen masonistischen Druidenorden besteht hier auch ein germanisches Element; außerdem können hier ganze Familien, aber auch Ledige oder Verheiratete sowohl als Mitglieder als auch als Novizen, als „Brüder" und „Schwestern", aufgenommen werden. „Sie treten ein für Religiosität und Glauben an mehrere keltische Götter und die Naturreligion, Humanismus, Toleranz, Allgemeinbildung, Verständigung zwischen ethnischen Gruppen und alten Wertvorstellungen ... Die pantheistischen Gottesdienste und Jahreskreisfeiern werden vom Orden bevorzugt an als *Nemeton* bezeichneten Orten im Freien abgehalten, eigene Gotteshäuser sind daher nicht nötig. In den Räumen des Ordens oder verbundener Vereine werden das Studium heiliger Schriften, sowie auch Versammlungen abgehalten." Seit 2003 eröffnen Fernkurse den Zugang zu der Naturreligion des „Ordens vom Steinberg". 2005 wurde von „MicNight" [recte: McKnight !], einem in Tampa (USA) lebenden „renommierten Videokünstler und Lehrer, eine Videoreportage zusammengestellt, die in den USA auch als Lehrmaterial gezeigt wird".[1] Der Orden besitzt Mitglieder in Österreich, USA, Irland und Norwegen und unterhält Beziehungen mit und Kontakte zu Gruppen in Übersee und Europa.

c. Druidischer Neopaganismus

Einen höchst kuriosen Hintergrund hat, wie behauptet wird, eine der neopaganen Wurzeln des Druidentums, die 1963 am Carleton College in den USA entstanden sein soll. Angeblich nannten sich Studenten, denen die obligate Anwesenheit beim sonntäglichen Gottesdienst gegen den Strich ging, selbst „Druiden" und gründeten den Orden „The Reformed Druids of North America (RDNA)". Sie sollen von der Universitätsleitung dann in die Pflicht genommen worden sein, worauf sie aus dem scherzhaft ge-

---

[1] http://de.wikipedia.org/wiki/Orden_vom_Steinberg; http://www.clochsliaph.de/forum/album_allpics.php (2. 1. 2008).

meinten Protest Ernst machten und – gestützt auf irisch-schottische Traditionen – einen eigenen Kult entwarfen. Nun trat Phillip Emmons Isaac Bonewits (geb. 1949) auf den Plan. Er war schon zwanzigjährig Druide der RDNA und gleichzeitig Mitglied der „Church of Satan", die er jedoch um 1970 verließ. An der Universität of Berkeley erlangte er ein BA aus „Magic Arts", was als ziemlich einmalig angesehen wird und dem Ruhm der Universität nicht sehr förderlich war. Nach mancherlei Zugehörigkeit zu anderen „Vereinen" und literarischer Tätigkeit gründete Bonewits in Berkeley den Orden der New Reformed Druids of North America (NRDNA) und erhielt den Titel „ArchDruid of the Berkeley Grove". Danach gründete er „Ar nDraiocht Fein" ('A Druid Fellowship') als ADF, wirkte aber auch bei verschiedenen Neutemplern, *Wicca*-Gruppen und masonistischen Organisationen mit. Er schied 1996 krankheitshalber aus dem aktiven Erzdruidendienst und ist heute „ADF Archdruid Emeritus". Die ADF soll angeblich 800 Mitglieder zählen und bezeichnet sich selbst als die größte neopagane Druidenorganisation, wobei die Riten keineswegs alle keltischen, sondern auch germanischen oder griechischen Ursprungs sind.[1]

Trotz des „Vereinigten Alten Ordens der Druiden (VAOD)" muß man feststellen, daß im Gegensatz zur angelsächsischen Welt auf dem Kontinent der Neodruidismus nicht so eng an die Freimaurerei gebunden war und ist, sondern vielmehr auch von einzelnen und in eigenen kleineren neopaganen Konventikeln gepflegt wurde und wird.

Man kann sich entweder eine Einzelperson als Druidenlehrer suchen, sich mittels des Internet[2] oder im Selbstunterricht ausbilden. In letzterem

---

1 http://de.wikipedia.org/wiki/Druiden-Orden#Symbole_des_Druiden-Ordens; http://www.adf.org/core/(5. 1. 2008); http://en.wikipedia.org/wiki/Isaac_Bonewits (29. 1. 2009).
2 So ging mir vor einigen Jahren die Einladung zur Druidenausbildung durch einen Orden in Sussex zu. In ihm gibt es drei Grade: die Barden, die (fatalen, weil mißverstandenen) Ovaten und die Druiden als höchsten Grad. Im Ovatenstadium erwirbt der Lernende Heilkräfte und studiert die Artusliteratur, im Druidenstadium hat er sich primär mit Arthur selbst, den Gralsmythen, dem dreifachen Druidenknoten und dem Schlangenei zu beschäftigen. Wenn alle Initiationen, die man für sich allein oder zusammen mit anderen im heiligen Hain durchführt, abgeschlossen sind, ist der neugebackene Druide berechtigt, einen eigenen Hain zu eröffnen. Ökologische Verantwortlichkeit und das Anlegen heiliger Haine scheint eines der Hauptziele des Ordens zu sein, dessen Einführungstext für nur $ 15.- erworben werden konnte.
Derzeit werden im Internet folgende Druidenhaine angeboten: The Albion Conclave, The Anderida Gorsedd, Bards of the Lost Forest, The Berengaria Order of Druids, The British Druid Order, The Charnwood Grove, Clan Ogma, Council of British Druid Orders, The Dolmen Grove, The Ergyng

Falle ist natürlich die Frage der Anerkennung brisant, doch gibt es Esoteriker, die ihre Weisheit ja nur um ihrer selbst willen besitzen, weil sie damit ihr eigenes Leben zu bereichern hoffen. Jedenfalls muß heute kein angehender Druide und Sinnsucher den mühsamen und teueren Weg über einen Freimaurerorden gehen. Die neokeltische Szene ist so reich, daß praktisch jeder „Kelte" (nach Selbstdefinition) überall „Druide" (gleichfalls nach Selbstdefinition) werden kann, was natürlich auch für Frauen gilt.

Die Mehrzahl der Druiden wirkt dann wohl im Alltag als „Heiler" mittels Kräuterzauber, Opfer und Beschwörung, verkauft „Druidentee", betätigt sich als „Schamane", der vielleicht schon an den Schamanentreffen in Alpbach 1982, 1983 und 1984 teilgenommen hat,[1] legt Tarot-Karten, die ihn lehren, daß sich der Erfolg seiner Arbeit „langsam aber stetig" einstellen wird,[2] oder erfreut sich mehr im Stillen und in der Meditation seiner esoterischen Geheimniskrämerei. Meines Wissens ist es selten, daß ein Druide jemanden oder etwas verflucht, wie der Druide „Raborne" aus Sooß (s. oben S. 442f.) das Zwettler Keltentreffen 1984, zu dem er angeblich nicht eingeladen war.[3] Wahrscheinlich sähe die Welt heute besser aus, wenn dieser Fluch unterblieben wäre!

Sehen wir uns den Kult eines neopaganen Druidenordens genauer an! Im Internet findet sich ein mit „General Welsh Liturgy" überschriebenes *document*, das die Liturgie des „Roten Eichenhains" enthält.[4] Danach besteht eine „neodruidische Messe" aus sechs Teilen:

A. *Arrangement*: Hier die Vorbereitung der *nyfed* [des Heiligtums = Haines], der rituellen Gegenstände, Opfergaben, der Teilnehmenden und deren Meditationen;

Grove, The Gorsedd of Bards of Caer Abiri, The Gorsedd of Bards of Caer Badon, The Gorsedd of Bards of Cor Gawr, The Grove of Alban Eiler, The Grove of the Corieltauvi, The Grove of The Round Table, The Kent Gorsedd, The Kingley Order of Druids, The Loyal Arthurian Warband, The Order of Bards, Ovates and Druids (OBOD), Stanton Drew Gatherings; http://druidnetwork.org/es/directory/groupsengland.html (5. 1. 2008).

1 Gugenberger – Schweidlenka (1987), 272–274.
2 Vgl. http://www.astrologie-ecke.de/tageskarte/Bild33.swf (10. 2. 2009); s. auch die Darstellung des mistelschneidenden Druiden auf dem Cover dieses Buches.
3 Gugenberger – Schweidlenka (1987), 278; dazu vgl. http://www.awadalla.at/content/stell-raborne.html (3. 9. 2008).
4 http://www.adf.org/rituals/celtic/general/genwelsh.html (5. 1. 2008).

B. *Beginning*: Musikalisches Zeichen, Einzug, verschiedene Gesänge, u. a. Gebet an *Brid* [gemeint: *Brigit*] um *Bardic Assistance*;[1]

C. *Consecration: Purification(s) of Priests and Participants, Define Sacred Center:* „*All is One" Prayer*;

D. *Devotion*: Verehrung der *Don* und des *Dagda*, Anrufung des Türhüters *Manawydan son of Llyr*, Anrufung der Naturgeister, Ahnen und Götter, bei letzteren speziell: *Brid, Llew, Modron & Cernunnos: Open the Gates* [gemeint ist: zur Anderen Welt zwecks Kontaktaufnahme mit ihr], sowie von Gottheiten für bestimmte Gelegenheiten und von *Math*, wenn Magie angewandt werden soll;

E. *Exchange*: Lobpreisungen, Tanz und verschiedene Opfer, *Seeking the Omen of Return*, Meditation über Bedürfnisse, Weihung und Verteilung des Lebenswassers [offenbar eine Art Kommunionsritus, wobei als „Lebenswasser" – sprachlich ganz konsequent – *Whisky* verwendet wird[2]], individuelle Segnungen, fallweise: Spruchzauber und Initiationsriten [während der Abschnitt D funktionell dem Introitus und dem Graduale der katholischen Messe zu entsprechen scheint, haben die Hauptteile der Messe, Opferung, Wandlung und Kommunion am ehesten in E ihre Pendants];

F. *Farewells*: Dank an alle vorher genannten Gottheiten, *Thank Manawydan & Close the Gates* [Ende des Austauschkontaktes mit der Anderen Welt], „Ehre sei *Don* und dem *Dagda!*", Endgesang *„People of the Oak"* [eine Art *Credo* oder Hymne], *Final Benediction, Musical Signal.*

Wie man sieht, handelt es sich um einen synkretistischen Ritus, denn auch nicht-walisische Gottheiten wie *An Dagda* und *Cernunnos* werden einbezogen. Im folgenden Teil des Internet-Dokuments erhält man recht konkrete Vorstellungen über die Abläufe und ihren Sinn im Einzelnen. Es wird auch das Verhältnis zu Judentum und Christentum scharf charakterisiert:

„A Jew or a Christian goes to their God as a supplicant, asking for blessings to be bestowed as an act of faith or mercy. They believe themselves to be special and above the natural world and ask their God to reinforce that privileged status.

---

1   Das Internet liefert eine Fülle von Eintragungen unter „Druid's song" und ähnlichem; bekannt ist eine von sanften Frauenstimmen gesungene kitschige Melodie, deren Herkunft ich nicht in Erfahrung bringen konnte. Sie ist seit den 80er Jahren des 20. Jh.s auf Kassetten als Entspannungs- und Meditationsmusik verbreitet, oft in Wellness-Studios aber auch in dem populärwissenschaftlichen Keltenfilm „Das Gold der Kelten" von Gisela Graichen und Peter Prestel zu hören, s.o. S. 482f.

2   Ir. *uisce beathad* > angloir. *usquebaugh* > ne. *whisky, whiskey*. Das „Lebenswasser" muß allerdings nicht unbedingt getrunken werden: Die Libation kann auch dem Feuer gelten!

> The Druid goes to the Gods as a partner, doing his or her part and expecting the Gods to fulfill their part, as well. The Druid knows from tradition, knowledge and experience that these ritual acts will produce certain expected positive results. Druids believe that all of Nature is spiritual and that we are just an intimate part of a huge whole. We ask the Gods, our ancestors and the various spirits of Nature to help us be more connected with the Earth and all the animals and plants that live on Her."

Dabei ist die Vorhersagbarkeit, daß bestimmte rituelle Akte positive Resultate liefern werden, einem Kausaldenken verpflichtet, wie es auch das magische Denken charakterisiert.

Insgesamt muß man wohl feststellen, daß das Druidentum die Grenze zur *Wicca*-Bewegung nicht überschreitet, ihm also der „emanzipationistische" Aspekt der „Hexen" fehlt, so daß es auch als männliches Pendant zum *Wicca*-Kult verstanden werden könnte, obwohl die neopagane Form des Neodruidismus Frauen eher gleichberechtigt zu behandeln scheint.

Die Liturgietheorie des „Roten Eichenhaines" definiert das Verhältnis von *Wicca*-Kult und druidischem Neopaganismus so:

> „The Wiccan Ritual is characterized by forming a protective circular enclosure that is between the worlds, but not part of either, generating a charge of energy inside, then releasing it, upon command, to do the requested work.
>
> The Druid Ritual is characterized by establishing a central reference point (or 'Gateway') in common between this world and the Otherworld, sending our energy into the Otherworld in the form of physical sacrifices and praise offerings and directing the natural return of energy to where we feel it will do the most good."[1]

Danach wirkt der *Wicca*-Kult sozusagen explosionsartig, weil er „upon command" die aufgestaute Energie auf die Andere Welt losläßt, während der neopagane Druidismus hier eher harmonische Handelsbeziehungen mit den „Anderen" pflegt, eine religionsgeschichtlich auch durchaus anderswo belegbare Form der Beziehung *do-ut-des*.

---

[1] http://www.adf.org/rituals/celtic/general/genwelsh.html (5. 1. 2008)

N. Zum Abschluß

Die Ergebnisse dieses Buches zusammenzufassen, ist nicht leicht, weil die Dinge sachlich zu verschiedenartig, auf recht verschiedenen Ebenen liegend und von sehr verschiedener Größe sind. Auf die Frage, was wir den Kelten verdanken, können wir schwerlich den Gralsgedanken und das Irish Pub, unsere Jenseitsvorstellungen und die Keltenwanderwege in Thüringen, das Weltgefühl der ossianischen Dichtung und das angebliche Baumhoroskop in einem Atem nennen.

Ohne Zweifel: Das Keltentum ist ein wesentlicher Mitbegründer der mittel- und westeuropäischen Kultur, wie sich in der Verbreitung und Ausgestaltung allein der *matière de Bretagne* erweist. Die Keltenrezeption hat Byzanz nicht erreicht, kaum die Grenze der Slawen übersprungen, aber dem übrigen Europa und außereuropäischen Gebieten, wo westeuropäische Zungen herrschen, Materien geschenkt, die in sich fortzeugend schöpferisch waren und sind.

Die Auseinandersetzung mit den Kelten hat uns dazu gebracht, unsere eigene Geschichte und Kultur besser zu verstehen. Sie ist ein Feldmeßgerät, das uns Fluchtpunkte und Perspektiven des Eigenen umreißt und wahre oder vermeintliche kulturelle Möglichkeiten eröffnet – auch sogenannte „spirituelle". Deshalb kann keltische Kultur in materialistischen Zeiten nicht wenigen ein Religionssurrogat sein.

Die Untersuchung kann implizit auch in Erinnerung rufen, in welchen Gebieten die nachantiken Kelten keinen Einfluß ausgeübt haben, etwa in Recht, Wissenschaft und Technik. Das ist im Altertum anders gewesen, wie eine Reihe von Lehnwörtern aus dem Bereich des Gefolgschaftswesens und des Handwerks in den germanischen Sprachen belegt. Aber auch fast alle lateinischen Bezeichnungen für 'Wagen' stammen aus dem Keltischen, ja selbst das Wort für 'Schwert' lat. *gladius* ist entlehnt – das alte lat. Wort war *ensis* – und bezeugt so den hohen Standard von altkeltischer Metallurgie und Schmiedewesen. In nachantiker Zeit waren es religiöse Ideen, literarische Kunst, gesellschaftliche Leitbilder, die jahrhundertlang wirkten und immer noch nachglühen, Geschichte, Weltsicht und Stimmung vorwiegend der literarischen Kunst.

Sieht man von einigen Einzelheiten wie dem irischen Pub und der keltischen Volksmusik ab, so haben wir von den Kelten doch fast ausschließlich Kulturleistungen, die im Altertum und Mittelalter gründen, übernommen, auch wenn ein Entlehnprozeß erst viel später, vielleicht erst im 20. Jh., stattfand. Dies gilt, wie die „Celtic Renaissance" zeigt, auch für die modernen Inselkelten selbst. Es hängt gewiß mit dem Niedergang ihrer politischen Bedeutung und Unabhängigkeit im Hochmittelalter zusammen, denn seit damals zählten sie (bis zum Erwachen des Celtic Tiger) zu den großen Verlierern der Weltgeschichte. Ob angesichts eines beachtlichen Wirtschaftswachstums ihr Glanz „wiederbringlich" verloren ist, wird die Zeit lehren. Mir ist es zweifelhaft, denn zu sehr wird die Globalisierung auch sie einebnen und der Möglichkeit berauben, sich in einer nur ihnen spezifischen Weise zu artikulieren.

So ist unsere Beschäftigung mit den Kelten und ihrer Kultur, obschon immer rückwärts gerichtet, trotzdem faszinierend und bereichernd, wie mein Buch hoffentlich zeigen konnte. Wie bedeutsam muß doch das Profil dieser Traditionen gewesen sein, wenn diese uns nach zwei oder eineinhalb Jahrtausenden noch immer bewegen!

Gerade während ich diese Zeile niederschreibe, senkt sich irgendwo – vielleicht in den USA oder in Australien – eine Hand auf ein Keyboard, um den Namen *Arthur* oder *Guinevra* zu tippen, und besprengt Elisabeth Müller in Wanne-Eickel „skyclad" ihren Minidolmen aus dem Baucenter mit Lebenswasser, während der Druide David Williams in Llanfairpwllgwyngyllgogerychwyrndrobwlllantysiliogogogoch seine Sichel zum Mistelschnitt hervorholt ...

0. Abkürzungen von Textelementen und Sprachbezeichnungen

afrz.	altfranzösisch
ags.	angelsächsisch = altenglisch
air.	altirisch
akymr.	altkymrisch
angloir.	angloirisch
anord.	altnordisch = altisländisch
Bi.	„Birkhan" in ergänzenden Zusätzen in [ ]
BN	Bibliothèque nationale
bret.	bretonisch
brit.	britannisch
bzw.	beziehungsweise
d.h.	das heißt
dt.	deutsch
engl.	englisch
frz.	französisch
germ.	germanisch
griech.	griechisch
Hs., Hss.	Handschrift, Handschriften
i. A.	im Allgemeinen
kelt.	keltisch
korn.	kornisch
kymr.	kymrisch; s. dazu S. 18, Anm. 1
lat.	lateinisch
m. E.	meines Erachtens
mengl.	mittelenglisch
mhd.	mittelhochdeutsch
mir.	mittelirisch
mkymr.	mittelkymrisch
mndl.	mittelniederländisch
ndl.	niederländisch
nengl.	neuenglisch

nir.	neuirisch
nkymr.	neukymrisch
RIA	Royal Irish Academy
s. v.	*sub verbo* 'unter dem Wort'
S.	Seite
s.	siehe
schott.-gäl.	schottisch-gälisch
Sp.	Spalte
u. a.	unter anderem
vgl.	vergleiche
vulgärlat.	vulgärlateinisch

P. Bibliographische Hinweise

Das Schriften- und Abkürzungsverzeichnis enthält im Allgemeinen nur Werke, die im Text selbst nicht auszitiert sind und auch nur Arbeiten, die ich selbst eingesehen habe. Um die Bibliographie nicht übermäßig anschwellen zu lassen, sind viele Primärtexte, vor allem so geläufige Werke wie etwa die Richard Wagners, hier nicht angeführt.

A Celtic Reader	A Celtic Reader. Selections from Celtic Legend, Scholarship and Story, compiled and edited by John Matthews. Foreword by P. L. Travers, London 1991
A Guide to Welsh Literature	A Guide to Welsh Literature, vol 2; ed. A. O. H. Jarman-Gwily Rees Hughes, Llandybïe 1984
A History of Women	A History of Women, ed. Georges Duby–Michelle Perrot, I: From Ancient Goddesses to Christian Saints, ed. Pauline Schmitt Pantel; II: Silences of the Middle Ages, ed. Christiane Klapisch-Zuber, Cambridge/Mass.–London 1992
Acallam na Senórach (1970)	M. Dillon, Stories from the Acallamh na Senórach, Dublin 1970
Acallam na Senórach	Acallam na Senórach, in: Silva Gadelica, London 1892, I, 94ff (Text); II, 101ff. (Übers.); Ergänzungen dazu: Kuno Meyer, Irische Texte, IV, 1ff. Leipzig 1880–1905
Adamnan's *De Locis Sanctis*	Adamnan's *De Locis Sanctis*, ed. Denis Meehan (= Scriptores Latini Hiberniae III), Dublin 1958
Adomnán of Iona	Adomnán of Iona, Life of St Columba, Harmondsworth 1995
Alcock (1973)	Leslie Alcock, Arthur's Britain, Harmondsworth (Penguin) 1973
Allinger (2002)	Katja Allinger, Frauen und Religion, in: fromm – fremd – barbarisch, 32–38
Alluin (1986)	Raymonde Alluin, De quelques metamorphoses de Femme-Irlande dans la Mythologie, la tradition populaire et la littérature, in: Mythes et Folklore Celtiques et leurs expressions littéraires en Irlande (= Société Française d'Etudes Irlandaises RCP d'Irlandais/CNRS-CERIUL. Colloque 12.13 décembre 1986), Textes réunis par R. Alluin et B. Escarbelt, Université de Lille III, 1986

An Duanaire	An Duanaire 1600–1900: Poems of the Dispossessed, curth i láthair ag Seán Ó Tuama, trans. into English verse Thomas Kinsella, Dublin 1981 (Nachdruck 1994)
Anam-Aire (2007)	Phyllida Anam-Áire, Celtic Wisdom and Contemporary Living, Findhorn 2007
Ancient Music of Ireland	Ancient Music of Ireland by Donal O'Sullivan, Micheal O Suilleabhain, Micheal O'Suilleabhain, and Edward Bunting, Dublin 1983
Anderson (2004)	Victor H. Anderson, Etheric Anatomy. The Three Selves and Astral Travel, Albany 2004
Anglo-Saxon Chronicle	The Anglo-Saxon Chronicle, trans. with introduction G. N. Garmonsway, London 1953
Apollonius (Birkhan)	Leben und Abenteuer des großen Königs Apollonius von Tyrus zu Land und zur See …, übertragen … von Helmut Birkhan, Bern, Berlin … Oxford, Wien 2001
Arthur and Gorlagon	Arthur and Gorlagon, ed. George Lyman Kittredge, in: Harvard Studies and Notes in Philology and Literature, 8 (1903), 149–275
Arthurian Chronicles	Arthurian Chronicles. Roman de Brut. Wace, translated by Eugene Mason, Toronto-Buffalo-London 1962 (Nachdruck 1996)
Arthurian Torso	Arthurian Torso Containing the Posthumous Fragment of The Figure of Arthur by Charles Williams and a Commentary on the Arthurian Poems of Charles Williams by C. S. Lewis, Oxford 1948
Artmann (1959)	H. C. Artmann, Der Schlüssel des Heiligen Patrick. Religiöse Dichtungen der Kelten, Salzburg 1959
Arturus Rex	Arturus Rex. Acta Conventus Lovaniensis 1987, hg. Willy Van Hoecke, Gilbert Tournoy, Werner Verbecke, 2 Bde, Leuven 1991
Artusroman und Intertextualität	Artusroman und Intertextualität. Beiträge der Deutschen Sektionstagung der Internationalen Artusgesellschaft vom 16. bis 19. November 1989 … hg. Friedrich Wolfzettel, Giessen 1990
Ascherson (1993)	Neal Ascherson, Schwarzes Meer, Berlin 1996
Ashe (1977)	Geoffrey Ashe, Quest for Arthur's Britain, ed. Geoffrey Ashe et. al. London 1977
Ashe (1985)	Geoffrey Ashe, The Discovery of King Arthur, London 1985
Aspects of the Táin	Aspects of the Táin, ed. J. P. Mallory, Belfast 1992
Bachofen (1861)	Johann J. Bachofen, Das Mutterrecht, Stuttgart 1861

Bain (1951)	George Bain, Celtic Art. The Methods of Construction, London 1951,[21] London 1998
Bammesberger (1998)	Alfred Bammesberger, pfia'god *oder*: von irischen Mönchen im süddeutschen Sprachraum, in: 'I beg to differ'. Beiträge zum sperrigen interkulturellen Nachdenken über eine Welt in Frieden. Fs. f. Hans Hunfeld, München 1998
Bammesberger (1999)	Alfred Bammesberger, Von Glocken und Grüßen und Glaubensboten aus Irland, in: Leitmotive. Kulturgeschichtliche Studien zur Traditionsbildung, Fs. f. Dietz-Rüdiger Moser, hg. ... Marianne Sammer, Kallmünz 1999, 161–175
Barb (1956)	A. A. Barb, Mensa Sacra: The Round Table and the Holy Grail, in: Journal of the Warburg and Courtauld Institutes 14 (1956), 40–67
Barber (1986)	Richard Barber, King Arthur: in Legend and History, Rochester 1986)
Barber (1988)	Sally and Chips Barber, Dark and dastardly Dartmoor, Exeter 1988
Barddas	Barddas; or, a Collection of Original Documents, Illustrative of the Theology, Wisdom, and Usages of The Bardo-Druidic System of the Isle of Britain with Translations and Notes by The Rev. J. Williams Ab Ithel, M.A. Published for The Welsh Mss. Society, vol. 1, Llandovery 1862 (Nachdruck bei Kessinger Publishing's Rare Reprints s. l., s. a.)
Barley (1993)	Nigel Barley, Traurige Insulaner. Als Ethnologe bei den Engländern, Stuttgart 1993
Barron (1990)	W. R. J. Barron, English Medieval Romance,[2] London–New York 1990
Barzaz-Breiz	Barzaz-Breiz. Chant populaires de la Bretagne par le Vicomte Hersart de La Villemarqué. Présentation de Yann-Fañch Kemener, Paris 2003
Bauer (1995)	Oswald Georg Bauer, „Das mag Geibel machen und Liszt mag's komponieren!" Richard Wagner und der Gral, in: Der Gral, 87–107.
Bauersfeld (1944)	H. Bauersfeld, Die Entwicklung der keltischen Studien in Deutschland (= Schriftenreihe der 'Deutschen Gesellschaft für keltische Studien', H. 1. Berlin, Selbstverlag der Ges.), 1944
Bausteine	Bausteine zum Studium der Keltologie, hg. Helmut Birkhan, Wien 2005
Bayer (1988)	Hans Bayer, Antifeudalismus im Geiste der Gnosis. Der Tristanroman des Thomas de Bretagne und das Haus Anjou-Plantagenet, in: Gesellschaftsge-

	schichte. Fs. f. Karl Bosl zum 80. Geburtstag, hg. Ferdinand Seibt, II, München 1988, 55–70
BBIAS	Bibliographical Bulletin of the International Arthurian Society = Bulletin bibliographique de la Société Internationale Arthurienne, Middleton (Wisconsin)
Bech (1902)	Iwein, oder Der Ritter mit dem Löwen, hg. Fedor Bech, ⁴ Leipzig 1902
Beck (1971)	H.-G. Beck, Geschichte der byzantinischen Volksliteratur, München 1971
Becker-Schmoll (1986)	Hans Becker-Helga Schmoll gen. Eisenwerth, Mistel. Arzneipflanze, Brauchtum, Kunstmotiv im Jugendstil, Stuttgart 1986
Beddoe (1986)	Deidre Beddoe, Images of Welsh Women, in: Wales. The Imagined Nation, Studies in Cultural and National Identity. Ed. Tony Curtis. Bridgend 1986, 225–238
Bédier (1900)	Le Roman de Tristan et Iseut, renouvelé par Joseph Bédier, Paris 1900 (Nachdruck 1979)
Bennemann (1997)	Walter L. Bennemann, Jr., The Drunken and the Sober: A Comparative Study of Lady Sovereignty in Irish and Indic Contexts, in: Studies in Honor of Jan Puhvel II: Mythology and Religion, ed. John Greppin–Edgar C. Polomé (= Journal of Indo-European Studies Monograph 21), Washington D. C. 1997, 54–82
Bennett (1992)	Margaret Bennett, Scottish Customs from the Cradle to the Grave, Edinburgh 1992
Bergin (1984)	Irish Bardic Poetry. Texts and Translations, together with an introductory lecture by Osborn Bergin, foreword by D. A. Binchy, compiled and edited by David Greene and Fergus Kelly, Dublin 1984
Berschin (1982a)	Walter Berschin, Ich Patricius ..., in: Die Iren und Eurpa, 9–25
Berschin (1982b)	Walter Berschin, Griechisches bei den Iren, in: Die Iren und Eurpa, 501–510
Bertau (1989)	Karl Bertau, Zum System der arthurischen Symbolisation, in: Etudes Germaniques 44 (1989), 271–283
Besamusca (2000)	Bart Besamusca, The Medieval Dutch Arthurian Material, in: The Arthur of the Germans, 187–228
Betha Colaim Chille	Betha Colaim Chille. Life of Columcille. Compiled by Maghnas Ó Domhnaill in 1532, ed. and transl. A. O'Kelleher-G. Schoepperle, University of Illinois 1918 (Nachdruck Dublin 1994)

Betham (1834)	William Betham, The Gael and Cymbri; or An Inquiry into The Origin and History of the Irish Scoti, Britons, and Gauls, and of the Caledonians, Picts, Welsh, Cornish, and Bretons. By Sir William Betham, Ulster King of Arms, Dublin 1834 = Celtic Linguistics VI
Bethlehem (2005)	Ulrike Bethlehem, Guinevere – A Medieval Puzzle. Images of Arthur's Queen in the Medieval Literature of England and France (= Anglistische Forschungen 345), Heidelberg 2005
Birkhan (1974)	Helmut Birkhan, Irisches im 'Orendel'?, in: Kurtrierisches Jahrbuch 1974 (= Festschrift f. Wolfgang Jungandreas), 33–46
Birkhan (1976)	Helmut Birkhan, Altgermanistische Miszellen "aus funfzehen Zettelkästen gezogen", in: Festgabe f. Otto Höfler zum 75. Geburtstag, hg. Helmut Birkhan (= Philologica Germanica 3), Wien 1976
Birkhan (1981)	Helmut Birkhan, „Die Exponate im 'Auditorium'", in: Die Kuenringer. Das Werden des Landes Niederösterreich. Niederösterreichische Landesausstellung, Zwettl 1981, 417–486
Birkhan (1984)	Helmut Birkhan, Der Gepide Trapstila, der Römer Drusus, der Kelte Tristan und ihre Sippschaft, in: Philologische Untersuchungen gewidmet Elfriede Stutz zum 65. Geburtstag, hg. Alfred Ebenbauer (= Philologica Germanica 7), Wien 1984, 12-45.
Birkhan (1989)	Helmut Birkhan, Keltische Erzählungen vom Kaiser Arthur I, II. Aus dem Mittelkymrischen übertragen, mit Einführungen, Erläuterungen und Anmerkungen (= Erzählungen des Mittelalters Bd. 1, Teil I und II), 2 Bde., Essen 1989; 2. korrigierte und aktualisierte Auflage Wien 2004
Birkhan (1990a)	Helmut Birkhan, Der Held, sein Schicksal und sein Glück in einigen keltischen Traditionen des Mittelalters, in: Helden und Heldensage. Otto Gschwantler zum 60. Geburtstag, hg. Hermann Reichert, Günter Zimmermann (= Philologica Germanica Bd. 11) Wien 1990, 25–43
Birkhan (1990b)	Helmut Birkhan, Le bonheur dans quelques traditions celtiques du moyen-âge, in: Actes du Colloque d'Amiens de mars 1984. „L'idée de bonheur au moyen âge", hg. Danielle Buschinger [= GAG 414], Göppingen 1990, 69–86.
Birkhan (1991)	Helmut Birkhan, Daniel von dem Blühenden Tal. Ein höfischer Unterhaltungsroman von dem

	Stricker (= Erzählungen des Mittelalters 4), Essen 1991
Birkhan (1992)	Helmut Birkhan, Arthurian Tradition and Alchemy, in: Cultuurhistorische Caleidoscoop aangeboden Willy L. Braekman, Gent 1992, 61–89.
Birkhan (1997)	Helmut Birkhan, Der Ring des wilden Knaben oder: Terence Gray und die Ulster-Sage, in: Der Milde Knabe oder die Natur eines Berufenen. Ein wissenschaftlicher Ausblick, Oskar Pausch zum Eintritt in den Ruhestand gewidmet. Als Festschrift hg. G. Geldner (= Mimundus 9), Wien 1997, 150–173
Birkhan (1998)	Helmut Birkhan, Segel, in: Beharrsamkeit und Wandel. Festschrift f. Herbert Tatzreiter zum 60. Geburtstag, Wien 1998, 27–37
Birkhan (1999a)	Helmut Birkhan, Kelten. Versuch einer Gesamtdarstellung ihrer Kultur, 3. korrigierte Auflage Wien 1999
Birkhan (1999b)	Helmut Birkhan, Kelten. Bilder ihrer Kultur (= Celts. Images of their Culture), Wien 1999
Birkhan (1999c)	Helmut Birkhan, Ein Strauß nicht durchwegs bekömmlicher Kräuter aus dem keltischen und germanischen Altertum. Wort- und Sachkundliches zu einigen Pflanzen, in: *Studia celtica et indogermanica*. Festschrift f. Wolfgang Meid (= Archaeolingua 10), hg. Erszébet Jerem, Peter Anreiter, Budapest 1999, 43–52
Birkhan (2001)	Helmut Birkhan, Das Weiterleben der alten Kelten und was sie uns heute bedeuten, in: praesent 2002. das österreichische literaturjahrbuch. Das literarische Geschehen in Österreich von Jänner 2000 bis Juni 2001, Wien 2001 (2002), 94–104
Birkhan (2002a)	Helmut Birkhan, Druiden und keltischer Seelenwanderungsglaube, in: Der Begriff der Seele in der Religionswissenschaft, hg. Johann Figl–Hans-Dieter Klein, Würzburg 2002, 143–158
Birkhan (2002b)	Helmut Birkhan, Von anderen Anderen Welten, in: Soi-même et l'autre (Actes du Colloque de mars 2002 à Amiens = Etudes médiévales 4 [2002]), 1–13.
Birkhan (2002c)	Helmut Birkhan, Heinrich von Neustadt. Tafelrunde und *fôreis* als ideale Konstruktion und politische Praxis, in: praesent 2003. das österreichische literaturjahrbuch. Das literarische Geschehen in Österreich von Juli 2001 bis Juni 2002, Wien 2002, 58–65

Birkhan (2003a)	Helmut Birkhan, Some remarks on the druids. In: Runica - Germanica - Mediaevalia (Ergänzungsbände zum Reallexikon der Germanischen Altertumskunde, Bd. 37), hg. von Wilhelm Heizmann und Astrid van Nahl, Berlin–New York, 2003, 100-121
Birkhan (2005a)	Helmut Birkhan, Landeskunde der Britischen Inseln, Irlands und der Bretagne, in: Bausteine, 29–59
Birkhan (2005b)	Helmut Birkhan, Keltenrezeption und Keltomanie, in: Bausteine, 469–483
Birkhan (2006a)	Helmut Birkhan, Keltenrezeption der Gegenwart – eine Bestandsaufnahme, in: Celtes et Gaulois dans l'Histoire, l'historiographie et l'idéologie moderne, sous la direction de Sabine Rieckhoff, Actes de la table ronde de Leipzig, 16-17 juin 2005, Collection Bibracte 12/1, Glux-en-Glenne 2006, 219–235.
Birkhan (2006b)	Helmut Birkhan, Furor heroicus, in: 8. Pöchlarner Heldenliedgespräch. Das Nibelungenlied und die Europäische Heldendichtung, hg. Alfred Ebenbauer, Johannes Keller (= Philologica Germanica 26), Wien 2006, 9–38
Birkhan (2006c)	Helmut Birkhan, Keltisches in germanischen Runennamen?, in: Das *fuþark* und seine einzelsprachlichen Weiterentwicklungen. Akten der Tagung in Eichstätt vom 20. bis 24. Juli 2003, hg. Alfred Bammesberger–Gaby Waxenberger (= Ergänzungsbände zum Reallexikon der Germanischen Altertumskunde, Bd. 51), Berlin–New 2006, 80–100
Birkhan (2007)	Helmut Birkhan, Sprachliche Befunde zu body art und Einschmieren im britannischen und festlandkeltischen Altertum, in: Kelten-Einfälle, 29–38
Birkhan (2009a)	Helmut Birkhan, Runen und Ogam aus keltologischer Sicht. In: Zentrale Probleme bei der Erforschung der älteren Runen: Akten einer internationalen Tagung an der Norwegischen Akademie der Wissenschaften (= Osloer Beiträge zur Germanistik 41) Frankfurt am Main 2009 [im Druck]
Birkhan (2009b)	Helmut Birkhan, Die keltisch-germanische Erzählgemeinschaft im Nordseeraum, Berlin – New York 2009 [im Druck]
Bitel (1990)	Lisa M. Bitel, Isle of the Saints. Monastic Settlements and Christian Community in Early Ireland, Ithaca–London 1990

Bitel (1996)	Lisa M. Bitel, Land of Women. Tales of Sex and Gender from Early Ireland, Ithaca–London 1996
BJ	Bonner Jahrbücher
Björnstjerna (1843)	Magnus Frederick Ferdinand Graf Björnstjerna, Die Theogonie, Philosophie und Kosmogonie der Hindus, übers. von J. R., Stockhol 1843
Blamires (2001)	Steve Blamires: Baum-Magie mit dem keltischen Ogham-Alphabet, München 2001
Blanchard (1999)	Nelly Blanchard , 'Volk', 'Muttersprache' und 'Bretonentum', in: Heinz (1999), 147–154
Blanchard (2007)	Nelly Blanchard, Das *Barzaz-Breiz* (bretonische Volksliedkunst) des Théodore Hersart de La Villemarqué, seine Verbindung mit den Brüdern Grimm und der Einfluß der deutschen Romantik auf die bretonische Literatur, in: Johann Kaspar Zeuß, 157–165
Bock (2000)	Albert Bock, Die keltischen Sprachen heute. Was bleibt nach Jahrhunderten kulturellen Widerstands (= Kleine Schriften der Keltologie an der Universität Wien 3), Wien 2000
Bock (2007)	Albert Bock, Der polyglotte Artus – zum Code-Switching im mittelkornischen Drama „Beunans Ke", in: Kelten-Einfälle, 39–50
Botheroyd (1992)	Æ, Weg zur Erleuchtung: Visionen eines modernen, keltischen Sehers (The Candle of Vision), übers. Sylvia Botheroyd, München 1992
Botheroyd (1999)	Sylvia und Paul Botheroyd, Lexikon der keltischen Mythologie, München 1999
Bouët–Perrin (1986)	Breiz-Izel ou la vie des Bretons de l'Armorique, Texte d'Alexandre Bouët, Dessins d'Olivier Perrin. Présenté et commenté par Bernard Géniès, Paris 1986
Bourke (1993)	Cormac Bourke, Patrick. The Archaeology of a Saint, Belfast 1993
Brall (1983)	Helmut Brall, Gralsuche und Adelsheil. Studien zu Wolframs Parzival (Germanische Bibliothek, 3. Reihe: Untersuchungen), Heidelberg 1983
Brandstetter (1971)	Alois Brandstetter, Prosaauflösung. Studien zur Rezeption der höfischen Epik im frühneuhochdeutschen Prosaroman, Frankfurt/M. 1971 (darin auch Abdruck des ältesten Druckes von 1493)
Brandstetter (2007)	Alois Brandstetter, Ein Vandale ist kein Hunne, St. Pölten–Salzburg 2007
Brandt (1995)	Helga Brandt, Der Topos „Die hohe gesellschaftliche Stellung der keltischen Frau", in: Frauen – Forschung – Archäologie, 21–52

Brandt (1995)	Helga Brandt, Frauen in der keltischen Gesellschaft. Forschungsansatz und Forschungsstand, in: Archäologische Informationen 18/1 (1995)
Braun (s. a.)	Fritz Braun: Das dreistöckige Weltall der Bibel. Für alle, denen Gottes Wort über die Wissenschaft geht, Rauschenberg s. a.
Braunfels (1969)	W. Braunfels, Abendländische Klosterbaukunst, Köln 1969
Breathnach (1982)	Máire Bhreathnach, The Sovereignty Goddess as a Goddess of Death, in: ZCP 39 (1982), 243-60
Breathnach (1996)	Breandán Breathnach, Folk Music and Dances of Ireland, Cork 1971 (Nachdruck 1996)
Breatnach (1959)	R. A. Breatnach, Tóraigheacht Dhiarmada agus Ghráinne, in: Irish Sagas (1959), 138-151
Breatnach (1996)	Caoimhín Breatnach, Early Modern Irish Prose, in PMIS, 189-206
Breatnach (2000)	Pádraig A. Breatnach, An Inventory of Latin Lives of Irish Saints from St Anthony's College, Louvain, c. 1643, in: Seanchas, 431-438
Breeze (1991)	Andrew Breeze, The Arthurian Cycle and Celtic Heritage in European Culture, in: The Celts (1991), 663-670
Breizh	Breizh. Bretagne. Zwischen keltischem Erbe und französischer Gegenwart. Die Bretagne und ihre kulturelle Identität, hg. Bernhard Lauer-Bärbel Plötner. Ausstellung im Brüder Grimm-Museum Kassel ... vom 28. November 1993 bis 30. Januar 1994
Brengle (1964)	Richard Brengle, Arthur, King of Britain: History, Romance, Chronicle, and Criticism, New York 1964
Bretagne	Bretagne. Die Kultur des "Landes am Meer" 1300-1990, Katalog einer Ausstellung auf der Schallaburg in Niederösterreich 28. April-4. November 1990, hg. Amt der NÖ Landesregierung, Schriftleitung: Brigitte Béranger-Menard-Gottfried Stangler, Wien 1990.
Briggs (1971)	Katherine M. Briggs, A Dictionary of British Folk-Tales in the English Language. Part B: Folk Legends, London-New York 1971 (Nachdruck 1991)
Brockington (1990)	Mary Brockington, Making Sense of Stones, in: Shadow 7/2 (December 1990)
Broderick (2005a)	George Broderick, Notes on Music and Song of Gaelic Scotland, in: Bausteine, 433-436
Broderick (2005b)	George Broderick, On Manx Traditional Music, in: Bausteine, 437-439

Broderick (2008)	George Broderick, The Names for Britain and Ireland Revisited [im Druck]
Brodersen (1998)	Kai Brodersen, Das römische Britannien. Spuren seiner Geschichte, Darmstadt 1998
Bromwich–Evans (1988)	Culhwch ac Olwen, ed. Rachel Bromwich–D. Simon Evans, Cardiff 1988
Bromwich (1955)	Rachel Bromwich, Some Remarks on the Celtic Sources of Tristan, in: Transactions of the Honourable Society of Cymmrodorion, Session 1953 (1955), 38–42
Bromwich (1983)	Rachel Bromwich, Celtic Elements in Arthurian Romance: a General Survey, in: The Legend of Arthur in the Middle Ages. Studies presented to A. H. Diverres, ed. P. B. Grout, R. A. Lodge, C. E. Pickford, E. K. C. Varty, Cambridge 1983
Bromwich (1984)	Rachel Bromwich, Dafydd ap Gwilym, in: A Guide to Welsh Literature, 112–143
Bromwich (1991a)	Rachel Bromwich, The *Tristan* of the Welsh, in: The Arthur of the Welsh, 209–228
Bromwich (1991b)	Rachel Bromwich, First Transmission to England and France, in: The Arthur of the Welsh, 273–298
Brooks–Bryden (1999)	Chris Brooks–Inga Bryden, The Arthurian Legacy, in: The Arthur of the English, 247–264
Brosi (1851)	Johann Pabtist Brosi, Ein Beitrag zur ältesten Geschichte der Schweiz, Solothurn 1851
Brosse (1990)	Jacques Brosse, Mythologie der Bäume, Olten 1990
Brown (1838)	James Brown, A History of the Highlands and of the High Clans, I, Glasgow-Edinburgh-London 1838
Brunaux (1996)	Jean-Louis Brunaux, Les religions gauloises. Rituels celtiques de la Gaule indépendante, Paris 1996
Brunaux (2002)	Jean-Louis Brunaux, Wer waren die Druiden?, in: fromm – fremd – barbarisch, 2–6
Buchanan (1725)	Georgii Buchanani ... Opera Omnia ... curante Thoma Ruddimanno ... in duos tomos distributa Lugduni Batavorum [= Leiden] 1725
Bumke (1977)	Joachim Bumke, Studien zum Ritterbegriff im 12. und 13. Jh.,² (= Beihefte zum Euphorion 1), Berlin 1977
Bumke (2004)	Joachim Bumke, Wolfram von Eschenbach,[8] Stuttgart 2004
Burdach (1938)	Konrad Burdach, Der Graal, Stuttgart 1938 (= Darmstadt 1974)

Burgess-Strijbosch (2000)	*The Legend of St. Brendan -a critical bibliography*, ed. Glyn S. Burgess-Clara Strijbosch, RIA Dublin 2000
Burgess-Strijbosch (2006)	*The Brendan Legend: Texts and Versions*, ed. Glyn S. Burgess-Clara Strijbosch, Leiden 2006
Burl (1980)	A. Burl, Rings of Stone: The prehistoric stone circles of Britain and Ireland. New Haven 1980
Buschinger (2001)	Danielle Buschinger, Parzival, Arthur et le Graal, Recueil d'articles, Amien 2001
Buschinger (2007)	Danielle Buschinger, Das Mittelalter Richard Wagners, Würzburg 2007
Caesar	C. Iulius Caesar, Der Gallische Krieg, übers. ... von Otto Schönberger, Zürich-München 1991
Cain (2002)	Hans-Ulrich Cain, Kelten als Schänder der Heiligtümer – Feinde der Zivilisation. Zu den keltischen Wurzeln eines antiken Barbarenklischees, in: fromm – fremd – barbarisch, 48-58
Cáin Adamnáin	Cáin Adamnáin. An Old-Irish Treatise on the Law of Adamnan, ed. and transl. by Kuno Meyer (=Anecdota Oxoniensia), Oxford 1905
Camden (1607)	Britannia sive Florentissimorum regnorum Angliæ, Scotiæ, Hiberniæ, et Insularum adiacentium ex intima antiquitate Chorographica descriptio: Nunc postremo recognita, plurimis locis magna accesßione adaucta, & Tabulis Chorographicis illustrata. Gvilielmo Camdeno Authore, Londini 1607
Campbell (1949)	Joseph Campbell, The Hero with a Thousand Faces, Princeton 1949 (Nachdruck: London 1993)
Campbell (1991)	Patrick Campbell, Molly Maguire Story, Templecrone 1991
Carey (1984)	John Carey, Scél Tuán meic Chairill, in: Ériu 35 (1984), 93-111
Carey (1989)	John Carey, Ireland and the Antipodes: The Heterodoxy of Virgil of Salzburg, in: Speculum 64 (1989), 1-10
Carey (1999a)	John Carey, The Finding of Arthur's Grave: A Story from Clonmacnoise?, in: Ildánach ildírech, 1-14
Carey (1999b)	John Carey, A Single Ray of the Sun. Religious Speculation in Early Ireland, Andover-Aberystwyth 1999
Carey (2000)	John Carey, King of Mysteries. Early Irish Religious Writings, Dublin 2000
Caridad Arias (1999)	Joaquín Caridad Arias, Cultos y divinidades de la Galicia prerromana a través de la toponimia, A Coruña 1999

Caridad Arias (2006)	Joaquín Caridad Arias, Toponimia céltica de Galicia, Lugo 2006
Carley (1999)	James P. Carley, Arthur in English History, in: The Arthur of the English, 47–57.
Carmina Gadelica	Carmina Gadelica. Hymns and Incantations, collected by A. Carmichael, 6 vols., Edinburg–London 1928-1971
Carney (1955)	James Carney, Studies in Irish Literature and History, Dublin 1955 (Nachdruck 1979)
Carney (1973)	James Carney, The Problem of St. Patrick, Dublin 1973
Carson (2007)	Ciarán Carson, The Táin, Harmondsworth (Penguin) 2007
Carver (1999)	Martin Carver, Surviving in Symbols. A Visit to the Pictish Nation, Edinburg 1999
Cashen (1993)	William Cashen, William Chashen's 'Manx FolkLore', ed. Stephen Miller, Onchan 1993
Cassard (1993)	Jean Christophe Cassard, Zur Geschichte der Bretagne bis zur Französischen Revolution, in: Breizh, 57–72
Celtic Linguistics	Celtic Linguistics, 1700–1850, 8 vols., with a new introduction by Daniel R. Davies, London–New York 2000
Chambers (1927)	E. K. Chambers, Arthur of Britain, London 1927 = 1966
Chambers	Chambers. Dictionary of Etymology, ed. Robert K. Barnhart–Sol Steinmetz (reprint), New York 2005
Chapman (1973)	Paul H. Chapman, The Man Who Led Columbus To America, Atlanta, Georgia 1973
Chapman (1978)	M. Chapman, The Gaelic Vision in Scottish Culture, London 1978
Chapman (1992)	M. Chapman, The Celts. The Construction of a Myth, New York 1992
Charles-Edwards–Jones (2000)	Thomas M. Charles-Edwards–Nerys Ann Jones, Breintau Gwyr Powys: The Liberties of the Men of Powys, in: The Welsh King, 191–223
Charles-Edwards (1976)	Thomas M. Charles-Edwards, The social Background to Irish *peregrinatio*, in: Celtica 11 (1976), 43–59
Charles-Edwards (1991)	Thomas M. Charles-Edwards, The Arthur of History, in: The Arthur of the Welsh, 15–32
Charrete (1958)	Le Chevalier de la Charrete, ed. Mario Roques, Paris 1958
Chattel, Servant or Citizen	Chattel, Servant or Citizen. Women's Status in Church, State and Society, ed. Mary O'Dowd–Sabine Wichert, Belfast 1995

Chrétien de Troyes (1977/2002)	Chrétien de Troyes: An Analytic Bibliography by Douglas Kelly, London 1977; ders., Supplement I, Woodbridge–Rochester 2002.
Christiansen (1975)	Reidar Th. Christiansen, Some Notes on the Fairies and the Fairy Faith, in: Hereditas (Essays and Studies presented to Professor Séamus Ó Duilearga), ed. Bo Almqvist–Breandán Mac Aodha–Gearóid Mac Eoin, Dublin 1975
Chronica Minora	Chronica Minora Saec. IV. V. VI. VII, vol. III, ed. Th. Mommsen (MGH Auctor. antiquiss. tom. XIII, vol. III), Berolini 1898
CIIC	R. A. S. Macalister, Corpus Inscriptionum Insularum Celticarum, Dublin 1945 (Nachdruck 1996)
CIL	Corpus Inscriptionum Latinarum
Claassens–Johnson (2000)	Geert H. M. Claassens–David. F. Johnson, King Arthur in the Medieval Low Countries, Leuven 2000
Clark (1991)	Rosalind Clark, The great queens: Irish goddesses from the Morrígan to Cathleen ní Houlihan, Gerrards Cross 1991
Clarus (1997)	Ingeborg Clarus, Keltische Mythen. Zeugnisse aus einer anderen Welt, Augsburg–Zürich 1997
Cleland (1766)	John Cleland, The Way To Things by Words, and To Words by Things; Being A Sketch of An Attempt at the Retrieval of The Antient Celtic or Primitive Language of Europe. To which is added, A succinct Account of the Sanscort, or Learned Language of the Bramins. Also Two Essays, the one On the Origin of the Musical Waits at Christmas. The other On the Real Secret of the Free Masons, London 1766 = Celtic Linguistics III
Cligés (1978)	Les Romans de Chrétien de Troyes II: Cligés, publ. Alexandre Micha, Paris 1978
CMCS	Cambrian medieval Celtic studies
Collis (2007)	John Collis, Die Entwicklung des Kelten-Konzepts in Britannien während des 18. Jahrhunderts, in: Kelten-Einfälle, 111–123
Colum–Sandkühler (1967)	Prinz Suivne. Heldensagen aus dem alten Irland erzählt von Padraic Colum, übers. von Konrad Sandkühler mit Zeichnungen von Walther Roggenkamp, Stuttgart 1967
Colum (1943)	Padraic Colum, The Frenzied Prince, Philadelphia 1943
Comfort (1914)	Chrétien de Troyes, Arthurian Romances, translated W. W. Comfort, London 1914 (Nachdruck 1958) [„Perceval" fehlt]

Conan Doyle	Sir Arthur Conan Doyle, The Hound of the Baskervilles, London 1902 = Nachdruck Collector's Library London 2004, 96f.
Cormeau–Störmer (1985)	Christoph Cormeau–Wilhelm Störmer, Hartmann von Aue. Epoche – Werk – Wirkung, München 1985
Cormeau (1979)	Christoph Cormeau, Joie de la curt. Bedeutungssetzung und ethische Erkenntnis, in: Formen und Funktion der Allegorie. Symposion Wolfenbüttel 1978, ed. Walter Haug, Stuttgart 1979
Coulon (2002)	Gérard Coulon, Das Weiterleben des Druidentums in römischer Zeit, in: fromm – fremd – barbarisch, 42–45
Courtney (1909)	R. A. Courtney, A Paasel Of Ould Traade, Penzance 1909 (nachgedruckt als "The Men an Tol & Other Cornish Mysteries, Oakmagic Publications Penzance 1998)
Craine (1994)	David Craine; Mannanan's Isle. Selected Essays I, ed. Stephen Miller, Onchan 1994
Creston (2000)	René-Yves Creston, Le costume breton, Paris–Spezed 2000
Creuzer (1810)	Georg Friedrich Creuzer, Symbolik der Mythologie der alten Völker, bes. der Griechen, 2. Bd., Leipzig 1810
Crocker (1825)	Thomas Crofton Croker, Fairy legends and traditions of the South of Ireland, London 1825
Cronica Reinhardsbrunnensis	Cronica Reinhardsbrunnensis, hg. Oswald Holder-Egger, MGH SS 30,1, Berlin 1896
Cross–Slover (1936)	Ancient Irish Tales, ed. Tom Peete Cross–Clark Harris Slover, New York 1936
Cross (1952)	Tom Peete Cross, Motif-Index of Early Irish Literature, Bloomington Indiana s. a. [1952 = 1989]
Cunliffe (2000)	Barry Cunliffe, Die Kelten und ihre Geschichte,[7] Bergisch Gladbach 2000
Curtis (1968)	L. P. Curtis, Anglo-Saxons and Celts, Bridgeport (USA), 1968
Curtis (1969)	Renée L. Curtis, Tristan Studies, München 1969
Curwen (1940)	E. Cecil Curwen, The Significance of the Pentatonic Scale in Scottish Song, in: Antiquity 56 (1940), 347–362
Dachstein	Dachstein. Vier Jahrtausende Almen im Hochgebirge, 2. Bd., hg. Günter Cerwinka–Franz Mandl, Haus im Ennstal 1998
Daeschner (2004)	J. R. Daeschner, True Brits, London 2004

Daim–Neubauer (2005)	Falko Daim–Wolfgang Neubauer, Geheimnisvolle Kreisgräben. Niederösterreichische Landesausstellung 2005, Wien 2005
Daim (1985)	Wilfried Daim, Der Mann, der Hitler die Ideen gab,[2] Wien–Köln–Graz 1985
Dallinger (1991)	Petra-Maria Dallinger, Studien zu „Leben und Wunderwerke der heiligen Birgitta von Schweden", 2 Bde (ungedruckte Diss.), Wien 1991
Dalton (1921-24)	J. P. Dalton, Cromm Cruaich of Magh Sleacht, in: PRIA 36C (1921-1924), 23–65
Daly (1990)	Mary Daly, GYN ECOLOGY. The Metaethics of Radical Feminism, 1978; Neuausgabe Boston 1990
Damals (2002)	Die Kelten. Ein rätselhaftes Volk, in: Damals. Das Magazin für Geschichte und Kultur, 34. Jg. 5/2002
Dames (1992)	Michael Dames, Mythic Ireland, London 1992
Danaher (1972)	Kevin Danaher, The Year in Ireland, Cork 1972
Dante Alighieri	Dante Alighieri, Die göttliche Komödie, ins Deutsche übertragen von Ida und Walther von Wartburg..., Zürich 2000
Darrah (1994)	John Darrah, Paganism in Arthurian Romance, Woodbridge 1994
Das Rätsel der Kelten	Das Rätsel der Kelten vom Glauberg. Glaube – Mythos – Wirklichkeit. Ausstellung des Landes Hessen in der Schirn Kunsthalle Frankfurt, 24. Mai–1. September 2002, hg. Hessische Kultur-GmbH, Stuttgart 2002
Davidson (1988)	Hilda Ellis Davidson, Myths and symbols in pagan Europe. Early Scandinavian and Celtic religions, Manchester 1988
Davies (1804)	Edward Davies, Celtic Researches on the Origin, Tradition & Language of the Ancient Britons with some Introductory Sketches on Primitive Society by Edward Davies, Curate of Olveston, Gloucestershire, London 1804, bes. 347–389 = Celtic Linguistics V
Davies (1809)	Edward Davies, The Mythology and Rites of the British Druids, in: A Celtic Reader, 57-99
Davies (1998)	Wendy Davies, Anger and the Celtic Saint, in: Anger's Past. The Social Uses of an Emotion in the Middle Ages, ed. Barbara Rosenwein, Ithaca–London 1998, 191 – 202
Day (1984)	Mildred Leake Day, The Rise of Gawain, Nephew of Arthur (ed. and transl.), New York 1984
Day (1988)	Mildred Leake Day, The Story of Meriadoc (ed. and transl.), New York 1988

De Bernardo–Stempel (2005)	Patrizia De Bernardo Stempel, Die in Noricum belegten Gottheiten und die römisch-keltische Widmung aus Schloß Seggau, in: Keltische Götter im römischen Reich, hg. Wolfgang Spickermann-Rainer Wiegels (= Osnabrücker Forschungen zu Altertum und Antike-Rezeption 9), Möhnesee 2005
De Malkiel (1959)	María Rosa Lida de Malkiel, Arthurian Literature in Spain and Portugal, in: Loomis (1959a), 406–418
De Paor (1997)	Liam de Paor, Ireland and Early Europe, Dublin 1997
De Vries (1964–67)	Jan de Vries, Altnordische Literaturgeschichte, 2 Bde., Berlin 1964–67
Del Giorgio (2006)	J. F. del Giorgio, The Oldest Europeans: Who Are We? Where Do We Come From? What Made European Women Different?, Caracas 2006
Delamarre (2003)	Xavier Delamarre, Dictionnaire de la langue gauloise. Une approche linguistiqie du vieux-celtique continental, Paris² 2003
Delaney (1993)	Frank Delaney, The Celts, London 1993
Delehaye (1998)	Hippolyte Delehaye, The Legends of the Saints, transl. Donald Attwater …, Dublin 1998 [Nachdruck der Ausgabe von 1955]
Delouche (1993)	Denise Delouche, Die Darstellung der Bretagne in der Bildenden Kunst, in: Breizh, 171–186
Demandt (2002)	Alexander Demandt, Über allen Wipfeln. Der Baum in der Kulturgeschichte, Köln–Weimar–Wien 2002
Dembski (1998)	Günther Dembski, Münzen der Kelten, Wien 1998
Der Gral	Der Gral. Artusromantik in der Kunst des 19. Jahrhunderts, hg. Reinhold Baumstark–Michael Koch. Katalog zur Ausstellung des Bayerischen Nationalmuseums, München 25. Oktober 1995 bis 21. Januar 1996
Derungs (1995a)	Keltische Frauen und Göttinnen. Matriarchale Spuren bei Kelten, Pikten und Schotten, hg. Kurt Derungs, Bern 1995
Derungs (1995b)	Kurt Derungs, Die Göttin und ihr Heros im Märchenroman Iwein, in: Derungs (1995a), 212–235
Derungs (2000)	Kurt Derungs, Landschaften der Göttin. Avebury, Silbury, Lenzburg, Sion. Kultplätze der Großen Göttin in Europa, Bern 2000
Dhá Sgéal Artúraíochta	*Dhá Sgéal Artúraíochta, mar atá Eachtra Mhelóra agus Orlando agus Céilidhe Iosgaide Léithe*, ed. Máire Mhac an tSaoi. Dublin 1946 (Nachdruck 1984)

Dichtung und Wahrheit	Dichtung und Wahrheit, in: Goethes Werke. Hamburger Ausgabe Bd. 9, München 1974
Didot Perceval	The Didot Perceval. According to the Manuscripts of Modena and Paris. Ed. William Roach. Genève 1977 (Nachdruck der Ausgabe von Philadelphia 1941)
Die älteste Lyrik	Die älteste Lyrik der grünen Insel aus dem Irisch-Keltischen übertragen von Julius Pokorny, Halle/S. 1923
Die Iren und Europa	Die Iren und Europa im früheren Mittelalter, hg. Heinz Löwe, 2 Bd.e, Stuttgart 1982
Die Kelten (2001)	Anonym., Die Kelten. Götter – Mythen – Kulturen, Köln 2001 (Übersetzung von: Anonym., Ancient Cultures. Celtic Myths and Beliefs)
Die Kelten (2004)	Die Kelten. Mythos und Wirklichkeit, hg. Stefan Zimmer, Stuttgart 2004
Dillon–Chadwick (1967)	Myles Dillon–Nora K. Chadwick, The Celtic Realms, London 1967
Dillon (1946)	Myles Dillon, The Cycles of the Kings, Oxford 1946 (Nachdruck Dublin 1994)
Dillon (1958)	Myles Dillon, Early Irish Literature,² Chicago 1958
Dillon (1959)	Myles Dillon, Tochmarc Étaíne, in: Irish sagas (1959), 11–23
Dinneen (1910)	Patrick S. Dinneen, The World-wide Empire of the Irish Race, in: Journal of the Ivernian Society 2 (1910), 79–94
Dinzelbacher (1973)	Peter Dinzelbacher, Die Jenseitsbrücke im Mittelalter, Wien 1973
Dinzelbacher (1989)	Peter Dinzelbacher, Mittelalterliche Visionsliteratur. Eine Anthologie, Darmstadt 1989
Dinzelbacher (2002a)	Peter Dinzelbacher, Himmel, Hölle, Heilige. Visionen und Kunst im Mittelalter, Darmstadt 2002
Dinzelbacher (2002b)	Peter Dinzelbacher, Die Templer. Ein geheimnisvoller Orden?, Freiburg im Breisgau 2002
Diskriminierung (2003)	Die Diskriminierung der Matriarchatsforschung. Eine moderne Hexenjagd. Hrsg. von der AutorInnengemeinschaft, Bern 2003
Dobesch (2006)	Gerhard Dobesch, Arverner aus Troja (Lucan b. c. 1, 427–428) ? Kleine Überlegungen zur gallo-römischen Kultur, in: Italo-Tusco-Romana. Fs. f. Luciana Aigner-Foresti zum 70. Geburtstag …, hg. Petra Amann–Marco Pedrazzi–Hans Taeuber, Wien 2006
Dopsch (1982)	Heinz Dopsch, St. Peter und das Erzstift Salzburg – Einheit, Krise und Erneuerung, in: St. Peter in Salzburg, 38–43

Dörrer (1957)	A. Dörrer, Allerseelentag, in: Lexikon f. Theologie und Kirche 1, Freiburg im Breisgau 1957, Sp. 349f.
Dorst, Merlin	Tankred Dorst, Merlin oder Das wüste Land. Mitarbeit Ursula Ehler. Mit einem Nachwort von Peter von Becker = Werkausgabe 2, Frankfurt/Main 1985
Downey (2002)	Declan M. Downey, Wild Geese and the Double-Headed Eagle: Irish Integration in Austria c. 1630–c. 1918, in: Favorita Papers, 41–57
Draak (1956)	Maartje Draak, Sgél Isgaide Léithe, in: Celtica 3 (1956), 232–40
Dt. Litztg.	Deutsche Literatur-Zeitung
DTM	Deutsche Texte des Mittelalters
Duanaire Finn	Duanaire Finn. The Books of the Lays of Finn, Part I, ed. Eoin MacNeill (= ITS 7), London 1904; Part II, ed. Gerard Murphy (= ITS 28), London 1933
Dubois (1972)	C.-G. Dubois, Celtes et Gaulois au XVIe siècle, Paris 1972
Dunsany (1938)	Lord Dunsany, My Ireland, Leipzig–Hamburg–Paris 1938
Dupuy (1993)	Roger Dupuy, Zur Geschichte der Bretagne von der Französischen Revolution bis zur Gegenwart, in: Breizh, 73–84
Duval (1983)	Paul-Marie Duval, Early Celtic Art, in: Proceedings (1983), 53–65
Düwel–Zimmerman (1986)	K. Düwel–H. Zimmermann, Germanenbild und Patriotismus in der deutschen Literatur des 18. Jahrhunderts, in: Germanenprobleme in heutiger Sicht, hg. Heinrich Beck, Berlin–New York 1986
Düwel (1995)	Klaus Düwel, Straf- und Lohnorte in der "Visio Tundali" und ihren volkssprachlichen Bearbeitungen in Deutschland und Skandinavien (12./13. Jahrhundert), in: L'immaginario nelle letterature Germaniche del Medievo, ed. Adele Cipolla, Verona 1995, 85–100
DWb	Deutsches Wörterbuch
Eachtra an Mhadra Mhaoil	*Eachtra an Mhadra Mhaoil – Eachtra Mhacaoimh-an-Iolair. The Story of the Crop-Eared Dog – The Story of Eagle-Boy. Two Irish Arthurian Romances*, ed. and transl. by R. A. Stewart Macalister (= ITS 10), London 1908
Ebenbauer (1979)	Alfred Ebenbauer, Tschionatulander und Artus. Zur Gattungsstruktur und zur Interpretation des Tschionatulanderlebens im 'Jüngeren Titurel', in: ZfdA 108 (1979), 374–407

Ebenbauer (1996)	Alfred Ebenbauer, Merlin im Apfelbaum. Zu Ernest Chaussons Oper 'Le Roi Arthus', in: Programmheft der Bregenzer Festspiele zu Le Roi Arthus von Ernest Chausson. Juli 1996
Ebenbauer (2002)	Alfred Ebenbauer, Der Truchseß Keie und der Gott Loki. Zur mythischen Struktur des arthurischen Erzählens, in: Fs. Mertens, 105–131
Eberl (1982)	Immo Eberl, Das Iren-Kloster Honau und seine Regel, in: Die Iren und Europa, 219–238
ÉC	Études celtiques
Edda	Die Edda. Götterdichtung, Spruchweisheit und Heldengesänge der Germanen. Vollständige Ausgabe in der Übertragung von Felix Genzmer, eingeleitet v. Kurt Schier,⁵ Köln 1984
Edel (1993)	Doris Edel, Identiteit en Integratie. Ierland en Europa in the vroege middeleeuwen, Utrecht 1993
Edel (2004)	Doris Edel, Keltische Literatur, in: Die Kelten (2004), 122–160
Eder-Müller (1995)	Annemarie Eder-Ulrich Müller, „Wer sucht den Gral? Fragte Parzival": Das geheimnisvolle 'Ding' in der Literatur des Mittelalters und der Neuzeit, in: Der Gral, 9–30
Edwards (1844)	Rechers sur les langues celtiques par W. F. Edwards, Membre de l'Académie des Sciences morales et politiques, de l'Académie de Médecine, de La Société Royale de Londres, etc. Ouvrage présenté à l'Académie des Inscriptions et Belles-Lettres ... et qui a obtenu la Médaille du Pris Volney ... Paris 1844 = Celtic Linguistics VIII
Eibner (1997)	Alexandrine Eibner, Die „Große Göttin" und andere Vorstellungsinhalte der östlichen Hallstattkultur, in: Hallstattkultur im Osten Österreichs, hg. Louis D. Nebelsick, Alexandrine Eibner, Ernst Lauermann, Johannes-Wolfgang Neugebauer, St. Pölten 1997, 129–145
EIHM	Thomas F. O'Rahilly, Early Irish History and Mythology, Dublin 1957
Einarsson (1961)	Bjarni Einarsson, Skaldasögur, Reykjavik 196l.
Eliot	T. S. Eliot, The Waste Land and other poems. Selected with an Introduction by Helen Vendler, New York 1998
Eller (2000)	Cynthia Eller, The Myth of Matriarchal Prehistory. Why an Invented Past Won't Give Women a Future, Boston 2000
EM	Enzyklopädie des Märchens

Enchanted Ireland	Enchanted Ireland. Photographs by Richard Turpin, Text by Paul Lay, Boston–New York–London 2000
Enright (1996)	M. Enright, The Lady with a Mead Cup, Dublin–Portland 1996
Erec (2006)	Erec von Hartmann von Aue. Mit einem Abdruck der neuen Wolfenbütteler und Zwettler Erec-Fragmente, hg. von Albert Leitzmann, fortgeführt von Ludwig Wolff. 7. Aufl. besorgt von Kurt Gärtner (ATB 39), Tübingen 2006, S. XVIIf., 306-314 (Abdruck)
Erec et Enide (1952)	Les Romans de Chrétien de Troyes I: Erec et Enide, publ. Mario Roques, Paris 1952
Erec et Enite (1987)	Chrétien de Troyes, Erec et Enite, ed. and transl. Carleton W. Carroll, New York 1987
Erskine (1927)	John Erskine, Galahad: Enough of His Life to Explain His Reputation, Indianapolis 1927
Estoire de Merlin	Merlin le Prophète ou le livre du Graal,... mis en français moderne par Emmanuèle Baumgartner. Préface de Paul Zumthor, Paris 1980
Evans (1984)	R. Wallis Evans, Prophetic Poetry, in: A Guide to Welsh Literature, 278–297
Evans (1999)	D. Ellis Evans, Onomaris: Name of Story and History?, in Ildánach ildírech, 27–38
Evola (1955)	Julius Evola, Das Mysterium des Grals, München-Planegg 1955 [deutsche Bearbeitung von: Mistero del Graal e la Tradizione Ghibellina dell'Impero, 1934]
Ewert (1958)	Alfred Ewert, Marie de France. Lais, Oxford 1958
Falconer (1953)	*Lorgaireacht an tSoidhigh Naomhtha*. An Early Modern Irish Translation of the Quest of the Holy Grail, ed. with English Translation by Sheila Falconer, Dublin 1953
Favorita Papers	Austro-Irish Links through the Centuries, ed. Paul Leifer–Eda Sagarra, Diplomatische Akademie Wien [2002]
Feige–Krause (2004)	Marcel Feige–Bianca Krause, Tattoo- und Piercing-Lexikon. Kult und Kultur der Körperkunst, Berlin 2004
Félire Óengusso	Félire Óengusso Céli Dé. The Martyrology of Oengus the Culdee, critically ed. Whitley Stokes, London 1905
Ferguson (1871)	James Ferguson, Rude Stone Monuments in All Countries: Their Age and Uses, s. l. [London], 1871 (Nachdruck: Graz 1976)

Ferguson (1998)	William Ferguson, The Identity of the Scottish Nation. An Historic Quest, Edinburgh 1998
Fianaigecht	Kuno Meyer, Fianaigecht. Being a Collection of hitherto inedited Irish Poems and Tales Relating to Finn and his Fiana, with an English Translation (= Todd Lecture Series XVI) Dublin 1910
Fiebag (1989)	Johannes und Peter Fiebag, Die Entdeckung des Grals. Auf den Spuren der Manna-Maschine und des Templerordens, München 1989
Field (1999)	P. J. C. Field, Sir Thomas Malory's *Le Morte Darthur*, in: The Arthur of the English (1999), 225–246
Fielding (1731)	Henry Fielding, The Tragedy of Tragedies Or The Life And Death Of Tom Thumb The Great [Kessinger Publishing's Rare Reprints], s. l., s. a
Fless (2002)	Friederike Fless, Zur Konstruktion antiker Feindbilder – Das Beispiel der "Großen Gallier", in: fromm – fremd – barbarisch, 59–70
Fletcher (1973)	Fletcher, Robert H., Arthurian Material in the Chronicles, Especially Those of Great Britain and France. Expanded by a Bibliography and Critical Essay for the Period 1905-1965 by Roger Sherman Loomis, New York 1973
Flett (1957)	J. F. and T. M. Flett, Social Dancing in Scotland, 1700–1914, in: ScSt 1 (1957), 153–164
Flood (2000)	John L. Flood, Early Printed Editions of Arthurian Romances, in: The Arthur of the Germans, 295–302.
Fontane (1860)	Theodor Fontane, Jenseit des Tweed. Bilder und Briefe aus Schottland, Berlin 1975, 5. Aufl. 2006
Fontane, Schriften zum Theater	Theodor Fontane, Schriften zum Theater, hg. v. H. H. Reuter, Berlin 1960
Ford (1977)	The Mabinogi and other Medieval Welsh Tales, transl. and edited with an Introduction by Patrick K. Ford, Berkeley–Los Angeles–London 1977
Ford (1983)	Patrick K. Ford, Aspects of the Patrician Legend, in: Celtic Folklore and Christianity. Studies in Memory of William W. Heist, ed. Patrick K. Ford, Santa Barbara 1983
Forstner (1974)	K. Forstner, Das Verbrüderungsbuch von St. Peter in Salzburg. Vollständige Faksimilieausgabe im Originalformat (= Codices selecti 51), Graz 1974
Foster (1989)	The Oxford Illustrated History of Ireland, ed. R. F. Foster, Oxford 1989
Foster (1994)	Alan Dean Foster, Der Tag der Dissonanz,[6] München 1994

Foster (2003)	Robert Foster, Das Große Mittelerdelexikon. Ein alphabetischer Führer zur Fantasy-Welt von J. R. R. Tolkien, bearbeitet u. ergänzt v. Helmut W. Pesch,[2] Düsseldorf 2003
Foulon (1959)	Charles Foulon, Wace, in: Loomis 1959a, 94–103
Fox (1958)	Sir Cyril Fox, Pattern and Purpose. A Survey of Early Celtic Art in Britain, Cardiff 1958
Fox (2004)	Kate Fox, Watching the English. The Hidden Rules of English Behaviour, London 2004
Fox-Friedmann (1998)	Jeanne Fox-Friedmann, The Chivalric Order for Children: Arthur's Return in Late Nineteenth- and Early Twentieth-century America, in: Mancoff (1998), 137–157
Frank (1957)	H. Frank, Allerheiligenfest, in: Lexikon f. Theologie und Kirche 1, Freiburg im Breisgau, 1957, Sp. 346.
Frank (1989)	Karl Suso Frank, Asketische Heimatlosigkeit und monastische Beständigkeit im frühmittelalterlichen Bodenseeraum, in: Geistesleben um den Bodensee, 13–27
Frank (1993)	Roberta Frank, The Battle of Maldon: Ist Reception 1726–1906, in: Heroic Poetry in the Anglo-Saxon Period. Studies in Honour of Jess B. Bessinger, Jr., Kalamazoo 1993, 29–46
Frauen – Forschung – Archäologie	Frauen – Forschung – Archäologie, hg. Helga Brandt – Jana Esther Fries – Eva-Maria Mertens, Münster 1995
Frazer (2000)	James Georges Frazer, Der Goldene Zweig. Das Geheimnis von Glauben und Sitten der Völker, Hamburg 2000
Frei (1985)	Gebhard Frei, Probleme der Parapsychologie, Innsbruck 1985
French-Wieser (2001)	Claire French-Wieser, Als die Göttin keltisch wurde. Ursprung und Verfall einer alteuropäischen Mythologie, Bern 2001
Frey (2007)	Otto-Herman Frey, Keltische Kunst in vorrömischer Zeit (= Kleine Schriften aus dem vorgeschichtlichen Seminar Marburg 57), Marburg 2007.
Friesinger (2001)	Herwig Friesinger, Archäologie und Freizeitgesellschaft, in: Das Waldviertel 50 (2001), 154–157
Fries-Knoblach (2002)	Janine Fries-Knoblach, Die Kelten, Stuttgart 2002
Fritz (2002)	Nicole Fritz, Bewohnte Mythen – Joseph Beuys und der Aberglaube. Diss. Tübingen 2002

fromm – fremd – barbarisch	fromm – fremd – barbarisch. Die Religion der Kelten, hg. Hans-Ulrich Cain – Sabine Rieckhoff, Mainz 2002
Froud–Berk (2003)	Brian Froud–Ari Berk, The Runes of Elfland, New York 2003
Froud (1994)	Lady Cottington's Pressed Fairy Book, Text by Terry Jones, Illustrations Brian Froud, London 1994, (Nachdruck 2003)
Froud (1996)	Brian Froud, Strange Stains and Mysterious Smells, New York 1996
Fs. Mertens	Literarische Leben. Rollenentwürfe in der Literatur des Hoch- und Spätmittelalters. Fs. Volker Mertens, hg. Matthias Meyer–Hans-Jochen Schiewer, Tübingen 2002
Fs.	Festschrift
Fuhrmann (2002)	Horst Fuhrmann, Überall ist Mittelalter. Von der Gegenwart einer vergangenen Zeit, München 2002
Fulda (1776)	Friedrich Carl Fulda, Sammlung und Abstammung germanischer Wurzelwörter. Nach der Reihe menschlicher Begriffe zum Erweis der Tabelle, die der Preisschrift über die zwen Hauptdialecte der teutschen Sprache angefügt worden ist. Von dem Verfasser derselbigen. Herausgegeben von Johann Georg Meusel, Halle an der Saale 1776 (Nachdruck: hg. Elmar Seebold, Hildesheim 1977)
Füllgrabe (2002)	Jörg Füllgrabe, Die Kelten – Legende und Wirklichkeit, Hamm 2002
Füllgrabe (2003)	Jörg Füllgrabe, Die Christianisierung der westgermanischen Stämme und Stammessprachen. Zur Frage sprachlicher und kultureller Kontinuität und Diskontinuität von der vorchristlichen Zeit bis zum Mittelalter, Hamm 2003
Gabriel (2003)	Vicky Gabriel, Der alte Pfad – Wege zur Natur in uns selbst, Engerda 2003
GAG	Göppinger Arbeiten zur Germanistik
Gallais (1964)	Pierre Gallais, Recherches sur la mentalité des romanciers français du moyen âge, in: CCM VII, Nr. 4 (1964), 479–493
Gallais (1992)	Pierre Gallais, La fée à la fontaine et à l'arbre. Un archétype du conte merveilleux et du récit courtois, Amsterdam 1992
Gallenmüller (1997)	Dagmar Gallenmüller, Die „irische Frage". Eine historische Studie zu einem gegenwärtigen Konflikt (= Europäische Hochschulschriften. Rei-

	he III Geschichte und ihre Hilfswissenschaften 730), Frankfurt a. M.–Berlin–Bern ... 1997
Gantz (1981)	Early Irish Myths and Sagas, transl. with an introduction and notes by Jeffrey Gantz, London 1981
Gardner (1959)	Gerald B. Gardner, The Meaning of Witchcraft, London 1959 (Nachdruck York Beach [ME] 2004)
Gardner (2004)	Gerald B. Gardner, Witchcraft Today, London 1954 (Nachdruck Kensington 2004) = http://www.deeweenka.szm.sk/download/ggtoday.pdf
Geistesleben um den Bodensee	Geistesleben um den Bodensee im frühen Mittelalter, hg. Achim Masser–Alois Wolf, Freiburg i. Breisgau 1989
Genty (1968)	P. Genty, Études sur le Celtisme, Paris 1968
Geoffrey of Monmouth (Evans)	Geoffrey of Monmouth, History of the Kings of Britain, transl. Sebastian Evans, revised Charles W. Dunn, Introduction by Gwyn Jones, London 1963 [liebenswerte Übertragung in archaisierendes Englisch]
Geoffrey of Monmouth (Griscom)	The *Historia Regum Britanniae* of Geoffrey of Monmouth, ed. Acton Griscom. Together with a Literal Translation of the Welsh Manuscript No. LXI of Jesus College, Oxord by Robert Ellis Jones, London 1929 (= Genève 1977)
Geoffrey of Monmouth (Hammer)	Geoffrey of Monmouth *Historia Regum Britanniae*. A Variant Version ed. from manuscripts by Jacob Hammer, Cambridge/Mass. 1951
Geoffrey of Monmouth (Thorpe)	Geoffrey of Monmouth, The History of the Kings of Britain, translated with an Introduction by Lewis Thorpe, Harmondsworth 1966
Gerald of Wales (1978)	Gerald of Wales. The Journey through Wales and The Description of Wales, transl. with introduction by Lewis Thorpe, Harmondsworth 1978
Gerald of Wales (1982)	Gerald of Wales. The History and Topography of Ireland, transl. with introduction by John J. O'Meara, Harmondsworth 1982
Gerstenberg (1940)	Joachim Gerstenberg, Éire – ein Irlandbuch, Hamburg 1940
Gibbs (2000)	Marion Gibbs, Fragment and Expansion: Wolfram von Eschenbach, *Titurel* and Albrecht, *Jüngerer Titurel*, in: The Arthur of the Germans, 69–80
Gier (1984)	Albert Gier, Galaad an Königin Isabellas Hof. Zum kastilischen *Demanda del sancto Grial*, in: Artusrittertum im späten Mittelalter. Ethos und Ideologie, ed. Friedrich Wolfzettel, Gießen 1984, 73–86

Gildas	Gildas. The Ruin of Britain and other works, ed. and transl. Michael Winterbottom, London-Chichester 1978
Gill (1993)	W. W. Gill, Customs and Traditions, Cures and Charms, Fairies and Phantoms, ed. Stephen Miller, Onchan 1993
Gillies (1981)	William Gillies, Arthur in Gaelic Tradition: Part I: Folktales and Ballads, in: CMCS 2 (1981), 47–72
Gimbutas (1974)	Marija Gimbutas, The gods and goddesses of Old Europe 7000–3500 B. C. Myths, legends and cult images, London 1974
Gimbutas (1982)	Marija Gimbutas, Women und culture in goddess-oriented Old Europe, in: Charlene Spretnak (Hg.), The politics of women's spirituality. Essays on the rise of spiritual power within the feminist movement, New York 1982, 22–31
Gimbutas (1989)	Marija Gimbutas, The language of the goddess, London 1989
Gimbutas (1991)	Marija Gimbutas, The civilization of the goddess. The World of Old Europe, San Francisco–New York 1991
GKAR	Helmut Birkhan, Germanen und Kelten bis zum Ausgang der Römerzeit. Der Aussagewert von Wörtern und Sachen für die frühesten keltisch-germanischen Kulturbeziehungen, Wien 1970
Goetinck (1975)	Glenys Goetinck, Peredur. A Study of Welsh Tradition in the Grail Legends, Cardiff 1975
Goetinck (1976)	*Historia Peredur vab Efrawc*, Cardiff 1976
Göttner-Abendroth (2005b)	Heide Göttner-Abendroth, Frau Holle. Das Feenvolk der Dolomiten. Die großen Göttinnenmythen Mitteleuropas und der Alpen, Königstein 2005
Göttner-Abendroth (1980)	Heide Göttner-Abendroth, Die Göttin und ihr Heros. Die matriarchalen Religionen in Mythen, Märchen, Epen. München 1980 (11. Auflage 1997)
Göttner-Abendroth (2005a)	Heide Göttner-Abendroth, Fee Morgane. Der Heilige Gral. Die großen Göttinnenmythen des keltischen Raumes, Königstein 2005
Gold der Helvetier	Gold der Helvetier. Keltische Kostbarkeiten aus der Schweiz. Ausstellungskatalog von Andreas Furger–Felix Müller, Zürich 1991
Goodman (1987)	Jennifer R. Goodman, The Legend of Arthur in British and American Literature. (Twayne's English Authors Series, 461.) Boston 1987
Goodrick-Clarke (2004)	Nicholas Goodrick-Clarke, Die okkulten Wurzeln des Nationalsozialismus, Wiesbaden 2004

Gorsleben (1930)	Johann Rudolf Gorsleben, Hoch-Zeit der Menschheit, Leipzig 1930 (Nachdruck 2005)
Gottzmann (1989)	Carola L. Gottzmann, Artusdichtung, Stuttgart 1989
Gould Davis (1972)	Elizabeth Gould Davis, The First Sex, Harmondsworth (Penguin) 1972
Gould Davis (1977)	Elizabeth Gould Davis, Am Anfang war die Frau, München 1977 [die deutsche Übersetzung von Gould Davis (1972)]
Gourvil (1960)	François Gourvil, Théodore-Claude-Henri Hersart de la Villemarqué (1815–1895) et le Barzaz-Breiz, Rennes 1960
Gourvil (1966)	François Gourvil, La langue du Barzaz-Breiz et ses irrégularités. Solécismes, syntaxe, tournures insolites, in: Annales de Bretagne et des Pays de l'Ouest 73 (1966), 563–586
Gourvil (1982)	François Gourvil, Nouvelles contributions à l'histoire du „Barzaz Breiz", in: Annales de Bretagne et des Pays de l'Ouest 89 (1982), 61-85
Gowans (1988)	Linda Gowans, Cei and the Arthurian Legend, Cambridge 1988
Gowans (1991)	Linda M. Gowans, The Modena Archivolt and Lost Arthurian Tradition, in: Arturus Rex II, 79–86
GPN	D. Ellis Evans, Gaulish Personal Names. A Study of some Continental Celtic Formations, Oxford 1967
Granard (1995)	Granard. Its History our Heritage, published by Granard Guild, reprint Granard 1995
Graves (1948)	Robert Graves, The White Goddess, London 1948
Graves (1995)	Richard Perceval Graves, Robert Graves and „The White Goddess", London 1995
Green (1993)	Miranda Green, The Gods of the Celts, Stroud 1993
Green (1995)	Miranda Green, Celtic goddesses: warriors, virgins and mothers, London 1995
Green (1998)	Miranda J. Green, Die Druiden. Die Welt der keltischen Magie, Düsseldorf 1998
Greene–O'Connor (1967)	David Greene–Frank O'Connor, A Golden Treasury of Irish Poetry. A.D. 600 to 1200, London–Melbourne–Toronto 1967
Greenslade (2000)	David Greenslade, Cambrian Country. Welsh Emblems, Llanrwst 2000
Gregor-Dellin (1999)	Martin Gregor-Dellin, Richard Wagner. Sein Leben. Sein Werk. Sein Jahrhundert,[3] München 1999
Gregory (1902)	Cuchulain of Mirthemne. The Story of the Men of the Red Branch of Ulster arranged and put into English by Lady Gregory. With a Preface by W. B.

	Yeats and a foreword by Daniel Murphy, Gerrards Cross 2003
Griffin (1994)	Fianna Griffin, Zu Brian Friel's Dancing at Lughnasa als Faithhealer, in: Österreich Irland, 74–82.
Grimm (1876)	Jacob Grimm, Deutsche Mythologie, 3 Bde; Nachdruck der Ausgabe von 1876, Hildesheim 2001
Grimm (1977)	Reinhold R. Grimm, Paradisus coelestis paradisus terrestris (= Medium aevum 33), München 1977
Grisward (1979)	J.-H. Grisward, Trois perspectives médiévales, in: Jean-Claude Riviere, George Dumézil à la découverte des Indo-Européens, Paris 1979
Grooms (1993)	Chris Grooms, The Giants of Wales. *Cewri Cymru* (= Welsh Studies 10), Lewiston-Queenston-Lampeter 1993
Gruber (1990)	Elmar R. Gruber, Kult & Magie. Eine Reise durch die Welt des geheimen Wissens [Katalog einer Ausstellung auf Schloß Schwarzenau, NÖ], Wien 1990
Gruel (1989)	Katherine Gruel, La monnaie chez les Gaulois, Paris 1989
Guerreau-Jalabert (1992)	Anita Guerreau-Jalabert, Index des motifs narratifs dans les romans arthuriens français en vers (XIIe–XIIIe siècles), Genève 1992
Guest (1838–1849)	Charlotte Guest, The Mabinogion from the Llyfr Coch o Hergest, and other ancient Welsh manuscripts, London 1849
Gugenberger-Schweidlenka (1987)	Eduard Gugenberger-Roman Schweidlenka, Mutter Erde/Magie und Politik. Zwischen Faschismus und neuer Gesellschaft, Wien 1987
Güntert (1921)	Hermann Güntert, Von der Sprache der Götter und Geister, Halle 1921
Guyonvarc'h-Le Roux (1990)	Christian-J. Guyonvarc'h-Françoise Le Roux, La civilisation celtique, Rennes 1990
Gwynn (1903–1935)	Edward Gwynn, The Metrical Dindshenchas, 5 vols., Dublin 1903-1935 (Nachdruck 1991)
Hablitzel (1986)	Prof. Dr. Johann Kaspar Zeuss. Begründer der Keltologie und Historiker aus Vogtendorf/Oberfranken 1806–1856 von Ministerialrat Dr. ... Hans Hablitzel mit einem Vorwort von Prof. Dr. Laetitia Boehm. Erweiterter Sonderdruck aus "Archiv für Geschichte von Oberfranken", 66. Band, Bayreuth 1986
Handke	Peter Handke, Das Spiel vom Fragen oder die Reise zum sonoren Land, Frankfurt/Main 1989
Hans Sachs	Hans Sachs, hg. Adelbert von Keller (=StLV 140), Tübingen 1879

Harbison (2005)	Peter Harbison, Celtic Christian Art in Ireland, in: Bausteine, 443–465
Hardin (2006)	Terri Hardin, The Pre-Raphaelites. Ispiration from the Past, s. l. (New Line Books), 2006
Haren-de Pontfarcy (1988)	The Medieval Pilgrimage to St Patrick's Purgatory Lough Derg and the European Tradition, ed. Michael Haren, Yolande de Pontfarcy, Clogher Historical Society, Enniskillen 1988
Harrison (1986)	Frank Harrison, Celtic musics: characteristis and chronology, in: Geschichte und Kultur der Kelten. Vorbereitungskonferenz 25.-28. Oktober 1982 in Bonn, hg. Karl Horst Schmidt-Rolf Ködderitzsch, Heidelberg 1986
Hartmann-Pfau (1851)	M. Hartmann und L. Pfau, Bretonische Volkslieder, Köln 1851
Hartmann (1952)	Hans Hartmann, Der Totenkult in Irland. Ein Beitrag zur Religion der Indogermanen, Heidelberg 1952
Hartnett (1973)	Connor P. Hartnett, Irish Arthurian Literature. Unpublished doctoral dissertation, New York University, 1973, 2 vols. (2-volume printout by University Microfilms, Ann Arbor, Michigan.)
Hasenhündl-Neubauer-Trnka	Gerhard Hasenhündl-Wolfgang Neubauer-Gerhard Trnka, Kreisgräben – eine runde Sache. Sechs Wege zu ausgewählten Kreisgrabenanlagen im Weinviertel. Eine Annäherung an die ältesten Monumentalbauten Europas, Horn-Wien 2005
Hatt (1972)	Jean-Jacques Hatt, Introduction à l'étude de la religion gauloise, in: Les Celtes (= Nouvelle Ecole 17 [mars-avril 1972]), 38–45
Hatt (1989)	Jean-Jacques Hatt, Mythes et Dieux de la Gaule, Paris 1989
Haubrichs (2004)	Wolfgang Haubrichs, *Theodiscus*, Deutsch und Germanisch – drei Ethnonyme, drei Forschungsbegriffe. Zur Frage der Instrumentalisierung und Wertbesetzung deutscher Sprach- und Volksbezeichnungen, in: Zur Geschichte der Gleichung „germanisch–deutsch", hg. Heinrich Beck, Dieter Geuenich, Heiko Steuer, Dietrich Hakelberg (= RGA-E Band 34), Berlin-New York 2004, 199–227
Haug (1977)	Walter Haug, Das Mosaik von Otranto. Darstellung, Deutung und Bilddokumentation, Wiesbaden 1977
Haug (1991)	Walter Haug, Hat Wolfram von Eschenbach Ch-

	rétiens *Conte du Graal* kongenial ergänzt?, in: Arturus Rex, II, 236–258
Haug (2002)	Walter Haug, Die Rolle des Begehrens. Weiblichkeit, Männlichkeit und Mythos im arthurischen Roman, in: Fs. Mertens, 247–267
Haupt (1971)	Jürgen Haupt, Der Truchseß Keie im Artusroman, Berlin 1971
Hawkins (1967)	G. Hawkins, Stonehenge Decoded. New York: Dorset Press 1967
Haycock (1983–84)	Marget Haycock, 'Preiddeu Annwn' and the Figure of Taliesin, in: Studia Celtica 18/19 (1983–84), 52–78
Haycock (1990)	Marget Haycock, The Significance of the 'Cad Goddau' Tree-List, in: Celtic Linguistics, Fs. T. Arwyn Watkins, ed. M. Ball et al., Amsterdam 1990, 297–331
Haycock (2002)	David Haycock, William Stukeley : science, religion and archaeology in eighteenth-century England, Woodbridge2002
Haywood (2007)	John Haywood, Die Zeit der Kelten. Ein Atlas,[3] Frankfurt am Main 2007
Healy (1969)	The Mercier Book of Old Irish Street Ballads, IV: No Place like Home, ed. with music by James N. Healy, Cork 1969.
Hebridean Folksongs	Hebridean Folksongs. A Collection of Waulking Songs by Donald MacCormick ..., Oxford 1969
Hegel, Ästhetik	Georg Wilhelm Friedrich Hegel, Ästhetik, II, Berlin–Leipzig 1965
Heger (1983)	Norbert Heger, Die „Kopfplastik keltischer Art" von der Festung, in: Salzburger Museumsblätter 44 (Jänner 1983), Nr. 1
Heiligtümer der Druiden	Heiligtümer der Druiden. Opfer und Rituale bei den Kelten, hg. Ernst Lauermann–Peter Trebsche, Asparn a. d. Zaya 2008
Hein	Christoph Hein, Die Ritter der Tafelrunde und andere Stücke, Berlin–Weimar 1990
Heinrich von dem Türlin	Heinrich von dem Türlin, Die Krone, I (Verse 1–12281), hg. Fritz Peter Knapp (= ATB 112), Tübingen 2000; II (Verse 12282–30042), hg. Alfred Ebenbauer–Florian Kragl (= ATB 118), Tübingen 2005
Heinrichs (1978)	Anne Heinrichs, Von Ole Worm zu Lambert Ten Kate. Frühe Rezeption der „Krákumál", in: Sprache in Gegenwart und Geschichte. Fs. f. Heinrich Matthias Heinrichs zum 65. Geburtstag, Köln–Wien 1978, 294–306

Heinz-Kutschke	Sabine Heinz – Andrea Kutschke, Anmerkungen zur walisischen Tristanliteratur, in: Festschrift für Hildegard L. C. Tristram zum 60. Geburtstag (im Druck).
Heinz (1999)	Die Deutsche Keltologie und ihre Berliner Gelehrten bis 1945. Beiträge zur internationalen Fachtagung *Keltologie* an der Friedrich-Wilhelms-Universität vor und während des Nationalsozialismus vom 27.–28. 03. 1998 an der Humboldt-Universität zu Berlin, hg. Sabine Heinz unter Mitarbeit von Karsten Braun (= Berliner Beiträge zur Wissenschaftsgeschichte 2), Frankfurt am Main–Berlin–Bern ... 1999
Heinz (2007)	Sabine Heinz; Überlegungen zu Unterschieden in der anglo-irischen und anglo-walisischen Literatur, in: Kelten-Einfälle, 245–253.
Heinzle (1984)	Joachim Heinzle, Zur Stellung des Prosa-Lanzelot in der deutschen Literatur des 13. Jahrhunderts, in: Artusrittertum im späten Mittelalter. Ethos und Ideologie, hg. Friedrich Wolfzettel, Gießen 1984
Heist (1952)	William W. Heist, The Fifteen Signs Before Doomsday, Michigan State College Press 1952
Heizmann (1998)	Wilhelm Heizmann, Hvanndalir – Glæsisvellir – Avalon. Traditionswanderungen im Norden und Nordwesten Europas, in: Frühmittelalterliche Studien 32 (1998), 72–100
Hemprich (2004a)	Gisbert Hemprich, Folklore, in: Die Kelten (2004), 171–186
Hemprich (2004b)	Gisbert Hemprich, Nachleben, in: Die Kelten (2004), 187–201
Henderson (1899)	Fled Bricrend. The Feast of Bricriu, ed. with transl. George Henderson (ITS) London 1899 (Nachdruck Dublin 1993)
Henderson (1912)	George Henderson, Arthurian Motifs in Gadhelic Literature, in: Miscellany presented to Kuno Meyer ... on the Occasion of his Appointment to the Chair of Celtic Philology ...ed. Osborn Bergin–Carl Marstrander, Halle a. S. 1912, 18–33.
Henry (1965)	Françoise Henry, Irish Art in the Early Christian Period, London 1965
Henry (1974)	The Book of Kells, ed. with text by Françoise Henry, London 1974
Herder (1807)	Johann Gottfried Herder, Stimmen der Völker in Liedern. Nachdruck der Ausgabe von 1807,

	München 1911 (= Lizenzausgabe Leipzig–Darmstadt)
Herder Ideen	J. G. Herder, Ideen zur Philosophie der Geschichte der Menschheit, hg. M. Bollacher, in: J. G. Herder Werke Bd. 6 (= Bibliothek deutscher Klassiker 41), Frankfurt/M. 1989
Herm (1991)	Gerhard Herm, Die Kelten. Das Volk, das aus dem Dunkel kam, Augsburg 1991
Herren (1974)	Michael W. Herren, The Hisperica Famina: I. The A-Text, A New Critical Edition with English Translation and Philological Commentary, Toronto 1974
Herren (1982)	Michael Herren, Sprachliche Eigentümlichkeiten in den hibernolateinischen Texten des 7. und 8. Jahrhunderts, in: Die Iren und Europa, 425–433.
Herren (1989)	Michael W. Herren, Wozu diente die Fälschung der Kosmographie des Aethicus?, in: Lateinische Kultur im VIII. Jahrhundert. Traube-Gedenkschrift, hg. Albert Lehner–Walter Berschin, St. Ottilien 1989
Herrmann (1901)	Erläuterungen zu den ersten neun Büchern der Dänischen Geschichte des Saxo Grammaticus von Paul Herrmann. Erster Teil: Übersetzung, Leipzig 1901
Herrmann (1934)	Albert Herrmann, Unsere Ahnen und Atlantis. Nordische Seeherrschaft von Skandinavien bis Nordafrika, Berlin 1934
Hilty (1989)	Gerold Hilty, Die Konstanzer Predigt des heiligen Gallus und das Fortleben des Romanischen am Südufer des Bodensees bis ins 7. Jahrhundert, in: Geistesleben um den Bodensee, 57–63
Hitz (2007)	Hans-Rudolf Hitz, Lassen sich die Inschriften von Glozel in Frankreich unter den altkeltischen Texten einordnen? in: Kelten-Einfälle, 279–305
HL	Vollständiges Heiligen-Lexikon oder Lebensgeschichten aller Heiligen, Seligen etc. etc. aller Orte und aller Jahrhunderte, deren Andenken in der katholischen Kirche gefeiert oder sonst geehrt wird, unter Bezugnahme auf das damit in Verbindung stehende Kritische, Alterthümliche, Liturgische und Symbolische, in alphabetischer Ordnung, hg. J. E. Stadler, F. J. Heim und J. N. Ginal, 5 Bde, Augsburg 1858–1852
Hodson (1925)	Fairies at Work and at Play Observed by Geoffrey Hodson, London 1925

Hodson (1927)	Geoffrey Hodson, The Fairy Kingdom, London 1927 (Nachdruck San Diego 2003)
Hoepfner (1959)	Ernest Hoepfner, The Breton Lais, in: Loomis (1959a), 112–121
Hofeneder (2005)	Andreas Hofender, Die Religion der Kelten in den antiken literarischen Zeugnissen, Band I: Von den Anfängen bis Caesar, Wien 2005
Hofeneder (2007)	Andreas Hofeneder, Plinius und die Druiden, in: Kelten-Einfälle, 307–324.
Hofeneder (2008)	Andreas Hofeneder, Die Religion der Kelten in den antiken literarischen Zeugnissen, Band II: Von Cicero bis Florus, Wien 2008
Hoffmann (1991)	Werner Hoffmann, König Marke in den deutschen Tristandichtungen des Mittelalters, in: Geist und Zeit. Wirkungen des Mittelalters in Literatur und Sprache, Fs. f. Roswitha Wisniewski zum 65. Geburtstag, Frankfurt am Main–Bern–New York … 1991, 57–76
Hoffmann (2000)	Stefan-Ludwig Hoffmann, Die Politik der Geselligkeit. Freimaurerlogen in der deutschen Bürgergesellschaft 1840–1918 (= Kritische Studien zur Geschichtswissenschaft 141), Göttingen 2000
Höfische Literatur (1986)	Höfische Literatur – Hofgesellschaft – Höfische Lebensformen um 1200, hg. Gert Kaiser – Jan-Dirk Müller, Düsseldorf 1986
Höfler (1952)	Otto Höfler, Das Opfer im Semnonenhain und die Edda, in: Edda, Skalden, Saga. Fs. zum 70. Geburtstag von Felix Genzmer, hg. Hermann Schneider, Heidelberg 1952, 1–67 (= Kleine Schriften hg. Helmut Birkhan et al., Hamburg 1992, 185–281)
Hofmann (2004)	Gabriele Hofmann, Alles über Tattoos. Von der Motivwahl bis zur fertigen Tätowierung, Engerda 2004
Höhler (1985)	Gertrud Höhler, Die Bäume des Lebens. Baumsymbole in den Kulturen der Menschheit, Stuttgart 1985
Holzer (1967)	Hans Holzer, The Lively Ghosts of Ireland, London 1967
Holzer (2008)	Veronika Holzer, Der keltische Kultbezirk in Roseldorf/Sandberg (Niederösterreich), in: Heiligtümer der Druiden, 32–49
Hope (1990)	Murry Hope, Magie und Mythologie der Kelten. Das rätselhafte Erbe einer Kultur,[2] München 1990
Horn (1987)	Heinz Günter Horn, Bilddenkmäler des Matronenkults im Ubiergebiet, in: Matronen, 31–54

Hughes (1991)	Harry Hughes, Croagh Patrick. An Ancient Mountain Pilgrimage, Westport 1991
Hull (1910)	Eleanor Hull, A Text Book of Irish Literature, 2 vols.^{2}, London 1910
Hull (1927)	Eleanor Hull, Legends and Traditions of the Cailleach Bheara or Old Woman (Hag) of Beare, in: Folklore 38 (1927) = The Goddess as Old Woman, in: Derungs (1995a), 298–309
Hundert Meisterwerke	Hundert Meisterwerke keltischer Kunst. Schmuck und Kunsthandwerk zwischen Rhein und Mosel, hg. Rheinisches Landesmuseum Trier, bearbeitet von Rosemarie Cordie-Hackenberg, Regina Geiß-Dreier, Andrei Miron, Angelika Wigg, Trier 1992
Hunt (s. a.)	Robert Hunt, Cornish Customs and Superstitions, Truro s. a.
Hyde (1915)	Legends of Saints and Sinners collected and translated from the Irish by Douglas Hyde, Dublin 1915
IHK	R. Thurneysen, Die irische Helden- und Königsage bis zum siebzehnten Jahrhundert, Halle 1921
Ildánach ildírech	*Ildánach ildírech* (A Festschrift for Proinsias Mac Cana), ed. John Carey–John T. Koch–Pierre-Yves Lambert, Andover–Aberystwyth 1999
Immermann	Immermann's Werke, hg. Robert Boxberger, 13. Teil, Berlin s. a.
Ingrisch (1991)	Lotte Ingrisch, Feenschrei, Wien 1991
Iolo Manuscripts (1848)	Iolo Manuscripts. A Selection of Ancient Welsh Manuscripts ... by his Son, the late Taliesin Williams (ab Iolo), Llandovery 1848
Irische Kunst (1983)	Irische Kunst aus drei Jahrtausenden, Ausstellung in Köln, Wallraff-Richartz-Museum 28. Februar-2. Juni 1983 und Berlin, Staatliche Museen Stiftung Preußischer Kulturbesitz 25. Juni-23. Oktober 1983, hg. H. Hellenkemper, Mainz 1983
Irish Bardic Poetry	Irish Bardic Poetry. Texts and translations, together with an introductory lecture by Osborn Bergin, with a foreword by D. A. Binchy, compiled and edited by David Greene and Fergus Kelly, Dublin 1984
Irish Sagas (1959)	Irish Sagas, ed. Myles Dillon, Dublin 1959
ITS	Irish Text Society
Jackson (1969)	Kenneth H. Jackson, The Gododdin. The Oldest Scottish Poem, Edinburgh 1969
Jackson (1971)	Kenneth Hurlstone Jackson, A Celtic Miscellany, Harmondsworth 1971

Jackson (1989)	Anthony Jackson, The Pictish Trail. A Traveller's Guide to the Old Pictish Kingdom, Kirkwall 1989
Jackson (2000b)	W. H. Jackson, *Lorengel* and the *Spruch von den Tafelrundern*, in: The Arthur of the Germans, 181–183
Jacobs (1892)	Joseph Jacobs, Celtic Fairy Tales, 1892 (Nachdruck New York 1968, Bath 2003).
Jacobsthal (1941)	Paul Jacobsthal, Imagery in Early Celtic Art (= The Sir John Rhŷs Memorial Lecture), London 1941
Jacobsthal (1944)	P. Jacobsthal, Early Celtic Art, 2 Bde., Oxford 1944
Jaeger (2000)	Achim Jaeger, Ein jüdischer Artusritter. Studien zum jüdisch-deutschen "Widuwilt" ("Artushof") und zum "Wigalois" des Wirnt von Gravenberc, Tübingen 2000
James–Rigby (1997)	Simon James–Valery Rigby, Britain and the Celtic Iron Age, London 1997
James (1993)	Simon James, Exploring the World of the Celts, London 1993
James (1996)	Simon James, Das Zeitalter der Kelten, Düsseldorf 1996
James (1999)	Simon James, The Atlantic Celts. Ancient People or Modern Invention? Madison, Wisconsin 1999
Jarman (1983)	A. O. H. Jarman, The Arthurian Allusions in the Black Book of Carmarthen in: The Legend of Arthur in the Middle Ages. Studies presented to A. H. Diverres, ed. P. B. Grout, R. A. Lodge, C. E. Pickford, E. K. C. Varty, Cambridge 1983, 99–112
Jarman (1991)	A. O. H. Jarman, The Merlin Legend and the Welsh Tradition of Prophecy, in: The Arthur of the Welsh, 117–145
Jauss-Meyer (1974)	Helga Jauss-Meyer (hg und übers.), Chrétien de Troyes: Lancelot (= KTRM 13), München 1974
Jenkins (2000)	Dafydd Jenkins, *Bardd Teulu* and *Pencerdd*, in: The Welsh King, 142–166
Jensma (2004)	Goffe Jensma, De gemaskerde god. François HaverSchmidt en het Oera Linda-boek, Zutphen 2004
Johann Kaspar Zeuß	Johann Kaspar Zeuß im kultur- und sprachwissenschaftlichen Kontext (19. bis 21. Jahrhundert). Kronach 21.7.–23. 7. 2006, hg. Hans Hablitzel-David Stifter (= KF 2), Wien 1907
Johnson–Lozac'hmeur	Diarmuid Johnson–Claude Lozac'hmeur, Dafydd ap Gwilym. Un barde gallois du XIVème siècle. Petite anthologie d'un grand poète (= Wodan 34) Greifswald 1994

Jones–Froud (1996)	Terry Jones–Brian Froud, Strange Stains und Mysterious Smells, New York 1996
Jones (1767)	[Rowland Jones], A Postscript to the Origin of Language and Nations; Containing a farther Illustration of Languages, A Plan for the Restoration of the Primitive One, And A Demonstration of its Utility and Importance, as an universal Language and a general Key to Knowledge; With Various Specimens of its Powers on ancient Authors, Coins, Tenures, Policy, Names, and other Things, London [s. a.] 1767 = Celtic Linguistics III.
Jones (1926)	T. Gwynn Jones, Some Arthurian Material in Keltic, in: Aberystwyth Studies 8 (1926), 54–57
Jones (1937)	David Jones, In Parenthesis. *seinnyessit e gledyf ym penn mameu*, London 1937 (Nachdruck London–Boston 1978 mit Vorwort von T. S. Eliot)
Jones (1967)	Thomas Jones, The Black Book of Carmarthen 'Stanzas of the Graves' (= Sir John Rhŷs Memorial Lecture British Academy 1967. Proceedings of the British Academy vol. LIII), London 1967
Jones (1988)	David Jones, Anathemata. Fragmente eines Schreibversuchs, übers. von C. Spaemann, Basel 1988
Jugendbildnis des Dichters	James Joyce, Jugendbildnis des Dichters. A Portrait of the Artist as a Young Man, Frankfurt am Main 1960
Kaiser (1975)	Gert Kaiser, Der "Wigalois" des Wirnt von Grâvenberc. Zur Bedeutung des Territorialisierungsprozesses für die 'höfisch-ritterliche' Literatur des 13. Jahrhunderts. In: Euphorion 69 (1975), 410–443
Kaiser (1978)	Gert Kaiser, Textauslegung und gesellschaftliche Selbstdeutung. Die Artusromane Hartmanns von Aue,[2] Wiesbaden 1978
Kaiser	Georg Kaiser, Werke, hg. Walther Huder, I, Frankfurt/M.–Berlin–Wien 1971
Karnein (1981)	Alfred Karnein, La réception du *De amore* d'André le Chapelain au XIIIe siècle, in: Romania 102 (1981), 501–542.
Kasten (1979)	Ingrid Kasten (hg. und übers.), Chrétien de Troyes: Erec und Enide (= KTRM 17), München 1979
Kasten (1998)	Ingrid Kasten, Brandans Buch, in: *Ir sult sprechen willekomen*. Grenzenlose Mediävistik. Fs. f. Helmut Birkhan, Bern–Berlin … 1998, 49–60.
Kater (2006)	Michael Kater, Das 'Ahnenerbe' der SS 1935-1945. Ein Beitrag zur Kulturpolitik des Dritten Reiches.

	(= Studien zur Zeitgeschichte 6),⁴ München 2006
Kelleher (1972)	The Essential Dublin, compiled and ed. Terry Kelleher, Dublin 1972
Kelly (1992)	Patricia Kelly, The *Táin* as Literature, in: Aspects of the Táin, 69–102
Kelly (1995)	Fergus Kelly, A Guide to Early Irish Law, Dublin 1995
Kelly (1996)	Eamonn P. Kelly, Sheela-na-Gigs. Origins and Functions, Dublin 1996
Kelten-Einfälle (2007)	Kelten-Einfälle an der Donau. Akten des Vierten Symposiums deutschsprachiger Keltologinnen und Keltologen. Philologische–Historische–Archäologische Evidenzen … (Linz/Donau, 17.–21. Juli 2005), hg. von Helmut Birkhan unter Mitwirkung von Hannes Tauber (= ÖAW, phil.-hist. Kl. Denkschriften, 345. Bd.), Wien 2007
Keltische Sprachinseln	Keltische Sprachinseln. Anthologie keltischer Autoren. In keltischen Sprachen und Deutsch, hg. Sabine Heinz, Berlin 2001
Kendrick (1927)	T. D. Kendrick, The Druids, London 1927
Kennedy–Smyth (1993)	Gerald Conan Kennedy–Daragh Smyth, Irish Mythology. Visiting the Places, Killala 1993
Kenney (1929)	J. F. Kenney, The Sources for the Early History of Ireland, vol. I: Ecclesiastical, New York 1929
Kenny (1993)	Michael Kenny, The Road to Freedom. Photographs and memorabilia from the 1916 Rising and afterwards, Dublin 1993
Kenny (1994)	Michael Kenny, The Fenians. Photographs and memorabila from the National Museum of Ireland, Dublin 1994
Kenny (1996)	Michael Kenny, The 1798 Rebellion. Photographs and memorabila from the National Museum of Ireland, Dublin 1996
Kenny (1998)	Kevin Kenny, Making Sense of the Molly Maguires, Oxford 1998
Kern (1981)	Peter Kern, Die Artusromane des Pleier, Berlin 1981
Kern (1988)	Peter Kern, Ulrich Füeterers 'Flordimar': Bearbeitung eines Artusromans des 13. Jh.s?, in: ZfdPh 107 (1988), 410–431
KF	Keltische Forschungen
King Arthur in Cornwall	[Anonym] A Summary of King Arthur in Cornwall, Plymouth s. a.
King Arthur's Death	King Arthur's Death. The Middle English Stanzaic Morte Arthur and Alliterative Morte Arthre, ed.

King Artus (1969)	Larry D. Benson, Exeter 1988 (Nachdruck 1999) King Artus. A Hebrew Arthurian Romance 1279 ed. and transl. Curt Leviant, Assen–New York 1969.
Kinsella (1969)	Thomas Kinsella, The Táin, Oxford 1969
Kirsch (1986)	Fritz Peter Kirsch, Epochen des französischen Romans, Darmstadt 1986
Kistler (2007)	Erich Kistler, Gigantisierte Kelten als Bösewichte: Ein Feindbild der Griechen, in: Kelten-Einfälle (2007), 347–359
Klein (2004)	Thomas F. Klein, Wege zu den Kelten, Stuttgart 2004
Klopstock (1785)	Oden von Klopstock, Reuttlingen 1785
Kluckhohn (1910)	Paul Kluckhohn, Ministerialtät und Ritterdichtung, in: ZfdA 52 (1910), 135–168
Knapp (1977)	Fritz Peter Knapp, Virtus und Fortuna in der „Krone". Zur Herkunft der ethischen Grundthese Heinrichs von dem Türlin, in: ZfdA 106 (1977), 253–266
Knapp (1985)	Fritz Peter Knapp, *Chevalier errant* und *fin'amor*. Das Rittertum des 13. Jahrhunderts in Nordfrankreich und im deutschsprachigen Südosten, Passau 1986
Knapp (1997)	Fritz Peter Knapp, Historie und Fiktion in der mittelalterlichen Gattungspoetik. Sieben Studien und ein Nachwort, Heidelberg 1997
Knapp (2006)	Andreas Königlicher Hofkaplan, Von der Liebe. Drei Bücher. Übersetzt und mit Anmerkungen und einem Nachwort versehen von Fritz Peter Knapp, Berlin–New York 2006.
KNLL	Kindlers Neues Literaturlexikon, hg. Walter Jens (Studienausgabe) München
Knott (1960)	Eleanor Knott, Irish Classical Poetry, commonly called Bardic Poetry, Dublin 1960
Koch–Carey (2000)	John Koch–John Carey, The Celtic Heroic Age. Literary Sources for Ancient Celtic Europe & Early Ireland & Wales, Oakville–Aberystwyth 2000
Köhler (1970)	Erich Köhler, Ideal und Wirklichkeit in der höfischen Epik. Studien zur Form der frühen Artus- und Graldichtung,[2] (= Beihefte z. Zs. f. roman. Phil. 97) Tübingen 1970
Kowarik (2008)	Kerstin Kowarik, Druiden – zwischen Forschungsgegenstand und Kultobjekt, in: Heiligtümer der Druiden, 8–19
Kraml (1979)	Willibald Kraml, *Aided Óenfir Aife*. Der Tod von Aífes einzigem Sohn. Altirische Sage mit Ein-

	führung, Übersetzung, Kommentar und Glossar ... Wien 1979
Krause (2007)	Arnulf Krause, Die Welt der Kelten. Geschichte und Mythos eines rätselhaften Volkes, Frankfurt–New York 2007
Kruta (2000)	Venceslas Kruta, Les Celtes. Histoire et Dictionnaire des origines à la romanisation et au christianisme, Paris 2000
KTRM	Klassische Texte des romanischen Mittelalters
Kühn (1986)	Dieter Kühn, Der Parzival des Wolfram von Eschenbach, Frankfurt am Main 1986
Kunitsch (1980)	Paul Kunitsch, Are there Oriental Elements in the Tristan Story?, in: Vox Romanica 39 (1980)
Kuter (1986)	Lois Kuter, Pan-Celticism – Past and Future, in Proceedings of the First North American Congress of Celtic Studies 1986, ed. Gordon W. MacLennan. 577–588
La Rue (1815)	G. de La Rue, Recherches sur les ouvrages des bardes de la Bretagne armoricaine au moyen âge, Caen 1815
La Rue (1834)	G. de La Rue, Essais historiques sur les bardes, les jongleurs et les trouvères normands et anglo-normands, Caen 1834
La Tour d'Auvergne (1792–96)	Théophile-Malo Corret de La Tour d'Auvergne Origines gauloises. Celles des plus anciens peuples de l'Europe puisées dans leur vraie source ou recherche sur la langue, l'origine et les antiquités des Celto-bretons de l'Armorique, pour servir à l'histoire ancienne et moderne de ce peuple et à celle des Français, Paris 1792–1796
Lacy (1996)	The New Arthurian Encyclopedia (ed. Norris J. Lacy), New York–London 1996
Lacy (1998)	Norris J. Lacy, King Arthur Goes To War, in: Mancoff (1998)
Laing–Laing (1992)	Lloyd and Jennifer Laing, Art of the Celts, London 1992
Lancelot (1981)	Lancelot, or The Knight of the Cart, ed. and transl. William W. Kibler, New York 1981
Lancelot (Micha)	Lancelot. Roman en prose du XIIIe siècle, edition critique ... par Alexandre Micha 2 vols., Paris–Genève 1978
Langosch (1990)	Karl Langosch, Mittellatein und Europa. Führung in die Hauptliteratur des Mittelalters, Darmstadt 1990
Lanzelet	Ulrich von Zatzikhoven, Lanzelet, hg. v. Florian Kragl, Bd. 1: Text und Übersetzung, Bd. 2: For-

	schungsbericht und Kommentar, Berlin–New York 2006.
Larrington (1997)	Carolyne Larrington, Skandinavien, in: Die mythische Frau. Ein kritischer Leitfaden durch die Überlieferung, hg. Carolyne Larrington; deutsche Ausgabe hg. Charlotte Zwieauer, Wien 1997, 166–196
Latré (1991)	Guido Latré, Yelping for Arthur: Adventure and (Meta)Fiction in *Sir Gawain and the Green Knight*, in: Arturus Rex, II, 186–203
Lauermann (2008)	Ernst Lauermann, Das Modell des Heiligtums von Roseldorf im Museum für Urgeschichte des Landes Niederösterreich in Asparn/Zaya, in: Heiligtümer der Druiden, 50–63
Laurent (1989)	Donatien Laurent, Aux sources du Barzaz-Breiz, La mémoire d'un peuple, Douarnenez 1989
Lautenbach (1991)	Der keltische Kessel. Wandlung und Wiedergeburt in der Mythologie der Kelten. Irische, walisische und arthurianische Texte ausgewählt und neu übersetzt von Fritz Lautenbach, Stuttgart 1991
Layamon	Layamon, Brut [archaisierende neuenglische anonyme Übersetzung], s. l., s. a. [dodo press; s. www.dodopress.co.uk)
Le Braz (1903)	Anatole Le Braz, Un Témoignage de Luzel sur la composition du Barzaz Breiz, in: Annales de Bretagne et des Pays de l'Ouest 18 (1903)
Le Brigant (1779)	Jacques Le Brigant, Éléments succincts de la langue des Celtes-Gomérites ou bretons. Introduction à cette langue et, par elle, à celle de tous les peuples connus, Strasbourg 1779
Le Conte du Graal (1975)	Le Conte du Graal (Perceval), ed. Félix Lecoy (=Les Romans de Chrétien de Troyes V, VI), Paris 1975
Le Men (1867)	René–François Le Men, Catholicon, Lorient 1867 [das *Catholicon* ist ein von 1499 stammendes, dreisprachiges, d.h. lat.-franz.-bret. Wörterbuch]
Le Mercier D'erm (1919)	Camille Le Mercier D'erm, Les Bardes et poètes nationaux de la Bretagne armoricaine: anthologie contemporaine des XIXe-XXe siècles, Paris 1919 (Nachdruck 1977)
Le Roux-Guyonvarc'h (1997)	Françoise Le Roux–Christian-J. Guyonvarc'h, Die hohen Feste der Kelten, Engerda 1997
Le Stum (1993)	Philippe Le Stum, Die bretonischen Trachten: Von der Vielgestaltigkeit zum identitätsstiftenden Symbol, in: Breizh, 159–170
Lebor Gabála	Lebor Gabála Érenn, ed. R. A. Stewart Macalister,

	Part I: ITS 34, London 1938; Part II: ITS 35, London 1939; Part III: ITS 39, London 1940; Part IV: ITS 41, London 1941; Part V: ITS 44, London 1956
Lehane (1968)	Brendan Lehane, Early Celtic Christianity, New York 1993 (= The Quest for Three Abbots, 1968)
Lehman–Myers–Moro (2005)	Magic, Witchcraft, and Religion. An Anthropological Study of the Supernatural, ed. Arthur C. Lehmann–James E. Myers–and Pamela Myers-Moro[6], Boston 2005
Leibniz (1717)	Illustris Viri Godofr. Gvilielmi Leibnitii Collectanea Etymologica, Illustrationi Linguarum, Veteris Celticæ, Germanicæ, Gallicæ, aliarumque inservientia cum Praefatione J. Georgii Eccardi, Hanoveræ 1717 = Celtic Linguistics II, 2000
Leland (1899)	Charles Leland, Aradia or the Gospel of the Witches, London 1899 (Nachdruck 2005)
Lengyel (1976)	L. Lengyel, Das geheime Wesen der Kelten, Freiburg 1976
Leonard–McClure (2005)	Scott Leonard–Michael McClure, The Study of Mythology, in: Lehman–Myers–Moro (2005), 56–67
Lerchenmueller (1997)	Joachim Lerchenmueller, „Keltischer Sprengstoff". Eine wissenschaftsgeschichtliche Studie über die deutsche Keltologie von 1900 bis 1945, Tübingen 1997
Lerner (1991)	Gerda Lerner, Die Entstehung des Patriarchats, Frankfurt–New York 1991
Levine–Wallrath (2005)	Leah Levine–Bertram Wallrath, Das keltische Baum-Horoskop der Liebe, Woldert (Ww.) 2005
Lewis (1925)	Saunders Lewis, Language and Literature Section. Ymddiddan Arthur a'r eryr, in: The Bulletin of the Board of Celtic Studies II/IV, 1925, 269–289
Lewis (1984)	Ceri W. Lewis, Einion Offeriad and the Bardic Grammar, in: A Guide to Welsh Literature
Lexikon der keltischen Mythologie	John und Caitlín Matthews, Lexikon der keltischen Mythologie. Mythen, Sagen und Legenden von A–Z, Weyarn 1997
Lhuyd (1707)	Archæologia Britannica, giving some Account Additional to what has been hitherto Publish'd, of the Languages, Histories and Customs Of the Original Inhabitants of Great Britain From Collections and Observations in Travels through Wales, Cornwal, Bas-Bretagne, Ireland and Scotland by Edward Lhuyd M. A. of Jesus College, Keeper of the Asmolean Museum in Oxford. Vol. I. Glossography, Oxford 1707 = Celtic Linguistics, II,.

Li Contes del Graal (1990)	Li Contes del Graal, ed. Rupert T. Pickens, trans. William W. Kibler, New York 1990
Lichtblau (2005)	[Karin Lichtblau:] Matière de Bretagne, in: MIGSN I, II, 2005
Life of Columba	Adomnán's Life of Columba, ed. and transl. by Alan Orr Anderson and by Marjorie Ogilvie Anderson, Oxford 1991
Lindahl (1998)	Carl Lindahl, Three Ways of Coming Back: Folkloric Perspectives on Arthur's Return, in: Mancoff (1998), 13–29
Liversidge (1968)	Joan Liversidge, Britain in the Roman Empire, London 1968
Lloyd-Morgan (1991)	Ceridwen Lloyd-Morgan, *Breuddwyd Rhonabwy* and later Arthurian Literature, in: The Arthur of the Welsh, 183–208
Lloyd (1995)	Wynne Lloyd, Language and Identity in Modern Wales, in: The Celtic World, 795–803
Loehr (1919)	Maja Loehr, Tristans Tod, Wien 1919
Lofmark (1995)	Carl Lofmark, A History of the Red Dragon, ed. G. A. Wells (= Welsh Heritage Series 4), Llanrwst 1995
Logan (1980)	Patrick Logan, The Holy Wells of Ireland, Gerrards Cross 1980
Loomis (1938)	Roger Sherman Loomis–Laura Hibbard Loomis, Arthurian Legends in Medieval Art, New York 1938 (Nachdruck 1975)
Loomis (1956)	Roger Sherman Loomis, Wales and the Arthurian Legend, Cardiff 1956
Loomis (1959a)	Roger Sherman Loomis, ed., Arthurian Literature in the Middle Ages, Oxford 1959
Loomis (1959b)	Roger Sherman Loomis, The Latin Romances, in: Loomis (1959a), 472–479
Loomis (1959c)	Roger Sherman Loomis, Arthurian Influence on Sport and Spectacle, in: Loomis (1959a), 553–559
Loomis (1959d)	Roger Sherman Loomis, The Oral Diffusion of the Arthurian Legend, in: Loomis (1959a), 52–71
Loomis (1963)	Roger Sherman Loomis, The Grail: From Celtic Myth to Christian Symbol, Cardiff, 1963
Loomis (1982)	Dafydd ap Gwilym. The Poems, Translation and Commentary by Richard Morgan Loomis, New York 1982
Löseth (1890)	E. Löseth, Le Roman en prose de Tristan, Paris 1890
Lot (1918)	Ferdinand Lot, Étude sur le Lancelot en prose, Paris 1918

Loth (1913)	Joseph Loth, Les Mabinogion du Livre rouge de Hergest avec les variantes du Livre blanc de Rhydderch, Paris 1913
Lottes (1984)	Wolfgang Lottes, Wie ein goldener Traum. Die Rezeption des Mittelalters in der Kunst der Präraffaeliten, München 1984
Lovecy (1991)	Ian Lovecy, *Historia Peredur Efrawg*, in: The Arthur of the Welsh, 171–182
Löwe (1982)	Heinz Löwe, Die Iren und Europa im früheren Mittelalter, in: Die Iren und Eurpa, 1013–1039
Lozachmeur (1992)	Jean-Claude Lozachmeur, Pour une nouvelle herméneutique des mythes: Essai d'interprétation de quelques thèmes celtiques, in: Bretagne et pays celtiques. Langues, histoire, civilisation. Mélanges offerts à la mémoire de Léon Fleuriot, réunis par Gwennolé Le Menn–Jean-Yves Le Moing, Saint-Brieuc–Rennes 1992
Lucidarius (1915)	Lucidarius aus der Berliner Handschrift, hg. Felix Heidlauf (= DTM 28), Berlin 1915
Lück (2005)	Heiner Lück, Über den Sachsenspiegel. Entstehung, Inhalt und Wirlung des Rechtsbuches,[2] Dössel (Saalkreis) 2005
Luhrmann (2005)	T. M. Luhrmann, The Goat and The Gazelle, in: Lehman–Myers–Moro (2005), 274–281
Lukan (1996)	Karl Lukan, Alte Welt im Donauland – Kulturhistorische Wanderung, Wien, 1996
Lupack (1998)	Alan Lupack, The Figure of King Arthur in America, in: Mancoff (1998)
Lupack (2007)	Alan Lupack, The Oxford Guide to Arthurian Literature and Legend, Oxford 2005 (paperback 2007)
Luzel (1868–74)	François-Marie Luzel, Gwerziou Breiz-Izel: chants populaires de la Basse-Bretagne, 2 vol., 1868–74
Luzel (1890)	François-Marie Luzel (zusammen mit Anatole Le Braz), Soniou Breiz-Izel: chansons populaires de la Basse-Bretagne, 2 vol., 1890.
Lysaght (1993)	Patricia Lysaght, Bealtaine: Irish Maytime Customs and the Reaffirmation of Boundaries, in: Boundaries & Thresholds. Papers from a Colloquium of the Katharine Briggs Club, Stroud 1993
Mabinogi (Buber)	Die vier Zweige des Mabinogi. Ein keltisches Sagenbuch. Deutsch von Martin Buber, Leipzig 1914
Mabinogi (Maier)	Das Sagenbuch der walisischen Kelten: Die Vier Zweige des Mabinogi, übersetzt, kommentiert mit

	einem Nachwort versehen von Bernhard Maier, München 1999
Mabinogion (Gantz)	The Mabinogion. Translated with an introduction by Jeffrey Gantz, Harmondsworth 1976 [enthält die 11 Erzählungen der *Mabinogion* „im weiteren Sinn"]
Mabinogion (Jones-Jones)	The Mabinogion, transl. with an Introduction by Gwyn Jones and Thomas Jones, London 1957 [enthält die 11 Erzählungen der *Mabinogion* „im weiteren Sinn"]
Mac Aoidh (1994)	Caoimhín Mac Aoidh, Between the Jigs and the Reels: The Donegal Fiddle Tradition, Dublin 1994
Mac Cana (1955)	Proinsias Mac Cana, Aspects of the Theme of the King and Goddess in Irish Literature, in: ÉC 7 (1955-6), 76-114, 356-413
Mac Cana (1958-59)	Proinsias Mac Cana, Aspects of the Theme of the King and the Goddess, in: ÉC 8 (1958-9), 59-65
Mac Cana (1980)	Proinsias Mac Cana, The Learned Tales of Medieval Ireland, Dublin 1980
Mac Mathúna (1985)	Séamus Mac Mathúna, Immram Brain. Bran's Journey to the Land of the Women, Tübingen 1985
Mac Mathúna (1997)	Séamus Mac Mathúna, *Clan Ua gCorra:* The Modernised Prose and Poetic Version of *Immram Curaig Ua Corra,* in: Miscellanea Celtica in memoriam Heinrich Wagner, ed. S. Mac Mathúna-A. Ó. Corráin, Uppsala 1997, 71-138
Macalister (1937)	R. A. Stewart Macalister, The Secret Languages of Ireland with special Reference to the Origin and Nature of the Shelta Language partly based upon Collections and Manuscripts of the late John Sampson, Cambridge 1937
MacCulloch (1918)	J. A. MacCulloch, Celtic Mythology, Boston 1918 (Nachdruck London 1993)
Macfarlane (1970)	Alan D. J. Macfarlane, Witchcraft in Tudor and Stuart England, New York-Evanston 1970
Macgnímartha Find	Kuno Meyer, Two Tales about Finn, in: RC 14 (1893), 241ff.
MacGregor (1901)	Alexander MacGregor, Highland Superstitions, Stirling 1901
Maclauchlan (1875)	A history of the Scottish Highlands, Highland clans and Highland regiments, with an account of the Gaelic language, literature and music by Thomas Maclauchlan, and an essay on Highland scenery by John Wilson, London-Edinburg-Glasgow 1875, 105-110

Maclean (1840)	The History of the Celtic Language; wherein it is shown to be based upon Natural Principles, and, Elementarily considered, Contemporaneous with the Infancy of the Human Family: Likewise Showing the Importance in Order to the Proper Understanding of the Classics, Including the Sacred Text, the Hieroglyphics, the Cabala, etc. etc. by L. Maclean, F. O. S. London 1840 = Celtic Linguistics VII.
Maclean (1957)	Calum I. Maclean, The Birth and Youthful Exploits of Fionn, in: Scottish Studies I, ed. J. Wreford Watson, Edinburgh 1957
Macleod (1998)	Morag Macleod, A Lewis Man's Song Notebook, in: ScSt 32 (1993–1998), 70–88
Magin (1996)	Ulrich Magin, Geheimwissenschaft Geomantie. Der Glaube an die magischen Kräfte der Erde, München 1996
Magin (2000)	Ulrich Magin, Ausflüge in die Anderswelt. Bedeutungen rätselhafter Phänomene, Königsförde 2000
Maier (1994)	Bernhard Maier, Lexikon der keltischen Religion und Kultur, Stuttgart 1994
Maier (2000)	Bernhard Maier, Die Kelten. Ihre Geschichte von den Anfängen bis zur Gegenwart, München 2000
Maier (2001)	Bernhard Maier, Die Religion der Kelten. Götter – Mythen – Weltbild, München 2001
Maier (2005)	Bernhard Maier, Stonehenge. Archäologie, Geschichte, Mythos, München 2005
Małek (1999)	Eliza Małek, Why was the legend of Tristan and Isolde not translated in old Rus' and in Poland?, in: Tristan und Isolt im Spätmittelalter, 501–516
Malory (Vinaver)	Malory. Works ed. Eugène Vinaver, ²Oxford 1971
Malory	Sir Thomas Malory, Die Geschichten von König Artus und den Rittern seiner Tafelrunde, übertragen von Helmut Findeisen auf der Grundlage der Lachmannschen Übersetzung mit Illustrationen von Aubrey Beardsley,² 3 Bde (= insel taschenbuch 239), Leipzig 1978
Mancoff (1995)	Debra N. Mancoff, „Reine Herzen und saubere Hände"–Das Viktorianische und der Gral, in: Der Gral, 108–120.
Mancoff (1998)	King Arthur's Modern Return, hg. Debra N. Mancoff, New York–London 1998
Mann	Thomas Mann, Adel des Geistes. Berlin: Aufbau-Verlag 1956

Manning (2002)	Brennan Manning, *The Wisdom of Tenderness*, San Francisco 2002
Marchale–Bertrand (1980)	Jean Marchale–Jacques Bertrand, Textes mythologiques Irlandais I, Rennes 1980
Marienfeld (1997)	Wolfgang Marienfeld, Ur- und Frühgeschichte im Kinder- und Jugendbuch, in: Kunde 48 (1997), 109–136
Markale (1975)	Jean Markale, L'épopée celtique en Bretagne, Paris 1975
Markale (1984)	Jean Markale, Die keltische Frau, München 1984
Markale (1989)	Jean Markale, Die Druiden. Gesellschaft und Götter der Kelten, München 1989
Marold (1982)	Edith Marold, Von Chrestiens Yvain zur Ivenssaga. Die Ivenssaga als rezeptionsgeschichtliches Zeugnis, in: Les Sagas de Chevaliers. Congrès tenu en Juillet 1982, Paris-Sorbonne 1982
Marstrander (1911)	Carl Marstrander, The Deaths of Lugaid and Derbforgaill, in: Ériu 6 (1911), 201–218
Martin (1991)	Ann G. Martin, Who writes the Rules? Magicians and Adventure in Middle High German Romances, in: Arturus Rex, II, 172–185
Martin (1999)	Helmut Martin, Der traditionelle Roman in China und Japan. Ansätze zu einem Vergleich mit dem Tristanroman Gottfrieds von Straßburg, in: Tristan und Isolt im Spätmittelalter, 539–556.
Martischnig (1987)	Michael Martischnig, Tätowierung ostasiatischer Art. Zu Sozialgeschichte und handwerklicher Ausführung von gewerblichem Hautstich in Vergangenheit und Gegenwart in Japan, Wien 1987
Marx (1965)	Jean Marx, Nouvelles recherches sur la littérature arthurienne, Paris 1965
Matronen	Matronen und verwandte Gottheiten. Ergebniosse eines Kolloquiums veranstaltet von der Göttinger Akademiekommission für die Altertumskunde Mittel- und Nordeuropas (Beihefte der BJ 44), Köln 1987
Matthews–Stewart (1987)	John Matthews–Bob Stewart, Warriors of Arthur, London 1987
Matthews (1988)	John Matthews, Boadicea. Warrior Queen of the Celts. Illustrations by James Field, New York–Lane Cove (Australia) 1988
Mayer (1831)	Abhandlung über den Grabhügel eines altteutschen Druiden im Fürstenthume Eichstätt von Dr. Franz Anton Mayer, Stadtpfarrer in Eichstätt und korresponierendes Mitglied der Königlich Bay-

	erischen Akademie der Wissenschaften vom Jahr 1831 (Sonderduck)
McCann (1995)	W. J. McCann, Tristan: The Celtic and Oriental Material Re-examined, in: Tristan and Isolde. A Casebook, hg. Joan Tasker Grimbert, New York–London 1995
McCone (1990)	Kim McCone, Pagan Past and Christian Present in Early Irish Literature, Maynooth 1990
McKay (1932)	J. G. McKay, The Deer-Cult and the Deer-Goddess Cult of the Ancient Caledonians, in: Folklore 43 (1932) = Deer-Cult and Deer-Goddess, in: Derungs (1995a), 277–297
McNally (1978)	Robert E. McNally, Die keltische Kirche in Irland, in: Die Kirche des früheren Mittelalters (= Kirchengeschichte als Missionsgeschichte II), hg. Knut Schäferdieck, München 1978, 91–115
McNeill–Gamer (1938)	Medieval Handbooks of Penance. A translation of the principal *libri poenitentiales* and selections from related documents by John T. McNeill and Helena M. Gamer, Columbia University New York 1938.
Meehan (1992)	Aidan Meehan, Celtic Design. Animal Patterns, London 1992 (Nachdruck 2000)
Meehan (2006)	Aidan Meehan, Celtic Design. Gesamtausgabe. Handbuch der keltischen Spiralmuster, Flechtmuster, Tiermuster und Buchstaben, Uhlstädt-Kirchhasel 2006
Megaw–Megaw (1989)	Ruth Megaw–V. Megaw, Celtic Art. From its Beginnigs to the Book of Kells, London 1989
Meid–Roider (1999)	Wolfgang Meid–Ulrike Roider, Die keltischen Sprachen, in: Sprachen in Europa. Sprachsituation und Sprachpolitik in europäischen Ländern, hg. Ingeborg Ohnheiser–Manfred Kienpointner–Helmut Kalb, Innsbruck 1999
Meid (1974)	Wolfgang Meid, Dichtkunst, Rechtspflege und Medizin im alten Irland, in: *Antiquitates Indogermanicae*. Gedenkschrift f. H. Güntert, Innsbruck 1974, 21–34.
Meid (1997)	Wolfgang Meid, Die keltischen Sprachen und Literaturen. Ein Überblick, Innsbruck 1997.
Meisterwerke (1992)	Hundert Meisterwerke keltischer Kunst. Schmuck und Kunsthandwerk zwischen Rhein und Mosel, bearbeitet von Rosemarie Cordie-Hackenberg–Regina Geiß-Dreier–A. Miron–Angelika Wigg (= Schriftenreihe des Rheinischen Landesmuseums

	Trier 7), Trier 1992
Mella (1983)	Frederick Mella, Law and the Shaman-Saint, in: Celtic Folklore and Christianity. Studies in Memory of William W. Heist, Santa Barbara 1983
Merlin (Micha)	Robert de Boron. Merlin. Roman du XIIIe siècle, edition critique par Alexandre Micha, Paris-Genève 1980
Mertens (1978)	Volker Mertens, Laudine. Soziale Problematik im „Iwein" Hartmanns von Aue (ZfdPh Beihefte 3), Berlin 1978
Mertens (2003)	Volker Mertens, Der Gral. Mythos und Literatur (Reclam) Stuttgart 2003
Metzner (1973)	Ernst Erich Metzner, Wandalen im angelsächsischen Reich? Gormundus Rex Africanorum und die Gens Hestingorum, in: PBB (West) 95 (1973), 219–245
Meyer (1902)	Kuno Meyer, Liadain und Curithir, An Irish Love-Story of the ninth Century, London 1902
Meyer (2000)	Matthias Meyer, Intertextuality in the Later Thirteenth Century: *Wigamur, Gauriel, Lohengrin* and the Fragments of Arthurian Romances, in: The Arthur of the Germans, 98–116
Meyer-Sieckendiek (1980)	Ingeburg Meyer-Sieckendiek, Gottes gelehrte Vaganten, Stuttgart 1980
Middleton (1991)	Roger Middleton, *Chwedl Geraint ab Erbin*, in: The Arthur of the Welsh, 147–157
Migrating Ideas	The Age of Migrating Ideas. Early Medieval Art in Northern Britain and Ireland, ed. R. Michael Spearman–John Higgitt, Edinburgh 1993
MIGSN	Motif-Index of German Secular Narratives from the Beginning to 1400, hg. Austrian Academy of Sciences under the direction of Helmut Birkhan, Berlin–New York 2005–2006
Mikolaski (2006)	Samuel J. Mikolaski, Galater: Inhalt, Kommentar, in: Kommentar zur Bibel, AT und NT in einem Band, hg. Donald Guthrie–J. Alec Motyer,[6] Wuppertal 2006
Mildren (1989)	James Mildren, Saints of the South West, Bodmin 1989
Milfait (1990)	Otto Milfait, Verehrung von Quelle und Baum im Mühlviertel, Gallneukirchen 1990
Military History	A military history of Ireland, ed. Thomas Bartlett–Keith Jeffery, Cambridge 1996
Miscellanea Berolinensia	Miscellanea Berolinensia ad incrementum scientiarum I, Berolini 1710

MNL	Modern Language Notes
Monyk (2006)	Elisabeth Monyk, Zwischen Barbarenklischee und Germanenmythos. Eine Analyse österreichischer Geschichtslehrbücher zwischen 1891 und 1945 (= Anthropologie des Mittelalters 1), Wien 2006
Morgan (1911)	O. Morien Morgan (Pontypridd), A History of Wales from the Earliest Period, Liverpool 1911
Morgan (1981)	Kenneth O. Morgan, Rebirth of a Nation: Wales 1880-1980, Oxford 1981
Morlet (1927)	A. Morlet, Les Vases inscrits de Glozel, in: Mercure de France 15-7-1927, 1–19
Morris (1980)	John Morris (ed. and transl.), British History and the Welsh Annals, in: History from the Sources, vol. 8, Chichester 1980
Morrogh (1998)	Michael MacCarthy Morrogh, Das irische Jahrhundert, Köln 1998
Morse (2005)	Michael A. Morse, How the Celts came to Britain, Stroud 2005
MPL	Migne, Patrologia Latina
Much (1928)	Rudolf Much, Waren die Germanen des Caesar und Tacitus Kelten? Berlin 1928
Much (1932)	Rudolf Much, Keltomanische Geschichtsklitterung, in: Mannus. Zs. f. Vorgeschichte 24 (1932), 465–478
Müller-Wunderlich (2000)	Ulrich Müller–Werner Wunderlich, The Modern Reception of the Arthurian Legend, in: The Arthur of the Germans, 303–323
Müller (1981a)	Ulrich Müller, Das Suchen nach dem gestrigen Tag: ARTus und ARTmann oder: Die Okulation des Mittelalters durch H. C. ARTmann, in: Pose, Possen und Poesie. Zum Werk Hans Carl Artmanns, hg. Josef Donnenberg, Graz 1981
Müller (1981b)	Ulrich Müller, Lanzelot am Broadway und in New Orleans. Zur Rezeption des Lanzelot- und Artus-Stoffes in der zeitgenössischen Literatur und Musik, in: De Poeticis Medii Aevi Quaestiones, Käte Hamburger zum 85. Geburtstag, hg. J. Kühnel et al., Göppingen 1981, 351–391
Müller (1986a)	Ulrich Müller, Mittelalter-Musicals. Eine kommentierte Übersicht. Mit einem Anhang über mittelalterliche Themen in der U- und E-Musik 1977–1984
Müller (1986b)	Ulrich Müller, 'Our Man in Camelot'. Mittelalter-Rezeption in der Literatur, aufgezeigt an Artus-

	Romanen der Jahre 1970–1983. Mit einem Verzeichnis zur internationalen Artus-Rezeption 1970–1985, in: Forum. Materialien und Beiträge zur Mittelalter-Rezeption (= GAG 360), Göppingen 1986
Müller (1999)	Ulrich Müller, Ein indischer Tristan: Der europäische Mythos von Tristan und Isolde im modernen anglo-indischen Roman: Raja Rao *The Serpent and the Rope* (1960), in: Tristan und Isolt im Spätmittelalter, 517–538
Müller, Werke	Heiner Müller, Werke 1. Die Gedichte, Frankfurt 1998
Mund (1976)	Rudolf. J. Mund, Jörg Lanz v. Liebenfels und der Neue Templer Orden. Die Esoterik des Christentums, Stuttgart 1976
Munro (1961)	Monro's Western Isles of Scotland and Genealogies of the Clans 1549, ed. R. W. Munro, Edinburgh–London 1961
Murphy (1959)	Gerard Murphy, Acallam na Senórach, in: Irish Sagas (1959), 122–137
Murphy (1961)	Gerard Murphy, The Ossianic Lore and Romantic Tales of Medieval Ireland, Dublin 1961 (revised Cork 1971)
Murray (1921)	Margaret Alice Murray, Witch Cult in Western Europe: A Study in Anthropology, Oxford 1921 (Nachdruck Kessinger)
Murtagh (1996)	Harman Murtagh, Irish soldiers abroad, 1600–1800, in: Military history, 294–314
Muschg	Adolf Muschg, Der rote Ritter. Eine Geschichte von Parzivâl, Frankfurt am Main 1993
Muschg (1994)	Adolf Muschg, in: Herr, was fehlt Euch? Zusprüche und Nachreden aus dem Sprechzimmer des heiligen Grals, Frankurt am Main 1994
Nagy (1985)	Joseph Falaky Nagy, The Wisdom of the Outlaw. The Boyhood Deeds of Finn in Gaelic Narrative Tradition, Berkeley–Los Angeles–London 1985
Nagy (1987)	Joseph Falaky Nagy, Fenian Heroes and their Rites of Passage, in: The Heroic Process. Form, Function and Fantasy in Folk Epic. The Proceedings of the International Folk Epic Conference University College Dublin, 2–6 September 1985, ed. Bo Almqvist, Séamas Ó Catháin, Pádraig Ó Héalaí, Dublin 1987, 161–182
Nash (1858a)	D. W. Nash, Taliesin in Story and Song, in: A Celtic Reader, 179–211.

Nash (1858b)	David William Nash, Taliesin; or the Bards and Druids of Britain, London 1858
Navigatio Sancti Brendani	Navigatio Sancti Brendani Abbatis from early Latin manuscripts (ed. Carl Selmer), Notre Dame 1959 (= Dublin 1989)
Neeson (1966)	Eoin Neeson, The Second Book of Irish Myths and Legends, Cork 1966
Neeson (1967)	Eoin Neeson, The Book of Irish Saints, Cork 1967
Nellmann (1982)	Eberhard Nellmann, Ein zweiter Erec-Roman? Zu den neugefundenen Wolfenbütteler Fragmenten, in: Zs f. dt. Philologie 101 (1982), 28–78
Nellmann (2001)	Eberhard Nellmann, Brangaene bei Thomas, Eilhart und Gottfried. Konsequenzen aus dem Neufund des Tristanfragments von Carlisle, in: Zs. f. dt. Phil. 120 (2001), 24–38
Nelson (1991)	E. Charles Nelson, Shamrock. Botany and History of an Irish Myth, Aberystwyth–Kilkenny 1991
Neumann (1974)	Erich Neumann, Die große Mutter. Die weiblichen Gestaltungen des Unterbewussten, Olten 1974, 11. Aufl. 1997 (Nachdruck 2003).
Newald (1963)	Richard Newald, Die deutsche Literatur. Vom Späthumanismus zur Empfindsamkeit (1570–1750), München 1963
Newstead (1959)	Helaine Newstead, The Origin and Growth of the Tristan Legend, in: Loomis 1959
Ní Dhonnchadha (1995)	Máirín Ní Dhonnchadha, The *Lex Innocentium*: Adomnán's Law for Women, Clerics and Youths, 697 A.D., in: Chattel, Servant or Citizen, 58–69
Ní Dhonnchadha (2000)	Máirín Ní Dhonnchadha, On Gormfhlaith daughter of Flann Sinna and the lure of the sovereignty godess, in: Seanchas, 225–237
Nic Suibhne (1995)	Damhnait Nic Suibhne, The Donegal Fiddle Tradition: An Ethnographic Perspective, in: Donegal. History and Society. Interdisciplinary Essays on the History of an Irish County, ed. William Nolan–Liam Ronayne–Mairead Dunlevy, Limerick 1995, 713–742
Nicholson (1990)	M. Forthomme Nicholson, Celtic Theology: Pelagius, in: An Introduction to Celtic Christianity, ed. James P. Mackey, Edinburgh 1990
Niketas Choniates	Niketas Choniates, Die Kreuzfahrer erobern Konstantinopel, übers. F. Grabler (= Byzantinische Geschichtsschreiber 9), Graz–Wien–Köln 1958
Noll (1981)	R. Noll, Zur Achatschale ("Hl. Gral") in der Wiener Schatzkammer, in: Anz. d. ÖAW, phil.-hist. Kl. 118 (1981), Nr. 4

Nolting-Hauff (1962)	Ilse Nolting-Hauff (hg. und übers.), Chrétien de Troyes: Yvain (= KTRM 2), München 1962
Norris (1982)	David Norris, Joyce's Dublin (= The Irish Heritage Series 36), Dublin 1982.
Nos ancêtres	Nos ancêtres les Gaulois, ed. P. Viallaneix – J. Ehrard, Clermond-Ferrand 1982
Nostradamus	Die großen Weissagungen des Nostradamus, übers. u. gedeutet von N. Alexander Centurio, Bietigheim 1977
Nürnberger (2002)	G. Nürnberger, Die Ausgrabungen in St. Ursula zu Köln, Diss. (Bonn) 2002
Ó Baoill (1995)	Com Ó Baoill, The Limerick and Gaelic Song, in: Transactions of the Gaelic Society of Inverness 58 (1993-1994), Inverness 1995
O Briain (1991)	Máirtín Ó Briain, The Horse-Eared Kings of Irish Tradition and St. Brigit, in: Crossed Paths. Methodological Approaches to the Celtic Aspect of the European Middle Ages, ed. Benjamin T. Hudson-Vickie Ziegler, Lanham-New York-London 1991
Ó Catháin (1995)	Séamus Ó Catháin, The Festival of Brigit. Celtic Goddess and Holy Woman, Dublin 1995
Ó Catháin (1997)	Séamus Ó Catháin, Brigit and the Seven Bears. Some Nordic-Celtic Parallels, in: Celts and Vikings. Proceedings of the Fourth Symposium of Societas Celtologica Nordica, ed. Folke Josephson, Göteborg 1997, 253-292
Ó Cathasaigh (1977/8)	Tomás Ó Cathasaigh, The Semantics of 'síd', in: Éigse 17 (1977/8), 137-155
Ó Cathasaigh (1996)	Tomás Ó Cathasaigh, Early Irish Narrative Literature, in: PMIS, 55-64
Ó Corráin (1995)	Donnchadh Ó Corráin, Women and the Law in Early Ireland, in: Chattel, Servant or Citizen, 45-57
Ó Cuív (1961)	Brian Ó Cuív, An Era of Upheaval, in: Seven Centuries of Irish Learning 1000-1700, Dublin 1961, 136-151
Ó Cuív (1987)	Brian Ó Cuív, The Observations of Medieval Irish Scholars on Sandhi Phenomena in Irish, in: Papers in the History of Linguistics. Proceedings of the Third International Conference on the History of the Language Sciences (IChoLS III), Princeton, 19-23 August 1984, ed. Hans Aarsleff-Louis G. Kelly-Hans-Josef Niederehe, Amsterdam/Philadelphia 1987, 107-115
Ó Dochartaigh (2004)	Pól Ó Dochartaigh, Julius Pokorny (1887-1970). Germans, Celts and Nationalism, Dublin 2004

Ó hÓgáin (1999)	Dáithí Ó hÓgáin, The Sacred Isle. Belief and Religion in Pre-Christian Ireland, Woodbridge 1999
Ó Lúing (2000)	Seán Ó Lúing, Celtic Studies in Europe, and other essays, Dublin 2000
Ó Mara (1988)	Róisín Ó Mara, Die Wildgänse Europas, in: Wer sind die Kelten, 71–85.
Ó Rabhartaigh–Hyde (1927)	"An t-Amadán Mór," ed. T. Ó Rabhartaigh and Douglas Hyde, Lia Fáil, 2 (1927), 191-228, with foreword (in Irish) by "An Craoibhín" (Douglas Hyde); ttp://www.lib.rochester.edu/CAMELOT/acpbibs/gowans.htm#prose (30. 4. 2006)
Ó Riain-Raedel (2000)	Dagmar Ó Riain-Raedel, German Influence on Munster Church and Kings in the Twelfth Century, in Seanchas, 323–330
Ó Riain-Raedel (2002)	Dagmar Ó Riain-Raedel, Ireland and Austria in the Middle Ages: The Role of the Irish Monks in Austria, in: Favorita Papers, 11–40
Ó Ríordáin (1979)	Seán Ó Ríordáin, Antiquities of the Irish Countryside, 5th edition revised by Ruadhrí De Valera, London–New York 1979
Ó Súilleabháin (1967)	Seán Ó Súilleabháin, Irish Folk Custom and Belief, Dublin 1967
Obermaier (2000)	Sabine Obermaier, Adolf Muschgs 'Der Rote Ritter' im Kontext der deutschsprachigen Parzival-Rezeption des ausgehenden 20. Jahrhunderts, in: Parzival. Reescritura y transformación, hrsg. Karen Andresen, Hang Ferrer Mora, Isabel Gutiérrez Koester und Frank Kaspar unter der Kordination von Berta Raposo Fernández, Valéncia 2000, 253–268.
O'Brien–Harbison (1996)	Jacqueline O'Brien–Peter Harbison, Ancient Ireland. From Prehistory to the Middle Ages, London 1996
O'Brien (1939)	Flann O'Brien, At Swim-Two-Birds, Harmondsworth 1939 (= Penguin Classics 2000)
O'Brien (1959)	M. A. O'Brien, Fled Bricrenn, in: Irish Sagas (1959), 66–78
O'Crohan (1928)	Tomás O'Crohan, Island Cross-Talk, Dublin 1928 (= Oxford 2000)
O'Donohue (1998)	John O'Donohue, Anam-chara. Spiritual Wisdom from the Celtic World, London–New York–Toronto ... 1998
ODS	David Hugh Farmer, Oxford Dictionary of Saints,[5] Oxford 2004
O'Keeffe (1913)	James Geoge O'Keeffe, Buile Suibhne, The Frenzy of Suibhne, London 1913

O'Kelly (1971)	Claire O'Kelly, Illustrated Guide to Newgrange,² Wexford 1971
O'Loughlin (1996)	Thomas O'Loughlin, The Latin Sources of Medieval Irish Culture, in: PMIS, 91–106
O'Rahilly (1957)	Thomas F. O'Rahilly, The Two Patricks. A Lecture on the History of Christianity in Fifth-Century Ireland, Dublin 1957
O'Rahilly (1967)	Cecile O'Rahilly, Táin Bó Cúailnge from the Book of Leinster, Dublin 1967
O'Rahilly (1976)	Cecile O'Rahilly, Táin Bó Cúailnge Recension I, Dublin 1976
Oskamp (1970)	H. P. A. Oskamp, The voyage of Máel Dúin. A Study in Early Irish Voyage Literature, Groningen 1970
Oßian (1768)	Die Gedichte Oßians, eines alten celtischen Dichters, aus dem Englischen übersetzt von M. Dennis, aus der B. J. Erster Band. Wien bey Trattner 1768
Ossian und die Kunst	Ossian und die Kunst um 1800. Katalog zur Ausstellung in der Hamburger Kunsthalle vom 9. Mai–23. Juni 1974, München 1974
Österreich – Irland	Österreich – Irland. Fs. zum 25. Jubiläum der Österreichisch-Irischen Gesellschaft, hg. Diether Schlinke, Wien 1994
Osterwald (1853)	Karl Wilhelm Osterwald, Iwein ein keltischer Frühlingsgott, Halle 1853
O'Sullivan (1961)	Donal O'Sullivan, Irish Folk Music and Song, Dublin 1961
Padel (1981)	Oliver J. Padel, The Cornish Background of the Tristan Stories, Cambridge Medieval Studies 1 (1981), 53–81
Padel (1991)	Oliver J. Padel, Some South-Western Sites with Arthurian Associations, in: The Arthur of the Welsh, 229–248
Padel (2000)	Oliver J. Padel, Arthur in Medieval Welsh Literature, Cardiff 2000
Padel (2006)	Oliver J. Padel, Evidence for Oral Tales in Medieval Cornwall, in: Studia Celtica 40 (2006), 127–153
Palmer (1980)	Tondolus der Ritter, hg. Nigel F. Palmer (= Kleine deutsche Prosadenkmäler des Mittelalters 13), München 1980
Pálsson (1997)	H. Pálsson, Keltar á Íslandi, Reykjavík 1997
Párdányi (1942)	Nikolaus Párdányi, Zur Geschichte der bretonischen Heimatbewegung, Budapest 1942
Parry-Williams (1956)	Hen Benillion, detholwyd a golygwyd T. H. Parry-Williams, Aberystwyth 1956

Parsons	James Parsons, Remains of Japhet: Being Historical Enquiries into The Affinity and Origin of the European Languages. By James Parsons, London 1767 = Celtic Linguistics IV
Parzival (Lachmann-Knecht)	Wolfram von Eschenbach, Parzival. Studienausgabe nach der 6. Ausgabe von Karl Lachmann. Übersetzung von Peter Knecht. Einführung zum Text Bernd Schirok, Berlin–New York 1998
Parzival (Lachmann)	Wolfram von Eschenbach,[6] hg. Karl Lachman, Berlin–Leipzig 1926
Patch (1950)	Howard Rollin Patch, The Other World according to Descriptions in Medieval Literature, Cambridge/Mass. 1950
Patzer (2009)	Stefanie Patzer, Neuzeitliche Keltenrezeption: Druidenorden. Eine Analyse von Selbst- und Fremdbild, Diplomarbeit Wien 2009 [in Ausarbeitung]
Paulus (2005)	Albin Paulus, Keltische Musik, in: Bausteine, 417–432
Paunier (2006)	Celtes et Gaulois. L'archéologie face à l'Histoire. Actes de la table ronde de Lausanne, 17–18 juin 2005, sous la direction de Daniel Paunier (= Collection Bibracte 12/5), Glux-enGlenne 2006
Pearl	Pearl, Sir Gawain and the Green Knight, ed. with an introduction A. C. Cawley (= Everyman's Library 346), London–New York 1962 (reprint 1968)
Pedeir Keinc	Pedeir Keinc y Mabinogi allan o Lyfr Gwyn Rhydderch gan Ifor Williams, Caerdydd 1951
Pehnt (1999)	Annette Pehnt, Mad Sweeny, Trier 1999
Pelloutier (1770)	Simon Pelloutier, Histoire des Celtes et particulièrement des gaulois et des Germains jusqu'à la prise de Rome par les Gaulois, 8 vols., Paris 1770
Penz (2008)	Martin Penz, „Heilige Haine" einer romantisch-esoterischen Heimatkunde. Pseudo-Kultstätten als Konstrukte zwischen romantischer Heimatkunde und keltomaner Esoterik, in: Heiligtümer der Druiden, 20–31
Perceval	Les Romans de Chrétien de Troyes V: Le Conte du Graal (Perceval), 2 vols., publ. Félix Lecoy Paris 1975
Perlesvaus (Bryant)	Nigel Bryant, The High Book of The Grail. A translation of the 13th century romance of Perlesvaus, Cambridge 1978
Perrin (2002)	Franck Perrin, Pythagoras und die Druiden, in: fromm – fremd – barbarisch, 7f.
Pesch (2006a)	Helmut W. Pesch, Elbisch. Grammatik, Schrift und Wörterbuch der Elben-Sprache von J. R. R. Tol-

	kien,⁶ Düsseldorf 2006
Pesch (2006b)	Helmut W. Pesch, Elbisch. Lern- und Übungsbuch der Elben-Sprache von J. R. R. Tolkien,² Düsseldorf 2006.
Peschel-Wacha (2000)	Claudia Peschel-Wacha, Der Weg vom „bösen" Lindwurm aus der Sagenwelt zum „freundlichen" Drachen im kindlichen Spielbereich, in: Drache – Majestät oder Monster, hg. Gerd Kaminski-Barbara Kreissl, Wien 2000
Petzet (1995)	Michael Petzet, Die Gralswelt König Ludwigs II.: Neuschwanstein als Gralsburg und die Idee des Gralstempels, in: Der Gral (1995), 63–86.
Pezron (1706)	The Antiqities of Nations; More particularly of the *Celtæ* or *Gauls*, Taken to be Originally the same People as our Ancient *Britains*. Containing Great Variety of Historical, Chronological, and Etymological Discoveries, many of them unknown both to the *Greeks* and *Romans*. By Monsieur *Pezron*, Doctor in Divinity, and Abbot of *la Charmoye* in *France*. Englished by Mr. Jones, London 1706
Picard (1989)	The Vision of Tnugdal, translated from Latin by Jean-Michel Picard with an introduction by Yolande de Pontfarcy, Dublin 1989
Picknett (1993)	Lynn Picknett, The Loch Ness Monster, Andover (Pitkin) 1993
Piggott (1968)	Stuart Piggott, The Druids, London 1968 (reprint 1993)
Piggott (1985)	Stuart Piggott, William Stukeley: An Eighteenth-Century Antiquary, London–New York 1985
Piggott (1989)	Stuart Piggott, Ancient Britains and the Antiquarian Imagination, New York 1989
Pinder (1998)	Kimberley N. Pinder, Class, Race, and Arthurian Narratives in San Francisco in the 1870s, in: Mancoff (1998), 99–120
Piper (2007)	Ernst Piper, Alfred Rosenberg, Hitlers Chefideologe, München 2007
Piriou (1993)	Yann-Ber Piriou, Die Literaturen in der Bretagne von 1789 bis in die Gegenwart, in: Breizh, 117–138
Platen	August Graf von Platens sämtliche Werke, Leipzig, s.a.
Plötner-Laurent (1993)	Bärbel Plötner-Donatien Laurent, Die Entdeckung einer mündlichen Literatur, in: Breizh, 139–144
Plummer (1910)	Vitae Sanctorum Hiberniae. Partim hactenus ineditae ad fidem codicum manuscriptorum re-

	cognovit prolegomenis notis indicibus instruxit Carolus Plummer, Oxonii 1910 [Nachdruck Dublin 1997]
PMIS	Progress in Medieval Irish Studies, ed. Kim McCone–Katharine Simms, Maynooth 1996
Poepping (1940)	Hilde Poepping, James Stephens. Eine Untersuchung über die irische Erneuerungsbewegung in der Zeit von 1900–1930 (= Schriftenreihe der "Deutschen Gesellschaft für keltische Studien e. V." 4) Halle/Saale 1940.
Pollès (1993)	Renan Pollès, Sinnbilder, Mythen und Megalithen in der Bretagne des neunzehnten Jahrhunderts, in: Breizh, 93–104
Pool (1975)	P. A. S. Pool, The Death of Cornish (1600–1800), Penzance–Truro 1975
Postic (1993)	Fañch Postic, Schön oder wahr? Bretonische Volksdichtung, in: Breizh, 145–158
Potvin (1902)	L. S. Potwin, The Source of Tennyson's The Lady of Shalot, in: MLN 17 (1902)
Powell (1980)	T. G. E. Powell, The Celts. New edition, London 1980 (Nachdruck 1991)
Power (1969)	Patrick C. Power, A Literary History of Ireland, Cork 1969
Prast (1996)	Gila Prast, Ossian, München 1996
PRIA	Proceedings of the Royal Irish Academy
Price (1995)	Glanville Price, The Celtic Languages Today, in: The Celtic World, 804–813
Prichard (1831)	The Eastern Origin of the Celtic Nations Proved by a Comparison of Their Dialects with the Sanskrit, Greek, Latin, and Teutonic Languages Forming a Supplement to Researches into the Physical History of Mankind by James Cowles Prichard, M.D. F.R.S. M.R.I.A, London 1831 = Celtic Linguistics VI
Prinz (1982)	Friedrich Prinz, Vorbenediktinisches Mönchstum, irofränkische Mission und die Regula s. Benedicti im Salzburger Land, in: St. Peter in Salzburg, 14–19
Prinz (1988)	Friedrich Prinz, Frühes Mönchtum im Frankenreich,[2] München 1988
Prinz (1994)	Mario Prinz, Irische Volksmusik–Musik ohne Grenzen, in: Österreich – Irland, 63–73
Prinz Eisenherz (2006)	Harold Rudolf Foster, Prinz Eisenherz. Hal Foster Gesamtausgabe, 1 (Jg. 1937/38), Bonn 2006
Prokop, Vandalenkrieg	Prokop, Der Vandalenkrieg. Der Gotenkrieg. Nach der Übersetzung von D. Costa bearbeitet und er-

Pyle (1997)	gänzt von A. Heine und A. Schaefer, Essen s.a. Hilary Pyle, Yeats. Portrait of an Artistic Family, London 1997
Quadlbauer (1962)	Franz Quadlbauer, Die antike Theorie der *genera dicendi* im lateinischen Mittelalter, Graz–Wien–Köln 1962
Quasten (1950–66)	Johannes Quasten, Patrology, 3 Bde, Westminster–Utrecht–Brussels 1950, 1953, 1966
Quin (1959)	E. G. Quin, Longas macc nUisnig, in: Irish Sagas (1959), 51–65
Rader (2003)	Olaf B. Rader, Grab und Herrschaft. Politischer Totenkult von Alexander dem Großen bis Lenin, München 2003
Radford–Swanton (1975)	C. A. R. Radford–M. J. Swanton, Arthurian Sites in the West, Exeter 1975
Radner (1991)	Joan Radner, Lug, Balor, and the Landscape of Cultural Imperialism, in: Crossed Paths. Methodological Approaches to the Celtic Aspect of the European Middle Ages, ed. Benjamin T. Hudson–Vickie Ziegler, Lanham–New York–London 1991
Raftery (1994)	Barry Raftery, Pagan Celtic Ireland. The Enigma of the Irish Iron Age, London 1994
Rahemipour (2002)	Patrizia Rahemipour, Die Utopie von der Vergangenheit – Ein archäologischer Blick auf die moderne Keltenrezeption, in: fromm – fremd – barbarisch, 123–126
Rahemipour (2007)	Patrizia Rahemipour, 8 mm Vergangenheit – Über Konstruktion im archäologischen Film: Das Beispiel Kelten, in: Kelten-Einfälle (2007), 397–408
Rahn (1934)	Otto Rahn, Kreuzzug gegen den Gral, 1934 (Nachdruck Dresden 2006)
Rajna (1888)	Pio Rajna, Gli eroi brettoni nell' onomastica italiana del secolo XII, in: Romania 17 (1888)
Ranke-Graves (1981)	Robert von Ranke-Graves, Die Weiße Göttin. Sprache des Mythos, Reinbek bei Hamburg 1981 = Graves (1948)
Rankin (1996)	H. D. Rankin, Celts and the Classical World, London–Sidney 1996
Rasmo (1973)	Nicolò Rasmo, Runkelstein, Bozen 1973
Rauchbauer (2002)	Otto Rauchbauer, Diskurse und Bilder zum anglo-irischen Landsitz im zwanzigsten Jahrhundert, Heidelberg 2002
Ravenscroft (1973)	Trevor Ravenscroft, The Spear of Destiny. The occult power behind the Spear which pierced the Side of Christ, Boston–York Beach 1973 (Nachdruck 1982)

RC	Revue celtique
Rees (1998)	B. R. Rees, Pelagius: life and letters, Rochester-New York, 1998
Rehm (1995)	Ulrich Rehm, „Daz was ein dinc, daz hiez der Grâl". Zur Ikonographie des Gral [sic!] im Mittelalter, in: Der Gral (1995), 31–62
Reichert (1981)	Hermann Reichert, Vorbilder für Ulrichs von Liechtenstein Friesacher Turnier. Kärntner Literatur im Mittelalter, (= WAGAPh 16), Wien 1981
Reichert (1983a)	Hermann Reichert, Exzentrizität als Zentralgedanke. Ulrich von Liechtenstein und seine Artusfahrt von 1240, in: Österreich in Geschichte und Literatur mit Geographie 27 (1983), 25–41
Reichert (1983b)	Hermann Reichert, Wie beliebt war Königs Artus' Tafelrunde bei den Skandinaviern?, in: Akten der Fünften Arbeitstagung der Skandinavisten des deutschen Sprachgebietes 16.–22. August 1981 in Kungälv, hg. Heiko Uecker, St. Augustin 1983
Reichert (2008)	Hermann Reichert, Zum Namen des Drachentöters. Siegfried – Sigurd – Sigmund – Ragnar, in: Nomen et Fraternitas, Fs. f. Dieter Geuenich zum 65. Geburtstag, hg. Uwe Ludwig-Thomas Schilp (= RGA-E Band 62), Berlin-New York 2008, 131–167
Reid (1960)	M. J. C. Reid, The Arthurian Legend. Comparison and Treatment in the Modern and Medieval Literature, Edinburgh 1960
Reiffenstein (1958)	Ingo Reiffenstein, Das Althochdeutsche und die irische Mission im oberdeutschen Raum (= IBK, Sonderheft 6), Innsbruck 1958
Reinhard (1933)	John Revell Reinhard, The Survival of geis in Mediaeval Romance, Halle/S. 1933
Rennie (1951)	James Alan Rennie, In the Steps of the Clansmen, London-New York-Melbourne ... 1951
Resch-Rauter (1992)	Inge Resch-Rauter, Unser keltisches Erbe, Wien 1992
REW	W. Meyer-Lübke, Romanisches etymologisches Wörterbuch,[5] Heidelberg 1972
Reznikoff (1980)	Iégor Reznikoff, Le Chant Grégorien et le Chant des Gaules, in: Actes du Colloque 24–29 mars 1980, "Musique, Littératur et Sociéte au Moyen Âge", publ. par Danielle Buschinger-André Crépin, Amiens 1980
Richards (1948)	*Breudwyt Rhonabwy*, ed. G. M. Richards, Cardiff 1948
Richmond (1995)	I. A. Richmond, Roman Britain, revised by Malcolm Todd, Harmondsworth 1995

Richter (1999)	Michael Richter, Ireland and Her Neighbours in the Seventh Century, Dublin 1999
Richter (2002)	Gerhard Joachim Richter, Keltische Wurzeln in europäischen Sprachen, Leipzig 2002
Richter (2008)	Michael Richter, Bobbio in the Early Middle Ages. The abiding legacy of Columbanus, Dublin 2008
Rieckhoff-Biel (2001)	Sabine Rieckhoff-Jörg Biel, Die Kelten in Deutschland, Stuttgart 2001
Riedo (2008)	Dominik Riedo, Der Status der Fragen im deutschen hochhöfischen Roman (= WAGAPh 41), Bern-Berlin ... 2008
Rienecker-Maier (2006)	Fritz Rienecker-Gerhard Maier, Lexikon zur Bibel,[6] Wuppertal 2006
Rimpau (2003)	Laetitia Rimpau, Die *aventure* der *escriture*. Zu einem poetologischen Strukturprinzip der *Lais* von Marie de France, in: Das Wunderbare in der arthurischen Literatur. Probleme und Perspektiven, hg. Friedrich Wolfzettel, Tübingen 2003, 249-280
Rimpau (2005)	Laetitia Rimpau, Der Sprung nach Avalon. Ritter, Roß und Raum bei Chrétien de Troyes und Marie de France, in: Raumerfahrung - Raumerfindung. Erzählte Welten des Mittelalters zwischen Orient und Okzident, hg. Laetitia Rimpau-Peter Ihring, Berlin 2005, 119-148
Rimpau (2007)	Laetitia Rimpau, Aspekte der „schönen Erscheinung": *Le Bel Inconnu, Le Dit de la Panthère* und die *Vita Nuova*, in: Körperkonzepte im arthurischen Roman, hg. Friedrich Wolfzettel, Tübingen 2007, 75-128
Ritchie (1993)	Anna Ritchie, Picts. An Introduction to the Life of the Picts and the Carved Stones in the Care of Historic Scotland,[4] Edinburgh 1993
Ritchie (1994)	Anna Ritchie, Perceptions of the Picts: from Eumenius to John Buchan, Inverness 1994
Ritter (1820)	Carl Ritter, Die Vorhalle europäischer Völkergeschichte vor Herodotus um den Kaukasus und an den Gestaden des Pontus, Berlin 1820
Robert de Boron	Robert de Boron, Le Roman de l'Estore dou Graal, ed. William A. Nitze, Paris 1971
Roberts (1983)	Brynley F. Roberts, The Welsh Romance of the *Lady of the Fountain* (Owein), in: The Legend of Arthur in the Middle Ages. Studies presented to A. H. Diverres, ed. P. B. Grout, R. A. Lodge, C. E. Pickford, E. K. C. Varty, Cambridge 1983, 170-182.
Roberts (1991)	Brynley F. Roberts, *Culhwch ac Olwen*, the Triads,

	Saints' Lives, in: The Arthur of the Welsh, 73–95
Roberts (1997)	John L. Roberts, Lost Kingdoms, Edinburgh 1997
Robinson	Edwin Arlington Robinson, in: Arthurian Poets, ed. P. James Carley, Woodbridge 2000
Rockel (1989a)	Martin Rockel, Taliesin . Aneirin. Altwalisische Heldendichtung, Leipzig 1989
Rockel (1989b)	Martin Rockel, Grundzüge einer Geschichte der irischen Sprache, Wien 1989
Röder–Hummel–Kunz (1996)	Brigitte Röder–Juliane Hummel–Brigitta Kunz, Göttinnendämmerung. Das Matriarchat aus archäologischer Sicht, München 1996
Roeder (1993)	Charles Roeder, Skeealyn Cheeíl-Chíolee. Manx Folk-Tales, ed. Stephen Miller, Onchan 1993
Rohrecker (2005)	Georg Rohrecker, Heilige Orte der Kelten in Österreich, Wien 2005
Rolleston (1911)	T. W. Rolleston, Myths and Legends of the Celtic Race, London–Sydney–Toronto–Bombay 1911 (Nachdruck 1949)
Roscarrock's Lives	Nicholas Roscarrock's Lives of the Saints: Cornwall and Devon, ed. Nicholas Orme, Exeter 1992
Rose (1994)	Detlev Rose, Die Thule-Gesellschaft. Legende – Mythos – Wirklichkeit, Tübingen 1994, ³2008
Rosendorfer (1997)	Herbert Rosendorfer, Don Ottavio erinnert sich. Unterhaltungen über die richtige Musik,² München 1999
Rosendorfer (1997a)	Herbert Rsendorfer, Belcanto-Zeitalter und Risorgimento. Vincenzo Bellini und seine Oper „Norma", in: Rosendorfer (1997)
Ross (1957)	James Ross, A Classification of Gaelic Folk-Song, in: ScSt 1 (1957), 95–151
Ross (1998)	Miceal Ross, Anchors in a three-decker world, Folklore Annual 1998
Ross (2001)	Anne Ross, Folklore of Wales, Stroud 2001
Rotolo (1965)	V. Rotolo, Libisto e Rodamne, Romanzo cavalleresco bizantino, Athen 1965
routard (2003)	Le Guide du routard. Irlande, Hachette Paris 2003
Ruhe (1976)	Doris Ruhe, Der Beitrag des Comte de Tressan zur Rezeption mittelalterlicher Literatur im XVIII. Jahrhundert, in: A. Barrera-Vidal–E. Ruhe–P. Schunck (Hrsg.), Lebendige Romania. Festschrift f. Hans-Wilhelm Klein, Göppingen 1976, 321–339
Ruhm und Unsterblichkeit	Ruhm und Unsterblichkeit. Heldenepik im Kulturvergleich, hg. Konrad Meisig – Uta Störmer-Caysa, Wiesbaden 2009 [im Druck]
Ruiz Zapatero (2003)	Gonzalo Ruiz Zapatero, Historiografía y „uso pú-

	blico" de los celtas en la España franquista, in: Antigüedad y franquismo (1936–1975), ed. Fernando Wulff Alonso-Manuel Álvarez Martí-Aguilar, Málaga 2003
Runkelstein (1982)	Walter Haug–Joachim Heinzle–Dietrich Huschenbett–Norbert H. Ott, Runkelstein. Wandmalereien des Sommerhauses, Wiesbaden 1982
Rupprich (1994)	Hans Rupprich, Die deutsche Literatur vom späten Mittelalter bis zum Barock. Erster Teil: Das ausgehende Mittelalter, Humanismus und Renaissance, 2. Aufl. neubearbeitet von Hedwig Heger, München 1994
Rushing (2000)	James Rushing, The Medieval German Pictorial Evidence, in: The Arthur of the Germans, 257–279
Ryan (1960)	John Ryan, Saint Patrick's Purgatory, Lough Derg, in: Clogher Record Album III, ed. Joseph Duffy, Clogher 1960, 13–26
Ryan (1972)	John Ryan SJ, Irish Monasticism. Origins and Early Development, Dublin 1972
Ryan (1993)	Michael Ryan, Metal Craftsmanship in Early Ireland, Dublin 1993
Saga of Tristram	The Saga of Tristram and Ísönd, transl. with an Introduction by Paul Schach, Lincoln (University of Nebraska Press) 1973
San Marte (1864)	San Marte, Geschichte der wälschen Literatur vom 12.–14. Jh., Halle 1864
Sandkühler (1959)	Gauwain sucht den Gral. Erste Fortsetzung des „Perceval" von Chrestien de Troyes, übers. Konrad Sandkühler, Stuttgart 1959
Sandkühler (1960)	Irrfahrt und Prüfung des Ritters Perceval, Zweite Fortsetzung des „Perceval" von Chrestien de Troyes, übers. Konrad Sandkühler, Stuttgart 1960
Sandkühler (1964)	Chrestiens de Troyes. Perceval der Gralskönig. Ende der zweiten und dritte (Mannesier-)Fortsetzung von Chestien de Troyes' „Perceval", übers. Konrad Sandkühler, Stuttgart 1964
Sandkühler (1973)	Chrestiens de Troyes, Perceval oder die Geschichte des Gral,[4] Stuttgart 1973
Sandkühler (1979)	Robert de Boron, Die Geschichte des heiligen Gral, übers. Konrad Sandkühler,[3] Stuttgart 1979
Savile (2006)	Steven Savile, Sláine – The Exile. The Lay of Sláine Mac Roth, Book One, Nottingham 2006
Sayers (1962)	Peig Sayers, An Old Woman's Reflections. Transl. Séamus Ennis, Oxford 1962 (Nachdruck 2000)
Sayers (1988)	William Sayers, The Bound and the Binding: The Lyre in Early Ireland. In Proceedings of the First

	North American Congress of Celtic Studies, ed. Gordon W. MacLennan. Ottawa 1988, 365–385
Schachtmann (1999)	Judith Schachtmann, Propagandistische Ansätze bei Julius Pokorny, in: Heinz (1999), 49–58
Schäfer (2000)	Martina Schäfer, Die magischen Stätten der Frauen, Kreuzlingen/München 2000
Schäfer (2001)	Martina Schäfer, Die Wolfsfrau im Schafpelz. Autoritäre Strukturen in der Frauenbewegung, Kreuzlingen/München 2001
Schauberg (1861)	Josef Schauberg, Vergleichendes Handbuch der Symbolik der Freimaurerei mit besonderer Rücksicht auf die Mythologieen und Mysterien des Alterthums, 2 Bde., Zürich 1861
Schauman (1979)	Bella Schauman, Early Irish Manuscripts. The Art of the Scribes, in: Expedition. The University [of Pennsylvania] Museum magazine of archaeology and anthropology 21, Nr. 3, 1979
Schickler (2001)	Hilmar Schickler, Heilige Ordnungen. Zu keltischen Funden im Württembergischen Landesmuseum, Stuttgart 2001
Schiffmacher-Riemschneider	Henk Schiffmacher-Burkhard Riemschneider, Tattoos, Köln 2001
Schiller	Friedrich Schiller, Ausgewählte Werke, Stuttgart 1950
Schlauch (1964)	Margaret Schlauch, The Saga of the Volsungs, the Saga of Ragnar Lodbrok together with the Lay of Kraka,[3] New York 1964
Schlinke (1987)	Diether Schlinke, Kelten in Österreicht, Wien 1987
Schmeja (1968)	Hans Schmeja, Der Mythos von den Alpengermanen, Wien 1968.
Schmid (1990)	Elisabeth Schmid, Lancelot – Stifter der Ordnung oder Zerstörer? Zur Lancelotfogur im 'Perlesvaus' und im 'Prosa-Lancelot', in: Artusroman und Intertextualität, 127–146
Schmidt (1962)	Leopold Schmidt, Patritiusverehrung im Burgenland und in den angrenzenden Gebieten von Niederösterreich und Steiermark, in: Burgenländische Heimatblätter 24 (1962), 148–160
Schmidt (1976)	Paul Gerhard Schmidt, 'Brutus' – Eine metrische Paraphrase der 'Historia regum Britannie' für den Durhamer Bischof Hugo de Puiset, in: Mittellateinisches Jb. 11 (1976), 201–223
Schmidt (1984)	Karl Horst Schmidt, Finnzyklus, in: EM 4, Sp. 1179–1184

Schmidt (1987)	Karl Horst Schmidt, Die keltischen Matronennamen, in: Matronen, 133–154
Schmidt (2003)	Wolf Gerhard Schmidt, „Homer des Nordens" und „Mutter der Romantik". James Macphersons Ossian und seine Rezeption in der deutschsprachigen Literatur. 3 Bde. Berlin–New York 2003. [Bd. 1: James Macphersons Ossian, zeitgenössische Diskurse und die Frühphase der deutschen Rezeption. Bd. 2: Die Haupt- und Spätphase der deutschen Rezeption. Bibliographie internationaler Quellentexte und Forschungsliteratur. Bd. 3: Kommentierte Neuausgabe deutscher Übersetzungen der Fragments of Ancient Poetry (1766), der Poems of Ossian (1782) sowie der Vorreden und Abhandlungen von Hugh Blair und James Macpherson]
Schoepperle (1913)	Gertrude Schoepperle, Tristan and Isolt. A Study of the Sources of the Romance, 2 Bde., Frankfurt a. M.–London 1913
Schreiber (1956)	Georg Schreiber, Irland im deutschen und abendländischen Sakralraum. Zugleich ein Ausblick auf St. Brandan und die zweite Kolumbusreise (= Arbeitsgemeinschaft für Forschung des Landes Nordrhein-Westfalen. Geisteswissenschaften, Heft 9), Köln–Opladen 1956
Schröder (1871)	C. Schröder, Sanct Brandan, Ein lateinischer und drei deutsche Texte, Erlangen 1871
Schröder (1929)	Franz Rolf Schröder, Altgermanische Kulturprobleme. Berlin 1929
Schuchardt (1925)	Hugo Schuchardt, Der Individualismus in der Sprachinselforschung, Wien–Leipzig 1925
Schultz (1962)	H.-J. Schultz, Marienfeste, in: Lexikon f. Theologie und Kirche 7, Freiburg im Breisgau 1962, Sp. 66
Schulze-Thulin (2006)	Britta Schulze-Thulin, Wales. Handbuch für individuelles Entdecken,[3] Bielefeld 2006
Schulze-Thulin (1993)	Britta Schulze-Thulin, Zur Frage altnordischer Lehnwörter im Kymrischen, in: Akten des „Ersten Symposiums deutschsprachiger Keltologen", Gosen bei Berlin 1992 (= Sonderband der ZCP 1993), 287-300
Schupp (1982)	Volker Schupp, Die Iwein-Erzählung von Schloß Rodenegg, in: Literatur und Bildende Kunst im Tiroler Mittelalter, Innsbruck 1982, 1–29
Scoones (1999)	Francesca Scoones, Dr William Stukeley's house at Grantham. in: Georgian Group Journal 1999, 158-65
Scotland (1967)	The Blue Guide Scotland, ed. Russell Muirhead,[5]

	London–Chicago 1967
Scottish Traditional Tales (1994)	Scottish Traditional Tales, ed. Alan Bruford–Donald A. MacDonald, Edinburgh 1994
Scowcroft (1991)	R. Mark Scowcroft, The Hand, the Child, and the Grail, in: Crossed Paths. Methodological Approaches to the Celtic Aspect of the European Middle Ages, ed. Benjamin T. Hudson–Vickie Ziegler, Lanham–New York–London 1991, 115–139
ScSt	Scottish Studies
Seanchas	Seanchas. Studies in Early and Medieval Irish Archaeology, History and Literature in Honour of Francis J. Byrne, ed. Alfred P. Smyth, Dublin 2000
Segal (2008)	Renata Segal, Keltische Motive in modernen Tätowierungen, Diplomarbeit Wien 2008 [ungedruckt]
Selzer (1996)	Stephan Selzer: Artushöfe im Ostseeraum. Ritterlich-höfische Kultur in den Städten des Preußenlandes im 14. und 15. Jahrhundert (= Kieler Werkstücke. Reihe D. Beiträge zur europäischen Geschichte des späten Mittelalters 8), Frankfurt am Main u. a. 1996
Sénécheau (2003)	Miriam Sénécheau, Erzählende Kinder- und Jugendliteratur zur Ur- und Frühgeschichte als Medium der Geschichtsvermittlung, in: Archäologie, Ur- und Frühgeschichte im Kinder- und Jugendbuch, hg. Kurt Franz–Günter Lange–Herbert Ossowski–Heinrich Pleticha, Hohengehren 2003, 15–46
Severin (1978)	Timothy Severin, The Brendan Voyage. Sailing a leather currach from Ireland to Newfoundland, London 1978
Sex Aetatates Mundi	The Irish Ex Aetates Mundi, ed. Dáibhí Ó Cróinín, Dublin 1983
Shane (1932)	Leslie Shane, Saint Patrick's Purgatory. A Record from History and Literature, London 1932
Sigurðsson (1988)	Gísli Sigurðsson, Gaelic influence in Iceland: historical and literary contacts, Reykjavík 1988
Sills–Fuchs (1983)	Martha Sills-Fuchs, Wiederkehr der Kelten, München 1983
Silva Gadelica	Standish H. O'Grady, Silva Gadelica, 2 Bde, London 1892
Simek (1991)	Rudolf Simek, Warum sind Vǫluspá und Merlínusspá in der Hauksbók überliefert?, in: Deutsch-Nordische Begegnungen. 9. Arbeitstagung der Skandinavisten des deutschen Sprachgebietes

Simek (1992)	1989 in Svendborg, hg. Kurt Braunmüller–Mogens Brøndsted, Odense 1991 Rudolf Simek, Erde und Kosmos im Mittelalter. Das Weltbild vor Kolumbus, München 1992
Simek (2005)	Rudolf Simek, Mittelerde. Tolkien und die germanische Mythologie, München 2005
Simms (1996)	Katharine Simms, Gaelic Warfare in the Middle Ages, in: Military history, 99–115
Simpson–Roud (2003)	Jacqueline Simpson–Steve Roud, A Dictionary of English Folklore, Oxford 2003
Sims-Williams (1989)	Patrick Sims-Williams, Sages, Saints and Story tellers, in: Celtic Studies in Honour of Prof. James Carney, Maynooth 1989, 412–426
Sims-Williams (1991)	Patrick Sims-Williams, The Early Welsh Arthurian Poems, in: The Arthur of the Welsh, 33–71
Sims-Williams (1999)	Patrick Sims-Williams, A Turkish-Celtic Problem in Chrétien de Troyes: The Name *Cligés*, in: Ildánach ildírech, 215–214
Sinclair (1999)	Charles Sinclair, A Wee Guide to Macbeth and Early Scotland, Musselburgh 1999
Singer (1918)	Samuel Singer, Arabische und europäische Literatur im Mittelalter (= Abh. d. Preuß. Ak. d. Wiss., phil.-hist. Kl. 13), Berlin 1918
Sir Galahad (1932)	Sir Galahad, Mütter und Amazonen, München 1932
Sir Gawain (Tolkien)	J. R. R. Tolkien, Sir Gawain and the Green Knight, Pearl and Sir Orfeo (ed. Christopher Tolkien), London 1975 (= 1995)
Sir Gawain and the Green Knight	Sir Gawain and the Green Knight, ed. J. R. R. Tolkien–E. V. Gordon, zweite Auflage ed. Norman Davis, Oxford 1967
Sir Tristrem	Sir Tristrem. Edition par André Crepin, traduction française Hélène Dauby, Amien 2002
Skene (1868)	W. F. Skene, The Four Ancient Books of Wales, I: English Translation, II: Welsh Text, Edinburgh 1868
Skene (1880)	W. F. Skene, Celtic Scotland: A History of Ancient Alban, III, Edinburgh 1880
Sláine	Pat Mills–Simon Bisley, Sláine. The Horned God, Part One, London 1990 (Neuauflage in Titan Books ab 2002)
Sláine. Invasions	Pat Mills–Clint Langley, Sláine. Book of Invasions, vol. 1, Oxford 2006
Sláine. Invasiuns II	Pat Mills–Clint Langley, Sláine. Book of Invasions, vol. 2, Oxford 2006

Sloss (1998)	Andy Sloss, Celtic Tattoos. Neue Muster und Anleitungen, Köln 1998
Smolak (1996)	Kurt Smolak, Notizen zu Aethicus Ister, in: Filologia mediolatina 2 (1996), 135–152
Smollett (1995)	Tobias Smollett, The Expedition of Humphrey Clinker, Wordswoth Classics 1995
Smyth (1996)	Marina Smyth, Understanding the Universe in Seventh-Century Ireland, Woodbridge 1996
Sneddon (2001)	C. R. Sneddon, Brendan the Navigator: a Twelfth-Century View, in: The North Sea World in the Middle Ages. Studies in the Cultural History of North-Europe, ed. Thomas R. Liszka–Lorna E. M. Walker, Dublin 2001, 211–229
Snell (2000)	F. J. Snell, King Arthur's Country. A Guide To The Arthurian Sites Of Cornwall, Oakmagic Publications 2000
Solzbacher–Hopman (1964)	J. Solzbacher–V. Hopman, Die Legende der hl. Ursula, Köln 1964
Songs and Recitations	Songs and Recitations of Ireland, Nr. 1, January 1971, pubished by Coiste Foillseacháin Náisiúnta, Cork
Speckenbach (1984)	Klaus Speckenbach, Endzeiterwartung im 'Lancelot-Gral-Zyklus'. Zur Problematik des Joachitischen Einflusses auf den Prosaroman, in: Geistliche Denkformen in der Literatur des Mittelalters hg. Klaus Grubmüller–Ruth Schmidt-Wiegand–Klaus Speckenbach (= Münstesche Mittelalter-Schriften 51) München 1984
Spicilegium Solesmense	Jean-Baptiste François Pitra, Spicilegium Solesmense complectens sanctorum patrum scriptorumque ..., I–IV, Paris 1852–1858 (Ndr. Graz 1962)
Spunda	Ossians Werke. Fingal und die kleinen Epen. Rhythmisch übertr. v. Franz Spunda, 2 Bde., Leipzig 1924
St. Peter in Salzburg	St. Peter in Salzburg. Das älteste Kloster im deutschen Sprachraum. 3. Landesausstellung 15. März-26. Oktober 1982, Salzburg 1982
Stafford (1980)	Peter Stafford, Psilocybin und andere Pilze, Markt Erlbach 1980.
Stafford (1992)	Fiona Stafford, 'Tales of the Times of Old' – The Legacy of MacPherson's Ossian, in: The Cultures of Europe, The Irish Contribution, ed. J. P. Mackey, Antrim 1992, 40–55
Starhawk (1979)	Starhawk, The Spiral Dance, Los Angeles 1979
Starhawk (1992)	Starhawk, Der Hexenkult als Ur-Religion der Gro-

	ßen Göttin, München 1992 [= Übersetzung von Starhawk (1979)]
Staudte-Lauber (1995)	Annalena Staudte-Lauber, Stichwort Kelten, München 1995
Steger (1961)	Hugo Steger, David *rex et propheta*, Nürnberg 1961
Steiner (2006)	Hans Steiner, Föhrenberge. Geheimnisvolle Wanderungen durch Kultur und Geschichte, Wien-Klosterneuburg 2006
Stephens (1849)	Thomas Stephens, The Literature of the Kymry beeing a critical essay on the history of the language and literature of Wales during the 12. and two succeeding centuries (etc.)- Llandovery–London 1849
Stifter (2006)	David Stifter, Brendaniana, etc., in: KF 1 (2006), 191–212
StLV	Stuttgarter Literarischer Verein
Stokes (1887)	Whitley Stokes, The Tripartite Life of Saint Patrick, 2 Bde., London 1887
Stokes (1899)	Amra Choluimb Chille, ed. Whitley Stokes, in: RC 20 (1899), 30–55, 132–183, 248–287, 400–437.
Stones (1991)	Alison Stones, Arthurian Art Since Loomis, in: Arturus Rex II, 21–78
Störmer (1972)	Wilhelm Störmer, König Artus als aristokratisches Leitbild während des späten Mittelalters, in: Zeitschrift für bayerische Landesgeschichte, 35 (1972), 946–971
Strasser (1982)	Ingrid Strasser, Irisches im Althochdeutschen?, in: Die Iren und Europa, 399–422
Streit (1977)	Jakob Streit, Sonne und Kreuz. Irland zwischen Megalithkultur und frühem Christentum, Stuttgart 1977
Strijbosch (2000)	Clara Strijbosch, The Seafaring Saint. Sources and Analogues of the Twelfth-Century Voyage of Saint Brendan, Dublin 2000
Stuart (1976)	Heather Stuart, The Anglo-Saxon Elf, in: Studia Neophilologica 48 (1976), 313–320
Sturrock (2003)	Sturrock, The Finians. A Sourcebook for Sláine. The Roleplaying Game of Celtic Heroes, Mongoose Publishing Swindon 2003
Suard (1990)	François Suard, Das Artusreich und die Andere Welt: Zur Funktion des Wunderbaren in der späten Chanson de Geste, in: Artusroman und Intertextualität, 165–180
Sünner (1999)	Rüdiger Sünner, Schwarze Sonne. Entfesselung und Mißbrauch der Mythen in Nationalsozialis-

	mus und rechter Esoterik, Freiburg – Basel – Wien 1966, ³2006
Sutherland (1994)	Elizabeth Sutherland, In Search of the Picts. A Celtic Dark Age Nation, London 1994
Swift (1729)	Jonathan Swift, A Modest Proposal for Preventing the Children of Poor People from Being a Burden to their Parents or Country, and for Making the Beneficial to the Publick, Dublin 1729
Swift, Travels	Jonathan Swift, Travels into Several Remote Nations of the World. By Lemuel Gulliver, First Surgeon, and Then a Captain of Several Ships, 1726
Swinburne	A. Ch. Swinburne, Tristram of Lyonesse and other Poems,⁷ London 1903
Synge The Aran Islands	John Millington Synge, The Aran Islands, London (Penguin) 1992
Szemerényi (1970)	Oswald Szemerényi, Einführung in die Vergleichende Sprachwissenschaft, Darmstadt 1970
Szene Magazin	Szene Magazin in den Salzburger Nachrichten zur Salzburger Landesausstellung: Die Kelten in Mitteleuropa: 1. Mai–30. September 1980 im Keltenmuseum Hallein, hg. Club 2000, Salzburg 1980
Talvj (1840)	Talvj [Therese Adolfine Louise von Jacob], Die Unächtheit der Lieder Ossian's und des Macpherson'schen Ossians insbesondere, Leipzig 1840
Tantris der Narr	Tantris der Narr. Drama in 5 Akten von Ernst Hardt,¹⁰ Leipzig 1919
Taylor (1948)	F. Sherwood Taylor, The Argument of Morien and Merlin. An English Alchemical Poem, in: Chymia. Annual Studies in the History of Chemistry, 1 (1948), 23–35
Terhart-Hölz-Freidzon (2008)	Franjo Terhart-Stina Hölz-Era Freidzon, Magisches Irland: Land und Leute am Shannon, Dortmund 2008
Terhart (2005)	Franjo Terhart, Die Wächter des Heiligen Gral. Das verborgene Wissen der Tempelritter, Bergisch Gladbach 2005
Terhart (2007)	Franjo Terhart, Der Heilige Gral – Mythos des Abendlandes, Bath-Köln s. a. [2007]
Terhart (2009)	Franjo Terhart, Veleda – Seherin der Germanen [erscheint 2009]
Ternes (1993)	Elmar Ternes, Die bretonische Sprache. Geschichte, Konflikte und soziale Stellung, in: Breizh, 105–116
Teudt (1931)	Wilhelm Teudt, Germanische Heiligtümer, Jena 1931

The Arthur of the English	The Arthur of the English. The Arthurian Legend in Medieval English Life and Literature, ed. W. R. J. Barron, Cardiff 1999
The Arthur of the French	The Arthur of the French. The Arthurian Legend in Medieval French and Occitan Literature, ed. G. S. Burgess – K. E. Pratt, Cardiff 2006
The Arthur of the Germans	The Arthur of the Germans. The Arthurian Legend in Medieval German and Dutch Literature, ed. W. H. Jackson – S. A. Ranawake, Cardiff 2000
The Arthur of the Welsh	The Arthur of the Welsh. The Arthurian Legend in Medieval Welsh Literature (ed. Rachel Bromwich, Charles Edwards, A. O. H. Jarman, Brynley F. Roberts), Cardiff 1991
The Book of Taliesin	The Book of Taliesin, reproduced and edited by J. Gwenogvryn Evans, Llanbedrog 1910
The Celtic World	The Celtic World ed. Miranda J. Green, London–New York 1995
The Celts (1991)	The Celts [=Katalog der Keltenausstellung im Palazzo Grassi 1991], Milano 1991
The Celts and the Renaissance	The Celts and the Renaissance. Tradition and Innovation. Proceedings of the Eighth International Congress of Celtic Studies 1987, ed. Glanmor Williams – Robert Owen Jones, Cardiff 1990
The Guinness Book of Irish Ballads	The Guinness Book of Irish Ballads, Monaghan, s. a.
The Once and Future King	T. H. White, The Once and Future King, London 1996
The Poems of Ossian	The Poems of Ossian and related Works. James Macpherson, ed. Howard Gaskill with an introduction by Fiona Stafford, Edinburgh 2003
The Poems of Taliesin	The Poems of Taliesin, ed. and annotated Sir Ifor Williams, English version b y J. E. Caerwyn Williams, Dublin 1987
The Red Book	J. Gwenogrvryn Evans-Sir John Rhŷs, The Text of the Mabinogion and Other Welsh Tales from the Red Book of Hergest (diplomatic edition), Oxford 1887
The Romance of Arthur	The Romance of Arthur, ed. J. J. Wilhelm – Laila Zamuelis Gross, New York–London 1984
The Welsh King	The Welsh King and his Court, ed. T. M. Charles-Edwards–Morfydd E. Owen–Paul Russel, Cardiff 2000
The White Book	The White Book Mabinogion: Welsh Tales & Romances Reproduced from the Peniarth Manuscripts, ed. J. Gwenogvryn Evans, Pwllheli 1907
Thes. Palaeohibernicus	Thesaurus Palaeohibernicus. A Collection of old Irish Glosses Scholia Prose and Verse, ed. Whitley

	Stokes – John Strachan, 2 Bde, Dublin 1901 u. 1910 (Nachdruck 1987)
Theune-Großkopf (2006)	Barbara Theune-Großkopf: Die vollständig erhaltene Leier des 6. Jahrhunderts aus Grab 58 von Trossingen, Ldkr. Tuttlingen, Baden-Württemberg, in: Germania 84, (hg. Römisch-Germanische Kommission des Deutschen Archäologischen Instituts), Frankfurt 2006
Þidriks saga	Þidriks saga af Bern. Hrsg. von H. Bertelsen, 2 Bde, Kopenhagen 1905–1911
Thiel (1984)	Helga Thiel, Zur Bewertung von volkstümlicher bzw. populärer Musik und zu einigen Gemeinsamkeiten mit "authentischer" Volksmusik, in: Musikerziehung, Oktober 1984, 13–19
Thomas (1991)	R. L. Thomas, Owain: Chwedl Iarlles y Ffynnon, in: The Arthur of the Welsh, 159–169
Thomas (1994)	A. C. Thomas, And Shall These Mute Stones Speak? Post-Roman Inscriptions in Western Britain, Cardiff 1994
Thomas (2000)	Alfred Thomas, King Arthur and his Round Table in the Culture of Medieval Bohemia and in Medieval Czech Literature, in: The Arthur of the Germans, 249–256
Thomas (2001)	Roger Thomas, Llyfr bach Cymru.The Little Book of Wales, Norwich 2001
Thomson (1970)	Owein, ed. R. L. Thomson, Dublin 1970
Thomson (1997)	Ystoria Gereint vab Erbin, ed. R. L. Thomson, Dublin 1997.
Thraker und Kelten	Thraker und Kelten beidseits der Karpaten, Sonderausstellung September 2000–April 2001, Hochdorf/Enz 2000
Tieck (1823–1929)	Ludwig Tieck, Shakespeare's Vorschule [übers. von Dorothea und Ludwig Tieck]. Herausgegeben und mit Vorreden begleitet v. Ludwig Tieck. 2 in 1 Bd. Leipzig 1823–1829
Tieger (1991)	Manfred P. Tieger, Irland,[2] München 1991
Titurel (Brackert-Fuchs-Jolie)	Wolfram von Eschenbach, Titurel, hg. übers. und mit einem Kommentar und Materialien versehen v. Helmut Brackert – Stephan Fuchs-Jolie, Berlin–New York 2002
Tolkien–Carpenter (2002)	J. R. R. Tolkien–Humphrey Carpenter (Hrsg.), Briefe (The Letters of J. R. R. Tolkien). Aus dem Englischen von Wolfgang Krege, Stuttgart 2002
Tolkien–Tolkien (1977)	J. R. R. Tolkien, The Silmarillion, ed. Christopher Tolkien, London–Boston–Sidney 1977, ²1979

Tolkien (2004)	J. R. R. Tolkien, Der Herr der Ringe.– Anhänge und Register, Stuttgart 2004
Tolkien (2005)	J. R. R. Tolkien, Nachrichten aus Mittelerde, München 2005
Tolstoy (1985)	Nicolai Tolstoy, Auf der Suche nach Merlin. Mythos und geschichtliche Wirklichkeit, München 1985
Tomaschitz (2002)	Kurt Tomaschitz, Die Wanderungen der Kelten in der antiken literarischen Überlieferung, Wien 2002
Toorians (2002)	Lauran Toorians, Arthur in de vroegmiddeleeuwse traditie in Wales, in: kruispunt 2002, 102–142
Topographia Hiberniae	Giraldus Cambrensis, Topographia Hiberniae, in: Opera Giraldi Cambrensi V, ed. James Francis Dimock, London 1867
Tóruigheacht Dhiarmada	Tóruigheacht Dhiarmada agus Ghráinne. The Pursuit of Diarmaid and Grainne, ed. Nessa Ni Sheaghda (= ITS 48), Dublin 1967
Tournoy (1991)	Gilbert Tournoy, A First Glance at the Latin Arthur in the Low Countries, in: Arturus Rex II, 215–221
Tranter (1997)	Stephen Tranter, Clavis metrica: Háttatal, Háttalykill and the Irish Metrical Tracts, Basel–Frakfurt a. M. 1997
Treasures (1977)	Treasures of Early Irish Art 1500 B.C to 15 A.D., exhibited at the Metropolitan Museum of Art … New York 1977
Trevor-Roper (1971)	Hugh Redwald Trevor-Roper, Queen Elizabeth's 1st Historian: William Camden and the Beginnings of English Civil History. (Neale lecture in English history 1971)
Tristan (Marold)	Gottfried von Straßnurg, Tristan, hg. Karl Marold, Leipzig 1906 [bisher die einzige kritische Ausgabe]
Tristan (Ranke)	Gottfried von Straßburg, Tristan und Isold, hg. Friedrich Ranke,[8] Zürich–Berlin 1964
Tristan (von der Hagen)	Gottfrieds von Straßburg Werke aus den beßten Handschriften mit Einleitung und Wörterbuch hg. Friedrich Heinrich von der Hagen, 2 Bde, Breslau 1823 [enthält auch die Fortsetzungen von Gottfrieds Fragment]
Tristan and Isolde (1995)	Tristan and Isolde. A Casebook, hg. Joan Tasker Grimbert, New York–London 1995
Tristan und Isolt im Spätmittelalter	Tristan und Isolt im Spätmittelalter. Vorträge eines interdisziplinären Symposiums vom 3. bis 8. Juni 1996 an der Justus-Liebig-Universität Gießen,

	hg. Xenia von Ertzdorff (= Chloe. Beihefte zum Daphnis 29), Amsterdam–Atlanta 1999
Tristram–Cünnen	Hildegard L. C. Tristram–Janina Cünnen, Weisgeber und *Oral History*: Zwei Fallstudien aus der Bretagne, in: Heinz (1999), 155–166
Tuczay (1988)	Christa Tuczay, Die Frauengestalten in Godwins, Newmans, Bradshaws, Stewarts und Zimmer Bradleys Artusromanen, in: Mittelalter-Rezeption III. Gesammelte Vorträge des 3. Salzburger Symposions: 'Mittelater, Massenmedien, Neue Mythen', hg. Jürgen Kühnel, Hans-Dieter Mück, Ursula Müller, Ulrich Müller (= GAG 479), 663–681
Turner (1986)	R. C. Turner, Boggarts, Bogles and Sir Gawain and the Green Knight: Lindow Man and the Oral Tradition, in: Lindow Man. The Body in the Bog, I. M. Stead–J. B. Bourke–Don Brothwell, London 1986, 170–176
Turner (1989)	Victor Turner, Das Ritual. Struktur und Anti-Struktur, Frankfurt–New York 1989
TYP	Rachel Bromwich, Trioedd Ynys Prydein. The Welsh Triads,[2] Cardiff 1978
Ulysses	James Joyce, Ulysses, übers. Hans Wollschläger, Suhrkamp, Frankfurt am Main 1975
Under Milkwood	Dylan Thomas, Under Milk Wood, London 1954 (= 1962)
Ura-Linda Chronik	Die Ura-Linda Chronik. Übersetzt und mit einer einführenden geschichtlichen Untersuchung hg. von Herman Wirth, LION Eigenverlag s. l. 2005/2, (Nachdruck der Ausgabe von 1933 ohne ISBN-Nummer)
Urban (1989)	Otto Helmut Urban, Wegweiser in die Urgeschichte Österreichs, Wien 1989
Urban (2005)	Otto Helmut Urban, Einführung in die Keltische Archäologie, in: Bausteine, 65–96
Vale (1999)	Juliet Vale, Arthur in English Society, in: The Arthur of the English, 185–196
Vallancey (1773)	Charles Vallancey, A Grammar of the Iberno-Celtic or Irish Language by Major Charles Vallancey. Author of the Essay on the Antiquity of the Irish Language, Dublin 1773 = Celtic Linguistics IV.
Van Andringa (2002)	William Van Andringa, Das Druidenverbot, in: fromm – fremd – barbarisch, 39–41
van Royen–van der Vegt (1998)	René van Royen–Sunnyva van der Vegt, Asterix. Die ganze Wahrheit, München 1998

Vennemann (1998)	Theo Vennemann, Zur Etymologie von Éire, dem Namen Irlands, in: Sprachwissenschaft 23 (1998), 461–469
Verf.Lex.	Die deutsche Literatur des Mittelalters. Verfasserlexikon, hg. Kurt Ruh et alii, 13 Bde., Berlin-New York 1978–2007
Vescoli (2003)	Michael Vescoli, Der keltische Baumkalender: über den Menschen, die Zeit und die Bäume, Rheda-Wiedenbrück-Wien 1995; 3. Aufl. München 2003
Victoria (1868)	Victoria, Queen of Great Britain, Journal of our Life in the Highlands, London 1868
Victoria (1884)	Victoria, Queen of Great Britain, More Leaves from the Journal of A Life in the Highlands from 1862 to 1882, New York 1884 (= Kessinger Publishing's Rare Reprints)
Vinaver (1959)	Eugène Vinaver, The Prose Tristan, in: Loomis (1959a), 339–347
Vinland Sagas	The Vinland Sagas. The Norse Discovery of America. Grænlendinga Saga and Eirik's Saga, transl. Magnus Magnusson-Hermann Pálsson, Harmondsworth 1965
Vis & Ramin (2008)	Fakhraddin Gorgani, Vis & Ramin, transl. from the Persian ... by Dick Davis, Washington D. C. 2008
Vogt (1988)	Joseph Vogt, Von der Gleichwertigkeit der Geschlechter in der bürgerlichen Gesellschaft der Griechen, in: Sexualität und Erotik in der Antike, hg. Andreas Karsten Siems (= Wege der Forschung 605), Darmstadt 1988
Vogt (1994)	Hermann Vogt, Kulturen der Einsamkeit, Darmstadt 1994
Vollmoeller	Karl Vollmoeller, Parcival (= Insel-Bücherei 115), Leipzig s. a.
Von Keller-von Seckendorff (1841)	Adelbert v. Keller und Baron von Seckendorff, Volkslieder aus der Bretagne, Tübingen 1841
von Wendrin (1924)	Franz von Wendrin (Pseudonym für Franz Wydrinski), Die Entdeckung des Paradieses, Braunschweig / Hamburg, 1924
WAGAPh	Wiener Arbeiten zur germanischen Altertumskunde und Philologie
Wagner (1882)	Visio Tnugdali. Lateinisch und Altdeutsch hg. Albrecht Wagner, Erlangen 1882
Wagner (1963a)	Heinrich Wagner, Sean-Chainnt na gCruach Co. Dhún na nGall. Alte Redensarten aus den Cruacha

	County Donegal, Tübingen 1963
Wagner (1963b)	Margit Wagner, Irland, München 1963
Waifs and Strays (1891b)	Waifs and Strays of Celtic Tradition. The Fians, or, Stories, Poems, & Traditions of Fionn and his Warrior Band, ed. J. G. Campbell (= Argyllshire Series IV), London 1891
Wais (1982)	Kurt Wais, Volkssprachliche Erzähler Alt-Irlands im Rahmen der europäischen Literaturgeschichte, in: Die Iren und Europa, 2. Bd., 650–661
Wallrath (1995)	Be[r]tram Wallrath, Das Keltische Baumhoroskop. Magie und Heilkunde der alten Druiden, Neuwied 1995
Warneck–Ulrich (2002)	Igor Warneck–Björn Ulrich (Hg.), Tribal Tattoo. The Tribe of the Tribals, Engerda² 2002.
Watkins (1970)	Calvert Watkins, Language of Gods And Language of Men: Remarks on Some Indo-European Metalinguistic Traditions, in: Myth and Law Among the Indo-Europeans, ed. Jaan Puhvel, Berkeley–Los Angeles–London 1970
Watson (1965)	Gaelic Songs of Mary MacLeod, ed. J. Carmichael Watson, Edinburgh 1965
Watson (2000)	Philip S. Watson, The Giant's Causeway: A Remnant of Chaos; Belfast 2000
Wegener (1997)	Franz Wegener, Das Atlantidische Weltbild – Über Genese und Funktion des Atlantidischen Weltbildes, Gladbeck 1997
Wegener (2003)	Franz Wegener, Das atlantidische Weltbild. Nationalsozialismus und Neue Rechte auf der Suche nach der versunkenen Atlantis,² Gladbeck 2003
Weissberg (1988)	Josef Weissberg, Jiddisch. Eine Einführung, Bern–Frankfurt/M.–New York–Paris 1988
Weisweiler (1940)	Josef Weisweiler, Die Stellung der Frau bei den Kelten und das Problem des „keltischen Mutterrechts", in ZCP 21 (1940), 205–279 = Keltische Frauen. Matriarchale Spuren in einer patriarchalen Gesellschaft, in: Derungs (1995a), 67–112
Weisweiler (1943)	Josef Weisweiler, Heimat und Herrschaft. Wirkung und Ursprung eines irischen Mythos, Halle 1943 = Die Göttin Eire. Die irische Landschaft und Herrschaft als Frauengestalt [Teilabdruck], in: Derungs (1995a), 113–195
Weisweiler (1954)	Arabesken der Liebe. Früharabische Geschichten von Liebe und Frauen, ges. und übers. v. Max Weisweiler, Leiden 1954
Weisweiler (1961)	Ibn Hazm al Andalusi, Das Halsband der Taube.

	Von der Liebe und den Liebenden, übertr. Max Weisweiler, Frankfurt/Main 1961
Weisweiler (1963)	Josef Weisweiler, Hintergrund und Herkunft der ossianischen Dichtung, in: Literaturwissenschaftl. Jb. NF, 4 (1963), 21–42
Weitemeier (2006)	Visiones Georgii, hg. Bernd Weitemeier. Untersuchung mit synoptischer Edition der Übersetzung und Redaktion C (= Texte des späten Mittelalters und der frühen Neuzeit 43), Berlin 2006
Wer sind die Kelten	Wer sind die Kelten? Beiträge aus gleichnamiger Vortragsreihe an der Volkshochschule Wien-Margarethen im Herbst 1987, hg. Róisín Ó Mara-Diether Schlinke (= Beiträge zur Geschichte und Kultur der Kelten Heft 1/1988), Wien 1988
Werner (1955)	Ernst Werner, Zur Frauenfrage und Frauenkultur im Mittelalter: Robert von Arbrissel und Fontevrault, in: Forschungen und Fortschritte 29 (1955), 269–276
Werther	Die Leiden des jungen Werther, in: Goethes Werke. Hamburger Ausgabe Bd. 6, München 1977
Wesel (1980)	Uwe Wesel, Der Mythos vom Matriarchat. Über Bachofens Mutterrecht und die Stellung von Frauen in frühen Gesellschaften, Frankfurt am Main 1980
Weston (1920)	Jessie Weston, From Ritual to Romance, Cambridge 1920
Whitaker (1995)	Muriel Whitaker, The Legends of King Arthur in Art, Cambridge 1995
Whitehead (1959)	Frederick Whitehead, The Early Tristan Poems, in: Loomis (1959a), 136–141
Whitmore (2005)	John Whitmore, Religious Dimensions of the UFO Abductee-Experience, in: Lehman–Myers–Moro (2005), 392–406.
Whittall (2004)	Arnold Whittall, King Arthur in Music (review), in: Music and Letters 85, Nr. 1, 2004, 113f.
Wieland (1921)	Hermann Wieland, Atlantis – Edda und Bibel, Nürnberg 1921
Wiese–Fricke (1931)	Hugo Wiese–Heinrich Fricke, Handbuch des Druidenordens, München (Verlag der Reichsgroßloge des Dt. Druidenordens) 1931
Wigalois („Volksbuch")	Ein gar schöne liepliche vnd kurtzweilige History von dem Edelen herren Wigalois vom Rade. Ein Ritter von der Tafel ronde. Mit seinen schönen hystorien vnd figuren, wie er geborn vnd sein leben von seiner jugent an bisz an sein ende gefürt

	vnd vollbracht hat. Straßburg 1519. Mit einer Einführung und Bibliographie von Helmut Melzer (= Deutsche Volksbücher in Faksimiledrucken, Reihe A, Bd. 10.), Reprint:Hildesheim 1973.
Wigalois (Seelbach)	Wirnt von Grafenberg, Wigalois. Text – Übersetzung – Stellenkommentar, nach der Ausgabe von J. M. N. Kapteyn ... von Sabine Seelbach und Ulrich Seelbach, Berlin–New York 2005
Wilde (1849)	Sir William Wilde, The Boyne and the Blackwater", Dublin 1849 (Nachdruck Headford 2003
Wilde (1852)	Sir William R. Wilde, Irish Popular Superstitions, New York 1995 (Eine Auswahl. Nachdruck durch Mairtin O'Griofa, mit Illustrationen von Marlene Ekman),
Wilde (1867)	William Wilde, Loch Corrib: Its Shores and Islands, Dublin 1967 (Nachdruck Headford 2002)
Wilde (1888)	Lady Jane Francesca Wilde ("Speranza"), Ancient Legends, Mystic Charms, and Superstitions of Ireland. With Sketches of the Irish Past, London 1888 (reprint Galway 1971)
Wilde (1997)	Lyn Webster Wilde, Celtic Women In Legend, Myth and History, London 1997
Wildhaber (1973)	Robert Wildhaber, Keltische Beiträge zur vergleichenden Volkskunde, in: Dona Ethnologica. Beiträge zur vergleichenden Volkskunde. Leopold Kretzenbacher zum 60. Geburtstag, München 1973, 11–27
Wilhelm (s. a.)	Pia Wilhelm, Kloster Wienhausen III: Die Bildteppiche, Hamburg s. a.
Will (1999)	Gero Will, Die Anfänge der deutschen Keltologie und ihre Institutionalisierung bis 1901, in: Heinz (1999), 25–38
Wille (2002)	Clara Wille, La Symbolique animale de la *Prophetia Merlini* de Geoffroy de Monmouth selon un commentaire du XIIe siècle attribué à Alain de Lille, in: Reinardus 15, 1 (2002), 175–190 = http://www.ingentaconnect.com/content/jbp/rein/2002/00000015/00000001/art00014;jsessionid=sgv4klwybled.alice (2. 6. 2006)
Williams (1925)	Ifor Williams, *Ymddiddan Arthur a'r Eryr*, in: Bulletin of the Board of Celtic Studies 2/4 (1925), 269–286
Williams (1938)	Mary Williams, An Early Ritual Poem in Welsh, in: Speculum 12/1 (1938), 38–51
Williams (1962)	A. H. Williams, An Introduction to the History of Wales, I, Cardiff 1962

Williams (1982)	Armes Prydein. The Prophecy of Britain. From the Book of Taliesin ed. and annotated by Sir Ifor Williams, English Version by Rachel Bromwich, Dublin 1982
Williams (1991)	J. E. Caerwyn Williams, Brittany and the Arthurian Legend, in: The Arthur of the Welsh, 249–272
Williams (1992)	Gwyn Williams, An Introduction to Welsh Literature, Cardiff 1992
Winkler (2006)	Eva-Maria Winkler, Kelten heute. Das Keltenbild in der Moderne von der Wissenschaft bis zur Esoterik, Wien 2006
Wolf (1989)	Alois Wolf, Gottfried von Straßburg und die Mythe von Tristan und Isolde, Darmstadt 1989
Wolfzettel (2007a)	Friedrich Wolfzettel, *"Da stieg ein Baum"*. Zur Poetik des Baumes seit der Romantik, München 2007
Wolfzettel (2007b)	Friedrich Wolfzettel, Der Lancelot-Roman als Paradigma. Vom geschlossenen symbolischen Stil des Chrétienschen Versromans zur offenen Welterfassung der Prosa, in: Lancelot. Der mittelhochdeutsche Roman im europäischen Kontext, hg. Klaus Ridder-Christoph Huber, Tübingen 2007, 13–26
Wollheim (1849)	E. Wollheim, Kurzgefaßte Mythologie aller Völker der Erde, Hamburg-New York 1849
Wood (1997)	Juliette Wood, Keltische Göttinnen: Mythos und Mythologie, in: Die mythische Frau. Ein kritischer Leitfaden durch die Überlieferung, hg. Carolyne Larrington; deutsche Ausgabe hg. Charlotte Zwieauer, Wien 1997, 144–165
Wood (1998)	Juliette Wood, Die Lebenswelt der Kelten, Augsburg 1998
Wooding (2000)	Jonathan M. Wooding, *The Otherworld Voyage in Early Irish Literature*, Dublin, 2000
Wright (1991)	Neil Wright, The Influence of Geoffrey of Monmouth on the Latin Prose Romances *De ortu Waluuani* and *Historia Meriadoci*, in: Arturus Rex, 320–329.
Würzbach-Salz (1995)	Natascha Würzbach-Simone M. Salz, Motif Index of the Child Corpus. The English and Scottish Popular Ballad, Berlin-New York 1995
Yeats (1888)	Fairy and Folk Tales of the Irish Peasantry, ed. William Butler Yeats, London 1888 (= Nachdruck 1991)
Yeats (1902)	W. B. Yeats, The Celtic Twilight, Wildside Press 2005 (Nachdruck der Ausgabe von 1902)
Yeats, Plays	The Collected Works of W. B. Yeats, vol. II: The

	Plays, ed. David R. Clark–Rosalind E. Clark, New York–London–Toronto–Sydney–Singapore 2001.
Yvain (1978)	Les Romans de Chrétien de Troyes IV: Le Chevalier au Lion (Yvain), publ. Mario Roques, Paris 1978
Yvain (1985)	The Knight with the Lion, or Yvain, ed and transl. William W. Kibler, New York 1985
Zachar (1987)	Lev Zachar, Keltische Kunst in der Slowakei, Bratislava 1987
Zahlten (1995)	Johannes Zahlten, Der "Sacro Catino" in Genua. Aufklärung über eine mittelalterliche Gralsreliquie, in: Der Gral, 121–132.
Zatloukal (1974)	Klaus Zatloukal, India – ein idealer Staat im "Jüngeren Titurel", in: Strukturen und Interpretationen. Fs. f. Blanka Horacek, Wien 1974, 401–423
ZCP	Zeitschrift f. celtische Philologie
ZfdA	Zs f. Deutsches Altertum und Deutsche Literatur
ZfdPh	Zeitschrift f. deutsche Philologie
Zimmer (1894)	Heinrich Zimmer, Das Mutterrecht der Pikten, in: Zeitschrift der Savigny-Stiftung für Rechtsgeschichte, Romanische Abteilung, 15 (1894) = Das Mutterrecht bei Pikten und Schotten, in: Derungs (1995a), 33–61
Zimmer (2001a)	Stefan Zimmer, Indo-Celtic Connections: Ethic, Magic, and Linguistic, in: Journal of Indo-European Studies 29 (2001), 379–405
Zimmer (2001b)	Stefan Zimmer, Julius Rodenberg und Ferdinand Walter – deutsche Annäherungen an Wales im 19. Jahrhundert, in: 150 Jahre "Mabinogion" – Deutsch-Walisische Kulturbeziehungen, hg. Bernhard Maier–Stefan Zimmer ..., Tübingen 2001, 253–264
Zimmer (2003)	Stefan Zimmer, A Medieval Linguist: Gerald de Barri, in: ÉC 35 (2003), 313–350
Zimmer (2004)	Die Kelten – Mythos und Wirklichkeit, hg. Stefan Zimmer, Stuttgart 2004
Zimmer (2005)	König Artus lebt! Eine Ringvorlesung des Mittelalterzentrums der Universität Bonn, hg. Stefan Zimmer, Heidelberg 2005
Zimmer (2006)	Stefan Zimmer, Die keltischen Wurzeln der Artussage. Mit einer vollständigen Übersetzung der ältesten Artuserzählung *Culhwch und Olwen*, Heidelberg 2006
Zimmer Bradley (1987)	Marion Zimmer Bradley, Die Nebel von Avalon,

	Frankfurt am Main 1987 (= The Mists of Avalon, New York 1982)
Zips (1972)	Manfred Zips, Tristan und die Ebersymbolik, in: PBB (West) 94 (1972), 134–152
Zips (1974)	Manfred Zips, Das Wappenwesen in der mittelhochdeutschen Epik bis 1250 (Diss. maschinschriftl.), Wien 1974
Zs	Zeitschrift
Zschaetzsch (1922)	Karl Georg Zschaetzsch, Atlantis – die Urheimat der Arier, Berlin 1922 (Nachdruck Graz 2006)
Zwicker (1934–1936)	J. Zwicker, Fontes Historiae Religionis Celticae, Berlin-Bonn 1934–1936.
Zychowicz (2004)	James L. Zychowicz, King Arthur in Music (review) in: The Opera Quarterly, 20/3, Summer 2004, 459–462

Q. Werk und Namenindex

Dieses Register ist ein Index anonymer Werke sowie der Namen von „Produzenten"[1] und anderer im Buchkontext relevanter historischer Personen. Darüber hinaus habe ich angesichts der weiten Thematik dieses Werkes, aber auch der detaillierten Gliederung seines Inhalts im Inhaltsverzeichnis, keine Stichwörter in dieses Register aufgenommen.

Abaelard 394
Abdo, Alexander 558
Acallam na Senórach 342, 345, 352, 393
Adam of Domerham 155f.
Adamnán, hl. (auch Adomnán) 47, 54, 65, 391, 598-600
Adeler, Max (Charles Heber Clark) 265
Adelung, Johann Christoph 362
Æ (George William Russel) 177, 665f.
Aedán mac Gabráin, ir. König 100
Aethicus Ister 58, 63
Afallenau, Yr 147f., 389
Aislinge meic Con Glinne 87
Alamanni, Luigi 242
Albanus, hl. 42
Albéniz, Isaac 314-316
Alber v. Windberg 71-73
Albert, Prinzgemahl von Königin Victoria 238, 254, 327, 639, 687
Albrecht (Verfasser des Jüngeren Titurel) 71, 197, 214f., 244, 332
Alburger, Mark 670
Alexander of Lincoln, Bischof 150
Alfieri, Vittorio 361
Alkuin, 61

Allen, John Carter u. Charles Manning 687
Allen, John Romilly 461f.
Am Bròn Binn 223
Ambiorix, Eburonenherrscher 500
Ambrosius Aureli(an)us 101, 142, 147, 292
Amicus und Amelius 625
Anam-Áire, Phyllida 775-778
Anderson, Cora 564, 768
Anderson, Dennis Lee 296
Anderson, Joseph 461
Anderson, Victor H. 564, 574, 768
Andreas Capellanus 166, 194f.
Andro, L. (Therese Rie) 303
Aneirin (Aneurin) 111, 140, 781
Annalen der Vier Meister 467
Annales Cambriae 105f.
Anne, Herzogin der Bretagne 601
Annius von Viterbo 398
Ap Ithel, J. A. Williams 389
Appia, Adolphe 667
Ar lan y môr 704
Ar rannou 386-388
Archer, James 329

---

1 Gemeint sind damit Hersteller und Herstellerinnen, ebenso Anreger und Anregerinnen, von „Werken" (der Literatur, der Bildenden Kunst, der Musik, von Filmen usw., aber auch von Werken der Fiktionaldidaktik). Die Autorennamen der üblichen Sekundärliteratur sind natürlich in der Regel nicht aufgenommen. Neuzeitliche Gelehrte werden in der Regel nur dann angeführt, wenn ihre Leistung für die Entfaltung der Keltologie von großer Bedeutung war – hier habe ich grundsätzlich von der Nennung noch lebender Persönlichkeiten abgesehen – oder wenn sie organisatorisch hervorgetreten sind, bzw. im Kontrast zur Fiktionaldidaktik im Zusammenhang mit dieser genannt werden mußten.

Arglwydd Rhys s. Rhys ap Gruffydd
Ariosto, Ludovico 76, 242
Arn, Bischof 59
Arnold, Matthew 25, 252, 264, 434, 458, 463-473
Arthour and Merlin 216
Arthur penuchel 100
Arthur Tudor, Prince of Wales 244, 624
Arthur's Hall in Dover Castele 324
Arthurus et Gorlagon 166, 185, 220
Artmann, Hans Carl 283
Artorius (Lucius Artorius Castus) 99, 102, 318
Artuir 100
Arturius Petri 100
As she Moved Through the Fair 694
Aubrey, John 427, 438
Augustinus, hl. 45, 211, 487
Auld Lang Syne 715
Avebury, Lord s. Lubbock, John
Bach, Edward 22
Bach, William 369
Baeumler, Alfred 754
Bakshi, Ralph 530
Bale Arzur 392
Ballindery brooch 619
Balzac, Honoré de 682
Banks, Joseph 369
Barry, Margaret 694
Barthelme, Donald 296
Bartók, Béla 690
Bass, Jules 530
Battersea-Schild 457
Battle of Maldon 338
Baxmeyer, Florian 318
Beardsley, Aubrey 332
Becanus, Johannes Goropius 415, 420, 507, 578
Becker, Franziska 518
Beckett, Samuel 671
Beda Venerabilis 43, 92
Beddoe, John 460f.
Bédier, Joseph 162, 171
Belardinelli, Massimo 521
Bellini, Vincenzo 487f.

Benedikt von Peterborough 126, 156
Beowulf 338, 457, 676
Bergin, Mary 697
Bergin, Osborn 435
Berosus s. Annius von Viterbo
Béroul 167, 171, 173, 301
Bertin, Jules 500
Best, Richard Irvine 435
Betham, William 428f.
Beunans Ke 139
Beuys, Joseph 64f., 739
Bibel (AT, NT; deren Bücher) 41, 47, 50, 59, 90, 96, 144, 151, 194, 196, 204, 211, 220, 325, 405f., 426, 436, 440f., 496, 545, 572, 574, 620, 631, 697, 713
Biel, Jörg 739
Biket, Robert 185
Binchy, Daniel Anthony 435
Bisley, Simon 521
Black Book of Carmarthen 112, 116, 147, 152
Blackmore, Richard D. 249f., 512
Blair, Hugh 341, 357-359, 381, 458, 486
Blake, William 339, 371, 551, 631, 786
Bleddri ap Cadifor 166, 184, 207
Bleheris, fabulator famosus, s. Bleddri ap Cadifor
Bliocadrans 206
Boadicea s. Boudicca
Bochart, Samuel 406f., 425, 440
Böcklin, Arnold 333
Bodmer, Johann Jakob 250, 362
Boiardo, Matteo Maria 242
Boieldieu, François-Adrien 544
Boisserée, Sulpiz 214
Böll, Heinrich 670, 677
Bonewits, Phillip, Emmons Isaac 596, 792
Bonifacius, hl. 58
Book of Dimna 619
Book of Durrow 54, 619f., 743
Book of Kells 54, 620, 743
Book of Saint Chad 619
Boorman, John 318
Bopp, Franz 431f.

Borlase, William 439
Borrow, George 624
Boudicca 445, 500, 524, 601
Bouët, Alexandre 682
Boughton, Rutland 158, 177, 316f.
Bove, José 515
Bowen, Geraint 785
Bowie, David 564
Boxhorn, Marcus Zuerius 411, 417
Boyce Hector s. Hector Boethius (Boece)
Boycott, Charles Cunningham 643
Bradshaw, Gillian 293
Brandstetter, Alois 196f.
Brandt, Carl 333f.
Branduardi, Angelo 653
Braveheart s. Wallace, William
Breathnach, Máire 590
Brecht, Bertolt 670
Brendan (Brandan), hl. 81-89, 649, 724
Brentano, Clemens 267
Bresson, Robert 317
Breta sǫgur 221
Breudwyt Ronabwy 97, 108, 137, 139f., 188, 294
Brian Boru, irischer Hochkönig 698
Brigit, hl. 47, 68-70, 591, 610, 716, 775, 778, 794
Brosi, Johann Baptist 408f.
Brown, Dan 205
Brown, Ford Maddox 328
Brown, Martin 502
Brudenell, James, Earl of Cardigan 686
Brunichildis (Brünnhilde) 56
Buchan, John 450
Buchanan, George 399, 403-405, 429, 633
Buddha 165, 379, 443, 484, 508
Bunting, Edward 691
Bürger, Gottfried August 362
Burne-Jones, Edward Coley 264, 328f.
Burns, Robert 706, 714f., 727
Busch, Wilhelm 686
Byrnes, William 369
Cad Goddau (Godeu) s. *Kat Godeu*
Cadoc, hl. 112f.

Caesar, C. Iulius 18, 20, 90, 92, 145, 387, 403, 438, 445, 484, 491, 500, 515-520, 523, 765, 768
Caesarius von Heisterbach 158, 227
Cage, John 690
Cáin Adamnáin 598-600
Caine, Mary 158
Calvino, Italo 148, 307
Cambry, Jacques 382, 444f.
Camden, William 142, 155, 400, 410f., 422, 437f., 446, 456
Campbell, Alexander 721
Camper, Pieter 453
Capra, Fritjof 580
Caracalla, röm Kaiser 359
Caradoc von Llancarfan 101f., 124, 144
Cardigan s. Brudenell
Carmina Burana 196
Carmina Gadelica 349
Carney, James 46, 173, 179, 223, 436, 595
Carolan s. Ó Cearúllain
Carpenter, John 713
Carroll, Lewis 541, 551
Carter, Lin 521
Cassidy, Frank u. Con 696
Castledore, Stein von 168, 170
Caxton, William 237, 241, 332
Céilidhe Iosgaide Léithe 226
Celan, Paul (Paul Ancel) 683f.
Cento Novelle Antiche 330
Cervantes Saavedra, Miguel de 243
Cesarotti, Melchiore Abbé 361
Chadwick, Hector, Munro 436
Chadwick, Nora Kershaw 436
Charles Edward Stuart, schott. Prinz 340f., 604
"Charly" (Kind in Avebury) 504
Chatterjee, Brahmin Mohini 651
Chaucer, Geoffrey 160, 220
Chausson, Ernest 314f.
Chertsey Tiles 322
Chiemsee-Kessel 751-761
Chiomara, galatische Heldin 600
Chirac, Jacques 517

881

Chrestiens de Troyes allgemein: 98, 111, 136, 188, 250, 317; zum *Erec*: 187, 237; zur *Charrette*: 184, 186, 187, 198, 240; zum *Yvain*: 188; zum *Perceval*: 188f., 200, 2005f., 206, 208f., 221, 393; zum *Cligès*: 189, 199, 228
Chrétien s. Chrestiens
Christie, Agatha 331
Christus 38, 44f., 65, 75, 80, 121, 198, 203, 205, 210-212, 264, 568, 578, 593, 786
Churchill, Winston 254, 296, 787
Chyndonax (William Stukeley) 442
Clancy Brothers 700
Claudius, röm. Kaiser 594
Cleland, John 421-423, 786
Clutterbuck, Dorothy 767
Cocteau, Jean 306
Coelestin, Papst 46
Coimgen, hl (Caoimghen, Kevin) 44, 511f., 642
Colby, Thomas 645
Coleman, Michael 695
Colin, Philipp 206
Collinson, James 327
Colum, Padraig 661
Columbanus, hl. («Columban d. Jüngere») 55-58, 64, 66
Columbanus, hl. (Coloman; † 1012) 67f.
Columcille, hl. («Columban d. Ältere») 44, 47, 53, 61, 100, 459, 620
Complaynt of Scotland 159
Comyn, Michael 655
Conolly, James 610, 652
Conway, Henry Seymour 442
Cooijmans, Paul 236
Cooper, Joe 558f.
Copland, Aaron 691
Cormac mac Airt 349, 355
Cormac mac Carthaigh 66, 75
Cormac mac Cuilleanain 397, 738
Coutts, Francis Burdett Money 316
Cowell, Henry 544, 690f., 703
Cowper, Frank Cadogan 329
Cowper, William 500

Crane, Walter 720
Creuzer, Georg Friedrich 409
Croker, Thomas Crofton 551
Cromwell, Oliver 202, 350, 503, 693, 720
Cronin, Elizabeth 694
Crowley, Edward Alexander (Aleister) 767
Culhwch ac Olwen 97, 99, 108, 113f., 117, 125-136, 138, 169, 175, 181, 185, 197, 199, 213, 226, 343, 520, 526f., 631
Cusack, Michael 643
Cyfoesi Myrddin a Gwenddydd ei Chwaer 148
Dafydd ap Gwilym 137
Dallán Mac Forgaill 54
Daly, Mary 591
Danby, Francis 551
Danby, William 442
Dante Alighieri 71, 76, 85f., 210, 314
d'Arbois de Jubainville, Henri 146, 433, 668
Dargent, Yan' 681
Darthula 177, 610
Darwin, Charles 453, 496, 642, 668
David, hl. 717
Davies, Edward 427f., 440, 783
Davies, John 413, 417
Davis, Joseph Barnard 460
Davis, Thomas Osborne 643f.
De Blois, Aymar 382
De Brus, Robert (the Bruce) 636f.
De Bry, Theodor 447
De Caumont, Arcisse 453
De Chateaubriand, François René, Vicomte 487
De Freminville, Chevalier 383
De Heere, Lucas 447
De Kergariou, Jean-François 382
De la Motte-Fouqué, Friedrich 267, 377
De la Rue, Abbé 382
De la Vergne, Louis-Élisabeth Comte de Tressan 251
De Lacy, Franz-Moritz 348
De Lamark, Jean-Baptiste 453
De Ortu Waluuani Nepotis Arturi 228

De Roulers, Adrian 637
De Saint-Prix, Madame 382
De Staël, Madame 359
De Valera, Eamon 477, 648
Deary, Terry 502
Debussy, Claude 314
Déchelette, Joseph 462
Dee, John 774
Defoe, Daniel 623
D'Egville, James Harvey 369
Delay, Florence 306
Delsol, Paule 586
Denis, Johann Nepomuk Michael 79, 364f., 371f.
Derungs, Kurt 590, 738f.
Dewi s. David, hl.
Dice, William 238
Dickens, Charles 551
Dicksee, Frank 329
Dicuil 63
Didot-Perceval 146, 213
Dillon, Myles 172, 435f.
Dindshenchas 736
Dinneen, Patrick S. 19, 476
Dionysius v. Regensburg 66
Diougan Gwenc'hlan 390-392
Disens (Disibod), hl. 58
Disney, Walt 319
Doderer, Heimito von 245f.
Doherty, John 696
Doherty, Mickey 696
Donaldus, Abt und Rektor 67
Donizetti, Gaetano 378, 638
Doré, Gustave 329, 553
Dorst, Tankred 308-310
Dottin, Henri-Georges 433
Douglas, James 451
Doyle, Arthur Conan 450, 454, 558, 678
Doyle, Charles 553
Doyle, Michael 721
Doyle, Richard „Dickie" 552
Doyle, Roddy 676
Draak, Maartje 433
Drayton, Michael 402f.
Drei Romanzen s. *Tair rhamant*

Dryden, John 248
Du Maurier, Daphne 678f.
Duanaire Finn 222, 342, 344, 349
Dufilhol, Louis 383
Duncan I., schott. König 635
Duncan, John 457
Dunsany, Lord (Edward John Moreton Drax Plunkett) 534
Dürer, Albrecht 244, 348
Duval, Paul 616f.
Dwynwen, hl. 715f.
Eachtra an Amadáin Mhóir 227
Eachtra an Mhadra Mhaoil 224
Eachtra Mhacaoimhan-iolair 224f.
Eachtra Mhelóra agus Orlando 226
Echtra Nerai 665
Eckert, Uwe 790
Eckstein-Diener, Bertha s. Sir Galahad
Eco, Umberto 294f., 681
Edda 443, 474, 486f., 537, 576, 590, 769
Edward I. Longshanks, engl. König 141, 156, 339, 636, 783
Edwards, William Frédéric 429
Egerton, Francis 452
Eichert, Franz Xaver 234
Eilhart von Oberge 171, 244, 322
Einem, Gottfried von 579
Eleonore von Poitou 186
Eliot, Thomas Stearns 282, 435, 630
Elisabeth I., engl. Königin 339, 349, 637, 783
Elisabeth II., englische Königin 442
Eller, Cynthia 571
Ellis, Peter Berresford s. Tremayne
Elphinstone, William 399
Elucidation 207-209
Enda, hl. 44, 83, 649
Englynion y Beddeu 152, 631
Ennis, Séamus 694, 700, 703
Erex saga 221
Erfurt (Tristanszenen) 322
Erk, Albert 303
Ernault, Emile 433
Erskine, John 287f.
Eschricht, Daniel F. 453

Estoire del Saint Graal 212f.
Étienne de Bourbon 159
Étienne de Rouen 152
Eusebius von Caesarea 449
Evans, Gwynfor 627
Evans, John Gwenogvryn 434
Evans, Richard B. 670
Eyserbeck, Johann-Friedrich 361
Fabry, Glen 521
"*Fairy Songs*" 533, 694
Fakhraddin Gorgani 164
Fawcett, Edgar 265
Félire Óengusso 26, 61, 69
Felner, Peter Paul 683
Fergus mór mac Eirc 402
Fforde, Jasper 141, 241, 290, 675, 679
Fianaigecht 342
Fiebag, Johannes und Peter 204
Fielding, Henry 248
Finnegan, Brian 697
Finnian hl. von Maghbhile 44
Fisher, Terence 678
Fitzgerald, John Anster 544
Flameng, Auguste 681
Flann O'Brien 629, 650, 664, 673, 675, 679, 708, 722
Flaubert, Gustave 682
Fled Bricrenn 219, 529, 661-663
Flegel, Anja 790
Fletcher, John 500
Flint, William Russel 328
Flower, Robin 435
Folan Steven 700
Fontane, Theodor 369, 378, 554-557, 638f., 682
Forbush, William Byron 233
Fortchern, hl. 60
Foscolo, Ugo 362
Foster, Harold (Hal) R. 334
Foster, Idris Llewelyn 434
Fowey s. Castledore
Fradin, Émile 750
France, Anatole 500
Francia, Luisa 573
Franks, Augustus Wollaston 457f.

Franz I., Duc de Valois, franz. König 602
Frazer, James George 92, 199, 435, 567, 594, 596, 765f., 780
French-Wieser, Claire 593
Frey, Otto Hermann 478
Friedrich II., Babenbergerherzog 229f.
Friedrich Wilhelm II., König von Preußen 361
Froud, Familie (Brian, Wendy, Toby) 562-564
Fueterer (Füeterer), Ulrich 215
Fuqua, Antoine 318
Fursa (Furseus) hl. 27, 70, 80
Fuseli s. Füssli
Füssli, Heinrich 551
Gade, Niels Wilhelm 369
Gaidoz, Henri 433
Galater, Der sterbende 758
Galfridus Monumutensis s. Geoffrey of Monmouth
Galilei, Vincenzo 691
Gall, Franz Joseph 459
Gallehus, Goldhörner 756
Gallus, hl. 56f.
Gardner, Edward 558
Gardner, Gerald Brousseau 541, 725, 766-768, 770f., 787
Gauguin, Paul 681f.
Geitarlauf 222
Generali, Pietro 370
Geoffrey of Monmouth 105-108, 110, 116, 135, 139, 142-148, 150, 152f., 153, 155, 169, 180, 184-188, 190, 214, 216, 221, 228, 242, 249, 397-399, 437, 439
Georg, hl. 233
Georg v. Ungarn 79f.
Georg IV., engl. König 687
Georg V., engl. König 742
George Sand (Aurore Dupin) 394
Geraint, hl. 139
Gerald of Wales s. Giraldus Cambrensis
Gérard François 370
Gerbert de Montreuil 206
Gereint (auch: *Geraint*) vab Erbyn 97, 102, 104, 108, 112, 136, 138f., 183, 187,

254f., 305
Gerstenberg, Joachim 476
Gervasius von Tilbury 158f.
Gianni, Garry 335
Gibbon, Edward 486
Gibson, Edmund 440
Gibson, Mel 639f.
Gildas 101f., 106f., 124f., 252
Gimbutas, Marija 611f., 768, 775
Giraldus Cambrensis 47, 68, 71, 77, 91, 101, 142, 144, 155, 169, 219, 346, 398, 400, 540f., 691, 703
Girodet-Trioson, Anne-Louis 339, 362, 370
Gladstone, William 644
Glasthaner, Placidus 202
Glauberg, Fürst (Stele) von Glauberg 618, 730, 780
Gleim, Johann Wilhelm Ludwig 371
Glengarry s. MacDonell of Glengarry
Glover, Richard 500
Gododdin, Y 103, 111, 117, 624, 631, 760
Goël, Stéphane 483
Goethe, Johann Wolfgang 268, 270, 308, 361f., 367f., 647
Goldmark, Karl 271f.
Gonne, Maud 603, 607, 652
Gorey, Edward 371
Görres, Joseph 277
Gorsleben, Rudolf John 576-578, 594, 757
Goscinny, René 513f., 519
Göttner-Abendroth, Heide 573, 590f., 593
Gould Davis, Elizabeth 574f.
Gourvil, Francis 395
Graichen, Gisela 482
Gralsspiel von Magdeburg 230
Gräter, Friedrich David (Vergißmeinnicht) 507
Grausam, Leopold 314
Graves, Robert 566-573, 575f., 584f., 614, 676, 768, 790
Gray, Terence 667f.
Gray, Thomas 338-340, 359, 786

Greenslade, David 160f.
Gregory (Persse), Isabella Augusta 177, 608f., 650, 660, 664, 667f., 674
Griffiths, Frances 557-559
Grimm, Jacob 171, 251, 386, 431, 457, 551, 553, 645
Gruffyd ap Addaf ap Dafydd 720
Gruntz, George 317
Gryffyth ap Cynan, walisischer Fürst 782
Guénon, René 201
Guest, Charlotte Elizabeth 96, 104, 251, 466, 497, 605, 625
Guinevere's Chamber in Dover Castle 324
Gundestrupkessel 314, 443, 478, 526, 581, 614, 729, 752-761
Guyonvarc'h, Christian-J. 573
Gwasgargerdd Fyrddin yn y Bedd 148
Gwrgi, britann. Fürst 100, 139
Gwydion Pendderwen (Thomas de Long) 565
Habsburg-Lothringen, Stephanie 592
Hacks, Peter 670
Hákon Hákonarson 221
Hall, Augusta, Baroness Llanover 625f.
Hancock, Kate 670
Handel-Mazzetti, Enrica v. 234
Handke, Peter 246, 310-312
Hanes Taliesin 388
Harder, Natalie 313f.
Hardt, Ernst 297f.
Hardy, Thomas 158, 298
Harlow, Alison 596
Harris, Paul P. 233f.
Hartmann von Aue 187f., 314, 321, 323-325, 510
Hatchett, William 248
Hauschild, Wilhelm 333
HaverSchmidt, François 507
Haywood, Eliza 248
Heaney, Seamus Justin 676
Hector Boethius (Boece) 145, 399
Hegel, Georg Wilhelm Friedrich 253, 360, 378

Heidegger, Martin 234
Heidelberg, Köpfchen von H. 760
Heiduczek, Werner 295
Hein, Christoph 312f.
Heinrich I., dt. König 755
Heinrich II., Babenbergerherzog 68
Heinrich II., engl. König 154, 171, 185, 623f.
Heinrich IV., engl. König 141
Heinrich VII. Tudor, engl. König 244, 623f.
Heinrich von dem Türlîn 208, 219, 304
Heinrich von Morungen 546
Heinrich von Neustadt 231
Heinricus de Saltrey 79
Heinse, Johann Jakob 362
Heliand 578
Heloise 394
Henry von Huntingdon 101, 144, 152
Henson, Jim 563f.
Herder, Johann Gottfried 362, 364-366, 376, 382, 451, 453, 647
Hermann von Tournay 152
Heubner, Hermann 298
Heymann, Ann 699
Hibernicus exul 63
Hieronymus, hl. 449
Hildebrand, Hans 499
Himmler, Heinrich 203, 508, 754-756
Historia Meriadoci regis Cambriae 228
Hitchcock, Alfred 679
Hitler, Adolf 254, 278, 318, 648, 753
Hitz, Hans-Rudolf 750f.
Hodson, Geoffrey 558-561
Hoffman, Ernst Theodor Amadeus 232, 276
Hofmannsthal, Hugo v. 235
Hogarth, William 328, 453
Hoianau, Yr 147f., 389
Hole, Richard 250
Holinshed, Raphael 249, 448
Holst, Adriaan Roland 177
Hölszky, Adriana 317
Hölty, Ludwig H. Chr. 554
Home, John 341

Homer 253, 338, 353, 359f., 365f., 465, 536
Honorius v. Autun 76
Hope, Murry 91, 574
Hörbiger, Hanns 509, 756
Horvitz, Shelah 331
Housman, Laurence 552
Howard, Robert E. 521
Hughes, Arthur 329
Hull, Eleanor 590
Hunt, William Holman 326, 331
Huxley, Aldous 568
Hyde, Douglas 610, 647f., 650
Hywel Dda, walis. König 782
I due Tristani 242
Iarlles y Fynhawn ('Brunnengräfin') 97, 140, 183, 188, 191, 560
Ibn Hazm al-Andalusī 166
Icham of Irlaunde 701
Iesus s. Christus
Ieuan Gwyllt (John Roberts) 628
Ille, Eduard 333
Immermann, Karl 268-271
Immram Brain 81f.
Immram curaig Máele Dúin 81
Immram Uí Corra 81
Ingres, Dominique 370
Ingrisch, Lotte 559
Iohannes Eriugena 64
Iolo Morgannwg (Edward Williams) 122, 389, 425, 440, 445, 467, 748, 772, 781-784
Ireland, William Henry 249
Israel episcopus Scotigena 82
Ita, hl. 83, 649
Iudas Ischarioth 76, 85f., 182
Iulius Civilis 488
Ívens saga 221
Ives, Charles 691
Jackson, Kenneth Hurlstone 434
Jackson, Peter 530
Jacob van Maerlant 221
Jacobsthal, Paul 482, 618
Jacobus de Voragine 77
Jahn, Friedrich Ludwig 643

Jakob IV., König von Schottland 406
Jampolsky, Marc 482
Januals ljóð 222
Jeanne d'Arc 542
Jenner, Henry 434
Jesus Christus (nur in esoterischem Kontext) 203, 578, 786
Johann I. von Beirut 229
John „Yellow Jack" Donahue 721
John of Cornwall 144
John of Fordun 145, 398f., 402f., 405
Jones Mary Harris (Mother Jones) 721
Jones, David 630-632
Jones, Inigo 439
Jones, Rowland 418-423, 427
Jones, Terry 564
Jones, Thomas (Maler) 339
Jones, William 423, 430
Jordanes 107
Joseph d'Arimathie s. Estoire del Saint Graal
Joseph von Arimathäa 41, 200, 202, 211
Josephus Flavius 407
Joyce, James 629f., 665f., 671-674, 722f.
Juliana von Norwich 211
Jung, Carl Gustav 611, 770, 775
Jung, Emma 313f.
Kabbala (*Sohar*) 204, 769
Kais ibn-Doreidsch 164f.
Kaiser, Georg 299f.
Kallimachos 408
Karl d. Große 59, 90, 190, 197, 325, 489
Kat Godeu 121f., 539, 568-570
Kauka, Rolf 519
Kavanagh, Patrick 677
Keane, John Brendan 676
Keating, Geoffrey 177, 347, 641, 643
Keats, John 369
Keferstein, Chr. 504
Kehoe, John „Black Jack" 721
Kei, hl. 139
Keller, Gottfried 493
Kellermann, Bernhard 683
Kelley, Edward 774
Kelly, Aidan 772

Kelly, Edward 721
Kemble, John Mitchell 457
Kerambrun, Jean-René 383
Khnopff, Fernand 329
Kilian, hl 58
Kilroy, James J. 510
Kincaid, Angela 521
King Arthur and King Cornwall 220,
King, Jesse Marion 329
Kinnig Neumenoiou 393f.
Klebe, Giselher 670
Klein, Thomas F. 739
Klopstock, Friedrich Gottlieb 358, 362, 372-376, 756
Knox, John 639
Kohl, Helmut 517
Konstantin, röm. Kaiser 106, 487, 631
Koran 188, 545
Kormáks saga 173, 179
Krákumál 337f., 358
Kralik, Richard v. Meyerswalden 234
Kretschmann, Karl Friedrich 373
Kruta, Venceslas 478
Kübler-Ross, Elisabeth 775
Kühn, Dieter 295
Kunzen, Friedrich Ludwig Aemilius 370
Kurosawa, Akiro 636
Kurtz, Hermann 250, 252, 511
La Poix de Fréminville, Christophe-Paulin de 444f.
La Tour d'Auvergne, Théophile-Malo Corret de 444
La Villemarqué, Hersart de 383-395, 445, 605
Laʒamon (Layamon) 102, 129, 180f., 215, 631
Lachmann, Carl 251
Laing, Malcolm 350
Lais de Graelent 186, 391
Lais de Mabon 185
Lamoral Count O'Donell, Karl 348
Lancelot and Elaine (Film) 317
Lancelot du Lac 213
Lancelot en prose s. Prosalancelot
Lancelot propre s. *Lancelot du Lac*

Lanfield, Sidney 678
Langley, Clint 521, 525
Langtoft, Peter 143
Lanz, Georg (Jörg L. von Liebenfels) 203, 205, 572, 579, 738
Latham, Robert Gordon 457
Laurent, Donatien 395
Lawhead, Stephan 294
Le Braz, Anatole 395, 491
Le Brigant (auch: Bigant), Jacques 382, 444
Le Fauconier, Henri 681
Le Flamand, Pierre 320
Le Gall de Kerlinou, E. 741
Le Goffic, Charles 491
Le Gonidec, Jean François Marie 844f.
Le Huerou, Jean-Marie 382
Le Men, R. F. 395
Le Moyne, Jacques 447
Le Nen Davey, Kyt 701
Le Roux, Françoise 573
Le Sueur, Jean François 369
Leabhar na hAisérighe 620
Lebor Bretnach 223
Lebor Gabála Érenn 117, 375, 400f., 425, 436, 455, 467, 526, 588, 611, 680, 736
Lee, Christopher 764
Leibniz, Gottfried Wilhelm 411, 415-418, 423
Leland, Charles Godfrey 766
Leland, John 397
Lenz, Jakob Michael Reinhold 362
Leo Africanus s. W. B. Yeats 652
Leonardo da Vinci 616
Leopardi, Giacomo 362
Lermontov, Michail Jurjevič 557
Lessing, Gotthold Ephraim 338
Levine, Leah 588
Lewis, C. S. 286f.
Lewis, Saunders 141, 625, 627, 628
Lhuyd, Edward 410-414, 417f., 423f., 426, 429, 431, 437, 440
Lhuyd, Humphrey 397
Lied der alten Linde 760f.
Lienhard, Friedrich 305

Limburg, Brüder von L. 74
Livre d'Arthur 110
Llanover, Baroness s. Hall, Augusta
Llewellyn Sion s. Iolo Morgannwg
Llewellyn, Richard 626
Llifric of Llancarfan 112
Llyfr Aneirin 111
Llyfr Taliesin 119, 121, 498, 568
Llywarch Hen 466, 781
Llywelyn ap Gruffudd 141, 157
Lobmeyr, Ludwig 234
Lodewijk van Velthem 221
Lodge, David 297
Loehr, Maja 298f.
Loewe, Karl Gottfried 555
Loiza hag Abalard 394
Lomax, Alan 694f.
Longes mac n-Uislenn 175-177
Loomis, Roger Sherman 199, 435
Lope de Vega, Felix 638
Lorgaireacht an tSoidhigh Naomtha 224
Loth, Joseph 137, 433, 605
Loti, Pierre 682
Lubbock, John 460
Lübeck (Parzivalgemälde) 324
Lucka, Emil 303
Ludwig II., König v. Bayern 202, 214, 279, 332-334
Ludwig IV., dt. Kaiser 202
Ludwig VII., franz. König 186
Lüneburg (Tristanszenen) 322
Luther, Martin 62
Luzel, François-Marie 395
Lyke-Wake Dirge 76
Mǫttuls saga 221
Mabinogi s. *Pedeir Keinc y Mabinogi*
Mabinogion (im weiteren Sinn) 96, 104, 135-137, 433, 605, 625
Mac Bethad mac Findlàich 55, 635f., 638
Mac Cana, Proinsias 172, 590
Macalister, R. Alexander Stewart 436
Macbeth s. Mac Bethad
MacBride, John 607, 652
MacDonagh, Thomas 649f., 652
MacDonald, Donald 727

MacDonald, Flora 604
MacDonell of Glengarry, Alasdair Ranaldson 687, 726
MacDonnchadha, Sean 696
MacDuff (Mac Duibh) 635
Macgnímartha Find 96, 342
MacGregor, Alexander 409, 438, 441, 444, 781
Machen, Arthur (Arthur Llewellyn Jones) 679
Mackendrick, Alexander 707
Maclean, Lachlan 428f.
Macleod, Fiona (William Sharp) 639
MacLeod, Mary 148
Maclise, Daniel 551
MacNeill, Eoin 647
MacPherson, James 177, 340-360, 366, 371f., 378, 389, 395, 426, 467
Macsen Wledig s. Maxentius
Mahé, Abbé 382, 444
Mair, John 399
Major s. Mair
Malcolm III., schott. Prinz 635
Mallet, Paul Henri 376, 486
Malory , Thomas 103, 105, 107, 114, 139, 157, 169, 181, 184, 211, 237-241, 243, 251, 253f., 261, 287, 289-291, 293, 327-332, 631, 719
Maltererteppich 320f.
Maltwood, Katherine 157f.
Mann, Frido 314
Mann, Thomas 268, 276
Manteau mautaillé 185, 221
Mantel, Der 221
Marbod, Markomannenfürst 583
Marcus, Inkluse in Regensburg 71, 73, 75
Maria Stuart, schott. Königin 637f.
Marianus Scottus 65f.
Marie de Champagne 186, 193-195, 198
Marie de France 79, 171, 185, 189, 217, 222, 304
Mark Twain (Samuel Langhorn Clemens) 245, 265f., 308, 317
Markale, Jean (Jean Bertrand) 568, 573, 780

Markiewicz, Constance (Gore-Booth) 609f., 650
Marmion, Simon 74
Marstrander, Carl 433, 435, 646, 675
Martin, Henri 445
Martin, hl. 38-42, 44, 713
Martin, John 339
Martin, Violet (Martin Ross) 609, 667
Martyn, Edward 608, 664
Marx, Karl 203, 547, 653
Maßmann, Hans Ferdinand 250
Maufra, Maxime 682
Maurer, Manfred 21
Maxentius, röm. Kaiser (Macsen Wledig) 292f., 782
Maximilian I., dt. Kaiser 244, 602
Mayer, Franz Anton 788f.
McCourt, Frank 676
McGinley, John Mhosey 696
McGuire, John Sigismund 348
McKay, John G. 342, 349, 590
McMahon, Mike 521
McPherson s. MacPherson
Meehan, Aidan 744
Méheut Mathurin 682
Méhul, Etienne Nicolas 370
Meissner-Blau, Freda 573
Melekh Artus 229
Melwas und Gwenhwyvar 122-124
Mendelssohn Bartholdi, Felix 369
Mendelssohn, Moses 451
Mentelin, Johann 244
Mercier, Peadar 700
Mérimée, Prosper 453f.
Merlínusspá 221
Meyer, Conrad Ferdinand 500
Meyer, Kuno 432, 647-649
Michael Scotus 151
Michelet, Jules 445
Millais, John Everett 326f.
Millet, Aimé 491
Mills, Pat 521
Milton, John 160
Modena, Artusrelief 108f., 187f., 219, 319

Molloy, F. O. 413
Molly Malone 709f.
Moloney, Paddy 697
Mone, F. J. 505
Monet, Claude 681
Monro, Dean 541
Montecini, Antonio 489
Monti, Vincenzo 361f.
Monty Python 319
Moore, George Augustus 174f., 317, 477, 552, 609, 664f.
Moore, Robert 608
Moore, Thomas 692
Moosach, Werkhaus 313
Morais, Francisco de 243
Moreau-Christophe, L. M. 491
Moriaen 221
Morris, William 254, 264, 328f.
Morris-Jones, John 434
Morrison, James 696
Mort Artu 213
Morte Arthure (*Alliterative*) 216f.
Morte Arthure, strophischer 216
Moscati, Sabatino 478
Moschino, Ettore 298
Mother Jones s. Jones Mary Harris
Mühlhausen, Ludwig 757
Mullan, Pat, König von Inishmore 648
Müller (Myller), Christoph Heinrich 250
Müller, Heiner 283
Munro, Robert 461
Murphy, John Cullen 335
Murray, Margaret Alice 766
Muschg, Adolf 24, 206, 295, 313
Mütsch-Engel, Annemarie 587
My Lagan Love 694
Myfyr, Owain 389
Myles na Gopaleen (Brian O'Nolan) 675
Myvyrian Archaiology 389
Napoleon Bonaparte 362, 370
Napoleon III. 515, 689
Nash, David William 467
Navigatio Sancti Brendani 80-86
Nelson, Horatio 477

Nennius 102f., 105f., 114, 117, 133f., 199, 223, 252
Nestroy, Johann Nepomuk 554
Neumann, Erich 611, 613f.
Neuvy-en-Sullias, Bronzeeber 759
Newton, Isaac 410, 441
Nichols, Ross 767, 787, 790
Nikolaus, hl. 582
Nilsson, Sven 453
Ninianus, hl. (Nyniaw) 42-44
Nitzberg, Alexander 317
Njáls Saga 698
Noe filius Arthur 100
Noinden Ulad 527
Nolet de Brauwere van Steeland, J. K. H. 500
Nostradamus (Michel de Nostredame) 151
Ó Cearúllain, Toirealach 693, 699
Ó Criomhthain, Tomás 675
Ó Duilearga, Séamus 647
Ó Hifearnáin, Mathghamhain 693
Ó Reachtabhra, Antoine 694
O Riada Sean 700
O'Beirne, Francie u. Mickey 696
Obermüller, W. 505
Oc(h)ta, Sachsenanführer 134, 142
O'Casey, Sean 609, 652, 671, 676
O'Connel, Daniel 642
O'Crohan s. Ó Criomhthain
O'Curry, Eugene 467, 645f., 664
Odilo von Cluny 62
O'Donohue, John 32f.
O'Donovan, John 645f., 664
Offenbach, Jacques 276
O'Flaherty, Liam 676
O'Grady, Standish Hayes 647, 664
O'Grady, Standish James 646f., 664
O'Growney, Eugene 647
O'Mahony, John 643
O'Malley, Grace 602
O'Murnachan Art 620
O'Neill, Hugh, Earl of Tyrone 602
Onomaris, gallische Anführerin 600
O'Rahilly, Cecile 436

O'Rahilly, Thomas 436
Ordericus Vitalis 151
Orkneyinga Saga 698
Ossian (schottische Band) 381
Oswald, Lady (Amelia Jane Murray) 552
Òtranto, Bodenmosaik 109f., 118, 151, 319
Otto d. Fröhliche, Habsburgerherzog 232f.
Over de Linden, Cornelis 507
Ovid(ius), Publius O. Naso 569
Owain Glyndŵr (Glendower) 141, 623
Owen (Pughe),William 425, 605
Oz, Frank 563
Pa gvr yv y porthawr? 116-118
Pac(c)ini, Giovanni 489
Padarn, hl. 113
Palladius 46
Pantaleone, Priester 109
Paracelsus, Th. B. von Hohenheim 579, 774
Parcevals saga 221
Paris, Gaston 251
Parliament na mBan 601
Parry, David 413
Parsifal (Film) 317
Parsons, James 423-425
Pastor Hermae 52
Patrick, hl. (Patricius) 23, 29, 33, 42, 44, 46-49, 60. 68, 71, 75, 77, 79, 121, 352f., 476, 512, 523, 594f., 599, 619, 678, 717f., 721., 742f.
Paulus, Apostel 37, 211
Pavesi, Stefano 370
Paxson, Diana L. 592
Pearse, Pádraig 602, 610, 644, 649f., 652, 668
Pedeir Keinc y Mabinogi (*Die Vier Zweige des M.*) 96, 114, 121, 169, 435, 523, 527, 568, 570, 605, 613, 625, 629, 631, 783
Pedersen, Holger 434, 649
Peirian Faban 148
Pelagius 44-46, 318
Pelloutier, Simon 443

Penguern, Jean-Marie 382
Pennic 221
Perceval le Gallois ou le conte du Graal 213
Peredur vab Evrawc 96f., 100, 105, 138f., 183, 188f., 197, 200, 208
Peregrinatio Aetheriae 716
Perlesvaus 189, 192, 290
Perrin, Olivier 682
Pesch, Helmut W. 680
Peter von Blois 182
Peters, Ellis (Edith Mary Pargeter) 680
Petrie Crown 646
Petrie, George 646
Pezron, Paul, Abbé 405-410, 413-415, 417, 420, 427, 443, 505
Pfalzfeld, Säule von Pf. 760
Phelps, Elizabeth Stuart 266
Philipp, Graf v. Flandern 186
Philipp, Graf von Flandern 186
Pictet, Adolphe 431
Pierce, Nicholas of Clonmaurice 353f.
Pinchon, Joseph-Porphyre 683
Pine, Sampson 206
Pirmin, hl. 57
Pisanello, Antonio 326
Planck, Max 579
Plateau d'accouchement (Louvre) 320
Platen-Hallermünde, August Graf von 267f.
Pleier 325
Plier des nautes (Weihepfeiler in Paris) 417
Plinius, d. Ältere 388, 392, 394, 496
Pokorny, Julius 432, 639, 673
Polański, Roman 636
Polydorus Vergilius 398
Pomponius Mela 768, 788
Pondal, Eduardo 402
Pope, Alexander 360
Pope, Walter 439
Potts, Sean 697
Powell von Nanteos 202f.
Prast, Gila 381
Preiddeu Annw(f)n 119-121, 199, 283
Prestel, Peter 482

Price (Pryce), Thomas (Carnhuanawc) 605, 625
Price, William 786
Prichard, James Cowles 430, 452-455, 458
Priscillianus 39
Prophetiae Merlini 144, 149, 151, 221, 252, 340, 390, 398
Prosa-Lancelot 182, 211, 213f., 221, 223, 229, 239, 242f., 282, 302, 325
Prosa-Tristan 169, 213, 222f., 230, 301, 324, 326
Proust, Marcel 682
Pryce, Malcolm 679
Psammetichos I., Pharao 406, 421
Pseudo-Alanus 227
Pseudo-Manessier 206
Pseudo-Melito 196
Purcell, Henry 248
Pyle, Howard 266, 334
Queffélec, Henri 683
Queste del Saint Graal 103, 211, 213, 224
Raabe, Wilhelm 499
Rabelais, François 202
Raborne (Anton Urszovics) 442f., 793
Rackham, Arthur 334
Radloff, I. J. 504
Raftery, Anthony s. Ó Reachtabhra
Raftery, Barry 478
Ragnarr loðbrók 337, 358
Rahn, Otto Wilhelm 203, 754
Raimund, Ferdinand 554
Ranke-Graves s. Graves, Robert
Rankin Jr., Arthur 530
Rawlinson, Thomas 687
Red Book of Bath 156f.
Regensburger Medaillonsteppich 322
Reid, Stephen 332
Reinert, Hans 754
Renan, Ernest 25, 462-465, 473, 776
Renaut de Beaujeu 139, 185, 192
Resch-Rauter, Inge 506f., 763
Retzius, Anders 453
Reznikoff, Iégor 41
Rhead, George Wooliscroft 328

Rhys ap Gruffydd 623, 781, 783
Rhŷs, John 434
Richard Löwenherz, engl. König 151, 156, 322, 377
Richards, Henry Brinley 626
Riotamus 107, 183
Riothimus s. Riotamus
Ritter, Carl 443
Robert d'Arbrissel 463
Robert de Boron 182, 200, 213, 221
Robinson, Edwin Arlington 284-286
Robinson, Henry Peach 331
Rodenegg (Iweinszenen) 323
Rodríguez de Montalvo, Garcia 242f.
Rohmer, Eric 317
Romani, Felice 487, 489
Romans des Franceis 110-151
Roparz Hemon (Louis Paul Némo) 433, 622
Rosenberg, Alfred 753, 757, 760
Rosenthal, Toby E. 331
Rossetti, Dante Gabriel 264, 327-329, 331
Rossetti, William Michael 327
Roubaud, Jacques 306
Rousseau, Jean Jacques 337, 361, 451
Rowlands, Henry 440f.
Rowlands, Richard 448, 522
Rowley, William 249
Rowling, Joan Kathleen 681
Rückert, Friedrich 267
Rudbeck, Olof 415, 454, 507, 572, 578
Runkelstein (Wandgemälde) 324
Russel, George W. s. Æ
Ryan, Seán 697
Ryland, Henry 331
Sachs, Hans 246
Saint-Floret (Tristanmalereien) 324
Saltair na Rann 70
Sammes, Aylett 440, 446, 448
San-Marte (Albert Schulz) 251f., 497
Saxo Grammaticus 92
Sayers, Peig 650, 675
Scéla Cano meic Gartnáin 178
Schaëffer, Jules 384

Schäfer, Martina 591, 737
Schedius, Elias 486
Schiller, Friedrich 366, 635, 638
Schlegel, August Wilhelm 267, 362, 378, 431
Schlegel, Friedrich 430f.
Schmalkalden (Iweinszenen) 324
Schönberg, Arnold 690
Schubert, Franz 368, 370, 377, 688
Schuré, Edouard 315, 473-475
Schwarzenegger, Arnold 522
Sciarrino, Salvatore 636
Sckell, Wolfgang Ludwig 361
Scott, David 551
Scott, Walter 340, 369, 377f., 384, 633, 638, 687f., 726
Sedulius Scotus 63
Serglige ConCulainn 537
Severin, Timothy 88f.
Sex aetates mundi 407, 543f.
Shaffer, Anthony 764
Shakespeare, William 26, 141f., 160, 249, 259, 368, 403, 448, 472, 539, 546, 549, 552f., 621, 635f., 659, 717
Shaw, George Bernard 158, 477, 609, 653
Shelley, Percy Bysshe 547
Sheppard, Oliver 650
Sidonius Apollinaris 41, 107, 183
Sills-Fuchs, Martha 579-584, 740f.
Simenon, Georges 683
Simons, Arthur 298
Simrock, Karl 252
Sined s. Denis
Sir Galahad (Bertha Eckstein-Diener) 511
Sir Gawaine and the Green Knight 109, 196, 217f., 293, 303, 526
Sir Lanval 217
Sir Tristrem 171, 217, 222, 298
Smaragdus v. Saint Mihiel (Muiredach) 63
Smollett, Tobias 136, 693
Soazig s. Le Nen Davey
Soiscél Molaise 619
Somerville & Ross s. Somerville u. Martin, Violet

Somerville, Edith Anna Œnone 667
Sonnleitner, A. T. (Alois Tluchor) 501
Soumet, Alexandre 488
Souvestre, Emile 383
Sparschuh, N. 504
Spartali Stillman, Marie 329
Speed, John 447
Spenser, Edmund 160, 241, 551
Spielberg, Steven 318
Spontini, Gaspare 488f.
Sprague de Camp, L. 521
Spunda, Franz 379f., 580
Stadler, Ernst 281f.
Stamm, Hans-André 317
Stanhope, John Roddam Spencer 328
Starhawk (Miriam Simos) 544, 565, 768
Steinbeck, John 289
Steiner, Rudolf 473, 583, 774
Stephens, Frederic George 327
Stephens, James 177, 629, 649, 665-667, 679
Stephens, Thomas 252, 466
Sterne, Laurence 295, 477, 511
Stewart, Mary (Mary Florence Elinor Rainbow) 292f.
Stivell, Alan (Alan Cochevelou) 701-703
Stone, Merlin 573
Strabon 445, 495
Strauss, Richard 636
Streicher, Julius 579
Stricker, Der 196f., 213, 325
Stuart(-Sobiesky) s. Allen
Stucken, Eduard 301-303
Stukeley, William 440f., 443, 488, 781, 786
Sturridge, Charles 559
Swann, Donald Ibrahim 530
Swift, Jonathan 87, 542, 641
Swinburne, Algernon Ch. 251, 254, 262f.
Syberberg, Hans Jürgen 280
Sykes, Brian 503f.
Synge, John Millington 177, 609f., 647, 650, 668-671
Szábo, Miklós 478

Tacitus, Publius Cornelius 372, 375, 403, 488, 570, 578
Táin Bó Cuailnge 28, 62, 226, 357, 436, 526, 603, 681
Táin bó Fraich 537
Tair rhamant 97f., 104, 136f.
Taliesin 119, 122, 140, 148, 153, 188, 283, 286, 294, 339, 388, 466, 497f., 523, 527, 568, 593, 781f.
Talvj (Therese Adolfine Louise von Jacob) 362
Tara-Brooch 456, 619
Tassilo; bair. Herzog 59
Tavola ritonda 242
Temple, William 337f., 357
Tennyson, Alfred 160, 181, 251, 254-262, 265f., 328, 330, 332, 457, 500, 605
Teudt, Wilhelm 754
Tewdwr (Tudur) 623
The Galway Shawl 694
The Turfman from Ardee 694
Themse-Schwert 457
Theoderich d. Gr. 159
Theodulf v. Orleans 64
þiðreks saga 179, 222f.
Thomas (von Britannien) 169-171, 182, 184, 195, 216, 221, 242, 298f., 322, 406
Thomas Learmont of Ercildoune 555-557
Thomas von Aquin 211, 672
Thomas, Dylan 629f.
Thomsen, Christian Jürgensen 452f.
Thornycroft, Thomas 448
Thorpe, Richard 318
Thurnam, John 460
Thurneysen, Rudolf 432, 435, 554, 649
Tieck, Dorothea 635
Tieger, Manfred P. 677
Tístrams táttur 172
Tochmarc Emire 75, 138, 646
Tochmarc Étáine 129, 131, 538
Toland, John 427, 786
Tolkien, Christopher 530
Tolkien, John Ronald Reuel 26, 521, 525, 529-537, 539, 545f., 562f., 585, 592, 597, 680, 744
Tom Thumbe 247
Torslundableche 756
Tóruigheacht Dhiarmada agus Ghráinne 173-176, 342-344
Tremayne, Peter (Peter Berresford Ellis) 52, 681
Trevelyan, R. C. 279
Triaden s. *Trioedd Ynys Prydain*
Trichtingen (Silberring von T.) 728
Trioedd Ynys Prydain 113, 167-169, 175, 325
Tristan als Mönch 196
Tristan en prose s. *Prosa-Tristan*
Tristano Riccardiano 242
Tristrams kvæði 172
Tristrams saga 169, 171f., 221f.
Tristrand and Iseult (Film) 317
Tristrant und Ysalde 244
True Thomas 555-557
Tudor s. Tewdwr
Turner, Joseph M. W. 369, 547
Turteltaub, Jon 318
Tynan, Katharine 609, 667
Tyolet 185
Uderzo, Albert 513f., 519
Uhland, Ludwig 267
Ulbricht, Walter 517
Ulrich von Liechtenstein 229f.
Ulrich von Zatzikhoven 160, 185, 187
Ura-Linda-Chronik 507-509, 757
Urban, Otto H. 739
Ursula, hl. 64
Vadim, Roger 628
Valiente, Doreen 769
Vallancey, Charles 425f., 458
Valvérs þáttr 221
Van den Vondel, Joost 638
Van Hamel, Anton Gerardus 433
Varèse, Edgard 691
Vater, Johann Severin 431
Vázquez, Francisco 243
Vel(l)eda 442, 487-491
Vendryes, Joseph 433

Vercingetorix, Arvernerfürst 18, 491, 500, 515
Verdi, Giuseppe 635
Verlaine, Paul 332
Verne, Jules 369
Vernon von Hawkstone Manor 203
Verstegen s. Richard Rowlands
Verwijs, Eelco 507
Vescoli, Michael 587
Vespasian, röm. Kaiser 214
Victoria, engl. Königin 29, 254, 378, 456, 551, 638f., 687
Virgil, Bischof 58f.
Vīs und Rāmīn s. Fakhraddin Gorgani
Vischer der Ältere, Peter 244
Vischer, Friedrich Theodor 492-499, 774
Voillement, André-Charles 487
Vollmoeller, Karl Gustav 280f.
Völsungasaga 532
Voltaire (Jean-Marie Arouet) 412, 417f.
Von Arnim, Achim 267
von Collin, Matthäus 370
Von Dalberg, Heribert 361
Von der Hagen, Friedrich Heinrich 250, 252
Von Grevenitz, Friedrich August 500
Von Reichenbach, Karl Freiherr 565, 579
Von Sachsen-Gotha-Altenburg, Augusta, Prinzessin 442
Von Schillings, Max 490f.
Von Schmauß, Anton 788
Von Winter, Peter 370
Vortigern, britannischer Fürst 145-147, 249
Vosper, Sidney Curnow 626
Vostaert, Pieter 221
Vulgata-Zyklus 93, 103, 213, 224, 237, 330
Wace, Robert 180, 183
Wackernagel, Wilhelm 267
Wagner, Cosima 334
Wagner, Heinrich 432
Wagner, Margit 677

Wagner, Richard 158, 215, 235, 245, 252f., 261, 268, 271-282, 298f., 302, 306f., 314-316, 332-334, 473, 475, 496, 511, 532, 561, 653, 667, 753, 755
Wallace, William 636f.
Wallrath, Bertram 586-588
Walpole, Horace 359
Waltmann von Sättelstädt 230
Wasson, Gordon 568
Waterhouse, John William 329, 331, 773
Watts, George Frederic 329
Wauchier de Denains 206
Wayne, Philip 597
Weber, Bernhard Anselm 370
Webern, Anton von 690
Wei Wu Wei s. Gray, Terence
Weisgerber, Leo 432, 757
Weisweiler, Josef 590
Wellesley, Arthur, Duke of Wellington 477
Wells, Orson 636
Wesley, John und Charles 628
Weston, Jessie Laidley 160, 199, 282, 435
Where You At the Rocks? 693
Whistler, James Abbot McNeill 681
White, John 447
White, Richard of Basingstoke 398, 406
White, Terence Hanbury 160, 289-293
Whitefield, George 628
Wickenburg, Eduard Graf 592
Wieland, Christoph Martin 185, 549, 553f., 635
Wienhausen (Tristanteppiche) 321
Wilde (Speranza), Jane Francesca 511, 548, 651
Wilde, Oscar Fingal 477, 511, 651
Wilde, William (Robert Wills) 455-457, 643, 645, 736
Wiligut, Karl Maria (Weisthor) 756
Willan, Healy 177
William of Newburgh 145, 398f.
William of Westminster s. Chertsey Tiles
William von Malmesbury 144, 152
Williams Pantycelyn, William 628

895

Williams, Charles Walter Stansby 286f.
Williams, Edward s. Iolo Morgannwg
Williams, Ifor 122, 434
Williams, John Ellis Caerwyn 434
Williams, Maria Jane 626
Willibrord, hl. 56
Wilson, Daniel 458f.
Windisch, Ernst 432
Wirth, Herman 507f., 757, 759f.
Wisse, Claus 206
Witzenhausen, Josl 229
Wolfram von Eschenbach 160, 189, 201, 203-206, 208-210, 213f., 232, 235, 250, 253, 269, 277, 295, 308, 325, 332f.
Wood, Juliette 576
Woodford-Grime, Edith 767
Woodward, Edward 765
Woolner, Thomas 327
Wordsworth, William 160, 369, 623, 786
Worm(ius), Olaus 337f.
Worsaae, Jens, Jacob Asmussen 453-455
Wright, Elsie 557-559
Wrmonoc 167
Yeats, künstlerische Familienangehörige 651
Yeats, William Butler 36, 174f., 177, 201, 336, 458, 477, 538, 557, 603, 606-610, 629f. 650-668, 670f., 675f., 693, 767
Ymddiddan Arthur a'r Eryr 112, 121
Ymddiddan Myrddin a Thaliesin 147
Yves Hélory de Kermartin 722
Yvo, hl. s. Yves de Kermartin
Zandonai, Ricardo 314
Zeuß (Zeuss), Johann Kaspar 432, 467
Zimmer Bradley, Marion 297, 573, 592, 594-597, 600, 613, 771
Zimmer, Heinrich 160, 432, 589, 675
Zola, Emile 665
Zschaetzsch, Karl Georg 509
Zucker, Jerry 318